Hermann Helbig

Deutschland in Schieflage –
Wie konnte es dazu kommen?

Text: Hermann Helbig
Covergestaltung: Verlagshaus Schlosser
Umschlagabbildung: ChatGPT
Satz und Layout: Hermann Helbig
ISBN 978-3-7581-0108-3
Druck: Verlagsgruppe Verlagshaus Schlosser
D-85652 Pliening • www.schlosser-verlagshaus.de

Printed in Germany

Nichts ist schlimmer als die mäßig entstellte Wahrheit.
Georg Christoph Lichtenberg

Überzeugungen sind schlimmere Feinde der Wahrheit als Lügen.

Friedrich Nietzsche

Man kann einen Teil des Volkes die ganze Zeit täuschen, und das ganze Volk für einen Teil der Zeit. Aber man kann nicht das gesamte Volk die ganze Zeit täuschen.

Abraham Lincoln

Glaube denen, die die Wahrheit suchen, und zweifle an denen, die sie gefunden haben.

André Gide

Nichts ist schwerer und nichts erfordert mehr Charakter als sich im offenen Gegensatz zu seiner Zeit zu befinden und laut zu sagen: Nein.

Kurt Tucholsky

Vorwort

Dieses Buch will die *Schieflage* in unserer Gesellschaft sowie die Lücken und Lügen im Gewebe der politischen Propaganda in den Medien bzw. im Kommunikationsverhalten unser selbsternannten politischen ‚Eliten' sichtbar machen und zu größerer Wachsamkeit gegenüber dem zunehmenden Verfall unserer Demokratie aufrufen. Es erhebt aber nicht den Anspruch einer umfassenden gesellschaftlichen Analyse der gegenwärtigen Situation in Deutschland. Damit ist automatisch eine Tendenz hin zur Stärkung einer eher konservativen, werteorientierten Haltung gegeben, denn die links-grüne Sichtweise ist durchgängig über fast alle Medien hinweg bereits eindeutig überrepräsentiert und zum sogenannten politischen Mainstream geworden.[1] Es muss ausdrücklich betont werden, dass die Gefahren, die vom Rechtsextremismus ausgehen, nicht zu unterschätzen sind (s. Kap. 13). Diese werden aber schon überproportional in Presse, Rundfunk und Fernsehen, durch Politologen und andere Gesellschaftswissenschaftler, durch mitunter selbst sehr zweifelhafte linkslastige NGOs und andere neu geschaffene Institutionen untersucht und in die Öffentlichkeit gebracht, was man in diesem Maße vom Linksextremismus nicht behaupten kann. Oder kennen Sie staatlich finanzierte NGOs, die den Kampf gegen linke Gewalt, linke Hassrede usw. führen und eine hohe Präsenz in der Öffentlichkeit haben? - Das wäre auch nicht zu erwarten bei einer Innenministerin, die offen ihre Sympathie für linksextreme Vereinigungen bekundet.[2]

Diese Arbeit verfolgt deshalb das erklärte Ziel, die erwähnte Schieflage durch ein Gegengewicht auszugleichen, was seinerseits fast zwingend zu einer nachvollziehbaren Einseitigkeit (oder wenn man so will, einer eigenen ‚Schieflage') des vorliegenden Buches führen muss. Es ist gewissermaßen wie beim schiefen Turm von Pisa: Um diesen vor dem Einsturz zu bewahren, muss man nicht die zur Erde geneigte Seite noch weiter beschweren. Die Hoffnung be-

---

[1] Auf die genauere Unterscheidung zwischen den beiden Hauptströmungen ‚Links-Grün' und ‚Konservativ' werden wir in Kap. 13 genauer eingehen.

[2] https://www.rnd.de/politik/nancy-faeser-beitrag-in-antifa-magazin-das-steckt-hinter-der-organisation-vvn-bda-F7BYM4XBYNEYBHEIC6WLPA56EU.html, zuletzt aufgerufen am: 24.4.2024.

steht einfach darin, im demokratischen Spektrum einer größeren Stimmenviel-
falt wieder Geltung zu verschaffen, indem verstärkt auf Probleme und Mängel
hingewiesen wird, die in den den öffentlichen Diskurs bestimmenden Medien
zu kurz kommen oder überhaupt nicht behandelt bzw. bewusst aus dem Ge-
sichtsfeld des Bürgers ferngehalten werden.

Man kann nicht ohne Schmerz und leider ohne Übertreibung feststellen,
dass unser Land und im Grunde genommen auch alle anderen Staaten der
westlichen Welt deutlich gespalten sind (s. hierzu auch Kap. 4 und 13). Bedauerlicherweise haben die beiden letzten Bundespräsidenten einen erheblichen
Beitrag dazu geleistet. So der Vorhergehende, der unser Land in unglaublicher
Anmaßung in ein dunkles und ein helles Deutschland einteilte. Leider ist die
für eine Demokratie so lebenswichtige Diskussions- bzw. Argumentationskul-
tur geradezu einer Entrüstungskultur gewichen. Das bedeutet, dass man gar
nicht mehr versucht, auf die Argumente des politischen Gegners einzugehen
und diese u.U. sachlich zu entkräften, sondern dass man von einer moralisch
angemaßten ‚höheren‘ Warte heraus glaubt, dessen Meinung einfach mit Empörung zurückzuweisen zu können (nach dem Motto: „Wie kannst Du nur, das
sagt doch diese oder jene Partei!" oder noch schlimmer: „So etwas haben ja
schon die Nazis gesagt.").

Es scheint so, dass viele, die noch vor wenigen Jahren den Rosa-Luxemburg-
Spruch: „Freiheit ist immer die Freiheit der Andersdenkenden" so hoch gehalten haben,[3] denselben einfach ad acta legten, sobald sie nicht mehr zu den ‚Andersdenkenden‘ zu gehören glaubten. Dabei geht es inzwischen schon nicht
mehr allein darum, eine bestimmte Meinung äußern zu dürfen, sondern darum, ob Ihr Auto angezündet wird oder ob Sie ihren Job verlieren, wenn Sie
die ‚falsche‘ Auffassung vertreten (wie ich Letzteres im real existierenden Sozialismus erleben musste, wobei ich aber 1989 naiverweise noch glaubte, so
etwas würde es im vereinten Deutschland nie wieder geben).

Obwohl ich in der ehemaligen DDR aufgewachsen bin, ordne ich mich eher
in die Gattung der ‚Wossis‘ und weniger bei den typischen ‚Ossis‘ ein, da ich
die letzten fast zwanzig Jahre vor meiner Pensionierung als Hochschullehrer
in Westdeutschland gelebt und gearbeitet habe. Diese Erfahrung hat mir unübersehbar gezeigt, dass die Menschen in unserem Land von ihrem Wesen her
im Prinzip gar nicht so verschieden sind, sondern in unterschiedlichen Gesell-
schaftssystemen nur jeweils in anderen, aber trotzdem ganz ähnlichen Rollen
auftreten, vgl. hierzu [27, Kap. 7.7]. – Ich glaube durchaus, dass die Mehrheit
der in Ostdeutschland sozialisierten Bürger dem politischen Mainstream nicht

---

[3] Dieser Satz ist heute aktueller denn je, obwohl ihn Rosa Luxemburg in einem anderen Kontext geäußert hat [64].

deshalb ablehnend gegenüber steht, weil sie sich als ‚zu kurz gekommen‘ fühlt, wie das von manchen der sogenannten ‚Ostexperten‘ behauptet wird (obwohl das in einigen Fällen zutreffen mag). Sie werden einfach an ihre zum Teil sehr schmerzlichen Erfahrungen aus der Zeit der DDR-Diktatur erinnert.

Viele wichtige Regelmechanismen einer gesunden Demokratie, wie sie sich in der Arbeit einer unabhängigen ‚Vierten Gewalt‘ und einer kämpferischen, funktionstüchtigen Oppositionspartei manifestieren, werden ihrer eigentlichen Aufgabe, die Regierung zu kontrollieren, nicht mehr gerecht. Die wie ein Paria gemiedene AfD dürfte eine Partei sein, die sich zu einem ganz erheblichen Teil aus diesem Defizit und dem vorhandenen Protestpotential gegen das herrschende Polit-Establishment nährt. Sie zieht meines Erachtens nicht deshalb so viele Wähler an, weil sie generell das bessere Programm oder das bessere Personal hätte, obwohl das zu einem Teil sogar zutrifft, sondern deshalb, weil es erstens (noch) keine andere sichtbare und wirksame Opposition gibt, die diesen Namen verdient, und weil zweitens die etablierten Parteien für viele Wähler wegen ihrer demokratiezerstörenden Wirkung nicht mehr akzeptabel sind (inzwischen geht es hier immerhin um einen Prozentsatz zwischen 20 und 30% der wahlberechtigten Bürger, ca. 75% sind mit der Regierung insgesamt unzufrieden).[4]

Man sollte jedoch bei allem kritischen Herangehen nicht vergessen, dass Deutschland ungeachtet aller Misshelligkeiten im Vergleich zu anderen Ländern dieser Welt immer noch zu den einigermaßen gut funktionierenden Staatengebilden gerechnet werden kann. Allerdings ist ein Vergleich mit Entwicklungsländern und mittelamerikanischen Verhältnissen wenig tröstlich, weil wir offensichtlich mehr zu verlieren haben. Ungeachtet dessen hätte ich mir zur Zeit der Wiedervereinigung nicht einmal im Traum vorstellen können, dass die Demokratie in unserem Land jemals in eine derartige Schieflage geraten könnte. Warum ich das so sehe, möchte ich in den folgenden Kapiteln begründen.

Ich werde deshalb versuchen, die einleitend kurz umrissene Problematik anhand von siebzehn verschiedenen, aber dennoch miteinander verwobenen Themenfeldern genauer auszuführen und zu beleuchten. – Bei der Fülle der auf den Nägeln brennenden Themen ist natürlich auch eine zeitliche Beschränkung unumgänglich, und zwar auch dann, wenn die Wurzeln für manchen heutigen Missstand weiter in die Vergangenheit zurückreichen. Aus diesem Grund habe ich versucht, mich auf die Zeit von der Finanzkrise 2008/2010 (ungefähr beginnend mit der zweiten Hälfte der ‚Ära Merkel‘) bis etwa zur ersten Hälfte

---

[4] https://www.berliner-zeitung.de/news/umfrage-drei-viertel-der-deutschen-mit-ampel-koalition-unzufrieden-li.2176571, zuletzt aufgerufen am: 3.3.2024.

der Amtszeit der Ampelregierung zu beschränken. Dabei habe ich es mitunter bewusst unterlassen, Personen namentlich zu nennen, weil es oftmals nicht so wichtig ist, ob Herr NN oder Frau XY dieses oder jenes geäußert oder in bestimmter Weise gehandelt hat. Es dürfte in vielen Fällen eher darauf ankommen, in welcher Funktion er oder sie das getan hat.[5] – Wenn im Buch sehr häufig URLs zitiert werden, dann vorwiegend als Beleg, dass dieses oder jenes von diesem oder jenem Medienunternehmen oder Autor gesagt bzw. veröffentlicht wurde, und weniger als Faktennachweis an sich. Dieser Hinweis ist erforderlich, da die Medien und das Internet als Tatsachenbeweis durchaus nicht sicher sind, weshalb alle dort getroffenen Aussagen jeweils durch Kreuzvergleiche inhaltlich überprüft werden sollten. In wenigen Ausnahmen wurden auch Links auf Webseiten, die inzwischen entfernt wurden oder einfach nicht mehr erreichbar sind, mit dem Datum der Ersteinsicht und einem entsprechenden Warnhinweis angegeben (auch das Verschwinden bzw. Löschen von Webseiten ist mitunter recht informativ!). – In diesem Zusammenhang ist noch ein Wort zur Art der Zitierungen erforderlich. Für wörtliche Zitate aus den angegebenen Quellen werden durchgängig die doppelten Anführungsstriche verwendet (also: „<Zitat>"), während für die Hervorhebung eines Wortes als stehender Begriff, zur Ironisierung oder für ein indirektes Zitat (Zitierung innerhalb eines Zitats) einfache Anführungsstriche benutzt werden (also: ‚<Begriff>' oder ‚<Phrase>').

Schließlich noch ein Hinweis für all Diejenigen, denen der Ausblick und die Hinweise auf realistische Auswege aus der Krise im letzten Kapitel dieses Buches zu kurz gefasst erscheinen: Wenn wir alle hier kritisierten Missstände oder wenigstens einen großen Teil davon beseitigen und alle aufgeführten Fehlentwicklungen rückgängig machen würden (sofern das überhaupt noch möglich ist), dann könnten wir auf eine bessere Zukunft hoffen.

Danksagung. Trotz der selbst genannten Schwerpunktsetzung, welche diese Arbeit hat, habe ich mich im Vorfeld bemüht, die hier vertretenen Auffassungen mit möglichst vielen Freunden und Bekannten zu diskutieren und darauf zu achten, dass unter meinen Diskussionspartnern Vertreter des gesamten politischen Spektrums (außer extreme Linke und Rechte) zu finden sind. Eigentlich möchte ich - und der Anstand würde es auch gebieten - jedem Einzel-

---

[5] Man wird ohnehin meist leicht erkennen, um wen es sich handelt. – Wenn ich also hin und wieder versuchen werde, ohne explizite Namensnennung auszukommen und dafür die Amtsbezeichnung anführe, geschieht das nicht aus Ängstlichkeit oder Opportunismus, sondern weil es bei Angriffen auf die Demokratie viel wichtiger ist, ob diese von einem ‚Amtsträger' stammen, und damit von allgemeiner gesellschaftlicher Auswirkung sind, oder ob es sich eher um eine einzelne Meinung handelt.

nen meiner Gesprächspartner namentlich danken. Aber das würde heutzutage schon einer bewussten Gefährdung derselben gleichkommen, so dass ich hier nur einen allgemeinen Dank aussprechen kann. Eines möchte ich jedoch noch hervorheben, was ich besonders dankbar erlebt habe: Bei allen teils sehr kontrovers geführten Streitgesprächen hat dies (bis auf zwei Ausnahmen) zu keinen persönlichen Spannungen oder gar zu Zerwürfnissen geführt. Ich würde mir wünschen, dass diese Streitkultur in unserer gesamten Gesellschaft wieder einkehren möge. Obwohl viele Meinungen, Hinweise oder Informationen meiner Diskussionspartner in dieses Buch eingeflossen sind, bin ich für die gezogenen Schlussfolgerungen allein verantwortlich. Diese spiegeln also letztlich vor allem meine eigene Meinung zur derzeit herrschenden politischen Schieflage in Deutschland wider.

Putgarten, Juni 2024

Inhaltsverzeichnis

Kapitel 1

Deutschland: Merkels Vermächtnis und der Status quo

Wir leben rein formal und verfassungsrechtlich gesehen in einer repräsentativen parlamentarischen Demokratie, d.h. es werden Abgeordnete in ein Parlament (Repräsentantenhaus) gewählt, die in Deutschland in dem Intervall zwischen den Wahlen die wichtigsten Entscheidungen treffen und insbesondere die Gesetze verabschieden. Die Parlamentarier wählen ihrerseits die Regierung und kontrollieren dieselbe. Eine ganz wichtige Rolle spielen in diesem Zusammenhang die Abgeordneten der nicht an der Regierung beteiligten, aber im Bundestag vertretenen Parteien, die sogenannten Oppositionsparteien. Letztere sollten die Regierungspolitik besonders kritisch betrachten, aber genau diese Funktion scheint in letzter Zeit zumindest bei der CDU/CSU immer mehr abhanden zu kommen. In der Merkelzeit waren vor allem die Grünen kaum noch von den Regierungsparteien zu unterscheiden (jetzt sind erstere selbst Regierungspartei), und die CDU/CSU als größte ‚Oppositionsfraktion‘ ist eine Art Erfüllungsgehilfe der Regierung geworden. Demgegenüber wird die einzige wirkliche Opposition, die AfD, heute mit allen parlamentarischen Tricks ausgegrenzt[1] und in den maßgebenden Medien weitgehend ihrer Stimme beraubt (s.u. und Kap. 5).

Neben der klaren Trennung von Exekutive, Legislative und Judikative spielt in einer gut funktionierenden Demokratie die sogenannte ‚Vierte Gewalt‘[2] eine unverzichtbare Rolle. Sie sollte nicht oder zumindest nicht vorrangig die Regierungspolitik interpretieren und rechtfertigen, sondern vielmehr kritisch hinterfragen, Machtmissbrauch aufdecken und entsprechende Hintergrundinformationen bereitstellen. Dabei sind Spekulationen oder die Vermittlung ei-

---

[1] Z.B. durch Verweigerung einer Vizepräsidentschaft im Parlament.

[2] Das sind vor allem die Medien, wie Rundfunk, Fernsehen, Presse usw. Die öffentlich-rechtlich verfassten Medien werden wir (im Gegensatz zu den privaten) im Folgenden kurz mit ÖRM bezeichnen. Der Begriff der Mainstream-Medien - abgekürzt MSM - ist etwas weiter, da er auch private Medienkonzerne umfasst, die nicht öffentlich finanziert werden, aber trotzdem die politische Hauptströmung und insbesondere weitgehend die Regierungspolitik vertreten (man denke etwa an die Funke-Mediengruppe oder an das Medienunternehmen Madsack mit seinem ‚Redaktionsnetzwerk Deutschland‘, wobei das letztgenannte Unternehmen zu etwa einem Viertel der SPD gehört, s. die späteren Ausführungen hierzu, insbesondere Kap. 7).

gener politischer Haltungen von Redakteuren bzw. Moderatoren weitgehend zu vermeiden; vielmehr sollten Fakteninformationen aus belegbaren Quellen geliefert werden, damit sich die Leser bzw. Hörer eine eigene Meinung bilden können. Leider gewinnt man den Eindruck, dass wir uns von diesem Idealzustand immer weiter entfernen, obwohl doch gerade dies eine wichtige Grundlage für die freie Mitentscheidung des ‚mündigen Bürgers‘ wäre, s. hierzu besonders Kap. 7. Stattdessen gewinnen viele Menschen den Eindruck, dass sie durch die ÖRM einem ‚betreuten Denken‘ unterworfen werden.

Es gibt aber auch sonst grundsätzliche Demokratiedefizite in unserer Gesellschaft. So besteht ein sogar von den Medien bestärktes Missverständnis im Zusammenhang mit den Wahlen darin, dass viele Bürger meinen, sie würden den Regierungschef wählen.[3] Nein, der Kanzler wird nach der Wahl vom Bundestag und dort (wenn alles gut geht) von den koalierenden Parteien gewählt. Der Bürger hat darauf keinen Einfluss mehr. Hinzu kommt, dass das bundesdeutsche Wahlrecht für viele Bürger unverständlich ist, wobei insbesondere die sogenannten Überhangmandate für Verwirrung sorgen und zu einer immer stärkeren Aufblähung des Parlaments führen. Das liegt im wesentlichen daran, dass man den Gedanken der *Direktwahl* von Abgeordneten des Parlaments in den Landeswahlkreisen nach dem Prinzip ‚The winner takes it all‘ mit dem Anliegen kombinieren wollte, die Parteien als Ganzes je nach ihrer Unterstützung durch die Wähler mit entsprechender Stärke in den Bundestag zu entsenden, sogenanntes *Verhältniswahlrecht*. Danach hat jeder Wähler zwei Stimmen, eine für den Direktkandidaten und eine für die von ihm präferierte Partei. Dabei kommt es regelmäßig vor, dass allein durch die Anzahl der gewonnenen Direktmandate einer Partei mehr Parlamentssitze zugesprochen werden müssen als ihr nach dem Proporz der Zweitstimmen zustehen würden. Da keine direkt gewählten Kandidaten gestrichen werden, entstehen die sogenannten ‚Überhangmandate‘. Um auch für die anderen Parteien Gerechtigkeit herzustellen, erhalten diese so viele zusätzliche Sitze (sogenannte ‚Ausgleichsmandate‘) bis auch für sie der dem Proporz der Zweitstimmen entsprechende Anteil an Parlamentssitzen gewährleistet ist.

Durch dieses wenig transparente Verfahren ist der Bundestag im Laufe der Zeit zu unangemessener Größe aufgebläht worden und rangiert nach Anzahl der Sitze heute zwischen China und Nordkorea.[4] Das ist auch einer der Grün-

---

[3] So behauptete der Moderator im MDR einen Tag vor der Wahl 2021, wir würden morgen die Bundeskanzler**in** wählen. Schon die weibliche Form, erzwungen durch den Artikel, war falsch, denn zu diesem Zeitpunkt war die einzige Kandidatin bereits klar abgeschlagen. Ebenso irreführend war die Fehlinformation, dass bei einer Bundestagswahl generell der Kanzler bzw. die Kanzlerin gewählt würden.

[4] https://www.bedeutungonline.de/die-10-groessten-parlamente-der-welt/, zuletzt aufgerufen am: 24.4.2024.

de, weshalb unser Wahlrecht dringend einer Reform bedarf, worauf wir in Kap. 17 noch einmal zu sprechen kommen werden. Trotz entsprechender Urteile des Verfassungsgerichts zur Reduzierung der Parlamentsgröße wurde bisher nicht genug getan, um die rechtswidrige und unvertretbare Größe des Parlaments zu verringern. Das wird auch schwierig werden, da die Mitglieder des Bundestags den möglichen Verlust ihrer Diäten für die nächste Legislaturperiode gewissermaßen selbst beschließen müssten. Warum sollten die Frösche auch zustimmen, dass ihr Teich ausgetrocknet werden soll?[5]

An die Stelle der Verantwortung gegenüber dem Souverän (der ja in Sonntagsreden so gern bemüht wird) ist bei den Parlamentariern das Kuschen vor der Parteidisziplin und die Sorge um die eigene Karriere bzw. um die üppige Versorgung getreten. – Schon die ersten Bestrebungen zur Bildung einer neuen Regierung nach der Bundestagswahl 2021 belegten diese Einsicht. Obwohl die CDU/CSU damals ein verheerendes Wahlergebnis mit historischem Tiefststand der Wählerzahl eingefahren hatte, übernahm der gemeinsame Kanzlerkandidat dieser Parteien nicht etwa die Verantwortung und trat zurück. Nein, er glaubte aus dem Wahldebakel auch noch einen Wählerauftrag zur Bildung einer neuen Regierung ableiten zu können (was ihm letztlich blamablerweise nicht gelang). Die FDP, die noch 2017 mit dem Slogan „Lieber gar nicht regieren, als schlecht regieren", die Koalitionsverhandlungen mit Schwarz und Grün hatte platzen lassen, hat sich bei der Regierungsbildung 2021 lieber rückwärts verbogen, um mit der weit linkeren Rot-Grün Kombination zu koalieren, ehe sie auf lukrative Ministerposten verzichtet hätte (nach der neuen Einsicht: „Lieber ganz schlecht regieren, als gar nicht regieren"). Jetzt versucht sie ihre Steigbügelhalter-Rolle in der Ampelregierung dem Staatsvolk mit dem Slogan zu verkaufen, sie würden dort „das Schlimmste verhindern".[6]

Die oft als Operation ‚Abendsonne' ironisierte Aktion, bei der regelmäßig am Ende einer Legislaturperiode (sozusagen kurz vor Ladenschluss) ein regelrechter Boom an Beförderungen und Neueinstellungen für Parteifreunde einsetzt, belegt ebenfalls die Selbstbedienungsmentalität unserer Politiker. Beim Antritt einer neuen Regierung nimmt die Selbstversorgung so richtig Fahrt auf, indem die Anzahl der beamteten und parlamentarischen Staatssekretäre stetig weiter anschwillt. Übrigens ist auch die Versorgung der demissionierten Bundeskanzlerin in unvergleichliche Höhen gewachsen, obwohl ihr doch

---

[5] In Anlehnung an einen Ausspruch, der bis auf Aristophanes zurückgeht.
[6] Was dann auch für entsprechenden Spott gesorgt hat.
https://www.achgut.com/artikel/liebe_fdp_das_wars_dann_wohl, zuletzt aufgerufen am: 24.4.2024.

höchstrichterlich ein Verfassungsbruch bescheinigt wurde.[7] Unter der Ampel-regierung ist die Situation nur noch schlimmer geworden, wobei die Vettern-wirtschaft der Grünen besonders hervorsticht, s. Kap. 13. Angesichts dieser Misere hat der ehemalige Bundespräsident v. Weizsäcker deshalb mit vollem Recht festgestellt: „Die Parteien haben sich den Staat zur Beute gemacht".

Die Erosion der Demokratie in Deutschland und die politische Schiefla-ge, in die unser Gemeinwesen geraten ist, haben sich am deutlichsten in der Landtagswahl im Februar 2020 in Thüringen und der Revision der dabei de-mokratisch zustande gekommenen Ergebnisse gezeigt.[8] - Was war bei diesem Wahldebakel geschehen? Mit Hilfe der Stimmen von CDU, FDP und AfD wur-de eine Regierung mit CDU-Beteiligung und einem FDP-Ministerpräsidenten an der Spitze gewählt. Daraufhin bezeichnete die Kanzlerin auf einer Afrika-reise anlässlich eines offiziellen Auftritts das Wahlergebnis wegen der Unter-stützung durch die AfD als „unverzeihlich". Ja, sie forderte in ihrer Eigen-schaft als Regierungschefin sogar unter Verletzung von Verfassungsgrundsät-zen dazu auf, die Wahl rückgängig zu machen. Das ist an sich schon ein un-erhörtes Ereignis, zumal das gesamte politische Establishment Deutschlands im Zusammenhang mit der Präsidentenwahl 2020 in den USA zu Recht von Donald Trump gefordert hatte, das dortige, demokratisch zustande gekomme-ne Wahlergebnis zu respektieren. Obwohl letzteres für jeden Demokraten ei-ne Selbstverständlichkeit sein sollte, kann die Revisions-Forderung von Sei-ten der selbsternannten ‚demokratischen' Parteien in Deutschland nur noch als Heuchelei aufgefasst werden. Wenigstens hat dieser Vorgang der Bundeskanz-lerin wegen Verletzung ihrer Neutralitätspflicht eine Klage vor dem Bundes-verfassungsgericht eingetragen, s.u. und Kap. 12.[9]

Das Bubenstück in Thüringen, anders kann man es nicht bezeichnen, ging jedoch noch weiter. Der Vorsitzende der Gesamt-FDP Deutschlands und die Vorsitzende der CDU wurden nach Thüringen entsandt, um die jeweiligen Lan-desvorsitzenden von FDP und CDU zu disziplinieren. Als Begründung wurden Partei-Beschlüsse angegeben, wonach es keine irgendwie geartete Zusammen-arbeit mit der AfD und keinerlei Akzeptanz einer Unterstützung von dieser Seite geben dürfe. Zusammen mit der massiven Bedrohung des neugewählten Ministerpräsidenten Kemmerich (FDP) und auch von dessen Familie durch

---

[7] https://www.diepresse.com/6062328/kritik-an-kosten-merkel-bekommt-neun-mitarbeiter-fuer-altkanzlerin-buero, zuletzt aufgerufen am: 24.4.2024.

[8] https://de.wikipedia.org/wiki/Regierungskrise_in_Th%C3%BCringen_2020, zuletzt aufge-rufen am: 24.4.24.

[9] Bezeichnenderweise wurde diese Klage nicht von den selbsternannten ‚demokratischen Par-teien' eingebracht, sondern von der einzigen als ‚undemokratisch' gebrandmarkten Opposi-tionspartei. – Welche Ironie, die verunglimpften ‚Undemokraten' fungierten sozusagen als letzte Wächter der Demokratie.

linke ‚Aktivisten‘[10] kam es dann zu einer Reihe von Rücktritten: Der gerade inaugurierte Ministerpräsident und der Landesvorsitzende der CDU gaben ihre Ämter zurück; außerdem wurde der Ostbeauftragte der Bundesregierung entlassen (s.u.), und die Vorsitzende der Bundes-CDU kündigte in diesem Zusammenhang ebenfalls den Rückzug von ihrem Amt an (was ihr aber groteskerweise den für sie unangebrachten Posten des Verteidigungsministers einbrachte, dem sie schließlich nicht einmal gewachsen war, s. hierzu Kap. 4).

Der Gipfel der Intrige bestand dann darin, dass mit Hilfe der CDU bzw. FDP (nachdem letztere die mit Leuten aus den eigenen Reihen bestückte Regierung selbst zu Fall gebracht hatten) der andere ‚vorgebliche‘ politische Gegner, nämlich die Partei ‚Die Linke‘, an die Macht gehievt wurde. Ja mehr noch, durch Unterzeichnung eines sogenannten ‚Stabilitätspaktes‘ verhalf man genau diesem politischen Gegner zu einer halbwegs arbeitsfähigen Minderheitsregierung. Die Frage ist, warum man nicht dieses Prozedere im eigenen Interesse hätte umkehren können. Wäre es von Seiten der FDP bzw. CDU nicht klüger gewesen, die eigene Minderheitsregierung, die ja bereits legal ins Amt gekommen war, zu erhalten und zu stärken? Dann hätte man durch Auflegen von landesdienlichen Projekten schnell beweisen können, welche der Oppositionsparteien tatsächlich für das Land wirkt, oder man hätte unter Umständen die politischen Gegner (die Partei ‚die Linke‘ und die rechte AfD) gegeneinander ausspielen können.

Es ist noch hinzuzufügen, dass im Umfeld dieses Geschehens die sonst allgegenwärtige moralische Entrüstung der ÖRM völlig ausgeblieben ist. Darüber hinaus war auch ein erschütternder Mangel an Demokratiebewusstsein in der Bevölkerung zu konstatieren. Obwohl viele Leute diese Affäre unabhängig von ihrer politischen Einstellung als undemokratisch angesehen haben, waren sie durchaus geneigt, das Vorgehen der Kanzlerin als eine ‚singuläres Ereignis‘ zu bagatellisieren. Das ist etwa dasselbe, als würde man sich im Zusammenhang mit einem tiefen Dammbruch bei einem Hochwasser damit trösten, dass das doch nicht so schlimm sei, weil es sich nur um ein einmaliges Geschehen handele.

Inzwischen ist das Schelmenstück in Thüringen durch Hintertreiben der einst als ‚Trost‘ für die Duldung einer Minderheitsregierung versprochenen alsbaldigen Auflösung des Landtags in ein neues Stadium eingetreten, bei dem der parlamentarische Gedanke vollends beschädigt wurde, s. Kap. 12. Letztendlich (man hätte es kaum noch für möglich gehalten) wurde die dreiste Intervention der Kanzlerin vom BVG nach über zwei Jahren doch noch für ver-

---

[10] Dass bereits dadurch eine Verletzung des §105 StGB „Nötigung eines Verfassungsorgans“ vorliegt, ist der Öffentlichkeit kaum bewusst geworden.

fassungswidrig erklärt.[11] Das Problem ist nur, dass dieses Urteil viel zu spät kommt, so dass es sicherlich keinerlei Konsequenzen mehr haben wird (ein Schelm der Böses dabei denkt). Schließlich ist die groteske Situation entstanden, dass die verfemte AfD verfassungstreu gehandelt hat, und die selbsternannten Demokraten (nicht nur die Kanzlerin war am Rückgängigmachen der Wahl beteiligt) sind des Verfassungsbruchs überführt worden. Man stelle sich nur den Tumult in den MSM vor, wenn Putin ein ihm nicht genehmes Wahlergebnis für nichtig erklärt hätte. Ein Verfassungsbruch in Deutschland ist dagegen unserem ‚Qualitätsjournalismus' kaum ein paar Zeilen des Protestes wert.

Es gibt jedoch viele andere Angriffe auf die Demokratie, die entweder schon fast in Vergessenheit geraten sind oder kaum große Medienaufmerksamkeit erlangt haben, obwohl sie allesamt gefährlich waren. – Im Grunde begann dies schon mit den Griechenland-Hilfen und der Bildung des Euro-Rettungsschirms in den Jahren 2008 bis 2010. Beides wurde ohne ausreichende Einbeziehung der Parlamente und anderer Verfassungsorgane (und ohne breite Zustimmung der Bevölkerung sowieso) durchgezogen. Immerhin führte das ganze Vorgehen zum Rücktritt des damaligen Bundespräsidenten, der sich überfahren fühlte, und war letztlich der Anstoß für die Gründung der AfD. Nicht vergessen sollte man auch die Farce der Europawahl 2019, als die in Deutschland gescheiterte und unter dem Verdacht des Amtsmissbrauchs stehende Verteidigungsministerin rasch nach Brüssel wegbefördert wurde und als Vertraute der Kanzlerin an dem eigentlich nominierten Kandidaten vorbei gar als Kommissionspräsidentin installiert wurde, s. Kap. 3.

Auch der von der Kanzlerin in irrationaler Reaktion auf die Reaktorkatastrophe verordnete Atomausstieg (s. Kap. 14) hat bis heute keine entsprechend umfassende Behandlung und tiefe Auseinandersetzung im Bundestag oder in der CDU selbst erfahren (s. Kap. 15). Spätestens der neue CDU-Vorsitzende Merz hätte die Fehler der Merkel-Ära offen benennen, diese so weit wie noch möglich abstellen und einen Neuanfang finden müssen. Genau das ist nicht passiert, und das Vertrauen eines großen Teils der Wähler wurde dadurch verspielt. – Nimmt man die bereits erwähnte systematische und einschneidende Behinderung der einzigen wirklichen Oppositionspartei hinzu, und berücksichtigt die täglich offenbarer werdende Unfähigkeit der führenden politischen Kreise (s. z.B. das katastrophale Versagen der gesamten Regierung in der Afghanistankrise, Kap. 4, in der Corona-Krise, Kap. 16, und in der Energiekrise, Kap. 15), dann ist zu befürchten, dass die Demokratie als immer noch beste

---

[11] https://www.mdr.de/nachrichten/deutschland/politik/urteil-afd-klage-merkel-bundesverfassungsgericht-100.html, zuletzt aufgerufen am: 24.4.2024.

Herrschaftsform an sich infrage gestellt wird. Eben dies war schon einmal in der Weimarer Republik geschehen.

In diesem Zusammenhang ist noch ein anderer Aspekt zu berücksichtigen: Durch kategorischen Ausschluss jeglicher Zusammenarbeit mit einer Partei - welche dies auch sein mag - besteht die Gefahr der Einschränkung des politischen Spielraums und der Erpressbarkeit durch andere Parteien, weil ein möglicher Koalitionspartner von vornherein ausgeschlossen wird (ganz abgesehen von der Missachtung der zugehörigen Wähler). Dies ließe sich evtl. im Fall eines Koalitionsverbotes noch wahltaktisch begründen und ist schon oft so gehandhabt worden. Wo es aber absurd wird, ist durch konkrete Fälle exemplifiziert. Und zwar gibt man sogar eigene politische Ziele auf, wenn der politische Gegner denselben zustimmt (wie das bei der Abstimmung über das Rundfunkfinanzierungsgesetz in Sachsen-Anhalt fast geschehen wäre, wo die Landes-CDU auf Druck der Zentrale in Berlin ihre eigene richtige Auffassung beinahe aufgegeben hätte, nur weil die AfD einer Ablehnung des Gesetzes ebenfalls zustimmen würde). Das ganze Debakel konnte nur durch einen parlamentarischen Trick - nämlich Zurückziehen der Gesetzesvorlage und damit Verhinderung einer ‚gemeinsamen' Abstimmung - entschärft werden. Wie verderblich und widersinnig eine solche Haltung ist, hat sogar der ehemalige Bundestagspräsident erkannt, als er erstaunlicherweise das bekannte Haffner-Zitat bemühte, wonach man nicht leugnen könne, dass 2 + 2 = 4 ist, nur weil dem Hitler ebenfalls zugestimmt hätte. Wenn man dieses Verhalten konsequent zu Ende denkt, könnte eine allseits diskreditierte Partei wie die AfD jedes vernünftige politische Vorhaben einfach dadurch zu Fall bringen, dass es demselben zustimmt. Was wird wohl die CDU machen, wenn sie demnächst als zweite Oppositionspartei Gefahr läuft, zusammen mit der AfD einen unannehmbaren Gesetzesentwurf abzulehnen (wird sie ihm dann lieber zustimmen)? Oder noch schlimmer, wird sie eine eigene als wichtig erachtete Gesetzesvorlage zurückziehen, sobald sie eine Zustimmung durch die AfD befürchten muss? - Das ist doch absurd!

Wir beobachten auch eine Aushöhlung der parlamentarischen Demokratie durch unzureichende Einbeziehung des Parlaments bei wichtigen Entscheidungen (z.B. im Zusammenhang mit den Coronamaßnahmen und deren gravierenden Folgen für die Wirtschaft, s. Kap. 16) oder durch systematischen Ausschluss der AfD bezüglich der Teilhabe an politischen Entscheidungen (und das, obwohl inzwischen jeder fünfte Deutsche und sogar jeder dritte Ostdeutsche für die AfD stimmen würde). Diese Tatsache kommt nicht nur durch die erwähnte Verweigerung eines Parlamentsvizes für die AfD zum Ausdruck. Hierfür wurde sogar die ‚Feststellung der Beschlussfähigkeit' durch die Vizepräsidentin des Bundestages, Claudia Roth (Grüne), verfälscht, obwohl zum betreffenden Zeitpunkt nicht einmal die satzungsgemäß erforderlichen mehr als 50% der Abgeordneten anwesend waren (Verhinderung des sogenannten Hammelsprungs). [12] Es ist unglaublich, aber auch hier gibt es noch Steigerungsstufen in der Anmaßung der selbsternannten ‚Demokraten‘. Die SPD-Fraktion in NRW hatte sogar ein Gesetz vorbereitet, wonach es keine Gesetzesvorlagen im Landtag geben dürfe, die voraussichtlich nur mit den Stimmen der AfD zustande kommen würden. Fairerweise muss man konzedieren, dass dieses prophylaktische Vorhaben am Landtagspräsidenten gescheitert ist. [13]

Dies alles führt uns zur Frage, wie es um die Integrität und allgemein um die Qualität unserer Spitzenpolitiker steht. Die Fraktionsvorsitzende der Grünen bescheinigte deren Kanzlerkandidatin 2021 eine „exzellente Bildung", obwohl letztere einen Unsinn und peinlichen Versprecher nach dem anderen von sich gibt (Energie wird im Netz gespeichert, der Spitzensteuersatz soll auf 45 Euro (!) festgesetzt werden, in Thüringen wäre beinahe ein Nazi zum Ministerpräsidenten gewählt worden usw.). Gerechterweise muss man natürlich einräumen, dass führende Politiker, insbesondere Minister oder Regierungschefs besonderen Belastungen ausgesetzt sind, die natürlich auch zu Fehlern führen. Das ist menschlich und - wenn sie nicht wiederholt auftreten - auch verzeihlich. Wenn sie aber glauben, über den Dingen zu stehen und kaum noch einer Selbstkritik fähig sind, wie das bei der ehemaligen Grünen-Kanzlerkandidatin und jetzigen Außenministerin oder unserer alternativlosen Ex-Bundeskanzlerin der Fall zu sein scheint, dann werden sie zu einer echten Gefahr für ihr Land (wie das etwa auch beim ehemaligen amerikanischen Präsidenten Trump zutraf). [14] Ihre Pseudo-Entschuldigungen in Sachen Corona sollten doch sicher eher die Ministerpräsidenten belasten und sie selbst entlasten. Dieser taktische Schachzug ist, so unglaublich das sein mag, bei vielen wohlwollend aufgenommen worden. Es gibt sogar Leute, die das für eine Art Eingeständnis ihres Fehlers angesehen haben. Dieses hätte aber ganz anders aussehen und vor allem von einer klaren Analyse der Folgen begleitet sein müssen. Analoges gilt übrigens auch für ihre Aussage: „Ein 2015 darf sich nicht wiederholen" oder

---

[12] Begründung: „Solange sich der Sitzungsvorstand einig ist, dass Beschlussfähigkeit besteht, kann demnach kein Hammelsprung stattfinden".
https://www.welt.de/politik/deutschland/article196023245/Bundestag-Deshalb-durfte-Claudia-Roth-der-AfD-Hammelsprung-verweigern.html, zuletzt aufgerufen am: 24.4.2024.

[13] https://www.welt.de/print/die_welt/politik/article205790225/Sozialdemokraten-in-NRW-wollen-Anti-AfD-Antrag-einbringen-und-scheitern.html, zuletzt aufgerufen am: 24.4.2024.

[14] Ich möchte ausdrücklich betonen, dass die halbherzige Entschuldigung der Kanzlerin für das Corona-Desaster, diese Meinung eher bestärkt als widerlegt, s. Kap. 16 und https://www.sueddeutsche.de/politik/merkel-entschuldigung-osterruhe-wortlaut-1.5245458, zuletzt aufgerufen am: 24.4.2024).

das ‚Eingeständnis' einer Art Kollektivschuld für die Fehleinschätzungen in der Afghanistankrise im August 2021, s. Kap. 4. Man muss sich schon fragen, wo die Charakterköpfe und Persönlichkeiten geblieben sind, die in der (west-)deutschen Politik der Nachkriegsjahre durchaus noch sichtbar waren, ja denen man sogar historische Verdienste zuschreiben kann oder die erinnerungswürdige Akzente gesetzt haben. Ein großer Teil der Bevölkerung kann sie nicht mehr entdecken; stattdessen hat sich im Politbetrieb eine regelrechte Negativelite etabliert.

Zum Verständnis der politischen Situation sollten wir uns zuerst den beiden Parteien zuwenden, von denen man wenige Monate vor der Bundestagswahl 2021 noch annahm, dass sie die nächste Regierung stellen würden, nämlich CDU/CSU und Grüne. – Die CDU hat unter ihrer langjährigen Kanzlerin eine sichtbare Verschiebung nach Links-Grün erfahren, und zwar in einer so dramatischen Weise, dass die Konturen dieser ehemals konservativen Partei kaum noch zu erkennen sind. In einer Art Selbstentlarvung hatte sich die Ex-Kanzlerin sogar so weit herbeigelassen, dass sie die CDU als eine Partei bezeichnete, „die ihr nahe steht".[15] Selbst wenn es in Zukunft nicht zu einer Spaltung der Partei kommt (was wegen der Gründung der Partei ‚WerteUnion' keineswegs auszuschließen ist), dann wird die CDU trotzdem erhebliche Wählerverluste hinnehmen müssen,[16] es sei denn, sie kann ihr Profil gegenüber den Parteien im links-grünen Spektrum wieder klarer abgrenzen. Merkel hat die CDU so weit entkernt, dass letztere selbst für viele Stammwähler nicht mehr wählbar ist (sie selbst hätte eher zu den Grünen als zum konservativen Teil ihrer eigenen Partei gepasst). Bereits jetzt sind unübersehbare Zerfallserscheinungen innerhalb der CDU/CSU festzustellen, etwa in der innerparteilichen Auseinandersetzung um die ehemalige überparteiliche Organisation ‚Werteunion', s. Kap. 2, oder im Zusammenhang mit dem in Qualen vollzogenen Rücktritt ihres durch die Wahl abgestraften Kanzlerkandidaten.[17]

Bleiben wir zunächst bei der von 2005 bis 2021 amtierenden **Bundeskanzlerin** und ihren ‚Verdiensten', wobei wir feststellen müssen, dass eine erhebliche Diskrepanz besteht zwischen ihrem Ranking in der Beliebtheitsskala von Politikern und ihrer tatsächlichen Bilanz. Bereits vor dem eingangs erwähnten

---

[15] Welch ein Freudscher Versprecher. Niemand, der ein überzeugtes Mitglied seiner Partei ist - ganz gleich welcher Couleur - würde sagen, dass er seiner Partei „nahe steht", das drückt doch eher eine unübersehbare Distanz aus.

[16] Diese Prognose ist sogar bei der Bundestagswahl 2021 bittere Wahrheit für die CDU/CSU geworden.

[17] Von der spitzzüngigen Torpedierung des Unions-Kanzlerkandidaten 2021 durch den bayrischen Ministerpräsidenten ganz zu schweigen. Auf die Blamage des von der AfD lancierten Vorschlags, den Vorsitzenden der Werteunion als Kandidaten für die Bundespräsidentschaft zu nominieren, und dessen Rauswurf aus der CDU kommen wir in Kap. 13 noch zu sprechen.

Thüringendebakel gab es viele Ereignisse, die trotz ihrer strategischen Auswirkungen weder im öffentlichen Raum noch im Parlament ausreichend diskutiert worden sind, die sich m.E. aber als schwere Fehler ihrer Regierung herausgestellt haben. Da wir auf die Fehler in der Europapolitik, insbesondere im Zusammenhang mit der sogenannten ‚Griechenland- bzw. Eurorettung' noch ausführlicher eingehen werden (s. unten und Kap. 3), wäre hier zunächst der überhastete Atomausstieg zu nennen.

Die angstvolle Reaktion auf eine Naturkatastrophe wie in Fukushima und deren oberflächliche Behandlung in der Öffentlichkeit kann nur als Populismus bezeichnet werden. Zum einen war die japanische Situation mit der in Deutschland überhaupt nicht vergleichbar (Fukushima liegt in einem Risikogebiet für Erdbeben und Tsunamis), und zum anderen wurden noch falsche Informationen verbreitet (völlig übertriebene Anzahl der Todesopfer, die als *direkte* Folge der Reaktorkatastrophe zu beklagen seien, s. Kap. 7). Obwohl es zunächst einen vernünftig gestuften Ausstiegsplan aus der Atomkraft mit einem vertretbaren Zeithorizont bis 2038 gab, wurde dieser jedoch unter dem Eindruck der genannten Katastrophe zurückgenommen. Dabei ist eine drastische Verkürzung der bereits festgelegten ursprünglich längeren Laufzeiten beschlossen worden, ohne die Tatsache zu berücksichtigen, dass der Einsatz der alternativen Energien in naher Zukunft den nationalen Energiebedarf nicht kontinuierlich decken können wird. Darüber hinaus hat der durch die letzten beiden Regierungen zu verantwortende gleichzeitige Ausstieg aus Atomenergie und Kohleverstromung gigantische Ausgleichszahlungen an die Stromversorger und einen erheblichen Anstieg der Strompreise (u.a. durch die EEG-Umlage) zur Folge gehabt, s. hierzu Kap. 15.

Wenn man schon auf fossile Brennstoffe wegen des Klimazieles der CO_2-Reduzierung verzichten will, dann bleibt eben als verlässlicher Stabilisator der Energieversorgung neben Solar- und Windenergie und dem uns in Abhängigkeiten bringenden Erdgas praktisch nur noch die Kernenergie (für eine detailliertere Diskussion s. Kap.14). Aber selbst dann, wenn man einen Atomausstieg für erforderlich hält, kann das heutzutage nicht mehr im nationalen Alleingang geschehen. Es ist einfach nicht sinnvoll, dass wir in Deutschland hochmoderne AKWs abbauen, wenn kurz hinter der Grenze weiterhin veraltete und zum Teil sogar für deutsche Städte gefährliche Atomkraftwerke arbeiten, von denen wir dann bei Energie-Engpässen Strom beziehen müssen. Auf die Folgen der Abkopplung vom Know-how in der weiteren Entwicklung der Kernenergieforschung (Kernfusion, Flüssigsalz-Reaktoren usw.) werden wir noch gesondert eingehen, Kap. 15.

Wie bereits erwähnt, sind im Rahmen der sogenannten *Griechenland-Rettung* nach Auffassung vieler Experten gravierende Fehlentscheidungen getroffen worden (Stichworte: Bankenrettung, Schuldentransfer). Dies zu beurteilen ist m.E. Sache der Fachleute, da hier ein kaum lösbarer Konflikt zwischen ökonomischen und geopolitischen Zielen bzw. Entscheidungskriterien vorlag. Was man aber sogar als ‚Normalbürger' bemängeln muss, war die absolut unzureichende Diskussion im Parlament und in der Öffentlichkeit über die weitreichenden Konsequenzen der im Raum stehenden Alternativen. Insbesondere die Abwägung zwischen den finanziellen Folgen eines Ausscheidens Griechenlands aus dem Euroraum oder gar aus der EU ist m.E. gegenüber dem gegebenenfalls entstehenden geopolitischen Schaden nicht transparent genug durchgeführt worden. Schließlich ist noch zu hinterfragen, ob bei den Entscheidungen sogar europäisches Recht (im konkreten Fall der Maastricht-Vertrag) gebrochen worden ist.

Einer der schwersten Fehler mit Langzeitfolgen war die eigenmächtige *Grenzöffnung* im Jahr 2015 durch die Kanzlerin. Dieser Fehler wurde nie wirklich zugegeben (es sei denn, man sieht den später verschämt geäußerten Satz „2015 wird sich nicht wiederholen!" als eine Art ‚Schuldeingeständnis' an). Eine solch einschneidende Entscheidung hätte niemals ohne intensive Einbeziehung des Parlaments getroffen werden dürfen (sogar der Innenminister soll nach eigenen Aussagen davon überrascht worden sein, da er angeblich ‚nicht erreichbar' gewesen war). Als besonders empörend ist in diesem Zusammenhang das Statement der Kanzlerin zu werten, das sinngemäß lautete: „Wenn ich mich für diese Handlung noch entschuldigen muss, dann ist das nicht mein Land". Diese Hybris der eigenen Machtvollkommenheit erinnert an finsterste Zeiten Deutschlands[18] und provoziert geradezu zur Forderung, dann solle sie sich doch lieber ein anderes Land bzw. Volk wählen.

In diesem gesamten Kontext kann man eindeutig von einer Verletzung des Verfassungsauftrags der Regierenden sprechen, nämlich Schaden vom deutschen Volk abzuwenden. Ganz abgesehen davon wurden gleich mehrere Verträge wie das Dublin-Abkommen bzw. das Schengen-Abkommen unterlaufen. Das Ergebnis war eine unkontrollierte Einwanderung von Nicht-Asylberechtigten, von religiösen Fundamentalisten und das Anwachsen der Zahl von Terroranschlägen, s. Kap. 8. Die negativen Folgen dieser Politik werden nachweislich auch heute noch nicht beherrscht, und der Flüchtlingsstrom nach Deutschland geht ungebremst weiter (man hat absolut nichts gelernt). Da die vom Asylgesetz vorgesehene Abschiebung von nichtberechtigten Asylbe-

---

[18] Es hat schon einmal einen Egomanen in der deutschen Geschichte gegeben, der seiner eigenen Persönlichkeit einen höheren Wert beimaß als seinem Volk.

werbern nur in den seltensten Fällen realisiert werden kann oder gar von Kirchen, NGOs bzw. den links-grün orientierten Parteien hintertrieben wird, kann der Slogan „Wir schaffen das!" nur als populistische Lüge zur Beruhigung der Bevölkerung gewertet werden. Oder waren die Verantwortlichen nicht in der Lage, die Auswirkungen ihrer Entscheidungen richtig abzuschätzen? - Beides wäre unerträglich. Auch der moralische Gestus, mit dem Angela Merkel das alles vorgetragen hat, war mehr als durchsichtig. Wie kann man eine Versprechung, die in dem genannten Slogan steckt, als ethisch wertvoll ansehen, wenn vielen von Anfang an klar war und heute für die meisten offensichtlich ist, dass sich die implizierten Erwartungen nicht halten lassen (weder für die Asylanten noch für die aufnehmende Bevölkerung). – Den Gipfel der Zumutung im Angesicht des grandiosen Scheiterns ihrer Asylpolitik (s. Kap. 8) bildete die Aussage der damals noch amtierenden Bundeskanzlerin im November 2021 „Ja, wir haben das geschafft".[19].

Im Nachhinein kann man den Merkelschen Politikstil eher durch ‚Reagieren' als durch ‚Regieren' charakterisieren. In einem Zeitungsartikel eines bekannten Magazins wird eindrücklich beleuchtet, in welch starker Weise ihr Regierungshandeln von Meinungsumfragen und weniger von eigenen klaren Einsichten geleitet war.[20] – Trotz der breiten Anerkennung, welche die Kanzlerin vielfach im In- und Ausland genoss,[21] wurde ihr Auftreten auch dort nicht selten als arrogant und moralisch überhoben angesehen. Das betrifft nicht nur ihre Haltung gegenüber Ungarn oder überhaupt gegenüber allen Ländern, die ihre verfehlte Asylpolitik nicht mittragen wollten, sondern beispielsweise auch Großbritannien.[22] Es ist also wenig überraschend, dass man oft als Zitat den vorwurfsvollen Satz zu lesen bekommt: „An deutschem Wesen soll die ganze Welt genesen", diesmal eben unter hehren moralischen Vorzeichen. Eine Regierung, die so eklatant Verfassungsgrundsätze bricht, wie die deutsche, sollte überhaupt sehr zurückhaltend sein, anderen Staaten moralische Vorhaltungen zu machen.[23]

---

[19] https://www.sueddeutsche.de/politik/merkel-migranten-2015-wir-schaffen-das-1.5458741, zuletzt aufgerufen am: 24.4.2024.

[20] https://m.focus.de/politik/deutschland/meinungsforschung-fuer-merkel-die-umfrage-kanzlerin-merkels-geheime-wochenberichte-erstmals-veroeffentlicht_id_13454636.html, zuletzt aufgerufen am: 24.4.2024.

[21] Es ist generell zu hinterfragen, ob es ein gutes Zeichen ist, wenn das eigene Staatsoberhaupt großen Beifall von fremden Regierungschefs bekommt, die ja ihre eigenen Interessen und nicht die der Deutschen vertreten.

[22] https://www.tichyseinblick.de/daili-es-sentials/britische-sicht-auf-angela-merkel-autoritaer-und-grenzenlos-arrogant/, zuletzt aufgerufen am: 24.4.2024.

[23] Man muss der ehemaligen Kanzlerin jedoch auch Gerechtigkeit widerfahren lassen. Gegenüber der jetzigen feministischen Außenministerin war sie in internationalen Angelegenheiten eine wahre Lichtgestalt.

Symptomatisch für den Verfall des Nationalgefühls unter Merkels Regierung, die dem links-grünen Zeitgeist hinterherhechelte, war ihre anlässlich der Feier des letzten CDU/CSU-Wahlsiegs gezeigte Verachtung für die deutsche Fahne.[24] Eine ähnlich demonstrative Missachtung nationaler Symbole hätte in vielen Ländern, insbesondere in den USA, einen Entrüstungssturm in der Bevölkerung hervorgerufen (in Deutschland gab es bestenfalls ein Rauschen im Blätterwald und etwas Empörung im Internet).[25] Damit begibt sich die Kanzlerin in gefährliche Nähe zu Leuten, die den Begriff Vaterlandsliebe zum Kotzen finden, oder den Spruch „Deutschland verrecke" weit sichtbar auf Berliner Dächern anbringen, s. Kap. 13. Man fragt sich, warum eigentlich Soldaten im Auslandseinsatz oder Polizisten im Inneren einen Staat unter Einsatz ihres Lebens verteidigen sollten, dessen führende Politiker eine solche Missachtung für ihr eigenes Land und dessen Symbole offen zeigen oder zumindest stillschweigend tolerieren.[26]

Auch die Performance anderer Regierungsmitglieder der Merkel-Zeit war nicht sehr ermutigend. Zunächst versuchte der *Innenminister* in Sachen Asylpolitik eine Art Kontrapunkt zu der von der Kanzlerin vertretenen Linie zu setzen, da er damals mit Recht die Migrationsfrage als „Mutter aller Probleme" apostrophierte.[27] Ja, er hat darüber hinaus von einer „Herrschaft des Unrechts" gesprochen, was ihn allerdings nicht hinderte, diejenigen aus dem feindlichen Lager (Pegida, AfD u.a.) massiv zu verunglimpfen, die zuerst auf die anstehenden Probleme hingewiesen haben. Obwohl die Regierungskritiker mit ihren zum Teil in recht scharfen Tönen vorgetragenen Warnungen („Kriminelle Ausländer raus!", „Wir wollen keinen Import islamischer Probleme nach Deutschland" usw.) doch recht hatten, hat dies nie jemand zugegeben. Von der ursprünglich kritischen Haltung des Innenministers zur Asylfrage war später kaum noch etwas zu spüren. – Auch im Zusammenhang mit dem unerträglichen „Chemnitz-Bashing" im Sommer 2018, s. Kap. 5, hat er den damaligen Präsidenten des Verfassungsschutzes, den er zunächst noch zum Staatssekretär ernennen wollte, schmählich im Stich gelassen. Das Gleiche kann von der ihm

---

[24] https://www.youtube.com/watch?v=q8PNgxbTE0o, zuletzt aufgerufen am: 24.4.2024.

[25] Welch ein Kontrast zum ‚Kanzler der Einheit' der bei seiner Rückkehr von seiner Begegnung mit Gorbatschow im Flugzeug mit Journalisten noch auf das Wohl Deutschlands anstieß.

[26] Analoges zur eben geschilderten Verachtung für Nationalgefühl und nationale Symbole zeigt sich im Sport, wo die Deutsche Nationalmannschaft so en passant und angeblich aus Gründen der besseren Vermarktung zwischenzeitlich schlicht in „die Mannschaft" umbenannt wurde (es ist allerdings zu vermuten, dass eine solch fragwürdige, mittlerweile revidierte Entscheidung lediglich ein Einknicken gegenüber dem links-grünen Mainstream war). Bei dieser politischen Überfrachtung des Sports und dem fehlenden Patriotismus sind die damaligen beträblichen Leistungen der Fußball-Nationalmannschaft, die im Web nur noch mit Hohn verfolgt wurden, kein Wunder mehr.

[27] Inzwischen haben wir sicher schon eine Handvoll an „Müttern von Problemen".

gebotenen Fürsorgepflicht gegenüber seinen Polizisten gesagt werden, die eine Autorin einer linken Tageszeitung am liebsten auf dem Müll entsorgt wissen wollte, s. Kap. 2 und 5.[28]

Die ehemalige *Vorsitzende der Grünen* und jetzige Außenministerin ist vor allem durch unqualifizierte Bemerkungen, selbstgerechte Äußerungen und Schönung ihrer Biographie aufgefallen (Verwechslung von ‚Kobalt‘ mit ‚Kobold‘; Rede von 360°-Wendungen, unberechtigte Selbstinszenierung als Völkerrechtlerin usw., s. hierzu Kap. 2 und 13). Ja, sie hielt sich sogar für befähigt, das Amt der Bundeskanzlerin zu übernehmen, wobei besonders erschreckend ist, dass sich das ein nicht unerheblicher Teil der Bevölkerung auch noch herbeigewünscht hatte.[29] Der damalige Kovorsitzende der Grünen wollte eigentlich ebenfalls deutscher Bundeskanzler werden, obwohl er mit dem Begriff ‚Vaterland‘ und mit Deutschland nach eigenem Bekunden nicht viel anfangen kann.[30] In einem seiner Bücher hatte er sogar geäußert: „Vaterlandsliebe fand ich stets zum Kotzen. Ich wusste mit Deutschland noch nie etwas anzufangen und weiß es bis heute nicht".

Überhaupt kann die ausgeprägte Selbstüberhebung bei gleichzeitig nachgewiesener Ignoranz vieler Grünenpolitiker*Innen nur anhand des Dunning-Kruger-Effekts erklärt werden (s. Wikipedia). – Man erinnere sich nur an eine Talkshow vor Jahren, als die ehemalige Bundestagsvizepräsidentin und jetzige Kulturstaatsministerin Roth den Bayrischen Ministerpräsidenten im Zusammenhang mit der Aufnahme der Türkei in die EU anbellte: „Wovor haben Sie denn Angst?". Ich glaube, im Moment schaut kein verantwortlicher Politiker ohne Sorgen auf die Re-Islamisierung in der Türkei, und bei keinem ernstzunehmenden Politiker steht der EU-Beitritt der von Erdogan dirigierten Türkei mehr auf der Agenda (dafür aber neuerdings der EU-Beitritt der Ukraine). – Wie weit die Grünen heute links stehen, zeigt übrigens die Forderung der ehe-

---

[28] Diese Charakterlosigkeit und seine ständigen Kehrtwendungen haben ihm im Web sogar einen ‚Ehrennamen‘ eingebracht (generiert durch Ersetzen der ersten Silbe seines Familiennamens durch „Dreh-"). Und nicht umsonst wurde er mit seinem ‚flammenden Aufbegehren‘ mit jemand verglichen, der als Tiger startet und als Bettvorleger landet. - Wie es aussieht, wird dem neuen CDU-Vorsitzenden (2022) das gleiche Schicksal zuteil werden.

[29] Man stelle sich nur vor, dass eine solche ‚Regierungschefin‘ einem Yi Yin Peng oder einem Putin in Verhandlungen gegenübersteht oder in einem Konflikt wie in Afghanistan militärische Entscheidungen zu treffen hat.

[30] Viele Grünen-Wähler hielten ihn sogar für den besseren Kandidaten. Nur seinem ‚Edelmut‘ und der Frauen-Präferenz bei den Grünen war es letztlich zu verdanken, dass er seiner Kovorsitzenden den Vortritt bei der Bundestagswahl 2021 gelassen hat (was ja dann auch Gott sei Dank gründlich schiefgegangen ist und ein weiteres Beispiel für die Sinnlosigkeit dogmatisch verstandener Frauenquoten liefert).

maligen Fraktionsvorsitzenden Künast, die Finanzierung der Antifa zu verstetigen.[31]

Die SPD ist durch einen unglaublichen Niedergang gekennzeichnet, zumindest wenn man ihren Zustand an ihrer früheren Bedeutung als große Volkspartei misst. Dabei bestand schon bei der Wahl 2021 eine tiefe Kluft zwischen ihrem Kanzlerkandidaten und der Basis, die lieber zwei stark links orientierte relativ unbekannte Politiker als ihn zu Vorsitzenden gewählt hatte. Dazu passt dann der ehemalige Juso-Vorsitzende und spätere Generalsekretär (ein weiterer Studienabbrecher), der Enteignungsideen zur Überwindung des Kapitalismus nachhängt, ohne zu erklären, wie das erst unlängst gescheiterte Modell eines kollektiven Eigentums verbessert und funktionsfähig gemacht werden könnte. Die SPD-Kovorsitzende sympathisiert bei Twitter sogar offen mit der Antifa (s. Kap. 13), und ein anderer Repräsentant dieser Partei wirft schon mal Atomkraftbefürworter („Atomfans" wie er sie dümmlich abschätzig nennt) mit „Impfgegnern, Coronaleugnern (sic!) und Rechtsradikalen" völlig unreflektiert in einen Topf.[32] – Trotz der drastisch gesunkenen Anhängerschaft der SPD darf man sich nicht darüber hinwegtäuschen, dass sie immer noch einen erheblichen Einfluss auf die Medienlandschaft und starke Anteile an überregionalen Presse-Erzeugnissen besitzt. s. Fußnote oben und Kap. 7. Ungeachtet dessen sollte sich die SPD nicht von der Tatsache einschläfern lassen, dass sie die Bundestagswahl 2021 gewonnen hat und nunmehr den Kanzler in einer Ampel-Koalition stellt. Das dürfte eher der Schwäche ihrer politischen Wettbewerber als ihrer eigenen Stärke geschuldet sein. Und im übrigen sollte sie nicht vergessen, dass die FDP durch einen plötzlichen Seitenwechsel durchaus schon einmal einen SPD-Kanzler zu Fall gebracht hat. Besonders beunruhigend dürfte für die SPD-Mitglieder und Anhänger jedoch die Tatsache sein, dass ihre Partei in Umfragen bereits deutlich hinter der verfemten AfD liegt.[33]

Die Partei ‚die Linke' ist sehr heterogen zusammengesetzt, was sich etwa an der politischen Wirksamkeit der ehemaligen Fraktionsvorsitzenden in der Öffentlichkeit auf der einen Seite und ihrer gleichzeitigen Diskreditierung durch die Parteiführung auf der anderen Seite sowie der linksradikalen Vergangenheit einer ihrer jetzigen Vorsitzenden zeigt, die dem trotzkistischen Netzwerk Marx21 nahe steht. - Ein verflossener Vorsitzender der Linken musste sogar die auf einer Strategiekonferenz seiner Partei erhobene Forderung nach Erschießen von 10% der Reichen in eine Zwangsumerziehung derselben zur

---

[31] https://wetzlar-kurier.de/1328-kunast-grune-fordert-finanzierung-linksradikaler-gewaltgruppen/, zuletzt aufgerufen am: 24.4.2024.

[32] https://twitter.com/Ralf_Stegner/status/1477663408220778502, zuletzt aufgerufen am: 24.4.2024.

[33] https://www.wahlrecht.de/umfragen/, zuletzt aufgerufen am: 12.11.2023.

Arbeit abmildern.[34] Bezeichnend ist ebenfalls, dass sie wirklich autonome und geistvolle DenkerInnen nur schwer in ihren eigenen Reihen dulden kann.[35] Den Anfang vom Ende markiert allerdings die Bekundung der ‚Renegatin' Wagenknecht, mit mehreren Genossen aus der Partei auszutreten und im Januar 2024 eine eigene linke Partei zu gründen, was ja dann auch planmäßig vollzogen wurde. Damit dürfte die derzeitige Linke ihren Fraktionsstatus verlieren und bei den nächsten Wahlen aus dem Bundestag verschwinden.

Die AfD, die aufgrund der Schwäche der CDU eine echte Chance hätte, eine in weiten Teilen der Bevölkerung akzeptierte Oppositionspartei zu werden, ist nach den Worten ihres ehemaligen Vorsitzenden immer noch ein „gäriger Haufen". Kennzeichnend ist, dass ihr immer wieder die intellektuell über dem Durchschnitt stehenden herausragenden Führungsfiguren davonlaufen (wenn auch unter denen einige Egomanen zu verzeichnen waren). Sie schafft es nicht, ihre deutschnationalen Ränder auch mit deren immer wieder provozierenden Äußerungen einzuhegen (s. Kap. 13) und gibt so dem politischen Gegner ständig neue Steilvorlagen als Basis für eine offen betriebene Diskriminierung. Von einer für die Wähler attraktiven Opposition würde man auch erwarten, dass sie nicht nur kritisiert (wie oft das auch berechtigt sein mag), sondern dass sie selbst konstruktive Änderungsvorschläge einbringt. An Letzterem mangelt es oft, oder es werden - wie im letzten Parteiprogramm - radikale Schritte vorgeschlagen (wie der sofortige EU-Austritt), die wenig realistisch sind. Allerdings profitiert die AfD erstaunlicherweise als einzige Partei von den eklatanten Fehlern der Ampelregierung (was aber auch zum Teil dem Versagen der CDU als Oppositionspartei geschuldet ist). Es ist schon erstaunlich, dass die demokratische Wahl eines AfD-Landrates in dem sehr kleinen Landkreis Sonneberg fast die gesamte links-grüne Welt in Schnappatmung verfallen und unter Verdrehung der Tatsachen den bevorstehenden Untergang der Demokratie proklamieren lässt, s. Kap. 13.

Insgesamt sieht die Bestandsaufnahme für unser Land im letzten Dezennium nicht gut aus, wofür natürlich zuallererst die Bundesregierung, aber auch der gleichsam staatstragende links-grüne Mainstream und in dessen Gefolge die MSM die Verantwortung tragen (s. Kap. 7 und 13). Paradoxerweise sind immer stärker totalitäre Züge gerade in der Politik derjenigen Parteien festzustellen, die sich gern als ‚Antifaschisten' und als ‚Demokraten' gerieren. Sie

---

[34] Ich habe im Laufe meines Berufslebens einige Personen aus dieser Zielgruppe kennengelernt. Ja, das waren mitunter Leute, mit denen nicht gut Kirschen essen ist. Aber eines kann man denen nicht nachsagen, nämlich dass sie es notwendig hätten, von den Linken zur Arbeit erzogen zu werden.

[35] https://www.sueddeutsche.de/politik/linke-wagenknecht-ausschlussverfahren-1.5336951, zuletzt aufgerufen am: 24.4.2024.

wollen es nur nicht wahrhaben, brauchten hierzu aber nur bei Hannah Arendt nachzulesen, die schon vor Jahrzehnten das Bestreben, den Menschen und dessen Sprache bzw. Denken umzuformen, als ein Wesensmerkmal totalitärer Systeme herausgearbeitet hat, s. hierzu Kap. 10.

Eine besonders betrübliche Rolle bei der Zerstörung des Zusammenhalts unserer Nation haben die beiden letzten *Bundespräsidenten* gespielt.[36] Obwohl beide wiederholt in salbungsvollen Worten zur Einheit und zur Überwindung von Hatespeech aufriefen, haben sie nach besten Kräften zur Vergiftung des Klimas in unserem Land beigetragen. Der Eine, indem er in anmaßender Weise unser Land in einen „hellen" und in einen „dunklen" Teil aufspaltete, wobei er selbstverständlich die ihm politisch Fernstehenden in „Dunkeldeutschland" verortete und sich selbst (wie kann es anders sein) als Vertreter des hellen Teils gerierte. Eine typische Pharisäerhaltung: „Herr ich danke Dir, dass ich nicht so bin wie die anderen Leute", Luk 18,11.[37] – Der heutige Bundespräsident hat sich als ebenso unwürdiger Nachfolger immer wieder durch seine einseitige Stellungnahme gegen ‚Rechts' und seine Sympathien für ‚Links' hervorgetan, s. hierzu Kap. 7 und 13. Dass er sich dabei auch nicht vor Grenzüberschreitungen scheut, hat der Fall der angeblichen ‚Hetzjagden von Chemnitz' gezeigt. Damals hatte er sofort Konzerte ‚gegen Rechts' unterstützt und nicht einmal davor zurückgeschreckt, dafür eine als linksradikal geltende Band zu empfehlen, die Liedtexte verwendet wie: „Die Bullenhelme - sie sollen fliegen, Eure Knüppel kriegt Ihr in die Fresse rein und danach schicken wir Euch nach Bayern, denn die Ostsee soll frei von Bullen sein." oder etwa „Deutschland ist Scheiße. Deutschland ist Dreck. Deutschland verrecke. Das wäre wunderbar".[38]. Eine schlimmere Hetze haben wir in der DDR nicht einmal von Polit-Agitatoren wie Karl-Eduard v. Schnitzler erlebt.

Auf die Causa ‚Chemnitz' soll hier etwas näher eingegangen werden, weil sie prototypisch für die verfahrene Situation in Deutschland ist. Was war dort geschehen? Im Sommer 2018 hatte ein der Polizei als äußerst gewaltbereit bekannter Asylbewerber aus dem Irak einen Deutsch-Kubaner erstochen, was zu Massenprotesten unter der Bevölkerung führte (man vergleiche hierzu die

---

[36] Für die Konstituierung einer Gruppierung von Menschen als Nation dürften Merkmale wie gemeinsame Sprache, Kultur und Wertevorstellungen sowie ein Gemeinschaftsgefühl dieser Gruppe (das Nationalgefühl) eine viel entscheidendere Rolle spielen als biologische oder ethnische Homogenität. Letztere wird vor allem von den extremen Rechten, insbesondere von den Identitären, unberechtigt überbetont.

[37] Als theologisch Gebildeter sollte er doch wissen, was Lukas etwas weiter unten im gleichen Evangelium über jene sagt, die sich selbst erhöhen und andere erniedrigen.

[38] https://rp-online.de/kultur/musik/wer-ist-feine-sahne-fischfilet-kritik-an-band-in-chemnitz_aid-32387353, zuletzt aufgerufen am: 10.4.2024.

genaueren Informationen im Focus[39] mit der diesbezüglichen verschleiernden Darstellung in der Süddeutschen Zeitung;[40] letztere übrigens ein Paradebeispiel für ,Lügenpresse'). Aufgrund eines einzigen Videos einer linken Organisation, das weder die Agierenden noch den Kontext klar ersichtlich machen konnte, wurde von den ÖRM und von Regierungsseite bald von ,rechten Hetzjagden' geredet. Die eigentliche Ursache der berechtigten Bürgerproteste (ein Mord auf offener Straße, begangen von einem hier Hilfe suchenden Migranten) wurde bald vergessen und die berechtigte öffentliche Erregung dahingehend politisch verunglimpft, dass von den ÖRM nur noch von ,rechten Ausschreitungen' berichtet wurde (der Deutschlandfunk sah Chemnitz sogar schon „auf dem Weg in eine Lynchokratie").[41] Offenbar glaubten die ÖRM, sich im Kampf um die edle Sache (,Kampf gegen Rechts') keinerlei sprachliche Hemmungen auferlegen zu müssen, s. hierzu Kap. 10. – Selbst als der Sächsische Ministerpräsident konstatieren musste, dass es in in Chemnitz keine ,Hetzjagden' gegeben hat,[42] wurde die amtlich herausgegebene Sprachregelung beibehalten. Als der Regierungssprecher in einer Pressekonferenz auf diese Diskrepanz und die völlig unangebrachte Wortwahl angesprochen wurde, konterte er nur dreist: „Man solle doch keine semantischen Spitzfindigkeiten treiben".[43] Bemerkenswert ist, dass sich die Berichterstattung der ÖRM fast ausschließlich auf die später dann tatsächlich stattgefundenen, stark von Rechten und linksextremen Gegendemonstranten getragenen Krawalle in Chemnitz konzentrierten. Der eigentliche Anlass, nämlich die Ermordung eines Bürgers mitten in der Stadt und am helllichten Tage sowie die Ignoranz der Regierenden gegenüber der berechtigten Empörung der Bürger, spielten da schon gar keine Rolle mehr. Wenn man die wochenlange hysterische Berichterstattung der ÖRM über die Vorgänge in Chemnitz mit dem Totschweigen der gewalttätigen (von Ausländern begangenen) Ausschreitungen in Stuttgart, Berlin, Hamburg oder Essen durch die gleichen Medien vergleicht (s. hierzu Kap.

---

[39] https://m.focus.de/politik/gerichte-in-deutschland/kommentar-frau-merkel-herr-seehofer-lesen-sie-bitte-diesen-artikel-zum-fall-chemnitz-bis-zum-ende_id_10532085.html, zuletzt aufgerufen am: 24.4.2024.

[40] https://www.sueddeutsche.de/politik/2.220/ausschreitungen-eine-stadt-ausser-kontrolle-1.4106465, zuletzt aufgerufen am: 24.4.2024.

[41] https://www.deutschlandfunkkultur.de/chemnitz-und-karl-marx-stadt-auf-dem-weg-in-eine.1005.de.html?dram:article_id=426871 – Seite inzwischen gelöscht., zuletzt aufgerufen am: 30.5.2024.

[42] https://www.t-online.de/nachrichten/deutschland/id_84397046/kretschmer-spricht-zu-chemnitz-es-gab-keinen-mob-es-gab-keine-hetzjagd-.html, zuletzt aufgerufen am: 24.4.2024.

[43] Dabei müsste doch jemand in dieser Position wissen, dass es bei Berichten über solche Ereignisse auf jede Nuance in der Wortwahl ankommt. - Insbesondere dann, wenn man selbst beim politischen Gegner sehr sorgsam über jeden sprachlichen Lapsus wacht.

7 und 8), wird die einseitige Berichterstattung und immer wieder stattfindende Meinungsmanipulation in den ÖRM deutlich sichtbar.

Besondere Brisanz hat die regierungsamtliche Behandlung der Ereignisse in Chemnitz durch den Fall Maaßen erhalten. Der damalige Präsident des Verfassungsschutzes Hans-Georg Maaßen hatte der Aussage des Regierungssprechers widersprochen, dass bei den Protesten in Chemnitz im Jahre 2018 (s. Kap. 5) „Hetzjagden auf Ausländer" stattgefunden hätten (man beachte den Plural in den offiziellen Verlautbarungen). Er betonte ebenso wie zunächst die Staatsanwaltschaft und der Ministerpräsident Sachsens, dass dafür keine belastbaren Beweise vorlägen. Der einzige vorhandene ‚Beleg' sei ein Video, dessen Authentizität ziemlich unklar sei.[44] Allein die Tatsache, dass er damit insbesondere der Kanzlerin und dem links-grünen Mainstream in deren Versuch widersprochen hatte, die Chemnitz-Ereignisse für den Kampf gegen ‚Rechts' zu instrumentalisieren, führte zu seiner Suspendierung. Über das schmähliche Verhalten des Innenministers in dieser Sache hatten wir bereits weiter oben berichtet. Aber selbst für den einfachen Bürger müsste klar sein, dass Maaßen recht hatte, denn für massive Ausschreitungen - wie sie behauptet wurden - gibt es im allgemeinen nicht nur einen einzigen Videobeweis (noch dazu dubiosen Ursprungs). Heutzutage finden sich bei wichtigen Ereignissen sofort Dutzende von Filmbelegen und Handy-Videos im Internet (und nicht nur eines; man denke etwa an die G20-Krawalle in Hamburg oder die Silvesterkrawalle 2022 in Berlin).[45]

Überhaupt gehen heutzutage Spitzenpolitikern Lügen und demagogische Aussprüche so glatt von der Zunge, wie das eigentlich nur von diktatorischen Regimes berichtet wird. So äußerte 2015 der damalige Finanzminister und spätere Bundestagspräsident, die Migration würde die Bürger keinen Euro kosten. Und dann verstieg er sich noch zu der Behauptung, dass Deutschland ohne Migration am Inzest zugrunde gehen würde.[46] – Der Arbeitsminister verbreitete einst in der Talkshow „Hart aber fair" sogar die bereits damals als unrealistisch erkennbare Zuversicht, dass durch Corona kein Arbeitsplatz verloren gehen werde, und der Finanzminister verkündete 2020 im Zusammenhang mit der

---

[44] https://youtu.be/RefA0nU4_Hk, zuletzt aufgerufen am: 24.4.2024.

[45] Dass sich dann später in die tagelangen Proteste in Chemnitz, die sich immer stärker aufschaukelten, auch Rechtsextreme einmischten, ist unbestritten, s. Kap. 13.

[46] Eine solche Aussage über eine Gemeinschaft von 80 Mio. Menschen zu machen, ist barer Unsinn. Man schätzt beispielsweise, dass es nicht mehr als 50.000 Neandertaler gegeben hat (höchstwahrscheinlich sehr viel weniger). Nach seriösen Berichten war der Bestand an modernen Menschen vor etwa 900.000 Jahren schon einmal auf ca. 1.300 Exemplare gesunken. Weder die Neandertaler noch die Spezies der heute lebenden Menschen hätten sich nach solch kruden Thesen als Population längere Zeit halten können, und uns würde es demnach gar nicht geben. – https://www.geo.de/wissen/forschung-und-technik/menschheit-waere-vor-900-000-jahren-fast-ausgestorben-33787714.html, zuletzt aufgerufen am: 24.4.2024.

Bekämpfung der Corona-Pandemie und deren Folgen, dass dafür genug Geld da sei (nein, es ist überhaupt kein Geld mehr da, sondern wir haben exorbitante Schulden).

Es wäre natürlich naiv zu glauben, dass in früheren Zeiten und anderen Gesellschaftsordnungen nicht gelogen worden wäre. Bekanntlich hat schon Machiavelli die Lüge des Fürsten praktisch für unumgänglich erklärt, und Goebbels verrat das Credo, dass man eine große Lüge nur oft genug wiederholen müsse, bis sie alle glauben. Die Erwartung, die wir an eine moderne Demokratie richten, ist nicht unbedingt darauf gerichtet, dass insbesondere von führenden Persönlichkeiten nicht gelogen wird (so wünschenswert das wäre). Nein, in einer gut funktionierenden Demokratie sollte es eine echte Volksvertretung durch das Parlament und dort insbesondere eine Opposition geben, die den Regierenden auf die Finger schaut sowie deren Fehler und Lügen aufdeckt. Darüber hinaus wäre es vor allem die Aufgabe der sogenannten ‚Vierten Gewalt' und eines kritischen Journalismus, Lügen (oder ‚alternative Fakten', wie es heute ironisch heißt) als solche zu entlarven. Auch das ist bestenfalls nur noch in stark eingeschränktem Maße gegeben oder wird teilweise sogar ins Gegenteil verkehrt, s. hierzu Kap. 7.

Heuchelei und Bigotterie finden sich auch und vor allem im Zusammenhang mit einer umweltfreundlichen Gesinnung und mit der Asylkrise. Da fliegt beispielsweise der damalige Fraktionsvorsitzende der Grünen in das Amazonasgebiet, um sich über die Vernichtung des Regenwaldes zu informieren (s. seinen Beitrag in [45]). Den damit verbundenen Kerosinverbrauch sowie die daraus resultierende Umweltverschmutzung hätte er sich und uns sparen können. Die Folgen der unreflektierten Grünen-Politik zur Erzeugung von Biodiesel aus Mais und Soja sowie die dadurch ausgelösten Brandrodungen in den Entwicklungsländern zur Gewinnung entsprechender Anbauflächen lassen sich heute sehr gut anhand von Satellitenaufnahmen von zu Hause aus erkennen (s. hierzu auch Kap. 14). Auch der Außenminister (2018-2021) musste sich unbedingt selbst über den Gletscherschwund in der Arktis informieren,[47] wahrscheinlich um sich persönlich der Eisschmelze entgegenzustemmen.[48] Sogar der Bundespräsident sah sich veranlasst, im Rahmen eines offiziellen Ecuador-Besuches ein eigenes Bild über die Situation der Echsen und Riesenschildkröten auf Galapagos zu gewinnen (es sei nur angemerkt, dass die

---

[47] https://www.t-online.de/nachrichten/ausland/internationale-politik/id_86278862/heiko-maas-in-der-arktis-wo-die-klimakrise-am-spuerbarsten-ist.html, zuletzt aufgerufen am: 24.4.2024.

[48] Dieser ‚Tourismus im Dienste der guten Sache' erinnert stark an die 1995 missglückte Reise einer anderen ehemaligen Bundesministerin (SPD) zum Mururoa-Atoll, die vermutlich auch die Dinge in der Südsee selbst in Ordnung bringen wollte.

Flugdistanz von Quito nach den Galapagos-Inseln ca. 1000 km beträgt und eine solche Reise einen beträchtlichen CO_2-Abdruck hinterlässt).[49] – Politiker scheuen auch nicht vor Selbstinszenierungen mit dem Elend zurück, wie die ehemalige Fraktionsvorsitzende der Grünen, die eigenhändig Migranten aus dem Mittelmeer zog, was ihr entsprechenden Spott eintrug.[50] Natürlich waren ganz zufällig auch Fernsehkameras vor Ort, die das propagandawirksam filmten.

Man kann durchaus eine Verzwergung und Selbstzerstörung Deutschlands feststellen, ohne dass man das vielgeschmähte, aber in großen Teilen zutreffende Buch von Sarrazin [69] heranziehen muss. Ein Staat, der sich zwar ausgiebig mit der Zerstörung seiner Sprache und Kultur befasst (s. Kap. 10), während sein Wirtschafts- und Finanzsystem sowie seine Energieversorgung in größter Gefahr sind (s. Kap. 15), kann sich im harten internationalen Wettbewerb nicht behaupten (von den durch die Asylkrise hervorgerufenen Problemen und Verwerfungen ganz zu schweigen, s. Kap. 8). Damit einher geht eine ausgesprochene Degeneration der Politiker-Kaste: Während starke Persönlichkeiten kaum noch zu sehen sind, nimmt die Zahl der politischen Leichtgewichte zu. Das drückt sich u.a. darin aus, dass vielfach Studienabbrecher und Halbgebildete das politische Klima bestimmen, was aber bei der Masse der Bevölkerung überhaupt nicht auf Widerstand stößt.[51] Man darf gar nicht daran denken, dass ein Land wie Deutschland, das einst an der Weltspitze von Technologie und Wissenschaft stand, nicht mehr in der Lage ist, einen Bahnhof (Stuttgart) oder einen Flughafen (Berlin) in angemessener Zeit zu bauen, s.u. Dafür können wir uns rühmen, etwa die gleiche Zahl an Gender-Lehrstühlen zu besitzen wie für Künstliche Intelligenz oder Pharmazie.[52] Mit dem gleichzeitig stattfindenden Werteverfall werden wir uns im nächsten Kapitel befassen, möchten aber bereits an dieser Stelle daran erinnern, welches Schicksal Kulturen und Staaten erlitten haben, denen der innere Wertekompass verloren gegangen ist (angefangen von den Römern über die Mayas bis hin zum gesamten Block der sozialistischen Staaten).

---

[49] https://www.spiegel.de/stil/frank-walter-steinmeier-auf-galapagos-a-1253383.html, zuletzt aufgerufen am: 24.4.2024.

[50] https://www.spiegel.de/spam/satire-spiegel-online-goering-eckardt-lesbos-fluechtlingskrise-a-1060635.html, zuletzt aufgerufen am: 24.4.2024.

[51] Während noch vor wenigen Jahren Plagiatoren auf Ministersesseln den Hut nehmen mussten, werden sie heute zu regierenden Bürgermeisterinnen oder Außenministerinnen gekürt.

[52] https://www.welt.de/wirtschaft/plus247262282/Deutschland-So-viele-Lehrstuehle-fuer-Gender-wie-fuer-Pharmazie-So-forciert-Deutschland-den-Abstieg.html, zuletzt aufgerufen am: 24.4.2024.

Der Abwärtstrend unseres Landes in allen Bereichen ist nicht mehr zu übersehen.[53] Das beginnt bereits mit dem Niedergang der Wirtschaft als Fundament einer Gesellschaft, wofür die Abwanderung von ganzen Industriezweigen ins Ausland, insbesondere nach China, ein untrügliches Symptom ist. Als Musterbeispiele hierfür können der Verkauf der Roboterfirma KUKA nach China[54] oder die Abwanderung der Dual-Fluid-Reaktor-Entwicklung nach Kanada angesehen werden.[55] Das erscheint besonders gravierend, da KI bzw. Robotertechnologie und abfallfreie Kernenergie-Erzeugung zu den Zukunftstechnologien gehören, s. hierzu [27, Kap. 8]. Aber auch die Verlagerung solcher für Deutschland wichtigen Branchen wie der Autoindustrie ins Ausland ist alarmierend (Näheres s. Kap. 15). – Als ein Beleg für Deutschlands schwindende Wettbewerbsfähigkeit kann der Bau des Berliner Flughafens gelten. Es hat ca. 14 Jahre bis zur Inbetriebnahme des BER gedauert, und das ganze Unternehmen hat viele Milliarden mehr als geplant verschlungen. Inzwischen sind im ‚Land der Mitte' ganze hochmoderne Städte wie Pilze aus dem Boden geschossen. Man vergleiche unser Tempo etwa mit der Geschwindigkeit, mit der in China Projekte wie die Neue Seidenstraße oder die trans-chinesische Eisenbahn bzw. die Lhasa-Bahn oder der Bau einer Stadt wie Chongqing (Tschungkin) vorangetrieben werden. Dabei ist China das Land (und nebenbei die zweitgrößte Wirtschaftsmacht der Welt), das unsere wertegeleitete Außenministerin mit ihrer feministischen Politik in die Schranken weisen möchte und dem sie „mit Härte" begegnen will.[56]

Eng einhergehend mit dem Niedergang der Wirtschaft ist eine Verzwergung der Wissenschaft zu beobachten. In den zwanziger Jahren des vergangenen Jahrhunderts musste man noch Deutsch lernen, um wissenschaftlich up-to-date zu sein; heute lernt man deswegen Englisch. Während die Kernspaltung noch eine deutsche Entdeckung war (Hahn und Straßmann am Kaiser Wilhelm-Institut in Berlin), legt Deutschland heute seine gesamte Atomindustrie lahm, und die entscheidenden Fortschritte bei der Ausnutzung der Atomenergie werden neuerdings im Ausland gefeiert.[57] Inzwischen ist der einstmals berechtigte Stolz auf das eigene Land einem Selbsthass und einer unglaublichen Selbsterniedrigung gewichen (s. hierzu Kap. 13), für die der weithin

---

[53] Auf den Bedeutungsverlust der EU werden wir noch zu sprechen kommen, s. Kap. 3.

[54] https://www.welt.de/wirtschaft/article184525100/Midea-Fall-Kuka-wird-zum-Suendenfall-fuer-den-Standort-D.html, zuletzt aufgerufen am: 24.4.2024.

[55] https://dual-fluid.com/de/wir-sind-ein-kanadisches-unternehmen/, zuletzt aufgerufen am: 24.4.2024.

[56] https://www.merkur.de/politik/spiegel-news-china-deutschland-strategie-auswaertiges-amt-annalena-baerbock-entwurf-scholz-zr-91922359.html, zuletzt aufgerufen am: 24.4.2024.

[57] https://www.business-punk.com/2022/01/kuenstliche-sonne-aus-china-fusionsreaktor-bricht-rekord/, zuletzt aufgerufen am: 24.4.2024.

sichtbare Schriftzug „Deutschland verrecke!" Zeugnis ablegt, der von linken ‚Aktivisten' in übergroßen Lettern auf den Dächern Berliner Häuser angebracht wurde, s. auch Kap. 2. Vermutlich sind wesentliche Ursachen für diese Verwerfungen bis auf die finstere Zeit des ‚Dritten Reiches' und die Folgen der links-grünen Pseudo-Aufarbeitung derselben zurückzuführen.

Als Pendant zu den genannten, äußerst beunruhigenden Tendenzen passt der Verlust unserer internationalen Bedeutung, die durch eine unter moralischer Hybris leidende Außenpolitik gekennzeichnet ist. Das begann schon unter dem vorherigen Außenminister, Heiko Maas, der den Vorschlag unterbreitete, „mit den USA an einem gemeinsamen Marshallplan für die Demokratie zu arbeiten". Dieser sollte sicher als Grundlage für den Export der ‚höheren' deutschen und amerikanischen Werte dienen, die wahrscheinlich niemand auf der Welt haben will.[58]. Allein aufgrund einer unsinnigen Quotenregelung bzw. einer engen Beziehung zur Kanzlerin/zum Kanzler wurden in Deutschland dreimal hintereinander Frauen ohne entsprechende Qualifikation und irgendeinen vorherigen Bezug zum Militär zu Verteidigungsministerinnen ernannt. Die auftretenden Fehler (Unregelmäßigkeiten bei der Beschaffung, Desaster in Afghanistan usw.) blieben bezeichnenderweise ohne entsprechende Konsequenzen. Eine der Verursacherinnen wurde sogar noch durch einen demokratisch in keiner Weise legitimierten Coup mit dem Posten der EU-Kommissionspräsidentin belohnt. Selbst Plagiatsvorwürfe oder ausdrückliche Bekundungen, nichts mit Deutschland oder Begriffen wie Vaterland anfangen zu können, sind im Deutschland der 2020er Jahre kein Hinderungsgrund Außen- bzw. WirtschaftsministerIn werden zu können. – Die Politiker aus Bayern geben zwar gern den polternden Macher (das betrifft sowohl den jetzigen als auch den ehemaligen Ministerpräsidenten bzw. den letzten Bundes-Innenminister) landen aber dann schnell als Papiertiger. Der aktuelle Ministerpräsident Söder hat nicht nur schwerwiegende Fehler in der Corona-Krise begangen, sondern er hat seine Politik auch noch mit falschen Zahlen untermauert.[59]

---

[58] Die Kombination von deutscher Moralanmaßung und Überschätzung der eigenen Machtposition wurde schon frühzeitig durch einen Witz treffend charakterisiert: Zwei Ameisen (eine davon heißt Heiko) wollen einen Elefanten niederringen und klettern deshalb seinen Rüssel hinauf. Da ruft die zweite Ameise als Ansporn: „Heiko, würg' ihn!". – Auch seine Nachfolgerin ist eine solche Ameise, die glaubt, einen Elefanten wie China würgen zu können. Sogar in Genderpolitik und Wokeness sind wir gemeinsam mit den USA führend, denn von dort kommt der ganze Spuk (s. hierzu Kap. 4). – https://taz.de/Heiko-Maas-Marshallplan-fuer-die-USA/!5738810/, zuletzt aufgerufen am: 24.4.2024.

[59] https://www.rtl.de/cms/nach-corona-datenpanne-wolfgang-kubicki-fordert-ruecktritt-von-markus-soeder-als-ministerpraesident-4895985.html, zuletzt aufgerufen am: 24.4.2024.

Der Vorsitzende der FDP machte sich bereits seit Jahren Schritt für Schritt immer kleiner, um ja in die Regierung zu gelangen (was er ja 2021 als Finanzminister auch geschafft hat) bzw. dort um jeden Preis zu verbleiben. Das endete dann schließlich mit der Aufgabe freidemokratischer Grundsätze im Jahr 2022, wie Bewahrung demokratischer Grundrechte und Einhaltung der Haushaltsdisziplin (um nur zwei zu nennen). Im Kontrast zu dem oben bereits zitierten Credo von 2017 scheint Christian Lindner nun geradezu an seinem Ministersessel zu kleben. Seine eigene Selbstverzwergung - und damit die seiner Partei - begann schon mit seinem unsäglichen Einknicken und dem Im-stichlassen seines als Ministerpräsidenten gewählten Parteigenossen in Thüringen (s.o.). Statt selbstbewusst der AfD die Themen abzunehmen und ihr das Wasser abzugraben, beteiligt er sich an der Tabuisierung von Fragen oder weicht ihnen aus (wie bei Themen der inneren Sicherheit oder der Corona-Maßnahmen). Stattdessen sollte er, und das betrifft alle anderen Parteien auch, die vom politischen Gegner AfD aufgeworfenen Fragen nicht meiden, sondern diese entweder sachgerecht als falsch gestellt entlarven oder mit eigenen Argumenten beantworten. – Eigentlich sollte man erwarten, dass die FDP von ihren ‚Genen‘ her die Vertreterin des Mittelstandes sei, aber das ist eine Rolle, die sie heute keineswegs mehr erfüllt. Die Partei eines Hans-Dietrich-Genscher fällt meist nur noch durch Opportunismus und als (manchmal etwas aufmüpfig murrender) Erfüllungsgehilfe in der Ampelregierung auf.

Bei der CDU war zunächst nach dem Desaster der vorherigen Regionalwahlen zur Findung eines Merkel-Nachfolgers bzw. einer Nachfolgerin der Favorit der Parteiführung auf den Schild gehoben worden. Allerdings wirkte dieser schon wie das letzte Aufgebot einer inhaltlich völlig entkernten Partei. Der dann nach der Wahlniederlage 2021 inaugurierte Vorsitzende der CDU war aber auch nicht viel besser. Obwohl er bei der ersten der vorangegangenen und von ihm verlorenen Wahlen zur Parteispitze noch klare Worte zur Änderung der Asylgesetze und zur Ablehnung des Genderwahnsinns fand, erging er sich später groteskerweise in Lob für die Grünen, dem gefährlichsten Teil der Ampelregierung, also für einen seiner vermeintlichen politischen Gegner.[60]

Da drängt sich doch einfach die Frage auf: „Was ist das für eine Opposition?". Bei einer dieser Wahlen nahm er ‚mutig‘ das für ihn heikle Thema Frauenquote auf und begründete seine positive Einstellung zu Frauen damit, dass er es ja zu Hause mit vier Frauen (Ehefrau und drei Töchter) zu tun habe. Sollte das wirklich die einzige und noch dazu witzig sein sollende Begründung seiner Haltung zu einem sehr ernsten Thema sein? Stattdessen hätte er

---

[60] https://www.derwesten.de/politik/merz-cdu-soeder-csu-gruene-id300895909.html, zuletzt aufgerufen am: 24.4.2024.

auch klare Kante zeigen und sagen können, dass mehr qualifizierte Frauen für Politik oder für den Parteieintritt und mehr Engagement gewonnen werden müssen, damit sie in der Parteihierarchie aufsteigen können. Eine verordnete Frauenquote wird unsere Probleme nicht lösen, sondern sie noch verschärfen, wie wir allein an der mangelnden Qualität unserer Ministerinnen in Bund und Ländern und überhaupt unabhängig vom Geschlecht im politischen Establishment besichtigen können. Dabei war es schon Max Weber, der auf die herausragende Rolle des Fachbeamtentums als „Eckpfeiler des modernen Staates und der modernen Wirtschaft" hingewiesen hat [86].

Eine besonders zerstörerische Rolle für das Funktionieren eines demokratischen Staatswesens spielen zur Zeit die sogenannten NGOs (Non-Governmental Organizations). Sie blähen durch ihre absolut intransparente Verflechtung mit der Macht den gesamten Staatsapparat unangemessen auf und beeinflussen mit Staatsgeldern unterstützt das gesellschaftliche Geschehen im Sinne der Regierenden in vielfältiger Weise.[61] Sie wirken wie ein unsichtbares Krebsgeschwür, das ohne gesellschaftliche Legitimation in das Handeln des Staates eingreift und zu einer Auslagerung der eigentlichen Regierungsaufgaben führt. Hinzu kommt eine unübersehbare Zahl von staatlich Beauftragten (für Gendergerechtigkeit, Demokratierettung, Kampf gegen strukturellen Rassismus - unter anderem in der Polizei - oder gegen Antisemitismus usw.).

Dabei ist eigentlich vom Grundsatz her gar nichts einzuwenden, wenn sich in einem demokratisch verfassten Staat gesellschaftliche Initiativen (auch in organisierter Form, eben als NGOs) bilden, die versuchen ihre Interessen unabhängig von Regierungseinflüssen wahrzunehmen und durchzusetzen. Ganz im Gegenteil, das zeugt an sich erst einmal von gesellschaftlichem Engagement. Problematisch und sogar gesellschaftlich schädlich wird das dann, wenn diese NGOs staatlich finanziert werden und sich dadurch mit Steuermitteln gegen die eigenen Steuerzahler - oder zumindest einen großen Teil derselben - wenden, indem sie die Regierungspolitik unterstützen (nach dem Motto: „Wes Brot ich ess', des Lied ich sing"). Das ist genau so inakzeptabel, wie die Tatsache, dass ein ganz erheblicher Teil der Bevölkerung über die GEZ gezwungen wird, sich eine einseitige, mit seinem eigenen Geld finanzierte und gegen ihn selbst gerichtete Berichterstattung anzusehen bzw. anzuhören. Besonders schlimm wird es dadurch, dass die entsprechenden Medien oft genug als „Lügenpresse" oder „Lückenpresse" wahrgenommen werden, s. Kap. 7.

Insgesamt zersetzt das Unwesen der staatlich alimentierten NGOs, nichtlegitimierten Komitees und unzähliger im Hintergrund wirkender ‚Beauftrag-

---

[61] Das besonders Tückische dabei ist, dass sie formaljuristisch gar nicht zum Staatsapparat gehören!

ter', die keiner mehr kennt, und die von der Öffentlichkeit auch nicht mehr kontrolliert werden können, den gesamten Staat und sorgt für eine überbordende Bürokratie. In Deutschland werden Milliardensummen für Aktivitäten eines Schattenstaates ausgegeben, die kontraproduktiv sind oder sogar dem Verfassungsgedanken widersprechen, indem sie ziemlich unverhüllt von den Regierungs-Parteien zur Bekämpfung des politischen Gegners genutzt werden. Dabei werden immense Gelder für Aufgaben ausgegeben, die genuine Domäne von Parlament und Regierung sein sollten (ganz abgesehen von den Heerscharen von externen Gutachtern und willigen ‚Wissenschaftlern', die von den an sich schon aufgeblähten Ministerien bezahlt werden). Außerdem wird dadurch ein riesiger Anteil von unproduktiv Tätigen geschaffen, die nichts zur Prosperität einer Nation beitragen, sondern vielfach die heute geradezu mit der Hand zu greifende Spaltung der Gesellschaft vorantreiben, s. hierzu auch Kap. 5, 12 und 13. Ja, sie bilden einen wahren Tummelplatz von Halb- und Ungebildeten, die sich durch besonderes Eifertum auszeichnen.

Nicht zufällig hat sich in diesem Zusammenhang der aus dem Amerikanischen stammende Begriff des ‚Deep state' oder des ‚Staates im Staat' herausgebildet, der nach Wikipedia „illegale oder illegitime Machtstrukturen innerhalb des Staates bezeichnet. Die zumeist verdeckte Macht geht [dabei] von Gruppen aus, die sich tatsächlich oder angeblich gegenüber der Regierung ihres eigenen Staates nicht oder nur eingeschränkt loyal verhalten und ihren eigenen Gesetzen gehorchen."[62] Das trifft letzten Endes auch auf die nur scheinbar loyal zum Staat stehenden NGOs (insbesondere auch auf die Seenotrettungs-Organisationen) zu, die sich zwar nicht offen gegen den Staat stellen (ganz im Gegenteil), aber nichtsdestotrotz die staatliche Souveränität oder die Unverletzlichkeit der Grenzen untergraben, s. hierzu Kap. 8.

Es ist nicht verwunderlich, dass zu einem sich selbst verzwergenden Staat eine dysfunktionale Armee gehört. Die Bundeswehr wurde über die Jahre kaputt gespart, wobei sie in einigen Waffensystemen nach dem Bericht über ihre materielle Einsatzbereitschaft nur bei knapp über 50% der Norm liegt. Darüber hinaus wurde die im Rahmen der NATO abgegebene Verpflichtung, 2% des BIP für Verteidigungszwecke auszugeben, nicht erfüllt. Dafür sind wir (wenn man den Pressemeldungen der letzten Jahre folgt) inzwischen sicher führend in den Bemühungen, dem Genderwahnsinn auch in der Bundeswehr immer mehr Raum zu geben (vgl. dazu Kap. 9). Da wird diskutiert, weibliche Dienstgradbezeichnungen einzuführen, oder es wird versucht (wie im Web schon gespottet wurde), aus der Armee eine Art THW mit angeschlossenem Kindergarten zu machen.

---

[62] https://de.wikipedia.org/wiki/Staat_im_Staate, zuletzt aufgerufen am: 24.4.2024.

Für die Wahrnehmung der Bundeswehr in der Bevölkerung kommt es gar nicht so sehr darauf an, in welchem Grad all die Irrlichterei zutrifft, sondern der eigentliche Schaden besteht darin, dass die Armee als Rückgrat unserer Landesverteidigung dadurch zum öffentlichen Gespött wird. Die letzte CDU-Verteidigungsministerin war sogar besonders stolz, nun auch über ‚Transgender-Offizierinnen‘ zu verfügen.[63] Dazu passt, dass im Kampf um eine politisch korrekte Traditionspflege in der Öffentlichkeit wahre Schlachten um die Gestaltung von Traditionszimmern geführt werden, oder man erhebt gar Forderungen, Stauffenberg-Kasernen umzubenennen, weil der Namensgeber ursprünglich von Hitlers Anfangserfolgen beeindruckt war.[64] – All diese Randbaustellen nehmen in Anbetracht der essentiellen Aufgaben einer Armee einen völlig unangemessenen Raum im öffentlichen Bewusstsein ein. Oder will man eventuell bewusst davon ablenken, dass ein großer Teil des militärischen Geräts gar nicht einsetzbar ist (von 9 U-Booten keines, von 220 Panzern weniger als die Hälfte) und zur Ausbildung von Hubschrauberpiloten sogar der ADAC herangezogen werden muss usw.[65] Auch bei der Modernisierung der Bewaffnung gibt es Schwierigkeiten über Schwierigkeiten, wie es der Versuch der SPD zeigt, die Anschaffung von Drohnen zu verhindern. Wenn es einen dritten Weltkrieg geben sollte (was hoffentlich nicht eintreten wird), dann werden intelligente Waffen und insbesondere KI-gesteuerte Drohnen eine ganz entscheidende Rolle spielen. Da wird es uns wenig helfen, dass wir gendergerechte Toiletten (möglichst auch noch für das dritte Geschlecht) und die moralisch besseren Traditionszimmer in der Armee hatten. Wir werden ohne die Hilfe der USA einfach weggefegt werden.

Das Ansehen der Bundeswehr ist nicht nur durch eine mangelnde Verteidigungsbereitschaft geschädigt, sondern auch durch Anfeindungen ihrer Soldaten. So wird beispielsweise im Bundeswehrforum berichtet, dass Armeeangehörige im Ruhrgebiet vorwiegend von „Menschen mit bunten Haaren" angepöbelt werden.[66] Hinzu kommt die Doppelmoral der Politiker: Einerseits sind diese verantwortlich für die Entsendung der Bundeswehr in Krisengebiete wie Afghanistan, ohne überhaupt klare Ziele für den Kriegsaustritt zu definieren und die volle Verteidigungsfähigkeit der eigenen Truppe zu gewährleisten. Andererseits hat man mit unglaublicher Heuchelei versucht, ‚saubere Hände‘

---

[63] https://www.nzz.ch/international/annegret-kramp-karrenbauer-wann-kaempfen-frauen-fuers-ksk-ld.1590251, zuletzt aufgerufen am: 24.4.2024.

[64] Dabei gibt es nicht so viele militärische Persönlichkeiten wie die der Verschwörer vom 20. Juli, auf die sich eine deutsche Armee mit Stolz berufen könnte.

[65] https://www.welt.de/politik/deutschland/article222365670/Bundeswehr-bedingt-einsatzbereit-Panzerdelle-beim-Leopard.html, zuletzt aufgerufen am: 24.4.2024.

[66] https://www.bundeswehrforum.de/forum/index.php/topic,20471.msg175257.html,   zuletzt aufgerufen am: 24.4.2024.

zu behalten und die Amerikaner die Drecksarbeit machen zu lassen (wie der Fall des Oberst Klein bewiesen hat).[67] Ja, lange hat man sich im Falle Afghanistans sogar geweigert, das Wort ‚Krieg' in den Mund zu nehmen. Dazu passt, dass nach dem desaströsen Ausgang des Afghanistankrieges (totaler Zusammenbruch der vom Westen ausgehaltenen Regierung und Sieg der ursprünglich erst von den Amerikanern gegen die Russen in Stellung gebrachten Taliban, s. Kap. 4) nicht ein einziger Politiker die entsprechenden Konsequenzen gezogen hat. Zumindest der Rücktritt des Außenministers und der Verteidigungsministerin wären zu erwarten gewesen. Aber nicht nur sie, sondern die gesamte westliche Politelite ist nun schon zum wiederholten Male dem Irrtum (oder sollte man besser sagen „der Hybris") erlegen, wir könnten das, was wir unsere ‚Wertmaßstäbe' und unsere ‚Demokratievorstellungen' nennen, anderen Gesellschaften und Kulturen aufzwingen. Mit welchem Recht eigentlich? Haben doch ‚unsere eigenen Werte' und ‚unsere Demokratie' bereits zu Hause erheblichen Schaden genommen, s. Kap. 2 und 6.

Linke und Grüne hatten von jeher ein gebrochenes Verhältnis zur Armee, was allein schon der in diesem Lager oft verwendete und als Beleg zitierte Slogan „Soldaten sind Mörder" beweist.[68]. Wenn man die mangelnde Wertschätzung der Bundeswehr und insbesondere auch der Veteranen aus militärischen Einsätzen in vielen Teilen der Bevölkerung bedenkt, sind zum einen durchaus Zweifel angebracht, ob diese Armee überhaupt den erforderlichen Rückhalt im eigenen Land besitzt. Zum anderen stellt sich die Frage, für wen die Soldaten eigentlich den Kopf hinhalten sollen. Glaubt man denn in Anbetracht dieser Situation und angesichts der oben geschilderten Maßnahmen wirklich, potentielle Gegner - und dazu gehört in Zukunft höchstwahrscheinlich China mit dessen knallharter Militärdoktrin - beeindrucken zu können?

Ein analoges Bild kann man von der Situation der Polizei gewinnen. Zum einen sieht sie sich zunehmend dem berechtigten Vorwurf eines brutalen Vorgehens vor allem gegen Kritiker der links-grünen Politik ausgesetzt, wobei sie auf große Teile der Bevölkerung als williger Vollstrecker einer unbeliebten Regierung wirkt. Damit wird sie aber auch gleichzeitig zum Prügelknaben der Nation, da sie qua Amt verpflichtet ist, staatlich verordnete Maßnahmen durchzusetzen.[69] Zum anderen wird der Polizei oft genug zu lasches Vorgehen vorgeworfen, so z.B. gegen Clankriminalität, Verbrechen von Mehrfachtätern

---

[67] https://www.zeit.de/politik/deutschland/2009-12/oberst-klein-kundus/, zuletzt aufgerufen am: 24.4.2024.

[68] Auf die Einstellung des links-grünen Milieus zu Volk und Vaterland, aber auch auf die Wandlung von Kriegsgegnern zu Anheizern des Ukrainekriegs, werden wir noch ausführlicher zu sprechen kommen, s. Kap. 13

[69] Wobei man nicht vergessen sollte, dass sich seit der historischen Aufarbeitung unserer jüngeren Geschichte mit Recht keiner mehr auf einen ‚Befehlsnotstand' berufen dürfte.

aus dem Migrantenmilieu oder bei Ausschreitungen der linksautonomen Szene (wie in Leipzig-Connewitz). Darüber hinaus ist sie oft genug völlig überzogenen Vorwürfen (wie z.b. strukturellem Rassismus) ausgesetzt, s. Kap. 12. In diesem Spannungsfeld kann das Ansehen der Polizei nur verlieren und ihre Autorität wird immer weiter schwinden. Viele Polizisten fühlen sich deshalb von der Politik in diesem Dilemma einfach alleingelassen [33], [87].

Wir werden im Folgenden noch viele politische Vorgänge behandeln, die einen Wandel Deutschlands aus einer Demokratie in eine Mediokratie (d.h. in eine Herrschaft des Mittelmaßes) erkennen lassen. Geradezu als typisch hierfür kann die bereits angesprochene Suche nach dem geeignetsten Vorsitzenden einer der ehemals dominierenden Volksparteien, der CDU, dienen, die in der Merkel-Ära politisch bis zur Aufgabe ihrer Identität entstellt wurde (in der anderen ehemaligen Volkspartei, der SPD, sehen diese Vorgänge nicht besser aus). Obwohl die CDU-Parteibasis vor der Wahl 2021 eindeutig den Kandidaten M präferiert hatte,[70] wurde schließlich vom Politestablishment, d.h. von den handverlesenen Parteitagsdelegierten mit ‚sicherem Griff‘ ein anderer, wesentlich weniger geeigneter Kandidat L zum Vorsitzenden und letztlich zum Kanzlerkandidaten gewählt.[71] Zum Schluss des Elends weiß der letztlich vor der Wahl 2021 gekürte CDU-Vorsitzende nicht, ob er entschieden Kanzler werden will, oder ob er das doch lieber dem bayrischen CSU-Vorsitzenden überlassen sollte. Man muss ernsthaft befürchten, dass die wählenden Funktionsträger und Delegierten der Parteitage selbst mehr oder weniger nach dem Peter-Prinzip auf ihre Positionen gelangt sind.[72] Das führt zwangsläufig zu Mittelmaß und hat sich ja auch in der verheerenden Wahlniederlage der CDU 2021 bitter offenbart. Aber dieses typische Obsiegen des Mediokren betrifft nicht nur eine einzelne Partei, sondern mehr oder weniger alle, s.u.[73]

Einhergehend mit dem politischen Niedergang ist eine bereits weiter oben beklagte **wissenschaftlich-technische Verzwergung Deutschlands** zu verzeichnen. Wenn man bedenkt, dass unser Land einst in vielen Bereichen von Wissenschaft und Technik an der Weltspitze stand, ist die heutige Situation trotz des in Betracht zu ziehenden Einbruchs durch den 2. Weltkrieg nur de-

---

[70] Der Name spielt hier tatsächlich keine Rolle, obwohl jeder weiß, wer damit gemeint ist.

[71] Übrigens geschah dieses traurige Wahlschauspiel gleich zweimal in kurzem Abstand nacheinander, wobei sich die Siegerin bei der ersten Vorstandswahl (im Internet gern als schwarze Null der CDU verspottet) nicht länger als 13 Monate halten konnte. Sie wurde dann bekanntlich auf den Posten der Verteidigungsministerin entsorgt.

[72] Nach diesem Prinzip besteht die Tendenz, dass jede Person in einer Hierarchie zu einem ihr entsprechenden Niveau der Inkompetenz gelangt.

[73] Man denke etwa an das klägliche Scheitern der Grünen-Vorsitzenden als Kanzlerkandidatin an sich selbst. - Aber immerhin hat sie es trotz nachgewiesener Plagiatsvorwürfe und anderen kritikwürdigen Verhaltens wiederum nach dem Peter-Prinzip zur Außenministerin gebracht.

primierend.[74] Inzwischen hat sich das Schwergewicht nach China und in die USA verlagert und Englisch ist die Lingua Franca geworden. Selbst in Bereichen, in denen wir auch nach dem Krieg noch führend waren, wie in der Optischen Industrie oder dem Bau von Kernkraftwerken stehen wir nicht mehr in vorderster Front (jetzt kommen sogar Photoapparate oder Smartphones aus Ostasien). In der Zahl der Patente steht Deutschland weit abgeschlagen hinter China und Südkorea[75], und unsere Autoindustrie, die noch vor wenigen Jahren weltweit geachtet war und deren Produkte gern gekauft wurden, wird zur Zeit gerade kaputt gemacht. Es ist nicht auszudenken, welche Folgen es für unsere Wirtschaft haben wird, wenn diese einstige Schlüsselindustrie samt ihrer Zulieferketten von Links-Grün endgültig zerstört sein wird. Aufgrund der Produktionskosten haben praktisch alle bedeutenden Hersteller schon Zweigstellen in China errichtet. Es ist nur eine Frage der Zeit, bis die Chinesen die Herstellung deutscher Autos übernehmen, zumal sie auch für die E-Autos über die entsprechenden Rohstoffe (vor allem Lithium) verfügen. Das Schwergewicht wird sich dementsprechend zwingend nach Fernost verlagern.[76] – Auch im Bereich IT drohen große Gefahren. Zwar wurde der erste frei programmierbare Rechner von Konrad Zuse in Deutschland gebaut, und in den 80-er Jahren gab es noch den Schneider-PC. Heute werden praktisch alle Rechner (allen voran die PC) aus dem Ausland importiert. – Auch im Bereich der Künstlichen Intelligenz sieht es nicht gut aus. Hier bestünde zwar noch eine Chance in wichtigen Bereichen ‚mitzuspielen‘, aber auch diese Möglichkeiten sind wir gerade dabei zu verpassen, s. Kap. 15. – Es wird von unseren Politikern, die nichts von der Sache verstehen, zwar viel Aktionismus verbreitet und von KI bzw. in hochtrabenden Kürzeln wie Industrie 4.0 geredet,[77] aber die Resultate auf diesem Gebiet sind demgegenüber bestenfalls als bescheiden einzustufen.

Flankiert wird das Ganze durch einen Rückgang des Bildungsniveaus, angefangen von den Hochschulabsolventen bis hin zu unseren Schülern. Dies zeigt sich u.a. in den Ergebnissen der PISA-Studien, wo Deutschland keine

---

[74] Die abhanden gekommene technische Leistungsfähigkeit hatten wir bereits anhand des Baus des Berliner Flughafens illustriert. Siehe hierzu auch: https://de.wikipedia.org/wiki/Bau_des_Flughafens_Berlin_Brandenburg, zuletzt aufgerufen am: 24.4.2024.

[75] https://de.wikipedia.org/wiki/Patentindex, zuletzt aufgerufen am: 24.4.2024.

[76] Es bleibt nur zu hoffen, dass die in Baden-Württemberg entdeckten Lithium-Vorkommen die in sie gesetzten ersten Erwartungen erfüllen. – https://www.bw24.de/baden-wuerttemberg/anlage-weisses-gold-fuer-millionen-autos-firma-in-baden-wuerttemberg-startet-lithium-zr-92472308.html, zuletzt aufgerufen am: 29.4.2024..

[77] https://www.plattform-i40.de/PI40/Navigation/DE/Home/home.html, zuletzt aufgerufen am: 24.4.2024.

vorderen Plätze mehr belegt und noch hinter Slowenien und Litauen liegt.[78] Aber auch generell steht es in der Bevölkerung in dieser Hinsicht nicht zum Besten, von der Politikerkaste gar nicht zu reden, s. Kap. 2.[79] Nur durch die abnehmende Bildung in der Bevölkerung kombiniert mit zunehmendem politischen Desinteresse ist es zu erklären, dass offensichtliche Widersprüche in Politiker-Aussagen, falsche historische Einordnungen oder wissenschaftliche Fehlinterpretationen einfach so hingenommen werden, wofür wir in den folgenden Kapiteln ausreichend Belege finden werden. – Welches Maß an Selbsttäuschung auch hier erreicht ist, sieht man daran, dass im Kontrast zum eben Gesagten geradezu eine Inflation an Bestnoten an den Schulen zu verzeichnen ist, s. hierzu Kap. 2.[80]

Kennzeichnend für den Niedergang politischer Systeme ist besonders das Versagen ihrer führenden Kräfte in Krisenzeiten. Wir werden zwar auf die erratische Politik während der Corona-Pandemie und deren Folgen erst in Kap. 16 detaillierter eingehen, möchten aber hier schon einmal einen symptomatischen Punkt aus der Anfangszeit der Corona-Krise anführen - die Impfstoffbeschaffung. Mit der Begründung keinem ‚Impfnationalismus‘ verfallen zu wollen, wurde diese Maßnahme an die EU delegiert, was übrigens von der Kanzlerin gegen den Willen des Gesundheitsministers Spahn durchgesetzt wurde.[81] Das Impfmanagement zeichnete sich anfangs vor allem durch einen Mangel an Impfzentren und Impfstoffen aus, was noch durch eine desaströse Kommunikation verschlimmert wurde. So hat man schon damals über mögliche Privilegien von Geimpften gegenüber Nichtgeimpften diskutiert, obwohl gar nicht genug Impfmöglichkeiten bestanden, zu weiteren Details s. Kap. 16. Ungeachtet dessen fällt auf, dass die ehemalige Kanzlerin dabei immer relativ ‚ungeschoren‘ davon kam, obwohl sie schon aufgrund ihrer Richtlinienkompetenz die Hauptverantwortung trug. Wenn sie der Meinung gewesen wäre, dass die gravierenden Fehler, die in diesem Zusammenhang begangen wurden,

---

[78] https://www.destatis.de/DE/Themen/Laender-Regionen/Internationales/Thema/bevoelkerung-arbeit-soziales/bildung/PISA2022.html, zuletzt aufgerufen am: 24.4.2024.

[79] Was sich u.a. in der hohen Anzahl von Studienabbrechern und Langzeitstudierenden - insbesondere aus den oft derogativ als „Geschwätzwissenschaften" bezeichneten Fächern in Parlament und Regierung zeigt. Der Grund für diese meist berechtigte Geringschätzung wird aus den folgenden Ausführungen deutlich werden.

[80] Ich habe auf meinem gesamten Bildungsweg von der Grundschule bis zur Universität immer zu den Besten meines Jahrgangs gehört, eine Notenbewertung kleiner 1.0 (die es hierzulande inzwischen gibt) haben weder ich noch Leistungsstärkere jemals erreicht. – Dieser Unsinn mit einer Inflation von abenteuerlichen Schulnoten wäre damals übrigens auch gar nicht vorstellbar gewesen. Selbst eine glatte ‚Eins‘ oder ein ‚Summa cum laude‘ waren etwas Rares und mit entsprechender Wertschätzung verknüpft.

[81] Zum Versagen der EU, speziell der Kommissionsvorsitzenden, werden wir in Kap. 3 noch zu sprechen kommen.

einzelnen Ministern anzulasten seien, dann hätten diese von ihr entlassen werden müssen. In diesem Punkt hat sich nach Antritt der Ampelkoalition überhaupt nichts geändert, nur dass der jetzige Gesundheitsminister Lauterbach noch stärker umherlichtert.

Eine der gravierendsten Erscheinungen der vergangenen Jahre, die weit in die Zukunft wirken wird, ist die fortschreitende Aushöhlung der Verfassung und die Untergrabung der Rolle des Parlaments. So müssen immer häufiger Regierungshandlungen durch Verfassungsgerichte, sei es der Länder oder des Bundes, aufgehoben werden, was uns im weiteren noch mehrfach beschäftigen wird, s. hierzu Kap. 12. Außerdem wurden - wie wir oben gesehen hatten - korrekt abgelaufene Wahlen annulliert, und mehrere Gesetzesvorhaben sind im Panikmodus durch das Parlament gepeitscht worden, ohne dass die entsprechend schwerwiegenden Entscheidungen ausreichend und von verschiedenen Gesichtspunkten her diskutiert worden sind.[82] Symptomatisch hierfür ist die im Schnellgang unter einem völlig irreführenden Namen verabschiedete ‚Corona-Hilfe‘ (auch ‚Corona-Wiederaufbaufonds‘ der EU genannt) in einer schwindelerregenden Höhe von 750 Milliarden Euro, wobei Deutschland den Löwenanteil zu tragen hat.[83] All das führt zu einer sukzessiven Zerstörung der Demokratie und zu einem wuchernden Staat mit immer größerer Selbstermächtigung.

Abschließend zu diesem Kapitel soll noch einmal summarisch auf die verheerende Rolle eingegangen werden, die die Kanzlerin in den vier Perioden ihrer Amtszeit gespielt hat:

• Eine der verderblichsten Hinterlassenschaften der Bundeskanzlerin wird die Zerrissenheit des Landes sein, die entlang verschiedener Dimensionen verläuft, verbunden mit einer Spaltung der Gesellschaft und verschärfte Trennung, ja sogar Feindschaft zwischen den verschiedenen Gruppierungen im politischen Spektrum mit ausufernden Nebenwirkungen (Hatespeech, Ausgrenzung, Canceling usw.), s. Kap.5 und 6. Ausgrenzung der einzigen Oppositionspartei, die ihrer Aufgabe noch gerecht wird, aus dem politischen Diskurs.

• Inhaltliche und personelle Entkernung der eigenen Partei bis zu einem Grade, dass sie heute nicht einmal mehr als Opposition richtig wahrnehmbar ist. Verwischung der ehemals konservativen Ausrichtung so weit, dass die Grenzen nach Links-Grün kaum noch erkennbar sind.[84]

---

[82] Was übrigens bei der ausufernden Größe des Parlaments und der Qualifikation der Parlamentarier auch kaum noch möglich ist.

[83] https://www.tagesschau.de/wirtschaft/konjunktur/wiederaufbaufonds-hilfspaket-eu-kommission-101.html, zuletzt aufgerufen am: 24.4.2024.

[84] In diesem Zusammenhang ist bemerkenswert, dass der neue CDU-Vorsitzende zwar die Grünen schon als eine gefährliche Partei bezeichnet hat, aber nichtsdestotrotz eine Koalition mit ihnen nicht ausschließt. Demgegenüber hat er gegenüber der

- Desintegration der neu angekommenen Migranten statt Integration derselben und Verlust der Kontrolle darüber, wer in Deutschland tatsächlich einwandert. Statt - wie vollmundig verkündet - eine kulturelle Bereicherung darzustellen, belasten Asylanten in weiten Teilen eher die Sozialsysteme und tragen verstärkt zur Kriminalität sowie zur Bildung von Parallelgesellschaften bei. Der Spruch „Wir schaffen das!" hat sich schlicht als eine populistische Phrase entpuppt (s. Kap. 8). Wir werden noch sehen, welche Folgen die Entstehung und Duldung von Parallelgesellschaften für die innenpolitische Situation hat (s. Kap, 5), welche Ursachen hierfür in der selbstzerstörerischen Asylpolitik liegen (s. Kap, 8) und wie sich das alles auf den Zerfall des Rechtsstaates und der inneren Sicherheit auswirkt (s. Kap, 12).
- Die Spaltung Deutschlands in Ost und West sowie die Diffamierung der Bürger der neuen Bundesländer als nicht demokratiefähig wurde nicht nur durch den Ostbeauftragten der Kanzlerin, Wanderwitz, sondern auch durch das unselige Wirken der zwei letzten Bundespräsidenten vorangetrieben (unverantwortliches Aufteilung des Landes in ein helles und ein dunkles Deutschland).
- Während das Parlament immer weiter aufgebläht wurde und die dementsprechenden Kosten unangemessen hoch geworden sind, ist die Bedeutung dieser wichtigsten Volksvertretung immer weiter gesunken. Ja, mit durchsichtigen Verfahrenstricks versucht man, die Opposition möglichst auszuschalten. Dabei sieht es um die fachliche und moralische Qualität unserer im Parlament vertretenen politischen ‚Elite' immer schlechter aus. Nach früheren Maßstäben und gemessen an den Forderungen, die jeweils an den politischen Gegner gestellt werden, müssten viele maßgebende Politiker schlicht zurücktreten (was sie heutzutage nicht mehr tun, s. hierzu Kap. 2).

Insgesamt kann man der Regierung und den etablierten politischen Parteien ein Versagen in vielen Bereichen attestieren, angefangen von der Verwirklichung der EU-Schuldenunion (s. Kap. 3) und die verfehlte Asylpolitik (s. Kap. 8) über die Energiepolitik mit dem überhasteten Atomausstieg (s. Kap. 14) bis hin zur Bewältigung der Corona-Pandemie (s. Kap. 16). Unsere Politiker wollen zwar die Welt retten, scheitern aber bei inneren Problemen, so z.B. bei der Energieversorgung oder dem Katastrophenschutz, immer wieder kläglich. – Das Schlimmste jedoch ist die Schuld des gesamten politischen Establishments an der Zerstörung des politischen Klimas in unserer Gesellschaft und der demokratischen Grundwerte, wie Meinungsfreiheit (s. Kap. 6 und Kap.

AfD eine ‚Brandmauer' errichtet und diese Partei (nicht die Ampelregierung oder den grünen Wirtschaftsminister) für den wirtschaftlichen Niedergang Deutschlands verantwortlich gemacht. – https://www.mdr.de/nachrichten/deutschland/politik/merz-cdu-landtagswahl-sachsen-thueringen-erfolg-100.html, zuletzt aufgerufen am: 24.4.2024.

7) oder Recht und innere Sicherheit (s. Kap. 5 und Kap. 12). Dabei werden ständig Nebenthemen in den Vordergrund gerückt (wie LGBTQ,[85] Kap. 9, Bewegungen wie ‚Black lives matter' - Kap. 4 ‚Gendern der Sprache', Kap. 10), anstatt Lösungen für die wirklich großen Herausforderungen zu entwickeln. Dazu gehören: Globaler ökonomischer und militärischer Wettbewerb, Digitalisierung und Künstliche Intelligenz, Migration, weltweite Beherrschung der Klimaerwärmung (ohne sinnlose Alleingänge), Hebung des Bildungsniveaus der Bevölkerung, Beherrschung der Zukunftstechnologien (Genmanipulation, Nanotechnologie u.a.), s. hierzu Kap. 17.

Ein besonders betrübliches Phänomen sind die geradezu apolitischen und leicht zu manipulierenden Massen, die es zwar zu jeder Zeit gegeben hat, die in einer Demokratie jedoch den Grundgedanken der Mitwirkung aller Bürger am politischen Geschehen geradezu in Frage stellen. Sie sind wie die Lemminge, die blind auf ein unbekanntes Ziel zu hasten und alles mit sich geschehen lassen, selbst wenn es in den Untergang führt.[86] Sogar die Verletzung der elementarsten Grundrechte, die Übergriffe der Regierenden und die Lügen der Presse sind den Lemming-Bürgern gleichgültig. Auf diese Zeitgenossen kann man ein etwas abgewandeltes Zitat von Noam Chomsky anwenden: „Die Mehrheit der gewöhnlichen Bevölkerung versteht nicht, was wirklich geschieht. Und sie versteht noch nicht einmal, dass sie es nicht versteht".[87]

Viele fragen sich auch, was die neue Regierung unter Olaf Scholz mit einer Ampel-Koalition nach den desaströsen Fehlern der Anfangszeit noch bringen wird? - Vermutlich wird es eher schlimmer als besser werden, zumal wir nunmehr einen Bundeskanzler haben, der als ehemaliger Bürgermeister von Hamburg und Bundes-Finanzminister stark durch die CumEx- und Wirecard-Skandale belastet ist.[88] In vielen Streitfragen scheint er praktisch unsichtbar zu sein, und es ist oft nicht erkennbar, wann er von seiner Richtlinienkompetenz gedenkt Gebrauch zu machen.[89] Aber auch sein Vizekanzler und die Außenministerin waren schon Gegenstand staatsanwaltlicher Ermittlungen wegen der unberechtigten Corona-Zulagen, die sie sich noch als Vorsitzende der Grünen genehmigt hatten. Nimmt man noch ihre fachliche Unbedarftheit und die vie-

---

[85] LGBTQ ist die Abkürzung für: Lesbisch, Schwul, Bisexuell, Transgender und Queer
[86] Cass Sunstein nennt dies das „Lemming-Prinzip" [76].
[87] https://beruhmte-zitate.de/autoren/noam-chomsky/, zuletzt aufgerufen am: 24.4.2024.
[88] https://www.cicero.de/innenpolitik/olaf-scholz-und-der-cum-ex-skandal-warburg-olearius-fabio-de-masi-oliver-schroem, zuletzt aufgerufen am: 24.4.2024.
[89] In einem Punkt möchte ich allerdings meine Bedenken gegen Scholz relativieren. Er hat als Einziger versucht, in der Ukraine-Krise einen klaren Kopf zu behalten und etwas moderater zu helfen. Er hat auch nicht blind in den Chor der lautstarken Forderungen nach Lieferungen von schweren Waffen für die Ukraine eingestimmt, vgl. dazu die Haltung der Grünen und der FDP, s. Kap. 2.

ler weiterer MinisterInnen hinzu, dann lässt das nichts Gutes für die Zukunft erahnen, s. hierzu Kap. 13.

Kapitel 2

Der Werteverfall in der westlichen Welt

Es gibt kaum einen Politiker, der nicht die ‚Westlichen Werte' im Munde führt. Aber, je öfter davon geredet wird, umso unklarer und verschwommener wird das Ganze. Es lohnt einen Versuch, dieser wichtigen, fast zum Slogan verkommenen Kategorie etwas genauer nachzuspüren. – Als im Zusammenhang mit der Aufnahme von Migranten in Deutschland der Begriff „Leitkultur" oder noch etwas spezifischer „deutsche Leitkultur" von Friedrich Merz und anderen in der politischen Debatte verwendet wurde, regnete es harsche Kritik. Die ehemalige Integrationsbeauftragte des Bundes und jetzige Bundestagsvizepräsidentin, Aydan Özoguz (SPD), verstieg sich sogar zur Behauptung, dass „eine spezifisch deutsche Kultur [...] jenseits der Sprache schlicht nicht identifizierbar [sei]".[1] Was ist das für eine Haltung einer ‚Integrationsbeauftragten'? Wohin will sie eigentlich integrieren, wenn eine ‚spezifische Kultur' des Aufnahmelandes gar nicht erkennbar ist (in die Beliebigkeit)? Und die zweite Frage: Würde sie solchen Unsinn auch vom Heimatland ihrer Eltern behaupten?[2]

Es gab durchaus einmal einen Wertekanon in unserem Land, der Kategorien wie Fleiß, Ehrlichkeit, Strebsamkeit, Leistungsbereitschaft, Heimatliebe, religiöse Toleranz usw. umfasste. Diese moralischen Werte sind nicht nur der Kitt in einer Gesellschaft, sie müssen auch im Bewusstsein verinnerlicht sein, weil nicht alle ethischen Grundsätze und moralischen Maximen ihre Widerspiegelung in Gesetzen finden können. Dass auch ein enger Zusammenhang solcher Werte mit der wirtschaftlichen Leistungsfähigkeit eines Landes besteht, hat schon Max Weber mit seiner Protestantismusthese deutlich gemacht, s. [85] und Kap. 15. Werner Patzelt hat im Rahmen eines Vortrages des Politischen Bildungsforums Sachsen allgemein verständlich herausgearbeitet, was Leitkultur trotz aller gegen diesen Begriff gerichteten Diffamierungsversuche wirklich bedeutet und warum man diese insbesondere für eine gelungene Integration von Migranten benötigt [63].

---

[1] https://www.faz.net/aktuell/politik/bundestagswahl/deutsche-kultur-was-aydan-oezoguz-mit-ihrer-aussage-meinte-15175917.html , zuletzt aufgerufen am: 24.4.2024.

[2] Man kann sich leicht die Reaktion der Türken auf eine analoge Aussage zur türkischen Kultur vorstellen, von Erdogans Erwiderung ganz zu schweigen.

Obwohl die CDU ebenso wie die gesamte westliche Welt vorgibt, ihre ehemals vorhandenen Werte hochhalten zu wollen, ist sie längst dazu übergegangen, dieselben aufzugeben und sich hechelnd dem links-grünen Zeitgeist anzuschließen.[3] Lediglich die *Werteunion* schien noch am konservativem Gedankengut ihrer Partei festzuhalten, was aber in der Öffentlichkeit kaum sichtbar wurde. Schon die im Manifest dieser Gruppierung verankerten Grundsätze sind dem links-grünen Mainstream ein Dorn im Auge.[4] Hierzu gehören: Bekenntnis zu einem weltoffenen Patriotismus, Kampf gegen Extremismus von links und rechts und gegen religiös motivierten Extremismus, Abkehr von einer ungebremsten Zuwanderung, Kampf gegen eine Migration, die Parallelgesellschaften erzeugt (stattdessen wird eine Integration in die Kultur der aufnehmenden Gesellschaft gefordert), kritische Auseinandersetzung mit dem Islam, Bekenntnis zur EU bei gleichzeitiger Ablehnung eines europäischen Zentralstaats und einer inzwischen fast vollzogenen Schuldenunion. – Man müsste meinen, dass diese Maximen von jedem CDU-Mitglied akzeptiert werden können. Nein, stattdessen ist es charakteristisch für den Zustand der CDU, dass ein relativ prominentes Parteimitglied die Werteunion (also eine Gruppierung seiner eigenen Partei, die Werte vertritt, die auch die seinen sein sollten) als „Krebsgeschwür" bezeichnet hat, ohne dass dies einen hörbaren Protest ausgelöst hätte.[5]

Es muss unbedingt hervorgehoben werden, dass es bei einer Leitkultur (wie man sie auch verstehen mag, s.o.) niemals nur um die der sogenannten ‚Bildungseliten‘ oder etwa um künstlerische und wissenschaftlich-technische Errungenschaften geht. Mindestens ebenso wichtig sind die moralischen Werte der mit ihren Händen arbeitenden Schichten, d.h. das, was man früher einmal Arbeiterehre oder auch Handwerkerehre nannte. Dazu gehören: Tüchtigkeit, Fähigkeit zum Tüfteln und Improvisieren, Einfallsreichtum, Solidarität, Stolz auf das Erarbeitete usw. Es ist bemerkenswert, dass gerade diese ‚Tugenden‘ von den linken Leistungsverweigerern und Hausbesetzern nicht so geschätzt werden (s. Kap. 13). Da nimmt man doch lieber Hartz IV oder nunmehr das Bürgergeld in Empfang und zerstört Baukräne (wie in Leipzig-Connewitz) oder besprüht Häuser mit Farbe, die andere mühsam und oft unter großen persönlichen Opfern erbaut bzw. renoviert haben. Das ist dann ‚cool‘ und ‚bunt‘ im wahrsten Sinne des Wortes. Als ein besonderer Ausdruck dieser Leistungs-

---

[3] Selbst Friedrich Merz trug in einer Talkshow demonstrativ eine grüne Krawatte, und Markus Söder überbot sich zwischenzeitlich mit grünen Parolen.

[4] https://www.werteunion.de/assets/downloads/Konservatives-Manifest-2018.pdf – Die Werteunion war damals noch keine eigene Partei, sondern zunächst nur ein Zusammenschluss wertkonservativer Mitglieder innerhalb der CDU, zuletzt aufgerufen am: 5.3.2022.

[5] https://www.welt.de/politik/deutschland/video205842465/CDU-Politiker-Brok-Werte-Union-wie-ein-Krebsgeschwuer.html, zuletzt aufgerufen am: 24.4.2024.

unwilligkeit, der vor allem in Kreisen der Jugend bis weit in die Mitte der Gesellschaft reicht, wird als soziale Erscheinung die Gruppe der NEETs und Generation Z diskutiert, s. Kap. 15.

Übrigens kann man auch die Diskrepanz zwischen den offensichtlichen Fehlleistungen der Kanzlerin bzw. ihren widersprüchlichen Statements (s. Kap. 1) und ihrer hohen Wertschätzung in den Umfragen wenigstens zum Teil auf den Verlust eines moralischen Gerüsts in der Gesellschaft als Ganzes zurückführen. Auch das Verächtlichmachen von gesundem Patriotismus und Vaterlandsliebe (nicht zu verwechseln mit Nationalismus oder gar Chauvinismus) scheint eine Domäne von Links-Grün zu sein, s. Kap. 13. Die Ausführungen im vorhergehenden Kapitel zur ehemaligen Kanzlerin und deren verächtliches Wegwerfen der Deutschlandflagge zeigen nur, dass sie eher diesem Lager als einer vorgeblich konservativen politischen Partei zuzurechnen war.[6] Besonders erschreckend ist, dass Links-Grün ganz schnell geneigt ist, alle diejenigen als Rechte, Rechtsextreme oder gar Nazis zu diffamieren, denen die oben genannten Werte, nationale Symbole usw. noch etwas bedeuten.

Einen deutlichen Ausdruck findet der allgemeine Werteverfall in der zunehmenden Leugnung der eigenen Kultur und einer zum Teil unglaublichen Geschichtsklitterung. Da wird die Bewertung bedeutender Persönlichkeiten aus ihrem historischen Kontext herausgerissen und deren Denkmäler werden demoliert, oder es bricht ein wahrer Furor bei der Umbenennung von Straßennamen aus. Sogar vor der Schändung von Gedenkstätten für die Bombenopfer des 2. Weltkriegs schreckt man nicht zurück, oder Grabsteine von Bombenopfern werden mit Hakenkreuzen beschmiert (s. hierzu Kap. 13). Aber auch in kleineren Dimensionen sind die Kulturbanausen am Werk, so z.B., wenn man etwa das Vereinswesen undifferenziert als rückwärtsgewandt denunziert. Dabei weiß jeder, der in einer gut funktionierenden Gemeinde lebt, welche Bedeutung lebendige Vereine (sei es die Freiwillige Feuerwehr, der Heimatverein, der Gesangsverein usw.) für den sozialen Zusammenhalt sowie die Pflege von Brauchtum und Tradition haben. In dieser Bilanzaufnahme soll durchaus nicht übersehen werden, dass sich in diesem Umfeld oft eine bräsige Biertischmentalität oder eine ausgesprochen biedere ,Vereinsmeierei' entfaltet. Das ist aber in den Basisgruppen von Parteien nicht anders, wobei m.E. das Positive in beiden Fällen überwiegen dürfte. Wer würde denn Volksfeste oder Karnevalsumzüge, ein Dorfjubiläum o.ä. ausrichten, wenn es nicht die Vereine gäbe. Gerade das Vereinssterben im ländlichen Raum wird noch gravierende Folgen

---

[6] Man kann generell feststellen, dass Symbole und Ehrenzeichen einer Entwertung unterliegen; so wenn drei Polizisten mit dem eigentlich für herausragende Leistungen vorgesehenen Bundesverdienstkreuz ausgezeichnet werden, die lediglich eine friedliche Ansammlung von wenigen Demonstranten auf der Treppe des Reichstags aufgelöst haben, s. Kap. 13.

haben. Wenn dort der Letzte das Licht ausmacht, ist im wahrsten Sinne des Wortes nichts mehr los, und keiner will mehr dort wohnen.

Während gerade diese oft geschmähten Gruppierungen zusammen mit den religiösen Einrichtungen auch für die Ausgestaltung der Jahresfeste (seien es kirchliche oder weltliche) einen wichtigen Beitrag leisten, sinnieren die FAZ-Intellektuellen fröhlich auf Twitter über das Weihnachtsfest mit Worten wie: „Fest von jeher umstritten und belastet".[7] Ich kann nur sagen, in meiner Kindheit war Weihnachten trotz äußerst bescheidener Geschenke weder umstritten noch belastet, sondern etwas sehr Schönes. – Insgesamt gewinnt man den Eindruck, dass eine Art Kulturrevolution stattfindet, die nicht wenige Wesenszüge mit der chinesischen unter Mao gemeinsam hat (Hass auf die eigene Geschichte, Denkmäler schleifen, Denunziation, Canceling usw.), s. Kap. 10. Das ist auch nicht weiter verwunderlich, da ein nicht unerheblicher Teil der Sympathisanten dieser kulturellen Entgleisung (viele davon heute in hohen politischen Funktionen) noch in einer Zeit mit der Mao-Bibel herumgelaufen ist, als jeder, der nur wollte, über die Verbrechen ‚des großen Vorsitzenden' informiert sein konnte.[8]

Es ist schon fast eine Ironie der Geschichte, wenn man sieht, wie die beschriebene Verzwergung des Landes mit einem fast peinlichen Auftreten unserer Politiker als Vertreter einer moralischen Großmacht einhergeht. So mahnen deutsche Politiker immer wieder die Gewährleistung der Freiheitsrechte von Bürgern in anderen Ländern an oder machen dies zur Vorbedingung von Handel und Kooperation. Wenn diese Rechte jedoch im eigenen Land beschnitten werden, löst das bei unserer politischen ‚Elite' kaum noch ein Stirnrunzeln aus. Im Gegenteil, Gesundheitsminister Lauterbach sinnierte in einer führenden Tageszeitung offen darüber, dass „wir Maßnahmen zur Bewältigung des Klimawandels [benötigen], die analog zu den Einschränkungen der persönlichen Freiheit in der Pandemie-Bekämpfung sind".[9] Von der zum Teil brutalen Unterdrückung der Demonstrationen bzw. ‚Spaziergänge' gegen die überzogenen Corona-Maßnahmen unter Einsatz von Wasserwerfern, Schlagstöcken und Hunden gar nicht zu reden, s. Kap. 16. Diese Bilder erinnern eher an das in Deutschland mit hoher moralischer Entrüstung kritisierte Vorgehen Luka-

---

[7] https://twitter.com/faznet/status/1342059699932454912, zuletzt aufgerufen am: 24.4.2024.

[8] Bemerkenswert ist auch, dass im wesentlich schlechter mit Informationen aus aller Welt versorgten Osten kaum jemand auf den Gedanken gekommen wäre, eine Mao-Bibel zu schwenken. Dort wusste man, was Maos Diktatur mit weit über 40 Millionen Todesopfern bedeutete. – Hier zeigt sich übrigens eine Parallele zur Blindheit linker Intellektueller in den 20-er und 30-er Jahren gegenüber Stalins Gräueltaten.

[9] https://www.welt.de/politik/deutschland/article223275012/Kampf-gegen-Klimawandel-Lauterbach-wegen-Coronazeit-pessimistisch.html, zuletzt aufgerufen am: 24.4.2024.

schenkos gegen die weißrussischen Protestbewegungen als an die Pflege deutscher Verfassungsrechte.

Auch in der EU ist man schnell bei der Hand, andere Staaten - vor allem Ungarn und Polen - die Demokratiefähigkeit abzusprechen und unter Androhung von Sanktionen die Einhaltung ‚europäischer Werte' einzufordern. Diese sind zwar in ihren allgemeinen Grundzügen im Vertrag von Lissabon kodifiziert, legen aber nicht im Detail z.B. fest, was in einer Grundschule gelehrt werden darf und wann bzw. in welchem Umfang Sexualkunde und Geschlechtsumwandlungen dort behandelt werden sollten. Überhaupt werden viele Werte, soweit man sie im realen Leben noch erkennen kann, tagtäglich von den selbsternannten Sittenwächtern zu gleicher Zeit propagiert und verletzt (allen voran von der auf dubiose Art und Weise ins Amt gelangten EU-Kommissionspräsidentin). Auch im Zusammenhang mit der Willkommenskultur ist eine moralische Selbstüberhöhung zu verzeichnen, die mit einem gleichzeitigem Totalversagen in der Realisierung der damit verbundenen impliziten Versprechungen und der Unfähigkeit zur Lösung der entstandenen Probleme verbunden ist, s. hierzu auch Kap. 1 und 8. – Auf die nach außen gerichtete moralische Anmaßung und den damit versuchten Demokratieexport werden wir in Kap. 4 noch genauer eingehen.

Merkwürdigerweise befinden sich besonders oft gerade die ‚politisch korrekten' Intellektuellen auf geistigen Abwegen und betätigen sich als Förderer des Hatespeech. Als Musterbeispiel können die Bezeichnung von AfD-Anhängern durch den Präsidenten des Thüringer Verfassungsschutzes als „brauner Bodensatz"[10] oder die unerträglichen Äußerungen von ‚Qualitätsjournalisten' wie Mely Kiyak und Deniz Yücel zu Sarrazin gelten.[11] Erstere hatte Sarrazin in geradezu abartiger Weise als „lispelnde, stotternde, zuckende Menschenkarikatur" bezeichnet. Auf die einsetzenden Proteste hin sahen sich Yücel und andere nicht nur veranlasst, Kiyak zu rechtfertigen, sondern er fand gleich noch eine Steigerung, indem er Sarrazin nur wünschen konnte, „der nächste Schlaganfall möge sein Werk gründlicher verrichten".[12] Da wundert es schon gar nicht mehr, wenn ein Karnevalsredner die Fraktionsmitglieder einer im Parlament vertretenen Partei als einen „Haufen ungehobelter Arschlöcher" bezeichnet und das RND diesen unflätigen Ausfall auch noch als „Abrech-

---

[10] https://focus.de/197718567, zuletzt aufgerufen am: 24.4.2024.

[11] https://www.spiegel.de/kultur/gesellschaft/die-taz-muss-20-000-euro-an-thilo-sarrazin-zahlen-a-916975.html, zuletzt aufgerufen am: 24.4.2024.

[12] https://de.wikipedia.org/wiki/Deniz_Y%C3%BCcel#%C3%9Cber_Thilo_Sarrazin – Der ursprüngliche Artikel von Yücel in der TAZ mit dem Titel „Das ist nicht witzig" darf übrigens per Gerichtsbeschluss nicht mehr öffentlich gezeigt werden., zuletzt aufgerufen am: 24.4.2024.

nung mit der AfD" feiert.[13] – Es ist schon fast wie ein Reflex, dass die zitierten, unerträglichen Sätze dieser linken ‚Kämpfer für demokratische Werte' fast zwingend entsprechende Gegenausfälle von Rechts provozieren (s. Kap. 13). Beides zusammengenommen ergibt dann ein in weiten Teilen von jeglichem Anstand entblößtes Bild vom politischen Diskurs in Deutschland.

Es ist aber nicht nur der rauere Ton, der einen Verfall der Debattenkultur verursacht, sondern vor allem das Überhandnehmen einer Entrüstungs(un)kultur. D.h. die sachlich-logische Argumentation wird ersetzt durch eine meist angemaßte gute Gesinnung. Schon von Max Weber wurde die Unterscheidung zwischen einer Verantwortungsethik und einer Gesinnungsethik eingeführt [85, S. 57 ff.]. Wer ‚verantwortungsethisch' handelt, stellt vor allem die Folgen seiner Handlung in den Vordergrund, während für einen ‚gesinnungsethisch' Handelnden die mehr oder weniger edle Gesinnung das Wichtigste ist, während die Konsequenzen dabei oft aus den Augen verloren werden.[14] Letzteres trifft beispielsweise sowohl bei der Inanspruchnahme des Rechts auf Kirchenasyl zu (Konsequenz: Untergrabung der Rechtsordnung, s. Kap. 11 und 12) als auch bei der Besetzung und Blockierungen von Autobahneinrichtungen (Konsequenz: Nötigung und schwerer Einriff in den Straßenverkehr im Namen der guten Sache ‚Klimarettung', s. Kap. 14). Auch im Diskurs (das ist eine Aneinanderreihung von Sprechakten) sind heute Haltung und Gesinnung oft wichtiger als verantwortliches, der Wahrheit verpflichtetes Handeln.

Für Menschen mit DDR-Erfahrung ist es einfach unvorstellbar, dass 30 Jahre nach der Wiedervereinigung Bürger im vereinigten Deutschland wieder Angst vor Benachteiligung, Ausgrenzung und gesellschaftlicher Ächtung haben, wenn sie Meinungen äußern, die vom Mainstream oder von der heute viel subtiler als damals vorgegebenen politischen Linie abweichen.[15] Es lohnt sich durchaus noch einmal an ein Zitat zu erinnern, das Bärbel Bohley zugeschrieben wird:[16] „Alle diese Untersuchungen, die gründliche Erforschung der Stasi-Strukturen, der Methoden, mit denen sie gearbeitet haben und immer noch arbeiten, all das wird in die falschen Hände geraten. Man wird diese Strukturen genauestens untersuchen, um sie dann zu übernehmen. Man wird sie ein we-

---

[13] https://www.rnd.de/medien/mainz-bleibt-mainz-beim-swr-kabarettist-rechnet-mit-der-afd-ab-haufen-ungehobelter-arschloecher-UKCY2PSEZJAQXPYBAERXK3EZT4.html, zuletzt aufgerufen am: 24.4.2024.

[14] Natürlich kommen beide genannten Ethiksysteme nicht immer rein vor, sondern sind eher als zwei gegenüberstehende Pole mit Übergängen zu verstehen. Trotzdem scheint gerade bei religiösen Fanatikern und links-grünen Ideologen eine reine Gesinnungsethik zu dominieren.

[15] Letztere nannte man im Sozialismus „Klassenstandpunkt", und dessen Fehlen konnte schon damals fatale Folgen haben, wie es viele von uns selbst erfahren durften.

[16] https://17juni1953.wordpress.com/2019/03/09/baerbel-bohley-das-staendige-luegen-wird-wiederkommen/, zuletzt aufgerufen am: 24.4.2024.

nig adaptieren, damit sie zu einer freien westlichen Gesellschaft passen. Man wird die Störer auch nicht unbedingt verhaften. Es gibt feinere Möglichkeiten, jemanden unschädlich zu machen. Aber die geheimen Verbote, das Beobachten, der Argwohn, die Angst, das Isolieren und Ausgrenzen, das Brandmarken und Mundtotmachen derer, die sich nicht anpassen, das wird wiederkommen, glaubt mir. Man wird Einrichtungen schaffen, die viel effektiver arbeiten, viel feiner als die Stasi. Auch das ständige Lügen wird wiederkommen, die Desinformation, der Nebel, in dem alles seine Kontur verliert." Es ist m.E. nicht wichtig, ob diese prophetische Aussage wirklich von Bärbel Bohley stammt, zutreffend ist sie allemal. Das belegen inzwischen unzählige Beispiele, wie die Fälle Sarrazin, Maaßen (s. Kap. 5) und vieler weniger prominenter Bürger zeigen, die Opfer der Cancel Culture geworden sind. s. hierzu Kap. 6.

Das ganze Dilemma wird überhaupt erst ermöglicht durch das Überbordwerfen wichtiger Moralvorstellungen in breiten Kreisen der Bevölkerung und vor allem im Journalismus. Wenn Gerechtigkeitssinn, Anstand, Wahrheitsliebe oder Verachtung von Denunziantentum keine zu bewahrenden Werte mehr sind, dann hat das verheerende Konsequenzen für eine Gesellschaft. Dabei ist es wichtig, Fairness nicht nur den Mitgliedern der eigenen Blase gegenüber zu wahren, sondern vor allem gegenüber dem vermeintlichen oder tatsächlichen politischen Gegner (s. das Zitat von Voltaire in Kap. 5). Es ist aber auch genau so wichtig kritisch gegenüber den Mitgliedern des eigenen politischen Lagers zu sein. Da ist es nur bedingt hilfreich und wenig glaubwürdig, wenn heute ein CDU-Politiker wie Amthor für die Wiederbelebung nationaler Symbole wirbt,[17] oder Linnemann (ebenfalls CDU) sich über mangelnde Streitkultur und den rüden Umgangston in der Politik beschwert [47, S. 138 ff.]. Man fragt sich unwillkürlich, wo sie denn mit ihren Protesten waren, als ihre ehemalige Kanzlerin vor laufenden Kameras die deutsche Flagge entsorgte bzw. als ihr jetziger Vorsitzender Merz den politischen Gegner als ‚Gesindel' beschimpfte, s. Kap. 5.

Wenn eine ideologisch verblendete FFF-Aktivistin[18] einem gestandenen Politiker, dem ehemaligen Verfassungsschutzpräsidenten, Rassismus vorwerfen darf, ohne auch nur den leisesten Beleg liefern zu können, muss das eigentlich eine sofortige Gegenreaktion hervorrufen (die kam nicht einmal von den eigenen Parteigenossen des Verunglimpften). – Bei fehlenden Argumenten werden heute oft genug einfach sogenannte ‚Triggerwörter' in der Rede des Gegners semantisch umgebogen, und schon erkennt man an der Verwen-

---

[17] https://www.fr.de/politik/cdu-union-patriotismus-deutschland-philipp-amthor-nationalhymne-gedenktag-ampel-92302037.html, zuletzt aufgerufen am: 29.4.2024.
[18] FFF: Diese Abkürzung wird durchgängig für die von der schwedischen Klima-Aktivistin Greta Thunberg gegründete Schulstreik-Bewegung „Fridays for Future" verwendet.

dung des Wortes „Globalist" den verborgenen Antisemiten oder Rassisten, ohne dass das ein nicht so ‚woker' Bürger gemerkt hätte,[19] worauf wir in Kap. 10 noch näher eingehen werden. Das Schlimme an der Sache ist, dass sich inzwischen jeder in der Gefahr befindet, grundlos als „Rassist", „Antisemit" oder „Nazi" beschimpft zu werden, ohne dass die Anschuldigung überhaupt begründet werden muss. Das ermutigt Denunzianten geradezu, nach dem alten römischen Spruch zu handeln: „Semper aliquid haeret.".[20] Das alles hat nichts mehr mit Fairness und Wahrheitsliebe zu tun, mit Demokratie übrigens auch nicht (auf andere Werte-Kategorien wie Chancengleichheit und Rechtstreue werden wir noch zu sprechen kommen, s. Kap. 12). Man mag zur AfD stehen wie man will, aber deren Ungleichbehandlung im parlamentarischen Raum und die einseitige Berichterstattung über diese Partei in den Medien bzw. die gezielte Einschränkung ihrer Medienpräsenz stehen im unübersehbaren Kontrast zur Wahrung der Grundrechte[21] und zum Gebot der Fairness. Ja man muss in diesem Fall sogar von einer Diskreditierung der gesamten Wählerschaft einer demokratisch gewählten Partei sprechen.[22] Das gilt auch dann und besonders dann, wenn man selbst dieser Partei kritisch gegenüber steht.

Leider nimmt die Rücksichtslosigkeit im politischen Kampf und die Brutalisierung der verwendeten Sprache eher zu, als dass man zu Mäßigung und Besinnung käme. Das gilt für alle Parteiungen, insbesondere aber für die extreme Rechte und für Links-Grün, s. Kap. 13. Man scheut nicht einmal vor persönlichen Angriffen auf schwerkranke Politiker und deren Familien zurück. So berichtet der FOCUS am 8.7.2021 über einen AfD-Politiker:[23] „Kurz nach dessen erster Kopf-Operation 2020 sei der angeschlagene auf der Straße angegriffen worden. Die Polizei habe jedoch damals geraten, keine Anzeige zu erstatten, da dies zum einen wenig bringe und zum anderen im Zweifel zu noch mehr Aggression führen würde." – Welch ein Armutszeugnis für einen Rechtsstaat! Auch wird eine Doppelmoral in der Politik sichtbar: Als Gegner der Corona-Maßnahmen vor dem Haus der sächsischen Gesundheitsministerin demonstrierten, gab es sowohl von Regierungsseite als auch vom linksgrünen Establishment eine riesige Empörung (die sogar im Kern berechtigt war). Als aber im Gegensatz dazu der mit den Stimmen der AfD frischgewählte Thüringer Ministerpräsident (FDP) und dessen Familie vor ihrem Haus von

---

[19] Zum Begriff „woke" bzw. „wokeness" s. Kap. 6).

[20] „Es bleibt immer etwas hängen."

[21] Art. 3 (3) GG: „Niemand darf wegen [...] seiner religiösen oder politischen Anschauungen benachteiligt oder bevorzugt werden."

[22] Laut Umfragen im Sommer 2023 sprechen wir hier von etwa 20 - 30% der Bevölkerung.

[23] https://amp.focus.de/politik/deutschland/bayern-kurz-vor-seinem-tod-wandte-sich-seine-familie-mit-einem-appell-direkt-an-die-oeffentlichkeit_id_13472427.html, zuletzt aufgerufen am: 24.4.2024.

links-grünen ‚Aktivisten' gemobbt wurden, war weitgehendes Schweigen der selbsternannten Demokraten zu verzeichnen.[24]

Parallel zu dieser Doppelmoral lässt sich sowohl eine unterschiedliche politische Wertung als auch eine einseitige Auslegung des Rechts feststellen, sei es bei den soeben genannten Ereignissen oder beim Verbot bzw. der Genehmigung von Demonstrationen oder bei der vergleichsweisen Milde bzw. Härte des Polizeieinsatzes gegen ‚grüne Aktivisten' (z.B. Autobahnblockierer) auf der einen Seite bzw. Impfgegner oder Querdenker auf der anderen Seite, s. auch Kap. 12 – Die Doppelstandards, die bei der Beurteilung von Politikern der verschiedenen Lager angelegt werden, sind begleitet von einem zunehmenden Verfall der Ämter und einem Niedergang der Qualität von Amtsträgern. Während man überall rechte Umtriebe wittert und AfD-Mitglieder aus ihrem Richteramt entfernt, wurde in Mecklenburg-Vorpommern beispielsweise eine Frau als Verfassungsrichterin berufen, der nicht nur eine Nähe zum Linksextremismus bescheinigt wird, sondern auch noch fachliche Inkompetenz, s. hierzu Kap. 12.

Wie Sahra Wagenknecht in ihrem Buch [83] ausführlich belegt, zeichnet sich der „Linksliberalismus", das ist im wesentlichen das links-grüne Lager, durch ein hohes Maß an Selbstgerechtigkeit aus (wir werden hierauf noch ausführlicher in Kap. 13 eingehen). Eine beliebte Eigencharakterisierung von Links-Grün heißt: „Wir sind die Demokraten",[25] was sich in absurden Situationen manifestiert. So äußerte eine führende Grünenpolitikerin nach der Landtagswahl in Mecklenburg-Vorpommern 2016, als ihre Partei gerade mit 4,8% aus dem Landtag geworfen wurde: „Wir Demokraten müssen jetzt zusammenstehen".[26] Und das war gegen eine Partei gerichtet, die mit über 20% der Stimmen in den Landtag eingezogen war. Analoges wiederholte sich nach der Wahl des ersten AfD-Landrates und des ersten hauptamtlichen AfD-Bürgermeisters in Deutschland, wobei das Thüringer Innenministerium ersteren nach der Wahl mit juristischen Tricks, genauer mit einer ‚Prüfung auf Verfassungstreue', gern wieder aus dem Amt entfernen wollte.[27] – Es muss betont werden, dass es hier nicht so sehr darum geht, welche Parteien bei den absurdesten Diskreditie-

---

[24] Von den Aktionen gegen den Vorsitzenden der Thüringer AfD in dessen Wohnumfeld ganz zu schweigen.

[25] Was natürlich impliziert, dass die anderen die ‚Nicht-Demokraten', die ‚Rechtsextremen' oder gar die ‚Nazis' sind.

[26] https://www.wahlen.info/landtagswahl/mecklenburg-vorpommern-2016/ – Man vergleiche die sehr berechtigte massive Kritik am damals amtierenden amerikanischen Präsidenten, der das Wahlergebnis 2020 zur Präsidentenwahl ebenfalls nicht zur Kenntnis nehmen wollte, zuletzt aufgerufen am: 24.4.2024.

[27] https://junge-freiheit.de/politik/deutschland/2023/sesselmann-wahl-rueckgaengig, zuletzt aufgerufen am: 6.7.2023.

rungen am stärksten betroffen sind (meistens ist das die AfD), sondern um die immer stärker um sich greifende politische Arroganz und Selbstermächtigung an sich. Nicht der Souverän (der so gern beschworen wird) bestimmt, wer zum Spektrum der ‚demokratischen' Parteien gehört, sondern die Wahlverlierer. Schlimmer kann man die Verhältnisse nicht auf den Kopf stellen. Wer sich selbst bescheinigt, ein Demokrat zu sein und dieses Prädikat dem politischen Gegner abspricht, der hat sich selbst als Demokrat disqualifiziert.

Unsere Politiker übertreffen sich regelrecht an Heuchelei und Unaufrichtigkeit, ein Vorwurf der übrigens Steinmeier sogar von den Linken schon 2013 im Zusammenhang mit der NSA-Affäre gemacht wurde.[28] Und daran hat sich bis heute nichts geändert. Auf der einen Seite forderte man bereits vor dem Ukraine-Krieg Sanktionen gegen Russland, z.B. wegen des Falls Navalny und der Unterdrückung anderer Regimekritiker. Auf der anderen Seite kommt scheinbar niemand auf die Idee, angesichts der grausamen Ermordung des saudischen Dissidenten Khashoggi [29] und der politischen Morde in den USA bzw. der im Auftrag der USA begangenen Verbrechen oder wegen des offensichtlich gebrochenen Verhältnisses von Donald Trump zur Demokratie (das oft genug Zielscheibe der Kritik war) diese Länder zu sanktionieren, das wäre ja auch zu riskant gewesen.[30]

Einerseits wird Russlands brutaler Überfall auf die Ukraine im Februar 2022 mit Recht von Vielen auf das Schärfste verurteilt. Ob Putin andererseits als Alleinschuldiger festgenagelt werden kann, ist jedoch sehr fragwürdig, wie in [23, Teil III] und vielen anderen (auch amerikanischen Publikationen) begründet wird.[31] Denn das bereits lange im Vorfeld erfolgte Anheizen der Kriegsstimmung in der Ukraine durch die Amerikaner (beginnend mit dem Auftritt des US-Außenministers auf dem Maidanplatz[32] und endend mit der bewusst aufrecht erhaltenen Drohung, die Ukraine in die NATO und neuerdings auch in die EU aufzunehmen) wird bei der westlichen Analyse des

---

[28] https://www.sueddeutsche.de/politik/nsa-spaehaffaere-linke-nennt-steinmeier-den-groessten-heuchler-1.1741608ac – Auf die unheilvolle Rolle, die unsere letzten beiden Bundespräsidenten im Hinblick auf Heuchelei und Doppelmoral gespielt haben und noch spielen, sind wir schon in Kap. 1 eingegangen., zuletzt aufgerufen am: 4.3.2024.

[29] Er wurde in der saudischen Botschaft in Istanbul bestialisch zerstückelt und außer Landes gebracht.

[30] Ob der jetzige Präsident Biden ein besseres Verständnis von Demokratie hat, wird zumindest von vielen Amerikanern bezweifelt.

[31] Dem ehemaligen israelischen Botschafter in Deutschland wird aus der Zeit des Sechstagekrieges der Ausspruch zugeschrieben: „Es ist nicht entscheidend, wer den ersten Schuss abgegeben hat, sondern was den ersten Schüssen vorausgegangen ist" - Ich persönlich würde zwar nicht so weit gehen, aber sehr nachdenkenswert ist der Satz allemal.

[32] https://www.deutschlandfunk.de/ukraine-kerry-sagt-ukraine-soforthilfe-zu-100.html, zuletzt aufgerufen am: 24.4.2024.

Ukraine-Russland-Konflikts meist geflissentlich übergangen, s. Kap. 4. Dabei ist noch nicht einmal die Tatsache einbezogen, dass der Beginn des Irak-Kriegs durch die USA und der Eintritt der Amerikaner in den Vietnamkrieg mit jeweils gefälschten Begründungen[33] kaum ehrenwerter war als Putins Invasion in der Ukraine. Damit kein Missverständnis aufkommt: Ich halte den kriegerischen Einmarsch der Russen unter Putin in die Ukraine für unverantwortlich, aber eine einseitige Darstellung der Ursachen hilft niemandem und verbaut zudem den Ausweg aus der Krise.[34] – Unsere hehren, aber sehr biegsamen moralischen Wertmaßstäbe hindern uns auch nicht, auf direktem oder indirektem Weg Waffen nach Saudi-Arabien zu liefern oder Gas bzw. Öl bei den Herrschern in Katar zu kaufen, die beide einen brutalen Krieg im Jemen führen. Der jetzige Bundespräsident war sich bezeichnenderweise nicht einmal zu schade, ein Glückwunschtelegramm an die totalitär-religiöse Führung des Iran anlässlich des dortigen Revolutionsfeiertages zu senden.

Es hat verheerende Folgen für das Moralempfinden der Bürger, wenn sich nicht einmal die führenden Politiker an ihre in Sonntagsreden gern verkündeten Wertmaßstäbe halten. Insbesondere müssen Recht und Gesetz höher stehen als persönliche Belange oder subjektive Wertmaßstäbe und individuelles Rechtsempfinden. Der ehemalige CDU-Vorsitzende Helmut Kohl musste noch zurücktreten, weil er sein Ehrenwort für wichtiger hielt als das Parteispendengesetz, und das war richtig so. Kanzlerin Merkel musste solche Konsequenzen nicht mehr ziehen.[35] Sie hat alles getan um eine legal durchgeführte Wahl rückgängig zu machen. Sie hat eigenmächtig und gesetzwidrig die Grenzen für eine völlig unkontrollierte Einwanderung geöffnet und dann ganz lakonisch erklärt, wenn sie sich dafür noch entschuldigen müsste, dann wäre Deutschland nicht mehr ihr Land (welche unglaubliche Arroganz).[36]

Wie wir schon im vorhergehenden Kapitel festgestellt hatten, gehören offene Lügen von Politikern immer noch zum Alltag. Während Adenauers Ausspruch „Was kümmert mich mein Geschwätz von gestern" heute geradezu als Bonmot durchgehen kann, bekennt der derzeitige Gesundheitsminister ganz freimütig, dass die Wahrheit in vielen Fällen zum politischen Tod führe.[37] –

---

[33] Es handelte sich zum einen um den frei erfundenen Nachweis von Chemiewaffen im Irak und zum anderen um den vorgetäuschten Angriff auf zwei amerikanische Kriegsschiffe im Golf von Tonkin, worauf wir im nächsten Kapitel noch einmal zurückkommen werden.

[34] Da hilft es auch nicht, diejenigen, die diesen Aspekt wenigstens zu bedenken geben, in der herrschenden Kriegsstimmung einfach als ‚Putin-Versteher' zu denunzieren.

[35] Von den Plagiatorinnen der Ampel-Parteien ganz zu schweigen, s.u.

[36] Brecht hätte ihr sicher empfohlen, sich doch ein neues Volk zu wählen. – Man wird unweigerlich an einen weit unrühmlicheren deutschen Politiker erinnert, der über sein Volk sagte, dass er ihm keine Träne nachweinen werde, wenn es seinen Vorstellungen nicht folge.

[37] https://www.mimikama.at/faktencheck/lauterbach-die-wahrheit/, zuletzt aufgerufen am: 24.4.2024.

Angela Merkel hatte noch 2003 die damalige Bundesregierung wegen deren verfehlter Asylpolitik scharf angegriffen und vor der Entstehung von Parallelgesellschaften gewarnt.[38] Als sie dann selbst Bundeskanzlerin wurde, hat die ihr hörige Presse jeden, der ihre eigene katastrophale Asylpolitik und insbesondere die folgenreiche Grenzöffnung 2015 kritisierte, in die rechte Ecke gestellt und als ‚Ausländerfeinde‘ diffamiert. – Der FDP-Vize, der ein bemerkenswertes Buch über „Meinungs**un**freiheit" geschrieben hat (s. Kap. 6), ist eine recht schillernde Figur. Einerseits hebt sich seine Kritik am Verfall demokratischer Grundwerte mitunter recht wohltuend vom allgemeinen Politiker-Gerede ab. Andererseits war er es, der seinem als Ministerpräsident von Thüringen gewählten Parteigenossen zunächst zur Wahl gratuliert hatte, um sich später uneingeschränkt hinter seinen Parteichef zu stellen, der eifrig daran mitgewirkt hat, das völlig demokratisch zustande gekommene Wahlergebnis rückgängig zu machen, s. Kap. 1. Die Liste von Beispielen dieser Art ließe sich beliebig fortsetzen, wir werden aber in Kap. 7 noch einmal gesondert auf die Lüge als politisches Mittel eingehen.

Die Aufgabe zentraler Werte wird gravierende Folgen haben. Betrachten wir allein die Wandlung der Bedeutung von ‚Familie‘ in den letzten Jahrzehnten. Obwohl Art 6 (1) des Grundgesetzes Ehe und Familie immer noch unter den „besonderen Schutz der staatlichen Ordnung" stellt, hat sich die Auffassung darüber, was „Ehe und Familie" ausmacht, stark verändert. Das wäre ganz normal, wenn sich dieser Prozess in einer stetigen Evolution vollziehen würde. Leider sind auch hier - wie in anderen Bereichen - blinde Eiferer am Werk, die der Gesellschaft ihre Minderheiten-Auffassungen oktroyieren möchten und praktisch jede Solidargemeinschaft, auch solche mit vier Eltern,[39] als Familien deklarieren (noch sind Vielehen zwar rechtlich nicht zulässig, werden aber durchaus in den Parallelgesellschaften bereits gepflegt und staatlich stillschweigend geduldet, s. Kap. 12).

Ein Problem besteht in diesem Kontext darin, dass die Fanatiker der gesellschaftlichen Transformation lieber heute als morgen Institutionen abschaffen möchten, die sich über Jahrtausende entwickelt und als Stabilisator der Gesellschaft bewährt haben,[40] ohne dass man sich Gedanken über die Folgen macht. Wir wissen einfach nicht, was sich aus einer „vaterlosen Gesellschaft" (Mitscherlich) heraus entwickelt, oder wie sich das Überhandnehmen

---

[38] https://www.cicero.de/innenpolitik/cduparteitag-hetzerin-merkel, zuletzt aufgerufen am: 24.4.2024.

[39] https://www.leben-und-erziehen.de/schwangerschaft/geburt/vier-eltern-erlaubt-991934.html, zuletzt aufgerufen am: 24.4.2024.

[40] Man sprach früher auch von einer sogenannten Kernfamilie, bestehend aus Vater, Mutter und Kindern.

von Patchworkfamilien und alleinerziehenden Müttern langfristig auf die Beziehungsfähigkeit von Kindern und deren Sozialverhalten auswirkt. Es ist übrigens heute auch schon zu einer sozialen Standardforderung geworden, dass alleinerziehenden Mütter vom Staat besonders alimentiert werden müssen. Warum sollte die Gesellschaft für dieses oftmals - nicht immer - selbst gewählte ‚Familienmodell‘[41] finanziell einstehen? Sollen wir einfach akzeptieren, dass sich der andere Lebenspartner ‚in die Büsche geschlagen hat‘, oder dass Nebenfrauen eines in Deutschland lebenden Moslems, die nur nach ‚islamischen Recht‘ getraut sind, von den Steuerzahlern wie alleinstehende Mütter unterstützt werden? Auf diese Art von Sozialbetrug und weitere Fälle werden wir noch gesondert zu sprechen kommen, s. Kap. 8 und 12. – Die Antwort auf obige Fragen hat auch etwas mit Fairness gegenüber den Steuerzahlern und sozialer Gerechtigkeit zu tun, zwei Werte, die ebenfalls unter die Räder zu kommen drohen.

Die zu beobachtende Zerstörung von Traditionen um jeden Preis führt zwingend zu einer Zerstörung der Gemeinschaft, s. hierzu [83, S. 222 ff.], weshalb Änderungen in diesem Bereich auf evolutionärem Wege geschehen müssen. Diese dürfen keinesfalls beschleunigt und mit ideologischem Druck ‚herbeigezwungen‘ werden, sondern sollten sich erst in einem langwierigen Widerstreit zwischen ‚Traditionalisten‘ und ‚Modernisten‘ ergeben. Wer aber sollte die Traditionen gerade im Bereich von Ehe und Familie verteidigen, wenn nicht die Kirchen und Religionsgemeinschaften. Diese schwächen sich jedoch schon dadurch immer mehr, dass sie sich beim links-grünen Mainstream anbiedern und neuerdings sogar mit dem Segnen von Autos, Tieren oder (man glaubt es kaum) Handys beschäftigt sind, s. hierzu Kap. 11. - Das heißt nicht, dass alles Tradierte, und sei es noch so reaktionär, bewahrt werden muss, aber eine Gesellschaft von Individualisten und Selbstverwirklichern, die glauben, eine Gemeinschaft nach ihrem Gusto einfach mal so umwandeln zu können, wird keinesfalls funktionieren. Wir sollten deshalb sehr sorgsam mit unseren kulturellen Überlieferungen umgehen und diese nicht blind eifernd über Bord werfen. Aber genau das geschieht heute in allen Bereichen, auch mit unserer Sprache und Geschichte, s. Kap. 10.

Ein besonders beunruhigendes Kapitel in einer Zeit zunehmender militärischer Auseinandersetzungen ist die im linken Lager weitverbreitete Diskreditierung der eigenen Streitkräfte, was schon mit der Parole „Soldaten sind Mörder“ begann (ein auf Tucholsky zurückgehendes Zitat) und sich immer wieder in Anpöbeleien gegen Angehörige der Bundeswehr oder in Anschlägen auf deren Einrichtungen äußert. Diese Haltung steht neuerdings in einem seltsamen

---

[41] Ja, das gilt nach statistischem Bundesamt tatsächlich als ‚Familie‘.

Kontrast zum militanten Auftreten einiger Vertreter des links-grünen Lagers in merkwürdiger Eintracht mit Scharfmachern der FDP, s. Kap. 13. – Es gibt natürlich auch objektive Ursachen für den nicht so guten Ruf der Bundeswehr, wie der desolate Zustand der Bewaffnung (s. Kap. 1) oder die Unfähigkeit der verschiedenen Verteidigungsministerinnen, die das Renommee unserer Armee untergraben haben (s. hierzu auch Kap. 4). Die letzte Verteidigungsministerin der Merkel-Regierung, hatte sogar die Chuzpe sich hinzustellen und zu konzedieren, dass man aufgrund der Afghanistan-Erfahrung die Lehre ziehen muss, in keinen Krieg zu ziehen, ohne dass man vorher klare Ziele für diesen Krieg definiert hat. Welche Einfalt! - Das hätte ihr (und übrigens all ihren Vorgängern) jeder militärische Laie, der das Standardwerk von Clausewitz „Vom Krieg" gelesen hat, schon lange vor einem beliebigen militärischen Einsatz sagen können. Im zitierten Buch schreibt Clausewitz schon vor weit über 150 Jahren: „Man fängt keinen Krieg an [...], ohne sich zu sagen, was man mit und was man in demselben erreichen will" [81, Kap. 8.2].[42]

Auch die Verächtlichmachung der Polizei und der Aufbau eines entsprechendes Feindbildes sind typisch für links-grüne ‚Aktivisten‘. Einer ihrer Lieblingsslogans lautet dementsprechend: „All cops are bastards".[43] Es soll durchaus nicht verschwiegen werden, dass oftmals die Polizei selbst durch brutalste Einsätze (beispielsweise gegenüber Gegnern der Covid-Maßnahmen) in die Kritik gerät, s. Kap. 16, oder sich zum Gespött von Angehörigen der Clankriminalität macht, s. Kap. 12. Aber ein Untergraben der polizeilichen Autorität ist für einen Rechtsstaat nicht hinnehmbar. Es ist auch nicht zu verstehen, dass der Staat die Polizei in vielen Fällen mit ihren Problemen allein lässt, s. Kap. 5, da er doch mit Recht das Gewaltmonopol für sich beansprucht und damit verpflichtet ist, Recht und Ordnung zu gewährleisten. – Wenn eine anonym bleibende Singetruppe ungestraft in musikalisch verfeinerter Form intonieren darf: „Fickt die Cops, sie sind Bullenschweine",[44] ist das an sich schon unerträglich (aber kein Einzelfall). Die Frage ist jedoch: Wie kann eine Gesellschaft zulassen, dass ihre eigenen Sicherheitskräfte zum Popanz gemacht werden, wobei dies - wie die Geschichte der letzten Jahrzehnte zeigt - gewissermaßen in die DNA vieler links-grüner ‚Aktivisten‘ eingeschrieben ist, s. Kap. 13?

Selbst bei einem so schrecklichen Mord an zwei Polizisten in Kusel im Februar 2022, die nur ihrer normalen Pflicht nachgekommen sind, werden die Opfer im Internet noch mit Hatespeech überzogen. Während viele Zeitungen

---

[42] Es ist bei so viel Ignoranz kaum anzunehmen, dass auch nur eine der genannten Verteidigungsministerinnen dieses grundlegende Werk kennt.

[43] Der wird so oft verwendet und auf Straßen sowie Häuserwände gesprüht, dass schon ein weithin bekanntes Kürzel ‚ACAB‘ hierfür eingeführt wurde.

[44] https://youtu.be/XM1JVF9leyk, zuletzt aufgerufen am: 24.4.2024.

sachlich und mit berechtigter Abscheu darüber berichteten, lassen es sich einige andere nicht nehmen, sofort Verbindungen ausschließlich und in unklaren Andeutungen gegen ‚Rechts‘ herzustellen.[45] So etwas ist ein Musterbeispiel von politischer Instrumentalisierung und ideologisch motiviertem Framing, s. Kap. 7. Es ist einfach unverantwortlich, dass Hater aus allen extremen Richtungen bei einem solchen Ereignis, bei dem noch intensiv ermittelt wird, ihr eigenes politisches Süppchen kochen wollen. Dabei sind es insbesondere Mitglieder der links-autonomen Szene, die als Quelle der entsprechenden Internetbotschaften in Frage kommen.[46] Letztlich stellte sich heraus, dass die von einem Wilderer begangene heimtückische Mordtat an den beiden Polizisten keinerlei politischen Hintergrund hatte.

Neuerdings wird sehr häufig der feige Trick verwendet, die ungeheuerlichsten Verbalinjurien unter dem Deckmantel der ’Satire’ zu verstecken (wie etwa: Polizisten sollten auf dem Müll entsorgt werden, s. Kap. 13), oder es werden unflätigste Beschimpfungen ausgesprochen (indem zum Beispiel der Präsident eines anderen Landes und NATO-Partners - der wohlgemerkt nicht meine Sympathie genießt - im ZDF als ’Ziegenficker’ tituliert wird). Verantwortungslose Veranstalter von vorgeblich satirischen Sendungen in den ÖRM lassen Lieder über die Oma als ‚Umweltsau‘ oder ‚Meine Oma hat Corona‘ intonieren, s. Kap. 14. Nach massiver Kritik legt der selbsternannte und in all diesen Fällen verantwortliche ‚Moralhumorist‘ Böhmermann mit Stammplatz im ZDF noch eins drauf und trällert lustig: „Meine Oma liegt im Koma“,[47]

Was viele Bürger mit Recht empört, ist die Tatsache, dass sie solche Entgleisungen (die sich zum Teil sogar gegen sie selbst richten) mittels eingezogener Zwangsgebühren auch noch finanzieren müssen. Das ist eine Perversion der Presse- und Medienfreiheit. Hier haben wir es nicht nur mit einer Verwahrlosung der Sitten zu tun, sondern mit einer Nötigung der Bürger zur üppigen Alimentierung einer feigen Journaille, die ihre fragwürdige Gesinnung auch noch hinter dem ‚Schutzschirm Satire‘ zu verstecken versucht. Der Deutschlandfunk hat es sogar fertiggebracht, Kritik und Empörung gegenüber derartigem Fehlverhalten als eine Art rechte Verschwörung zu brandmarken.

---

[45] https://www.sueddeutsche.de/panorama/kriminalitaet-hundertfache-internet-hetze-nach-toetung-von-polizisten-dpa.urn-newsml-dpa-com-20090101-220207-99-13009,   zuletzt aufgerufen am: 24.4.2024.

[46] Charakteristischerweise werden in solchen Fällen die Verbindungsfäden zum politischen Gegner in sehr subtiler Form gesponnen, indem man ganz nebenbei berichtet, dass die Ermittler von der Taskforce „Gewaltaufrufe Rechts“ unterstützt werden. Es erübrigt sich wohl zu sagen, dass von der Heranziehung einer speziellen Taskforce „Gewaltaufrufe Links“ nicht die Rede war (die gibt es höchstwahrscheinlich auch nicht). – Der Vollständigkeit halber sei allerdings angemerkt, dass es eine allgemeinere (hier nicht erwähnte) Arbeitsgruppe ‚PMK-links‘ gibt, die nach eigenen Angaben Gewaltaufrufe mit untersucht, s. Kap. 13.

[47] https://youtu.be/6MQilDqX52M, zuletzt aufgerufen am: 24.4.2024.

Demgegenüber ist eine gute und vorzugsweise auf die Herrschenden gerichtete Satire oft zu vermissen, obwohl sie doch so wichtig für eine funktionierende Demokratie wäre, s. Kap. 6.[48]

Man kann generell einen Niedergang des politischen Kabaretts feststellen, das über weite Strecken zum Langweiler verkommen ist. Zwischenzeitlich war auch noch Donald Trump als Feindfigur und Dauerbrenner abhanden gekommen (er war in den vier Jahren seiner Regierungszeit eine solch dominierende Zielscheibe, dass man sich unwillkürlich fragte, ob wir keine eigenen Probleme hätten).[49] – Wenn doch einmal das Unerwartete geschieht und die Protagonisten wirklich ‚über die Stränge schlagen', indem sie gegen den Mainstream im eigenen Land schwimmen, verfallen sie der Feme (neudeutsch „Canceling" genannt, wie es den Kabarettisten Dieter Nuhr und Lisa Eckhart erging), s. Kap. 6. Erstaunlicherweise passiert das kaum, wenn Linke über die Stränge schlagen, wie Comedian und SPD-Mitglied Böhmermann, s. oben.

Mittlerweile gibt es sogar den perfiden Versuch, die berechtigte Kritik an der Cancel-Kultur an den Universitäten als rechte Propaganda zu diffamieren oder diese mit Hinweis auf die Zustände an türkischen Universitäten zu bagatellisieren.[50] Das ist eine ganz durchtriebene Immunisierungsstrategie. Dann können wir jede Kritik an Missständen in Deutschland einstellen, denn irgendwo - sei es in der Türkei oder in Burkina Faso - werden sich immer noch größere Auswüchse finden lassen. Ein Wissenschaftler der Universität Freiburg verstieg sich sogar in seinem Blog zu der programmatischen Aussage: „Die Neuregelungen von Diskurs, Kultur und Kunst durch ‚Politische Korrektheit', ‚Cancel Culture' oder ‚Identitätspolitik' bedeuten nicht den Zerfall der Demokratie, sondern sind ein Schritt in Richtung ihrer vollständigeren Realisierung."[51] Dann wissen wir ja wenigstens, was uns in dieser ‚vervollkommneten Demokratie' erwartet - eine Rückkehr zur ‚sozialistischen Demokratie' oder eine gelenkte Scheindemokratie mit ‚betreutem Denken', s. Kap. 7.[52]

---

[48] Viele werden sich erinnern, welch seelenhygienisch unverzichtbare Rolle vor der Wende Kabaretts wie die Herkuleskeule in Dresden oder die Pfeffermühle in Leipzig gespielt haben,

[49] Das wird ein Fest für unsere mutigen Comedians werden, wenn ihr imaginierter Widersacher zum zweiten Mal Präsident der USA werden sollte.

[50] https://m.faz.net/aktuell/karriere-hochschule/cancel-culture-an-hochschulen-chronik-einer-verleumdung-17247116.html, zuletzt aufgerufen am: 24.4.2024.

[51] https://verfassungsblog.de/demokratisierung-durch-cancel-culture/, zuletzt aufgerufen am: 24.4.2024.

[52] Für ehemalige DDR-Bürger ist das geradezu ein Déjà-vu-Erlebnis, weil alles schon einmal da war: Political Correctness (PolC), s. Kap. 4, hieß in der DDR ‚Klassenstandpunkt', ‚Cancel Culture' wurde in Form des Ausschlusses nicht systemkonformer Bürger von allen Führungspositionen (aber auch von höherer Bildung) betrieben, und Identitätspolitik konnte man hautnah erleben, wenn man nicht zur Arbeiterklasse gehörte.

In diesem Zusammenhang existiert ein echtes Dilemma, und zwar nicht nur im Bereich Satire, sondern auf dem gesamten Feld künstlerischer Tätigkeit. Auf der einen Seite ist die freie Ausübung von Kunst ein hohes Gut, das es zu verteidigen gilt. Auf der anderen Seite fragt man sich angesichts der geschilderten Entgleisungen (aber nicht nur deswegen), ob es wirklich so etwas wie ‚entartete Kunst' gibt. Man wagt den Terminus kaum auszusprechen, und zwar vor allem erst einmal wegen dessen Missbrauchs im ‚Dritten Reich'.[53] Aber trotzdem scheint es so etwas schon wieder zu geben, wie die Entfernung einer Frauenskulptur an der Uni Flensburg durch woke Akademiker zeigt, s. hierzu Kap. 13. Dadurch ergibt sich zwingend die schwierige Frage, wer denn die Kriterien dafür festlegen sollte, was ‚entartet' ist. Was für den einen gerade noch so als ‚Kunst' durchgehen mag (etwa die Mohammed-Karikaturen oder Rushdies „Satanische Verse"), stellt für den anderen schon ein Sakrileg dar.

Ungeachtet dessen haben viele Menschen das Gefühl, dass mit einigen Kunstprodukten nicht nur die Grenzen des guten Geschmacks (dieser ist sowieso umstritten), sondern auch die Grenzen des Vorzeigbaren und - was viele andere Bereiche, wie Internet oder auch die erwähnte Pseudosatire betrifft - die Grenzen des Sagbaren überschritten werden. Im Bereich der bildenden Kunst dürften dazu etwa die Porno-Ikonen von Christine Metzner gehören, und zwar nicht nur, weil sie blasphemisch sind (was selbst Nichtchristen wie ich so empfinden), sondern vor allem weil man das Gefühl bekommt, hier will sich jemand durch blanke Provokation interessant machen.[54] Andere Beispiele, die bereits in das Gebiet des ‚entarteten' Journalismus hinein reichen, hatten wir weiter oben in Bezug auf Sendungen des WDR und auf Artikel in der TAZ genannt. Wir müssen uns wahrscheinlich damit abfinden, dass es auch in einer Demokratie Widersprüche gibt, die man niemals auflösen kann - und zwar nicht nur in der Kunst (Verbote dürften im Fall der Kunst überhaupt nicht angebracht sein, hier geht es eher um die Wertvorstellungen der Konsumenten, die in einigen Fällen einer Neujustierung bedürfen, und die zu Protesten bei Entgleisungen führen sollten).

Trotz der Schwierigkeiten, auf dem Gebiet von Moral und Ethik klare Grenzen zu ziehen (diese verschieben sich ohnehin mit der Zeit), kann man heute einen deutlichen Verfall moralischer Maßstäbe und einen derartigen Grad fortschreitender Dekadenz (auch außerhalb der Kunst) feststellen, der einfach nicht in eine Epoche des aufgeklärten Humanismus passt und teilweise sogar gesetzwidrig ist. Hierzu gehören beispielsweise die Kinderpornographie

---

[53] Allein die Tatsache, dass Bilder von Malern wie Paul Klee, Emil Nolde, Lovis Corinth oder gar van Gogh von den Nazis zur ‚entarteten Kunst' gezählt wurden, zeigt die Gefahr einer solchen Kategorisierung.

[54] Ein Eindruck, der sich übrigens bei vielen Produkten der modernen Kunst aufdrängt.

(s. Kap. 6), die Missbrauchsskandale in der Kirche (s. Kap. 11) oder peinlich-voyeuristische Fernsehsendungen (mit dem Gipfel: Nacktshows mit Genitalienbegutachtung in der Sendung „Naked Attraction" bei RTL-2). Nein, die Ablehnung solcher Fernsehprodukte hat nichts mit Prüderie zu tun (dass es auch anders geht, hat übrigens die bildende Kunst seit der Antike gezeigt).

Ein schwieriges Problem für einen humanistischen Wertekanon ist die Bewahrung der Toleranz, die auch schamlos missbraucht werden kann und sich mitunter als ‚Toleranz gegenüber den Intoleranten' selbst ad absurdum führt. Diesen Umstand hat Popper in seinem Toleranz-Paradoxon so formuliert: „Uneingeschränkte Toleranz führt mit Notwendigkeit zum Verschwinden der Toleranz. Denn wenn wir die uneingeschränkte Toleranz sogar auf die Intoleranten ausdehnen, wenn wir nicht bereit sind, eine tolerante Gesellschaftsordnung gegen die Angriffe der Intoleranten zu verteidigen, dann werden die Toleranten vernichtet werden und die Toleranz mit ihnen" (engl. Original-Zitat s. [67, S. 543]). Wie wir besonders in Kap. 8 und 12 noch sehen werden, wird das Toleranz-Paradoxon immer dann wirksam, wenn eine scheinbar tolerante (in Wirklichkeit unfähige) Regierung dreisten Kriminellen erlaubt oder ermöglicht, die Toleranz der Ersteren zu missbrauchen und zu Gunsten der Letzteren auszunutzen. In der gleichen Weise werden das Konzept der Menschenrechte und das Asylrecht in Frage gestellt, wenn links-grüne Politiker eine Abschiebung von asylsuchenden Mehrfachtätern (selbst solchen, die Terroranschläge und Morde verübt haben) mit der Begründung zu verhindern suchen, diese seien in ihren Heimatländern Verfolgungen ausgesetzt. Dabei wird wie zum Hohn auf die Opfer der Slogan eingesetzt: „Auch Terroristen haben Menschenrechte". Ist das Recht auf Leben deutscher Bürger weniger wert als das eines mörderischen Asylanten?

Wenn das eigentlich positiv zu bewertende Recht auf Asyl dadurch ausgehebelt wird, dass sich Parallelgesellschaften bilden, unser Sozialsystem hemmungslos ausgenutzt wird, kriminelle Clans dem Staat auf der Nase herumtanzen oder gar Islamisten ins Land geschleust werden, dann hebeln sich eine falsch geübte Toleranz und demokratischer Rechtsstaat selbst aus. Es ist Aufgabe des Staates, möglichst zu verhindern, dass solche gravierenden Konflikte zwischen grundlegenden Menschenrechten, wie ‚die Würde des Menschen ist unantastbar' (auch die von Straftätern) und elementarem Selbsterhaltungstrieb der Bürger (etwa: Mehrfachstraftäter sind ohne weitere Rechtsmittel abzuschieben) überhaupt nicht auftreten. Denn die Gegner der letztgenannten Maßnahmen vergessen allzu leicht, dass die Menschenwürde der Opfer ebenfalls unantastbar ist.

Eine weitere bedenkliche Tendenz, die allerdings nicht nur die westliche Welt betrifft, ist die Kommerzialisierung und Politisierung des Sports. Schon immer wurden die Olympischen Spiele als Bühne politischer Repräsentation betrachtet, was vielleicht am deutlichsten 1936 in Deutschland zum Ausdruck kam, als die Spiele in Berlin ausgetragen und von den Nazis als eine große Propaganda-Show inszeniert wurden. Daran hat sich bis heute nichts geändert, wie die Olympiaden der letzten Jahrzehnte gezeigt haben.[55] Man denke auch an den politischen Druck, der mit Hilfe des Boykotts von Spielen oder dessen Androhung von den Staaten untereinander ausgeübt wird. Inzwischen versucht man sogar den Kampf gegen Rassismus in die Sportarenen zu tragen, indem man die aus den USA übergeschwappten BLM- bzw. LGBT- Bewegungen als völlig überzogenes und aus dem ursprünglichen Kontext gerissenes ‚Virtue Signalling‘-Ritual (s.u.) gewissermaßen als Vorspiel in das sportliche Geschehen integriert, s. hierzu auch 7.

Ein wichtiges Korrektiv im Hinblick auf Machtmissbrauch und Negativtendenzen in unserer gesellschaftlichen Entwicklung sollte die sogenannte ‚Vierte Gewalt‘ sein, was jedoch nicht mehr vollumfänglich zutrifft. Insbesondere fungiert sie ebenso wie große Teile der Opposition nur noch unzureichend als Kontrolleur und Wachhund gegenüber den ‚Eliten‘ in Politik und Wirtschaft. Dabei ist in einer gut funktionierenden Demokratie ein investigativer Journalismus, der diesen Namen verdient und nicht vom politischen Mainstream gesteuert ist, ein unverzichtbares Element des politischen Lebens. Demgegenüber haben es sich die Medien (insbesondere die ÖRM) scheinbar zur Aufgabe gemacht, als eine Art Interpreter der Regierungspolitik zu wirken. Ihre wichtige Funktion als Kontrollinstanz gegenüber den Regierenden ist demgegenüber immer weniger sichtbar.[56] Das hat nicht nur zu der Unterscheidung zwischen ‚öffentlicher Meinung‘ und ‚veröffentlichter Meinung‘ geführt, sondern auch zu sehr drastischen Charakterisierungen wie ‚Lügenpresse‘ und ‚Lückenpresse‘ s. hierzu Kap. 7

Mittlerweile ist die Mainstream-Presse in Teilen so verkommen, dass manche Blätter zwar parteipolitische Propaganda-Anzeigen der Chinesen schalten, aber eine Annonce der AfD ablehnen.[57] Auch die von den Medien verfälschten und drastisch verschärften Berichte des linken Rechercheportals Correctiv

---

[55] So benutzte die DDR den Sport ständig als Propagandamittel. Sie investierte auf diesem Gebiet im Vergleich zu ihrer Wirtschaftskraft solch unverantwortlich hohe Geldsummen (darunter auch knappe Devisen), dass dieser relativ kleine Staat den Medaillenspiegel in vielen wichtigen Sportarten sogar noch vor den USA anführte.

[56] https://de.wikipedia.org/wiki/Vierte_Gewalt#Effizienz_der_Kontrolle, zuletzt aufgerufen am: 24.4.2024.

[57] https://twitter.com/Dieter_Stein/status/1420687906507825153, zuletzt aufgerufen am: 5.3.2024.

über ein Privattreffen ‚rechter' Bürger, die an sich schon auf zweifelhafte Weise zustande gekommen waren, sind ein Beleg hierfür (s. Kap. 10). Eine weitere negative Erscheinung, die das Vertrauen in die öffentlichen Medien immer mehr erschüttert, ist die Konzentration der Quellen für die Berichterstattung in wenigen Händen, wie etwa in denen des Redaktionsnetzwerks Deutschland (RND)[58], des Spiegel-Verlags oder der Funke-Mediengruppe, um nur einige der stärker nach links Geneigten zu nennen.[59] Dadurch entsteht beim Konsumenten der Eindruck, dass alle mehr oder weniger stark voneinander abschreiben, vom Mangel an eigenen fundierten Recherchen oder Extremen, wie den völlig frei erfundenen Spiegel-Stories, ganz zu schweigen. Man wird unwillkürlich an einen angeblich von Karl Kraus stammenden Ausdruck erinnert: „Keine Gedanken zu haben, und noch unfähig sein, diese auszudrücken: das ist Journalismus" (wahrscheinlich wurde er etwas verballhornt und lautet in seiner ursprünglichen Form: „Es genügt nicht, keine Gedanken zu haben, man muss auch unfähig sein, sie auszudrücken" - beides passt!).

Folge dieser geschönten und tendenziösen Berichterstattung ist nicht nur ein Vertrauensverlust in die ÖRM, sondern auch in deren Geldgeber, das sind unmittelbar erst einmal Staat und Regierung (die Bürger sind nur die letztlich zahlenden Melkkühe). Der Qualitätsjournalismus, also ein scharfer investigativer Journalismus, der Skandale bzw. Missstände aufdeckt und auch einmal gegen den Strom schwimmt, geht immer mehr verloren und ist kaum noch zu erkennen. Stattdessen findet man sehr häufig (insbesondere in Talkshows) eine Rechtfertigung und ein Wiederkäuen der vorherrschenden Mainstream-Meinungen. Die Beiträge sind vielfach langweilig, oder sie sind überhaupt gleich frei erfunden, wie die Relotius-Affäre beim Spiegel gezeigt hat.[60] – Auch im Falle des 1993 erschossenen Terroristen Grams in Bad Kleinen verbreitete der Spiegel falsche Informationen und eine aufgebauschte Story. Der große Aufmacher auf der Spiegel-Titelseite lautete damals „Der Todesschuss – das Versagen der Terrorfahnder". Die Pressekampagne führte zum unberechtigt erzwungenen Rücktritt des damaligen Innenministers, und der Generalbundesanwalt wurde in den Ruhestand versetzt. Die TAZ benutzte sogar den Prozess der ehemaligen Terroristin und Lebensgefährtin von Grams als Beleg für das Versagen des Staates in einer Ausgabe vom Nov. 1994.[61]

---

[58] Dieses ist Teil der Verlagsgesellschaft Madsack, die wiederum die SPD als größten Anteilseigner hat.

[59] https://www.presseshop.at/blog/groesste-verlage-in-deutschland-fuer-zeitschriften-die-erfolgreichsten-medienhaeuser/, zuletzt aufgerufen am: 24.4.2024.

[60] https://www.spiegel.de/kultur/gesellschaft/fall-claas-relotius-spiegel-legt-betrug-im-eigenen-haus-offen-a-1244579.html, zuletzt aufgerufen am: 24.4.2024.

[61] https://taz.de/!1533436/, zuletzt aufgerufen am: 24.4.2024.

Das Problem bei all diesen Falschmeldungen und Pressekampagnen eines verfehlten Haltungs-Journalismus besteht darin, dass dieser - statt qualitativ hochwertige Recherchen zu liefern - einen riesigen entrüstungsträchtigen Pressewirbel inszeniert. Dabei entstehen durch die verbreiteten Falschmeldungen nicht wieder gutzumachende moralische und materielle Schäden, die später aber nie wirklich aufgearbeitet werden. Das traf sowohl auf die Berichterstattung über den Apothekerjungen in Sebnitz zu, s. Kap. 13, als auch auf die fingierte Brandstiftung in Chemnitz, s. Kap. 7. Auch im soeben erwähnten Fall des Terroristen Grams war das so. Im besten Fall, aber auch das nicht immer, folgt mitunter erst nach Jahren eine nichtssagende Entschuldigung der Presse, die aber kaum noch einer liest. So erschien erst im Jahre 2020 im „SPIEGEL-Backstage"[62] ein lapidares Bedauern bezüglich der durch den Verlag eingeräumten Fehler.

Ein besonderes trauriges Kapitel stellt die Verharmlosung der vielen Verfehlungen von Spitzenpolitikern dar, wobei die der grünen Kanzlerkandidatin des Jahres 2021 und insbesondere das Herunterspielen der sie betreffenden Plagiatsvorwürfe nur ein Beispiel sind. Nicht nur, dass die Fülle ihrer Fehlleistungen inzwischen erdrückend geworden ist (s. Kap. 13), sie zeigt auch sonst wenig erfreuliche Charaktereigenschaften, zu denen die unglaubliche Unverfrorenheit gegenüber ihrem Kovorsitzenden gehört. Sie hatte ihn öffentlich brüskiert, als sie feststellte, dass er es mehr mit Hühnern und Schweinen sowie dem Melken von Kühen zu tun hätte,[63] während sie doch eher aus dem Völkerrecht komme (was sich nachträglich auch noch als unberechtigte Aufbesserung ihres akademischen Werdegangs herausstellte). Obwohl selbst eine linke Tageszeitung damals den Rücktritt dieser untragbaren Kanzlerkandidatin forderte,[64] versuchten ihr sogar einige vorgebliche politische Gegner (oder sind es die potentiellen Verbündeten nach der Wahl?) in einem erbärmlichen Entschuldigungs-Versuch beizuspringen. – Ist die Achtung vor den höchsten Regierungsämtern schon so tief gesunken und die politische Sensibilität des Staatsvolkes so weit reduziert, dass es diesen Zustand einfach hinnimmt (s. hierzu auch Kap. 5)? Da ist es absolut kein Trost, dass Baerbock 2021 nicht Kanzlerin, sondern lediglich ‚feministische Außenministerin' geworden ist.

Die fehlende Qualifikation unserer Politik-Laiendarsteller für ein verantwortungsvolles Amt zeigt sich für alle ersichtlich in den bei verschiedensten

---

[62] https://www.spiegel.de/backstage/spiegel-titel-der-todesschuss-ueber-raf-terrorist-wolfgang-grams-1993-bericht-der-aufklaerungskommission-a-6530a661-83bd-464d-89d1-43c4319055ae, zuletzt aufgerufen am: 5.3.2024.

[63] https://www.faz.net/aktuell/wirtschaft/basta-is-back-17763330.html, zuletzt aufgerufen am: 5.3.2024.

[64] https://taz.de/Vorwuerfe-gegen-Annalena-Baerbock/!5784037/, zuletzt aufgerufen am: 7.7.201.

Anlässen getätigten unqualifizierten Äußerungen. Der jetzige Wirtschaftsminister wusste in einem Interview nicht, wofür die Bafin zuständig ist, und die ehemalige Grünenvorsitzende und jetzige Außenministerin vertritt die Meinung, dass jeder Mensch ein Recht auf Asyl hat, oder dass man die durch Windräder anfallende Elektroenergie im Netz speichern könne (von der Unzahl ihrer anderen ‚Versprecher' ganz abgesehen, s. Kap. 13).[65] Die ehemalige Linkenvorsitzende Hennig-Wellsow (das war die Blumenstraußwerferin aus Thüringen, s.u.) hielt sich zwar für geeignet, Kanzlerin zu werden, hat aber keine Ahnung vom Steuerrecht, und der jetzige Gesundheitsminister Lauterbach (SPD) versuchte während der Corona-Pandemie, mit falschen Statistikangaben ein Katastrophenszenario nach dem anderen aufrecht zu erhalten[66]. Äußerlich findet die Misere Ausdruck in geschönten Biographien, plagiierten Dissertationen und moralisch bedenklichen Handlungen oder auch Nichthandlungen, wie z.B. unterlassene Angaben über meldepflichtige Einnahmen. Flankiert wird das Ganze durch Korruption in den Parteien (Vetternwirtschaft, Maskenaffären) sowie unheilvolle und undurchschaubare Beziehungen zwischen Wirtschaft und Politik (Lobbyismus, Spendengelder usw.), s. Kap. 13.

All diese Mängel haben vielfältige Ursachen, dazu gehören: Der in der Politik grassierende Opportunismus und das kriecherische Karrieredenken, das Überhandnehmen von Studienabbrechern und Halbgebildeten in den Parlamenten, Frauenquoten statt Leistungsgerechtigkeit, Selbstversorgung der Parteien mit Ämtern bzw. grassierender Nepotismus (man erinnere sich allein an die Ministerposten, die von der ehemaligen Kanzlerin vergeben wurden, an die dubiose Installierung der jetzigen Chefin der EU-Kommission oder an die Verwandten-Protegierung durch den derzeitigen Wirtschaftsminister). Eine wichtige Rolle hat dabei zweifellos auch der Einfluss der Protagonisten der 68-er Bewegung gespielt, deren frühzeitig propagierter und zweifellos gelungener Marsch durch die Institutionen uns noch lange zu schaffen machen wird.

Ein trauriges Merkmal vieler Politiker - und zwar bis in die höchsten Spitzen hinein - ist ihre Würdelosigkeit: Da katzbuckelt der Wirtschaftsminister vor dem Emir von Katar, einem die Menschenrechte missachtenden Despoten (ohne irgend etwas Handgreifliches zu erreichen), da wird widerspruchslos hingenommen, dass dem Bundespräsidenten ein Besuch in der Ukraine verwehrt wird (obwohl dieses Land beträchtliche deutsche Militär- und Finanzhilfen erhält), und der Bundeskanzler lässt sich von dem schon mehrfach durch flegelhaftes Auftreten aufgefallenen ukrainischen Botschafter als „beleidigte

---

[65] https://www.freiburg-schwarzwald.de/blog/baerbock-asyl-fuer-alle-34-23/, zuletzt aufgerufen am: 24.4.2024.

[66] https://www.welt.de/politik/deutschland/article237544517/Karl-Lauterbach-Hoechste-Inzidenz-in-Europa-Wo-der-Minister-daneben-lag.html, zuletzt aufgerufen am: 24.4.2024.

Leberwurst" bezeichnen, ohne dass man diesen ‚Diplomaten' zur Persona non grata erklärt hätte. – Demgegenüber kann man feststellen, dass Politiker oder überhaupt Menschen des gesellschaftlichen Lebens, die Charakter, Eigenständigkeit des Denkens und persönlichen Mut zeigen, in der deutschen Öffentlichkeit ausgegrenzt und diffamiert werden. Oft wird ihnen auch einfach die Plattform für ein publikumswirksames Auftreten entzogen oder es werden ihnen öffentliche Auftritte zumindest massiv erschwert.[67]

Auf lange Sicht wird diese Situation - wenn wir hier nicht gegensteuern - zwangsläufig zu einer Zerstörung der Solidargemeinschaft führen. Es gibt zwar immer noch eine bewundernswerte Solidarität mit den Opfern von Naturkatastrophen, wie sie sich etwa bei dem Jahrhundert-Hochwasser 2022 im Ahrtal zeigte, aber gleichzeitig haben wir auch schon die Erscheinung von Plünderungen und das dreiste Auftreten von Betrügern nach solchen Ereignissen zu beklagen. Bemerkenswert ist in diesem Zusammenhang, dass ein großer Teil dieser Täter nach statistischen Angaben der Polizei Ausländer waren und davon wiederum ein großer Teil ‚rumänische Staatsbürger'. Obwohl solche wenig erfreulichen Nachrichten kaum in der Mainstream-Presse publiziert werden, sind sie in sich schon wieder äußerst bedenklich. Da wird der Verdacht auf eine ganze Nation, hier die Rumänen, gerichtet, obwohl es sich um eine ganz bestimmte Volksgruppe mit rumänischem Pass, aber unaussprechlichem Namen gehandelt hat (s. die „Z-People" in Kap. 8). Im Falle des vom Amtsgericht Euskirchen im November 2021 verurteilten und mehrfach vorbestraften Plünderers wurde in den meisten Berichten (wie sehr häufig, wenn es sich um einen Ausländer handelt) kryptisch von „einem Mann" gesprochen. Nur wenige wagten es, wenigstens andeutungsweise Ross und Reiter zu nennen und schreiben von „dem Mann, der zuletzt in einer Flüchtlingsunterkunft in Weilerswist wohnte" (das allerdings auch erst weit hinten im Text).[68]

Diese Art der Berichterstattung ist kein Einzelfall, sondern typisch für die Verbreitung von Halbwahrheiten durch unsere MSM, s. Kap. 7. Das führt natürlich dazu, dass in anderen Fällen, wie bei dem Betrug „einer Frau" mit angeblichen Kleiderspenden an Flutopfer,[69] womöglich die falschen Schlüsse gezogen werden. Da man über die Identität der Frau, die nach dem zitierten Artikel der Polizei sicherlich bekannt war, unzureichend informiert, denken viele Bürger einfach nach dem Schema: Wenn im Zusammenhang mit Straf-

---

[67] Auf Beispiele wie Sarrazin, Maaßen und weitere Personen sowie auf die AfD als diskreditierte Oppositionspartei hatten wir schon an anderer Stelle hingewiesen.

[68] https://www.express.de/nrw/amtsgericht-euskirchen-mutmasslicher-flutpluenderer-verurteilt-81140?cb=1638871060218, zuletzt aufgerufen am: 24.4.2024.

[69] https://www.spiegel.de/panorama/justiz/simmerath-frau-soll-spenden-fuer-flutopfer-im-internet-verkauft-haben-a-24212daa-1dc1-41b1-ab3c-f115f85f5111 , zuletzt aufgerufen am: 24.4.2024.

taten anonym von „einem Mann/einer Frau" die Rede ist, dann wird es sich
sicher um Asylanten oder Migranten handeln (wenn es eine Deutsche gewesen wäre, hätten wir das sicher erfahren). Das ist sehr gefährlich, weil damit
das Vertrauen in die Medien völlig ruiniert wird. Darüber hinaus wird genau
das Gegenteil vom edlen Ziel erreicht, nämlich pauschale Verdächtigungen
zu vermeiden und dem ‚rechten' Gegner keine Munition zu liefern. Auch in
der DDR wurden massenhaft Informationen unterdrückt und der Bürger lau-
fend für unmündig erklärt, nur um ‚dem Klassenfeind' nicht in die Hände zu
spielen, weshalb die Leser ebenfalls ständig gezwungen waren, ‚zwischen den
Zeilen' zu lesen.

Wenn wir über einen Werteverfall sprechen, dann muss man unbedingt
auch die Verrohung von Sprache und Sitten erwähnen. Hatespeech und un-
erträglicher Umgang mit politischen Gegnern findet man heute in allen politischen Lagern. Statt einer sachlichen Auseinandersetzung bevorzugt man
die Verunglimpfung des Konkurrenten. So warf die damalige Vorsitzende der
Thüringer Linken und unerschrockene Kämpferin für Demokratie und Fairness, Hennig-Wellsow, dem Wahlsieger einfach den für die Gratulation gedachten Blumenstrauß vor die Füße. Und ihr Ministerpräsident zeigt schon
mal im Landtag den Stinkefinger oder bezeichnet einen Parlamentskollegen
als „widerlichen Drecksack".[70] In diesem Stil geht das quer durch das Parteienspektrum: Die Staatsministerin Bär richtet sich mit einem Jack-the-Ripper-
Vergleich an AfD Abgeordnete; ein Bremer Kommunalpolitiker (SPD) äußerte sich zum Ableben eines 38-jährigen AfD-Abgeordneten mit den Worten:
„Wieder einer weniger", und Holger Arpp (Vizefraktionsvorsitzender der AfD)
will „das ganze rot-grüne Geschmeiß aufs Schafott" schicken. Annalena Baerbock (damals Vorsitzende der Grünen) verstieg sich im Zusammenhang mit der
Thüringenwahl 2020 (s. Kap. 1) sogar zu der Behauptung, dass mit dem dortigen FDP-Vorsitzenden fast ein ‚Nazi' gewählt worden sei. Bemerkenswert
ist, dass die darüber berichtende Zeitung[71] diese Äußerung nicht etwa mit Entsetzen wahrgenommen hat, sondern nur als „irritierend" einstufte. Selbst die
von vielen geschätzte Sahra Wagenknecht (Partei „Die Linke") verglich den
ehemaligen Finanzminister einst mit Taliban-Mördern.[72]

---

[70] Übrigens gefolgt von einer peinlichen Selbsterniedrigung: „Er sei eben ein ‚alter naiver
Sack', der mal mit ‚jungen Leuten' habe quatschen wollen".
https://de.euronews.com/2020/07/18/widerlicher-drecksack-ramelow-zeigt-afd-politiker-
den-stinkefinger, zuletzt aufgerufen am: 24.4.2024.

[71] https://www.bild.de/regional/thueringen/thueringen-aktuell/kemmerich-schaltet-anwalt-
gegen-baerbock-ein-72466934.bild.html, zuletzt aufgerufen am: 24.4.2024.

[72] https://www.faz.net/aktuell/politik/kommentar-wagenknecht-nennt-schaeuble-kuerzungs-
taliban-13702955.html, zuletzt aufgerufen am: 24.4.2024.

Das alles sind leider keine Einzelfälle, da Hassrede (neudeutsch auch Hate-speech genannt) fast zum politischen Alltag gehört. Die Betreiber der Hassre-de erkennt man häufig am unberechtigten und zugleich inflationären Gebrauch von Begriffen wie ‚Nazi‘, ‚Rassist‘ usw. (zum sprachlichen Aspekt dieser Entgleisungen, s. Kap. 10). Die Hassrede hat aber auch eine ‚Opferseite‘: So sahen sich der demokratisch gewählte Kurzzeitministerpräsident Kemmerich und seine Familie übelsten Anfeindungen ausgesetzt [73]. Oder die ehemalige Fraktionsvorsitzende der Grünen, Künast, wurde mit erstinstanzlichem Richtersegen in übelstem Gassenjargon beschimpft.[74]. Der Thüringer Fraktionsvorsitzende der AfD, Höcke, wird sowieso regelmäßig als „Nazi" oder „Faschist" tituliert (letzteres übrigens mit richterlicher Billigung, s. hierzu Kap. 13). [75]

Zwar ruft Bundespräsident Steinmeier in regelmäßigen Abständen zum Kampf gegen Hass und Hetze auf, scheint diesen Appell aber nur an seine politischen Gegner zu richten, da er nichts zur Hass-Attacke seiner Parteikollegin Bär oder den Entgleisungen der Grünen (s. o.) zu sagen wusste. Seine Feinde (er sollte ja eigentlich neutral sein) vergleicht er ausgerechnet in einer ‚Rede zum gesellschaftlichen Zusammenhalt‘(!) schon gern einmal mit Ratten und Rattenfängern.[76] Auch sonst hält er ganz still, wenn sich die Hassrede anderer gegen unliebsame Bürger oder von ihm gleichfalls abgelehnte Parteien richtet. – Selbst ausländische Regierungschefs (sogar eines Landes, das Nato-Mitglied ist) sind bei aller berechtigten Kritik nicht davor gefeit, in unseren ÖRM von ZDF-Moderatoren mit Ausdrücken aus der untersten Schublade des Zotenrepertoirs tituliert zu werden. Was kann dagegen helfen? Eigentlich nur die Stärkung und erneute Inkraftsetzung von Grundwerten wie Anstand, Achtung vor dem politischen Wettbewerber usw. (auf keinen Fall aber Instrumente wie das „Gesetz gegen Hass im Netz", s. Kap. 6). Stattdessen erlebt man die Politik als heuchlerisch inszenierte Show, und die Politiker sind „die Betroffenheitsdarsteller in diesem Theater".[77]

Auch das Demokratieverständnis hat eine totale Verschiebung erfahren. In Sachsen-Anhalt wäre im Dez. 2020 fast die bestehende schwarz-rot-grüne Koalition zerbrochen, weil bei der Abstimmung zum Staatsvertrag der Bundes-

---

[73] https://www.welt.de/politik/deutschland/article205742917/Nach-Ministerpraesidenten-Wahl-Angriffe-auf-Familie-von-FDP-Politiker-Kemmerich.html, zuletzt aufgerufen am: 24.4.2024.

[74] https://www.lto.de/recht/hintergruende/h/lg-berlin-27ar1719-hass-beleidigung-politiker-internet-facebook-hate-speech/, zuletzt aufgerufen am: 24.4.2024.

[75] https://www.rnd.de/politik/warum-bjorn-hocke-als-faschist-bezeichnet-werden-darf-T3X3A4NZFZHYPHUSFWNEPO6FPQ.html, zuletzt aufgerufen am: 24.4.2024.

[76] https://www.welt.de/politik/deutschland/video249793962/Bundespraesident-Frank-Walter-Steinmeier-ruft-zu-gesellschaftlichem-Zusammenhalt-auf.html, zuletzt aufgerufen am: 7.3.2024.

[77] Eine treffende Charakterisierung, deren Internet-Quelle mir leider verlorengegangen ist.

länder über die Erhöhung der Rundfunkgebühren eine gemeinsame Ablehnung durch CDU und AfD drohte. Also eine Haltung, die ein großer Teil der Bevölkerung teilt. Das ist ein absolut undemokratischer Vorgang. Während es völlig akzeptabel ist, das Parteien Koalitionen mit bestimmten anderen Parteien anstreben oder auch ablehnen (das ist ein wichtiges Element zur Bildung stabiler Regierungen und dient gleichzeitig der Transparenz der Pläne von Parteien für den Wähler), ist es absurd, einer Sache, die man für richtig hält, nicht zuzustimmen, nur weil der politische Gegner das auch gut findet. Das würde auf eine Selbstblockade der Regierungsparteien hinauslaufen, denn dann könnte eine Minderheitspartei wie die AfD jedes vernünftige Projekt einfach dadurch verhindern, dass sie demselben zustimmt. Hier werden ganz offensichtlich machttaktische Spiele über die Interessen der Bevölkerung gestellt.

Sprachlich schon vom Namen her ganz raffiniert eingefädelt waren die Vorbereitungen zur Einführung des „Gesetzes zur Demokratieförderung" oder des (letztlich gescheiterten) „wehrhaften Demokratiegesetzes".[78] Diese Aktion kann man nur als Demagogie bezeichnen, denn der ganze propagandistische Aufwand im Vorfeld offenbarte doch, dass es hierbei gar nicht um die Demokratie an sich ging, sondern um die Schaffung eines Kampfinstruments gegen den ‚rechten' Gegner.[79] Jedem wird dadurch sichtbar, dass das wirkliche Anliegen nicht etwa die Stärkung von Institutionen (wie Polizei oder Verfassungsschutz) war, die sowieso für den Schutz der Demokratie zuständig sind. Es ging vor allem auch um die Stärkung der Arbeit von NGOs, die jedoch unerlaubterweise regierungskonforme und parteipolitische Ziele verfolgen.[80] Fairerweise muss man feststellen, dass in diesem Fall im Bundestag wenigstens noch ausgiebig diskutiert wurde und das Gesetz wegen vieler Einwände - u.a. vom wissenschaftlichen Dienst des Bundestages und mehreren Parteien - bisher (8.3.2024) noch nicht verabschiedet werden konnte. Oft genug müssen wir jedoch eine Reduzierung der Bedeutung des Parlaments und eine Hinentwicklung zu einer reinen ‚Verkündigungsdemokratie' beklagen, was besonders deutlich bei der schleichenden Einführung einer europäischen Transfer-Union bzw. dem Beschluss der irrlichternden Corona-Maßnahmen wurde (s. Kap. 3 bzw. 16).

Zum Glück gibt es aber durchaus noch Lichtblicke bei der Rettung der dahinsiechenden Demokratie durch unsere Justiz, was sich z.B. 2023 im Ur-

---

[78] Wer kann schon etwas gegen ‚Demokratie' haben. Bei einer besonderen Betonung durch das Attribut „wehrhaft" wird man schon eher stutzig.

[79] https://www.spd.de/aktuelles/detail/news/die-demokratie-wehrt-sich/25/11/2020/, zuletzt aufgerufen am: 24.4.2024.

[80] https://www.achgut.com/artikel/wie_ngos_die_demokratie_untergraben_teil_1 und https://www.achgut.com/artikel/wie_ngos_die_demokratie_untergraben_teil_2 , zuletzt aufgerufen am: 24.4.2024.

teil gegen das Durchpeitschen des Heizungsgesetzes vor der Sommerpause des Parlaments zeigte. Dieses rechtswidrige Vorgehen wurde glücklicherweise vom Verfassungsgericht in Karlsruhe noch rechtzeitig unterbunden.[81] Da dies nicht die erste Fehlleistung dieser Art des Wirtschaftsministers war (man denke auch an seine Nepotismus-Affären, s. Kap. 13), wäre dessen Rücktritt in einem gut funktionierenden Staatswesen unausweichlich. Aber nichts dergleichen geschieht!

Warum schweigen eigentlich die Lämmer zu all dem (um einen Buchtitel von Rainer Mausfeld aufzugreifen [49])? Eine wesentliche Ursache dürfte die politische Desinteressiertheit und fehlende Bildung der Massen sein. Fairerweise muss man konzedieren, dass viele Bürger, die wirklich produktiv tätig sind (und insbesondere diejenigen, die im unteren Lohnsektor arbeiten), gar nicht mehr die Zeit haben, sich intensiv mit politischen Fragen differenziert auseinanderzusetzen. Sie müssen ja schließlich bei stetig anwachsender Staatsquote immer größere Lasten tragen (s. Kap. 15). Da sind die links-grünen Langzeitstudenten und bei NGOs Scheinbeschäftigten klar im Vorteil. Darüber hinaus ist eine bedauerliche Verzwergung der ‚Bildungsbürger‘ zu verzeichnen, da nicht einmal diese den Niedergang erkennen und sich dagegen auflehnen. Eine ehemalige Bürgerrechtlerin sprach sogar von der „geistigen Verwahrlosung unserer Eliten".[82]

Der fortschreitende intellektuelle und moralische Verfall äußert sich u.a. in einem eigenartigen Paradoxon. Und zwar begegnen wir auf der einen Seite einem rasanten Niedergang in fast allen Bereichen (militärisch und außenpolitisch, s. Kap. 4, innenpolitisch, s. Kap. 5, wirtschaftlich, s. Kap. 15) und einem überbordenden moralischen Größenwahn auf der anderen Seite (man glaubt, unsere Wertmaßstäbe seien weltweit gültig und auf andere Gesellschaftssysteme zu übertragen, s. Kap. 4, oder Deutschland müsse das Weltklima retten, s. insbesondere Kap. 14). Parallel dazu ist eine Verflachung der Wissenschaft festzustellen. Da wird von Soziologen nach intensiver ‚wissenschaftlicher‘ Gedankenarbeit festgestellt, dass das deutsche Sozialsystem keinerlei Pull-Effekt auf Migranten auslöst (s. Kap. 8), von selbsternannten Virologen bzw. Epidemiologen werden die widersprüchlichsten Aussagen zur Corona-Pandemie getätigt (s. Kap. 16), oder Philosophen, die einst insgeheim stolz auf die Bezeichnung ‚Querdenker‘ waren, stellen nun eben diese mit Leuten gleich, wel-

---

[81] https://www.fr.de/politik/bundestag-verfassungsgericht-karlsruhe-antrag-habeck-heizungsgesetz-nicht-vor-sommerpause-zr-92384703.html, zuletzt aufgerufen am: 24.4.2024.

[82] https://www.epochtimes.de/video/vera-lengsfeld-die-geistige-verwahrlosung-unserer-eliten-et-im-fokus-a2957611.html, zuletzt aufgerufen am: 24.4.2024.

che die Erdrotation leugnen.[83] Auf die Heerscharen von Dampfplauderern und berufsmäßigen Welterklärern, die in jeder Talkrunde zu sehen sind, soll hier gar nicht weiter eingegangen werden. Sie wirken vielfach trotz ihrer zugestandenermaßen partiell vorhandenen populärwissenschaftlichen Bildungsfunktion als eine Art Alleinunterhalter der Wissensindustrie, die meinen, zu jedem Thema etwas Erhellendes beitragen zu können.

Das Absinken des Bildungsniveaus findet nicht nur in der breiten Bevölkerung statt, man kann es insbesondere auch am eingeengten Blickfeld unserer Polit-‚Elite‘ und unserer Parlamentarier erkennen (s. hierzu Kap. 1, 5, 13 und 15). All das hat seine Ursachen und widerspiegelt sich zugleich in der Veränderung der Maßstäbe in den Schulen und in der Benotung nach einer ‚nach unten offenen Richterskala‘. Während es auf der einen Seite eine unglaublich hohe Anzahl von Abiturnoten von 1.0 gibt (inzwischen ist man sogar schon bei Schulnoten von unter 1.0 angekommen), wird das Ganze auf der anderen Seite konterkariert durch sinkende PISA-Werte (s. Kap. 1). Gleichzeitig wachsen die Klagen, dass jeder vierte bis fünfte Schüler der vierten Klassen Schwierigkeiten mit Lesen und Schreiben hat (mit Mathe sowieso). Selbst Abiturienten mit sehr guten Abschlüssen werden heutzutage als nicht studierfähig eingeschätzt. Dafür liegt der Numerus clausus in manchen Fächern schon bei einem Notendurchschnitt von 1.0, um die Zahl der eigentlich nicht Studierfähigen einigermaßen in Grenzen zu halten. Ein untauglicher Versuch angesichts der Tatsache, dass die Studienanfängerquote bei fast 60% angekommen ist.[84]

Im Gegensatz dazu wimmelt es nur so von Langzeitstudenten[85] und von Studienabbrechern (ganz abgesehen davon, dass ein großer Teil der Studenten Fächer belegt, die keinen Beitrag zur wirtschaftlich-technischen Wettbewerbsfähigkeit des Landes leisten, und die dann die NGOs und Vorzimmer des ‚Deep state‘ bevölkern). Einige Studienfächer, wie die ‚Gender studies‘, tragen sogar ausdrücklich zur Spaltung der Gesellschaft bei. Das ist umso erschreckender, als ein gewisser Grundkonsens in fundamentalen Fragen und eine breite Bildung der Bevölkerung eine unabdingbare Voraussetzung für das Funktionieren einer jeden Demokratie sind. Diese Einsicht ergibt sich ganz klar aus dem Scheitern der vielen Versuche, westliche Demokratievorstellungen in andere Länder zu exportieren, in denen diese Voraussetzungen nicht gegeben sind, wie wir das zuletzt in Afghanistan erleben mussten, s. Kap. 4. Aber auch bei uns gibt es viele Bürger, die glauben, ausreichend politisch informiert zu sein,

---

[83] https://www.youtube.com/watch?v=oTt6H57WC2w, zuletzt aufgerufen am: 24.4.2024.

[84] https://de.statista.com/statistik/daten/studie/72005/umfrage/entwicklung-der-studienanfaengerquote/, zuletzt aufgerufen am: 24.4.2024.

[85] Hier zeichnen sich vor allem die ASTA-Vorsitzenden aus, die - wie man ohne Übertreibung feststellen kann - vorwiegend sehr weit links orientiert sind.

wenn sie nur die Tagesschau, einen Rundfunksender wie den DLF oder eine Zeitung wie die Süddeutsche konsumieren.

Es ist schon bemerkenswert, dass eine nicht unbeträchtliche Anzahl von Minderqualifizierten, Langzeitstudenten und Studienabbrechern (vor allem im links-grünen Spektrum) sogar im Bundestag vertreten ist oder Führungspositionen in einer Regierungspartei einnimmt.[86] Demgegenüber sind hochqualifizierte authentische Persönlichkeiten, die als selbständige Denker mit ihrer jeweiligen Partei in Konflikt geraten sind, dort entweder marginalisiert oder sogar herausgedrängt worden. Als Beispiele seien etwa der frühere Friedrich Merz, Hans-Georg Maaßen und Wolfgang Bosbach (CDU) unter Merkel oder Thilo Sarrazin (ehemals SPD) angeführt (um nur einige von den prominenteren Politikern zu nennen).[87] Aber auch Sahra Wagenknecht (Die Linke),[88] Bernd Lucke (AfD) und Max Otte (CDU) gehören in diese Reihe.[89]

Besonders schädliche Auswirkungen hat der Verfall des Bildungssystems und die sinkende Qualifikation der Absolventen aller Bildungsstufen für unsere Zukunftsfähigkeit. Wenn der Anteil der Schüler eines Jahrgangs mit Hoch- bzw. Fachschulreife wie bei uns über 40% liegt, so kann das nur mit einem Absinken der Qualifikation verbunden sein. Wenn aber auf der anderen Seite zu viele eigentlich unzureichend Qualifizierte studieren, dann fehlt uns natürlich der Nachwuchs in den Ausbildungsberufen. Wenn dann unser Hochschulwesen darüber hinaus noch eine viel zu hohe Zahl an Geisteswissenschaftlern und zu wenig MINT-Studenten hervorbringt, dann ist der Abstieg im Ranking der Hochtechnologieländer sozusagen schon vorprogrammiert.[90] Außerdem wird die Zahl der arbeitslosen bzw. unproduktiv eingesetzten Absolventen immer größer, s. Kap. 17.[91]

Angeblich möchten die ÖRM politische und anderweitige Bildung über Talkshows fördern. Diese sind aber zu drögen einseitigen Unterhaltungsevents mit immer den gleichen Gästen verkommen, die sich im wesentlichen gegen-

---

[86] https://www.nzz.ch/meinung/der-andere-blick/ricarda-lang-und-omid-nouripour-politiker-ohne-berufsabschluss-ld.1667402, zuletzt aufgerufen am: 24.4.2024.

[87] Von den Genannten hat bisher nur Friedrich Merz ein Comeback geschafft, als er 2022 gegen zweimalige Verhinderungsversuche des Parteiestablishments zum CDU-Vorsitzenden gewählt wurde. – Aber das war bereits zu spät und möglicherweise überhaupt ein Fehlgriff.

[88] Zu ihrer Wandlung von einer Vertreterin kommunistischer Ideen zur realpolitischen linken Politikerin s. Kap. 13.

[89] Mit Otte, dem ehemaligen Vorsitzenden der CDU-Werteunion, ist eine besondere Politfarce verknüpft, da er (wohlgemerkt als Noch-CDU-Mitglied) 2022 von gewieften AfD-Taktikern als Kandidat für das Amt des Bundespräsidenten vorgeschlagen wurde, s. Kap. 13.

[90] MINT – Abkürzung für: **M**athematik, **I**nformatik, **N**aturwissenschaften, **T**echnik.

[91] So stehen ca. 300000 Studierenden der Geisteswissenschaften nur etwa 7800 Sozialversicherungspflichtige in diesem Bereich gegenüber, und letztere sind noch vielfach als Büroangestellte von Parlamentariern, in NGOs und anderen oft sehr umstrittenen, nichtsdestotrotz aber politisch einflussreichen Einrichtungen beschäftigt.

seitig bestätigen (s. Kap. 6 und Kap. 7). – Leider muss man feststellen, dass sich dabei auch immer wieder Wissenschaftler finden, die zu allem und jedem Thema glauben, etwas Substanzielles sagen zu können. Manche Vertreter dieser Kategorie (wie etwa der derzeitige Gesundheitsminister Lauterbach) schienen über längere Zeit sogar eine Art Dauerabonnement für die Teilnahme an diesen Filterblasen-Veranstaltungen zu haben. Besonders gefährlich ist der Umstand, dass die ModeratorInnen dieser Formate schon mit der Auswahl der Eingeladenen und ihren teils äußerst fragwürdigen Steuerungsversuchen einen unvertretbar hohen und einseitigen Einfluss auf das Politgeschehen gewinnen, der ihnen in keiner Weise zusteht.

Der Verfall des Wertekanons in der Wissenschaft unseres Landes zeigt sich speziell an den Plagiatsvorwürfen gegenüber einigen führenden Politikern im Zusammenhang mit deren Dissertationen.[92] Zudem werden in solchen Affären auch immer wieder zweierlei Maßstäbe angelegt, man vergleiche etwa die Plagiate der ehemaligen Bundesministerin für Bildung und Forschung (CDU) oder noch früher des ehemaligen Verteidigungsministers (CDU) mit dem Fall der vorhergehenden Familienministerin (SPD). In den ersten beiden Fällen wurden die Doktortitel immerhin noch aberkannt und beide wurden gezwungen zurückzutreten. Im letztgenannten Fall wurde der damals einfach weiter amtierenden Ministerin der Titel nicht aberkannt (sie gab ihn ‚freiwillig‘ zurück); die zuständige Humboldt-Universität sprach ihr lediglich eine Rüge aus, was in der Promotionsordnung überhaupt keine Rechtsgrundlage besitzen dürfte. Sie wurde dann trotz dieser Affäre sogar noch Oberbürgermeisterin von Berlin. – An dieser Stelle muss man auch die Frage nach der fachlichen Kompetenz der ‚Doktorväter‘ und deren Literaturkenntnis fragen, denen die teils über große Strecken ohne entsprechende Zitierung abgeschriebenen Stellen in den Arbeiten gar nicht aufgefallen sind. Noch bedrückender ist die Behandlung solcher Fälle durch das politische Establishment. Eine der ehemaligen Verteidigungsministerinnen, der ebenfalls zumindest partielle Plagiate und „große Mängel" in der Doktorarbeit bescheinigt wurden, ist sogar trotz weiterer Verfehlungen im Amt (die übrigens wegen ‚verschwundener‘ Handys nie ganz aufgeklärt wurden) in die Funktion der EU-Kommissionspräsidentin gehievt worden, s. hierzu Kap. 3.

Inzwischen ist die Umwertung früherer Werte so weit fortgeschritten, dass die Justizministerin (SPD) ihrer Amtskollegin (der später wegen der gegen sie erhobenen Plagiatsvorwürfe zurückgetretenen Familienministerin, ebenfalls SPD) ausdrücklich ‚Charakterstärke‘ und ‚Haltung‘ bescheinigt hat. Letz-

---

[92] https://de.wikipedia.org/wiki/Liste_deutscher_Dissertationen_mit_Plagiaten, zuletzt aufgerufen am: 24.4.2024.

tere dachte dementsprechend auch gar nicht daran, von der politischen Bühne zu verschwinden, sondern sie ließ sich - wie bereits erwähnt - sogar noch zur Berliner Oberbürgermeisterin (immerhin im Rang eines Ministerpräsidenten der Länder) wählen. In einem Politmagazin wurde dieser Vorgang sehr zutreffend als „Unanständige Inszenierung des Anstands" bezeichnet.[93] Die Folge für den ohnehin schon ramponierten Ruf der Stadt sind Internetkommentare der Art: „Für Berlin reicht das allemal". – Der Gipfel der Unverfrorenheit zeigte sich u.a. darin, dass sich die Plagiatorinnen (die immerhin höchste Positionen in Bund und Ländern anstrebten oder gar einnehmen) auch noch larmoyant darüber beschwerten, dass sie „rücksichtslos gehetzt" würden.[94] Das ist jedoch nur ein Beispiel für den moralischen Bankrott, denn man muss eine mangelnde Charakterstärke von Politikern inzwischen generell quer durch alle Parteiungen beklagen, s. hierzu auch die Anmerkungen zu anderen Politikern in Kap. 5. Es gibt aber auch unberechtigte und politisch motivierte Plagiatsvorwürfe, wie die von der Süddeutschen Zeitung gegen die Vorsitzende der AfD lancierten, die sich letztlich als haltlos erwiesen.[95] Besonders empörend und makaber an diesem Vorfall ist die Tatsache, dass die stellvertretende Chefredakteurin der schon mehrfach durch Verleumdungen aufgefallenen SZ nun ihrerseits schweren (und wie es scheint fundierteren) Plagiatsvorwürfen ausgesetzt ist.[96]

Eine besondere Rolle im Kampf um die politische Deutungshoheit spielt der Entrüstungsjournalismus bzw. seine Entrüstungskultur,. So titelt beispielsweise Welt-online: „Empörung über von Storch wegen Angriff auf Transgender-Abgeordnete".[97] Dabei hatte sie inhaltlich das Problem thematisiert, dass heutzutage jemand einfach durch Eigenerklärung und ohne eine tatsächliche erfolgte und juristisch bestätigte Geschlechtsumwandlung sein Geschlecht selbst neu festlegen und danach (wie im konkreten Fall) als Frau über die Quotenregelung in den Bundestag einziehen kann. In Anbetracht der vielen ethischen, juristischen und praktischen Probleme werden zu diesem Thema doch wohl

---

[93] https://www.tichyseinblick.de/daili-es-sentials/gekonnte-inszenierung-des-anstands/, zuletzt aufgerufen am: 24.4.2024.

[94] https://www.bild.de/politik/inland/politik-inland/baerbocks-plagiats-affaere-so-reagiert-franziska-giffey-76968420.bild.html, zuletzt aufgerufen am: 24.4.2024.

[95] https://www.rnd.de/politik/alice-weidel-kein-plagiat-in-doktorarbeit-uni-stellt-pruefung-ein-Q4OWTQIPNZO5FI5LQ3U3NF6Z6I.html, zuletzt aufgerufen am: 4.2.2024.

[96] https://www.tagesspiegel.de/gesellschaft/medien/passagen-in-texten-wortgleich-ubernommen-sz-vize-zieht-sich-nach-plagiatsverdacht-wohl-zuruck-11162416.html, zuletzt aufgerufen am: 4.2.2024.

[97] https://www.welt.de/politik/deutschland/article236970561/Von-Storch-provoziert-Bundestag-Tessa-Ganserer-als-Frau-verkleidet.html, zuletzt aufgerufen am: 24.4.2024.

unterschiedliche Meinungen und Fragestellungen erlaubt sein.[98] Statt alle Implikationen im Parlament offen zu diskutieren, wurde von Links-Grün eine Welle der moralischen Entrüstung ausgelöst, in der die Rednerin mit Schmähbegriffen wie „niederträchtig", „menschenverachtend", „bodenlos" (sic!) oder „homophob" belegt wurde. Auf das tatsächliche Problem wurde gar nicht eingegangen. Hier zeigt sich ein generelles Defizit, das in der Einengung des öffentlichen Diskursraums besteht, sobald Minderheitenfragen ins Spiel kommen, s. hierzu Kap. 6.

Im ZDF-Auslandsjournal am 9.12.20 wurde über die Teilnahme von Marine Le Pen an einer Gedenkveranstaltung anlässlich der Ermordung des Lehrers Samuel Paty durch einen Islamisten berichtet. Der Moderator schreckte nicht davor zurück, Le Pen zu unterstellen, sie sei eher aus PR-Gründen dort gewesen, als um Mitgefühl zu zeigen. Bei allen berechtigten kritischen Vorbehalten gegen Le Pen, ist es doch eine Unverfrorenheit einem anderen Menschen Motivationen unterzuschieben, die der Reporter bzw. Moderator doch gar nicht kennen kann. Ich kann mich nicht erinnern, dass dieselben ‚Qualitätsjournalisten' der Bundeskanzlerin mangelnde Empathie vorgeworfen haben, als sie sich erst ein Jahr nach dem Attentat auf dem Breitscheidplatz 2012 mit den Angehörigen der Opfer getroffen hat (obwohl doch 12 Tote und 67 Verletzte zu beklagen waren). Es ist schon grotesk, dass diejenigen, die für die Einwanderung radikaler Islamisten in die EU verantwortlich bzw. mitverantwortlich sind, die Deutungshoheit über deren Straftaten und das Mitleid mit den Opfern für sich reklamieren. Demgegenüber wird denjenigen, die immer vor den Gefahren gewarnt haben, genau diese Empathie abgesprochen. Ja, noch schlimmer, ihnen wird die politische Instrumentalisierung solcher Tragödien vorgeworfen, die ja gerade von der selbsternannten politischen ‚Elite' ununterbrochen betrieben wird (man erinnere sich an Chemnitz und Sebnitz, s. Kap. 1 bzw. 13).

Die Selbstaufgabe und Selbstverleugnung der ehemals konservativen CDU wird dadurch offenbar, dass sie nicht einmal eine Persönlichkeit vorweisen kann, die sie als Kandidat für die Wahl des Bundespräsidenten nominieren könnte. Sie lässt sich stattdessen - ähnlich wie zur Thüringenwahl 2020 - durch einen taktischen Streich der AfD vorführen (s. Kap. 13) und stellt sich dafür lieber hinter den in großen Teilen der Bevölkerung als Spalter empfundenen Kandidaten des politischen Gegners. – Nicht zuletzt haben auch die ständigen Querelen zwischen CDU und CSU zur Selbstzerstörung der Konservativen beigetragen, was sich ja deutlich im desaströsen Verlust der Bundes-

---

[98] Kann dann beispielsweise auch jemand im Männergefängnis durch eine analoge Selbsterklärung erzwingen, dass er/sie ins Frauengefängnis verlegt wird? – Oder lässt sich mit dieser Methode etwa im Ernstfall auch der Militärdienst umgehen?

tagswahlen 2021 gezeigt hat. Vom bayrischen Ministerpräsidenten Söder und CSU-Vorsitzenden wird von einer Schweizer Zeitung sogar behauptet, dass er sich vom Hardliner zum „ökosozialen Kuschelbär" entwickelt habe. Er ist sogar seinem Vorgänger im Amt und damaligen Bundesinnenminister in den Rücken gefallen, als dieser die Flüchtlingspolitik von Merkel völlig zutreffend als „Herrschaft des Unrechts" bezeichnete.

Bezüglich der Verschiebung der CDU nach Links-Grün lohnt es sich einen Blick in die Begründung des Rücktritts von Alexander Mitsch als Vorsitzenden der Werteunion zu werfen,[99] in der er genau diese politische Transformation der CDU unter Merkel sowie die Unterdrückung der Freiheitsrechte in der Coronakrise und die politischen Ränkespiele bei der Wahl ihrer Nachfolgerin als CDU-Vorsitzende kritisiert (s. das Zitat weiter unten). – Es ist also nicht verwunderlich, dass die Werteunion einer heftigen internen Kritik in der CDU selbst ausgesetzt ist (was aus Sicht der Parteiführung zum Teil sogar berechtigt sein mag). Was jedoch nicht akzeptabel und kennzeichnend für die parteiinterne Diskussionskultur ist, sind unflätige Beschimpfungen der Werteunion durch einen Parteigenossen und Bertelsmann-Lobbyisten, wie sie schon früher getätigt wurden. Er hatte diese Gruppierung in einem Interview mal locker als „Krebsgeschwür" bezeichnet,[100] übrigens ein Terminus, den die Nazis gern für alles verwendeten, was sie ausrotten wollten. Tatsächlich war die Situation der Gruppierung ‚Werteunion' bereits vor der Neugründung der nunmehr als Partei auftretenden ‚WerteUnion' nicht sehr erfreulich, wobei noch hinzukommt, dass sie sich innerhalb der CDU mit ihren Vorstellungen nicht durchsetzen konnte und in der öffentlichen Wahrnehmung kaum eine Rolle gespielt hat (und wenn, dann meist aufgrund interner Querelen).

Bezeichnend war übrigens auch, dass die Kandidatur des jetzigen Vorsitzeden der Partei ‚WerteUnion' Maaßen zur Bundestagswahl 2021 für helle Aufregung beim Establishment der CDU sorgte. Eine führende CDU-Politikerin hatte sogar vorgeschlagen, lieber den Kandidaten der gegnerischen Partei zu wählen, was dann ja auch geschah (mit noch mehr ‚Schneid' kann man die Selbstzerstörung einer Partei kaum betreiben). Auch die Hoffnung vieler CDU-Anhänger, dass mit dem 2022 gewählten neuen CDU-Vorsitzenden Friedrich Merz wieder eine Rückbesinnung auf konservative Werte stattfinden könnte, hat sich nicht erfüllt, s. Kap. 5. Die Folgen aus dem Verschwinden der CDU als schlagkräftige Oppositionspartei sind live zu besichtigen.

Inzwischen sitzen die wirklichen Antidemokraten, die sich zwar als Retter der Demokratie gebärden, diese aber mit Macht zerstören, schon in den

---

[99] https://www.tichyseinblick.de/daili-es-sentials/werteunion-vor-der-spaltung-alexander-mitsch-gibt-vorsitz-auf/, zuletzt aufgerufen am: 24.4.2024.
[100] https://www.youtube.com/watch?v=G0NXqIQjaQU, zuletzt aufgerufen am: 24.4.2024.

Parlamenten, und Leute, die offensichtlich mit linksextremen Gruppierungen sympathisieren (wie der Antifa oder der VVN-BdA), begleiten hohe Partei- bzw. Regierungsämter.[101] Mittlerweile sind die Regierenden so weit abgehoben und vom einfachen Volk so weit entfernt, dass sie nicht einmal mehr merken, wenn sie durch ihre Handlungen und Äußerungen die Leute vor den Kopf stoßen. Symptomatisch ist die in allem Pomp und Luxus auf der Insel Sylt veranstaltete Hochzeit von Finanzminister Lindner unter zahlreicher Beteiligung unserer Politprominenz. Und das unmittelbar nachdem er gefordert hatte, die Bezüge von Langzeitarbeitslosen zu kürzen und der Wirtschaftsminister (sein Ampelkollege) nicht müde wird, die Bürger auf harte Zeiten einzuschwören. Das erinnert nicht nur die Autoren bei Tichys Einblick an spätrömische Dekadenz.[102] – Damit kein Fehlschluss entsteht: Es geht dabei nicht um eine Neiddiskussion (obwohl die Hochzeit durchaus bei angemessenem Komfort und ohne größere Publicity auch mit geringerem CO_2-Abdruck hätte stattfinden können). Es geht vielmehr um die verheerende symbolische Wirkung solcher Pharisäer-Demonstrationen, die schon in Math. 23,1 angeprangert wurden, als der Evangelist die Leute warnte, es denen nachzutun, bei denen Wort und Tat weit auseinanderklaffen: „Nach ihren Werken sollt ihr nicht handeln; denn sie sagen's zwar, tun's aber nicht. Sie binden schwere und unerträgliche Bürden und legen sie den Menschen auf die Schultern; aber sie selbst wollen keinen Finger dafür rühren. Alle ihre Werke aber tun sie, damit sie von den Leuten gesehen werden".

Ein besonders trauriges Kapitel ist der Selbsthass der Deutschen, der besonders im Links-Grünen Lager ausgeprägt ist (s. Kap. 1 und Kap. 14). Der inzwischen gezwungen wirkenden und ständig perpetuierten Betroffenheit über die Verbrechen der Nazis lagen zwar sicher am Anfang achtenswerte Motive zugrunde, inzwischen ist diese aber vielfach zu einem pervertierten Herrschaftsmittel geworden.[103] Dieser Sachverhalt erschwert nicht nur den Nachkriegsgenerationen ein unverkrampftes (wenn auch kritisches) Bild von ihrer Nation und deren Geschichte zu gewinnen, es erschwert auch die Identifikation mit derselben. Von Robert Scruton stammt der zunächst etwas verwirrend klingende Satz „ohne Zugehörigkeit keine Freiheit". Er meint mit ‚Zugehörigkeit' die

---

[101] https://www.nordbayern.de/politik/linksextreme-publikation-bundesinnenministerin-nancy-faeser-verteidigt-gastbeitrag-1.11802003, zuletzt aufgerufen am: 24.4.2024.
[102] https://www.tichyseinblick.de/meinungen/lindner-hochzeit/, zuletzt aufgerufen am: 24.4.2024.
[103] Über die historischen und psychologischen Wurzeln ließe sich viel mehr sagen, erinnert das alles doch sehr stark an die Erbsünde der katholischen Kirche, die auch kein Gläubiger jemals ablegen kann, s. hierzu auch [22]. Bemerkenswert ist in diesem Zusammenhang ein Ausspruch von Reich-Ranicki, der feststellte: „Deutsche und Juden haben eins gemeinsam, den Selbsthass auf ihr Volk", wenn das auch ganz verschiedene Ursachen hat.

Geborgenheit in einem größeren Zusammenhang, die einem Rückhalt bietet und zu einer Art „vorpolitischer Loyalität" führt, die einen Menschen frei und selbstbewusst macht, sodass er auch berechtigte Kritik aushalten kann [73]. Hinzu kommt, dass nur eine Gemeinschaft, die sich selbst als solche annimmt und nicht ständig mit einem fort und fort gepflegten Minderwertigkeitskomplex zu kämpfen hat, auch anderen Kulturen offen, aber auch differenziert und kritisch begegnen kann. Nur eine mit einem gesunden Selbstbewusstsein und mit Empathie für Schutzsuchende ausgestattete Gesellschaft wird in der Lage sein, die mit der gewaltig anschwellenden Migration im Zusammenhang stehenden Probleme zu bewältigen, s. hierzu Kap. 8.

Wie zwei Seiten einer Medaille steht der politischen Proskynese als Pendant die moralische Selbstüberhebung der sogenannten ‚Gutmenschen' gegenüber. Das sind diejenigen, die ihre Moral über alles stellen und abweichende Meinungen nicht mit Argumenten, sondern mit Entrüstung und aus einer sich selbst zugeschriebenen ‚untadeligen Haltung' heraus ablehnen. Der Begriff ‚Gutmensch' ist nicht - wie oft behauptet - von den ‚Rechten' erfunden worden, s. [7], wird aber heute meist derogativ verwendet, um den oben charakterisierten Menschenschlag zu karikieren. Letzterer ist deshalb so gefährlich, weil er ein Schwarz-Weiß-Denken pflegt nach dem Motto: „Wir sind die Guten, die anderen sind die Bösen". Wir werden in Kap. 17 noch darauf zu sprechen kommen, wie gefährlich eine solche Haltung ist, denn in der Geschichte ist das Böse meist im Namen des Guten begangen worden.

Es gibt im Englischen einen Begriff, der die Haltung des ‚Gutmenschen' sehr gut umschreibt, nämlich das ‚Virtue Signalling'. Darunter versteht man das ostentative Vorsichhertragen und Zurschaustellen der eigenen moralischen Vollkommenheit.[104] Typisch hierfür ist das demonstrative Zeigen der Regenbogenfahne bei allen möglichen mehr oder weniger passenden Gelegenheiten, oder der Kniefall von Fußballspielern vor einem Wettkampf. Er führt auch gleichzeitig zu einer moralischen Verurteilung derjenigen, die sich nicht vor jedem Gesslerhut verbeugen wollen. Das ist äußerst bedenklich, da es sehr wohlfeil ist und wenig Mut kostet, die eigene Konformität mit dem Mainstream zu zeigen. Schon bei der Fußball WM 2022 in Katar hat sich gezeigt, wie der DFB selbst mit seiner bereits entschärften ‚One-love-Regenbogen-Kapitänsbinde' vor den Veranstaltern bzw. der FIFA zurückgezuckt ist und auf deren Tragen verzichtet hatte.[105] Statt all diese an sich schon völlig verfahrenen Ausein-

---

[104] Übrigens kannte man auch bei den amerikanischen Puritanern schon den Begriff für ‚Gutmensch', den religiös musterhaften „Goody".

[105] https://www.focus.de/sport/fussball/wm-2022/fifa-untersagt-one-love-binde-lieber-manuel-neuer-traut-euch-doch-jetzt-erst-recht_id_180237180.html,   zuletzt   aufgerufen   am: 24.4.2024.

andersetzungen und Scheinkämpfe aus dem Sport herauszuhalten, wurde die Sache dann vollends peinlich, als sich die Fußballer als Ersatz für das ‚Flagge zu zeigen‘ den Mund zuhielten. Wenn denn unsere Sportpolitiker tatsächlich so von ‚Wokeness‘ durchdrungen sind, dann hätte man von vornherein Katar als Austragungsort der WM verhindern müssen oder eben nicht an der WM teilnehmen dürfen.

Durch Politische Korrektheit und Opportunismus glattgebügelt, sind die Parteien CDU/CSU, Grüne und SPD immer ununterscheidbarer geworden. Nicht nur die CDU, sondern auch die SPD hat ihren Wesenskern aufgegeben, und beide sind innerhalb des links-grünen Mainstream kaum noch zu unterscheiden. Dazu sei hier das angekündigte und sehr nachdenkenswerte Zitat aus der Rücktrittserklärung von Alexander Mitsch als Vorsitzender der CDU-Werteunion angeführt: „Nach dem jahrelangen, verheerenden Linkskurs der CDU, mit dem Aufgeben wesentlicher christdemokratischer Positionen unter dem Vorsitz und der Kanzlerschaft von Frau Merkel hat sich die Partei [...] in einem beängstigenden Tempo weiter von ihren ursprünglichen Positionen entfernt. Das andauernde Versagen bei der Begrenzung und Steuerung der Einwanderung, die Annäherung an die ‚Linke‘, die zu geringe Gewichtung der Freiheitsrechte in der Coronakrise und die heute mehrheitliche Zustimmung zur europäischen Schuldenunion machen es mir aktuell unmöglich, mich mit Überzeugung für die CDU in ihrer jetzigen Ausrichtung zu engagieren." Treffender und vor allem kritischer hätte auch ein Außenstehender die politische Situation der Partei Konrad Adenauers, Ludwig Erhards und Helmut Kohls nicht zusammenfassen können.

Aber nicht nur bei den Konservativen ist (mit Ausnahme der Werteunion bzw. der neu gegründeten WerteUnion) ein Hang zur Selbstaufgabe und ein Anbiedern an den grünen Zeitgeist zu beobachten. Auch die Linken üben immer mehr Verrat an ihrer Stammklientel,[106] wie der Wechsel der Wähler im Parteienspektrum übrigens nicht nur in Deutschland zeigt [19]. Die Arbeiterklasse - wenn es sie denn noch gibt - wählt doch eher die AfD als die Linken, oder wie Sahra Wagenknecht schreibt: „Die rechten Parteien sind die neuen Arbeiterparteien." [83, S. 175]. Das Schlimmste ist allerdings, dass die Linke nach dem Scheitern des Marxismus bei der Schaffung einer neuen Gesellschaftsordnung keinerlei gesellschaftspolitische Vision und kein sozialökonomisches Modell mehr anzubieten hat, das den zweifelsohne vorhandenen gesellschaftlichen Verwerfungen durch einen ausufernden Kapitalismus auch nur im Entferntesten Rechnung trägt. Da ist der Parteiaustritt von Wagenknecht zu-

---

[106] https://amp.focus.de/politik/deutschland/schwarzer-kanal/focus-kolumne-von-jan-fleischhauer-linke-arbeiterfeinde-wachen-auf-was-passiert-wenn-man-seine-waehler-verachtet_id_13388963.html, zuletzt aufgerufen am: 24.4.2024.

sammen mit einigen Gleichgesinnten und die Neugründung einer alternativen linken Partei nur konsequent, was allerdings der dadurch den Fraktionsstatus verlierenden Partei ‚Die Linken‘ den Todesstoß versetzen dürfte.[107]

Als Konsequenz der Orientierungslosigkeit in den führenden Parteien und ihrer durchgängigen Hilflosigkeit in zentralen Fragen (Inflation, Migration, Energieversorgung, drohendes Scheitern der EU usw.) ist eine zunehmende Zuflucht zur Lüge und zur Verdrängung von Problemen festzustellen, s. hierzu Kap. 7. Wenn die weit verbreitete Lüge aber erst zur Norm geworden ist, dann geht das Vertrauen auch in die Wahrheiten verloren (wer sollte denn noch Lüge von Wahrheit unterscheiden können).[108] Hinzu kommt noch, wenn Falschdarstellungen, Denunziation und Verdächtigung erst geduldet sind oder gar dazu aufgefordert wird, s. Kap. 6, dann wird das soziale Zusammenleben unheilbar geschädigt.

Man kann sich durchaus fragen, wieso diese beängstigende Situation von einer im Weltmaßstab doch relativ gebildeten Gesellschaft überhaupt zugelassen wird. – Das dürfte stark mit einer gleichzeitigen Infantilisierung der Gesellschaft zu tun haben, was sich u.a. im qualitativ niedrigen Angebot unserer Medien und einem mediokren Journalismus widerspiegelt. Die Massen werden einfach mit Entertainment und Fun zugeschüttet, da viele gar keine geistig anstrengenden TV-Sendungen bzw. Zeitungsartikel konsumieren wollen. Sogar ernste Themen und Nachrichten gerinnen nach Adorno und Horkheimer dabei oft genug zur Unterhaltung. Sie schreiben hierzu [29, S. 172]: „Jeder Film wird zur Vorschau auf den nächsten... Wer zu spät kommt, weiß nicht, ob er der Vorschau oder der Sache selbst beiwohnt" (wer hätte dies oder Ähnliches nicht schon selbst erlebt). Nach ihrer Auffassung liegt „die Gewalt der *Kulturindustrie* in ihrer Einheit mit dem erzeugten Bedürfnis", loc. cit. S. 145. Und dieser Umstand wird ja emsig durch die Ermittlung von Einschaltquoten und Meinungsumfragen gefördert. Gerade Letztere entfalten nicht nur im Auftreten der Medien, sondern vor allem auch im Verhalten der Politiker eine unheilvolle dialektische Wechselwirkung.

Parallel zu den Begriffsverschiebungen und sprachlichen Neudeutungen (s. Kap. 10) findet eine ständige Umwertung von Werten statt. Das geschieht heute etwa mit dem ‚Gemeinnutz‘, indem man populistische Parolen ausgibt, die von den Massen nicht mehr als solche durchschaut werden. Hierzu gehören beispielsweise die Parolen, die eine Umverteilung von ‚oben nach unten‘ fordern mit Hilfe von Slogans wie: „Die starken Schultern müssen mehr tragen

---

[107] https://www.faz.net/aktuell/politik/inland/fuer-die-linke-gibt-es-mit-sahra-wagenknecht-keine-zukunft-19133974.html, zuletzt aufgerufen am: 24.4.2024.

[108] Diese Einsicht kommt schon in der alten Volksweisheit zum Ausdruck: „Wer einmal lügt, dem glaubt man nicht, und wenn er auch die Wahrheit spricht".

als die schwachen" oder „Gemeinnutz geht vor Eigennutz". Obwohl solche Maximen auf den ersten Blick sehr wohlklingend sind, bergen sie doch große Gefahren für die Demokratie in sich, da auf der einen Seite zu allen Zeiten der Begriff ‚Gemeinnutz' zuvörderst von den Herrschenden definiert und entsprechend missbraucht wurde.[109] Auf der anderen Seite kann ein ständiges Eingreifen des Staates zu Gunsten der Unterprivilegierten bzw. eine ständige Neubelastung der ‚starken Schultern' durchaus die Leistungsbereitschaft und den Leistungswillen einer Gesellschaft untergraben und neue Ungerechtigkeiten in der Lastenverteilung erzeugen. Auch sind Sozialsysteme dafür gedacht, die wirklich Schwachen (etwa Kranke und Behinderte) in einer Solidargemeinschaft zu stützen. Sie dürfen aber nicht dazu führen, Starke und prinzipiell Leistungsfähige schwach und träge zu machen. Dass dies tatsächlich inzwischen gesellschaftlich höchst relevant geworden ist, zeigt der ausufernde Missbrauch von Sozialleistungen (insbesondere auch im Bereich Asyl und Migration, s. Kap. 8 und im Zusammenhang mit dem neu eingeführten Bürgergeld, s.u.).

Als sozialökonomisches Gegenargument kommt hier die bereits von Adam Smith festgestellte Wirkung der ‚unsichtbaren Hand' zum Tragen. Dieses Prinzip besagt, dass das Gesamtwohl einer Gesellschaft vor allem dadurch gefördert wird, dass jeder Einzelne seine wohlverstandenen Eigeninteressen verfolgt (wobei ‚wohlverstanden' impliziert: ‚im Rahmen der gesetzlichen und moralischen Normen'). Ein gesamtgesellschaftlicher Wohlstand kommt nicht etwa dadurch zustande, dass eine immer dünner werdende Bevölkerungsschicht (in Deutschland der Mittelstand) ein immer stärker wachsendes Prekariat finanziell über Wasser halten muss. Vielmehr ist alles zu tun, dass die letztgenannte Schicht eine wirkliche Chance erhält und gleichzeitig gehalten ist, für ihr eigenes Auskommen zu sorgen. Diese Bestrebung wird aber dadurch konterkariert, dass es sich in einem überbordenden Sozialstaat für Geringverdiener kaum noch lohnt zu arbeiten, da die staatlichen Leistungen für Nichtbeschäftigte (wie Arbeitslosengeld/Hartz IV/Bürgergeld, Wohngeld, Kindergeld und andere Beihilfen) in ihrer Höhe schon den Verdienst im Niedriglohnsektor erreichen oder sogar überschreiten, s. Kap. 16.

Hinter diesem Problemkreis steht ein bekannter dialektischer Widerspruch, nämlich der zwischen den ethischen Kategorien ‚Altruismus' und ‚Egoismus' oder in der tiefenpsychologischen Terminologie Adlers zwischen ‚Gemeinsinn' und ‚Machttrieb', s. hierzu [27, Kap. 6.5]. Dabei kommt es immer auf die richtige Balance an, denn ein falsch verstandener Altruismus bzw. überzogener

---

[109] Es braucht nur daran erinnert zu werden, dass im Dritten Reich im Namen der Förderung des Volkswohls schlimmste Verbrechen verübt wurden. – Historisch ist dies gewiss ein sehr extremes Beispiel, aber es sollte nie vergessen werden, dass die Nazipropagandisten stets Vokabeln wie ‚Volksgemeinschaft', ‚Volkswohlfahrt (NSV)' usw. im Munde führten.

Gemeinsinn kann durchaus negative Folgen haben, während ein wohldosierter (man könnte auch sagen: „moralisch eingehegter") Egoismus gleichwohl Nutzen bringen kann. So wird ein Unternehmer, der zuerst an das Wohl seiner Firma denkt, möglicherweise mehr für seine Mitarbeiter tun, als einer, der ohne Rücksicht auf die Wettbewerber und deren Verhalten eine wirtschaftlich nicht zu vertretende großzügige Lohnpolitik betreibt. Auch eine ständig fortgeführte Steigerung des Mindestlohns (so wünschenswert diese auch wäre) kann einfach zur Entlassung von Mitarbeitern in mittelständischen Betrieben oder zum Ankurbeln der Inflation beitragen. Hier zeigt sich übrigens ein häufig zu beobachtendes Phänomen sozialökonomischer und historischer Prozesse, nämlich dass am Ende Ergebnisse entstehen, die keiner vorhergesehen und keiner gewollt hat. Die bereits von Alfred Adler postulierte Ausgewogenheit zwischen individuellem Streben einerseits und Gemeinschaftssinn bzw. Gemeinschaftsgefühl andererseits ist nach wie vor unabdingbar für das Funktionieren einer Gesellschaft.

Ein Faktor, dessen Einfluss auf die Zukunft einer Gesellschaft und auch auf deren ökonomische Leistungsfähigkeit oft unterschätzt wird, ist die psychische Verfasstheit ihrer Bürger insgesamt. Dabei haben bereits Wirtschaftssoziologen wie Max Weber und Georg Simmel am Anfang des 20. Jh. eindrücklich auf diesen Umstand hingewiesen. Der zur Zeit stattfindende und fast wehrlos hingenommene Abbau aller Werte wird zwingend auch seine ökonomischen Folgen haben, von den verteidigungspolitischen Konsequenzen ganz zu schweigen.[110] Da predigen wohlversorgte Ex-Bundespräsidenten in aller Bescheidenheit, dass man auch mal „für die Freiheit frieren" könne,[111] oder Funktionsträger der Arbeiterwohlfahrt versorgen sich und die Ihren mit üppigen Salairen oder teuren Dienstwagen.[112] Passend dazu wirken die Großmannssucht und Herrscherallüren der Spitzenpolitiker wie ein Hohn auf die vorgebliche Bescheidenheit der selbsternannten Demokraten. Oder zeigt nicht das Bild vom Treffen der ehemaligen Kanzlerin mit dem Bayrischen Kabinett auf Herrenchiemsee deutlich, dass man sich als eine Art ‚bürgerlicher Sonnenkönig' fühlt? Welche Instinktlosigkeit!

Politiker der verschiedensten Parteien beweisen immer wieder, dass sie glauben, über dem Gesetz zu stehen (wie Kohl, dessen Ehrenwort für ihn mehr galt als das Gesetz, oder die Demokratin Merkel, die es vermocht hat, eine kor-

---

[110] Wer soll denn z.B. ein Land oder gar eine Regierung verteidigen, die von den eigenen Bürgern abgelehnt werden?

[111] https://www.tichyseinblick.de/feuilleton/medien/gauck-bei-maischberger-wir-koennen-fuer-die-freiheit-auch-mal-frieren/, zuletzt aufgerufen am: 24.4.2024.

[112] https://www.zeit.de/gesellschaft/zeitgeschehen/2020-02/arbeiterwohlfahrt-skandal-betrug-untreue-awo-verband, zuletzt aufgerufen am: 24.4.2024.

rekt abgelaufene Wahl rückgängig zu machen). In diese Reihe gehört auch die Pflege eines Übels, das man in der Zeit der Renaissancepäpste mit dem Terminus ‚Nepotismus' brandmarkte. Darunter versteht man die Besetzung wichtiger Positionen in Politik und Gesellschaft mit den eigenen Gefolgsleuten oder gar mit Verwandten, worauf wir in Kap. 13 näher eingehen werden.

Die Resultate eines fortgeschrittenen Werteverfalls und die Ergebnisse von vier Jahren rot-grüner Politik können live im ‚Freilichtmuseum Berlin' besichtigt werden. Dort sind die in diesem Buch behandelten Fehlentwicklungen sozusagen auf die Spitze getrieben: Verfall des Rechtsstaates (Stichworte: Neuköllner Ausschreitungen, Rigaer Straße, Görlitzer Park), Verlust an innerer Sicherheit (Clankriminalität),[113] Machtmissbrauch, Unfähigkeit der Politiker, die sich u.a. im Bau des Berliner Flughafens manifestierte, nicht endende Notwendigkeit der Finanzierung der total überschuldeten Stadt durch Länderfinanzausgleich (man erinnere sich an den süffisant-arroganten Ausspruch des ehemaligen SPD-Bürgermeisters, wonach Berlin „arm aber sexy" sei). Übrigens finden sich viele Belege zu diesen Missständen bereits in den auf einer langjährigen Erfahrung als Bezirksbürgermeister beruhenden Büchern von Buschkowsky [8], [9], dessen frühzeitige Warnungen jedoch einfach in den Wind geschlagen wurden.

Die weitgehende Ignorierung dieser Negativerscheinungen lassen sich nur durch einen Werteverfall und den Verlust der Zivilcourage sowie des gesunden Menschenverstandes in der Gesellschaft erklären. Man muss ganz ernsthaft fragen, warum die breite Masse der Bevölkerung diese Zerstörung unserer Werte einfach so duldet und warum sie sich nicht gegen die ständigen Lügen oder Halbwahrheiten wehrt. – Es fragt sich auch, wo bei den genannten Missständen „der Aufschrei der Anständigen" bleibt, wie es Patzelt formulierte, oder der Protest der Lemminge, die lieber alles mit sich geschehen lassen? Wir werden dieses Problem noch einmal am Beispiel von Bilderstürmerei, Denkmalschleifen, Sprachverhunzung und Geschichtsverfälschung aufgreifen (s. Kap. 10). Es wird uns auch im Zusammenhang mit der Wehrlosigkeit gegenüber den absurdesten Wokeness-Trends aus dem Ausland (s. Kap. 4 und Kap. 9) oder der Hilflosigkeit gegenüber der unbewältigten Migrationsbewegung (Kap. 8) und dem Niedergang des Rechtsstaates noch einmal begegnen (s. Kap. 12).

Hier geht es also nicht allein um ein Versagen der Mitte bzw. der sogenannten ‚Eliten', sondern eben auch um das Versagen der breiten Volksmassen

---

[113] Es wurde sogar in allem Ernst vorgeschlagen, den Begriff ‚Clankriminalität' als diskriminierend abzuschaffen. Ob die Antragsteller wohl meinten, dass sie damit das Problem aus der Welt geschafft hätten, oder ob sie nur die zarten Seelen der Clanmitglieder schonen wollten? Diese Frage können wohl nur sie selbst beantworten.

(der oben so apostrophierten ‚Lemminge‘). Ein wichtiger Grund hierfür dürfte sein, dass der Normalbürger bei seiner täglichen Arbeitsbelastung bei der ständig bewusst aufrecht erhaltenen Katastrophenstimmung (Klimakatastrophe, Corona-Pandemie, Kriegshysterie usw.) gar nicht die Zeit und die Kraft hat, sich in immerwährender Alarm- und Proteststimmung zu halten. Bei vielen Bürgern (selbst in den ‚gebildeteren‘ Schichten) ist leider eine regelrechte Realitätsverweigerung zu verzeichnen.[114] Typische psychologische Strategien bei der Nichtwahrnehmung von Problemen sind: Verdrängung unangenehmer Tatsachen oder überhaupt mangelnde Bereitschaft sich zu informieren (etwa über die Finanzjongliererein der Regierung, über die Risiken einer Impfung oder über die Unterdrückung demokratischer Grundrechte durch eine zweifelhafte Verbotspraxis bei angemeldeten Demonstrationen) oder Bagatellisierung selbst der gravierendsten Verletzungen der Demokratie,[115] – Wertvolle Anregungen und sozialpsychologische Untersuchungen über das Verhalten von Massen, über deren Trägheit, aber auch über deren leichte Verführbarkeit bieten übrigens die Bücher von Le Bon [44] und von Murray [55].[116]

---

[114] Auf die einschläfernde Wirkung eines überbordenden Konsums, der von einem hemmungslosen Ressourcenverschleiß begleitet wird, werden wir erst in Kap. 14 zu sprechen kommen.

[115] Wenn sich das Ungeheuerliche doch nicht so einfach übergehen lässt, wie das Rückgängigmachen bzw. die Fälschung von Wahlen, dann versucht man dessen Bedeutung als ‚einmaliges Ereignis‘ oder eine Art ‚Betriebsunfall‘ herunterzuspielen.

[116] Bezüglich der von Le Bon getroffenen, sehr nachdenkenswerten Feinunterscheidung zwischen ‚heterogenen‘ und ‚homogenen‘ Massen bzw. zwischen ‚namenlosen‘ und ‚nichtnamenlosen‘ Massen sowie deren Besonderheiten sei auf das zitierte Werk von ihm verwiesen.

Kapitel 3

Die Enttäuschung über Europa und den Euro

Die EU, welch eine progressive Grundidee! - Das bedeutet: Schaffung eines großen einheitlichen Wirtschaftsraums, gemeinsame kulturelle Wurzeln, Friedenssicherung für ganz Europa, Schaffung eines Raums ohne Binnengrenzen, Schutz der Außengrenzen und einheitliche Regelung von Einwanderungs- bzw. Asylfragen, freier Waren- und Personenverkehr, um nur einige der Ziele bzw. positiven Merkmale zu nennen.[1] Dagegen kann doch kaum jemand etwas einwenden. Ja, wenn herausragende Politiker, ein gemeinsamer Wille und die geeigneten politischen Institutionen existiert hätten, die dieser Herkulesaufgabe gewachsen wären, hätte dieses einheitliche Gebilde ‚Europa' möglicherweise auch eine Chance gehabt.

Wie sieht aber die tatsächliche Situation in der EU aus? Es wurde ein überbordendes bürokratisches Monster geschaffen, das zugleich eine gigantische Geldvernichtungsmaschine darstellt und dessen Institutionen höchst ineffektiv arbeiten. Das EU-Parlament unterliegt kaum einer Kontrolle und ist unverhältnismäßig teuer. Schon allein die zwei Tagungsorte des Parlaments (Straßburg und Brüssel) verschlingen viel Geld. Die Bezüge der Parlamentarier nehmen sich zwar auf den ersten Blick gegenüber denen eines Bremer Senators nicht üppig aus,[2] sie sind aber mit einer Reihe von Privilegien gekoppelt, die das Parlament richtig teuer machen. Viele der dadurch entstehenden Kosten, wie etwa die geradezu zum Missbrauch einladenden Tagesgelder, welche die Parlamentarier für jede Sitzungsteilnahme erhalten, sind für die Bürger intransparent und überdies höchst fragwürdig.[3] Hinzu kommen weitere Vergünstigungen, wie sehr hohe Pensionen, Kindergelder u.a., die in der Öffentlichkeit

---

[1] https://european-union.europa.eu/principles-countries-history/principles-and-values/aims-and-values_de, zuletzt aufgerufen am: 24.4.2024.

[2] https://www.europarl.europa.eu/news/de/faq/8/dienst-und-versorgungsbezuge, zuletzt aufgerufen am: 10.4.2024.

[3] Nur als Anmerkung: Für die Bezugsberechtigung für ein Tagesgeld in Höhe von 306 Euro für eine Sitzungsteilnahme reicht es aus, wenn sich der betreffende Parlamentarier zu Beginn der Sitzung in eine Teilnehmerliste einträgt und dann wieder verschwindet.

kaum bekannt sind. [4] In dieser Auflistung sind noch nicht einmal die Kosten eingerechnet, die durch die ständigen, völlig unnötigen Umzüge des Parlaments von Straßburg nach Brüssel und zurück verursacht werden.[5] Und das alles nur, um nationale Egoismen zu befriedigen. Dabei geht es nicht allein um die dadurch entstehende finanzielle Belastung von geschätzten 109 Mio. Euro pro Jahr, was schon schlimm genug ist. Das Ganze ist ja auch mit einem unglaublichen Reibungs- und Arbeitszeit-Verlust verbunden.

Eigentlich sollte sich die EU auf grundlegende Ziele konzentrieren, vor allem auf solche von globaler und strategischer Bedeutung für die Union. Stattdessen verzettelt sie sich in einer unglaublich bürokratischen Regelungswut, die in die unsinnigsten EU-Verordnungen mündet. Diese betreffen so unglaublich wichtige Themen, wie das Aufstellen von Leitern, die Lautstärke von Dudelsäcken oder die Gestalt von Gurken.[6] Selbst dort, wo bedeutendere Aufgaben in Angriff genommen werden, wie bei der von der EU-Kommission für 2025 geplanten Auto-Abgasordnung Euro 7, fehlt das Augenmaß. Denn diese dürfte eine Verbannung traditioneller Antriebe und schließlich eine volle Konzentration auf E-Autos zur Folge haben, ohne dass bereits ein entsprechender Ersatz in ausreichenden Maße zur Verfügung stünde. Auch hier lässt man sich die Technik nicht organisch entwickeln und im Wettbewerb mit anderen Alternativen (etwa Wasserstoffantrieben einschließlich der zugehörigen Infrastruktur) ausreifen. Nein, der ‚Fortschritt' wird von Bürokraten dekretiert. In allen Belangen vermisst man wie im nationalen Maßstab eine durchdachte, alle Aspekte berücksichtigende Politik, s. hierzu Kap. 14 und 17.

Die EU-Bürger erwarten stattdessen die Lösung fundamentaler Probleme, die schon seit langem auf der Agenda stehen: Angleichung der Lebensverhältnisse in der EU einschließlich der Harmonisierung der Sozialsysteme, um die innere Migration aufgrund des Sozialgefälles zu reduzieren; Anpassung der Steuersysteme, um Schlupflöcher zur Steuervermeidung auch innerhalb der EU zu stopfen; Einheitliches Auftreten in der Außenpolitik; Schaffung eines gemeinsamen Verteidigungspotentials, um eine Unabhängigkeit gegenüber den Großmächten (einschließlich der USA) zu erreichen usw. – Von all dem ist wenig zu spüren. Im Gegenteil, selbst Dinge, die sogar nach EU-Recht verboten und damit unbedingt zu vermeiden sind, wie die Zulassung einer Schuldenunion, werden immer mehr zur Realität. Das haben ganz klar die sich ständig

---

[4] https://www.europarl.europa.eu/doceo/document/E-6-2009-1108-ASW_DE.html,   zuletzt aufgerufen am: 10.4.2024.

[5] https://www.europarl.europa.eu/news/de/faq/19/warum-zieht-das-parlament-zwischen-brussel-und-strassburg-hin-und-her – Seite nicht mehr erreichbar, zuletzt aufgerufen am: 17.11.2023.

[6] https://www.welt.de/wirtschaft/gallery127608343/Das-sind-die-absurdesten-Gesetze-aus-Bruessel.html, zuletzt aufgerufen am: 10.4.2024.

fortsetzenden Finanzkrisen im Euroraum gezeigt: erst in Griechenland, dann in Portugal und Spanien, jetzt in Italien. Obwohl der Vertrag von Maastricht (Synonym für ‚Vertrag über die Europäische Union' oder kurz ‚EU-Vertrag', EUV) eine Schuldenbremse für die Teilnehmerstaaten verlangt und der Vertrag von Lissabon bzw. der Vertrag über die Arbeitsweise der Europäischen Union (AUEV) ausdrücklich eine ‚No-Bail-out' Klausel enthält,[7] findet trotzdem ein unerlaubter Schuldentransfer statt. Dadurch werden diese Vertragswerke eindeutig untergraben, und die EU befindet sich auf bestem Weg in eine von den Gründern nicht gewollte Transferunion. Die Grundidee bestand eigentlich darin, Länder mit einer lockeren Finanz- und Haushaltspolitik zu einer größeren Disziplin auf diesem Sektor zu zwingen. Als Folge des Bruchs dieser Verträge wurde genau das Gegenteil erreicht: Länder, die sparsam wirtschaften, machen die Dummen (wie das übrigens auch innerhalb der Bundesrepublik der Fall ist). Das bedeutet, dass die Schuldenmacher einfach zur weiteren Geldverschwendung ermuntert werden, s. Kap. 15

Es lohnt sich durchaus einmal, in ein Urteil des EuGH zu schauen, das sich in einer anderen Sache unmissverständlich ablehnend zur Vorteilnahme einzelner Staaten zu Ungunsten anderer geäußert hat (Urteil-EuGH vom 7.02.1973; C-J003/72 Entscheidungsgrund 24): „Stört ein Staat aufgrund der Vorstellung, die er sich von seinem nationalen Interesse macht, einseitig das mit der Zugehörigkeit zur Gemeinschaft verbundene Gleichgewicht zwischen Vorteilen und Lasten, so stellt dies die Gleichheit der Mitgliedstaaten vor dem Gemeinschaftsrecht in Frage und schafft Diskriminierung für die einzelnen [Staaten]." Das alles ist das Papier kaum wert, auf das es gedruckt ist, wenn sich keiner daran hält (die Staaten als solche nicht und die einzelnen Politiker erst recht nicht). – Inzwischen ist der Euro zum Problemfall geworden, indem er für viele Beobachter mehr Zwietracht sät als dass er verbindet (wie das übrigens schon vor Jahren von bekannten Wirtschaftsfachleuten prognostiziert wurde).[8] Es war eben ein mehr als gewagtes Unterfangen, Länder mit solch unterschiedlichem Wirtschaftsniveau wie Griechenland oder Bulgarien auf der einen Seite und Deutschland oder Frankreich auf der anderen Seite in einer Währungsunion zusammenzupressen. Auch hier wurden die Warnungen von Experten vor den Gefahren in den Wind geschlagen, die aus der vorzeitigen Schaffung einer Währungsunion warnten,[9] ohne dass eine vorherige Anglei-

---

[7] Diese Klausel besagt, dass kein Land der EU für die Schulden der anderen haftet und dafür einstehen muss, s. Art. 125, Abs. 1 AUEV.

[8] https://www.abendblatt.de/politik/deutschland/article123978831/Der-saet-Zwietracht.html, zuletzt aufgerufen am: 25.4.2024.

[9] https://de.wikipedia.org/wiki/Die_w%C3%A4hrungspolitischen_Beschl%C3%BCsse_von_ Maastricht:_Eine_Gefahr_f%C3%BCr_Europa, zuletzt aufgerufen am: 25.4.2024.

chung der wirtschaftlichen Leistungsfähigkeit herbeigeführt wurde. Selbst Befürworter der Aufweichung der Stabilitätskriterien zur ‚Rettung des Euro um fast jeden Preis' müssen zugeben, dass das europäische Finanzsystem laut Cicero inzwischen „so stark destabilisiert worden [ist], dass es derzeit nur mit Rettungsschirmen und den Hilfen der EZB überlebensfähig ist". Genau das hat sich seit der Griechenland-Rettung immer wieder von Neuem gezeigt, zuletzt bei der Initiierung des sogenannten Corona-Wiederaufbaufonds (s. hierzu Kap. 4).[10] Es erübrigt sich vielleicht hinzuzufügen, dass bei allen Maßnahmen zur Rettung des Euro Deutschland jeweils die größte Last zu tragen hat. Ein solches Spiel wollten die Briten auf keinen Fall mitmachen (s.u.), aber auch die ‚Sparsamen Vier' (Dänemark, Österreich, Niederlande, Schweden) haben sich gegen eine ‚Schuldenunion durch die Hintertür' gewendet.[11]

In diesem ganzen Geschehen spielt die oberste Währungsbehörde der EU (die Europäische Zentralbank - EZB) eine maßgebende und zugleich umstrittene Rolle. Dabei kommt erschwerend hinzu, dass diese Institution kaum demokratisch verfasst ist, da jedes Land - ob wirtschaftlicher Zwerg oder Riese, ob Nettozahler oder nicht - unabhängig von seiner Bevölkerungszahl im Bankenrat genau eine Stimme hat. Sie wird einer ihrer wichtigsten Aufgaben, Wahrung der Preisstabilität bei Zulassung einer maximalen Inflationsrate von 2% nicht gerecht. Im Gegenteil, durch ihre langjährige Nullzinspolitik bzw. die dubiose Einführung von Negativzinsen ist sie in ein regelrechtes Dilemma geraten. Eigentlich müssten die Zinsen zur Bremsung der zur Zeit überbordenden Inflation deutlich angehoben werden, wobei aber genau das nicht geht, weil dann die hochverschuldeten Länder (zu denen heute auch wirtschaftliche Schwergewichte wie Italien gehören), ihre Schulden nicht mehr bedienen könnten. Da ist es für diese Länder doch besser, wenn stattdessen mit Hilfe der EZB die Steuerzahler in der EU insgesamt um ihr Erspartes gebracht werden (d.h. die Sparer werden sukzessive enteignet). Damit wird auch offensichtlich, dass die jeweiligen Vorsitzenden der EZB eher nationale Interessen und nicht die Interessen der Hauptzahler und der einfachen EU-Bürger vertreten.[12] – Auf die Folgen der Niedrigzinspolitik der EZB und die Tatsache, dass

---

[10] Übrigens nehmen sich die damals für die Rettung Griechenlands eingesetzten Mittel im Vergleich zur späteren finanziellen Stützung des maroden Italiens richtig bescheiden aus.

[11] https://www.sueddeutsche.de/gesundheit/gesundheit-die-sparsamen-vier-attackieren-merkel-und-macron-dpa.urn-newsml-dpa-com-20090101-200524-99-168760,   zuletzt aufgerufen am: 25.4.2024.

[12] Geradezu zum geflügelten Wort ist der Ausspruch das ehemaligen italienischen EZB-Präsidenten im Zusammenhang mit der Euro-Rettung geworden: „Whatever it takes". - Man möchte hinzufügen: Die Hauptsache, es ist kein italienisches Geld.

Negativzinsen nicht nur geltendes Recht brechen,[13] sondern auch grundlegende Mechanismen der Marktwirtschaft aushebeln, werden wir in Kap. 15 noch einmal zurückkommen.

Der Einsatz und die Verteilung der gigantischen Finanzmittel aus dem sogenannten ‚Wiederaufbaufonds‘ in Höhe von 750 Milliarden Euro, der im Zusammenhang mit der Covid-Pandemie im Eilverfahren durch die Parlamente gewunken wurde, sind ebenfalls äußerst problematisch. Er ist zwar damals von der Kommissionspräsidentin als großer Erfolg gefeiert worden, stellt aber in Wirklichkeit eine große Umverteilung von Nord nach Süd dar. Noch gravierender ist jedoch der Umstand, dass damit die EU erstmals als Ganzes Schulden aufgenommen hat. Sogar der Bundesrechnungshof sieht darin einen Dammbruch und eine Überschreitung der Schwelle zu einer europäischen Schuldenunion bei gleichzeitiger Umgehung der vereinbarten fiskalischen Regelungen. Außerdem meldet er berechtigte Zweifel an, ob diese Mittel zweckentsprechend und effektiv eingesetzt werden. Wer würde auch z.B. im Falle Italiens seine Hand dafür ins Feuer legen, dass nicht beträchtliche Teile des Geldes bei der Mafia landen?[14] Was die Verteilung anbelangt, trägt Deutschland wieder einmal die Hauptlast: Während es 65 Milliarden Euro mehr einzahlt als es aus dem Fonds zurückerhält (das sind 28,5 Milliarden), ist Italien mit dem Empfang von ca. 191 Milliarden Euro der Haupt-Nutznießer. Selbst das BVG hatte zunächst die Unterzeichnung des Gesetzes zum Wiederaufbaufonds durch den Bundespräsidenten gestoppt, hat dann aber letztlich den Weg für diese bedenkliche Entwicklung freigemacht.[15] Für den Normalbürger ist das alles längst nicht mehr nachvollziehbar; vielleicht wäre es durchschaubarer gewesen, einfach die von den Geberländern zu opfernde Geldmenge im EU-Parlament festzulegen und dann zu veröffentlichen, ohne irgendwelche mit Auflagen verbundene Rückzahlungen an eben diese Länder vorzusehen.[16]

---

[13] https://www.welt.de/wirtschaft/plus232423019/Negativzinsen-So bricht-die EZB-geltendes-Recht.html, zuletzt aufgerufen am: 29.4.2024.

[14] https://www.tagesschau.de/wirtschaft/konjunktur/wiederaufbaufonds-hilfspaket-eu-kommission-101.html und https://www.merkur.de/welt/villen-schmuck-autos-betrugsskandal-italien-eu-geld-aufbauhilfe-pnrr-600-millionen-netzwerk-zr-92989116.html, zuletzt aufgerufen am: 7.4.2024.

[15] https://www.faz.net/aktuell/politik/inland/bundesverfassungsgericht-stoppt-corona-aufbaufonds-der-eu-17265145.html bzw. https://www.sueddeutsche.de/politik/eu-wiederaufbaufonds-bundesverfassungsgericht-buendnis-buergerwille-1.5271489, zuletzt aufgerufen am: 7.4.2024.

[16] Für die Nettoempfänger wäre es natürlich auch dann notwendig gewesen, klare Bedingungen für die Verwendung der Gelder zu formulieren, damit wenigstens formal eine Beziehung zur Bewältigung der Corona-Schädigungen gegeben wäre (kontrollieren wird es wohl sowieso keiner können).

Obwohl die Ziele zur Schaffung einer Europäischen Wirtschafts- und Währungsunion (EWU) vernünftig erscheinen, sind die in diesem Zusammenhang formulierten Konvergenzkriterien für deren Mitgliedsstaaten (die sogenannten Maastricht-Kriterien) längst Makulatur. Letztere umfassen u.a. folgende Punkte: Das Staatsdefizit darf 3% des BIP nicht überschreiten, die öffentlichen Schulden müssen kleiner als 60% des BIP bleiben, die Inflationsrate darf nicht höher als 1,5% über dem Durchschnitt der drei preisstabilsten Mitgliedsländer liegen. Mittlerweile ist sogar die eigentlich verpönte gemeinsame und gesamtschuldnerische Kreditaufnahme der EU-Länder an den internationalen Finanzmärkten zur Realität geworden (sogenannte Eurobonds), wofür aber am bitteren Ende wahrscheinlich wieder die finanzstärksten Länder einstehen müssen.

Nach dem Gesagten ist es also kein Wunder, dass die hochverschuldeten Länder südlich der Alpen und Frankreich eine Aufweichung der Maastricht-Kriterien anstreben, während vor allem die ‚Sparsamen Vier‘ daran festhalten möchten. Allein das Beispiel Berlin zeigt, dass der als Instrument einer ausgewogenen Regionalentwicklung in Deutschland eingeführte Länderfinanzausgleich nicht wie gedacht funktioniert. Im Gegenteil, man hat sich in den armen Bundesländern an die regelmäßigen Finanzspritzen gewöhnt (ohne diese Unterstützung wäre z.B. das Land Berlin längst pleite).[17] Aus gutem Grund wurde deshalb der Schritt in eine Transferunion, welcher ein analoger Gedanke wie dem Finanzausgleich in der Bundesrepublik zugrunde liegt, durch die EU-Regularien verboten.[18] Aber gerade diese Regeln werden durch den sogenannten Wiederaufbaufonds untergraben, wobei noch zu befürchten ist, dass diese Art Subvention zur Gewohnheit werden wird, um die EU und den Euroraum überhaupt noch zu retten.

Eine besonders wichtige und zugleich kritikwürdige Rolle kommt in diesem Zusammenhang der Europäischen Zentralbank (EZB) mit ihrer derzeitigen Präsidentin Christine Lagarde zu. Und zwar bezieht sich die Kritik vor allem auf die rasant zunehmende Schöpfung von Geld, das weder durch Gold (das ist seit dem Abkommen von Bretton Woods sowieso vorbei) noch durch irgendeine Wertschöpfung gedeckt ist, sogenanntes ‚Fiatgeld‘. Diese ungebremste Geldvermehrung führt zu einer massiven Inflation im Euroraum, wodurch zwar die Schuldnerländer der EZB leichter ihre Verbindlichkeiten bedienen können, die einfachen Steuerzahler der EU jedoch um ihr Erspartes und um ihre Altersversorgung gebracht werden. Oder, wie es Krall treffend formuliert,

---

[17] Man erinnere sich an das mit der Armut Berlins kokettierende Wort des ehemaligen Berliner Oberbürgermeisters, s. Kap. 2.

[18] https://www.focus.de/finanzen/boerse/experten/gastbeitrag-von-daniel-stelter-euro-zone-berlin-ist-eine-teure-warnung-fuer-die-nahende-transferunion_id_12472984.html, zuletzt aufgerufen am: 25.4.2024.

es findet „eine schlichte Umverteilung des Geldes von Europas Sparern an Europas überschuldete Regierungen statt" [40].

Über das Target2-System, mit dessen Hilfe der Zahlungsverkehr zwischen EU-Staaten abgewickelt wird, ist Deutschland zum größten Kreditgeber in der EU geworden; d.h. es ist damit wie H.W. Sinn schreibt:[19] „zu einem Selbstbedienungsladen geworden, indem man beliebig anschreibt". Das freut natürlich die großen Schuldenmacher wie Italien, das knapp 500 Milliarden Verbindlichkeiten in diesem Zahlungssystem angehäuft hat. Hierzu schreibt der genannte Top-Ökonom, loc. cit.: „Italien ist so blank, dass nicht einmal sein Goldschatz reicht, um die Schulden zu bedienen". Wenn man noch bedenkt, dass von den entstandenen Verbindlichkeiten allein 27% auf Deutschland entfallen, wird klar, warum wir in der Falle sitzen. Wir sind nun auf Gedeih und Verderb gezwungen, einen italienischen Bankrott mit allen Mitteln zu verhindern (selbst wenn wir dazu einen trügerisch umdeklarierten ‚Corona-Wiederaufbaufonds' auflegen müssen), damit diese 27% Schulden nicht einfach abzuschreiben sind. Berücksichtigt man noch zusätzlich, dass demgegenüber das Privatvermögen in Italien im Schnitt etwa 1.5 bis 2 mal so hoch ist, wie in Deutschland, dann wird die ganze Schieflage so recht deutlich.[20] Inzwischen ist das Konglomerat an Finanztransfers, Wiederaufbaufonds, Target2-Salden, Eurobonds, hemmungsloser Schuldenmacherei, Drucken von Fiatgeld ohne Ende für den einfachen Bürger, ja selbst für Fachleute, kaum mehr zu durchschauen und entzieht sich damit jeglicher demokratischer Kontrolle.[21] Hinzu kommt, dass es sich bei den infrage stehenden Geldern insgesamt um Billionen von Euro handelt, also um unvorstellbar große Summen, wobei die Tilgung der Kredite bzw. die Einlösung der Garantieversprechen noch unsere Nachfolgegenerationen beschäftigen werden (wenn es nicht schon vorher zum totalen Crash kommt).

Darüber hinaus findet in der EU eine ziemlich irrationale Verteilung der vorhandenen Finanzmittel statt, wobei gleichzeitig der Versuch unternommen wird, dieselben als politisches Druckmittel einzusetzen. Erst wird von den Mitgliedsstaaten viel Geld in den EU-Haushalt gepumpt, das dann entsprechend umverteilt unter unglaublichem Aufwand und begleitet von entspre-

---

[19] https://m.focus.de/finanzen/boerse/risiken-wachsen-top-oekonom-sinn-deutschland-ist-zum-selbstbedienungsladen-geworden_id_10411368.html, zuletzt aufgerufen am: 25.4.2024.

[20] https://www.bpb.de/kurz-knapp/zahlen-und-fakten/datenreport-2021/private-haushalte-einkommen-und-konsum/329977/vermoegen-im-europaeischen-vergleich/, zuletzt aufgerufen am: 25.4.2024.

[21] Das ist nicht einfach ein persönlicher Eindruck, sondern diese Situation manifestiert sich ganz offen in hitzigen Debatten zwischen teils echten und teils selbsternannten Experten und in den Diskrepanzen zwischen den Urteilen der Verfassungsgerichte der EU-Mitgliedsländer auf der einen Seite und des EuGH auf der anderen Seite.

chenden Verlusten (die hierzu benötigte Verwaltung kostet ja schließlich etwas) in die Länder zurückfließt. Wäre es da nicht einfacher, wenigstens das in die Netto-Geberländer zurücküberwiesene Geld von vornherein dort zu lassen und entsprechend effektiv einzusetzen? Nein, gerade das ist politisch nicht gewollt, weil die EU-Kommission durch den Verteilungsmechanismus ein äußerst wirksames Druckmittel gegenüber ‚unbotmäßigen' Staaten in der Hand hält (wie das ja immer wieder gegenüber Ungarn und Polen demonstriert wurde).

Um die Leistungsfähigkeit der Mitgliedsstaaten anzugleichen, würde u.U. ein Instrument wie der Länderfinanzausgleich in Deutschland doch viel effektiver wirken, obwohl auch dieser - wie wir gesehen hatten - seine Tücken aufweist. Dadurch würden zumindest die Möglichkeiten der EU-Bürokratie merklich reduziert, durch Verordnungen und Regelungen in die Länder hineinzuregieren. Besonders in den umfangreichsten Umverteilungsposten des EU-Haushalts, wie im Bereich der Landwirtschaft, hätte dies sicher positive Auswirkungen. Nehmen wir jedoch ein anderes Ressort, welches von dieser Art des Bürokratie-Abbaus profitieren könnte, nämlich die Wissenschaftsförderung in der EU. Jeder, der einmal an einem EU-Projekt beteiligt war, weiß, welch hoher Papieraufwand damit verbunden ist, und welch aufwendige Reisetätigkeit damit im Vergleich zu den beispielsweise von der DFG geförderten Projekten erforderlich ist (Teilnahme an Briefings bzw. Kontrollterminen in Brüssel verbunden mit hohen Hotelkosten und starker zeitlicher Belastung usw.). Außerdem werden zu diesen Treffen teuer bezahlte Gutachter hinzugezogen, die ebenfalls anreisen müssen und nach meiner Erfahrung nicht immer die entsprechende Qualifikation besitzen. Ganz zu schweigen von dem erzwungenen Verteilerschlüssel zur Wahrung eines politisch verordneten Proporzes zwischen den teilnehmenden Ländern, was dazu führt, dass Arbeitsgruppen in Projekte hineingenommen werden, die nichts oder nur wenig zum Gesamterfolg derselben beitragen können.

Ein weiteres brisantes Problemfeld ist die gescheiterte europäische Asylpolitik sowie die nicht gelungene und unfaire Verteilung der damit verbundenen Lasten. Eigentlich war im Abkommen von Dublin geregelt, dass allein das Ersteintrittsland eines Asylbewerbers für die Prüfung der Aufnahmeberechtigung zuständig ist (schon allein um Doppelbewerbungen auszuschließen), um dann nach einem gemeinsam zu bestimmenden Schlüssel festzulegen, auf welche Länder berechtigte Asylbewerber zu verteilen sind. Dieses System funktioniert überhaupt nicht, und das genannte Abkommen ist praktisch außer Kraft gesetzt. Zusammen mit dem Schengen-Abkommen, durch das Grenzkontrollen zwischen den teilnehmenden Partnerländern aufgehoben wurden, können sich Migranten (auch solche ohne Asylgrund) praktisch frei in der EU bewegen und werden auch nicht in das Ersteintrittsland zurückgeschickt. Der Effekt ist, dass alle Migranten, ob berechtigt oder nicht, mit Pass oder nicht, praktisch in die Länder einwandern (bevorzugt nach Schweden oder Deutschland), die den höchsten Sozialstandard bieten. - Selbst in einer offiziellen Analyse zum EU-Migrationspakt[22] müssen die Verfasser zugeben, dass „die Asyl- und Rückweisungssysteme der Mitgliedstaaten weitgehend nicht harmonisiert [sind]; sie schaffen damit Ineffektivitäten und ermutigen die Bewegung von Migranten, die sich so die besten Aufnahmebedingungen und Aussichten für ihren Verbleib aussuchen [können]".

Dieses Übel führte zu einer Sonderrolle der sogenannten Visegrád-Staaten (Polen, Tschechien, Slowakei, Ungarn), die sich verständlicherweise nicht bereit erklären wollen, diese verfehlte Asylpolitik und deren Folgen mitzutragen. Insbesondere die von den genannten Ländern vorgebrachten Sorgen, die eine unkontrollierte muslimische Einwanderung mit sich bringt, sind nicht einfach von der Hand zu weisen (s. Kap. 8).[23] Statt diese Sorgen ernst zu nehmen findet ein regelrechtes Visegrád-Staaten-Bashing und insbesondere ein konzertiertes Orban-Bashing statt. Auch die eigenständige Rolle des ehemaligen österreichischen Bundeskanzlers Sebastian Kurz in Asylfragen wurde höchst unsachlich kritisiert und seine Politik in dieser Sache als „Sauerei" diffamiert.[24] Für den links-grünen Mainstream galt Kurz sogar als ‚Rechter', der sehenden Auges Migranten im Mittelmeer ertrinken lasse. – Inzwischen hat Deutschland auch noch Italien gegen sich aufgebracht, da es einerseits die ‚Seenotrettung' mit großem moralischen Gestus und Millionen Euro unterstützt, aber andererseits die Mittelmeer-Anrainerländer (insbesondere Griechenland und Italien) mit dem nicht mehr zu bewältigenden Ansturm von Asylanten weitgehend allein lässt.[25] In der Folge kommt nun die Bundesrepublik selbst mit dem seit 2015 angeschwollenen Zustrom von Migranten nicht mehr zurecht, da viele Asylbewerber (darunter viele Araber mit offen zur Schau getragener Sympathie für die Palästinenser und die Hamas, s. Kap. 8) in der EU entweder einfach

---

[22] https://eur-lex.europa.eu/legal-content/DE/ALL/?uri=CELEX:52020SC0207, zuletzt aufgerufen am: 25.4.2024.

[23] Jawohl, gerade die muslimischen Einwanderer stellen u.a. wegen ihrer mangelnden Integrationsbereitschaft und der teils sogar offen geäußerten Verachtung für das Gastland ein echtes Problem dar, s. Kap. 8. Demgegenüber muss zumindest vom Grundsatz her bei den einströmenden ukrainischen Flüchtlingen niemand Befürchtungen in Bezug auf deren Integrationschancen haben, hier sind es lediglich die Unkontrolliertheit der Einwanderung und die massive finanzielle Belastung, die Sorgen bereiten, s. Kap. 4.

[24] https://www./welt.de/politik/ausland/article213374424/Oesterreich-Sauerei-Ex-Fluechtlingskoordinator-kritisiert-Asylpolitik.html, zuletzt aufgerufen am: 8.7.2023.

[25] https://www.deutschlandfunk.de/italiens-ministerpraesidentin-meloni-bekraeftigt-kritik-an-deutschen-finanzhilfen-100.html, zuletzt aufgerufen am: 30.4.2024.

nach Deutschland durchgereicht werden oder sich von selbst hierher auf den Weg machen.

Die Doppelmoral in der EU zeigt sich auch, wenn man die Haltung mancher Politiker bezüglich LGBTQ zu Ungarn oder Polen mit der gegenüber ausgesprochen despotischen muslimischen Regimes (etwa mit Katar) vergleicht, in denen Homosexuelle sogar von schwersten Strafen bedroht sind.[26] [27] Aber das betrifft nicht nur diesen Sektor: So war die Kritik der ehemaligen Bundeskanzlerin an der Rechtsauffassung anderer EU-Staaten mehr als doppelbödig, hatte sie doch selbst eben mal absolut rechtskonform durchgeführte Wahlen widerrechtlich in einem Bundesland rückgängig machen lassen.

Den moraldurchtränkten Sprüchen vieler führender EU-Politiker steht entgegen, dass sie zwar nichts tun, um den Ansturm von Migranten einzudämmen, aber schnell bei der Hand sind, die Maßnahmen der am stärksten betroffenen Staaten zu kritisieren. Insbesondere der deutsche Mainstream tut sich hier wieder unrühmlich hervor, indem der italienischen Ministerpräsidentin unterstellt wird, dass sie mit ihrer Abwehr von Flüchtlingen „auch den Tod von Migranten im Mittelmeer in Kauf [nehmen würde]".[28] Hinzu kommt, dass deutsche NGO's und ‚Seenotretter' die Südländer auch noch moralisch durch erzwungene Anlandung von Flüchtlingsbooten erpressen, s. Kap. 8. Dieses Fehlverhalten der EU insgesamt führt zu teilweise unhaltbaren Zuständen in den Aufnahmelagern dieser Länder (Stichworte: Lampedusa, Lesbos). Letztlich ist in dem unkontrollierten Asylgeschehen auch eine der Ursachen für den Brexit zu sehen (s.u.), der womöglich schon der Anfang vom Ende der EU war.

Immer wieder wird versucht, über die Verteilung der EU-Mittel Einfluss auf die inneren Angelegenheiten von ‚Abweichler-Staaten' zu nehmen oder letztere moralisch zu stigmatisieren. So versucht man beispielsweise über den EU-Haushalt die Aufteilung von Asylanten auf dazu nicht bereite Länder zu erzwingen (auch derjenigen Migranten, die 2015 ohne jegliche Abstimmung durch Deutschland freizügig eingeladen wurden[29]) oder von oben herab auf deren Rechtssystem Einfluss zu nehmen. – Auch Länder wie Luxemburg oder

---

[26] https://www.tichyseinblick.de/daili-es-sentials/lgbtq-rechte-osteuropa-welt-uvdl-dfb-doppelmoral/, zuletzt aufgerufen am: 25.4.2024.

[27] Gibt es denn der deutschen Mainstream-Presse nicht zu denken, dass die Ungarn der Fidesz-Partei unter Orban im Frühjahr 2022 einen überwältigenden Wahlsieg beschert haben? Wissen denn die anmaßenden Demokraten der links-grünen Parteien Deutschlands und der EU besser, was für die ungarische Bevölkerung gut ist, als die Ungarn selbst?

[28] Außerdem lässt kein ‚politisch korrektes' Blatt in der BRD in Berichten über Italien die Gelegenheit aus, dessen Ministerpräsidentin als ‚rechtspopulistisch' oder gar ‚postfaschistisch' zu bezeichnen. – https://www.zeit.de/politik/ausland/2023-02/berlin-besuch-italien-meloni-kritik, zuletzt aufgerufen am: 18.11.2023.

[29] Die meisten Menschen würden sich ja auch privat weigern, unerwünschte Gäste, die vom Nachbarn eingeladenen wurden, zu bewirten.

die Niederlande beteiligen sich gern an der Forderung nach Sanktionierung nichtkonformer EU-Länder. Gerade sie, die sogar eindeutig gegen EU-Recht verstoßen, indem sie wahre Steueroasen bzw. Mechanismen zur Steuerflucht herausgebildet haben, gebärden sich dann als Wahrer der Rechtsstaatlichkeit.[30] Mit Deutschlands Rechtsverletzungen, wo sogar Wahlen gefälscht bzw. unzulässig revidiert werden oder wo die Opposition mit allen erdenklichen Tricks im Parlament und in der Öffentlichkeit ausgegrenzt wird, hatten wir uns ja bereits in Kap. 1 auseinandergesetzt, s. auch Kap. 12.

Nach dem Brexit hatten sich zunächst Frankreich und Deutschland als europäisches Führungsduo etabliert, was aber durch die Annäherung der stark überschuldeten Länder Italien und Frankreich und nach dem Amtsantritt von Kanzler Scholz wieder in Frage gestellt zu sein scheint. Im übrigen sind die inneren Widersprüche, die sich auch in Deutschland aufgrund der Migration immer stärker bemerkbar machen, in Frankreich bereits jetzt verschärft zu beobachten. Allein die von Migranten angefeuerten Straßenschlachten im Sommer 2023 in der Pariser Vorstadt Nanterre und anderen Orten, die bis nach Belgien und in die Schweiz ausstrahlten, sollten doch jedem die Augen dafür öffnen, welch brisanter Sprengstoff sich durch die misslungene Asylpolitik in Europa angehäuft hat.[31] Wenn man die Situation in den Banlieues (den Randzonen der Großstädte) in Frankreich betrachtet, kann man möglicherweise sogar schon einen Blick in die Zukunft Deutschlands werfen, zumal es bei unserem Integrationsproblem nicht nur um die unkontrollierte Zuwanderung von außerhalb der EU geht (s. Kap. 4 und 8), sondern auch um die innere Migration zwischen den Mitgliedsländern der EU aufgrund des wirtschaftlichen und sozialen Gefälles.[32]

Dem gewaltigen Berg von Schwierigkeiten der EU steht ein mediokres Führungspersonal gegenüber (insbesondere ist hier an die beiden letzten Kommissionspräsidenten, Jean-Claude Juncker und Ursula von der Leyen, als Spitzen des Eisbergs zu denken). Selbst wenn die häufig gegen Ersteren erhobenen Alkoholismus-Vorwürfe nicht stimmen sollten, waren viele seiner Auftritte unwürdig oder zumindest höchst merkwürdig (um es milde zu formulieren), heute würde man sein Verhalten in vielen Fällen zumindest als „weird" (deutsch: „schräg/bizarr"), oftmals sogar als übergriffig bezeichnen.[33] – Ein Tiefpunkt

---

[30] https://www.tichyseinblick.de/kolumnen/aus-aller-welt/eu-haushaltsstreit-polen-holland/, zuletzt aufgerufen am: 10.4.2024.

[31] https://exxpress.at/wie-im-krieg-gewalt-allahu-akbar-rufe-und-bewaffnete-randalierer-in-frankreich/, zuletzt aufgerufen am: 25.4.2024.

[32] Ehemalige Kolonialmächte, wie Großbritannien oder Frankreich, haben dadurch etwas andersgeartete ‚Ausländerprobleme', dass die Einwohner ihrer Kolonien nach deren Selbständigwerden einen erleichterten Zugang zur Staatsbürgerschaft des Mutterlandes hatten.

[33] https://www.youtube.com/watch?v=Qjwf0Vmeg0A, zuletzt aufgerufen am: 30.4.2024.

im Postengeschacher der EU war die Installation der in Deutschland als Verteidigungsministerin gescheiterten Ursula von der Leyen als Präsidentin der EU-Kommission nach der Europawahl 2019. Ursprünglich war die Europäische Volkspartei (EVP) mit Manfred Weber (CSU) als Spitzenkandidaten zur Wahl angetreten und hatte mit ihm auch die Stimmenmehrheit gewonnen. Wir hatten uns noch gar nicht richtig die Augen gerieben, da wurde aber nicht Weber Kommissionsvorsitzender, sondern es wurde Ursula von der Leyen wie das Kaninchen aus dem Hut gezaubert und in Hinterzimmergesprächen zwischen Macron und Merkel zur Vorsitzenden gekürt. Ein ungeheuerlicher Vorgang, der einer demokratisch verfassten Einrichtung wie der EU einfach nicht würdig ist. Zu diesem Geschacher passt doch sehr gut die Tatsache, dass inzwischen mehrere EU-Parlamentarier wegen Korruption festgenommen wurden und gegen von der Leyen Ermittlungen wegen illegaler Verbindungen zum Impfstoffhersteller Pfizer laufen.[34] Das hat sie aber nicht daran gehindert, bei der Europawahl 2024 erfolgreich als Spitzenkandidatin der EVP anzutreten.

Die angehäuften Probleme der EU - die überbordende Bürokratie, das unbewältigte Asylproblem, der unverhältnismäßige Einfluss kleiner Staaten (Extremfall: Luxemburg), die Unterminierung des Selbstbestimmungsrechts der Staaten usw. kulminierten letztlich im Austritt Großbritanniens aus der EU (dem sogenannten Brexit im Jahre 2020). Nicht umsonst wurde die Kampagne der Brexit-Befürworter wegen der EU-Mechanismen zur Vergabe der Finanzmittel an die Mitgliedsländer unter dem Slogan „Take back control" geführt. Wir erinnern uns, dass bereits die frühere Premierministerin Großbritanniens, Margaret Thatcher, ständig Kritik an der EU geübt hatte. Berühmt wurde ihr Satz „I want my money back", mit dem sie sich den sogenannten Britenrabatt für einen der wichtigsten Nettoeinzahler der EU aushandelte. Natürlich spielten auch psychologische Momente, wie z.B. der Verlust der nationalen Bedeutung, die Wut über die durch die EU erzwungene Subventionierung von angeblichen oder tatsächlichen Schmarotzern eine wichtige Rolle (seien es staatliche im Rahmen der EU oder individuelle Sozialschmarotzer im eigenen Hoheitsgebiet).[35] Man kann ohne Übertreibung behaupten, dass die Unzufriedenheit der britischen Bevölkerung mit der Behandlung der Asylfrage in der EU und insbesondere die unhaltbaren Zustände am Ärmelkanal ebenfalls ein wesentlicher Faktor beim Sieg der „Leave Europe"-Bewegung in Großbritannien war.[36]

---

[34] https://taz.de/EU-Impfstoffdeal-mit-Pfizer/!5933318/, zuletzt aufgerufen am: 29.4.2024.

[35] Außerdem war es für die Briten schwer zu verkraften, dass Deutschland - der große Verlierer des Zweiten Weltkriegs - eine solch dominierende Rolle in der EU erlangt hatte.

[36] https://www.nzz.ch/international/nach-dem-brexit-will-london-die-asylpolitik-verschaerfen-und-laesst-sich-ausgerechnet-von-der-eu-inspirieren-ld.1608396?reduced=true, zuletzt aufgerufen am: 25.4.2024.

Der Brexit hat bisher noch gar nicht abschließend beurteilbare Folgen für Europa und insbesondere auch für Großbritannien. Nach dem Austritt Großbritanniens aus dem Staatenverbund hat sich die militärische und wirtschaftliche Schwäche der EU weiter vertieft, und es ist dadurch bekanntlich ein wichtiger Nettoeinzahler im EU-Haushalt weggebrochen. Damit hat nicht nur das ökonomische Gewicht der EU, sondern auch ihr geopolitischer Einfluss (wenn sie denn überhaupt einen hatte) dramatisch eingebüßt. – Der durch das Versagen der Europäischen Unionspolitik bewirkte Brexit wird natürlich auch Konsequenzen für Großbritannien selbst haben. So ist zu erwarten, dass die Autonomiebewegungen in Schottland und Wales gestärkt werden oder dass der Nordirlandkonflikt wieder ausbricht. All das kann nicht in unserem Interesse sein. Wahrscheinlich wird erst die Zukunft erweisen, ob der Brexit ein Befreiungsschlag für die Briten war (wie es die Befürworter behaupten) oder ob wir sogar die letzte Stufe im Zerfallsprozess des ehemaligen Weltreichs beobachten mussten. Das ganze Geschehen kann aber auch noch weitere Zentrifugalbewegungen in der EU auslösen und zum Ausstieg von Ländern führen, denen die Finanzen gekürzt werden oder die sich in ihrer inneren Verfasstheit und Autonomie bedroht fühlen.

Ein besonderes Trauerspiel ist die Tatsache, dass viele Bürger die EU als „Sammelbecken für gescheiterte Politiker" wahrnehmen.[37] Der glücklose Kurzzeit-Parteivorsitzende und Wahlverlierer der CDU von 2021 ist inzwischen Vizepräsident der Parlamentarischen Versammlung des Europarats (welch ein Posten, es gibt immerhin zwanzig davon!). Die wegen ihrer dubiosen Beratergeschichten und ihrer Unfähigkeit als Verteidigungsministerin gescheiterte Ursula von der Leyen wurde einfach aus der Schusslinie genommen[38] und zwischenzeitlich nach ihrer Station als Kommissionspräsidentin sogar als NATO-Generalsekretärin gehandelt. Diese Liste ließe sich quer durch alle Parteien fortsetzen. Einen traurigen Gipfel stellte auch der ehemalige Präsident der EU-Kommission, Jean-Claude Juncker dar. Nicht nur, dass er das Amt durch sein unwürdiges Auftreten beschädigt hat (s.o., man erinnere sich auch an seinen Satz: „Wenn es ernst wird, muss man lügen."), er war auch als Finanzminister Luxemburgs dafür verantwortlich, dass sich dieses kleine Ländchen zu einer Steueroase innerhalb der EU entwickelt hat.[39] Das hat die EU nicht gehindert, Juncker zu beauftragen, den ganzen Finanzschlamassel

---

[37] https://weltwoche.ch/daily/eu-sammelbecken-fuer-gescheiterte-politiker-die-in-deutschland-nicht-weiter-kommen-gehen-nach-bruessel-juengstes-beispiel-armin-laschet/, zuletzt aufgerufen am: 25.4.2024.

[38] Sie erinnern sich, ihr Handy mit belastenden Messages war ja leider verloren gegangen.

[39] Über seine weiteren Verwicklungen in Finanzskandale kann man sich im Web unter den Stichwörtern ‚Luxemburg-Leaks' bzw. ‚Luxleaks' informieren.

mit Luxemburg als Zentrum aufzuklären und zu beenden, für den er doch als ehemaliger Finanzminister und Regierungschef dieses Ländchens mitverantwortlich war. Hier hat man im wahrsten Sinne des Wortes den Bock zum Gärtner gemacht.

Aus all dem folgt eine politökonomische und kulturelle Verzwergung der EU. Sie ist weder militärisch noch machtpolitisch ein Schwergewicht geworden (nach dem Austritt Großbritanniens aus dem Staatenverbund schon gar nicht mehr) und wird von den USA vor allem über die NATO dominiert, wie sich gerade wieder in der Ukrainekrise zeigt. Was die USA von der EU halten, wurde drastisch durch einen Ausspruch der EU-Beauftragten des amerikanischen Außenministeriums zum Ausdruck gebracht: „Fuck the EU".[40]

Die Haltung der EU zu Russland kann man nur als widersprüchlich bezeichnen. Auf der einen Seite wurde durch eine intensive wirtschaftliche Kooperation eine wechselseitige Abhängigkeit vor allem auf dem Energiesektor (Öl und Gas) geschaffen. Auf der anderen Seite hat man in Russland durch eine besonders von den USA vorangetriebene Einkreisungspolitik, die gemeinsam von NATO und EU zu verantworten ist, ein wachsendes Bedrohungsgefühl erzeugt. Hinzu kommt, dass Putins Außenpolitik gegenüber den ehemaligen Staaten der Sowjetunion stark durch das Trauma des Zusammenbruchs dieses künstlichen Staatengebildes geprägt ist (er hat den Zerfall der Sowjetunion als größte Katastrophe des 20. Jahrhunderts bezeichnet). Statt zu deeskalieren, haben die Amerikaner seit den Ereignissen auf dem Maidan und schon davor alles getan, um die Situation zu verschärfen (s. Kap. 2). Natürlich rechtfertigt das alles nicht den brutalen Überfall Putins auf die Ukraine. Es hilft uns aber auch nichts, jeden, der auf die westlichen Fehler im Umgang mit Russland und der Ukraine zwischen 2014 und 2022 hinweist, als ‚Putin-Versteher' zu diffamieren. Die EU sollte es sich im Hinblick auf den heraufziehenden Konflikt mit China trotz der Ukraine-Katastrophe sehr überlegen, ob sie Russland in eine Allianz mit diesem immer mächtiger werdenden Staat zwingen oder lieber doch langfristig versuchen sollte, dieses ressourcenreiche Land als strategischen Partner zu gewinnen. Ansätze hierfür und auch echte Möglichkeiten hat es mindestens noch zur Zeit von Putins Rede im deutschen Bundestag im Jahr 2001 gegeben. Diese Chance ist vergeben worden, oder wie es der ehemalige Berater von Helmut Kohl sinngemäß ausdrückte: „Wir haben es vermasselt".

Ein besonderes Kapitel bilden die zur Zeit ziemlich überstürzt betriebenen Beitrittsverhandlungen der EU mit der Ukraine. Hier wird gelogen, dass sich die Balken biegen. Die EU-Kommissionspräsidentin verstieg sich sogar zu der

---

[40] https://www.spiegel.de/politik/ausland/diplomatischer-fauxpas-von-obama-beraterin-nuland-fuck-the-eu-a-952005.html, zuletzt aufgerufen am: 25.4.2024.

abenteuerlichen Behauptung, dass die Ukraine schon 90% der hierfür erforderlichen Bedingungen erfüllen würde.[41] Glaubt sie wirklich, dass durch die Entlassung einiger weniger Beamter wegen Korruption genau dieses Übel fast völlig beseitigt sei, oder hält sie uns einfach für dumm (dass sie so naiv sein sollte, kann man kaum annehmen)? Zu dieser tief in den ukrainischen Behörden verwurzelten Krankheit gehört schließlich auch eine nur schwer ausrottbare Korruptionsbereitschaft in der Bevölkerung und eine unglaublich hohe Zahl von Bürgern, die es über Jahre gewohnt sind, dass man im eigenen Land nur mit Bestechungsgeld etwas erreicht.[42] Außerdem ist die bereits vor dem Krieg vorhandene Diskriminierung der Russen in der Ukraine durch den Krieg doch nicht einfach verschwunden. Im Gegenteil, obwohl sie bekanntlich eine der Ursachen für die Intervention Putins war, ist sie verständlicherweise durch die furchtbaren Kriegsereignisse noch drastisch angewachsen, was sich u.a. im Quasiverbot der russischen Sprache zeigt. Dabei sind die Russen in der Ukraine nicht einmal eine ‚Minderheit', beträgt doch deren Anteil im gesamten Land fast 18% und in den östlichen Regionen sogar bis zu 70%. In Anbetracht dieser Kalamität ist es ziemlich dreist von v.d. Leyen, schon jetzt über die Fast-Erfüllung der Beitrittsbedingungen öffentlich zu schwadronieren (anders kann man das nicht bezeichnen), obwohl doch auch der zur Zeit überhaupt nicht gewährleistete Schutz von Minderheiten zu den Beitrittsbedingungen zählt. Die Aussicht auf EU-Beitritt könnte bestenfalls das Ergebnis der jahrelangen Arbeit einer mit dieser Problematik befassten Kommission sein, aber nicht die leichtfertige Folgerung aus den Beteuerungen des selbst der Korruption verdächtigten ukrainischen Präsidenten.[43]

So schwer es auch in Anbetracht der russischen Invasion in der Ukraine fällt, so sollten wir uns doch klar darüber sein, dass die Amerikaner andere Interessen haben als die EU und vor allem als Deutschland.[44] Insbesondere haben die Amerikaner von allem Anfang die Kriegshysterie angeheizt und versucht, Russland von der EU zu entfremden und zu distanzieren. Deutschland hat seinerseits der knallharten amerikanischen Machtpolitik nichts entgegenzusetzen, wie die lahme Untersuchung zur Sprengung zur Gaspipeline Nord-

---

[41] https://www.fr.de/politik/eu-kommission-von-der-leyen-ukraine-beitritt-verhandlung-bedingungen-news-zr-92661755.html – Analoge, keinen Zweifel lassende Äußerungen gab es übrigens auch von unserer Außenministerin, zuletzt aufgerufen am: 10.11.2023.

[42] Beispielsweise, sich selbst in Kriegszeiten vom Wehrdienst freikaufen zu können. – Bei meinem letzten Besuch in der Ukraine nach dem Zerfall der Sowjetunion verhökerten übrigens ukrainische Soldaten noch ganz offen an der Autobahn Benzin aus ihren Militärtankwagen, weil sie ihren Sold nicht regelmäßig ausbezahlt bekamen.

[43] https://www.bpb.de/themen/europa/ukraine-analysen/342240/dokumentation-offshore-geschaefte-selenskyj-und-kolomojskyj-in-den-pandora-papers/, zuletzt aufgerufen am: 10.11.2023.

[44] Was man aber am Regierungshandeln in der Bundesrepublik überhaupt nicht erkennen kann.

stream 2 und der ausbleibende deutsche Protest gegen diesen folgenschweren Anschlag auf unsere Energie-Infrastruktur zeigt, s. Kap. 4. Stattdessen wird die von den wirtschaftlich relativ unabhängigen Vereinigten Staaten vorangetriebene Sanktionspolitik gegenüber Russland mitgetragen, obwohl diese vor allem die europäischen Partner treffen und Russland in die Arme Chinas treiben wird.[45] Schließlich dürfen wir nicht vergessen, dass wir nach dem Ukraine-Krieg oder nach der Putin-Ära versuchen müssen, wieder ein normales Verhältnis zu Russland zu gewinnen. Das rohstoffreiche Land sollte natürlicherweise unser strategischer Partner und nicht auf Dauer unser Gegner sein. Die Erklärung der Außenministerin, die Abhängigkeit der deutschen Energieversorgung „für immer auf Null zu reduzieren",[46] kann man nur als ökonomisch unbedarft und die Verwendung von Termini wie „immer/ewig" in der Politik als geschichtsvergessen bezeichnen. Nichts ist in der Geschichte ewig und auf immer gültig. Selbst die jahrhundertelange Erbfeindschaft zwischen Frankreich und Deutschland währte (Gott sei Dank) nicht ewig und die im ‚Sozialistischen Lager' gepriesene, auf alle Zeit unverbrüchliche Freundschaft mit der Sowjetunion schon gar nicht. Es ist also wenig verwunderlich, dass es im Verhältnis zu Russland auch innerhalb der EU keine einheitliche Linie gibt (man vergleiche etwa die Haltung Ungarns mit derjenigen der baltischen Staaten).

Kehren wir jedoch noch einmal zu den inneren Divergenzen in der EU zurück und befassen uns mit den Unterschieden zwischen europäischer und nationaler Rechtsprechung. Hier besteht ein echtes Spannungsfeld, das besonders in dem nirgends vertraglich festgelegten Anspruch besteht, dass EU-Recht über nationalem Recht stehe. Dies kulminiert in der unberechtigten Behauptung, dass Urteile des Europäischen Gerichtshofs (EuGH) einen höheren Rang hätten als die nationalen Verfassungen. Das ist schon deshalb zu hinterfragen, weil letztere direkt durch den Souverän - die Bevölkerung der Nationalstaaten - demokratisch legitimiert sind, was für die Urteile des EuGH nicht im gleichen Maße zutrifft (s. Kap. 12). Ein Widerspruch entsteht vielfach dadurch, dass der Europäische Gerichtshof eine andere Rechtsauffassung vertritt, als die nationalen Verfassungsgerichte, insbesondere das Bundesverfassungsgericht.[47] Vor

---

[45] Es ist in diesem Zusammenhang einfach unbegreiflich, dass etwa ein Drittel der Deutschen in Umfragen und nicht wenige Politiker für einen sofortigen Stop der Öl- und Gasimporte aus Russland plädierten, was gravierendste Folgen für die deutsche Wirtschaft hat, und von anderen EU-Ländern nicht mitgetragen wird. - Die Folgen werden wir nicht so einfach mit etwas „Frieren für die Freiheit" bewältigen können!

[46] https://www.welt.de/politik/deutschland/plus238698981/Baerbock-ueber-russische-Rohstoffe-Fuer-immer-ohne-russische-Energie-was-bedeutet-das.html, zuletzt aufgerufen am: 25.4.2024.

[47] https://www.tagesschau.de/inland/eugh-bverfg-streit-101.html, zuletzt aufgerufen am: 25.4.2024.

allem der Schuldentransfer zwischen EU-Staaten ist eine stetige Quelle des Dissenses nicht nur auf EU-Ebene, sondern auch innerhalb Deutschlands. Eine Schuldenunion ist zwar gemäß Maastricht-Vertrag ausdrücklich verboten, was aber nach Meinung vieler Verfassungsrechtler immer wieder unterlaufen wird (so etwa schon frühzeitig durch die Griechenland-Hilfen im Rahmen des Euro-Rettungsschirms und später dann durch das sogenannten Corona-Hilfspaket, s.u.). Eine andere Quelle der Uneinigkeit ist das Recht auf Abtreibung und die Frage, ob dasselbe ein Menschenrecht sei. Hier sagt die EU „Ja", andere Länder - besonders die katholisch geprägten - sagen „Nein". Selbst wenn Abtreibung unter bestimmten Bedingungen legal sein sollte, macht es immer noch einen Unterschied, ob man diesbezüglich ein ‚Menschenrecht' postulieren kann.

Bei der Bekämpfung der Corona-Pandemie sind in der EU ebenfalls viele Fehler gemacht worden, obwohl man feststellen muss, dass es gar keine einheitliche Linie gab (man denke etwa an die Sonderrolle Schwedens oder später dann auch Dänemarks). Im Grunde genommen kann man das nationale Versagen der deutschen Regierung bei der Bekämpfung der Corona-Pandemie (Masken- und Impfstoffbeschaffung, Streit um Impfzwang usw.) in der gesamten EU beobachten, s. hierzu Kap. 16. Da ist das Corona-Hilfspaket der EU bzw. der Corona-Aufbaufonds, das bzw. der im Eiltempo durch die nationalen Parlamente verabschiedet wurde, nur noch ein weiterer Stein des Anstoßes. Allein Italien soll daraus 85 Milliarden geschenkte Unterstützung und noch einmal 125 Milliarden zinsgünstige Kredite bekommen. Wie wird diese hohe Subvention begründet, wo doch die Bürger in Italien in vielen Belangen besser gestellt sind als die in Deutschland, s.o.?[48] Hinzu kommt, dass Italien in der Vergangenheit überhaupt nicht für schlechtere Zeiten gespart hat und sich stattdessen eine riesige Staatsverschuldung leistet. Es ist deshalb kein Wunder, dass sich viele EU-Bürger gegen diese immense Schuldenaufnahme Deutschlands zugunsten anderer, wenig sparsamer Länder wehren. Außerdem ist im Falle Italiens die Frage berechtigt, wie gesichert werden kann, dass nicht ein großer Teil dieser Hilfen im Sumpf der Korruption versinkt.

Insgesamt wurden viele der eingangs erwähnten Gründungsanliegen der EU nicht oder nur sehr unvollkommen erfüllt, und andere Probleme (wie etwa das stetige Hineingleiten in eine Schuldenunion, die innereuropäische Migration in die Sozialsysteme der höchstentwickelten Länder, die stark divergierenden Steuerlasten in den Mitgliedsstaaten usw.) wurden entweder nicht rechtzeitig als Gefahren erkannt oder sogar erst neu geschaffen. Sie werden in

---

[48] https://www.auswandern-handbuch.de/renteneintrittsalter-weltweit-wer-muss-kuenftig-am-laengsten-arbeiten/, zuletzt aufgerufen am: 25.4.2024.

Deutschland zumindest teilweise tabuisiert, im Ausland aber sehr wohl wahrgenommen. Darüber hinaus war die Schaffung und ständige Erweiterung eines einheitlichen Euroraums wegen der extremen Unterschiede in der finanziellen und ökonomischen Leistungskraft der Teilnehmerländer sehr riskant. Das führte u.a. zu einer starken Differenzierung zwischen Nettozahlern und Empfängern mit allen daraus folgenden Konsequenzen. Nicht umsonst war die Griechenlandkrise eine der wichtigsten Ursachen für die Gründung der AfD. Es wäre womöglich besser gewesen, Griechenland wäre damals aus dem Euro ausgeschieden, wie das von vielen Wirtschaftsfachleuten gefordert wurde. Jetzt haben wir ein ähnliches, aber noch viel gravierenderes Problem mit Italien und weiteren Ländern.

Es ist schon bezeichnend, dass der ehemalige Kommissionspräsident Juncker feststellen musste, dass sich die EU in einer „Polykrise" befinde,[49] die den Brexit ebenso umfasst, wie die Eurokrise.[50] Man muss es einfach als schmerzlich, aber in mancher Hinsicht auch verständlich finden, dass führende Vertreter der amerikanischen Politik der EU nur Verachtung entgegen bringen (s.o.), was uns unbedingt zum Nachdenken bringen sollte. Obwohl die EU dringend reformbedürftig ist, manche sprechen sogar von der Notwendigkeit einer Neugründung, hat die europäische Idee immer noch etwas Faszinierendes. Ungeachtet dessen kann man nach dem oben Gesagten die Euroskeptiker verstehen (vielleicht bringen sie eher eine Reform in Gang als die blinden EU-Befürworter). Die entstandenen Defizite und Fehler der Vergangenheit, aber auch die Frage, ob Europa noch eine Chance hat, werden übrigens ausführlich in [23] diskutiert. Was überhaupt nicht verantwortbar ist - ganz gleich, welche Meinung man vertritt - ist die Verteufelung der jeweils anderen Seite. Nur aus einem konstruktiven Streit heraus kann sich die EU erneuern, aber das trifft auf die Lösung aller in diesem Buch angesprochenen Probleme in gleicher Weise zu.

---

[49] https://ec.europa.eu/commission/presscorner/detail/de/SPEECH_16_2863, zuletzt aufgerufen am: 25.4.2024.
[50] Heute kann man die aus der Corona-Krise erwachsenden Probleme getrost hinzu zählen, s. Kap. 16.

Kapitel 4

Internationale Wechselwirkungen, die zur Schieflage beitragen

Es ist selbstverständlich, dass im Zeitalter der Globalisierung Wirtschaft und Politik vieler Staaten oder ganzer Staatengemeinschaften eng miteinander verflochten sind (und zwar weltweit), weshalb über dieses Thema hier nicht im großen Rahmen gesprochen werden soll.[1] In diesem Kapitel geht es um ganz spezifische äußere Einflüsse, die sich auf die politische Schieflage in Deutschland auswirken, oder wo sich umgekehrt die Schieflage in unserem Auftreten und Handeln nach außen bemerkbar macht.

Neben den ökonomischen Verflechtungen von Staaten, die weitgehend offen diskutiert werden, sind es vor allem die oft in den Medien verharmlosten oder gar tabuisierten kulturellen und ökonomischen Folgen der Migration, die erhebliche Auswirkungen auf den Bestand und die innere Verfasstheit vieler Nationen, darunter auch Deutschland, haben. Dabei stellt besonders die islamische Immigration in Staaten des westlichen Kulturkreises ein Problem dar, da sich die Vertreter dieser Religion in den Aufnahmeländern nur schwer integrieren lassen. Ja, sie lehnen sogar vielfach auf ihren Glauben gestützt diese Integration ausdrücklich ab. Wenn z.B. junge Menschen, die sich im Gastland einen nichtmuslimischen Lebenspartner aus der autochthonen Bevölkerung auswählen wollen, von den ‚Gläubigen' Allahs mit dem Tode bedroht werden (das betrifft vor allem immer wieder Frauen), dann ist das nicht nur ein Integrationshindernis, sondern sogar ein Angriff auf das Rechtssystem der aufnehmenden Gesellschaft. Ähnliches trifft auf die grundsätzliche Ablehnung Andersgläubiger oder noch schlimmer von Apostaten zu.[2] Merkwürdigerweise werden diese Probleme (und das sind nur zwei unter vielen) hinsichtlich ihrer Ursachen und Auswirkungen vom links-grünen Mainstream entweder baga-

---

[1] Sich gegen die Globalisierung als **emergentes Phänomen** anzustemmen, ist m.E. genau so sinnlos, wie gegen das Wetter im allgemeinen anzukämpfen. Zum Begriff der Emergenz s. [27] oder in der Wikipedia.

[2] Letztere werden in muslimischen Ländern unter Berufung auf die Hadithen sogar mit dem Tode bedroht, während unter den ‚Andersgläubigen' wenigstens die Besitzer der sogenannten Buchreligionen - Christen und Juden - noch etwas milder davonkommen. Nach Sure 16,106 werden im Koran den vom Glauben Abgefallenen ausdrücklich „gewaltige Strafen" angedroht, was oft übersehen oder gar geleugnet wird.

tellisiert oder in den MSM überhaupt gleich tabuisiert, s. Kap. 8 und 13. Oft werden Islamkritiker, die auf diesen Sachverhalt aufmerksam machen, selbst von staatlicher Seite als ‚islamophob' oder noch absurder als ‚antimuslimische Rassisten' diskreditiert.[3]

Die gravierendsten Folgen unserer ideologisch fehlgeleiteten Migrationspolitik könnte auf lange Sicht der Kriminalitäts- und Terrorimport aus dem Ausland haben, wofür wir in den Kapiteln 8 und 12 noch genügend Belege finden werden. Dabei geht es nicht allein um den islamistischen Terror, der insbesondere durch die illegale Einwanderung unkontrollierbar gefördert worden ist, sondern auch um Clankriminalität und die sich wie ein Krebsgeschwür über Europa und die Welt ausbreitende italienische Mafia [10]. Aber auch dem ungeheuren Strom von Flüchtlingen aus der Ukraine, der durch Russlands brutalen Überfall auf dieses Land ausgelöst wurde, begegnet man mit unglaublicher Naivität. So berechtigt die Empathie mit Kriegsflüchtlingen ist, darf man doch nicht übersehen, dass bei einer völlig unkontrollierten Einwanderung nicht nur Bedürftige kommen, sondern auch Kriminelle, Glücksritter und sogar Einwanderer aus Drittländern, die mit ihren gefälschten Papieren auf legalem Weg in der EU überhaupt kein Asyl erhalten würden.[4] Diese Leichtgläubigkeit gegenüber Migranten und die damit verbundene Vernachlässigung der Sicherheitsbedürfnisse der Bürger der Gastländer ist nicht nur unverantwortlich, sondern schadet auch der Hilfsbereitschaft gegenüber tatsächlich bedürftigen Asylanten.

Da wir auf den zuletzt angesprochenen Problemkreis noch genauer eingehen werden, s. Kap. 8 und 12, wollen wir uns zunächst einer gesellschaftlichen Erscheinung zuwenden, die in den letzten Jahren aus dem nordamerikanischen Raum mehr oder weniger ausgeprägt nach Europa übergeschwappt ist, der sogenannten ‚Politischen Korrektheit' (kurz: PolC - von engl.: ‚Political Correctness'). Wenn das allein den fairen, diskriminierungsfreien Umgang mit Mitmenschen und insbesondere Andersdenkenden implizieren würde, wäre das sicher in Ordnung. Wenn PolC aber ein Kampfinstrument zur Durchsetzung der ideologisch gefärbten Wertevorstellungen von Parteien und herrschenden

---

[3] https://www.bmi.bund.de/SharedDocs/pressemitteilungen/DE/2023/06/uem-abschlussbericht.html – Hier ist doch zu fragen, was Religionskritik mit Rassismus zu tun hat?, zuletzt aufgerufen am: 19.11.2023.

[4] https://www.tagesschau.de/inland/regional/brandenburg/rbb-lka-erwartet-verstaerkte-kriminalitaet-in-berlin-durch-krieg-in-der-ukraine-100.html – Wenn z.B. das Narrativ von den vielen aus der Ukraine nach Deutschland geflüchteten afrikanischen Studenten zutreffen würde, die dort ganz legal ein Studium absolvieren, dann könnten diese doch problemlos mit ihrem Pass heimreisen und müssten nicht die ungewisse Reise in die EU antreten, um hier zu bleiben, zuletzt aufgerufen am: 13.4.2024.

Politikergruppen oder eine Quelle von ausuferndem Denunziantentum wird (s. Kap. 9), dann ist die Demokratie im höchsten Maße gefährdet.

Beginnen wir mit den **USA** als unserem wichtigsten transatlantischen Partner, dessen kultureller und politökonomischer Einfluss vor allem nach dem Zweiten Weltkrieg ständig angewachsen ist. Viele der gesellschaftlichen Konflikte und politisch-ideologischen Konfrontationen innerhalb der Vereinigten Staaten, allen voran die dort besonders überbordende und teilweise hysterische Formen annehmende PolC (s.u.) wirken sich auch auf Deutschland aus. Die deshalb in den USA entstandene gesellschaftliche Spaltung kam offen im Wahlkampf 2020 um die Präsidentschaft zum Ausdruck und wurde durch die Personen Trump einerseits und Biden bzw. Clinton andererseits verkörpert. Auf der einen Seite hat Trump mit seiner rüden Ausdrucksweise und seinen Ausfällen gegenüber seinen politischen Gegnern wesentlich zur Vergiftung des politischen Klimas beigetragen; er hat es bis heute nicht geschafft, seine damalige klare Wahlniederlage einzugestehen.[5] Diese Haltung mündete dann schließlich in dem von ihm gebilligten und sogar verbal inspirierten ‚Sturm auf das Kapitol', der durch nichts mehr zu rechtfertigen war. Auf der anderen Seite waren es gerade die Demokraten, die den Wokeness-Furor befeuert haben und damit einen Präsidentschaftskandidaten wie Trump erst ermöglicht haben.

Trotzdem ist das einseitige Trump-Bashing von Links-Grün in Deutschland während seiner Amtszeit als sehr ambivalent anzusehen (es stellte sogar eines der Hauptthemen in den ÖRM dar). Praktisch jeder Kabarettist hat sich landauf-landab an Trump abgearbeitet, als wäre das unser Hauptproblem - obwohl uns natürlich nicht gleichgültig sein kann, wer Präsident der USA ist. Die Arroganz des politischen Establishments auf der anderen Seite des politischen Spektrums in den USA, und zwar auf derjenigen der Demokraten, kommt ihrerseits deutlich in einem Ausspruch der ehemaligen Präsidentschaftsbewerberin Clinton zum Ausdruck, die alle Menschen, die nicht ihrer Meinung waren, als „Deplorables (Bedauernswerte)" bezeichnet hat. Eine solche selbstgerechte, pharisäische Haltung biblischen Formats (s. Luk 18, 11), die Links-Grün in Deutschland übrigens mit den Demokraten in den USA teilt, ist Gift für jede Gesellschaft. Sie war einer der vielen Gründe, warum ein Mann mit dem Charakter von Trump und seinem ramponierten unternehmerischen Ruf 2016 die Wahlen in den USA überhaupt gewinnen konnte und 2024 womöglich ein zweites Mal gewinnen wird. Es sagt doch mehr über die Unbeliebtheit der amerikanischen ‚Selbstgerechten' aus (die lange von ‚Sleepy Joe' angeführt wurden, wie ihn seine Gegner bezeichneten) als über die Qualität des repu-

---

[5] Im Gegenteil, er sprach viele Monate nach der Wahl immer noch unbeirrt von Wahlfälschung.

blikanischen Bewerbers für die Präsidentschaftswahl 2024, wenn ein Mann wie Trump trotz massiver Vorbehalte vieler Amerikaner in wichtigen ‚Swing states' in den Umfragen die Nase vorn hat.[6]

Es solle keiner denken, dass uns dies nicht betrifft, denn wir hatten ebenfalls schon einen charismatischen Politiker zweifelhaften Charakters, der die Unzufriedenheit eines ganzen Volkes für seine Zwecke kanalisieren konnte und versprach, die Nation wieder zu einen. Das war ihm ja zunächst auch gelungen, hatte aber entsprechend furchtbare Folgen. Auch er ist nicht aus dem luftleeren Raum gekommen, sondern hat die massive Unzufriedenheit der Bevölkerung (Versailler Vertrag, Arbeitslosigkeit, Inflation, Ineffektivität des Parlaments und Zerstrittenheit der Parteien) demagogisch geschickt für seine Zwecke ausgenutzt. Es ist allerdings ein Irrglaube des links-grünen Lagers, dass diese Gefahr nur von ‚Rechts' droht, denn in ihrem eigenen Lager sind die totalitären Tendenzen und die Praxis der Verteufelung des politischen Gegners nicht mehr zu übersehen, s. Kap. 13. Wie oft wurde schon die Frage an unsere Vorgängergenerationen bezüglich der Entstehung der Naziherrschaft gestellt: „Warum haben die Leute das überhaupt zugelassen; haben sie nichts gemerkt?" Die Antwort (ich glaube, sie stammt von Henryk M. Broder) ist so einfach wie wahr: „Weil sie genau so waren wie Ihr?" Die Selbstgerechten sollten in ihrer moralischen Überhebung bei allem gesellschaftlichen Zank und Streit auch nicht vergessen, dass in der Geschichte oft genug etwas herauskommt, was letztlich keiner gewollt hat (und das bei ursprünglich ‚hehren' Zielen, s. das Zitat von Norbert Elias in Kap. 17).

In früheren Jahren war eine relativ kritiklose USA-Verehrung typisch für Konservative und das USA-Bashing eine Domäne der Linken. Auch hier zeigt sich, dass diese Klischees nichts mehr taugen. Inzwischen haben sich vor allem die Grünen zu einem Steigbügelhalter der amerikanischen Machtpolitik gemausert, wobei sie das nicht einmal zu merken scheinen. Bezeichnenderweise ist es die Nähe der derzeitigen Außenministerin (Die Grünen) zu amerikanischen Interessen, die sogar linke Kämpen auf die Palme treibt.[7] Die Amerika-Hörigkeit führender CDU-Vertreter, wie Röttgen oder Merz, verwundert dagegen schon kaum noch jemanden.[8] Dabei müsste doch jeder politisch Interes-

---

[6] https://www.fr.de/politik/usa-joe-biden-prostituierte-pressekonferenz-versprecher-ukraine-krieg-putin-umfrage-zr-91478469.html + https://www.fr.de/politik/umfrage-usa-donald-trump-republikaner-joe-biden-us-bundesstaaten-michigan-pennsylvania-zr-92656934.html, zuletzt aufgerufen am: 19.11.2023.

[7] https://www.rf-news.de/2021/kw51/was-ist-die-basis-von-frau-baerbocks-werten,   zuletzt aufgerufen am: 25.4.2024.

[8] Bei genauerem Hinsehen ist das sogar erklärlich, da alle genannten Personen Mitglied der Atlantikbrücke sind. Unsere wertebasierte Außenministerin hatte sogar schon einmal ein Stipendium vom German Marshall Fund erhalten.

sierte wissen, dass die USA in erster Linie nicht europäische Ziele verfolgen, sondern vor allem ihre eigenen. Trump hat als Motto nur klar ausgesprochen, was andere diplomatisch verschwiegen haben: „America first", und der ehemalige NATO-Generalsekretär Ismay formulierte als Maxime des Bündnisses: „To keep the Soviet Union out, the Americans in, and the Germans down" (was auch heute noch zutrifft, wenn man in dem Satz ‚Sowjetunion' gegen ‚Russland' austauscht).[9]

Obwohl die Amerikaner, selbst ihre Friedensnobelpreisträger, maßgeblich für die Auslösung bzw. Aufrechterhaltung von Kriegen oder für Umstürze in Lateinamerika verantwortlich sind, haben sie die Chuzpe, die Verbreitung der amerikanischen Werte zu propagieren (von der zunehmenden Spaltung ihrer eigenen Gesellschaft in dieser Hinsicht ganz abgesehen). Man braucht nur an die desolaten Zustände in vielen amerikanischen Städten, an die unerträglichen sozialen Verwerfungen oder an bizarre Repräsentanten der USA-Politik, wie etwa den Präsidentschaftskandidaten von 2016, Ben Carson, zu denken, um zu sehen, wie verlogen das ist.[10] Aber der ist kein Einzelfall; viele hochrangige Politiker, wie Bush-Junior, sind evangelikal Erweckte oder halten die Konsumption von Nachrichten für eine Quelle der Verdummung (aber vielleicht haben sie sogar recht, obwohl sie sicher nur die Nachrichten gegnerisch eingestellter Sender meinen). Aber ganz gleich, wer in den USA an der Macht ist, fast alle Regierenden zeichnen sich als Vertreter amerikanischer Hegemonialbestrebungen aus, was sich in neuester Zeit wieder deutlich in der Ukraine-Krise zeigt, s.u.

Bei den aus den USA übernommenen Problemen ist, wie bereits erwähnt, in erster Linie der Import der völlig überzogenen ‚Political correctness' zu nennen. Nach dem Oxford Dictionary versteht man unter diesem Terminus: „The principle of avoiding language and behavior that may offend particular groups of people". Wenn man diese Begriffsbestimmung liest, ist auf den ersten Blick nichts dagegen einzuwenden, da wohl kein anständiger Mensch andere durch Wort oder Tat beleidigen möchte. Das Problem besteht aber darin, festzustellen, was als beleidigend gilt und was demgegenüber noch durch die Meinungsfreiheit gedeckt ist (s. hierzu Kap. 6). Hier sind die Grenzen sehr fließend und werden in der politischen Auseinandersetzung oft überdehnt. Ja, man kann sagen, dass ‚Political correctness' inzwischen zu einem regelrech-

---

[9] https://www.nato.int/cps/en/natohq/declassified_137930.htm – Dieses Zitat hilft auch, die amerikanische Haltung im Ukraine-Konflikt besser zu verstehen, zuletzt aufgerufen am: 25.4.2024.

[10] https://de.wikipedia.org/wiki/Ben_Carson – Dieser hat schon mal behauptet, dass die schwarzen Sklaven einst in die USA eingewandert seien, um ihr Glück zu machen: https://www.zeit.de/politik/ausland/2017-03/ben-carson-usa-sklaven-einwanderer-debatte, zuletzt aufgerufen am: 25.4.2024.

ten Kampfinstrument entartet ist (s. hierzu auch Kap. 9). Dies ist unter anderem deshalb so gefährlich, weil sich immer jemand beleidigt fühlen kann und sich die dahinter stehenden Intentionen gut zur Begründung der Tabuisierung von Themen oder als Immunisierungsstrategie in der politischen Auseinandersetzung verwenden lassen. Inzwischen treibt der PolC-Furor ungeahnte Blüten: Da müssen bei Disney Märchen neu geschrieben werden, oder zarte Studentenseelen müssen von den Lehrkräften vor verstörenden Inhalten gewarnt werden, die man an gefährlichen ‚Triggerwörtern' erkennt, s. Kap. 10. Ja sogar die Mathematik wird auf versteckten Rassismus durchleuchtet s.u. Es gibt kaum eine Absurdität, die nicht zu finden ist, worauf wir gleich noch zu sprechen kommen werden. In dieses Umfeld gehören auch die Umbenennungswut, die Bilderstürmerei und der sowohl in den USA als auch in Großbritannien grassierende Furor in Sachen Denkmalsturz; genau das wurde dann nach Europa und selbstverständlich auch nach Deutschland exportiert, s. Kap. 6.

Ein typisches Resultat dieser Ideologie ist eine Erscheinung, die man mit dem neudeutschen Wort ‚Wokeness' bezeichnet. Darunter versteht man eigentlich die Schärfung des Bewusstseins in Bezug auf Ungerechtigkeiten, Diskriminierung von Minderheiten und Beseitigung von Ungleichheiten. Allerdings hat diese Begriffsbildung auch „die Sakralisierung von historisch marginalisierten Rassen-, Geschlechts- und sexuellen Identitätsgruppen" zur Folge, die damit außerhalb eines kritischen Diskurses gestellt werden.[11] Ein Highlight in Sachen Wokeness und Antirassismus bietet ein im Bundesstaat Oregon herausgegebener Leitfaden zur Bekämpfung des Rassismus im Mathematikunterricht. Dort will man nun eine „antirassistische Mathematik" entwickeln, in der die Lehrer erkennen, dass es „keine neutralen Antworten gebe" (auch nicht in der Mathematik).[12] Dies ist aber beileibe kein Einzelfall: Im „Pathway to Equitable Math Instruction" wird ebenfalls die Forderung nach einer Aufdeckung von Rassismus in der Mathematik-Ausbildung erhoben.[13] Allein die Annahme der Rassenindifferenz der Mathematik sei schon ein Zeichen von „weißem Überlegenheitsdenken" (alias: „White Supremacy"). Das Ganze erinnert an die Zeiten des Calvinismus/Puritanismus oder später an den Stalinismus, als Leute wie Omeljanowski oder Lyssenko ‚erkannt' hatten, dass die Relativitätstheorie bzw. die Genetik vom Klassenfeind in die sowjetische Wissenschaft eingeschleust worden sind, um dem Kommunismus zu schaden. Auch in anderen totalitären Staaten (so im Dritten Reich) wurde versucht, eine ‚Deutsche Phy-

---

[11] https://jungefreiheit.de/kultur/2021/was-ist-woke/, zuletzt aufgerufen am: 25.4.2024.
[12] https://www.bild.de/politik/ausland/politik-ausland/woke-aktivisten-immer-bizarrer-darum-soll-mathe-rassistisch-sein-76872780.bild.html, zuletzt aufgerufen am: 25.4.2024.
[13] https://www.google.com/search?channel=fs&client=ubuntu&q=Pathway+to+Equitable+Math+Instruction, zuletzt aufgerufen am: 25.4.2024.

sik' zu etablieren, die von allen zersetzenden Elementen (in dem Fall waren es die ‚jüdischen') gereinigt werden sollte. Die desaströsen Folgen in beiden Fällen sind ja bestens bekannt. Man muss nur ‚Woke-sein' mit den analogen Begriffen wie ‚Klassenstandpunkt besitzen' in Parallele setzen, um die geistige Verwandtschaft zu erkennen. Wenn eine Gesellschaft erst einmal so weit gediehen ist, solche totalitären Tendenzen zu tolerieren, ist sie wahrscheinlich am Ende ihres Lebenszyklus angekommen.

Im Grunde genommen kann das politische Phänomen ‚Trump' zu einem nicht unwesentlichen Teil als Widerstand gegen politische Gängelei (PolC), Wokeness, Genderwahnsinn usw. erklärt werden. Anders ist nicht zu verstehen, dass fast die Hälfte aller Wähler diesen in vieler Hinsicht angreifbaren Präsidenten gewählt hat, obwohl er selbst von seinen Anhängern als rüde und grenzwertig in seinem Auftreten empfunden wird. Der andere Teil besteht darin, dass er nach Meinung vieler Amerikaner eben auch Vieles „richtig gemacht" hat, und „er hat endlich mal ausgesprochen, was sich keiner zu sagen traut". Das ist übrigens der Teil, der beim allgemeinen Trump-Bashing gern unterdrückt wird. Möge es der Herrgott verhüten, dass in Deutschland ein Mann mit Charisma auftritt (und etwas besseren Manieren als Trump, aber ebensolchem Durchsetzungsvermögen), der ‚endlich einmal Tacheles redet' und verspricht, mit all dem was bei uns aus dem Ruder gelaufen ist ‚aufzuräumen'. – Man fragt sich übrigens, welches Feindbild unsere politischen Kabaretts benutzen werden, nachdem der eine „rechtslastige" Präsident, der paranoid und unberechenbar wirkte, durch einen anderen eher „linkslastigen" Präsidenten mit unübersehbaren kognitiven Ausfällen ersetzt wurde.[14]. Wahrscheinlich wird man von der Trump-Verteufelung zur Biden- bzw. Harris-Überhöhung übergehen, oder man wird sich eine andere Person aus dem Ausland als Zielscheibe aussuchen, statt sich mit den massiven Problemen bei uns zu Hause auseinanderzusetzen, was die eigentliche Aufgabe wäre?[15] Machen wir uns nichts vor! Der 2021 erfolgte Wechsel von Trump zu Biden wird langfristig für uns Europäer kaum von Vorteil sein und kann schwerwiegende Konsequenzen haben. Man denke allein an die unheilvolle Rolle des amerikanischen Präsidenten beim Anheizen des Ukraine-Konflikts im Jahr 2014[16] und

---

[14] https://groups.google.com/g/talk.politics.guns/c/JyJHR1X-OD0 oder https://www.youtube.com/watch?v=P0AoyNdZ-RY, zuletzt aufgerufen am: 25.4.2024.

[15] Es ist allerdings bemerkenswert, dass die mentalen Ausfälle Bidens, die jeder auf YouTube selbst nachverfolgen kann, in unseren MSM bei weiten nicht so intensiv thematisiert werden wie die kritikwürdigen Seiten von Trump. Dabei ist noch nicht einmal klar, welches von beiden gefährlicher ist in Anbetracht der Tatsache, dass sie Führer des mächtigsten Staates der Erde sind bzw. waren (oder im Falle Trump möglicherweise wieder werden).

[16] https://www.wiwo.de/politik/ausland/ukraine-krise-joe-biden-wird-zum-brandstifter/9790356.html, zuletzt aufgerufen am: 20.11.2023.

an die Verflechtung seines Sohnes Hunter (aber nicht nur von diesem) in dubiose Geschäfte mit der Ukraine.

Die Sanktionen für die Verletzung der Political correctness sind in den USA wie bei uns vielfältig. Sie werden oft von selbsternannten ‚Aktivisten‘ und ‚Sittenwächtern‘ verhängt, und die ‚Reinheit der Lehre und des Sagbaren‘ wird durch ‚quasireligiöse‘ Eiferer überwacht. Aber genau das wird zur tödlichen Gefahr für die Demokratie in der westlichen Welt. Was richtig oder falsch, legal oder illegal ist, bestimmen nicht Gerichte, sondern die modernen Puritaner, s. Kap. 12. Neben der neuen Strafe des Canceling (also der politischen Ächtung bzw. des sozialen Ausschlusses für Verletzung der PolC) haben wir als Import aus den USA auch den neuen Genderwahnsinn und die damit verbundene „MeToo“-Bewegung zu beklagen. Selbst die ‚Black Lives Matter‘-Bewegung (BLM), die für Deutschland von unvergleichlich geringerer Relevanz ist als für die USA, wurde von den Linken begeistert übernommen, s. hierzu Kap.6 und 9.

Großbritannien ist zwar als Folge der gescheiterten EU-Politik durch den Brexit aus der EU ausgeschieden, ist aber wirtschaftlich und geistig-kulturell immer noch eng mit der europäischen Staatengemeinschaft verbunden. Auch in GB grassiert das Fieber der ‚Rassismus-überall‘-Entdecker, was sich kurioserweise u.a. in der ‚Entkolonialisierung‘ des Systems der Maßeinheiten, im Schleifen von Denkmälern oder im Bekämpfen von Kolonialismus und Rassismus in der universitären Lehre zeigt. Im Internet war beispielsweise ein heftiger Streit darüber entbrannt, dass die Universität Oxford in ihrem Dekolonialisierungseifer sogar Mozart und Beethoven in das Umfeld von Rassismus bzw. BLM bringen wollte. Bezugnehmend auf einen Artikel im ‚Telegraph‘ wird von mehreren Medien behauptet, dass Professoren in ihren Musikvorlesungen gehalten seien, im Gefolge der BLM-Bewegung über das klassische Repertoire, einschließlich Mozart und Beethoven, hinauszugehen. Das sei „weiße europäische Musik aus der Sklavenhalterzeit“.[17] Es ist allerdings hinzuzufügen, dass es hierzu auch eine Gegendarstellung eines Faktenchecker-Portals gibt.[18] Worauf es hier ankommt, ist die Tatsache, dass viele so etwas für möglich halten und im Internet tatsächlich erbitterte Diskussionen darüber stattfinden, ob man Mozart oder Beethoven auch unter dem Gesichtspunkt des Rassismus neu durchleuchten muss. Wie krank muss eine Gesellschaft sein, wenn sie in Zeiten dramatischer wirtschaftlicher Probleme, einer grassierenden Pan-

---

[17] https://www.dailymail.co.uk/news/article-9410665/University-Oxford-considers-scrapping-sheet-music-colonial.html, zuletzt aufgerufen am: 25.4.2024.
[18] https://apnews.com/article/fact-checking-afs:Content:9947592002 – Diese Seite ist allerdings nicht mehr erreichbar. Stimmte die ursprüngliche Aussage (vorheriges Zitat) doch?, zuletzt aufgerufen am: 2.4.2021.

demie und realer Kriegsgefahr überhaupt auf solche Ideen kommt (s. hierzu auch Kap. 9).

Nicht nur Deutschland, sondern auch viele andere Länder haben sich riesige Probleme mit der unbewältigten und schlecht gemanagten Migrationsbewegung eingehandelt. Lange Zeit galten die **Nordischen Staaten** (vor allem Schweden und Dänemark) sowie die **Niederlande** in den MSM als Vorbild für eine liberale Asyl- und Migrationspolitik. Insbesondere Schweden hatte ähnlich wie Deutschland im europäischen Vergleich nach 2015 überproportional viele Migranten aufgenommen, ohne die Folgen richtig einzuschätzen und die Warnungen der Kritiker ernstzunehmen. Inzwischen musste selbst die schwedische Regierung nach den Ausschreitungen in Malmö im Frühjahr 2022 eingestehen, dass ihre Ausländerpolitik gescheitert ist.[19] Die niederländische Regierung hat sich im Sommer 2023 gerade wegen der verfehlten Asylpolitik aufgelöst, und im Frühjahr 2024 war immer noch nicht klar, ob der Wahlsieger Geert Wilders in der Lage ist, eine rechts-konservative Regierung zu bilden.[20]

Die größten Sorgen bezüglich eines wirtschaftlichen Zusammenbruchs der EU mit ernsthaften Konsequenzen für Deutschland bereiten **Italien** und **Frankreich** mit ihren immensen Schuldenbergen.[21] Das sind die beiden großen Volkswirtschaften in der EU, deren Staatsverschuldung weit über 100% des BIP liegt[22] und damit wegen der angestrebten Schuldenunion von wesentlich höherer Relevanz für uns ist als die Verschuldung der kleineren Staaten, s. Kap. 3. Es ist also kein Wunder, dass gerade Italien und Frankreich die größten Befürworter einer Vergemeinschaftung der Schulden sind. Auf die unheilvolle Rolle, welche die EZB in diesem Zusammenhang spielt, werden wir in Kap. 15 noch zu sprechen kommen. Das Makabre an der Sache ist, dass Italien im Kontrast dazu der Staat mit der geringsten Privatverschuldung seiner Bürger ist. Es wäre deshalb für ein echtes Solidarklima in der EU wichtig, dass jedes EU-Mitgliedsland zuerst bei seinen eigenen Bürgern anklopft, um die staatlichen Schulden zu reduzieren, ehe es nach Finanzhilfen von anderen Ländern ruft. Es ist absolut nicht einzusehen, wieso Staaten, die (relativ) sorgsam mit ihren Finanzen umgegangen sind und bei denen die private Verschuldung sogar

---

[19] https://www.bild.de/politik/ausland/politik-ausland/schweden-premierministerin-raeumt-integrationsversagen-ein-79914994.bild.html, zuletzt aufgerufen am: 25.4.2024.

[20] https://www.stern.de/politik/ausland/niederlande–regierung-zerbricht-an-migrationsstreit-rutte-ruecktritt-33630142.html
https://www.nzz.ch/international/niederlande-wilders-koalitionsgespraeche-mit-den-rechtsparteien-sind-geplatzt-ld.1777722, zuletzt aufgerufen am: 11.3.2024.

[21] Diese liegen zwar bei Staaten wie Portugal, Spanien und Belgien ebenfalls weit über dem EU-Durchschnitt, wären aber in einer intakten Europäischen Gemeinschaft noch eher zu verkraften.

[22] https://de.statista.com/statistik/daten/studie/163692/umfrage/staatsverschuldung-in-der-eu-in-prozent-des-bruttoinlandsprodukts/, zuletzt aufgerufen am: 25.4.2024.

höher liegt, andere EU-Mitglieder finanziell unterstützen sollten, die sozusagen ,aus dem Vollen gelebt' haben und wo die privaten Schulden der Bürger wesentlich geringer ausfallen als bei ersteren.

Das ist auch der Kritikpunkt, den die sogenannten ,**Sparsamen Vier**' (Dänemark, Niederlande, Österreich, Schweden) mit Recht vorbringen, weil es nicht sein kann, dass letztlich der Sparsame der Dumme ist. Aus diesem Grund haben sie sich auch gegen den mit gigantischen Finanzmitteln ausgestatteten und demagogisch als ,Corona-Aufbaufonds' bezeichneten Finanztopf in Höhe von 750 Milliarden Euro gewandt, aus dem Italien den Löwenanteil erhalten soll.[23] Eine die EU-Verträge verletzende Stützung des bankrotten italienischen Finanzsystems, das man die Gelegenheit beim Schopfe ergreifend und irreführend mit dem genannten Etikett versehen hat, bedeutet eben für einige Länder, die EU als melkende Kuh zu betrachten. Das findet der ehemalige CDU-Finanzminister und langjährige Bundestagspräsident auch noch gut! Er hat ganz zynisch eingestanden, dass man die Corona-Krise nutzen müsse, weil dann Dinge durchgebracht werden können, die sonst nicht realisierbar wären. Diese Methode hat sich ja dann z.B. auch beim Durchpeitschen des Corona-Rettungspakets durch den Bundestag bestens bewährt.[24]

In allen den Staaten, die eine Schuldenunion anstreben, wie auch in **Frankreich**, ist wenig Neigung zu eigenen Einschränkungen zu erkennen. Das zeigte z.B. die Entstehung der sogenannten ,Gelbwesten-Bewegung', die durch die Ankündigung einer Rentenreform ausgelöst wurde und zu äußerst gewaltsamen Protesten geführt hat. Bemerkenswert war dabei, dass sich diese Proteste über das gesamte politische Spektrum von links bis rechts erstreckten. – Ein anderes und ziemlich seltsames ideologisches Bündnis ist in Frankreich zwischen Linken und dem Islam zu beobachten; eine Tendenz, die sich auch in Deutschland bemerkbar macht (s. Kap. 13). In Marseille oder den Banlieues von Paris kann man gewissermaßen schon die Zukunft vieler europäischer Städte besichtigen, die vom links-grünen Milieu herbeigesehnt wird und die sich etwa in Berlin oder Duisburg bereits sichtbar abzeichnet. Inzwischen ist Marseille sogar zur ,gefährlichsten Stadt Europas' avanciert (noch vor Neapel).

Aus **Italien** ist sozusagen als Gegengabe für die europäische Solidarität ein Export der Mafia und der Clankriminalität zu verzeichnen. Insbesondere Deutschland hat sich zu einem Geldwäscheparadies für fast alle mafiösen

---

[23] https://www.handelsblatt.com/politik/international/eu-wiederaufbaufonds-wie-sich-die-sparsamen-vier-gegen-den-750-milliarden-topf-wehren/25897112.html, zuletzt aufgerufen am: 11.3.2024.

[24] https://www.mitmischen.de/bundestag-aktuell/news/corona-rettungspaket-in-rekordzeit-beschlossen, zuletzt aufgerufen am: 25.4.2024.

Strukturen Europas entwickelt. Das Traurige ist, dass sich der deutsche Staat als ziemlich hilflos gegenüber der organisierten Kriminalität im allgemeinen erweist (s. Kap. 12). Ja es gibt sogar aberwitzige Versuche, das Problem dadurch zu lösen, dass man den Begriff ‚Clankriminalität' abschaffen möchte, wobei wahrscheinlich als Nebenwirkung erreicht werden soll, dass sich die zartbeseelten Mitglieder gewaltbereiter Großfamilien nicht diskriminiert fühlen (s. Kap. 10). Aber immerhin hat sich der Innenminister Nordrhein-Westfalens nach vielen Jahren zu der unglaublichen Erkenntnis durchgerungen: „Wir dürfen den Begriff Clankriminalität nicht mehr tabuisieren".[25]

Wie wenig selbstbewusst Deutschland mit importierter Kriminalität umgeht (auch mit der durch Migranten verursachten), zeigt ein Vergleich zwischen **Österreichs** klarer Haltung zu diesem Problem und dem Umgang der deutschen Regierung mit demselben. Während der damalige österreichische Kanzler Kurz und seine Integrationsministerin klare Worte zu den Ursachen und Tätern bei den Mordserien in Österreich fanden,[26], werden diese in Deutschland weitgehend totgeschwiegen, s. hierzu Kap. 8. Wer hätte auch von der deutschen Kanzlerin einen Satz erwartet wie: „Es ist ein Faktum, dass wir ohne die Migrationskrise vom Sommer 2015 nicht diese Form von Gewalt an Frauen hätten".[27] Mit einer solchen Aussage hätte sie ja gleichzeitig ihren Kardinalfehler mit der damalige Grenzöffnung für Migranten eingestanden.[28] Die MSM haben es ihr bezeichnenderweise überhaupt nicht übel genommen, dass sie sich bei allen letztlich auf ihr Konto gehenden Attentaten feige weggeduckt hat (wie etwa bei dem vom Breitscheidplatz in Berlin, wo sie über ein Jahr brauchte, um sich mit Angehörigen der Opfer zu treffen). Dafür war man schnell bei der Hand, den österreichischen Kanzler wegen seiner eindeutigen Stellungnahme zur fehlgeleiteten Asylpolitik als rechtslastig zu denunzieren.[29]

Eine besondere Rolle in der EU spielen die sogenannten **Visegrád-Staaten** (Polen, Slowakei, Tschechien, Ungarn), die sich gegenüber der immer zentralistischer gebenden Brüsseler Bürokratie ihre nationale Eigenständigkeit bewahren wollen. Vor allem Ungarn und Polen widersetzten sich den moralischen Pressionen im Zusammenhang mit der Verteilung von Asylanten, die nicht von

---

[25] https://www.welt.de/politik/deutschland/plus241100823/NRW-Innenminister-Reul-Wir-duerfen-den-Begriff-Clankriminalitaet-nicht-tabuisieren.html, zuletzt aufgerufen am: 25.4.2024.

[26] Es handelte sich um mehrere Frauenmorde in verschiedenen österreichischen Städten, die von Tätern mit syrischen, türkischen und afrikanischen Wurzeln begangen wurden.

[27] https://www.tichyseinblick.de/kolumnen/alexander-wallasch-heute/mordserie-in-oesterreich-drei-regierungsfrauen-sprechen-klartext/, zuletzt aufgerufen am: 25.4.2024.

[28] Sie hat es nicht einmal fertiggebracht, sich zu den Mordtaten in Würzburg zu äußern, s. hierzu Kap. 8.

[29] https://www.sueddeutsche.de/politik/oesterreichs-kanzler-kurz-rechts-auf-der-ueberholspur-1.5044451, zuletzt aufgerufen am: 25.4.2024.

ihnen, sondern vor allem von Deutschland regelrecht eingeladen wurden und weitgehend unkontrolliert in die EU geströmt sind (s. Kap. 8). Zum Buhmann der EU ist dabei insbesondere der ungarische Ministerpräsident Orban avanciert, der die nationalen Interessen seines Landes (oft auch gegen die erforderliche Solidarität in der Gemeinschaft) durchzusetzen versucht. Inzwischen hat ein ausgesprochenes Orban-Bashing eingesetzt, da er sich auch an anderer Stelle dem moralisierenden PolC-Mainstream widersetzt, wie es z.B. bei seinem Widerstand gegen die politische Instrumentalisierung des Sports zum Ausdruck kam (Benutzung des Regenbogenfarben-Symbols als Gesslerhut, s. Kap. 7 und 9). Man kann zu Orban stehen wie man will, aber eins sollten die selbsternannten Demokraten nicht vergessen, er wurde immerhin von der überwiegenden Mehrheit der ungarischen Bevölkerung zum Regierungschef gewählt (nämlich mit 53% der Stimmen), was natürlich sofort von den deutschen MSM versucht wurde, mit dem Argument der „Unregelmäßigkeiten der Wahl" herunterzuspielen.[30] Es sei nur daran erinnert, dass die offensichtlichen Unregelmäßigkeiten bei den Abgeordnetenhaus- und Bundestags-Wahlen von 2021 in Berlin und deren mögliche Auswirkungen auf die Zusammensetzung der entsprechenden Parlamente bis heute nicht vollständig aufgeklärt und nur teilweise behoben worden sind, s. hierzu Kap.5.

Deutschlands Verhältnis zu **Russland** ist für uns von vitalem Interesse. Daran ändert sich auch nichts durch den völkerrechtswidrigen Überfall Putins auf die Ukraine (s.u.), obwohl das viele mit wenigen Ausnahmen wegen der inzwischen ausgebrochenen Kriegshysterie vergessen zu haben scheinen.[31] Schon Bismarck sah ein ausgewogenes und kooperatives Verhältnis zu Russland als lebensnotwendig für Deutschland an. Das belegen nicht nur der von ihm 1878 abgeschlossene geheime Rückversicherungsvertrag mit Russland oder der Dreikaiserpakt, sondern auch Aussprüche wie „Es ist eine Überschätzung sowohl der auswärtigen Mittel wie auch der eigenen Vorherbeherrschung des Weltlaufs, wenn man die Bekämpfung des russischen Communismus[32] als Aufgabe der deutschen Diplomatie ansehen will. Wenn die Russen den Brand entzünden, so werden sie selbst die ersten Löschbedürftigen sein und ihre eigenen Finger die verbrannten".[33] Bereits lange vor dem Ukraine-Krieg wurde gegenüber Russland vor allem durch die USA eine unglaublich arrogante Haltung eingenommen (Obama verspotte Russland sogar als eine „Regional-

---

[30] https://www.fr.de/politik/news-live-ticker-ungarn-wahl-wahlen-2022-parlament-viktor-orban-fidesz-peter-marki-zay-zr-91452518.html, zuletzt aufgerufen am: 25.4.2024.

[31] https://youtu.be/SYLsSPSjTX8, zuletzt aufgerufen am: 11.3.2024.

[32] Man ersetze heute etwa „des russischen Communismus" durch „von Putins Regime" und hat eine ganz aktuelle Erkenntnis.

[33] https://www.bismarck-stiftung.de/2016/01/22/bismarck-und-die-russischen-werte, zuletzt aufgerufen am: 11.3.2024.

macht"[34]) und vergaß dabei, dass es militärisch nach wie vor ein gefährlicher Gegner ist. Der russischen Regierung wurde nicht zuletzt auch in Deutschland die Demokratiefähigkeit komplett abgesprochen (und das von einer Politiker-kaste wie der unseren, die mal so glatt eine demokratische Wahl rückgängig machen lässt, die Rechte der Parlamentarier mit Füßen tritt und Beziehungen zu wesentlich despotischeren Regimes pflegt).[35] Auch im Informationskrieg wird sehr einseitig argumentiert. So sperrt Deutschland den russischen Sender RT (Russia Today) und beschwert sich anschließend über das als Retourkut-sche erfolgte Verbot der Deutschen Welle in Russland. Letzteres wird von uns natürlich im Gegensatz zu ersterem als ein Angriff auf die Meinungs- und Pres-sefreiheit angesehen. Das führt konsequenterweise dazu, dass auch im Ausland unsere Demokratiedefizite (Ausgrenzung der Opposition, Genderwahn, PolC, s. Kap. 6) genüsslich aufs Korn genommen werden.[36]

Das Schlimmste für die Russen war jedoch das Gefühl einer bedrohlichen Einkreisung durch die NATO, was von den europäischen Ländern völlig un-terschätzt und von den Amerikanern ungerührt in Kauf genommen wurde. Die Zusicherung an Russland, die NATO nicht bis an dessen Grenze auszudehnen, wurde zwar nicht vertraglich fixiert, aber nichtsdestotrotz im Zusammenhang mit der Wiedervereinigung Deutschlands auf höchster politischer Ebene abge-geben.[37] Dieser klare Vertrauensbruch wurde lange Zeit vom Westen geleug-net, ist aber kaum noch zu vertuschen. Da hilft auch die Tatsache nicht darüber hinweg, dass der vertrauensselige Gorbatschow höchstwahrscheinlich einfach ‚über den Tisch gezogen' wurde. – Im Frühjahr 2022 kam es dann zu einer von niemandem erwarteten Katastrophe und zum völkerrechtswidrigen Über-fall Putins auf die Ukraine. Daraufhin brach in der gesamten EU eine zum Teil berechtigte aber wegen der Vorgeschichte zum Teil auch sehr fragwürdi-ge Entrüstungswelle aus.[38]. Man sollte in diesem Zusammenhang auch nicht vergessen, dass die USA unter Kennedy 1962 sogar einen Atomkrieg riskiert haben, um die durch die Stationierung von sowjetischen Raketen auf Kuba -

---

[34] https://www.spiegel.de/politik/ausland/ukraine-krise-obama-verspottet-russland-als-regionalmacht-a-960715.html, zuletzt aufgerufen am: 11.3.2024.

[35] Um kein Missverständnis aufkommen zu lassen: Auch ich halte Putin für einen Autokraten, der seine Interessen mit brutalen Mitteln durchsetzt. Es hieße aber seine historische Rolle für die Russen aus dem Kontext zu reißen, wenn man vergisst, dass er mit genau diesen Methoden sein Land aus dem Chaos und Volksbetrug der Jelzin-Ära herausgeführt hat.

[36] https://www.theeuropean.de/original-quelle/valdai-rede-von-wladimir-putin/, zuletzt aufge-rufen am: 25.4.2024.

[37] https://deutsche-wirtschafts-nachrichten.de/516654/nato-osterweiterung-ein-gebrochenes-muendliches-versprechen-mit-folgen-fuer-europa, zuletzt aufgerufen am: 12.3.2024.

[38] Es sei deshalb noch einmal an den bereits in Kap. 2 zitierten Ausspruch des ehemaligen israe-lischen Botschafters in Deutschland erinnert, der darauf hinwies, dass man nicht ausblenden darf, was den ersten Schüssen vorausgegangen ist.

sozusagen ‚vor ihrer Haustür' - entstandene Bedrohungslage abzuwenden (was ihnen ja dann auch gelungen ist).

Die EU entschloss sich unter starkem amerikanischen Druck zu Sanktionen gegen Russland, die ihr selbst und vor allem Deutschland erheblichen Schaden zufügt haben (das betrifft insbesondere das Öl- und Gasembargo). Dadurch wurde ganz nebenbei auch noch das gefährliche strategische Bündnis zwischen Russland und China gefördert. In den Medien wurde völlig übersehen (oder bewusst übergangen), welch eiskalte Machtpolitik die USA in diesem Geschäft betreiben; auch wurde kaum erwähnt, dass andere EU-Staaten, wie etwa Österreich, weiter Öl und Gas aus Russland importieren. Überdies werden die gemeinsamen Sanktionen gegen Russland die Amerikaner nicht so hart treffen wie die Europäer und vor allem Deutschland. Schließlich eröffnen sich für die USA durch den Wegfall Russlands als Rohstofflieferant blendende Perspektiven, zumal sie nun ihre umweltschädlich gewonnenen Erdöl- bzw. Erdgasprodukte verstärkt nach Europa exportieren können. Vielleicht sollten sich diejenigen selbst fragen, die sich heute (mit Recht) gegen Putin wenden, ob sie beim Überfall der Amerikaner auf den Irak, analoge Sanktionen gegen die USA gefordert haben (oder, wenn sie damals noch nicht politisch aktiv waren, gefordert hätten). Die Amerikaner verfolgen auch im Ukraine-Krieg wieder wie stets ihre Eigeninteressen, ohne sich von ihren offiziell gepredigten Werten beeinflussen zu lassen, was der Leiter des Chicago Councils on Gobal Affairs in selten decouvrierender Weise unmissverständlich ausgesprochen hat.[39] Sie waren es auch, die bereits auf dem Maidan 2014 durch persönliches Engagement führender Politiker die antirussischen Kräfte gestärkt haben.[40]

Bei der Verhängung von Sanktionen als politisches und ökonomisches Druckmittel dürfen generell zwei Kriterien nicht außer Acht gelassen werden: Die Sanktionen müssen tatsächlich Wirkung beim Sanktionierten zeigen, und sie dürfen auf keinen Fall demjenigen, der sie verhängt, mehr schaden als dem Gegner. Links-grüne Politiker, wie die deutschen, die nicht Interessen-geleitet, sondern Ideologie-geleitet sind, scheinen solche Grundsätze noch nie gehört, geschweige denn verstanden zu haben. Die USA waren beispielsweise von Anfang an ganz offen gegen das Projekt der Gasleitung Nordstream 2, angeblich um uns und die Nato unabhängig von Russland zu machen. In Wirklichkeit ist zu vermuten, dass sie uns vor allem ihr schmutziges Fracking-Gas verkaufen wollen. Wie es um die deutsche Souveränität in dieser Sache bestellt ist, zeig-

---

[39] https://youtu.be/vln_ApfoFgw – Im übrigen braucht man sich nur die alte Frage zu stellen, wem der Konflikt am meisten nutzt, zuletzt aufgerufen am: 24.4.2024.

[40] Man stelle sich vor, Mexiko würde eines Tages einen klar antiamerikanischen Kurs einschlagen und russische Politiker würden sich vor Ort in den entstehenden Konflikt mit antiamerikanischen Appellen und Aktivitäten einmischen.

te auch der Besuch von Olaf Scholz in den USA im Frühjahr 2022. Obwohl
er das Thema der Gaspipeline im gemeinsamen Presseauftritt mit dem US-
Präsidenten bewusst nicht angesprochen hatte, gab letzterer ganz unverhohlen
in Gegenwart des Bundeskanzlers das Ende dieses Projekts bekannt und ließ
diesen wie einen dummen Jungen daneben stehen. – Bis heute hält sich der
Eifer deutscher Behörden bei den Ermittlungen zur Sprengung der Pipeline
und der Freigabe diesbezüglicher Informationen stark in Grenzen (ein uner-
hörter Vorgang angesichts der Tatsache, dass es sich hierbei um den größten
Anschlag auf deutsche Infrastruktur seit dem letzten Weltkrieg handelt).[41] Es
ist in diesem Zusammenhang auch bemerkenswert, dass der deutsche Bürger
über die dubiose Reise des Bundeskanzlers im März 2023 in die USA keinerlei
nennenswerte Information erhalten hat.[42] Man kann sich an den fünf Fingern
abzählen, wer von der Sabotage des Nordstream 2-Projekts profitiert, vor allem die Amerikaner, die Ukrainer und die Polen. Aus diesem Grunde wundert
sich kaum noch jemand über die Verdichtung der Hinweise, dass die Sprengung der Pipeline von einer ukrainischen Spezialeinheit unter Duldung und
Mitwissen der USA durchgeführt wurde.[43] Wenn sich diese sehr wahrschein-
liche These endgültig bewahrheiten sollte, wäre das ein weiteres Indiz für die
Machtlosigkeit und den Bedeutungsverlust Deutschlands. Nicht auszudenken:
Dem größten Geldgeber für die Ukrainehilfe in Europa wird seine Infrastruktur
durch den Empfänger der Hilfe zerstört, und der Geschädigte schaut einfach
zu![44]

Die ganze Diskussion und vor allem das undurchsichtige internationale
Handelsgeschehen um das Öl- bzw. Gasembargo gegenüber Russland zeigt
deutlich, wie unrealistisch und gefährlich eine vorwiegend Haltungs- bzw.
Moral-gesteuerte Politik gegenüber einer Interessen-geleiteten Politik ist. So
sehr man das auch bedauern mag, das war in der Geschichte immer so. Dieses

---

[41] Stattdessen werden immer wieder in unseren Zeitungen ‚False flags' gesetzt, wonach einmal
eine private Yacht im Spiel gewesen sein soll, und in einem anderen Fall wurden russische Schiffe in der Nähe gesehen (beide Informationen wurden erst Monate nach dem für
Deutschland verheerenden Ereignis gestreut). Nur der Elefant im Raum, die Amerikaner als
potentielle Täter oder ihre Helfershelfer, werden kaum erwähnt. Neuerdings wird die besagte Yacht (was schon wahrscheinlicher ist) mit der Ukraine in Verbindung gebracht. Und wie
reagiert der Deutsche Kanzler auf dieses Gebrodel von Gerüchten? - Mit Schweigen!

[42] https://www.t-online.de/nachrichten/ausland/usa/id_100138342/olaf-scholz-in-den-usa-
biden-holt-den-kanzler-nicht-ab.html, zuletzt aufgerufen am: 29.4.2024.

[43] https://www.zdf.de/nachrichten/politik/nordstream-explosion-bericht-ukraine-krieg-
russland-100.html, zuletzt aufgerufen am: 29.4.2024.

[44] Auch für den Grünen Hofreiter und den Amerika-hörigen CDU-Politiker Röttgen würde es
keinerlei Einfluss im Hinblick auf die Lieferung von Waffen an die Ukraine haben, wenn
diese unsere Gasversorgung torpediert hätte. – https://www.zdf.de/nachrichten/politik/nord-
stream-ukraine-reaktion-scholz-waffenlieferung-krieg-russland-100.html, zuletzt aufgerufen am: 20.11.2023.

Embargo und generell die inzwischen in Kraft gesetzten weiteren Sanktionen schaden Deutschland extrem und werden seine Wirtschaft in den Ruin treiben, ohne Russland in die Knie zu zwingen. Im Gegenteil, die russische Wirtschaft wächst, und Deutschland, das in die Rezension geschlittert ist, wird inzwischen als kranker Mann Europas bezeichnet. Aber das alles wird die USA als lachende Dritte dastehen lassen. - Nicht umsonst hat der französische Staatspräsident die europäischen Staaten davor gewarnt, sich zu einem Vasallen der USA degradieren zu lassen.[45]

Bezeichnend für die Ukraine-Krise ist eine völlig einseitige westliche Berichterstattung und exklusive Schuldzuweisung an Russland. Tatsächlich waren aber bereits im Vorfeld viele Akteure in Bezug auf die Verschärfung der Lage in der Ukraine am Werk, nicht zuletzt die Amerikaner und die Ukrainer selbst (s.u.). Auch wenn man den brutalen Überfall der Russen verurteilt, wie ich das ausdrücklich tue, kann man doch nicht einfach einen Teil der Wahrheit ausblenden. Natürlich stirbt auch in diesem Krieg die Wahrheit zuerst. Das passiert sogar dann, wenn sich die Medien bei der Übermittlung einer Nachricht durch die Klausel „diese Informationen sind nicht unabhängig zu überprüfen" zu salvieren versuchen. Die Nachricht ist trotzdem in der Welt, selbst wenn Sie sich später als falsch erweisen sollte. Aber auch wenn sie letzten Endes wahr sein sollte, wie das im Fall des Mordes an Zivilisten in Butscha sein könnte, ist eine Vorverurteilung ohne gesichertes Wissen sehr gefährlich. Denn, wie Roger Köppel in der Weltwoche Daily feststellte, wenn jeder vom Schreibtisch aus ein Kriegsverbrechen beurteilen und die wahren Täter benennen könnte, dann brauchten wir keine Kriegstribunale.[46] Hier sollten wir uns auch die zunächst völlig einseitige und falsche Berichterstattung über die Ermordung polnischer Gefangener durch die Wehrmacht in Katyn im Zweiten Weltkrieg eine Warnung sein lassen, die sich letztlich als stalinsches Propagandamanöver herausstellte. Schließlich trägt die Ukraine selbst in erheblichem Maße zur Desinformation und zur Eskalation der Situation bei, wie der Niedergang zweier Raketen auf polnischem Gebiet zeigt, die sogar nach Bidens Aussage von der Ukraine selbst abgefeuert wurden. Dieser Umstand hat Selenskyj nicht davon abgehalten, entgegen aller Evidenz Russland dafür verantwortlich zu machen (höchstwahrscheinlich mit dem Ziel, die NATO in diesen unseligen Krieg hineinzuziehen). In Anbetracht der daraus erwachsen-

---

[45] https://www.fr.de/politik/macron-taiwan-konflikt-streit-usa-china-europa-frankreich-vasall-eu-92207973.html, zuletzt aufgerufen am: 20.11.2023.

[46] https://www.youtube.com/watch?v=OIVwoL_Z3h8, zuletzt aufgerufen am: 25.4.2024.

den möglichen Konsequenzen (Auslösung des Verteidigungsfalls), ist das ein unverantwortliches Handeln.[47]

Auch die erbittert geführte Auseinandersetzung um die Frage ,Lieferung schwerer Waffen durch die westlichen Staaten an die Ukraine oder nicht' ist kein Ruhmesblatt demokratischer Meinungsbildung. Während die Befürworter lautstark mit moralischen Argumenten die Meinungsführerschaft erobert haben (auch innerhalb der EU), werden die berechtigten Sorgen der Bürger um eine sinnlose Verlängerung des Krieges durch immer neue Waffenlieferungen einfach als empathielos diskreditiert (letzteres betrifft vor allem die Unterzeichner des in der „Emma" veröffentlichten offenen Briefes an den Bundeskanzler[48]). Dabei ist die Frage ,Lieferung schwerer Waffen oder nicht' und die Beurteilung der Konsequenzen so kompliziert, dass es aus heutiger Sicht für viele Menschen kein klares Ja oder Nein gibt. Ich muss gestehen: Obwohl ich den derzeitigen Bundeskanzler oft sehr kritisch sehe, s. Kap. 1, hat mich seine anfängliche Besonnenheit bei der Beantwortung dieser äußerst schwierigen Frage und seine kategorisch ablehnende Haltung gegenüber der Lieferung von weitreichenden Waffen (Stichwort: Taurus-Flugkörper) an die Ukraine stark beeindruckt.

Statt einer tiefgründigen Analyse aller Ursachen des Ukraine-Konflikts findet eine Diskriminierung derjenigen als ,Putin-Versteher' statt, die auch nur andeutungsweise auf berechtigte russische Sicherheitsinteressen hinweisen. Dabei ist es doch die NATO unter Führung der USA, die eine militärische Einkreisung Russlands vorantreiben wollte (Aufnahme Georgiens, der Ukraine und evtl. auch Moldawiens in die EU bzw. in die NATO). Das scheinheilige Argument, dass doch jedes Land selbst bestimmen könne, welchem Militärpakt es beitreten wolle, ist leicht zu durchschauen. Die Frage ist doch: Hätte man 1962 bei einem Aufnahmeantrag von Mexiko oder Kuba in den Warschauer Pakt genau so argumentiert? Nein, es liegt natürlich auch an der NATO, wen sie in den Pakt aufnimmt. Man hätte ja zumindest ein Aufnahmemoratorium für weitere Staaten in politisch sensiblen Regionen beschließen können, damit die militärisch höchst fragile Balance nicht gefährlich gestört wird. Es ist eben nicht nur der russische, sondern auch der amerikanische Präsident, der die Lage verschärft, wenn er ständig den Krieg vorab herbeiredet oder gar schon vor der Zeit den Termin für den russischen Einmarsch in die Ukraine bekanntgab

---

[47] https://m.focus.de/politik/ausland/ukraine-krise/s-300-doch-von-putins-truppen-abgefeuert-waffenexperte-zerlegt-selenskyj-auftritt_id_179971267.html, zuletzt aufgerufen am: 25.4.2024.

[48] https://www.emma.de/artikel/offener-brief-bundeskanzler-scholz-339463, zuletzt aufgerufen am: 25.4.2024.

(eigentlich müsste jeder nach dem Vietnamkrieg und dem zweiten Irakkrieg wissen, was von der Wahrheitsliebe der Amerikaner zu halten ist).

Schließlich sollte man nicht die einschneidende Diskriminierung der russischen Bürger in der Ukraine und die Verbrennung von 42 prorussischen Aktivisten in Odessa vergessen,[49] die in den westlichen Medien im Zusammenhang mit der Ursachenforschung für den Konflikt kaum Berücksichtigung fanden. So wurden Publikationen in russischer Sprache dadurch extrem erschwert, dass sie parallel in Ukrainisch erscheinen müssen (bei Zeitungen noch dazu in gleicher Auflagenstärke).[50] Da sich das kaum ein Verleger oder Autor leisten kann, kommt dies praktisch einem Verbot der entsprechenden Publikation gleich. Auch die faschistoiden und ultranationalistischen Tendenzen in der Ukraine sind nicht zu übersehen (Stichworte: Asow-Regiment, Bandera-Rehabilitation, Reden von Spitzenpolitikern im Parlament, Swoboda-Partei[51]).

Das alles hindert viele Politiker des Westens nicht daran, das politische Regime in der Ukraine fast zu einer aufblühenden Demokratie hochzujubeln, obwohl doch jeder weiß, dass die Ukraine im Korruptionsranking aller Länder ganz weit vorn liegt und auch in Sachen Demokratie keinesfalls besser als Russland dasteht. Es ist einfach eine Lüge und Irreführung der Öffentlichkeit, wenn die EU-Kommissionspräsidentin in Kiew verkündet, dass in der Ukraine westliche Werte und die westliche Demokratie verteidigt werden.[52] Im Übrigen sollte man auch im Falle des Ukraine-Konflikts die uralte Frage „Cui bono?" nach dem Nutznießer desselben stellen, wie es der bekannte amerikanische Politologe Mearsheimer mit entlarvender Offenheit getan hat.[53] Dann wird man vielleicht wenigstens einmal hinterfragen, ob es wirklich westliche Werte sind, die dort verteidigt werden, oder doch vorwiegend geostrategische Interessen der USA.

Aber auch Putin dürfte sich gewaltig verkalkuliert haben. Er hat nicht mit einem solch lang hinhaltenden Widerstand der Ukrainer und der massiven Unterstützung ihres völkerrechtswidrig überfallenen Landes durch den Westen gerechnet. Und schließlich hat er die westlichen Staaten näher zusammen-

---

[49] https://www.derstandard.de/story/2000102038947/ukrainische-parlament-beschliesst-gesetz-gegen-russische-sprache und
https://www.lto.de/recht/hintergruende/h/2014-odessa-42-tote-buergerkreig-brand-ukraine-russland-un-europarat-ermittlungen-emrk/, zuletzt aufgerufen am: 25.4.2024.

[50] Und das bei einem Anteil der Russen an der Bevölkerung in den ostukrainischen Gebieten von bis zu 70%.

[51] https://www.tagesspiegel.de/meinung/swoboda-partei-in-der-ukraine-der-westen-ist-auf-dem-rechten-auge-blind/9641206.html, zuletzt aufgerufen am: 25.4.2024.

[52] https://germany.representation.ec.europa.eu/news/europatag-ursula-von-der-leyen-der-ukraine-2023-05-09_de, zuletzt aufgerufen am: 29.4.2024.

[53] https://www.newyorker.com/news/q-and-a/why-john-mearsheimer-blames-the-us-for-the-crisis-in-ukraine, zuletzt aufgerufen am: 25.4.2024.

rücken lassen, wobei sogar die neutralen Staaten Finnland und Schweden einen Beitritt zur NATO anstrebten und ihn inzwischen sogar vollzogen haben. – Nach unserem jetzigen Kenntnisstand werden nicht Russland, nicht die Ukraine, nicht die Europäer und schon gar nicht die Deutschen als Profiteure aus diesem Krieg hervorgehen. Es werden aller Voraussicht nach die Amerikaner sein, die mit den Opfern der anderen zumindest kurzfristig aus diesem Konflikt den Nutzen ziehen werden: Ihr Hauptgegner Russland und übrigens auch die Verbündeten in Europa, allen voran Deutschland, werden wirtschaftlich geschwächt sein, wobei letztere dringend Waren, Kriegsgerät und Rohstoffe (darunter auch umweltschädliches Fracking-Gas) aus den USA benötigen. Die Ukraine wird am Boden liegen und versuchen, sich der NATO in die Arme zu werfen, wodurch der amerikanische Einfluss scheinbar erst einmal weiter gestärkt werden wird. Aber selbst die USA können sich auf lange Sicht ihres ‚Erfolges' nicht sicher sein, denn Russland wird sich damit letztendlich immer enger mit den Chinesen (den eigentlichen strategischen Hauptgegner der USA) verbünden. Und das wäre für die gesamte westliche Welt eine tödliche Gefahr im Angesicht der Hegemonialbestrebungen Chinas in Fernost.

Als Folge des Ukraine-Kriegs ergießen sich unübersehbare Flüchtlingsströme nach Europa, auch nach Deutschland. Diese Einwanderern sind für die aufnehmenden Länder zwar eine sozialökonomische Herausforderung, aber an sich nicht so problematisch, wie die vorwiegend muslimisch geprägte Einwanderung von 2015 und seit Anfang der 2020-er Jahre, s. Kap. 8. Ukrainische Flüchtlinge könnten wegen ihrer kulturellen Nähe zu Kerneuropa und ihrer ganz anders gelagerten Integrationsbereitschaft sogar eine Bereicherung sein. Allerdings stellen sie auch einen großen Verlust für die Ukraine selbst dar, worauf wir gleich noch zu sprechen kommen werden. Für uns sind die dasraus erwachsenden Hauptprobleme die weitere Belastung der Sozialsysteme, die ausufernden Kosten und die völlig unkontrollierte Einreise riesiger Flüchtlingsströme. Da kommen - wie erwähnt - zugleich mit den Ukrainern vermeintliche ‚Studenten' aus Afrika, die ja durchaus in ihre Heimatländer zurückkehren könnten, wenn sie ursprünglich tatsächlich legal zum Studium in die Ukraine eingereist waren. Darüber hinaus ist es äußerst naiv anzunehmen, dass diese humanitäre Flüchtlingsaufnahme und auch die Überschwemmung ihres Landes mit westlichen Waffen nicht auch von der starken ukrainischen Mafia genutzt werden wird (immerhin gehörte die Ukraine zu den korruptesten Ländern der Welt, woran sich in Kriegszeiten nichts geändert haben wird).[54]

---

[54] https://en.wikipedia.org/wiki/Ukrainian_mafia   und
https://www.washingtonpost.com/national-security/2022/05/14/ukraine-weapons-trafficking/, zuletzt aufgerufen am: 25.4.2024.

Obwohl die Unterstützung von fliehenden Frauen mit Kindern eigentlich vom Grundsatz her eine moralisch sehr hoch zu bewertende Aktion ist, hat diese aber realpolitisch eine zweite Seite. Sie stellt auf jeden Fall auch eine Schwächung der Ukraine dar, da diese Flüchtlinge in ihrem Heimatland fehlen. Man darf nicht vergessen, dass bisher in jedem Krieg (auch im brutalen Zweiten Weltkrieg) die Frauen einen wesentlichen Beitrag zur Landesverteidigung geleistet haben, sei es bei der Produktion von Rüstungsgütern, in der Landwirtschaft, bei der Betreuung von Verletzten und Pflegebedürftigen usw. Besonders verwunderlich ist, dass die links-grünen Vertreter der von ihnen so hoch gehaltenen Gendergerechtigkeit und vorgebliche Protagonisten einer ‚feministischen Außenpolitik' die Verteidigung eines Landes als alleinige Männersache ansehen. Die Ukraine ist groß genug, ihre Frauen und Kinder im eigenen Land - etwa analog zur Kinderlandverschickung im Zweiten Weltkrieg - in Sicherheit zu bringen und ist bezogen auf das ganze große Staatsgebiet nicht zu einem überproportionalen Teil vom Krieg betroffen. Außerdem hat sie als Kornkammer Europas auch genügend Ressourcen, ihre eigenen Bürger selbst im Krieg zu ernähren. Dieses menschliche Potential geht übrigens auch für Aufbauarbeiten verloren, wenn sich viele Menschen, darunter erstaunlich viele Männer im wehrfähigen Alter, ins Ausland flüchten. Allein in der EU halten sich nach offiziellen Angaben mehr als eine halbe Million ukrainische Kriegsdienstverweigerer auf, die sich mehrheitlich mit Hilfe korrupter Ärzte und Regionalkommandeure vom Militärdienst ‚freigekauft' haben.[55] Es ist schon makaber, wenn ukrainische Bürger zumindest mit teilweiser Billigung der eigenen Regierung aus ihrer Heimat fliehen, und letztere gleichzeitig das Ausland zu mehr Verantwortung bei der Verteidigung ihres Landes und bei dessen Wiederaufbau auffordert.

In Anbetracht der erheblichen Hilfe Deutschlands für die Ukraine waren insbesondere die wiederholten Ausfälle des ehemaligen ukrainischen Botschafters Melnik gegen Deutschland und Repräsentanten unseres Landes unerträglich. Und es war würdelos von unserer Regierung, diese einfach so hinzunehmen oder gar noch verständnisvolle Worte für diesen ‚Diplomaten' zu finden, statt ihn einfach zur Persona non grata zu erklären. Eine seiner letzten Entgleisungen bestand darin, die Unterzeichner eines offenen Briefes an den Bundeskanzler (alles Persönlichkeiten des öffentlichen Lebens, die für eine Verhandlungslösung und gegen weitere Waffenlieferungen eintraten) als „Haufen pseudointellektueller Versager" zu verunglimpfen.[56]

---

[55] https://www.businessinsider.de/politik/international-politics/selenskyj-feuert-rekrutierungsbeamte/, zuletzt aufgerufen am: 2.2.2024.

[56] https://www.tagesspiegel.de/politik/andrij-melnyk-emport-uber-neuen-offenen-brief-zu-ukraine-krieg-4344604.html , zuletzt aufgerufen am: 25.4.2024.

Inzwischen spricht sich fast die Hälfte der deutschen Bevölkerung für die Lieferung schwerer Waffen in die Ukraine aus, was quasi einer Kriegserklärung an Russland gleichkommt und zumindest ein Anheizen des Ukraine-Konflikts bewirken wird. [57] Es ist kaum zu fassen, dass sich besonders die Grünen (die doch gemäß ihrer Selbstdarstellung die Friedenspartei per se sind) bei der Forderung zur massiven Aufrüstung der Ukraine durch den Westen hervortun, allen voran der Wehrdienstverweigerer und ehemalige Fraktionsvorsitzende der Grünen.[58] (er ist ja nun auch aus dem Alter heraus, wo er noch einmal die Waffe in die Hand nehmen müsste). Selbst die Hauptvertreterin der ‚wertebasierten‘ und ‚feministischen‘ Außenpolitik hält es nicht einmal für nötig, die Abkehr vom Parteiprogramm schlüssig zu begründen, sondern plaudert neuerdings über einen möglichen Atomkrieg und das erforderliche Niederringen der Russen (auch nach dem Ende des Krieges sollen diese am Boden bleiben), als käme sie vom Briefing eines amerikanischen Thinktank. Dagegen werden alle diesbezüglichen Sorgen und berechtigten Bedenken der Bürger, wie sie in dem erwähnten offenen Brief von Kulturschaffenden an den Bundeskanzler zum Ausdruck kamen, der Täter-Opfer-Umkehr beschuldigt.[59] Also auch hier findet wieder nur Denunziation anstelle von sachlicher Argumentation statt, obwohl dieses Problem wie gesagt keine einfachen Lösungen hat und jede der möglichen Entscheidungen in dieser Frage am Ende die falsche sein kann.

Die **USA** betreiben trotz ihrer nach außen getragenen moralischen Attitüde eine klare Interessenpolitik, und zwar nicht nur ihren Gegnern gegenüber, sondern auch in Bezug auf ihre ‚Freunde‘. Ihre Doppelmoral ist kaum zu überbieten: Biden spricht im Zusammenhang mit dem Ukraine-Krieg sogar irreführend von einem ‚Genozid‘[60] und fordert dazu auf, Putin vor ein internationales Gericht zu bringen. Allein wegen des Vietnam- und Irak-Krieges müsste man nach diesem Maßstab ein halbes Dutzend US-Präsidenten vor ein Gericht stellen. Während Putin immerhin noch eine Bedrohung durch die NATO-Einkreisung und die Unterdrückung von Russen in der Ukraine ins Feld führen kann, hatten die USA keinerlei Recht die genannten Kriege zu führen. Nicht einmal beim Massenabwurf von Bomben auf die Zivilbevölkerung Vietnams und auf die ursprünglich nicht beteiligten Länder Laos und Kambodscha hat

---

[57] https://www.infratest-dimap.de/umfragen-analysen/bundesweit/umfragen/aktuell/gut-die-haelfte-spricht-sich-fuer-lieferung-von-schweren-waffen-an-die-ukraine-aus/,   zuletzt aufgerufen am: 25.4.2024.

[58] https://www.lokalkompass.de/marl/c-politik/die-gruenen-kriegstreiber-im-klimaschutzpelz_a1718635, zuletzt aufgerufen am: 25.4.2024.

[59] https://www.spiegel.de/politik/offener-brief-in-emma-das-ist-taeter-opfer-umkehr-in-reinkultur-debattenbeitrag-a-f2720094-9246-4c63-8d2e-31a661750f2a, zuletzt aufgerufen am: 25.4.2024.

[60] https://de.wikipedia.org/wiki/V%C3%B6lkermord , zuletzt aufgerufen am: 25.4.2024.

jemand aus der westlichen ‚Wertegemeinschaft' davon gesprochen, die beteiligten US-Präsidenten vor ein Kriegsverbrechertribunal zu stellen.[61] Ganz abgesehen davon, haben sich später - wie wir im vergangenen Kapitel bereits erwähnt hatten - sowohl der von den USA als Vorwand für den Eintritt in den Vietnamkrieg genommene ‚Zwischenfall im Golf von Tonkin' als auch der ‚Nachweis' von Chemiewaffen im Irak als Fake erwiesen.[62]

Auch Deutschland betreibt eine heuchlerische Außenpolitik: Wegen des Russland-Ukraine-Konflikts werden Sanktionen gegen Russland verhängt, aber ein Öl- und Gasgeschäft mit Katar angestrebt (das in einen verbrecherischen Krieg im Jemen verwickelt ist und gegen das Russland wahrscheinlich als eine „lupenreine Demokratie" angesehen werden kann). Auch vor einer Zusammenarbeit mit den Despoten in Usbekistan scheut man nicht zurück, und deutsche Politiker betreiben Lobbyarbeit für Aserbaidschan (ebenfalls eine finstere Diktatur). Es werden sogar Gespräche mit den Taliban geführt, aber es wird standhaft an der Weigerung festgehalten, mit Lukaschenko zu verhandeln (worauf übrigens Putin in einer Pressekonferenz sarkastisch hingewiesen hat).[63]

Ein wichtiger Einflussfaktor, der aus den USA auf Europa und Deutschland einwirkt, ist die Macht der großen amerikanischen IT-Konzerne. Wir werden zwar auf die Sperrung von Accounts durch Social Media wie Twitter oder Facebook in Kap. 6 noch gesondert eingehen, wollen aber die Ambiguität dieses Vorgehens anhand des Falles Trump und der amerikanischen Verhältnisse bereits hier etwas näher beleuchten: Nach dem Sturm auf das Kapitol in Washington wurde der Account von Trump durch Twitter und Facebook blockiert, was auf der einen Seite wegen seiner unerträglichen Tweets im Vorfeld emotional

---

[61] In Laos wurde die durch den Vietcong erzwungene Duldung des Ho-Chi-Minh-Pfades als Vorwand für die Bombardierung dieses formal neutralen Landes genommen, wobei die Amerikaner auf Laos mehr Bomben abwarfen als im gesamten Zweiten Weltkrieg gefallen sind. Wenn die Laoten die Vietnamesen offen logistisch und aktiv mit Waffen unterstützt hätten, hätte jeder im Westen sie zur Kriegspartei erklärt (man vergleiche hierzu den Eiertanz um die völkerrechtliche Bewertung der westlichen Militärhilfe an die Ukraine). Die Laoten haben zunächst nicht einmal eine Kriegspartei in der Weise aktiv unterstützt, wie das heute der Westen in der Ukraine tut, sondern sind in den Strudel des amerikanisch-vietnamesischen Krieges (und dabei ganz nebenbei in einen eigenen Bürgerkrieg) hineingezogen worden. – Das schlimmste Schicksal hat Kambodscha getroffen, dass letztlich in der Folge des Krieges im Terror der Roten Khmer versank.

[62] https://www.zeit.de/wissen/geschichte/2014-07/vietnam-krieg-usa-50-jahre, zuletzt aufgerufen am: 25.4.2024.

[63] Selbst die evangelische Kirche hatte einen führenden Taliban-Vertreter zu einem Diskussionsabend eingeladen, während man sich Gesprächen mit der AfD verweigert (der Taliban-Politiker wurde erst auf Druck der Öffentlichkeit wieder ausgeladen). – https://www.evangelisch.de/inhalte/223466/20-11-2023/evangelische-akademie-villigst-laedt-taliban-vertreter-aus, zuletzt aufgerufen am: 21.11.2023.

verständlich ist. Insbesondere wurde die Gefährlichkeit von Trumps Internet-Auftritten im Zusammenhang mit der angeblich ‚gestohlenen' Wahl offenkundig, da diese begleitet waren von der Aufforderung an seine Anhänger, sich am 6.1.2021 (dem Tag der Auszählung der Wahlmännerstimmen) vor dem Kapitol zu versammeln. Sie war verbunden mit dem Aufruf: „You have to fight" wurde dann noch einmal verstärkt: „If you don't fight like hell, you're not going to have a country anymore.".[64] Das musste von vielen seiner Anhänger als Aufruf zur Gewalt aufgefasst werden, weshalb allein aus diesem Grund das zweite (letztlich erfolglose) Impeachment-Verfahren voll gerechtfertigt erscheint. Das ist aber nur die eine Seite der Medaille, da andererseits eine große Gefahr für die Demokratie dadurch entsteht, dass private Unternehmer bzw. Konzerne selbst in wesentlich harmloseren Fällen bestimmen, wer, wann, was im Web äußern darf. Hier wird eine Zensur von Institutionen ausgeübt, die dazu keine Legitimation besitzen, das wäre bestenfalls Sache von Gerichten.[65] Wenn die Zensur der Inhalte und das Abschalten von Accounts sowie die Entscheidung, was die Nutzer sehen oder hören dürfen, durch Mediengiganten wie Facebook, Twitter bzw. X, Google usw. ausgeübt wird, dann wird eine Schwelle überschritten, die ganz kritisch für die Demokratie ist[66]. Die Frage ist doch, wer ist der oder die Nächste im Canceling-Prozess: Jemand der sich missliebig über diese Unternehmen geäußert hat, jemand der für eine bestimmte Partei oder Person wirbt oder jemand, der die Regierung durch eine Kritik versucht „zu delegitimieren", s. Kap. 6?[67]

Man kann sich auch nicht einfach damit beruhigen, dass dies Privatunternehmen seien, die von sich aus festlegen können, mit wem sie Verträge eingehen und wie sie ihre Nutzungsbedingungen festlegen. Das greift bei Konzernen, die eine Monopolstellung besitzen, zu kurz. Ein solches Vorgehen führt dazu, dass sich der Bürger nicht mehr selbst über bestimmte Ereignisse ein Bild machen kann, weil z.B. die entsprechenden Videoclips stumm geschaltet sind,[68] oder noch grotesker, was France24 an gesteuerter Meinungsbildung produziert hat. Dieser französische Auslands-Fernsehkanal zeigte zwei Film-

---

[64] https://www.washingtonpost.com/politics/interactive/2021/annotated-trump-speech-jan-6-capitol/, zuletzt aufgerufen am: 25.4.2024.

[65] Selbst unsere ehemalige Kanzlerin, die ja ihrerseits auch gern illegitim in ein ihr nicht genehmes Wahlgeschehen eingreift, s. Kap. 1, fand ein solches Vorgehen ‚problematisch'.

[66] https://www.foxnews.com/opinion/tucker-carlson-on-twitter-and-cnn, zuletzt aufgerufen am: 25.4.2024.

[67] Diese Bedenken betreffen mutatis mutandis auch das in Deutschland verabschiedete Netzwerkdurchsetzungsgesetz (NetzDG), s. ebenfalls Kap. 6.

[68] https://www.dw.com/de/trump-verteidigt-rede-vor-kapitol-erst%C3%BCrmung-gegen-kritik/a-56205858, zuletzt aufgerufen am: 25.4.2024.

ausschnitte in einem Video[69]: Rechts ist Trump zu sehen, der (ebenfalls wieder stumm geschaltet) offensichtlich eine Rede hält und nur den Mund bewegt; Links (sic!) agiert der ‚Editor of International Affairs of France24‘, der die nicht zu hörende Rede kommentiert.[70] Sind die Zuschauer wirklich politisch so unmündig, dass man ihnen die Originalrede ohne entsprechende Aufbereitung nicht zumuten kann (ich denke, Trumps Auslassungen waren schlimm genug, um die meisten gegen ihn einzunehmen)? Welche Meinung man zu den USA hat, und was dort auch immer passiert, es tangiert uns Europäer meist unmittelbar.

Als nach dem Ersten Weltkrieg die **Türkei** unter Atatürk einen streng laizistischen Kurs einschlug, der noch eine ganze Weile aufrecht erhalten wurde, schien es dem Westen aus geostrategischen Gründen opportun, die Türkei sowohl in die NATO aufzunehmen, was 1952 auch geschah, als auch in die EU (was inzwischen in weite Ferne gerückt ist). Spätestens seit dem Machtantritt von Erdogan wird der ursprünglich sogar in der Kemalschen Verfassung verankerte Laizismus, d.h. die klare Trennung von Religion und Staat, verstärkt zurückgedrängt und eine konsequente Re-Islamisierung des Staates angestrebt. Da der Bosporus als Nahtstelle zwischen Asien und Europa und insbesondere zu den ölreichen Staaten in Nahost eine Schlüsselrolle einnimmt, hat der Westen im Umgang mit der Türkei regelrechte Doppelstandards eingeführt. Erdogan wird hofiert oder zumindest im Vergleich zu anderen Autokraten mit Samthandschuhen angefasst, obwohl er in seinem Land die demokratischen Prinzipien missachtet und insbesondere die Rechte von Frauen immer stärker einschränkt. Letzteres wurde durch den Austritt der Türkei aus dem Istanbul-Abkommen, das Frauen vor Gewalt schützen soll, auch noch formal dokumentiert.[71] – Äußerer Ausdruck für Erdogans Frauenverachtung war der Affront gegen die EU-Kommissionspräsidentin von der Leyen anlässlich eines Türkeibesuches (zusammen mit dem EU-Ratspräsidenten) im April 2021, als Erdogan demonstrativ nur zwei Stühle zum Phototermin bereitstellen ließ (die EU-Kommissionspräsidentin ließ sich regelrecht vorführen und nahm brav seitlich auf einem Sofa Platz).[72] Hier hat man vergeblich auf einen weithin vernehmbaren empörten Aufschrei der links-grünen Feministinnen Deutschlands gewartet? Das war keine abseitige Bagatelle, sondern eine Dreistigkeit son-

---

[69] https://youtu.be/rThKd6SVQiQ, zuletzt aufgerufen am: 14.3.2024.

[70] Wohlgemerkt in Englisch; es handelte sich also nicht um eine Übersetzung oder dergleichen.

[71] https://www.dw.com/de/t%C3%BCrkei-besiegelt-austritt-aus-istanbul-konvention/a-58098104, zuletzt aufgerufen am: 25.4.2024.

[72] https://www.faz.net/aktuell/politik/ausland/sofagate-affaere-bei-erdogan-von-der-leyen-sollte-nicht-aufs-foto-17283511.html – Daher auch der Name ‚Sofagate‘ für dieses blamable Ereignis (s. auch Wikipedia), zuletzt aufgerufen am: 25.4.2024.

dergleichen sowie eine unverblümte Demonstration seiner Haltung gegenüber Frauen und gegenüber Repräsentanten der EU allgemein.

Das Groteske der derzeitigen Situation wird noch dadurch gesteigert, dass der türkische Diktator einerseits teure Prestigeprojekte (beispielsweise den Bau des Istanbul-Kanals) vorantreibt, aber andererseits im Rahmen von EU-Verträgen (wie dem Migrationspakt) oder im Rahmen der NATO weiter finanziell unterstützt werden muss. Dabei darf man nicht vergessen, dass die Türkei außerhalb ihres Territoriums in Syrien Krieg führt, was sogar wegen des dortigen amerikanischen Engagements zu einem schweren Konflikt innerhalb der NATO führen kann. – Besorgniserregend ist die oben erwähnte schrittweise Revision des Laizismus in der Türkei insbesondere auch wegen ihrer Auswirkungen auf Deutschland. Es ist nicht zu fassen, dass wir einfach zusehen, wie diese Tendenz durch unzulässige Einflussnahme der türkischen Regierung (z.B. über Organisationen wie DITIP oder die ‚Grauen Wölfe‘) in unser Land hinein getragen wird. Die deutsche Politik nimmt sogar hilflos hin, dass Erdogan seine deutsch-türkischen Landsleute auffordert, sich nicht in ihrer neuen Heimat Deutschland zu assimilieren. Im Gegenteil, er sieht sie ganz offen als eine Art fünfte Kolonne des Islam bei uns an. Man stelle sich einen Moment vor, dass von Putins Verhalten uns gegenüber Ähnliches zu berichten wäre - Unvorstellbar! Hier werden gegenüber dem NATO-Mitglied Türkei offensichtlich andere Maßstäbe angewandt als etwa gegenüber anderen Staaten.

China ist in unglaublich kurzer Zeit von einem Entwicklungsland zur zweitgrößten Wirtschaftsmacht der Welt aufgestiegen und ist sowohl ökonomisch als auch militärisch zu einer drohenden Gefahr für den Westen geworden, was uns allerdings nicht hindert, immer noch umfangreiche Entwicklungshilfe für China zu leisten.[73] Dabei ist Deutschlands wirtschaftliche Abhängigkeit von China als Lieferant wichtiger Waren und Rohstoffe sowie als Abnehmer unserer Produkte bis heute immens gewachsen. In solchen Punkten und im dramatischen Verfall unserer Konkurrenzfähigkeit liegen die wirklichen Probleme der westlichen Welt im allgemeinen und Deutschlands im besonderen (nicht im Gendern und Durchsetzen einer imaginierten PolC). Wie geschickt China bei der Durchsetzung seiner Hegemonialbestrebungen vorgeht, zeigt nicht nur sein Projekt einer ‚Neuen Seidenstraße‘, sondern auch die Salamitaktik bei der Wiedereinverleibung ehemals chinesischer Territorien (erst Hongkong, bald auch Taiwan). Es ist nicht zu verstehen, dass dieses Land in Anbetracht seiner immensen wirtschaftlichen und militärischen Macht, der die westliche Welt zunehmend weniger entgegenzusetzen hat, immer noch Fi-

---

[73] https://www.welt.de/politik/deutschland/plus239467759/China-Erhaelt-hunderte-Millionen-deutsche-Entwicklungshilfe-Wann-aendert-sich-das.html,   zuletzt   aufgerufen am: 25.4.2024.

nanzhilfen von uns bekommt (von etwaigen deutschen Sanktionen gegenüber China wegen der brutalen Unterdrückung der Uiguren ganz zu schweigen)?

Es ist geradezu lächerlich, dass deutsche Politiker meinen, einen wirksamen Einfluss auf die globalen Player, darunter eben auch China, im großen internationalen Wettbewerb ausüben zu können. Die Hybris der moralischen Selbstgerechtigkeit der Vertreter Deutschlands nach außen und ihre totale Selbstüberschätzung verkörpert sich in unseren letzten beiden Außenminister-Innen.[74] In die gleiche Kategorie der Selbstüberhebung gehören die an China, aber auch an Russland gerichteten Boykott- bzw. Sanktionsdrohungen der neuen feministischen Außenpolitikerin, wobei diese in ihrer ideologischen Verblendung aus den Augen lässt, dass Deutschland in summa wirtschaftlich wesentlich abhängiger von diesen Ländern ist als umgekehrt. Es ist einfach realitätsfern, wenn deutsche (und überhaupt westliche) Politiker versuchen, europäische oder amerikanische Wertmaßstäbe in andere Länder mit anderen Kulturen zu exportieren. Am sinnfälligsten hat sich das in letzter Zeit im Zusammenhang mit dem Afghanistan-Desasters gezeigt (s.u.).

Die verzweifelte Situation vieler Staaten **Afrikas** kann zu einem nicht unwesentlichen Teil als Folge der falsch gelaufenen und überstürzten Dekolonialisierung verstanden werden. Statt dass sich in den afrikanischen Staaten neue Eliten herangebildet hätten, die diesen Namen verdienen, sind fast durchweg repressive und korrupte Regimes entstanden (die z.T. sogar noch vom Westen unterstützt wurden). Das bedeutet, dass sich die Bevölkerung nun bestechlichen und völlig amoralischen einheimischen Diktatoren anstelle von fremden Unterdrückern ausgesetzt sieht, wobei erstere oft noch brutaler auftreten als die alten Kolonialherren. Hinzu kommt, dass von den ehemaligen Kolonialmächten (nicht nur in Afrika, sondern auch im Nahen Osten) oftmals ohne Rücksicht auf die ethnische Zusammensetzung der betreffenden Regionen willkürlich Landesgrenzen festgelegt wurden, was zu fürchterlichen inneren Konflikten geführt hat (man denke etwa an das Kurdenproblem oder die Situation der Palästinenser im Nahen Osten). Durch diese Umstände und wegen einer ziemlich verfehlten Afrika- und Nahost-Politik des Westens haben wir es jetzt mit einer Reihe von Failed States zu tun, die von inneren Zerwürfnissen, religiösen Machtkämpfen und sogar blutigen Bürgerkriegen[75] heimgesucht sind.

---

[74] https://www.spiegel.de/ausland/china-annalena-baerbock-kuendigt-haerteren-kurs-gegenueber-der-volksrepublik-an-a-2457fb2c-3d81-49ab-8a8b-53f1b8134a71,   zuletzt aufgerufen am: 25.5.2024.

[75] Eine der schlimmsten Humankatastrophen der letzten Zeit, die aus dem Konflikt zweier verschiedener Ethnien innerhalb eines afrikanischen Staates erwuchs, war der Völkermord der Huti an den Tutsi in Ruanda im Jahre 1994.

Das Versagen der Entwicklungshilfe-Politik hat seine Ursache auch darin, dass finanzielle Leistungen oft notgedrungen an die Regierungen der afrikanischen Länder überwiesen wurden, statt Projekte an der Basis (etwa die sogenannten Graswurzelbewegungen) oder den direkten Bau von Schulen mit kommunaler Initiative zu fördern. Aber selbst diese sind oft genug von eifernden religiösen Rebellen oder einfach aus Unbildung zerstört worden.[76] Ein wesentliches Hindernis für den sinnvollen und effektiven Einsatz der Entwicklungshilfemittel ist die grassierende Korruption, die einen großen Teil der finanziellen Unterstützung aus dem Ausland in dunklen Kanälen versickern lässt. Nicht umsonst zählt die Subsahara-Region als die bestechlichste Region der Welt.[77] Einer der verstörendsten Fälle war Sese Seko Mobutu, der Diktator der Republik Kongo (von 1971 bis 1997 ‚Zaire‘), der vom Westen nach der Ermordung Lumumbas installiert und hofiert wurde und der sein Land in brutalster Weise regiert und ausgeraubt hat.[78] Angeblich verkauften seine Generäle sogar Mirage-Flugzeuge der kongolesischen Luftwaffe, und er selbst bunkerte Milliarden von Franken auf Schweizer Banken.

Selbst beim Einsatz von privaten Zuwendungen an Entwicklungsländer wird im guten Wollen Schaden angerichtet. So nehmen Kleiderspenden in Afrika den kleinen einheimischen Unternehmen die Existenzgrundlage (wer kauft sich schon eine Jeans bei der lokalen Schneiderin, wenn er diese kostenlos aus einer Kleidersammlung bekommen kann). Sogar wohlmeinende ‚Fair-Trade‘-Projekte, bei denen z.B. armen Bauern der Verkauf ihrer eigentlich überteuerten Bananen- oder Kaffeeernte ermöglicht werden soll, sind ambivalent zu bewerten (das betrifft auch Süd- und Mittelamerika). Einerseits gibt es diesen Menschen überhaupt die Chance, etwas Geld zu verdienen und gegenüber einer übermächtigen Agrarindustrie zu bestehen. Andererseits wird dadurch eine ineffiziente Landwirtschafts-Produktion am Leben gehalten, die auf immer von Subventionen abhängig sein wird. Aus all diesen nicht korrigierten Fehlern der Vergangenheit resultiert ein perpetuiertes Elend in den Entwicklungsländern, woraus wiederum ein enormer Migrationsdruck auf Europa bzw. auf Amerika entsteht.

Es ist höchste Zeit, die ineffektive, ja in Teilen sogar schädliche Entwicklungshilfe-Politik neu auszurichten und insbesondere das Prinzip ‚Hilfe zur Selbsthilfe‘ vor Ort durchzusetzen. Es macht wenig Sinn, das Geld selbstherrlichen Potentaten zu überweisen, ohne zu verhindern, dass ein großer Teil der fi-

---

[76] https://taz.de/Ueberfall-auf-eine-Schule/!5941350/, zuletzt aufgerufen am: 14.3.2024.

[77] https://www.subsahara-afrika-ihk.de/blog/2021/02/15/korruptionsindex-subsahara-afrika-bestechlichste-weltregion/, zuletzt aufgerufen am: 25.4.2024.

[78] https://www.dw.com/de/k%C3%B6pfe-der-region-dieb-diktator-liebling-des-westens-mobutu/a-4015901, zuletzt aufgerufen am: 25.4.2024.

nanziellen Mittel schon vorher in einer überdimensionierten Entwicklungshilfe-Bürokratie bei uns versickert und der Rest zu politischen Zwecken - etwa zu Einflussnahme auf Wahlen - im Nehmerland missbraucht wird. Durch falsch eingesetzte Entwicklungshilfe kann die Not am Ende noch größer sein als ohne dieselbe, und ohne ausreichende Kontrollmechanismen wird vor Ort die Verteilung der Hilfsgüter sogar noch den lokalen Diktatoren zugute kommen.[79]

So traurig es auch ist, bei vielen humanitären Projekten (nicht nur in der Entwicklungshilfe) gibt es auch eine dunkle Seite, da dort nicht nur Wohltäter unterwegs sind, wie der Skandal bei der Hilfsorganisation Oxfam gezeigt hat, der nach Meinung der Deutschen Welle nur die Spitze des Eisbergs darstellt.[80] Und schließlich ist zu vermuten, dass manche ‚Helfer' vor Ort eher auf einem Ego-Trip sind, als dass sie die nötige Qualifikation für ihren im Grunde wichtigen und achtenswerten Job mitbringen würden.[81]

In Anbetracht des aktuellen Ukraine-Konflikts sind die politischen Auseinandersetzungen und Glaubenskämpfe in der muslimischen Welt schon fast aus dem Blickfeld der Medien verschwunden. Sie sind zum einen Folge des revolutionären Aufbruchs in **Nordafrika** und **Nahost** (der sogenannten ‚Grünen Revolution'), zum anderen wurden sie verschärft durch die Intervention der westlichen Welt, der Türkei und Russlands. Außerdem darf man den schon lange schwelenden Konflikt zwischen Sunniten und Schiiten nicht vergessen, der sich vor allem in der alten Rivalität zwischen dem Irak und dem Iran widerspiegelt. Insbesondere der Syrien-Krieg hat ähnlich wie der weiter zurück liegende Libanonkrieg und die Kriege zwischen Israel und Palästinensern riesige Flüchtlingsströme ausgelöst, von denen sich viele nach Europa und Deutschland ergossen haben. Das Tragische in Syrien ist die Tatsache, dass dort nicht nur innersyrische Konflikte ausgetragen werden, sondern gleich mehrere Militärmächte (Russland, die Türkei und die USA) interveniert haben. Damit sind diese gewalttätigen Auseinandersetzungen, auch der zwischen Kurden und Türken, von unmittelbarer Auswirkung auf unsere innenpolitische Situation (s. hierzu Kap. 5).

Den vorläufigen und besonders beängstigenden Höhepunkt des Nahostkonflikts bildet der brutale Überfall der Terrororganisation Hamas im Oktober 2023 auf Israel einschließlich der Gefangennahme und Verschleppung von über 200 Geiseln aus dem In- und Ausland, was zu einem entsprechend harten

---

[79] https://www.stern.de/stiftung/kinakoni/entwicklungshilfe–warum-sie-auch-zu-mehr-hunger-fuehren-kann-30483766.html, zuletzt aufgerufen am: 5.11.2023.

[80] https://www.dw.com/de/die-h%C3%A4ssliche-seite-der-entwicklungshilfe/a-42867259, zuletzt aufgerufen am: 5.11.2023.

[81] https://www.tichyseinblick.de/kolumnen/aus-aller-welt/entwicklungshilfe-als-jugendspass-huetten-bauen-in-afrika/, zuletzt aufgerufen am: 5.11.2023.

Gegenschlag der israelischen Armee auf den dichtbesiedelten Gazastreifen geführt hat. Der Widerhall dieser Ereignisse erstreckt sich bis nach Deutschland und manifestiert sich in Demonstrationen mit antisemitischen Hetzparolen und gewalttätigen Ausschreitungen von muslimischen Einwanderern in deutschen Städten wie Essen und Berlin. Das Erschreckende an den letztgenannten Ereignissen ist die Tatsache, dass der deutsche Staat trotz jahrzehntelanger Warnungen (s. Kap. 8) ziemlich hilflos der migrantischen Gewalt gegenübersteht und sich einer seit 1945 nicht mehr dagewesenen Gefährdung von Juden und jüdischen Institutionen durch einen importierten Antisemitismus erwehren muss.[82] Der Deutschlandfunk versucht diese Tatsache geradezu krampfhaft zu umgehen und in seinem Bericht über Antisemitismus in Deutschland unter Berufung auf die dubiose linke Amadeu-Antonio-Stiftung schnell den Bogen zur AfD und zu den Rechten zu spannen, um dort völlig unberechtigt den Antisemitismus zu verorten.[83]

Vor dem Hintergrund der bisherigen **Auslandseinsätze der Bundeswehr** ist in jedem einzelnen Fall die Sinnfälligkeit und die Auswirkung auf deutsche Interessen neu zu durchdenken. Allein der Afghanistan-Einsatz hat Kosten in Höhe von 12 Milliarden Euro verursacht und 59 Tote bei der Bundeswehr zur Folge gehabt. Hier muss man ein totales Versagen der Bundesregierung und insbesondere der Kanzlerin, des damaligen Außenministers und der Verteidigungsministerin im Zusammenhang mit dem Debakel des Abzugs der Truppen und Zivilkräfte aus Afghanistan im August 2021 konstatieren. Keiner von denen wurde zur Verantwortung gezogen; sie haben sich alle aus dem Staube gemacht. Jetzt versucht man es mit der Ausrede: „Wir alle, auch die Alliierten, haben uns über die Geschwindigkeit des Zusammenbruchs der afghanischen Regierung und deren regulärer Armee getäuscht". Die Kanzlerin beging sogar die Dreistigkeit, auf das Sprichwort hinzuweisen, dass hinterher immer alle schlauer seien. Nein, man hätte rechtzeitig auf Auslandsjournalisten vom Kaliber eines Peter Scholl-Latour, auf Berichte verschiedener Botschaften und auf private Sicherheitskräfte hören sollen. All diese Leute haben längst auf die massive Korruption in Afghanistan und die Unzuverlässigkeit der Regierungs-Soldaten hingewiesen. Obwohl in diesen Kreisen schon vor Jahren das Sprichwort kursierte, „einen Afghanen kauft man nicht, man mietet ihn",[84] wundern sich diese auf der ganzen Linie versagenden Politiker,

---

[82] https://www.bz-berlin.de/deutschland/experten-warnen-haben-hunderttausende-antisemiten-reingelassen, zuletzt aufgerufen am: 6.11.2023.

[83] https://www.deutschlandfunk.de/antisemitismus-102.html – Dabei weiß jeder, dass auf den gewalttätigen antijüdischen Demos der Hamas-Sympathisanten in Deutschland eher linke Aktivisten zu finden sind als AfD-Anhänger, zuletzt aufgerufen am: 19.11.2023.

[84] https://taz.de/Kollabierte-Armee-in-Afghanistan/!5792354/, zuletzt aufgerufen am: 25.4.2024.

dass eine bestens mit Milliarden-Aufwand ausgerüstete Armee, die viele Jahre von den westlichen Alliierten ausgebildet wurde, einfach vor einer Truppe von Taliban-Kriegern in Sandalen und motorisiert mit Pick-ups schlicht davongelaufen ist. Das ist ohne eine tiefe Abscheu in der afghanischen Bevölkerung gegenüber den westlichen Besatzern auf ,islamischem' Boden, eine Verachtung gegenüber der eigenen Regierung und eine gewisse Sympathie gegenüber den Glaubensbrüdern (den Taliban) nicht zu erklären. Es sei nur daran erinnert, dass der ehemalige Präsident Ghani am Tag vor dem Einmarsch der Taliban in Kabul dem amerikanischen Außenminister noch versichert hat „er werde bis zum Tod kämpfen", um sich am nächsten Tag klammheimlich mit Koffern voll Geld ins Ausland abzusetzen. Aber auch solche Dinge wurden von Kennern des Landes bereits vorhergesagt, nur unsere Geheimdienste konnten so etwas nicht ahnen.[85] Der Selbstbetrug ging sogar so weit, dass man lange Zeit gar nicht wagte, von einem Krieg zu sprechen, und der Verteidigungsminister der rot-grünen Regierung, welche 2001 die Beteiligung am Afghanistaneinsatz beschlossen hatte, behauptete sogar, dass Deutschland am Hindukusch verteidigt werde.[86] Als Spätwirkung der verfehlten Afghanistanpolitik des Westens sind uns kaum einlösbare Verpflichtungen gegenüber den mit NATO-Truppen kooperierenden Afghanen entstanden, ganz abgesehen von den Schwierigkeiten bei der Abschiebung von kriminell gewordenen Afghanen in ein von den Taliban beherrschtes Land, s. Kap. 8.

---

[85] https://www.youtube.com/watch?v=LRWi6jn7yuQDer   und
https://www.faz.net/aktuell/politik/ausland/ghanis-flucht-aus-kabul-ein-hubschrauber-voller-geld-17499600.html, zuletzt aufgerufen am: 25.4.2024.
[86] https://www.bundesregierung.de/breg-de/service/bulletin/rede-des-bundesministers-der-verteidigung-dr-peter-struck–784328, zuletzt aufgerufen am: 14.3.2024.

Kapitel 5

Das innenpolitische Trauerspiel – ein sich anbahnendes Desaster in Deutschland

Betrachtet man die innenpolitische Situation in Deutschland, so muss dies jeden mit Sorge erfüllen, der sein Vaterland mit all seinen Vorzügen und Schwächen achtet und wertschätzt.[1] – Eine ehrliche Bestandsaufnahme ergibt kein gutes Bild: Inzwischen ist eine deutliche Erosion demokratischer Grundprinzipien zu verzeichnen und ein allgemeiner Werteverfall ist nicht mehr zu übersehen (s. Kap. 2). Die Meinungsfreiheit wurde in einem früher nicht vorstellbaren Maß ausgehöhlt, und unabhängige kritische Medien sind rar geworden, s. Kap. 6; die Gesellschaft ist gespalten wie nie zuvor (s. Kap. 13), und die strikte Trennung von Exekutive und Legislative sowie ein gut funktionierender Rechtsstaat sind nicht mehr voll gewährleistet (s. Kap. 12). Und, last not least, die einst wirtschaftlich führende Macht in Europa befindet sich aufgrund der sich überall, sogar bis in höchste Regierungskreise ausbreitenden Negativelten in einem stetigen gesellschaftlichen, ökonomischen und energiepolitischen Niedergang (s. Kap. 15).

Ganz gefährlich für ein demokratisches Gemeinwesen ist das Gefühl vieler Bürger, nicht mehr wahrgenommen zu werden und sich von keiner Partei mehr vertreten zu fühlen, was etwa in der Wahlbeteiligung von knapp über 50% bei der Landtagswahl in NRW (immerhin dem bevölkerungsreichsten Bundesland) im Jahr 2022 sichtbar wurde. Es ist der Eindruck entstanden, dass - ganz gleich, was man wählt - im Ergebnis immer eine links-grün-orientierte Koalition (manchmal mit etwas schwarzen oder gelben Einsprengseln) herauskommt. Selbst die ehemals konservative Union ist kaum noch von den Grünen zu unterscheiden, und das Profil der FDP ist schon gar nicht mehr zu erkennen (sie wird von vielen nur noch als ‚Umfallerpartei' wahrgenommen). Die Verrohung der politischen Sitten (nicht nur an den politischen Rändern, s. Kap. 13) wird begleitet von der zunehmenden Pseudo-Moralisierung einer selbstgefälligen, sich anmaßend als ‚demokratisch' bezeichnenden links-grünen Mitte. Das Erschreckende ist, dass die Diffamierer ihrer Gegner nicht einmal mer-

---

[1] Ich weiß, dass diese Meinung von Leuten, die den Begriff „Vaterland" zum Kotzen finden, nicht geteilt wird.

ken, dass sie diejenigen sind, die durch Ausgrenzung und Herabwürdigung aller Andersdenkenden die Demokratie am stärksten untergraben, s. hierzu das Voltaire-Zitat weiter unten.[2]

In dem ganzen Geschehen ist an die Stelle eines rationalen (durchaus scharfen) Argumentierens die moralisierende Herabsetzung des politischen Konkurrenten mit Framing und Wortverdrehungen getreten, s. Kap. 7 und 10. Hinzu kommt, dass sich die größten Parteien in ihrem politischen Profil kaum noch unterscheiden und die randständigen Parteien sich zunehmend selbst marginalisieren (das betrifft insbesondere die Partei ‚Die Linke' nach der Abspaltung der Wagenknecht-Gruppe). Viele Bürger finden deshalb in den etablierten Parteien keine ihnen gemäßen politischen Repräsentanten mehr oder sind einfach ratlos, wen sie wählen sollen.[3] Ja selbst innerhalb der alten ‚Volksparteien' ist die Bodenhaftung verloren gegangen, und es tut sich eine tiefe Kluft zwischen Basis und Funktionsträgern auf, was sowohl schon während der CDU-Regionalkonferenzen 2020 und bei der Auswahl des gemeinsamen Kanzlerkandidaten für die CDU/CSU zu beobachten war als auch neuerdings bei den Grünen und der FDP festzustellen ist.[4] Durch den Zerfall der Linkspartei erhebt sich die Frage, ob diese überhaupt noch gebraucht wird. Eine weitere Splitterpartei noch grüner und noch röter als die Grünen (gewissermaßen als die „besseren Grünen", wie es die Tagesschau formulierte und der letzte Parteitag sinngemäß forderte), wird höchstwahrscheinlich keine Chance haben, wieder in den Bundestag einzuziehen.[5]

Die Konsequenz aus dem Versagen des heute als ‚Blockparteien' wahrgenommenen politischen Lagers (CDU, FDP, Grüne, Die Linke, SPD) ist ein unaufhaltsames Erstarken der AfD, was erstere ziemlich ratlos dastehen lässt. Ob sie die von ihnen selbst errichtete und alles lähmende ‚Brandmauer gegen Rechts' auch noch aufrecht erhalten können, wenn die AfD zumindest in einigen Bundesländern bei den Wahlen über 30% der Stimmen oder gar die Mehrheit gewinnt, ist sehr fraglich. – Zu der allgemein wachsenden Politikverdrossenheit kommt noch die fortschreitende Aushöhlung der Rolle des Parla-

---

[2] Es gibt übrigens einen einfachen Lackmustest, der ‚Demokraten' von ‚Nichtdemokraten' unterscheidet: Diejenigen, die sich selbst das Prädikat ‚demokratisch' zuschreiben und dasselbe dem politischen Gegner aberkennen, sind die tatsächlichen Feinde der Demokratie.

[3] Wobei noch erschwerend hinzukommt, dass der alte Begriff der ‚Volkspartei' als politische Heimat vieler Wähler praktisch inhaltsleer geworden ist, und das nicht nur wegen schwindender Mitgliederzahlen, s. [83, S. 251].

[4] https://www.faz.net/aktuell/politik/inland/gruenen-parteitag-in-karlsruhe-voller-unmut-basis-uebt-kritik-vorstand-19316438.html bzw. https://www.bild.de/politik/inland/politik-inland/offener-brief-der-partei-basis-die-fdp-soll-raus-aus-der-ampel-85911876.bild.html, zuletzt aufgerufen am: 21.11.2023.

[5] https://www.tagesschau.de/inland/innenpolitik/linke-parteitag-146.html, zuletzt aufgerufen am: 21.11.2023.

ments, das eine gesunde Streitkultur kaum noch erkennen lässt. Mit Ausnahme der AfD gibt es im Bundestag auch keine sichtbare Opposition zur Regierung mehr, die diesen Namen verdient, weshalb sie auch atemberaubende Zuwächse an Unterstützern zu verzeichnen hat. Viele grundlegende Beschlüsse des Bundestags, wie etwa die Corona-Maßnahmen (s. Kap. 16) oder die Beschlüsse zu einer extrem hohen Neuverschuldung, die noch ganze Nachfolgegenerationen betreffen, wurden von den ‚Blockparteien' einfach ohne längere Auseinandersetzungen durchgewinkt. Dabei übt sich die einst als Wächter der Finanzstabilität gerierende FDP in echt kreativer Wortverdrehung; ihr Finanzminister hat es doch fertig gebracht, eine riesige Verschuldung zur Sanierung der Bundeswehr als „Sondervermögen" umzudeklarieren (inzwischen gibt es fast dreißig solcher Schattenhaushalts-Posten, s. Kap. 15).

Wir haben es heute nicht nur mit einer aufgeblähten Bürokratie und einem überdimensionierten Parlament mit teilweise unqualifizierten Mitgliedern zu tun, was an sich schon zu einer Ineffektivität des Staates und einer unerträglich hohen Staatsquote führt. Es gibt auch noch eine weitgehend intransparente Verflechtung von Exekutive und NGOs, wobei letztere (fürstlich alimentiert) immer mehr zum verlängerten Arm der Regierung mutieren. Die enge Zusammenarbeit der NGOs und der Regierungsmitglieder mit den Stiftungen der ihnen nahestehenden Parteien ist für den Bürger nicht mehr zu durchschauen und führt zu einer Art Schattenregierung oder zu dem bereits erwähnten Staat im Staate (dem ‚Deep state'). Und diesen Filz möchte die Innenministerin noch als Kennzeichen einer gut funktionierenden ‚Zivilgesellschaft' verkaufen! Hinzu kommt der ausufernde Einsatz von Gutachtern zum Herbeiziehen zusätzlicher Expertise, die in den Ministerien offensichtlich nicht ausreichend vorhanden ist. So gut manches Anliegen auf den ersten Blick klingen mag, verbirgt sich dahinter in Wirklichkeit „die Übernahme der politischen Aufgaben gewählter Parlamentarier durch demokratisch nicht legitimierte Lobbygruppen".[6] Sich als gemeinnützig gebende Stiftungen und NGOs, die in Wirklichkeit eine klare politische Agenda verfolgen, erhalten insgesamt staatliche Fördermittel in Höhe von ca. 600 Mio. Euro, deren Verwendung kaum kontrollierbar ist. Durch die unübersehbare Parteinähe dieser Institutionen kann man ohne Übertreibung von einer verdeckten Parteienfinanzierung sprechen.[7] Dadurch werden absolut undurchschaubare Netzwerke geschaffen, zumal diese Institutionen ihrerseits Politikern wieder Stipendien und Fördergelder zukommen lassen. So hatte etwa die grüne Böll-Stiftung der nunmehrigen Außenministerin eine Pro-

---

[6] https://www.tichyseinblick.de/kolumnen/spahns-spitzwege/der-unaufhaltsame-umbau-zur-ngo-herrschaft/amp, zuletzt aufgerufen am: 25.4.2024.

[7] https://www.lto.de/recht/hintergruende/h/finanzierung-parteinah-stiftungen-organstreit-bverfg/, zuletzt aufgerufen am: 25.4.2024.

motionsförderung gewährt, wobei letztere nicht einmal schlüssig nachweisen konnte, dass sie dafür eine adäquate Leistung erbracht hätte.[8] Sie hat dann ja auch das Promotionsvorhaben erfolglos aufgegeben. Obwohl diese Affäre zur Zeit ihrer Kanzlerinnen-Kandidatur ziemlichen Staub aufgewirbelt hatte, waren alle gegen sie erhobenen Vorwürfe (s. hierzu Kap. 2) - obwohl sie vollkommen berechtigt waren -in den Wind geschrieben.[9] Von der neuen Ampelregierung wird bewusst eine Durchdringung des Regierungsapparates mit ‚Aktivisten‘ aus sehr umstrittenen NGOs verstärkt vorangetrieben.[10] Ein Beispiel aus letzter Zeit für das Eindringen von NGOs in die Regierung war die Graichen-Affäre (s. Kap. 13) und die Ernennung der Greenpeace-Chefin zur Staatssekretärin im Außenministerium. Der Amerikanerin musste dafür sogar in Windeseile die deutsche Staatsbürgerschaft verliehen werden.[11]

Unter den Etiketten ‚Antirassismus‘, ‚Demokratieförderung‘, ‚Gendergerechtigkeit‘ o.ä. werden für den Bürger nicht mehr nachvollziehbare Unmengen an Steuergeldern (also von der Allgemeinheit eingezogene Beiträge) für ganz spezielle, meist im links-grünen Spektrum liegende NGOs ausgegeben. Nur der der AfD nahe stehenden Erasmus-Stiftung werden mit fadenscheinigen Gründen Fördermittel verweigert, was im Klartext bedeutet, dass die Regierungsparteien staatliche Mittel (die also von **allen** Steuerzahlern, auch von AfD-Mitgliedern bzw. Anhängern, erarbeitet wurden) für ihre parteipolitischen Zwecke und zum Kampf gegen ihre politischen Gegner einsetzen. Als typische Beispiele für die politische Schräglage von Stiftungen seien nur die umstrittene Amadeu-Antonio-Stiftung (AAS) und die Bertelsmann-Stiftung angeführt. Eine besonders unrühmliche Rolle spielt dabei die extrem linkslastige AAS, mit ihrer als IM der Stasi enttarnten Chefin Kahane.[12] Sie verwendet die staatlichen Fördergelder mit wohlwollender Duldung der Regierung zum Kampf gegen Rechts und alles was sie darunter versteht, worauf wir in Kap. 7 noch detaillierter eingehen werden.

Die politische Neutralität der Bertelsmann-Stiftung, die von ihr selbst behauptet wird, ist mehr als strittig, nimmt sie doch oft in fragwürdiger Weise Einfluss auf die politische Meinung. Auch die Qualität ihrer Studien, wie die

---

[8] https://www.tagesspiegel.de/politik/mit-mehr-als-40-000-euro-boell-stiftung-finanzierte-baerbocks-promotionsversuch/27395722.html, zuletzt aufgerufen am: 25.4.2024.

[9] Wen wundert's? - Wurde doch der erforderliche Persilschein bezüglich des für das Stipendium zu erbringenden Arbeitsaufwands von Frau Baerbock just von der durch die Grünen geförderten Böll-Stiftung selbst ausgestellt.

[10] Inzwischen haben sich nicht nur nach v. Weizsäcker die Parteien den Staat zur Beute gemacht, sondern sie werden in diesem Punkt auch noch von den NGOs übertroffen.

[11] https://www.berliner-zeitung.de/news/baerbock-will-greenpeace-chefin-als-staatssekretaerin-li.210733, zuletzt aufgerufen am: 25.4.2024.

[12] https://hubertus-knabe.de/der-fall-kahane/, zuletzt aufgerufen am: 25.4.2024.

über Populismus [78] ist stark kritikwürdig, zumal man die getroffenen Aussagen schon fast als demagogisch bezeichnen muss. Obwohl der zum Kampfbegriff mutierte Terminus ‚Populismus‘ dringend einer sauberen Klärung bedürfte, wird die genannte Studie ihrem Anliegen nicht gerecht. Als Beleg soll ein Zitat aus diesem Oeuvre dienen, loc. cit. S. 8: „Kennzeichnend für Populisten ist deshalb ihre Kritik am personellen und institutionellen Establishment der Gesellschaft“. Das greift eindeutig zu kurz und ist zudem irreführend. Danach wäre einerseits ein vom ‚institutionellen Establishment‘ selbst ausgeübter Populismus per definitionem ausgeschlossen (die würden einen Teufel tun, sich selbst zu kritisieren). Und andererseits kann nach dieser ‚Definition‘ jede Kritik am Establishment und damit jede oppositionelle Äußerung als Populismus abgetan werden (was ja tatsächlich auch ständig geschieht). Interessanterweise wird ein entscheidendes Merkmal in den dort so genannten „drei Dimensionen“ des Populismus, darunter die eben erwähnte ‚Anti-Establishment-Haltung‘, überhaupt nicht erwähnt. Nämlich, dass Populisten einfache Lösungen für komplexe Probleme vorschlagen, welche die breite Masse gern hört. Oder, dass Dinge wohlfeil versprochen werden, von denen eigentlich jeder einigermaßen analytisch denkende Mensch sofort sieht, dass sie so nicht realisierbar sind. Gerade das politische Establishment liefert doch tagtäglich Beispiele für populistisches Handeln, s. die Äußerungen führender Politiker zur Asylpolitik (Migranten sind grundsätzlich eine Bereicherung, ohne Rücksicht auf deren politischen oder bildungsmäßigen Hintergrund; sie helfen den Fachkräftemangel zu beheben usw., s. Kap. 8), zur Finanzpolitik (es ist genug Geld da, in Wirklichkeit sind aber nur überreichlich Schulden vorhanden, s. Kap. 15), durch Corona wird kein einziger Arbeitsplatz verloren gehen (im Gegenteil, es sind massiv Existenzen vernichtet worden, s. Kap. 16) usw.

Die NGOs und andere regierungsnahe Stiftungen sind so wie sie finanziert werden ein Krebsschaden für einen demokratisch verfassten Staat. Das Problem besteht vor allem darin, dass mit staatlichen Geldern finanzierte Einrichtungen einseitig gegen den politischen Gegner der Regierung agieren. Das bedeutet im Klartext, dass die Opposition und ihre Wähler groteskerweise mit ihrem Steuergeld dafür bezahlen müssen, dass halbstaatlich verdeckt gegen sie vorgegangen wird. Dieser Missstand wird zusätzlich dadurch verstärkt, dass die Einflussnahme der NGOs auf das politische Geschehen weitestgehend der parlamentarischen Kontrolle entzogen ist. Letzteres trifft übrigens auch auf die ohne staatliches Mandat aber mit staatlicher Förderung in der sogenannten ‚Seenotrettung‘ tätigen NGOs zu, s. hierzu Kap. 11. Dazu kommen Heerscharen von Gleichstellungsbeauftragten, Sozialarbeitern und sogar Regionalbeauftragte für Demokratie und Toleranz,[13], die alle staatlich finanziert werden und mehr oder weniger verdeckt regierungspolitische Ziele vertreten. Für diese Verzerrung der Demokratie gibt es m.E. nur eine Lösung: Einstellung der staatlichen Finanzierung für all diese Einrichtungen. – Um kein Missverständnis aufkommen zu lassen: NGOs und andere solche Institutionen, deren Aktivitäten sich im gesetzlichen Rahmen bewegen, könnten im Prinzip durchaus als Merkmal einer engagierten „Zivilgesellschaft" gelten (wie das die derzeitige Innenministerin fälschlich als faktische Gegebenheit hinstellt), aber nur dann, wenn dieselben nicht vom Staat, sondern allein von ihren Interessenvertretern finanziert würden. Aber selbst in diesem Fall könnte deren Engagement die in die Parlamente gehörenden Auseinandersetzungen zwischen Regierung und Opposition nicht ersetzen.

Ein ernsthafte Gefahr für eine leistungsorientierte Gesellschaft ist eine irrationale Identitätspolitik verbunden mit einer sogenannten ‚Quotenregelung'. Diese konterkariert nicht nur den Leistungsgedanken, sondern führt auch zu einer Spaltung der Gesellschaft. Inzwischen gibt es zig Identitäten, die alle eine jeweils gemeinsame Verortung von Individuen in einer Gruppe mit ähnlich gelagerten Bedürfnissen und sozio-kultureller Charakterisierung bezeichnen,[14] s. hierzu auch Kap. 9. – Wenn jede dieser Gruppen (Frauen, Homosexuelle, Nicht-Weiße usw.) eine Quote bei Einstellungen, bei der Besetzung von Ämtern bis hinein in die Regierung und die Chefetagen von Konzernen in Anspruch nehmen würde, wäre nicht nur das Leistungsprinzip, sondern auch der demokratische Grundgedanke der Chancengleichheit ad absurdum geführt. Ja, es wird geradezu eine Negativauslese gefördert. Wie wir gesehen hatten, wurde die Kanzlerkandidatin der Grünen zur Bundestagswahl 2021 allein auf Grund ihrer Geschlechtszugehörigkeit in diese Position gebracht, und mehrere der heutigen Fehlbesetzungen in den Ministerien sind demselben Prinzip geschuldet.

Ein besonders schwieriges Thema in der öffentlichen Diskussion ist der Sonderstatus der Juden in Deutschland. Das liegt zum einen an der tatsächlich weiter bestehenden historischen Verantwortung dafür, dass sich Verbrechen wie der Holocaust nicht wiederholen, zum anderen aber auch daran, dass eine ewig perpetuierte ‚Schuld' der jetzt lebenden Bürger postuliert wird, die so nicht gerechtfertigt ist.[15] Eigentlich müssten die Juden in unserer Gesellschaft

---

[13] https://www.bige.bayern.de/beratung_und_bildung/km/regionalbeauftragte/index.html, zuletzt aufgerufen am: 25.4.2024.

[14] https://www.spektrum.de/lexikon/psychologie/identitaet/6968, zuletzt aufgerufen am: 25.4.2024.

[15] Die wenigen heute noch lebenden Menschen, die das Naziregime noch bewusst erlebt haben, aber selbst kaum noch als ‚Mitschuldige' bezeichnet werden können, sind über 90 Jahre alt.

heute schon eine ganz normale Stellung einnehmen (auch in der öffentlichen Wahrnehmung), wie das für jede andere Minderheit der Fall sein sollte. Dem ist aber nicht so, da ihre Besonderheit immer wieder durch ihre offiziellen Vertreter und durch die Medien hervorgehoben wird. – Eine ambivalente Rolle spielt in diesem Zusammenhang der sogenannte ‚Zentralrat der Juden‘. Bezeichnend ist, dass sich diese Interessenvertretung jüdischer Bürger zwar lautstark mit mehr oder weniger versteckten Vorwürfen gegen die Mehrheitsgesellschaft zu Wort meldet, wenn tatsächlicher (oder wie im Fall Ofarim, vermeintlicher) Antisemitismus auftritt, sich aber auffallend zurückhält, wenn es sich um den importierten muslimischen Antisemitismus handelt, s. hierzu Kap. 8.[16] Hier erhebt sich automatisch der Verdacht, dass die Ursache darin liegen könnte, dass die Migranten nicht finanziell zur Holocaust-Wiedergutmachung herangezogen werden können. Es liegt vorwiegend an diesen mehr oder weniger offiziellen Vertretern der Juden in Deutschland, dass in Teilen der Bevölkerung die ganz legitime Frage aufgeworfen wird, ob die Juden ihren Opferstatus über Gebühr ausnutzen und bewusst zeitlich unbegrenzt aufrecht erhalten wollen. Übrigens wird der Verdacht auf einen kommerziellen Missbrauch der Holocaust-Schuld von Juden selbst vorgetragen [16]. Aber schon das Aufwerfen dieser Frage wird bei demoskopischen Erfassungen und Untersuchungen bereits als ‚antisemitisch‘ abqualifiziert.[17] Das ist natürlich (wie bei anderen tabuisierten Themen auch) eine ganz raffinierte Immunisierungsstrategie, die jede Diskussion zu ‚heiklen‘ Problemen im Keim erstickt.

In unserer Gesellschaft ist sogar der Konsens darüber verloren gegangen, was ‚Demokratie‘ überhaupt bedeutet. Da bezeichnen sich Wahlverlierer, die sogar vom Souverän aus dem Parlament gekegelt wurden, als ‚Demokraten‘ und sprechen zugleich anderen neu gewählten Parlamentsvertretern deren Partei 20% bis 30% der Bevölkerung gewählt haben, das Recht ab, sich ihrerseits als solche anzusehen. Es ist klar, um welche Parteienkonstellation bzw. politischen Kontrahenten es sich hier handelt. In NRW wollte die SPD sogar einen Antrag ins Parlament einbringen, Gesetze in einer Art Generalprävention von vornherein zu verbieten, die nur mit den Stimmen der AfD zustande kommen können.[18] Auch dürfe die Wahl eines Ministerpräsidenten niemals von den

---

[16] Ein normaler Zeitgenosse kann nicht einmal beurteilen, welche Legitimation dieser ‚Zentralrat‘ überhaupt hat, für alle Juden zu sprechen. Siehe hierzu die Kritik des deutsch-jüdischen Schriftstellers Chaim Noll an dieser jährlich mit 23 Mio. Euro geförderten Institution: https://www.achgut.com/artikel/der_zentralrat_fuer_juden_wenig_hilfreich, zuletzt aufgerufen am: 23.11.2023.

[17] Es kann ja sein, dass diese Frage verneint werden muss, aber dann sollte man das mit Argumenten untermauern und nicht mit Diskreditierungen.

[18] https://www.welt.de/print/die_welt/politik/article205790225/Sozialdemokraten-in-NRW-wollen-Anti-AfD-Antrag-einbringen-und-scheitern.html, zuletzt aufgerufen am: 16.3.2024.

Stimmen der AfD abhängen. Welch ein Demokratieverständnis, Abgeordneten, die nur ihrem Gewissen verpflichtet sind, gleich per ‚Gesetz' vorzuschreiben, wie sie sich zu verhalten haben. Wohlgemerkt, die Befürworter eines solchen Antrags sind Leute, die das Prädikat ‚Demokrat' für sich reklamieren. Zwar wurde dieser ungeheuerliche Antrag bereits vom Landtagspräsidenten abgelehnt, die Frage ist aber, wie lange solche Schutzmechanismen noch funktionieren werden. – Inzwischen ist die Hemmschwelle auch in Sachen Hassrede im links-grünen Lager so weit gesunken, dass der ehemalige Grünen-Vorsitzende Sachsens und Leipziger Stadtrat, Kasek, öffentlich darüber sinnierte, ob die Stadt Pirna wegen der Wahl eines AfD-Oberbürgermeisters nicht eine Aufgabe für die Royal Air Force sei.[19] In Bezug auf Hassrede gegen ihre politischen Gegner lassen sich die Linken eben von niemanden übertreffen, ohne dass dies nennenswerte juristische Konsequenzen hätte, wie wir in Kap. 13 noch genauer sehen werden. In Angesicht dieser Schieflage ist es nicht verwunderlich, dass die AfD das Hauptopfer linker Gewalt ist, wie selbst der Bundestag auf eine Anfrage bestätigen musste.[20] Ungeachtet dessen, steht der Feind für unsere zur Neutralität verpflichteten links-grünen MinisterInnen ‚rechts'.

Mittlerweile ist eine sich ständig beschleunigende Erosion der Demokratie festzustellen, was sich u.a. auch an den gerichtlich nicht haltbaren Demonstrationsverboten im Zusammenhang mit der Corona-Krise gezeigt hat, Kap. 16. Während die Polizei mit äußerster Härte gegen ‚Querdenkerdemos' vorging,[21] ist sie angeblich nicht in der Lage, Straßenblockierer der Letzten Generation oder von Extinction Rebellion bzw. die regelmäßig eskalierenden Krawalle der Linksautonomen anlässlich des 1. Mai unter Kontrolle zu bringen, s. hierzu Kap. 12. Das Vorgehen gegen die ‚Coronagegner' oder ‚Coronaleugner' (wie die Querdenker-Demonstranten abschätzig und völlig unberechtigt in der Presse bezeichnet wurden, s. Kap. 10), kann kaum als verfassungskonform verteidigt werden, da die Proteste vor allem gegen überzogene Corona-Maßnahmen und eine bundesweite Impfpflicht gerichtet waren. Diese Protesthaltung und die vorgebrachten Bedenken haben sich nicht nur als allzu berechtigt erwie-

---

[19] Die Anspielung auf die Bombardierung Dresden am 12. und 13.2.1945, löste aber nicht etwa Entsetzen, sondern nur „Kopfschütteln" in der Presse aus. https://www.bild.de/regional/dresden/dresden-regional-politik-und-wirtschaft/nach-afd-wahl-in-sachsen-gruener-sorgt-fuer-bomber-eklat-86471242.bild.html, zuletzt aufgerufen am: 20.12.2023.

[20] https://www.bundestag.de/webarchiv/presse/hib/2019_05/644838-644838, zuletzt aufgerufen am: 29.4.2024.

[21] Schon die Bezeichnung enthält heutzutage eine Diskreditierung, obwohl der Begriff ‚Querdenker' früher durchaus einmal eine positive Konnotation hatte.

sen, sondern werden heute auch von vielen Wissenschaftlern und Politikern öffentlich geteilt (s. Kap. 16).

Die Linkslastigkeit von Politik und Mainstream-Medien, aber auch von sehr erfolgreichen Internetprojekten wie der Wikipedia (s. Kap. 13, ist kaum noch zu übersehen, obwohl das von deren Vertretern bzw. Betreibern vehement geleugnet wird. Diese Tendenz führt zu einer Verzerrung der demokratischen Meinungsbildung und der rechtsstaatlichen Verhältnisse, s. hierzu Kap. 7 und 12. In den ÖRM gibt es kaum noch einen Vertreter, der konservative Werte vertritt.[22] Im DLF werden z.B. auf der einen Seite unliebsame Politiker nur mit Zusatztiteln wie ‚Rechtspopulist‘ eingeführt, auf der anderen Seite erhalten links-grüne Kriminelle wie die Autobahnblockierer von Politikern und Presseleuten den Ehrentitel ‚Aktivist‘. Bemerkenswert ist auch, dass nach einer Umfrage 92 Prozent der Volontäre der ARD links-grün wählen, was für die Ausgewogenheit der zukünftigen Berichterstattung nichts Gutes verheißt.[23]

Zwischenzeitlich hatte sich sogar der einst als konservativ geltende CDU-Vorsitzende Merz in geradezu peinlicher Weise bei den Grünen angebiedert, was leicht zu durchschauen war. Von diesem Irrweg hat er sich erst wieder verabschiedet, als die Katastrophe der grünen Wirtschaftspolitik selbst von ihm nicht mehr ignoriert werden konnte. Er lag gewissermaßen auf der Lauer, um für ein schwarz-grünes Bündnis bereitzustehen, wenn die Ampel scheitern sollte. Neuerdings strebt er wahrscheinlich eher ein schwarz-rotes Bündnis an, obwohl doch die SPD und ihr Kanzler mit seiner Richtlinienkompetenz für das Versagen der Ampelregierung hauptverantwortlich sind. Während Merz stets Abstand zur Werteunion gehalten hat - die übrigens als Gruppierung innerhalb der CDU kaum noch sichtbar ist und sich bereits als eigene Partei abgespalten hat - bezeichnet er seine politischen Gegner von der AfD schon gern mal als „Gesindel“.[24] Durch das Errichten einer ‚Brandmauer‘ zur AfD hat Merz die CDU in eine regelrechte Sackgasse manövriert, indem sie sich eines potentiellen Koalitionspartners beraubt. Selbst wenn man das Zusammengehen mit dieser Konkurrenz nicht will, ist es äußerst unklug, dasselbe im politischen Spiel gegenüber den anderen Parteien von vornherein öffentlich auszuschließen. Damit verliert die CDU ein Druckmittel gegenüber anderen möglichen Koalitionspartnern nach einer Wahl, engt ihren Gestaltungsspielraum gewaltig ein und signalisiert den Wählern, wenn ihr uns wählt, bekommt ihr Schwarz-

---

[22] https://www.focus.de/politik/meinung/rubriken-ein-hoher-ard-mann-bestaetigt-die-linkslastigkeit-seiner-sender_id_167840460.html, zuletzt aufgerufen am: 23.11.2023.

[23] https://www.welt.de/debatte/kommentare/plus219289186/Oeffentlich-Rechtliche-Ausgewogene-Berichterstattung-92-Prozent-der-ARD-Volontaere-waehlen-gruen-rot-rot.html, zuletzt aufgerufen am: 25.4.2024.

[24] Welch ein kultivierter Sprach- und Politikstil für einen ‚christlichen‘ Politiker. https://www.youtube.com/watch?v=rYk7ngIHuJo, zuletzt aufgerufen am: 25.4.2024.

Grün, Schwarz-Rot oder was auch immer. Aber genau das wollen viele Wähler nicht und stärken immer weiter die AfD. Anstatt sich zu überlegen, was die AfD so stark macht und die SPD so schwach, sollte man sich überlegen, was die SPD falsch macht. In welche Angst die SPD-Politiker aufgrund der starken Umfragewerte der AfD von über 30% in Ostdeutschland vor den Wahlen im Herbst 2024 in drei Bundesländern verfallen sind (in Sachsen liegt die SPD nur noch knapp über der 5% Hürde), zeigt das Sinnieren der SPD-Vorsitzenden und anderer Spitzenpolitiker über ein AfD-Verbot. Sieht so deren Demokratieverständnis aus? Der ehemalige SPD-Minister Gabriel, rät sogar seiner Partei aus Sorge vor der AfD, in Sachsen 2024 die CDU zu wählen, was einer Selbstaufgabe der einst so stolzen Arbeiterpartei gleichkommt.[25]

Die weitgehende Isolierung der AfD und ihr Ausschluss aus der öffentlichen Diskussion kann man nur als verfassungswidrige Parteiendiskriminierung bezeichnen, s. Art. 3 (3) GG. Ja, ein als moralischer Saubermann auftretender politisierender Pianist hat sich sogar dazu verstiegen, den AfD-Mitgliedern öffentlich das Menschsein abzusprechen. Was für eine Verrohung der Sprache und des Umgangs miteinander, s. Kap. 10! Welches Recht nimmt sich insbesondere die CDU heraus, das Attribut ‚Christlich‘ im Namen zu führen, wenn sie sich in der politischen Auseinandersetzung übelster sprachlicher Entgleisungen schuldig macht (s. oben und auch die verbalen Attacken des ehemaligen Generalsekretärs der CDU, Pofalla, gegen seine eigenen Parteikollegen).[26] Durch die ständig steigenden Umfragewerte der AfD (zwischen 20% im Westen und 30% im Osten Deutschlands) ist auch die CDU regelrecht in Panik geraten. Der ehemalige Innenminister De Maiziére, unter dessen Kirchentagspräsidentschaft 2023 Parolen wie „Gott ist queer" verkündet wurden (s. Kap. 11), zeigte sich „richtig wütend" darüber, „dass eine ostdeutsche Landbevölkerung, die eher illiberal ist, was Homosexualität und so weiter angeht, eine Frau toll findet, die lesbisch ist".[27] Welch ein bigottes und beschämendes Pharisäertum von Leuten, die den Kirchentag am liebsten in eine grüne LGBTQ-Veranstaltung umwandeln möchten.

Die Grünen haben sich längst als Verbotspartei etabliert (Ausstieg aus Kohle und Atomstrom, Abschaffung von Eigenheimen, Abschaffung von Verbrennungsmotoren usw.) und sind, wie wir noch sehen werden, die eifrigsten Vertreter der Political Correctness bzw. eines militanten Feminismus verbunden

---

[25] https://www.tagesschau.de/inland/regional/nordrheinwestfalen/wdr-gemeinsam-gegen-die-afd-ex-spd-chef-gabriel-fordert-parteiuebergreifenden-widerstand-100.html,   zuletzt aufgerufen am: 8.1.2024.

[26] https://de.wikipedia.org/wiki/Ronald_Pofalla#Verbale_Entgleisungen,   zuletzt aufgerufen am: 25.4.2024.

[27] https://www.tichyseinblick.de/meinungen/thomas-de-maiziere-markus-lanz-cdu/,   zuletzt aufgerufen am: 30.4.2024.

mit einer ausgesprochenen Quotenmanie.[28] Das links-grüne Lager ist wesentlich mitverantwortlich für die Einschränkung des öffentlichen Diskurses und der Meinungsvielfalt, s. Kap. 6. Jeder, der nicht die politischen Auffassungen dieser diffusen Gruppierung teilt, wird als ‚Rassist‘, ‚Rechter Troll‘ oder gar ‚Nazi‘ diffamiert, um nur einige ihrer Kampfbegriffe zu zitieren. Sie vertreten in der Außenpolitik ein Programm: ‚Haltung und Moral gehen vor Verstand‘. Dementsprechend war die Besetzung des Postens mit Baerbock als Kanzlerkandidatin ein Kardinalfehler. Mit ihrem feschen und zugleich unbedarften Auftreten hat sie all ihre Verfehlungen (unberechtigte Inanspruchnahme von Covid-Boni, Schönung des Lebenslaufes usw.) überspielt und hat sogar das Außenministerium für sich ergattert. Wie wir noch ausführlicher belegen werden, ist die Ideologie der Grünen als Partei zum großen Teil verlogen, bieder und zum erheblichen Teil von einer ausgesprochenen Weltrettungs-Hybris geprägt, was sich vor allem in ihrem Genderfuror, s. Kap. 9, im Klimarettungswahn, s. Kap. 14, und in ihrer verheerenden Wirtschaftspolitik manifestiert, s. Kap. 15.

Die gesamte politische Haltung des links-grünen Lagers ist von totalitären Zügen geprägt, was dessen Mitglieder natürlich vehement leugnen würden. Bereits Hannah Arendt hatte festgestellt, dass es ein Kennzeichen des Totalitarismus ist, die Menschen ständig für oder gegen etwas zu mobilisieren. Jedes Problem, ob Corona-Pandemie, Klimaerwärmung oder Ukraine-Konflikt wird nicht rational angegangen, sondern zur Katastrophe hochgepuscht. Die Massen werden dabei nach Arendt in einem totalitären System nicht durch Vernunftargumente sondern durch Propaganda gewonnen [3, Kap. 11], und daran hat sich bis heute nichts geändert. Man kann sicher sein, wenn diese oder andere apokalyptischen Reiter (und sei es nur durch Gewöhnung) ihren Schrecken verloren haben, wird ein neues Bedrohungsszenario an die Wand gemalt werden.[29]

Die Grünen haben eine geradezu atemberaubende Wende vollzogen. Während sie ehedem als pazifistisch galten und als Atomkraftgegner auftraten, die bei jedem Friedensmarsch und jeder Demo gegen Kernkraft vorangingen, lassen sie sich heute von keinem Befürworter von Waffenlieferungen in die Ukraine mehr überbieten.[30] Sogar über die Weiterführung von Atomkraftwerken wurde zwischenzeitlich laut nachgedacht, als es dafür allerdings schon längst zu spät war. Langsam schien es selbst dem grünen Wirtschaftsminister

---

[28] Nicht wenige der links-grünen Parlamentarier sind nur über Listenplätze und Quotenregelung in den Bundestag gelangt.

[29] Man erinnere sich, auch in Orwells „1984" wurde vom ‚Großen Bruder‘ eine permanente Bedrohungskulisse aufrecht erhalten, für die der ständige Krieg zwischen Ozeanien, Eurasien und Ostasien die Blaupause zu einem nicht endenden Hasszustand lieferte [59].

[30] Während früher der Slogan „Schwerter zu Pflugscharen" verwendet wurde, scheint heute ihr Schlachtruf „Pflugscharen zu Schwertern" geworden zu sein.

zu dämmern, dass man mit Solarenergie und Windrädern allein die Versorgungssicherheit mit Elektroenergie nicht gewährleisten kann (von der Bewältigung einer Dunkelflaute ganz zu schweigen). Das schien aber nur ein kurzes Aufflammen rationalen Denkens zu sein.

Auch bei der moralbasierten Forderung nach Sanktionen gegenüber Mächten wie Russland und China, die vor allem Deutschland erheblich schädigen werden, s. Kap. 4, oder bei der Forderung nach Waffen großer Reichweite für die Ukraine sind die Grünen (allen voran ihre feministische Außenpolitikerin) nicht zu überbieten.[31] – Ein besonderes Verhältnis hat sich zwischen den Grünen und dem Kapitalismus entwickelt. Auf der einen Seite sind sie inzwischen zu den Favoriten derjenigen Konzerne avanciert, die in irgendeiner Beziehung zur Klimatechnik stehen (man erinnere sich an das peinliche Anbiedern des Siemenschefs an die FFF-‚Klimaaktivistin‘ Neubauer, die er am liebsten in seinen Aufsichtsrat holen wollte[32]). Auf der anderen Seite versuchen die Grünen ihr wirtschaftsfeindliches Image zu verbessern, indem sie für einen ‚Pakt zwischen Industrie und Politik‘ werben. Was das genau zu bedeuten hat, und welche Konsequenzen daraus erwachsen, werden wir in Kap. 15 noch genauer sehen.

Die Unterdrückung und Diskriminierung der eher rechts oder konservativ ausgerichteten Opposition mit staatlichen Mitteln auf allen Ebenen ist nicht mehr zu übersehen. Dies manifestiert sich zum einen in deren erschwerter Teilhabe am politischen Leben, die durch die selbsternannten ‚Demokraten‘ orchestriert wird, und in deren deutlich erkennbaren Ausschluss aus dem öffentlichen Diskurs durch die ÖRM. Zum anderen wird sogar, wie in Kap. 1 schon erwähnt, im Parlament mit sehr zweifelhaften Verfahrenstricks versucht, die Rechte der Opposition einzuschränken (s. z.B. die anhaltende Verweigerung der Position eines Bundestagsvizepräsidenten für die AfD; nicht einmal der Partei ‚Die Linke‘ wird dies verwehrt). Besonders schädlich für die Demokratie und für den inneren Zusammenhalt der Gesellschaft ist die Ausgrenzungspolitik gegenüber der AfD, weil sich diese auch gegen deren Wähler (also den Souverän) richtet, das betrifft im Osten Deutschlands jeden dritten bis vierten Wähler. Hier trifft so recht der Ausspruch von Tocqueville zu, der von der Demokratie als einer ‚Tyrannei der Mehrheit‘ sprach [12]. Ganz ähnliche Überlegungen stammen auch von J.S. Mill, der ebenfalls vor der unheiligen Allianz zwischen öffentlicher Meinung und Regierenden warnte, indem sich

---

[31] Höchstens noch von der FDP-Scharfmacherin Strack-Zimmermann. Da wirkt der als zögerlich verunglimpfte Kanzler doch geradezu als bedacht und überlegt handelnd, wobei er vielfach eher als Getriebener denn als Antreiber des Bellizismus erscheint.

[32] https://www.sueddeutsche.de/wirtschaft/siemens-kaeser-neubauer-aufsichtsrat-1.4753613, zuletzt aufgerufen am: 25.4.2024.

letztere zum Organ der Tendenzen und Instinkte der Massen machen. Dabei ist unter dem Begriff ‚die Masse‘ nicht die Gesamtheit der Gesellschaft, sondern nur ein dominierender Teil derselben zu verstehen. Und er fügt hinzu: „But they are always a mass, that is to say, collective mediocrity" [51, S. 124].

Gerade wenn eine echte Opposition fehlt oder deren Meinung in den Medien weitgehend unterdrückt wird, zeigt sich, wie wichtig eine unabhängig Presse und regierungskritische Medien überhaupt (die sogenannte Vierte Gewalt) für eine funktionierende Demokratie sind, s. hierzu Kap. 6. Dass diese ihre wichtige Aufgabe nicht mehr erfüllen, sieht man auch an der fundamentalen Krise, in der sich die ÖRM befinden.[33] Nicht nur, dass aus den Zwangsgebühren der GEZ exorbitante Gehälter an das Spitzenpersonal gezahlt werden, dieses Personal ist zudem noch korrupt, und Mitarbeiter werden nach ihrem eigenem Bekenntnis auch noch politisch unter Druck gesetzt.[34] – Mit der derzeit offensichtlich stattfindenden Diskursverengung kann eine Demokratie nicht funktionieren. Man betrachte nur die überhand nehmenden, gähnend langweiligen Talkshows, in denen nur noch selten Streitgespräche stattfinden, sondern alle im wesentlichen dasselbe sagen (sogar im weitgehenden Fernhalten der einzigen wirklichen Oppositionspartei vom Diskurs ist man sich einig), s. Kap. 6 und Kap. 7.

Wenn Mitgliedern einer regierungskritischen Partei, in diesem Fall der AfD, Verfassungsrechte verweigert werden, dann ist das eher ein Merkmal einer Diktatur und nicht einer Demokratie. Immer wieder kommt es zu Diskriminierungen, wenn etwa Mietverträge wegen der Zugehörigkeit zu einer bestimmten Partei nicht abgeschlossen bzw. gekündigt werden, was eindeutig verfassungswidrig ist.[35], s. hierzu auch Kap. 12. Gerade hinsichtlich der Haltung zu politisch unbequemen Gegnern sollten wir uns folgenden Ausspruch von Voltaire vor Augen halten, der essentiell für den Geist einer Demokratie ist: „Mein Herr, ich teile Ihre Meinung nicht, aber ich würde mein Leben dafür einsetzen, dass Sie sie äußern dürfen".[36] – Es sollte in diesem Zusammenhang auch in Erinnerung gerufen werden, dass viele politische Aussagen, die der AfD als ‚rechtslastig‘ oder gar als ‚rechtsextrem‘ vorgeworfen werden, so oder in ähnlicher Weise auch von Politikern anderer Parteien (einschließlich

---

[33] https://www.handelsblatt.com/meinung/kommentare/kommentar-ard-in-der-krise-schlaraffenland-ist-abgebrannt/28616658.html, zuletzt aufgerufen am: 16.3.2024.

[34] https://www.focus.de/kultur/medien/moderatorin-ueber-ndr-skandal-ndr-mitarbeiter-protestieren-ins-sendung-trifft-uns-bis-in-mark_id_138745715.html, zuletzt aufgerufen am: 16.3.2024.

[35] https://www.123recht.de/ratgeber/mietrecht-pachtrecht/AfD-Aktivist-als-Mieter-Anfechtung-des-Mietvertrages-durch-Vermieter-zulaessig-__a158602.html, zuletzt aufgerufen am: 16.3.2024.

[36] https://www.zitate.de/autor/Voltaire?page=3, zuletzt aufgerufen am: 16.3.2024.

der Kanzlerin) getätigt wurden.[37] Das alles hat sie dann ganz schnell vergessen, obwohl doch viele Stimmen berechtigt vor einer Beschädigung des sozialen Friedens und der inneren Sicherheit gewarnt haben (s. hierzu Kap. 12). Wie hieß doch gleich ein Parteislogan der Kommunisten stalinscher Prägung? - „Sage ohne uns nicht das Richtige, denn ohne uns ist es das Falsche"!

Ein besonderes Kennzeichen der Linkslastigkeit ist die Asymmetrie der Strafverfolgung, die wesentlich intensiver auf der rechten Seite als auf der linken stattfindet. Diese Tendenz hat sich unter der 2021 ins Amt gelangten Innenministerin mit ihrer Sympathie für die Antifa noch verstärkt. So zeichnet sich die Polizei seit Jahren durch eine geradezu bestürzende Hilflosigkeit gegenüber links-grüner Gewalt aus, s. die Nachsicht gegenüber Autobahnblockierern der Gruppe ‚Aufstand der letzten Generation‘[38] (allein der endzeitliche Name ist schon bezeichnend) oder gegenüber linken Hausbesetzern und regelmäßig wiederkehrenden Krawallen zum 1. Mai in Berlin bzw. in Problemvierteln wie Leipzig-Connewitz.[39] – Wohlwollendes Verständnis für linke Gewalt zeigt auch der ehemalige PDS-Vorsitzende und langjährige Fraktionsvorsitzende der Partei ‚Die Linke‘. Als Meister der Relativierung bemerkte er dazu, dass rechte Gewalt immer gegen die Schwachen und linke Gewalt nur gegen die Starken gerichtet sei. Andere meinen wahrheitswidrig, dass sich linke Gewalt bestenfalls gegen Sachen, nie aber gegen Menschen richten würde, was allein schon durch den Fall der Lina E. widerlegt wird (s. Kap. 12). Dazu ist zuerst einmal zu bemerken, dass das Strafgesetzbuch keine Milderung für Straftaten gegen ‚Starke‘ vorsieht. Aber auch sonst werden angesichts der physischen Gewaltakte gegen Vertreter der AfD die Tatsachen gern unter den Tisch gekehrt, s. Kap. 13 So kam es kurz vor den Wahlen in Bayern und Hessen im Herbst 2023 zu Bedrohungen und tätlichen Angriffen auf AfD-Spitzenpolitiker, was die links-grünen Kämpfer für Menschenwürde und gegen Hassrede sogar noch zur Verhöhnung der Opfer veranlasste.[40] Der ehemalige MDR-Moderator Kachelmann entblödete sich in diesem Zusammenhang nicht, dem Kovorsitzenden der AfD nach einem auf diesen verübten Anschlag überhaupt die Daseinsberechtigung abzusprechen, indem er twitterte: „Die Forderungen nach einer

---

[37] So hat die ehemalige Kanzlerin bereits auf dem 17. Parteitag der CDU 2003 auf die Gefahr von Parallelgesellschaften durch Zuwanderung und auf den Missbrauch des Asylrechts hingewiesen. Und in der FAZ hatte sie bereits 2004 geäußert, dass „die multikulturelle Gesellschaft grandios gescheitert" sei.

[38] https://www.welt.de/politik/deutschland/article236587815/Autobahn-Blockade-Klimaaktivisten-behindern-Rettungseinsatz.html, zuletzt aufgerufen am: 25.4.2024.

[39] https://www.faz.net/aktuell/politik/inland/ausschreitungen-in-leipzig-connewitz-huetchenspiel-17067023.html, zuletzt aufgerufen am: 25.4.2024.

[40] https://www.tichyseinblick.de/daili-es-sentials/linke-attacken-afd-opfer/, zuletzt aufgerufen am: 2.5.2024.

Anteilnahme am Schicksal von Herrn #Chrupalla sind abseitig" und weiter, dass „das Land [...] gewonnen hätte, wäre er nicht geboren worden".[41]

Ein besonderes Problem stellen die Politegomanen aus allen politischen Lagern dar, die eine Belastung für das politische Klima im Lande und für die Parteiendemokratie darstellen. Hier seien nur wahllos einige Beispiele genannt: Björn Höcke (AfD, Nationalistischer Selbstdarsteller), Ronald Pofalla (CDU, Rüpelhafter Pöbler), Horst Seehofer und Markus Söder (CSU, Politische Wendehälse), Ralf Stegner (SPD, Übergriffiger Linkspopulist), Juliane Nagel (Die Linke) und Katja Meier bei den Grünen (beide ausgestattet mit kaum verhüllten Sympathien für linke Gewalt).[42] Diese Egomanen sind sogar für ihre eigenen Parteien ein Problem, müssen aber letztlich in einer Demokratie bis zu einem gewissen Grade ausgehalten werden, so schwer das bei einigen auch fällt. Die große Frage ist vielmehr, warum solche Charaktere überhaupt in verantwortliche politische Positionen gelangen können. Zu einer gut funktionierenden Demokratie gehört eben auch ein politisch gebildetes und moralisch wachsames Wahlvolk, welches das Eindringen völlig ungeeigneter Personen in das Parlament oder in wichtige Staats- bzw. Parteiämter verhindert.

Der schon vor vielen Jahren angekündigte Marsch durch die Institutionen war einer der größten Erfolge der sogenannten ‚Neuen Linken‘, stellt aber langfristig einen gewaltigen Schaden für die Demokratie dar. Wichtige Positionen (nicht nur im Staat und in den Parteien, sondern vor allem auch in den sogenannten NGOs) werden immer stärker von links-grünen Gesinnungsgenossen besetzt. Das ist ein gefährlicher selbstverstärkender Effekt, denn wenn erst einige Schaltstellen fest in der Hand einer bestimmten politischen Gruppierung sind, wird sich das lawinenartig ausbreiten (s. hierzu die Aktion ‚Abendsonne‘ in Kap. 1). – Allerdings muss man auch hier fragen, was das wertkonservative Bürgertum unternommen hat, um dies zu verhindern (es hat ja sicher die Thesen der 68-er und ihrer geistigen Väter aus der Frankfurter Schule gekannt, oder etwa doch nicht?).[43]

Ein wichtiges Hindernis für die Wirksamkeit einer wahren Demokratie in Deutschland ist die Hypertrophie des Bundestags. Nicht nur, dass der Anteil

---

[41] https://weltwoche.de/daily/tv-moderator-juerg-kachelmann-ueber-afd-chef-besser-tino-chrupalla-waere-gar-nicht-geboren-worden-nach-der-einlieferung-auf-intensivstation-mitgefuehl-zeigen-sei-abseitig/, zuletzt aufgerufen am: 7.10.2023.

[42] Gerechterweise muss man feststellen, dass von dem zuerst genannten und als ‚undemokratisch‘ verschrienen AfD-Politiker zumindest keine Rechtfertigung von Gewalt zu vernehmen ist, was man von den beiden letztgenannten Politikerinnen des links-grünen Lagers nicht sagen kann. – Die derzeitige Justizministerin in Sachsen, Katja Meier, hatte dereinst sogar in einer Band lustige Lieder intoniert wie: „Advent, Advent, ein Bulle brennt".

[43] https://de.wikipedia.org/wiki/Marsch_durch_die_Institutionen, zuletzt aufgerufen am: 30.4.2024.

der für das Amt unqualifizierten Mitglieder zunimmt, unser Parlament ist sogar nach höchstrichterlichem Urteil unzulässig aufgebläht.[44] Mit seinen über 700 Mitgliedern in der 19. Wahlperiode (2017-2021) hatte es weltweit mehr Volksvertreter als fast alle anderen Parlamente (nur der chinesische Volkskongress hat noch mehr Abgeordnete, nämlich 2009).[45] – Insbesondere wird in dem zitierten Urteil darauf hingewiesen, dass das Überhandnehmen ausgleichsloser Überhangmandate nicht hinnehmbar und deshalb zu verhindern sei. Das hat aber die Parlamentarier bisher nicht veranlasst, die geforderte Reduzierung herbeizuführen. Diese Weigerung grenzt schon fast an kollektive Korruption, denn bisher ist es den Bundestagsmitgliedern gelungen, die Beschneidung ihrer eigenen Pfründe zu verhindern.

Generell haben Bestechlichkeit und Vorteilsannahme von Personen des öffentlichen Lebens in Deutschland ein kaum für möglich gehaltenes Ausmaß angenommen, was u.a. die verschiedenen AWO-Skandale[46] oder die Unterschleife im Zusammenhang mit der Corona-Pandemie gezeigt haben, s. Kap. 2 und Kap. 16. Besondere Empörung hat die maßlose Bereicherung der an sich schon fürstlich entlohnten RBB-Intendantin Schlesinger ausgelöst, die aber nur die Spitze des Eisberges an systematischem Missbrauch unserer GEZ-Gebühren darstellen dürfte.[47] Heute blüht die Korruption in allen gesellschaftlichen Bereichen, wobei die unter der Bezeichnung ‚Nepotismus' bekannte Erscheinung der Begünstigung von Verwandten und Freunden (insbesondere Parteifreunden) nichts anderes als eine spezielle Form von Korruption darstellt. Auch diese ist in unserem Staatswesen heutzutage allgegenwärtig (s. etwa den Ämterschacher im Zusammenhang mit der Aktion „Abendsonne", Kap. 1, oder die Vetternwirtschaft der Grünen, Kap. 13). Dabei gab es in Deutschland einmal eine Zeit, als kein Beamter auch nur 10 Pfennig als Bestechung angenommen hätte.

Eine betrübliche Rolle spielen im deutschen Politgeschehen die letzten beiden Bundespräsidenten, deren Amt sie eigentlich zu parteipolitischer Neu-

---

[44] https://www.bundesverfassungsgericht.de/SharedDocs/Pressemitteilungen/DE/2012/bvg12-058.html, zuletzt aufgerufen am: 25.4.2024.

[45] Wenn man das deutsche Verhältnis (Anzahl Abgeordnete : Bevölkerungszahl) aus dem Jahr 2021 auf China übertragen würde, dann müsste der chinesische Volkskongress mehr als 10.000 Vertreter haben.

[46] https://www.faz.net/aktuell/rhein-main/awo-juergen-richter-muss-1-8-millionen-euro-schadenersatz-zahlen-19250056.html, zuletzt aufgerufen am: 22.12.2023.

[47] https://www.bz-berlin.de/meinung/patricia-schlesinger-war-als-rbb-intendantin-masslos https://www.focus.de/politik/deutschland/naechster-ard-skandal-direktorin-des-bayerischen-rundfunks-hat-gleich-zwei-chauffeure_id_134016202.html, zuletzt aufgerufen am: 25.4.2024.

tralität verpflichtet.[48] Stattdessen pflegen sie eine unzulässige Parteinahme oder teilen gar, wie Joachim Gauck, Deutschland in einen ‚hellen‘ und einen ‚dunklen‘ Teil ein, s. Kap. 17. Steinmeier schreckte nicht einmal davor zurück, im Zusammenhang mit dem Chemnitz-Bashing und dem nach seiner Ansicht erforderlichen Kampf gegen Rechts die linksextreme Band „Feine Sahne Fischfilet" zu empfehlen, s. Kap. 1. Und das, obwohl er doch in seiner Antrittsrede versprochen hat, ‚überparteilich‘ zu agieren.[49] Das sind bei ihm keine Einzelfälle; seine stramme Linksorientierung zeigt sich auch in unsäglichen Statements, wie in der Grußadresse zum 80. Geburtstag einer bekannten Regisseurin, in der er die RAF-Terroristin Gudrun Ensslin neben Rosa Luxemburg, Hildegard von Bingen oder Hannah Arendt unter „die großen Frauen der Weltgeschichte" einordnete. [50] Analoges beobachtet man bezüglich der politischen Instrumentalisierung des schrecklichen Attentats von Hanau (s. Kap. 13) gegen ‚Rechts‘ auf der einen Seite und seines dröhnenden Schweigens zur tödlichen Messerattacke eines Moslems auf ein Schwulenpaar in Dresden[51]. Es erscheint einfach undenkbar, dass Menschen mit gesundem Urteilsvermögen auf die Idee gekommen wären, Bundespräsidenten wie Roman Herzog oder Richard von Weizsäcker als ‚Spalter‘ zu bezeichnen (ein Prädikat, das im Internet sehr freigiebig für die letzten beiden Bundespräsidenten vergeben wird). Es ist in diesem Zusammenhang absolut unverständlich, weshalb sich die CDU - statt einen eigenen Kandidaten aufzustellen - im Jahre 2022 voll hinter die Wiederwahl des heutigen Bundespräsidenten gestellt hat.

Eine wichtige Ursache für den Niedergang der Demokratie in unserem Land ist die verfehlte Bildungspolitik, die einer immer stärkeren links-grünen Indoktrination ausgesetzt ist. Selbst Denunziantentum und politische Einschüchterung von Schülern haben wieder Einzug in unsere Schulen gehalten, wobei man selbst bei harmlosesten Anlässen die Polizei einsetzt.[52] Wenn Randthemen, wie LGBTQ oder Gendering, anstelle von Wissensvermittlung und streitbarer Diskussionskultur in den Schulen Raum greifen, dann wird sich das dahingehend auswirken, dass wir immer weniger demokratiefähige Bürger haben werden. Hinzukommt, dass sich eine Tendenz in der Erziehung

---

[48] https://www.theeuropean.de/joerg-hubert-meuthen/ein-bundesprasident-der-spaltet-ist-eine-fehlbesetzung/, zuletzt aufgerufen am: 25.4.2024.

[49] https://www.bundespraesident.de/SharedDocs/Reden/DE/Frank-Walter-Steinmeier/Reden/2022/02/220213-Bundesversammlung.html, zuletzt aufgerufen am: 25.4.2024.

[50] https://www.wallstreet-online.de/nachricht/15135740-bundespraesident-wuerdigt-raf-terroristin-ensslin-grosse-weltgeschichte, zuletzt aufgerufen am: 25.4.2024.

[51] https://www.lsvd.de/de/ct/3826-Hass-auf-Schwule-Islamistischer-Angriff-auf-homosexuelles-Paar-in-Dresden, zuletzt aufgerufen am: 25.4.2024.

[52] https://www.nordkurier.de/regional/mecklenburg-vorpommern/16-jaehrige-wegen-afd-video-aus-unterricht-geholt-methoden-wie-in-der-ddr-2348948, zuletzt aufgerufen am: 16.3.2024.

herausgebildet hat (wie der Pädagoge Gerhard Fels feststellte), die bestenfalls „charmante Epikureer" hervorbringt, die „ganz auf die Vermeidung von Unlust programmiert" sind [15]. Selbst der Vorsitzende des Lehrerverbandes beklagt die Erosion des Leistungsgedankens in der Schule, die sich schon rein äußerlich in der Abschaffung des Notensystems in einigen Ländern manifestiert.[53]

Wir hatten schon in den Kapiteln 1 und 2 von einer beängstigenden Absenkung des Bildungsniveaus gesprochen (wer das nicht glaubt, muss sich nur mal Orthographie und Grammatik der Leser-Kommentare im Web bei den Tageszeitungen anzusehen). Eine der Ursachen hierfür dürfte die Tatsache sein, dass viele Schüler schon im Elternhaus nicht die erforderliche Unterstützung erhalten. Damit ist nicht die falsch verstandene bedingungslose Parteinahme der heutzutage sehr verbreiteten Helikoptereltern für ihre Schützlinge gemeint, die bei einer schlechten Benotung sofort mit dem Rechtsanwalt drohen.[54] Nein, es ist die helfende und zugleich fordernde Unterstützung der Eltern gemeint, die sich nicht bei jedem Konflikt bedingungslos gegen den Lehrer auf die Seite ihrer Sprösslinge schlagen. Das letztere Phänomen scheint besonders bei Eltern mit muslimischem Hintergrund der Fall zu sein, die zwar selbst oft nicht einmal deutsch sprechen, aber nichts auf den männlichen Prinzensohn kommen lassen wollen.

Eine große Schwierigkeit entsteht bei der Durchsetzung des Inklusionsgedankens, der nicht nur die Lehrkräfte, sondern auch die Schüler heillos überfordert. Wenn Lernbehinderte und Migrantenkinder ohne ausreichende Sprachkenntnisse zusammen mit Kindern ohne eine solche Benachteiligung im Unterricht sitzen, muss zwangsläufig das Durchschnittsniveau sinken. Nicht nur für begabte Kinder fehlt dadurch die nötige Herausforderung und Förderung, sondern auch die beiden erstgenannten Gruppen erleiden Nachteile, weil sie nicht die erforderliche Zuwendung und Unterstützung bekommen können. Das alles führt groteskerweise dazu, dass bevorzugt Eltern aus dem links-grünen Wohlstandsmilieu, deren Politiker ja gerade die Inklusion fördern wollen, ihre eigenen Kinder lieber auf teure Privatschulen schicken.[55]

---

[53] https://www.sueddeutsche.de/bildung/schulen-stuttgart-vorsitzender-von-lehrerverband-will-leistungsprinzip-zurueck-dpa.urn-newsml-dpa-com-20090101-220709-99-963548, zuletzt aufgerufen am: 25.4.2024.

[54] Ein Lehrer schreibt im Internet sogar, dass sich ein Elternteil über eine schlechte Schulnote des Kindes mit der Begründung beschwerte, dass dies ja dessen Zensuren-Durchschnitt im Hinblick auf den in vielen Studienfächern geltenden Numerus clausus herabsetzen würde (nicht etwa weil die Note ungerecht gewesen wäre, was man ja u.U. noch verstehen könnte).

[55] https://www.tichyseinblick.de/kolumnen/josef-kraus-lernen-und-bildung/wenn-politiker-ihre-kinder-nicht-in-schulen-schicken-die-sie-fuers-gemeine-volk-wollen/, zuletzt aufgerufen am: 25.4.2024.

Nicht nur zur Wende 1989 gab es viele Menschen im Osten, die es verstanden, ihr Fähnchen schnell in den neu wehenden Wind zu hängen. Nein, es gibt auch die ‚Wendehälse West' (und zwar schon immer, nur hatten sie da einen anderen Namen). So hatte z.B. der damalige Innenminister (CSU) das Thema ‚Migration/Asylanten' zunächst kühn als Mutter aller Probleme bezeichnet, was ihm harten Gegenwind vom politischen Mainstream einbrachte. Ja, selbst solche kühnen Sätze zur „Herrschaft des Unrechts" oder „Diejenigen, die entscheiden, sind nicht gewählt, und diejenigen, die gewählt sind, haben nichts zu entscheiden" werden ihm zugeschrieben. Später wollte er - wahrscheinlich unter dem Druck der Kanzlerin - von all dem nichts mehr wissen (s. hierzu Kap. 1). Auch im Fall Maaßen, in dem er zunächst Charakterstärke zu zeigen schien, hat Seehofer dann schmählich versagt, was ihm dann auch bei der erbosten Internet community den Ehrennamen ‚Drehhofer' eingebracht hat. Auf keinen Politiker traf das Wort eines Kritikers besser zu als auf diesen Innenminister: „Der einzige Politiker, der selbst im Umfallen noch die Richtung wechseln kann." – Als sich Maaßen in einem Südthüringer Wahlkreis um ein Direktmandat für den Bundestag bewarb, brach nicht nur der Sturm des linksgrünen Lagers in Thüringen aus, wo man ihn als „Ideologen und Hetzer" verunglimpfte.[56] Solche diffamierenden Äußerungen kamen auch von führenden Politikern der SPD, deren ehemaliger Innenminister, Otto Schily, Hans-Georg Maaßen noch als einen der fähigsten Beamten der Bundesrepublik bezeichnet hatte (aber selbständige Denker mit klarem Profil sind in der deutschen Politik nicht mehr erwünscht). Selbst von vielen seiner eigenen Parteigenossen wurde er diskreditiert, und der bayrische Ministerpräsident Söder fühlte sich sogar bemüßigt, vor ihm zu warnen.[57]

Überhaupt kann man in der Bundesrepublik einen Niedergang der Parteien feststellen, was sich u.a. in der zunehmenden Wahlverdrossenheit der Bürger manifestiert (s. die Landtagswahl in NRW 2022). – Die **AfD** ist immer noch eine heterogene - oder wie es der Ehrenvorsitzende der Partei ausdrückte - ‚gärige' Partei, der viele noch keine Regierungsfähigkeit zutrauen.[58] Immerhin ist sie die einzige Oppositionspartei, die der Regierung noch deutlich Paroli bietet, was man allein an den Reden im Bundestag erkennen kann, in denen die brennendsten Probleme wenigstens beim Namen genannt werden.[59] An geeigneten

---

[56] https://www.mdr.de/nachrichten/thueringen/cdu-wahl-maassen-bundestagskandidat-suedthueringen-100.html, zuletzt aufgerufen am: 2.5.2022; inzwischen gelöscht.

[57] Der Vorgang an sich ist schon bemerkenswert. Man stelle sich vor, die CDU würde versuchen, die Aufstellung eines CSU-Kandidaten zur Bundestagswahl öffentlich zu verhindern.

[58] Wenn man sich allerdings den Zustand der anderen Parteien ansieht und die immensen Fehler, die diese in den letzten Legislaturperioden begangen haben, so ist dieses Urteil wiederum stark zu relativieren.

[59] https://youtu.be/Uk3eNL9e9HI, zuletzt aufgerufen am: 25.4.2024.

Lösungsvorschlägen fehlt es aber mitunter auch hier, was aber nicht unbedingt Aufgabe einer Opposition ist, die weit von der Übernahme einer Regierungsverantwortung entfernt ist. Wegen der systematischen Ausgrenzung der AfD durch die Medien und die anderen Parteien ist allerdings eine sachliche Meinungsbildung über die Qualität ihres Personalbestands kaum möglich. Bestenfalls anhand des Auftretens ihrer Abgeordneten lässt sich noch ein einigermaßen objektives Bild über politische Qualitäten ihrer Abgeordneten gewinnen. Besonders kritisch dürfte indessen die mangelnde Abgrenzung der AfD gegenüber den Unterstützern vom rechten Rand der Gesellschaft und ihre Forderung nach Auflösung der EU zu sehen sein, s. Kap. 13.[60]

Die **CDU/CSU** hat ihren Charakter als Volkspartei längst eingebüßt, und ihr politisches Profil ist kaum noch zu erkennen. Wenn einem nicht das Rot-Rot-Grüne Desaster in Berlin warnend vor Augen stünde,[61] müsste man sich selbst als CDU-Wähler darüber freuen, dass diese selbstgefällig und behäbig gewordene Partei 2021 im Bund in die Opposition geschickt wurde. Statt sich jedoch in dieser neuen Lage zu erneuern und sich ihres alten (ursprünglich einmal christlich geprägten) Wertekanons zu erinnern, setzt es den unter Merkel bereits sehr weit vorangetriebenen links-grünen Trend fort. Man kann es fast mit den Händen greifen, wie der neue CDU-Vorsitzende versucht, die Ampel zu sprengen und das Brautbett mit einem der jetzigen Koalitionäre vorzubereiten. Mit Blick auf Rechts versucht er alles, um ja nicht in den Verdacht zu geraten, mit der AfD gemeinsame Sache zu machen. Das geht sogar so weit, dass die CDU in Thüringen ihren eigenen Antrag bezüglich eines 1000m-Abstands von Windkraftanlagen und Wohngebieten wieder zurückzieht, nicht weil sie sich inhaltlich anders entschieden hätte, nein, nur weil die AfD derselben Meinung war und den Antrag demgemäß unterstützt hätte.[62] So kann man sich und die Demokratie selbst lähmen. Nicht mehr Nutzen oder Schaden eines Projekts dienen als Basis für Entscheidungen, sondern parteitaktische Überlegungen. Es geht mit anderen Worten nicht um ‚das Wohl des Volkes‘, sondern um den schieren Machterhalt bzw. Machtgewinn.

Aber auch sonst ist mit dem CDU/CSU-Personal kein Staat zu machen, man denke an den CSU-Verkehrsminister mit der verpatzten PKW-Maut, an den glücklosen CDU-Gesundheitsminister der Merkel-Regierung oder an die letztlich gescheiterte CDU-Vorsitzende und ehemalige Verteidigungsministe-

---

[60] Während eine Reform der EU durchaus dringend geboten ist, s. Kap. 3.

[61] Unter dem im April ins Amt gelangten OB Wegner ist es kaum besser geworden. https://www.berliner-zeitung.de/politik-gesellschaft/schaf-im-wolfspelz-so-woke-und-gruen-ist-berlins-regierender-buergermeister-kai-wegner-wirklich-li.354086, zuletzt aufgerufen am: 17.4.2024.

[62] https://jungefreiheit.de/politik/2022/merz-machtwort-cdu-thueringen-knickt-ein/, zuletzt aufgerufen am: 26.4.2024.

rin.[63] Es ist bezeichnend, dass die Ankündigung eines Mannes wie Maaßen, für den Bundestag zu kandidieren, schon fast einer Zerreißprobe für die CDU gleichkommt. Die Illoyalität in der Partei geht inzwischen so weit, dass ein Mitglied des Wahlkampfteams des CDU-Kanzlerkandidaten in ziemlich klaren Worten empfiehlt, den politischen Gegner anstelle des eigenen Bewerbers um ein CDU-Direktmandat zu wählen. Welch fatale Parallelen zu den Ereignissen der Thüringenwahl im Jahre 2020 (s. Kap. 1)! Aber auch von dem neuen Hoffnungsträger der CDU (Vorsitzender seit Januar 2022) ist wenig zu erwarten. Obwohl er in manchen Situationen demonstrativ versucht hatte, ‚Tacheles‘ zu reden (wie auf den Regionalkonferenzen der CDU zu Fragen des Asylproblems), knickt auch er letztlich vor dem Mainstream ein, wie er vor allem von Links-Grün und bis zu einem gewissen Grade auch von der ehemaligen Kanzlerin repräsentiert wird.

Nichts Substanzielles ist von der CDU zu hören, was die grassierende Inflation, die beschädigte innere Sicherheit, den unberechtigt großen Raum einnehmenden Genderwahn oder die um sich greifende Wucherung von linkslastigen NGOs und die damit verbundene Verschwendung von Staatsgeldern betrifft. Stattdessen fordert der CDU-Vorsitzende neuerdings die Einführung eines ‚Bundeswehrsoli‘, den er unverständlicherweise mit einer Steuersenkung verknüpfen will (und das von einer Partei, die selbst hauptverantwortlich für den desolaten Zustand unserer Verteidigungsbereitschaft ist). Letztlich war auch Merz nur virtuell als Mini-Tiger gestartet, wie das schon in Kap. 1 am ehemaligen CSU-Innenminister exemplifiziert wurde. Letztlich wird auch Merz als Bettvorleger landen, wenn er seine starre Brandmauerpolitik und sein Anbiedern bei der links-grünen Politkonkurrenz nicht aufgibt. Wenn man sich erinnert, wie Politiker vom Schlage eines Wehner oder Strauß den politischen Gegner zerpflückt haben, muss man sich schon fragen, was er für ein Oppositionsführer ist.[64]

---

[63] Ihr steiler Abstieg hat sein vorläufiges Ende als Vorsitzende der Erwerbslosenhilfe im saarländischen Püttlingen gefunden. Welch eine Karriere! - Da hat doch ihre Vorgängerin im selben Ministerium mit Merkels Hilfe in Europa ganz anders reüssiert.

[64] Mehr als peinlich war auch die Abfuhr, die er sich als neuer CDU-Vorsitzender von der ehemaligen Kanzlerin bezüglich einer Einladung zum Abschieds-Dinner und durch ihre Ablehnung des devot angebotenen Ehrenvorsitzes geholt hat. Das kann nur heißen, dass er nicht einmal zur richtigen Einschätzung der ehemaligen Kanzlerin und seiner innerparteilichen Gegner in der Lage ist. Eine dringend erforderliche ‚Abkehr von den Merkel-Jahren‘ sieht anders aus. – Wer übrigens immer noch Zweifel an der wirklichen politischen Orientierung der Altkanzlerin hat, der sollte zur Kenntnis nehmen, dass sie zwar die Einladung zum CDU-Parteitag im Juni 2024 ausgeschlagen hat, aber zum Abschied des Grünen-Urgesteins Trittin eine Rede halten will. – https://www.merkur.de/politik/angela-merkel-rede-juergen-trittin-cdu-partei-heute-verabschiedung-gruene-merz-92998918.html, zuletzt aufgerufen am: 13.4.2024.

Der Untergang der **FDP** ist höchstwahrscheinlich nicht mehr aufzuhalten. Es ist schon bezeichnend, wenn eine Schweizer Zeitung am 16.5.22 mit Bezug auf die FDP titelt: „Linker Populismus statt liberale Marktwirtschaft".[65] Ihr Finanzminister lässt sich beim Schuldenmachen und ihre verteidigungspolitische Sprecherin bei der Forderung nach Waffenlieferungen in das Kriegsgebiet Ukraine von kaum jemand überbieten (nur die Grünen können da noch mithalten). Statt sich der Sanierung des Finanzhaushalts zu widmen, indem er z.B. den Rotstift bei den ausufernden Ausgaben für linke NGOs, Demokratie- und Extremismusforscher, Straßen-Umbenenner, Genderprofessuren usw. ansetzt, übt er sich in kreativer Buchführung (Stichwort ‚Sondervermögen' s.o.). Da ist es nur zu berechtigt, dass das vernichtende Urteil des BVG zum zweiten Nachtragshaushalt 2021 auch der Fehlleistung von Christian Lindner zugeschrieben wird. Mit dem bei der letzten Landtagswahl in NRW von der FDP erzielten Ergebnis von 5,9% ist diese Chamäleon-Partei gerade so an der 5%-Hürde vorbeigeschrammt. Darüber darf auch das relativ passable Wahlergebnis bei der Bundestagswahl 2021 nicht hinwegtäuschen, wo die FDP noch stark von der Schwäche der CDU profitiert hat.[66]

Die erstaunlichste Wandlung unter allen Parteien haben die **Grünen** vollzogen, worauf wir schon weiter oben ausführlicher eingegangen sind. Sobald sie 2021 in die Regierung gelangt waren, wurden sie von den Realitäten eingeholt, was ihr Spitzenpersonal entgegen jahrhundertelanger Erfahrung nicht davon abhält, von der Notwendigkeit einer wertebasierten statt von einer interessenbasierten Politik zu schwärmen. Das führt dann dazu, dass man zwar mit Russland keine Geschäfte mehr machen will (und zwar auf immer!), sich dafür aber auf viel unvorteilhaftere Geschäfte mit einer ebenfalls in grausame Kriege verwickelten Despotie einlässt (nein, nicht einfach ‚darauf einlässt', sondern geradezu ‚darum bettelt', s. Kap. 4). – Man muss allerdings auch fragen, was so viele Wähler veranlasst, eine Partei zu wählen, deren Spitzenpersonal in so viele Verfehlungen verstrickt ist, die früher jede einzeln zu einem Rücktritt geführt hätten. Aber auch die verfehlte Energiepolitik, der hysterisch betriebene Klimahype, der in seiner Exzessivität uns nur schadet und global nichts nützt (s. Kap. 14), oder das überzogene Ins-Rampenlicht-Stellen von Randgruppen stören die Grünen-Wähler nicht (s. hierzu Kap. 9).

Auch der Partei **Die Linke** ist im Grunde genommen ihre Klientel längst abhanden gekommen, s. [83]. Sie wäre ohne die sogenannte ‚Grundmandatsklausel' wegen des Verfehlens der 5%-Hürde nicht einmal mehr im Bundestag

---

[65] https://www.nzz.ch/meinung/der-andere-blick/landtagswahl-in-nrw-der-niedergang-der-fdp-passt-ins-bild-ld.1684252, zuletzt aufgerufen am: 26.4.2024.

[66] Unabhängig davon wurde sie von vielen Wählern als Ersatz und Notnagel für die von den Medien verteufelte AfD angesehen.

vertreten. Wenn es in Berlin 2021 nicht solch eklatante Verstöße gegen das Wahlrecht gegeben hätte, wäre sie wahrscheinlich auch ohnehin nicht im Bundestag vertreten (geschweige denn in Fraktionsstärke). Durch die Abspaltung der neuen Partei BSW dürften ihre Tage im Parlament sowieso gezählt sein. – Obwohl eine südwestdeutsche Tageszeitung im Februar 2021 das damals neugewählte Führungsduo Susanne Hennig-Wellsow (das ist die Blumenwerferin aus Erfurt, s. Kap. 2) und Janine Wissler noch als Verkörperung des „dringend erhofften Aufbruchs" ankündigte,[67] war es damit nach dem Rücktritt der Ersteren nach ca. einem Jahr wieder vorbei. Seitdem macht die Linke den Eindruck einer innerlich zerrissenen Partei,[68] zumal man dort Politikerinnen von einem intellektuellen Format wie Sahra Wagenknecht sonst weit und breit nicht finden kann (sie hat ja inzwischen konsequenterweise auch die Partei verlassen). Besonders schwer tun sich die Linken übrigens auch mit der Frage des importierten Antisemitismus, sind sie doch Unterstützer der Hamas und ziemlich einseitige Vertreter der palästinensischen Sache, s. Kap 9. Außerdem fehlt den Linken - in Analogie zu dem über die AfD Gesagten (nur mit umgekehrtem Vorzeichen) - die Abgrenzung gegenüber den Unterstützern vom äußersten linken Rand der Gesellschaft insbesondere von der extremistischen Antifa. Letzteres trifft im übrigen auch auf die Grünen und die SPD zu, s. Kap. 13.

Ungeachtet der Tatsache, dass die **SPD** 2021 knapp vor der CDU/CSU als nomineller ‚Sieger' aus der Bundestagswahl hervorging und die Ampelregierung mit Kanzler Olaf Scholz an der Spitze anführt, wirken sie und insbesondere der Kanzler in dieser Regierung eher als die Getriebenen. Obwohl der Bundeskanzler in der Ukraine-Krise einen relativ besonnenen Eindruck macht, gerät er damit gleichzeitig in ein Spannungsfeld mit seiner eigenen linken Parteiführung und den grünen Scharfmachern. Auch die Besetzung von Ministerposten aufgrund der Quotenregelung mit unfähigen Frauen (Verteidigungsministerium, Innenministerium, Entwicklungsministerium) ist nur aus dieser Situation heraus zu erklären. Besonders unangenehm fällt die Innenministerin mit ihrem einseitig eifernden ‚Kampf gegen rechts' auf (sprich: Kampf gegen *ihren* politischen Gegner), was aber durchaus verständlich ist, hat sie doch klar ihre Sympathien für den verfassungsfeindlichen VVN - Bund der Antifaschisten zum Ausdruck gebracht.[69] Das ist aber kein Einzelfall, da sich die

---

[67] https://www.rheinpfalz.de/politik_artikel,-das-sind-susanne-hennig-wellsow-und-janine-wissler-_arid,5174028.html, zuletzt aufgerufen am: 26.4.2024.

[68] https://www.n-tv.de/politik/Die-Linke-streitet-sich-in-den-Abgrund-article22851136.html, zuletzt aufgerufen am: 26.4.2024.

[69] https://osthessen-news.de/n11663384/nancy-faeser-spd-schreibt-fuer-verfassungsfeindliches-blatt-cdu-ist-empoert.html, zuletzt aufgerufen am: 26.4.2024.

Vorsitzende der SPD ebenfalls zu ihrer Nähe zu linksextremen Vereinigungen bekennt.[70]

Was diese Leute in ihrer Filterblase nicht wahrhaben wollen, ist die Tatsache, dass Faschismus und Totalitarismus nicht nur von rechts sondern heute vor allem von Links drohen (oder ist die Zeit des Stalinismus schon so gründlich verdrängt worden?). Das ist auch nicht verwunderlich, denn ihre linken Gesinnungsgenossen von der Presse geraten angesichts der ungeheuerlichen Denunziation einer Schülerin wegen eines harmlosen Posts im Internet und den darauf erfolgten Polizeieinsatz mit ‚Gefährderansprache' an einer Schule keineswegs in den sonst so schnell abrufbaren Empörungsmodus.[71] Während doch bei jedem, der sich angeblich dem Kampf gegen Faschismus und Totalitarismus verschrieben hat, bei einem solchen Ereignis die Alarmglocken angehen müssten, fand der Innenminister von Mecklenburg-Vorpommern das Vorgehen des Schuldirektors und der Polizei durchaus als „angemessen".

In Deutschland gibt es - wie in einigen anderen Ländern auch - zwei Mechanismen, die es den herrschenden Politikern gestatten, die Bürger-Lemminge für ihre Zwecke einzuspannen, und zwar ist dies das Regieren mit Schuld und mit Angst. Zum einen wird den Deutschen eine untilgbare Schuld für die Verbrechen des Naziregimes eingeimpft und auf allen Medienkanälen ständig erneuert.[72] Und zum anderen werden immer wieder Angstszenarien (Reaktorkatastrophen, Pandemien, Klimakatastrophe usw.) aufgebaut und bewusst aufrecht erhalten. In deren Windschatten kann man dann auf ganz undemokratische Weise und oft genug sogar am Parlament vorbei ausgesprochen irrationale Maßnahmen durchsetzen. – Zum ersten Punkt ist zu sagen, dass heute (von einigen wenigen sehr alten Menschen abgesehen) niemand mehr lebt, der am Desaster des ‚Dritten Reiches' in irgend einer Weise schuldig geworden ist. Trotzdem ist es richtig, dass wir Verantwortung dafür tragen, dass sich so etwas nicht wiederholt. Aber dann muss man heute gegen alle Arten totalitären Handelns (auch der jeweils aktuellen Regierungen) aufbegehren, denn die Demokratieverächter gibt es nicht nur auf der rechten, sondern vor allem auch auf der linken Seite. Nur wenn Bürger gegen alle politischen Übergriffe aufbegehren (insbesondere wenn es nicht die eigene politische Gruppierung betrifft), ist die ständig geforderte Wachsamkeit gewährleistet. Denn die Frage, wie konnten die Menschen die Verbrechen der Nazis zulassen, wurde schon

---

[70] https://www.welt.de/politik/deutschland/article208750999/Disput-auf-Twitter-Eskenzaehlt-sich-zur-Antifa.html, zuletzt aufgerufen am: 24.4.2024.

[71] https://www.sueddeutsche.de/bildung/schulen-ribnitz-damgarten-polizeieinsatz-in-schulewegen-internet-post-hat-nachspiel-dpa.urn-newsml-dpa-com-20090101-240315-99-351038, zuletzt aufgerufen am: 18.4.2024.

[72] Das wird auch in dem ‚Zornes-Statement' von Knut Löschke thematisiert, s. Kap. 6.

oft und zu Recht damit beantwortet, dass die Menschen damals genauso wenig auf die Verletzung von Grundrechten geachtet haben wie heute. Auf den zweiten Punkt ‚Angst als Herrschaftsinstrument' werden wir in Kap. 7 noch näher eingehen.

Das allgemeine Absinken im Niveau der politischen Klasse widerspiegelt sich auch im Qualitätsverlust der einzelnen Politiker. Während auf der einen Seite - ich meine besonders bei Links-Grün - das Wort von Sarrazin von der „Inflation der Inkompetenz" gepaart mit maßloser Selbstüberschätzung gemäß dem Dunning-Kruger-Effekt voll zutrifft,[73] ist auf der anderen Seite - d.h. bei den ehemals konservativen Parteien - eine erschreckende Prinzipienlosigkeit und Aufgabe der eigenen Werte zu verzeichnen, die sie praktisch ununterscheidbar von ihren politischen Gegnern machen, s. Kap. 2. Das heute beobachtbare Primat von vorgeblicher ‚Haltung' gegenüber Kompetenz erinnert fatal an die Charakteristik der DDR-Politiker: Unfähig, aber mit dem richtigen ‚Klassenstandpunkt' ausgestattet. Die Folgen waren 1989 zu besichtigen. Ungeachtet dessen werden fast in allen Parteien der BRD selbständige und kritische Geister noch immer ausgegrenzt und in das gesellschaftliche Abseits geschoben, s. Kap. 2.

Die ganze Personalmisere im politischen Establishment spiegelt sich besonders in den Karrieren vieler Politiker wider, bei denen es vor allem bei Links-Grün von Langzeitstudenten, Studienabbrechern usw. nur so wimmelt. Selbst die unglaublich zahlreichen Fehlleistungen der grünen Kanzlerkandidatin von 2021 und jetzigen Außenministerin sind heutzutage kein Grund für einen Rücktritt von dieser Position. Nein, sie stand zeitweise im Ranking der Beliebtheit sogar noch vor dem CDU-Kanzlerkandidaten, der zwar auch keine Zugnummer, aber immerhin Ministerpräsident eines Bundeslandes war, und - soviel man weiß - auch seine Laufbahn nicht in betrügerischer Absicht geschönt hat. Ein besonderes Trauerspiel sind Äußerungen von Politikern, die an Dummheit kaum zu überbieten sind. Da wird davon geredet, dass man den Strom im Netz speichern kann (die ehemalige Grünen-Vorsitzende und jetzige Außenministerin), oder es werden Behauptungen aufgestellt, dass die Frauenkirche in Dresden von den Nazis zerstört wurde (ehemalige Fraktionsvorsitzende der Grünen und jetzige Bundestagsvizepräsidentin) usw.[74] Solche

---

[73] Dabei soll nicht übersehen werden, dass es auch bei der CDU Studienabbrecher gibt, die ihre Ausbildung (schon) nach 7 Jahren aufgegeben haben, um in der Politik zu reüssieren, wie der ehemalige saarländische Ministerpräsident Tobias, der gleichzeitig auch noch - welche Ironie - die Aufgaben eines Wissenschaftsministers wahrnahm. https://www.saarbruecker-zeitung.de/nachrichten/politik/topthemen/wissenschaftsminister-ohne-uni-abschluss_aid-7618015, zuletzt aufgerufen am: 18.4.2024.

[74] Die Letztere und überhaupt viele links-grüne Halbgebildete verbreiten auch gern bar jeglicher Geschichtskenntnis Thesen wie: Der Faschismus sei von Hitler erfunden worden (nun,

Falschbehauptungen kann man auch nicht einfach als Bagatellen abtun. Sie sind im Gegenteil höchst fatal, weil die Gefahr besteht, dass dann andere, tatsächlich zutreffende Aussagen über die Verbrechen der Nazis ebenfalls nicht mehr ernst genommen werden. – Ein Staatswesen, das von Ignoranten regiert wird, die ihre Inkompetenz nicht einmal merken, kann nicht gedeihen, s. hierzu auch die Beurteilung der Ampelregierung in Kap. 13.

Dass heutzutage selbst schwere Vergehen (wie das verfassungswidrige Handeln der ehemaligen Kanzlerin, s. Kap. 1), verschiedene Formen der Korruption (wie die Inanspruchnahme von Corona-Boni durch die ehemaligen Grünen-Vorsitzenden, s. Kap. 12)) oder die verschiedensten Plagiatsaffären (Giffey, Baerbock, s. Kap. 1) keinerlei Konsequenzen mehr haben, ist nicht nur ein Zeichen für den Verfall unserer Werteordnung, sondern auch ein Zeichen für die Abgestumpftheit des Wahlvolkes. Auch im Zusammenhang mit dem Afghanistan-Debakel (s. Kap. 4) wären selbst in Anbetracht des nahen Endes der Legislaturperiode zumindest die Rücktritte von Außenminister und Verteidigungsministerin geboten gewesen. Nicht nur, dass von alledem nichts geschehen ist, nein - die ganze Misere und ihre Ursachen sind nicht einmal richtig aufgearbeitet worden.

In Bezug auf die innere Sicherheit muss man feststellen, dass diese stark gefährdet ist. Man kann in vielen Bereichen (Asylanten- und Clankriminalität, Überforderung der Gerichte, Sozialmissbrauch und viele andere) nur noch eine Hilflosigkeit des Staates konstatieren. Die Symptome hierfür sind überdeutlich: Staatsanwälte schlagen Alarm, hochrangige Richter beklagen den Verfall des Rechtsstaates und private Sicherheitsdienste haben Hochkonjunktur, s. hierzu Kap. 12. Im Hinblick auf die Präsenz der Mafia und auf den verderblichen Einfluss der Clankriminalität geht es nicht nur um die sichtbaren Ereignisse (wie etwa sich häufende Schießereien auf offener Straße und am helllichten Tag). In manchen Städten haben sich sogar sogenannte ‚No-Go-Areas' (neudeutsch für: ‚Angstzonen') herausgebildet, in die sich selbst die Polizei bestenfalls in Mannschaftsstärke hineinzugehen traut, um Straftäter zu verfolgen oder gewalttätige Auseinandersetzungen zu unterbinden. – Viel gefährlicher als die offen zu Tage tretenden Kriminalitätsausbrüche, sind möglicherweise die unsichtbaren kriminellen Netzwerke, die sich wie ein Pilzgeflecht durch die Gesellschaft ziehen. Inzwischen hat sich Deutschland zu einem regelrechten Geldwäscheparadies entwickelt,[75] was sich vor allem im Immobilienmarkt und im Gaststättengewerbe bemerkbar macht. Böse Zungen

---

es war Mussolini), Deutschland habe *beide* Weltkriege vom Zaun gebrochen (was bestenfalls auf den Zweiten Weltkrieg zutrifft) usw., s. hierzu [11]).

[75] https://www.mannheimer-morgen.de/wirtschaft_artikel,-wirtschaft-deutschland-ist-ein-geldwaescheparadies-_arid,1707747.html, zuletzt aufgerufen am: 26.4.2024.

behaupten sogar, dass es manchem Politiker (auch auf kommunaler Ebene) gar nicht so unrecht ist, wenn Geld - aus welchen Quellen auch immer - nach Deutschland oder in seine Kommune fließt (frei nach dem alten römischen Wahlspruch: „Pecunia non olet").

Schwer zu ertragen ist die Tatsache, dass man landauf-landab einen fortschreitenden Verfall der Innenstädte und einen Niedergang der Einkaufszonen feststellen muss. Insbesondere nach der Zeit des Corona-Lockdowns haben viele Geschäfte und Gasstätten nicht wieder geöffnet, so dass ein erheblicher Leerstand oder gegebenenfalls eine Zunahme von Billiganbietern zu verzeichnen ist. – Schon seit Jahren haben sich relativ unbehelligt von staatlicher Seite Asozialen-Schwerpunkte, mehr oder weniger offene Drogen-Dealer Zentren wie der Görlitzer Park in Berlin sowie Bahnhöfe und deren Vorplätze als Kriminalitätsschwerpunkte herausgebildet, s. hierzu auch Kap. 12. Wer hätte gedacht, dass es in der Bundesrepublik einmal ‚Angstzonen' geben wird, in denen sich die Bürger zu bestimmten Tageszeiten nicht mehr sicher fühlen, oder wie es der Soziologe Schäfers definiert, dass es Stadträume gibt, „in [denen] die individuelle Angst schwerer wiegt als die Sicherheitsgarantie des Staates".[76] Während Behörden und Regierung versuchen, diese untragbaren Zustände herunterzuspielen, wird es auch von den ÖRM weitgehend versäumt, die entsprechenden Ursachen zu benennen und immer wieder anzuprangern. Nur wenige Presseorgane sind gewillt, die Vertuschungsstrategie der Verantwortlichen zu durchbrechen und zum Kern des Problems vorzustoßen. So beantwortet der FOCUS in seltener Offenheit die Frage, wie es zu solchen Problemvierteln kommen konnte, wie folgt: „Hohe Ausländeranteile, Armut und organisierte Großfamilien, aber auch Drogenumschlagplätze oder schwer übersehbare Areale wie das Szeneviertel am Reichsbahnausbesserungswerk in Berlin erhöhen die Gefahr rechtsfreier Räume".[77]

In Kap. 12 wird noch deutlicher werden, dass man bei dieser Art von Kriminalität durchaus von einer Kapitulation und einer Überforderung des Staates sprechen kann. Das zeigt sich vor allem im Bereich der Ausländerkriminalität. Durch selbstverordnete Tabuisierung von Themen, Angst vor dem Vorwurf der Ausländerfeindlichkeit, Unfähigkeit zu konsequenter Abschiebung von Straftätern, kommt es häufig vor, dass rückfällig gewordene Wiederholungstäter bis zu 40 Straftaten auf ihrem Konto haben, s. hierzu Kap. 8. Hatespeech von Migranten gegenüber indigener Bevölkerung oder antisemitische

---

[76] https://praxistipps.focus.de/no-go-areas-was-ist-das-eigentlich_101634, zuletzt aufgerufen am: 24.11.2023.

[77] https://www.focus.de/politik/deutschland/nicht-nur-duisburg-betroffen-no-go-areas-in-deutschland-in-diese-viertel-traut-sich-selbst-die-polizei-nicht_id_4895620.html, zuletzt aufgerufen am: 26.4.2024.

Parolen von Ausländern (vor allem mit muslimischem Hintergrund) werden von einer völlig überforderten Justiz kaum geahndet. Ja es gibt sogar Fälle, bei denen nicht die Täter, sondern das Opfer in größte Schwierigkeiten gerät.[78] Darüber hinaus ist in diesem Zusammenhang immer wieder ein Missbrauch von Statistiken festzustellen, weil z.B. Straftaten antisemitischer Zielrichtung bei nicht bekannten Tätern als ‚rechts' eingeordnet wurden (s. Kap. 12), oder linke Straftaten gar nicht als solche erfasst wurden (s. Kap. 13).

Obwohl wir auf Fragen der inneren Sicherheit noch gesondert eingehen werden, muss im Zusammenhang mit unserer innenpolitischen Situation bereits hier summarisch auf eine gefährliche Erscheinung aufmerksam gemacht werden. Und zwar handelt es sich um den zunehmenden Autoritätsverlust der Polizei, worauf führende Vertreter der Polizeigewerkschaft aber auch Staatsanwälte wiederholt aufmerksam gemacht haben [87], [38]. In diesem Zusammenhang sind die bereits erwähnten rechtsfreien Räume in den Großstädten ebenso relevant wie die fast folgenlosen Angriffe auf Polizisten und insbesondere auch auf Polizistinnen, s.u. Hier reicht das Spektrum von Anpöbeleien bis zum Bewurf mit Fäkalien oder das Aufstellen von Fallen für die Ordnungshüter (wie das bei der Räumung des Hambacher Forstes zu beobachten war).[79] Vielfach werden Polizisten bei Angriffen, denen sie ausgesetzt sind, von der Politik einfach allein gelassen (s. das Verhalten des damaligen Innenministers im Fall des TAZ-Artikels: „Polizisten sind auf dem Müll zu entsorgen", Kap. 13). Erst hat er gedroht, Anzeige zu erstatten; dann hat er sich damit zufrieden gegeben, dass dies ein Fall für den Presserat sei; und schließlich ist gar nichts passiert (zumindest nichts, was öffentlich wahrnehmbar gewesen wäre). Kein Wunder also, dass sich viele Polizisten als Prügelknabe der Nation ansehen.

Als regelrechtes Staatsversagen wird in der Bevölkerung das Einknicken der Behörden vor Gewalt und kriminellen Strukturen in unserer Gesellschaft empfunden. worauf wir Kap. 12 noch genauer eingehen werden. Bereits im Jahre 2015 hatte eine Bochumer Polizistin die Missstände bezüglich unserer inneren Sicherheit schonungslos offengelegt [33]: Migranten-Kriminalität breitet sich aus; migrantische Täter missachten die Anweisungen von Polizisten und insbesondere von Polizistinnen; es fehlt an Rückhalt der Polizei in der Politik, No-Go-Areas sind in den Ballungszentren entstanden, es ist eine weitgehende Tabuisierung dieser Probleme in der öffentlichen Berichterstattung festzustellen usw. – Besonders beunruhigend ist die Zunahme an Gewalt

---

[78] https://amp.focus.de/politik/deutschland/polizeiskandal-in-sachsen-anhalt-polizei-schuetzt-verurteilten-gewalttaeter-aus-syrien-und-verfolgt-deutsche-opferfamilie_id_13187112.html, zuletzt aufgerufen am: 26.4.2024.

[79] https://www.bild.de/regional/koeln/koeln-aktuell/hambacher-forst-faekalien-angriffe-auf-polizisten-57425004.bild.html , zuletzt aufgerufen am: 24.4.2024.

gegen Helfer in Notsituationen.[80] Während jeder normal denkende Mensch Dankbarkeit gegenüber diesen oft unter großem persönlichen Einsatz arbeitenden Personen empfindet, werden Polizisten, Feuerwehrleute und sogar Notärzte bedroht oder sind einem wütenden Clan-Mob und sogar Messerattacken ausgesetzt. Ja selbst in Notaufnahme-Einrichtungen von Krankenhäusern rücken ganze Familienclans an und behindern den normalen Dienstablauf oder bedrohen gar das Personal.[81]

Das Versagen der Politik und der ÖRM wurde erneut beim Hochwasser im Sommer 2021 sichtbar: Da wurden Wetterwarnungen nicht ernst genug genommen, oder etliche Sender setzten einfach ihr normales Programm fort, statt die Bevölkerung rechtzeitig und umfassend über die nahende Katastrophe zu informieren. Darüber hinaus ergaben sich in diesem Zusammenhang viele offene Fragen: Warum wurden Talsperren nicht vorher abgelassen, um Raum für das zu erwartende Hochwasser zu schaffen? Warum machte eine zuständige Ministerin Urlaub auf Mallorca, statt sich um die Nöte der Bürger zu kümmern? Die Antwort auf diese Frage wird noch schwieriger, wenn man weiß, dass eben diese Grünen-Politikerin vor ihrem letztlich erzwungen Rücktritt sogar noch Familienministerin in Berlin wurde.[82] Während das Ahrtal und andere betroffene Regionen eine starke Welle der Solidarität erleben durften, fand allerdings auch gleichzeitig eine erbärmliche politische Instrumentalisierung der Hochwasserereignisse statt, wobei zusätzlich noch viele dubiose Zaungäste und sogar regelrechte Betrüger auftraten. Obwohl ein noch nicht völlig erforschter Zusammenhang zwischen Klimawandel und den zunehmenden Naturkatastrophen (wie Überschwemmungen auf der einen Seite und Trockenzeiten auf der anderen Seite) zu bestehen scheint, erhebt sich trotzdem die Frage, ob solche Extremwetterlagen auch auftreten würden, wenn Deutschland sein Nullemissionsziel bereits erreicht hätte. Oder haben die riesigen Schäden in Südwestdeutschland im Sommer 2021 insbesondere in den Orten Schuld und Erftstadt doch eher mit mangelndem Katastrophenschutz, unzulässiger Überbauung usw. zu tun als mit dem Klimawandel?

Die Rolle des Verfassungsschutzes hat sich so weit verschoben, dass man von einem Missbrauch des Inlandsgeheimdienstes zum Niederhalten der unerwünschten Opposition sprechen kann (wie wir das anhand des missbräuchli-

---

[80] https://www.tagesspiegel.de/berlin/gewalt-in-berliner-rettungsstellen-abgeordnete-sprechen-uber-angriffe-auf-arzte-und-pflegekrafte-11004913.html, zuletzt aufgerufen am: 30.4.2024.

[81] https://www.focus.de/politik/deutschland/nach-messerattacke-clan-mob-in-berliner-notaufnahme-polizei-korrigiert-entscheidendes-detail_id_10511845.html, zuletzt aufgerufen am: 26.4.2024.

[82] https://www.tagesschau.de/eilmeldung/anne-spiegel-ruecktritt-101.html, zuletzt aufgerufen am: 26.4.2024.

chen Einsatzes des Verfassungsschutzes gegen die AfD noch sehen werden). Das heißt, der *Verfassungs*-Schutz ist zu einer Art *Regierungs*-Schutz geworden, was aber eindeutig nicht seine Aufgabe ist. Nach und nach ist eine seiner Kernaufgaben, „Bestrebungen gegen die freiheitlich demokratische Grundordnung" aufzudecken, so weit überdehnt worden, dass darunter jegliche Meinungsäußerung und Aktivität, die rechts von der Mitte angesiedelt ist, als ‚Gefährdung' eingestuft und verfolgt werden kann. Das kommt klar in der Bestrebung der Innenministerin zum Ausdruck, die ‚Verächtlichmachung' und ‚Delegitimierung' des Staates vor allem durch ‚Querdenker', ‚Rechte' und solche, die sie dafür hält, unter Strafe stellen zu lassen, s. Kap. 12.

Überhaupt versuchen die Regierungsparteien den Verfassungsschutz als Kampfinstrument gegen ihren politischen Gegner einzusetzen. Der Präsident des Verfassungsschutz beschwerte sich sogar öffentlich, dass es nicht „allein" (sic!) seine Aufgabe sein kann, die Umfragewerte der AfD zu reduzieren.[83] Welch eine entlarvende Aussage und welch verqueres Rechtsverständnis des Chefs eines Staatsorgans (übrigens kann derselbe Mann nichts Kriminelles an den Aktionen der Klimaextremisten von ‚Extinction Rebellion' und ‚Letzte Generation' erkennen)! Erst durch ein Gerichtsurteil konnte verhindert werden, dass die AfD noch ‚rechtzeitig' vor den Landtagswahlen im März 2021 in Rheinland-Pfalz und Baden-Württemberg durch den Verfassungsschutz als Verdachtsfall eingestuft wird (s. Beschluss des Verwaltungsgerichts Köln, 13 L 105/21). Obwohl dieser Versuch, den politischen Kontrahenten mit Hilfe des Verfassungsschutzes zu schädigen, formaljuristisch gescheitert ist, war der politische Schaden für die Klägerin dennoch eingetreten, und das war die Absicht (frei nach dem Motto: „Semper aliquid haeret" - „Es bleibt immer etwas hängen"). Inzwischen wurde pünktlich vor den 2024 stattfindenden den Landtagswahlen in drei ostdeutschen Bundesländern die AfD in Sachsen und Brandenburg als ‚gesichert rechtsextrem' eingestuft, obwohl überhaupt nicht einmal klar definiert ist, was ‚rechtsextrem' ist, und die Zustimmungswerte für diese Partei in Umfragen bei über 30% liegen (so wird man politische Gegner nicht ausschalten, sondern nur stärken). Passend dazu werden links gerichtete bzw. den Regierungsparteien nahestehende Organisationen und Stiftungen mit riesigen Geldsummen gefördert, während man auf Seiten der AfD eine landesweite Ausgrenzung feststellen kann. Damit keine Unklarheiten aufkommen: Ich selbst sehe die AfD in großen Teilen sehr kritisch, aber eine Bekämpfung der Opposition mit staatlichen Mitteln ist nicht verfassungskonform und hat auch nichts mit Demokratie zu tun.[84]

---

[83] https://www.tichyseinblick.de/meinungen/verfassungsschutzchef-haldenwang-heute-journal-umfragewerte-afd/, zuletzt aufgerufen am: 30.4.2024.
[84] Zur einseitigen Rechtsprechung und zu regelrechten Verfassungsbrüchen s. auch Kap. 12.

Ein besonders trauriges Kapitel ist die Zerrissenheit des Landes in fast allen essentiellen Belangen, auf die wir schon in Kap. 1 aufmerksam gemacht hatten und worauf wir in Kap. 13 noch detaillierter zu sprechen kommen werden. Wie wir insbesondere feststellen mussten, ist die Spaltung in Ost und West immer noch nicht überwunden. Im Gegenteil, sie wurde und wird immer weiter verstärkt. Als besonders belehrend und besserwisserisch, ja geradezu schädlich für sein Amt hat sich dabei der ehemalige Ostbeauftragte Wanderwitz hervorgetan.[85] Dieser wurde 2020 von der Kanzlerin als williger Vollstrecker und Gefolgsmann der Regierungspolitik an Stelle des im Zusammenhang mit der Thüringenwahl von ihr entlassenen Ostbeauftragten Hirte installiert. Letzterer hatte den durch eine rechtmäßige Wahl ins Amt gekommenen und dann später vom Politestablishment zum Rücktritt gezwungenen Ministerpräsidenten von Thüringen bereits zum neuen Amt gratuliert. Das war unvorsichtig, da wartet man in unserer erodierenden Demokratie doch besser ab, ob die Wahl von der Kanzlerin auch ‚genehmigt‘ wird.

Welche Art Demokratieverständnis der ehemalige ‚Ostbeauftragte‘ der CDU Wanderwitz (er begleitete immerhin den Rang eines Staatssekretärs) und seine Herrin hatten, zeigte sich angesichts der miserablen Umfragewerte der CDU vor der Landtagswahl 2021 in Sachsen-Anhalt (in einer INSA-Umfrage lag die AfD mit 26% sogar als stärkste Partei vor der CDU mit 25%; im Wahlergebnis wurde sie dann zweitstärkste Partei weit vor SPD und Grünen).[86] Diesem traurigen ‚Spitzenpolitiker‘ fiel dazu nichts Anderes ein, als ein Viertel der Bevölkerung zu diffamieren, die ihn und seine Art von ‚Selbstgerechten‘ (Wagenknecht) einfach satt haben. Statt die Ursache für den Vertrauensverlust bei seiner eigenen Partei zu suchen, bescheinigte er den Ostdeutschen, dass sie nach 30 Jahren „nicht in der Demokratie angekommen seien".[87] In seiner hochgradigen Arroganz stellte er darüber hinaus fest, dass nur noch „Bildungsarbeit und das Hoffen auf die nächste Generation" bleibe.[88] Auf die Idee, dass gerade die Ostdeutschen in über 40 Jahren DDR eine besondere Sensibilität für Anzeichen von Diktatur und Totalitarismus entwickelt haben, kommt so ein schlichtes Gemüt nicht (er war übrigens, 1975 in Chemnitz geboren, zum Ende der DDR gerade mal 14 Jahre alt).

Man fragt sich einfach: Wo ist die scheinheilige Beschwörung vom ‚Volk als Souverän‘ in einer Demokratie geblieben, wenn solche Äußerungen keiner-

---

[85] https://www.zeit.de/politik/deutschland/2021-05/ostdeutschland-cdu-kritik-marco-wanderwitz-sachsen-anhalt-thueringen, zuletzt aufgerufen am: 29.4.2024.

[86] https://wahlergebnisse.sachsen-anhalt.de/wahlen/lt21/erg/kreis/lt.15.ergtab.php, zuletzt aufgerufen am: 26.4.2024.

[87] https://www.zeit.de/politik/2021-05/marco-wanderwitz-cdu-ostdeutschland-afd-rechtsradikale-parteien, zuletzt aufgerufen am: 26.4.2024.

[88] Noch hat er nicht von ‚Umerziehungsarbeit‘ sondern (nur) von ‚Bildungsarbeit‘ gesprochen.

lei Konsequenzen haben? Symptomatisch für die angeschlagene Demokratie in Deutschland und die Missachtung des Wählerwillens ist die Tatsache, dass eben dieser „Ostbeschimpfungsbeauftragte", wie er im Web bezeichnenderweise genannt wurde, seinen Bundestags-Wahlkreis aufgrund seines Auftretens in Sachsen klar verloren hatte, aber nichtsdestotrotz über die Landesliste der CDU im September 2021 in den Bundestag gelangte.[89]

Leider ist das kein Einzelfall, auch andere prominente Politiker zogen bereits trotz Verlustes des Direktmandats in den Bundestag ein oder wurden gar Minister.[90] So kann das Vertrauen der Bürger in die Demokratie nur zerstört werden. – Zur Aufrechterhaltung der Ost-West-Spaltung trägt aber auch die unglaubliche Arroganz einiger ‚Besserwessis‘ bei, wie sie sich etwa in den Politergüssen eines Arnulf Baring zeigte. Dieser verstieg sich sogar zu der ungeheuerlichen Einschätzung des ‚minderwertigen ostdeutschen Menschenmaterials‘:[91] „Ob sich heute einer dort Jurist nennt oder Ökonom, Pädagoge, Psychologe, selbst Arzt oder Ingenieur, das ist völlig egal: Sein Wissen ist über weite Strecken unbrauchbar". Analog erfüllt meines Erachtens die TAZ den Tatbestand des §130 StGB (Volksverhetzung), wenn sie zum Reiseboykott für Sachsen aufruft, s. das entsprechende Zitat in Kap. 13. Damit trägt sie dazu bei, dass die immer noch nicht überwundene Spaltung in Ost und West weiter vertieft wird.[92]

Eine wichtige Rolle hinsichtlich der immer noch nicht überwundenen Ost-West-Spaltung spielt die teils gefühlte, teils tatsächlich vorhandene ungleiche Chancenverteilung bei der Angleichung der Arbeits- und Lebensverhältnisse. So wurden Spitzenpositionen in Politik und Wirtschaft im Osten zu einem erheblichen Teil durch Westdeutsche besetzt, oder Lehrstühle an den ostdeutschen Hochschulen wurden oft genug an zweitrangige Kandidaten aus dem Westen vergeben. Umgekehrt war ein Ruf an eine westdeutsche Universität, der an einen ostdeutschen Wissenschaftler erging, eher eine Seltenheit. Auch den ostdeutschen Politikern war zur Wendezeit eine makabre Statistenrolle zugeteilt worden. Die führenden Köpfe und ehemaligen Minister(präsidenten), wie etwa Diestel, Eppelmann, Meckel, de Maizière u.a., hatten nach eigenem

---

[89] Hierzu ein passender Kommentar aus dem Internet: „Welche demokratische Legitimation hat ein Listenabgeordneter im Parlament, dem der Souverän sein Direktmandat entzogen hat?".

[90] https://www.t-online.de/nachrichten/deutschland/bundestagswahl/id_90873366/bundestagswahl-2021-diese-minister-haben-das-direktmandat-verloren.html, zuletzt aufgerufen am: 26.4.2024.

[91] https://www.zeit.de/1991/52/vom-neuen-denken-der-deutschen, zuletzt aufgerufen am: 17.4.2024.

[92] Die Sachsen rufen doch auch nicht „Reisende meidet Berlin!", weil dort die TAZ und noch Schlimmere ihren Sitz haben, und sogar klar belegbare Wahlmanipulationen stattfinden oder in manchen Stadtteilen desolate Zustände herrschen.

Bekunden schon während der Wiedervereinigung kaum etwas zu sagen (mit kleinen Einschränkungen eventuell noch für die beiden letztgenannten); sie sind nach dem Beitritt alle abgehalftert worden. Ob diese letztlich von schlechterer Qualität waren als die in Kap. 1 behandelten Negativbeispiele von Spitzenpolitikern des Westens ist noch fraglich (zumindest waren unter den Genannten keine Plagiatoren).

Wie sieht die Situation der wichtigsten Parteien nach Bildung der Ampelregierung aus? Eigentlich sollte die CDU die wichtigste Oppositionspartei sein. Ihr desolater Zustand hatte sich, wie wir gesehen hatten, bereits vorher unübersehbar in der Vorbereitung der Wahlen 2021 und bei der Findung des Kanzlerkandidaten gezeigt. Zusätzlich zur inhaltlichen Leere der Partei wurde auch noch die Spaltung zwischen Parteibasis und Funktionärsapparat in der zweimaligen Verhinderung des (wie es ursprünglich schien) geeignetsten Kandidaten, Friedrich Merz, deutlich sichtbar. Mit ‚sicherer Hand‘ hat die CDU zweimal bei der Wahl des Vorsitzenden danebengegriffen (erst wurde Kramp-Karrenbauer gewählt und nach dem Thüringen-Wahldebakel, s. Kap. 1, in das Verteidigungsministerium abgeschoben; dann wurde der Ministerpräsident von NRW auf den Schild gehoben, der schlechte Voraussetzungen für einen Wahlgewinn mitbrachte). Da ist doch die Frage erlaubt: „Wollten die überhaupt einen Wahlsieg 2021 erringen?" Allen war im Grunde genommen bewusst, dass die Nominierung des NRW-Ministerpräsidenten als Kanzlerkandidaten der CDU/CSU nur eine Verlegenheitslösung war (selbst die Kandidatin der Grünen hatte noch kurz vor der Bundestagswahl nach all ihren offenbarten Bildungslücken, Verfehlungen und Biographiemanipulationen ein höheres Ranking in der Volksmeinung, und das will etwas heißen).[93] Man musste sich schon fragen, ob die im Hintergrund die Strippen ziehende Bundeskanzlerin wirklich auf Seiten ihrer eigenen Partei stand. Dass daran erhebliche Zweifel angebracht sind, zeigen nicht nur ihre ostentativ vorgetragene Neigung zu den Grünen, sondern auch ihre Äußerung, dass sie sich ihrer Partei, der CDU, „nahe fühle".

Nach langen Geburtswehen wurde Merz im Hochsauerlandkreis als Kandidat für die Bundestagswahl nominiert und schließlich auch gewählt, was vielen, die ihn als CDU-Vorsitzenden verhindert hatten, ähnliche Bauchschmerzen bereitete, wie die Nominierung von Maaßen in Thüringen für den Bundestag (der es dann durch Querschläge seiner eigenen Parteigenossen letztlich auch nicht geschafft hatte, ein Mandat zu erringen). Die Kritik von Maaßen und anderer Persönlichkeiten an der eigenen Partei, die zwar dringend erforderlich

---

[93] https://www.infratest-dimap.de/umfragen-analysen/bundesweit/ard-deutschlandtrend/2021/august/ – Seite nicht mehr vorhanden, zuletzt aufgerufen am: 8.8.2021.

ist, war für deren Gegner überhaupt schon ein Sakrileg. Inzwischen scheint der neue CDU-Vorsitzende Merz eine regelrechte Weichspülung durchgemacht zu haben, wobei er sich zuerst den Grünen und im Wechsel auch noch der SPD bis zur Selbstaufgabe angedient hat. Dementsprechend ist bisher auch die längst überfällige innerparteiliche Auseinandersetzung mit den Fehlern der Merkel-Ära ausgeblieben. Im Gegenteil, kaum im Amt des Vorsitzenden, bot er der ehemaligen Bundeskanzlerin den Ehrenvorsitz in seiner Partei an, was sie mit einem echten ,Tritt vors Schienbein' dankend ablehnte. Überhaupt scheint sich Merz eher als Kombattant der neuen Ampelregierung zu gerieren denn als echter Oppositionsführer. So kann die immer wieder beschworene Erneuerung der CDU nicht funktionieren, und eine echte Opposition wird sie so auch nicht abgeben.

Die regierende SPD hatte zwei Vorsitzende gewählt, die sogar nach eigener Aussage merkwürdigerweise nicht als Kanzlerkandidaten in Frage kamen. Dadurch ist die Situation entstanden, dass wir nach der Wahl einen zwar mit Finanzskandalen vorbelasteten SPD-Kanzler haben (s. Kap. 15), der aber mit seiner relativ besonnenen Haltung vor allem in der Ukraine-Krise in seltsamem Kontrast zum linken Flügel seiner Partei steht. Was man dem neuen Kanzler jedoch auf jeden Fall ankreiden muss, ist die Zusammensetzung seiner Regierung, wobei insbesondere die Ministerinnen seiner eigenen Partei negativ herausragen. Auf die Fehlbesetzung des Gesundheitsministeriums durch Karl Lauterbach werden wir in Kap. 16 noch gesondert zu sprechen kommen. Dieser wurde als Minister installiert, obwohl er bereits vor der Wahl 2021 als Dampfplauderer unangenehm aufgefallen war, der gefühlt in jeder zweiten Talkshow saß und sich über Corona, Klima sowie über Gott und alle Welt (und über die querdenkenden Polit-Teufel sowieso) ausgelassen hat, wobei er sich oft nicht scheute, die Grenzen zum Hatespeech zu überschreiten.[94].

Die Grünen, angeführt von ihren beiden Vorsitzenden hatten sich 2021 zunächst auf eine weibliche Kanzlerkandidatin geeinigt, mit der merkwürdig ,selbstlosen' Begründung des Mitbewerbers: „Wenn *sie als Frau* sagt, sie will das machen, dann wird das so sein".[95] Glücklicherweise ist das dann gründlich schief gegangen, und die Grünen müssen nun, nachdem sie in der Regierungsrealität angekommen sind, alle ihre Prinzipien auch gegen den Willen ihrer Basis über Bord werfen, wie wir weiter oben schon festgestellt hatten. Mittlerweile tut sich in dieser Partei sogar eine Kluft zwischen der Grünen Jugend bzw. Teilen der Basis und den Regierungsmitgliedern auf, die ersteren nicht

---

[94] https://www.welt.de/politik/deutschland/article232852339/Streit-um-Maassen-Bosbach-wirft-Lauterbach-substanzlose-Hetze-vor.html, zuletzt aufgerufen am: 26.4.2024.

[95] Vgl. Art. 3 (3) Grundgesetz: „Niemand darf wegen seines Geschlechts [...] bevorzugt werden".

radikal genug sind. – Aber die Spaltung zwischen Basis und Parteispitze ist nicht auf die Grünen beschränkt. In der FDP gibt es sogar Bestrebungen, die von ihrem Vorsitzenden Lindner krampfhaft am Leben gehaltene Ampelregierung durch eine Mitgliederbefragung zu Fall zu bringen.[96]

Zum vergangenen Bundestags-Wahlkampf ist noch zu bemerken, dass dieser - obwohl Deutschland vor gravierenden Problemen steht und gespalten ist wie nie zuvor - nur wenig sichtbar stattgefunden hat; die NZZ titelte sogar „Wer den deutschen Wahlkampf verfolgt, möchte am liebsten in Tiefschlaf verfallen".[97] Ein trauriges Zeichen für den Zustand unserer Demokratie und das Angebot an ‚Spitzenpolitikern' war die blamable Nominierung der grünen Kanzlerkandidatin, die trotz ihrer unzähligen Schnitzer nicht etwa zurücktreten musste (das war früher mal so). Im Gegenteil, das hat einen großen Teil des Wahlvolkes nicht gestört, und sie durfte in ihrer damaligen Funktion als Grünen-Vorsitzende weiter fröhlich Unsinn daherreden. Insbesondere bei den Grünen lässt sich ein eklatanter Widerspruch zwischen Selbstverpflichtung zur Fairness im Wahlkampf[98] und Realität feststellen. Ihr stellvertretender Fraktionschef beschuldigte den CDU-Kanzlerkandidaten Laschet sogar, dass dessen Politik und kritische Haltung zum Ausbau der Windenergie „überall auf der Welt Menschenleben kosten würde".[99] – Wie wir bereits in Kap. 1 festgestellt hatten, sind freie und faire Wahlen als eine der wichtigsten Säulen einer Demokratie überhaupt ins Zwielicht geraten. So wurden bei den letzten Wahlen in Berlin solche Unregelmäßigkeiten festgestellt (s. Kap. 12), dass man schon von Wahlmanipulationen sprechen muss.[100] Wen wundert es da noch, dass Wahlverweigerung und Demokratieverdrossenheit stark zuzunehmen scheinen, s. Kap. 17? Dieses Missbehagen war unübersehbar bei der letzten Landtagswahl in Nordrhein-Westfalen 2022 zu verzeichnen, wo fast die Hälfte der Wahlberechtigten gar nicht erst zur Wahl gegangen ist.

Ein ernstzunehmendes Problem für die Demokratie ist die zunehmende Einflussnahme auf die Meinungsbildung durch Internetnutzer aller Art (insbesondere durch Blogger und Influencer). Einerseits hat das Internet eine sehr

---

[96] https://www.focus.de/politik/deutschland/immer-mehr-unmut-macht-sich-breit-was-passiert-wenn-die-fdp-die-ampel-platzen-laesst_id_251248692.html, zuletzt aufgerufen am: 25.11.2023.

[97] https://www.nzz.ch/meinung/deutschland-erlebt-einen-oeden-bundestagswahlkampf-ld.1638005, zuletzt aufgerufen am: 26.4.2024.

[98] https://www.gruene.de/artikel/selbstverpflichtung-fuer-einen-fairen-bundestagswahlkampf, zuletzt aufgerufen am: 26.4.2024.

[99] https://www.merkur.de/politik/gruenen-oliver-krischner-laschet-tweet-windraeder-nrw-klima-kritik-bundestagswahl-cdu-zr-90835866.html, zuletzt aufgerufen am: 17.4.2024.

[100] https://www.rbb24.de/politik/wahl/abgeordnetenhaus/agh-2021/beitraege/berlin-wahl-unregelmaessigkeiten-wahlfehler-falsche-stimmzettel.html, zuletzt aufgerufen am: 26.4.2024.

positive Auswirkung bei der Herausbildung einer echten Basisdemokratie und bei der Aufdeckung von Schwachstellen in der Gesellschaft, die von Regierung und staatshörigen MSM gern unter den Tisch gekehrt werden. Andererseits ist das Internet geradezu eine Brutstätte von Verschwörungstheorien, unausgegorenen Meinungen und echten Fakenews. Das wird zu einem echten Hindernis für eine fundierte Meinungsbildung, da viele Bürger (sei es aus Zeitgründen, mangelnder Bildung oder einfach wegen fehlenden Hintergrundwissens) gar nicht mehr in der Lage sind, die Spreu vom Weizen zu sondern. Das wird noch dadurch erschwert, wie wir im Folgenden noch deutlicher sehen werden, dass viele der auch von staatlichen Stellen vorgebrachten Thesen im Gewand einer dubiosen ‚Wissenschaft‘ daherkommen, wobei oft der Eindruck entsteht, dass die Überbringer der Botschaft selbst nicht verstehen, wovon sie reden. Wenn wir diese gesellschaftliche Entwicklung nicht in den Griff bekommen, ist die Voraussetzung einer jeden Demokratie - nämlich der mündige, aufgeklärte Bürger - in Frage gestellt.

Wohin diese an sich schon negative Bestandsaufnahme für die Bundesrepublik führt, ist in gesteigertem Maße live in Berlin zu sehen. Man leistet sich teure Bauprojekte, die noch dazu schlecht gemanagt werden;[101] es wird mit staatlichen Mitteln versucht, in wirtschaftliche Verhältnisse einzugreifen (Stichwort: Mietpreisbremse), wobei sogar über Enteignungen von Wohnungsbaugesellschaften nachgedacht wird; schließlich hält man Sonntagsreden gegen Antisemitismus oder Homophobie und schaut hilflos dem aggressiven Treiben muslimischer Migranten in Neukölln zu, die genau diese Erscheinungen befördern. Dem Ganzen steht ein scheinbar machtloser Senat gegenüber, der weder mit Drogendealern, noch mit kriminellen Großfamilien oder linksautonomen Hausbesetzern fertig wird. Das ganze zum großen Teil selbstverschuldete Desaster muss auch noch über den Länderfinanzausgleich von den Steuerzahlern in ganz Deutschland mitfinanziert werden.[102]

Ist Deutschland bereits ein ‚Failed State‘? - Obwohl diese Frage von vielen Bürgern in ihrer verständlichen Enttäuschung bereits bejaht wird, hoffen doch viele, dass dieser drohende Endzustand noch nicht eingetreten ist, dass es aber bereits ‚Fünf vor zwölf‘ ist. Wie stark sich die Verhältnisse und die Entwicklungstendenzen in den westlichen Ländern (sowohl die außenpolitischen als auch die innenpolitischen) ähneln, zeigt folgendes persönliches Erlebnis: Ich gerate bei der Senderwahl mitten in einen Radiokommentar des MDR und höre: „Die Bevölkerung fühlt sich mit ihren Sorgen vom politischen

---

[101] https://www.tagesspiegel.de/berlin/teurer-spaeter-chaotisch-diese-bau-projekte-sind-zu-gross-fuer-berlin/6657556-all.html, zuletzt aufgerufen am: 26.4.2024.

[102] Viele Bürger haben deshalb den auf seine Stadt gemünzten Slogan des ehemaligen OB von Berlin: „Arm, aber sexy“ nicht als Humor, sondern als blanken Zynismus empfunden.

Establishment nicht mehr ernst genommen und einfach von der Mitgestaltung ausgeschlossen. Aus diesem Grund hat sich ein solcher Abscheu gegen die etablierten Politiker herausgebildet, dass ...“ - Bis hierhin dachte ich doch glatt: „Welch treffende Charakterisierung unserer Situation in Deutschland!“ Natürlich wurde mir bei der Fortsetzung des Kommentars schnell klar, dass es gar nicht um Deutschland, sondern um die Situation im Vorfeld der vorletzten Wahl in den USA ging, und dass ER gesiegt hatte, den im Grunde ihres Herzens nicht mal all diejenigen gewollt haben, die ihm ihre Stimme gegeben hatten (das war eine klare Denkzettel-Wahl!). Ich nenne das den ‚Trump-Effekt‘, von dem keiner annehmen sollte, dass er nicht auch in Deutschland eintreten könnte. Denn als Kontrast zu dem sich immer totalitärer gebärdenden links-grünen Mainstream kann man praktisch in allen westlichen Ländern ein Erstarken der Rechten bzw. der Konservativen feststellen, s. dazu Kap. 13. Das ist durchaus kein Wunder, da sich die konservativen Parteien bei aller berechtigten Kritik praktisch als Einzige durchgängig gegen die links-grüne Deformierung der Demokratie und des Rechtsstaates, den ausufernden Bürokratismus in der EU und gegen die Aufgabe nationaler Souveränität aussprechen, s. Kap. 3. Es ist schon bemerkenswert, dass sie sich in manchen Punkten sogar mit einigen Vertretern der Partei ‚Die Linken‘ treffen, womit sich auch hier wieder die Fragwürdigkeit der alten Dichotomie ‚Links - Rechts‘ zeigt.

Wenn man sich vor Augen hält, welche grundlegenden Probleme mit höchster innenpolitischer Relevanz wir in unserem Land zu bewältigen haben (wirtschaftlicher Niedergang und zunehmend unsichere Energieversorgung bei steigender Inflation, s. Kap. 15, Bewältigung der Folgen des Klimawandels, s. Kap. 15, Verfall des Rechtsstaates und der inneren Sicherheit, s. Kap. 12 u.a.), so scheint sich die Innenpolitik in unangemessener Weise mit Randproblemen zu befassen, s. hierzu Kap. 9. – Hinzu kommen noch die unbewältigten demographischen Verwerfungen, die durch eine zunehmend alternde Bevölkerung bewirkt werden. Dabei ist eine Entwicklung zu beobachten, die man als ‚Sanduhreffekt‘ bezeichnen kann, der sich in einer Stärkung der oberen Schichten, der Erosion des Mittelstandes und in einem Anwachsen des Prekariats manifestiert. Dies führt zu einer neuen Art sozialer Ungerechtigkeit, die darin besteht, dass eine immer kleinere Zahl von produktiv Arbeitenden einen immer größer werdenden Anteil nichtproduktiver Bürger ernähren muss.

Wenn ein sozial eingestellter Staat versucht, die unvermeidbar entstehenden Härten der gesellschaftlichen Entwicklung immer wieder und um jeden Preis abzufedern, bildet sich nach und nach ein überbordender Sozialstaat heraus. Gleichzeitig entsteht bei den Bedürftigen ein Abhängigkeitsgefühl und das Verlangen an die Regierung, jede soziale Bedürftigkeit aufzufangen. Wenn diesem Druck immer weiter nachgegeben wird, lähmt das letztlich die Gesellschaft, da viele Menschen sich nicht mehr in der Verantwortung sehen, ihre Misere selbst zu beenden, sondern diese Leistung ausschließlich vom Staat verlangen. – In diesem Kontext ist noch nicht einmal die Lage der Rentner berücksichtigt, die trotz lebenslanger Einzahlungen in die Rentenkassen oft am Existenzminimum leben. Mit dem Eintritt der sogenannten Babyboomer-Generation in das Renten- bzw. Pensionsalter werden sich diese sozialen Verwerfungen noch einmal verschärfen und das gesamte Rentensystem droht zu kollabieren.[103] Diese an sich schon prekäre Situation wird noch belastet durch eine ungebremste Immigration, die nicht etwa (wie vollmundig versprochen) den eindeutig vorhandenen Mangel an Fachkräften beheben hilft, sondern das ohnehin vorhandene Dilemma (s.o.) durch Einwanderung in die Sozialsysteme noch verschärft, s. hierzu Kap. 8. – Das sind die wahren Herausforderungen, denen sich unsere Gesellschaft stellen muss und nicht irgendwelche hochgepuschten Randprobleme, s. Kap. 10 und 9.[104]

In Anbetracht der prekären innenpolitischen Situation in unserem Land dürfte die wachsende Kluft zwischen Regierung und Bevölkerung die Ursache für das frustrierende Gefühl der Bürger sein, sowieso nichts bewirken zu können, zumal die Erosion wichtiger demokratischer Grundrechte wie der Meinungsfreiheit und das Versagen der Vierten Gewalt wenig Gegenspiel erlauben, worauf wir in den nächsten Kapiteln noch detaillierter zu sprechen kommen werden.

---

[103] https://www.kreiszeitung.de/politik/rente-2022-bye-bye-babyboomer-milliardenverluste-drohen-zr-91113374.html, zuletzt aufgerufen am: 26.4.2024.
[104] Oder sollen letztere nur von unseren wirklichen Schwierigkeiten ablenken?

Kapitel 6

Erosion der Meinungsfreiheit

In den vergangenen zwanzig Jahren hat sich eine solche Erosion der Meinungsfreiheit, eines elementaren Grundrechts in jeder echten Demokratie, vollzogen, die viele Menschen nicht für möglich gehalten hätten. Dabei ist dieses Recht in unserem Grundgesetz, Art. 5 (1) fest verankert: „Jeder hat das Recht, seine Meinung in Wort, Schrift und Bild frei zu äußern und zu verbreiten und sich aus allgemein zugänglichen Quellen ungehindert zu unterrichten. Die Pressefreiheit und die Freiheit der Berichterstattung durch Rundfunk und Film werden gewährleistet. Eine Zensur findet nicht statt". Man kann im Hinblick auf die Demokratiefähigkeit eines Landes konstatieren: „Die Meinungsfreiheit ist zwar nicht alles, aber ohne sie ist alles nichts." Die Wirksamkeit des genannten Verfassungsgrundsatzes wird inzwischen zunehmend durch die bereits in Kap. 4 erörterte Haltung der ‚Political Correctness' bzw. durch ihre eifernden Vertreter und die dadurch beeinflusste Berichterstattung in den Mainstream-Medien (MSM) gefährdet. Es ist schon bezeichnend und regelrecht decouvrierend, wenn man in einem Artikel der Bundeszentrale für politische Bildung (BPB), der eigentlich die negative Konnotation des Terminus ‚Mainstream-Medien' abmildern möchte, folgenden Satz findet: „Wem ist nicht schon einmal in einem dieser Medien ein überraschender kritischer Beitrag aufgefallen, der aus der Masse der Veröffentlichungen herausragte, vom gewohnten Sound des Blätterwaldes abwich?".[1] In der Tat, keiner wird leugnen können, dass er ‚gelegentlich schon einmal' in den die MSM ausmachenden ‚Leitmedien'[2] einen erfreulich abweichenden oder besonders kritischen Artikel gefunden hat. Das sollte aber bei der ‚Vierten Gewalt', die ihrer Rolle gerecht wird, nicht die Ausnahme, sondern *die Regel* sein. – Ein wesentlicher Faktor, für die wahrgenommene Einheitlichkeit in der Berichterstattung der MSM ist die Selbstzensur in den Redaktionsstuben. Formal findet zwar eine staatlich angeordnete

---

[1] https://www.bpb.de/shop/zeitschriften/apuz/231307/medien-im-mainstream/, zuletzt aufgerufen am: 26.4.2024.

[2] Zu den MSM zählen nach dem zitierten BPB-Artikel die Nachrichtensendungen von ARD und ZDF, die Süddeutsche, die FAZ, die Welt, die FR, die TAZ (sic!), Bild, die Zeit sowie Spiegel, Focus und Stern.

Zensur (noch) nicht statt, dafür aber eine deutlich sichtbare ‚innere Zensur‘ (die berüchtigte ‚Schere im Kopf‘), die angefangen von den Medienvertretern bis hinein in den privaten Bereich wirkt.

Wie steht es um die Meinungsfreiheit in Deutschland generell? - Es ist gar nicht so einfach, diese Frage zu beantworten, da es glücklicherweise noch das eine oder andere Publikationsorgan gibt, das über sonst tabuisierte Themen berichtet, so dass keiner in einem konkreten Fall sagen kann, davon wäre überhaupt nirgends berichtet worden. Das Entscheidende ist doch, ob das eher randständige Medien sind oder ob über Ereignisse von allgemeinem gesellschaftlichen Interesse auch in den großen Tageszeitungen bzw. im Fernsehen hinreichend (und wenn ja, mit journalistischer Sorgfalt) berichtet wurde. Leider ist Letzteres oft zu verneinen.[3] Nach Umfragen des Allensbach-Instituts hat über die Hälfte aller Bürger das Gefühl, die politische Meinung nicht mehr frei äußern zu können; ein eindeutiges Indiz dafür, dass die verfassungsmäßig garantierte Meinungsfreiheit in Deutschland tatsächlich stark gefährdet ist.[4] – Wie ‚subtil‘ man mit dem Begriff der Meinungsfreiheit in den Medien umgeht, zeigt ein Statement des MDR in der Morgensendung am 5.1.2021. Dort wurden die Bürger dahingehend beruhigt, dass es doch erlaubt sei, eine „legitime Meinung" zu äußern. Den meisten Hörern wird gar nicht aufgefallen sein, welche Zumutung in dieser Floskel verborgen ist. Aber Artikel 11 GG spricht davon, dass jeder seine ‚Meinung‘ schlechthin äußern und verbreiten darf, und nicht nur eine schwammig definierte „legitime" Meinung. Denn es würde sich ja auch sofort die Frage erheben, was denn eine ‚legitime‘ bzw. ‚illegitime‘ Meinung ist und wer das festlegt.[5]

Eine solchermaßen eingeschränkte Meinungsfreiheit würde den Grundgedanken der Verfassung und damit ein wichtiges Grundrecht der Bürger einfach aushebeln und den jeweils an der Macht befindlichen Politikern die Freiheit geben, nach ihrem Gusto über die Legitimität von Meinungen zu befinden. Aber genau das wird von Innenministerin und Verfassungsschutz angestrebt, indem man versucht, bei letzterem einen Phänomenbereich ‚verfassungsrelevante Delegitimierung des Staates‘ zu schaffen, s.u. Kennzeichnend für die links-grüne Heuchelei um die angeblich noch völlig intakte Meinungsfreiheit ist ein Kommentar zu einem sehr beunruhigenden ZEIT-Artikel über ei-

---

[3] So kommt es oft vor, dass etwa Ausschreitungen in der Linken Szene in Leipzig-Connewitz zwar in der Lokalpresse berichtet werden, aber nicht z.B. im Fernsehen und schon gar nicht in der Tagesschau (obwohl die Bilder von brennenden Kränen spektakulär genug sind).

[4] https://www.deutschlandfunkkultur.de/allensbach-umfrage-zur-meinungsfreiheit-heutegibt-es.1013.de.html?dram:article_id=498966, zuletzt aufgerufen am: 26.4.2024.

[5] Doch wohl nicht das „Ministerium für Wahrheit" wie aus Orwells Roman „1984" [59]?! - Eine von der Verfassung gedeckte Meinung muss nicht einmal zutreffend sein. Eine Handlung kann sehr wohl ‚legitim‘ oder ‚illegitim‘ sein, aber das wird allein durch Gesetze bestimmt.

ne Allensbach-Umfrage zur Meinungsfreiheit in Deutschland.[6] Obwohl der betreffende Kommentator eigentlich den Nachweis für eine unverletzte Meinungsfreiheit erbringen will, heißt es in seinem Beitrag:[7] „Wer die Meinungsfreiheit bezweifelt, ist ein Gegner unseres bewährten demokratischen Systems. Wenn eine Meinung nicht toleriert werden kann, dann hat das schon seine guten Gründe. Umgekehrt kann man doch vernünftige Meinungen jederzeit äußern". Der Autor begreift nicht einmal, dass dieses Statement gerade eine Missachtung der Meinungsfreiheit darstellt. Denn selbstverständlich meint er, dass er und seinesgleichen festlegen, „was toleriert werden kann" bzw. was „vernünftige Meinungen" sind, und schon der Zweifel an der Meinungsfreihit weise die Demokratiefeinde aus. Die Grenzen der Meinungsfreiheit können aber allein durch das Gesetz gezogen werden, nicht aber dadurch, dass eine Meinung irgendjemand für „vernünftig" hält oder nicht.[8]

Eine große Gefahr für die Demokratie im allgemeinen und die Meinungsfreiheit im besonderen ist die Konzentration der Presse in wenigen Händen. Das gilt weltweit (man denke allein an die Macht eines Medienmoguls wie Rupert Murdock in den USA oder eines Berlusconi in Italien) und gilt auch für Deutschland. Allein die Funke-Mediengruppe und die Madsack-Verlagsgruppe mit dem angeschlossenen Redaktionsnetzwerk Deutschland (RND) sorgen für eine relativ eingeengte und einseitige Berichterstattung. Wenn man noch weiß, dass die SPD mit fast einem Viertel der Anteile am Madsack-Konzern beteiligt ist, braucht man sich über die unübersehbare Linkslastigkeit der betreffenden Medien und das ständige Zitieren des RND bzw. der Funke-Mediengruppe in ‚Tagesschau' oder ‚Deutschlandfunk' nicht zu wundern. Insbesondere die Bezeichnung des letztgenannten Rundfunksenders ist eine Irreführung, suggeriert sie doch, der Sender würde für ganz Deutschland sprechen. Wenn aber erst einmal wenige parteinahe Zeitungen und Rundfunksender sowie regierungstreue Flaggschiffe des Fernsehens, wie ARD und ZDF, die Medienlandschaft bestimmen, dann ist auch der Meinungsmanipulation Tür und Tor geöffnet, s. hierzu Kap. 7.

Dabei ist die objektive, unbeeinflusste Meinungsbildung des Bürgers besonders dadurch gefährdet, dass die Eigentumsverhältnisse in diesem Sektor

---

[6] https://www.zeit.de/kultur/2021-06/meinungsfreiheit-deutschland-allensbach-umfrage-gefuehle/komplettansicht – Nach dieser Umfrage „glauben ganz viele Deutsche, sie dürften nicht mehr frei äußern, was sie denken"; wieviele das sind, geht aus dem Artikel nicht hervor!, zuletzt aufgerufen am: 19.3.2024.

[7] Kommentar-Id: https://www.zeit.de/kultur/2021-06/meinungsfreiheit-deutschland-allensbach-umfrage-gefuehle#cid-57568923, zuletzt aufgerufen am: 19.3.2024.

[8] Das wäre übrigens auch unabhängig vom Politgeschehen das Ende jeder Wissenschaft. Auch die Relativitätstheorie wurde zunächst von vielen ‚Wissenschaftlern' (nicht nur von den stalinistischen Philosophen!) für widersinnig oder gar vom Klassenfeind inspiriert angesehen.

und die Wege der Einflussnahme durch Parteien und Regierung auch über diverse personelle Verflechtungen völlig intransparent sind. Inzwischen verbreiten selbst große Tageszeitungen und Magazine Hassbotschaften und Fakenews, die dem politischen Gegner schaden sollen, s. hierzu Kap. 2, oder sie greifen ihre Botschaften, wie im Fall des Spiegel-Reporters Relotius, überhaupt gleich aus der Luft. Im Grunde sollte eigentlich der Deutsche Presserat für die Einhaltung eines gewissen Ehrenkodex und laut Satzung für die Wahrung der Pressefreiheit und des Ansehens der deutschen Presse sorgen. Leider ist er dieser Aufgabe m.E. nur bedingt gerecht geworden. So ordnet auch er im Jahresbericht 2020 den bereits erwähnten und in Kap. 13 genauer zitierten TAZ-Artikel unter ‚Satire‘ ein und stellte fest, dass „die Autorin sich als Arbeitsplatz für Polizisten nur die Mülldeponie vorstellen konnte, bewertete der Presserat als ethisch zulässig“. [9] Also, kaum jemand konnte in dem TAZ-Artikel etwas von „Arbeitsplatz“ entdecken, das klang eher nach ‚entsorgen‘, s. Kap. 13. – Selbst Regierungsmitglieder müssen sich von Gerichten des unberechtigten Eingriffs in die Pressefreiheit bezichtigen lassen. So hat sich der NRW-Innenminister einen Rüffel vom Landesgericht Düsseldorf eingeholt, weil er behauptet hatte, dass die Lektüre der Zeitung ‚Junge Freiheit‘ als Zeichen einer rechtsextremen Gesinnung gewertet werden könne. Die Richter werteten die Äußerungen des Ministers als „Eingriff in den Schutzbereich der grundrechtlich gesicherten Pressefreiheit“. [10]

Die Einschränkung der Meinungsfreiheit und der Grad der Meinungsmanipulation erinnern in ihren Ansätzen, wie wir in Kap. 2 bereits festgestellt hatten, an die chinesische Kulturrevolution. Zweifellos war letztere viel brutaler als das, was wir zur Zeit in Deutschland erleben. Viele der Anzeichen, wie Denunziation, Erniedrigung des politischen Gegners oder auch das Schleifen von Kulturdenkmälern, das Umschreiben der Geschichte usw. erleben wir jedoch auch heute schon bei uns. Manche Politiker schauen bereits wie gebannt auf die Erfolgsgeschichte des chinesischen sozial-ökonomischen Modells und träumen mehr oder weniger offen von einer Übernahme des dortigen ‚Social Scoring‘. Im deutschen Bildungsministerium (BMBF) werden dementsprechend Studien in Auftrag gegeben, über ein analoges System von Sozialkreditpunkten nachzudenken.[11] Die Idee besteht darin, dem Bürger Bonuspunkte für ‚Wohlverhalten‘ und ‚gute Taten‘ zu geben, die er dann zum Erwerb von

---

[9] https://www.presserat.de/jahresberichte-statistiken.html?file=files/presserat/bilder/Downloads%20Jahresberichte/Jahresbericht%202020-Vers.2-vero%CC%88ffentlicht.pdf&cid=886, zuletzt aufgerufen am: 20.3.2024.

[10] https://jungefreiheit.de/politik/deutschland/2021/junge-freiheit-reul/, zuletzt aufgerufen am: 20.3.2024.

[11] https://www.epochtimes.de/politik/deutschland/markus-krall-im-interview-kommt-das-sozialkreditsystem-fuer-deutschland-a3564117.html, zuletzt aufgerufen am: 20.3.2024.

Vorteilen (etwa bei der Vergabe von Studienplätzen) nutzen kann. Hier gäbe es unendliche Spielräume, wenn so etwas eingeführt würde, wobei der Phantasie keine Grenzen gesetzt sind (etwa Tausch von Bonuspunkten gegen Gaskontingente, wenn die Energieversorgung zusammenbricht). Selbst der Hinweis, dass die Beteiligung am Punktesystem ‚freiwillig' sein sollte, ist perfide, denn schon allein die Teilnahme oder Nichtteilnahme an einem solchen (nur aus totalitären Politikerhirnen) entspringenden Scoring-System würde einen immensen psychischen Druck ausüben.[12] Ganz abgesehen davon, ist der Schritt von einem Bonus-System zu einem Malus-System nicht weit. Und ein Malus kann bei links-grünen Fanatikern schon sein, dass man die falsche Zeitung liest oder einen ‚umstrittenen' Politiker zitiert.

Die ständige Einengung und Überwachung des ‚erlaubten' Sprach- und Meinungskorridors wird heute durch einen treffenden Ausdruck beschrieben: ‚Wokeness' bzw. ‚woke'. Damit wurde ursprünglich das Aufmerksamsein gegenüber allen Formen von Rassismus gemeint, wird aber heute auf jegliche Form von tatsächlicher oder auch nur vermuteter Diskriminierung (auf Gebieten wie Gender, LGBTQ u.a.) ausgedehnt. Der in diesem Zusammenhang ausgebrochene Reinheitswahn und Denunziationsfuror hat im Internet sogar seinen Ausdruck im Begriff ‚Woko haram' gefunden. Er erinnert fatal an die Zeiten, als christliche Eiferer im Mittelalter über die Reinheit der wahren Lehre wachten und jeden Abweichler und selbständigen Denker als Ketzer denunzierten. Inzwischen hat die Familienministerin von den Grünen mit ihrem bei der Amadeu-Antonio-Stiftung angesiedelten Denunziationsportal namens „Meldestelle Antifeminismus" einen weiteren Tiefschlag gegen Demokratie und Rechtsstaat gestartet, s. Kap. 12.

Verfassungsmäßige Grundrechte einzuschränken bzw. einige Restriktionen (wie etwa die Schließung von Geschäften während des sogenannten ‚Lockdowns') über die unmittelbaren Notwendigkeiten hinaus zeitlich willkürlich auszudehnen, waren kennzeichnend für die Zeit der Corona-Pandemie, s. hierzu Kap. 16. Insbesondere das Recht auf freie Meinungsäußerung wurde stark beschädigt, indem jeder Kritiker der Corona-Maßnahmen oder jeder, der vor möglichen Impffolgen warnte, als ‚Verschwörungstheoretiker' oder als ‚Coronaleugner' denunziert wurde. Gleichzeitig wurde die Demonstrationsfreiheit im Zusammenhang mit den Querdenker-Demos, s. Kap. 16 und 12, drastisch eingeschränkt, und Demonstranten wurden z.T. mit unangemessen harten polizeilichen Maßnahmen festgehalten. Man vergleiche etwa den laschen Umgang

---

[12] Jeder ehemalige DDR-Bürger wird sich des Gruppendrucks bei der Benutzung der Wahlurne erinnern, die ja theoretisch auch jedem frei stand (denn die Wahl galt formaljuristisch als ‚geheim'). Trotzdem wagte sich kaum jemand, sein Kreuzchen in der Wahlkabine zu machen, da allein das schon als Misstrauensakt gewertet wurde.

des Staates mit den Straftätern von der Protestaktion ‚Letzte Generation‘, (s. Kap. 14) mit dem brutalen Vorgehen der Polizei gegen einen einzelnen Bürger, der allein auf dem Dresdner Postplatz mit dem Fahrrad dastehend aus der Verfassung vorgelesen hatte.[13]

Besonders tut sich die Innenministerin Faeser in Zusammenarbeit mit dem neuen Präsidenten des Verfassungsschutzes bei der Einschränkung der Meinungsfreiheit hervor, wie u.a. sein Einsatz gegen die Querdenker-Bewegung zeigt.[14] Durch die Einführung des erwähnten Phänomenbereichs „verfassungsschutzrelevante Delegitimierung des Staates" und die völlig unscharfe Definition dieses Rechtskonstrukts werden die Grenzen des Sagbaren noch weiter eingeengt, s. Kap. 12. Denn wie es in einer Anfrage an die Bundesregierung zu Recht heißt: „Der Bürger kommt damit in die unhaltbare Situation, nicht wissen zu können, wann er durch die Äußerung von Kritik an der Regierungspolitik in das Visier des Verfassungsschutzes geraten könnte".[15] Die Delegitimierung kann schon darin bestehen, dass jemand versucht, Regierungsmaßnahmen mit scharfen Worten zu kritisieren oder gar lächerlich zu machen (da brechen ganz schlechte Zeiten für Kabarettisten an)! Allein eine solche Verunsicherung - und diese ist sicher gewollt - mahnt viele Bürger schon zur Vorsicht und veranlasst die Ängstlichen zur Selbstzensur. Da ist es kein Wunder, wenn nach entsprechenden Umfragen nicht einmal die Hälfte der Bürger noch glaubt, ihre Meinung frei äußern zu dürfen.[16]

Eine verhängnisvolle Rolle spielen die MSM mit ihrer einseitigen Berichterstattung, indem sie Haltungen vermitteln, anstatt dem geistig selbständigen Bürger Informationen zur eigenen Meinungsbildung bereitzustellen. Deshalb ist eine der Wurzeln des Verfalls der Meinungsfreiheit im Ersetzen einer Verantwortungsethik durch eine Gesinnungsethik zu suchen, s. hierzu Kap. 2. Das ist ein typisches Kennzeichen des links-grünen Mainstreams, und zwar nicht nur in der Berichterstattung, sondern in allen gesellschaftlichen Bereichen, insbesondere auch in der Politik. Dadurch wird das Primat von Haltung bzw. Ideologie gegenüber rationeller nüchterner Überlegung und Interessenabwägung festgeschrieben. Im Gefolge dieser Neuausrichtung wird schon mal der Filmklassiker „Die Feuerzangenbowle" wegen des Kontexts seiner Entstehung im Nationalsozialismus und der angeblich sexistischen Frauenrollen als „gefähr-

---

[13] https://eingeschenkt.tv/dresden-du-sollst-nicht-laut-das-grundgesetz-vorlesen/, zuletzt aufgerufen am: 20.3.2024.

[14] https://www.ndr.de/nachrichten/niedersachsen/Verfassungsschutz-Praesident-Querdenker-nutzen-Energiekrise,verfassungsschutz778.html , zuletzt aufgerufen am: 26.4.2024.

[15] Deutscher Bundestag, Drucksache 20/774

[16] https://www.deutschlandfunkkultur.de/allensbach-umfrage-zur-meinungsfreiheit-heute-gibt-es-100.html, zuletzt aufgerufen am: 20.3.2024.

lich" entlarvt,[17] oder eine Büttenrede kann dem Akteur schnell zum Verhängnis werden.[18] – Oft genug werden in den Medien sogar Tatsachen verfälscht (Fakenews) oder es wird nur lückenhaft berichtet, s. hierzu Kap. 7. Diese Negativerscheinungen beschädigen unsere Demokratie und insbesondere das Recht auf Meinungsfreiheit schwer.

Vor allem die Journalisten und Moderatoren der MSM lassen oft genug den selbsternannten Volkserzieher statt den sachlichen Berichterstatter erkennen.[19] Der Eindruck des ‚betreuten Denkens', der dadurch bei vielen Menschen entsteht, ist auch einer der Gründe, weshalb sie die gesetzlich verordnete Zwangsgebühr der GEZ für die ÖRM als Zumutung empfinden, s. hierzu Kap. 7. Der einst hochgeachtete Beruf des investigativen Journalisten, der schonungslos Fehler und Affären der Regierenden aufdeckte, wird immer stärker von Mitgliedern unterwandert, deren vornehmste Aufgabe es zu sein scheint, dem Volk die Regierungspolitik zu erklären. Treffender als der britische Publizist Hugh Greene kann man es nicht ausdrücken: „Nennen Sie mir ein Land, in dem Journalisten und Politiker sich vertragen, und ich sage Ihnen, da ist keine Demokratie".[20] Es ist schon bezeichnend, dass herausragende Journalisten, wie Peter Scholl-Latour, die aufgrund ihrer profunden Kenntnisse der betroffenen Länder vor allem den moralüberheblichen ‚Wertetransfer' in die Dritte Welt kritisiert haben [71], besonders in linken Kreisen als ‚rassistisch' (oder im milderen Fall als ‚umstritten') diffamiert wurden.[21] So war im Nachruf der TAZ über Scholl-Latour zu lesen, „dass er ein klischeehaftes und falsches Bild des Orients und Afrikas zeichnete und auch die Ängste vor der muslimischen Einwanderung nach Europa nährte".[22] Das Peinliche dabei war, dass diese dummdreiste Unterstellung nicht explizit als Meinung der Redaktion oder des Autors des Nachrufs deklariert wurde, sondern es wurde gesagt, dass ihm dies „von Wissenschaftlern" vorgeworfen werde (d.h. man versteckt sich auch noch feige hinter einer anonymen Gruppe von Regierungsmietlingen).

Der faule Trick, ‚die Wissenschaft' als Kronzeugen einer Meinung anzurufen, wird übrigens auch gern bei anderen Gelegenheiten - seien es die Recht-

---

[17] https://www.mz.de/lokal/halle-saale/ns-zeit-und-sexismus-stura-kritisiert-filmvorfuhrung-von-feuerzangenbowle-1627428, zuletzt aufgerufen am: 20.3.2024.

[18] https://www.t-online.de/nachrichten/deutschland/gesellschaft/id_87191890/sachsen-anhalt-rassistische-buettenrede-karnevalsverein-distanziert-sich.html, zuletzt aufgerufen am: 20.3.2024.

[19] Das hat auch den Gründer des Magazins Fokus zu seinem Motto „Fakten, Fakten, Fakten" veranlasst, als er meinte, dasselbe dem Spiegel-Motto „Meinungen, Meinungen, Meinungen" entgegensetzen zu müssen.

[20] https://www.zitate.de/autor/greene%2C+hugh+carleton, zuletzt aufgerufen am: 20.4.2024.

[21] Wo sind denn heute noch integre Journalisten von diesem Format zu finden? - Die kann man als Normalbürger ja an den Händen abzählen.

[22] https://taz.de/Nachruf-auf-Peter-Scholl-Latour/!5035334/, zuletzt aufgerufen am: 20.3.2024.

fertigung von Maßnahmen gegen die Corona-Pandemie (s. Kap. 16) oder die Begründung der menschengemachten Klimaerwärmung (s. Kap. 14) - angewandt. Das soll zwar den einfachen Bürger in Ehrfurcht erstarren lassen, unterschlägt aber die Tatsache, dass es ‚*die* Wissenschaft' als solche und noch dazu mit einer einheitlichen Meinung gar nicht gibt. Gerade die beiden genannten Themenkomplexe werden von Wissenschaftlern äußerst kontrovers diskutiert, wobei allerdings die regierungskritischen Meinungen gern unterdrückt werden. Schlimmer noch, man gewinnt immer stärker den Eindruck, dass sich viele Wissenschaftler vor den Regierungskarren spannen lassen, Gefälligkeitsgutachten abgeben oder Forschungsergebnisse produzieren, die den Herrschenden wohl gefallen.[23]

Als Beleg kann man etwa die pseudo-wissenschaftlichen Ergebnisse der Migrationsforschung, s. Kap. 8, oder der Genderforschung s. Kap. 9 nehmen, was sich etwa bezüglich des ersten Punktes in einer völlig unberechtigten Gleichsetzung von Flüchtlingen aus Ostpreußen und Pommern mit denen aus Syrien in den ÖRM widerspiegelt (hier liegen doch fundamentale Unterschiede vor, insbesondere was die sozio-kulturellen und historischen Aspekte anbelangt).[24] Auch im Zusammenhang mit der Corona-Pandemie fand ein ständiger Missbrauch der Wissenschaft statt, da auch Virologen und Mediziner nicht davor gefeit sind, sich vor den Karren der Politik spannen zu lassen. Wenn sie jedoch eine abweichende Meinung gegenüber der offiziellen Gesundheitspolitik vertraten (etwa in Sachen Nutzen der Corona-Maßnahmen oder bezüglich Impfnebenwirkungen), erhielten diese Auffassungen entweder nicht die ihnen gebührende öffentliche Aufmerksamkeit, oder sie wurden gleich ganz unterdrückt, s. Kap. 16. Den Gipfel der Unverfrorenheit bildet jedoch die ‚wissenschaftliche' Widerlegung des sogenannten Pull-Effekts in Sachen illegale Migration nach Deutschland (s. Kap. 8), der inzwischen sogar von prominenten Politikern und von Ministerpräsidenten der Länder offen eingestanden wird.

Konservative oder vermeintlich ‚Rechte' werden in einem unvertretbaren Maße vom politischen Diskurs ausgeschlossen. Sie unterliegen beispielsweise in Talkshows durchgehend einer einseitigen, vom richtigen ‚Klassenstandpunkt' bestimmten Konfrontation mit einigen ausgewählten politischen Gegenspielern, oder sie werden gar nicht erst eingeladen. Wenn Sie doch einmal zu einer solchen Veranstaltung zugelassen werden, dann meist zu dem vor-

---

[23] Das ist bei dem Mechanismus der Vergabe von Fördermitteln auch nicht anders zu erwarten. Wer würde schon einen DFG-Antrag mit dem Ziel stellen, den Schaden nachzuweisen, der gesellschaftlich und ökonomisch durch unkontrollierte Einwanderung in die Sozialsysteme oder durch Genderwahn und Quotenregelungen entsteht.

[24] https://www.zeit.de/2015/05/fluechtlinge-boehmen-pommern-nachkriegszeit, zuletzt aufgerufen am: 20.3.2024.

dergründigen Zweck, sie mit Hilfe einiger handverlesener Claqueure vorzuführen. Es findet allgemein für nicht systemkonforme oder regierungskritische Vertreter ein regelrechtes Deplatforming statt, d.h. man verweigert ihnen im öffentlichen Raum ein Podium, damit sie ihre abweichenden Meinungen gar nicht unter das Volk bringen können. Das betrifft sogar schon die angeblich unabhängigen Wissenschaften, wie der Eklat um den Vortrag einer Biologin an der Humboldt-Universität in Berlin und andere massive Störversuche von linken ‚Aktivisten‘ bei Hochschulveranstaltungen zeigten. Ihr Vortrag, der den Nachweis antreten wollte, dass es biologisch nur zwei Geschlechter gibt, wurde von der Universitätsleitung mit der niederschmetternden Begründung abgesagt, dass die Sicherheit wegen linker Proteste nicht gewährleistet werden könne.[25]

Eine Ausnahme vom weitverbreiteten Deplatforming (s.u.), die in der allgemeinen Medientristesse geradezu wohltuend auffiel, stellte übrigens die 3Sat-Doku über den Dresdner Schriftsteller Uwe Tellkamp dar, in welcher er selbst, aber auch seine politischen Kontrahenten ausreichend zu Worte kamen, ohne dass ständig ein Moderator die verschiedenen Standpunkte wertete und kommentierte (genau das, was der Bürger erwartet). Das Traurige waren dann die späteren Einlassungen der ÖRM, insbesondere des Deutschlandfunks, zu dieser Sendung. Der DLF verstieg sich zu der bissigen Kritik an der Doku, dass der Film „analytisch und intellektuell [versage]“, weil der Regisseur „Tellkamp ohne Widerspruch zu Wort kommen lasse“.[26] Abgesehen davon, dass dies nicht stimmt (in der Doku waren gleich mehrere kritische Stimmen und Kontrahenten zu hören), entlarvt dieses Statement ganz klar die Geisteshaltung des vom DLF gepflegten ‚betreuten Denkens‘: Keine faktische Berichterstattung, keine Wiedergabe einer Meinung ohne die wertende Beurteilung durch die Selbstgerechten.

Das moderne Mittel zur Einschränkung der Meinungsfreiheit (sozusagen das Instrumentarium der heutigen Inquisition) ist das Canceling. Die darauf aufbauende Cancel culture - besser sollte man von ‚Unkultur‘ sprechen - hält ein ganzes Spektrum von Bestrafungen bereit, beginnend mit der Absage von Vorträgen (wie etwa der Fall der oben zitierten Biologin oder im Fall von Thilo Sarrazin) bis hin zu Berufsverboten und Vertragskündigungen (s. die Fälle

---

[25] https://www.tagesspiegel.de/wissen/gericht-zu-umstrittenen-geschlechter-vortrag-werturteil-der-humboldt-universitat-war-unzulassig-10890520.html
Der Grüne Volker Beck verteidigte die Absage des Vortrags der Doktorandin sogar noch mit der Begründung, dass letztere einen „inhumanen Biologismus“ vertrete.
https://www.queer.de/detail.php?article_id=42521, zuletzt aufgerufen am: 20.3.2024.

[26] https://www.deutschlandfunkkultur.de/der-fall-tellkamp-3sat-doku-von-andreas-graefenstein-ueber-den-skandal-autor-dlf-kultur-16f0408b-100.html, zuletzt aufgerufen am: 26.4.2024.

Monika Maron, Eva Hermann und Uwe Steimle oder auch Werner Patzelt, dem wegen politischer Widerborstigkeit die Seniorprofessur an der TU Dresden verweigert wurde). Eine systematische Behandlung dieses Übels findet man am ehesten noch in konservativen Magazinen, wie Tichys Einblick, aber kaum in den MSM.[27] Dem Chef der hessischen Filmförderung wurde sogar ein *privates* Mittagessen mit dem damaligen Vorsitzenden der AfD Meuthen zum Verhängnis.[28] Ersterer verlor seinen Job, weil er sich mit einem Führungsmitglied einer im Bundestag und im EU-Parlament vertretenen Partei getroffen hatte. Welch ein Demokratieverständnis! Selbst Buchlesungen eines ehemaligen Innenministers und Vorlesungen von Professoren (wie z.B. des Gründungsmitglieds der AfD, Bernd Lucke) sind von linken Studenten verhindert worden, wobei die Ordnungskräfte einfach kapituliert haben, d.h. der Staat kann die Meinungsfreiheit (ein hohes Verfassungsgut) nicht mehr schützen.

Bemerkenswert ist, dass nach einer Studie über die Haltung der Studenten an den Universitäten zum Thema Meinungsfreiheit besonders diejenigen der Soziologie eine große Bereitschaft zeigten, dieselbe einzuschränken.[29] Mittlerweile haben sich in der Bevölkerung die Ängste hinsichtlich der Erosion demokratischer Grundrechte aber auch bezüglich anderer Problemfelder (innere Sicherheit, Energieversorgung, Abbau des Rechtsstaates u.a.) angestaut. Viele Bürger glauben, dass ihre Sorgen von der Politik nicht ernst genommen werden. Oder - wenn doch einmal darauf eingegangen wird - werden sie schnell mit dem Etikett ,rechte Angstmache' oder ,Verschwörungstheorie' versehen und abgetan. Im Sommer 2022 bereitete die Innenministerin die Bevölkerung aufgrund der im Winter vermeintlich ins Haus stehenden Energieknappheit prophylaktisch schon einmal vor, dass die zu erwartenden Proteste gegen die Regierungspolitik vor allem von ,Rechts' geschürt werden würden (von wem sonst sollte das in Faesers Vorstellungswelt ausgehen?).[30] Wie absurd ist denn das, jeden zum ,Rechten' zu stempeln, der berechtigte Sorgen äußert?!

Selbst an den Hochschulen des Landes ist die Freiheit von Forschung und Lehre nicht mehr uneingeschränkt gewährleistet, ja man kann von einer regelrechten Politisierung der Bildungseinrichtungen sprechen (was besonders vom links-grünen Mainstream gefördert und begrüßt wird). So hat der Präsi-

---

[27] https://www.tichyseinblick.de/meinungen/die-cancel-culture-ist-ein-rueckfall-in-mittelalterliche-sitten/, zuletzt aufgerufen am: 26.4.2024.

[28] https://www.cicero.de/kultur/joerg-meuthen-afd-hessen-filmfoerderung-mendig-essen-job-foto/plus, zuletzt aufgerufen am: 26.4.2024.

[29] https://www.faz.net/aktuell/feuilleton/debatten/toleranz-studie-ueber-meinungsfreiheit-an-hochschulen-17044294.html, zuletzt aufgerufen am: 26.4.2024.

[30] https://www.handelsblatt.com/politik/deutschland/gaskrise-bundesinnenministerin-warnt-vor-radikalen-protesten-wegen-hoher-energiepreise/28509956.html, zuletzt aufgerufen am: 26.4.2024.

dent des Deutschen Hochschulverbandes festgestellt, dass „es eine signifikante Häufung von Fällen [gibt], in denen sich Wissenschaftler in ihrer Freiheit [eingeengt fühlen]".[31] Leider musste er auch konzedieren: „Es sind die Studenten und Wissenschaftler in allen Stufen ihrer universitären Karrieren, die ihrer eigenen Freiheit ein Grab schaufeln". Dass die so wichtige Wissenschaftsfreiheit ernsthaft gefährdet ist, erkennt man schon daran, dass sich bereits Netzwerke von mehreren hundert Wissenschaftlern gebildet haben, die laut Manifest „allen Versuchen entgegenwirken [wollen], die wissenschaftliche Arbeit von Hochschulangehörigen einzuschränken."[32] Eine solche Initiative wäre völlig überflüssig, wenn die Verfassungsrechte in unserem Land vollumfänglich gewährleistet wären. – Bemerkenswert ist die herablassende Diskreditierung dieses Netzwerks durch die FAZ, die eine Bedrohung der Wissenschaftsfreiheit als Erfindung der Initiatoren ansieht, für die keine Belege existierten.[33] Dieses und andere Beispiele „aus der Mottenkiste" seien veraltet, und die durch linke Studenten verursachten Skandale (die als solche gar nicht angesprochen werden) seien lediglich „medienstrategisch mitunter überforderten Universitätsleitungen" anzulasten. Auch ansonsten strotzt der FAZ-Artikel nur so von Herabwürdigungen des Netzwerk-Anliegens (es stütze sich auf „Gerüchte" und „Geraune", bediene „Klischees aggressiver Rede- und Denkverbote" usw.).

Ein gefährlicher Feind der Meinungsfreiheit ist die bereits in Kap. 4 diskutierte ,Wokeness' der politisch Rechtgläubigen. Sie führt zu Empörung der Neopuritaner über die geringsten Kleinigkeiten, sei es auf dem Gebiet der Sexualität, des Genderns, der ,richtigen' Sprache oder des Rassismus, wofür wir in den folgenden Kapiteln noch genügend Belege finden werden. Jedes unbedachte Wort wird sofort zur Staatsaffäre hochgepuscht, was Duckmäusertum und selbstgerechtes Denunziantenunwesen zur Folge hat. Inzwischen werden selbst die Linken des gefährlichen Sexismus in den eigenen Reihen überführt.[34] – Besonders peinlich ist das Einknicken von Firmen oder auch von Sportlern vor der grassierenden Wokeness (s. Kap. 9 zum blamablen Verhalten von Audi). Dort, wo es nichts kostet und der Beifall der Menge gewiss ist, beugen Sportler vor ihrem Auftritt die Knie oder treten mit der Regenbogen-

---

[31] https://www.cicero.de/innenpolitik/wissenschaftspolitik-linke-universitat-protest-hirte-wissenschaftsfreiheit, zuletzt aufgerufen am: 27.4.2024.

[32] https://www.netzwerk-wissenschaftsfreiheit.de/ueber-uns/manifest/, zuletzt aufgerufen am: 18.9.2021.

[33] https://www.faz.net/aktuell/karriere-hochschule/netzwerk-wissenschaftsfreiheit-weltschmerz-in-der-fuehrungsetage-17434895.html – Die massive Störung der Lucke-Vorlesung in Hamburg bezeichnet die FAZ sogar euphemistisch als ,unfreundliche Begrüßung', zuletzt aufgerufen am: 28.4.2024.

[34] https://www.berliner-zeitung.de/news/linke-abgeordnete-zu-sexismus-in-der-fraktion-es-gibt-uebergriffige-maenner-li.224898, zuletzt aufgerufen am: 28.4-2024.

binde auf, um ihre Einstellung zur als Staatsdoktrin verkündeten Diversität zu bekunden. Man kann 1:100 wetten, dass sie solche billigen Demonstrationen, dort wo es richtig gefährlich werden könnte, wohlweislich unterlassen würden.

In früheren Zeiten waren Kabaretts einmal die scharfzüngigen Kritiker der Regierung und auch ein gewisses Ventil für den Unmut des Volkes (man denke etwa an die Münchner Lach- und Schießgesellschaft oder an die Pfeffermühle und die Herkuleskeule in der DDR). Heute werden missliebige Kabarettisten, die vom ‚richtigen Weg' abweichen, entweder bei Veranstaltungen ausgeladen oder von der DfG sanktioniert, weil die Auftragsarbeit des betreffenden Comedians nicht im Sinne der Auftraggeber ausgefallen war.[35] – Die Schieflage in der geistigen Auseinandersetzung mit gesellschaftspolitischen Problemen in unserem Land zeigte sich schließlich auch im Zusammenhang mit dem Eklat um den mutigen Künstlerprotest #allesdichtmachen, der sich kritisch mit der Behandlung von Gegnern der Corona-Maßnahmen befasste. Statt sich sachlich mit den vorgebrachten Argumenten der prominenten Künstler auseinanderzusetzen, wurden dieselben natürlich prompt als „Querdenker" diffamiert (ein demagogischer und bewusst diffus gehaltener Negativ-Begriff, s. Kap. 16). Dabei wurde ein solcher gesellschaftlicher Druck aufgebaut, dass viele der Beteiligten das Handtuch geworfen und sich von ihrer eigenen Meinung distanziert haben. Jeder, der sich mit den Auswüchsen des Genderwahns, mit der religiöse Züge annehmenden Identitätspolitik oder dem Kampf gegen den überall vermuteten Rassismus kritisch auseinandersetzt, wie etwa der ehemalige Bundestagspräsident Thierse (einst ein Liebling der Linken), wird bald den Zorn des Mainstreams zu spüren bekommen, was Broders Polit-Blok „Achgut" eine eigene Kolumne der Serie „Ausgestoßene der Woche" wert war.[36]

Eng verbunden mit dem Canceling ist der bereits erwähnte, aus den USA importierte Begriff des ‚Deplatforming'. Ursprünglich ging es darum, Leuten, die Hass oder Fakenews im Internet verbreiten, keine Plattform zu bieten und sie aus dem Diskurs innerhalb der Internet-Community auszuschließen. Das mag vom Kernanliegen her in einigen Fällen sogar berechtigt sein, impliziert jedoch große Gefahren für die Meinungsfreiheit und sogar für den Rechtsstaat. Denn wer bestimmt dort, wem die Plattform entzogen werden muss? Das sind keine Gerichte, sondern zum Beispiel die Betreiber von Internetplattformen (etwa Facebook, Twitter bzw. ‚X' oder Google), denen damit eine erhebliche Macht über die öffentliche Meinung zugestanden wird, worauf wir gleich

---

[35] https://www.focus.de/kultur/kunst/ausladungen-und-antisemitismus-vorwuerfe-dieter-nuhr-lisa-eckhart-und-die-hysterische-debatte-um-cancel-culture_id_12312459.html,   zuletzt aufgerufen am: 27.4.2024.

[36] https://www.achgut.com/artikel/ausgestossene_der_woche_wolfgang_thierse_und_die_schmutzigen_16, zuletzt aufgerufen am: 15.7.2024.

noch zu sprechen kommen werden. Inzwischen hat sich das Deplatforming so ausgeweitet, dass - wie wir oben gesehen hatten - selbsternannte ‚Aktivisten‘ versuchen, Professoren (wie den ehemaligen Bundessprecher der AfD, später Bündnis ‚Bürgerwille‘) an Vorlesungen zu hindern, Lesungen eines ehemaligen Innenministers zu torpedieren usw. Ja im weitesten Sinne kann man hierzu auch die vielfältigen und zum großen Teil sogar erfolgreichen Versuche zählen, dem politischen Gegner Veranstaltungslokale, Versammlungsorte o.ä. durch Druck auf Gaststättenbesitzer oder Vermieter großer Säle streitig zu machen.

Das Spannungsfeld zwischen Meinungsfreiheit und ‚Zensur‘ ist im Zeitalter des Internet ein besonders schwieriges Thema. Denn trotz unseres Plädoyers für die Meinungsfreiheit muss diese auch Grenzen haben, denn Straftaten wie echte Hassreden, Aufrufe zur Gewalt oder Kinderpornographie usw. sind nicht von der verfassungsmäßigen Garantie der Meinungsfreiheit gedeckt. Das Problem ist jedoch zum einen, diese Grenzen gesetzlich möglichst genau und unmissverständlich zu definieren. Zum anderen entsteht die Frage, wer denn entscheidet, wann diese Grenzen überschritten sind, und wenn das der Fall ist, wie die entsprechenden Sanktionen aussehen sollten. Eine von privaten Unternehmen ausgeübte Kontrolle und ein Löschen entsprechender Beiträge durch diese Anbieter von Internet-Portalen ist - wie wir in Kap. 4 schon festgestellt hatten - höchst fragwürdig, wie die vielen Rechtsstreitigkeiten um dieses Thema zeigen.[37]

Selbst die ungezielte, d.h. ohne konkreten Anlass ausgeführte Durchsuchung des Internets nach Personen oder Inhalten, die wahrscheinlich jeden gesunden Menschen abstoßen (Gewaltverherrlichung, Kinderpornographie, um nur zwei Beispiele zu nennen), mit dem Ziel, denselben ein Publikum zu entziehen, ist problematisch, denn es ist schwer, die Grenzen zwischen „gerade noch Erlaubtem“ und „eindeutig zu Verbietendem“ zu definieren. So könnte es sein, dass die von der EU geplante Erlaubnis zum anlasslosen Durchsuchen von privaten Chats und anderen privaten Nachrichten einfach eine Brandmauer niederreißt.[38] Wenn dieses Vorgehen erst einmal für zweifellos verachtenswerte Inhalte sanktioniert ist, dann wird das viele Regierungen womöglich dazu verleiten, auch nach anderen Dingen (wie politischen Anschauungen) zu forschen. Dabei befinden wir uns hier erst am Anfang einer sehr gefährlichen Entwicklung, denn die rasanten Fortschritte der KI auf dem Gebiet der Erkennung von sprachlichen Konstrukten oder Bildern steht sozusagen erst am An-

---

[37] https://www.bild.de/politik/inland/politik-inland/knallhart-klatsche-vor-gericht-facebook-loescht-ohne-rechtliche-grundlage-80633364.bild.html, zuletzt aufgerufen am: 27.4.2024.
[38] https://eur-lex.europa.eu/legal-content/DE/TXT/HTML/?uri=CELEX:52020PC0568&from=EN, zuletzt aufgerufen am: 21.3.2024.

fang. Wenn die erforderliche und äußerst schwierige Balance zwischen ethisch berechtigten Forderungen und Missbrauch moderner Überwachungstechniken nicht gemeistert wird, dann droht die von Orwell vorhergesagte Überwachung durch den „Großen Bruder" [59]. In diesem Zusammenhang ist das im September 2017 erlassene Netzwerkdurchsetzungsgesetz (NetzDG) als sehr ambivalent anzusehen.[39] Dieses Gesetz soll dazu dienen, Hassrede oder strafbare Falschnachrichten im Web zu bekämpfen, worunter u.a. Beleidigungen, Volksverhetzung und Bedrohungen fallen. Dieses Anliegen ist zunächst nicht zu beanstanden. Eine mögliche Gefahr des Missbrauchs liegt allerdings bei der Anwendung des Gesetzes in der unzulässigen Ausdehnung der juristisch relevanten, aber unscharf definierten Begriffe und bei der Durchsetzung der erforderlichen Vorratsdatenspeicherung von IP-Adressen der Nutzer.

Auf die Gefahr für die Meinungsfreiheit durch Sperrung von Accounts in den Social Media wie Twitter oder Facebook hatten wir zwar in Kap. 2 schon hingewiesen. Hier soll die Problematik noch einmal anhand des Falles des ehemaligen US-Präsidenten Trump deutlich gemacht werden: Nach dem Sturm auf das Kapitol in Washington wurde der Account von Trump durch Twitter und Facebook gesperrt. Das ist einerseits aus moralischen Gründen und wegen seiner unerträglichen Tweets im Vorfeld verständlich, insbesondere im Hinblick auf die angeblich ‚gestohlene' Wahl oder wegen seiner bereits in Kap. 4 zitierten anfeuernden Reden im Zusammenhang mit dem ‚Sturm auf das Kapitol'. Das musste von vielen seiner Anhänger als Aufruf zur Gewalt aufgefasst werden.[40] Auf der anderen Seite ist es mehr als bedenklich, wenn privaten und noch dazu monopolistischen Plattformbetreibern eine Deutungshoheit darüber eingeräumt wird, was im Internet sagbar ist und was nicht (ein bisher noch nicht gelöstes Problem).

Einen schweren Schaden nimmt unsere Demokratie und insbesondere die Meinungsfreiheit durch den weitgehenden Ausschluss der einzig verbliebenen größeren Oppositionspartei aus dem öffentlichen Diskurs[41] Im Fall der AfD trifft der Begriff des ‚Deplatforming' voll zu, da keiner anderen der Nicht-Regierungsparteien in dieser Weise das Podium für eine Selbstdarstellung ent-

---

[39] https://www.gvw.com/aktuelles/blog/detail/netzwerkdurchsetzungsgesetz-fluch-oder-segen-fuer-die-nutzung-des-internet , zuletzt aufgerufen am: 27.4.2024.

[40] Allein aus diesem Grund erscheint das zweite (im übrigen erfolglose) Impeachment-Verfahren voll gerechtfertigt.

[41] Gemeint ist die AfD, denn die CDU kann man kaum noch als echte Opposition erkennen; allein die schwankende Haltung der CDU zum Bürgergeld, dem sie gerade noch im Bundestag zugestimmt hat, spricht Bände und das (berechtigte) Zurückrudern in dieser Sache hat ihr sogar den Spott des Finanzministers eingebracht. – https://www.zdf.de/nachrichten/politik/deutschland/cdu-grundsicherung-buergergeld-sanktionen-100.html, zuletzt aufgerufen am: 27.4.2024.

zogen wird. Dadurch wird einem wichtigen politischen Gegner der Regierung im öffentlichen Raum die Gelegenheit genommen, seine Ideen und Meinungen zu präsentieren und seine Repräsentanten über deren eigene Auftritte (nicht über den Verriss in den Medien) bekannt zu machen.

So hatte - um nur ein Beispiel zu nennen - ein linksradikaler Mob an der Uni Magdeburg den Auftritt eines AfD-Politikers gewaltsam verhindert, was vom zuständigen Dekan auch noch bejubelt wurde.[42] Eine solche Untergrabung der Meinungsfreiheit mit der Methode des Deplatforming erfahren vor allem konservative bzw. rechte Parteien, seltener linke oder grüne. Politisch unliebsame Parteien, wie die AfD oder in geringerem Maße die ‚Freien Wähler', erhalten einfach keine Bühne mehr, d.h. die MSM übergehen deren als Parias abgestempelten Mitglieder vielfach so, als wären sie nicht existent. Sie werden kaum in Talkshows eingeladen und ihre Vertreter werden nur selten interviewt. Wenn sie denn doch in den MSM vorkommen, dann meist mit skandalisierenden Negativschlagzeilen, was bei den Parteien des links-grünen Spektrums nicht in dem Maße zu beobachten ist.

Besonders typisch ist das von den ÖRM gegenüber der AfD angewendete Framing, s. Kap. 7. D.h. man beginnt mit einem negativen Kontext oder Einspieler (etwa über einen Anschlag bzw. einen antisemitischen Vorfall, der gar nichts mit dieser Partei zu tun hat, oder über das Dritte Reich) und schlägt dann einen Bogen zum politischen Gegner. Dass die ÖRM zu politischer Neutralität verpflichtet sind, sie werden ja schließlich von einer großen Anzahl von AfD-Wählern zwangsweise mitfinanziert, spielt dabei keine Rolle. – Vielfach findet auch, wie wir gesehen hatten, nur noch ein Canceling anstelle einer ehrlichen Auseinandersetzung mit Argumenten statt, oder es wird mit parlamentarischen Tricks versucht die AfD zu schwächen. Man denke etwa an die kollektive Verweigerung einer Vizepräsidentschaft im Bundestag durch die selbsternannten Demokraten oder an die fragwürdige Streichung von Listenplätzen der AfD durch die sächsische Landeswahlleitung.[43]

Diese Art der Ausgrenzung nimmt mittlerweile geradezu groteske Formen an, indem schon festgestellt wird, welche Partei oder welcher Parlamentarier im Bundestag zusammen mit der AfD geklatscht oder gelacht hat (so etwas war typisch für die Stalinära). Auch der FDP wurde schon eine fehlende Abgrenzung zur AfD vorgeworfen (und das sogar aus den eigenen Reihen),[44] d.h.

---

[42] https://www.mz.de/mitteldeutschland/sachsen-anhalt/schlagerei-bei-afd-veranstaltung-an-uni-dekan-stolz-innenminister-emport-3103771, zuletzt aufgerufen am: 27.4.2024.

[43] https://www.welt.de/politik/deutschland/article196650529/AfD-Sachsen-legt-Verfassungsbeschwerde-gegen-Kuerzung-der-Landesliste-ein.html,   zuletzt   aufgerufen am: 27.4.2024.

[44] https://www.zeit.de/politik/deutschland/2023-09/thueringen-afd-cdu-steuersenkung-reaktionen, zuletzt aufgerufen am: 27.4.2024.

der Canossagang des FDP-Vorsitzenden in Thüringen hat nicht einmal etwas genützt (s. Kap. 1)! – Sogar eine Stellungnahme zugunsten des ungarischen Ministerpräsidenten Orban hat schon zu Forderungen nach Parteiausschluss geführt, wie es dem FDP-Mitglied und Präsidenten der Deutsch-Ungarischen Gesellschaft erging. Er hatte es gewagt, Einwände gegen das allgegenwärtige Orban-Bashing zu erheben und sich für ein differenzierteres Bild der ungarischen Politik einzusetzen.[45]

Die Vierte Gewalt, deren Aufgabe es wäre, der Regierung kritisch auf die Finger zu schauen, wird stattdessen zum ‚Transformationsriemen‘ und Sprecher der Regierung. Tocqueville schrieb bereits 1835 in seiner Untersuchung der Demokratie in Amerika: „Die Gleichheit [in der Demokratie] isoliert und schwächt die Menschen; die Presse stellt jedem von ihnen eine sehr wirksame Waffe zur Seite, deren sich auch der Schwächste und Isolierteste bedienen kann. [...] Die Presse ist recht eigentlich das demokratische Werkzeug der Freiheit." [12]. So sollte es sein, ist es aber nicht, denn die ‚öffentliche Meinung‘ wird mit Hilfe der ÖRM immer mehr zur ‚veröffentlichten Meinung‘. Die kritisch-überwachende Rolle erfüllen die Presse oder genauer die ÖRM heute nur noch in eingeschränktem Maße, sie wurde in gewisser Hinsicht durch das Internet übernommen.

Warum schweigen aber die Lämmer [49] zu den offensichtlichen Demokratie-Defiziten unserer Gesellschaft? Noelle-Neumann hat dazu eine Theorie der ‚Schweigespirale‘ entworfen, die sich mit der mangelnden Bereitschaft von Menschen befasst, in der Öffentlichkeit ihre Meinung zu äußern.[46] Beim Ingangsetzen der Schweigespirale spielt neben anderen Faktoren der Konformitätsdruck eine entscheidende Rolle, da die meisten Menschen nicht als Außenseiter dastehen möchten. Im weiteren Verlauf wird dann „die Veröffentlichung konsistenter Meinungen in den Massenmedien [durch] das ‚Reden‘ eben dieser Meinungen und das ‚Verschweigen‘ konträrer Meinungen in der nichtmedialen Öffentlichkeit befördert", loc. cit. Zum Nein-Sagen gehört eben Mut, und zwar in jedem Bereich der Gesellschaft, oder wie schon Tucholsky richtig feststellte: „Nichts ist schwerer und nichts erfordert mehr Charakter, als sich offen im Gegensatz zu seiner Zeit zu befinden und laut zu sagen: Nein". Er hat aber auch etwas Tröstliches gesagt: „Das Volk versteht das meiste falsch; aber es fühlt das meiste richtig". [47]

---

[45] https://www.merkur.de/politik/regenbogen-fussball-em-muenchen-plan-kritik-reaktion-fdp-ungarn-orban-weltoeffentlichkeit-90819659.html, zuletzt aufgerufen am: 26.11.2023.

[46] https://noelle-neumann.de/wissenschaftliches-werk/schweigespirale/, zuletzt aufgerufen am: 27.4.2024.

[47] https://www.philosophische-sprueche.de/philosophen-spr%C3%BCche/tucholsky/, zuletzt aufgerufen am: 27.4.2024.

Eine Schieflage der Moralvorstellungen und einer Haltungs-orientierten Politik führt zwangsläufig auch zu rechtlichen Verwerfungen, s. auch Kap. 12. Jeder, der sich auf der ‚guten Seite' wähnt, fühlt sich berechtigt, aktiv am Canceling bzw. Deplatforming teilzunehmen. Meist wird das noch mit wohlklingenden Phrasen wie „wehret den Anfängen" oder „ziviler Widerstand gegen das Böse/die Rechten usw." verbrämt. Das führt bis hinein in die Sprachregelung in den ÖRM, wonach etwa extremistische grüne Autobahnblockierer unisono und euphemistisch als ‚Aktivisten' bezeichnet werden, s. hierzu Kap. 10. – Wenn es aber in das Ermessen bestimmter Gruppierungen gestellt wird, was gesellschaftlich geächtet und verfolgt werden muss, führt das notwendigerweise zu einem Untergraben des Rechtsstaates, zur Willkürherrschaft und zurück zu Zeiten der Inquisition. Der Schluss ist absehbar: Wenn es keine sichtbaren Gegner mehr gibt, die es zu bekämpfen gilt, wird sich der Furor gegen die anmaßenden ‚Reiniger' der Gesellschaft selbst wenden, wie das bisher noch jede Revolution gezeigt hat. Aber auch heute sind schon Tendenzen innerhalb des links-grünen Spektrums zu erkennen, dass die ‚Pragmatiker' in ihren Reihen von den ‚Fundis' attackiert werden.

Eine bedrückende Tatsache ist die sukzessive Abschaffung der freien Rede in unserer Gesellschaft, wobei sich linke Studentengruppen an den Universitäten besonders unrühmlich hervortun, was durch eine Studie an der Goethe-Universität in Frankfurt auch empirisch belegt wurde.[48] – Im Zusammenhang mit der Redefreiheit darf auf keinen Fall die wichtige Funktion einer guten Satire und ihrer Produzenten, der sogenannten Comedians, vergessen werden. Eigentlich sollten diese die Rolle des Hofnarren spielen, der den Herrschenden unter dem Schutz der Narrenkappe den Spiegel der Wahrheit entgegenhält. Ihre Aufgabe wäre es zuvörderst, die Missstände in einer Gesellschaft mit scharfen Worten zu geißeln. Statt einer intelligenten Attacke auf das Herrschaftssystem erleben wir aber oftmals völlig entartete und zotige Ausfälle gegen Regierungskritiker oder es werden glatte Beleidigungen und Hetze als Satire verkauft, s. Kap. 2. Oft genug arbeitet man sich auch gefahrlos an ausländischen Regenten ab, statt das heimische Politestablishment zu kritisieren. Aber auch hier sind unsere Kabarettisten trotz der oft ins Peinliche gehenden Mainstream-Konformität nicht vor Canceling gefeit.

Um so höher ist zu bewerten, wenn sich einzelne Stimmen erheben (wie in dem Wut-Aufruf von Prof. Löschke, Leipzig), die der allgemeinen Verfallstendenz im öffentlichen Diskurs entgegentreten. Er drückte im Web unter dem Motto: „Ich habe es satt!" sinngemäß aus, was viele Menschen denken:[49] „Sie

---

[48] https://doi.org/10.1007/s11577-020-00713-z, zuletzt aufgerufen am: 21.3.2024.
[49] https://www.facebook.com/knut.loschke/posts/4788253547906585, zuletzt aufgerufen am: 21.3.2024.

wollen nicht mehr von Angst und Schuld fremdbestimmt werden, sie wollen sich nicht mehr von halbgebildeten und spätpubertären Kindern vorschreiben lassen, was sie zu denken und zu sagen haben oder sich die Muttersprache verhunzen lassen" usw. – Leider trauen sich heute kaum noch Bürger, die beruflich noch etwas zu verlieren haben, solch mutige Worte zu; ganz abgesehen davon, dass sie außerhalb des Internets kaum noch eine Plattform für ihre berechtigte Gesellschaftskritik finden würden.

Auch Bespitzelung und Denunziation sind wieder im Kommen, diesmal unter dem Namen ‚Wokeness' oder ‚Festigung der wehrhaften Demokratie', s. Kap. 2. Heerscharen von wachsamen Bürgern und NGOs sind unterwegs, um rassistische, sexistische, ausländerfeindliche oder antisemitische Verfehlungen aufzudecken und öffentlich an den Pranger zu stellen. Das Ganze wird unterstützt durch eine Reihe von Meldestellen gegen Rassismus, Frauen- und Queer-Feindlichkeit u.a.,[50] die auf Wunsch von Links-Grün (geflissentlich unterstützt durch die FDP und zumindest geduldet durch die CDU) ausgebaut werd werden sollen. Das Erschreckende ist, dass auch Vorfälle „unterhalb der Strafbarkeitsgrenze" gemeldet werden sollen, wobei völlig offen bleibt, was darunter zu verstehen ist.[51] Allein dieses Ansinnen offenbart die totalitäre Gesinnung der Initiatoren und würde bei vollendeter Realisierung den inneren Zusammenhalt einer jeglichen Gemeinschaft zerstören. – Der links-grüne Mainstream nennt so etwas allerdings die neue ‚Zivilgesellschaft', ehemalige DDR-Bürger assoziieren damit jedoch eine Art distribuierte Stasi Mielkescher Provenienz. Hier bildet sich ein Staat im Staat heraus (auch ‚Tiefer Staat' genannt), der auch nichtstaatliche Organisationen umfasst, die mit der Überwachung der Bürger betraut sind, aber selbst keinerlei öffentlicher Kontrolle unterliegen. Diese Entwicklung hat den ehemaligen FDP-Staatssekretär Sattelberger mit Recht veranlasst, vor der Herausbildung eines neuen „Blockwartsystems" zu warnen.[52]

Die adäquate Bestrafung für die von den Woken überführten Delinquenten oder auch nur Unachtsamen ist heute das bereits erwähnte Canceling, s. Kap. 4. Als Waffen werden Rechtsgrundlagen wie das „Wehrhafte-Demokratie-Fördergesetz" eingesetzt, die geradezu als Nährboden für Denunziantentum dienen.[53] Bemerkenswert ist, dass all diese Gesetze und Maßnahmen ausschließlich gegen Rechts gerichtet sind, aber kein entsprechendes Pendant ge-

---

[50] https://medif-nrw.de/de/, zuletzt aufgerufen am: 27.4.2024.
[51] https://www.cicero.de/kultur/neue-meldestellen-in-nrw-strafbarkeitsgrenze-paul-gruene, zuletzt aufgerufen am: 27.4.2024.
[52] https://www.tichyseinblick.de/daili-es-sentials/nrw-gruene-cdu-geplante-meldestellen-blockwartssystem/, zuletzt aufgerufen am: 27.4.2024.
[53] Die entsprechenden Maßnahmen sollen auch noch mit 200 Mio. Euro gefördert werden, s. Drucksache 19/20166 des Deutschen Bundestags.

gen Linksextremismus aufweisen. Auch die gesetzliche Regelung zum Straftatbestand der Volksverhetzung (§ 130, StGB) ist unter den neuen gesellschaftlichen Verhältnissen äußerst problematisch geworden. Zum einen ist dieser Begriff nur schwer exakt zu fassen und bietet alle Möglichkeiten zum politischen
Missbrauch [52], und zum anderen erinnert er stark an Straftatbestände der
der DDR, wie ‚Staatsfeindliche Hetze‘, die ebenfalls alles Mögliche umfassten
und gern völlig willkürlich gegen Auswanderer und Dissidenten herangezogen
wurden.

Unter dem Vorwand, die Gleichheit der Menschen bei tatsächlich zunehmender Diversität zu fördern, werden ständig neue Institutionen geschaffen,
deren Aufgabe in Wirklichkeit darin besteht, den politischen Gegner zu bekämpfen. Hier tun sich nicht nur die Grünen sondern auch die Linken hervor,
die doch angeblich das Andenken von Rosa Luxemburg so hoch halten, aber
den bereits im Vorwort zitierten Satz von ihr geflissentlich ignorieren. Inzwischen hat sich ein wahrer Tugendterror etabliert [70], der von absurden Sprach-
regulierungen bis hin zum Umschreiben der Geschichte führt, s. Kap. 10. Überall wittern die Woken Verrat an der PolC, wobei nach Fehlverhalten ebenso
gefahndet wird wie nach sprachlichen ‚Entgleisungen‘. Durch fortschreitende Verhunzung der Sprache mittels Genderisierung (s. Kap. 9) und durch das
Ächten von bestimmten Wörtern als „gefährlich/rassistisch/rechtsextrem“ (alles das gibt es bereits) werden gleichzeitig die Grenzen des Sagbaren immer
weiter eingeengt (s. Kap. 10). Selbst ein Auftritt des Volkslieder-Barden Heino, wie der von ihm geplante „Deutsche Liederabend“ in Düsseldorf, wäre
wegen des ‚deutschtümelnden‘ Titels fast ein Opfer der Cancel-Kultur geworden[54]. – Als Gegenstück zur überbordenden PolC ist traurigerweise eine submissive und zunehmend infantilisierte Gesellschaft zu beobachten, deren Bürger ohne eigene Würde aber auch noch den letzten Unsinn und jede überspitzte
Forderung über sich ergehen lassen, s. hierzu Kap. 9 und Kap. 10. Die Situation, in die wir dadurch geraten sind, kommt prägnant in dem Buchtitel „Der
Wahnsinn der Massen“ zum Ausdruck [55].

Ein in Presse, Rundfunk und Fernsehen nicht zu übersehendes Phänomen bildet die Verengung des Diskurskorridors, sobald Minderheiten ins Spiel
kommen. Das Dilemma besteht darin, dass einer offenen Diskussion von Problemen und Schwierigkeiten, die damit verbunden sind, meist ausgewichen
oder - falls doch jemand das Tabu bricht - mit moralischer Entrüstung und
vor allem mit einem Diskriminierungsvorwurf reagiert wird (s. Kap. 2). Eine
analoge Moralüberfrachtung kann man bei der Behandlung des Transgender-

---

[54] https://www.t-online.de/unterhaltung/musik/id_89827424/aerger-um-werbeplakat-von-
heino-ein-deutscher-liederabend-.html, zuletzt aufgerufen am: 27.4.2024.

Problems im öffentlichen Diskurs feststellen. Dieses nimmt dort einen Raum ein, der in keinem Verhältnis zum Anteil der betreffenden Gruppe in der Bevölkerung steht. Durch die vehemente Verbreitung von Ideen wie ‚freie Geschlechterwahl', ‚Geschlechtsumwandlung für Kinder' entstehen höchst gefährliche Konsequenzen für die Gesellschaft, Kap. 9). Kubicki stellt generell zur Behandlung von Minderheiten durch die links-grüne Majorität und Kritik an Mitgliedern dieser Minderheiten fest, „dass die politischen Mitbewerber kaum etwas dagegen sagen können", da praktisch für diese ein „geschützter öffentlicher Kommunikationsraum" geschaffen wurde [42, S. 201]. Damit artet die PolC endgültig zur Meinungsdiktatur aus, s. auch Kap. 9.

Hin und wieder regt sich jedoch auch in Deutschland noch Widerstand gegen ausufernde PolC und Cancel Culture sowie gegen die Einschränkung der Meinungsfreiheit. Allerdings haben die Wandlungen vieler Kritiker - wie etwa Thierse, Prandtl oder Kubicki - vom Saulus zum Paulus einen faden Beigeschmack, zumal letzterer sich zu einem wahren Chamäleon entwickelt hat. Öffentlich äußert er oft sehr kritische Töne, nur um im Bundestag dann mit der Ampel das genaue Gegenteil zu beschließen. Man fragt sich auch: Wo waren diese Leute 2015 und danach? Sie waren es doch, die mit zu der Situation beigetragen haben, dass sich heute viele nichts zu sagen trauen. Dabei wird die Ängstlichkeit bezüglich einer offenen Meinungsäußerung noch nicht einmal so sehr durch Gesetze hervorgerufen, sondern durch eine Selbstzensur (mitunter bildlich als „Schere im Kopf" oder als „Selbstgleichschaltung" [Precht] bezeichnet). Aus diesem Grund drängt sich durchaus ein historischer Vergleich mit der DDR auf, in der die Selbstzensur ebenfalls eine entscheidende Rolle spielte (daher die satirisch gemeinte Bezeichnung DDR 2.0 für die BRD).

Wie wir sehen werden, besteht ein deutlicher Zusammenhang zwischen der Einschränkung der Meinungsfreiheit und der Meinungsmanipulation. Obwohl wir uns diesem Thema erst im folgenden Kapitel zuwenden wollen, soll diese Beziehung an einem Beispiel (einem nur scheinbar unbedeutenden Ereignis) illustriert werden. Eine Spitzenkandidatin der Grünen hatte auf einer Landesdelegiertenkonferenz unbedacht erzählt, dass sie als Kind gern Indianerhäuptling geworden wäre (das war übrigens auch unser sehnlichster Wunsch als wir noch Jungs waren). Darauf wurde sie von Parteigenossen des ‚Rassismus' bezichtigt, was zwar schon nicht mehr harmlos ist, aber noch als überzogene Wokeness Einzelner abgetan werden könnte (warum zum Teufel haben die sich nicht gleich noch an der Frauenfeindlichkeit der Begriffe gestoßen; da müsste doch auch ‚Häuptling*In' gefordert werden). Das eigentlich Beängstigende besteht aber m.E. in der Tatsache, dass die Delinquentin PolC und Wokeness selbst bereits so stark verinnerlicht hatte, dass sie sich dafür sogar öffentlich entschuldigte. Genau dadurch wird die anfängliche Petitesse ins Allgemeine gehoben. Ein „Mea Culpa!" für eine Nichtigkeit, wie unwürdig! Dann wird bald die Zeit kommen, in der sich niemand mehr spontan auch nur zu den harmlosesten Dingen (wie eben Kindheitserinnerungen) äußern mag.

Kapitel 7

Meinungsmanipulation

Die Meinungsmanipulation, heutzutage auch wohlklingend als „Demokratie-management" umschrieben, ist ein wichtiges Instrument in jeder Herrschafts-struktur, das mehr oder weniger intensiv eingesetzt wird. Sie ist ein Feind der Meinungsfreiheit und untergräbt diese oft ganz subtil und unbemerkt. Wie Rainer Mausfeld feststellt [49], [50], gehören in das Methodenrepertoire der Meinungsmanipulatoren die Erzeugung von Angst und die Infantilisierung der Massen ebenso wie das Zuschütten mit sorgfältig selektierten und präparierten Informationen, d.h. das Erzeugen der ‚Illusion der Informiertheit'. Er schreibt hinsichtlich des letztgenannten Aspekts [49, S. 33]: „Besonders die sogenann-ten gebildeten Schichten sind anfällig [für diese Illusion]. Aus naheliegenden Gründen sind sie in besonderem Grade durch die jeweils herrschende Ideo-logie indoktriniert [...]; sie sind durch ihre schweigende Duldung ein wichti-ges Stabilisierungselement der jeweils herrschenden Ideologien". Die Gründe sind leicht einzusehen, denn es sind gerade die Journalisten, Professoren der Politik- und Sozialwissenschaften usw., insgesamt die Meinungsmacher in den Medien und auf der politischen Bühne, die in ihrer langen Laufbahn, aber auch in ihrer unmittelbaren Tätigkeit einer ideologiegefärbten Selektion unterliegen (s. hierzu die Methoden der ‚Cancel culture' in Kap. 6).

Wie wir eingangs dargelegt hatten (s. Kap. 1), besitzt die sogenannte ‚Vierte Gewalt' in einer Demokratie eine entscheidende Verantwortung bei der Auf-rechterhaltung der Meinungsfreiheit. Stattdessen haben viele Bürger das Ge-fühl, dass die MSM immer stärker zu einem Werkzeug der Meinungsmanipu-lation werden. Diese bieten oft genug statt wohlrecherchierter Information als wichtigste Dienstleistung gleich noch die Belehrung mit an, welche Haltung für die Leser/Hörer die angemessene ist. Nicht ohne Grund hat sich das böse Wort vom ‚betreuten Denken' verbreitet, das von den MSM angeboten wird. Schon die Konzentration von Presseerzeugnissen in wenigen Händen spielt hier eine ungute Rolle. Bereits am frühen Morgen kann man im Deutsch-landfunk bestätigt finden, dass eine wichtige Nachrichtenquelle die Funke-Mediengruppe ist. Als typische Wendung hört man: „Wie XYZ der Funke-Mediengruppe mitteilte . . . ", und diese Mediengruppe, die aus dem WAZ-

Konzern hervorgegangen ist, befindet sich im Wesentlichen im Besitz einer Familie. – Mit welch subtilen sprachlichen Mitteln im Journalismus vorgegangen wird, werden wir noch in Kap. 10 genauer belegen. Viele Medien, wie z.B. der DLF, können ihre linke Schieflage kaum verbergen, hat letzterer doch die wegen des Umweltsau-Liedes des WDR ausgebrochene Protestwelle (s. Kap. 2) flugs als eine Art rechte Verschwörung ausgemacht. In einem Interview mit einem ‚Medienforscher' wird sogar die Entschuldigung des WDR-Intendanten für das Lied als „infantil" bezeichnet.[1]

Dass die MSM im Zusammenhang mit der gelenkten Meinungsbildung eine sehr unrühmliche Rolle spielen (wir hatten in Kap. 2 in diesem Zusammenhang bereits auf die derogativen Bezeichnungen ‚Lügenpresse' und ‚Lückenpresse' hingewiesen), soll im Folgenden näher untersucht werden. Das sind zweifellos harte und weit verbreitete Ausdrücke, die aber nicht von ungefähr kommen. Wenden wir uns zunächst der abwertenden Bezeichnung **Lügenpresse** zu, um zu sehen, inwieweit diese auf unsere Medien zutrifft. Es ist schon sehr bemerkenswert, dass laut Forsa-Umfrage 40-44% der Bevölkerung die Frage bejahen, ob es in Deutschland eine Lügenpresse gibt.[2] Dass dies klar belegbare Ursachen hat, zeigen die bereits in Kap. 2 erwähnten sehr drastischen Fälle von Falschmeldungen (s. dort den Fall Relotius mit den frei erfundenen Stories im Spiegel oder die Berichte zur Erschießung des Terroristen Grams). Auch die Panikmache während der Corona-Pandemie[3] und die hemmungslose Verleumdung von Maaßen, die nicht durch nachweisbare Fakten getragen sind, sondern im wesentlichen aus einer Reihe von Anschuldigungen und Unterstellungen bestehen, zeugen nicht von seriösem Journalismus.[4] So wurde die Impfverweigerung, die viele Bürger und selbst Wissenschaftler mitgetragen hatten und deren Berechtigung immer deutlicher zutage tritt, in der Presse meist nicht mit klaren Gegenargumenten sondern mit Beschimpfungen quittiert, s. hierzu Kap. 16.

Nimmt man das mit anderen journalistischen Fehlleistungen zusammen (s. Kap. 10), dann drängt sich auch hier die Frage auf, ob der Wandel unserer Tageszeitungen, darunter der einst hochgeachtete Spiegel, zur Lügen-

---

[1] https://www.deutschlandfunk.de/medienpolitik-die-simulation-eines-politikfeldes.2907.de.html?dram:article_id=467037, zuletzt aufgerufen am: 27.4.2024.

[2] https://www.heise.de/tp/features/Forsa-Umfrage-44-Prozent-der-Befragten-sehen-eine-Luegenpresse-3376315.html, zuletzt aufgerufen am: 27.4.2024.

[3] https://www.bild.de/politik/inland/politik-inland/horror-zahlen-spiegel-rechtfertigt-panik-prognosen-bei-corona-76364632.bild.html, zuletzt aufgerufen am: 27.4.2024.

[4] https://www.spiegel.de/politik/deutschland/wie-hans-georg-maassen-nach-rechtsaussen-abdriftete-podcast-a-572a07a8-da33-4261-b288-064e2e09bee1 –
In diesem Podcast wird Maaßen sogar in der „Schmuddelecke des Internets" verortet und als Mitglied des „Verschwörungslagers" gebrandmarkt, zuletzt aufgerufen am: 22.3.2024.

presse bereits vollzogen ist. Auch die Falschbehauptungen in den MSM über den tragischen Tod des Apothekerjungen in Sebnitz oder über die angeblichen Hetzjagden in Chemnitz (die SZ schrieb sogar von „Straßenschlachten", die nie stattgefunden haben) und vieles mehr gehören hierzu. Diese Art der Berichterstattung eines verantwortungslosen Entrüstungsjournalismus hatte - wie bereits früher ausgeführt - ein regelrechtes Chemnitz-Bashing zur Folge. Selbst die schlimmen Amokläufe von Geistesgestörten werden in einer nicht zu rechtfertigenden Weise politisch instrumentalisiert und gezielt dem politischen Spektrum des Parteigegners zugeordnet. Hierzu gehören m.E. das Massaker in München 2016 und das furchtbare Attentat in Hanau, worauf wir in Kap. 13 näher eingehen werden.

Wie Meinungen in diesem Zusammenhang raffiniert manipuliert werden, zeigt die Rede des Bundespräsidenten anlässlich des Jahrestages des Attentats von Hanau[5]. Ohne das Wort „Rechte" überhaupt zu erwähnen, wird durch die explizite Herstellung einer Beziehung zu dem Mord an Walter Lübcke und dem Anschlag auf die Synagoge in Halle der entsprechende ‚rechte' Kontext hergestellt.[6] Dass die Botschaft auch richtig verstanden worden ist, zeigt die im DLF vorgetragene Forderung eines Soziologen, Hanau zum Anlass zu nehmen, um nun endlich das Demokratieförderungsgesetz auf den Weg zu bringen.[7]. Als Resultat dieser linkslastigen Fehlentwicklungen geht das Vertrauen in Politiker sowie Medien verloren und die Wahrheitsliebe bleibt auf der Strecke. – Oft wird die Frage aufgeworfen, warum die Kritik an der Mainstreampresse im Osten besonders scharf ausfällt. Es ist naheliegend anzunehmen, dass dies vor allem an der größeren Sensibilität der ‚Ossis' gegenüber offensichtlichen Manipulationsversuchen und allzu durchsichtiger einseitiger Belehrung durch Politik und Medien liegt. Jeder, der die politische Propaganda und klassenkämpferischen Zeitungs- bzw. Fernsehmeldungen der DDR über sich ergehen lassen musste, wird sozusagen mit der Nase auf die Renaissance des ‚Betreuten Denkens' in den bundesrepublikanischen Medien gestoßen.[8]

---

[5] https://www.bundespraesident.de/SharedDocs/Reden/DE/Frank-Walter-Steinmeier/Reden/2021/02/210219-Rede-Gedenkveranstaltung-Hanau.html, zuletzt aufgerufen am: 27.4.2024.

[6] Auf die Tatsache, dass es sich um einen schizophrenen Täter handelte, der unter Verfolgungswahn litt (was die Schwere des Verbrechens nicht mildert, aber dasselbe in ein anderes Licht setzt), ging Steinmeier überhaupt nicht ein. – Man vergleiche die Berichterstattung über angeblich oder tatsächlich geistesgestörte muslimische Täter, in der dieser Umstand medial immer in den Vordergrund gestellt wird, ohne eine Beziehung zum Islam herzustellen.

[7] In diesem Gesetz, das sogar vom FDP-Parteivize als Koalitionspartner in der Ampelregierung heftig kritisiert wird, geht es bekanntlich nicht nur um Rassismus, s. Kap. 2. – https://www.welt.de/politik/deutschland/article250078930/Demokratiefoerdergesetz-Kubicki-stemmt-sich-gegen-Regierungsplaene.html, zuletzt aufgerufen am: 21.3.2024.

[8] Diese Analogie reicht bis hin zu den politischen Anfeindungen eines Karl-Eduard v. Schnitzler gegenüber dem ‚Klassenfeind', an die man im Politalltag der BRD heute nur zu oft er-

Ein besonderes Kapitel stellen die Lügen in der Politik dar, da sie schon seit undenklichen Zeiten zum Instrumentarium der Herrschenden gehören, wie u.a. die Ausführungen von Machiavelli zu diesem Thema belegen [48, Kap. XVIII]. So war eine Zeitlang die Aussage eine typische Lüge, dass überall in Europa der Atomausstieg vollzogen werde, wobei bereits damals jeder wusste, dass viele Länder (allen voran Frankreich) verstärkt auf Atomkraft setzen.[9] Auch eine verdrehte Darstellung der Wahrheit oder mitunter eine geschickt platzierte Halbwahrheit sind Lügen. Oder, wie ein altes Sprichwort sagt, das mitunter Nietzsche zugeschrieben wird, aber wahrscheinlich auf G.C. Lichtenberg zurückgeht: „Nichts ist schlimmer, als die mäßig entstellte Wahrheit!". Diese Form der Lüge als Form des Sprechaktes ist besonders gefährlich, weil sie oft nicht leicht zu durchschauen ist. Denn der Sprecher sagt hierbei nicht in Gänze eine Unwahrheit, sondern die Wahrheit wird einer solchen Transformation unterzogen, dass sie in völlig falschem Licht erscheint (sie wird gewissermaßen halbiert). Letztlich wird sie dadurch ganz unmerklich in ihr Gegenteil verkehrt. Dieses Vorgehen wird sehr gut in einem alten DDR-Witz verdeutlicht, in dem über den Ausgang eines Wettrennens zwischen Kennedy und Chruschtschow berichtet wird: Der Fakt ist, Kennedy hat in einem Rennen gegen Chruschtschow gewonnen. Im ‚Neuen Deutschland', der führenden DDR-Zeitung, wird darüber so berichtet: „Während Chruschtschow einen hervorragenden zweiten Platz belegte, wurde Kennedy nur Vorletzter."[10] Es ist aber tröstlich zu wissen, dass das Belügen der Öffentlichkeit nicht ewig währen kann, oder wie Abraham Lincoln es ausdrückte: „Man kann einen Teil des Volkes die ganze Zeit täuschen, und das ganze Volk für einen Teil der Zeit. Aber man kann nicht das gesamte Volk die ganze Zeit täuschen."

Es gibt viele Formen und Methoden der argumentativen Manipulation. Eine davon bezeichnet man mit dem englischen Terminus ‚Whataboutismus'. Darunter versteht man ein argumentatives Ausweichmanöver, bei dem auf eine

---

innert wird - man denke etwa an die Beschimpfung des politischen Gegners als „Gesindel" durch einen führenden CDU-Politiker, s. Kap. 5.

[9] https://www.faz.net/aktuell/wirtschaft/klima-nachhaltigkeit/fossile-rohstoffe-eu-erzeugt-erstmals-mehr-oekostrom-17164318.html, zuletzt aufgerufen am: 27.4.2024.

[10] Ein zweiter Witz karikiert die Vertuschung von Momenten des Scheiterns und von Misserfolgen. Er stammt aus der ehemaligen Sowjetunion und der Zeit des „Sastoj", d.h. des Stillstands: „Lenin, Stalin und Breshnew fahren im Winter mit dem Zug durch die Taiga und bleiben in einer riesigen Schneewehe stecken. Nun ist guter Rat teuer. Zunächst schickt Lenin die Bestarbeiter mit Schaufeln vor, um die Schienen freizuräumen. Als diese ohne Erfolg zurückkehren, wird Stalin zum Eingreifen aufgefordert. Er lässt sofort die erfolglose Räumbrigade erschießen. Da dies das Problem auch nicht löst, wendet man sich an Breshnew. Dieser fordert alle mitfahrenden Komsomolzen im Zug auf, sich rhythmisch auf und ab zu bewegen, damit die anderen Passagiere glauben, dass der Zug noch fährt." – Werden wir nicht auch oft in dem Glauben gewiegt, dass der Zug noch fährt? Wie lange noch?

kritische Vorhaltung mit einer Gegenfrage: „Aber was ist mit XYZ?" geantwortet wird, wobei XYZ gar nichts mit dem ursprünglichen Argument zu tun haben muss. Wenn also z.B. ein Historiker die spanische Eroberung Südamerikas untersucht und auf die brutale Ausbeutung der Indios zu reden kommt, dann entschärft man das als Spanier mit dem Gegenvorwurf „Aber was ist mit den englischen Kolonialverbrechen in Indien oder im Sudan?"[11]

Es kann aber auch ein leicht zu durchschauendes Ablenkungsmanöver sein, jemanden fälschlicherweise des Whataboutismus zu beschuldigen. Wenn jemand einem anderen moralische Vorwürfe wegen dessen Handelns macht, so kann letzterer durchaus berechtigt darauf hinweisen, dass ersterer selbst an anderer Stelle nicht moralisch korrekt gehandelt hat (s. das Bibelzitat: „Was siehst Du den Splitter im Auge Deines Bruders und nimmst nicht den Balken im eigenen Auge wahr!" Mt 7, 3). – Die unberechtigte Whataboutismus-Anschuldigung verwenden gern die Amerikaner zur Abwehr, wenn ihnen eine heuchlerische Haltung bei der moralischen Verurteilung anderer Länder vorgeworfen wird. Wenn beispielsweise die USA die Russen des ungerechtfertigten Überfalls auf die Ukraine bezichtigen (was an sich von der Sache her berechtigt wäre), ihnen aber dann sogar noch einen Genozid unterstellen, der vor ein internationales Gericht gehört, dann ist es durchaus kein ‚Whataboutismus', den Amerikanern den Spiegel vorzuhalten und ihre verbrecherischen Handlungen in Vietnam, im Irak und an vielen anderen Stellen dieser Welt vorzuwerfen (ganz abgesehen von der Verwicklung der CIA in versuchte und gelungene Morde an Politikern weltweit).[12] Sie haben einfach das moralische Recht verwirkt, andere Völker an den Pranger zu stellen. Denn nach ihren eigenen Maßstäben gehörten sie eigentlich selbst schon lange vor ein internationales Tribunal, s. Kap. 4.

Vorverurteilungen (s. die gleich noch zu besprechenden Fälle Ofarim und des Chemnitzer Brandstifters bzw. Versicherungsbetrügers) sind im Zeitalter kurzlebiger Nachrichten ebenfalls ein häufig verwendetes Mittel der Propaganda. So passten die haltlosen Anschuldigungen des Entertainers Ofarim[13] in Leipzig vielen nur zu gut in ihr politisches Konzept, so dass die Ereignisse sofort und ohne Nachprüfung in die Antisemitismus-Ecke geschoben wurden. Ofarim hatte behauptet, in einem Leipziger Hotel zum Ablegen eines Anhängers mit Davidsstern aufgefordert worden zu sein (wobei es außer

---

[11] Diese Art der Argumentation war schon in der Antike unter dem Namen ‚Tu quoque' bekannt, und ist verwandt mit der ‚Ad-hominem-Argumentation', bei der ein kritischer Anwurf mit einem Angriff auf die moralische Integrität des Angreifers beantwortet wird.

[12] https://www.sgipt.org/politpsy/usa/mord.htm, zuletzt aufgerufen am: 29.4.2024.

[13] https://www.juedische-allgemeine.de/politik/eine-luege-und-ihre-folgen/ , zuletzt aufgerufen am: 27.4.2024.

seinen eigenen Behauptungen trotz vieler Zeugen keinen Beleg dafür gab). Bereits als der Sachverhalt noch völlig offen war (die Aussage des beschuldigten Hotelmitarbeiters stand zunächst allein gegen die des inzwischen geständigen Lügners Ofarim), wurde das Hotel schon mit einem Shitstorm überzogen und von Demonstranten belagert. Auch der Vorsitzende des Zentralrats der Juden versuchte sofort, Kapital aus der Sache zu schlagen und forderte einen verschärften Kampf gegen den Antisemitismus (sprich erhöhte Geldausgaben für seine Organisation).[14] Tatsächlich belegen Überwachungsvideos, dass der offensichtlich Publicity suchende Ofarim an diesem Tag gar keinen derartigen sichtbaren Anhänger getragen hatte. Die Sache war inzwischen so weit gediehen, dass die Staatsanwaltschaft gegen ihn selbst Anklage wegen falscher Verdächtigungen erhoben hat, und im November 2023 platzte dann endgültig die Lügenblase. Ofarim musste zugeben, dass er von Anfang an (auch später dann noch vor Gericht unter Eid) gelogen hat und alle von ihm erhobenen Anschuldigungen gegenüber dem Hotel bzw. dessen Mitarbeiter frei erfunden waren.[15] Das hat aber bisher weder die voreiligen Ankläger und die Demonstranten vor dem Hotel noch den Zentralrat der Juden zu einer Entschuldigung veranlasst, und der zu Unrecht Beschuldigte wird mit seinem Trauma (er war sogar Morddrohungen ausgesetzt) allein zurecht kommen müssen. Auch hier trifft wieder das bereits zitierte Sprichwort zu, dass auch bei unberechtigten Anschuldigungen ‚immer etwas hängen bleibt‘.

Noch häufiger zutreffend als der Ausdruck **Lügenpresse** dürfte das Prädikat **Lückenpresse** sein, das ohne Übertreibung auf einen erheblichen Teil von Meldungen in der Presse, aber auch in Radio und Fernsehen angewendet werden kann. Hier hat man es mit dem Berichten von Teilwahrheiten oder mit der Unterlassung von Angaben zu tun, die für einen Sachverhalt wichtig und für die Öffentlichkeit von Interesse sind, um ein Geschehen gesellschaftlich oder politisch richtig einordnen zu können (letzteres betrifft z.B. religiöse bzw. ethnische Herkunft, Motiv eines Täters oder Ähnliches). Ganz typisch ist die Unterdrückung eines migrantischen Hintergrunds bei Tätern, die wie im Fall der ‚Schlägerei‘ im Berliner Columbiabad eindeutig diesem Milieu angehörten.[16]. Obwohl diese Information im Hinblick auf Gelingen oder Misslingen der Integration von Migranten von hohem öffentlichem Interesse ist, wird sie

---

[14] Allerdings hat er sich am Ende seiner Auslassungen (und nachdem er das Geschehen wie eine Tat der Rechten behandelt hatte) noch ein Hintertürchen offengehalten, indem er - ohne die Gegendarstellungen vieler Zeugen überhaupt zur Kenntnis zu nehmen - konzedierte, dass man natürlich erst alle Beteiligten hören müsse.

[15] https://www.achgut.com/artikel/Erinnerung_an_eine_pressehatz__der_fall_gil_ofarim, zuletzt aufgerufen am: 29.11.2023.

[16] https://www.bz-berlin.de/berlin/neukoelln/pruegelei-im-columbiabad-polizei-fahndet-weiter-nach-verdaechtigen-2, zuletzt aufgerufen am: 27.4.2024.

zunächst einfach unterdrückt (selbst wenn es viele Zeugen gibt und man Tatverdächtige mit den von ihnen eingesetzten Waffen - Schlagstock, Messer, Baseballschläger - dingfest machen konnte, sodass es über den Täterkreis sicher keine Zweifel gibt), s. Kap. 12.[17] Diese Mitteilung von Halbwahrheiten sowie die Unterdrückung wichtiger Informationen sind besonders gefährlich, weil sie zwar leicht zu erkennen, aber argumentativ schwerer zu entlarven sind (man erinnere sich an das als Motto vorangestellte Wort von Lichtenberg: „Die gefährlichsten Unwahrheiten sind die mäßig entstellten Wahrheiten." oder an das israelische Sprichwort: „Eine halbe Wahrheit ist eine ganze Lüge."). Überdies führt diese Art von Meinungsmanipulation im Zusammenhang mit Straftaten von Migranten, die oft durch Manipulation von Statistiken gestützt wird, zu einer generellen Ausländerfeindlichkeit, denn „Alle verschwiegenen Wahrheiten werden giftig" (Nietzsche). Und das kann niemand wollen.

Obwohl das von offizieller Seite immer wieder bestritten wird, sind die MSM vorwiegend links-grün ausgerichtet, was sogar in der Schweiz konstatiert wird.[18] Wir erleben außerdem die paradoxe Situation, dass Parteien, wie beispielsweise die SPD, die immer mehr an Bedeutung verlieren und als ‚Volkspartei' abgedankt haben, die Meinung in den ÖRM noch ganz wesentlich beeinflussen. Das liegt hauptsächlich daran, dass viele der Medien im Besitz der SPD sind oder diese Partei als Miteigner haben, obwohl dieser Besitz schon etwas brüchig geworden ist.[19] So ist es nicht verwunderlich, dass die Diskrepanz zwischen ‚öffentlicher Meinung' und ‚veröffentlichter Meinung' immer größer wird, worauf wir in Kap. 2 bereits hingewiesen hatten. Ganz drastisch macht sich das dadurch bemerkbar, dass die einzige ernstzunehmende Oppositionspartei in den zentralen Medien praktisch keine Stimme hat. Selbst wenn über dieselbe einmal berichtet wird, dann geschieht dies kaum ohne entsprechendes Framing, s. unten. Ein anderer Ausdruck dieses Missverhältnisses ist die Tatsache, dass etwa 80% der Bevölkerung das sprachliche Gendern ablehnen,[20] aber die Rundfunk- und Fernsehsender in absoluter Eigenmächtigkeit genau dieses Gendern pflegen, ohne hierfür eine Legitimierung zu besitzen, s. hierzu auch Kap. 9. Außerdem sind die ÖRM schon mehrfach

---

[17] In einer Pressemitteilung war allerdings ganz am Ende des Artikels doch noch ein versteckter Hinweis auf die Täter zu finden. Dort wurde ein kleiner Junge mit arabischem Namen zitiert, der stolz berichtete, dass seine Brüder (ebenfalls mit arabischem Namen bezeichnet) in den Auseinandersetzungen „mitgekämpft" hätten. Da muss man schon fast Detektiv sein, um die Zusammenhänge zu erahnen.

[18] https://www.nzz.ch/international/das-herz-des-deutschen-journalisten-schlaegt-links-ld.1434890, zuletzt aufgerufen am: 27.4.2024.

[19] https://blogs.faz.net/medienwirtschaft/2014/02/03/die-medienmacht-der-spd-broeckelt-die-ddvg-ihre-zeitungen-und-dietmar-nietan-402/, zuletzt aufgerufen am: 29.4.2024.

[20] https://www.t-online.de/nachrichten/panorama/id_100297052/gendern-80-prozent-der-deutschen-lehnen-es-ab-exklusive-t-online-umfrage.html, zuletzt aufgerufen am: 27.4.2024.

negativ durch Manipulation von Interviews aufgefallen, indem die für Links-Grün unangenehmen bzw. kritischen Passagen einfach herausgeschnitten wurden, was sogar im Ausland wahrgenommen wird.[21]

Eine sehr unangenehme Zeiterscheinung ist die Tatsache, dass sich Politiker als Volkserzieher gerieren, aber selbst den Ansprüchen an ein Vorbild in keiner Weise gerecht werden. So gibt der gegenwärtige Bundespräsident in seinen Ansprachen und Sonntagsreden gern den abgeklärten und moralisch hochstehenden ‚alten weisen Mann‘ (man beachte die Orthographie), obwohl ihn seine eigenen Reden und Handlungen immer wieder Lügen strafen. Ungeachtet dessen, dass ihn sein Amt zur Parteien-Neutralität verpflichtet, hat er im Zusammenhang mit der völlig legalen Thüringenwahl 2020 (s. Kap. 1) eifrig in den Entsetzenschor derjenigen eingestimmt, die diese Wahl als ‚undemokratisch‘ bezeichnet und sie letztlich gemeinsam auch rückgängig gemacht haben.[22] In seiner letzten Antrittsrede hatte er noch beteuert, dass diejenigen, die die Demokratie angreifen, ihn zum Gegner haben werden,[23] aber gerade er und sein Vorgänger haben der Demokratie gewaltigen Schaden zugefügt. Auf seine völlig ungerechtfertigte Stellungnahme im Chemnitz-Bashing und peinliche Sympathie für linksextreme Rocker hatten wir in Kap. 1 schon hingewiesen.

Heuchelei und Doppelmoral sind durchaus kein Privileg der letzten beiden Bundespräsidenten, sie zieht sich durch die gesamte Politikerkaste. Da stecken Grünen-Politiker Corona-Erschwerniszulagen ein (die sie nur unter Druck der Öffentlichkeit zurückgeben) oder vergessen schon mal einige tausend Euro Weihnachtsgeld zu deklarieren, da verurteilen führende CDU-Politiker den Hass gegen Israel und die Juden, während sie selbst zu Zeiten der Merkelschen Willkommenskultur massiv zu dessen Import nach Deutschland beigetragen haben. Der FDP-Finanzminister feiert eine opulente Hochzeit auf Sylt, kurz nachdem er die Kürzung der Bezüge für Langzeitarbeitslose angekündigt hat, und die Außenministerin (die ja gern jedes Fahrzeug auf seinen CO_2-Abdruck abklopft) muss doch mal schnell auf der ‚hochwichtigen‘ südpazifischen Insel

---

[21] https://www.wallstreet-online.de/nachricht/16897726-ard-manipulation-kritik-graichen-interview-geschnitten – Mitunter interviewen Fernsehsender der Einfachheit halber heimlich gleich eigene Mitarbeiter, statt eine repräsentative Umfrage zu starten. https://www.rnd.de/medien/penny-aktion-wahrer-preis-wdr-interviewt-eigene-sender-mitarbeiterin-und-entschuldigt-sich-3BIGGVBLR5J65JBUY6WQMBS4UQ.html, zuletzt aufgerufen am: 21.3.2024.

[22] https://www.tagesspiegel.de/politik/steinmeier-zu-thueringen-demokratie-wurde-der-laecherlichkeit-preisgegeben/25535230.html, zuletzt aufgerufen am: 27.4.2024.

[23] Allerdings wird er ein anderes Demokratieverständnis haben, nach welchem unangenehme Wahlergebnisse durchaus nach Belieben revidiert werden können (welch eine Heuchelei, man erinnere sich an die Schmähreden gegen Donald Trump, der ihm unangenehme Wahlresultate auch nicht akzeptieren wollte).

Palau (mit gerade mal 20000 Einwohnern) nach dem Rechten sehen usw.[24], s. hierzu auch Kap. 1.

Die Bundeszentrale für politische-Bildung sollte eigentlich nach ihren eigenen Leitlinien dem Grundsatz der „Überparteilichkeit und wissenschaftlichen Ausgewogenheit" verpflichtet sein.[25] Stattdessen fungiert sie mit ihrer Linkslastigkeit eher als Zentrale für Umerziehung. Nehmen wir als Beleg nur einen Artikel, der überschrieben ist mit: „Volkes Stimme? - Rechtspopulistische Überzeugungen in der Mitte".[26] Es beginnt schon mit dem Satz, dass der Rechtspopulismus (ein an sich schon unklarer Begriff) einen „Rechtsruck erlebt" habe. D.h. er ist jetzt zu einer Art Super-Rechtspopulismus mutiert. Weiter werden die berechtigten Befürchtungen von Bürgern bezüglich unkontrollierter Einwanderung abschätzig abgetan mit dem Satz: „Während ein Drittel der Bevölkerung eine stärkere Willkommenskultur fordert, äußert sich bei anderen die Sorge in menschenfeindlicher Abwertung". Das ist angesichts der Riesenprobleme, die durch die unkontrollierte Einwanderung entstanden sind, eine Unverschämtheit. Es erübrigt sich fast, die Stellung der Autoren und damit der BPB zu Sarrazins Bestseller [69] zu zitieren, um zu sehen, wes Geistes Kind sie sind. Ihm und anderen Publizisten wird unterstellt, dass sie „menschenfeindliche Vorurteile bündelten und sagbar machen".[27] Sieht so etwa ‚Überparteilichkeit und wissenschaftliche Ausgewogenheit' aus?

Eines der Kennzeichen totalitärer Regimes ist der Missbrauch des Sports für politische Zwecke und als Propagandainstrument; das war im Dritten Reich so (Olympische Spiele 1936), in der DDR (Sportler als ‚Botschafter des Friedens') und wird heute im vereinten Deutschland wieder so gehandhabt. Letzteres sieht man beispielsweise an der Affäre um die Beleuchtung von Stadien in Regenbogenfarben (am deutlichsten beim EM-Spiel Deutschland-Ungarn im Juni 2020), an der Unterwerfungsgeste gegenüber BLM (Niederknien von Sportlern am Beginn von Wettkämpfen) und international am Boykott russischer Sportler. Im Fall der geplanten und letztlich von der UEFA untersagten Beleuchtung der Allianz-Arena in den Regenbogenfarben hätte man sich auch nicht davor gescheut, die gegnerische Mannschaft, deren Land eine ganz andere politische Linie vertritt, bei der Tugenddemonstration gleich mit zu verein-

---

[24] Vom Besuch der für Deutschland strategisch ach so wichtigen Fidschi-Inseln hat sie (vorerst) nur ein kaputter Flieger der Flugbereitschaft abgehalten!

[25] https://www.bpb.de/die-bpb/ueber-uns/auftrag/51248/leitbild-der-bundeszentrale-fuer-politische-bildung/, zuletzt aufgerufen am: 27.4.2024.

[26] https://www.bpb.de/shop/zeitschriften/apuz/212353/volkes-stimme/#footnote-target-5, zuletzt aufgerufen am: 27.4.2024.

[27] Eine Nummer kleiner als die mehrfache Verwendung des Attributs „menschenfeindlich" ging scheinbar nicht.

nahmen.[28] Im Internet werden solche Aktionen mit treffenden Begriffen charakterisiert, wie „Gratis-Mut" oder das bereits erwähnte „Virtue Signalling". Dahinter verbergen sich ein billiger eifernder Mut und eine Tugendpräsentation, die nichts kosten, aber zur Steigerung des eigenen Selbstwertgefühls beitragen. In Wirklichkeit sind sie nichts anderes als eine Verbeugung vor dem Gesslerhut der links-grünen Mainstream-Meinung. Schlimmer noch, solche Gesten helfen nicht der vermeintlich guten Sache, sondern erzeugen bei vielen Beobachtern nur eine Abwehr gegen diese unzulässige Vereinnahmung.[29] Für die Fußball-Europameisterschaft 2024 in Deutschland hat die UEFA zur Belebung des Interesses am Sport übrigens eine besonders woke Veranstaltung geplant, wobei neben vielen anderen ‚sportnahen' Institutionen sogar der Lesben- und Schwulen-Verband und der Zentralrat der Sinti und Roma als Partner ins Auge gefasst sind.[30]

Eine unrühmliche Rolle bei Meinungsmanipulation spielen die linken NGOs, allen voran die ‚Amadeu-Antonio-Stiftung' (AAS), s. Kap. 5. Obwohl diese staatlich finanziert wird, vertritt sie eine zweifelhafte extrem linke Position und widmet sich engagiert dem ‚Kampf gegen Rechts'. Von welcher Art die Propaganda dieser Stiftung ist, zeigt ihre Handlungsanleitung für Kindererzieherinnen mit dem vieldeutigen Titel „Ene, mene, muh - und raus bist Du" [4]. Das Ganze atmet den Geist tschekistischer Eiferer, die überall den Klassenfeind wittern und wie der Ritter Georg mutig ausziehen, den von ihm erkannten (oder sollte man besser sagen: erst künstlich aufgebauten) ‚rechten' Drachen zu töten. Besonders erschütternd sind die dort angeführten konstruierten und fiktiven Fallbeispiele und was diese bewirken sollen. Da werden z.B. klare Anweisungen gegeben und Merkmale definiert, wie „Kinder aus völkischen Elternhäusern" zu erkennen sind (sie sind wohlerzogen, Mädchen tragen Zöpfe, Jungen sind körperlich trainiert usw.).[31] – Solche denunziatorischen Hinweise sind klar verfassungswidrig, haben aber keinerlei größere Reaktionen beim Publikum hervorgerufen, sondern sogar Anlass zu einem wohlwollenden Vorwort der damaligen SPD-Familienministerin gegeben. Das ist umso verwunderlicher, als der Geschäftsführer der Amadeu Antonio Stiftung in der vorangestellten „Anleitung" gleich klar bekennt: „Wenn es um grundsätzliche

---

[28] https://www.nau.ch/sport/fussball-int/bayern-munchen-beleuchtet-allianz-arena-in-regenbogen-farben-65960157, zuletzt aufgerufen am: 27.4.2024.

[29] Das Web ist voll von solchen Abwehrreaktionen: Viele Fußballfans haben der deutschen Fußballmannschaft regelrecht das Turnier-Aus gewünscht. Ist es das, was man gewollt hat?

[30] https://jungefreiheit.de/kultur/gesellschaft/2023/heim-em-wird-politisch/, zuletzt aufgerufen am: 29.4.2024.

[31] Es ist übrigens bemerkenswert, dass dies in den Augen der AAS Abgrenzungsmerkmale gegen ‚linke' Kinder sind! - Soll das heißen, dass diese nicht gut erzogen und körperlich vernachlässigt sind?

Fragen unserer Demokratie geht, kann eine falsch verstandene Neutralität, wie sie oft gefordert wird, keine Lösung sein". Und er hofft ausdrücklich, dass die „Handreichungen" seiner Stiftung (und jetzt kommt es, das ist keine Ironie!) den Kampf „gegen Ausgrenzung im Kinderalltag" unterstützen.

Um die Meinung der Bevölkerung zu manipulieren, brauchen die Regierenden und die Untertanen schon seit ewigen Zeiten ein Feindbild (man denke auch an „Eurasien" als permanenter äußerer Feind des Orwellschen Staates [59]).[32] Dieses lenkt zum einen von inneren Problemen ab, kann aber auch gleichzeitig zur Präsentation einer äußeren Ursache für das Versagen der herrschenden Klasse dienen (wie wir das seit Frühjahr 2022 mit dem Feind Russland - personifiziert durch Putin - erleben). Das völlige Scheitern der Energiepolitik mitsamt der gesamtwirtschaftlichen Folgen wäre auch ohne die Ukraine-Krise bald offenbar geworden, lässt sich aber nun prima dem vermeintlichen Gegner anlasten. Eng verbunden mit dem Aufbau von Feindbildern ist das Schüren von Angst ein probates Mittel, um die Kontrolle über die Massen aufrecht zu erhalten: Angst vor dem Zusammenbruch der Währung (2008 bis 2010), Angst vor der Überforderung der Gesellschaft durch unkontrollierte Migration auf der einen Seite und vor demographischer Verödung auf der anderen Seite (seit 2015), Angst vor Corona und der Impfpflicht (2019 bis 2022, s. Kap. 16), Angst vor der Klimaerwärmung (seit den 90-er Jahren, s. Kap. 14), Angst vor Putin (seit 2022, s. Kap. 4) usw.

Solche und andere Ängste werden entweder durch Unfähigkeit zu rationaler, widerspruchsfreier Kommunikation oder gar bewusst von der Politik geschürt. Wenn jemand jedoch den beängstigenden Zeitungsmeldungen glaubt, wird er unbegründet zum ‚besorgten Bürger' und manchmal auch denunziatorisch zum ‚Wutbürger' degradiert. Oft genug werden auch Leute, die nicht von der Regierung gebilligte Ängste kundtun (ist das überhaupt erlaubt?), verleumderisch als Quertreiber und Querulanten bezeichnet, wie es insbesondere mit der Querdenker-Bewegung geschah. Auf die Meinungsmanipulation im Zusammenhang mit Ängsten bezüglich der Klimaveränderung (etwa ‚die Wissenschaft' habe nachgewiesen, dass die derzeitige Klimaerwärmung *menschengemacht* sei und wir damit besondere Schuld auf uns laden) oder im Zusammenhang mit den Corona-Maßnahmen (etwa die Behauptung, dass Sorgen über negative Auswirkungen von Impfungen wissenschaftlich widerlegt seien) werden wir in Kap. 14bzw. 16 noch gesondert eingehen.

Zu allen Zeiten haben Politiker versucht, die Wissenschaft vor ihren Karren zu spannen, heute unter dem modernen Motto „Follow the Science". Aber gibt

---

[32] https://www.theeuropean.de/edgar-ludwig-gaertner/darum-ist-globales-denken-an-sich-schon-totalitar/, zuletzt aufgerufen am: 24.4.2024.

es „*die* Wissenschaft" überhaupt? - Natürlich nicht! Es gibt nur verschiedene wissenschaftliche Meinungen, Schulen oder Theorien, die mehr oder weniger gut fundiert sind. Dabei ist es ein großer Unterschied, ob die daraus resultierenden Aussagen wie in den Naturwissenschaften empirisch untermauert oder u.U. auch falsifiziert werden können, oder ob sie wie oft genug in den Politikwissenschaften bzw. Sozialwissenschaften nur argumentativ durch Zitieren wieder anderer Wissenschaftler und deren Meinungen gestützt werden. Selbst eine empirische Unterfütterung, etwa durch Statistiken oder Befragungen in den letztgenannten Wissenschaftszweigen, ist mit äußerster Vorsicht zu genießen, da sie oft genug von einer vorgefertigten politischen Haltung geprägt oder gar manipuliert ist. Was diese haltungsbasierten Hypothesen (etwa die von ‚Forschern' zur Leugnung des Pull-Effekts im Zusammenhang mit den heutigen Migrationsströmen) und die darauf aufbauenden Aussagen von Politikern Wert sind, werden wir in Kap. 8 noch deutlicher sehen.[33] Auf die pseudowissenschaftlichen Aussagen von GenderprofessorInnen werden wir in Kap. 9 noch genauer eingehen. Wenn man bedenkt, wie oft selbst mathematisch gut begründete und vielfach bestätigte naturwissenschaftliche Theorien (wie etwa die Newtonsche Mechanik oder kosmologische Modelle) in der Geschichte schon revidiert bzw. relativiert werden mussten, so sollte man doch in den Geisteswissenschaften wenigstens etwas bescheidener auftreten, und nicht jeden Opponenten mit ideologisch motivierten Verbalinjurien belegen.

Eine probates Mittel der Meinungsmanipulation ist das ‚Framing', welches in enger Beziehung zum psychologischen Phänomen des ‚Priming' (Deutsch: ‚Bahnung') steht. Darunter versteht man Hintergrundaktivitäten im Gehirn, die von vorhergehenden kognitiven Wahrnehmungen ausgehen und aktuelle Handlungen unbewusst beeinflussen. Diese Bahnungen gehören zum intuitiven Denken (‚Thinking fast' bei Kahnemann [32], im Gegensatz zum rationalen Denken: ‚Thinking slow') und sind experimentalpsychologisch sehr gut untersucht. Sie wirken sich dahingehend aus, dass unsere Wahrnehmungen und Entscheidungen nicht allein vom augenblicklichen Denken bestimmt werden, sondern auch vom vorher Wahrgenommenen abhängig sind. Diese Erkenntnisse werden sowohl in der Werbung als auch in der politischen Propaganda sehr wirksam eingesetzt, ohne dass sich die meisten dessen bewusst sind. Wenn also in einer Talkshow mit einem (schon relativ selten anzutreffenden) AfD-Teilnehmer als Einspieler ein rechter Aufmarsch gezeigt wird, der an sich gar nichts mit dieser Partei zu tun hat, dann sind die Zuschauer schon vorgepolt. Das Gleiche gilt für ein DLF-Interview über die Qualität unserer Medien,

---

[33] https://www.mdr.de/nachrichten/deutschland/gesellschaft/faktencheck-sozialleistungen-fluechtlinge-effekt-100.html, zuletzt aufgerufen am: 27.4.2024.

das vom Moderator so eingeleitet wurde: „Was halten Sie vom *Märchen* der ‚Lügenpresse'?" Bei dieser Art von Framing weiß man doch gleich, was vom Interviewten erwartet wird.

Ein derartiges Framing findet man auch bei der Berichterstattung über die sogenannten Querdenker- bzw. Corona-Demos, s. Kap. 16. Das Äußern von berechtigten Bedenken und von Sorgen wird von Regierungsseite gern als „Panikmache" verunglimpft. Mit derselben Methode wurden Kritiken von Bürgern der DDR mit dem Vorwurf zunichte gemacht: „Das nützt nur dem Klassenfeind" (s. auch die Ausführungen zur Affäre ‚#allesdichtmachen' in Kap. 6). Das geht so weit, dass man die Kritiker von Corona-Maßnahmen gern mal als ‚Covidioten' oder ‚Coronaleugner' diffamiert. Letztere gibt es tatsächlich; sie stellen aber eine verschwindende Minderheit dar, die einfach Tatsachen nicht wahrnehmen wollen. Aber es spielt bei den Meinungsmanipulatoren - wie der Kovorsitzenden der SPD - keine Rolle, dass zwischen der Leugnung einer sich hunderttausendfach manifestierenden Pandemie und der Verneinung der Nützlichkeit bestimmter Maßnahmen zur Bekämpfung der Pandemie ein fundamentaler Unterschied besteht. [34] In ihrer Hilflosigkeit, mit den Protesten der Bürger umzugehen, empfahl die Kovorsitzende der SPD unter Missachtung des Demonstrationsrechts sogar, den Demonstranten den „Anreiseweg [zu den Demos] abzuschneiden".[35]

Die Vergewaltigung von Sprache und die Umdeutung von Begriffen gehören zum festen Repertoire der Meinungsmacher, worauf wir in Kap. 10 noch gesondert eingehen werden. So kann man geradezu von einem inflationären Gebrauch des Begriffes ‚Nazi' sprechen, s. Kap. 13. Wenn man jeden zum Nazi erklärt, der politisch ‚rechts von der Mitte' angesiedelt ist, dann wird dieser Begriff unbrauchbar und verharmlost gleichzeitig die Verbrechen des totalitären Naziregimes. Selbst einem stramm deutschnational auftretenden Politiker, wie dem Vorsitzenden der AfD Thüringens, wird dieses Etikett ‚Nazi' oder ‚Faschist' nicht gerecht. Nicht einmal die Interpretation eines diesbezüglichen Gerichtsurteils[36] ist vor Meinungsmanipulation sicher. Obwohl ich persönlich keine Sympathien für diesen ‚Flügel-Politiker' der AfD hege, muss man doch feststellen, dass vom Gericht kein Tatsachenurteil der Art „Höcke ist ein Faschist" gefällt wurde. Die Richter haben lediglich festgestellt, dass man ihn in einer politischen Auseinandersetzung so bezeichnen darf, und dass es sich

---

[34] Der gleiche sprachliche Missbrauch wird mit dem Begriff „Klimaleugner" getrieben, s. Kap. 14.

[35] https://www.tichyseinblick.de/daili-es-sentials/spd-chefin-esken-will-offenbar-demonstrationsrecht-einschraenken/, zuletzt aufgerufen am: 27.4.2024.

[36] https://cdn.prod.www.spiegel.de/media/64a8f9a1-0001-0014-0000-000000044935/media-44935.pdf, zuletzt aufgerufen am: 27.4.2024.

bei dieser Bezeichnung um ein „Werturteil" und eine „subjektive Einordnung" handele (was aber auch schon eine bedenkliche Auffassung ist). Derartige Zuschreibungen sind nicht nur historisch äußerst fragwürdig, sondern sie sorgen generell für die Verwässerung von Begriffen durch ihren inflationären Gebrauch. Obwohl das Herumwerfen mit Schimpfwörtern wie ‚Nazi', ‚Faschist', ‚Rassist' geradezu ein Markenzeichen links-grüner Klassenkämpfer ist, sind sich diese nicht einmal bewusst, dass sie mit ihrem Hatespeech selbst faschistische Methoden pflegen. – Umgekehrt eignen sie sich gern den Terminus ‚Antifaschist' als Selbstbezeichnung an. Aber nicht jeder, der sich als solchen bezeichnet, ist tatsächlich ein Antifaschist, s. das Silone-Zitat weiter unten. Wenn Hass und Hatespeech immer mehr zunehmen, und ‚Nazikeule', ‚Faschismuskeule' und ‚Rassismuskeule' zu alltäglichen Kampfmitteln werden, dann ist dies das Ende einer normalen Diskussionskultur.

Selbst der vorgebliche Kampf gegen Hassreden wird als Mittel zur Meinungsmanipulation und Untergrabung der Demokratie eingesetzt. Natürlich klingt es erst einmal gut, wenn man Hass und Hatespeech bekämpfen will (wer könnte etwas dagegen haben?). Es wird aber dann problematisch, wenn dies nach dem Motto „haltet den Dieb" geschieht und diejenigen, die vorgeben, den Hass zu bekämpfen, die schlimmsten Verbreiter von Hass und Hetze sind. Auch hier wieder fällt die erwähnte Amadeu-Antonio-Stiftung, die von einer ehemaligen Stasimitarbeiterin geleitet wird,[37] durch ihre stramm linke Haltung auf. Gerade sie tut sich besonders hervor bei der Diffamierung aller politischen Meinungen, die von ihr als ‚Rechts' eingestuft werden. Allein das wäre schon demokratiefeindlich, wird aber noch dadurch verschärft, dass die AAS von den Steuergeldern aller Bürger - auch der politischen Gegner - finanziert wird, ohne dass sich letztere dagegen wehren können. Außerdem ist die bewusste Vermeidung einer Definition dessen, was ‚Hatespeech'/‚Hasssprache' genau sein soll, sehr dienlich für die Ausnutzung dieses Terminus als Kampfbegriff, s. Kap. 10.

Auch im Internet ist dringend eine neue Netiquette erforderlich, da viele unter dem Deckmantel der Anonymität des Netzes glauben, jede moralische Hemmung fallen lassen zu können. Aber selbst ein ‚Gesetz gegen den Hass im Netz' wird wenig helfen, wenn dieses als Kampfmittel gegen politische Gegner (einseitige Ausrichtung gegen ‚Rechts') oder zur Aushöhlung des Datenschutzes missbraucht wird. Hier stehen wir allerdings vor einem echten Dilemma: Einerseits erleichtert die Anonymität, wie bereits an anderer Stelle erwähnt, die Auswüchse im Netz. Andererseits ist sie ein unverzichtbarer Schutzschild

---

[37] https://paz.de/artikel/zensur-zugunsten-einer-stasi-spitzelin-a3061.html, zuletzt aufgerufen am: 27.4.2024.

für Kritik an der herrschenden Klasse (und das nicht nur in Deutschland), um rechtswidrigen Repressionen zu entgehen. Selbst die Wikipedia, eine scheinbar völlig basisdemokratische Wissensplattform, ist nicht vor Manipulationen gefeit und hat zumindest im politischen Bereich oft eine links-grüne Orientierung.[38]

Die Meinungsmanipulation im Internet gewinnt immer stärker an Bedeutung und reicht inzwischen von traditioneller Werbung bis hin zur politischen Beeinflussung, wobei uns hier nur der letztgenannte Aspekt interessiert. Da die meisten Menschen dazu neigen, die Meinungen Gleichgesinnter zu übernehmen, entstehen sogenannte ‚Filterblasen' oder ‚Echokammern', deren Teilnehmer sich gegenseitig immer der gleichen Auffassungen versichern und kaum Argumente von außen an sich heranlassen. Eine besondere Rolle spielen dabei in der modernen, stark verlinkten Welt die sogenannten ‚Influencer' und ‚Blogger'. Während erstere ihre sozialen Netzwerke im Internet nutzen, um bestimmte Produkte oder Ideen zu bewerben bzw. zu propagieren, sind letztere private Autoren (auch Gruppen von Autoren), die das Internet zur Veröffentlichung von Artikeln zu Themen nutzen, die sie nicht oder nur mit Schwierigkeiten in den MSM unterbringen können. Diese modernen Möglichkeiten werden sehr häufig missbraucht, wie die im EU-Wahlkampf 2019 gegen die CDU gerichtete Kampagne des Influencers Rezo zeigte.[39] Schon sein von ihm selbst angegebenes Ziel, „die CDU zerstören zu wollen", offenbart seine politische Geisteshaltung. Zugleich war die schwächliche Reaktion der CDU auf die massiven Angriffe ein Zeichen für den lahmen Zustand dieser einst kämpferischen Volkspartei. Ein Problem bei all diesen Internet-Auftritten ist die kaum überprüfbare und oft demagogisch bewusst eingesetzte Einseitigkeit der Darstellungen bis hin zur Verwendung von Falschinformationen. Hinzu kommt, dass damit an sich völlig unbedeutenden Einzelpersonen einen unangemessen hohen Einfluss auf die gesellschaftliche Meinung gewinnen.

Fakenews (Falschnachrichten) sind geradezu ein Kennzeichen des angebrochenen ‚Postfaktischen Zeitalters' geworden,[40] wo es nicht mehr so sehr auf Tatsachen als auf die emotionale Wirkung von Informationen ankommt. Wie schwierig es ist, für den ‚Normalbürger' Wahres von Falschem zu unterscheiden, zeigen Fälle, in denen oft zitierte Sätze oder Äußerungen von Politikern nicht verifiziert werden konnten. Ein typisches Beispiel ist eine Rede, die an-

---

[38] https://www.pro-medienmagazin.de/wikipedia-admins-sind-links/, zuletzt aufgerufen am: 29.4.2024.

[39] https://www.zeit.de/kultur/2019-05/rezo-video-youtuber-cdu-reaktionen-demokratie , zuletzt aufgerufen am: 27.4.2024.

[40] https://www.welt.de/kultur/article160136912/Was-Sie-ueber-das-Wort-des-Jahres-wissen-muessen.html, zuletzt aufgerufen am: 27.4.2024.

geblich die australische Premierministerin Gillard zum Thema Missbrauch des Gastrechts durch Migranten gehalten haben soll.[41] Obwohl von einem Faktencheckportal angezweifelt wurde, ob diese Rede so tatsächlich gehalten wurde,[42] ist sie schnell weiter verbreitet worden, da der Inhalt einfach die Meinung vieler Leser wiedergab und die Realität widerspiegelte. Auch die Verdrehung und Verfälschung von Tatsachen gehört in den Bereich der postfaktischen ‚Wahrheiten‘. So musste das besonders von Links-Grün gepflegte Narrativ, dass die Querdenker-Demos von Rechtsextremen vereinnahmt würden, sogar von der Bundesregierung auf eine kleine Anfrage der Linken hin zurückgewiesen werden.[43]. Oder es wird von einem AfD-Mann berichtet, der angeblich auf einer Polittour nach Lesbos von linken Aktivisten in die Schranken gewiesen wurde, obwohl dieser Politiker nachweislich nie auf Lesbos war.[44] Mit Recht schreibt die BPB in einem Artikel: „Die Kultur der Lüge droht [die] Vertrauensbeziehung zwischen Repräsentant und Repräsentierten zu untergraben" und weiter: „Das Gefühl, belogen zu werden, beschädigt die politische Kultur und gefährdet langfristig die Stabilität der Demokratie".[45] Dem ist nichts hinzuzufügen.

Es gab einmal eine Zeit, in der Bildmaterial als Beweismittel eine starke Aussagekraft besaß. Das trifft heute nur noch eingeschränkt zu, da die Manipulation und Fälschung von Bildern heutzutage sehr leicht zu bewerkstelligen und im Internet gang und gäbe ist. So ging im Jahre 2021 ein Bild um die Welt, dass angeblich jubelnde Juden vor der Klagemauer mit einer brennenden Al-Aksa-Moschee im Hintergrund zeigte.[46] Tatsächlich hat die Moschee nie gebrannt, sondern im Hintergrund war in Wirklichkeit der Widerschein eines brennenden Baumes zu sehen, der durch Feuerwerkskörper in Brand gesetzt worden war. Auch ein im Web verbreitetes angebliches Nacktphoto der Kanzlerkandidatin der Grünen entpuppte sich bald als Fake.[47] Das ZDF setzte als

---

[41] https://rp-online.de/politik/deutschland/kolumnen/mit-verlaub/wer-bleiben-will-muss-sich-anpassen_aid-18611801, zuletzt aufgerufen am: 27.4.2024.

[42] https://www.mimikama.at/whatsapp-rede-julia-gillard/, zuletzt aufgerufen am: 27.4.2024.

[43] https://www.tichyseinblick.de/kolumnen/alexander-wallasch-heute/bundesregierung-corona-demos-sind-nicht-rechtsextrem/, zuletzt aufgerufen am: 27.4.2024.

[44] https://www.tichyseinblick.de/daili-es-sentials/fake-nuss-dpa-erfindet-den-besuch-eines-afd-manns-auf-lesbos-und-die-halbe-medien-republik-schreibt-ab/, zuletzt aufgerufen am: 28.4.2024.

[45] https://www.bpb.de/shop/zeitschriften/apuz/245217/luegen-und-politik-im-postfaktischen-zeitalter/, zuletzt aufgerufen am: 27.4.2024.

[46] https://www.welt.de/politik/ausland/article231156623/Nahostkonflikt-Der-Krieg-der-Bilder.html, zuletzt aufgerufen am: 27.4.2024.

[47] https://www.tag24.de/nachrichten/politik/deutschland/parteien/bnd90-die-gruenen/angebliches-nacktfoto-von-annalena-baerbock-das-hat-es-damit-auf-sich-1947525, zuletzt aufgerufen am: 27.4.2024.

besonderen Trick sogar ein bildliches Framing ein, indem es eine Photoaufnahme von einem Atomkraftwerk nachträglich mit einer dunklen Wolke überwölbt hatte. Da wird doch wohl auch der Dümmste merken, dass ein AKW etwas Düsteres/Schlechtes ist.[48] Diese Liste ließe sich beliebig fortsetzen, um zu dokumentieren, dass Bildmanipulation eine gängige Methode zur Produktion von Fakenews und generell zur Meinungsmanipulation geworden ist.

Es gibt durchaus ernstzunehmende Bemühungen, der wachsenden Verbreitung von Fakenews im Internet entgegenzuwirken; eine davon ist die Arbeit der sogenannten ,Faktenchecker'. Das sind Organisationen oder Einzelpersonen, die sich zur Aufgabe gestellt haben, Nachrichten und Meldungen im Internet auf ihren Wahrheitsgehalt zu überprüfen. Tatsächlich sind von diesen Einrichtungen viele Falschdarstellungen entlarvt oder in ihrem Kontext richtig gestellt worden. Wie aber in einem Überblick im Web richtig bemerkt wird, „sind auch professionelle Faktenchecker nicht unfehlbar und könnten auf ihrer Homepage oder in ihren Social-Media-Kanälen ebenfalls Falschmeldungen verbreiten".[49] Welchen Schaden selbsternannte Faktenchecker durch unseriöse Berichterstattung und die dadurch ausgelöste, alles nur noch verschlimmernde Medienerregung anrichten können, haben erst kürzlich die unseriösen Berichte des Recherche-Portals Correctiv über ein angebliches ,Geheimtreffen der Rechten' gezeigt, s. Kap. 10. Da solche ,Faktenchecker' selbst nicht ohne politischen Hintergrund arbeiten, erhebt sich die Frage: „Wer kontrolliert die Faktenchecker?" - Ein scheinbar unauflösbares Problem und ein unendlicher Regress.

Ganz schlimm ist die verantwortungslose Instrumentalisierung von Anschlägen und Attentaten. Auf die Meinungsmanipulation bei der einseitigen Darstellung der Ereignisse in Chemnitz hatten wir in Kap. 1 bereits hingewiesen, wobei die eigentliche Ursache (ein Mord auf offener Straße, begangen von einem Asylanten) schon bald keine Rolle mehr spielte. Auch in der Wortwahl war man nicht zimperlich, während man in Chemnitz unberechtigt von Ausschreitungen oder gar von Straßenschlachten berichtete, sprach Stuttgarts Oberbürgermeister bei den Krawallen in seiner Stadt (mit Plünderungen, schweren Angriffen auf Polizei und Bürger, die es in Chemnitz so nicht gab) euphemistisch von einer nicht weiter spezifizierten ,Partyszene', obwohl doch deutliche Rufe wie „Allahu Akbar" und ,ACAB' ertönten.[50] Man braucht nur

---

[48] https://www.tichyseinblick.de/feuilleton/medien/zdf-manipuliert-schon-wieder-bild-von-atomkraftwerk/, zuletzt aufgerufen am: 27.4.2024.

[49] https://utopia.de/ratgeber/faktenchecker-welche-es-gibt-und-wie-du-sie-nutzt/, zuletzt aufgerufen am: 27.4.2024.

[50] https://www.rnd.de/politik/nach-randale-in-stuttgart-partyszene-ein-wort-und-seine-vibrationen-S4IZJX4WENEBNKUF64R5BFF5FI.html, zuletzt aufgerufen am: 27.4.2024.

Art und Intensität des Geschehens in Chemnitz und Stuttgart mit der jeweiligen Berichterstattung in den ÖRM zu vergleichen, um die Schieflage auch in unserer Informationspolitik zu erkennen, s. hierzu auch Kap. 12.

Die meisten Politiker, das betraf u.a. schon die ehemalige Kanzlerin und betrifft wieder den jetzigen Bundespräsidenten sowie die heutige Ampelregierung, geben sich im allgemeinen bei Straftaten von Asylanten wie in Würzburg oder Dresden sehr zurückhaltend (s. hierzu Kap. 8). Sie möchten eigentlich dabei am liebsten gar nicht in Erscheinung treten (sie könnten ja als die letztlich Schuldigen am Desaster ausgemacht werden). Sie sind aber sehr schnell bei der Hand, wenn sie meinen, eine Tat - selbst wenn ihre Verursacher noch völlig unklar sind - sofort als Propagandamittel gegen ‚Rechts' einsetzen zu können. So war es schon unter Gerhard Schröder im Fall des Apothekerjungen in Sebnitz (s. Kap. 13) und so ist es später wieder bei den vorgetäuschten Brandstiftungen in Chemnitz und Wächtersbach gewesen, die sich letztlich als versuchter Versicherungsbetrug der Eigentümer herausstellten.[51] Was war in ersterem Fall geschehen? - Sofort nach einem Brandanschlag auf ein türkisches Restaurant im Oktober 2018, bei dem nicht nur das Lokal total zerstört, sondern auch eiskalt das Leben mehrerer Mitbewohner des Hauses gefährdet wurde, eilten der sächsische Ministerpräsident und die Kanzlerin nach Chemnitz, um im Verein mit der Oberbürgermeisterin der Stadt den furchtbaren ‚rechtsextremistischen' Anschlag zu verurteilen. Wie sich jedoch zwei Jahre später aufgrund intensiver Ermittlungen ergab, hatte der hochverschuldete kurdische Besitzer das Lokal selbst mit ein paar Helfershelfern angezündet und 300.000 Euro Versicherungssumme eingestrichen. Übrigens waren Motivation der Täter und die Irreführung der Öffentlichkeit in Wächtersbach ganz ähnlich, auch hier waren sofort Proteste gegen ‚Rechts' organisiert worden. Nicht nur, dass in beiden Fällen voreingenommene Politiker und ‚Aktivisten' eine falsche Menschengruppe unberechtigt als Täter denunziert haben, es ist auch nicht bekannt geworden, dass sich die Verleumder jemals entschuldigt hätten (übrigens die beteiligte Lügenpresse auch nicht).

Sehr häufig sind in der Berichterstattung Halbwahrheiten anzutreffen, wenn es um linke oder migrantische Straftäter geht. Da liest man ganz unspezifisch, dass „Männer" jemand überfallen, ausgeraubt oder gar erstochen haben, oder man spricht bei einer migrantischen Messerstecherei beschönigend von „Auseinandersetzungen" bei denen „ein Messer zur Hand war". Mitunter behauptet

---

[51] https://www.focus.de/politik/deutschland/chemnitz-rechter-anschlag-war-wohl-betrug-gastwirt-narrte-sogar-merkel_id_13494089.html
https://www.hessenschau.de/panorama/versicherungsbetrug-statt-rechtsextremem-brandanschlag-in-waechtersbach-vermutet-v2,waechtersbach-brand-versicherungsbetrug-100.html, zuletzt aufgerufen am: 21.3.2024.

der Täter auch seinerseits, dass er nur zufällig mit einem Messer herumlief.[52] Ganz typisch ist bei Berichten über solche Verbrechen das Weglassen der Nationalität, wenn es sich um Migranten handelt, oder der politischen Zugehörigkeit bei linken Straftätern. So kommt im Fall eines heimtückischen Mordes in Berlin das Wort ‚Afghane‘ überhaupt nicht vor, obwohl sich der Täter bereits in Polizeigewahrsam befand.[53] Wenn solch wichtige Details zur Tat und zum Täter quer über den Blätterwald überhaupt berichtet werden, dann kaum im Aufmacher, sondern bestenfalls versteckt am Ende des Berichts (oder man muss in eher randständigen Publikationsorganen recherchieren, um die ganze Wahrheit zu finden, etwa - wie hier - dass es sich um einen afghanischen Täter handelte).[54] Da ist man bei Vermutungen über rechte Straftäter durchaus nicht so zimperlich mit der Berichterstattung (selbst, wenn sich diese zum Schluss als falsch erweisen, s. die oben geschilderten Fälle von vorgetäuschten Brandanschlägen in Chemnitz und Wächtersbach).

Mittlerweile ist die Situation schon so grotesk, dass immer dann, wenn nicht ausdrücklich von einem ‚rechten‘ bzw. ‚deutschen‘ Täter gesprochen wird, automatisch auf einen ‚linken‘ bzw. ‚migrantischen‘ Täterkreis geschlossen wird (was natürlich nicht stimmen muss).[55] Das Gefährliche an Halbwahrheiten ist eben, dass in vielen Fällen „die falsche Hälfte geglaubt wird" [Thornton Wilder, Hans Krailsheimer]. Zum Schluss glaubt überhaupt niemand mehr etwas, sondern es kursieren immer wildere Vermutungen oder gar Verschwörungstheorien. Das ist wahrlich ein Bärendienst des woken Journalismus an einer echten und freien Meinungsbildung. – Auch das Weglassen von Informationen kann eine Lüge sein, wie die Berichterstattung der Tagesschau über Silvester 2020 zeigt. Dort war z.B. im Gegensatz zur regionalen Berichterstattung kein Wort über Ausschreitungen in Essen-Altenessen zu vernehmen.[56] Zum Ausgleich wurde dann die aufregende Nachricht verbreitet, dass es in Krefeld so ruhig war, dass man die Vögel singen hörte.

Ein beliebtes Mittel der Meinungsmanipulation ist das Vertauschen von Opfer- und Täterrolle. So wird vom Tagesspiegel einem Juden, der während

---

[52] https://march24.ch/articles/99886-bei-auseinandersetzung-messer-in-der-hand-folgt-jetzt-der-landesverweis – In manchen Beschreibungen fehlt nur noch, dass das Messer ‚rein zufällig‘ den Weg in den Körper des Opfers gefunden habe.

[53] Diese wichtige Tatsache erfährt man im Artikel der ‚Welt‘ nicht (bestenfalls in den Kommentaren). – https://www.welt.de/vermischtes/kriminalitaet/article238453647/Berlin-Sechsfache-Mutter-auf-Strasse-erstochen.html, zuletzt aufgerufen am: 27.4.2024.

[54] https://www.tichyseinblick.de/daili-es-sentials/berlin-afghane-toetet-mutter-seiner-kinder-auf-offener-strasse/, zuletzt aufgerufen am: 7.4.2024.

[55] Dass dieser Mechanismus bereits existiert, ist keine freie Erfindung, dazu muss man nur die Kommentare zur jeweiligen nebulösen Berichterstattung im Internet lesen.

[56] https://www.radioessen.de/artikel/silvester-randale-in-essen-polizei-sucht-mit-fotos-nach-taetern-829245.html, zuletzt aufgerufen am: 27.4.2024.

einer antiisraelischen Demonstration von Palästinensern zusammengeschlagen und schwer verletzt wurde, vorgehalten, dass es einem Juden mit Davidsstern schon der ‚Common sense' verbieten sollte, sich auf einer Palästinenser-Demo zu zeigen.[57] Es ist keine linke Zeitung bekannt, die Walter Lübcke nach seiner Ermordung vorgeworfen hätte, dass es unklug von ihm gewesen wäre, diejenigen zur Auswanderung aufzufordern, die mit der offiziellen, auch von ihm vertretenen Asylpolitik nicht einverstanden sind, s. Kap. 13. Natürlich gehört diese Tatsache zur vollen Wahrheit, obwohl das keinesfalls die feige Mordtat rechtfertigt.

Auch im Fall der Erschießung eines 16-jährigen Migranten in Dortmund, der einen Polizisten mit einem Messer angegriffen hatte,[58] empört sich der Westfälische Anzeiger nicht über den Angreifer oder die praktisch täglich stattfindenden Messerattacken von Migranten, sondern nimmt die Polizei kritisch ins Visier (hätte man nicht wenigstens die Ergebnisse der Untersuchung abwarten können?). Ein Polizeiwissenschaftler bringt sogar Erwägungen ins Spiel, ob die Polizisten in solchen Fällen nicht besser Distanzstangen und Kettenhemden tragen sollten. – Leider sind heute die Präsentation falscher Täter und die vorschnelle Zuschreibung von Straftaten zum politischen Gegner ein gängiges Mittel der politischen ‚Meinungsbildung' geworden. Dieses Muster hatten wir nicht nur im Fall der bereits erwähnten Brandstiftungen in Chemnitz und Wächtersbach gesehen, wir finden es auch wieder im Fall des vorgetäuschten Brandanschlags in Witten.[59] Mittlerweile verstehen es offenbar auch migrantische Straftäter schon, die politischen Reflexe unserer Behörden auszunutzen, um den Verdacht auf ‚rechte Straftäter' zu lenken.

Zum Instrumentarium der Meinungsmanipulatoren gehört auch die Diffamierung jedes Kritikers und Mahners als ‚Verschwörungstheoretiker', ‚Nazi' oder Belegung desselben mit dem Verdikt ‚Rechtsextremist' (Beispiel: Diffamierung Sarrazins als rechtsextremer Autor oder als Rassist). Überhaupt kann man die ÖRM bzw. MSM trotz des Neutralitätsgebots ständig bei sprachlicher Diskreditierung oder sprachlichem Framing ertappen, s. Kap. 10. Die einseitige Berichterstattung und links-grün-orientierte Parteinahme dokumentiert sich im Fernsehen auch in der Präferenz der Einladungen zu Talkshows, was etwa im Missverhältnis zwischen der Vertretung der Parteien im Bundestag und der Teilnahmequote in Talkshows zum Ausdruck kommt. Die vom Cicero veröf-

---

[57] https://www.tagesspiegel.de/politik/mit-davidstern-in-der-palaestinenser-demo-nicht-alles-was-erlaubt-ist-ist-auch-klug/27242422.html, zuletzt aufgerufen am: 27.4.2024.

[58] https://www.wa.de/nordrhein-westfalen/polizist-schuss-16-jaehriger-kritik-polizei-dortmund-reul-ermittlungen-todesfall-waffe-maschinenpistole-einsatz-91717238.html, zuletzt aufgerufen am: 27.4.2024.

[59] https://jungefreiheit.de/politik/deutschland/2020/falsche-solidaritaet-und-falsche-verdaechtigungen/, zuletzt aufgerufen am: 21.3.2024.

fentlichte Kritik an den Medien ist m.E. voll zutreffend: „Die Medien zählen zum Machtkomplex, sind bestimmender Teil einer neuen gesellschaftlichen Elite, herangezüchtet an Universitäten, herangewachsen in NGOs, herangereift in den kulturellen Institutionen - auf Schritt und Tritt aus Steuergeldern alimentiert.“[60] Das ist das genaue Gegenteil von dem, was ÖRM und MSM sein sollten: ‚Die Vierte Gewalt‘. Diese Misere wird noch durch den bereits beschriebenen Qualitätsverlust des Journalismus verstärkt, wie auch die Berichterstattung über die Silvesterereignisse in Köln oder über den ‚Sturm auf den Reichstag‘ 2020 belegen, s. Kap. 13. Insbesondere die erstgenannte Fehlleistung stützt das Karl-Krauss-Zitat: „Die Prostitution des Leibes teilt mit dem Journalisten die Fähigkeit, nicht empfinden zu müssen, hat aber vor ihm die Fähigkeit voraus, empfinden zu können“.

Inzwischen werden von zwei Drittel der Bevölkerung die Rundfunkgebühren als Zwangsgebühren und die GEZ geradezu als Reizfigur der Zwangsvollstreckung empfunden, was durch die in Kap. 5 angeführten Korruptionsskandale und dreisten Bereicherungen von ÖRM-Intendantinnen noch verstärkt wird. Das Grundproblem besteht darin, dass sich viele Bürger von den MSM einseitig bzw. lückenhaft informiert oder sogar belogen fühlen (s. die zahlreichen bereits angeführten Fälle und Kap. 10). Ein nicht unerheblicher Teil der Bevölkerung (und zwar nicht nur die potentiellen AfD-Wähler, allein das betrifft heute schon mehr als jeden fünften Wahlberechtigten) fühlt sich aus dem öffentlichen Diskurs ausgegrenzt, und das alles muss er per Gesetz auch noch mitfinanzieren. So kann Demokratie nicht funktionieren. Ganz abgesehen davon, werden mit den von der GEZ erhobenen Rundfunk- und Fernsehgebühren unverantwortlich hohe Gehälter für die Intendanten der Sender und für Talkmaster*Innen bezahlt, für die objektive und sachliche Berichterstattung ein Fremdwort ist (von den unflätigen Beschimpfungen der Zuhörer/Zuschauer oder auch nicht-genehmer Politiker im In- und Ausland ganz zu schweigen), s. hierzu Kap. 2. – Diese unerträgliche Situation führte konsequenterweise dazu, dass Sachsen-Anhalt im Dezember 2020 die Verlängerung des Staatsvertrags zur Gebührenerhöhung für ÖRM ablehnte (was später dann auf Druck von außen zurückgenommen wurde). In Zeiten der Coronakrise, in denen viele Existenzsorgen hatten oder starke finanzielle Einbußen hinnehmen mussten, haben sich die regierungshörigen ÖRM-Sender noch mehr Geld gegönnt und ihren an sich schon überdimensionierten Finanzhaushalt weiter aufgebläht (allein das Gehalt des WDR-Intendanten in Höhe von 413.000 EURO/Jahr spricht Bän-

---

[60] https://www.cicero.de/innenpolitik/talkshows-oeffentlich-rechtlicher-rundfunk-ard-karl-lauterbach und im Kommentar: https://www.cicero.de/comment/276734#comment-276734, zuletzt aufgerufen am: 27.4.2024.

de).[61] Da wirkt die Behauptung der Ministerpräsidentin von Rheinland-Pfalz geradezu als Hohn, dass die Medien ohne Beitragserhöhung ihren „demokratischen Auftrag" angeblich nicht mehr erfüllen können (auf die simple Idee von Einsparungen, Straffung von Programmen, Abschaffung der überbordenden, einseitigen Talkshows, Zusammenlegen von ARD und ZDF oder auf ähnliche Maßnahmen scheint sie nicht zu kommen).[62]

Ausschlaggebend im Streit um die Rundfunkgebühr war letztlich ein diesbezügliches Urteil des BVG, wobei die Urteilsbegründung landesweit Befremden ausgelöst hat.[63] So sieht das Gericht zum einen die Rundfunkfreiheit in Gefahr, wenn die Gebühren nicht erhöht werden. Aber wieso sind völlig unangemessene Gehälter der Intendanten in Höhe von ca. einer halben Million und daraus resultierende immense Pensionsansprüche (um nur ein Beispiel zu nennen) für die Bewahrung der ‚Rundfunkfreiheit' erforderlich? Noch gravierender ist der andere realitätsferne Teil der Begründung, nämlich dass insbesondere durch die ÖRM im Zeitalter der Fakenews und Filterblasen die Aufgabe zu lösen sei „durch authentische, sorgfältige recherchierte Informationen, die Fakten und Meinungen auseinanderzuhalten, die Wirklichkeit nicht verzerrt darzustellen, [...] vielmehr ein Vielfalt sicherndes und Orientierungshilfe bietendes Gegengewicht zu bilden." Aber genau diese Aufgabe erfüllen die ÖRM nach Meinung vieler Bürger nicht.

Da wird zwar in der Tagesschau von der gewaltsamen Unterdrückung von Demonstrationen in Belarus, aber nicht vom brutalen Polizeieinsatz in Berlin berichtet (s. Kap. 12). Der DLF verkündet, das der ‚Tyrann' Putin die „Weltherrschaft" erobern wolle, was einfach Unsinn ist (erstens dürfte er nicht ‚tyrannischer' sein als Erdogan, und zweitens will er sicher nicht die ganze Welt beherrschen - das ehemalige Sowjetreich vielleicht schon). Wir erfahren zwar in ARD und ZDF etwas von Mordanschlägen auf russische Staatsbürger, aber nichts von solchen mörderischen Überfällen, wie den auf ein homosexuelles Touristen-Paar durch einen Asylanten in Dresden usw. (s. Kap. 8). Oder wie steht es mit der ‚vielfaltsichernden' Verpflichtung der ÖRM, wenn die größte Oppositionspartei im Osten, die selbst in Westdeutschland bei der letzten Wahl noch jeder Zehnte (und nach Umfragen bald jeder Vierte, in Ostdeutschland jeder Dritte) Bürger wählt, in Rundfunk und Fernsehen von wenigen Ausnahmen abgesehen praktisch vom öffentlichen Diskurs ausgeschlossen wird. Stattdes-

---

[61] https://de.statista.com/statistik/daten/studie/785812/umfrage/jahresgehaelter-der-ard-intendanten-derlandesrundfunkanstalten/, zuletzt aufgerufen am: 27.4.2024.

[62] https://www.bild.de/politik/inland/politik-inland/kommissions-chefin-dreyer-verteidigt-erhoehung-der-rundfunkgebuehren-70607024.bild.html, zuletzt aufgerufen am: 27.4.2024.

[63] https://www.bundesverfassungsgericht.de/SharedDocs/Pressemitteilungen/DE/2021/bvg21-069.html, zuletzt aufgerufen am: 27.4.2024.

sen werden noch die absurdesten Thesen des links-grünen Lagers auf und ab dekliniert und den Straftätern von der Letzten Generation ein Interview nach dem anderen gewährt. Selbst Sachsen-Anhalts Ministerpräsident hat im Zusammenhang mit der Erhöhung der Rundfunkgebühren, welche letztlich nur durch ein Urteil aus Karlsruhe durchgesetzt werden konnte, auf ein Demokratiedefizit hingewiesen.[64] Wie soll man auch einem normaldenkenden Bürger vermitteln, dass die Nichtzustimmung eines Parlaments zum ‚Medienänderungsstaatsvertrag' verfassungswidrig sei. Wenn nur die Zustimmung verfassungskonform ist, erhebt sich doch die Frage, warum sollte man denn das Parlament überhaupt abstimmen lassen.

Bedauerlicherweise ist die Beeinflussung und Manipulation von Wahlergebnissen inzwischen auf allen Ebenen der gesamten Republik (im Bund und auf Länder- oder Parteiebene) festzustellen, s. das Rückgängigmachen der Thüringenwahl in Kap. 1 oder das Wahldesaster in Berlin 2021, Kap. 5. Bei den Regionalkonferenzen zur Wahl des neuen CDU-Vorsitzes nach dem Rücktritt von Merkel lag zunächst Friedrich Merz in der Gunst der Basis der CDU-Mitglieder klar vorn. Bei der anschließenden Delegiertenkonferenz, wo sich alle drei Kandidaten für den Vorsitz noch einmal Fragen der Delegierten stellen konnten, waren ganze fünf Fragen zugelassen, die - wen wundert es? - alle an die Favoritin der Kanzlerin gerichtet waren (schon hieran konnte man die Regieführung im Hintergrund erkennen). Das Ergebnis: Die Vertraute der Kanzlerin wurde gewählt und erwies sich als völlig überfordert im neu gewonnenen Amt. Aber nicht genug mit dieser Überforderung, ihr wurde auch gleich noch das Verteidigungsministerium überantwortet, dem sie (ebenso wie ihre Vorgängerin im Amt) genauso wenig gewachsen war.[65] Bei der späteren Nominierung des Kanzlerkandidaten wiederholte sich das gleiche Spiel. Obwohl sich die Parteibasis der CDU für den Gegenkandidaten Merz stark gemacht hatte (und alle Umfragen auf ihn hinausliefen), setzte die Parteinomenklatur zunächst den weniger starken (und in Umfragen weit abgeschlagenen) Kandidaten Laschet durch, was diesem die boshafte Bezeichnung Merkel-2.0 einbrachte. Das war Politregie ‚vom feinsten', besser ‚vom kläglichsten', da auch letzterer dann krachend gescheitert ist.

Ähnlich wie Statistiken allgemein können auch demoskopisch ermittelte Daten zur Beeinflussung von Bürgern (insbesondere von deren Wahlverhalten) eingesetzt werden. Große Gefahren der Demoskopie bestehen u.a. darin, dass

---

[64] Genauer gesagt hat Haseloff etwas vorsichtiger von einem „Demokratieproblem" gesprochen. – https://www.faz.net/aktuell/feuilleton/medien/rundfunkbeitrag-urteil-haseloff-stellt-demokratie-problem-fest-17471618.html, zuletzt aufgerufen am: 24.1.2024.

[65] Es hat auch nicht lange gedauert, bis sie auch den CDU-Vorsitz wieder verlor, nur um es an einen weiteren Adlatus der Kanzlerin zu übergeben.

der Kreis der Befragten nicht repräsentativ ist, die Fragen bereits bestimmte Antworten suggerieren oder aus einer Momentaufnahme unzulässigerweise ein Trend abgeleitet wird.[66] In der zitierten Studie wird mit Recht moniert, dass zu beobachten sei, „wie eine von der ‚Demoskopie gesteuerte Politik‘ neue Probleme durch die Anpassung von Parteien an den ‚Mainstream‘ schafft, an Grenzen der Machbarkeit wichtiger Entscheidungen stößt und letztlich Vertrauen in die Gestaltungsfähigkeit des politischen Systems untergräbt.“ Das bedeutet, dass die Regierenden die Demoskopie durch geeignete Interpretation der Resultate einerseits als Machtmittel für sich einsetzen, aber andererseits selbst durch die Umfrageergebnisse gesteuert werden. Letztlich ist die unüberschaubare Fülle der demoskopischen Daten und deren unterschiedliche Interpretierbarkeit auch ein Faktor bei der Herausbildung der bereits erwähnten Filterblasen.

Auch die Tabuisierung von Themen (wie etwa die Untergrabung des Rechtsstaates, s. Kap. 12 und die nachweisbaren Impffolge-Schäden, s. Kap. 16) oder die Unterdrückung bzw. Diskreditierung von Meinungen und oppositionellen Auffassungen, wie die der AfD, gehören zur Meinungsmanipulation. Das gleiche gilt für das Schönreden von Fehlentscheidungen, wie die voreilige Abschaltung von Atomkraftwerken, s. Kap. 15, und die Zulassung einer unkontrollierten Einwanderung, s. Kap. 8. Intransparenz und Verheimlichung von Schwächen bei gleichzeitigem Versagen eines kritischen Journalismus sind jedoch der ideale Nährboden für Verschwörungstheorien[67] Sie können deshalb als eine Art ‚reaktiver‘ Meinungsmanipulation angesehen werden, die zwar nicht von den Regierenden ausgeht, sondern als Reaktion auf fehlende rationale Erklärungsansätze anzusehen ist. – Verschwörungstheorien kann man oft gar nicht den sowieso recht zweifelhaften Kategorien ‚Links‘ oder ‚Rechts‘ zuordnen. Vielfach werden auch vereinfachte oder gar skurrile Antworten auf offene Fragen im esoterischen und okkulten Gewand gesucht. Diffuse Angst vor Globalisierung, Undurchschaubarkeit der gesellschaftlichen und ökonomischen Prozesse führen dazu, dass die Bilderberger oder George Soros, Bill Gates usw. als globale Verschwörer gegen die Menschheit bzw. einzelne Nationen angesehen werden. Obwohl diese Vorstellungen in den meisten Fällen abzulehnen sind, gibt es doch einzelne Anlässe, die immer wieder Nahrung bieten, s. z.B. die Spekulationen von George Soros gegen ganze Volkswirtschaften bzw. nationale Währungen oder die Verflechtung von Bill Gates mit

---

[66] https://www.otto-brenner-stiftung.de/wissenschaftsportal/informationsseiten-zu-studien/studien-2018/demoskopie-medien-und-politik/, zuletzt aufgerufen am: 29.4.2024.

[67] Ein Musterbeispiel aus den USA war 1963 der Kennedymord, über dessen Hintergründe bis heute wilde Spekulationen kursieren, weil der amerikanischen Öffentlichkeit immer noch wichtige Informationen vorenthalten werden.

der Pharmaindustrie bei gleichzeitiger Propagierung der Impfpflicht, die einfach Tatsache sind, vgl. Kap. 15 bzw. Kap. 16.

Zum Instrumentarium der Meinungsmanipulation gehört auch die Hassrede und die Volksverhetzung. Diese werden nicht etwa nur von den extremen Rändern der Gesellschaft betrieben, sondern besonders vom ‚woken' Journalismus oder gar von Spitzenpolitikern. So ordnete etwa der früher einmal als seriöses Blatt geltende Spiegel die Politiker Wagenknecht und Chrupalla am „Narrensaum der Republik" ein,[68] Auch die Bezeichnung der Mitglieder einer im Bundestag immerhin mit über 10% vertretenen Oppositionspartei als „Gesindel" (Friedrich Merz) oder von Demonstranten als „Pack" (Sigmar Gabriel) sind nichts anderes als Hassrede. Auf den volksverhetzenden Vorschlag eines Grünen-Politikers, „Sachsen kontrolliert abbrennen zu lassen" werden wir in Kap. 13 noch zu sprechen kommen.

Ein besonderes Kapitel der Beeinflussung von Meinungen stellt der Missbrauch von Meinungsumfragen und Statistiken dar. Der Churchill zugeschriebene Satz: „Traue keiner Statistik, die Du nicht selbst gefälscht hast", sollte allerdings nicht so interpretiert werden, dass jemand hergeht und nachträglich ‚an sich sauber erhobene Daten' nach politischem Gutdünken verfälscht.[69] Das Problem beginnt meistens schon bei der Datenerfassung, die gelenkt wird, indem die dafür zutreffenden Richtlinien ‚geeignet' festgelegt werden, wie z.B. ob Straftaten links oder rechts einzuordnen sind oder ob sie überhaupt zur Anzeige kommen (s. hierzu Kap. 12 und 13). Zu den vielen Möglichkeiten, mithilfe von Statistiken die Meinung von Zielgruppen gezielt zu beeinflussen, gehört letztendlich auch die politisch oder am ökonomischen Nutzen orientierte einseitige Interpretation von statistischen Daten. Diese kann bekanntlich je nach Interessenlage sehr unterschiedlich ausfallen.[70] Hier hat die Politik inzwischen viel von der kommerziellen Beeinflussung von Kunden mit Statistiken und Umfragen gelernt.

Dementsprechend sind die Ergebnisse von Umfragen ebenfalls mit äußerster Vorsicht zu genießen, da sie schon mit denselben Problemen behaftet sind wie die erwähnte Interpretation von Statistiken. Das beginnt schon mit dem oft verwendeten Attribut ‚repräsentativ' für die Umfrage, das meist mehr verspricht als es hält. Bestenfalls ist die Auswahl der Befragten zufällig, wenn

---

[68] https://www.spiegel.de/politik/deutschland/energiekrise-drehen-wir-den-spiess-um-und-oeffnen-nord-stream-2-kolumne-a-f59e705d-5a9b-4457-aee0-ceceee6796cc, zuletzt aufgerufen am: 27.4.2024.

[69] Auch das ist schon vielfach vorgekommen, s. die Analysen der DDR-Oberen zu den Wahlen.

[70] https://de.statista.com/statistik/lexikon/definition/8/luegen_mit_statistiken/, zuletzt aufgerufen am: 27.4.2024.

sie nicht schon von vornherein durch gewisse Präferenzen geprägt ist.[71] Außerdem werden die Resultate bei einer Hochrechnung oft ‚sozialstrukturell gewichtet‘, was wiederum zu Verfälschungen führen kann. Überdies ist zu bedenken, dass die Befragten (etwa bezüglich ihres Wahlverhaltens) gar nicht die Wahrheit sagen müssen,[72] oder sie werden wie beispielsweise bei der Bewertung von Regierungshandlungen oder Qualitätseinschätzung von Produkten schon durch die Art der Fragen in die Richtung gedrängt, die für den Auftraggeber der Befragung günstig ist (sogenanntes ‚Nudging‘). Überspitzt ausgedrückt: „Frage Unsinn, und Du wirst unsinnige Antworten erhalten“. Eine große Gefahr bei der Wirkung von Statistiken und Umfragen besteht auch darin, dass dem Betrachter durch präzise Zahlen eine Exaktheit von Prognosen oder Bewertungen vorgetäuscht wird, die so gar nicht gegeben ist, s. hierzu auch [41].

Talkshows, die - wie wir bereits festgestellt hatten - eine politische Bildungsaufgabe erfüllen sollten, indem dort Meinungen aufeinanderprallen, aus denen sich der Zuschauer eine eigene Meinung bilden kann, sind klar ersichtlich zu einem Werkzeug der Meinungsmanipulation geworden. Das beginnt schon damit, dass dort aus Sicht des Mainstream unliebsame Teilnehmer gar nicht eingeladen werden (was man ‚Deplatforming‘ nennt, s. Kap. 6). Das sieht man schon an der Verteilung der Parteien bzw. Teilnehmer, die zu diesen Sendungen eingeladen werden.[73] So belegt die AfD auf der Liste der Eingeladenen regelmäßig hinter den im Parlament schwächer vertretenen Parteien FDP und Linken den letzten Platz. Aber auch sonst bestätigen sich die oft gleichen Proponenten (Kontrahenten findet man eher selten) nur zu oft und immer wieder in ihren gegenseitigen Auffassungen. Das Ganze wird flankiert durch eine einseitige Gästeauswahl mit stets den gleichen Gesichtern, die zudem oft genug völlig inkompetent auf dem jeweils behandelten Gebiet sind, und eine absolut intransparente Zusammensetzung des Studiopublikums (wie kommt letzteres überhaupt zustande?).

Selbst vor der Instrumentalisierung von Katastrophen bzw. von Attentaten und dem dadurch entstandenen Leid schrecken Politiker und Journalisten nicht zurück. So wurde zum Anheizen der Angst vor AKWs unmittelbar nach der Reaktorkatastrophe von Fukushima schon undifferenziert von bis zu 18.000 Toten als Folge derselben gesprochen, obwohl zu dieser Zeit die meisten Opfer durch den Tsunami und nicht durch das Reaktorunglück verursacht wurden. –

---

[71] Ganz abgesehen davon liegt die Zahl der Befragten meist nur in der Größenordnung von 1000 bis 2000.

[72] https://www.wahlrecht.de/lexikon/wahlumfragen.html, zuletzt aufgerufen am: 27.4.2024.

[73] https://www.welt.de/debatte/kommentare/article195772223/Oeffentlich-Rechtliche-Wie-ich-beim-Casting-fuer-die-Talkshow-durchfiel.html, zuletzt aufgerufen am: 27.4.2024.

Einer der Miteigentümer des Spiegel scheute sich nicht einmal, im Zusammenhang mit dem Hanau-Attentat seine politischen Feinde mit folgenden Worten dafür verantwortlich zu machen:[74] „Die Wegbereiter der Gewalt haben Namen und Adresse: Sarrazin, Broder, Tichy und andere, die die Verrohung des Diskurses vorangetrieben haben. Zuerst kommen die Worte, dann die Taten. Das ist bei den Rechtsterroristen so, wie bei den Islamisten".

Inzwischen reicht schon nicht mehr die Denunziation der lebenden Zeitgenossen. Nein, diese muss auch noch auf die Verstorbenen durch Denkmalsstürze oder ‚woke' Aktionen ausgedehnt werden. Insbesondere die Generation, die das ‚Dritte Reich' erlebt hat, ist eine Zielgruppe der links-grünen ‚Fehlerlosen'. Es ist kaum anzunehmen, dass es hier tatsächlich noch um die Aufarbeitung der immer wieder perpetuierten Schuld der Vorfahren geht. Das Anliegen ist vielmehr, die Schuldgefühle der Nachgeborenen durch die Meinungsführer aufrecht zu erhalten (fast wie die Erbsünde), um erstere manipulierbar und damit leichter regierbar zu machen.

Wenn man bedenkt, dass die große Mehrheit der Personen, die aktiv mit dem Naziregime in irgend einer Weise zusammengearbeitet haben, schon nicht mehr lebt, und kaum einer unserer heutigen Zeitgenossen 1945 dem Kindesalter entwachsen war, so ist dieses ‚Schüren der Schuld' doch kritisch zu hinterfragen. Obwohl wir dafür Verantwortung tragen und sehr aufpassen müssen, dass sich so etwas wie der deutsche Faschismus nicht wiederholt, so darf dies doch nicht mit genau den Methoden geschehen, die zur Naziherrschaft geführt haben und im ‚real existierenden Sozialismus' gang und gäbe waren. All dieses gesellschaftliche Denunziantentum, diese Verunglimpfung des politischen Gegners und die Unterdrückung der Meinungsfreiheit (s. Kap. 6), Sprachmanipulation (s. Kap. 10) und das ständige Umerziehen der Menschen nach einem ideologisch vorgeprägten Bild sind doch genau die ‚Kampfmittel' totalitärer Herrschaftsmechanismen, die man vorgibt, bekämpfen zu wollen (s. hierzu auch [3]).

Es muss in diesem Zusammenhang unbedingt auch auf die Überheblichkeit und Selbstgerechtigkeit der heutigen Ankläger der Bürger im Osten hingewiesen werden, die oft genug der Generation ‚Schneeflocke' angehören und keine Vorstellung davon haben, was es bedeutet, in einer Diktatur wie der DDR oder gar in einem totalitären Staat wie dem ‚Dritten Reich' den menschlichen Anstand zu bewahren. Ich bin überzeugt, dass viele dieser selbsternannten Tugendwächter (meist noch junge Leute, deren Kindheit maßgeblich durch den Ponyhof und die Urlaubsreisen mit den Eltern in den Süden, auf keinen Fall

---

[74] https://www.die-tagespost.de/kultur/medien/henryk-m-broder-die-pauschalisierung-der-schuld-art-205865, zuletzt aufgerufen am: 29.4.2024.

aber durch gegen sie selbst gerichtete politische Repression geprägt war), die ersten gewesen wären, die sich beim Blockwart angebiedert hätten. In einer beschädigten Demokratie und einem in weiten Teilen wehrlosen Rechtsstaat, wie dem unseren, gehört nicht einmal mehr viel Mut dazu, zum 1. Mai die Autos ganz normaler Bürger anzuzünden. In einer Diktatur kann es schon gefährlich werden, zum ‚Tag der Arbeit' als Einziger nicht die Fahne herauszuhängen.[75] – Wie recht hatte doch der italienische Kommunist Ignazio Silone gehabt, als er sinngemäß feststellte, dass sich der Faschismus von morgen nicht als solcher zu erkennen geben wird, sondern dass er im Gewand des Antifaschismus daherkommen wird.[76]

Wenn wir das in den letzten beiden Kapiteln Gesagte zusammennehmen und die Auswüchse von angemaßtem moralischen Rigorismus, verbunden mit Ausgrenzungen und gesellschaftlichen Verurteilungen betrachten, wird man unmittelbar an die religiösen Eiferer des Mittelalters oder etwas später in einem ganz konkreten, aber höchst symptomatischen Fall an die Hexenprozesse von Salem erinnert [75]. In der puritanisch geprägten Gesellschaft des ausgehenden 17. Jh. mit ihrer Erbsündelehre hatte sich in Massachusetts ebenfalls ein Klima der Angst, des sich gegenseitig Beobachtens und des Denunziantentums gebildet (dort war es insbesondere die Angst vor der Sünde und vor ‚Religious correctness', heute die vor der ‚Political correctness'). Es war nur eine Frage der Zeit, bis auf diesem Nährboden die ersten Hexen entdeckt wurden, wobei interessanterweise die Lunte durch ein paar wenige hysterische Teenager an das Pulverfass gelegt wurde.[77] Nach Starkey ist der ‚Drang nach Hexenjagden' heute durchaus nicht verschwunden. Der Bezug zum aktuellen

---

[75] Viele ehemalige DDR-Bürger können sicher mit einem gewissen Stolz sagen, dass sie unter persönlichem Einsatz (und manchmal sogar unter Gefahr, in den Knast zu wandern) versucht haben, dem zutiefst undemokratischen sozialistischen Regime Widerstand entgegenzusetzen. – Aber wie oft hatten selbst diese ein sehr schlechtes Gefühl, wenn sie sich vorwerfen mussten: „Hier hättest Du in einer Versammlung, oder in einer Diskussion nicht schweigen dürfen, sondern ‚Flagge zeigen' müssen." Ich möchte den sehen, der in einem totalitären Staat nicht hin und wieder sehr berechtigte Angst gehabt und deshalb auch in Situationen geschwiegen hat, wo er hätte laut protestieren müssen. Manche haben aber immer geschwiegen, ohne sich zu entblöden, den etwas Mutigeren dann, wenn die Gefahr vorbei war, hinter vorgehaltener Hand Beifall zu spendieren. So ist menschliches Verhalten eben in Diktaturen und in totalitären Systemen wie bei den wirklichen Nazis sowieso, wo Protest zu wagen, schon eine Frage von Leben oder Tod sein konnte. Unsere heutigen woken Bürger merken doch oft nicht einmal, wenn der Totalitarismus vor ihrer eigenen Haustür erscheint, oder wenn sie ihn selbst befördern.

[76] In Koestlers Buch „Ein Gott der keiner war" schildert Silone übrigens sehr einprägsam, welches Demokratieverständnis (übrigens auch bezüglich der ‚innerparteilichen Demokratie') linke Arbeiterführer, wie Ernst Thälmann, tatsächlich besaßen, s. hierzu [39].

[77] Starkey, loc. cit. S. 14/15, schreibt: „They were inflamed by the terror of Calvinism as their immature minds understood it.", und weiter: „Its flare-up of irrationality was to some extent a product of the ideological intensities which rent its age no less than they do ours".

Geschehen zeige sich deutlich durch „Ersetzen der mittelalterlichen Idee der ‚bösartigen Hexerei‘ durch moderne pseudowissenschaftliche Konzepte wie ‚Rasse‘, ‚Nationalität‘" usw.[78]

Wie wir in Kap. 2 gesehen hatten, hat sich für die selbsternannten ‚Goodies‘ (zu Deutsch: ‚Tugendbolde‘) der Begriff der ‚Gutmenschen‘ herausgebildet. Er wird deshalb von ersteren so vehement abgelehnt, weil er so charakteristisch wie entlarvend ist. Inzwischen hat sich auch in Deutschland wie auch in den USA ein solches Klima der Selbstgerechtigkeit, der Überwachung und des Tugendwächtertums herausgebildet, welches man sonst nur in islamischen Diktaturen findet (und dort natürlich anprangert). Wie treffend ist doch Nietzsches Ausspruch in Bezug auf die überheblichen ‚Guten‘ [56]: „Sie haben die Tugend jetzt ganz für sich in Pacht genommen" und sie sagen „wir allein sind die Guten, die Gerechten [...], wir allein sind die *homini bonae voluntatis*".

---

[78] Man kann ‚Rassismus‘, ‚Faschismus‘ oder beliebige andere moderne Kampfbegriffe und eben die Political correctness als Kennzeichen der Hexenjagden unserer Zeit nehmen. Und für die damals herrschende theologische Zwietracht steht heute ein ganzer Komplex sich gegenseitig bekriegender Ideologien.

Kapitel 8

Migrationsdilemma und Asylanten

Um keine Missverständnisse aufkommen zu lassen, möchte ich von vornherein feststellen, dass ich persönlich die Gewährung eines **Asylrechts mit Augenmaß** und eine Einwanderung von integrationswilligen und qualifizierten Fachkräften aus dem Ausland für sehr wünschenswert halte. Allerdings benötigen wir Facharbeiter und keine Einwanderer in die Sozialsysteme, wir brauchen Migranten, die unserer Kultur nicht feindlich, sondern aufgeschlossen gegenüber stehen, und wir brauchen Neubürger, die sich nicht in Parallelgesellschaften abkapseln, s. Kap. 12. Zum letzten Punkt gehört auch die Bereitschaft, die deutsche Sprache zu erlernen und sich überhaupt aktiv weiterzubilden. Die hierfür notwendigen Anstrengungen hat in erster Linie der Einwanderungswillige bzw. der Asylbewerber selbst zu erbringen, wobei der deutsche Staat diese nach Kräften unterstützen sollte. Es ist eine völlige Verkennung der Tatsachen, wenn die misslungene Integration vieler Migranten allein als Staatsversagen angesehen wird (das auch); die Misere ist vorwiegend auf die fehlende Integrationsbereitschaft eines großen Teils der Migranten zurückzuführen, die noch dazu durch unser Sozialsystem in Deutschland ohne jede eigene Anstrengung ihr Auskommen finden können.[1]

Die bei vielen fehlende Bereitschaft, sich aktiv in die aufnehmende Gesellschaft einbringen zu wollen, zeichnet einen großen Teil muslimischer Migranten aus, s. Kap. 11. Diese sorgen sogar dafür, dass schon deutsche Kinder in der Schule von türkisch-arabischen Kindern aus Glaubensgründen gemobbt werden.[2] Man ist eigentlich nur noch fassungslos, dass nach dem zitierten FAZ-Artikel dieses Integrationsproblem bereits 2012 (also noch vor der großen Einwanderungswelle 2015) bekannt war, ohne dass daraus die entsprechenden Schlussfolgerungen gezogen wurden. Damals wurde wenigstens noch darüber berichtet, während sich der Senat von Berlin auf eine Anfrage der AfD zum Thema „deutschfeindliches Mobbing an Schulen" vom 27.2.2020 (Druck-

---

[1] https://www.faz.net/aktuell/politik/inland/studie-zu-jungen-muslimen-mangelnde-integrationsbereitschaft-11668311.html, zuletzt aufgerufen am: 29.4.2024.
[2] https://www.morgenpost.de/berlin/article104718408/Wie-Migranten-deutsche-Kinder-mobben.html, zuletzt aufgerufen am: 23.3.2024.

sache Abgeordnetenhaus Berlin 18/22793) heute sogar weigert, den Begriff ‚Deutschfeindlichkeit' überhaupt zu verwenden. Stattdessen unterstellt er dem Antragsteller allein aufgrund von dessen Anfrage, „Staatsbürger mit einem *sogenannten* ‚Migrationshintergrund' als [...] Bürger zweiter Klasse darzustellen". Mit dieser Vogel-Strauß-Politik und der Unsagbarkeitserklärung für das Tatsächliche glaubt man in Berlin ernsthaft, das Problem aus der Welt geschafft zu haben.

Für ein unverkrampftes und selbstbewusstes, aber nicht von sozialromantischen Vorstellungen geleitetes Herangehen an das schwierige Problem der modernen Migrationsbewegungen unter gleichzeitiger Berücksichtigung humanitärer Gesichtspunkte scheint mir der von der Werteunion in ihrem Manifest verwendete Begriff des ‚weltoffenen Patriotismus' der geeignete Ansatzpunkt zu sein. Er hebt sich bei aller Identifikation mit der eigenen Nation einerseits vom Nationalismus ab (d.h. sowohl von der Selbstüberhöhung gegenüber anderen Völkern als auch einer Herabsetzung der letzteren), ist aber gleichzeitig offen für andere Menschen und deren Kulturen. Er unterscheidet sich andererseits auch klar vom Chauvinismus, der extremsten Form des Nationalismus, der andere Nationen als minderwertig oder im schlimmsten Fall sogar als vernichtenswert ansieht (wie zur Zeit der Naziherrschaft, als dieser Hass auf andere Nationen zusätzlich mit einem völkischen Rassismus verbunden war, s. Kap. 9). Erst eine selbstbewusste Haltung bei gleichzeitiger Empathie für die Not anderer, wie es eben ein weltoffener Patriotismus verlangt, schafft die Grundlage für das Finden der richtigen Mitte zwischen einer helfenden Aufnahmebereitschaft für politisch Verfolgte (wie es das Grundgesetz verlangt) und der klaren Ablehnung von Migranten, die unser Asylrecht missbrauchen. – Wer sein eigenes Vaterland nicht schätzt (wie unser derzeitiger Vizekanzler und seine Parteigenossen), der wird auch einem Asylmissbrauch nicht resolut entgegentreten, und er wird auch nicht wissen, wie denn eigentlich eine erfolgreiche Integration aussehen sollte. Er wird schon gar nicht begreifen, dass Hilfesuchende, die aus dem Ausland zu uns kommen, auch Pflichten haben und nicht (wie es inzwischen vielfach der Fall ist) den Staat, der sie aufnimmt und mit exorbitanten Sozialleistungen versorgt, mit Verachtung entgegentreten oder dessen Sozial- und Rechtssystem sogar bewusst zum Schaden der Gemeinschaft ausnutzen, s. hierzu [8], [62], [69].

Auf diesem Gebiet ist eine geradezu desolate und aus Sicht des Staatswohls selbstzerstörerische Haltung unserer links-grünen Politikerkaste zu beobachten. Einerseits möchte die Innenministerin möglichst noch mehr Flüchtlingen, wie etwa Ukrainern oder russischen Deserteuren (sogar ohne Prüfung des Fluchtgrunds und ohne Berücksichtigung der Aufnahmefähigkeit des Lan-

des) eine Zuwanderung ermöglichen. Auf der anderen Seite gab es ein bemerkenswert seltenes Statement des Vorsitzenden der Pseudo-Oppositionspartei
CDU zu einem missbräuchlichen ‚Sozialtourismus‘, das er aber unter dem
Druck des links-grünen Mainstreams eilig wieder zurücknahm (zugehörige
URL s. unten). Dabei ist der migrantische Missbrauch der deutschen Sozialsysteme und dieser zurecht so bezeichnete Sozialtourismus, der sich u.a. in
regelmäßigen Reisen (mitunter sogar zu Urlaubszwecken) ins Fluchtland manifestiert, für jedermann sichtbar (s. hierzu auch Kap. 12). Außerdem trifft man
in Deutschland immer mehr junge Männer aus der Ukraine, die sich etwa im
Schwimmbad oder beim Joggen durch gute Fitness hervorheben, sich aber offensichtlich in ihrer Heimat dem Wehrdienst entzogen haben (was bei der dort
herrschenden Korruption und den fehlenden Grenzkontrollen in Deutschland
gar nicht so schwer gewesen sein dürfte). Das ist besonders makaber vor dem
Hintergrund, dass Selenskyj die Bürger der westlichen Länder ständig in sehr
fordernder Weise zu immer größeren Anstrengungen bei der Verteidigung der
Ukraine aufruft (von den rüden Tönen seines ehemaligen Botschafters Melnyk
und mehr oder weniger offenen Bandera-Verehrers[3] gar nicht zu reden).

Für alle, die nicht bewusst die Augen verschließen, ist ein ausgesprochenes Missmanagement der Immigration und ein Versagen beim Umsetzen des
Asylrechts offensichtlich geworden. Das beginnt bereits mit der Außerkraft-
setzung des Dublin-Abkommens (s. hierzu Kap. 1) und endet mit einem nun
schon über viele Jahre erlebten Kontrollverlust bezüglich der Einwanderung.[4]
Hier hat man auch nichts aus den verheerenden Folgen der Grenzöffnung von
2015 gelernt; andernfalls hätte man im Fall der Ukraine-Flüchtlinge im Jahre
2022 nicht komplett auf Grenzkontrollen verzichtet. Dabei war selbst bei der
Flüchtlingswelle aus der Ukraine, wie bei vorhergehenden Einwanderungswellen auch, von vornherein klar, dass hier auch unberechtigt ‚Schutz Suchende‘,
Leute mit gefälschten oder ‚verlorengegangenen‘ (d.h. in den meisten Fällen
bewusst weggeworfenen) Pässen und auch Kriminelle ihre Chance Nutzen.[5]
Zudem scheinen die Behörden völlig überrascht zu sein, dass die sehr liberal

---

[3] https://www.zeit.de/politik/ausland/2022-07/polen-andrij-melnyk-stepan-bandera, zuletzt
aufgerufen am: 4.4.2024.

[4] Im Jahr 2023 hat die Zahl der Asylsuchenden sogar wieder einen Rekord erreicht.
https://www.stern.de/politik/deutschland/migration–die-herkunftslaender-der-asylbewerber-
in-deutschland-2023-33856496.html, zuletzt aufgerufen am: 24.1.2024.

[5] Im Fall der Ukraine-Flüchtlinge war der Grenzübertritt besonders leicht, da jeder ohne Vorprüfung ins Land gelassen wurde, egal ob er tatsächlich vor dem Krieg flüchten
musste oder nicht. Zur Berechtigung zur Flucht aus einem im Krieg befindlichen Land,
das aber zu etwa zwei Dritteln gar nicht unmittelbar von Kriegshandlungen betroffen
ist, s. Kap. 4. – https://www.bayerische-staatszeitung.de/staatszeitung/politik/detailansicht-
politik/artikel/gefaelschte-paesse-scharfe-kritik-am-bamf.html#topPosition, zuletzt aufgerufen am: 27.4.2024.

gehandhabten Einreisemöglichkeiten auch von Sinti- und Roma-Großfamilien genutzt werden.[6] Die Folgen - Überforderung der Sozialsysteme und Kranken-kassen, der Unterbringungsmöglichkeiten sowie zunehmende soziale Span-nungen durch Schaffung neuer Ungerechtigkeiten - sind deutlich sichtbar. Da kann es schon vorkommen, dass zwar Ukraine-Flüchtlinge (die mitunter recht wohlhabend sein können) ungehindert im Sozialkaufhaus einkaufen dürfen, aber eine deutsche Rentnerin, die nur knapp über der Bedürftigkeitsgrenze liegt, vom Einkauf ausgeschlossen wird.

Viele Bürger haben den Eindruck gewonnen, dass ihre Rechte geringer geachtet werden als diejenigen der Migranten, s. die Ereignisse in Bamberg, Mannheim und Suhl unten. Aber auch die Doppelstandards in der Rechtspre-chung über deutsche und migrantische Straftäter nähren diese Auffassung, s. Kap. 12. Das zeigt auch der Fall einer Gruppenvergewaltigung in Hamburg, bei der fast alle Täter (außer einem) lediglich Bewährungsstrafen erhielten.[7] Das geht sogar so weit, dass weibliche Badegäste deutsche Bäder meiden, weil sie von Migranten aus dem arabischen Raum belästigt werden, wenn sie Biki-ni tragen. In mehreren Fällen mussten sogar Bäder zeitweilig schließen, weil die Ordnungskräfte nicht in der Lage waren, Übergriffe von Ausländern zu verhindern und die Sicherheit in diesen öffentlichen Einrichtungen zu gewähr-leisten.[8] Schon diese wenigen und scheinbar peripheren Beispiele zeigen, dass viele Bürger meinen, im eigenen Hause nicht mehr sicher zu sein. Wir werden weiter unten auf noch viel gravierendere Fälle stoßen.

Einer der großen Fehler Angela Merkels war die eigenmächtige Öffnung der Grenzen 2015 unter Verletzung europäischer Abkommen (Dublin) bei gleichzeitigem Übergehen der Meinung eines großen Teils der Bevölkerung. Begleitet wurde diese Arroganz der Macht von einer Diffamierung derjenigen Länder, die sich dem deutschen Alleingang widersetzten und sich weigerten ihnen auferlegte Kontingente der von Deutschland herbeigerufenen Migran-ten aufzunehmen. Im Inneren wurden diejenigen, die sich gegen eine undif-ferenzierte Aufnahmebereitschaft ohne ausreichende Kontrolle wandten, als ‚Ausländerfeinde' diskreditiert. Wir sehen heute nach einer Vielzahl von durch Migranten verübten Messerattacken, Vergewaltigungen und politisch-religiös

---

[6] https://www.focus.de/politik/probleme-mit-grossfamilien-kleinstadt-aus-sinti-und-roma-wirbel-um-heim-fuer-ukraine-fluechtlinge-in-muenchen_id_80658952.html, zuletzt aufge-rufen am: 24.1.2024.

[7] https://jungefreiheit.de/politik/deutschland/2023/migranten-vergewaltigen-15jaehrige-und-kommen-fast-alle-mit-bewaehrung-davon/, zuletzt aufgerufen am: 29.4.2024.

[8] https://www.bz-berlin.de/berlin/steglitz-zehlendorf/massenschlaegerei-in-berliner-freibad-wie-kann-das-verhindert-werden und https://www.focus.de/politik/deutschland/nach-drohungen-gegen-badegaeste-nun-ermittelt-der-staatsschutz-in-xanten_id_5775196.html, zuletzt aufgerufen am: 27.4.2024.

motivierten Attentaten wie berechtigt diese Befürchtungen waren. – Ein wesentliches Hindernis für eine sachliche Herangehensweise war von vornherein die Emotionalisierung der Asylpolitik und der undifferenzierten Hilfe für Migranten mit einer blinden ‚Willkommenskultur'. Diese Irrationalität zeigte sich auch im Ignorieren oder gar Leugnen des Pull-Effekts, auf den wir gleich noch zu sprechen kommen werden.[9] Die Ignoranz der Moralisten und die Verketzerung derjenigen, die zu recht vor einer unkontrollierten Einwanderung gewarnt haben, wird uns noch teuer zu stehen kommen.

Durch die ausufernden Kosten sowie die immensen sozialen Folgen und Sicherheits-Probleme, die durch die unkontrollierte Einwanderung entstanden sind, ist unser Land auch in dieser Hinsicht gespalten. Da wirkt es wie ein Hohn und eine letzte Lüge, wenn die damals noch amtierende Kanzlerin im Jahr 2021 verkündete „Wir haben das geschafft", s. hierzu Kap. 1. Das ist Populismus pur, wir haben gar nichts geschafft. Nein, die Konsequenzen der falschen Asylpolitik wurden inzwischen für jeden sichtbar, zuletzt bei den Silvesterkrawallen in Berlin 2022 und bei den militanten Sympathiekundgebungen für die Hamas im Herbst 2023, s. Kap. 12. – Selbst aus Regierungskreisen waren frühzeitig kritische Stimmen zu hören, als Seehofer das Migrationsproblem zur „Mutter aller Probleme" erklärte. Noch 2015 kommentierte er berechtigterweise die Maßnahmen seines Vorgängers im Innenministerium und die Merkelsche Politik als „Herrschaft des Unrechts",[10] wovon dann aber bald nichts mehr zu hören war. Selbst sein „Masterplan Migration", den er 2018 (nun selbst Innenminister) vorlegte, war nichts als heiße Luft. Sogar die scheinbar einsichtige Äußerung der Bundeskanzlerin „2015 darf und wird sich nicht wiederholen!" kann nur als Eingeständnis des Versagens gegenüber der vollmundigen Ankündigung „Wir schaffen das!" angesehen werden. Dabei hatte sie erstaunlicherweise bereits vor 2015 schon einmal konstatiert, dass „Multi-Kulti gescheitert" sei.

Auch die Warnung vor der Entstehung von Parallelgesellschaften ist trotz solcher vorgeblichen ‚Einsichten' in den Wind geschlagen worden. Ja mehr noch, die Warner sind als ‚antimuslimische Rassisten' und ‚Ausländerfeinde' verunglimpft worden. Dabei manifestieren sich diese Parallelwelten heute nicht nur soziologisch, sondern auch in der Schattenökonomie von kriminellen Clans (auf die Clans und die von ihnen aufgebauten parallelen Rechtssysteme werden wir in Kap. 12 noch genauer eingehen). Alles in allem kann die Asyl- und Ausländerpolitik nur als ein einziges Versagen angesehen werden

---

[9] Es ist überhaupt nicht einzuschätzen, welche Wirkung allein das bekannte Selfie der Kanzlerin mit einem Asylbewerber in dessen Heimat erzielt haben wird.

[10] https://www.zeit.de/politik/deutschland/2016-02/csu-horst-seehofer-bahnunglueck-fluechtlingspolitik, zuletzt aufgerufen am: 27.4.2024.

(s. hierzu auch Kap. 16), während die gegenteiligen Behauptungen billiger Populismus sind. Vor diesem Hintergrund ist es unfassbar, dass die links-grünen Politiker heute noch offene Grenzen fordern, obwohl der Flüchtlingsstrom inzwischen noch stärker als 2015 geworden ist, so dass der vorgespielte Optimismus selbst von Tageszeitungen, die nicht der Rechtslastigkeit verdächtigt werden, als „Augenwischerei" bezeichnet wird.[11]

Es ist unglaublich, zu welchen Ergebnissen Sozial-, *Wissenschaftler*' im Zusammenhang mit dem Migrationsgeschehen kommen. In einer vom Bundesamt für Migration und Flüchtlinge (BAMF) initiierten Studie [72], in der die Einflussfaktoren ‚erforscht' werden sollten, weshalb sich Migranten Deutschland als Zielland aussuchen, schlussfolgert die Autorin: „dass die [sozialen] Transferleistungen keine signifikante Rolle spielen". Es dürfte auch ohne langwierige Forschung klar sein, dass dies nicht stimmt. - Warum bleiben die Asylbewerber nicht in den südlichen Ländern, die ihnen doch klimatisch viel angenehmer sein müssten? Warum wollen sie unbedingt in das kalte, unwirtliche und mit ‚Ausländerfeinden' übersäte Deutschland oder nach Schweden? Fast zaghaft konzediert die Autorin der Studie etwas später dann doch noch: „Immerhin gibt es Hinweise [sic!], dass die Wohlfahrtssysteme in den Zielländern zumindest wahrgenommen werden". Unglaublich, und das hat sie durch intensive Forschungsarbeit herausgefunden? Dabei hätte ihr jeder ehemalige DDR-Bürger in zwei Stunden ohne den Verbrauch von Fördergeldern erklären können, welch starker Pull-Effekt durch ein hohes sozialökonomisches Gefälle bei Auswanderungswilligen ausgelöst wird.[12]

Am Vorhergesagten wird deutlich, welch traurige Rolle insbesondere die Geisteswissenschaften und deren Repräsentanten in vielen Fällen für die Untermauerung der Regierungspolitik und Mainstream-Ideologie spielen. Dafür hat sich bereits ein sehr treffender Begriff herausgebildet; man nennt so etwas ‚Junk science'. Insbesondere die von den Mitarbeitern des BAMF erstellten Videos können als regelrechte Werbefilme für Asylanten angesehen werden.[13] Obwohl man annehmen sollte, dass der Staat aus der Vergangenheit seine Lehren gezogen hat, wiederholt sich dies mit Beginn des Ukraine-Konflikts erneut. Auch die im Jahr 2022 wieder verstärkt auf der Balkanroute einströmenden Flüchtlinge wollen nach Deutschland. Bei ihnen hat sich die

---

[11] https://www.berliner-zeitung.de/politik-gesellschaft/es-kommen-mehr-migranten-nach-deutschland-das-zu-steuern-wird-niemandem-gelingen-li.281834, zuletzt aufgerufen am: 27.4.2024.

[12] Und dabei war das Gefälle zwischen Ost- und Westdeutschland im Vergleich zu heutigen Migrationsbewegungen von Afrika oder Afghanistan nach Deutschland oder auch von mittelamerikanischen Staaten in die USA noch relativ gering.

[13] https://www.welt.de/politik/deutschland/article145792553/Der-Werbefilm-fuer-das-gelobte-Asylland-Germany.html, zuletzt aufgerufen am: 27.4.2024.

Erfahrung verfestigt: Irgendwie kommen wir ‚ins gelobte Land', und wenn wir einmal dort sind, wird uns kaum einer mehr abschieben.[14] – Dabei wirken trotz der gegenteiligen Beteuerungen von Politik und staatstreuen Sozialwissenschaftlern die für alle offen stehenden deutschen Sozialsysteme und andere Vergünstigungen für Asylbewerber weiterhin als regelrechter Magnet.[15] Es ist doch alarmierend, wenn schon führende Politiker von ‚Sozialtourismus' (CDU-Vorsitzender Merz[16]) bzw. ‚Asyltourismus' sprechen (Innenminister des Landes Brandenburg[17]), mit den entsprechenden Folgen, s.u.

Auf völliges Unverständnis in großen Teilen der Bevölkerung trifft die unglaubliche Nachgiebigkeit gegenüber den nicht selten anmaßenden Forderungen von Asylanten bzw. die Milde und Nachsicht bei Straftaten von Migranten. So war im Falle des Attentats im ICE von Passau nach Hamburg mit vielen Opfern schnell ein Gutachter bei der Hand, der dem Täter ‚Schuldunfähigkeit' bescheinigte, ohne weitere Untersuchungen abzuwarten.[18] Vorsorglich hatte letzterer nach der blutigen Messerattacke sofort ausgerufen „Ich bin krank, ich brauche Hilfe", das klingt ja nach richtig guter Vorbereitung. Obwohl sich die Schuldunfähigkeit des Täters nicht erhärten ließ (es wurden sieben Fachgutachter herangezogen!), und sogar viele Indizien auf einen islamistischen Hintergrund deuteten, hat die Öffentlichkeit von der weiteren Entwicklung kaum mehr Kenntnis genommen. Zu welcher Blindheit die Politik hinsichtlich des von Migranten ausgehenden Gefährdungspotentials fähig ist, zeigt die Tatsache, dass viele der Straftäter aus diesem Kreis gefährliche Mehrfachtäter sind (mit zum Teil bis zu 40 Vorstrafen), die - wie im Fall Anis Amri, s.u., oder des ‚Königs von Bautzen'[19] - schon längst hätten abgeschoben werden müssen. In vielen Fällen werden selbst erschreckende Straftaten, wie die des somalischen

---

[14] https://jungefreiheit.de/politik/ausland/2022/migration-ueber-serbien/, zuletzt aufgerufen am: 27.4.2024.

[15] Der DLF berichtete am 17.10.2022 in der Morgensendung, dass für Ukraine-Flüchtlinge (die ja sehr häufig mit Auto eingereist sind) sogar die obligatorische Fahrzeug-Haftpflicht übernommen wurde.

[16] https://taz.de/Merz-unterstellt-Sozialtourismus/!5880211/, zuletzt aufgerufen am: 27.4.2024.

[17] https://www.rbb24.de/politik/beitrag/2022/10/stuebgen-asyltourismus-balkanroute-gefluechtete-linke.html, zuletzt aufgerufen am: 27.4.2024.

[18] https://www.merkur.de/welt/ice-messerattacke-ermittlungen-koennen-wochen-dauern-zr-91101235.html – Man vergleiche damit etwa den riesigen Propagandaeinsatz im Fall des eindeutig schizophrenen Attentäters von Hanau, den man noch ein Jahr nach der Tat unter persönlichem Einsatz des Bundespräsidenten für den ‚Kampf gegen Rechts' instrumentalisiert hat, s. hierzu Kap. 7 und 13, zuletzt aufgerufen am: 27.4.2024.

[19] https://www.bild.de/regional/dresden/dresden-aktuell/king-abode-wieder-bewaehrung-fuer-krawall-fluechtling-aus-sachsen-65655630.bild.html, zuletzt aufgerufen am: 24.7.2024.

Messermörders in Ludwigshafen von der Politik oder den Fernsehnachrichten einfach mit Schweigen übergangen.[20]

Besondere Probleme bestehen naturgemäß bei der Integration von Migranten aus völlig fremden Kulturkreisen, vor allem aus der islamischen Welt. Das liegt schon am Ausschließlichkeitsanspruch der mitgebrachten Religion, der eine moralische Rechtfertigung der Bekämpfung der ‚Kuffar‘ (d.h. der Ungläubigen) oder zumindest ihre Verachtung mit sich bringt.[21] Das geht so weit, dass islamische Extremisten glauben, aus dem Koran heraus terroristische Angriffe auf die westlichen Gastländer rechtfertigen zu können, ohne sich zu scheuen, deren Sozialleistungen in Anspruch zu nehmen.[22] Oder man beruft sich auf die Religion, wenn man der Scharia auch im Gastland einen höheren Rang einräumt als der dort geltenden Verfassung, s. Kap. 12.

Eine Schwierigkeit bezüglich der illegalen Einwanderung besteht darin, dass es nur schwer möglich ist, abgelehnte Asylbewerber in ihre Heimatländer zurückzuführen. Oft genug gelingt es nicht einmal, das Herkunftsland zu ermitteln, da den Behörden falsche Auskünfte gegeben werden oder die Pässe angeblich verloren gegangen seien (merkwürdigerweise aber nicht das Handy). – Selbst bei Asylanten mit Dutzenden von Straftaten ist eine Abschiebung kaum oder nur unter äußerst erschwerten Bedingungen möglich (s.u.). Und das wissen diese Leute ganz genau, was dazu führt, dass sie den deutschen Rechtsstaat verlachen und immer dreister werden. Bezeichnenderweise nannte sich der oben erwähnte König von Bautzen selbst ‚King Abode‘ (was soviel heißt wie ‚König Aufenthalt‘).[23] Aber selbst diejenigen, die einen Rechtsanspruch auf Asyl haben, wissen es dem aufnehmenden Staat oft nicht zu danken, da sie ihre Wertevorstellungen und ihre Religion für die besseren halten. Sogar unser einst hochgeachtetes Rechtssystem wird, wie wir in Kap. 12 noch genauer belegen werden, vor allem von muslimischen Einwanderern nicht akzeptiert oder sogar bewusst unterwandert.

Es ist geradezu paradox, dass insbesondere links-grüne Parteien, die angeblich so engagiert für die Frauenrechte kämpfen (s. Kap. 9), einer weitgehend uneingeschränkten Einwanderung das Wort reden, oder - wie in Berlin - möglichst auch noch eine Quote für Migranten im öffentlichen Dienst einführen

---

[20] Und diejenigen, die darüber berichten, werden verteufelt. – https://www.tichyseinblick.de/daili-es-sentials/somalier-ludwigshafen/, zuletzt aufgerufen am: 27.4.2024.

[21] Übrigens ist das ein ganz wesentlicher Unterschied zur Integration von Flüchtlingen aus uns verwandten Kulturen, etwa aus der Ukraine.

[22] Wobei sie sich u.a. auf Sure 47, 4-6 oder Sure 3, 169 stützen.

[23] https://www.tag24.de/justiz/gerichtsprozesse-dresden/alter-fall-neu-aufgerollt-king-abode-mal-wieder-vor-gericht-2058340 – Nicht umsonst wird die Situation im Web so karikiert: „In Deutschland musst Du nur das Wort Asyl aussprechen können, damit Du dieses Recht letztlich auch gewährt bekommst.", zuletzt aufgerufen am: 27.4.2024.

möchten.[24] Dabei müsste doch jedem bekannt sein, dass es besonders in den islamischen Ländern um die Frauenrechte nicht sehr gut bestellt ist, wie zuletzt wieder die entsprechenden Proteste im Iran im Herbst 2022 gezeigt haben.[25] Beschämend, dass unsere ‚feministische' Außenministerin zu allem Überfluss noch völlig unpassend festgestellt hat, dass dies nichts mit Religion zu tun habe. Überhaupt sind immer wieder doppelte Maßstäbe und eine Doppelmoral des politischen Mainstreams zu beobachten, wenn es um die Beurteilung autochthoner und migrantischer Handlungen bzw. Haltungen in Bezug auf Frauenrechte, Diskriminierung von Homosexuellen usw. geht.

Durch den Import patriarchalischer Strukturen, begleitet von einer Überbetonung der ‚Familienehre', kommt es immer wieder in den Aufnahmeländern zu frauenfeindlichen Übergriffen (wie Zwangsverheiratungen oder gar zu Ehrenmorden). Familie bzw. Clan haben eben in orientalischen oder muslimischen Kulturkreisen die entscheidende Bedeutung, nicht (bei Emigration) das Wertesystem des Ziellandes. Das heißt, der Gruppendruck innerhalb dieser engen familiären Gemeinschaften hat eine stärkere Wirkung als die Gesetze des aufnehmenden Staates. Selbst bei der Abwehr einer Ordnungsstrafe wegen Falschparkens treten sofort Dutzende von Familienmitgliedern und Freunden auf, die in vielen Fällen sogar die Polizei angreifen, s. Kap. 12. Ähnliche Übergriffe werden aus Krankenhäusern und deren Notaufnahmen berichtet.[26] Bemerkenswert ist, dass es in diesem Zusammenhang nur selten Informationen über den prozentualen Anteil von Tätern mit migrantischem Hintergrund gibt. Wenn es offizielle Verlautbarungen zu diesem Thema gibt, dann dürften auch diese nicht unbedingt die volle Wahrheit erschließen. So, wenn es im Bericht des Bundestages über Gewaltkriminalität 2021 heißt:[27] „Die Zahl der Tatverdächtigen lag im vergangenen Jahr den Angaben zufolge bei 153.770. Darunter befanden sich laut Vorlage 95.817 deutsche und 57.935 nichtdeutsche Tatverdächtige", so weiß man immer noch nicht, wieviele Migranten mit deutschem Pass unter die erstgenannte Gruppe gezählt werden. Immerhin kann man aber aus diesen Zahlen den überproportionalen Anteil von ca. 38% nichtdeutschen Tatverdächtigen herauslesen (was bei ca. 13.7% Anteil an der Gesamtbevölke-

---

[24] https://jungefreiheit.de/politik/deutschland/2021/migrantenquote-senat/, zuletzt aufgerufen am: 27.4.2024.

[25] https://www.merkur.de/politik/iran-proteste-news-aktuell-mahsa-amini-kopftuch-pflicht-sittenpolizei-chamenei-demonstration-regime-zr-91863598.html, zuletzt aufgerufen am: 27.4.2024.

[26] https://www.faz.net/aktuell/politik/inland/duesseldorf-arabischer-clan-stuermt-die-notaufnahme-16503716.html, zuletzt aufgerufen am: 11.6.2024.

[27] https://www.bundestag.de/presse/hib/kurzmeldungen-905456 – s. auch: https://www.bka.de/DE/AktuelleInformationen/Publikationen/BKA-Herbsttagungen/2023/Gewaltkriminlitaet/Gewaltkriminalitaet.html, zuletzt aufgerufen am: 27.4.2024.

rung eben diese erhöhte Kriminalitätsrate ausweist). Manches kann man auch nur indirekt aus verschämten Andeutungen schließen, etwa der Art: Bei 37,7% von Verletzten gab es „Verständigungsprobleme", wie in diesem Zusammenhang im Ärzteblatt vom 23.1.2019 mitgeteilt wurde.

Wie mühsam die Integration strengläubiger Moslems werden wird (wenn sie denn überhaupt gelingen kann), sieht man schon daran, welche erheblichen kulturellen Schwierigkeiten sogar aufgeschlossene und integrationswillige Frauen haben, die ihren eigenen Weg im aufnehmenden Gastland gehen wollen, wie das Halima Alalyan in ihrem Buch eindrucksvoll beschreibt [1]. Auch die offensichtlichen Defizite bei der Integration und Integrationsbereitschaft von muslimischen Kindern in unseren Schulen sowie der importierte Judenhass lassen nichts Gutes für die Zukunft erahnen. Da berichten beispielsweise Lehrer aus sogenannten ‚Willkommensklassen' von Frauenverachtung und Israelhass, die unter den Schülern grassieren.[28]. Von anderen Problemen, wie mangelnder Lernbereitschaft und fehlender Unterstützung durch die Eltern der Schüler, Verachtung für die als ‚Kartoffeln' beschimpften deutschen Mitschüler bis hin zu Aggression und Gewalt gegen ‚Kuffar' ganz zu schweigen. Das Alles ist umso bedrückender, als sich seit dem aufrüttelnden Hilferuf der Rütlischule[29] vom Februar 2006 im Grunde genommen nichts geändert hat.

Um dem Vorwurf der Ausländerfeindlichkeit gegenüber Kritikern dieser Zustände vorzubeugen, sei an folgendes erinnert. Auch die Einwanderer aus der ehemaligen Sowjetunion (die sogenannten Kontingentflüchtlinge) brachten Schwierigkeiten mit sich und hatten es selbst nicht leicht bei der Integration.[30] Aber zu keiner Zeit hat es deshalb gravierende gesellschaftliche Verwerfungen, massive schulische Probleme oder gar antijüdische Ausschreitungen gegeben, wie sie aufgrund der arabisch-muslimischen Immigration festzustellen sind. Niemand konnte damals eine ungewöhnliche Zunahme von Gewaltkriminalität, Messerstechereien, Angriffen auf Homosexuelle usw. beobachten. Ohne Zweifel wird man sagen können, dass diese Gruppe von Einwanderern aus der ehemaligen Sowjetunion langfristig keine Belastung für die aufnehmende Gesellschaft darstellen werden (Ähnliches wird man den vietnamesischen Migranten bescheinigen können).

Eine Sonderrolle spielen die türkischstämmigen Migranten in Deutschland, wobei auch hier eine gewisse Ambivalenz zu verzeichnen ist. Einerseits haben

---

[28] https://www.tichyseinblick.de/meinungen/israelhass-frauenverachtung-willkommensklassen-eine-lehrerin-erzaehlt/, zuletzt aufgerufen am: 27.4.2024.

[29] https://www.spiegel.de/lebenundlernen/schule/dokumentiert-notruf-der-ruetli-schule-a-408803.html, zuletzt aufgerufen am: 27.4.2024.

[30] https://taz.de/Juedische-Kontingentfluechtlinge/!5727852/, zuletzt aufgerufen am: 27.4.2024.

sie als willkommene Gastarbeiter mitgeholfen, Deutschland nach dem Krieg wieder aufzubauen, sie sind teilweise sehr gut integriert und haben einen nicht unerheblichen Anteil am sogenannten Wirtschaftswunder.[31] Andererseits ist insbesondere seit der Herrschaft Erdogans in der Türkei ein starker osmanisch orientierter Chauvinismus nach Deutschland exportiert worden (Graue Wölfe, DITIB als verlängerter Arm Erdogans usw.), und der türkisch-kurdische Konflikt wurde in unser Land getragen. Vor allem die Grauen Wölfe sind als faschistoide Organisation einzustufen, wie sich an ihrer Leugnung des Genozids an den Armeniern zeigt, die man durchaus mit der Holocaust-Leugnung in extrem rechten Kreisen in Deutschland vergleichen kann.

Ein besonderes Problem stellen Asylbewerber und andere (auch innereuropäische) Migranten dar, die in vielen EU-Ländern in den Niedriglohnsektor drängen und dort zu Dumpinglöhnen arbeiten. Dadurch wird nicht nur das Lohngefüge zerstört, sondern auch die frühere Solidarität zwischen den Arbeitern, wie sie in der Gewerkschaftsbewegung zum Ausdruck kam, untergraben, s. Kap. 15. Bedrückend ist aber auch zu sehen, in welcher Weise von vielen Migranten die ihnen in Deutschland gewährte Gastfreundschaft missbraucht oder gar verachtet wird. Das zeigt sich demonstrativ in Porsche-Autos fahrenden Hartz-IV-Empfängern (jetzt Bürgergeldempfängern) aus kriminellen Clans, s. Kap. 12, und drückt sich in einer teilweise unverfrorenen Anspruchshaltung gegenüber dem aufnehmenden Gastland aus. Letzteres trifft leider auch auf manche der angeblich aus Kriegsnot geflüchteten Ukrainer zu.[32]

Der Laissez-faire-Stil unserer Politiker gegenüber diesem Asylmissbrauch führt nicht nur zu einer Überlastung unserer Sozialsysteme, sondern auch zu einem Gefühl der geduldeten Ungerechtigkeit. Und damit verbunden ist gleichzeitig eine Erosion des Vertrauens in die Regierung, die Asylkrise zu bewältigen. Auch mehren sich immer stärker Erlebnisse im persönlichen Umfeld, wo sportliche und durchaus wohlhabend aussehende ukrainische Männer mit ihrer Partnerin in der Öffentlichkeit zu sehen sind. Es hilft auch nicht, das Wort ‚Asyltourismus' aus dem Diskurs zu verbannen,[33] um solche Erscheinungen aus der Wirklichkeit zu verdrängen wie Urlaubsreisen oder kommerziell motivierte Reisen von ‚Flüchtlingen' in ihre Heimatländer und zurück. Als Friedrich Merz, der zahnlose Oppositionsführer der CDU, in diesem Zusammen-

---

[31] https://www.bpb.de/themen/europa/tuerkei/184981/die-anwerbung-tuerkischer-arbeitnehmer-und-ihre-folgen/, zuletzt aufgerufen am: 27.4.2024.

[32] https://www.mdr.de/nachrichten/thueringen/mitte-thueringen/weimar/tafel-fluechtlinge-ukraine-100.html , zuletzt aufgerufen am: 27.4.2024.

[33] https://www.welt.de/regionales/bayern/article178969630/Asyltourismus-Soeder-verteidigt-Begriff.html, zuletzt aufgerufen am: 27.4.2024.

hang mit Recht das oben zitierte Wort vom „Sozialtourismus" gebrauchte,[34] erntete er einen Shitstorm von Links-Grün, was ihn sofort reumütig zu einer Entschuldigung trieb (in dem weiter oben zitierten TAZ-Artikel zum Thema wurde er sogar als „Brandbeschleuniger" tituliert).

Übrigens ist interessant, in welcher Weise seine Aussage über eigentlich Offensichtliches ‚widerlegt' wurde (s. den soeben zitierten Zeitungs-Artikel): „BILD fragte beim Arbeits- und Sozialministerium (BMAS) und der Bundesagentur für Arbeit (BA) nach. Klare Antwort: Weder dem OMAS noch der BA liegen Erkenntnisse zu dem angeblichen ‚Sozialtourismus der Ukrainer' vor". Na, diese Art von ‚Widerlegung' ist doch völlig überzeugend! Warum, schickt die BILD-Zeitung nicht einfach ein paar Reporter an die Grenzen, um das Geschehen dort selbst aufzuklären. Genauso sind Bürger der Lüge bezichtigt worden, die über die Fahnenflucht ukrainischer Männer im wehrfähigen Alter berichteten, was doch jedem aufmerksamen Bürger in unserem Land auffallen müsste. Inzwischen ist selbst in offiziellen Statistiken von EUROSTAT nachzulesen, dass es allein in Europa über 650.000 desertierte Ukrainer gibt, und viele weitere mussten an der Fahnenflucht gehindert werden.[35] Außerdem war Selenskyi gezwungen, alle Chefs der Regionalkommandos für Rekrutierung wegen Korruption zu entlassen.[36] Kein Wunder, dass sich viele Bürger fragen, warum wir ein solches Land bedingungslos unterstützen sollten (ganz abgesehen davon, dass sich unser würdeloser Bundeskanzler für unsere uneigennützige Hilfe vom ehemaligen Botschafter der Ukraine auch noch ohne adäquate Gegenreaktion als „beleidigte Leberwurst" beschimpfen lässt).[37]

Auch Wanderbewegungen innerhalb der EU-Staaten in Richtung solcher Länder, die bessere Sozialleistungen bieten, sind bereits zur Normalität geworden. Das trifft besonders häufig auf Sinti und Roma aus den Balkanstaaten zu, für die das Sozialsystem in Deutschland und die Freizügigkeit bezüglich Wahl des Wohnsitzes geradezu eine Einladung darstellen. Dabei spielen die Ausnutzung dieser Möglichkeiten und der Aufbau von Scheinselbständigkeiten für dubiose Geschäfte oder gar für kriminelle Aktivitäten eine nicht zu unterschätzende Rolle, wobei die Behörden diesem Sozialmissbrauch ziemlich

---

[34] https://www.bild.de/politik/ausland/politik-ausland/wirbel-um-merz-satz-gibt-es-wirklich-sozialtourismus-von-ukrainern-81454300.bild.html, zuletzt aufgerufen am: 29.4.2024.

[35] https://exxpress.at/eurostat-zahlen-650-000-wehrfaehige-ukrainer-fluechteten-in-die-eu/ https://www.rnd.de/politik/ukraine-krieg-20-000-ukrainer-im-wehrpflichtigen-alter-laut-kiew-an-flucht-gehindert-47RPAFITHFOCFLHICFQKLOA65E.html, zuletzt aufgerufen am: 23.3.2024.

[36] https://www.focus.de/politik/ausland/ukraine-krise/xx_id_201480052.html, zuletzt aufgerufen am: 23.3.2024.

[37] https://www.zeit.de/politik/deutschland/2022-05/kiew-besuch-olaf-scholz-absage-reaktionen-andrij-melnyk-botschafter-andrij-melnyk, zuletzt aufgerufen am: 29.4.2024.

ratlos gegenüber stehen.[38] Darüber hinaus generieren die voraussetzungslose Aufnahme ukrainischer Flüchtlinge und deren fast ungehinderte Einreise nach Deutschland neue Verwerfungen, da keiner mehr den Überblick besitzt, wer denn eigentlich zu uns kommt, was übrigens sogar zu Problemen in den Asylunterkünften führt.[39] Es hilft niemandem, die Augen vor diesen Missständen zu verschließen oder diese gar zu tabuisieren. Da ist der Versuch des Zentralrats der Sinti und Roma in Deutschland selbst für seine eigene Klientel (wer ist das überhaupt?) kontraproduktiv und völlig fehl am Platze, jede Kritik an dieser Volksgruppe als ‚Rassismus‘ oder - wie andere sagen - als ‚Antiziganismus‘ zu diskreditieren.[40] Noch bedenklicher sind die durchsichtigen Versuche des Cicero ein gängiges Stereotyp zumindest partiell mit den Worten zu durchbrechen: „Roma kommen aus Rumänien, leben vom Betteln oder Stehlen und im besten Fall musizieren sie. Was in der Diskussion um den täglichen Umgang mit Roma und Sinti häufig jedoch vergessen wird: Sie sind auch Holocaustopfer".[41] Das klingt ja fast wie eine Rechtfertigung für die Kriminalität von Leuten, deren Großeltern von den Verbrechen der Nazis betroffen waren. Nein, damit können weder heute lebende Diebe und Sozialbetrüger exkulpiert werden, noch heute lebende Deutsche, die nichts mit den Nazis zu tun hatten, zu größerer Nachsicht gegenüber Straftaten einer bestimmten Volksgruppe genötigt werden (s. auch Kap. 12).

Zu welchen Verdrehungen der Wahrheit unsere Mainstream-Medien fähig sind, zeigt die ZEIT. Sie brachte sogar ungeachtet aller sogar behördlich bestätigten Tatsachen einen Artikel mit dem Titel: „Die *Mär* von den Roma-Clans" (ohne Apostrophe oder Fragezeichen!).[42] Man vergleiche etwa die unzulässig generalisierende Aussage der ZEIT aus dem zitierten Artikel: „Für Sozialforscher ist die Vorstellung von großen kriminellen Roma-Clans eine gesellschaftliche Phantasie" mit den Recherchen des FOCUS[43] und der WELT[44]

---

[38] https://www.focus.de/finanzen/news/sozialbetrug-in-deutschland-balkan-clan-leimte-den-staat-mit-einfachsten-mitteln-und-zockte-sozialhilfe-ab_id_259760435.html https://www.rbb-online.de/kontraste/ueber_den_tag_hinaus/terrorismus/die-mafia-der-taschendiebe.html, zuletzt aufgerufen am: 23.3.2024.

[39] https://focus.de/80658952, zuletzt aufgerufen am: 23.3.2024.

[40] Genau genommen, geht es ja auch gar nicht um die gesamte Volksgruppe, sondern eben nur um einen bestimmten Teil, und zwar um die in Kap. 9 definierten ‚Z-People‘.

[41] https://www.cicero.de/aussenpolitik/eine-reportage-vom-rand-der-gesellschaft/42358, zuletzt aufgerufen am: 29.4.2024.

[42] https://www.zeit.de/gesellschaft/zeitgeschehen/2013-10/roma-kinder-adoption-clans-hintergrund, zuletzt aufgerufen am: 23.3.2024.

[43] https://www.focus.de/politik/deutschland/frauenhandel-jobcenterbetrug-raubzuege-wie-roma-clans-nun-mitten-in-deutschland-eine-parallel-gesellschaft-aufbauen_id_180426656.html, zuletzt aufgerufen am: 23.3.2024.

[44] https://www.welt.de/debatte/kommentare/article9347029/Die-Macht-der-Roma-Clans-behindert-ihre-Integration.html, zuletzt aufgerufen am: 23.3.2024.

(vielleicht lässt sich dann ein besseres und objektives Bild gewinnen). Mit tendenziösen Informationen und Augenwischerei wird man aber auch den betroffenen ‚Z-People' nicht helfen, aus dem jahrhundertealten Teufelskreis von Diskriminierung, Ausgestoßensein, Rückzug in Kriminalität, Gefangensein in patriarchalischen Familienstrukturen usw. auszubrechen (s. das in Kap. 9 bereits erwähnte Buch von Lakatos [43]). – Durch Fehleinschätzungen, flankiert durch die Möglichkeit der Ausnutzung des starken Gefälles in den Sozialsystemen und die Hilflosigkeit des Rechtsstaates, ist es in der EU zu einer regelrechten inneren Migration vor allem von Sinti und Roma gekommen, die scheinbar nicht mehr gebremst werden kann.

Kirchen und linksliberales Bürgertum überbieten sich im Zusammenhang mit der Flüchtlingskrise geradezu in moralischer Selbstüberhöhung und nehmen bewusst oder unbewusst eine Unterminierung des Rechtsstaats in Kauf. Dabei dürfte im Grunde genommen schon die Verwendung des Begriffs ‚Flüchtling' das Merkmal des Framing erfüllen.[45] Denn ein nicht unerheblicher Teil der in Deutschland Zuflucht Suchenden ist nicht wirklich vor Krieg oder Folter geflohen, sondern diese Menschen haben ihr Land aus wirtschaftliche Gründen verlassen, um ein besseres Leben zu erwerben. Das ist an sich nichts Ehrenrühriges, ändert aber sofort den Status des Migranten im aufnehmenden Land und begründet vor allem dort kein Recht auf Asyl (in Deutschland insbesondere nicht aufgrund von Artikel 16a des GG).[46]

Im Kontrast zur Willkommenskultur der christlichen Religionsgemeinschaften rufen Kirchenschändungen durch Asylanten kaum ernsthafte Proteste durch kirchliche Amtsträger hervor, oder diese Vergehen werden (wenn man sich dazu äußert) als lokale Phänomene behandelt und gleichsam als „Hausfriedensbruch" oder „Sachbeschädigung" verharmlost.[47] Der Pfarrer der Frauenbergkirche in Nordhausen, die von einem Afghanen demoliert wurde, hat dem Täter sogar wohlwollend bescheinigt, dass letzterer kaum aggressiv aufgetreten sei (s. hierzu auch Kap. 11). Nur der zuständige Landrat (SPD) hatte den Mut, die Dinge beim Namen zu nennen, nämlich Missbrauch des Gastrechts durch Asylanten und Unfähigkeit des Staates, damit umzugehen. Dass es sich im geschilderten Fall um einen schutzsuchenden Flüchtling handelt, macht unserer ‚wehrhaften' Demokratie offenbar nichts aus. Man stelle sich die Folgen für den Täter vor, wenn ein christlicher Tourist in einem muslimi-

---

[45] https://www.merkur.de/politik/markus-lanz-zdf-chemnitz-maassen-talk-fluechtlinge-verfassungsschutz-gez-zr-13349691.html, zuletzt aufgerufen am: 24.3.2024.

[46] https://www.gesetze-im-internet.de/gg/art_16a.html, zuletzt aufgerufen am: 23.3.2024.

[47] https://www.news.de/panorama/855966158/sachbeschaedigung-in-kirche-in-nordhausen-gefluechteter-raeumt-kirche-aus-weil-er-christlichen-glauben-ablehnt/1/, zuletzt aufgerufen am: 24.3.2024.

schen Land (ganz gleich wo auf der Welt) eine Moschee schänden würde, oder die berechtigten Reaktionen der ÖRM wenn ein Deutscher eine Synagoge demolieren würde. Der Täter, der in Dresden bei einem Anschlag die Tür einer Moschee beschädigt hatte, erhielt übrigens fast 10 Jahre Gefängnis als Strafe.[48] Der Kirchenschänder in Nordhausen wurde mit einem Hausverbot belegt, und von den Linken wurden dem für Nordhausen zuständigen Landrat, der klare Worte zu dieser Straftat gefunden hatte, „rassistische Vorurteile" unterstellt.[49]

Deutschland befindet sich tatsächlich in einem Dilemma zwischen einer durch das Asylrecht gebotenen Hilfsbereitschaft auf der einen Seite und seiner Verpflichtung zur Gewährleistung der inneren Sicherheit auf der anderen Seite. Im Disput um dieses Problem überwiegt im links-grünen Lager sichtbar eine Überbewertung der teils sehr zweifelhaften Vorteile einer (weitgehend ungebremsten) Einwanderung, wobei insbesondere der demographische Faktor in der Bevölkerungsentwicklung Deutschlands hervorgehoben wird. Vor allem in der Anfangszeit versuchte das politischen Establishment den Eindruck zu erwecken, dass vorwiegend Fachkräfte, Ärzte und Anwälte ins Land kämen. Die damalige Fraktionsvorsitzende der Grünen, Göring-Eckardt äußerte sich geradezu euphorisch darüber, dass die Migranten „ein Geschenk für das Land" seien und dass sie sich freue, wie bunt das Land werde. Von der linken TAZ wurde sogar euphemistisch der Slogan vom „migrantischen Gold" verwendet.[50]

Das ist in seiner Allgemeinheit angesichts der massiven Straftaten, der fehlenden Integration in den Arbeitsmarkt und vor allem aufgrund des durch muslimische Einwanderer importierten Antisemitismus (s.u.) geradezu ein Hohn auf die berechtigten Besorgnisse der Bürger. Überdies gehört ein großer Teil der Migranten bildungsfernen Schichten an; ja, viele können nicht einmal lesen und schreiben, was ihre Integration in die aufnehmende Gesellschaft zusätzlich erschwert. Das hindert Göring-Eckardt aber nicht daran zu behaupten, dass es gerade diese Bevölkerungsschicht sei, die den Kritikern der Asylpolitik die Rente bezahle, s. Kap. 11. Der ehemalige Finanzminister und spätere Präsident des Bundestages Schäuble verstieg sich, wie in Kap. 1 bereits erwähnt, sogar dazu, dass uns die Asylanten vor der Gefahr des Untergangs durch „Inzest" retten würden. Da bleibt nur die Frage: Für wie dumm halten die uns eigentlich? - Und solche Sottisen müssen wir uns u.a. von einer Frau anhören, die nicht einmal in der Lage war, ihr Studium erfolgreich zu Ende zu führen.

---

[48] https://www.welt.de/vermischtes/article181379246/Dresden-Fast-zehn-Jahre-Haft-fuer-Moschee-Anschlag.html, zuletzt aufgerufen am: 23.3.2024.

[49] https://www.nnz-online.de/news/news_lang.php?ArtNr=300386, zuletzt aufgerufen am: 23.3.2024.

[50] https://taz.de/Einwanderung-und-Arbeitskraeftemangel/!5899383/, zuletzt aufgerufen am: 1.11.2023.

Die Realität sieht für jeden ersichtlich ganz anders aus als im überwiegenden Teil der Staatspropaganda dargestellt wird. Neben vielen positiven Erfahrungen, die es ja durchaus gibt, werden die ebenso häufigen negativen Berichte von Asylhelfern durch die MSM meist verschwiegen (oder man muss zu eher randständigen Publikationsorganen greifen, wenn man sich umfassend informieren will).[51] Dort wird dann von mangelnder Bereitschaft berichtet, an Integrations- und Sprachkursen teilzunehmen oder sich intensiv um Arbeit zu kümmern (wobei man fairerweise einräumen muss, dass es für Migranten gerade bei der Aufnahme einer Arbeit erhebliche sprachliche und bürokratische Hürden zu überwinden gilt). Für viele lohnt es sich auch wegen des gewährten Wohn- und Kindergelds bzw. weiterer Sozialleistungen sowie der ‚Mühsal‘ zum Erwerb von Deutschkenntnissen gar nicht, sich um einen Job zu bemühen. Hier ist ein regelrechter Teufelskreis entstanden, den scheinbar weder die träge Bürokratie noch die Asylsuchenden durchbrechen können.

Ein typisches Szenarium bilden die ständig neuen Übergriffe und Diebstähle, die ihren Ausgangspunkt in Asylaufnahmeheimen haben, wie das in Bamberg, Suhl oder Mannheim der Fall war. Die Situation in Suhl war offensichtlich so weit eskaliert,[52] dass der Bürgermeister eine Petition an den Landtag initiiert hat, die Erstaufnahmeeinrichtung zu schließen. Es erübrigt sich wohl festzustellen, dass der Bitte nicht entsprochen wurde; als Antwort und ‚durchschlagende‘ Maßnahme schlug der grüne Innenminister stattdessen vor, ein neues Amt für Migration zu schaffen (das wird die verzweifelten Suhler Bürgern sicher beruhigt haben). Wenn der Bundespräsident die ganz ähnlichen Geschehnisse im Vorfeld der furchtbaren Brandanschläge in Rostock-Lichtenhagen selbst viele Jahre danach noch ausblendet,[53] dann wird es auch keine Lehren für spätere Ereignisse geben (die den Suhlern auf jeden Fall erspart bleiben sollten). Die untaugliche ‚Konsequenz‘ der Politik lautet vielmehr: Keine Abschiebung, Forderung nach Aufnahme weiterer Flüchtlinge, Umsetzen von ‚Auffällig-gewordenen‘ (welch ein Euphemismus für Straftäter) in andere Lager[54] usw.

Es hilft niemand, den Kontext von Straftaten (sei es der Mord an Walter Lübcke, die Anschläge in Rostock-Lichtenhagen oder die Ausländerverfol-

---

[51] https://basisinitiative.wordpress.com/, zuletzt aufgerufen am: 17.3.2024.

[52] https://www.focus.de/politik/deutschland/menschenunwuerdig-und-unzulaessig-ueberbelegtes-asylbewerberheim-treibt-stadt-in-thueringen-zur-verzweiflung_id_219559732.html, zuletzt aufgerufen am: 24.3.2024.

[53] https://www.deutschlandfunk.de/25-jahre-rostock-lichtenhagen-protokoll-einer-eskalation-100.html, zuletzt aufgerufen am: 28.4.2024.

[54] Sozusagen nach dem Sankt-Florian-Prinzip „Heiliger St. Florian, verschon' mein Haus, zünd' and're an".

gungen in Bautzen) zu verschweigen.[55] Und es bedeutet auch keine Verharmlosung bzw. Relativierung von Verbrechen eventuelle Ursachen klar anzusprechen. Mit Halbwahrheiten und Unterdrückung von Informationen leisten wir uns einen Bärendienst und werden auf keinen Fall Ähnliches verhindern. Überhaupt scheinen es viele Befürworter offener Grenzen (nach dem links-grünen Slogan „No borders no nations") mit dem NIMBY-Prinzip zu halten, wenn es um die Ansiedlung von Migranten in ihrem engeren Umfeld geht: „Not in my backyard". Ein durchschlagendes Exempel hierzu hat der Gouverneur von Florida statuiert, als er 50 Migranten in die Hochburg links-liberaler, woker Politiker-Eliten (‚Martha's Vineyard') einfliegen ließ. Den Bewohnern hat das gar nicht gefallen, und sie haben die Migranten mit Hilfe des Militärs in ein Camp verbringen lassen (offensichtlich nach dem neuen, abgewandelten Motto: „Not in my vineyard").[56]

Es besteht eine durchaus berechtigte Sorge um den wachsenden Import des politischen Islam nach Deutschland, die allerdings in den ÖRM keine adäquate Resonanz findet. Im Gegenteil, man findet sehr häufig eine sehr gefährliche Toleranz gegenüber den intoleranten muslimischen Einwanderern.[57] Die Duldsamkeit geht sogar so weit, dass Deutsche die ihre Heimat verlassen haben, um sich dem „Islamischen Staat (IS)" anzuschließen, nicht etwa ihre Staatsangehörigkeit verlieren, sondern mit hohem Kosten zurück nach Deutschland geholt und dort einem aufwändigen Rechtsverfahren unterworfen werden. Diese Haltung ist nicht zu verstehen, denn - wie Peter Sloterdijk in einem anderen Zusammenhang (Silvesternacht in Köln) schon bemerkte: „Es gibt keine moralische Pflicht zur Selbstzerstörung".[58]

Die unverständliche Nachgiebigkeit gegenüber dem politischen Islam hat insbesondere zum wachsenden Antijudaismus auf den Straßen in Deutschland beigetragen, was jedoch oft kleingeredet und möglichst dem ‚Rechten Spektrum' zugeordnet wird. – Während der migrantische Antisemitismus in der Öffentlichkeit heruntergespielt wird, wurden alle, die vor dem Import von Religionskämpfen und Antisemitismus besonders durch muslimische Araber gewarnt haben, angefangen von Pegida, über AfD bis hin zu Scholl-Latour oder

---

[55] Wenn ganz normale Bürger einem Brandanschlag wie in Rostock-Lichtenhagen applaudieren, dann muss es dafür Gründe geben. Diese zu benennen heißt nicht, ein Verbrechen zu beschönigen.

[56] https://www.spiegel.de/ausland/fluege-nach-martha-s-vineyard-desantis-will-weitere-migranten-in-andere-teile-der-usa-bringen-a-edfbdc59-148a-41ba-808a-306688cf7b2a, zuletzt aufgerufen am: 24.3.2024.

[57] https://www.nzz.ch/feuilleton/boerne-preis-traeger-ruediger-safranski-die-angst-vor-dem-politischen-islam-ist-da-doch-singt-man-laut-im-walde-ld.1290527, zuletzt aufgerufen am: 24.3.2024.

[58] https://www.cicero.de/innenpolitik/peter-sloterdijk-luegenaether-fluechtlinge-koeln-silvester/plus, zuletzt aufgerufen am: 24.3.2024.

den 2022 ins Amt gehobenen CDU-Vorsitzenden verunglimpft und einer ir-
rationalen Empörungskultur unterworfen. Besonders erstaunlich ist, um dies
noch einmal zu betonen, welch falsche Toleranz gegenüber der Verletzung von
Frauenrechten im Islam geübt wird, und das gerade von links-grünen Politikerinnen, die sich immer als besonders feministisch gebärdet haben. Den Gipfel
des Versagens der Asyl- und Integrationspolitik der Bundesregierungen seit
2015 im Allgemeinen und des Berliner Senats im Besonderen offenbarten allerdings die Ausschreitungen vorwiegend migrantischer Chaoten am Silvester-
abend 2022 und während der Tumulte auf Hamas-Sympathiekundgebungen
2023 in Berlin.[59] Dort zeigten viele der Zugewanderten ihre Verachtung für
den Staat und ihre mangelnde Integrationsbereitschaft ganz offen, u.a. durch
bisher nie dagewesene Angriffe auf Ordnungskräfte, Polizei und Feuerwehr, s.
Kap. 12.

Kennzeichnend für die einseitige Diskussionskultur im Zusammenhang mit
Kritikern der Asylpolitik ist die völlig undifferenzierte politische Einordnung,
ja fast einhellige Verdammung der Pegida-Bewegung in den ÖRM, wobei ständig der Grundvorwurf der Ausländerfeindlichkeit ins Feld geführt wird. Dabei
geht schon aus dem Namen der Bewegung hervor, dass es den Initiatoren vor
allem um eine Verhinderung der „Islamisierung des Abendlandes" geht. Nun
kann man geteilter Meinung sein, ob diese Gefahr tatsächlich besteht oder wie
groß sie ist; aber man kann auf keinen Fall mit dem linguistischen Trick: ‚Islamkritik' = ‚Islamophobie' = ‚Ausländerfeindlichkeit' das Letztere aus dem
Ersteren herleiten (s. Kap. 10). Wie leichtfertig mit solchen Vorwürfen umgegangen wird, zeigt die Tatsache, dass der mit einem Vorwort der Innenministerin ausgestattete und vom BMI veröffentlichte Bericht des ‚Unabhängigen Expertenkreises Muslimfeindlichkeit' aufgrund eines Gerichtsbeschlusses
wieder vom Internetportal des Ministeriums entfernt werden musste.[60]

Man kann doch nicht leugnen, dass es offensichtlich große Schwierigkeiten mit islamischen Einwanderern gibt, und zwar nicht nur mit dem politischen Islam (man denke nur an die erwähnten Verletzungen von Frauenrechten, an Ehrenmorde, Vergewaltigungen, Kirchenschändungen, Messerattacken
auf Homosexuelle u.v.a.m., s. auch Kap. 11). Es sei in diesem Zusammenhang
noch einmal daran erinnert, dass es sowohl das erklärte Ziel des türkischen
Ministerpräsidenten Erdogan als auch von islamistischen Organisationen wie

---

[59] https://www.tagesspiegel.de/berlin/berliner-terror-unterstutzer-feiern-angriff-auf-
israel-polizei-lost-in-neukolln-aufmarsch-auf–pflastersteine-auf-polizeiauto-geworfen-
10588360.html, zuletzt aufgerufen am: 24.3.2024.

[60] Auf eine Entschuldigung des Ministeriums gegenüber den in dem Bericht zu Unrecht
verunglimpften Personen werden letztere wohl vergeblich warten. –
https://www.tagesschau.de/investigativ/rbb/bundesinnenministerium-muslimfeindlichkeit-
bericht-100.html, zuletzt aufgerufen am: 12.3.2024.

der Muslimbruderschaft ist, Europa immer stärker muslimisch zu durchdringen. Ersterer hat sogar in einer Wahlkampfrede in Deutschland die Muslime aufgefordert, sich nicht zu assimilieren.[61]

Es trifft durchaus zu, dass bei Pegida zum Teil recht rüde Töne angeschlagen wurden, und es treten mitunter auch politisch zweifelhafte Typen auf. Aber mittlerweile müsste doch dem Unbedarftesten klar geworden sein, dass sich viele der Kernaussagen von Pegida bewahrheitet haben und eine Verteufelung der Mahner aus Sachsen die Migrationsprobleme nicht beseitigt, sondern eher verschärft hat. Eine löbliche Ausnahme, einen sachlichen Ton und eine seriöse Auseinandersetzung mit Pegida auf den Weg zu bringen, ist Prof. Patzelt, damals TU Dresden, der eine objektive Einschätzung der Pegida-Bewegung versucht hat.[62] Er konzediert zwar durchaus, dass unter den Pegida-Anhängern auch Rechtsradikale oder gar Neonazis vertreten sind, dass aber die Unterstützung von Pegida zum großen Teil darauf zurückzuführen ist, dass sich die Mehrheit der Pegida-Sympathisanten nicht mehr durch die Politik und die Mainstream-Parteien vertreten fühlt. Vor allem prangert er die bewusst herbeigeführte Spaltung in unserem Land zwischen den selbsternannten ‚Anständigen' und den unberechtigt als solche bezeichneten ‚Nazis' an. Die Konsequenzen für ihn: Sein Auto wurde angezündet, und er wurde Opfer der Cancel culture, indem ihm eine Seniorprofessur verwehrt wurde.[63]

Man fragt sich auch, ob die These von der geplanten ‚Umvolkung' wirklich in die Kategorie der Verschwörungstheorien gehört? - So einfach ist eine Antwort tatsächlich nicht, verwendet doch die Seenotrettungs-NGO ‚Mission Lifeline' T-Shirts mit der Aufschrift „Team Umvolkung", was im Angesicht der Brisanz des Themas eine doppelbödige Dreistigkeit ist.[64] Es erübrigt sich wohl festzustellen, dass sich die MSM wie immer in solchen Fällen sofort bemühen, diese geschmacklose Provokation als „gelungene Ironie" bzw. als Satire einzustufen.[65] Natürlich ist das keine Satire, sondern bitterer Ernst, denn der Chef der ‚Mission Lifeline' hat sich über die Protestler gegen seine PR-Aktion dahingehend geäußert, dass diese sowieso am kürzeren Hebel sitzen würden und er so lange weiter machen wird, bis alles richtig bunt ist. – Die Kapitänin des von einem englischen Streetart-Künstler gesponserten und unter

---

[61] https://www.welt.de/politik/deutschland/article12665248/Erdogans-Rede-erzuernt-deutsche-Politiker.html, zuletzt aufgerufen am: 24.3.2024.

[62] https://wjpatzelt.de/2018/10/19/vier-jahre-pegida/, zuletzt aufgerufen am: 24.3.2024.

[63] https://www.epochtimes.de/politik/deutschland/dresden-auto-von-pegida-forscher-patzelt-angezuendet-totalschaden-a2082167.html, zuletzt aufgerufen am: 24.3.2024.

[64] https://jungefreiheit.de/politik/deutschland/2021/mission-lifeline-steier-umvolkung/, zuletzt aufgerufen am: 24.3.2024.

[65] https://www.saechsische.de/provokation-zum-anziehen-seenotretter-mission-lifeline-claus-peter-reisch-5008863.html, zuletzt aufgerufen am: 24.4.2024.

deutscher Flagge fahrenden Schiffes hat es so richtig auf den Punkt gebracht, indem sie lakonisch feststellt, dass es hier nicht um Menschenrechte geht, sondern um politische Aktionen: „Ich sehe die Seenotrettung nicht als eine humanitäre Aktion, sondern als Teil eines antifaschistischen Kampfes".[66] Es ist einfach unredlich, wenn die deutsche Regierung unisono mit der CDU nach Maßnahmen zur Eindämmung der illegalen Migration ruft (an wen ist eigentlich die Forderung gerichtet?) und gleichzeitig Millionen Euro zur Förderung der selbsternannten ‚Seenotretter‘ ausgibt.[67] Letztere bringen die Bootsflüchtlinge nicht etwa in das näher gelegene Nordafrika zurück, sondern vorzugsweise nach Italien, was u.a. zu den unhaltbaren Zuständen auf Lampedusa führt. Wie die Italiener damit zurecht kommen, oder ob die Migranten später einfach illegal weiter nach Deutschland wandern, scheint diese Gutmenschen nicht zu interessieren (oder ist das gerade ihre Absicht?).

Obwohl die Warner inzwischen durch die Tatsachen eindeutig bestätigt wurden (s.u.), macht niemand in den ÖRM das Politestablishment als Verursacher für die Malaise verantwortlich. Im Gegenteil, diese tun immer noch so, als wären sie gar nicht daran beteiligt gewesen. Als Maximum der Einsicht kann man eine solch ‚fundamentale‘ Selbstkritik zu hören bekommen, wie die des ehemaligen Fraktionsvorsitzenden der CDU „Vielleicht sind wir da auch *an dieser oder jener Stelle* zu tolerant gewesen."[68] – Wenn der Bundespräsident zum Abschluss des Ökumenischen Kirchentags ausrief: „Wir sehen auch den antisemitischen Hass auf unseren Straßen. Nichts rechtfertigt die Bedrohung von Juden in Deutschland oder Angriffe auf Synagogen in unseren Städten. Lasst uns diesem Hass gemeinsam entgegentreten!", so hinterlässt das in seiner unverbindlichen Allgemeinheit aus dem Mund eines Politikers, der für den Import des islamischen Antijudaismus mitverantwortlich ist, einfach einen faden Beigeschmack.[69] Man muss in diesem Zusammenhang schon eine bewusste Verschleierungs- und Verleumdungstaktik konstatieren. Auch wird weiterhin unsachgemäß der Ausdruck ‚Antisemitismus‘ verwendet, weil dieser per se mit ‚den Rechten‘ in Verbindung gebracht wird und sich somit sprachlich viel leichter eine propagandistische Brücke nach Rechts und zum Erzfeind AfD herstellen lässt, s. hierzu auch Kap. 10. Als Beleg hierfür kann

---

[66] https://www.theguardian.com/world/2020/aug/27/banksy-funds-refugee-rescue-boat-operating-in-mediterranean, zuletzt aufgerufen am: 29.4.2024.

[67] https://www.welt.de/politik/ausland/article247642914/Deutschland-zahlt-bis-zu-800-000-Euro-Finanzhilfe-fuer-Seenotretter.html, zuletzt aufgerufen am: 29.4.2024.

[68] https://www.n-tv.de/politik/Vielleicht-sind-wir-zu-tolerant-gewesen-article22558236.html, zuletzt aufgerufen am: 24.3.2024.

[69] Wenn er wenigstens Ross und Reiter genannt oder als Mitverantwortlicher für die Misere einen Funken von Selbstkritik in seine Rede hätte einfließen lassen, wäre er glaubwürdiger gewesen.

der dreiste Versuch des verhinderten EU-Kommissionspräsidenten (CSU) gelten, der den leicht zu durchschauenden Versuch unternommen hat, die AfD für die antisemitischen Ausschreitungen im Mai 2021 verantwortlich zu machen.[70] Diese Anschuldigung ist einfach infam, da jeder weiß, dass zum Einen an diesen Ereignissen vorwiegend muslimische Migranten sowie einige Linke beteiligt waren, und zum Anderen die AfD die einzige Partei im Bundestag ist, die - im Gegensatz zur CDU - schon immer vor der antijüdischen Haltung dieser Gruppe von Migranten gewarnt hat.

Der wahre Grund für diese Verdrehung der Tatsachen und generell für die Verschleierung von migrantischen Straftaten liegt darin, dass alle links-grünen Politiker und auch die Regierungsparteien (sowohl die frühere mit der ehemaligen Kanzlerin an der Spitze als auch die jetzige) bei einer ehrlichen Ursachenanalyse zwingend auf ihre eigene verfehlte Asylpolitik stoßen würden. Und das muss aus ihrer Sicht unbedingt verhindert werden! Stattdessen wird die freie und offene Berichterstattung mit dem Hinweis unterdrückt, man könne nur dann die Herkunft der Täter bekanntgeben, wenn dies im öffentlichen Interesse sei, wobei letzteres oft genug verneint wird. Aber sich monatelang häufende Straftaten von Migranten (wie in Suhl oder Karlsfeld und an anderen Orten, s. Kap. 12) sowie die klare Benennung der Urheber sind auf jeden Fall von öffentlichem Interesse und dürfen nicht verschleiert werden.

Die massive Belästigung der einheimischen Bevölkerung durch Randale, Diebstähle, Wohnungseinbrüche, sexuelle Übergriffe von Seiten der Bewohner von Asylantenwohnheimen (so z.B. in Mannheim, Suhl oder Bautzen) führt notgedrungen zu Abwehrreaktionen der Bevölkerung. Besonders bedrückend und für die Betroffenen unerträglich ist die Tatsache, dass diese Missstände teilweise über Monate anhalten und sich die Einwohner von den staatlichen Organen völlig im Stich gelassen fühlen. Hier muss man befürchten, dass Art. 1 (1) des GG[71] offensichtlich nicht für die einheimische Bevölkerung gilt. Stattdessen betonen die Linken aber auch christliche Politikamateure gern, dass auch Terroristen Menschenrechte besitzen, was die Bewohner von Mannheim oder Suhl oder die Opfer von Anis Amri ungemein trösten wird.[72]

Es ist bestürzend, erleben zu müssen, dass es immer wieder zu Terroranschlägen durch Migranten kommt, wobei der Fall Amri nur einer von vielen - wenn auch einer der alarmierendsten - ist. Die Kette seiner Straftaten zieht

---

[70] https://www.cicero.de/innenpolitik/manfred-weber-zum-antisemitismus-ein-logischer-kurzschluss, zuletzt aufgerufen am: 24.3.2024.

[71] „die Würde des Menschen ist unantastbar. *Sie zu achten und zu schützen ist Aufgabe der staatlichen Gewalt*".

[72] https://www.katholisch.de/artikel/7255-menschenwuerde-gilt-auch-fuer-is-terroristen, zuletzt aufgerufen am: 24.3.2024.

sich von Tunesien über Italien bis Deutschland und umfasst so ziemlich alles von Gewalttaten und Diebstahl bis hin zu Brandstiftung.[73] Der Gipfel war dann der furchtbare Anschlag auf den Weihnachtsmarkt in Berlin im Dezember 2020 mit 13 Todesopfern und 67 zum Teil schwer Verletzten. Hier zeigten sich nicht nur das Versagen der Behörden im Vorfeld, sondern auch die inhärenten Webfehler einer zum Scheitern verurteilten Asylpolitik: Die Abschiebung des bereits als gewalttätig und kriminell bekannten Täters, dessen Asylantrag abgelehnt war, scheiterte in Deutschland daran, dass er keine gültigen Ausweispapiere hatte. Niemals hätte ein solcher Verbrecher - wie viele andere auch - unkontrolliert ins Land kommen dürfen, was zweifellos schon eine Folge der verfehlten Merkelschen Asylpolitik war. Die damalige Bundeskanzlerin hat sich dann ja auch erst ein Jahr nach dem Anschlag mit Angehörigen der Opfer getroffen,[74] wobei im Internet immer wieder mit Recht die Frage gestellt wurde, ob ihr deutsche Opfer weniger bedeuten als ausländische, vgl. Kap. 13. Man muss sich dazu nur erinnern, dass das Brandenburger Tor bei anderen Anschlägen, insbesondere nach den brutalen Überfällen von Islamisten in Paris, in der jeweiligen Landesfarbe der Opfer angestrahlt wurde. Der deutschen Opfer von Anschlägen wurde jedoch nicht in gleicher Weise gedacht.

Da der Großteil aller Attentäter (auch der Angreifer von Dresden auf das Homosexuellen-Paar) mehrfach vorbestraft war,[75] muss sich die die Justiz den Vorwurf gefallen, zu nachsichtig gegenüber dieser Tätergruppe zu sein. Gerade im Zusammenhang mit der Kriminalität von Asylanten bzw. mit Clankriminalität ist der Eindruck entstanden, dass der Rechtsstaat hier völlig versagt und teilweise geradezu kapituliert hat, s. hierzu Kap. 12. Im Vergleich zur Duldsamkeit deutscher Gerichte bei migrantischen Straftaten wird in Wien härter vorgegangen. Dort ist ein Asylant wegen mehrfachen Anschlagsversuchen auf den ICE zu ‚lebenslänglich‘ verurteilt worden, auch fand der ehemalige Kanzler Kurz überhaupt in solchen Fällen wesentlich deutlichere Worte als unsere Politiker, s.u. – Besonders gefährlich ist die Tabuisierung der Clankriminalität, wie sie sich beängstigend in der Forderung von Seiten der Linken nach Abschaffung dieses Begriffes manifestiert. Dies wird mit der grotesken Begründung verbunden, Diskriminierung vermeiden zu wollen (da kann man nur sarkastisch konstatieren: „Da werden die sensiblen Seelen der kriminellen Clanmitglieder aber dankbar sein!“).

---

[73] https://www.welt.de/politik/deutschland/article160511837/Geschichte-als-guter-Migrant-endete-damit-die-Schule-anzuzuenden.html, zuletzt aufgerufen am: 24.3.2024.

[74] https://www.merkur.de/politik/merkels-treffen-mit-hinterbliebenen-terror-opfer-kanzlerin-sagt-hilfe-zu-zr-9459916.html, zuletzt aufgerufen am: 24.3.2024.

[75] https://taz.de/Nach-Messerangriff-auf-Paar-in-Dresden/!5764914/, zuletzt aufgerufen am: 24.3.2024.

Obwohl islamistisch motivierte Morde und Straftaten inzwischen fast an der Tagesordnung sind, wird in den ÖRM versucht, dieses gravierende Problem herunterzuspielen oder möglichst mit Schweigen zu übergehen. Ein deutliches Beispiel zur Vertuschung und Falschinformation bei islamistischen Anschlägen liefert das Würzburg-Attentat im Juni 2021. Obwohl der Attentäter „Allahu Akbar" gerufen hat und bei ihm in der Wohnung dschihadistische Schriften gefunden wurden, haben die Gutachter festgestellt, dass die Preisrede auf Allah „gar nicht zu ihm passe" und ihn Mithäftlinge (er war bereits in einer forensischen Klinik) nur „instrumentalisiert" hätten.[76] Der OB von Würzburg (CDU) äußerte sich dahingehend, dass die Verbrechen Einzelner niemals auf Bevölkerungsgruppen oder Religionen zurückzuführen seien (im Falle Hanau war diese Methode hingegen erlaubt, da sofort die AfD als geistiger Brandstifter festgemacht worden war, obwohl sie gar nichts damit zu tun hatte).

Man vergleiche auch die klare Stellungnahme des ehemaligen österreichischen Bundeskanzlers zu den brutalen Sexualmorden zweier Afghanen an einem Mädchen in Wien[77] mit den Aussagen bzw. dem Schweigen deutscher Politiker zu den erwähnten Amokläufen der beiden Somalier in Würzburg bzw. in Ludwigshafen. Die deutsche Bundeskanzlerin hatte sich in letzterem Fall überhaupt nicht geäußert, sie ließ ihren Regierungssprecher die üblichen Betroffenheitsfloskeln verkünden. Auf Twitter hatte letzterer sogar betont, dass dieser Anschlag gegen ‚jede' Religion gerichtet sei. Das ist eine glatte Lüge, da der Attentäter mit dem Ruf „Allahu Akbar" gewütet hat und in seiner Wohnung entsprechend entlarvende Schriften gefunden wurden. Der Bundespräsident ist vorsichtshalber auf den Täter und die Ursachen dafür, dass er diese schreckliche Tat begehen konnte, gar nicht eingegangen (obwohl der Attentäter als abgelehnter Asylbewerber nach 9 Jahren immer noch in Deutschland ist und schon vorher als gewalttätig aufgefallen war).

Es ist einfach beschämend, dass erst im Jahr 2023 (!) ein FOCUS-Kolumnist glaubt, die Bevölkerung „wachrütteln" zu müssen, weil ein jüdischer Mitbürger in Berlin von Arabern verprügelt wurde.[78] Das ist traurig und heuchlerisch zugleich, sind doch alle Mahner von den MSM verteufelt und als Rechte denunziert worden, die seit 2015 vor dem Import des Antijudaismus durch unkontrollierte Aufnahme muslimischer Migranten gewarnt haben. Man muss

---

[76] https://www.sueddeutsche.de/bayern/messerattentat-von-wuerzburg-unterfranken-bayern-fluechtlinge-gerichtsprozess-1.5608953, zuletzt aufgerufen am: 24.3.2024.

[77] https://www.tichyseinblick.de/daili-es-sentials/sebastian-kurz-wutrede-wir-werden-hier-nicht-zur-tagesordnung-uebergehen/, zuletzt aufgerufen am: 24.3.2024.

[78] https://m.focus.de/politik/meinung/kommentar-von-hugo-mueller-vogg-von-arabern-verpruegelt-weil-ich-jude-bin-dieser-fall-muss-uns-wachruetteln_id_201189932.html, zuletzt aufgerufen am: 23.4.2024.

auch den Autor des Artikels fragen, warum ihn die seit 2015 zu beklagenden Tausende von Vergewaltigungen und Messerattacken von ‚Schutzsuchenden‘ auf Mitglieder der autochthonen Bevölkerung (zum Teil mit tödlichen Ausgang) nicht wachgerüttelt haben.

Andere Mordtaten von Asylanten (wie die von Munderkingen) sind nicht einmal einer Nachricht in der überregionalen Presse oder gar im Fernsehen wert. Besonders kritikwürdig ist dabei die Verschleierung in der Berichterstattung. Obwohl der Täter von Munderkingen bereits bekannt und festgenommen war (wiederum ein abgelehnter Asylbewerber aus Afghanistan - zum wievielten Male?), wurde von der Staatsanwaltschaft völlig anonym berichtet, dass es zu einem Streit zwischen einem 24-jährigen und einem 54-jährigen gekommen sei, wobei der Jüngere den Älteren niedergestochen habe.[79] Selbst im Bericht über den Prozess, als der Angeklagte bereits geständig war, erfährt man in vielen Presseorganen nichts über dessen migrantischen Hintergrund. – Als im Oktober 2022 zwei Familien auf der Autobahn A555 bei Köln wegen gegenseitiger Verkehrsbehinderung eine solche Schlägerei inszenierten, dass sogar die Autobahn zeitweilig gesperrt werden musste, erfuhr man zwar in allen (übrigens fast gleichlautenden) Berichten nichts über die Herkunft dieser Familien, wohl aber wurde in einfühlsamen Worten vermerkt, dass die Polizei die Schläger „von der Autobahn begleitet" hätte.[80] Oft genug findet bei islamischen Tätern in den Nachrichten der Medien sogar eine Täter-Opfer-Umkehr oder ein Framing statt (s. hierzu Kap. 7).

Im Zusammenhang mit afghanischen Straftätern erhebt sich auch die Frage, ob wir eine moralische Pflicht besitzen, ehemalige ‚Ortskräfte‘ aus diesem Land bei uns aufzunehmen, die dort für die Bundeswehr oder für NGOs gearbeitet haben. Dieses Problem wird in den Medien äußerst einseitig und moralisch überladen behandelt, wobei völlig außer Acht gelassen wird, dass diese Helfer doch nicht in erster Linie den ungläubigen Ausländern zuliebe, sondern vor allem für ihr Land und wegen der guten Bezahlung höchstwahrscheinlich in erster Linie für sich selbst tätig wurden. Nicht von ungefähr kursiert der in Kap. 4 zitierte Spruch: „Einen Afghanen kauft man nicht, man mietet ihn". So zynisch wie er klingt, hat er sich dennoch auch in Bezug auf die von den Amerikanern installierte, total korrupte afghanische Regierung erneut bewahrheitet. Auch in Afghanistan dienende Soldaten hatten nach eigenem Bekunden

---

[79] https://www.ulm-news.de/weblog/ulm-news/view/dt/3/article/81559/T-ouml-dlicher_Streit_in_Firma%3A_54-j-auml-hriger_Mann_von_Arbeitskollegen_erstochen.html, zuletzt aufgerufen am: 24.3.2024.

[80] https://www.waz.de/panorama/familien-gehen-auf-a555-aufeinander-los-vollsperrung-id236682755.html, zuletzt aufgerufen am: 24.4.2024.

kein Vertrauen in die Ortskräfte,[81] und in dem zitierten Artikel wird festgestellt, dass es normal sei, „dass ein Sohn bei der Polizei, ein anderer bei den Taliban, ein dritter bei einem Drogenbaron arbeite. Die wahre Treue der Afghanen gehört ohnehin der Familie und nur ihr". – Selbst wenn man bei vielen Helfern ehrenvolle Motive unterstellen könnte, wäre eine unkontrollierte Asylgewährung in Deutschland riskant. Das zeigt schon die Tatsache, dass eines der Attentate auf ein Feldlager im Norden Afghanistans von einem Mann in afghanischer Uniform (also einem echten oder vorgeblichen Verbündeten) verübt wurde. In vielen Fällen weiß man also nicht einmal, welche wahre Einstellung sich hinter einem Helfer bzw. einem Verbündeten verbirgt. Eine allen Aspekten gerecht werdende Entscheidung (abzuwägen sind etwa moralische Verpflichtungen gegenüber Ortskräften einerseits und deutsche Sicherheitsbedürfnisse bei uns zu Hause andererseits) wird noch durch die Hindernisse erschwert, die bei der eventuell notwendig werdenden Abschiebung von Afghanen in ihr inzwischen von den Taliban beherrschtes Heimatland bestehen.

Hinsichtlich der Beurteilung migrantischer Straftäter ist ebenfalls eine regelrechte Doppelmoral zu beklagen. So wirkt die Verharmlosung von Ausländerkriminalität bis hinein in die Sprache der Berichterstattung. Da wird eine brutale Straftat - zum Beispiel als eine Mutter mit Kind hinterhältig auf die Gleise vor einen einfahrenden ICE gestoßen wurde - mit einem harmlos klingenden Wort wie ‚schubsen' umschrieben, s. hierzu auch Kap. 10. Oder die massenhaften sexuellen Übergriffe von Migranten auf Frauen in Köln zu Silvester 2016 werden von der Bundestagsvizepräsidentin und heutigen Kulturstaatsministerin in der Weise verharmlost, dass sie diese mit den lockeren Sitten auf dem Münchner Oktoberfest gleichsetzt.[82] Auf die geschmacklosen Äußerungen der Kölner Oberbürgermeisterin in diesem Zusammenhang werden wir in Kap. 12 noch zurückkommen. – Auch in Kandel, als ein 15-jähriger Afghane ein gleichaltriges Mädchen erstochen hatte, wurde in der Presse nicht gleich durchgängig von einem brutalen Mord oder Totschlag gesprochen, sondern davon, dass es zu einem „Tötungsdelikt gekommen sei" - gerade als würde sich dieses eben mal so ereignen. Es erübrigt sich festzustellen, dass ein Teil der Mainstream-Presse nicht so sehr mit dem Entsetzen über die furchtbare Tat beschäftigt war als mit dem Bemühen, die berechtigte Empörung der Bürger über die Tat eines ‚minderjährigen Schutzsuchenden' als ‚Rechts' einzuordnen. Hinzu kommt, dass der Täter nach Jugendstrafrecht verurteilt wurde, was

---

[81] https://www.nzz.ch/international/ortskraefte-nach-deutschland-afghanistan-veteranen-warnen-ld.1643661, zuletzt aufgerufen am: 24.3.2024.

[82] https://www.augsburger-allgemeine.de/politik/Silvester-in-Koeln-Der-Fall-Das-sagt-Claudia-Roth-zu-den-sexuellen-Übergriffen-in-Koeln-id36526517.html, zuletzt aufgerufen am: 24.3.2024.

wiederum die Frage nach Richtigkeit der Altersangaben bei Asylanten generell aufwirft. Ein Problem, das nicht nur den Fall Kandel betrifft. Leider muss man hier wie auch bei der Messerattacke in Illerkirchberg feststellen, dass solche furchtbaren Verbrechen von allen Seiten politisch instrumentalisiert werden.[83]

Die Ausschreitungen am Silvester 2021 in Mailand mit zahlreichen sexuellen Übergriffen (ähnlich wie in Köln) wurden in den Meldungen der MSM praktisch vollständig unterdrückt oder nur am Rande erwähnt. Auch hier wird wieder die Befürchtung zugrunde gelegen haben, dass dadurch das Bild vom armen hilfesuchenden Asylanten und deren edlen Helfern und vor allem die irrationale Asylpolitik unserer Regierungen in Frage gestellt werden könnte.[84] Diese Kritik an den MSM trifft auch auf die Berichterstattung über die offensichtlich muslimisch geprägten antijüdischen Demonstrationen im Mai 2021 zu, die trotz ihrer Heftigkeit in der Presse weniger Aufmerksamkeit hervorriefen als eine Hakenkreuzschmiererei eines einzelnen Rechtsextremen. Man muss da schon etwas länger recherchieren, um sich ein komplettes Bild vom inhärenten Antisemitismus (genauer: Antijudaismus) muslimischer Einwanderer zu machen.[85]

Kaum jemand traut sich offen die Frage zu stellen, warum die Kriminalität von Flüchtlingen und Asylanten besonders schwer gegenüber derjenigen wiegt, die von deutschen Tätern ausgeht. Natürlich existiert letztere auch (noch dazu in einem viel zu hohen Maße) und ist durch nichts zu rechtfertigen. Bei migrantischer Kriminalität kommt jedoch ein Aspekt hinzu, der bei deutschen Tätern - so verurteilungswürdig diese auch sind - eben nicht zutrifft: Migranten sind in den meisten Fällen Schutzsuchende, die in Deutschland (am Anfang sogar mit einer ausgeprägten Willkommenskultur) aufgenommen und hier sofort in ein umfassendes Sozialsystem integriert wurden, was unser Land zunehmend überfordert. Es ist eben besonders erschreckend, wenn die so großzügig behandelten Gäste schwere Straftaten - angefangen von Raub und Diebstahl über Vergewaltigungen und Mordtaten bis hin zu Terroranschlägen - begehen.[86] Die Bevölkerung hat also in jedem einzelnen Fall das Recht zu erfahren, wer diese Täter sind und woher sie kommen. Es ist einfach schäbig, Leute als Ausländerfeinde zu diskreditieren, die hier offensichtlich zutage tretende Missstände anprangern. Auch ist ein Asylrecht zu hinterfragen, das es Migran-

---

[83] https://www.swr.de/swraktuell/illerkirchberg-kandel-wie-umgehen-mit-rechter-hetze-interview-100.html, zuletzt aufgerufen am: 24.3.2024.

[84] https://www.cicero.de/aussenpolitik/mailand-silvester-domplatz-sexuelle-ubergriffe-nordafrikaner-koln-silvesternacht, zuletzt aufgerufen am: 24.3.2024.

[85] https://www.tichyseinblick.de/feuilleton/medien/wie-die-tagesschau-offenen-antisemitismus-auf-demonstrationen-verschweigt/, zuletzt aufgerufen am: 24.3.2024.

[86] Es sei deshalb darauf hingewiesen, dass die Verletzung der Gastfreundschaft in orientalischen Kulturen gleichbedeutend mit dem Verlust der Ehre ist.

ten ermöglicht, hier ohne Pass und Genehmigung einzuwandern (was an sich schon eine Straftat ist, s. Kap. 12), ohne dass Nicht-Asylberechtigte wieder ausgewiesen werden können.[87]

Die Haltung von Links-Grün zur Terrorismusbekämpfung ist sehr einseitig orientiert. In dem von der Gruppe der ‚Linken im EU-Parlament' herausgegebenen E-Book [14] werden zwar (zu Recht) die Gefahren aus der Terrorismusbekämpfung betont (Datenschutzprobleme, Überwachungsstaat usw.), die Gefahren aus dem Terrorismus selbst werden jedoch kaum thematisiert; und einen linken Terrorismus scheint es dort überhaupt nicht zu geben. – Auch die Haltung der Innenministerin ist in ihrer diesbezüglichen Schwerpunktsetzung eindeutig. Eine Gefahr geht bei ihr fast nur von ‚Rechts' aus,[88] d.h. unter weitgehendem Herunterspielen der Gefahren von links und von islamistischen Gefährdern dient ihre einseitige Haltung lediglich dem verstärkten Kampf gegen ihre politischen Gegner. So ist auch der erst 2021 vom BMI ins Leben gerufene Expertenkreis „Politischer Islamismus" bereits nach einem Jahr von der Ministerin wieder aufgelöst worden.[89].

Nach all dem Gesagten, ist es typisch für Links-Grün, terroristische Gefahren und kriminelle Aktivitäten, die von Migranten ausgehen, herunterzuspielen. Wenn möglich, wird bei Verbrechen mit migrantischem Hintergrund die Herkunft oder Ethnie überhaupt nicht erwähnt (man spricht dort meist vorsichtig vom Täter unspezifisch als ‚einem Mann', selbst wenn er sich durch einen Anruf Allahs selbst geoutet hat, s. hierzu Kap. 7). Oder es wird vorgespiegelt, dass die Kriminalitätsrate mit ausländischen Tätern nicht höher sei als unter Deutschen an sich. Dabei beträgt selbst nach offiziellen Statistiken der Ausländeranteil in der Rubrik ‚Gewaltkriminalität' wie erwähnt 37% [90] verglichen mit einem Migrationshintergrund an der Gesamtbevölkerung von 26,7%[91]. Aber auch diese Zahlen lassen sich nur schwer vergleichen (sie kön-

---

[87] Wobei noch hinzukommt, dass ein Teil der Asylbegehrenden aus Ländern, wie Vietnam, Georgien, Tunesien, Marokko, Albanien, Russland (speziell aus Tschetschenien) stammen, die als relativ sicher gelten können, zumindest wenn man mit manchen mittelamerikanischen Staaten oder gar Armutsländern wie Bangladesch vergleicht. – Es ist einfach eine Illusion und Überforderung, wenn man meint, jedes Elend dieser Welt mit unserm Asylsystem mildern zu können.

[88] Erst der folgenschwere Brandanschlag von Linksextremisten auf das Tesla-Werk in Grünheide scheint ihr die Augen ein wenig geöffnet zu haben, s. hierzu auch Kap. 13. – https://www.n-tv.de/politik/Faeser-Linksradikalismus-wird-haerter-und-gewaltbereiter-article24789278.html, zuletzt aufgerufen am: 25.3.2024.

[89] https://www.forschung-und-lehre.de/politik/expertenkreis-aufgeloest-wissenschaftler-enttaeuscht-4986, zuletzt aufgerufen am: 25.3.2024.

[90] https://de.wikipedia.org/wiki/Ausl%C3%A4nderkriminalit%C3%A4t, zuletzt aufgerufen am: 25.3.2024.

[91] https://www.bpb.de/kurz-knapp/zahlen-und-fakten/soziale-situation-in-deutschland/61646/bevoelkerung-mit-migrationshintergrund/, zuletzt aufgerufen am: 25.3.2024.

nen bestenfalls eine Groborientierung geben), da unter den Begriff ‚Ausländer‘ keine Bürger mit Migrationshintergrund fallen, die einen deutschen Pass
besitzen und damit deutsche Staatsbürger sind.[92] Immerhin scheint sogar der
NRW-Innenminister über die beunruhigende Situation alarmiert zu sein.[93]

Obwohl wir auf die Ausländer-Kriminalität in Kap. 12 im Zusammenhang
mit der Untergrabung unserer Rechtsordnung noch gesondert eingehen werden, sind hier schon einige Bemerkungen zu diesem Thema und über Migration im Allgemeinen, angebracht. Das beginnt bereits mit einer völlig unzureichenden Information über Umfang und Zusammensetzung der Einwanderer-
ströme an sich. Viele illegale Migranten werden schon deshalb nicht erfasst,
weil sie aus anderen EU-Staaten unter Ausnutzung des Schengen-Vertrags
nach Deutschland kommen. Wenn sie denn einen Asylantrag stellen, nimmt
man einfach hin, dass viele von ihnen keinen Pass vorweisen können oder
ein falsches Alter angeben, wodurch sie dann als ‚unbegleitete Minderjährige‘ besonderen Schutz genießen. Das verlockt geradezu zu Falschaussagen
der Asylbewerber, wie etwa ein Bericht über Kinder zeigt, die aus dem Lager
auf Lesbos nach Deutschland geholt werden sollten.[94] Danach soll eine große
Zahl der Kinder alle den gleichen Geburtstag angegeben haben, damit sie zum
Stichtag der Einreise den Status von Minderjährigen unter 14 Jahre erhalten.
Die Hilflosigkeit und Inkonsequenz der Deutschen Behörden und die Tatsache,
dass in viele Länder keine Abschiebung erfolgt, sind natürlich den Einwande-
rungswilligen und deren Rechtsanwälten wohl bekannt, sodass eine geregelte
und staatlich kontrollierte Migration von vornherein zum Scheitern verurteilt
ist.

Selbst über die Motivation der Asylbewerber wurde von Anfang an eine
Desinformation betrieben: Nach den Meldungen der ÖRM wollten fast alle
hier oder beim Bruder in Schweden studieren. Ziemlich unbedarfte PoltikerIn-
nen wollten uns doch tatsächlich erzählen, dass die Flüchtlinge ein Geschenk
für unser Land seien und die Industrie händeringend nach ihnen verlange.[95]
Aber auch unter den im Integrationsbemühen engagierten Bürgern herrscht in

---

[92] In Wirklichkeit ist also die durch Migranten im weitesten Sinne importierte Kriminalität
bezogen auf ihren Anteil an der Bevölkerung noch viel höher. Wie das Verhältnis genau
aussieht bleibt weitgehend intransparent, da die Statistiken hierzu sehr mit Vorsicht zu betrachten sind.

[93] https://www.tagesschau.de/inland/regional/nordrheinwestfalen/wdr-
auslaenderkriminalitaet-reuls-vorgriff-auf-kriminalstatistik-loest-hitzige-debatte-aus-
100.html, zuletzt aufgerufen am: 25.3.2024.

[94] https://www.tichyseinblick.de/kolumnen/alexander-wallasch-heute/unionsfraktion-in-
pseudoempoerung-haelfte-der-kinder-aus-lesbos-mit-identischem-geburtstag/,   zuletzt
aufgerufen am: 28.4.2024.

[95] https://www.berlinjournal.biz/katrin-goering-eckardt-fluechtlinge-gut/,   zuletzt   aufgerufen
am: 28.4.2024.

dieser Hinsicht ziemliche Naivität vor. Eine Bekannte erzählte uns gutgläubig, dass in ihrer Betreuungsgruppe fast alle Juristen seien.

Eine besonders gefährliche Erscheinung ist die Tabuisierung von Berichten über Verbrechen von Flüchtlingen oder die Verbreitung von regelrechten Falschinformationen zu diesem Thema. Das Ziel der verantwortlichen Politiker scheint es einfach zu sein, die Bürger über das Ausmaß an migrantischer Kriminalität im Dunkeln zu lassen, damit einerseits keine Ressentiments gegen Ausländer geschürt werden und andererseits das Totalversagen der Verantwortlichen nicht zu offensichtlich wird. Gleichzeitig möchte man dem Teil der Opposition, der schon von Anfang an auf die Fehlentwicklungen in diesem Bereich hingewiesen hat, keine Bestätigung gönnen. Durch die bereits mehrfach kritisierte Verdunkelungs-Taktik in der Berichterstattung entsteht eine groteske Situation (die ja eigentlich von der Politik vermieden werden sollte). Sie besteht darin, dass die Konsumenten von Nachrichten immer dann auf einen Migrationshintergrund schließen, wenn nicht ausdrücklich die deutsche Staatsbürgerschaft hervorgehoben wird. Und selbst dann ist es nicht gewiss, ob es ein ‚Biodeutscher' war, wie das im aktuellen Neusprech heißt.[96]

Nicht selten werden auch vorgetäuschte Straftaten von Ausländern oder Bürgern mit migrantischem Hintergrund begangen, die dann voreilig erst einmal den ‚Rechten' zugewiesen werden. Solche fingierten Falschzuordnungen hindern links-grüne Politiker selbstverständlich nicht, selbst bei noch gänzlich ungeklärten Sachverhalten diese an sich traurigen Ereignisse erst einmal für ihren Kampf gegen ihre Gegner von ‚Rechts' zu instrumentalisieren. Das begann bereits mit Sebnitz, s. hierzu Kap. 13 und setzte sich über zahlreiche Fälle wie die bereits erwähnten vorgetäuschten Brandstiftungen fort. Die Paranoia geht sogar so weit, dass unter bewusster Ausnutzung des aufgeheizten Klimas um Migration und Rassismus strafbare Taten gegenüber Ausländern frei erfunden werden, wie z.B. fingierte Vergewaltigungen.[97] Auch die Selbstverstümmelung eines Mädchens (Einritzen eines Hakenkreuzes in die Hüfte) die zunächst unberechtigt und voreilig als ‚Rechte Straftat' deklariert wurde,[98] gehört in dieses Umfeld, ebenso wie der Fall Ofarim, s. Kap. 7.

Vor allem antisemitische Straftaten werden oft ohne ausreichende Begründung spontan den Rechten zugeordnet, obwohl sie in vielen Fällen von muslimischen Migranten verübt wurden (was sich dann auch in falschen Zahlen in

---

[96] Der Terminus ‚Neusprech' stammt aus Orwells ,1984' [59]. Zum Begriff ‚biodeutsch' s. nachstehende URL. – https://praxistipps.focus.de/biodeutsch-bedeutung-und-ursprung-des-begriffs_165776, zuletzt aufgerufen am: 4.2.2024.

[97] https://www.t-online.de/nachrichten/panorama/kriminalitaet/id_89821896/koblenz-erfundene-vergewaltigung-sorgt-fuer-klagewelle.html, zuletzt aufgerufen am: 25.3.2024.

[98] https://www.spiegel.de/politik/deutschland/mittweida-die-dubiose-geschichte-vom-eingeritzten-hakenkreuz-a-524050.html, zuletzt aufgerufen am: 25.3.2024.

der PMK-Statistik niederschlägt, wie wir noch sehen werden). Diese Bemerkungen sollen in keiner Weise der Verharmlosung tatsächlicher von ‚Rechts‘ begangener Straftaten dienen, auf die wir in Kap. 13 noch gesondert eingehen werden. Solche Fakenews und Falschzuordnungen, die auch noch auf Meldungen staatlicher Organe beruhen, verzerren nicht nur die Wirklichkeit, sondern sie untergraben auch das Vertrauen der Bürger in die Medien, die diese Nachrichten verbreiten.

Ein absolut undurchschaubares Dickicht hat sich um die Kosten der Migrationspolitik gebildet, was sich schon in den Aussagen führender Politiker manifestierte, wonach die Aufnahme von Asylanten den deutschen Steuerzahler keinen Euro kosten würde. Selbst wenn man hier nicht bewusste Lüge unterstellt, war doch für jeden politischen Beobachter von vornherein klar, dass mit dem Flüchtlingsstrom nicht Heerscharen neuer ‚Steuerzahler‘ zu uns kommen werden. Tatsächlich liegen diese Kosten selbst nach offiziellen Angaben bei etwa 23 Mrd. Euro pro Jahr.[99] Dabei sind noch nicht einmal die Gelder berücksichtigt, die von den Ländern für Unterbringung, Versorgung und Integrationsbemühungen aufzubringen sind. Es ist schon mehr als verwunderlich, wenn der Gesundheitsminister die Beinahe-Insolvenz der gesetzlichen Krankenkassen verkündet, ohne die Belastung derselben durch die enorme Anzahl der aufgenommenen Flüchtlinge überhaupt zu erwähnen, s. hierzu Kap. 16. Überhaupt herrscht völlige Intransparenz bezüglich der Angaben über Zuwanderungszahlen, ja man kann von einem regelrechten Chaos in dieser Hinsicht sprechen. So sind die Zahlenangaben der Polizei fast doppelt so hoch wie die des BMI (das ist immerhin das übergeordnete Ministerium, dem die Polizei untersteht).[100] Hier erhebt sich die Frage, ob dieses Ministerium die wahren Zahlen vertuschen will, oder ob die zuständigen Behörden (allen voran die Innenministerin) einfach unfähig sind. – Auf die wirtschaftlichen und finanziellen Verwerfungen durch die Flüchtlingskrise, von der sich heute kaum noch einer scheut, sie so zu benennen, werden wir in Kap. 15 noch näher eingehen.

Unser an sich sehr großzügiges und humanes Asylrecht wird allein schon dadurch konterkariert, dass es scheinbar unüberwindliche oder teilweise auch nur vorgeschobene Schwierigkeiten bei der Rückführung von nicht-asylberechtigten Migranten gibt. Dadurch sind das Asyldesaster und das Abschiebungsproblem eng miteinander verknüpft, was sich allein dadurch zeigt, dass nicht einmal islamistische Fundamentalisten und sogenannte Gefährder in ihre Heimatländer abgeschoben werden können. Deren Zahl geht selbst nach offizi-

---

[99] https://www.bpb.de/themen/migration-integration/zahlen-zu-asyl/265776/asylbedingte-kosten-und-ausgaben/, zuletzt aufgerufen am: 25.3.2024.
[100] Tichys Einblick, 1/23, Artikel von Josef Kraus, S.45; Quelle für die Zahlenangaben: „Bildzeitung“ vom 2.11.2022.

ellen Angaben insgesamt in die Tausende, [101] und wenn sie denn schon einmal zum Teil mit riesigem Aufwand außer Landes gebracht wurden, sind nach der gleichen Quelle ein Drittel der Ausgewiesenen nach kurzer Zeit wieder hier. Die einzige Folgerung kann doch nur sein, dass das Asylrecht geändert werden muss (etwa nach dem Beispiel Dänemarks, s. Kap.17).

Vor allem müssen abgelehnte Asylbewerber, die wiederholt straffällig wurden, ohne Wenn und Aber abgeschoben werden. Wer die gastliche Aufnahme in einem Land in einer solch eklatanten Weise missbraucht, wie das bei vielen migrantischen Mehrfachtätern der Fall ist (s.o.), hat auch jede humanitäre Rücksichtnahme verwirkt. Es ist doch niemandem zu vermitteln, dass ein polizeibekannter afghanischer Täter, der einen Aserbaidschaner in Greven mit einem Messer tötet und einen Deutschen schwer verletzt (und wieviele derartige Fälle gibt es inzwischen schon?), aus falsch verstandener ‚Rücksichtnahme‘ nicht längst nach Afghanistan abgeschoben wurde.[102] Ist das von unserem Grundgesetz verbriefte Recht auf Leben und körperliche Unversehrtheit unserer Bürger und insbesondere des Opfers weniger wert als die Interessen des Täters? Das Analoge gilt für fundamentalistische islamistische Migranten insbesondere aus dem arabischen Raum, die unter Ausnutzung der völlig unzureichend kontrollierten Einwanderungswellen gewissermaßen als ‚Trojanische Pferde‘ zu uns gekommen sind.

Das gesamte Themenfeld ‚Asylantenkriminalität‘ ist über weite Strecken von einem regelrechten Schirm der Vernebelung und des Kleinredens der Gefahren umgeben. Über die Gewaltbereitschaft von Asylanten und islamistischen Gefährdern wird ein deutlich spürbarer Mantel des Schweigens ausgebreitet, wie das beispielsweise die Berichterstattung über die bereits erwähnte Ermordung eines Mannes in Munderkingen geradezu prototypisch gezeigt hat. Da erfährt man zunächst nichts über die Herkunft des Täters, dafür aber schon mal vorsorglich den Standard-Hinweis, dass die Schuldunfähigkeit des Täters noch untersucht werden muss. Erst in lokalen Zeitungen oder AfD-nahen Publikationsorganen erfuhr man, dass die äußerst brutal mit 9 Messerstichen verübte Tat von einem Afghanen ausgeführt wurde, und dass dieser bereits

---

[101] https://www.bpb.de/themen/infodienst/337749/zahlen-zur-islamistischen-szene-in-deutschland/, zuletzt aufgerufen am: 25.3.2024.

[102] Übrigens wird der von einem AfD-Journal berichtete Umstand, dass der Täter der Polizei schon anderwärtig aufgefallen ist, in den Mainstreamblättern nicht erwähnt. https://jungefreiheit.de/politik/deutschland/2021/messerattacke-in-greven-afghane-war-polizeibekannt/ – Vergleiche hierzu: https://www.sueddeutsche.de/panorama/kriminalitaet-greven-toedlicher-angriff-in-unterkunft-25-jaehriger-verdaechtig-dpa.urn-newsml-dpa-com-20090101-210705-99-259528 , zuletzt aufgerufen am: 28.4.2024.

abgeschoben werden sollte.[103]. Da die falsche Asylpolitik der Regierung eine wesentliche Ursache für diese Missstände einschließlich der mangelhaften Berichterstattung darüber ist, wird hier von den MSM ein vitales Interesse der Bevölkerung über eine lückenlose Aufklärung der von Asylanten begangenen Straftaten verletzt. – Auch der folgende Vorgang zeigt deutlich, dass die sehr häufig vorkommende untereinander verübte Gewalt von Migranten in den MSM entweder verschwiegen wird oder die Herkunft der Täter im Dunklen gelassen wird. Da sticht ein Asylant in Dresden einen anderen wegen eines nichtigen Anlasses in der Gemeinschaftsküche nieder,[104] oder es gehen Syrer in Cottbus mit Holzlatten aufeinander los,[105] ohne dass dies in der Öffentlichkeit irgendeine nennenswerte Resonanz findet. Der Tagesspiegel scheute in dem zitierten Artikel nicht einmal davor zurück, bei einer nachweislich zwischen zwei Asylanten stattgefundenen Auseinandersetzung, gleich in der Unterüberschrift so nebenbei festzustellen, dass dies am Tag einer Pegida-Demonstration stattfand. Beides hatte absolut nichts miteinander zu tun. Das ist ein Beleg für modernen deutschen Framing-Journalismus vom Feinsten. Der erwähnte ‚Küchen-Vorfall‘ in Dresden bildete sogar unter völliger Verdrehung der Tatsachen den Anlass für ‚Lichterketten gegen Rechts‘. Der migrationspolitische Sprecher der Grünen stellte, um das Maß voll zu machen, auch noch Strafanzeige gegen die Polizei wegen Strafvereitelung im Amt, weil diese nicht rechtzeitig in die ihm genehme Richtung nach ‚Rechts‘ ermittelt habe.[106]

Nach der gängigen Berichterstattung der ÖRM scheint es zwei Klassen von Opfern zu geben. Während bei Straftaten gegen Ausländer sofort eine regelrechte Pressekampagne ausgelöst wird, vor allem, wenn sich irgendwie mehr oder weniger geschickt eine Verbindung zu einer Täterschaft von ‚Rechts‘ herstellen lässt, ist man bei deutschen Opfern bzw. bei linken oder migrantischen Tätern wesentlich zurückhaltender. In manchen Fällen muss man schon ein bewusstes und schnelles ‚Übergehen zur Tagesordnung‘ bei Straftaten von Asylbewerbern in den Top-Medien konstatieren, wie es z.B. bei dem Mordanschlag eines Islamisten auf zwei Homosexuelle in Dresden der Fall war. Hier gab es keine Lichterketten, und sogar um die Anbringung einer Plakette zur Erinnerung an diese menschenfeindliche Tat war noch ein unwürdiger Streit ent-

---

[103] https://jungefreiheit.de/politik/deutschland/2021/toedliche-messerattacke/, zuletzt aufgerufen am: 25.3.2024.

[104] https://www.tagesspiegel.de/politik/asylbewerber-wurde-wohl-von-mitbewohner-getotet-3605212.html, zuletzt aufgerufen am: 23.3.2024.

[105] https://jungefreiheit.de/politik/deutschland/2021/syrer-pruegeln-sich-durch-cottbus/, zuletzt aufgerufen am: 25.3.2024.

[106] https://www.tagesspiegel.de/politik/kriminalbeamte-beschimpfen-grunen-politiker-volker-beck-3604342.html, zuletzt aufgerufen am: 25.3.2024.

brannt.[107] Die Erklärung dürfte einfach sein: Jede der im Wochentakt stattfindenden Mordtaten, Vergewaltigungen oder anderer Straftaten, die durch Migranten begangen werden, sind ein Eingeständnis der verfehlten Migrations-
und Integrations-Politik. Und das kann die Politik nicht zulassen!

Ganz schlimm wird es, wenn etwa Ehrenmorde von meist muslimischen
Tätern mit einem - man möchte fast sagen - ‚gewöhnlichen' Mord gleichgesetzt werden, wie das die Berliner Integrations-Senatorin (Die Linken) getan
hat. Sie hat sich sogar zu der Behauptung verstiegen, dass der Ehrenmord an
einer jungen Afghanin durch deren Brüder in Berlin im August 2021 nichts
mit der Herkunft der Täter zu tun habe.[108] Hier kann man dem Untertitel des
zitierten Artikels im Tagesspiegel nur zustimmen: „Wer Probleme nicht be-
nennt, wird sie nicht lösen". Es muss allerdings hinzugefügt werden, dass der
‚Ehrenmord' als archaische Form der Selbstjustiz in Deutschland auch von
Angehörigen anderer Ethnien und Glaubensrichtungen ausgeführt wird, wie
die Ermordung der Jesidin Arzu Özmen in Detmold gezeigt hat. Diese junge
Frau wurde in einem regelrechten Familienkomplott zum Tode verurteilt und
grausam hingerichtet, weil sie einen deutschen Freund hatte (welch ein Schlag
ins Gesicht aller gut gemeinten Integrationsbestrebungen).[109]

Vor diesem Hintergrund ist die undifferenzierte Forderung nach mehr Rechten für Ausländer, insbesondere für Moslems und Ethnien mit einem ganz anderen Moral- bzw. Rechtsverständnis, eine sehr gefährliche Absicht. Vor allem
links-grüne Politiker möchten unter völliger Ignorierung demokratischer Mechanismen möglichst noch Quoten für eine jegliche Minderheit oder Religionsgemeinschaft bis hinein in die Parlamente einführen. Damit würde der an
sich schon ausgehöhlte Rechtsstaat (s. Kap. 12), aber auch der Gleichbehandlungsgrundsatz und der Gedanke des Verhältniswahlrechts weiter untergraben.
Den Gipfel des politischen Harakiri bildet das Bestreben der Integrationsse-
natorin von Berlin, eine Migrantenquote in Berlin einzuführen.[110] Da werden
sicher auch bald mehr Dolmetscher gebraucht, da es einem dann zu erwartenden Berliner Senator afghanischer Herkunft sicher nicht zuzumuten ist, eine
Gesetzesvorlage in Deutsch vollkommen zu verstehen!

Inzwischen erschallt der Muezzin-Ruf unter dem Deckmantel der Religionsfreiheit schon von einer DITIB-Moschee in Köln. Das ist nicht nur eine

---

[107] https://mannschaft.com/nach-mord-in-dresden-erinnerungsort-im-streit-beschlossen/,
zuletzt aufgerufen am: 25.3.2024.
[108] https://www.tagesspiegel.de/berlin/berliner-senatorin-zieht-ehrenmord-aussage-zurueck-
wer-probleme-nicht-benennt-wird-sie-nicht-loesen/27497314.html, zuletzt aufgerufen am:
25.3.2024.
[109] https://taz.de/Ehrenmord-an-Arzu-Oezmen/!5073899/, zuletzt aufgerufen am: 25.3.2024.
[110] https://jungefreiheit.de/politik/deutschland/2021/migrantenquote-senat/, zuletzt aufgerufen
am: 25.3.2024.

Kapitulation vor einer von Ankara kontrollierten muslimischen Organisation, die immer wieder in den Fokus des Verfassungsschutzes gerät. Dieser Ruf verkündet auch den Alleinvertretungsanspruch des Islam über alle anderen Religionen: „Gott ist groß. Es gibt keinen anderen Gott, außer Allah", was gerade nicht von religiöser Toleranz zeugt.[111] Es ist auch bemerkenswert, dass dieser falsch verstandene Kölner Akt scheinbarer Toleranz gegenüber dem Islam in eine Zeit der brutalen Unterdrückung der iranischen Bevölkerung und insbesondere der Frauen durch das dortige Mullah-Regime fällt.[112] Aber wen wundert das noch, wenn unser Bundespräsident den iranischen Machthabern zum Tag der islamischen Revolution gratuliert, oder ausgerechnet unsere feministische Außenministerin den Tod einer Frau in der Haft iranischer Sittenwächter (sie hatte das Tragen eines Kopftuchs verweigert) mit den Worten kommentiert, dass dies nichts mit Religion und Kultur des Landes zu tun habe.

Obwohl jedem klar geworden sein müsste, dass die deutsche Asylpolitik ein Desaster ist, sind deren Kritiker nach wie vor der Denunziation als ‚Ausländerfeinde', ‚Rassisten' oder gar als ‚Nazis' ausgesetzt. Eine misslungene oder auch nur unausgewogene Asylpolitik vergrößert jedoch nur die sozialökonomischen Unterschiede dieser Welt und vermindert sie nicht, und ein Verschweigen oder eine Verharmlosung der Probleme im Inland verstärkt nur die in allen Bereichen immer weiter um sich greifende Spaltung der Gesellschaft. Auf kaum einem Gebiet zeigt sich die Schieflage unseres gesellschaftlichen ‚Dialogs' so deutlich wie hier, anstelle eines sachlichen Austausches von Argumenten findet Ausgrenzung und Verleumdung statt.

Parallel zu diesen negativen Erscheinungen ist eine moralische Selbstüberhöhung und Anmaßung der Befürworter einer weitgehend ungebremsten Einwanderung gegenüber dem Gemeinwesen und dem Staat zu beobachten. So nehmen Kirchen und NGOs aufgrund einer selbst-bescheinigten moralischen Integrität für sich in Anspruch, Asylsuchende unter Missachtung staatlicher Regelungen ins Land zu bringen oder Abschiebungen zu verhindern. Das Ganze wird noch begleitet von einer Umgehung geltender Gesetze oder von EU-Verträgen. Dabei wird etwa die verzweifelte Situation von Flüchtlingen ausgenutzt, die sich gestützt auf kriminelle Schleuserbanden im Mittelmeer selbst in Lebensgefahr bringen, und deren Abtransport nach Europa wird dann medienwirksam als ‚Seenotrettung' inszeniert. Das ist aber eine völlige Überdehnung dieses Begriffs, der ursprünglich nicht für Menschen gedacht war, die sich (aus

---

[111] Unvorstellbar, dass sich die DITIB für die Zulassung von Glockengeläut einer christlichen Kirche in Istanbul einsetzen würde. - Zum Vergleich: Seit etwa hundert Jahren ist in der Türkei keine christliche Kirche mehr errichtet worden.

[112] https://www.emma.de/artikel/koeln-der-ruf-des-muezzins-und-was-er-fuer-frauen-bedeutet-339793, zuletzt aufgerufen am: 25.3.2024.

welchen Gründen auch immer) bewusst auf See in Lebensgefahr begeben, um sich dann nicht etwa an die nächstgelegene Küste, sondern in ein ihnen genehmes, lukrativeres Land ‚retten‘ zu lassen.

Mit diesem Vorgehen wird den Flüchtenden durch die ‚Seenotretter‘ subjektiv eine verringerte Gefahr vorgespiegelt, und objektiv werden letztere zu Handlangern der mittlerweile sehr gut organisierten Schleuser. Das rechtliche Grundproblem der Seenotrettung hat der Direktor des Amtsgerichts Bielefeld in einem offenen Brief so zum Ausdruck gebracht: „Ich halte es bereits für unangemessen, die Flüchtlinge, die mit Booten nach Europa übersetzen wollen, mit Schiffbrüchigen zu vergleichen. Ein Schiffbruch ist ein Unglücksfall. Diejenigen, die in Nordafrika übersetzen wollen, tun dies jedoch in Abwägung der Chancen und Risiken. [. . .] Sie setzen unter Inkaufnahme ihrer Notlage auf See über, um sich ein illegales Einwanderungsrecht nach Europa zu erschaffen".[113] Bei aller Anerkennung der humanitären oder wirtschaftlichen Notlage von Flüchtlingen werden die Zielländer moralisch und rechtlich unter Druck gesetzt. Dabei ist heute jedem Asylsuchenden (und vor allem deren Anwälten) klar, dass er selbst dann kaum zurückgebracht wird, wenn sein Asylantrag abgelehnt wird, und er erst einmal den Boden der EU betreten hat.

Da die an das Mittelmeer angrenzenden Staaten, vor allem Länder wie Griechenland, Zypern und Italien, die größte Last zu tragen haben (was wiederum von diesen Ländern ausgehende Härten für die aufgenommenen Flüchtlinge verursacht), und eine vertraglich abgesicherte Verteilung der Einwanderer auf die EU-Mitgliedsstaaten nicht existiert, setzt quasi automatisch eine illegale Binnenmigration in der EU ein. Damit sind Rechtsbrüche im Zusammenhang mit dem Anlanden von Rettungsschiffen durch NGOs, ein undurchschaubares Zusammenspiel zwischen Schleppern und diesen Organisationen sowie Erpressungshandlungen durch Kapitäne der von NGOs oder Kirchen geheuerten Rettungsschiffe geradezu vorprogrammiert. Typisch für diese Situation waren die zweifelhaften ‚Seenotrettungs-Unternehmungen‘ der Kapitänin Rackete mit ihrem Schiff Seawatch-3, die zu wiederholten Konflikten mit der italienischen Regierung führten.[114] Die Kombination aus moralischer Anspruchshaltung, politischer Unterstützung aus dem links-grünen Politspektrum und dem erfolgreichen Einsammeln von reichlichen Spendengeldern hat sich für diese NGOs zu einem regelrechten Geschäftsmodell entwickelt. Dass sie sich damit gewollt oder ungewollt zu Geschäftspartnern krimineller Schleu-

---

[113] https://www.westfalen-blatt.de/owl/bielefeld/gnisa-attackiert-clausen-1239482, zuletzt aufgerufen am: 25.3.2024.

[114] https://www.nzz.ch/meinung/sea-watch-3-kapitaenin-rackete-steht-nicht-ueber-dem-gesetz-ld.1492805, zuletzt aufgerufen am: 25.3.2024.

serbanden und zu Unterminierern des Rechtsstaates machen, scheint sie nicht weiter zu berühren.

Schließlich helfen viele NGOs aber auch kirchliche Vertreter (so z.B. mit dem rechtlich durch nichts gedeckten Instrument des ‚Kirchenasyls') den Asylgedanken ad absurdum zu führen. Durch die finanziellen Zuwendungen an diese Unternehmungen, sei es durch private Geldgeber oder gesellschaftliche Institutionen, werden nicht nur das Rechtssystem sondern auch die sozialen Sicherungssysteme unterminiert (überbordende Sozialausgaben durch Zuwanderer bei gleichzeitiger Hinnahme von Sozialmissbrauch). Dies ist für Deutschland deshalb besonders belastend, weil es wegen seiner bislang sehr hohen Sozialleistungen geradezu ein Magnet für Migranten ist. Selbst Asylbewerber, deren Antrag in einem anderen EU-Land positiv beschieden wurde, landen letztlich trotz des Dublin-Abkommens in Deutschland - in früheren Zeiten eventuell noch in Schweden oder Dänemark. Ganz abgesehen davon sind die deutschen Behörden nicht einmal in der Lage, die illegale Mehrfach-Inanspruchnahme von Sozialleistungen durch ein und denselben ‚Flüchtling' zu verhindern. – Menschen in Not zu helfen, ist zweifellos ein humanistisches Gebot. Aber das kann in der Flüchtlingsfrage, die bereits globale Ausmaße angenommen hat, nur staatlich organisiert und unter parlamentarischer Kontrolle erfolgen. Private Unternehmen, und seien sie von noch so hehren moralischen Motiven angetrieben, können in diesem Maßstab nur Schaden anrichten. Das verschärft die bereits allseits als solche erkannte Asylkrise nur noch mehr und bedarf dringend einer Korrektur, s. Kap. 17 (auf die negativen Folgen der Migration für die Heimatländer der Flüchtlinge werden wir noch eingehen).

Die richtige Reaktion auf das Elend in den Herkunftsländern, die dort eine verstärkte Flucht nach Europa verhindern würde, wäre im Grunde genommen eine ausgewogene Entwicklungspolitik sowie Kampf gegen Korruption und Willkürherrschaft in diesen Ländern. Das ist beileibe nicht gewährleistet; insbesondere ist nicht gesichert, dass die Entwicklungshilfe dort ankommt, wo sie wirklich benötigt wird. So gelangte, um nur ein Beispiel zu nennen, ein großer Teil des Geldes, das Deutschland an die Palästinenser im Gazastreifen gesendet hat, bei der Hamas, die in Deutschland als Terrororganisation eingestuft wird. Selbst nach dem furchtbaren Terroranschlag der Hamas auf Israel im Oktober 2023 wird in Deutschland ein erbitterter Streit um deutsche Finanzhilfen für „palästinensische Märtyrerrenten" geführt. [115]

Immer wieder werden in den Empfängerländern von Entwicklungshilfe durch einheimische Diktatoren riesige Summen auf Schweizer Privatkonten

---

[115] https://www.focus.de/finanzen/news/debatte-um-entwicklungshilfe-deutsche-steuermillionen-fuer-maertyrer-renten-jetzt-tobt-der-palaestina-streit_id_222129852.html, zuletzt aufgerufen am: 30.11.2023.

umgeleitet, wie das u.a. Zaires brutalem Despoten Mobutu nachgewiesen wurde.[116] Aber auch die Korruption des Palästinenserführers Arafat war international bekannt. – Wenn eine wirksame Entwicklungshilfe nicht gelingt (s. hierzu Kap. 17) werden die hochentwickelten Länder die Flüchtlingsströme nicht eindämmen, sondern sie durch ihre fehlgeleitete Politik nur noch verstärken. Da bisher in dieser Hinsicht keine Besserung zu erkennen ist, erscheint eine Forderung nach Öffnung der Grenzen (wie sie etwa von bestimmten Bewegungen unter dem Slogan ‚No borders, no nations‘ aufgestellt werden) einfach unverantwortlich.[117] Inzwischen dämmert es in Anbetracht der kaum mehr zu bewältigenden Belastungen unseres Landes und aufgrund der Immigrantenflut sogar führenden Vertretern der Grünen, dass ein Umdenken in der Asylfrage erforderlich ist.[118]

Wenn wir in der Migrationspolitik nicht umsteuern und diese nicht mit einem ausgewogenen, von unseren Interessen getragenen Einwanderungsrecht kombinieren, wird uns das ganze Flüchtlingsgeschehen so schwer belasten, dass wir eines Tages selbst dort nicht mehr helfen können, wo dies dringend erforderlich wäre. Die in der Regierungspolitik vorherrschende Sozialromantik führt zur Ausnutzung und Aushöhlung unser eigenen Sozialsysteme, zur Insolvenz unserer Krankenkassen und zur Zerstörung des inneren Friedens in unserer Gesellschaft, hilft aber nicht den Notleidenden in den Herkunftsländern der Flüchtlinge. Oder, nach einem Satz, der Peter Scholl-Latour zugeschrieben wird: „Wer halb Kalkutta aufnimmt, hilft nicht etwa Kalkutta, sondern wird selbst zu Kalkutta!" In der Konsequenz werden Probleme und Konflikte in unser Land getragen, die vorher so nicht existierten oder zumindest keine große Rolle spielten. Hierzu gehören u.a. die Auseinandersetzung zwischen Kurden und Türken, der Antisemitismus (genauer der Antijudaismus) der Araber, die Kleinkriminalität und Verwüstung ganzer Straßenzüge durch Zigeuner oder die Schwerverbrechen von wohlorganisierten Clans und Großfamilien.[119], s. hierzu auch Kap. 9.

Obwohl die Flüchtlingskrise schon mindestens seit 2015 virulent ist, scheinen die Politiker nichts gelernt zu haben. Es ist kaum zu fassen, wenn man bereits mehrere Jahre zurückliegende und mehrfach zitierte Äußerungen der

---

[116] https://www.stern.de/stiftung/kinakoni/entwicklungshilfe–warum–sie–auch–zu–mehr–hunger-fuehren-kann-30483766.html, zuletzt aufgerufen am: 25.3.2024.

[117] https://de.wikipedia.org/wiki/No_Border_Netzwerk, zuletzt aufgerufen am: 25.3.2024.

[118] https://www.t-online.de/nachrichten/deutschland/innenpolitik/id_100272070/fluechtlinge-asylwende-bei-den-gruenen-das-steckt-hinter-dem-gastbeitrag-.html, zuletzt aufgerufen am: 2.11.2023.

[119] Groteskerweise fürchten sich inzwischen sogar indigene kriminelle oder halbkriminelle Gruppen (so in der Rockerszene) vor dem Eindringen von äußerst aggressiven Gruppen aus dem Migranten- bzw. Clanmilieu.

Kanzlerin mit dem Tenor liest: „Multikulti ist gescheitert" oder später ihr Satz auf dem CDU-Parteitag: „Eine Situation wie 2015 darf sich nicht wiederholen".[120] Selbst die richtigen Aussagen und Pläne sind heute Makulatur,[121] und 2022 haben wir es bereits wieder mit einem massiven Anstieg der Flüchtlingsströme aus der Ukraine und über die Balkanroute zu tun, der mit demjenigen von 2015 vergleichbar ist. Dabei wird der Migrationsdruck nicht etwa geringer, sondern immer stärker.

Was - wie bereits angedeutet - in der objektiven Beurteilung des Problems der Zuwanderer meist unterschlagen oder zumindest vernachlässigt wird, ist der Schaden, der für die Herkunftsländer entsteht. Es sind meist junge tatkräftige Männer, die es nach Europa schaffen und die als aktives Potential für die Entwicklung ihrer eigenen Heimat fehlen. Es sind auch nicht die Ärmsten, die zu uns kommen, diese könnten die hohen Schlepperlöhne gar nicht bezahlen. Oft legen ganze Großfamilien zusammen, damit wenigstens einem Familienmitglied die Auswanderung (bevorzugt nach Deutschland) ermöglicht wird. Das führt auf der einen Seite zu einem großen Erwartungsdruck an die Flüchtlinge, denen das Wagnis gelingt, und andererseits erzeugt es weitere Armut und Hoffnungslosigkeit bei den Zurückgebliebenen. Ein weiterer wichtiger Gesichtspunkt ist die Schädigung der Heimatländer der Flüchtlinge durch den sogenannten ‚Braindrain'. Welch ungeheuer negative Wirkung das für die betroffenen Staaten hat, konnte jeder DDR-Bürger praktisch tagtäglich beobachten. Dieser Effekt war einer der Gründe für die überforderte Politriege um Ulbricht 1961, diese unselige Mauer zu bauen, die Deutschland bis 1989 so schmerzlich trennte.

Im Zusammenhang mit der Asyl- bzw. Migrationspolitik muss man - wie in anderen Bereichen auch - die Frage stellen, ob Deutschland in diesem Punkt bereits zu einem Failed State geworden ist, dessen Handeln einfach irrational wirkt, worauf wir in Kap. 12 noch einmal zurückkommen werden. Statt einer Bereicherung unserer Gesellschaft haben wir uns eine Reihe von Problemen eingehandelt, die weder konsequent angegangen, noch öffentlich ausreichend und unvoreingenommen diskutiert werden. Im Gegenteil, sie werden in der veröffentlichten Meinung und in einem Großteil der ÖRM weitestgehend tabuisiert, was übrigens einer der Gründe für den ungeahnten Auftrieb der AfD ist. Es ist also zu befürchten, dass die dadurch entstandenen gesellschaftlichen Verwerfungen nur sehr schwer wieder korrigiert werden können.

---

[120] https://www.youtube.com/watch?v=j9Ld-Z0Vkzs, zuletzt aufgerufen am: 29.4.2024.
[121] https://www.sueddeutsche.de/bayern/csu-integration-seehofers-7-punkte-plan-1.1015460, zuletzt aufgerufen am: 25.3.2024.

Kapitel 9

Politische Korrektheit, Genderwahn, Antirassismus und Wokeness

Jede Zeit und vielleicht sogar jede Gesellschaftsschicht hatten ihre eigenen gesellschaftlichen Normen, die nicht unbedingt rechtlich kodifiziert sein müssen. Das bedeutet, dass viele dieser Konventionen primär in den Bereich von Moral und Ethik und weniger unter die Jurisdiktion eines Staates fallen.[1] Aus diesem Grund werden Verstöße gegen solche Normen normalerweise gesellschaftlich und nicht staatlich sanktioniert, wobei es solche Sanktionierungen schon immer gegeben hat. Aber: In einer Herrschaftsform, die den Namen ‚Demokratie‘ wirklich verdient, sollten vermeintliche Verstöße gegen moralische Normen (sofern sie nicht gleichzeitig rechtlich relevant sind) nicht mit puritanischem Eifer gesucht, durch Denunziantentum mühsam ans Licht gebracht und mit geradezu inquisitorischer Verve verfolgt werden. Aber gerade dies geschieht zur Zeit in der westlichen Welt, wobei die vorgeblich oder tatsächlich verletzten Normen oft genug nur von einer Minderheit gesetzt und akzeptiert werden.

All das manifestiert sich in dem diffusen und schwer fassbaren Wertesystem der ‚Politischen Korrektheit‘ (PolC). Das bedeutet auch, dass sich die bereits von Tocqueville beschriebene und wie ein Damoklesschwert über einer Demokratie schwebende Gefahr, nämlich eine Tyrannei der Mehrheit über eine Minderheit zu sein (s. Kap. 5), umwandelt in eine Tyrannei einer Minderheit über die Mehrheit.[2] Wie ist letzteres heute in einer parlamentarischen Demokratie überhaupt möglich? - Indem sich die Minorität mit Hilfe der weitgehend gleichgeschalteten Medien und immer stärker ins Spiel gebrachten NGOs die Meinungsführerschaft verschafft und gezielt und schrittweise die staatlichen Institutionen unterwandert. Nur so ist zu erklären, dass die gesellschaftlich diskutierten Themen so stark von einer Partei bestimmt werden, die 2021 gerade einmal von knapp 15% der Wahlteilnehmer in den Bundestag gewählt wurde. In der NZZ werden „Political Correctness und Identitätspolitik, [als] Lochfraß

---

[1] Auf das Verhältnis von Recht und Moral werden wir in Kap. 12 genauer eingehen, s. hierzu auch [46].

[2] Wie schnell das geschehen kann, hat Lenins Kaderpartei 1917 gezeigt, die sich bezeichnenderweise „Bolschewiki" (d.h. „Mehrheit") nannte, obwohl sie doch nachweislich in der Minderheit war.

für die Freiheit [bezeichnet]. Im Kern steckt darin eine Privatisierung des De-
battenraums durch einige wenige im Dienst einer selbst proklamierten höheren
Moral" - oder eben im Dienst ‚der richtigen Seite'.[3]

Einen deutlichen Ausdruck findet die bereits in Kap. 4 beschriebene PolC
in dem grassierenden **Genderwahn**, der wie eine Krankheit wirkt und unsere
Gesellschaft überfallen hat. Über Jahrhunderte herrschte weitgehend Konsens
darüber, dass es zwei Geschlechter gibt, die im wesentlichen biologisch deter-
miniert sind. Daran ändert sich auch nichts durch die Tatsache, dass es Menschen gibt, die sich (obwohl biologisch als Mann oder Frau geboren) sexuell
zum gleichen Geschlecht hingezogen fühlen, was aber einen zwar nicht ver-
nachlässigbaren, aber eher geringen Prozentsatz der Bevölkerung ausmacht.
Diese Gruppe, die Homosexuellen, wurde bis vor wenigen Jahren in den meisten Ländern diskriminiert und sogar juristisch verfolgt (was in den muslimischen Staaten noch heute zutrifft). Das ist glücklicherweise in Deutschland
überwunden! Leider scheint aber das Pendel in letzter Zeit in die andere Richtung auszuschwingen, so dass diese Gruppe einen Raum im öffentlichen Diskurs einnimmt, der in keinem Verhältnis mehr zu ihrem Anteil in der Gesellschaft steht.

Inzwischen wurde ein ganzes Panoptikum von gesellschaftlich gleichwer-
tigen Geschlechtern erfunden. Diese reichen von ‚transgender' über ‚gender-
queer' bis zu ‚arbinär'.[4], sodass heute wegen der verwirrenden Vielfalt im öffentlichen Diskurs nur noch mit Abkürzungen gearbeitet wird (etwa LGBTQ
für **l**esbian, **g**ay, **b**isexual, **t**ransgender, **q**ueer). Mittlerweile ist die Zahl der zur
Disposition stehenden Geschlechter auf mehrere Dutzend angestiegen,[5] sodass
man sich schon mit einem zusätzlichen ‚+' hinter dem Kürzel LGBTQ begnügen muss, um ‚korrekt' über dieses Thema reden zu können. Während es eine
klare und weitgehend akzeptierte Definition gibt, was unter dem biologischen
Geschlecht zu verstehen ist, sind die von den Genderfanatikern vorgeschlagenen sozialpsychologisch motivierten Gender-Kategorien bewusst vage gehalten.[6] Dadurch ist eine wissenschaftliche Diskussion über das Problem kaum
möglich (und das trotz der Tatsache, dass sich Heerscharen von sogenannten
‚GenderwisssenschaftlerInnen' mit dem von ihnen selbst geschaffenen Thema
befassen und sich - nebenbei gesagt - trefflich davon ernähren). Dabei verhed-

---

[3] https://www.nzz.ch/meinung/pc-kann-jeden-treffen-der-brutale-kannibalismus-der-
gutmenschen-ld.1567162, zuletzt aufgerufen am: 26.3.2024.

[4] https://de.wikipedia.org/wiki/Nichtbinäre_Geschlechtsidentität, zuletzt aufgerufen am:
26.3.2024.

[5] https://www.faz.net/aktuell/gesellschaft/geschlechter-liste-alle-verschiedenen-geschlechter-
und-gender-arten-bei-facebook-13135140.html, zuletzt aufgerufen am: 26.3.2024.

[6] https://www.cicero.de/kultur/gender-ideologie-das-gerede-vom-sozialen-geschlecht, zuletzt
aufgerufen am: 26.3.2024.

dert man sich in den Ersatzbegriffen für Frauen und Männer (Menschen, die menstruieren/nicht menstruieren; Menschen ohne/mit Penis usw.[7]) bereits derart, dass selbst eingefleischte Feministinnen in eine Protesthaltung getrieben werden.[8] - Wie will man vor einem solchen Hintergrund überhaupt vernünftig diskutieren oder gar ‚Wissenschaft‘ betreiben?

Inzwischen ist das Durcheinander so groß geworden, dass schon in der Presse danach gefragt wird, wieviele Geschlechter es gibt.[9] Die Online-Ausgabe einer führenden Wochenzeitung titelt sogar: „Gibt es Männer und Frauen überhaupt?". Und die bekannte Autorin J.K. Rowling hat - man fasst es kaum - einen regelrechten Shitstorm ausgelöst mit ihrer Aussage: „Sex is real".[10] Selbstverständlich ist sie in der noch ‚wokeren‘ anglophonen westlichen Welt massiven Anfeindungen und systematischem Canceling ausgesetzt. Die Beispiele für den Schaden, den dieser Irrsinn anrichtet, sind Legion; seine Folgen finden ihren Niederschlag bis hinein in die gegenderte Sprache, s. Kap. 10. Die Steigerung dieses Puritanerwahns fand in den USA seine Manifestation; dort wurde eine Lehrerin entlassen, weil sie im Unterricht ihren ‚unschuldigen‘ Schülern den David Michelangelos gezeigt hat.[11] Das wird die Kleinen sicher nicht gehindert haben, vor dem Schlafengehen noch schnell eine für sie frei zugängliche Pornoplattform im Web aufzusuchen.

Es war zweifelsohne ein großer Fortschritt in der Frage der Gleichberechtigung, dass im Sinne unseres Grundgesetzes niemand mehr wegen seiner sexuellen Orientierung diskriminiert werden darf oder gar - wie das vor nicht zu langer Zeit noch der Fall war - wegen Homosexualität gerichtlich belangt werden kann. Es ist aber etwas anderes, wenn plötzlich marginale Gruppen, wie sie in der LGBTQ-Bewegung vertreten sind, in den Vordergrund rücken und den gesellschaftlichen Diskurs bestimmen. Ganz schlimm wird es, wenn Minderjährige in dieses unüberschaubare Tohuwabohu der Geschlechter, das sie gar nicht verstehen und beurteilen können, hineingezogen werden. So legte das Familienministerium auf seinem ‚Regenbogenportal‘ Jugendlichen nahe: „Bist du noch sehr jung? Und bist du noch nicht in der Pubertät? Dann kannst du Pubertäts-Blocker nehmen. (...) Diese Medikamente sorgen dafür, dass du

---

[7] Synonyme für die klassischen Kategorien ‚Mann‘ bzw. ‚Frau‘ können das ja nicht sein, denn was wäre dann die richtige Bezeichnung für eine Frau nach der Menopause?

[8] https://www.emma.de/artikel/anpassung-die-rolle-337403, zuletzt aufgerufen am: 3.12.2023.

[9] https://www.bild.de/ratgeber/gesundheit/gesundheit/maennlich-weiblich-divers-wie-viele-geschlechter-gibt-es-eigentlich-60463570.bild.html, zuletzt aufgerufen am: 26.3.2024.

[10] https://www.zeit.de/kultur/2020-01/geschlechterdebatte-gender-maenner-frauen-feminismus-j-k-rowling-10nach8, zuletzt aufgerufen am: 26.3.2024.

[11] https://www.berliner-zeitung.de/kultur-vergnuegen/kundigung-wegen-david-statue-burgermeister-meldet-sich-li.331983, zuletzt aufgerufen am: 26.3.2024.

nicht in die Pubertät kommst.".[12] Zweck dieser unglaublichen Empfehlung war es, den Kindern mehr Zeit zu geben, für welches Geschlecht sie sich entscheiden wollen. Durch diesen Text werden junge Menschen, die sich in einer an sich schon schwierigen Phase ihrer Entwicklung befinden, kurz vor und während der Pubertät noch mehr verunsichert. Kein Wunder, dass das Ministerium seinen Text aufgrund eines regelrechten Proteststurms von dem genannten Portal wieder entfernen musste (allein das ist schon ein bemerkenswerter Vorgang).

Vor dem Hintergrund eines solch unverantwortlichen Handelns deutscher Politiker im Umgang mit dem Genderproblem ist es geradezu abartig, die ungarische Regierung dafür zu diffamieren, dass sie per Gesetz verbietet, Kinder in der Schule mit solchen Themen zu belasten, und dies als Attacke gegen die LGBTQ-Community zu deklarieren.[13] Man kann durchaus unterschiedlicher Meinung sein, ob und wenn ja, ab wann Kinder mit Problemen der Homosexualität und möglicher Geschlechtsumwandlungen befasst werden sollten. Aus einer restriktiven Haltung in dieser Hinsicht eine Diskriminierung Homosexueller abzuleiten, ist einfach nicht redlich.[14] In Deutschland ist gerade eine gegenteilige Entwicklung zu beobachten, indem eine ausdrückliche Bevorzugung von Minderheiten gepflegt wird, die durch ihre sexuelle Orientierung definiert sind oder durch einen vorgeblich notwendigen Schutz gegen den ‚allgegenwärtigen' Rassismus (auf den wir noch zu sprechen kommen werden) besondere Aufmerksamkeit verdienen. Ausdruck dessen ist die überproportionale Präsenz der jeweiligen Minderheiten in den Medien. Heutzutage wird schon von einem regelrechten „Kampf der Identitäten" gesprochen, [15] der mit den Methoden des Canceling ausgetragen wird. Es hat schon eine starke symbolische Aussagekraft, wenn die Jusos auf ihrem Bundeskongress zwar die Regenbogenfarben (das Wahrzeichen der LGBTQ-Bewegung) zeigen, aber nicht die deutsche Nationalflagge.

Der ausgelöste Hype um das Geschlechterproblem und die Schaffung eines neuen Fetisch ‚Diversität' führen zu einer gesellschaftlichen Spaltung und (in Anbetracht der tatsächlich drohenden immensen wirtschaftlichen und außenpolitischen Gefahren) zu sinnlosen Grabenkämpfen auf ‚Nebenkriegsschauplätzen'. Die Infragestellung biologischer Tatsachen, nur um einen geringen

---

[12] https://rp-online.de/panorama/deutschland/pubertaetsblocker-nach-kritik-aendert-ministerium-den-infotext_aid-78314175, zuletzt aufgerufen am: 26.3.2024.

[13] https://www.freiheit.org/de/mitteleuropa-und-baltische-staaten/neues-gesetz-ungarn-verbietet-lgbt-inhalte-im-schulunterricht, zuletzt aufgerufen am: 26.3.2024.

[14] Auch die Tatsache, dass das genannte Gesetz mit einer Gegenstimme praktisch einstimmig durch das ungarische Parlament gebilligt wurde, stört die Kritiker und EU-Granden nicht.

[15] https://www.perlentaucher.de/buch/jan-feddersen-philipp-gessler/kampf-der-identitaeten.html, zuletzt aufgerufen am: 26.3.2024.

Prozentsatz von Abweichungen zu berücksichtigen, ist nicht zu rechtfertigen, zumal die Leugnung eines biologischen Unterschieds zwischen Männern und Frauen zu absurden Konsequenzen führt. So etwa zu der, dass ein Mann schlicht durch Selbsterklärung an sportlichen Frauenwettbewerben teilnehmen kann, womit natürlich der Gedanke eines fairen Wettbewerbs völlig untergraben wird. Dabei entstehen immer neue Fragen: Mit welchem Recht kann man dann im Gegenzug noch Frauen bestrafen, die mit Testosteron gedopt sind? Oder, kann sich ein Mann im Ernstfall einfach dadurch dem Wehrdienst entziehen, dass er sich spontan zur Frau erklärt? – Es gibt sogar Meldungen, dass es Transfrauen geschafft haben, das härtere Männergefängnis zu vermeiden, um dann im Frauengefängnis Mitinsassinnen zu vergewaltigen.[16]

Selbst das Anliegen der feministischen Bewegungen wird durch den Gender-Hype so stark konterkariert, dass deren Vertreterinnen gegen die Konsequenzen dieses Wahns aufbegehren und letzterer sogar die Frauenzeitschrift ‚Emma‘ auf den Plan gerufen hat. Das zeigt sich etwa an der Kontroverse um die Bundestagsabgeordnete Tessa Ganserer (vormals Markus Ganserer), der vorgeworfen wird, nur durch ihre selbsterklärte Änderung der geschlechtlichen Identität als ‚Quotenfrau‘ der Grünen in das Parlament eingezogen zu sein.[17] Welche Blüten der Genderfuror treibt, zeigt der weiter oben bereits zitierte Artikel in der ‚Zeit‘ mit dem Titel „Gibt es Männer und Frauen überhaupt?“. Natürlich erfolgt auf diese Frage ein promptes „Nein“, und die Trennung in zwei Geschlechter wird von der Autorin als „populäre Idee aus konservativen Kreisen“ entlarvt. Gleichzeitig macht sie Zeiten verächtlich, „als irgendwie noch klar war, was Männer und was Frauen sind“. Welch Simpelchen sind wir doch gewesen, die wir die neue Komplexität der Welt nicht mit ihren Augen gesehen haben und noch glaubten, Mädchen und Jungs mit bloßem Auge unterscheiden zu können. Natürlich will auch die katholische Kirche auf den Zug der Zeit aufspringen. Eine ihrer Kitas stellt jetzt ganz in diesem Sinne das Basteln von Geschenken zum Mutter- bzw. Vatertag mit der Begründung ein, Kinder ohne Vater damit nicht in eine Identitätskrise stürzen zu wollen.[18]

Als ‚Vorbild‘ preist die oben zitierte Autorin der ‚Zeit‘ das nigerianische Volk der Yoruba an, die angeblich keine Wörter für „Mann“ und „Frau“ kennen.[19] Das bei den Yoruba benutzte Wort „obinrin“ für „Menschen mit Ute-

---

[16] https://www.stern.de/panorama/weltgeschehen/usa–transfrau-schwaengert-mitinsassinnen-und-muss-in-maenner-gefaengnis-32550646.html, zuletzt aufgerufen am: 26.3.2024.

[17] https://www.rnd.de/politik/tessa-ganserer-gruene-wann-ist-eine-frau-eine-frau-SXZNI3ITDZC3TIM5E3KUJ6KZMQ.html, zuletzt aufgerufen am: 26.3.2024.

[18] https://twitter.com/TKuban96/status/1655557494977036288, zuletzt aufgerufen am: 28.4.2024.

[19] Wo aber, und das sagt sie nicht, noch der Voodoo-Kult und die Genitalbeschneidung von Frauen gepflegt werden.

rus, die sich gerade in der Phase ihres Lebens befinden, in der sie Kinder bekommen" scheint ihr sehr passend zu sein, weil ‚Frausein' dann zu einer Art zeitlich begrenzter Funktion wird, so wie man eben „Journalistin" oder „Patentante" ist (welch ein Vergleich für eine Feministin!). Als Gipfel dieses pseudointellektuellen Ergusses kommt dann noch die umwerfende Feststellung, dass „die europäische Kolonisierung für die nigerianischen *obinrin* fatale Folgen [hatte] weil sie nun plötzlich als ‚Frauen' betrachtet wurden".[20] Ja, eine solche ‚Offenbarung' ist echt schlimm! Wenn die Yoruba ein solch leuchtendes Vorbild sind, dann sollten wir uns am besten im Rousseauschen Sinne auch wieder „zurück zur Natur" wenden. Frauen in der genannten Weise auf den Begriff ‚Uterusträger' zu reduzieren, sollte zwar nach Auffassung der entsprechenden ProponentInnen dem Anliegen des Feminismus gerecht werden, schadet letzterem aber in Wirklichkeit enorm.

Besonders gefährlich sind das in den Vordergrund-Spielen des gesellschaftlich eigentlich marginalen Transgenderproblems und die sich daraus ergebenden Konsequenzen der bewussten Geschlechtsumwandlung, das die Fanatiker der queeren Bewegung möglichst frühzeitig in der kindlichen Entwicklung als Thema etablieren möchten. Es besteht eine große Gefahr für Minderjährige, wenn diesen (vor allem während der Pubertät oder sogar davor) Möglichkeiten der bewussten Geschlechtsumwandlung offeriert werden, und das noch gegen den Willen ihrer Eltern. Besonders kritisch wird es, wenn bereits Kinder im Kita-Alter mit Fragen der Geschlechtsidentität konfrontiert werden, die sie weder richtig erfassen noch in ihren Konsequenzen überschauen können.[21] Flankierend dazu wurde mit Unterstützung des Berliner Senats von der Initiative „Queerformat" eine Handreichung für Kitas herausgegeben mit dem bemerkenswerten Titel „Murat spielt Prinzessin, Alex hat zwei Mütter und Sophie heißt jetzt Ben" [57]. Abgesehen davon, dass es wohl wenig ‚Murats' geben wird, die Prinzessin spielen wollen, strotzt diese Anleitung nur so von ideologiegefärbten Aussagen der Art: „Das Ziel geschlechter- bzw. genderbewusster Pädagogik ist es, Kinder jenseits von Geschlechterklischees [...] zu fördern. Es geht darum[,] sie bei der Ausgestaltung ihrer individuellen Geschlechtsidentitäten zu unterstützen - unabhängig von den jeweils herrschenden Vorstellungen vom ‚richtigen Mädchen' und ‚richtigen Jungen'." Oder noch schlimmer, loc. cit. S.75: „Wenn Eltern [...] sich über das nicht geschlechtsrollenkonforme Verhalten eines Kindes ablehnend, negierend, korrigieren wollend oder restrik-

---

[20] Stellen Sie sich vor, sie haben ihr ganzes Leben angenommen, dass sie ein samenspendendes Wesen mit Penis seien. Und plötzlich kommt jemand, der Ihnen erklärt, dass Sie eine Frau seien. Undenkbar dieser furchtbare Schock - man wacht früh auf und ist plötzlich eine Frau!

[21] https://www.tichyseinblick.de/kolumnen/alexander-wallasch-heute/wieder-berlin-sexuelle-und-geschlechtliche-vielfalt-fuer-kita-kinder/, zuletzt aufgerufen am: 26.3.2024.

tiv verhalten und dazu keine Gesprächsbereitschaft zeigen, sollte die Situation auch unter dem Blickwinkel einer möglichen Kindeswohlgefährdung betrachtet werden".[22] Wem da die totalitäre Geisteshaltung der Autoren nicht auffällt, dem ist nicht mehr zu helfen, und er bzw. sie muss sich die Frage gefallen lassen, ob ihm bzw. ihr der totalitäre Geist im Deutschland des Jahres 1933 auch nicht aufgefallen wäre. Eine solche Indoktrination geschieht auch noch unter ständiger Berufung auf *die* Wissenschaft, als gäbe es hierzu eine einheitliche, zustimmende Meinung unter Pädagogen. Im Gegenteil, diese Broschüre hat zu einem massiven Protest vieler Bürger (darunter auch viele Wissenschaftler) geführt,[23] wurde aber meines Wissens trotzdem vom Berliner Senat nicht zurückgezogen.

In anderen Ländern der westlichen Welt sieht es übrigens nicht besser aus. Inzwischen musste der britische Gesundheitsdienst sogar eine Genderklinik schließen, die Minderjährigen Pubertätsblocker und Geschlechtsumwandlungen angeboten hatte.[24] Es ist kaum nachvollziehbar, welchen Schaden diese Art von Genderextremismus anrichtet, zumal die Dunkelziffer der bereits eingetretenen Schäden hier sehr hoch sein dürfte. Aber selbst dort, wo ein legitimes Anliegen vorliegt (z.B. Enttabuisierung des Menstruationsvorgangs) sind die missglückten Ausführungsversuche mitunter an Peinlichkeit kaum zu überbieten. Wie etwa bei dem bayrischen Menstruationsparcours im Kindertheater,[25] wo man Anhänger mit rot bemalten Tampons oder Schlüsselanhänger mit Menstruationstassen gewinnen kann.

Die Kindererziehung im Zeitalter des Genderwahns ist offensichtlich nicht einfacher geworden, wie auch das von der Schwulenberatung Berlin ‚SPDqueer' initiierte Projekt ‚Queere Kitas' in Berlin zeigt.[26] Dort will man aufräumen mit der Haltung, dass sich „Schulen und Kindertagesstätten noch immer schwer [täten], wenn es um Homosexualität und Trans- sowie Intergeschlechtlichkeit in Verbindung mit Kindern geht". Eine der pädagogischen Richtlinien dieser Kita soll das bereits oben erwähnte Handbuch „Murat spielt Prinzessin" sein. Man lese hierzu auch den Spiegel-Artikel über das „Berliner Pädo-

---

[22] Im nächsten Satz folgt dann übrigens noch ein zarter Hinweis auf die Möglichkeit, geschulte queere Inquisiteure hinzuzurufen: „Da bei Jugendämtern nicht immer angemessenes Fachwissen bereitgehalten wird, sollten dann spezialisierte Beratungsstellen einbezogen werden".

[23] https://citizengo.org/de/ed/156998-kein-vielfalts-sex-kitas-indoktrinierende-broschuere-sofort-zurueckziehen, zuletzt aufgerufen am: 26.3.2024.

[24] https://www.nzz.ch/international/britischer-gesundheitsdienst-schliesst-gender-klinik-travistock-ld.1695780, zuletzt aufgerufen am: 26.3.2024.

[25] https://www.nordbayern.de/region/nuernberg/nurnbergs-first-lady-anke-konig-eroffnet-menstruations-parcours-1.11222480, zuletzt aufgerufen am: 26.3.2024.

[26] https://www.t-online.de/region/berlin/id_100060528/berlin-bekommt-lgbtq-kita.html, zuletzt aufgerufen am: 26.3.2024.

Problem", und die Nähe des der Pädophilie beschuldigten Rüdiger Lautmann zu dem genannten Kita-Projekt.[27]

Angesichts dieser Tendenzen sollte man sich doch etwas ernsthafter mit dem bereits erwähnten ungarischen Gesetz gegen eine ‚Frühsexualisierung von Kindern' auseinandersetzen, als dasselbe pauschal zu verteufeln.[28] Immerhin sollte es den selbsternannten Demokraten zu denken geben, dass die ungarische Nationalversammlung dieses Gesetz mit 157 Stimmen bei einer Gegenstimme verabschiedet hat. – Wozu das arrogante Überstülpen unserer Moralauffassungen auf andere Länder und Kulturen führt, hat das Auftreten unserer Fußballmannschaft und unserer Innenministerin zur WM in Katar gezeigt: Spott und wirtschaftlicher Schaden für unser Land und Steigerung der Aversionen in den moralisch ‚gemaßregelten' Ländern gegen die westliche Welt (s. auch Kap. 17). Gerade uns Deutschen würde mit unserer Vergangenheit und unseren erheblichen Demokratiedefiziten, von denen dieses ganze Buch handelt, eine etwas bescheidenere Haltung gut anstehen.

Wieviel Scheinheiligkeit auf dem Gendersektor anzutreffen ist (s. auch Kap. 2), sieht man u.a. an dem erwähnten demonstrativen Tragen von regenbogenfarbenen Binden im Fußball, durch Hissen von Regenbogenflaggen auf Staatsgebäuden, aber eben auch im Kontrast dazu im Wegducken bei Morden an Homosexuellen durch muslimische Einwanderer, s. Kap. 8. Welche Bigotterie und geheuchelte Zivilcourage dabei im Spiel ist, hat ein schwuler AfD-Abgeordneter in seiner Rede im Bundestag angeprangert. Er konfrontiert den ‚Gratismut' unserer woken Fußballmillionäre mit den Bedrohungen, denen Homosexuelle durch muslimische Zuwanderer in Deutschland ausgesetzt sind.[29] – Selbst die großen Autohersteller glauben sich opportunistisch dem Zeitgeist anschließen zu müssen, und wenn es wenigstens beim sprachlichen Gendern oder beim Zeigen der Regenbogenfarben ist. Letzteres unterlassen sie allerdings geflissentlich und aus gutem Grund auf ihren Werbeplakaten in Saudi-Arabien oder in Katar (das würde ja auch Mut und Absatzverlust, wenn nicht Schlimmeres bedeuten).

Obwohl der Genderwahn vom Großteil der Bevölkerung abgelehnt wird, hat er erhebliche gesellschaftspolitische Auswirkungen und wird deshalb inzwischen sogar von in der Wolle gefärbten Frauenrechtlerinnen scharf kritisiert. Der Konflikt geht so weit, dass letztere von der Transgenderbewegung

---

[27] https://www.spiegel.de/spiegel/sexueller-missbrauch-das-berliner-paedo-problem-a-1124210.html – Anmerkung: In dem vorher zitierten T-online-Artikel wird Lautmann als Schriftführer und Vorstandsmitglied der ‚SPDqueer' Tempelhof-Schöneberg angeführt, zuletzt aufgerufen am: 26.3.2024.

[28] https://www.die-tagespost.de/politik/ungarisches-gesetz-es-geht-um-die-kinder-art-219254, zuletzt aufgerufen am: 26.3.2024.

[29] https://youtu.be/d8YYYCzvABM, zuletzt aufgerufen am: 26.3.2024.

als TERFs lächerlich gemacht werden.[30] Dieser Gender- und Diversity-Furor hat heute bereits praktische Konsequenzen bis in den Alltag hinein, wie z.B. bei der Forderung nach der Einrichtung von Allgendertoiletten oder etwa im Bereich der Sprache bei der Neudefinition von Begriffen, wie z.B. ‚Frau' als ‚Menschen mit Uterus' bzw. ‚menstruierende Wesen' (s. hierzu Kap. 10 und etwas zugespitzt die entsprechende Glosse in ‚Tichys Einblick'[31]). Es wird mir für immer unbegreiflich bleiben, wie man die Würde der Frau hochhalten kann (was ja angeblich ein links-grünes Ziel ist), wenn man Frauen auf derartige Attribute reduziert.

Um keine Missverständnisse aufkommen zu lassen, muss noch einmal betont werden: Es ist absolut richtig, sich dafür einzusetzen, dass niemand diskriminiert wird, auch nicht wegen einer anderen sexuellen Orientierung (schließlich gebietet dies unser Grundgesetz und der menschliche Anstand). Inzwischen nimmt jedoch die Diskussion um Minderheiten, etwa die erwähnte Schaffung von gesonderten Toiletten für das dritte Geschlecht, einen solchen Raum ein, dass hundertmal wichtigere Dinge und gravierendere Probleme (etwa wirtschaftliche Ängste der Bevölkerung, der Zustand unserer Schulen und vieles andere) fast unter den Tisch fallen. Vielleicht will man auch von den wirklichen Problemen ablenken oder wie Kubicki schreibt [42, S. 200]: „Statt kraftvoller Entscheidungen [in essentiellen Fragen] erleben wir [...] eine politische Flucht in Minderheitenthemen."

Im Übrigen sei noch auf Eines hingewiesen: Eine ‚Gleichberechtigung' im Sinne von „Beide Geschlechter sind für alles gleich geeignet." gibt es nicht.[32] So aufgefasst, führt dieser Begriff einfach in die Irre (es ist es eben kein Zufall, dass es kaum Schmiedinnen, Stahlarbeiterinnen, Dachdeckerinnen usw. gibt). Dieser Begriff kann nur sinnvoll als ‚Chancengleichheit' verstanden werden, d.h. dass niemand wegen seines Geschlechts einen Nachteil hinnehmen muss, wie es von unserem Grundgesetz gefordert wird. Die Problematik zeigt sich deutlich im Bereich von Polizei und Armee. Hier kann Gleichberechtigung nicht bedeuten, das Männer und Frauen auf allen Gebieten gleich einsetzbar sind (nicht ohne Grund gibt es bisher kaum Frauen beim KSK, und die einzigen Frauen im Generalsrang gehören zum medizinischen Dienst), sondern dass alle prinzipiell die gleichen Möglichkeiten haben, in diese Formationen

---

[30] TERF ist ein Akronym für: „Trans-Exclusionary Radical Feminism" – https://de.wikipedia.org/wiki/TERF und https://www.tichyseinblick.de/feuilleton/alice-schwarzer/, zuletzt aufgerufen am: 26.3.2024.

[31] https://www.tichyseinblick.de/meinungen/der-sexismus-des-missoirs/, zuletzt aufgerufen am: 26.3.2024.

[32] Dabei erübrigt es sich, den Genderfanatikern entgegenzuhalten, dass auch Männer nicht für alles gleich geeignet sind.

bzw. Institutionen einzutreten und entsprechend ihren Fähigkeiten und psycho-physischen Veranlagungen eingesetzt werden, s. Kap 1.[33]

Eine normativ vorgegebene Frauenquote bzw. Gleichstellung von Frauen im Sinne einer paritätischen Besetzung von Stellen in allen gesellschaftlichen Bereichen, wie z.B. in Parteigremien, in Vorständen großer Unternehmen usw., läuft dem Leistungsprinzip und dem Gedanken eines fairen Wettbewerbs zuwider, s. auch Kap, 15. Es ist also kein Zufall, dass etwa das Thüringer Landesverfassungsgericht das 2019 im Landesparlament beschlossene Paritätsgesetz wieder aufgehoben hat, wonach die Wahllisten der Parteien abwechselnd mit Männern und Frauen zu besetzen seien. Trotzdem ist die CDU - von der Süddeutschen Zeitung wohlwollend kommentiert[34] - inzwischen auch auf den Zug der Zeit aufgesprungen und hat auf ihrem Parteitag 2022 beschlossen, dass ab dem nachfolgenden Jahr 30% der Vorstandsämter für Frauen reserviert sind; ab Mitte 2025 wird dann eine volle Parität zwischen Mann und Frau angestrebt. Aber was macht solch eine Vorgabe für einen Sinn, wenn der Frauenanteil in der Partei insgesamt nur bei etwa einem Viertel liegt.[35] Dieser Trend wird nur dazu führen, dass überproportional viele Frauen in Positionen gelangen, denen sie nicht gewachsen sind (wovon unsere letzten Verteidigungsministerinnen nur drei von zahlreichen Beispielen liefern). – Das Paradoxe ist, dass viele Proponenten der Genderbewegung einerseits zu denjenigen gehören, die eine Quotenregelung für Frauen fordern. Wenn es aber Männer und Frauen gar nicht gibt, und das Geschlecht sozusagen fluid ist, was soll dann andererseits eine Quotenfrau sein?[36]

Gleiche Rechte und grundsätzlich gleiche Chancen für alle sind zweifelsohne Wesensmerkmale der Demokratie, d.h. aber nicht, dass alle Stellen gleicher Art (etwa Regierungsämter, Mathematikprofessuren oder was auch immer) entsprechend des proportionalen Bevölkerungsanteils einer bestimmten Volksgruppe besetzt werden müssen. So etwas lässt sich grundsätzlich nicht ohne gesellschaftliche Verzerrungen durchsetzen und ist eigentlich nur in

---

[33] Es ist doch klar, dass es immer reine Männerberufe geben wird, solange diese eine starke und robuste Physis verlangen, und in die sich offensichtlich auch keine Frauen drängen. Hierzu gehören auf absehbare Zeit neben den bereits genannten Berufen Straßenbauer, Gerüstbauer, Möbelträger, Metzger, Matrose, Bergarbeiter. - Wenn Frauen dort anzutreffen sein sollten, ist das sicher die absolute Ausnahme.

[34] https://www.sueddeutsche.de/politik/cdu-parteitag-frauenquote-1.5654606, zuletzt aufgerufen am: 26.3.2024.

[35] https://de.statista.com/statistik/daten/studie/192247/umfrage/frauenanteil-in-den-politischen-parteien/, zuletzt aufgerufen am: 26.3.2024.

[36] Im Internet kann man eine etwas sarkastische Anregung zu folgendem Gedankenexperiment finden: Man stelle sich zwei Welten vor. In der einen leben Männer und Frauen, die sich biologisch und nach traditioneller Auffassung als solche verstehen, und in der anderen leben all die queeren, transen und fluiden Geschlechter. - Welche würde wohl länger überleben?

einer Diktatur realisierbar. Eine auf solche Weise verstandene Gleichstellung führt nicht nur zu neuen Diskriminierungen,[37] sondern auch zu einer Herabwürdigung derjenigen Frauen als ‚Quotenfrauen‘, die es wirklich durch eigene Leistung zu einer ‚höheren‘ Stellung gebracht haben. Konsequenterweise müssten dann in entsprechenden Antidiskriminierungsgesetzen auch alle anderen Geschlechter, verschiedene Ethnien, Anhänger unterschiedlicher Religionen, Kleinwüchsige, alte weiße Männer usw. berücksichtigt werden. Das führt dann zu dem, was man positive Diskriminierung nennt, und im Extrem zu solch absurden Diskussionen, wie denen über je eigene Umkleidekabinen oder Sportwettkämpfe für die diversen Geschlechter.

Inzwischen gibt es in Deutschland über 200 Professuren für Genderforschung, d.h. fast so viele wie auf dem Gebiet der KI, was die Chinesen ungemein beeindrucken wird (s. hierzu Kap. 17). Aber ist Genderforschung überhaupt eine wissenschaftliche Disziplin, die den dort üblichen Maßstäben standhält? Diese Frage sollte spätestens seit den verschiedenen Hoax-Artikeln erlaubt sein,[38] in denen Forscher (meist Physiker) bewusst im modernen Neusprech verfassten Unsinn als wissenschaftliche Ergebnisse ausgaben und die von Fachzeitschriften als ‚seriöse‘ Publikationen akzeptiert wurden. Letztere hatten u.a. solche bewusst verräterischen Titel gewählt wie „Der konzeptuelle Penis als soziales Konstrukt" oder in einem anderen Fall „Quantengravitation als linguistisches und soziales Konstrukt". Solche Arbeiten wurden teilweise sogar wegen ihrer „exzellenten Qualität" gelobt![39] – Oder schauen wir auf Judith Butler, die Hohepriesterin des Genderwahns und ihr Gefolge.[40] Während linke Feministinnen doch stets für die Befreiung der Frauen von überkommenen gesellschaftlichen Zwängen eintraten, feiert Butler die Verhüllung islamischer Frauen mit den Worten: „Die Burka symbolisiert, dass eine Frau bescheiden ist und ihrer Familie verbunden; aber auch dass sie nicht von Massenkultur ausgebeutet wird und stolz auf ihre Familie und Gemeinschaft ist." (zitiert nach: [83, S. 120]). Von den Geschlechtskategorien ‚männlich‘ bzw. ‚weiblich‘ meint sie, dass sie erst durch die „performative Kraft der Sprache", also letztlich durch Sprechakte konstituiert würden. Oder für diejenigen, die es gern etwas einfacher hätten: „‚Intelligible‘ Geschlechtsidentitäten sind solche, die in bestimmtem Sinne Beziehungen der Kohärenz und Kontinuität zwischen dem anatomischen Geschlecht (Sex), der Geschlechtsidentität (Gender),

---

[37] https://www.zeit.de/gesellschaft/2018-08/diskriminierung-metwo-metoo-rassismus-sexismus-positiv-negativ/komplettansicht, zuletzt aufgerufen am: 26.3.2024.

[38] https://www.derstandard.de/story/2000088929805/forschertrio-blamiert-bereiche-der-fachwelt-mit-fake-artikeln, zuletzt aufgerufen am: 26.3.2024.

[39] https://de.wikipedia.org/wiki/Sokal_Squared, zuletzt aufgerufen am: 26.3.2024.

[40] Butler ist nicht irgendwer, sondern immerhin Philosophie-Professorin an der renommierten Staats-Universität in Berkeley CA und ‚Flaggschiff‘ der Gendertheorie.

der sexuellen Praxis und dem Begehren stiften und aufrechterhalten".[41] Aus meiner Sicht als Naturwissenschaftler ist das nicht erhellender als die schrägen Thesen in den oben erwähnten Jux-Artikeln. Man kann sich hier eigentlich nur dem Physiker und Nobelpreisträger Steven Weinberg anschließen, der zu solcher Schwurbelei feststellte: „I found it to be written in a jargon so impenetrable that I can only think that it aimed at impressing those who confound obscurity with profundity" (zitiert nach [27, S. 18]). – Im deutschen Sprachraum glänzt ein(x) „Prof.ens Dr.ens" Hornscheidt,[42] der/die/das sich selbst keinem Geschlecht angehörig fühlt, mit dem eben zitierten, frei erfundenen akademischen Titel (der so von keiner Universität verliehen wird) sowie mit Büchern über „Lieben als politisches Handeln". Gemäß Buchcover[43] gibt es darin Erhellendes über Thesen zu erfahren wie: „Kapitalismus entlieben" oder „Zu Lieben als politisches Handeln [...] ist eine wichtige aktuelle politische Veränderung zur Überwindung struktureller Gewaltlogiken". Hier wendet sich der Gast mit Grausen (Schiller)!

Man sollte sich auch fragen, warum sich viele der feministischen KämpferInnen um Gleichberechtigung so wenig für die Verletzung der Rechte islamischer Frauen im eigenen Land interessieren. Passt das so wenig in ihr Bild vom ‚guten Ausländer'? Ganz abgesehen davon, dass viele muslimische Frauen selbst in Deutschland in einer patriarchalisch geprägten Parallelgesellschaft leben, die durch Machotum geprägt ist und in der ‚Ehrenmorde' nicht etwa selten sind, s. Kap. 11; Es sind sogar bei uns solche menschenverachtenden Praktiken wie weibliche Genitalverstümmelung zu beklagen, die sonst vorwiegend in Afrika geübt werden. Da wirkt es geradezu als eine Verhöhnung der Opfer dieses barbarischen Brauchs durch die Frauen- und Geschlechterforscherin Hrzan, wenn sie die Beschneidung von Mädchen als eine Art fröhlicher ‚Innovation' und ‚Modeerscheinung' verharmlost, durch welche sie sich selbst etwas Gutes tun wollen.[44]

Sogar die Industrie knickt vor dem Genderwahn ein, obwohl diese Zivilisationskrankheit von einem Großteil der Gesellschaft abgelehnt wird.[45] Dass nach der zitierten Umfrage selbst 82% der Frauen nichts vom verbalen Gen-

---

[41] https://de.wikipedia.org/wiki/Das_Unbehagen_der_Geschlechter, zuletzt aufgerufen am: 26.4.2024.

[42] Dabei ist „ens" nicht etwa aus dem Lateinischen entlehnt, sondern der Mittelteil von „Mensch". - Noch etwas früher bezeichnete sie sich übrigens als „Profex. Drex.". Das ‚x' als für Marker für Geschlechtsneutralität ist ebenfalls Hornscheidts eigene Erfindung.

[43] https://www.amazon.de/Lieben-Lieben-als-politisches-Handeln/dp/3945644143/, zuletzt aufgerufen am: 26.3.2024.

[44] https://www.gender.hu-berlin.de/de/publikationen/gender-bulletin-broschueren/bulletin-texte-28/texte28pkt7.pdf, zuletzt aufgerufen am: 27.3.2024.

[45] https://www.mdr.de/nachrichten/deutschland/gesellschaft/mdrfragt-umfrage-ergebnis-deutliche-ablehnung-von-gendersprache-100.html, zuletzt aufgerufen am: 27.3.2024.

dern halten, interessiert die Eiferer der Sprachvergewaltigung nicht, s. hierzu Kap. 10. Den Gipfel des Anpassungsdrangs im Gendering hatte in dieser Hinsicht vor einiger Zeit Audi erklommen. Wenn man deren Slogan „Fortschritt beginnt im Kopf" liest,[46] könnte man denken, dass Audi eine neue Antriebsart erfunden hätte. Wie sich aber beim Weiterlesen bald herausstellte, geht es um eine neue Richtlinie für gendergerechte Sprache. Als ein wichtiges Ergebnis monatelanger Arbeit der zu diesem Thema ins Leben gerufenen Projektgruppe wird angesehen, dass die Audi-Mitarbeiter nicht mehr als „Audianer", sondern als „Audianer_innen" zu bezeichnen seien. Damit würde auch „Raum für alle nichtbinären Identitäten geschaffen" und durch Ersetzen des Gendersternchens durch den Unterstrich gleichzeitig eine Erleichterung für die Verwendung in der IT geschaffen.[47] Ich kann nur sagen, welch fundamentaler Durchbruch! Damit wird sicher ein entscheidender Wettbewerbsvorteil gegenüber der ausländischen Konkurrenz gewonnen und die Rivalen in Fernost werden zittern.

Auch vor der Bundeswehr, die sicher viel fundamentalere Defizite hat, macht der Genderwahn nicht halt. Nicht nur, dass Dienstgrade wie „Feldwebelin" eingeführt werden sollten,[48] es musste auch noch gesichert werden, dass „schwangere Frauen bis zum Greifen des Mutterschutzes in einem Schützenpanzerwagen [Dienst tun können]".[49] Im Gegensatz haben sogar Verteidigungspolitiker zugestanden, dass sich Frauen in der Bundeswehr weniger über unzureichendes Gendern von Dienstgraden als über das Fehlen von Ausrüstungen beschweren.[50] Die weitverbreitete Genderhysterie führt in vielen westlichen Ländern - allen voran in den USA und in Deutschland - zu regelrechter Männerfeindlichkeit. Inzwischen werden die Männer sogar für den Klimawandel und für Corona verantwortlich gemacht; man spricht deshalb konsequenterweise in feministischen Kreisen derogativ von einer ‚Toxischen Männlichkeit'. Darunter versteht z.B. die AOK[51] „das *Festhalten an traditionell männlichen Denk- und Verhaltensweisen*, mit denen Männer und männlich gelesene Per-

---

[46] https://www.welt.de/wirtschaft/article227426213/Audianer-innen-Audi-Mitarbeiter-sollen-kuenftig-gendern.html, zuletzt aufgerufen am: 27.3.2024.

[47] Bloß gut, dass die Verfasser dieses Unsinns nicht mit LaTex - einem modernen Textsetzsystem - arbeiten müssen. Dort würde dann sicher wegen des Unterstrichs ‚_' ständig eine Fehlermeldung kommen oder der traurige Rest als Fußnote gesetzt werden.

[48] https://www.t-online.de/nachrichten/deutschland/innenpolitik/id_88557048/bundeswehr-gender-streit-weibliche-offiziere-gegen-offizierin-.html, zuletzt aufgerufen am: 27.3.2024.

[49] https://www.aerzteblatt.de/archiv/189113/Mutterschutzrecht-Ad-absurdum, zuletzt aufgerufen am: 27.3.2024.

[50] Glücklicherweise findet der Furor des Genderns in einigen Dienstgraden seine Grenze, da selbst den Eiferern auf diesem Gebiet die Bezeichnungen „Hauptfrau", „Bootsfrau" oder „Oberstin" zu blöd vorkamen.

[51] https://www.aok.de/pk/magazin/koerper-psyche/psychologie/was-ist-toxische-maennlichkeit/, zuletzt aufgerufen am: 27.3.2024.

sonen (sic!) sich selbst und anderen Menschen schaden können" [Hervorhebungen von mir]. Fairerweise wird dem noch hinzugefügt: „Toxische Männlichkeit bedeutet also nicht, dass Männer an sich schädlich sind". Na, da haben wir ja noch einmal Schwein gehabt! – Bemerkenswert ist, dass man im Gegensatz zum männlichen Pendant[52] in der Wikipedia keinen Artikel zu ,toxischer Weiblichkeit' findet (zuletzt überprüft: 31.5.2024). Dagegen kann man eine sehr erhellende Definition aus dem links-grünen Ratgeber-Spektrum finden: „Toxische Weiblichkeit beschreibt, wie sich weiblich gelesene Personen unter dem Druck des Patriarchats gegenseitig schaden und dabei Fortschritt verhindern".[53] Natürlich kann sich so etwas Negatives (wenn überhaupt) nur ,unter dem Druck des Patriarchats' gebildet haben, wie denn sonst. In diesen Kreisen scheint es weder Kenntnis vom weiblichen Prototyp einer Xanthippe noch von einer Fülle unbedarfter, sich selbst überschätzender und für das Gemeinwohl gefährlicher (eben toxischer) Politikerinnen zu geben.

Als ein Ausfluss des ganzen Genderkriegs kann die ,MeToo'-Bewegung angesehen werden, in deren Gefolge man/frau überall Sexismus wittert. Obwohl es häufig, ja zu häufig männliche Gewalt (meist physischer Art) im Verhältnis der Geschlechter gibt, ist das Thema - statt zu einer Reduzierung dieser Gewalt zu führen - in einen absurden Geschlechterkampf ausgeartet. Dabei kann ein harmloser Flirt oder eine etwas machohafte Anmache, die bei Frauen gar nicht so übel (wie behauptet) anzukommen scheint, durchaus die Karriere kosten. Natürlich ist es richtig, über einen sensiblen Umgang von Mann und Frau zu diskutieren und diesen möglichst auch zu pflegen. Aber dann sollte man auch über das hypersexualisierte weibliche ,Lockverhalten' sprechen[54] oder über (meist psychische) Grausamkeiten von Frauen im Geschlechterkampf. Die Verlogenheit der ganzen Sexismusdebatte zeigt sich übrigens auch in vielen Rechtsstreitigkeiten um sexualisierte Gewalt bzw. um vorgetäuschte Vergewaltigungen. Typisch hierfür aus jüngerer Zeit ist der vor Gericht verhandelte Vorwurf der sexuellen Nötigung gegen den amerikanischen Schauspieler Kevin Spacey.[55] Der Angeklagte wurde zwar letztlich freigesprochen, seine Laufbahn im Filmgeschäft dürfte aber schwer beschädigt, wenn nicht erledigt

---

[52] https://de.wikipedia.org/wiki/Toxische_M%C3%A4nnlichkeit, zuletzt aufgerufen am: 27.3.2024.

[53] https://utcpia.de/ratgeber/toxische-weiblichkeit-das-bedeutet-das-verhaltensmuster/, zuletzt aufgerufen am: 28.4.2024.

[54] Man schaue sich nur die Werbung an, die ohne halbnackte Frauen kaum auskommt. Es gibt sogar Autowaschanlagen, in denen sich unter dem Locknamen ,Erotic car wash' praktisch unbekleidete Frauen während der Autopflege auf dem Kühler räkeln. – https://www.saechsische.de/autowaesche-mit-vollem-koerpereinsatz-1214112.html, zuletzt aufgerufen am: 27.3.2024.

[55] https://www.tichyseinblick.de/daili-es-sentials/schauspieler-kevin-spacey-freispruch/, zuletzt aufgerufen am: 27.3.2024.

sein. Aber selbst in den Fällen, in denen Frauen nachweislich vergewaltigt wurden (wie etwa im Prozess gegen Mike Tyson gerichtlich festgestellt wurde), sind die Frauen doch in gewissem Grad beteiligt gewesen. Oder haben sie geglaubt, dass ein gewaltbereiter Boxer mit einer entsprechenden Vorgeschichte wie Tyson zum Schachspiel einlädt, wenn er eine Frau nachts (wohlgemerkt im gegenseitigen Einvernehmen) mit auf das Hotelzimmer nimmt.

Es ist einfach absurd, wenn die CEO des Centre of Foreign Feminist Policy, Kristina Lunz, die Bildzeitung wegen ihrer Berichterstattung über die Grammy-Scala [56] angreift, weil in dem Bericht zu viele nackte Brüste gezeigt wurden. Sie schreibt auf Twitter: „Die BILD-Zeitung ist solch ein unsägliches sexistisches Drecksblatt". Und weiter „Es gibt einfach keine größere Freude von Frauenverächtern und Sexisten, als Frauen zu degradieren, sexualisieren und unsere Errungenschaften kleinzuhalten". Ja, hat sie schon einmal darüber nachgedacht, warum diese Damen von Heidi Klum bis Jennifer Lopez nicht mit hochgeschlossenem schwarzen Pulli zu der Veranstaltung kommen, sondern sich mit Ausschnitten präsentieren, die fast bis zum Bauchnabel reichen. Sie haben einfach begriffen, was schon immer galt: „Sex sells!", und sie nutzen das schamlos aus. So what? - Welch eine unglaubliche Heuchelei, niemand hat diese Frauen gezwungen, sich in der Öffentlichkeit auszustellen (und noch dazu in einem solchen Outfit).

Besonders bedenklich sind Anzeigen wegen sexueller Gewalt, die teilweise erst nach vielen Jahren erhoben werden, und in den meisten Fällen gegen sehr betuchte Männer (vielleicht gibt es gegen arme Sexualtäter weniger verspätete Anzeigen, weil da nichts zu holen ist). Selbst im Prozess gegen den überführten Sexualtäter Weinstein (zweifellos ein übler Typ), wussten die meisten Frauen wahrscheinlich, worauf sie sich einlassen und was ihrer Karriere förderlich ist.[57] Ich möchte unmissverständlich klar stellen, dass ich keinerlei Sympathie für die genannten Sexualstraftäter hege, oder gar eine Opfer-Täter-Umkehr betreiben möchte. Es ist auch richtig, dass sich viele der Opfer scheuen, das erlittene Trauma noch einmal in einem Gerichtsprozess in der Öffentlichkeit auszubreiten. Inzwischen hat aber die MeToo-Bewegung, die gerade in dem oben genannten Prozess gegen Weinstein ihre berechtigten Wurzeln hat, ein solches Ausmaß angenommen, dass selbst harmloseste sexuelle Anspielungen zu einem kriminellen Delikt geworden sind, wodurch ein normaler, unverklemmter Umgang von Mann und Frau schon fast unmöglich wird. Richtig gefährlich ist der Umstand, dass sich ein Mann praktisch gegen sexuelle Vorwürfe kaum

---

[56] https://www.sueddeutsche.de/medien/kritik-an-der-bild-zeitung-reduziert-auf-brueste-1.2326843, zuletzt aufgerufen am: 27.3.2024.
[57] https://www.stern.de/lifestyle/leute/harvey-weinstein–ex-filmproduzent-wegen-vergewaltigung-in-los-angeles-vor-gericht-32848630.html, zuletzt aufgerufen am: 27.3.2024.

wehren kann (selbst gegen ungerechtfertigte nicht!), da der alte Rechtsgrundsatz „in dubio pro reo" hier außer Kraft gesetzt zu sein scheint, wie der schon etwas zurückliegende ‚Fall Kachelmann' oder der neuere ‚Fall Lindemann' (Frontmann der Band ‚Rammstein') deutlich zeigen.[58] – Selbst eine harmlose Bemerkung, ausgelöst durch das aufreizende Verhalten einer Frau, kann zum Stolperstein für einen Mann werden. Wie rief im Zusammenhang mit der Brüderle-Affäre eine Autorin treffend ihren Geschlechtsgenossinnen zu, die sich sexy gebärden (was ich oft anziehend finde), aber gleichzeitig Zeter und Mordio schreien (was ich heuchlerisch finde), wenn eine entsprechende männliche Reaktion erfolgt? - „Dann mach doch die Bluse zu."[59] Auch hier sieht man, wie in anderen Bereichen auch: Das blindwütige Verfolgen eines an sich anerkennenswerten Ziels unter Aufgabe von Maß und Vernunft schaden dem Anliegen der jeweiligen Proponenten am meisten.

Ein weiteres wichtiges Kampfgebiet der PolC neben anderen (s. Kap. 13) sind der **Rassismus** bzw. die nahe verwandte **Ausländerfeindlichkeit**. Dabei fragt sich, was der Terminus ‚Rassismus' überhaupt bezeichnet, wenn man den Rassebegriff ablehnt. Aufgrund fehlender politisch korrekter Begriffe lässt sich hierauf gar nicht so leicht eine Antwort finden, was sich auch an den Deutungsversuchen der ‚Critical race theory' zeigt.[60] Auf keinen Fall lässt sich aber Rassismus dadurch bekämpfen, dass man bestimmte Bezeichnungen verbietet, wie das in der Forderung zum Ausdruck kommt, den Begriff ‚Rasse' gänzlich zu meiden, nach dem Motto: „Es gibt keine Rassen, es gibt nur Menschen".[61] Einige Autoren behaupten sogar, dass „die Existenz menschlicher ‚Rassen' *wissenschaftlich* widerlegt sei",[62] obwohl doch offensichtlich ist, dass es bestimmte Gruppen von Menschen mit gemeinsamen biologischen und genetisch bestimmten Merkmalen gibt, ganz gleich wie man diese Gruppe nennt.[63] Das

---

[58] https://daserste.ndr.de/panorama/archiv/2017/Joerg-Kachelmann-Verurteilt-trotz-Freispruch,kachelmann228.html bzw.
https://www.weser-kurier.de/politik/rammstein-rechtsstaat-rock-n-roll-ein-kommentar-zur-erregung-doc7qjyr5wspv5htriy50g, zuletzt aufgerufen am: 29.4.2024.

[59] https://www.theeuropean.de/birgit-kelle/5805-bruederle-debatte-und-sexismus, zuletzt aufgerufen am: 27.3.2024.

[60] https://de.wikipedia.org/wiki/Critical_Race_Theory, zuletzt aufgerufen am: 29.4.2024.

[61] https://www.dw.com/de/kommentar-raus-mit-der-rasse-aus-dem-grundgesetz/a-53786654, zuletzt aufgerufen am: 27.3.2024.

[62] https://www.deutschlandfunkkultur.de/streit-um-den-begriff-rasse-im-grundgesetz-den-rassismus-100.html, zuletzt aufgerufen am: 28.3.2024.

[63] Das betrifft nicht nur die Hautfarbe oder andere äußerliche Merkmale, sondern auch Unverträglichkeit gegenüber bestimmten Medikamenten oder Nährstoffen. – Warum sollte eigentlich bei Arten im Tierreich eine Unterteilung in Rassen erlaubt sein, bei Menschen aber nicht. Und eine Aussage wie die auf den Homo sapiens sapiens bezogene (so heißt unsere Art): „Es gibt nur die Rasse ‚Mensch'" ist schon deshalb biologisch Unsinn, weil damit die Begriffe ‚Art' und ‚Rasse' verwischt werden.

Problem beginnt doch erst dort, wo unberechtigt ‚höhere' und ‚niedere' Rassen unterschieden werden, wie das die Nazis mit verheerenden Folgen getan haben. Die links-grüne Politkaste möchte sogar eine Tilgung des umstrittenen Begriffs aus der Verfassung erreichen, was noch gar nicht absehbare juristische Folgen hätte, ganz abgesehen davon, dass damit das Problem nicht gelöst ist.[64]

Die Tilgung des Rassebegriffs ist auch deshalb kontraproduktiv, weil man dann eben einen anderen Begriff X (etwa ‚Unterart') einführen muss für die Gruppierung von Menschen, die Ziel eines echten oder vorgeblichen X-ismus sind.[65] Obwohl diese Auffassung (Abschaffung des Rassebegriffs) auch in woken Kreisen der USA weit verbreitet ist (dort verwendet man auch den Begriff „human genome variation"), hat das der afroamerikanischen Künstlerin Whoopi Goldberg nichts genützt. Sie hatte konsequenterweise - so dachte sie wenigstens - behauptet, dass es beim Holocaust nicht um Rassen gegangen wäre, sondern es habe sich um eine Unmenschlichkeit von Menschen gegenüber Menschen gehandelt (aus ihrer Sicht als Farbige sozusagen eine Sache zwischen weißen Gruppierungen).[66] Obwohl ich diese Meinung nicht teile, halte ich ihre daraufhin erfolgte Suspendierung als Moderatorin beim Sender ABC für nicht gerechtfertigt. Bezeichnenderweise hatte sie auch gemeint, dass Rasse etwas mit äußeren Merkmalen wie Hautfarbe zu tun habe und nicht bedacht, dass vom woken Staatsvolk inzwischen auch die Hautfarbe zu einem sozialen Konstrukt deklariert wurde.[67]

Auf seltsam verquere Weise greift die Rassismus-/Antirassismus-Debatte tief in das Recht auf Meinungsfreiheit ein. Wenn wir nur noch Meinungen oder Begriffe zulassen, die irgendein Fernsehsender, eine Internet-Plattform oder der Mainstream für politisch opportun halten, dann stirbt die Meinungsfreiheit und damit jeder öffentliche Diskurs. Darüber hinaus wird der Rassismus-Vorwurf häufig zur Geschichtsklitterung und zur Unterbindung einer sachgerechten Beurteilung der derzeitigen, oft als desolat einzuschätzenden Situation in Ländern der ‚dritten Welt' benutzt. Jeder Hinweis auf Defizite in der Bildung, auf Korruption und auf Rückständigkeit in sozialer oder wirtschaftlicher Hinsicht wird von Links-Grün als Folge der kolonialen Unterdrückung dieser Länder in der Vergangenheit zurückgewiesen. So kann man keinen echten Diskurs führen, denn Meinungsfreiheit bedeutet immer, auch Auffassungen

---

[64] https://www.deutschlandfunk.de/rasse-im-grundgesetz-mit-dem-begriff-verschwindet-nicht-das-100.html, zuletzt aufgerufen am: 28.3.2024.

[65] Der dann logischerweise bei dem konkreten Vorschlag zu verwendende Terminus ‚Unterartismus' würde die Sache aber in keiner Weise besser machen.

[66] https://www.dw.com/de/whoopi-goldberg-suspendiert/a-60630636, zuletzt aufgerufen am: 28.3.2024.

[67] https://www.spiegel.de/kultur/tv/rassismus-die-sache-mit-whoopi-goldberg-kolumne-a-ced047e1-cf28-43b4-b0d4-328697c79b72, zuletzt aufgerufen am: 28.3.2024.

zuzulassen, die in den Augen einiger oder sogar der Mehrheit als ‚falsch' angesehen werden. Oft genug waren das aus einer späteren Warte die richtigen Ansichten.

Inzwischen nimmt die Hysterie um dieses Thema groteske Formen an. Überall und bei jeder Gelegenheit wird Rassismus vermutet, selbst bei Verwendung gängiger Wörter der Umgangssprache (wie z.B. „schwarzfahren") oder wenn das unsagbare N-Wort als Bestandteil eines Ortsnamens auftritt, s. Kap. 10. Sogar Opern wie „Othello" oder Tschaikowskis Ballett „Der Nussknacker" sind schon in den Verdacht des Rassismus bzw. der kulturellen Aneignung geraten.[68] Sicher hätten diese Kulturbereiniger auch einer begnadeten schwarzen Sängerin, wie Grace Bumbry, verboten, Wagner-Opern zu singen.[69] Unsere moralischen Reinheitsfanatiker wittern einfach überall Verrat; selbst Kartenspiele werden auf versteckten Sexismus und Rassismus hin untersucht. Sogar eine ablehnende Haltung gegenüber Kopftuchtragen im öffentlichen Dienst wird ganz schnell als ‚rassistisch' oder zumindest ‚ausländerfeindlich' eingestuft. So haben nur die Inquisitoren und Eiferer vom Schlage eines Henricus Institoris oder Maos Kulturrevolutionäre gewütet. Kein Wunder, dass Polizei und ÖRM sich nicht wagen, bei dem Bericht über Straftaten Ethnie oder Herkunftsland der Täter anzugeben, weil sie fürchten müssen, mit den genannten Prädikaten belegt zu werden.

Neuerdings werden selbst die Prediger der PolC-Reinheitslehre Opfer ihres eigenen Furors. Als die ehemalige Vorsitzende und Kanzlerkandidatin der Grünen das unsägliche N-Wort (und zwar nur in einem Zitat!) verwendete, musste sie sogar der OB von Tübingen, den sie vorher noch wegen angeblich rassistischer Äußerungen aus der Partei ausschließen wollte, in Schutz nehmen. Aber mit dieser Strategie, Probleme durch das Unsagbarmachen von Wörtern zu vernebeln oder sogar verschwinden lassen zu wollen (s. Kap. 10), sollten wir die selbsternannten Tugendwächter nicht durchkommen lassen. Dieselben Leute, die sich vorgeblich dem - übrigens mit üppigen Staatsgeldern geförderten - Kampf für ‚Antirassismus' verschrieben haben, sind schnell bei der Hand, den ‚alten weißen Mann' als Urheber des ganzen Übels festzumachen. Sie merken nicht einmal, dass sie dabei ein neues rassistisches Klischee als Kampfbegriff eingeführt haben und einen Neorassismus im Namen des Antirassismus pflegen. Deshalb führt die völlig verkrampfte Diskussion zum Rassebegriff zu einer Art inversen Rassismus, der nunmehr gegen den ‚weißen Mann' gerichtet

---

[68] https://www.tanz.at/index.php/opinions/2562-absage-mit-ansage-berliner-nussknacker-im-depot, zuletzt aufgerufen am: 28.3.2024.

[69] Sie erhielt sogar den Ehrennamen „die schwarze Venus". – https://www.br-klassik.de/aktuell/news-kritik/grace-bumbry-85-geburtstag-saengerin-schwarze-venus-100.html, zuletzt aufgerufen am: 28.3.2024.

ist. Oder er mündet, wie recht zutreffend in einem bekannten Internet-Blog geschrieben wird, im „Neorassismus der Rasseleugner".[70]

Die Woken finden Rassisten in allen Einrichtungen, von der Polizei, über die Bundeswehr bis hin zu jedermanns Arbeitsplatz. Für diese inquisitorische Arbeit gibt es gut dotierte Stellen für Studienabbrecher und im Überfluss vorhandene Absolventen der Gesellschaftswissenschaften, die dem neu gefundenen Drachen, genannt „Institutioneller Rassismus" mit staatlicher Rückendeckung den Kopf abschlagen wollen. Im Report des Instituts IAQ der Universität Essen wird unter Berufung auf eine der Autorinnen der Polizei folgendes vorgeworfen:[71] „Entlang konstruierter [sic!] Kategorien wie ‚Muslime' oder ‚Libanesen' versuchten sie, einen Vorteil für ihre Arbeit zu erlangen. In diesem Prozess kommt [es . . .] zu Verallgemeinerungen und zur Reproduktion rassistischer Wissensbestände." Auf Deutsch: Die Begriffe ‚Muslime' oder ‚Libanesen' sind eigentlich frei erfunden und willkürlich festgelegt. Dann muss man sich doch fragen, welche Begriffe nicht ‚konstruiert' sind, und ob das nicht in ihrem Sinne für jegliche Begriffe, insbesondere auch auf ‚Rassismus' oder ‚Ausländerfeindlichkeit' zutrifft.

Die heutige Auseinandersetzung mit echtem oder vorgeblichem Rassismus hat in Deutschland seine Wurzeln zum einen in den unsäglichen Rassetheorien der Nazis bzw. den darauf fußenden Verbrechen und zum anderen im amerikanischen Rassismus, der bis in die Zeit der Südstaaten-Sklaverei zurückreicht. Der als Gegenpol auftretende Antirassismus artikuliert sich heute u.a. in der ‚Black lives matter'-Bewegung (BLM). Diese ist zwar aus den USA zu uns übergeschwappt, erscheint hier aber eher als eine Art Fremdkörper, der rassistische Vorurteile - soweit sie in Deutschland noch vorhanden sind - nicht adäquat widerspiegelt. Obwohl eine Rassendiskriminierung, die mit der in den USA nur im entferntesten vergleichbar wäre, in Deutschland nach 1945 nicht mehr existiert hat, wurden in Berlin im Gefolge des Todes von George Floyd in Minneapolis regelrechte BLM-Erregungsorgien unter dem Motto „Black lives Matter" oder „We can't breathe" inszeniert.[72] Hier treibt die BLM-Bewegung ziemlich seltsame Blüten, indem man z.B. die „Mohrenstraße" in Berlin in „George-Floyd-Straße" umbenennen möchte, oder beliebte Gebäckstücke (wie den Mohrenkopf) mit einem neuen politisch korrekten Namen versieht, s. hierzu auch Kap. 10. Diese neuen PolC-Aktivitäten gehen einher mit falschen Demutsgesten, wie etwa dem Niederknien der Spieler vor Fußballspielen als Zei-

---

[70] https://www.achgut.com/artikel/der_neorassismus_der_rassenleugner, zuletzt aufgerufen am: 28.3.2024.

[71] https://ec.europa.eu/migrant-integration/library-document/institutioneller-rassismus-behoerden-rassistische-wissensbestaende-polizei_de, zuletzt aufgerufen am: 28.3.2024.

[72] https://www.youtube.com/watch?v=sefxojtAGgM, zuletzt aufgerufen am: 28.3.2024.

chen gegen Rassismus und Kolonialismus, was eher als Unterwerfung unter den Zeitgeist und als Grüßen des Gesslerhuts zu verstehen ist.[73] Selbst falsch verstandene, von Weißen an Schwarzen zelebrierte pseudoreligiöse Fußwasch-rituale müssen im hehren Kampf gegen den Rassismus-Drachen herhalten.[74] Dabei müsste jeder mit einiger Bibelkenntnis und elementaren Informationen über die Tradition des Fußwaschens wissen, dass dies eigentlich eine Demuts-geste des moralisch oder machtmäßig höher Gestellten (wie z.B. Jesus, der Kaiser oder auch der Papst) gegenüber den weiter unten stehenden ist,[75] s. auch im Neuen Testament der Bibel (Joh. 13, 5).

Wie wir bereits in Kap. 4 festgestellt hatten, macht die Suche nach ver-stecktem Rassismus nicht einmal vor der Mathematik mehr halt. Sie scheint sich im Moment zwar vor allem noch auf die USA zu konzentrieren, ist aber schon bis nach Großbritannien vorgedrungen. So ermutigt etwa das Oregon Departement of Education (ODE) Lehrer zu einer Art ‚Ethnomathematik' „and argues, among other things, that White supremacy manifests itself in the focus on finding the right answer".[76] Das wird sicher viele Schüler freuen, dass man in der Mathematik nicht mehr unbedingt die ‚richtige' Antwort finden muss. Diese ist ja mittlerweile als verräterisches Zeichen ‚weißer Überlegenheit' an-zusehen. Auch die britische Quality Assurance Agency for Higher Education (QAA) versucht den Mathematikunterricht zu entkolonialisieren und von Ras-sismus zu befreien.[77] Selbst die Zahl π und der Satz des Pythagoras sind den aus dem Ruder gelaufenen anglophonen Eiferern verdächtig, da sie von ‚wei-ßen Männern' entdeckt wurden. Das bedeutet nichts anderes als eine geisti-ge Vereinnahmung und woke Verbiegung der Wissenschaft zugunsten wirrer Ideologien.[78] Es ist schon bemerkenswert, dass in der oben zitierten Anlei-tung aus Oregon zur „Entlarvung von Rassismus" („dismantling racism") in der Mathematik festgestellt wird, dass nur Weiße zu Rassismus fähig seien, da sie die Macht hätten.

Vielen ist durchaus nicht bekannt, dass es auch den ‚Racism of colored people' (‚farbigen Rassismus') gibt, da dieser im öffentlichen Diskurs kaum

---

[73] Da knien Leute, die nichts mit Kolonialismus zu tun haben, vor einem Publikum, das eben-falls nie unter Kolonialismus zu leiden hatte.
[74] https://www.tichyseinblick.de/kolumnen/knauss-kontert/bilderstuerme-fusswaschungen-und-kniefaelle-die-rueckkehr-der-religion/, zuletzt aufgerufen am: 28.3.2024.
[75] https://de.wikipedia.org/wiki/Fu%C3%9Fwaschung, zuletzt aufgerufen am: 28.3.2024.
[76] https://www.foxnews.com/us/oregon-education-math-white-supremacy, zuletzt aufgerufen am: 28.3.2024.
[77] https://www.dailymail.co.uk/news/article-11401017/University-academics-criticise-plans-decolonise-maths-say-degrees-politicised.html, zuletzt aufgerufen am: 28.3.2024.
[78] Kein geistig gesunder ‚weißer' Mensch würde im Vergleich dazu etwa auf die Idee kommen, die uns vertrauten Zahlen abzuschaffen, da sie uns über die Araber aus Indien übermittelt worden sind.

Beachtung findet. Der extreme schwarze Rassismus, wie er durch die kanadische Aktivistin der BLM-Bewegung Yusra Khogali vertreten wird, äußert sich in einer Pervertierung des BLM-Anliegens und unsäglichen Hassreden gegen Weiße etwa folgender Art: „Bitte Allah gib mir die Kraft, nicht alle Männer und das weiße Volk da draußen zu töten." oder „Tatsächlich ist weiße Haut untermenschlich. Und weiße Menschen sind ein genetischer Defekt des Schwarz-Seins.".[79] Dieser schwarze Hass auf alles Weiße ist das direkte Spiegelbild des weißen Hasses von Ku-Klux-Klan-Mitgliedern auf Schwarze, nur eben mit anderen Vorzeichen. Beide Spielarten des Rassismus sind auf das Schärfste zu verurteilen.

Während die Sklavenhalterei der Weißen mit Recht angeprangert und im historischen Gedächtnis erhalten wird, ist die Versklavung von Weißen vom 16. bis zum 19. Jahrhundert durch Araber und Türken fast völig vergessen. Auch ist der Pauschalvorwurf: „(Nur) Weiße sind Rassisten" nicht berechtigt, wie der erwähnte schwarze, aber auch der arabische Rassismus zeigen. Ohne die immense Schuld der europäischen Sklavenhändlernationen (allen voran Großbritannien, Frankreich, Portugal, Spanien und die Niederlande) relativieren zu wollen, müssen selbst farbige Historiker konstatieren, dass „afrikanische Eliten mit kolonialen Regimen zusammenarbeiteten".[80] Übrigens wurde Sklaverei von Arabern und Schwarzen in Afrika schon lange betrieben, und zwar bereits bevor die Europäer kamen [17]. Auch noch später waren die schwarzen Ureinwohner oft genug diejenigen, die den Arabern die Sklaven zugetrieben haben, wie die schreckliche Rolle des arabischen Sklavenhändlers Tippu-Tip[81] in diesem unmenschlichen Geschäft zeigt. Es spricht auch kaum jemand davon, dass am Anfang der traurigen Kette der Versklavung in Afrika häufig der Kampf schwarzer Stämme gegeneinander stand, wobei die besiegten Gefangenen eben oft an arabische Sklavenhändler verkauft wurden. Nicht selten standen erst am Ende dieser Kette europäische Seefahrer, die das ‚Schwarze Gold' (welch furchtbarer, tatsächlich verwendeter Ausdruck) unter unglaublichen Leiden der Deportierten und mit riesigen Gewinnen für die Händler in die Neue Welt brachten.[82] Trotz alledem war die Deportation von

---

[79] https://www.huffpost.com/entry/black-lives-matter-toronto-co-founder-needs-to-resign_b_610874fbe4b0497e67026cfc und
https://twitter.com/gundel_gaukeley/status/1283313425276440576, zuletzt aufgerufen am: 28.3.2024.

[80] https://www.tagesspiegel.de/wissen/wie-afrikanische-eliten-mit-kolonialen-regimen-zusammenarbeiteten-4106095.html, zuletzt aufgerufen am: 28.3.2024.

[81] https://de.wikipedia.org/wiki/Tippu-Tip, zuletzt aufgerufen am: 28.3.2024.

[82] Es sollte vielleicht auch einmal erwähnt werden, dass es unter den Sklavenhändlern (vielleicht mit Ausnahme eines frühzeitig gescheiterten Versuchs des Hauses Brandenburg im 17. Jh.) kaum Deutsche gab.

Sklaven aus Afrika und deren Ausbeutung vor allem in den Kolonien Nord- und Südamerikas eines der größten Verbrechen in der Menschheitsgeschichte. Dies historisch aufzuarbeiten ist ein Gebot der Menschlichkeit und der Gerechtigkeit; eine politisch motivierte einseitige Darstellung und die Unterdrückung politisch unliebsamer Geschichtstatsachen schadet jedoch nur diesem berechtigten Anliegen.[83]

Der erwähnte, gegen den ‚alten weißen Mann‘ gerichtete Generationenrassismus wird im Gegensatz zu der ihn begleitenden antirassistischen Attitüde vor allem von den links-grünen ‚AktivistInnen‘, aber durchaus auch durch die Medien gepflegt.[84] Dass damit - wie beim maßlosen Klimafuror, bei eifernden Umweltschutzaktionen oder dem Kampf gegen den politischen Gegner - ein weiterer Keil der Spaltung in die Gesellschaft getrieben wird, interessiert die Verfechter linker Ideologie nicht, wie u.a. das ‚Umweltsau-Debakel‘ des WDR zeigt (s. Kap. 2, 7 und 13). Als Kuriosum sei nur angemerkt, dass der feministisch gefärbte Neorassismus gegen den ‚weißen Mann‘ sogar Tests für Leute anbietet, die sich unsicher sind, ob sie zur Kategorie der Verfemten gehören. Dieser ist unbedingt zu empfehlen, denn er wird sicher Schwankende hilfreich von allen diesbezüglichen Selbstzweifeln befreien.[85] Das zeigt deutlich, dass auch Frauen in der Lage sind, Chauvinismus zu verbreiten. Obwohl die Liste derjenigen ‚Persönlichkeiten‘ des öffentlichen Lebens lang ist, die Hass gegen Weiße säen,[86] erregt sich darüber in den MSM kaum jemand. Da geht man doch gegen Rechte im Falle von vorgeblicher Volksverhetzung viel konsequenter vor (und sei es mit Aufhebung der Immunität von Parlamentariern oder mit Einreiseverboten), s. Kap. 13.

Wie können sich die Betroffenen des inversen Rassismus wehren? Das ist nicht so einfach, da sie bestenfalls in randständigen Medien eine Plattform finden, um darauf hinzuweisen, dass hier als Pendant zur Ausländerdiskriminierung eine klare ‚Inländerdiskriminierung‘ stattfindet. Zum einen sollten die diffamierten alten weißen Männer einmal selbstbewusst darauf hinweisen, welchen Anteil sie an dem (im Moment noch vorhandenen) Wohlstand und wissenschaftlich technischen Niveau unseres Landes haben. Und zum anderen sollte man doch unmissverständlich klar machen, welche Dreistigkeit von halbreifen Kids darin liegt, genau diese Generation von Leistungsträgern zu diskriminieren. Oder, um die Philippika von Knut Löschke aus Kap. 6 noch

---

[83] https://focus.de/200272643, zuletzt aufgerufen am: 29.4.2024.
[84] Wie Sahra Wagenknecht anmerkt, ist die in den USA vor allem von den Linksliberalen für das Arbeiterprekariat verwendete derogative Bezeichnung ‚White trash‘ nur eine Spielart dieser Geisteshaltung [83, S. 29].
[85] https://feminismuss.de/awmtest/, zuletzt aufgerufen am: 28.3.2024.
[86] https://jungefreiheit.de/kultur/gesellschaft/2023/ich-hasse-weisse/, zuletzt aufgerufen am: 28.3.2024.

einmal sinngemäß aufzugreifen: „Da erlauben sich spätpubertäre Nichtsnutze, die keinerlei Lebensleistung aufzuweisen haben, in einer Art Generationenrassismus und unglaublicher Selbstüberhebung ‚alte weiße Männer' darüber zu belehren, was diese zu sagen und zu denken haben (seltsamerweise richtet sich ihr oft feministisch geprägter Hass nicht gegen ‚alte weiße Frauen'). Dabei vergessen sie, dass es gerade diese Leute sind, die einen Handwerksbetrieb aufgebaut haben, als Techniker bzw. Forscher wichtige Patente bzw. wissenschaftliche Ergebnisse erarbeitet haben, oder Jahrzehnte am Hochofen oder in der Landwirtschaft malocht haben. Kurz, sie sind es, die gemeinsam den Wohlstand geschaffen haben, den diese selbstgerechten Nichtstuer heute verschwenden. Was werden diese jungen Großmäuler dereinst außer ihrer Wichtigtuerei aufzuweisen haben?!"[87]

Durch das maßlose Überziehen eines guten Anliegens (Vermeidung von Diskriminierung jeglicher Art) wird der überbordende Antirassismus zu einem Bumerang, und durch das Wittern von allgegenwärtigen Verletzern der PolC im weitesten Sinne wird das Gegenteil des Gewollten erreicht: Die Rechte wird gestärkt. Im Grunde genommen führen alle übertriebenen gesellschaftspolitischen Aktionen - sei es im Bereich des Antirassismus, des Asylrechts, der Gleichstellung von Frauen oder der Klimapolitik - selbst bei einem primär positiven Anliegen zu einem sogenannten ‚Backlash', d.h. zu einer starken Gegenreaktion (s. auch Kap. 8 bzw. 14). Die damit verbundene moralische Attitüde wirkt zu durchsichtig und kann leicht als politisches Druckmittel entlarvt werden. Da sie schnell in ein Eiferertum umschlägt, das jedes Gegenargument mit der Moralkeule erschlägt, wird sie letztlich von einem großen Teil der Bevölkerung abgelehnt. Inzwischen holt man traurigerweise auch mit einer Art ‚negativer Gleichstellung' bei Verbrechen auf, die von weiblichen Tätern begangen werden, s. Kap. 12. Gefährlich wird es auch, wenn man versucht, reale gesellschaftliche Probleme die im Zusammenhang mit der Migration stehen (s. Kap. 8) mit dem Verweis auf ‚Ausländerfeindlichkeit', ‚Rassismus' oder wie im nachstehenden Fall des ‚Antiziganismus' aus dem gesellschaftlichen Diskurs zu verbannen.

Das ‚Zigeunerproblem' ist Jahrhunderte alt und bewegt sich in einem Teufelskreis von sozialer Diskriminierung, fehlender Integrationsbereitschaft und Gefangensein in einem sich selbst gegenüber der umgebenden Gesellschaft

---

[87] Haben sie überhaupt schon einmal darüber nachgedacht, welche Hochachtung der älteren Generation in anderen, von ihnen doch so oft bewunderten ‚ausländischen' Kulturen entgegengebracht wird. Oder, was ihnen passieren würde, wenn sie ihre selbstgebastelte Moral - nicht nur in Bezug auf ‚alte weiße Männer' - in diesen Kulturen propagieren würden.

abgrenzenden und zum Teil sogar asozialen bzw. kriminellen Clan-Milieu.[88]
Dass man sachlich und ohne Voreingenommenheit über das Leben und die
schwierige Lage, aber auch über die teils gemeinschaftsschädigende bis kriminelle Lebensweise dieser Minderheit berichten kann, zeigt der Roman von
Lakatos „Bitterer Rauch", der - selbst ein Rom - versucht, eine ehrliche Sicht
auf das Zigeunerproblem zu vermitteln [43]. Er, der sich nicht scheute, die
Selbstbezeichnung ‚Zigeuner' zu verwenden, hat am eigenen Leib erfahren,
wie schwierig es ist, sich aus diesem Milieu zu lösen; und er hat es als einer
der Wenigen sogar zu einer höheren Schulbildung und zu einem Ingenieursdi-
plom gebracht.

Die ‚offizielle' Vertretung der Sinti und Roma in Deutschland[89] versucht
demgegenüber einseitig, allein den Opferstatus seiner Klientel herauszustellen
und wendet sich gegen den nach seiner Auffassung diskriminierenden Terminus ‚Zigeuner'.[90] Dabei werden in offensichtlich bemühter Weise die negativen Konnotationen, die mit diesem Begriff verbunden sind, unterdrückt und
die positiven werden hervorgehoben.[91] Wenn man die Negativerscheinungen
tabuisiert, die eine Integration in die Majoritätsgesellschaft erschweren, wenn
nicht gar unmöglich machen, wird man nirgends auf Akzeptanz stoßen. Auf
diese Weise wird niemand verstehen, warum der Teil der Sinti und Roma, der
seit Jahrhunderten in allen Staaten als Problem angesehen wurde und den man
eben als ‚Zigeuner' bezeichnete, überhaupt diskriminiert wurde.

Wenn man die Gesamtproblematik auf die Aussage reduziert: „Sinti und
Roma unterliegen vielfach sozialer Ablehnung, wirtschaftlich-beruflicher Benachteiligung sowie kultureller und politischer Unterdrückung", wie das in
der oben zitierten Selbstdarstellung des genannten Landesverbandes Berlin geschieht, dann wird die einseitige Darstellung einfach zu einer Falschaussage.
Denn, wie in Kap. 7 bereits festgestellt wurde, ist die halbe Wahrheit eben eine
ganze Lüge. Nur wenige Presseorgane oder Fernsehdokumentationen wagen

---

[88] Was würde es der Gesellschaft helfen, das hier so genannte ‚Zigeunerproblem' umzubenennen oder gar gänzlich zu tabuisieren. Sollten wir es besser im Sinne einer Diskurs-
verschiebenden PolC als ‚Sinti-und-Roma-Problem' (kurz: ‚S&R-Problem') bezeichnen, um
dadurch alle Mitglieder dieser Minderheit zu stigmatisieren? - Wer ganz vorsichtig ist, könnte ja auch das Kunstwort ‚Z-People' anstelle von „Zigeuner" verwenden (s. Kap. 10), wodurch aber niemand geholfen ist.

[89] Gemeint ist der Zentralrat der deutschen Sinti und Roma. - Wen vertritt er eigentlich genau?
Er ist doch sicherlich nicht von der Mehrheit dieser Volksgruppe beauftragt oder gewählt
worden.

[90] https://www.sinti-roma-berlin.de/index.php/ueber-uns/sinti-roma.html, zuletzt aufgerufen
am: 28.3.2024.

[91] Negative Zuschreibungen sind: Nomadenleben, kaum integrierbar, kleinkriminelle Aktionen
unter Einsatz von Kindern, aggressives Betteln, Vermüllung der Umgebung; Positive Zuschreibungen: ungebundenes, freies Leben, kulturelle Bereicherung (Musikalität) usw.

es, entgegen der Mainstream-Berichterstattung über die verheerenden Zustände in den Zigeuner-Brennpunkten deutscher Städte und die Hilflosigkeit der Behörden mit klaren Worten zu berichten. So schreibt das Handelsblatt über die Lage in Duisburg:[92] „Fehlende Bildung und zum Teil archaische Clanstrukturen führten immer wieder zu enormen Konflikten im Umfeld. Auch die Erschleichung von Kindergeld ist eine Tatsache in vielen Familien. Da werden Kinder angemeldet, die es gar nicht gibt [...].“ Und weiter zur Kriminalität: „Die Polizei nennt Diebstahldelikte als häufigstes Problem; Prostitution, Müll und Lärm, Hygiene-Missstände seien kaum in den Griff zu kriegen.“ Wie eine verzerrte Beschreibung der Wirklichkeit zu einer bewussten Desinformation der Bevölkerung wird, sieht man am Beispiel eines sehr einseitigen Propaganda-Flyers der AAS,[93] den man einmal mit der sachlichen und relativ ausgewogenen Berichterstattung von ‚Spiegel TV‘ zu diesem Thema vergleichen sollte.[94]

Wo bleibt eigentlich die laut vernehmbare Stimme des Zentralrats der deutschen Sinti und Roma zu diesen nicht hinnehmbaren Zuständen?[95] Auch die innereuropäische Migration von Sozialschmarotzern aus diesem Umfeld ist doch nicht von der Hand zu weisen. Eine Leugnung dieser Tatsachen verschlimmert einfach nur das in Deutschland bis vor wenigen Jahren noch unbekannte Zigeunerproblem. Letzteres ist durch die Einschleusung von Sinti und Roma im Zusammenhang mit der Ukraine-Krise sogar noch weiter verschärft worden, s. hierzu Kap. 8. Da hilft es wenig, dass Z-Wort aus dem Diskurs zu verbannen, und stattdessen ‚politisch korrekt‘ von ‚rumänischen bzw. bulgarischen Staatsbürgern‘ zu reden. Im Gegenteil, dies führt nur zu einer gänzlich unberechtigten Diskriminierung der Rumänen oder Bulgaren. Auch die Gleichsetzung der völlig anders gearteten Phänomene des Antiziganismus und Antisemitismus ist eine Kulturlüge und Geschichtsverfälschung, die nur zur Vernebelung der wahren Ursachen und Zusammenhänge beiträgt (s.u. und Kap. 12). Im Übrigen ist ersterer vorwiegend auf eine durch asoziales Verhalten der Z-People begründete Ablehnung zurückzuführen, während letzterer in Deutschland (zumindest vor 1933) wahrscheinlich eher auf einer Art von

---

[92] https://www.handelsblatt.com/politik/deutschland/roma-armut-in-duisburg-in-busladungen-kommen-sie-hier-an/9301590-2.html, zuletzt aufgerufen am: 28.3.2024.

[93] https://www.amadeu-antonio-stiftung.de/gruppenbezogene-menschenfeindlichkeit/antiziganismus-rassismus-gegen-sintizze-und-romnja-was-ist-das/, zuletzt aufgerufen am: 28.3.2024.

[94] https://www.youtube.com/watch?v=uC6qAnt506w, zuletzt aufgerufen am: 28.1.2024.

[95] Dabei ist das angeführte Beispiel kein Einzelfall; Ähnliches lässt sich aus Bochum, Hagen-Wehringhausen und anderen Orten berichten. - Darüber kann man auch nicht mit Hinweisen auf die durchaus vorhandenen Persönlichkeiten des Kulturlebens mit ziganischem Ursprung hinweggehen, die ja durchaus bekannt sind, angefangen mit Django Reinhardt, über Yul Brunner bis hin zu Marianne Rosenberg.

Sozialneid und der auf das Leben in der Diaspora zurückzuführenden kosmopolitischen Haltung der Juden beruht.[96]

Die oft zitierte Erscheinung des ‚Alltagsrassismus' gibt es zweifellos, und zwar nicht nur in Deutschland.[97] Diese Form des Rassismus ist nur durch Wiederherstellung einer von Empathie getragenen Kultur des menschlichen Umgangs miteinander, nicht aber durch Kampagnen zu beseitigen. Vor allem dürfen solche sozio-kulturellen Verwerfungen nicht dazu verführen, nun überall Rassismus zu wittern.[98]

Zwischen Mikroaggression und Alltagsrassismus existiert ein sehr schmaler Grat, auf dessen einer Seite deutliche Verletzungen des zwischenmenschlichen Anstands stehen, und auf der anderen Seite hypertrophierte Rassismusverdächtigungen.[99] Diese Situation kann man auch nicht durch sprachpolizeiliche Maßnahmen verbessern. Wenn man z.B. versucht, das Unwort ‚Zigeuner' selbst im Kompositum ‚Zigeunersauce' zu tilgen, oder wenn man glaubt, sich in Zeitungsberichten mit ungenauen Umschreibungen wie „rumänische/bulgarische Staatsbürger" aus der Affäre zu ziehen, führt das eben zu einer völlig unberechtigten Diskriminierung allgemeinerer Art. Denn es sind nicht die Rumänen/Bulgaren und nicht einmal die Roma als Gesamtheit, die von Sozialbetrug und Kleinkriminalität leben oder in Duisburg Marxloh oder in Hagen-Wehringhausen ganze Straßenzüge zumüllen, sondern es sind eben die Z-People, oder wie man sie auch immer nennen will (s. Kap. 10).

Der Rassismusvorwurf ist heute so allgegenwärtig, dass er auf die eifernden Urheber desselben zurückschlägt, wie sich deutlich am Vorwurf der kulturellen Aneignung zeigt. Selbst woke PolitikerInnen können da schnell in Verruf kommen, wenn sie gestehen, dass sie als Kind gern Indianerhäuptling werden wollten, s. Kap. 13. Die Rassismusfalle schlägt praktisch überall zu, wie eine Studie der Uni Rostock zur „Repräsentanz von Farbigen im Fernsehen" zeigt, die sicher der Förderung von Diversität in den ÖRM dienen sollte, sich aber

---

[96] Man sollte nicht vergessen, dass die Juden in Deutschland von der Emanzipation zu Beginn des 19. Jh. bis zur Herrschaft der Nazis zur kulturellen, wirtschaftlichen und wissenschaftlichen Elite gehörten. Selbst in Zeiten eines starken Nationalismus hatte Deutschland einen jüdischen Außenminister, Walther Rathenau, was in vielen anderen europäischen Ländern einfach undenkbar gewesen wäre.

[97] Das konnten wir bei unserem letzten USA-Aufenthalt anhand eines ganz alltäglichen Beispiels erleben. Wir kamen in ein Gespräch mit einer Latina, die unglücklich darüber war, dass sie ihren schwarzen Freund nicht heiraten könne, weil beide Elternteile (afroamerikanischer Teil und Latino-Teil) aus rassischen Gründen strikt dagegen seien. Sie versicherte uns sehr glaubwürdig, dass dies kein Einzelfall, sondern eher symptomatisch wäre.

[98] https://www.nzz.ch/meinung/der-andere-blick/rassismus-in-deutschland-die-bundesregierung-sieht-ueberall-diskriminierung-ld.1720977, zuletzt aufgerufen am: 28.3.2024.

[99] https://www.dearemployee.de/mikroaggressionen-wenige-worte-starke-nachwirkung/, zuletzt aufgerufen am: 28.3.2024.

selbst fragwürdiger ethnischer Merkmale bediente.[100] Dabei sind die Autoren in die Falle getappt, dass man ja nach PolC-Doktrin gar nicht über Hautfarbe und Rassen sprechen kann, da diese nach ihrer eigenen Auffassung ein soziales Konstrukt seien.[101]

Inzwischen hat sich - wie bereits dargelegt - als wokes Pendant zum ‚gemeinen' Rassismus oder als Dublette zu diesem links-grünen Kampfbegriff ein ‚Rassismus gegen Weiße' herausgebildet, wofür der französische Philosoph Taguieff das Oxymoron des ‚rassistischen Antirassismus' gebildet hat. Diese Haltung empfinden die selbsternannten ‚Gutmenschen' durchaus nicht als problematisch, sodass auch keinerlei Protest aufkommt, wenn die Leiterin der Antidiskriminierungsstelle und Anti-Hass-Beauftragte (ausgerechnet diese!) die Bezeichnung „Kartoffeln" für native Deutsche für durchaus vertretbar hält[102] oder gar Bürger, die den Heimatbegriff hochhalten, in die Nazi-Ecke schiebt. Während sie „weißen Deutschen", „Ureinheimischen" und „Germanennennachfahren" vorwirft, „überempfindlich auf das Wort Kartoffel zu reagieren", wacht sie streng darüber, dass niemand das verpönte N-Wort oder das Z-Wort ausspricht. Ja, sie ist so sensibel, dass sie schon die Frage „Wo kommst Du her?" an einen Migranten als rassistisch ansieht![103] Mit dieser von Links-Grün gepflegten Bigotterie wird sie Hass säen, aber nicht abbauen.

Die submissive Haltung der weißen Gesellschaft als (un)passende Ergänzung zum allgegenwärtigen Rassismusvorwurf zeigt sich auch im Grüßen bzw. im Verbeugen vor dem Gesslerhut im Zusammenhang mit BLM (s. hierzu auch Kap. 6). Nur wenige Tage, nachdem ein Schwarzer in Würzburg ein furchtbares Attentat mit mehreren weißen Opfern verübt hat, kniet die Deutsche ‚Nationalmannschaft' devot vor dem BLM-Gesslerhut und trägt im Wembleystadion Regenbogen-Armbinden. Da ist doch ein Attentat eines somalischen Immigranten in Deutschland auf Homosexuelle nicht der Rede wert. Bedeuten denen deutsche Menschenleben wirklich nichts? - Kein Zeichen von Solidarität mit den eigenen Landsleuten, aber Verbeugungen vor dem Zeitgeist, das ist die billige Contenance heute.

Wir dürfen gespannt sein, ob dieselben Sportler solch demonstrative Akte auch bei anderen Sportveranstaltungen zeigen werden. Immerhin hat bereits die Fußball-WM in Katar gezeigt, zu welchen Verbiegungen und verqueren

---

[100] https://jungefreiheit.de/politik/deutschland/2021/studie-rostock-empoerung/, zuletzt aufgerufen am: 28.3.2024.

[101] https://weranderneinenbrunnengraebt.wordpress.com/2012/09/15/weisweissein/, zuletzt aufgerufen am: 28.3.2024.

[102] https://www.bild.de/politik/inland/politik-inland/erster-auftritt-ataman-bereut-kartoffel-beleidigung-nicht-81020008.bild.html, zuletzt aufgerufen am: 28.3.2024.

[103] https://www.spiegel.de/kultur/gesellschaft/herkunft-und-die-frage-wo-kommst-du-her-ethnischer-ordnungsfimmel-a-1254602.html , zuletzt aufgerufen am: 31.5.2024.

Gesten (Hand vor den Mund halten) eine halbherzige und völlig unangebrachte Moraldemonstration führt. Wir haben uns als einzige zum Gespött der Welt und insbesondere der arabischen Länder gemacht, ohne irgend etwas bewirkt zu haben.[104] Oder wie gleich mehrere Zeitungen unsere gesellschaftliche Situation und die gescheiterte Fußballmannschaft in einem Atemzug charakterisieren: „Satt, träge und selbstgerecht - wie das ganze Land".[105] Diese Bestandsaufnahme heißt nicht, die Augen vor den Menschenrechtsverletzungen in Katar und anderswo zu verschließen.[106] Wir sind nur nicht diejenigen, die diese Welt allein nach unseren Vorstellungen in Ordnung bringen können, und vor allem nicht mit billigen Gesten. Wenn schon moralische Haltung gezeigt werden muss, dann hätte man die WM in Katar verhindern müssen.[107]

Der vorauseilende Gehorsam in Sachen PolC geht so weit, dass man sich, wie im Fall Ofarim oder des Sebnitzer Jungen (s. Kap. 7 und 13), fast reflektorisch auf die Seite des vorgeblichen Opfers stellt, ohne überhaupt zu überprüfen, ob das gerechtfertigt ist. Wenn sich dann alles als ein Irrtum herausstellt, hat man doch wenigstens einer ‚guten Sache' gedient (was wiegt da schon eine kleine Verleumdung dagegen?). In diesen Fällen hat in der Medienöffentlichkeit eindeutig eine spontane Täter-Opfer-Umkehr stattgefunden. Eine Entschuldigung - wenn es denn je eine gibt - wird dann kaum noch wahrgenommen. Davon, dass ein moralischer oder gar materieller Schaden wieder gutgemacht würde, gar nicht zu reden.

Eine nicht selten verwendete Abwehrstrategie von Links-Grün besteht darin, die zum Übel gewordene hypertrophierte PolC einfach nicht zur Kenntnis zu nehmen. Das sei ein erfundener ‚politischer Kampfbegriff' der Rechten, um das hehre Anliegen derjenigen zu unterminieren, die gegen jede Art von Diskriminierung sind.[108] Das Kleinreden der PolC wird natürlich durch tagtägliche Erfahrung und die an allen Ecken und Enden stattfindende und besonders vom links-grünen Establishment gepflegte Cancel culture klar widerlegt, s. Kap. 6. Es vergeht praktisch kein Tag ohne eine Meldung in den Medien, dass dieser oder jener ein ‚falsches' Wort verwendet hat, einen Vortrag zum ‚unpassenden' Thema halten wollte oder sich mit einem Mitglied einer geäch-

---

[104] Das ist noch milde ausgedrückt. Wahrscheinlich wurde sogar im In- und Ausland ein Riesenschaden angerichtet, denn ein großer Teil der Fans hat sich sogar über das frühzeitige Ausscheiden der unpassend so genannten ‚Mannschaft' - jetzt wieder in ‚Nationalmannschaft' zurück benannt - gefreut.

[105] https://www.tagesspiegel.de/sport/satt-trage-und-selbstgerecht-die-nationalelf-zeigt-wie-unsere-gesellschaft-momentan-tickt-9001135.html, zuletzt aufgerufen am: 28.3.2024.

[106] https://www.lsvd.de/de/ct/1245-LGBT-Rechte-weltweit, zuletzt aufgerufen am: 28.3.2024.

[107] Aber wo könnten dann unter diesen moralischen Maßstäben überhaupt noch sportliche Großereignisse stattfinden?

[108] https://www.youtube.com/watch?v=QTOpNYePK5w, zuletzt aufgerufen am: 28.3.2024.

teten Partei unterhalten hat und so fort. Selbst woke Eiferer, die noch vor nicht allzu langer Zeit zum Zeichen der ‚Solidarität' mit den unterdrückten Völkern Rasta-Locken getragen haben, sehen sich neuerdings dem Vorwurf der ‚kulturellen Aneignung' ausgesetzt. Das alles erinnert eher an die puritanischen Eiferer der Nachreformationszeit als an eine demokratisch verfasste Gesellschaft von mündigen Bürgern.

Zu welch unlauteren Propagandatricks das woke Politestablishment greifen muss, zeigt die Diskreditierung einer berechtigten Islamkritik (s. Kap. 11) als ‚Islamophobie' bzw. ‚Islamfeindlichkeit'. Schon die Verwendung des Wortbestandteils ‚Phobie' ist hinterhältig, bezeichnet es doch etwas Krankhaftes. Wer eine Religion oder was auch immer sachlich kritisiert, ist nicht krank, sondern nimmt sein Recht auf Meinungsäußerung wahr (ganz gleich, ob er recht hat oder nicht; im letzteren Fall muss er mit Argumenten widerlegt und nicht einfach denunziert werden). Es wurde sogar das demagogische Konzept des antiislamischen bzw. antimuslimischen ‚Rassismus' erfunden. Damit soll gewissermaßen als Steigerungsstufe zur Islamophobie jede Kritik an der muslimischen Religion zusätzlich noch als rassistisch diffamiert werden.[109]

Überhaupt werden in der PolC ganz perfide Denkschemata konstruiert, die abseits jeder Logik sind: ‚Islamkritiker = Islamfeind = Ausländerfeind oder Rassist' diese erfundene Transitivität geht noch weiter: ‚Rassist = Rechtsextremer = Nazi'. Da die (falsch verwendete) Gleichheitsrelation transitiv ist, kann man das beliebig fortsetzen. Dieses absurde Schema zeigt auch, warum es bevorzugt von Linken verwendet wird. Man muss nur eine beliebige Sache X in einen negativen Kontext setzen oder in Verbindung mit eine gesellschaftlich (zu Recht) geächteten Erscheinung bringen, und schon bleibt die konstruierte negative Konnotation hängen. Der nächste Schritt ist dann konsequenterweise ganz einfach: Man muss nur noch den politischen Gegner mit einem der Negativbegriffe in Verbindung bringen, und die propagandistische Arbeit nach dem Motto „Semper aliquid haeret" ist erledigt, s. hierzu auch Kap. 7. – Das Groteske ist nur, dass linke ‚DenkerInnen' auf der anderen Seite selbst für die extremste Form des Islam, den Islamismus, noch scheintolerante, verständnisvolle Worte finden. Oder wie soll man die Äußerung der SPD-Vorsitzenden vom Juli 2021 anders deuten? In einem Interview hatte sie geäußert, dass der Islamismus zwar eine radikalisierte Form des Islam sei, „der aber per se kei-

---

[109] Niemand würde auf die Idee kommen, eine Kritik am Christentum - oder sogar eine unberechtigte Diffamierung desselben - als gegen Weiße oder gar gegen Juden gerichteten Rassismus bzw. Antisemitismus zu bezeichnen. Immerhin ist das Christentum trotz seiner Verbreitung vor allem im gesamten europäischen Raum bis nach Russland und in Nord- bzw. Südamerika jüdischen Ursprungs.
https://www.bpb.de/politik/extremismus/radikalisierungspraevention/302514/was-ist-antimuslimischer-rassismus, zuletzt aufgerufen am: 28.3.2024.

ne gruppenbezogene Menschenfeindlichkeit ausdrückt".[110] Welch elende Heuchelei und gesellschaftsschädigende Doppelmoral.

Ein in Deutschland besonders schwierig zu diskutierendes Thema ist der Antisemitismus. Aufgrund der unglaublichen Verbrechen der Nazis, die im Holocaust mündeten, dominiert den öffentlichen Diskurs in Deutschland eine in ihrer zeitlichen Grenzenlosigkeit unberechtigte Schulddiskussion. Es gibt - was die heute lebenden Generationen betrifft - bis auf wenige Ausnahmen kaum noch Menschen, die für irgend etwas im Dritten Reich verantwortlich gemacht werden können, von einer persönlichen Schuld ganz zu schweigen. Das heißt nicht, dass wir keine Verantwortung tragen, dass so etwas nicht wieder geschieht. Im Gegenteil, wir sollten sehr sensibel gegenüber allen Arten von totalitären Tendenzen, gegenüber Diskreditierung Andersdenkender bzw. anders gearteter Mitbürger sein. Aber genau diese Sensibilität geht nach und nach immer mehr verloren und wird ausgerechnet von den selbsternannten links-grünen Demokraten systematisch zerstört, wie wir an vielen Beispielen in diesem Buch sehen. Man solle nicht glauben, dass Totalitarismus als Herrschaftsform nur von Faschisten ausgeht, nein - der neue Faschismus wird (wie schon Silone sarkastisch feststellte) im Gewand des Antifaschismus daherkommen.[111] Und den selbstgerechten, sich antifaschistisch gebärdenden Moralisten heutiger Zeit, die sich fragen: „Wie konnte so etwas wie der Nationalsozialismus auf deutschem Boden entstehen?", sollte man mit dem bereits zitierten Wort von Broder antworten: „Weil die Menschen damals genau so waren wie Ihr!". Denn viele der heutigen Bürger haben ebenfalls kein Problem mit politischen Denunziationen, mit Diffamierung des politischen Gegners, mit Wahlmanipulationen usw.

Wenn man von ‚Antisemitismus' spricht, sollte man wenigstens drei Arten unterscheiden: Einen *rassischen* Antisemitismus, wie ihn die Nazis zur Rechtfertigung der Ausrottung der jüdischen Bevölkerung propagierten; einen *politischen* Antisemitismus, wie er etwa vom Iran und den Palästinensern ausgeht und eher eine gegen den Staat Israel gerichtete Ideologie ist (‚Antiisraelismus'), und einen ‚Antijudaismus' wie ihn vorwiegend die Araber pflegen.[112] Obwohl der arabische Antijudaismus stark politisiert und deshalb zumindest seit der Gründung des Staates Israel mit antiisraelischen Elementen durchsetzt

---

[110] Und das angesichts des allgegenwärtigen muslimischen Antijudaismus, auf den wir gleich noch zu sprechen kommen werden. – https://twitter.com/i/status/1421020138166538243, zuletzt aufgerufen am: 28.3.2024.

[111] Auch die totalitären kommunistischen Herrscher von Stalin bis Ulbricht haben sich als Antifaschisten bezeichnet, was ja wenigstens bei Ulbricht noch eine gewisse Berechtigung hatte.

[112] Die Zuschreibung ‚Antisemitismus' an die Araber erscheint deshalb unangebracht, weil sie selbst ‚Semiten' sind - wenn man diesen Begriff denn noch verwenden will (er steckt ja als Bestandteil schließlich auch im Wort „Antisemitismus").

ist, führt er zurück in einen Jahrtausende alten Bruderzwist, denn beide - Juden und Araber - führen ihre Herkunft nach Thora und Koran auf den gemeinsamen Stammvater Abraham bzw. dessen Söhne zurück. Der Krieg der Israeliten gegen die Philister (von hier führt zumindest sprachlich und geographisch eine direkte Linie zu den Palästinensern) wird schon im Alten Testament ausführlich geschildert, s. etwa den Kampf von David gegen Goliath, 1. Sam 17.

Aus den genannten Gründen bedingen sich die Begriffe ‚Antisemitismus' und ‚Rassismus' nicht einfach gegenseitig; beide lassen sich am ehesten noch auf den ethnischen Antisemitismus der Nazis anwenden, der eindeutig rassistisch war. Der politische Antisemitismus (genauer: Antijudaismus) wird heute vor allem durch muslimische Länder gefördert, die sich aus politischen oder religiösen Gründen gegen Israel wenden bzw. für die Sache der Palästinenser eintreten. Durch die Gräueltaten der Nazis während des Holocaust kann über den heute gegen Juden gerichteten Antisemitismus (genauer den Antijudaismus) in Deutschland kaum sachlich und rational diskutiert werden. Das sieht man schon daran, dass der von Moslems ausgehende Antijudaismus in Deutschland nahezu tabuisiert wird, obwohl er den wesentlichen Teil des heutigen ‚Antisemitismus' in Deutschland ausmacht und durch die harte israelische Reaktion auf den Terrorangriff der Hamas erneut befeuert wurde. Er lässt sich weder vom links-grünen Establishment noch von der offiziellen Vertretung der Juden in Deutschland politisch gut verwerten, weil eine genauere Untersuchung hierzu zum einen auf eine misslungene Asylpolitik führen würde und zum anderen von den arabischstämmigen Asylanten auch finanziell nichts zu holen ist (von Deutschen mit schlechtem Gewissen sehr wohl; ein Aspekt, den Finkelstein unabhängig von deutschen Verhältnissen versucht hat, in seinem Buch „The Holocaust Industry" aufzuarbeiten [16]).

Die ganze verfahrene Situation führt außerdem noch dazu, dass eine Kritik am Staat Israel bzw. an der heutigen israelischen Politik ganz schnell dem Vorwurf des Antisemitismus ausgesetzt ist. Ein Grund, weshalb Linken wie Rechten vorgeworfen wird, dass sie sich in diesem Punkt treffen würden,[113] wodurch auch eine ziemlich verkorkste Haltung zum Staat Israel in der öffentlichen Diskussion entsteht. Oft werden im Rahmen der PolC die Termini Antisemitismus und Antirassismus bewusst vermischt, was - wie wir gesehen hatten - auch für die sogenannte ‚Islamophobie' bzw. den Antiislamismus zutrifft (s. Kap. 11). Man hat tatsächlich den Eindruck, dass die Verwirrung und Vermischung dieser politischen Begriffe ausdrücklich gewollt ist.

---

[113] https://www.zeit.de/2014/48/antisemitismus-afd-die-linke?utm_referrer=https%3A%2F%2F www.google.com%2F, zuletzt aufgerufen am: 28.3.2024.

Natürlich will auch die Kirche nicht hinter dem woken Zeitgeist zurückstehen, indem sie im Hinblick auf den vorherrschenden, völlig überzogenen Antirassismus nicht nur eine Frauenquote sondern auch eine Migrantenquote fordert.[114] Das führt ihre Vertreter sogar zu dem edlen Anliegen, sich dem Kampf gegen Islamfeindlichkeit bzw. Antiislamismus zu verschreiben.[115] Da werden ihnen aber die Anhänger des IS, die Moslems der DITIB oder die Grauen Wölfe dankbar sein! Muslimische Kinder fühlen sich dagegen schon beschmutzt, wenn sie ein christliches Gotteshaus oder ein ehemaliges Kloster betreten sollen, worauf wir in Kap. 11 noch zu sprechen kommen werden.

Die woken Eiferer erkennen Rassismus einfach überall. Der Ravensburger Kinderbuch-Verlag hat sogar ganz erschrocken vor dem Wokismus Winnetoubücher aus dem Programm genommen und sich sofort devot bei einer gewiss kleinen Zahl von PolC-Fanatikern entschuldigt, „ihre Gefühle verletzt zu haben".[116] Jede Kritik an ‚Peoples of Color' (PoC) wird als ‚Rassismus' abgeschmettert, weshalb man diesen Begriff besonders im Rahmen der BLM-Bewegung auch gern als Abwehrschirm gegen Fehlleistungen Farbiger verwendet. So wird zwar das Fehlverhalten des Polizisten, der den Afroamerikaner George Floyd zu Tode brachte, zu Recht angeprangert,[117] Die heftige Gegenwehr des Getöteten gegen die Polizisten und seine kriminelle Vergangenheit werden bei der Schilderung des Vorgangs bzw. bei der Bewertung des Opfers gern verschwiegen bzw. heruntergespielt. In verschiedenen Städten Deutschlands gab es sogar - wie wir gesehen hatten - völlig unangemessene Forderungen, Straßen und Plätze nach Floyd zu benennen, und in Berlin erhielten mehrere Sportplätze seinen Namen.[118] Da fragt es sich doch, wer in Deutschland wirklich eine Beziehung zu diesen Vorkommnissen in den USA hat. Täglich gibt es doch weltweit viel schlimmere Ungerechtigkeiten und Schandtaten, u.a. auch in der Dritten Welt, die kaum Beachtung finden. Hier wird ein mehrfach vorbestrafter Afroamerikaner zur Symbolfigur für den eigenen politischen Kampf gemacht, womit jedoch einem guten Anliegen, dem Kampf gegen Rassismus, ein Bärendienst erwiesen wird.

---

[114] Vielleicht möchte man auch nur die schwindende Zahl der echt Gläubigen durch ‚Quotengläub_ge' auffüllen.

[115] https://jungefreiheit.de/kultur/gesellschaft/2020/kirchen-gegen-rassismus/, zuletzt aufgerufen am: 28.3.2024.

[116] https://www.welt.de/kultur/literarischewelt/article240604643/Rassismus-Kritik-Ravensburger-liefert-Winnetou-Kinderbuecher-nicht-mehr-aus.html, zuletzt aufgerufen am: 28.3.2024.

[117] Ersterer wurde dafür ja auch gerichtlich verurteilt (und inzwischen im Gefängnis ermordet).

[118] https://www.tagesspiegel.de/berlin/bezirke/berlin-bekommt-einen-george-floyd-sportplatz-4745890.html, zuletzt aufgerufen am: 29.4.2024.

Inzwischen richtet sich der Wahn der ‚antirassistischen' Eiferer in selbstzerstörerischer Weise auch gezielt gegen die gesamte ‚weiße Kultur'. Der Irrsinn kennt keine Grenzen mehr. Sogar Bach und Beethoven sind schon in die Nähe des Rassismus gerückt worden, ist doch der Musikkanon der Klassik, der wesentlich auf ihren Werken beruht, von ‚alten weißen Männern' bestimmt.[119] Auch Kant oder Mozart bleiben vor dem Rassismusvorwurf nicht verschont (letzterer wegen der Implementierung eines Mohren in seiner Zauberflöte).[120] Während man deutsche Straßen nach amerikanischen Schwarzen benennen will, sollen nun umgekehrt Straßen, die nach Luther, Wagner oder Niemöller benannt sind,[121] trotz der Bedeutung der Genannten für die deutsche Geschichte neue Namen erhalten.[122] Auf die Umbenennungswut der antirassistischen neuen Puritaner, die selbst vor Delikatessen und geographischen Bezeichnungen nicht Halt macht, werden wir in Kap. 10 noch einmal zurückkommen.

Einen besonderen ‚Kampfplatz' der PolC bildet die deutsche Kolonialzeit, u.a. wegen der engen Beziehung zum Rassismus und zum Kolonialismus allgemein. Ein Grundproblem besteht schon darin, dass die heutigen Diskussionen weitgehend losgelöst vom historischen Kontext geführt werden. – Ja, es hat koloniales Unrecht in großem Maße gegeben, aber auf diesem Gebiet haben sich die Deutschen im Vergleich zu anderen Kolonialmächten noch am wenigsten zu Schulden kommen lassen. Trotzdem gebärden sich unsere links-grünen Politiker als die größten Sünder, die sich nach über Hundert Jahren gar nicht genug tun können beim Bußetun (wie etwa beim Besuch zweier Ministerinnen in Benin, s.u.), was mit Recht zum Vorwurf des Schuldkults geführt hat, s. Kap. 10.

---

[119] https://www.zeit.de/2021/20/rassismus-klassik-phil-ewell-klassische-musik-europa-usa-deutschland?utm_referrer=https%3A%2F%2Fwww.google.com%2F, zuletzt aufgerufen am: 28.3.2024.

[120] https://www.philomag.de/artikel/kant-und-der-rassismus-0 bzw. https://scholarlypublishingcollective.org/psup/soundings/article-abstract/102/4/275/198922/Monostatos-Racism-in-Die-Zauberflote?redirectedFrom=fulltext, zuletzt aufgerufen am: 28.3.2024.

[121] https://www.evangelisch.de/inhalte/195716/12-01-2022/berliner-museumsdirektor-fuer-umbenennung-von-richard-wagner-strasse, zuletzt aufgerufen am: 29.4.2024.

[122] Eigenartigerweise stört die Proponenten der Umbenennung die (zweifelsohne vorhandene) antisemitische Einstellung der deutschen Namensgeber der Straßen, während sie an den mehrfachen Vorstrafen von George Floyd keinen Anstoß nehmen (obwohl es doch genügend Afroamerikaner mit Vorbildwirkung gibt). Mit diesen Doppel-Standards für die Vergabe von Straßennamen und dem Herausreißen von Persönlichkeiten aus ihrem historischen Kontext wird es wohl schwer fallen, genügend Namensgeber mit politisch ‚reiner Weste' zu finden. – Sogar Marx (selbst ein Jude) ist durch deftige antisemitische Ausfälle gegen seinen Mitstreiter Lasalle aufgefallen, den er groteskerweise als „jüdischen Nigger" beschimpfte. – https://sozialgeschichte-online.org/2018/10/17/vorveroeffentlichung-der-juedische-nigger-lassalle-marginalie-zu-einem-brief-von-karl-marx/, zuletzt aufgerufen am: 4.12.2023.

Als aktuelles, aber völlig untaugliches Feindbild in Sachen Kolonialismus wird von links-grünen Kreisen der deutsche Kanzler Bismarck aufgebaut. Unterschlagen wird dabei, dass viele deutsche Politiker (u.a. auch er) dem Erwerb von Kolonien recht ambivalent bis ablehnend gegenüberstanden, einfach weil nach ihrer Auffassung das Kosten-Nutzen-Verhältnis nicht stimmte. Bismarck, eine der großen historischen Persönlichkeiten Deutschlands, äußerte nicht nur starke Bedenken gegen den Erwerb von Kolonien, sondern hatte als Vorsitzender der Westafrika-Konferenz 1884 wesentlichen Anteil daran, dass ein Verbot des Sklavenhandels vereinbart wurde.[123] Er war auch derjenige, der immer auf einen Ausgleich mit Russland bedacht war (mit ihm hätte es wahrscheinlich keinen Krieg gegen Russland gegeben, wie er dann von Hitler vom Zaun gebrochen wurde).[124] In diesem Zusammenhang wird sogar eine „Neu-Kontextualisierung" von Geschichtszeugnissen wie dem Bismarck-Denkmal in Hamburg erörtert.[125] Diese könnte z.B. darin bestehen, wie ein Hamburger Pastor vorschlug, den Kopf des Dargestellten abzutrennen und ihm sozusagen vor die Füße zu legen. Dabei ist bekannt, dass Bismarck dem Erwerb von Kolonien sehr reserviert gegenüberstand, wie sein Ausspruch belegt: „Ich will auch gar keine Kolonien. Die sind nur für Versorgungsposten gut".[126] Daran ändert auch nichts, dass er später unter dem Einfluss der Befürworter von Kolonien (vor allem von Leuten wie Woermann) seine Meinung revidierte. Ein Promotor des Kolonialismus war er deswegen nicht. Es ist einfach erschütternd, dass es eine selbst nach dem Urteil afrikanischer Potentaten völlig unbedarfte deutsche Außenministerin und überführte Plagiatorin zu unternehmen wagt, das Gedächtnis an eine überragende Gestalt wie Bismarck aus der Öffentlichkeit zu tilgen, s. hierzu auch Kap. 10. Diese ganze geschichtsvergessene und undifferenzierte Diskussion zum deutschen Kolonialismus geschieht wohlgemerkt in einer Zeit, in der die ehemalige Kanzlerin in Spanien den Europapreis ‚Karl V' entgegennimmt.[127] Für diejenigen, die es vergessen haben sollten: Karl V war der spanische König und Kaiser des Heiligen Römischen Reiches, der über

---

[123] https://www.nzz.ch/feuilleton/bismarck-fuer-kolonien-hat-er-sich-nicht-sonderlich-interessiert-ld.1575647, zuletzt aufgerufen am: 29.4.2024.

[124] Auch scheinen die Links-Grünen schon vergessen zu haben, wenn sie es denn je wussten, dass Bismarck eine fortschrittliche Sozialgesetzgebung auf den Weg gebracht und sich für eine Reduzierung des katholischen Einflusses auf die Politik - also für eine Säkularisierung - eingesetzt hat (an diesem ‚Kulturkampf' und am Sozialistengesetz ist er dann ja letztlich gescheitert). Zur Ambivalenz der Bismarckschen Politik s. auch Kap. 10.

[125] https://taz.de/Debatte-um-Denkmal-in-Hamburg/!5803935/, zuletzt aufgerufen am: 28.3.2024.

[126] https://www.bpb.de/apuz/202989/bismarck-und-der-kolonialismus?p=all, zuletzt aufgerufen am: 28.3.2024.

[127] https://www.bundesregierung.de/breg-de/service/archiv/archiv-mediathek/kanzlerin-merkel-erhaelt-den-europapreis-karl-v–1968344, zuletzt aufgerufen am: 28.3.2024.

ein Weltreich herrschte, das auf brutalster Ausbeutung vor allem der süd- und mittelamerikanischen Kolonien beruhte, und in dem nach seinem Ausspruch „die Sonne niemals unterging".

Natürlich hat auch die deutsche Kolonialgeschichte ihre dunklen Seiten, wozu u.a. die brutale Niederschlagung des Hereroaufstands oder die grausame Amtsführung von Reichskommissar Carl Peters (Spitzname: ‚Hänge-Peters‘) in Ostafrika gehören.[128] Ob allerdings das Niederringen der Hereros und Nama als Völkermord einzustufen ist, kann als fraglich angesehen werden, da es dabei nicht a priori um die Vernichtung einer ethnischen Gruppe ging, und dem ganzen Geschehen eine Reihe kriegerischer Handlungen von Herero gegen Nama bzw. zwischen beiden Volksgruppen und der deutschen ‚Schutztruppe‘ sowie eine Kriegserklärung des Nama-Führers Witbooi an die Deutschen vorausgingen.[129] Außerdem wäre aus dieser Sicht jedes Kriegsverbrechen bzw. Verbrechen gegen die Menschlichkeit als Genozid einzustufen, was die Grenzen zwischen diesen Rechtskategorien deutlich verwischen würde.[130]

Dadurch bestünde auch die Gefahr, dass die wirklichen historischen Völkermorde, wie derjenige der Nazis an den Juden oder derjenige der Türken an den Armeniern relativiert würden, wobei man bedenken muss, dass weder die Juden noch die Armenier einen Aufstand oder einen Krieg gegen die Deutschen bzw. die Türken auch nur vorbereitet hatten. Ganz abgesehen davon, müsste man dann ähnliche Maßstäbe auch an das brutale Vorgehen anderer Kolonialmächte - der Engländer im Sudan (Niederschlagung des Mahdi-Aufstands), der Belgier im Kongo, der Niederländer in Timor - oder an die massive Flächenbombardierung von Laos und Vietnam durch die Amerikaner anlegen. Insgesamt ist ein formelles Schuldeingeständnis für Ereignisse, die über hundert Jahre zurückliegen nicht nur im Falle des Hereroaufstands äußerst problematisch.[131] Es entstehen sofort eine Reihe von Fragen: Wo will man dabei zeitlich anfangen und aufhören? - Betrifft das nur die Deutschen oder auch andere Länder? - Welche rechtlichen Folgen hat dies (Haftungs-

---

[128] Bemerkenswerterweise funktionierte das deutsche Rechtssystem auch auf die Kolonien bezogen so gut, dass Peters durch Urteil des Reichsdisziplinargerichts unehrenhaft aus dem Dienst entlassen wurde.

[129] https://www.tichyseinblick.de/kolumnen/spahns-spitzwege/namibia-maas-will-voelkerrechtliche-fakten-wider-die-wahrheit-schaffen/, zuletzt aufgerufen am: 29.4.2024.

[130] An dieser Einschätzung ändert auch die Tatsache nichts, dass sich der deutsche Schutztruppenkommandant v. Trotha als Person eindeutig grausamer Kriegsverbrechen schuldig gemacht hat.

[131] https://www.deutschlandfunkkultur.de/voelkermord-an-herero-und-nama-ein-schuldeingestaendnis-ist-100.html, zuletzt aufgerufen am: 29.4.2024.

ansprüche) und setzen sich die betroffenen Länder dann einer andauernden Erpressbarkeit aus?[132]

Unter dem Banner des Antikolonialismus bzw. Antirassismus hat - wie schon oben dargelegt - eine regelrechte Bilderstürmerei und ein völlig die Geschichte verdrehender Denkmalsturz eingesetzt. Eines der aktuellen Beispiele ist das erwähnte Bismarckdenkmal, das linke Aktivisten sogar wegen kolonialistischer Konnotation schleifen oder wenigstens köpfen lassen wollen. D.h. man möchte ernsthaft das Denkmal für einen der bedeutendsten Politiker verunstalten, die Deutschland jemals hatte, was von diesen Eiferern an anderer Stelle schon mehrfach durchexerziert wurde. Das Mindeste, was die Linken erwarten, ist, dass die Afrikaner über die Gestaltung dieses Denkmals mitbestimmen[133] - welch ein absurder Gedanke (zur Geschichtsklitterung s. auch Kap. 10).

Wie problematisch die Frage der Wiedergutmachung historischen Unrechts ist, zeigt die Reise der Außen- und der Kultusministerin zur Rückgabe der Benin-Bronzen nach Nigeria unter dem Motto, sich „der deutschen Kolonialschuld zu stellen", oder wie eine der Ministerinnen es ausdrückte, „dass dies erst der Beginn der Auseinandersetzung mit unserer Kolonialgeschichte sei".[134] Nur, Deutschland hatte gar keine Kolonien auf dem Gebiet des heutigen Nigeria, und die Benin-Bronzen wurden ursprünglich von den Briten erbeutet und erst später von den Deutschen gekauft, s. Kap. 10. Überhaupt wird die Geschichte der Bronze-Statuen - wie in vielen anderen Fällen der Kolonialgeschichtsschreibung auch - aus dem Zusammenhang gerissen und völlig im Sinne des woken Zeitgeists umgeschrieben.[135] Die beiden Weltreisenden in Sachen ‚Wiedergutmachung' scheinen auch nicht zu wissen, dass gerade das Königreich Benin und das Volk der Yoruba intensiv am Sklavenfang weiter im Inneren Afrikas beteiligt waren und ihr Reichtum zu einem erheblichen Teil darauf beruhte, die von ihnen versklavten schwarzen Brüder an die europäischen Seefahrer verkauft zu haben (nicht umsonst trug die Region um die Bucht von Benin den Namen ‚Sklavenküste'). Zur ‚Wiedergutmachung' soll sogar ein Museum in Benin-Stadt errichtet werden, wobei es sich fast erübrigt

---

[132] Welch schizophrene Denkweise, wenn der ehemalige Außenminister Maas (mit Recht) sagt, dass man die Kinder von IS-Mitgliedern nicht für die Taten ihrer Eltern verantwortlich machen kann, aber andererseits (zu Unrecht) vehement dafür eintritt, dass heutige Generationen Wiedergutmachung für einzelne Kriegsverbrechen aus der Zeit ihrer Urgroßeltern leisten sollten.

[133] https://jungefreiheit.de/politik/deutschland/2021/afrikaner-bismarckdenkmal/, zuletzt aufgerufen am: 28.3.2024.

[134] https://www.br.de/nachrichten/kultur/roth-betont-bedeutung-der-rueckgabe-der-benin-bronzen,TQXTlK5, zuletzt aufgerufen am: 28.3.2024.

[135] https://rotary.de/wissenschaft/von-schuld-und-taetern-a-18683.html, zuletzt aufgerufen am: 28.3.2024.

mitzuteilen, dass dies nicht etwa von den Briten, sondern von den Deutschen finanziert werden soll.[136]

Die Rückgabe sogenannter ‚kolonialer Raubkunst' betrifft nicht nur die erwähnten Benin-Bronzen, sondern auch andere Kunstobjekte, wie z.B. den Pergamonaltar (nach Forderungen der Türkei). Letzterer wurde von der einheimischen Bevölkerung sogar als Marmorsteinbruch verwendet und wäre ohne die deutsche Bergungsinitiative höchstwahrscheinlich für immer verloren gegangen. Ganz abgesehen davon wurden viele der künstlerisch und kulturell wertvollen antiken Gegenstände käuflich oder im Rahmen von regulären Grabungsverträgen erworben, und sie sind oft genug von den Einheimischen gering geschätzt worden (was bis in die Neuzeit reicht, s. die Sprengung der Buddha-Statuen in Bamian durch die afghanischen Taliban). Wer möchte denn die Hand dafür ins Feuer legen, dass ein großer Teil der in europäischen oder amerikanischen Museen konservatorisch betreuten Kulturgüter nicht einfach der Zeit oder etwa kriegerischen Ereignissen zum Opfer gefallen wären? Man muss auch bedenken, dass die heute auf Rückgabe drängenden Staaten in der Kolonialzeit gar nicht als solche existierten und die jeweilige indigene Bevölkerung auf keine Weise an die „Bewahrung ihrer Kulturgüter" dachte. Selbst die hochentwickelten Mayas mit ihrem Wissen über Mathematik und Architektur haben lange vor der Ankunft der Spanier ihre eigenen Kulturschöpfungen aus noch nicht ganz geklärten Gründen selbst zerstört oder einfach verlassen.

Last not least, darf man bei der Beurteilung der Kolonialzeit nicht vergessen, dass die jeweiligen Kolonialmächte einen erheblichen Anteil am zivilisatorischen und technischen Fortschritt (Schulbildung, Eisenbahnen, Rechtsprechung usw.) in den unterworfenen Ländern haben;[137] ein Aspekt der in der öffentlichen Diskussion meist unterdrückt wird. Rhodesien beispielsweise war vor der Rückgewinnung seiner Autonomie von den Briten eines der reichsten Länder Afrikas. Sein Nachfolgestaat Simbabwe gehört heute zu den ärmsten Ländern der Welt (mit wechselnden korrupten Regierungen und einer maroden Wirtschaft). – Dabei muss noch einmal betont werden, dass es hier nicht um ein Reinwaschen von Kolonialverbrechen geht, sondern vielmehr um eine differenzierte und allseitige Betrachtung des Problems, die den historischen Kontext berücksichtigt und die Leistungen der ehemaligen Kolonisatoren ebenso einschließt wie deren Verbrechen, s. hierzu auch Kap. 13.

Wie bereits festgestellt, führt eine einseitige Geschichtsbetrachtung im Namen des Antirassismus zu einem regelrechten ‚Anti-Weißen-Rassismus' bzw. zu einem Rassismus gegen Weiße. Eine schwarze feministische Soziologin be-

---

[136] Bezüglich der Wiedergutmachungsproblematik s. auch [17, S. 218 ff.].

[137] https://de.wikipedia.org/wiki/Deutsche_Kolonien#Wirtschaft_und_Infrastruktur , zuletzt aufgerufen am: 29.4.2024.

hauptet sogar im Jahre 2021 noch, dass „weiße Männer die Weltherrschaft an sich reißen [wollen]".[138] In diesem Umfeld wird eine sachliche Diskussion über unterschiedliche Merkmale von Ethnien (wie Intelligenz und physische Merkmale) von vornherein unmöglich. Selbst positiv zu wertende Aussagen wie „Farbige Athleten sind in bestimmten Sportdisziplinen, etwa im Marathon, den Sprintdisziplinen oder Boxen, oft klar überlegen" werden als ‚rassistisch' bezeichnet. Der häufig von Politikern erhobene Vorwurf des ‚Strukturellen Rassismus' in den Organen für innere und äußere Sicherheit führt inzwischen zu einer regelrechten Behinderung von deren Arbeit. Das zeigt sich etwa bei der Polizei im Verbot des Racial Profiling oder der Erfassung von ethnischer Herkunft bzw. Nationalität (s. Kap. 13). Aber gerade diese Merkmale wären entscheidend bei der Bekämpfung der sogenannten Clankriminalität und bei der Aufklärung von antisemitischen Ausschreitungen. Wie will man wirksame Prävention betreiben, wenn die systematische Untersuchung von Gewalttursachen und Verursachern verhindert wird? – Bei der Bundeswehr findet in sogenannten „Blue Eyed"-Workshops eine regelrechte Gehirnwäsche statt, die den Blauäugigen (als Pendant zu den unterdrückten Braunäugigen) durch gezielte Demütigungen ihren angeblich vorhandenen Alltagsrassismus austreiben soll.[139] Das ist nichts anderes als ein im Namen des Antirassismus auftretender Rassismus gegen Weiße und stellt eine Konsequenz der allgegenwärtigen Gesinnungsethik im Zusammenhang mit Rassismus und Ausländerfeindlichkeit dar. – Auf weitere Verwerfungen, die durch eine einseitig orientierte Moralpolitik entstehen, wie die äußerst problematischen Quotenregelungen und die Rolle von Frauen in Politik und Gesellschaft oder das Gendern in der Sprache werden wir in Kap. 10 und 15 noch näher eingehen.

Der heute zu beobachtende ‚Tugendterror' [70], der sich nicht nur auf Rassismus oder den Genderwahn bezieht, sondern sich generell in einer falsch verstandenen Hypermoral und in der PolC offenbart, zerstört die Demokratie und lenkt von den wirklich wichtigen Problemen in den westlichen Gesellschaften ab. Der damit einhergehende Bekenntniszwang, d.h. sich ständig für oder gegen etwas bekennen zu müssen, trägt stark totalitäre Züge und war typisch für das DDR-Regime. Eine Diktatur oder ein autokratischer Staat begnügen sich damit, dass das Staatsvolk nicht protestiert, totalitäre Systeme verlangen das Bekenntnis. So genügte es in der DDR beispielsweise nicht, auf den Protest gegen den Einmarsch der Warschauer Vertragsstaaten in Prag 1968 zu ver-

---

[138] https://twitter.com/natashaakelly/status/1374026566125158408, zuletzt aufgerufen am: 30.7.2021 – Tweet inzwischen entfernt.

[139] https://www.bild.de/politik/inland/politik/skandal-workshop-bei-polizei-u-bundeswehr-weisse-sollen-sich-fuer-ihre-hautfarbe-77151720.bild.html, zuletzt aufgerufen am: 30.4.2024.

zichten, von den Studenten z.B. wurde (übrigens unter deutlichen Drohungen) verlangt, ihre unzweideutige und öffentliche Zustimmung zu äußern. Dasselbe erleben wir heute an ganz anderer Stelle im Sport, wo etwa Fußballspieler unter öffentlichem Druck Regenbogenbinden tragen oder niederknien, um sich mit der Diversity-Forderung zu identifizieren oder gegen Rassismus zu protestieren. Aber die Politisierung des Sports und der auch dort praktizierte Bekenntniszwang zu politischen Themen sind ebenfalls Zeichen des Totalitarismus. Die allgegenwärtige Wokeness und die ständig wachen Tugendwächter, die immer und überall aufpassen, dass keiner von den durch sie gesetzten Normen abweicht, vergiften das gesellschaftliche Klima und spalten die Gesellschaft.

Es geht hier nicht darum, moralische Normen aus dem gesellschaftlichen Diskurs zu verbannen, sondern darum, die Hypertrophierung moralischer Normsetzungen kritisch zu hinterfragen, wie sie vor allem von Links-Grün befördert wird und insbesondere aus den USA zu uns herübergeschwappt ist, s. Kap. 4. Man sollte auch nicht vergessen, dass jedem Bekennertum etwas Eiferndes innewohnt, wie es eine Autorin im Deutschlandfunk-Kultur zu Recht feststellte.[140] Die Berliner Polizei, die schon unter den Verdacht des strukturellen Rassismus gestellt wurde, hat sogar aus Angst vor den woken Fanatikern von der Gewerkschaft gesponserte Tassen aus ihrem Bestand wieder entfernen lassen.[141] Diese waren mit einer blauen Linie verziert, die in den USA (!) von ‚Rechten‘ als Symbol verwendet und von den Schwarzen als Bedrohung angesehen wird. So weit ist der Irrsinn selbst in den Behörden schon gediehen.[142]

An dieser Stelle sei etwas vorgreifend darauf hingewiesen, dass es zwar Sache des Staates ist, *Rechtsnormen* mit seinen ihm zur Verfügung stehenden Sanktionsinstrumenten durchzusetzen, nicht aber die *moralischen Normen*, s. hierzu Kap. 12. Letztere werden von einer Gesellschaft über viele Jahrzehnte oder gar Jahrhunderte ausgehandelt, dürfen aber nicht von wild gewordenen Minderheiten einer Gemeinschaft aufgezwungen werden. Nur Rechtsnormen können mit staatlicher Gewalt durchgesetzt werden, moralische Normen nicht (für deren Durchsetzung und Weiterentwicklung ist ein breiter gesellschaftlicher Konsens erforderlich). In früheren Zeiten lieferten übrigens die Religionen das ethische Grundgerüst für diese Normen, aber das ist längst vorbei, s. Kap. 11.

---

[140] https://www.deutschlandfunkkultur.de/appelle-petitionen-offene-briefe-wider-den-bekenntniszwang-100.html, zuletzt aufgerufen am: 28.3.2024.

[141] https://www.bz-berlin.de/berlin/friedrichshain-kreuzberg/wegen-duenner-blauer-linie-polizeigewerkschaft-muss-tassen-einsammeln, zuletzt aufgerufen am: 30.4.2024.

[142] Der wird dann im Web noch auf die Spitze getrieben, indem man vorschlägt, auch schwarzen Kaffee in weißen Tassen zu verbieten, was als Symbol der Einschränkung und des Gefangenseins von Schwarzen missverstanden werden könnte.

Kapitel 10

Sprachmanipulation, Begriffsverschiebung und Geschichtsklitterung

● **Die Vergewaltigung der Sprache.** Die Herrschaft über die Sprache, die Usurpation der Deutungshoheit bei der Interpretation von Begriffen oder (wenn nötig) die Umdeutung von Begriffen ist eines der Kennzeichen totalitärer Regimes. Dies haben bereits George Orwell in seinem „1984" [59] und Viktor Klemperer in seinem „LTI" [37] („Lingua tertii imperii" - „Sprache des Dritten Reiches") scharfsinnig karikiert bzw. analysiert. Der Sprachmanipulation begegnet man heute bei der Verdrehung von Begriffen und deren teilweise inflatorischem Gebrauch, so etwa wenn man bei Regierungskritikern von ‚Klimaleugnern' bzw. von ‚Coronaleugnern' spricht. Dabei ist offensichtlich, dass kaum ein vernünftiger Mensch das Klima oder Corona an sich leugnen wird. Aber genau diese denunziatorische Wirkung ist von den Anwendern der genannten Wortschöpfungen beabsichtigt. Leute, die bestimmte Maßnahmen zur Klimaverbesserung bzw. zur Bekämpfung der Corona-Pandemie kritisieren (beispielsweise den gleichzeitigen Ausstieg aus Kohle- und Atomstrom bzw. einen flächendeckenden Lockdown in Schulen und im Kleinhandel oder das Maskentragen im Freien) werden durch Einordnen in die Unsinnskategorien ‚Klimaleugner' bzw. ‚Coronaleugner' diskreditiert und zu Deppen erklärt, s. hierzu Kap. 14 bzw. 16.

Eine andere perfide Masche besteht darin, den politischen Gegner als ‚undemokratisch' zu delegitimieren und sich selbst als ‚Demokrat' zu adeln. In Deutschland ist die Herrschaftsform der repräsentativen Demokratie im Grundgesetz festgelegt. Dort wird in Art. 21 auch geregelt, welche Parteien für eine Wahl in den Bundestag (unsere Legislative) zulässig sind. Ob eine Partei demokratisch legitimiert ist oder nicht, wird danach vom Bundesverfassungsgericht entschieden und nicht vom jeweiligen politischen Gegner (und übrigens auch nicht vom Verfassungsschutz). Man kann fest davon ausgehen, dass Partei-Propagandisten, die sich selbst als ‚Demokraten' bezeichnen und anderen Parteien dieses Prädikat absprechen (zumal wenn letztere mehr Stimmen bei einer Wahl auf sich vereinen), selbst keine Demokraten sind oder das Grundprinzip einer Demokratie nicht verstanden haben. Es ist aber auch möglich, dass sie für sich innerlich den Begriff der Demokratie umgedeutet haben und ihn als Synonym für ‚Herrschaft der Gleichgesinnten' verwenden. – Man muss sich überhaupt fragen, was denn Leute, die sich selbst als ‚Demokraten' bezeichnen, damit bezüglich der ‚Anderen' für Zuordnungen treffen wollen. Sind das dann Monarchisten, Feudalisten, Anhänger einer Aristokratie o.ä. (um nur einige Beispiele aus der Fülle der Herrschaftsformen zu nennen).

Das charakteristische Gegenstück zur Selbsterhöhung als ‚Demokraten' ist allerdings die bei Links-Grün verbreitete derogative Kennzeichnung des Gegners als ‚Nazi'. Aber gerade mit diesem Etikett sollten wir allein aufgrund unserer Geschichte sehr vorsichtig umgehen. Denn zum einen dürfte es eigentlich für Deutsche keine schlimmere Verbalinjurie geben, die bei unberechtigter Verwendung unter Strafe stehen sollte (wenn sie dennoch verwendet wird, sollte das wohlbegründet sein). Zum anderen führt der zur Zeit zu beobachtende inflationäre Gebrauch dieses Schimpfwortes zu einer völligen Bedeutungsentleerung des Begriffs ‚Nazi', was in breiten Kreisen der Bevölkerung und vor allem bei den Rechten zu einer ebenso absurden wie gefährlichen Trotzhaltung der nachstehenden Art führt: „Na und, dann sind wir eben alle Nazis". Auf dieser Welle wird sogar der römische Geschichtsschreiber Tacitus zu einem gefährlichen Autor: Sein Respekt vor den Germanen und deren vorgebliche „ethnische Überhöhung" führt für links-grüne Literatur-Neubewerter stracks zu den Nazis und deren Rassenwahn.[1] Damit ist selbst Tacitus vor den Eiferern der PolC nicht sicher und wird von ihnen quasi als Altnazi entlarvt. – Es wurde sogar die Frage diskutiert, ob man den Begriff „Deutsch" durch „Menschen mit Nazihintergrund" ersetzen solle![2] In diesem Zusammenhang hat man mit Recht von einer inzwischen standardmäßig gepflegten „Kultur der Verfemung" gesprochen.[3] So etwa als die FDP im Zusammenhang mit der Thüringenwahl 2020 (s. Kap. 1) in die Nähe des Faschismus gerückt wurde. Ihr Vorsitzender hat sich dann auch noch brav dafür entschuldigt, dass sein eigener Parteikollege ganz legitim zum Ministerpräsidenten gewählt wurde.[4] Da passt es doch gut, wenn man per Gerichtsbeschluss den sicher sehr weit rechts stehenden Vorsitzenden der Thüringer AfD als „Faschist" bezeichnen darf, worauf wir in Kap. 13 noch näher eingehen werden.

---

[1] https://www.amazon.com/Most-Dangerous-Book-Tacituss-Germania/dp/0393342921, zuletzt aufgerufen am: 28.4.2024.

[2] https://www.spiegel.de/politik/deutschland/antisemitismus-wir-sind-die-menschen-mit-nazihintergrund-a-b76f1b08-aeb4-4b87-9182-0154410b8f54, zuletzt aufgerufen am: 29.1.2024.

[3] https://www.tichyseinblick.de/kolumnen/helds-ausblick/faschismus-vorwurf-die-neue-konjunktur-der-verfemung/, zuletzt aufgerufen am: 28.4.2024.

[4] Es erübrigt sich fast zu erwähnen, dass sich eben dieser Vorsitzende intensiv und erfolgreich bemüht hat, diese ‚Verfehlung' wieder zu korrigieren. - Welch eine jämmerliche Haltung!

Ein weiterer demagogischer Kampfbegriff ist der des ‚Populismus', der vor allem gegen Rechts in der verschärften Form des ‚Rechtspopulismus' eingesetzt wird, s. hierzu Kap. 5. Merkwürdigerweise hat man noch nichts von dem Begriff ‚Linkspopulismus' gehört, obwohl wir demselben tagtäglich begegnen und die Äußerung des SPD-Finanzministers Scholz im Jahre 2020 „Es ist genug Geld da" oder Faesers Ablehnung der Begrenzung von Flüchtlingszahlen mit dem Diktum: „Es gibt keine Obergrenze für Menschlichkeit" eindeutig dazu gehören.[5] Ersteres klingt zwar für die Masse zunächst einmal beruhigend und die Botschaft wird gern vernommen. Nur, es ist erwiesenermaßen in Wirklichkeit kein Geld mehr da, sondern ein immenser Berg von Schulden, und zwar in einer solchen Größenordnung, dass sich das kein Normalbürger mehr vorstellen kann .[6] Und die zweite Aussage bezichtigt gleich den der Unmenschlichkeit, der das Notwendige fordert, nämlich die bisher ungebremste Einwanderung zu beschränken.

Abgesehen davon, dass in einer Demokratie vor allem in Wahlkampfzeiten jede Partei ohne Ausnahme zu billigem Populismus neigt, hat ja das „dem Volke nach dem Munde zu reden" in dieser Herrschaftsform sogar eine gewisse Berechtigung. So ist ein typisch linker populistischer Slogan: „Die starken Schultern müssen mehr tragen als die schwachen". Das klingt auf den ersten Blick doch einleuchtend und gut. Wenn man aber genauer hinschaut, ist das ein Spruch, der oft nur Neidkomplexe hervorruft und einfach die Leistungsträger einer Gesellschaft diskriminiert und deshalb auch demotiviert.[7] Betroffen von dieser Art Demagogie sind vor allem Angehörige des Mittelstands einer Gesellschaft. Nicht nur dass sie die meisten Mehrwertsteuern bezahlen, sie werden normalerweise auch ein Haus gebaut haben, wofür man schon erst einmal Grund und Boden erwerben muss, verbunden mit der damit einhergehenden Zahlung der Grunderwerbssteuer (die wiederum bezahlt wird von einem Verdienst, der schon einmal versteuert wurde). Ganz abgesehen davon hat eine solche starke Schulter normalerweise einen erheblichen Teil ihrer Lebenszeit für die Schaffung von Wohnraum geopfert, was sonst die Gesellschaft leisten müsste. Darüber hinaus hat sie im Durchschnitt auch noch Weiteres

---

[5] https://www.welt.de/print/die_welt/finanzen/article205056510/Geld-ist-genug-da.html bzw. https://www.zdf.de/nachrichten/politik/migration-fluechtlinge-faeser-obergrenze-100.html – Auf weitere Beispiele kommen wir gleich noch zu sprechen, zuletzt aufgerufen am: 30.3.2024.

[6] Laut Statistischem Bundesamt betrug die Staatsverschuldung im Oktober 2020: 2,2 Billionen Euro, und 2023 waren es schon 200 Milliarden mehr. Das ist ein Vielfaches des Bundeshaushalts. – https://www.destatis.de/DE/Themen/Staat/Oeffentliche-Finanzen/Schulden-Finanzvermoegen/_inhalt.html, zuletzt aufgerufen am: 30.3.20024.

[7] Unterdessen verlassen die ganz Reichen das Land. – https://www.stern.de/wirtschaft/geld/millionaere-fliehen-aus-deutschland—die-nerze-verlassen-das-sinkende-schiff-7354096.html, zuletzt aufgerufen am: 30.3.2024.

für die Gesellschaft geleistet, indem sie beispielsweise eine Firma aufgebaut, Arbeitsplätze geschaffen, Kranke geheilt, Forschungsergebnisse erbracht, Erfindungen ausgetüftelt oder Bücher und wissenschaftliche Veröffentlichungen geschrieben hat. Und vieles von dem wurde gewöhnlich in einer Zeit getan, die für andere als Freizeit gilt, die sie zum großen Teil noch vor dem Fernseher verbracht haben.

Zu den Antipoden der Leistungsträger kann man getrost auch die Studienabbrecher und ehemaligen Kofferträger von Politikern zählen, die heute unsere Parlamente bevölkern. Um kein Missverständnis aufkommen zu lassen: Es gibt leider eine nicht geringe Zahl von Menschen, die viele der oben genannten Leistungen aus gesundheitlichen Gründen oder wegen eines anderen Handicaps objektiv nicht erbringen können. Diesen sollte unsere volle Unterstützung gehören, aber doch nicht denen (und deren sind nicht wenige), die auf einem politischen Druckposten ausharren oder sich einfach in die soziale Hängematte legen und im schlimmsten Fall auch noch die Verkäuferin oder den fleißig arbeitenden Bürger im Niedriglohnsektor verlachen, die sich dieser Mühsal unterziehen.[8]

Ein besonderes Kennzeichen der PolC ist die Stigmatisierung bestimmter Wörter und ihre Instrumentalisierung für politische Zwecke (wofür man dem links-grünen Lager ein ausgesprochenes Talent bescheinigen muss). Zu diesem Zweck werden Wörter herausgehoben, an denen man eine bestimmte gesellschaftliche Einstellung erkennt (Triggerwörter) oder deren Gebrauch zu ächten ist (Tabuwörter).[9] Erstere werden genutzt, um an deren Gebrauch den politischen Gegner - den ‚Klassenfeind‘ - erkennen zu können.[10] Sie sind oft gleichzeitig Tabuwörter, die durch gesellschaftliche Sprachregulierung verboten werden sollen. Dabei wird beim Verbot von Begriffen das Gegenteil von dem erreicht, was angeblich beabsichtigt wird. Wenn z.B. der Begriff ‚Zigeuner‘ bzw. das unsagbare ‚Z-Wort‘, eliminiert werden soll (um das Beispiel aus Kap. 9 noch einmal aufzugreifen), so wird bewusst ein bestimmter Bedeutungsaspekt verwischt.[11] Dieser charakterisiert seit Jahrhunderten eine bestimmte (oft jenseits der Grenze zur Legalität liegende) unstete und dissoziale Lebensweise. Bei Tabuisierung des Begriffes ‚Zigeuner‘ kann man dann ein-

---

[8] Was im Fernsehvoyeurismus unserer Tage auch noch als Doku-Soap vermarktet wird. https://www.sueddeutsche.de/medien/fernsehen-armut-1.4879912, zuletzt aufgerufen am: 30.3.2024.

[9] https://www.bpb.de/apuz/306446/politisch-korrekte-sprache-und-redefreiheit, zuletzt aufgerufen am: 30.3.2024.

[10] Der Terminus ‚Triggerwörter‘ kommt eigentlich aus dem Marketing und wird für Wörter verwendet, die ein bestimmtes Nutzer-Verhalten auslösen sollen.

[11] Im vorangehenden Kapitel hatten wir für diese Volksgruppe vorsichtshalber den Begriff Z-People eingeführt.

fach über dieses gesellschaftliche Phänomen nicht mehr oder nur noch mit unhandlichen Umschreibungen sprechen. Stattdessen werden mit den dafür zu verwendenden PolC-Termini ‚Sinti und Roma' oder gar ‚rumänische bzw. bulgarische Staatsbürger' gleich ganze Volksgruppen diffamiert, die gar nichts mit dem ursprünglich als ‚Zigeuner' umschriebenen Problem zu tun haben. – Auch andere Kurzbezeichnungen, wie „Nafri" für „Nordafrikanische Intensivstraftäter" werden nicht als griffiges Kürzel im Polizeidienst für eine klar erkannte Tätergruppe verstanden, sondern als Ausdruck von ‚institutionellem Rassismus', s. hierzu auch Kap. 12. Man kann schließlich die Grenzen des Sagbaren so weit verengen, dass man über die dringendsten Probleme gar nicht mehr sprechen kann.

Welch mentale Verrenkungen in den Tageszeitungen zur Einhaltung ‚politisch korrekter' Sprechweise zu beobachten sind, zeigt ein Artikel in der Süddeutschen über die versuchte Erstürmung einer Polizeiinspektion in Miesbach durch eine ‚Großfamilie'.[12] Zur Vermeidung des unaussprechbaren Z-Worts berichtet die Zeitung bzw. die Polizei kryptisch von einer „reisenden Großfamilie, die [...] aus Rumänien kommt, und in Deutschland nicht über feste Wohnsitze verfügt". Glauben die betreffenden Autoren wirklich, dass sie mit ihrer äußerst durchsichtigen Vernebelungstaktik irgend etwas erreichen (außer, dass sich die Leser veralbert vorkommen)? Sind denn die links-grünen Spracheiferer tatsächlich der naiven Ansicht, dass gravierende gesellschaftliche Probleme aus der Welt verschwinden, wenn man sie nicht mehr benennen kann? Es ist selbstverständlich, dass sich Sprache und Sprachgebrauch mit der Zeit ändern, aber doch nicht in kürzesten Zeiträumen und betrieben von fanatischen Spracheiferern. Das hat weder im ‚Dritten Reich' funktioniert (gewaltsame Eindeutschung von Begriffen) noch in der DDR (Versuch, christlich konnotierte Begriffe wie eben ‚Weihnachtsengel' o.ä. aus dem Sprachgebrauch zu verbannen).[13]

Inzwischen hat die virtuelle Sprachpolizei, die zwar (im Moment noch) weitgehend im Schatten bleibt, aber dennoch äußerst wirksam ist, effektive Methoden entwickelt, um die Ausdrucksmöglichkeiten gezielt zu beeinflussen und in eine politische Richtung zu lenken. Hierzu gehört auch die Fixierung auf solche Triggerwörter, die bestimmte Gefühle (gemeint: politische Abwehrreaktionen) auslösen sollen. Sie dienen in der links-grünen Sprachwelt zur Er-

---

[12] https://www.sueddeutsche.de/bayern/miesbach-polizei-inspektion-grossfamilie-kriminalitaet-1.5378742, zuletzt aufgerufen am: 30.3.2024.

[13] Vor der gewaltsamen Veränderung der Muttersprache sollten doch die vergeblichen Versuche der DDR-Politoberen warnen, alte tradierte Begriffe wie eben ‚Weihnachten' abzuschaffen, die aber allesamt gescheitert sind. Beispielsweise wurde immer wieder kolportiert, dass man bestrebt war, den ‚Weihnachtsengel' durch ‚Geflügelte Jahresendfigur' o.ä. zu ersetzen.

kennung des Gegners von ‚Rechts‘, s. auch die in Kap. 7 besprochenen Handlungsanleitungen für Kindererzieher. Unter den verdächtigen Erkennungszeichen finden sich auch ehemals wertgeschätzte Begriffe wie ‚Heimat‘ oder ‚Vaterland‘, an denen Links-Grün meint, die politischen Feinde festmachen zu können (was übrigens beim ehemaligen Bundespräsidenten Gauck bzw. dem jetzigen Wirtschaftsminister und ehemaligem Vorsitzenden der Grünen Habeck und deren Äußerungen zu diesem Thema nicht verwunderlich ist). Wozu das in letzter Konsequenz führt, erkennt man z.B. daran, dass es immer schwerer wird, qualifizierte und engagierte Bewerber für die Bundeswehr zu finden. Wen oder was sollte ein Soldat auch verteidigen, wenn Heimat bzw. Vaterland nichts mehr wert sind und die Staatsflagge in der Öffentlichkeit nur noch verschämt gezeigt werden kann?

Nehmen wir ein etwas diffizileres Beispiel: An der Verwendung des Wortes ‚Globalist‘ vermeint man heute sogar, den verkappten Rassisten oder Antisemiten zu erkennen. Merkt man denn nicht, dass man mit dieser Unterstellung ganz nahe an die Nationalsozialisten rückt, für die Judentum und Kosmopolitismus (ein Vorläufer des Begriffs ‚Globalismus‘) ebenfalls schon fast synonym waren, s. Kap. 2. – Im Übrigen treiben die Sprachüberwacher gern auch Politik mit dem ‚Unwort des Jahres‘, worauf wir gleich noch zu sprechen kommen werden. Dass die Benutzung des Begriffs ‚Sprachpolizei‘ nicht so weit von der Realität entfernt ist, zeigt der Versuch der Familienministerin zur Einführung eines Antifeministischen Denunziationsportals. Dort sollen, wie wir in Kap. 12 noch genauer sehen werden, insbesondere auch Feminismusfeindliche Äußerungen und Begriffsverwendungen angezeigt werden.

Manche Wörter werden hinsichtlich ihrer Interpretation politisch besetzt oder in ihrer Bedeutung mitunter sogar umgekehrt, um bestimmte politische Botschaften zu verpacken: Ein Beispiel hierfür sind Adjektive bzw. Adverbien wie ‚progressiv‘ oder ‚zukunftsfähig‘. Ersteres wurde semantisch so verbogen, dass quasi jede von Links-Grün vorgeschlagene Veränderung per se zum Fortschritt wird, selbst dann, wenn sie in den Untergang führt. So wird heute vom links-grünen Mainstream Gendern der Sprache, Identitätspolitik, *einseitige* Orientierung auf erneuerbare Energien bei gleichzeitigem Ausstieg aus der Atomenergie mit einer unglaublichen Selbstverständlichkeit als ‚progressiv‘ oder ‚zukunftsorientiert‘ deklariert. Dagegen sind dann natürlich all diejenigen ‚Reaktionäre‘ oder ‚Ewiggestrige‘, die auch nur Bedenken gegen diese Politverirrungen bekunden, s. Kap. 14.

Die Vereinnahmung der Begriffe ‚modern‘ bzw. ‚progressiv‘ als Kampfbegriff gegen politische Mitbewerber hat noch weitergehende Konsequenzen, die mit noch perfideren Tricks unterfüttert werden. Diese funktionieren so, dass man völlig unzulässig ‚konservativ' zum Synonym für ‚reaktionär' macht, womit man glaubt, alles was weiter in der Mitte liegt als die links-grüne Politlinie in den Geruch des Rückwärtsgewandt-Seins bringen zu können. Hinzu kommt, dass der früher ebenso wie ‚links' neutral gebrauchte Begriff ‚rechts' fast synonym zu ‚rechtsextrem' bzw. ‚rechtsradikal' gebraucht wird, ohne dass dies offiziell so deklariert wurde. Leider muss man konzedieren, dass dies von den ehemals als konservativ geltenden Parteien fast wehrlos hingenommen wird. Darüber hinaus benutzt Links-Grün generell einen üblen, aber mitunter nicht so leicht zu durchschauenden Kunstgriff, nämlich Begriffe - natürlich nur diejenigen, die gemeinhin positiv besetzt sind, wie eben ‚modern' oder ‚gerecht', ‚zukunftsorientiert' und viele andere - regelrecht zu okkupieren und für die eigene Propaganda zu instrumentalisieren. Da bleibt den Anderen dann ja nur noch ‚veraltet', ‚ungerecht', ‚ewiggestrig' oder Ähnliches übrig.[14] So werden mit Sprache politische Auseinandersetzungen geführt, und keiner bemerkt mehr, wie damit die Welt verdreht wird, Dinge unsagbar gemacht werden bzw. von vornherein eine andere Bedeutung bekommen. Genau dies sind Manipulationstechniken totalitärer Regimes.

Ein anderer schönfärberischer Begriff, der meistens einen mit gesetzlichen Strafandrohungen bewehrten Kern verschleiern soll, ist der des ‚Aktivisten' bzw. der ‚Aktivistin'. Mit diesem Ehrentitel werden gern linke Straftäter bezeichnet, die Polizisten mit Molotowcocktails attackieren, das ACAB-Kürzel („All Cops are Bastards") an Häuser oder auf die Straße schmieren, s. hierzu auch Kap.2, oder in Lützerath mit ihrem militanten Vorgehen im Januar 2023 den Einsatz von Tausenden Polizisten provozieren, die Recht und Ordnung wieder herstellen sollen (s. Kap. hierzu 14). Im Zusammenhang mit Attacken links-grüner Demonstranten auf Ordnungskräfte wird auch gern der verharmlosende Ausdruck „Rangelei mit der Polizei" verwendet,[15] wobei stattdessen eher „gewaltsamer Angriff auf Polizisten" angebracht wäre. Wenn man bedenkt, mit welch drastischen (oft tatsächlich auch zutreffenden) Ausdrücken rechtsextreme Straftäter bezeichnet werden, da klingt doch ‚Aktivist' für gewaltbereite linke Chaoten richtig liebevoll und anerkennend. Aber genau dieses Vorgehen ist bewusste Sprachmanipulation im Kampf gegen Rechts und

---

[14] In einer Diskussion, in der sich mein Gesprächspartner (Partei: Die Linke) selbst als ‚progressiv' bezeichnete, fragte ich ihn, was er denn darunter verstünde. Darauf antwortete er ganz blauäugig: „Das heißt für Frieden und Gerechtigkeit sein". Nun, danach dürfte Deutschland zu 98% aus ‚fortschrittlichen' Menschen bestehen, womit dann doch im Grunde genommen alles zum Besten stünde (oder kennen Sie jemand in Ihrem Umfeld, der für ‚Krieg' bzw. ‚Ungerechtigkeit' ist?).

[15] https://www.sueddeutsche.de/politik/demonstrationen-berlin-hunderte-demonstranten-unterwegs-rangeleien-mit-polizei-dpa.urn-newsml-dpa-com-20090101-200501-99-910094, zuletzt aufgerufen am: 28.4.2024.

beim Hätscheln von Links (oder haben Sie schon einmal etwas von ‚rechten Aktivisten' gehört?). Es ist doch hinsichtlich der Sympathie des links-grünen Mainstreams für klimabewegte Straftäter bemerkenswert, dass der in vielen Fällen zutreffende Ausdruck „Klimaterrorist" (man denke etwa an die Aktionen von ‚Extinction Rebellion' oder der ‚Letzten Generation') zum Unwort des Jahres 2022 gekürt wurde.[16] Mit diesem Urteil soll dieses Wort einfach als ‚nicht koscher' stigmatisiert und der Sprachpolizei zur Entfernung aus dem Gebrauch empfohlen werden.

In welcher Weise über Straftaten von links-grünen ‚Aktivisten' mit beschönigenden Worten in den MSM berichtet wird, zeigt folgender Vorfall. Die ‚Zeit' titelte 2021 im Zusammenhang mit dem Diebstahl einer großen Anzahl von Autoschlüsseln des VW-Konzerns im Hafen von Emden (s. Kap. 14) mit den Worten:[17] „Greenpeace **bringt** Hunderte VW-Schlüssel auf Zugspitze" um gleich noch tröstend nachzulegen „Die Aktion verlief friedlich".[18] Der VW-Konzern knickte aus Angst vor den ‚Klima-Aktivisten' ein und wollte nach dem Bericht zunächst keine Anzeige erstatten, sondern zeigte sich scherzend zu einer Diskussion „gern auch auf der Zugspitze" bereit. Da drängt sich doch ganz automatisch die Frage auf, ob die Berichterstattung bei einer ähnlich gearteten Straftat von Rechts (schwerer Diebstahl und Hausfriedensbruch) ebenso wohlwollend ausgefallen wäre. Das Fatale ist doch, dass durch diese Art von Berichterstattung mit mehr oder weniger unverhohlener Sympathie für Links bei den Vertretern des rechten Spektrums geradezu ein Verteidigungsreflex und eine Abwehr gegen journalistische Ungleichbehandlung ausgelöst wird.[19] – Auch Straftaten von hier ‚Schutzsuchenden' werden gern verharmlosend umschrieben. So, wenn ein wütender (vorwiegend migrantischer) Mob, der in Stuttgart für gewaltsame Ausschreitungen und Plünderungen verantwortlich war, vom Stuttgarter Polizeipräsidenten als „Partyszene" bezeichnet wurde,[20] s. auch Kap. 12.

Wenn eine grüne Landtagsabgeordnete für ihre Partei beansprucht, diese wolle die Schuldenbremse „modernisieren", dann ist das reine Demagogie. Die Befürwortung oder die Abschaffung bzw. Abschwächung der Schulden-

---

[16] https://www.deutschlandfunkkultur.de/unwort-des-jahres-2022-ist-klimaterroristen-104.html, zuletzt aufgerufen am: 30.3.2024.
[17] https://www.zeit.de/news/2021-05/28/greenpeace-bringt-hunderte-vw-schluessel-auf-zugspitze, zuletzt aufgerufen am: 30.3.2024.
[18] Na fein, das könnte ja für jeden Ladendieb eine Rechtfertigung seiner Handlung sein, wenn er sein Diebesgut nach Hause „verbracht" hat (guter Zweck: Schädigung einer kapitalistischen Ladenkette) und die Aktion mit friedlichen Mitteln zu Ende geführt wurde.
[19] Ein guter Beleg für die ‚nicht-intendierten Folgen intentionalen Handelns', s. hierzu Kap. 14 und detaillierter Kap. 17.
[20] https://www.welt.de/politik/deutschland/plus210104225/Randale-in-Stuttgart-Ist-die-aggressive-Partyszene-wirklich-schuld.html, zuletzt aufgerufen am: 30.3.2024.

bremse kann richtig oder falsch, in bestimmten Situationen wirtschaftlich geboten sein oder nicht (z.B. in Notzeiten gegenüber Zeiten mit wirtschaftlicher
Prosperität), niemals aber modern oder unmodern. – Manchmal reicht auch
ein kleines Wörtchen, um einer Mitteilung eine bestimmte Wertung mitzuge-
ben. Typisch hierfür ist das Adjektiv ‚umstritten‘. Damit kann jeder, der einen
höchst notwendigen (vielleicht auch heftigen) politischen Diskurs ausgelöst
hat, diskreditiert und zur Persona non grata erklärt werden.[21] Kleine Adverbien wie „sogar“ bzw. „selbst“ sind wunderbar geeignet, jemanden als noch
schlimmer als einen anderen zu kennzeichnen: „Sogar XY distanziert sich von
dem AfD-nahen NN“. Da kommt doch für jeden sichtbar und klar zum Ausdruck, dass nicht nur NN ein ganz schlimmer Reaktionär ist, sondern dass dies
(möglicherweise in abgeschwächtem Maße) auch auf XY zutrifft.

Für den links-grünen Politsprech sind unter anderem bestimmte sprachliche Gepflogenheiten typisch, die zwar nicht vorgeschrieben, aber in ihrem Gebrauch nichtsdestotrotz häufig zu beobachten sind. Hierzu gehört die systematische Verwischung der Bedeutung historisch belasteter Begriffe, wie ‚Nationalismus‘, ‚Faschismus‘ und ‚Nationalsozialismus‘, und damit einhergehend
der bereits monierte, geradezu inflationäre Gebrauch von Wörtern wie ‚Faschist‘ oder ‚Nazi‘. Dabei muss der Nationalismus nicht wie der Faschismus
mit einem Führerprinzip verbunden sein, und der Faschismus ist seinerseits
nicht mit einem solch extremen Rassismus verbunden, der (wie der deutsche
Nationalsozialismus) letztlich im Holocaust endete.[22] Die Vernebelung der Begriffe trägt einfach dazu bei, dass jeder, der keine linke Gesinnung zeigt, als
Faschist oder Nazi diffamiert werden kann, was gerade zu einer Verharmlosung dieser in der europäischen Geschichte höchst belasteten Begriffe führt. –
Im links-grünen Denken wird sogar die FDP schon mit dem Begriff Faschismus in Verbindung gebracht. So wurde in einem Plakat linker Demonstranten
das ‚F‘ in ‚FDP‘ für jeden deutlich lesbar mit dem Begriff ‚Faschismus‘ über-
setzt (man Vergleiche auch die Äußerung der damaligen Grünen-Vorsitzenden
zur Thüringenwahl, s. Kap. 13).

Wir sollten unbedingt wieder sorgfältiger mit unserer Sprache und unserer Wortwahl umgehen, wenn sie als Kampfmittel gegen den politischen Gegner eingesetzt werden. Wenn jeder als Nazi bezeichnet werden darf, dann ist
bald jeder ein Nazi, und das wiederum führt zu einer gefährlichen Verharmlosung des Nationalsozialismus. Auch ist nicht jeder, der Schwarze kritisiert, ein
Rassist, und Terroristen sind, wie wir oben schon betonten, keine Aktivisten.
Darüber hinaus trifft man auf Methoden der sprachlichen Diffamierung, die

---

[21] https://www.cicero.de/innenpolitik/umstritten-demokratie-politiker-konsens-normen-
werte/plus, zuletzt aufgerufen am: 30.3.2024.
[22] https://de.wikipedia.org/wiki/Faschismus#Definition, zuletzt aufgerufen am: 30.4.2024.

ganz normale Bürger und deren berechtigte Kritik an gesellschaftlichen Verhältnissen desavouieren sollen. Hierzu gehören Begriffsverschiebungen und eine (man muss schon sagen hinterlistige) Herstellung unberechtigter Assoziationen. So bezeichnen die MSM gern Mitglieder der Gesellschaft, die ihre berechtigten Sorgen in Protesten zum Ausdruck bringen als ‚Wutbürger‘; Gegner der Asylpolitik werden zum ‚Ausländerfeind‘ (s. Kap. 8), und ein Islamkritiker sieht sich schnell als ‚Islamfeind‘ und darüber als ‚Ausländerfeind‘ etikettiert, s. Kap. 11. Auch mit Äußerungen zu Israel sollte man vorsichtig sein, denn selbst eine berechtigte Kritik am Staat Israel oder dessen Politik kann schnell als verkappter Antisemitismus enttarnt werden, s. Kap. 9. – Inzwischen gibt es nicht nur ganze Listen unsagbarer Wörter und Redewendungen, sondern auch tabuisierte Symbole, vor allem solche, die mit den Nazis in Verbindung gebracht werden können und aus dem öffentlichen Diskurs verbannt werden sollen (s. hierzu Kap. 13).[23]

Um alle politischen und ethischen Probleme zu umgehen, die mit der biologischen Verschiedenartigkeit von Menschen im Zusammenhang stehen, ist der Begriff der ‚Rasse‘ inzwischen tabuisiert, ohne etwas Neues an dessen Stelle zu setzen. Auf die Probleme, für diesen Terminus einen anderen, historisch weniger belasteten zu finden, hatten wir in Kap. 9 bereits hingewiesen. Wie will man aber über Rassismus bzw. Antirassismus sprechen, wenn es den Begriff ‚Rasse‘ angeblich überhaupt nicht mehr gibt, wobei er aber in Artikel 3 (3) des Grundgesetzes durchaus noch zu finden ist. Dabei ist nur fraglich, wie lange noch? Entsprechende Forderungen zur Eliminierung gibt es ja bereits.[24] Im links-grünen Neusprech darf es deshalb auch keine ‚Schwarzfahrer‘ mehr geben, und statt ‚Asylanten‘ gibt es nur noch ‚Schutzsuchende‘.

Der Sprachverhunzungs-Furor kennt keine Grenzen, wobei der Berliner Senat bei der Pflege des Neusprech eine besondere Vorreiterrolle spielt[25] Nicht nur, dass es keine Radfahrer oder Fußgänger mehr geben soll (das sind jetzt: „Radfahrende“ bzw. „Zu Fuß Gehende“, sondern es werden auch Begriffe wie „Ausländer“ oder „Migrant“ getilgt und durch die griffigen Phrasen „Einwohnende ohne deutsche Staatsbürgerschaft“ bzw. „Menschen mit internationaler Geschichte“ ersetzt. Haben diese Leute denn gar kein Verständnis dafür, dass

---

[23] Vielleicht wissen die links-grünen Anhänger fleischloser Kost gar nicht, dass Hitler ein überzeugter Vegetarier war. Ob sie deswegen ihre Essgewohnheiten ändern würden?

[24] https://www.deutschlandfunk.de/bundesregierung-rasse-begriff-soll-aus-grundgesetz.1766.de.html?dram:article_id=486177, zuletzt aufgerufen am: 28.4.2024.

[25] https://www.berliner-zeitung.de/mensch-metropole/warum-berliner-landesbedienstete-nicht-mehr-schwarzfahrer-sagen-sollen-li.106541, zuletzt aufgerufen am: 31.3.2024.

eine Sprache ein über Jahrhunderte gewachsenes Gebilde ist, das man nicht nach reiner Willkür und durch Dekrete über Nacht verändern kann.[26]

Der Begriff des ‚Antisemitismus' ist hingegen tatsächlich einer genaueren Deutung und besseren Differenzierung bedürftig. Während er im ‚Dritten Reich' eindeutig rassistischen Charakter hatte, gibt es heute auch einen sogenannten ‚Antisemitismus' von Seiten arabischer Emigranten. Dieser ist jedoch nicht mit dem Rassebegriff verbunden, sondern eher als nationalistischer Antijudaismus oder politisch geprägter Antiisraelismus zu verstehen. Denn wenn man schon von Antisemitismus in seiner rassischen Ausprägung spricht, so wäre das im Falle der Araber ein Widerspruch in sich. Denn beide stammen nach ihrem eigenen Geschichts- bzw. Religionsverständnis von einem Stammvater ab, nämlich von Abraham.[27] Sie sind also, wenn man Thora bzw. Koran ernst nimmt, biologisch eng verwandt. Erstaunlicherweise wird aber der offen geäußerte arabische Antiisraelismus von Links-Grün nicht (wie das bei anderen Volksgruppen ständig getan wird) mit ‚Antisemitismus' in Verbindung gebracht. Erst nach islamischen antijüdischen Ausschreitungen in Deutschland im Zusammenhang mit dem Ausbruch der Gewalt zwischen Hamas und Israelis im Mai 2021 und vor allem nach dem furchtbaren Terroranschlag der Hamas im Herbst 2023 auf Israel wurde das Thema in einigen Medien verstärkt aufgegriffen (aber auch dort meist unter der irreführenden Bezeichnung ‚Antisemitismus'). Demgegenüber wurde aus diesem Anlass sowohl in der Tagesschau als auch in der Rede des Bundespräsidenten zu dieser Problematik weiterhin eine sprachliche Verschleierungstaktik betrieben, s. Kap. 9.

Ein beliebtes Mittel der ÖRM und der Politik ist das Framing, das dazu dient, die Interpretation des Gesagten von Vornherein in eine gewünschte Richtung zu lenken. Unter Framing versteht man eine Methode der psychologischen Manipulation, die durch Einbettung einer Aussage in einen sprachlichen oder auch bildlichen Kontext den Hörer bzw. Leser beim Verständnis der Aussage im Sinne des Absenders derselben beeinflusst.[28] So wird beispielsweise der Dresdner Schriftsteller Tellkamp in der Berichterstattung der BZ über die 3Sat-Doku (s. Kap. 5) gleich in der Einleitung als „umstritten" bezeichnet.[29] Interessanterweise werden Tellkamps Antagonisten in diesem Artikel als „angenehm gelassen" dargestellt. Nun, sie werden als Mainstream-Konforme auch nicht unter Canceling zu leiden gehabt haben. Würde das die

---

[26] Oder will man es bewusst so weit treiben, dass man über nichts mehr ohne Angst vor der Sprachpolizei vernünftig diskutieren kann?

[27] Und Letzterer wiederum ist ein Nachkomme von Noah und dessen Sohn Sem, die beiden anderen von stammesgeschichtlicher Bedeutung waren Ham und Jafet

[28] Auf die enge Beziehung zum Priming, hatten wir bereits in Kap. 7 hingewiesen.

[29] https://www.berliner-zeitung.de/kultur-vergnuegen/literatur/uwe-tellkamp-ich-will-nicht-als-rechtes-arschloch-hingestellt-werden-li.227365, zuletzt aufgerufen am: 31.3.2024.

gleiche Zeitung bei der Antifa-freundlichen Innenministerin oder der des geistigen Diebstahls überführten Außenministerin auch tun? Nein, sicher nicht, obwohl das in diesen Fällen mehr als angebracht wäre. Auch bei ausländischen Politikern kommt kaum ein MSM-Kommentar ohne politisch korrekte Einstimmung des Empfängers der Botschaft ohne Framing aus. So etwa, wenn man glaubt, in einer Botschaft über die neue italienische Präsidentin, nicht ohne Prädikate wie ‚rechtspopulistisch‘ oder gar ‚postfaschistisch‘ berichten zu müssen.[30] Es ist kaum anzunehmen, dass links-grüne Politiker erfreut wären, wenn sie in der konservativen Presse (soweit es sie denn noch gibt) als ‚neototalitär‘ oder ‚poststalinistisch‘ bezeichnet würden (was aber durchaus in vielen Fällen angebracht wäre), oder wenn unsere Innenministerin wegen ihrer Äußerungen nur als Antifa-Sympathisantin eingeführt würde. – Im Grunde findet ein sprachliches Framing schon bei der Wortwahl statt, wie man am Beispiel ‚Bürgergeld‘ sieht. Dieser Terminus klingt zwar gut, bezeichnet aber kein Geld für ‚Bürger‘ (schon gar nicht für alle),[31] Man könnte höchstens eine ironisch gemeinte Begründung für diese Bezeichnung finden, weil dieses Geld eben von den Bürgern im traditionellen Sinn bezahlt werden muss.[32]

Wie wir bereits in Kap. 2 festgestellt hatten, folgt dem Werteverfall in unserer Gesellschaft konsequenterweise auch eine Verrohung der Sprache. Wenn jemand den Mitgliedern einer Partei, die mit 78 Sitzen im Bundestag vertreten ist, „das Menschsein" abspricht, fällt er damit nicht nur ein entsprechendes Urteil über deren Wähler, sondern disqualifiziert sich auch selber.[33] Dadurch wird sowohl gegen elementarste Regeln des Anstands verstoßen als auch die Demokratie schwer beschädigt. Gerechterweise muss man feststellen, dass nicht wenige Mitglieder der betroffenen Partei aber auch der anderen ‚demokratischen‘ Parteien sich den gleichen Vorwurf gefallen lassen müssen, s. Kap. 13.

Umgekehrt wird oft eine unverantwortlich euphemistische Sprechweise verwendet, wenn es sich um Verbrechen einer von Links-Grün gehätschelten Gruppierung handelt (von der Bezeichnung marodierender und plündernder Migranten als Partyszene hatten wir weiter oben bereits gesprochen). Ein anderes Beispiel zeigt, bis zu welchem Grad an Empathielosigkeit die doch

---

[30] https://www.morgenpost.de/politik/article237538659/giorgia-meloni-erste-frau-italien-regierung-faschismus.html, zuletzt aufgerufen am: 30.4.2024.

[31] https://www.cicero.de/innenpolitik/burgergeld-politisches-sprach-framing, zuletzt aufgerufen am: 31.3.2024.

[32] Auf die ebenfalls in schönfärberischer Weise als ‚Sondervermögen‘ deklarierte Mogelpackung werden wir in Kap. 15 noch zu sprechen kommen.

[33] https://www.haz.de/kultur/regional/star-pianist-macht-musik-und-meinung-OHC64IQR6GEN5FC3A7NL7N2PTA.html – Sollte dieser ‚Kulturschaffende‘ als Jude nicht besonders sensibel gegenüber der Diffamierung von Menschen sein?, zuletzt aufgerufen am: 31.3.2024.

sonst so schnell zur Empörung bereiten deutschen Qualitätsjournalisten gesunken sind. In Chemnitz wurde einer 82-jährigen Rentnerin die Handtasche entrissen, wobei diese während des Überfalls so stark verletzt wurde, dass sie in die Notaufnahme eingeliefert werden musste. In einem der entsprechenden Zeitungsberichte[34] wurde doch der „junge Mann" (früher nannte man das einen Straßenräuber) tatsächlich mit dem Attribut „respektlos" charakterisiert. Auch die Polizei, so wird weiter unten in dem Artikel noch einmal betont, hat nicht einen „Verbrecher dingfest gemacht", sondern sie konnte „den respektlosen Teenager" festhalten. Da fragt man sich doch, ob dieser Schreiberling zu dumm ist, um diese Beschönigung zu bemerken, oder ob er diese verharmlosende Rede gezielt einsetzt. Würde er Tat bzw. Täter auch als „respektlos" charakterisieren, wenn es sich um seine eigene Mutter handelte?[35]

Der von Orwell eingeführte Terminus ‚Neusprech' [59] feiert insbesondere im heutigen Gendern seine Wiederauferstehung, s. auch Kap. 9 (und das ‚Ministerium für Wahrheit' bzw. dessen Instrumente in Form der Denunziationsportale Paus'scher und Faeserscher Prägung gleich mit, s. Kap. 12). Für diejenigen Eiferer des sprachlichen Genderns, die den Unterschied zwischen natürlichem und grammatischem Geschlecht und deren Gebrauch in der deutschen Sprache immer noch nicht verstanden haben, sei ein kleiner Crash-Kurs im FOCUS empfohlen.[36] Sogar den Begriff ‚Frau' will man auf Vordermann bringen, indem man die skurrilsten Neudefinitionen versucht (s. Kap. 9). In Berlin wurde ein Straßenschild ‚Thomas-Mann-Straße' skurrilerweise mit ‚Thomas-Frau-Straße' übermalt. Ganz gleich wer das war (die Proponenten oder die Kontrahenten des Genderns); diese Aktion zeigt den ganzen Irrsinn bzw. den Überdruss in Bezug auf diese woke Kampagne. Der sprachliche Erneuerungsdrang kennt keine Grenzen mehr und schreckt vor den unsinnigsten Wortbildungen nicht zurück, wie etwa „Vorständin", „Einwohnerinnenmeldeamt", „Bürgerinnensteig" u.a. Den Vogel schoss wieder die ARD-Tagesschau mit einem irrwitzigen ‚lapsus linguae' ab, indem man dort das Wort „Mutter", das einige angeblich als diskriminierend empfinden könnten (wer denn eigentlich?), in einem Beitrag über eine Gesetzesvorlage durch das ‚weniger gefährliche' „Ent-

---

[34] https://www.tag24.de/chemnitz/crime/chemnitz-teenager-entreisst-rentnerin-handtasche-sie-stuerzt-und-muss-ins-krankenhaus-2741976, zuletzt aufgerufen am: 28.4.2024.

[35] Auch die Verwendung von Termini wie „Ehrenmord" oder „Beziehungstat" für einen kaltblütig geplanten Mord durch eine Scharia-hörige Familie kennzeichnet beschönigende Sprechakte, s. hierzu auch Kap. 12.

[36] https://amp.focus.de/politik/deutschland/kommentar-von-philosoph-richard-schroeder-wir-gendern-seit-jahrtausenden-aber-nun-wird-es-wirklich-absurd_id_13520617.html, zuletzt aufgerufen am: 31.3.2024.

bindende" ersetzte.[37] Obwohl es in dem Beitrag eigentlich um Mutterschafts-
leistungen ging (wie Bezahlung freier Tage, Partnerfreistellung), fühlten sich
wegen des Neusprech-Wortes „Entbindende" gleich die Hebammen angesprochen und dankten sarkastisch für die in Aussicht gestellten Vergünstigungen.
Selbst im Ausland spottet man darüber, dass „drei Viertel der Deutschen diesen Unfug ablehnen, aber 100 Prozent ihn finanzieren müssen".[38] Der Drang
zur Feminisierung bringt regelrechte Stilblüten und Merkwürdigkeiten hervor,
so beispielsweise, wenn man die Bemühungen zur Neueinführung von Dienstgradbezeichnungen wie „Feldwebelin" im Kontrast zur Dysfunktion der Bundeswehr betrachtet. Im DLF und im WDR verwendeten sogar Moderatoren
Unwörter wie „Vorständin" oder „IntensivkrankenschwesterIn"[39]

Wie wenig ernst vom politischen Establishment das gesunde Sprachempf-
finden in der Bevölkerung genommen wird, zeigt die Tatsache, dass ‚Gendern'
und ‚Genderwahn' von der BPB als „Feindbilder der extremen Rechten" abgetan werden.[40] Diese Behauptung ist einfach eine Frechheit und ein Schlag
ins Gesicht der meisten normal denkenden Menschen, die das Gendern mit
großer Mehrheit ablehnen, s. die in Kap. 9 zitierte Umfrage des MDR zu diesem Thema.[41] Welcher Hass den Kritikern des sprachlichen Genderns entgegen schlägt, zeigt musterhaft die Süddeutsche Zeitung.[42] Sie lässt sich über die
Forderung „Schluss mit dem Gender-Unsinn" einer Gruppe von Prominenten
mit einer unerträglichen Arroganz und Unsachlichkeit aus, die einfach Empörung hervorruft. Bevor man überhaupt zur Sache kommt, wird den Mitgliedern
der Gruppe schon einmal bescheinigt, dass sie sich in „trübe Gesellschaft"
begeben, was natürlich impliziert, dass sich der Autor der Süddeutschen in
„lichter Gesellschaft" wähnt. Immerhin konzediert dieser Goody-Journalist in
seiner grenzenlosen Großmut einigen der Unterzeichner des Appells, dass sie
durchaus „respektabel" seien. Merkt er denn gar nicht, welche Überheblichkeit

---

[37] https://www.bz-berlin.de/deutschland/gender-wende-bei-der-tagesschau, zuletzt aufgerufen
am: 30.4.2024.

[38] https://weltwoche.ch/daily/die-tagesschau-ersetzt-mutter-mit-entbindenden-personen-
die-wortwahl-hat-methode-ist-aber-mit-dem-auftrag-der-oeffentlich-rechtlichen-sender-
unvereinbar/, zuletzt aufgerufen am: 30.4.2024.

[39] https://www.welt.de/kultur/medien/article240458537/Gender-Sprech-Hey-WDR-was-ist-
denn-eine-IntensivkrankenschwesterIn.html, zuletzt aufgerufen am: 31.3.2024.

[40] https://www.bpb.de/themen/rechtsextremismus/dossier-rechtsextremismus/259953/gender-
und-genderwahn-neue-feindbilder-der-extremen-rechten/, zuletzt aufgerufen am: 31.3.2024.

[41] Vielleicht sollte man im Angesicht solcher Verdrehung der Tatsachen die BPB besser in
Bundeszentrale für Politische Unbildung umbenennen, s. hierzu auch Kap. 6 und 7.

[42] https://www.sueddeutsche.de/kultur/gender-design-pink-tax-ausstellung-1.4334828, zuletzt
aufgerufen am: 31.3.2024.

selbst aus diesem (aus seiner Sicht positiven) Urteil herausschaut?[43] Die initiierende Institution des Aufrufs, der „Verein Deutsche Sprache", wird gleich zu Anfang als „trüber Verein" mit Schmutz beworfen, und den einzelnen Mitunterzeichnern ergeht es nicht viel besser. Diese werden - obwohl sie bekannte Persönlichkeiten sind - mit Attributen wie „dubios" oder als „rechte Publizistin" denunziert. Bei dem neuen Erzfeind der Süddeutschen, dem ehemaligen Verfassungsschutzpräsidenten Hans-Georg Maaßen, schreckt man nicht einmal vor Lügen zurück: Er sei wegen ‚Verschwörungstheorien' entlassen worden. Nein, er ist 2018 in den einstweiligen Ruhestand versetzt worden, weil er der Kanzlerin in der nachweislich falschen Hetzjagden-Behauptung bei den Unruhen in Chemnitz couragiert widersprochen hatte, s. hierzu Kap. 1. Aber was macht es einem Journalisten, der sich auf der ‚richtigen' Seite wähnt, heutzutage schon aus, wenn er die Wahrheit etwas verbiegt?

Dass man in den MSM durch gezielt falsche Wortwahl die Hörer-/Leser-Reaktion zu manipulieren versucht,[44] zeigt eine Meldung über den Fortgang der Ermittlungen zu dem Diebstahl wertvoller Juwelen im Jahre 2019 aus dem Grünen Gewölbe in Dresden. Dort wurde gleich im Titel von einem diesbezüglichen „Juwelen-Fund" gesprochen (bzw. etwas später im Text, dass ein Teil der Beute „aufgefunden" wurde).[45] Man muss schon etwas weiter recherchieren, um festzustellen, dass diese nicht auf der Straße oder in einem Versteck ‚gefunden' wurden, sondern in der Kanzlei des Anwalts des Remmo-Clans in Berlin an die Behörden übergeben wurde (offensichtlich im Rahmen eines Deals, dessen Inhalt verschwiegen wird).[46] Will der FOCUS mit seiner Berichterstattung die Schwäche des Staates kaschieren, der mit verbrecherischen Clans, die schon viele Straftaten auf dem Kerbholz haben (s. Kap. 12), zu beschämenden Deals gezwungen ist, oder haben seine Journalisten tatsächlich noch nichts von Sprechakttheorie und perlokutiven Sprechakten gehört, s. hierzu [74]?

Zu diesen journalistischen Meisterleistungen passt die Forderung nach Abschaffung von Begriffen wie ‚Clankriminalität' durch die Berliner SPD,[47] um

---

[43] Wer glaubt er eigentlich, wer er ist, dass er einigen der Unterzeichner ‚Respektabilität' zugesteht und anderen abspricht?

[44] Anders ist das nicht zu verstehen, denn diese Journalisten sollten doch von Berufs wegen über die Feinheiten der Wirkung von Wörtern unterrichtet sein.

[45] https://www.focus.de/panorama/welt/drei-jahre-nach-einbruch-ermittler-stellen-grossen-teil-der-beute-aus-gruenem-gewoelbe-sicher_id_180555219.html, zuletzt aufgerufen am: 31.3.2024.

[46] https://www.spiegel.de/panorama/justiz/deal-mit-remo-anwaelten-diebesgut-aus-gruenem-gewoelbe-wieder-aufgetaucht-a-0944fc45-95a2-473e-8d04-bf2852234449, zuletzt aufgerufen am: 31.3.2024.

[47] https://www.berliner-zeitung.de/news/arbeitsgruppe-der-berliner-spd-will-den-begriff-clan-kriminalitaet-abschaffen-li.123331, zuletzt aufgerufen am: 31.3.2024.

das schon lange schwärende Problem durch Sprachregulierung aus der Welt zu schaffen. Auf die ähnlich gelagerte, von den Sprachmanipulatoren mit dem ‚Unwort des Jahres' betriebene Problemvermeidungs-Politik (2022 war es das Wort „Klimaterrorist" und 2021 war es „push-back") hatten wir in anderem Zusammenhang bereits hingewiesen. Diese von einer selbsternannten und kaum repräsentativ zu nennenden Jury gekürten ‚Unwörter' sollen dem naiven und unmündigen Bürger signalisieren: Vorsicht, nicht verwenden (und wenn doch, dann nur im abschätzigen Ton!).

Die Verwendung eines verharmlosenden und entstellenden Vokabulars in den MSM stellt ebenfalls eine Form des sprachlichen Framings dar. Das geht bis in subtile Formulierungsdetails, wenn Euphemismen für Gewaltverbrechen benutzt werden. So spricht man von „schubsen" für einen brutalen und gewaltsamen Angriff auf Personen, wenn der Täter ein schutzsuchender Migrant ist (Hintergrund: Eine Mutter wurde mit ihrem Kind ohne Anlass im Frankfurter Hauptbahnhof heimtückisch auf die Schienen gestoßen; das Kind starb, die Mutter konnte sich gerade noch retten).[48] Immer wieder findet man in der Presse sprachliche Verrenkungen und linguistische Akrobatik, um migrantische oder linke Straftaten zu verharmlosen bzw. zu verschleiern. Der Berliner Innensenator (SPD) bezeichnete sogar im Zusammenhang mit gewaltsamen Ausschreitungen aus Anlass des 1. Mai bzw. bei antijüdischen Hetzveranstaltungen von Linksautonomen und muslimischen Migranten die Teilnehmer mit der zarten Umschreibung „erlebnisorientierte Jugend".[49]

Man kann allgemein von einer Infantilisierung der Sprache und der Gesellschaft sprechen. Da wird z.B. in Impfkampagnen verharmlosend von einem „Pieks" gesprochen, um berechtigte Sorgen von Bürgern bezüglich der befürchteten Impfnebenwirkungen von vornherein als kindliche Angstreaktion zu denunzieren. Oder es werden Regierungshandlungen als „Wumms" angekündigt, als wären wir mitten in der Krise auf einem lustigen Jahrmarktsfest. Es ist schon sehr bedenklich und entlarvend, wenn eine linke Tageszeitung bejubelt,[50] dass die Gesetzesbezeichnungen der ehemaligen Familienministerin mit „Das gute Kita-Gesetz" oder „Das starke Familiengesetz" gegen das bildungsbürgerliche Milieu gerichtet sind und besonders für „das gemeine Fußvolk" geeignet seien.[51] Dabei wird nicht bedacht, dass eine gut funktionierende

---

[48] https://www.fr.de/frankfurt/schuldunfaehiger-schubser-frankfurt-13365998.html,   zuletzt aufgerufen am: 28.4.2024.

[49] https://www.berliner-zeitung.de/mensch-metropole/da-randalierten-keine-erlebnisorientierten-jugendlichen-sondern-ein-hochpolitischer-mob-li.156741,   zuletzt aufgerufen am: 31.3.2024.

[50] https://taz.de/Kolumne-Liebeserklaerung/!5564775/, zuletzt aufgerufen am: 31.3.2024.

[51] Überhaupt hat die Wertung eines Gesetzes nichts in dessen Namen zu suchen. Das ist auch eine Form der sprachlichen Infantilisierung und des Framing. Eine Wertung eines Gesetzes vor

Demokratie auch selbständig denkende Persönlichkeiten voraussetzt, aber mit der Verkindlichung der Sprache zwangsläufig eine Infantilisierung der Gesellschaft einhergeht. Letztere zeigt sich aber nicht nur in der Ausdrucksweise, sondern auch in vielen anderen Lebensbereichen, wie im Angebot von Film und Fernsehen [36].

Wie subtil Haltungs-Journalismus sprachlich betrieben wird, kann ein vermeintlich kleines Detail belegen, das dennoch unterschwellig große Wirkung erzielt. Ein Moderator fragte z.B. im Deutschlandfunk im Rahmen eines Interviews nicht etwa: „Was halten Sie von *der oft verbreiteten These*, dass die Medien Lügen verbreiten". - Das wäre völlig in Ordnung und der Befragte könnte unbeeinflusst seine Meinung darlegen. Die Frage lautete aber tatsächlich: „Was halten Sie von *dem Märchen*, dass die Medien Lügen verbreiten". Damit wird schon in der Frage die gewünschte Antwort suggeriert, was kein Kennzeichen eines guten Journalismus, sondern ausgesprochene Meinungsmanipulation ist. Der vielzitierte ‚Souverän‘ und Hörer der Sendung möchte sich doch nicht die Haltung eines x-beliebigen Journalisten überstülpen lassen (noch dazu mit psychologischen Tricks), sondern er will sich aufgrund einer sachlich geführten Diskussion seine eigene Meinung bilden.

Die Mainstream-Medien tragen auch mit ihrer Literaturkritik und der Forderung, unsere Literatur neu und unter dem Gesichtspunkt der Wokeness zu bewerten, zur Manipulation von Meinungen durch sprachpolizeiliche Maßnahmen bei. Das beginnt bereits mit dem Zensurieren von Kinder- und Jugendbüchern sowie der Entfernung bzw. Ersetzung von Wörtern und Begriffen, die dem PolC-Kanon nicht entsprechen. Hierunter fallen Astrid Lindgrens „Pippi Langstrumpf" (wegen des Vorkommens eines ‚Negerkönigs‘) ebenso wie Karl Mays „Winnetou" (wegen ‚kultureller Aneignung‘). Eine „Literatur-Expertin" meinte sogar, dass auch die Buddenbrooks neu bewertet werden sollten, da Thomas Mann aus der Perspektive einer bürgerlichen, männlichen Person geschrieben habe. Deshalb sei es „kein Buch, das es verdient habe, an der Spitze des deutschen Literaturkanons zu stehen".[52] Man fragt sich unwillkürlich: Aus welcher Perspektive sollte Thomas Mann denn sonst geschrieben haben, aus der einer links-grünen Aktivistin?

Ich befürchte ernsthaft, dass noch jemand unter Verwendung dieser Art von ‚Logik‘ die Forderung erheben wird, den „Faust" umzuschreiben. Nicht nur, dass er aus der Perspektive eines alten weißen Mannes aus Weimar ge-

---

seiner Verabschiedung kommt nicht dem Urheber, sondern bestenfalls dem Souverän oder dem Parlament zu. Oder sollten wir den Wirtschaftsminister empfehlen, seine Gesetzesvorlagen neuerdings mit „das lausige Gasumlagegesetz bzw. Heizungsgesetz" anzukündigen.

[52] https://www.tichyseinblick.de/meinungen/der-deutschlandfunk-liest-der-literatur-die-leviten/, zuletzt aufgerufen am: 31.3.2024.

schrieben wurde. Auch die Protagonisten sind unter Gendergesichtspunkten sehr zweifelhaft. Der Hauptheld - ebenfalls ein alter weis(s)er Mann; das Gretchen - diskreditierend als ein naives einfältiges Mädchen dargestellt, das von ersterem verführt wird und im Knast landet, wobei wiederum eine intrigante Nachbarin (schon wieder ein negativ gezeichnetes Weibsbild) dem Teufel beim Einfädeln seiner Intrigen gegen das arme Gretchen hilft. Selbst der „Gang zu den Müttern" müsste (Tiefenpsychologie hin, Archetypenlehre her) noch einmal überdacht werden (Vorschlag, ersetzen dieser Phrase durch: „Gang zu den diversen Elternteilen") usw.[53] Diese Augias-Arbeit könnte natürlich nur eine woke Goeth*In einwandfrei ausführen. – Aber Sarkasmus beiseite! Wo sind denn die Heerscharen von Germanisten, Literaturwissenschaftlern, Philologen usw. die öffentlich gegen diesen Wahnsinn ankämpfen. Da erscheint ja der sonst eher linientreue ehemalige SPD-Vizepräsident des Bundestages Thierse mit seinem Protest in der Genderdebatte geradezu wie ein einsamer Rufer in der Wüste (was ja von seiner Parteivorsitzenden auch schon entsprechend gerügt wurde, und ihn als Gegenreaktion zum Angebot des - dann nicht vollzogenen - Parteiaustritts bewegt hat).[54]

Es ist durchaus beruhigend zu sehen, dass die links-grünen Spracheiferer sogar selbst Opfer ihrer eigenen, wirren und wie eine Monstranz vor sich her getragenen Sprachnormen werden. Da muss sich die ehemalige Vorsitzende der Grünen entschuldigen, dass sie das „N-Wort" zitiert (also nicht etwa - Gott bewahre - direkt ausgesprochen) hat, oder manche haben ein unglaublich rassistisches ‚Indianerehrenwort' gegeben (s. hierzu auch Kap. 9). Wenn nicht etwas Schadenfreude beim Beobachten dieses Theaters beigemischt wäre, müsste man sagen: Welch eine Bigotterie und welcher Schwachsinn - so etwas beschäftigt bekannte Tageszeitungen,[55] und das alles in Anbetracht fundamentaler und äußerst besorgniserregender Probleme unseres Landes.

Eine besondere Masche links-grüner Demagogen ist der Missbrauch des Begriffes und des Genres ‚Satire', worauf wir schon in den ersten beiden Kapiteln hingewiesen hatten. Da werden schon mal ältere Menschen ganz locker als ‚Umweltsäue' und der Präsident eines NATO-Partners als ‚Ziegenficker'

---

[53] Um eine kleine Anregung zu geben, wie die Umarbeitung im woken Deutsch lauten könnte: Als Titel sollte man wählen „Die Faust*In" und verbesserte Textstellen einfügen wie „Da steh ich nun ich arme Tör*In, und bin so klug als wie zuvörin". Na ja, ich gebe zu, dass der Überdruss und die sprachliche Phantasie etwas mit mir durchgegangen ist.

[54] https://www.tagesspiegel.de/politik/thierse-stellt-in-brief-an-spd-chefin-esken-seinen-parteiaustritt-zur-debatte-7749481.html, zuletzt aufgerufen am: 29.1.2024.

[55] https://www.focus.de/politik/deutschland/bundestagswahl/kommentar-von-hugo-mueller-vogg-habeck-garantiert-den-buergern-einen-ausgleich-fuer-hoehere-energiekosten-mit-einem-fuer-gruene-ganz-schrecklichen-wort_id_13560399.html, zuletzt aufgerufen am: 31.3.2024.

bezeichnet, oder man fordert, Polizisten auf dem Müllhaufen zu entsorgen usw. Immer verfolgt Links-Grün (repräsentiert durch seine ÖRM) in diesen Fällen dasselbe Schema: Lancieren eines provokatorischen und diffamierenden Slogans, und wenn der Gegenwind zu stark wird, erfolgt ein Ausweichen auf den Fluchtweg ‚Satire'.[56] Eine Beleidigung oder eine Denunziation bleiben aber eine Beleidigung oder eine Denunziation, ganz gleich was hinterher an Intentionen vorgeschoben wird. So leicht sollten wir diese Feiglinge mit ihrer verlogenen Verharmlosungs-Strategie nicht davonkommen lassen, denn wir müssen ihre Ausfälle auch noch durch die Zwangsgebühren für Rundfunk und Fernsehen bezahlen. Stattdessen sollten wir wieder zu den Grundregeln anständiger Kommunikation und zu einer gesunden, durchaus auch scharfen Streitkultur zurückkehren.

Wie wir oben gesehen hatten, stehen Sprachnormierungen und Sprachregelungen in totalitären Staaten ganz oben auf der Liste der Propagandainstrumente, was eindrucksvoll in Klemperers LTI für die „Sprache des Dritten Reiches" dokumentiert und mit Orwells „Neusprech" in „1984" treffend karikiert wurde. Als Beispiel für heutige Sprachnormierung sei nur das Glossar der „Neuen deutschen Medienmacher (NdM)" als „Hilfestellung für die tägliche Redaktionsarbeit" genannt.[57] Diese Hilfestellung liest sich dann so (s. unter Eintrag „Ausländische Mitbürger"): „Soll die nicht-deutsche Staatsbürgerschaft betont werden, ist ausländische*r Bürger*in passender, da bei »Mit-Bür-ger*in« ein unnötiges »Othering« stattfindet, d. h. ein*e Mitbürger*in ist damit scheinbar anders als ein*e Bürger*in.". – Unter dem Stichwort „Biodeutsche" findet man sogar den herzerfrischenden Terminus „Migrationshintergründler*innen". Alles klar? - Ich glaube, solche absurden Entgleisungen braucht man nicht mehr zu kommentieren.

Politisch korrektes Sprachverhalten ist heute so etwas wie das Grüßen des Gesslerhuts in Schillers „Wilhelm Tell" geworden. Aber Orwellschen ‚Doppeldenk' und ‚Zwiesprech' zu vermeiden, ist gar nicht so einfach, wenn man Demokratie und PolC unter einen Hut bringen möchte. So richtete eine demokratiebewegte Referentin an die Uni Bremen die Forderung: „Zu einer *demokratisch toleranten* Universität gehört, sich deutlich von rechten Studierenden abzugrenzen".[58] Es ist klar zu erkennen, dass sie das Ausgrenzungsprivileg auf die ‚Rechten' beschränken und die linken bzw. linksextremen Studieren-

---

[56] Ein Musterbeispiel dieses fiesen Spiels ist der ZDF-Moderator bzw. ‚Satiriker' Böhmermann, dem zur Steigerung seiner Publicity auch nicht der übelste Verbalausfall zu schade ist.

[57] https://www.neuemedienmacher.de/wissen/wording-glossar/ - dort Download als PDF, zuletzt aufgerufen am: 31.3.2024.

[58] https://taz.de/Rechte-Studentin-an-der-Uni-Bremen/!5512674/, zuletzt aufgerufen am: 28.4.2024.

den davon ausnehmen möchte. Denn weiter führt sie die Uni Bielefeld als demokratisches Musterbeispiel an, da dort die „‚Uni ohne Vorurteile' [sic!!] ins Leben gerufen wurde, um Rechten und Diskriminierung zu begegnen". Das muss man sich einmal auf der Zunge zergehen lassen: Da wird im Namen ‚demokratischer Toleranz' die Ausgrenzung Andersdenkender verlangt, ohne dass der Mainstream-Journalismus die dahinter stehenden totalitären Wesensmerkmale erkennt.

Besonders peinlich wird von vielen Bürgern das moralgeschwängerte Gerede vieler Politiker empfunden, die sich damit versuchen, als Wächter der Volksmoral zu stilisieren, wofür der derzeit amtierende Bundespräsident geradezu ein Musterbeispiel ist.[59] Bei ihm ist das nicht nur deshalb besonders verhängnisvoll, weil es sich um den höchsten Amtsträger der Bundesrepublik handelt, sondern weil dieser sonst nicht mit spalterischen und Zwietracht schürenden Äußerungen spart (s. seine Einlassungen und Handlungen im Fall Chemnitz, Kap. 1.) Auch sein Vorgänger im Amt tut sich gern mit populistischen Äußerungen hervor, wie etwa „Frieren für die Freiheit",[60] die natürlich ihn selbst und unsere wohldotierten Parlamentarier nicht betreffen. Letztere haben sich gerade mal noch eine satte Diätenerhöhung genehmigt,[61] und das in einer Zeit, in welcher der Wirtschaftsminister im Zusammenhang mit unserem bevorstehenden ökonomischen Desaster salopp verkündet: „Wir alle werden ärmer werden".[62] Das schon früher vorgebrachte Argument, dass Parlamentarier wegen der hohen Anforderungen Diäten verdienen, die sich an den Bezügen von Richtern orientieren, ist durchaus nicht stichhaltig,[63] denn ein großer Teil unserer Parlamentarier bringt für seine/ihre Tätigkeit nicht einmal die Qualifikation eines Rechtsanwaltsgehilfen mit. Aber selbst die Frankfurter Rundschau, die das vom Grundsatz richtig findet, musste in dem zitierten Artikel schon 2014 einräumen, dass der eigentliche Skandal in den zusätzlichen üppigen Aufwandsentschädigungen liegt und darin, dass sich „die Parlamentarier ein geradezu obszönes Altersversorgungssystem gezimmert" haben.

---

[59] https://www.spiegel.de/politik/deutschland/frank-walter-steinmeier-der-ueberforderte-praesident-a-1171352.html, zuletzt aufgerufen am: 31.3.2024.

[60] https://www.welt.de/vermischtes/article237436427/Maischberger-Wir-koennen-auch-einmal-frieren-fuer-die-Freiheit-sagt-Joachim-Gauck.html,   zuletzt   aufgerufen   am: 30.4.2024.

[61] https://www.berliner-kurier.de/politik-wirtschaft/rekord-plus-fuer-bundestags-diaeten-so-viel-mehr-kassieren-unsere-parlamentarier-ab-juli-und-das-ganz-automatisch-li.315867, zuletzt aufgerufen am: 30.4.2024.

[62] Leicht gesagt, bei seinem Salair! - Ob das die Kassiererin an der Supermarkt-Kasse auch so locker nimmt?

[63] https://www.fr.de/meinung/selbstbedienung-abgeordneten-11215592.html, zuletzt aufgerufen am: 30.4.2024.

● **Geschichtsklitterung.** Nicht nur die gewaltsame Veränderung der Sprache und die Umwertung von Bedeutungen, kennzeichnet totalitäre Züge eines Staates, sondern auch die Verbiegung der Geschichte, s. Kap. 2. Das alles hat einen Zweck, den Orwell treffend so beschrieb: [59, S. 42]: „Wer die Vergangenheit beherrscht, beherrscht die Zukunft! Wer die Gegenwart beherrscht, beherrscht die Vergangenheit!" Deshalb musste in der Dystopie „1984" das ‚Ministerium für Wahrheit' auch ständig die Geschichte umschreiben und an die Tagespolitik anpassen. Im Rahmen einer solchen Geschichtsmanipulation besteht eine häufig verwendete Methode darin, bei der Beurteilung von historischen Personen und Ereignissen den zeitgeschichtlichen Kontext einfach auszublenden [64] und bestimmte Merkmale derselben entweder wegzulassen, oder ausgewählte, ins Konzept passende Aspekte je nach politischem Bedarf hervorzuheben.

Die einseitige Darstellung von geschichtlichen Vorgängen wird sowohl von Links als auch von Rechts betrieben, s. hierzu Kap. 13. Greifen wir als Beispiel noch einmal die deutsche Kolonialgeschichte auf: Während die Rechten die positiven Leistungen hervorheben (wie etwa die erfolgreiche Bekämpfung von Tropenkrankheiten), werden von Links-Grün die Kolonialverbrechen in den Vordergrund gestellt (s.u.). Letzteres geschieht möglicherweise, um die irrationale Asylpolitik als eine Art Wiedergutmachung der Weißen für ihre immerwährende Kolonialschuld und ihren inhärenten Rassismus rechtfertigen zu können (s. hierzu Kap.9). Mit einem solchen Vorgehen kann nur ein verzerrtes Geschichtsbild entstehen, was aber äußerst schädlich für ein adäquates Verständnis für Vergangenheit und Gegenwart ist.

Natürlich ist Kolonialismus (wie die Geschichte generell) mit verschiedenen Arten von Gewalt verbunden gewesen, und von wenigen Ausnahmen abgesehen - wie etwa die brutale Niederschlagung des Hereroaufstandes - waren die Deutschen noch nicht einmal die Schlimmsten. Was heute in der öffentlichen Diskussion fast völlig unterdrückt wird, ist die Tatsache, dass in den unterworfenen Ländern bereits vor der Kolonialzeit meist Gewalt und Rechtlosigkeit herrschte, und die lokalen Stammeshäuptlinge aktiv an der Versklavung der mit ihnen verfeindeten afrikanischen Stämme beteiligt waren (das trifft auch auf die Herrscher von Benin zu). Von den Kulturleistungen der Kolonialmächte, wie Eisenbahnbau, Schaffung einer leistungsfähigen Verwaltung und Gerichtsbarkeit, die oft sogar den Eingeborenen gegenüber den Kolonialherren zu ihrem Recht verhalf, ist schon gar nicht die Rede. Wenn man sich den Zustand vieler ehemaliger Kolonien vor allem in Afrika anschaut, so kann schon der

---

[64] Wir hatten bereits in Kap. 9 den entlarvenden Euphemismus „Neu-Kontextualisierung" erwähnt, der die tatsächlich stattfindende Geschichtsklitterung oder gar Geschichtsfälschung verdecken soll.

Gedanke aufkommen, dass es für diese Länder besser wäre, ‚Kolonie' geblieben und damit Bestandteil der europäischen Wirtschafts- und Rechtsordnung
geworden zu sein.[65] Dabei muss auch hier wieder betont werden, dass es nicht
darum geht, die Zeit des Kolonialismus schön zu reden, sondern man sollte in
einer Geschichtsschreibung, die wissenschaftlichen Ansprüchen gerecht wird,
nicht nur in das heutige politische Kalkül passende Tatsachen berichten und
andere weniger bequeme Wahrheiten einfach unterdrücken.

Generell hat sich durch das Trauma des Nationalsozialismus und dessen
Verbrechen ein regelrechter Schuldkult entwickelt, dem sogar diejenigen verfallen sind, die nichts mit dem Nationalsozialismus zu tun hatten (und das sind
fast alle heute lebenden Deutschen). Ja man hat sogar von einem ‚Schuldstolz'
gesprochen,[66] ein Phänomen, das man nicht dadurch vom Tisch wischen kann,
indem man diesen Begriff ins Lager der Neurechten verbannt. Nein, unsere
feministische Außenministerin und die Staatsministerin für Kultur haben sich
doch gerade in Nigeria bei der Rückgabe der Benin-Bronzen geradezu darum
beworben, auch noch die Schuld der Deutschen am Kolonialismus in Nigeria
auf sich zu nehmen. Dabei weiß jeder, der sich mit der Materie befasst hat,
dass Deutschland keinerlei koloniale Vergangenheit in Nigeria hatte und die
Bronzen - wie wir im vorhergehenden Kapitel gesehen hatten - auch nicht von
Deutschland geraubt wurden. Das Makabre an der Sache ist, dass der Streit
um die Bronzen nach deren Rückgabe in Afrika jetzt dort weiter geht, da viele
Nigerianer nun ihrerseits Ansprüche erheben und mit Recht darauf hinweisen,
dass die Entstehung dieser Bronzen erst durch den mit Sklavenhandel erworbenen Reichtum der Benin-Herrscher ermöglicht wurde.[67] Allein dieses kom-
plizierte Bild zeigt, dass es nicht möglich ist, universale Gerechtigkeit dadurch
herzustellen, indem man Geschichte über Jahrhunderte hinweg gewissermaßen
rückwärts abwickelt.

Selbst bei Kriegsverbrechen und Verbrechen gegen die Menschlichkeit ist
die Klärung der Schuldfrage nicht so einfach, da diese oft von politischen Erwägungen und der Interessenlage unter den jeweils herrschenden Machtver-
hältnissen überdeckt wird.[68] Überhaupt lässt sich ‚historische Schuld' kaum

---

[65] Alle aktuell zu beobachtenden Missstände in Afrika auf die Kolonialzeit zu schieben ist zu
einfach. Die heute herrschenden lokalen Potentaten sind schlimmere, korruptere und zum
Teil sogar blutrünstigere Despoten, als es die alten Kolonialherren je waren.

[66] https://www.nzz.ch/meinung/der-nationalismus-des-verweigerten-nationalismus-warum-es-
sich-fuer-viele-deutsche-gut-anfuehlt-deutsch-zu-sein-ld.1502224, zuletzt aufgerufen am:
30.4.2024.

[67] https://www.deutschlandfunkkultur.de/benin-bronzen-sklavenhandel-kritik-restitution-
study-group-100.html, zuletzt aufgerufen am: 30.4.2024.

[68] Man vergleiche etwa die recht tolerante Haltung der westlichen Welt gegenüber amerikanischen Kriegsverbrechen mit derjenigen gegenüber russischen Kriegsverbrechen.

nachträglich aufarbeiten (wo sollte man beginnen und wo aufhören ohne neue Gräben aufzureißen?). Sogar bei den furchtbaren Naziverbrechen sollte die Schuldfrage nach Jaspers entlang verschiedener Dimensionen differenziert werden (kriminelle, moralische, politische, metaphysische Schuld). Was aber nicht geht, ist der Versuch, historische Schuld in einem zeitlichen Abstand von vielen Jahrzehnten oder gar Jahrhunderten als Mittel zur Manipulation der Bevölkerung und als Machtmittel zu instrumentalisieren.

Unter dem Vorwand des Antikolonialismus und Antirassismus hat der Drang zur Umbenennung von Straßen und Plätzen, wie etwa der Mohrenstraße in Berlin oder von U-Bahn-Stationen, etwa Onkel-Toms-Hütte, geradezu Hochkonjunktur.[69] Sogar einen Ortsnamen wie „Negernbötel" möchten Eiferer der Grünen ändern, obwohl der erste Teil des Namens nachweislich nichts mit Rassismus zu tun hat, sondern sich vom plattdeutschen Wort für „näher" ableitet.[70] In Berlin erhalten Straßen, die entsprechend der Diktion des linksgrünen Mainstreams nach „Vertretern und Wegbereitern des deutschen Kolonialismus" benannt wurden, die Namen von „Widerstandskämpfern gegen den Kolonialismus". – Wie man auch zu historischen Persönlichkeiten wie Lüderitz oder Nachtigal stehen mag, sie sind Bestandteil der deutschen Geschichte, während keiner die neuen Namensträger kennt (ganz abgesehen davon, dass in Südwestafrika kaum jemand Anstoß an Lüderitz nimmt, s.u.). Aus Anlass der Namens-Neuvergabe sind sogar die Botschafter von Namibia und Kamerun eingeladen worden; mehr PolC-Symbolik geht kaum.[71]

Umbenennungen und Denkmalssturz sind Methoden, deutsche Geschichte aus dem kollektiven Gedächtnis zu löschen. Nicht einmal der Staat Namibia im Südwesten Afrikas hat die Hafenstadt Lüderitz bisher umbenannt;[72] kein Wunder, da der Niedergang der Region erst nach dem Abzug der Deutschen so richtig einsetzte und nach zwischenzeitlicher Erholung bis heute anhält.[73] Die zur Zeit grassierende Umbenennungsmanie hat Wolfgang Bosbach

---

[69] https://www.rbb24.de/panorama/beitrag/2023/07/berlin-mitte-mohrenstrasse-verwaltungsgericht-umbenennung.html, zuletzt aufgerufen am: 31.3.2024.

[70] https://www.rnd.de/panorama/burgermeister-von-negernbotel-lehnt-umbenennung-ab-wen-das-stort-der-kann-ja-woanders-wohnen-UUTT4R3LNNDDTOEFNPID2ZDY5M.html, zuletzt aufgerufen am: 31.3.2024.

[71] https://www.berliner-zeitung.de/news/nachtigalplatz-und-luederitzstrasse-in-berlin-wedding-werden-umbenannt-li.287310, zuletzt aufgerufen am: 31.3.2024.

[72] Das heute noch dort befindliche Lüderitzdenkmal wurde 1980 sogar zum nationalen Kulturerbe erklärt. – https://de.wikipedia.org/wiki/L%C3%BCderitz-Denkmal, zuletzt aufgerufen am: 29.1.2024.

[73] https://lejournaldelafrique.com/de/Namibia-das-angek%C3%BCndigte-Ende-einer-Erfolgsgeschichte/ – Seite nicht mehr erreichbar, zuletzt aufgerufen am 2.12.2022. https://www.bmz.de/de/laender/namibia/wirtschaftliche-situation-11756, zuletzt aufgerufen am: 28.4.2024.

in einer Wahlkampfrede treffend glossiert, als er in einem Vergleich mit China feststellte: „Während sich die Chinesen mit der strategischen Frage ‚Bau der Seidenstraße' befassen, sind wir mit der Umbenennung der ‚Mohrenstraße' beschäftigt".[74] Besser kann man die Situation kaum charakterisieren. – Aber selbst der Umbenennungsfuror ist völlig einseitig ausgerichtet. Seine Protago-nisten wollen zwar die Namensträger von Straßen und Plätzen gänzlich aus der Zeit gerissen auf ‚rechtes Gedankengut' durchleuchten (s. Kap. 9), schei-nen jedoch kein Problem mit den vielen noch existierenden Thälmann-Straßen zu haben, obwohl der bekannte Kommunistenführer ausgeprägte stalinistische Auffassungen vertrat [39]. Selbst Bezeichnungen für beliebte Speisen und Ge-nussmittel sind vor den Sprachbereinigern nicht sicher, wie z.B. ‚Negerkuss' (ein Schaumgebäck), ‚Zigeunerschnitzel' usw.[75].

Selbsthass und Selbstzerstörung der deutschen Nation und der westlichen Welt insgesamt sind geradezu kennzeichnend für das derzeitige geistige Klima in den betroffenen Ländern. Kann es dafür einen deutlicheren Hinweis geben, als das Bekenntnis des vorhergehenden Bundespräsidenten auf Deutschland zu seiner Verachtung für Deutschland. Da hilft auch nicht der durchsichtige Ver-such, das Präsens in dem von ihm in einer ZDF-Sendung im Juli 2022 geäußer-ten Satz „Ich hasse und verachte dieses Land" als Stilmittel abzuschwächen.[76]. Er als ehemaliger Pfarrer und rhetorisch geschulter Theologe wird doch wohl die Wirkung von Präsens und Präteritum unterscheiden können. Aber ganz abgesehen davon: Die von ihm damals angeführten Gründe für den von ihm erlebten Hass sind ja heute nicht einfach verschwunden. Diese Verachtung für das eigene Vaterland teilt er übrigens mit dem derzeitigen Wirtschaftsminister, s. Kap. 1. Natürlich wollen linke Tageszeitungen wie die TAZ keinem Veräch-ter des Vaterlands nachstehen, indem sie ihren Hass auf Deutschland ebenfalls dokumentieren. Die Begeisterung von Sportfans für einen der besten deutschen Schachspieler verunglimpft sie als „Deutschtümelei" und erklärt doch glatt, dass „‚Schwarz-Rot-Gold' die hässlichste Farbkombination der Welt" sei.[77] Deutlicher kann man seine deutschlandfeindliche Gesinnung nicht zum Aus-druck bringen. Das Schlimme ist, dass dies kein Ausnahmefall ist, sondern die links-grüne Grundeinstellung zeigt, s. Kap. 13.

Zur Missachtung der eigenen Werte und zum Schänden und Schleifen von Denkmälern unter Ausblendung des historischen Kontexts passt übrigens auch

---

[74] https://www.youtube.com/watch?v=b-dGU3OhvxE, zuletzt aufgerufen am: 28.4.2024.

[75] Was übrigens in den Internet-Kommentaren zu ebenso absurden Gegenvorschlägen führt, wie etwa ‚Schnitzel ohne festen Wohnsitz' o.ä.

[76] https://dpa-factchecking.com/germany/220718-99-63805/, zuletzt aufgerufen am: 31.3.2024.

[77] https://taz.de/Schach-und-nationale-Begeisterung/!5906557/, zuletzt aufgerufen am: 28.4.2024.

der Eifer, alles ‚Preußische‘ aus der deutschen Geschichte zu tilgen. Hier spielt Links-Grün, allen voran die ‚Kultur‘-Staatsministerin Roth, eine besonders unrühmliche Rolle, die zusammen mit der unbedarften Außenministerin möglichst alles Positive an der preußisch-deutschen Geschichte aus dem Gedächtnis tilgen möchte.[78] Natürlich kann man, wie an jedem Staat und an jedem politischen System (auch an Preußen) viele negative Züge erkennen: Ausgeprägter Militarismus, Untertanengeist, Bürokratie usw. Aber für Preußen steht auch: Religiöse Toleranz, Förderung der Wissenschaft, Aufnahmebereitschaft für integrationswillige Flüchtlinge (wie z.B. der Hugenotten), unbestechliches (meist auch fähiges) Beamtentum und vieles andere mehr. Wer diese positiven Seiten unterdrückt und nur das Negative hervorhebt, betreibt einfach Geschichtsfälschung. Man sollte auch nicht vergessen, dass die Ideen der Gebrüder Humboldt[79] niemals hätten in die Praxis umgesetzt werden können, wenn es nicht entsprechend qualifizierte und gebildete preußische Ministerialbeamte gegeben hätte, die sie dabei mit großer Einsicht unterstützten. Zu dieser Zeit wäre es auch kaum vorstellbar gewesen, dass sich Studienabbrecher, Halbgebildete und des Plagiats überführte Personen in hohen politischen Ämtern hätten halten können.

Dieselbe Geschichtsvergessenheit ist gegenüber unseren christlichen Wurzeln festzustellen, wenn die Kulturstaatsministerin christliche Inschriften am Berliner Schloss (Humboldt-Forum) ‚überblenden‘ lassen möchte, [80] oder die grüne Außenministerin anlässlich des G7-Treffens in Münster ein Kruzifix abhängen lässt.[81] Das empört selbst viele Bürger, die sich nicht als Christen bezeichnen würden! – Besonders bedrückend ist die aus dem Selbsthass der Deutschen geborene Schändung des Gedenkens der deutschen Opfer des 2. Weltkriegs, die sich in dem nachfolgenden Dank linker ‚Aktivisten‘ an den britischen Bombergeneral ausdrückt, der Dresden 1945 in Schutt und Asche gelegt hat: „Thank you Harris!" (s. Kap. 13). – Wegen des gebrochenen Verhältnisses von Links-Grün zur eigenen Geschichte[82] ergeben sich auch notgedrungen Traditionsprobleme in der Bundeswehr: In der Helmut-Schmidt-Bundeswehrhochschule wurde aufgrund des Traditionserlasses im vorausei-

---

[78] Sogar aus der Benennung „Stiftung preußischer Kulturbesitz" möchte man das ‚anrüchige‘ Attribut entfernen.

[79] Wilhelm v. Humboldt war Gründer der später nach ihm benannten Universität in Berlin.

[80] https://www.sueddeutsche.de/kultur/claudia-roth-inschrift-humboldt-forum-1.5686481, zuletzt aufgerufen am: 28.4.2024.

[81] https://www.merkur.de/politik/kritik-kruzifix-regierung-kreuz-muenster-g7-baerbock-auswaertiges-amt-treffen-cdu-muenster-zr-91894798.html,   zuletzt   aufgerufen   am: 31.3.2024.

[82] Und dazu muss man selbst die links-grün gewendete ehemalige Kanzlerin und ihr Gefolge sowie wie deren Vertraute und ehemalige Verteidigungsministerin v.d. Leyen rechnen.

lenden Gehorsam unverständlicherweise angeordnet, ein Bild des Namensgebers abzuhängen, weil es ihn in Wehrmachtsuniform zeigt (ein Musterbeispiel von woker Bilderstürmerei).

Sogar vor der geschichtlichen Umbewertung und Entehrung der Attentäter vom 20. Juli schreckt man nicht zurück.[83] Von der extremen Linken wird ein Mann wie Stauffenberg abgewertet, weil er kein „Demokrat" gewesen sei,[84]. Von der extremen Rechten werden die Männer des 20. Juli unbelehrbar als „Verräter" gebrandmarkt - welch eine Geschichtsvergessenheit. Man vergleiche etwa die aus preußisch-deutschen und christlichen Wurzeln gespeiste beeindruckende Haltung der Verschwörer vom 20. Juli 1944 vor dem Volksgerichtshof mit den würdelosen Selbstbeschuldigungen der in den stalinistischen Schauprozessen in Moskau (Bucharin, Kamenew) oder Prag (Slansky) angeklagten ehemaligen Politbüromitglieder, die sich alle selbst nicht begangener Verbrechen beschuldigt haben.[85] – Es gibt sogar Politologen, die dem Hitler-Attentäter Elser von ihrem bequemen Schreibtisch aus „Unzulänglichkeiten" in der Ausführung seines Attentats vorwerfen, wodurch das Ganze nicht als „vorbildlich" anzusehen sei.[86] Man vergleiche diese arrogante Aussage mit den umwerfenden geschichtlichen Folgen, wenn dieser Anschlag nicht schief gegangen wäre (was zweifelsohne nicht Elsers Schuld war, sondern seine Ursache im vorzeitigen Verlassen des Versammlungssaales durch Hitler hatte).

Die heutige Geschichtsbetrachtung ist sehr stark von politisch-ideologischen Voreingenommenheiten geprägt und wird der Ambivalenz vieler historischer Persönlichkeiten in keiner Weise gerecht. So hat Bismarck auf der einen Seite eine fortschrittliche Sozialgesetzgebung auf den Weg gebracht und hatte sogar den Mut, sich im sogenannten ‚Kulturkampf' gegen den Einfluss des Zentrums (der Partei des konservativen Katholizismus und des Papstes in Deutschland) zu wenden, woran er dann auch gescheitert ist. Auf der anderen Seite hat er mit seinem Sozialistengesetz versucht, die sozialdemokrati-

---

[83] https://www.bild.de/regional/duesseldorf/duesseldorf-regional-politik-und-wirtschaft/kein-held-mehr-duesseldorf-prueft-umbenennung-von-stauffenberg-strasse-58028408.bild.html, zuletzt aufgerufen am: 31.3.2024.

[84] Nun, das war er sicherlich nicht, ebenso wenig wie Karl Marx, Rosa Luxemburg oder Max Planck ‚Demokraten' waren. Wollen wir die nach ihnen benannten Straßen und Plätze auch alle umbenennen?

[85] Es geht hier nicht darum, auf letztere posthum einen Stein zu werfen. Wer könnte schon im Angesicht stalinscher Foltermethoden für sich selbst gerade stehen. Aber immerhin waren die Angeklagten selbst am kommunistischen Terror beteiligt, solange sie noch in Amt und Würden waren. - Es geht in dieser Gegenüberstellung vor allem um die Würdigung der Männer vom 20. Juli und deren heute sicher als ‚rechts' eingestufte aufrechte Haltung, die nicht vor Freisler und dem allgegenwärtigen brutalen Naziterror eingeknickt sind.

[86] https://www.georg-elser-arbeitskreis.de/texts/fritze2009.htm,   zuletzt   aufgerufen   am: 28.4.2024.

schen Vertreter der Arbeiterklasse aus dem politischen Geschehen herauszudrängen, was ihm ebenfalls nicht gelungen ist. In außenpolitischer Sicht zeigte Bismarck allerdings viele bemerkenswerte Einsichten, die heute noch nachdenkenswert sind: „Unser Ansehen und unsere Sicherheit werden sich umso nachhaltiger entwickeln, je mehr wir bei Streitigkeiten, die uns nicht unmittelbar berühren, in der Reserve halten und unempfindlich werden gegen jeden Versuch, unsere Eitelkeit zu reizen und auszubeuten" [80, S. 542]. Ein Satz, unserer feministischen Außenministern mit eigener Stylistin und einem Faible für internationale Einmischung, die Russland und möglichst auch noch China in die Knie zwingen möchte, wie ins Stammbuch geschrieben. – Man kann niemals Personen der Vergangenheit oder deren Handlungen, die unter ganz anderen Zwängen und in anderen politischen Situationen zustande kamen, adäquat verstehen und einordnen, wenn man sie mit heutigen Maßstäben misst. Das gilt für Martin Luther ebenso wie für viele Offiziere der Wehrmacht, angefangen von Stauffenberg bis Rommel, und für Bismarck erst recht. Letzterer war sicher - ebenso wie Karl-Marx - kein Demokrat,[87] nichtsdestotrotz gehören beide, ganz gleich wie man weltanschaulich zu ihnen stehen mag, zu den großen Persönlichkeiten der deutschen wie auch der europäischen Geschichte.

Ganz sensibel und schwierig ist es für uns Deutsche, eine adäquate Sicht auf das ‚Dritte Reich‘ zu entwickeln. Nur wenige, wie z.B. Sebastian Haffner, würden es wagen, auch nur einen positiven Aspekt zu erwähnen (s. [24]). Das macht aber mehr als 60 Mio. Menschen zu Idioten und verhindert jedes einigermaßen realistische Geschichtsverständnis, denn ohne die unbestreitbaren Erfolge in den ersten 6 Jahren seiner Herrschaft hätte Hitler trotz der vollständigen Gleichschaltung der Presse und des immensen Terrors im Inneren nicht so viele Anhänger gewinnen können.[88] Wer aber heute in Deutschland einen Erfolg der Nazis erwähnt (und von letzteren gab es in der ersten Hälfte des ‚Tausendjährigen Reiches‘ viele, wenn sie auch fast alle mit Blick auf den geplanten Krieg organisiert wurden), verfällt der Cancel culture.[89] So kann man aber Geschichte nicht begreifen.

Wie geschichtsvergessen selbst ein Dozent an der Bundeswehrhochschule sein kann, zeigt dessen unsäglicher Vergleich der AfD-Vorsitzen Alice Weidel

---

[87] Oder sollte man das von einem preußischen Junker erwarten?

[88] S. Haffner vertritt unter Berufung auf J. Fest sogar die These, dass die historische Einordnung Hitlers ganz anders aussehen würde, wenn das Elser-Attentat 1939 erfolgreich gewesen wäre, s. loc. cit. S. 54. Natürlich ändert das nichts an der Gesamteinschätzung der Naziherrschaft als ein verbrecherisches, totalitäres Regime, aber eine einseitige Darstellung bewirkt nur das Gegenteil des Gewollten.

[89] Dies zeigt u.a. das Schicksal der ehemaligen Fernsehmoderatorin Eva Herman, die nach ihrer Entlassung immer weiter nach rechts gedrängt und inzwischen mit ziemlich schrägen Verschwörungstheorien in Verbindung gebracht wird.

mit Eva Braun, die beide von ihm auf Twitter als ‚Virenmutanten' bezeichnet wurden (worauf wir in Kap. 13 noch einmal zurückkommen werden). Dieser Vergleich ist nicht nur ethisch verwerflich, sondern auch politisch eine Ungeheuerlichkeit. Er verbietet sich sogar aus historischer Sicht, da die politischen bzw. unpolitischen Rollen beider Frauen überhaupt nicht vergleichbar sind. Selbst die gewollte Inanalogiesetzug als Nazis ist für beide (ja, im Grund genommen auch für Hitlers Geliebte) falsch, da sie trotz ihrer persönlichen Nähe zum ‚Führer' im Staatsgefüge des ‚Dritten Reiches' politisch keinerlei Rolle spielte und nicht einmal Mitglied in der NSDAP war (von ihrer fehlenden Intelligenz im Kontrast zur AfD-Vorsitzenden ganz zu schweigen).[90]

Den Vogel der geschichtlichen Unbildung schießt dann die Jugendsendung ‚funk' von ARD und ZDF ab. Dort wurde glatt behauptet, dass Hitlers Aversion gegen Österreich auf die vielen „Schlachtensiege [der Deutschen] gegen sein Heimatland" zurückzuführen sei.[91] Dümmer geht es nicht, da u.a. der Siebenjährige Krieg damals schon weit zurück lag und Österreich bekanntlich schon im Ersten Weltkrieg Verbündeter Deutschlands war. Hitler hatte zwar eine Aversion gegen Wien, aber nicht gegen sein Heimatland als Ganzes (er wollte ja schließlich sogar seinen Alterswohnsitz in Linz nehmen). Und im Zweiten Weltkrieg war Österreich als Teil des ‚Großdeutschen Reiches' bereits voll auf Hitlers Seite beteiligt. Eine solche Geschichtsverfälschung (so marginal das Content-Netzwerk „funk" für manche sein mag) ist äußerst gefährlich, weil dadurch bei vielen, die keine ausreichenden Geschichtskenntnisse besitzen, der Eindruck entsteht: Dann werden wohl die anderen Aussagen über das Kaiserreich und das ‚Dritte Reich' auch nicht stimmen (selbst wenn sie aus seriösen Quellen stammen). – Dazu passt übrigens die vor allem von links-grünen Politikern häufig geäußerte Falschbehauptung, dass Deutschland den Ersten Weltkrieg vom Zaun gebrochen habe, s. hierzu [11] und Kap. 13. Solche Art von Geschichtsklitterung geradezurücken ist wichtig, da auch der Aufstieg der Nazis in der Weimarer Republik und die Entstehungsgeschichte des Zweiten Weltkriegs nicht ohne das Ende des Ersten Weltkriegs mit dem aufgezwungenen Versailler Vertrag und dem Aufstieg des stalinschen Kommunismus in der Sowjetunion verstanden werden können. Diese Aussage relativiert in keiner Weise die besondere Schuld Hitler-Deutschlands am Ausbruch des Zweiten Weltkriegs.

Problematisch ist auch die Zuordnung der Nationalsozialisten in das ‚Links-Rechts-Schema'. Nach heutiger pauschaler Kategorisierung war die Nazi-Be-

---

[90] Bekanntlich war Hitler der machohaften Meinung, dass bedeutende Männer niemals intelligente Frauen haben sollten und bezeichnete seine Geliebte oft abschätzig als „Tschapperl".

[91] https://www.sueddeutsche.de/medien/funk-youtube-geschichtsverfaelschung-1.5502413, zuletzt aufgerufen am: 31.1.2024.

wegung (insbesondere die SA) zumindest am Anfang eher links, wie sich ja auch Goebbels, der ursprünglich dem Strasser-Flügel angehörte, den kommunistischen Ideen sehr nahe fühlte. Es ist deshalb ein übler linker Propagandatrick ‚rechts‘, ‚konservativ‘ und ‚Nazis‘ sprachlich möglichst eng miteinander zu verknüpfen. Da fallen den meisten Leuten die totalitären Tendenzen der links-grünen Politik und die faschistoiden Merkmale linker Regimes überhaupt nicht mehr auf. Deshalb werden die Verbrechen Stalins und Maos von den Linken auch gern gegenüber denjenigen der Nazis, die zweifelsohne ungeheuerlich waren, oft genug verharmlost.[92]

Wie man mit gezielter Sprachmanipulation Politik und Meinungsbildung beeinflusst, zeigt deutlich der missbräuchlich verwendete Vorwurf des ‚Antisemitismus‘. Die sachliche Behandlung dieses Phänomens stellt für die Diskussion der jüngeren deutschen Geschichte wegen des Holocaust und des aus diesem Verbrechen resultierenden schwierigen Umgangs mit Juden und dem Staat Israel ein besonderes Problem dar. Mittlerweile wird jedoch der Holocaust und generell der paranoide Judenhass der Naziführung so weit instrumentalisiert, dass kaum jemand einen einzelnen jüdischen Bürger, eine jüdische Organisation, wie den Zentralrat der Juden in Deutschland, oder den Staat Israel kritisieren kann, ohne von irgendeiner Seite (vor allem von Links-Grün) als Antisemit oder Rassist beschimpft zu werden. Das zeigte sich auch an der weitgehend unkritischen Rezeption von Goldhagens Buch „Hitlers willige Vollstrecker" [21] in Deutschland, in dem er den Deutschen einen bereits vor 1933 wirksamen „eliminatorischen Antisemitismus" unterstellt. Diese Behauptung ist in ihrer Allgemeinheit nicht akzeptabel. - Obwohl es tatsächlich in Deutschland wie in anderen europäischen Ländern auch vor 1933 schon immer einen polemisch auftretenden Antisemitismus gegeben hat, den Hannah Arendt eher als „antisemitisches Ressentiment" charakterisiert (man denke an Namen wie H. v. Treitschke, H. S. Chamberlain und dessen Schwiegersohn R. Wagner), war er doch nicht vergleichbar mit dem ausgeprägten Antisemitismus etwa in Polen oder der Ukraine. Dort fanden noch Pogrome gegen Juden statt, als diese Volksgruppe in Deutschland seit Beginn der Judenemanzipation praktisch schon voll integriert war und es gewaltsame Ausschreitungen dieses Ausmaßes in Deutschland nicht mehr gab.[93] Ja, man kann sagen, dass im Deutschen Kaiserreich und vor allem in der Weimarer Republik ein über-

---

[92] Fast alle der heute prominenten links-grünen Politiker, die in den sechziger Jahren sozialisiert wurden, haben begeistert Mao-Bibeln schwenkend an Demos teilgenommen, als wir in der DDR - die wir kaum Zugang zu Kommunismus-kritischer Literatur hatten - längst über die monströsen Verbrechen von Stalin und Mao Bescheid wussten.

[93] https://www.hagalil.com/2017/11/pogrome-in-deutschland/, zuletzt aufgerufen am: 28.4.2024.

proportional hoher Anteil der deutschen kulturellen und wirtschaftlichen Elite Juden waren. Mit Matthias Erzberger und Walter Rathenau gab es vor 1933 sogar hochrangige deutsche Spitzenpolitiker in einer Zeit, als in anderen europäischen Ländern ein jüdischer Minister undenkbar gewesen wäre.[94]

Auch die ehemalige DDR ist von einem Umschreiben der Geschichte nicht verschont geblieben. Das ist zum Teil verständlich, weil die DDR-Geschichtsschreibung ihrerseits politisch sehr einseitig ausgerichtet war und nur unter dem Aspekt des Klassenkampfes betrieben wurde. Demgegenüber hat es aber auch total verzerrte Darstellungen der DDR von Alt-Bundesbürgern gegeben, die überhaupt nicht wussten, wovon sie reden. Die unglaubliche Anmaßung mancher ‚Altbundesbürger' zeigt sich etwa am Beispiel von Arnulf Barings historisch entstelltem und geradezu chauvinistischem Blick auf den Osten. Er hat sich doch in seinem „ungeheuer ehrlichen" Buch, wie der Rezensent in der ‚Zeit' schreibt,[95] tatsächlich zu solch verächtlichen Sätzen über die Ostdeutschen verstiegen, wie „So muss die Betonung des Russischen als Sprache und des Marxismus-Leninismus als Philosophie dazu geführt haben, dass sich in den Köpfen überhaupt nichts tat" oder „Wir können doch nicht Hunderttausenden von Leuten sagen, sie seien nichts wert". Warum die Kenntnis der russischen Sprache am klaren Denken hindern sollte, hat er leider nicht gesagt.[96] Das demonstriert deutlich neben der erwähnten Überheblichkeit das völlige Ignorieren der Leistungen der Arbeiter, Ingenieure, Wissenschaftler und Künstler in der DDR durch einen großen Teil der westlichen Welt. Dabei hatten erstere unter unvergleichlich viel schlechteren Bedingungen im Vergleich zu ihren westdeutschen Kollegen zu arbeiten, was nicht nur an der Inkompetenz der Politikerkaste im Inneren lag, sondern auch an den äußeren Rahmenbedingungen (etwa Einbettung in den RGW, den ‚Rat für gegenseitige Wirtschaftshilfe der sozialistischen Länder'), s. Kap. 15. – Welch abgehobene und abwegige Einschätzungen generell über die welthistorische Situation nach dem Mauerfall bzw. dem dann kurz darauf folgenden Zusammenbruch der Sowjetunion im Westen kursierten, zeigt das Buch von Fukuyama, in dem er als Professor der renommierten Stanford-Universität absolut unwissenschaftlich

---

[94] Was allerdings - wahrscheinlich nicht ganz zu unrecht - den Juden von den Antisemiten vorgeworfen wird, ist ihre von ihnen selbst empfundene ‚Auserwähltheit'. Dem Volk Israel wird in der Thora bzw. im Alten Testament wiederholt das ‚Herausgehobensein' unter allen Völkern bescheinigt. Jahve schließt gerade mit ihnen (und nur mit ihnen) einen Bund ab, s. z.B. Gen. 17, der mit dem Zeichen der Beschneidung auch äußerlich manifestiert wird.

[95] https://www.zeit.de/1991/52/vom-neuen-denken-der-deutschen, zuletzt aufgerufen am: 28.4.2024.

[96] Es hätte seinem Verstand sicher nicht geschadet, sich mit den russischen Bewegungsverben, dem Aspektsystem und den russischen Partizipien auseinanderzusetzen. Leider kann nicht mehr überprüft werden, ob er diesem komplizierten Zusammenspiel geistig gewachsen gewesen wäre.

sogar ein „Ende der Geschichte" konstatierte [18]. Wie absurd diese Einschätzung war, hat ja die jüngere Vergangenheit bereits gezeigt (als würde es ein ‚Finis historiae' je geben!).

Auch die Geschichte der *gesamt*deutschen Wissenschaft wird in einer Weise transportiert, als hätte es die DDR nicht gegeben, wie man am Beispiel KI sieht. Im Abschlussbericht des Projekts „#KI50: Künstliche Intelligenz in Deutschland - gestern, heute, morgen" der Gesellschaft für Informatik wird unter den zehn prägendsten Köpfen der KI in Deutschland nicht ein einziger aus den neuen Bundesländern erwähnt.[97] Analoges trifft auf den Bereich Kunst und Literatur zu; dort wurde das kulturelle Gedächtnis für die Leistungen des Ostens weitgehend ausgelöscht, was Oschmann entsprechend die „Löschung des Textgedächtnisses" bzw. des „Bildgedächtnisses" nennt [61, S. 156 bzw.163].[98] Das führt zu der treffenden Beobachtung Klaus Wolframs: „Die Bundesrepublik spinnt ihr altes Selbstgespräch über Ostdeutschland fort und fort - doch inzwischen hört dort niemand mehr zu".[99] Es muss betont werden, dass es hierbei nicht allein um die Verletzung von irgendwelchen Sensibilitäten geht (das auch, aber bei solchen weltpolitischen Umwandlungen, wie es der Zusammenbruch des Sozialismus war, passieren meist viel gravierendere und schmerzlichere Dinge). Wir sollten vielmehr darauf achten, dass uns die auf diese Weise reproduzierte Spaltung unseres Landes in wirtschaftlicher und in politischer Hinsicht die Zukunft nicht noch weiter verbaut.

Ein Charakterzug der überall anzutreffenden Geschichtsmanipulation ist auch der geradezu zwanghafte Trieb zur Traditionsvernichtung und Selbstbeschuldigung. Es gibt aufgrund der tatsächlich von Deutschen zwischen 1933 und 1945 begangenen furchtbaren Verbrechen wahrscheinlich kein Land dieser Erde, in dem die unhistorische Selbstbezichtigung so weit getrieben wird, wie in Deutschland (und zwar auch auf Gebieten, wo das nicht gerechtfertigt ist). Das beginnt mit der einseitigen Übernahme der Kriegsschuld am Ersten Weltkrieg und endet mit der verzerrten Darstellung der relativ kurzen Phase der deutschen Kolonialzeit, s. Kap. 9. Ja, man möchte sogar fast masochistisch eine Mitschuld Deutschlands am Sklavenhandel konstruieren, wobei man im Gegenzug geflissentlich die unvergleichlich unheilvollere Rolle

---

[97] https://ki50.de/die-zehn-praegenden-koepfe-der-deutschen-ki-geschichte/, zuletzt aufgerufen am: 28.4.2024.

[98] Obwohl Deutschland unser Thema ist, sollte man an dieser Stelle durchaus erwähnen, dass diese Aussagen mutatis mutandis auch auf viele Kulturleistungen ‚russischer Provenienz' zutreffen. Wer kennt im Westen schon die Bücher von Aitmatow, um nur ein Beispiel zu nennen? - Er hätte den Literaturnobelpreis auf jeden Fall vor vielen Laureaten der westlichen Welt verdient.

[99] https://www.faz.net/aktuell/feuilleton/debatten/klaus-wolfram-ungleiche-verteilung-der-diskursmacht-in-deutschland-16646713.html, zuletzt aufgerufen am: 30.4.2024.

der Araber und auch der afrikanischen Stammesfürsten am blühenden Sklavenhandel des 17. und 18. Jh. unterschlägt.[100] Äußeren Ausdruck findet bei
uns der Geschichtsrevisions-Wahn im Schleifen von Denkmälern und in der
auf Straßen und Plätze gerichteten Umbenennungswut der woken Politikaster,
worauf wir schon weiter oben und in Kap. 2 hingewiesen hatten.

Nicht einmal vor der Revision der Geschichte anderer Länder schrecken die
woken Politiker zurück, wie man an deren Umgang mit der von Stalin zu verantwortenden Hungerkatastrophe in der Sowjetunion sieht (dem sogenannten
‚Holodomor‘, ein in der ukrainischen Kriegspropaganda häufig verwendeter
Terminus). Ihn als spezifisch gegen die Ukrainer gerichteten Genozid zu bezeichnen, ist eine Geschichtsfälschung, die im Namen der vermeintlich guten
Sache (hier Parteinahme im Ukraine-Krieg) begangen wird.[101] Die Hungersnot
in den 1930-er Jahren war in Wirklichkeit eine Folge der irrsinnigen Landwirt-
schaftspolitik Stalins, die von einer brutalen Zwangskollektivierung und Ent-
kulakisierung begleitet war. Sie war kein Krieg gegen eine Ethnie und betraf
das ganze Sowjetvolk. Nicht nur Ukrainer, sondern vor allem auch Kasachen
und das Wolgagebiet waren stark betroffen (die Ukraine allerdings besonders
stark, was verschiedene Ursachen hatte). Was aber in der heutigen Diskussion
fast immer verschwiegen wird, ist die Tatsache, dass auch eine nicht geringe Zahl ukrainischer Kommissare - nicht etwa nur Russen! - an den stalinschen Maßnahmen beteiligt waren. Außerdem war Stalin selbst bekanntlich
kein Russe, sondern Georgier. Überhaupt nicht erwähnt wird der Fakt, dass
Chruschtschow als Ukrainer seit Beginn der dreißiger Jahre wichtige Partei-
funktionen im Sowjetsystem inne hatte, und später dann sogar Mitglied des
verbrecherischen Stalinschen Politbüros wurde.[102]

Trotz dieser allgemein bekannten Tatsachen stellen unsere Politiker und
die ÖRM diese furchtbare Hungerkatastrophe in den Kontext des Russland-
Ukraine-Konflikts; und damit wird alles zur Lüge verdreht.[103] Am 28.11.23
beteiligte sich der DLF sogar an einem eigenartigen Geschichtsframing, indem
er ein Interview mit dem ukrainischen Botschafter anlässlich des Gedenktages

---

[100] Gerade diese waren es doch, die den europäischen Sklavenhändlern (den Engländern, Fran-
zosen, Portugiesen und Spaniern) das „Schwarze Gold" - welch menschenverachtender Begriff - zur Einschiffung an der Küste zugetrieben haben.

[101] Daran ändert auch der völlig unangebrachte Beschluss des Bundestags nichts.
https://www.spiegel.de/politik/deutschland/bundestag-verurteilt-holodomor-als-
voelkermord-a-3e37be56-6dbb-4cbd-93a1-f9b2b8b0c81f, zuletzt aufgerufen am: 28.4.2024.

[102] Er spielte sogar post mortem noch eine unrühmliche Rolle in der Geschichte des Ukraine-
Konflikts, weil er als Ukrainer es war, der 1954 die seit Ende des 18. Jh. zu Russland gehö-
rende Krim mit einem Federstrich an die Ukraine ‚überschrieben‘ hat.

[103] Diese Hungersnot war übrigens auch nicht die einzige. Schon zu Lenins Zeiten gab es die
fürchterlichen Hungerjahre 1921-22 als Folge von Revolution, Bürgerkrieg und Misswirtschaft.

an den Holodomor übertrug. Nachdem ganz kurz und unwidersprochen die These des Diplomaten wiedergegeben wurde, dass die Ukraine ausgesuchtes Opfer der verbrecherischen *russischen* - nicht der sowjetischen oder Stalinschen! - Politik gewesen wäre (andere Opfer oder der Begriff ‚Zwangskollektivierung' kamen überhaupt nicht vor), wurde schnell die Brücke zum Überfall der Russen auf die Ukraine geschlagen.[104] Der Rest des Interviews drehte sich dann nur noch um die Notwendigkeit von Waffenlieferungen des Westens an die Ukraine, was offensichtlich das tatsächliche Anliegen der Radioübertragung war.

Wie völlig unpassende Geschichtsvergleiche von der Presse leichtfertig im Kampf gegen ‚Rechts' eingesetzt werden, zeigen die Berichte über ein privates Treffen im November 2023 von Personen aus Politik und Wirtschaft (darunter Mitglieder der CDU und AfD) sowie Burschenschaftern u.a. mit Angehörigen der Identitären-Bewegung. Diese zweifelsohne etwas undurchsichtige Zusammenkunft wurde in den ÖRM mit einer größtes Misstrauen erweckenden Sprache und basierend auf rechtlich fragwürdigen Methoden des linken Recherche-Portals ‚Correctiv' offensichtlich als Kampfmittel gegen die erstarkende AfD eingesetzt (warum eigentlich nicht gegen die CDU, ein paar ihrer Mitglieder waren doch auch dabei, und warum erst im Januar 2024?).[105] In dem zitierten Artikel wird sogar ein Vergleich mit der ‚Wannseekonferenz' hergestellt, der eine unverantwortliche Geschichtsverfälschung darstellt.[106] Außerdem wurde der in Potsdam wohl tatsächlich verwendete Begriff „Remigration" in der Presse gezielt und fast durchgängig in „Deportation" umgefälscht, um durch Sprachmanipulation eine leichtere Brücke zum Nationalsozialismus herzustellen (und konkret wieder zur Wannseekonferenz, die in der Tat die *Deportation* der Juden zum Inhalt hatte). Das kann kaum als seriöse Berichterstattung angesehen werden, sondern nur als leicht durchschaubare Propaganda der Regierungsparteien und ihrer Helfer. Diese scheuen kein Mittel und keine Lüge, um

---

[104] https://www.deutschlandfunk.de/ukrainischer-botschafter-makejew-angriffe-am-holodomor-gedenktag-zeigen-russlands-gesicht-100.html, zuletzt aufgerufen am: 28.11.2023.

[105] Was genau besprochen wurde, erfährt man in den Berichten übrigens auch nicht. – https://www.deutschlandfunk.de/juristenverbaende-warnen-vor-zweiter-wannseekonferenz-102.html, zuletzt aufgerufen am: 17.1.2024.

[106] Zur Erinnerung: Auf dieser Konferenz wurde 1942 unter Vorsitz von Heydrich (nach Himmler der einflussreichste SS-Führer) die ‚Endlösung der Judenfrage' organisatorisch vorbereitet. Diese Leute hatten sowohl die Macht als auch den entsprechenden Verwaltungsapparat in der Hand, um letztlich die Vernichtung der Juden in die Wege zu leiten. Demgegenüber ging es bei der genannten, vergleichsweise unbedeutenden Potsdam-Konferenz u.a. um die Rückführung (dort wurde von „Remigration" gesprochen) von Migranten in ihr Heimatland, vor allem von solchen, die kein Bleiberecht in Deutschland haben oder hier gar straffällig geworden sind. - Ein Problem über das bekanntlich auch die Regierung und die CDU ständig reden, ohne dass etwas geschieht.

gegen die ihnen Angst einflößenden politischen Mitbewerber und deren vor den Landtagswahlen in Ostdeutschland drastisch angestiegene Umfragewerte durch Verbote vorzugehen.

Wie die Beispiele zur Geschichtsklitterung zeigen, trifft die nachfolgende sarkastische Charakterisierung nicht nur für Geschichtswissenschaftler (wie im Original-Bonmot) zu, sondern auch für manche Zeitgenossen: „Frage: Was ist der Unterschied zwischen dem Herrgott und einem Historiker? Antwort: Ersterer kann die Geschichte nicht mehr ändern!" – Besonders drastisch ist die entstellende Geschichtsdarstellung im Zusammenhang mit dem sogenannten ‚Dritten Reich'. Natürlich sind die Nazis und insbesondere Hitler mit seinen Paladinen für immense Verbrechen verantwortlich, was in den Nürnberger Prozessen versucht wurde aufzuarbeiten (für eine kurze Zusammenstellung s. [54]). Wer aber die Zeit zwischen 1933 und 1945 darauf reduzieren will, kann weder die moderne Geschichte, noch das Verhalten von Menschen in dem damals herrschenden totalitären Regime verstehen. Eine der differenziertesten Darstellungen zu diesem Thema stammt - wie wir bereits an anderer Stelle hervorgehoben hatten - von S. Haffner [24], ein Werk, das man nur wärmstens empfehlen kann. Nur ein integrer Publizist wie er, konnte es sich erlauben, neben den verbrecherischen Seiten von Hitler und seinem Regime auch von dessen ‚Leistungen' und ‚Verdiensten' zu sprechen. Hitler auf seine wahrhaft gigantischen Verbrechen zu reduzieren, ist ebenso wenig hilfreich für ein tragfähiges Geschichtsverständnis, wie Stalin auf seinen kommunistischen Terror einzuengen. Oder wie Goethe es formulierte: „Macht mir den Teufel nur nicht klein".

Kapitel 11

Wegfall der Religionen als Wertekompass

Über viele Jahrhunderte war die westliche Welt durch die christlich-jüdische Religion geprägt, die im Guten wie im Bösen Halt und Orientierung bot und als eine Art Wertekompass diente. Genau diese Funktion hat sie in den letzten Jahrzehnten auch in Deutschland weitgehend verloren. Es stellt sich deshalb die Frage, ob das Christentum oder andere Religionen bzw. Weltanschauungen diese Aufgabe überhaupt noch einmal übernehmen können.

Das **Christentum** hat nicht nur weltanschaulich den Anschluss an die modernen Naturwissenschaften verloren, es hat auch den Glauben immer stärker durch den links-grünen Zeitgeist ersetzt. Dabei wird die Anbiederung der christlichen Kirchen an den politischen Mainstream nicht einmal honoriert, sondern sie sorgt zusammen mit den demokratischen Mängeln im Inneren der Kirche und den Skandalen, auf die wir noch zu sprechen kommen werden, für eine ständig wachsende Kluft zwischen Gläubigen und Klerus oder sogar (wie in letzter Zeit) zu existenzgefährdenden Kirchenaustritten. Peter Hahne, bekannter Fernsehmoderator und Theologe, beschreibt die Situation so [25, S. 130 ff.]: „Wozu brauchen wir (noch) Kirche? Diese Frage stellen selbst gläubige Christen. Leute, die es leid sind, diese pandemische Zersetzung des Glaubens zu ertragen. Wie ein Virus zerfressen der Zweifel, der Drang nach politischen Allmachtsfantasien, vermeintliche Modernität und Mainstream die christliche Substanz. Selten hat eine Organisation so viel Selbstzerstörung geliefert." Und im selben Atemzuge wendet er sich gegen Pfarrer, die „mit der Attitüde allwissender Experten von Corona bis Klima, von Atomkraft bis Gender" auftreten. Wer denkt da nicht an die letzten EKD-Vorsitzenden, Bedford-Strohm, oder den Erzbischof von München und Freising, Kardinal Marx?

Die Verbiegung der evangelischen Kirche geht so weit, dass sie sich zwar auf dem Kirchentag vehement von Mitgliedern der AfD distanziert, aber andererseits eine Vertreterin der Klimaextremisten von der ‚Letzten Generation' auf eine ihrer Synoden eingeladen hatte, um sie dort mit stehendem Applaus zu feiern. Auf kritische Fragen der Presse versuchte sich danach Präses Latzel mit echten theologischen Sophistereien aus der Affäre zu ziehen: „Der Applaus auf der Synode galt einer Person, nicht einer Position".[1] Solche dialektischen Verdrehungen und Haarspaltereien konnte man bisher nur in Diskussionen mit Marxisten-Leninisten und Jesuiten erleben. Es erübrigt sich wohl festzustellen, dass sowohl die erwähnte ‚Klimaaktivistin' als auch die Öffentlichkeit den Applaus sehr wohl als ‚Solidarisierung' mit den Straftätern der extremistischen Klimabewegung verstanden haben. Das bestätigte auch expressis verbis der Pfarrer der St.-Thomas-Kirche in Berlin, der den Klimaextremisten die Kirche als Tagungsstätte zur Verfügung gestellt hatte, indem er „absolute Zieleinigkeit" mit der Letzten Generation konzedierte.[2] Die genannte Kirche in Neukölln bietet neben Hundesegnungen auch Aktionen für Schulkinder unter dem Titel „Scheiß-auf-Noten-Segen" an.[3] Da kann man getrost davon ausgehen, dass das nicht nur den Herrgott sondern auch die Kids erfreuen wird!

Den Gipfel der Anbiederung an den Zeitgeist (so dachte ich zumindest) erreichte die EKD mit der Abschlusspredigt auf dem Kirchentag 2023 in Nürnberg, als der woke Pfarrer neben anderen links-grünen Statements der jubelnden Menge blasphemisch verkündete: „Gott ist queer". Wie kann die evangelische Kirche ihren Glauben so zum Gespött machen, s. die Internet-Reaktionen.[4] Es müsste doch auch dem wokesten Pseudochristen auffallen, dass - wenn es überhaupt einen Gott gibt - dieser weder männlich noch weiblich oder gar queer, sondern ein für uns letztlich unbegreifliches Urprinzip ist, dem wir uns gedanklich nur annähern können s. [27, Kap. 9 und 10]. Aber auch diese Gotteslästerung lässt sich noch steigern, wie eine Kirchgemeinde in Nürnberg anlässlich des ‚Pride-Tages' demonstrierte. Sie hatte sich zur Demonstration ihrer Modernität entschlossen, in ihrem Gotteshaus Schwulenpornos mit Christusbezug auszustellen.[5] Da kann doch die Hauptstadt nicht zurückstehen und bietet Weihnachten 2023 im Evangelischen Kirchenkreis

---

[1] Das ist gewissermaßen eine Umkehr der ‚ad hominem'-Argumentation, d.h. man distanziert sich zwar halbherzig von der durch die betreffenden Person vertretenen Sache aber nicht von der Person selbst. Eine andere Version dieser Rabulisterei (Trennung von Personen und ihren Handlungen), werden wir in Kap. 14 beim Umgang mit den Vertretern der ‚Letzten Generation' und ihren privaten Flugreisen wiederfinden. – https://www.welt.de/regionales/nrw/article242380519/Letzte-Generation-Die-evangelische-Kirche-und-die-Klimaaktivisten.html, zuletzt aufgerufen am: 4.4.2024.

[2] https://www.rnd.de/politik/letzte-generation-und-die-kirche-ein-kompliziertes-verhaeltnis-YTEY7KLLBZAVJD4N2JLVESUYHI.html, zuletzt aufgerufen am: 29.4.2024.

[3] https://www.morgenpost.de/bezirke/neukoelln/article238907305/berlin-zeugnisse-in-neukoelln-gibts-eine-ungewoehnliche-aktion.html, zuletzt aufgerufen am: 29.4.2024.

[4] https://ansage.org/gott-ist-queer-woke-bekenntnisse-bei-sportpalast-stimmung/, zuletzt aufgerufen am: 29.4.2024.

[5] https://www.bild.de/regional/nuernberg/nuernberg-news/nuernberg-kirche-schliesst-ausstellung-mit-schwulen-pornos-84812618.bild.html, zuletzt aufgerufen am: 29.4.2024.

Stadtmitte den Gläubigen „ein queer-feministisches Krippenspiel".[6] Wen wundert es da, wenn Moslems zunehmend nur noch Verachtung für diese Religion und ihre Vertreter haben.

Kirchliche Institutionen sollten sich unbedingt wieder stärker auf ihre Kernaufgaben konzentrieren und nicht einfach jeder neuen politischen Strömung hinterher hecheln. Das bedeutet: Angebot einer tragenden Weltanschauung (die aber für alle Menschen akzeptierbar sein sollte), Begründung für Moral und Ethik, Seelsorge, Ritual, Sensibilisierung für die Bewahrung der Schöpfung usw. Aber schon der letzte Punkt zeigt die Ambiguität der Aufgabe: Es ist sehr wohl die Aufgabe der Kirche die Menschen zum Schutz der Natur und allen Lebens aufzurufen bzw. sich für den Klimaschutz einzusetzen, aber nicht zu entscheiden, ob für das angestrebte Ziel diese oder jene Technologie bzw. politische Maßnahme am besten geeignet ist. Hier droht die Kirche aktuell zum verlängerten Arm der Grünen zu werden. Auch ist die Kirche durch ihre Jahrhunderte währenden Verfehlungen und in jüngster Zeit durch die Missbrauchsskandale als moralische Instanz derart in Verruf geraten, dass es ausgesprochen fraglich ist, ob sie ihre ursprüngliche Rolle je wieder erlangen kann. Der Physik-Nobelpreisträger Weinberg hat sarkastisch aber treffend über Religionen festgestellt: „Mit oder ohne Religion würden gute Menschen Gutes tun und böse Menschen Böses. Aber damit gute Menschen Böses tun, bedarf es der Religion".[7] Man sollte den Satz erweitern und von Religionen auf Ideologien generell ausdehnen.

Vor allem den Amtsträgern der Kirchen (aber auch den Imamen in den Moscheen, s.u.) ist dringend eine größere Distanz zur Politik anzuraten. Das bedeutet nicht, dass sie als einzelne Staatsbürger nicht das Recht hätten, sich politisch zu äußern. Als Privatperson dürfen sie das wie jeder andere Bürger auch tun, aber eben nicht ex cathedra oder in einer kirchenamtlichen Funktion.[8] Allerdings ist umso größere Vorsicht geboten, je höher das kirchliche Amt angesiedelt ist, denn die Meinung eines Bischofs oder EKD-Vorsitzenden (ebenso wie die eines hochrangigen Politikers) wird nie allein als private Meinung vom Publikum aufgefasst, sondern immer mit seiner Funktion verknüpft werden. Abgesehen davon wird eine dezidierte oder gar (ver-)urteilende politische Äußerung eines kirchlichen Amtsträgers fast immer Mitglieder seiner Glaubensgemeinschaft verletzen, da sich letztere aus Vertretern der verschiedensten politischen Richtungen zusammensetzen dürfte.

---

[6] https://jungefreiheit.de/kultur/gesellschaft/2023/evangelische-kirche-queer-2/, zuletzt aufgerufen am: 23.12.2023.

[7] https://de.wikiquote.org/wiki/Steven_Weinberg, zuletzt aufgerufen am: 6.12.2023.

[8] Wenn sie die Bibel noch ernst nehmen würden, wüssten sie, dass ihr Herrgott nicht nur für die guten Links-Grünen, sondern auch für die armen Sünder von der AfD da ist.

Die Selbsterniedrigung der Kirche besteht nicht nur in der Verleugnung ihrer eigenen Glaubensinhalte und im Andienen an die vorherrschenden politischen Strömungen, sondern auch in einer selbstzerstörerischen Toleranz gegenüber ihren intoleranten Glaubensgegnern vor allem von Seiten des Islam. Letzterer bekennt sich ausdrücklich zu seiner Gegnerschaft gegenüber allen ‚Ungläubigen‘, s. u. Angesichts dessen sollte sich jedoch keine Religion und keine Weltanschauung, die beansprucht, einen eigenen wertzuschätzenden Standpunkt zu haben, zur Aufgabe ihrer eigenen Glaubensinhalte hinreißen lassen. Außerdem ist klar zu unterscheiden, zwischen einer Duldsamkeit gegenüber dem einzelnen Mitmenschen (im Sinne christlicher Nächstenliebe) und der Toleranz einer Gemeinschaft (eines Staates, einer Regierung), die an ihre sich selbst gegebenen Gesetze gebunden ist. Diese Toleranz darf nicht so geartet sein, dass sie „Schaden oder Gefahr für die Allgemeinheit oder gar eine partielle staatliche Selbstaufgabe in sich birgt".[9]

Die Selbstverleugnung der christlichen Kirchen kennt heute scheinbar keine Grenzen mehr. Sogar bei Schändungen ihrer Gotteshäuser zeigt sich die Amtskirche mut- und zahnlos, weshalb diese auch stetig zunehmen.[10] Als beispielsweise ein Afghane in Nordhausen die Kirche in seinem religiösen, antichristlichen Eifer ausgeräumt hatte, wurde ihm vom Pfarrer noch bescheinigt, dass er in keiner Weise aggressiv aufgetreten wäre (auch hätte er die entstandenen Schäden nicht absichtlich herbeigeführt).[11] Mehr christlicher Edelmut geht wirklich nicht, wie wir schon an anderer Stelle konstatiert hatten. Der Fall von Nordhausen und viele andere ähnliche Kirchenschändungen sind dagegen in der Öffentlichkeit kaum wahrgenommen worden; sie finden bestenfalls noch in der Lokalpresse einen schwachen Widerhall.[12] Neuerdings gibt es sogar Anschläge auf Kirchen und Priester während der Messe, was aber nicht einmal in kirchlichen Kreisen hörbare Proteste auslöst!

Die Situation der Kirchen in Deutschland ist ziemlich desolat, was sich schon darin zeigt, dass sie schon längst keine Volkskirchen mehr sind. Eine moderne Gesellschaft braucht keine Kirche, die nichts anderes als eine weitere NGO darstellt, und deren Kirchentage sich anfühlen wie ein Parteitag der Grünen. Dass dieser Trend besteht, erkennt man an der kirchlichen Politisierung in Richtung Mainstream: Da chartert die EKD ein Rettungsschiff für Flüchtlin-

---

[9] https://www.gemeindenetzwerk.de/?p=13688, zuletzt aufgerufen am: 4.4.2024.

[10] https://web.de/magazine/panorama/anschlaege-christliche-kirchen-europa-34913070, zuletzt aufgerufen am: 29.4.2024.

[11] https://www.tag24.de/thema/religion/weil-er-die-religion-fuer-falsch-haelt-muslim-raeumt-kirche-aus-und-beschaedigt-einrichtung-2186159, zuletzt aufgerufen am: 4.4.2024.

[12] https://www.lvz.de/lokales/leipzig/anschlaege-auf-leipziger-kirchen-welche-antworten-haben-kirchenvertreter-und-polizei-B7GHIYDBLB3RHNDOSV34GEDKXQ.html, zuletzt aufgerufen am: 4.4.2024.

ge und unterläuft damit die Grenzsicherung der Mittelmeer-Anrainerstaaten. Aber nicht genug damit, der Kapitän bzw. die Kapitänin hissen auch noch die Antifa-Flagge. Oder in einem anderen Zusammenhang wird gegendert, was das Zeug hält (s.u.)

Ein besonders trauriges Kapitel sind die inzwischen aufgedeckten Missbrauchsskandale und deren mehr oder weniger intensiv betriebene Vertuschung durch den Klerus. Obwohl es sexuelle Übergriffe auch in Schulen und Sporteinrichtungen gibt, sind die in der kirchlichen Einrichtungen wegen deren ostentativ gezeigten Moralanspruchs besonders gravierend. Allein in der katholischen Kirche rechnet man in Deutschland mit Zehntausenden Fällen, wobei die Dunkelziffer erheblich sein dürfte.[13] – Welchen Grad auch die Korruption in den Kirchen erreicht hat, zeigt die klammheimliche Bezahlung von Spielschulden eines Pfarrers in beträchtlicher Höhe aus der Kirchenkasse des Bistums Köln (unter Kardinal Woelki). Noch schlimmer hat es der ehemalige Bischof von Limburg, Tebartz-van Elst, mit seinem überbordenden Luxus getrieben. Diese Entgleisungen stehen im scharfen Gegensatz zum christlichen Armutsideal, welches u.a. im Gelübde katholischer Orden (einem Bestandteil des sogenannten ‚Profess‘) seinen Niederschlag findet.

Auch sind die totalitären Züge der katholischen Kirche, die sie in der Vergangenheit sogar in Teilen in die Nähe des Faschismus gebracht hat, nicht zu übersehen.[14] Katholische Klerikale und Würdenträger (u.a. der Vertraute von Papst Pius XII, Bischof Hudal) waren sogar daran beteiligt, Naziverbrecher nach dem Krieg über die sogenannten ‚Rattenlinien‘ ihrer verdienten Strafe zu entziehen und ihnen die Flucht nach Südamerika zu ermöglichen. Allerdings sollten wir über diesen dunklen Seiten der katholischen Kirche den tapferen Widerstand nicht vergessen, den katholische Geistliche (wie der Bischof von Münster, Galen) gegen das Euthanasieprogramm der Nazis geleistet haben, oder die Tatsache, dass zum Kreisauer Kreis der Nazigegner auch katholische Ordensleute gehörten (Alfred Delp, Augustin Rösch). In der evangelischen Glaubensgemeinde legten die sogenannten „Deutschen Christen" von 1933-1945 mit ihrem Reichsbischof Müller ein Zeugnis ihrer Nähe zur faschistischen Diktatur ab, während die ‚Bekennende Kirche‘ (Mitglieder waren u.a. die Pastoren Bonhoeffer und Niemöller) sogar ein wichtiger Bestandteil des deutschen Widerstands gegen die Hitlerdiktatur war.

---

[13] https://de.wikipedia.org/wiki/Sexueller_Missbrauch_in_der_r%C3%B6misch-katholischen_Kirche_in_Deutschland, zuletzt aufgerufen am: 29.4.2024.

[14] Bezeichnenderweise ist es Anhängern des Marxismus am leichtesten gefallen zum Katholizismus zu konvertieren, und auch für die umgekehrte Richtung gibt es Belege.

Ein weiteres Beispiel für das Auseinanderklaffen von christlichem Ethos und Glaubensalltag liefert die Rolle der Frauen in der katholischen Kirche.[15] Die Ungleichbehandlung von Frauen in der katholischen Kirche (u.a. Ausschluss vom Priesteramt) kontrastiert in eklatanter Weise mit christlichen Glaubensprinzipien wie: „Vor Gott sind alle Menschen gleich". Diese Schieflage dürfte ihre Wurzel bereits im berühmten Diktum von Paulus haben: „Mulier taceat in ecclesia" (d.h. Frauen haben in der Gemeinde bzw. Kirche zu schweigen), 1. Kor. 14,34. - Selbst Jesus hat nur Männer als Jünger berufen, und Frauen (wie z.B. Maria Magdalena), mit denen er sich umgab, hatten bestenfalls eine dienende Stellung inne, was die feministische Theologie immer wieder zu kaschieren versucht. Auch die Mutter Jesu wird auf der Hochzeit zu Kana von ihm recht brüsk behandelt als er zu ihr sagt: „Was habe ich mit Dir zu schaffen Frau?", Joh. 2,4. Kennzeichnend für die Unzufriedenheit der katholischen Frauen mit ihrer Ungleichbehandlung ist die Gründung der Bewegung ‚Maria 2.0‘, deren entsprechende Appelle an den Papst in dieser Angelegenheit aber bisher noch keine Resonanz gefunden haben.

Gegenüber dieser Situation hilft es auch nicht, die Ungleichbehandlung von Frauen in verquerer Weise durch Gendern oder mit Vulvamalen auf (evangelischen) Kirchentagen als Gender-progressives Event zu kompensieren.[16] Besonders hervorgetan hat sich das Bistum Hildesheim mit seiner „Handreichung für geschlechtersensible Sprache".[17] Ob man allerdings die Kirche und deren geistig-moralischen Verfall durch Sprachakrobatik der dort vorgeschlagenen Art retten kann, ist zweifelhaft.[18] Interessant ist auch der apodiktische Stil der Hohepriester:Innen des Genderns in der Kirche, wie der O-Ton der katholischen Pastoraltheologin Leimgruber zeigt. Sie behauptet einfach, dass es „erwiesen" sei, dass dort wo ausschließlich Männer angesprochen werden, auch ausschließlich an Männer gedacht wird, was so nicht stimmt.[19] Dass die Kirche dem Zeitgeist hinterherhechelt, zeigt sie immer wieder, so z.B. auf ihren Kirchentagen bzw. Synoden oder wenn sie - wie beschrieben - Vertreterinnen

---

[15] Wobei aber auch in der evangelischen Kirche in Sachen Gleichstellung von Frauen noch ‚Luft nach oben‘ besteht.

[16] https://www.welt.de/vermischtes/article195597945/Evangelischer-Kirchentag-erntet-Spott-fuer-Workshop-Vulven-malen.html, zuletzt aufgerufen am: 29.4.2024.

[17] https://www.bistum-hildesheim.de/fileadmin/dateien/Unterbereiche/Gleichstellung/gendern/handreichung-geschlechtersensible-sprache_2021.pdf, zuletzt aufgerufen am: 29.4.2024.

[18] So möchte die genannte Handreichung etwa sinnentstellend „Rednerpult" durch „Redepult" und „der Leiter" durch „die Leitenden" ersetzen. Es werden sogar völlig neue Wörter, wie „Vorständin" und „Obfrau" vorgeschlagen. Pikanterweise merkt man schon, welche Unsinnslawine da losgetreten wird, denn es wird ausdrücklich davor gewarnt, dass eine Substitution von „die Mitgliederinnen" für „das Mitglied" evtl. doch etwas überzogen sei.

[19] https://www.katholisch.de/artikel/31632-pastoraltheologin-an-gendergerechter-sprache-kommt-niemand-vorbei, zuletzt aufgerufen am: 29.4.2024.

der ‚Letzten Generation‘, s. Kap. 14 den roten Teppich ausrollt. Auch auf dem Gebiet der zig Identitäten will die Kirche dem Mainstream ihre Referenz erweisen, wie die Tagung der evangelischen Akademie in Tutzing im Frühjahr 2022 zeigte.[20] Dort wurde dem Genderwahn mit solch erhellenden Themen gehuldigt wie: „G*tt- m/w/d Feministisch theologische Blicke auf G*tt und Geschlecht“ (Prof. Dr. Renate Jost), „Unser Geschlecht - unser Menschenrecht“ (Tessa Ganserer MdL).[21] oder „Die Auflösung des binären Denkens aus der Auflösung des Frau/Mann-Gegensatzes“ (Prof. Dr. Klaus Theweleit). Beim Anbiedern der Religionsvertreter an den links-grünen Klimawahn schreckt die Evangelische Landeskirche Bayern nicht einmal vor einer Blasphemie zurück, indem sie Greta Thunberg in einer Netzwerk-Osterbotschaft mit Jesus und die Deutsche Polizei mit dessen Häschern vergleicht.[22]

Doppelmoral und Pharisäertum sind kennzeichnend für die christlichen Kirchen und vor allem für einen großen Teil ihrer Amtsträger, obwohl doch Jesus seine Verachtung gegenüber diesen Sünden klar zum Ausdruck gebracht hat. Das wird besonders eindrucksvoll im Gleichnis vom Pharisäer und dem Zöllner (Lk 18,9-14) beschrieben. Dort äußert sich der Selbstgerechte im Brustton der Überzeugung: „Herr ich danke Dir, dass ich nicht so bin wie jene!“ Trotzdem war diese Haltung unter Klerikalen schon immer präsent und lebt heute wieder neu auf. Ein typisches Beispiel lieferte der ehemalige EKD-Ratsvorsitzende Bedford-Strohm, der volles Verständnis für den Ausschluss von AfD-Mitgliedern bei Auftritten auf dem Kirchentag zeigte. Damit brüskiert dieser christliche Bischof nicht nur die Mitglieder einer im Bundestag vertretenen Partei und deren umfangreiche Anhängerschaft, von denen nicht wenige Christen sein dürften. Nein, letztere sind auch noch gezwungen, sich mit ihren Steuergeldern an der Finanzierung seines nicht gerade bescheidenen Salairs zu beteiligen. Unabhängig davon scheint er in seiner Selbstüberhebung auch vergessen zu haben, dass sich Jesus nicht gescheut hat, sogar mit Zöllnern und Prostituierten Umgang zu pflegen (selbst am Kreuz sprach er noch mit Verbrechern).[23] Das katholische Pendant zu Bedford-Strohm bezüglich Pharisäertum ist Kardinal Marx, der nicht nur erheblichen Anteil an der Vertuschung der Missbrauchsskandale in seiner Kirche hat, sondern zusammen mit seinem evangelischen Zwilling die christliche Selbstverleugnung auf die Spitze trieb,

---

[20] https://www.ev-akademie-tutzing.de/veranstaltung/geschlecht-eine-persoenliche-politische-geschichte/, zuletzt aufgerufen am: 29.4.2024.

[21] Zur Erinnerung: Tessa Ganserer war 2001 als ehemaliger Mann über die Frauenquote in den Bundestag gelangt, s. Kap. 9.

[22] https://www.tichyseinblick.de/daili-es-sentials/evangelische-kirche-greta-thunberg-jesus/, zuletzt aufgerufen am: 29.4.2024.

[23] Ein solcher ‚christlicher‘ Bischof würde nicht einmal einem Glaubensgenossen, der dieser ‚Schwefelpartei‘ angehört, die Hand reichen.

als sie beide beim Besuch des Tempelbergs in Jerusalem das Bischofskreuz ablegten. Kritikern dieses Kniefalls haben sie sogar noch vorgeworfen, einen „anti-islamischen Kulturkampf" zu inszenieren.[24]

Überhaupt ist die Kirche (sowohl die katholische als auch die evangelische) unter ihren Vorsitzenden der letzten Jahre der links-grünen Ideologie und einer selbstzerstörerischen Toleranz gegenüber dem Islam erlegen. Auch die Neue EKD-Ratsvorsitzende ist nicht besser ist als ihr Vorgänger; sie empfindet den Islam sogar als Bereicherung für Deutschland, obwohl dieser doch nach seiner im Koran verankerten Glaubensdoktrin bekanntlich den ‚Ungläubigen', also auch den Christen, das Höllenfeuer und Allahs Fluch zugedacht hat (Suren 64,10 bzw. 2,89) [13]. Das sind die Stellen des Korans, auf die sich Islamisten auch in Deutschland stützen. Fairerweise muss man feststellen, dass im Heiligen Buch der Moslems auch zu Toleranz gegenüber Andersgläubigen aufgerufen wird (das betrifft insbesondere die ‚Schriftbesitzer', also Christen und Juden): „Und schmäht nicht diejenigen, die sie [andere Götter] statt Allah anrufen" (Koran Sure 6,108). Leider wird dieser Satz nur von wenigen Moslems befolgt, ganz abgesehen davon, dass derselbe Koran zum Dschihad gegen Ungläubige aufruft, wie z.B. in Sure 9,5 (zumindest verstehen das alle islamistischen Gruppierungen so, die dieses Wort im Namen tragen, wie der ‚Islamische Dschihad' mit Sitz in Syrien).

Es wird den christlichen Kirchen nach dem oben Gesagten und nach einem Ausspruch von Sloterdijk auch nicht helfen, die Toleranz gegenüber dem Islam bis zur Selbstaufgabe zu treiben (analoges trifft auf die gesamte Gesellschaft zu, s. Kap. 8). Hier muss eine sachliche und faire Auseinandersetzung zwischen diesen unterschiedlichen Religionen, aber auch eine innere Beschäftigung derselben mit ihren eigenen Defiziten stattfinden. Nur so kann der derzeit stattfindende Kulturkampf zu einem guten Ende geführt werden, was uns in Kap. 17 noch einmal beschäftigen wird. Darüber hinaus wäre es Aufgabe aller Religionen und übrigens auch von Nicht-Gläubigen nach Wegen hin zu einer Weltanschauung zu suchen, die nicht im Widerspruch zu den Wissenschaften steht und die gleichzeitig die spirituellen Bedürfnisse der Menschen befriedigt. – In einem falsch verstandenen Humanismus mahnen führende Repräsentanten der katholischen Kirche wie der Kölner Kardinal Woelki sogar die Menschenrechte für IS-Terroristen an und sehen im Islam einen großen Zugewinn für unsere Gesellschaft,[25] Offensichtlich ist es ihnen egal, dass nicht ein einziges islamisches Land existiert, in dem das Christentum volle Gleich-

---

[24] https://www.br.de/nachrichten/bayern/faktenfuchs-verleugnen-deutsche-bischoefe-ihre-religion,QsJtHdZ, zuletzt aufgerufen am: 29.4.2024.
[25] https://www.katholisch.de/artikel/7255-menschenwuerde-gilt-auch-fuer-is-terroristen, zuletzt aufgerufen am: 4.4.2024.

berechtigung genießt und als große Bereicherung begrüßt wird. Dafür gibt es umso mehr muslimisch geprägte Länder, in denen Christen diskriminiert oder gar verfolgt werden.

Die Haltung der Kirche zur Migration ist fast deckungsgleich mit derjenigen der links-grünen Politik: „Jeder ist willkommen". Die grüne Halbtheologin und Vizepräsidentin des Bundestags Göring-Eckardt verstieg sich sogar zu der Behauptung, dass die Einwanderung eine einzige Erfolgsgeschichte sei. Ja, die zu uns kommenden gut ausgebildeten Migranten - sie spricht von ‚EinwanderInnen' und „Einwanderern" - würden unseren Mangel an Fachkräften beheben. Schließlich soll sie auch noch den an Pegida und die Dresdner gerichteten Vorwurf geäußert haben, dass die Migranten die Rente derjenigen bezahlen, die gegen die Migrationspolitik auf die Straße gehen.[26] Wie kann man nur so blind gegenüber den Tatsachen sein? Bisher haben höchstens ein Viertel der zu uns kommenden Migranten einen Job, ganz zu schweigen davon, dass Göring-Eckardt dabei die Augen völlig vor der allgegenwärtigen von ‚Schutzsuchenden' ausgehenden Gewalt verschließt, s. Kap. 8, was sie in ihrem Credo bekräftigt: „Deutschland wird bunter werden, und ich freu mich drauf".[27]

Auch in dieser Hinsicht beobachtet man in den Kirchen an allen Ecken und Enden eine deutliche Realitätsverweigerung. Nicht einmal zu einem Aufschrei der Empörung können sie sich bei Überfällen auf ihre Pfarrer und Gotteshäuser durchringen. Stattdessen erfinden sie absurde Rechtfertigungen für die derzeit stattfindende unkontrollierte Aufnahme von Migranten, nach dem Motto: Wir verdanken unsere Religion seit dem Exodus quasi dem Asylrecht und der Migration. Diese These wird z.B. von der Wiener Theologin Polak vertreten, deren Buch über Religion, Flucht und Migration [66] mit den Worten beworben wird „Migration und Flucht gehören zum Kern des christlichen Glaubens und können für Europa zum Weg in die Freiheit werden."[28] Wie eine vor allem muslimische Einwanderung in Europa den Christen den Weg in die Freiheit ebnet, erschließt sich wahrscheinlich nur der Autorin. Ganz abgesehen davon, müsste ihr als Theologin, die den Bogen ausdrücklich historisch bis zum Exodus spannt, doch klar sein, welche Folgen die israelitische Migration ins gelobte Land, die sogenannte ‚Landnahme', für die ortsansässigen Einwohner hatte (vor allem für die Kanaaniter und später in der Königszeit für die Philister). Für die Kanaaniter bedeutete das nach dem Buch Josua die Vernichtung und Vertreibung aus ihrer Heimat (nach heutigem Verständnis würde man das, was ihnen widerfuhr, als ‚Genozid' bezeichnen), s. z.B. Jos. 6, 6-21.

---

[26] https://www.youtube.com/watch?v=7groedlBbR4, zuletzt aufgerufen am: 2.2.2023.
[27] https://www.youtube.com/watch?v=GAxYkem20HY, zuletzt aufgerufen am: 30.4.2024.
[28] https://www.amazon.de/Migration-Flucht-Religion-Praktisch-theologische-Grundlagen/dp/3786730881, zuletzt aufgerufen am: 4.4.2024.

Auch innenpolitisch erlauben sich die christlichen Gutmenschen eine Missachtung des Deutschen Rechts, indem sie das sogenannte ‚Kirchenasyl‘ quasi als *Rechtsanspruch* einfordern. In Wirklichkeit handelt es sich aber um einen *Rechtsbruch*, sobald Institutionen, ganz gleich welcher Art, für sich in Anspruch nehmen, sich über Gerichtsentscheide oder geltendes Recht hinwegsetzen zu dürfen. Wenn eine Religionsgemeinschaft ihre Rechts- und Werteauffassungen über die Gesetze des Landes stellen darf, dann hat der Rechtsstaat ausgedient. Denn mit gleicher Berechtigung könnte dann auch die muslimische Glaubensgemeinschaft die Scharia über das deutsche Gesetz stellen (was sie ja schon weitgehend tut). Die kirchliche Unterstützung der illegalen Migration unter dem Deckmantel der Humanität untergräbt aber nicht nur die Rechtsordnung (s. Kap. 12), sondern verschärft auch noch das Asylproblem, wie man an den wachsenden Protesten in den Kommunen gegen die sich immer weiter fortsetzende ungebremste Einwanderung (vor allem aus muslimischen Ländern) sieht.

Die von Auslandsbischöfin Bosse-Huber der evangelischen Kirche erhobene Forderung nach Aufnahme von mehr Flüchtlingen ist im Angesicht der gescheiterten Asylpolitik des Staates schon gesellschaftsschädigend, zumal sie als Begründung einen völlig unangebrachten Vergleich mit Jordanien anführt. Danach müsste Deutschland gemessen am Verhältnis der Einwohnerzahl zu diesem Land und den dort aufgenommenen Palästinenserflüchtlingen knapp 10 Mio. Flüchtlinge aufnehmen.[29] Welch eine unsachliche Argumentation: Zum einen sind dort Moslems zu ihren Glaubensbrüdern geflüchtet (was eigentlich erleichternd bei der Integration wirken müsste) und zum anderen (das scheint aber der Bischöfin entgangen zu sein) haben die großzügig aufgenommenen Palästinenser den jordanischen Staat durch Aufstände fast zum Kollaps gebracht, sodass zu dessen Abwehr im jordanischen Bürgerkrieg sogar Militär eingesetzt werden musste.[30]

Auch bezüglich der Sicherheitsfrage in Deutschland kennt die christliche Naivität und vorgebliche Güte keine Grenzen, wenn sogar gegenüber IS-Anhängern die Menschenrechte eingefordert werden. Die deutschen Opfer sind vielen Christen, wie z.B. dem erwähnten und äußerst umstrittenen katholischen Bischof Woelki, scheinbar völlig egal. Letzterer verstieg sich nach dem oben zitierten Artikel angesichts der wöchentlich zu beklagenden Opfer von migrantischen Messerstechern, Vergewaltigern usw. sogar zu der Behauptung: Niemand müsse „Angst vor denen haben, die zu uns kommen, um in

---

[29] https://www.ksta.de/kultur-medien/ard-hart-aber-fair-mit-frank-plasberg-diskutiert-fluechtlingslager-moria-220876?cb=1675528740746, zuletzt aufgerufen am: 29.4.2024.

[30] https://de.wikipedia.org/wiki/Jordanischer_B%C3%BCrgerkrieg, zuletzt aufgerufen am: 29.4.2024.

Sicherheit zu leben". Ob diese Kirchenvertreter, die meist (nicht immer) in ihren Limousinen der gehobenen Preisklasse durch die Lande fahren,[31] überhaupt mitbekommen, was täglich in Deutschlands Zügen und in den Städten bzw. Dörfern an migrantischen Straftaten passiert, s. Kap. 8?

Viele Repräsentanten der christlichen Kirchen (Marx, Bedford-Strohm, Kurschus, in Teilen auch Käßmann u.a.) gefallen sich in der moralisierenden Politikerrolle und zeichnen sich durch ihre permanente, unqualifizierte Einmischung in das politische Tagesgeschehen aus (Bedford-Strohm ist sogar Mitglied der SPD[32]). Sie alle sind Vertreter einer Gesinnungsethik und nicht einer Verantwortungsethik,[33] was sich vor allem in der Migrationsfrage zeigt. Dabei lassen sie sich in ihren Handlungen eher von ihren eigenen selbstgerechten sittlichen Überzeugungen leiten als von einer rationalen Analyse der zu erwartenden Folgen dieser Handlungen (geschweige denn, dass sie selbst eine Verantwortung für dieselben übernehmen würden). Das offenbart sich deutlich im Engagement der evangelischen Kirche in der ‚Seenotrettung' bzw. der Unterstützung der in diesem Geschäft tätigen NGOs. Dort stört sie nicht einmal eine geistige und materielle Verbindung zur Antifa, wie man an der halbherzigen Distanzierung der kirchlichen Führer vom Hissen der Antifa-Flagge auf ihrem Rettungsschiff See-Watch-IV erkennt.[34] Das Bekenntnis der NGO ‚Sea-Watch' auf eine Anfrage von Tichy fällt sogar noch zynischer aus: „Aufgrund der Stimmungsmache von AfD und anderen Rechten gegen eine Flagge der Antifaschistischen Aktion an unserem Bug haben wir uns entschieden, diese zu entfernen. Sie hängt jetzt etwas sichtbarer weiter oben. Gern geschehen".[35]

Trotz des ursprünglichen Diktums von Karl Marx, „Religion ist Opium für das Volk" das insbesondere von den Linken vertreten wurde, hat sich also für alle sichtbar eine unheilige Allianz der Kirchen mit der herrschenden, stark atheistisch geprägten links-grünen Mainstream-Politik herausgebildet. Das kann man u.a. daran erkennen, dass einerseits die erwähnte Aktion mit der Antifa-Flagge auf einem EKD-Schiff wärmsten Beifall von Linksaußen findet und dass andererseits die evangelische Kirche zu den Sponsoren der von Links-Grün gefeierten Sea-Watch gehört.

---

[31] https://www.katholisch.de/artikel/11694-woelki-faehrt-gern-schnell-auto, zuletzt aufgerufen am: 29.4.2024.
[32] Seine Mitgliedschaft ließ er zwar zwischenzeitlich als Bischof ruhen, gebärdete sich jedoch linker als mancher seiner Genossen.
[33] Ein wichtiger Unterschied, der von Max Weber herausgearbeitet wurde. – https://de.wikipedia.org/wiki/Verantwortungsethik, zuletzt aufgerufen am: 29.1.2024.
[34] https://www.ekd.de/faqs-zur-seenotrettung-49588.htm, zuletzt aufgerufen am: 29.4.2024.
[35] https://www.tichyseinblick.de/daili-es-sentials/sea-watch-4-hisst-antifa-flagge/, zuletzt aufgerufen am: 29.4.2024.

Eine bemerkenswerte Schwäche der christlichen Kirchen besteht in ihrer Wehrlosigkeit und Kritikunfähigkeit gegenüber dem politischen Islam. Weder die massive Unterdrückung von Christen in islamischen Ländern (z.B. im Iran oder in arabischen Ländern) noch die islamistischen Attentate in Europa lösen wirksame Proteste aus. Von einer kritischen Auseinandersetzung mit dem Islam kann schon gar keine Rede sein, worauf wir gleich noch zurückkommen werden. Das Einknicken und Anbiedern bei anderen Religionen[36] fand nicht nur seinen symbolischen Ausdruck beim Besuch des Felsendomes durch die höchsten Kirchenvertreter beider christlicher Konfessionen, sondern auch im Verzicht auf christliche Traditionen und das Ablegen von Speisegewohnheiten in öffentlichen Einrichtungen.[37] So wird von muslimischen Migrantenkindern erwartet, dass ihnen beim Schulessen kein Schweinefleisch serviert wird.[38] Kann sich irgendjemand ein islamisch geprägtes Land vorstellen, das sich nach den Essgewohnheiten christlicher Immigranten richten würde?

Die Kirchen gehen sogar so weit, dass sie in den Chor derjenigen einstimmen, die Islamkritik mit Rassismus, Ausländerfeindlichkeit, Islamophobie o.ä. in Verbindung bringen. Der Dresdner Polit-Theologe Frank Richter (SPD) verstieg sich sogar dazu, zu behaupten, dass „fehlende Religiosität zu Rechtsextremismus führt".[39] Wenn man diesen Gedanken konsequent weiter verfolgt, liegt doch die Vermutung nahe, dass heutiges Religionsverständnis zum Linksextremismus führt (was nach dem oben Gesagten durchaus nicht abwegig zu sein scheint). Auch in anderen Bereichen will die Kirche unbedingt der PolC dienen, die von Gendern und Rassismus-Bekämpfung geprägt ist. Um nicht selbst bei den Wächtern dieser Strömung in den Verdacht des Rassismus zu kommen, werden sogar Forderungen nach mehr Farbigen in der Kirche laut, ganz gleich, ob es dafür überhaupt die entsprechenden Voraussetzungen gibt. Die evangelische Theologin Vecera hofft damit und durch Einführung einer Quote für ‚People of Color' den eklatanten Mitgliederschwund in den Kirchen kompensieren zu können.[40]

Ganz abgesehen davon, dass die meisten ‚People of Color', die zu uns kommen, dem Islam anhängen dürften, wäre es besser, Glaubensinhalte, Gottes-

---

[36] https://www.spiegel.de/politik/deutschland/christentum-und-islam-die-unterwerfung-kolumne-a-1120073.html, zuletzt aufgerufen am: 4.4.2024.

[37] https://www.welt.de/politik/deutschland/article175608680/Integration-CSU-warnt-vor-Selbstverleugnung-christlich-abendlaendischer-Wurzeln.html, zuletzt aufgerufen am: 29.4.2024.

[38] https://www.magazin-schule.de/magazin/migration-und-religion-wenn-glaube-bildung-ersetzt/, zuletzt aufgerufen am: 29.4.2024.

[39] https://www.katholisch.de/artikel/8052-fehlende-religiositaet-fuehrt-zu-rechtsextremismus, zuletzt aufgerufen am: 29.4.2024.

[40] https://www.welt.de/vermischtes/article231327671/Kirche-Theologin-Sarah-Vecera-fuer-eine-Quote-fuer-People-of-Color.html, zuletzt aufgerufen am: 29.4.2024.

dienste und Gemeindeleben so weiter zu entwickeln, dass sie für alle Mitglieder der Kirche, ob farbig oder nicht, ob männlich oder weiblich, in gleicher Weise attraktiv sind (und was insbesondere die katholische Kirche anbelangt, allen die gleiche Teilhabe - auch an den Ämtern - ermöglicht). Gegenüber diesen Grundproblemen sind alle anderen PolC-gerechten Modernisierungen Nichtigkeiten, insbesondere das bereits angesprochene Gendern in der Kirche.

Die Beliebigkeit der christlichen Religion treibt die Gläubigen in Scharen zum Austritt aus der Kirche mit der Begründung: „Ich verlasse die politische Organisation EKD, nicht meinen Glauben an Jesus Christus".[41] Wieder andere glauben nach dem Hören der Predigt nicht etwa die „Frohe Botschaft", sondern die „Drohungen eines Gender- und Flüchtlingsbeauftragten" gehört zu haben. Dabei werde die Bergpredigt politisch so ausgelegt, „als müsse der Heilige Martin nicht seinen halben, sondern den ganzen Mantel abgeben und das Pferd gleich mit - und zwar nicht an Bedürftige, sondern an Freibeuter". Der woke Berliner Erzbischof verkündet sogar, dass ihn die Freitagsdemos „an die biblische Szene vom Einzug Jesu in Jerusalem" erinnern usw. (alle Zitate stammen von der soeben zitierten Webseite).

Im Grunde genommen wäre eine alle Religionen übergreifende ökumenische Bewegung nur zu begrüßen, wenn wenigstens der Versuch gemacht würde, ein gemeinsames Gottesverständnis und ein gemeinsames theologisches Fundament zu errichten. Aber davon sind selbst die christlichen Kirchen weit entfernt, vom Islam kann man sich einen solchen Aufbruch zum gegenwärtigen Zeitpunkt überhaupt nicht vorstellen. Auch bei der oft propagierten Ökumene handelt es sich weitgehend um eine symbolische Aktion ohne Substanz, können sich doch nicht einmal die evangelische und die katholische Kirche auf ein gemeinsames Abendmahl einigen. Und eine Verständigung mit der orthodoxen Ostkirche scheitert schon an der von den Katholiken beanspruchten Führungsrolle des Papstes. Wie wollen diese zerstrittenen Christen eigentlich gegenüber dem aggressiv auftretenden Islam bestehen?

Eine große Errungenschaft moderner westlicher Demokratien besteht in der weitgehenden Trennung von Kirche und Staat. Dieses weltanschaulich und politisch äußerst bedeutsame Prinzip des ‚Laizismus' hat in Deutschland Verfassungsrang (Art 140, GG), wird aber weder von den christlichen Kirchen noch von den der Scharia in Deutschland anhängenden Moslems ausreichend respektiert (und was das anbetrifft, von unseren Politikern auch nicht). Zwar ist die Situation in dieser Hinsicht nicht so dramatisch wie in islamischen Ländern (etwa Pakistan, Iran, Saudi-Arabien u.a.), wo das Prinzip überhaupt nicht gewährleistet ist. Auch in Deutschland wird der Laizismus immer wieder durch

---

[41] https://www.obrist-impulse.net/kirche-der-beliebigkeit/, zuletzt aufgerufen am: 29.4.2024.

die Verflechtung von Kirchen mit NGOs sowie durch die verschiedenen Konkordate durchbrochen.[42] Durch diese Verträge zwischen Kirchen bzw. Religionsgemeinschaften und dem Staat wird das wechselseitige Verhältnis juristisch sowohl grundsätzlich als auch in Details, wie der finanziellen Subventionierung der Kirchen geregelt. Der zuletzt genannte Aspekt dient übrigens auch der teils fürstlichen Bezahlung christlicher Amtsträger, die je nach Rang und Besoldungsordnung des Landes durchaus in der Größenordnung von 10.000 bis 13.000 Euro pro Monat liegen können.[43] Dass damit letztlich vom Steuerzahler ein sattes Leben und sogar Luxus für kirchliche Würdenträger ermöglicht wird, zeigt das Beispiel des Limburger Bischofs Tebartz-van Elst.[44] Hier trifft der Spruch von Heinrich Heine zu: „Sie predigen öffentlich Wasser und trinken heimlich Wein".

Die Bezahlung deutscher Bischöfe mit Steuermitteln, die dringend für Schulen und Kindergärten benötigt und damit allen zugute kommen würden, ist für viele Bürger ein persönliches Ärgernis, da sie gezwungen werden, Bischöfe wie Bedford-Strohm (s.o.) bzw. seine Nachfolgerin Kurschus oder Kardinal Marx mit ihren Steuergeldern zu alimentieren. Aber das sind genau diejenigen, die sich mit unglaublicher Arroganz in die Politik einmischen und eben diese Bürger (auch Nichtchristen und Muslime) mit ihren links-grünen Moralpredigten belästigen und teilweise sogar diffamieren, selbst wenn diese (ihre Geldgeber) eine völlig konträre politische Meinung haben. – Wen wundern da die Konsequenzen: Starker Anstieg der Kirchenaustritte und weiterer Verlust der ehemals vorhandenen moralischen Autorität der Kirche. Manche sprechen wegen der immer stärkeren Politisierung der Kirchen und der Vernachlässigung ihrer Kernaufgaben von einer schleichenden „Entchristlichung des Abendlandes".

Wenn wir von den Christlichen Kirchen feststellen mussten, dass sie dem Zeitgeist verfallen sind und ihm hofieren, kann man vom **Islam** mit Fug und Recht das Gegenteil behaupten: Er ist dogmatisch in seinen durch den Koran vor ca. 1500 Jahren festgeschriebenen Grundsätzen erstarrt und hat weder eine Reformation noch die Zeit der Aufklärung erlebt.[45] Der Islam ist keine Religion wie jede andere, denn er unterscheidet sich von den letzteren auch heute

---

[42] https://www.dbk.de/themen/kirche-staat-und-recht/konkordate-und-kirchenvertraege, zuletzt aufgerufen am: 29.4.2024.

[43] https://www.steuerklassen.com/gehalt/bischof/, zuletzt aufgerufen am: 4.4.2024.

[44] https://www.deutschlandfunk.de/tebartz-van-elst-protzbischof-bischof-limburg-100.html, zuletzt aufgerufen am: 4.4.2024.

[45] Der Glaubenskanon der Moslems ist die einzige bekannte religiöse Schrift, die sich die Inerranz gleich selbst bescheinigt, Sure 3,70-71, Sure 43,3-4, wobei die Gläubigen gestützt auf Sure 85,2 annehmen, dass die Urschrift „auf einer wohlbehüteten Tafel" bei Allah selbst aufbewahrt wird.

noch durch seinen universellen Gültigkeitsanspruch, durch seine grundsätzliche Ablehnung anderer Religionen (mit gewissen Einschränkungen für die sogenannten Buchreligionen, Christentum und Judentum) und vor allem durch die enge Verbindung zwischen Staatsgedanken und Religion, d.h. zwischen Politik und Glaubensdingen.

Der Laizismus als Errungenschaft der Moderne war im Islam mit Ausnahme der Türkei noch nie stark ausgeprägt (und in den meisten islamischen Staaten sogar ausdrücklich verpönt).[46] Deshalb ist unter Moslems der Glaube an einen Obrigkeitsstaat besonders verbreitet, was sich z.B. im Streit um die Mohammed-Karikaturen gezeigt hat.[47] Diese lösten nicht nur in Dänemark selbst Ausschreitungen empörter Moslems aus, sondern führten weltweit zu Konflikten zwischen islamischen Staaten und Dänemark. D.h. man ist von islamischer Seite davon ausgegangen, dass die Regierung eines demokratischen Staates, die der Meinungsfreiheit verpflichtet ist, so etwas von vornherein unterbinden könnte.

Selbst fehlende Standfestigkeit des Staates gegenüber muslimischen Straftätern ruft bei deren Glaubensbrüdern nur Verachtung für einen solch schwachen ‚Gesetzeshüter' hervor, s. hierzu Kap. 12. Auch Toleranz und Nachgiebigkeit in weltanschaulichen Dingen wird nicht etwa als ein Zeichen von Humanität, sondern als Schwäche aufgefasst. Dadurch kommen die europäischen Aufnahmeländer von Migranten in das Dilemma, dass sie sich durch ihre demokratischen Verfassungen gegenüber Integrationsunwilligen oder migrantischen Straftätern selbst lähmen, was sich u.a. auch bei der Bekämpfung der Clankriminalität zeigt, s. Kap. 8. Das Groteske ist, dass die links-grünen Sozialromantiker den wenigen muslimischen Intellektuellen, die versuchen, in Richtung eines modernen aufgeklärten Islam zu wirken, nicht nur Steine in den Weg legen, sondern versuchen, diese auch noch an den Rand der Gesellschaft zu drängen.[48]

Durch das Fehlen einer laizistischen Tradition und einer geistigen Erneuerung in einer Epoche analog zur europäischen Renaissance ist der Islam weltanschaulich einfach gegenüber der Moderne zurückgeblieben, weshalb er auch keine Aussöhnung zwischen Wissenschaft und Glauben geschafft hat (noch weniger als das Christentum). Bis heute wirkt sich das in der schulischen Bil-

---

[46] In den letzten Jahren ist er selbst in der Türkei immer stärker zurückgedrängt worden, und die unter Atatürk erzielten Erfolge wurden nach und nach abgebaut, d.h. das Rad der Geschichte wurde gewissermaßen zurückgedreht.

[47] https://de.wikipedia.org/wiki/Mohammed-Karikaturen, zuletzt aufgerufen am: 29.4.2024.

[48] Hier sind vor allem zu nennen: Necla Kelek, Seyran Ates, Ahmed Mansour, Hamed Abdel-Samad und andere. Ihnen sollte unsere Achtung gehören; stattdessen sind sie in Deutschland so starken Anfeindungen - vor allem durch Moslems - ausgesetzt, dass einige von ihnen sogar Polizeischutz benötigen.

dung und in der Wissenschaft der islamischen Länder aus (so gibt es z.B. nur sehr wenige Nobelpreisträger aus diesen Regionen auf dem Gebiet der Naturwissenschaften). Besonders gravierend sind die Probleme, die sich durch die islamische Migration nach Deutschland aus dem Aufeinandertreffen verschiedener Kulturen und Weltanschauungen ergeben. Das schlägt sich nicht nur in den Schulen mit hohem Einwanderer-Anteil nieder, sondern zeigt bereits in den Kindergärten seine Auswirkungen.[49] Trotz des erwähnten Hilferufs der Rütlischule[50] über die untragbaren Zustände in ihrer Einrichtung mit über 80% von Schülern nichtdeutscher Herkunft vor zwei Jahrzehnten hat sich die Situation in den vergangenen Jahren in ganz Deutschland nur noch verschlechtert.

Mit keiner Gruppe von Asylsuchenden gibt es solche Probleme wie mit denjenigen aus dem arabischen Raum, aus Afghanistan und aus Afrika, wobei diese vorwiegend dem islamischen Glauben anhängen. Das beginnt mit schwerwiegenden Terroranschlägen, die im Namen Allahs begangen werden, führt über Messerstechereien und Vergewaltigungen und endet in schulischer Gewalt gegenüber Mitschülern (oft auch gegen jüdische Kinder) oder gar gegenüber Lehrern, s. Kap. 8. Insbesondere in Berlin haben viele Lehrer das Gefühl „auf verlorenen Posten zu stehen", ja es wird sogar von Drohungen eines muslimischen Schülers an die Lehrerin berichtet, sie zu enthaupten.[51] Auf die zerstörerische Wirkung auf unsere staatliche Rechtsordnung, die von der Haltung vieler Muslime ausgeht, der Scharia gegenüber dem geltenden Recht Vorrang einzuräumen, werden wir noch einmal zurückkommen. Demgegenüber spielen unterschiedliche Essensgewohnheiten bzw. Vorschriften oder das Tragen des Kopftuchs eine relativ untergeordnete Rolle. Es ist kaum zu erwarten, dass derartig grundsätzliche, durch Muslime verursachte Schwierigkeiten mit Flüchtlingen aus der Ukraine entstehen werden, selbst wenn viele von ihnen in Deutschland bleiben sollten. Und zwar aus dem einfachen Grund, weil letztere dem gleichen Kulturkreis entstammen, was eindeutig belegt, dass es bei der Kritik an unkontrollierter Einwanderung von Muslimen eben nicht um Ausländerfeindlichkeit geht.

Frauen im Islam genießen keinen Status der Gleichberechtigung, wie er dem westeuropäischen Wertekanon entspricht, denn nach dem Koran (Sure 4,34) ist die Frau dem Mann untergeordnet und letzterer darf sie bei Widersetzlichkeit sogar schlagen. Es ist unbegreiflich, mit welcher Gleichgültigkeit

---

[49] https://www.focus.de/panorama/das-finde-ich-puren-wahnsinn-migranten-kinder-mischen-deutsche-kitas-auf-erzieherinnen-verzweifeln_id_209957626.html, zuletzt aufgerufen am: 29.4.2024.

[50] https://www.spiegel.de/lebenundlernen/schule/dokumentiert-notruf-der-ruetli-schule-a-408803.html, zuletzt aufgerufen am: 7.12.2023.

[51] https://www.tagesspiegel.de/berlin/elfjahriger-muslim-droht-lehrerin-mit-enthauptung-4723714.html, zuletzt aufgerufen am: 29.4.2024.

links-grüne PolitikerInnen über diese Tatsachen hinweggehen, obwohl ihnen doch angeblich die Sache der Frauen so am Herzen liegt, vgl. Kap. 9. Selbst die grausame Unsitte der Genitalverstümmlung von Frauen wurde im Rahmen der Migration zu uns nach Deutschland exportiert. Sie ist in vielen, darunter auch muslimischen Ländern verbreitet und hat meist einen (pseudo-)religiösen Hintergrund.[52] Gegenüber solchen Missständen ist der sogenannte Kopftuchzwang für Frauen fast als eine Bagatelle anzusehen, obwohl das Tragen des Hidschab unter Berufung auf Sure 24,31 auf jeden Fall eine Art Segregation von Mann und Frau darstellt.[53]

Einer der umstrittensten Begriffe des Islam ist der des ‚Dschihad‘, der für viele Moslems gleichbedeutend ist mit ‚Heiliger Krieg‘ (und diese Deutungsvariante ist auch die für uns gefährliche). Der Dschihad wird neben dem Glaubensbekenntnis, dem Gebet, dem Fasten im Ramadan, der Gabe von Almosen und der Pilgerfahrt nach Mekka oft auch als sechste Säule des Islam angesehen. Während moderate Moslems darunter die innere Überwindung und die Anstrengung auf dem Weg zu Allah verstehen wollen (also einen ‚Dschihad des Herzens und der Zunge‘), verbinden Fundamentalisten und insbesondere die Anhänger des Islamischen Staates damit den Kampf gegen die Ungläubigen (s. z.B. Sure 66,9). Diese radikale Auffassung resultiert letztlich aus einem extremen Alleinvertretungsanspruch in Hinblick auf den Besitz des wahren Glaubens und führt dazu, dass Islamisten jedes Mittel Recht ist (auch brutale Gewalt, Täuschung oder Verrat), um ihre Ziele zu erreichen, nämlich den Gottesstaat zu errichten. Es ist eine fromme Selbsttäuschung, wenn manche Leute glauben, diese Glaubenseiferer mit noch mehr Integrationsbeauftragten und Gesprächsangeboten zu wertvollen Mitgliedern unserer Gesellschaft machen zu können.

Wenn man Mussolinis Italien mit Recht als ‚klerikalfaschistisch‘ bezeichnet, so trifft das auf viele islamischen Staaten ebenso zu, da diese ganz klar faschistische und totalitäre Merkmale tragen (ganz gleich, welche Herrschaftsform dort formal besteht: Monarchie, Demokratie oder etwas anderes).[54] Es gibt kein islamisch geprägtes Land (außer vielleicht noch in Resten die Türkei), das demokratischen Standards genügt. Das beginnt mit fehlender Meinungs- und Religionsfreiheit sowie mangelnden Frauenrechten und endet

---

[52] https://de.wikipedia.org/wiki/Weibliche_Genitalverst%C3%BCmmelung#Religion, zuletzt aufgerufen am: 29.4.2024.

[53] Das Wort „Hidschab" bezeichnet im Arabischen verschiedene Formen der Körperverhüllung für Frauen, wie Kopftuch, Schleier oder Ganzkörperbedeckung. Ganz abgesehen davon, dass jede Form der Verschleierung eine echte Behinderung für Frauen ist (man denke allein an sportliche Betätigungen aller Art) stellen sie im europäischen Raum auch ein politisches Zeichen der Abgrenzung dar.

[54] https://www.atheisten-info.at/infos/info2254.html, zuletzt aufgerufen am: 4.4.2024.

mit dem Verbot regierungskritischer Parteien; ganz abgesehen von den dra-
konischen Strafen für Abtrünnige und ‚Rechtsbrecher‘ (Auspeitschen, Hand-
abhacken oder Todesstrafe). In den meisten dieser Länder bildet die Scharia
die Grundlage des Rechtswesens. Es ist einfach naiv und leichtfertig anzunehmen, dass Deutschland den Import dieses Gedankenguts durch muslimische
Migranten in unsere Gemeinschaft unbeschadet übersteht, zumal der Islam als
Religion ein ausgesprochenes Expansionsbestreben offenbart. Dies zeigt sich
deutlich in der Rolle der Türkei und dessen Ministerpräsidenten Erdogan in
diesem Vorhaben.[55] Dieser scheut sich nicht, ganz offen zur Ausnutzung der
Migration und der deutschen Willkommenskultur aufzurufen, um islamistische
Strukturen in Deutschland zu implementieren, s. Kap 8. Bei seinen Auftritten
bei uns im Land darf er sogar seine Landsleute dazu aufrufen, sich einer Assimilation zu verweigern.[56]

Und wie reagieren die Deutschen auf diese Bestrebungen? - Mit Wohlwollen und Augen-zumachen (gemäß dem Slogan: „Der Islam gehört zu Deutschland"), oder im schlimmsten Fall mit Denunziation der Warner und Kritiker als
‚Rassisten‘ und ‚Ausländerfeinde‘! Welch perfide Demagogie, haben wir doch
genügend positive Beispiele von Einwanderern aus kulturnahen Gesellschaften
(etwa Chilenen und Ukrainer) oder selbst aus ostasiatischen Ländern (wie z.B.
Vietnamesen), mit denen es keine prinzipiellen Probleme hinsichtlich Integration gibt, und die auch von der Mehrheit der Bevölkerung als Mitbürger akzeptiert werden. Der Großteil der terroristischen Anschläge, Messerstecher-
en und anderer Straftaten von Migranten werden von muslimischen Tätern, oft
genug mit dem Ausruf „Allahu Akbar", begangen. Aber dies schlägt sich unzureichend in den Statistiken und auch in der Berichterstattung der ÖRM nieder,
da ethnische oder religiöse Identitäten kaum erfasst und schon gar nicht in den
Medien erwähnt werden. Im Gegenteil, selbst dort wo Herkunft und Identität
bekannt sind, wird bei den Tätern unspezifisch von „jungen Männern" oder euphemistisch selbst bei Massenkrawallen von Migranten von einer „Partyszene"
gesprochen, s. hierzu Kap. 12.

Eine zweifelhafte Rolle spielen die islamischen Einrichtungen in Deutschland. Obwohl der Staat dringend Ansprechpartner zur Lösung der beschriebenen Probleme brauchte, gibt es tatsächlich keine repräsentative Vertretung
aller Moslems in Deutschland. Deshalb hat sich die 2006 gegründete und vorwiegend von konservativen Moslems getragene Islamkonferenz auch als Fehl-
schlag erwiesen, zumal sie nur etwa ein Viertel der deutschen Moslems ver-

---

[55] https://www.welt.de/politik/deutschland/article12665248/Erdogans-Rede-erzuernt-
deutsche-Politiker.html, zuletzt aufgerufen am: 4.4.2024.
[56] https://www.faz.net/aktuell/politik/inland/auftritt-in-duesseldorf-erdogan-nein-zur-
assimilation-1592594.html, zuletzt aufgerufen am: 29.4.2024.

trat.[57] Außerdem wurden moderate und gegenüber der Mehrheitsgesellschaft aufgeschlossene Moslems, wie Ahmad Mansour oder Hamed Abdel-Samad, als Einzelpersonen aus dieser Institution herausgedrängt und im Kontrast dazu vom Ausland gesteuerten Vereinigungen, wie der Erdogan-hörigen DITIP, immer mehr Einfluss eingeräumt. Abdel-Samad äußerte sich dazu resigniert, „dass unsere Regierung in Sachen Islam nicht beratbar ist".[58]

Selbst gegenüber radikaleren Strömungen, wie dem Salafismus oder Islamismus, übt man in Deutschland eine unglaublich naive Nachsicht. Sogar nach offiziellen Statistiken[59] gibt es in unserem Land über 10.000 Salafisten und mehr als 600 islamistische Gefährder (die Zahl der Islamisten an sich ist noch viel höher). Vor diesem Hintergrund ist es unverständlich, dass der ursprünglich vorhandene Expertenkreis ‚Politischer Islamismus' 2021 wieder aufgelöst wurde. Den ernsthaften Bemühungen und dem Versuch der deutschen Behörden, auf die hier lebenden Moslems zuzugehen, steht auf deren Seite eine klare Ablehnung des Christentums und aller christlichen Symbole gegenüber, worauf wir bereits hingewiesen hatten. Da ist nicht viel von der oft beschworenen Duldsamkeit des Islam gegenüber Andersgläubigen zu verspüren. Das geht so weit, dass bereits die Besichtigung eines Klosters (wohlgemerkt, von außen) durch eine Frankfurter Schulklasse einen Protest von Eltern der beteiligten muslimischen Schülern hervorgerufen hat.[60]

Angesichts der massiven Integrationsprobleme, der muslimisch motivierten Straftaten (z.B. gegen Homosexuelle) und terroristischen Anschläge im Namen Allahs ist es einfach empörend, jede Islamkritik als Islamophobie zu diskreditieren, s. Kap. 9. Wie wir dort festgestellt hatten, wird nicht nur aus muslimischen Kreisen, sondern auch von den Linken gern der perfide Schluss gezogen: ‚Islamkritiker gleich Islamgegner gleich Ausländerfeind'. Ich persönlich würde mich durchaus als Islamkritiker sehen (genauso wie ich der christlichen Religion kritisch gegenüberstehe), aber schon die unzulässige Gleichsetzung dieses Begriffs mit ‚Islamgegner' oder gar ‚Ausländerfeind' und die Anwendung der letzten beiden Prädikate auf meine Person würde ich strikt ablehnen.

Die äußerst bedenkliche Allianz zwischen Linken und politischem Islam macht sich u.a. in der Besetzung bestimmter NGOs bemerkbar. So wurde ausgerechnet der Geschäftsführer der zumindest zeitweise vom Verfassungs-

---

[57] https://www.deutschlandfunk.de/zehn-jahre-deutsche-islamkonferenz-an-der-realitaet-vorbei-100.html, zuletzt aufgerufen am: 29.4.2024.

[58] https://de.wikipedia.org/wiki/Deutsche_Islamkonferenz#Kritik, zuletzt aufgerufen am: 29.4.2024.

[59] https://www.bpb.de/themen/infodienst/337749/zahlen-zur-islamistischen-szene-in-deutschland/, zuletzt aufgerufen am: 29.4.2024.

[60] https://www.faz.net/aktuell/feuilleton/debatten/der-prophet-im-klassenzimmer-islamismus-an-deutschen-schulen-17036286.html, zuletzt aufgerufen am: 29.4.2024.

schutz beobachteten und vermutlich dem Islamismus nahestehenden Organisation INSSAN[61] in die Antirassismus-Kommission des Landes Berlin berufen. – Auch sonst ist die Nähe der Linken zum politischen Islam kaum zu übersehen. Sie hat sich z.B. deutlich während der Maiunruhen 2021 und im Zusammenhang mit den Protesten gegen die Vergeltungsschläge der Israelis im Gefolge des brutalen Hamas-Angriffs im Herbst 2023 gezeigt. Hier kann man schon fast von einem Schulterschluss zwischen der terroristischen, den Holocaust leugnenden Organisation Hamas und den Linken sprechen.[62]

In den Medien war zumindest bis zu den antiisraelischen Ausschreitungen im Oktober 2023 eine regelrechte Tabuisierung oder wenigstens ein Herunterspielen der islamistischen Gefahr zu beobachten (vgl. auch die Erstmeldungen zum furchtbaren Attentat in Würzburg oder die Berichterstattung zum Anschlag auf ein homosexuelles Paar in Dresden, s. Kap. 8). Selbst dann, wenn verbal von links-grünen Politikern (wieder einmal) ‚Entsetzen‘ über ein Verbrechen geäußert wird (wie z.B. von Habeck über den Mord in Dresden),[63] sind es doch immer wieder sie und seltsamerweise auch die christlichen Kirchen, die einer weiteren unbegrenzten Einwanderung das Wort reden. Eine falsch verstandene Toleranz gegenüber einer aggressiv auftretenden Religion oder Ideologie führt sich selbst ad absurdum und wird sich schließlich selbst überflüssig machen. Dieses Dilemma hat Popper - wie schon an anderer Stelle erwähnt - treffend mit seinem Toleranz-Paradoxon charakterisiert, s. Kap. 2: „Unlimited tolerance must lead to the disappearance of tolerance".[64] Und an anderer Stelle seines Buches über die „Offene Gesellschaft und ihre Feinde" fordert er „Toleranz nur für all diejenigen, die nicht selbst intolerant sind und nicht Intoleranz propagieren" [67, S. 511].

Die Gefahr des Islamismus für den gesamten Westen ist durchaus real, und die Angst vor dem politischen Islam ist vollauf berechtigt. Um das festzustellen, muss man nicht erst einen Blick auf die französischen Banlieues richten. Da genügen die täglichen Zeitungsmeldungen in Deutschland und die Erfahrung des hilflosen Umgangs mit islamistischen Terroranschlägen bzw. Attentätern (s. Kap. 8 und 12). In Anbetracht der seit 2021 wieder stark anschwellenden unkontrollierten Einwanderung aus islamischen Ländern (u.a. aus Afghanistan, Syrien und Afrika) ist die Befürchtung von Pegida durchaus berech-

---

[61] https://kleineanfragen.de/berlin/18/19898-projektfoerderung-von-inssan-e-v-muslimbruderschaft.txt, zuletzt aufgerufen am: 4.4.2024.

[62] Da wirkt es schon fast grotesk und wie ein Hohn auf linke Geisteshaltung, wenn ein linker Comedian Fakenews über den Islam der Art verbreitet, dass im Islam die Sodomie eine gängige Praxis sei (s. auch das unsägliche Böhmermann-Zitat zu Erdogan in Kap. 2).

[63] https://www.tichyseinblick.de/kolumnen/alexander-wallasch-heute/robert-habeck-fordert-konsequentes-vorgehen-gegen-islamismus/, zuletzt aufgerufen am: 29.4.2024.

[64] „Uneingeschränkte Toleranz muss zum Verschwinden von Toleranz führen."

tigt, dass hier die Gefahr einer Islamisierung Deutschlands besteht. Ob einem der teilweise recht rüde Ton der Pegida-Aktivisten gefällt oder nicht,[65] wäre es besser, sich mit den Kernaussagen dieser Vereinigung unvoreingenommen, aber durchaus kritisch auseinander zu setzen. Der Dresdner Politologe Werner Patzelt hat dies m.E. in sehr ausgewogener Weise getan, was ihm aber nur den Zorn und Verriss der Selbstgerechten eingebracht hat, die sich nicht einmal die Mühe gemacht haben, seine Argumente zu widerlegen, s. Kap. 8. Obwohl selbst CDU-Mitglied, schreibt er in seinem Blog kritisch,[66] dass „sich ein großer Anteil der (Wahl-) Bevölkerung von den bislang unseren Staat in erster Linie gestaltenden Parteien - der Union und den Sozialdemokraten - nicht mehr vertreten [fühlt]". Patzelt hat frühzeitig darauf aufmerksam gemacht, dass die Tabuisierung der Themen, die von der Pegida-Bewegung in die Öffentlichkeit getragen wurden (darunter die Gefahren, die von Islamisten und kriminellen Ausländern ausgehen), nur die AfD gestärkt hat.

Statt sich nun ihrerseits dieser Probleme anzunehmen, kamen von führenden Politikern immer wieder pauschale und in ihrer Mehrdeutigkeit gefährliche populistische Aussagen wie „Der Islam gehört zu Deutschland" oder „Wir freuen uns auf ein buntes Deutschland". Da spielen die mangelnde Integrationsbereitschaft der Zuwanderer, das massive Gefährdungspotential, das von einem großen Teil derselben ausgeht, und die Tatsache der völlig gescheiterten Asylpolitik keine Rolle, s. auch Kap. 12. Sahra Wagenknecht meint zu einer Religion, die selbst Abgrenzung und Feindseligkeit predigt: „Dieser Islam kann schon deshalb nicht zu einem Land wie Deutschland gehören, weil er gar nicht zur hiesigen Kultur und Gesellschaft gehören *will*" [83, S. 239].

Wir dürfen die Missstände in islamischen Gesellschaften, die ihre Wurzeln im Koran bzw. in der Scharia haben, nicht ignorieren, denn sie kommen durch die ungebremste Einwanderung der letzten Jahre nachweisbar auch zu uns. Hierzu gehören die fehlende Gleichberechtigung der Frau;[67] die mangelnde Integrationsbereitschaft in die aufnehmende Gesellschaft;[68] der Abschluss von Kinderehen und die stillschweigende Duldung von Polygamie durch unsere Behörden (obwohl Mehrfachehen in Deutschland gesetzlich verboten sind); martialische Strafen wie Ehrenmorde auch bei uns (und Steinigungen in is-

---

[65] Übrigens einer der Gründe, weshalb viele Bürger der Dresdner Umgebung keine der Pegida-Veranstaltungen besucht haben, obwohl sie deren Anliegen grundsätzlich teilen.
[66] https://wjpatzelt.de/2018/10/19/vier-jahre-pegida/, zuletzt aufgerufen am: 4.4.2024.
[67] Merkwürdigerweise hört man jedoch von GenderfanatikerInnen kaum etwas Kritisches, aber viel Apologetisches zu Frauenrechten in islamischen Ländern, s. Kap. 9.
[68] Kennzeichnend hierfür ist u.a. das Verbot für eine Muslima einen Andersgläubigen zu heiraten, während ein Moslem wenigstens eine jüdische bzw. christliche Partnerin (als Angehörige der ‚Buchreligionen') zur Ehefrau nehmen darf. Man beachte auch hier die Unsymmetrie zwischen Mann und Frau.

lamischen Ländern mit denen wir Handelsbeziehungen unterhalten); die im Islam weit verbreitete Homophobie und deren Vertuschung durch unsere Politiker; islamistische Gewalt, wie Messerattacken auf völlig unbeteiligte Bürger oder gar auf Kinder[69] oder auf Bahnmitarbeiter und Polizisten usw. Diese Liste ließe sich noch beliebig fortsetzen. – Auf die Missachtung unserer Gesetze (auch des Grundgesetzes) und die Priorisierung der Scharia gegenüber unserer Rechtsordnung durch strenggläubige Moslems werden wir im folgenden Kapitel gleich noch zu sprechen kommen.

---

[69] https://www.derwesten.de/panorama/vermischtes/allgaeu-wange-norma-supermarkt-kind-messer-schwer-verletzt-news-aktuell-id300909749.html – Und wieder wird von dem der Polizei bekannten Täter (einem Syrer) über den größten Teil des Artikels nur von ‚einem Mann' gesprochen, zuletzt aufgerufen am: 4.4.2024.

Kapitel 12

Verfall der Rechtsordnung und der inneren Sicherheit

Eine entscheidende Voraussetzung für eine gut funktionierende Demokratie ist eine klare Trennung zwischen Judikative, Exekutive und Legislative sowie das Vertrauen in den Rechtsstaat, der diese Trennung einhält. Diese Gewaltenteilung ist inzwischen stark unterminiert worden, und zwar nicht nur wegen der politischen Einflussnahme von Politikern auf die unmittelbare Rechtsprechung, sondern auf das gesamte Rechtssystem.[1] Darüber hinaus ist der Verfassungsschutz unter seinem CDU-Präsidenten und unter Innenministerin Faeser zu einer Art Staatsschutz und Kampfinstrument gegen die Opposition umfunktioniert worden, was nicht seine Aufgabe ist.[2]

Auch die Richter sind durchaus nicht so unabhängig, wie man das annehmen könnte und wie es nach Art. 97 des Grundgesetzes vorgegeben ist. Zum einen werden sie durch ministeriale Beamte (also durch Politiker der Exekutive) ausgewählt und angestellt, zum anderen unterliegen sie einem Bewertungs- und Beförderungssystem, das wieder in der Hand von Ministerialen bzw. Gerichtspräsidenten liegt. Letztere und die Staatsanwälte sind ihrerseits weisungsgebundene staatliche Beamte, und nicht zuletzt sind Richter auch nur Menschen, die sehr wohl dem Druck einer ebenfalls nicht mehr unabhängigen und stark linkslastigen Vierten Gewalt (den ÖRM bzw. MSM) ausgesetzt sind. Das hat sich wieder beim Urteil gegen die Gewalttäterin Lina E. und weitere drei Linksextremisten gezeigt, die einen vorgeblich ‚rechten' Bauarbeiter brutal überfallen und so schwer verletzt haben, dass er jetzt eine Metallplatte im Gesichtsbereich tragen muss. Sie wurde als Anführerin der Gruppe zu milden 5 Jahren und 3 Monaten Gefängnis verurteilt und sofort nach Urteilsverkündigung so lange auf freien Fuß gesetzt, bis das Urteil Rechtskraft hat. Der Vorsitzende Richter Hans Schlüter-Staats, der die Mitglieder der rechtsextremen „Gruppe Freital" mit Gefängnisstrafen bis zu 10 Jahren verurteilte, bescheinigte der Gewalttäterin Lina E. sogar „achtenswerte Motive", und der

---

[1] https://www.gewaltenteilung.de/, zuletzt aufgerufen am: 29.4.2024.

[2] https://www.nzz.ch/meinung/bundesverfassungsschutz-laesst-sich-politisch-instrumentalisieren-ld.1640849, zuletzt aufgerufen am: 4.4.2024.

MDR widmet ihr einen Podcast, in dem sie mit der fast ehrenvollen Bezeichnung „Fascho-Jägerin" tituliert wird.[3]

Wie essentiell ein intaktes Rechtssystem und eine unabhängige Judikative für ein harmonisches Gemeinwesen ist, war schon Augustinus bewusst, als er feststellte: „Nimm das Recht weg, was ist der Staat noch anderes als eine große Räuberbande". Leider muss man in Deutschland aber mittlerweile schon eine erhebliche Erosion des Rechtsstaats konstatieren, was sich sowohl in der permanenten Verletzung einzelner Gesetze, der Verfassung (genauer des Grundgesetzes) oder europäischen Rechts durch unsere Politiker zeigt, worauf wir noch detaillierter zu sprechen kommen werden. Während des Höhepunktes der Corona-Krise und dem dabei verordneten Lockdown im März 2020 wurde nicht einmal mehr das Parlament ordnungsgemäß in fundamentale Entscheidungen einbezogen, die mit der Einschränkung von Grundrechten verbunden waren (und wenn ja, dann wurden diese Entscheidungen nicht ausreichend beraten, sondern in unzulässigem Tempo praktisch ‚durchgewinkt'), s. hierzu Kap. 16. Auch das große Teile der Bevölkerung finanziell hart treffende Heizungsgesetz Habecks, das mit unabsehbaren Konsequenzen für Unternehmer und Kommunen verbunden ist, sollte bekanntlich ohne größere Beratung durch das Parlament getrieben werden, was nur durch das Verfassungsgericht verhindert werden konnte (s. Kap. 15).

Der Rechtsverfall beginnt bereits mit den politisch motivierten Doppelstandards, die man all überall feststellen kann. Diese zeigen sich u.a. in der unglaublichen Nachsicht gegenüber linksgerichteten bzw. migrantischen Straftätern oder Klimachaoten verglichen mit der Härte und Konsequenz gegen rechte Gefährder. Die Spitze bildete etwa die martialische Niederschlagung des sogenannten ‚Reichsbürger-Putsches' s.u. Wenn schon vor Jahren mit dem gleichen Engagement gegen die migrantischen Gewaltausbrüche in Neukölln (s. Kap. 8) oder gegen die Chaoten von Leipzig-Connewitz und der Rigaer Straße in Berlin vorgegangen worden wäre, müsste dort nicht jahraus jahrein von „brennenden Barrikaden und Steinwürfen auf die Polizei" berichtet werden.[4]

---

[3] Zum milden Urteil: https://rsw.beck.de/aktuell/daily/meldung/detail/mehr-als-fuenf-jahre-haft-fuer-mutmassliche-linksextremistin-lina-e – Begründung: Angebliche rheumatische Erkrankung und gute Führung in Untersuchungshaft; außerdem wurde eine Fluchtgefahr verneint, obwohl sich ihr Freund und Mittäter der Verantwortung bereits durch Flucht entzogen hatte. Siehe auch: https://www.mdr.de/nachrichten/podcast/lina-e/index.html, zuletzt aufgerufen am: 4.4.2024.

[4] https://www.lvz.de/lokales/leipzig/brennende-barrikaden-und-steinwuerfe-auf-polizei-in-connewitz-6TQEDIODD6FH373UAME46L2ACU.html und
https://www.nzz.ch/international/berlins-beliebteste-staatsfeinde-ein-besuch-in-der-rigaer-strasse-ld.1534348, zuletzt aufgerufen am: 30.4.2024.

Selbst in der Grauzone zwischen Recht und Moral wird mit verschiedenen Maßstäben gemessen. So haben auf der einen Seite überführte Plagiatorinnen wie Annalena Baerbock (Grüne) oder Franziska Giffey (SPD) trotz gravierender Verfehlungen noch die Posten der Außenministerin bzw. der Oberbürgermeisterin von Berlin ergattert (anders kann man es nicht bezeichnen).[5] Auf der anderen Seite wurde einer Politologie-Professorin an der Universität Bonn unter dem Vorwand des Plagiats gekündigt (sie hatte zwar die Urheber fremder Gedanken angegeben, aber die Anführungszeichen der Zitate nicht korrekt gesetzt). Ein Schelm, der Böses dabei denkt, wenn man erfährt, dass sich die besagte - übrigens mehrfach ausgezeichnete - Professorin wegen ihrer Kritik an den Corona-Maßnahmen und an der Russlandpolitik der Regierung schon wiederholt beim woken Mainstream unbeliebt gemacht hatte. Folgerichtig wird sie in dem betreffenden Artikel der ZEIT gleich mit dem links-grünen Ehren-Attribut „umstritten" vorgestellt.[6] Ich kann mich nicht erinnern, dass die mit einer derartig langen Liste von Verfehlungen, Versprechern, politischen und kognitiven Patzern (ja, ausgesprochenen Sottisen) glänzende Außenministerin in den MSM jemals mit dem Merkmal ‚umstritten' versehen worden wäre, s. Kap. 13.

Da ist es doch im Sinne der links-grünen PolC nur konsequent, wenn die ZEIT in einem anderen Zusammenhang den Kritikern der Klimakleber von der ‚Letzten Generation' (s. Kap. 14) vorwirft, dass erstere „stupide" und „reaktionär" seien, weil sie den Klimaextremisten eine Doppelmoral bescheinigt haben.[7] Anlass: Zwei Vertreter dieser radikalen Chaoten, die sich (zwar mit Recht, aber mit den falschen Methoden) unter anderem gegen die Verbrennung fossiler Brennstoffe wenden, waren für einen längeren Ferienaufenthalt nach Südostasien geflogen, wobei sicher eine Menge Kerosin verbrannt worden ist. Aber Vorsicht, liebe Leser, wenn Sie das auch als Doppelmoral ansehen sollten, haben sie nicht einfach eine andere Meinung. Nein, für diesen Fall bescheinigt Ihnen der zitierte Autor der ZEIT gleich noch eine „Pöbelethik".[8]

---

[5] Erstere hatte in ihrem Buch so massiv von anderen Autoren abgeschrieben, dass der Verlag das Buch vom Markt nehmen musste. Letztere sah sich wegen der Plagiatsaffäre mit Ihrer Dissertation sogar gezwungen, den Doktortitel abzulegen. Welch eine Änderung der Verhältnisse innerhalb weniger Jahre: Schavan (CDU) und von Guttenberg (CSU) sind wegen Plagiatsvorwürfen, die nicht schwerwiegender waren als die von Baerbock und Giffey, wenigstens noch von ihren Ministerämtern zurückgetreten.

[6] https://www.zeit.de/kultur/2023-02/plagiatsvorwurf-ulrike-gu-rot-kuendigung-universitaet-bonn?, zuletzt aufgerufen am: 30.4.2024.

[7] https://www.zeit.de/gesellschaft/2020-07/doppelmoral-vorwurf-politische-debatte-gesellschaft, zuletzt aufgerufen am: 30.4.2024.

[8] Solcher Art Hassrede würde man dem Völkischen Beobachter oder dem DDR-Demagogen Karl Eduard von Schnitzler zutrauen, aber nicht einer bundesdeutschen Zeitung, die einst einen Helmut Schmidt oder eine Marion Gräfin Dönhoff als Herausgeber hatte.

Wie wir in Kap. 2 gesehen hatten, ist schon die Besetzung von Ämtern bzw. wichtigen Positionen der Jurisprudenz und anderen Staatsorganen (so z.B. dem Verfassungsschutz) politisch kontaminiert. Da werden einerseits politische Gegner als Richter aus ihren Ämtern entfernt[9] oder ein nonkonformer Verfassungsschutzpräsident wird von seinem Dienst suspendiert (s. Kap. 1). Andererseits werden ‚auf der Linie liegende‘, aber nach dem Urteil ihrer Fachkollegen inkompetente Personen in hohe Richterämter berufen[10] und ein willfähriger Beamter wird als neuer Verfassungsschutzpräsident installiert. Selbst scheinbare Petitessen (die aber bei genauer Betrachtung keine sind) legen Zeugnis davon ab, wie die Gewaltenteilung untergraben wird. Wenn z.B. die Kanzlerin die Richter des Verfassungsgerichts zur selben Zeit, wo sie wegen ihrer Intervention im Zusammenhang mit der Thüringenwahl (s. Kap. 1) des Verfassungsbruchs vor eben diesem Gericht angeklagt ist, zum Abendessen einlädt und dieselben Richter diese Einladung auch noch annehmen, dann kann nur schwerlich von einer Unbefangenheit dieser Rechtswahrer gesprochen werden. [11]

Wenn sich Rechtsempfinden, Anstand und Moral in der Gesellschaft insgesamt im Verfall befinden, kann dem Missbrauch des Rechts nicht durch ständig neue juristische Vorschriften und Regelungen oder durch Einführung immer neuer nicht legitimierter Überwachungsmechanismen (sei es in Gestalt von NGOs, von speziellen ‚Beauftragten‘ oder Denunziationsbüros) begegnet werden. Dass es für diese These genügend Hinweise gibt, dürfte nach der Lektüre diese Buches deutlich werden. Den Höhepunkt der besorgniserregenden Entwicklung bildet das Hinweisgeberschutzgesetz, das gleich mehrere wichtige Rechtsgüter aushebelt (u.a. das Geschäftsgeheimnis, das Steuergeheimnis) und dem Denunziantentum Tür und Tor öffnet. Es legt eindeutig fest, dass es für eine Anzeige genügt, wenn „die hinweisgebende Person hinreichenden Grund zu der Annahme hatte, dass die Weitergabe oder die Offenlegung des Inhalts dieser Informationen notwendig ist, um einen Verstoß aufzudecken".[12] Und was wird passieren, wenn sich der anonyme Hinweisgeber (welch beschönigende

---

[9] https://www.lto.de/recht/nachrichten/n/jens-maier-dienstgericht-richter-afd-glaubwuerdigkeit-urteilsgruende/, zuletzt aufgerufen am: 5.4.2024.

[10] https://www.nordkurier.de/mecklenburg-vorpommern/promi-anwaelte-ziehen-gegen-linksextreme-richterin-zu-felde-0741312511.html, zuletzt aufgerufen am: 5.4.2024.

[11] Warum konnte nicht der Vizekanzler zu diesem angeblich ‚traditionellen Event unter Beteiligung zweier Verfassungsorgane‘ einladen? Wie wäre wohl die öffentliche Reaktion ausgefallen, wenn sich ein Richter an einem beliebigen Gericht vor einem Prozess vom Angeklagten zum Essen einladen ließe und dann noch dreist behaupten würde (wie das in der analogen Regierungsverlautbarung im Falle Merkel hieß), da sei doch der Klagevorwurf gar nicht zur Sprache gekommen.

[12] https://www.gesetze-im-internet.de/hinschg/BJNR08C0B0023.html, zuletzt aufgerufen am: 30.4.2024.

Umschreibung) getäuscht hat? Dann ist nicht nur das soziale Klima im Betrieb oder der betreffenden Institution schwer beschädigt, sondern es werden u.U. sogar Existenzen völlig ungerechtfertigt auf dem Spiel stehen (ganz abgesehen von den Kosten für Tausende von zu schaffenden internen bzw. externen Meldestellen und der dadurch neu entstehende Bürokratie).

Es ist auch nicht so, dass eine größere Flut von Gesetzen mehr Recht bringt, d.h. eine überbordende Regulierungswut kann den Rechtsstaat auch unterminieren. Denn das Recht muss noch durchschaubar bzw. verständlich und vor allem auch durchsetzbar sein. Der ehemalige Verfassungsrichter Papier schreibt hierzu: „Die Überregulierung hat sich wie Mehltau über die Republik gelegt" [62, S. 17], und etwas weiter unten: „Mehr Gesetze bedeuten nicht automatisch mehr Recht und schon gar nicht mehr Gerechtigkeit". Hinzu kommt noch, dass eine Überregulierung letztlich zu einem Überwachungsstaat führen wird und noch mehr Ungerechtigkeit mit sich bringt (nur Reiche oder Clanbosse können sich einen teuren Anwalt leisten, um sich im Dickicht der Gesetze zurechtzufinden oder gar geeignete Schlupflöcher zu entdecken, wie etwa der CumEx-Skandal gezeigt hat, s. Kap. 15). In der Folge wird die Demokratie durch solche Maßnahmen nicht gestärkt, sondern kontinuierlich geschwächt und am Ende gar zerstört. Auf die an sich schon bestehende Überlastung der Gerichte (vor allen in den Bereichen Sozialwesen und Asyl- bzw. Ausländerrecht) werden wir weiter unten noch zu sprechen kommen. Das führt nach dem Berliner Oberstaatsanwalt Knispel sogar dazu, dass Gerichte mildere Urteile sprechen, um die Verfahrensdauern abzukürzen.[13] Es versteht sich schon fast von selbst, dass die verantwortlichen Politiker unserer Hauptstadt nicht etwa die entsprechenden Vorwürfe analysieren und diese entweder entkräften oder die Missstände abstellen. Nein, sie wählen wieder den Weg, ihre Kritiker des Populismus zu beschuldigen oder dem genannten Staatsanwalt sogar eine PR-Kampagne für sein Buch „Rechtsstaat am Ende" [38] zu unterstellen. Das ist doch viel bequemer als sich mit den Inhalten auseinanderzusetzen!

Die Frage nach dem Verhältnis von Recht und Moral ist kompliziert, wobei das eine nicht mit dem anderen gleichgesetzt werden darf. In der rechtsphilosophischen Diskussion wird Moral gerade mit dem Teil von gesellschaftlich akzeptierten Richtigkeitsmaßstäben in Bezug auf Fairness und Gerechtigkeit verbunden, der außerrechtlich begründet ist, s. hierzu [46]. Der Rechtswissenschaftler Lindner schreibt: „Moralnormen sind nur moralisch, nicht jedoch rechtlich verbindlich, Rechtsnormen sind rechtsverbindlich" und „Die Verletzung von Moralnormen ist nur moralisch-gesellschaftlich sanktioniert, Rechts-

---

[13] https://www.t-online.de/region/berlin/news/id_89605544/berliner-oberstaatsanwalt-teilt-aus-rechtsstaat-in-berlin-am-ende-.html, zuletzt aufgerufen am: 30.4.2024.

normen können zwangsweise durchgesetzt, Verstöße dagegen bestraft oder als Ordnungswidrigkeit geahndet werden", loc. cit. S. 11. Wohl dem Staat, in dem, wenn schon nicht eine weitgehende Übereinstimmung zwischen gesetztem Recht und allgemein akzeptierten Moralvorstellungen, so doch wenigstens kein Widerspruch besteht. Wehe jedoch dem Staat, in dem einzelne Bürger (und sei es ein Regierungsmitglied) oder einzelne Gruppen, ihre Moralvorstellungen über das Recht stellen. Das ist damals mit Kohls Haltung geschehen, der sein Ehrenwort für wichtiger hielt als die Vorschriften des Parteienfinanzierungsgesetzes, es wiederholte sich bei Merkels verfassungswidriger Einflussnahme bei der Revision des Thüringer Wahlergebnisses (s. Kap. 1) und zeigt sich ständig bei der Verletzung von EU-Recht (Verträge von Dublin und Schengen) durch alle seit 2015 herrschenden Regierungskoalitionen (s. Kap. 8), die ihre Moralvorstellungen in Sachen Migration über das EU-Primärrecht stellen.[14]

Nicht einmal Regierungsvertreter (in unserem konkreten Fall, der sächsische Wirtschaftsminister (SPD) und die Justizministerin[15] (Grüne)) scheuen sich in ihrer ideologischen Verblendung, Vorverurteilungen vorzunehmen. Die Ministerin tat sich in der unberechtigten Beschuldigung des Westin-Hotels und seiner Mitarbeiter in der Causa Ofarim mit den Worten hervor: „Dieser offene Antisemitismus im Hotel Westin ist unsäglich und unerträglich", s. hierzu auch Kap. 7. In einer funktionierenden Demokratie müsste eine Justizministerin sofort zurücktreten, die in derartig rechtswidriger Weise und noch dazu völlig einseitig in einem damals noch offenen Vorgang Stellung bezieht (um dann durch die Lügen des von ihr Begünstigten eindeutig blamiert zu werden; ganz zu schweigen von dem Schaden, den sie dem Hotel mit *ihrer* ‚unsäglichen und unerträglichen' Intervention zugefügt hat).[16]) – Und noch ein weiteres Beispiel für einen Rechtsbruch: In Thüringen fand eine Hausdurchsuchung bei einem Richter aus Weimar statt, der ein Urteil gegen staatlich verordnete Corona-Maßnahmen gefällt hatte. Dieser Angriff auf eine unabhängige Rechtsprechung wurde sogar vom Richterbund als illegal eingestuft, ganz abgesehen davon, dass ja in Deutschland jedes Urteil (falls es das Recht verletzen sollte) auf dem normalen Rechtsweg angefochten werden kann. Bemerkenswert ist,

---

[14] https://www.bundesregierung.de/breg-de/themen/europa/das-gemeinschaftsrecht-der-eu-328802, zuletzt aufgerufen am: 23.2.2023.

[15] Das ist übrigens die Dame, die sich - wie bereits berichtet - in ihrer ‚künstlerischen Vergangenheit' mit ihrer Band an Songs delektiert hat wie „Advent, Advent, ein Bulle brennt".

[16] https://www.bild.de/regional/leipzig/leipzig-news/ofarim-prozess-biedermann-aussage-erneut-verlegt-86244130.bild.html – Anstatt die Wahrung des Rechts als ihre vornehmste Aufgabe zu betrachten, zeigt sie sich lieber engagiert im Kampf gegen ihre politischen Feinde (wie etwa bei der Verweigerung der Wiederaufnahme des Dienstes durch ein aktives AfD-Mitglied als Richter an einem Gericht in Sachsen), zuletzt aufgerufen am: 6.4.2024.

dass dies in einem Bundesland geschieht, in dem eine linke Minderheitsregierung auf dubiose Art und Weise an die Macht gelangt ist (s. Kap. 1), und sich gegen feierliche Versprechen mit Hilfe der vorgeblichen Oppositionsparteien FDP und CDU in dieser Position hält.

Sogar Verfassungsrichter sind dem Vorwurf der Befangenheit ausgesetzt (wie wir oben im Zusammenhang mit dem gemeinsamen Essen mit der angeklagten Kanzlerin gesehen hatten). Nicht nur, dass dies an sich höchst suspekt ist, das Verfassungsgericht hat sich auf eine entsprechende Befangenheitsbeschwerde der AfD hin die Unbefangenheit gleich selbst bescheinigt und den Antrag als unbegründet abgewiesen.[17] - Auf Deutsch: Ein solcher Richter kann von vornherein nicht ‚befangen' sein, das ist eben ein anderer Mensch. Das hat natürlich wie das gemeinsame Abendessen selbst „mehr als ein Geschmäckle", wie die FAZ am 17.7.2021 schreibt (s. die entsprechende Anmerkung oben). Hier und in vielen anderen Fällen kommt ziemlich klar zum Ausdruck, dass die Judikative nicht mehr unabhängig ist und oft genug sogar als politisches Instrument missbraucht wird, wie wir bald noch deutlicher sehen werden. Vor einem solchen Justizapparat kann einem schon Angst und Bange werden. Durch derartige Einflussnahmen und manches Urteil auch der höchsten Gerichte hat ein großer Teil der Bevölkerung den Eindruck gewonnen, dass die Richter doch nicht so unabhängig von der Politik (d.h. von Exekutive und Legislative) sind, wie man das erwarten sollte.

Als ein ausgesprochenes Alarmzeichen ist es anzusehen, wenn Handlungen der Politik im Widerspruch zur Verfassung stehen. Auf grobe Verletzungen der Verfassung, durch die ehemalige Kanzlerin, hatten wir bereits in Kap. 1 hingewiesen. Der Verfassungsrechtler Arnim weist darauf hin, dass auch das Parlament mit seiner Selbstbewilligung von Extradiäten oder durch die unkontrollierte Fraktionsfinanzierung sowie andere ‚Usancen' ständig gegen die Verfassung verstößt [79]. Auch die schon seit Jahren vom Bundesverfassungsgericht (BVerfGE) angemahnte Wahlrechtsreform bei gleichzeitiger Verringerung der Anzahl der Parlamentssitze[18] ist trotz des inzwischen verabschiedeten Gesetzes noch nicht zufriedenstellend realisiert worden, s.u. Der letzte eklatante Fall von verfassungswidrigen Regierungshandeln, der nur vom BVerfGE gestoppt

---

[17] Es kann auch nicht sein, dass ein Befangenheitsantrag gegen die Richter des BVerfGE - wie der oben erwähnte - a priori mit der Begründung abgewiesen wird, weil er „dem grundgesetzlich und einfachrechtlich vorausgesetzten Bild des Verfassungsrichters" widerspreche. – https://www.bundesverfassungsgericht.de/SharedDocs/Pressemitteilungen/DE/2021/bvg21-090.html und
https://www.haufe.de/recht/kanzleimanagement/essen-mit-der-kanzlerin-macht-verfassungsrichter-nicht-befangen_222_548870.html, zuletzt aufgerufen am: 6.4.2024.
[18] https://verfassungsblog.de/vertagt-verdraengt-verfassungswidrig-wie-der-bundestag-sich-um-eine-ueberfaellige-reform-des-wahlrechts-drueckt/, zuletzt aufgerufen am: 30.4.2024.

werden konnte, fand seinen rechtlichen Widerhall in der Nichtigkeitserklärung für das zweite Nachtragshaushaltsgesetz 2021, was eine riesige Finanzlücke in den Haushaltsplan gerissen hat, s. hierzu Kap. 15. Das hinderte die Ampelkoalitionäre nicht daran, schon wieder über einen neuen Verfassungsbruch nachzudenken: ‚Aussetzen der Schuldenbremse wegen einer *unvorhergesehenen* Notsituation' (und zwar für 2023 rückwirkend und am besten gleich noch für 2024 vorausschauend). Eigentlich müsste man sich fragen, ob der Verfassungsschutz besser die Regierung unter Beobachtung nehmen müsste, statt der Opposition, die ständig auf diese Rechtsbrüche aufmerksam macht.

Sichtbaren Ausdruck findet die Misere auch in Urteilen des Bundesverfassungsgerichts, das immer wieder von der Regierung erlassene Anordnungen bzw. vom Bundestag verabschiedete Gesetze aufheben muss, weil sie nicht verfassungskonform sind.[19] Darüber hinaus fanden seit 2015 wiederholt Verfassungsbrüche durch die jeweilige Regierung im Zusammenhang mit der unkontrollierten Einwanderung von Flüchtlingen und in Deutschland Asyl Suchenden statt.[20] Außerdem werden unablässig das europäische Recht und europäische Verträge gebrochen. Nicht umsonst spricht der Verfassungsrechtler Vosgerau von einer Reihe „schleichender Staatsstreiche" [82]. Selbst im Jahr 2022 waren trotz gegenteiliger Beteuerungen (man erinnere sich: „Ein 2015 darf sich nicht wiederholen"[21]) - und noch einmal befeuert durch die unkontrollierte Aufnahme aller Ukraineflüchtlinge - die deutschen Grenzen weitgehend ungeschützt und für jeden Einreisewilligen praktisch offen.[22]

Auch die im Eilverfahren erfolgte verfassungswidrige Zustimmung des Parlaments zur de facto Begründung einer europäischen Schuldenunion konnte nur im letzten Moment gestoppt werden.[23] Die Vergemeinschaftung der Schulden raubt nicht nur Deutschland und den anderen EU-Mitgliedern ihre Budget-Hoheit, sondern sie ist auch noch ein Verstoß gegen den Maastricht-Vertrag. Was für den Bund zutrifft, findet sich auch auf der Landesebene wieder. So musste das von der rot-rot-grünen Regierung in Thüringen erlassene

---

[19] https://www.focus.de/politik/deutschland/richter-stoppen-gesetz-die-ampel-hat-selbst-fuer-den-stopp-des-heizungsgesetzes-gesorgt_id_198345358.html, zuletzt aufgerufen am: 4.4.2024.

[20] https://www.epochtimes.de/politik/deutschland/ex-verteidigungsminister-scholz-seit-2015-bricht-bundesregierung-ununterbrochen-das-grundgesetz-a2955095.html, zuletzt aufgerufen am: 4.4.2024.

[21] https://www.spiegel.de/politik/deutschland/angela-merkel-bei-cdu-parteitag-fluechtlingskrise-darf-sich-nicht-wiederholen-a-1124599.html, zuletzt aufgerufen am: 6.4.2024.

[22] https://www.tag24.de/nachrichten/regionales/sachsen/sie-kommen-mit-dem-zug-neue-fluechtlingswelle-ueberrollt-sachsen-2611114, zuletzt aufgerufen am: 6.4.2024.

[23] https://www.tichyseinblick.de/daili-es-sentials/bundesverfassungsgericht-stoppt-das-ja-des-bundestags-zur-eu-schuldenunion/, zuletzt aufgerufen am: 6.4.2024.

Gesetz, wonach die Landeswahllisten paritätisch mit Männern und Frauen besetzt werden sollten, als verfassungswidrig eingestuft und wieder kassiert werden. Es ist deshalb schon fast zur Normalität geworden, dass Verfassungsgerichte auf Landes- oder Bundesebene immer wieder eingreifen und Maßnahmen oder gar Gesetze zur Nachbesserung zurückweisen oder ganz aufheben müssen. Welch ein Glück, dass wenigstens in dieser Hinsicht der Rechtsstaat noch funktioniert.

Als Hüter der Verfassung sollte neben dem BVerfGE in besonderer Weise der Verfassungsschutz fungieren. Aber wer kontrolliert diese beiden Institutionen, wenn sich diese zu stark in Abhängigkeit von Regierungspolitik und Parteiinteressen begeben? Dafür sind durchaus Anzeichen vorhanden, worauf auch die erwähnten regelmäßigen Kontakte von Politikern und Verfassungsrichtern hindeuten. Der Chef des Verfassungsschutzes Haldenwang hält es sogar für seine ureigenste Aufgabe, die Oppositionspartei AfD klein zu halten (bezeichnenderweise hat er selbst konzediert, dass dies nicht ‚allein‘ seine Aufgabe sei).[24] Welch ein Verständnis von Demokratie, wenn eine Partei, die nach Umfragen von 20 bis 30% der Bevölkerung unterstützt wird, von ihm als verfassungsfeindlich und als rechtsextremer Verdachtsfall eingestuft wird. Es ist ja durchaus möglich, dass man die Haltung der AfD zur EU und zur NATO nicht teilt (das tue ich auch nicht) oder dass die These von der gezielten Transformation der Bevölkerung nicht richtig ist (wofür allerdings viele Indizien und Äußerungen von grünen Politikern sprechen), zu Verfassungsfeinden bzw. zu Verschwörungstheoretikern macht das die Vertreter dieser Meinung noch lange nicht. In einer Demokratie hat jeder das Recht, seine Meinung zu äußern, selbst wenn diese falsch sein sollte, im letzteren Fall ist sie jedoch durch Sachargumente zu widerlegen und nicht durch den Verfassungsschutz zu delegitimieren.

Es ist geradezu symptomatisch, dass unmittelbar nach Ankündigung der Gründung einer neuen konservativen Partei, der ‚WerteUnion‘, auch deren designierter Chef Maaßen vom Verfassungsschutz „ins Visier genommen wird“, wie die ‚Welt‘ schreibt.[25] Als ein Indiz dafür, dass er zu den ‚Rechtsextremen‘ zu zählen ist, wird in der ‚Begründung‘ u.a. angeführt, er habe die polizei-

---

[24] Nein, das ist überhaupt nicht seine Aufgabe! –
https://www.zeit.de/politik/deutschland/2023-06/afd-umfragewerte-verfassungsschutz-sorge-verdachtsfall
https://www.spiegel.de/politik/thomas-haldenwang-verfassungsschutzchef-sorgt-sich-wegen-afd-umfragewerten-a-13fdff74-1372-4b92-9997-ea58eeb3d13e, zuletzt aufgerufen am: 6.4.2024.

[25] https://www.welt.de/politik/deutschland/article249843634/Hans-Georg-Maassen-im-Visier-Verfassungsschutz-sammelt-umfangreiche-Daten-ueber-Ex-Behoerdenchef.html, zuletzt aufgerufen am: 1.2.2024.

lichen Maßnahmen gegen die Reichsbürger als „unverhältnismäßig" bezeichnet, s. u. Wenn eine solche Kritik am Regierungshandeln, ob berechtigt oder nicht, ein Fall für die Verfassungsschützer ist, dann unterscheiden sich diese nicht mehr groß von Mielkes Stasi, und jeder demokratische Diskurs wird erstickt bzw. nur noch von Ja-Sagern bestimmt. Außerdem wird der Verfassungsschutz durch dieses Vorgehen unter seinem Präsidenten Haldenwang und der demselben vorgesetzten Ministerin zur Intervention im Wahlkampfjahr 2024 missbraucht. Es müsste doch für jeden Bürger ein Alarmzeichen sein, wenn sich schon Professoren der Rechtswissenschaften in einer klaren Analyse veranlasst sehen zu konstatieren: „Thomas Haldenwang und Nancy Faeser verkörpern die personifizierte Bedrohung für unsere Demokratie".[26]

Leider häufen sich in den letzten Jahren auch Urteile des BVerfGE, die das Gerechtigkeitsgefühl der Bevölkerung arg strapazieren. Das betrifft z.B. die durch das Verfassungsgericht gegen den Widerstand Sachsen-Anhalts erzwungene Erhöhung des Rundfunkbeitrags im Jahre 2020.[27]. Dieser Beschluss musste schon wegen des an sich als ‚Zwangsgebühren' empfundenen Beitrags auf Unverständnis stoßen. Er wurde dann nach Bekanntwerden der Verschwendungssucht und Selbstherrlichkeit beim Sender RBB und in Anbetracht der exorbitanten Gehälter der Intendanten und Moderatoren von Fernsehshows bei allen Rundfunk- und Fernsehanstalten als glatter Hohn empfunden. Inzwischen ist der Ruf der ÖRM so weit ruiniert, dass selbst aus den einzelnen Funkhäusern und aus der Branche im weitesten Sinne dringend der Ruf nach Reformen laut wird (der RBB war offensichtlich nur die Spitze des Eisbergs).[28] Die Vorsitzende der Rundfunkkommission der Länder, Malu Dreyer, wollte ungeachtet dieser unglaublichen Zustände einen durch die Kritiker des maroden Systems verursachten „Angriff auf die Demokratie" erkennen. Welch eine Pervertierung der Tatsachen, nicht die einseitigen Berichterstatter, die Meinungsmanipulatoren in den Rundfunk- und Fernsehanstalten und die hemmungslosen Verschwender von Rundfunkgebühren sind in ihren Augen die Gefährder der Demokratie, sondern deren Kritiker!

Wenn die Kritik selbst am BVerfGE immer lauter und die Unabhängigkeit der höchsten Richter in Zweifel gezogen wird oder die Urteilsbegründungen mitunter weder für Fachleute noch für Laien nachvollziehbar sind, wie das beim Urteil des BVerfGE in Sachen Rundfunkgebühr der Fall war, dann ver-

---

[26] https://www.tichyseinblick.de/interviews/haldenwangfaeser-verkoerpern-bedrohung-demokratie-schwab/, zuletzt aufgerufen am: 10.4.2024.

[27] https://www.lto.de/recht/hintergruende/h/bverfg-1bvr275620-rundfunkbeitrag-erhoehung-verfassungsbeschwerde-art-5-gg-streit-sachsen-anhalt/, zuletzt aufgerufen am: 2.2.2024.

[28] https://www.berliner-zeitung.de/politik-gesellschaft/mitarbeiter-fordern-neuen-oeffentlich-rechtlichen-rundfunk-in-manifest-li.2202040, zuletzt aufgerufen am: 6.4.2024.

lieren die Bürger das Vertrauen in wichtige Verfassungsorgane. In Anbetracht dieser besorgniserregenden Situation und der Eingriffsmöglichkeiten von Gerichten in gesellschaftliche Prozesse wird deutlich, welch grundlegende Rolle ein intaktes Rechtswesen im allgemeinen und die Integrität der Verfassungsrichter im besonderen für unser Gesellschaft spielen. Der ehemalige Richter am BVerfGE Huber hat dies in dem Grundsatz zusammengefasst: „Der Rechtsstaat existiert durch das Gesetz, oder er existiert nicht!" [30, S. 456].

Die Rolle des zweiten Hüters der Verfassung, des Bundesamts für Verfassungsschutz (BfV), ist vor allem seit der fragwürdigen Ablösung des ehemaligen Präsidenten Maaßen ziemlich problematisch geworden (s. Kap. 1). Diese Institution stößt immer stärker auf Ablehnung, da es sich unter dem neuen Chef Haldenwang (CDU) an der durch die Innenministerin betriebenen Verwischung der Grenzen zwischen berechtigter Kritik an der Regierung und ‚Delegitimierung' derselben, d.h. letztlich am Untergraben der Meinungsfreiheit, aktiv beteiligt.[29] Von der Kernaufgabe, Schutz der Freiheitlich Demokratischen Grundordnung (FDGO),[30] wurde in den letzten Jahren das Gewicht der BfV-Aktivitäten immer stärker in Richtung Einflussnahme gegen die politische Konkurrenz und Machtsicherung der Regierung verschoben. Während sich Haldenwang z.B. intensiv bemüht, den rechtsextremistischen Charakter der AfD oder einiger ihrer Gliederungen nachzuweisen (also den seiner politischen Gegner und damit einer im Parlament vertretenen Partei), kann er an den Klimaterroristen der ‚Letzten Generation' nichts Extremistisches erkennen.[31] Das passt zur Links-Grün-Verschiebung seiner ganzen Partei, die von vielen Bürgern längst nicht mehr als ernsthafte Opposition wahrgenommen wird, sondern sich für alle sichtbar durch Anbiedern bei ihren (erhofften) zukünftigen Koalitionären auszeichnet.[32]

Wie in diesem Buch an vielen Stellen dargelegt, sind wichtige vom Bundesverfassungsgericht spezifizierte Prinzipien der FDGO inzwischen stark ins

---

[29] Dabei wird der Trick versucht, die Delegitimierung der Regierung und deren Handeln mit der Delegitimierung des Staates gleichzusetzen. Aber die Innenministerin ist nicht der Staat, oder wähnt sie etwa, eine Art Sonnenkönigin zu sein wie Ludwig XIV (L'Etat c'est moi!) – https://www.lto.de/recht/hintergruende/h/verfassungsschutz-kritik-extremismus-delegitimierung-verfassung-bericht/, zuletzt aufgerufen am: 29.4.2024.

[30] https://www.bpb.de/kurz-knapp/lexika/pocket-politik/16414/freiheitliche-demokratische-grundordnung/, zuletzt aufgerufen am: 30.4.2024.

[31] https://www.faz.net/aktuell/politik/inland/haldenwang-stuft-letzte-generation-als-nicht-extremistisch-ein-18467352/verfassungsschutz-praesident-18467363.html, zuletzt aufgerufen am: 6.4.2024.

[32] https://www.faz.net/aktuell/politik/inland/warum-die-cdu-unter-friedrich-merz-die-gruenen-lobt-18026216.html – In Intervallen verschiebt sich dabei die Präferenz der CDU je nach politischer Wetterlage einmal hin zu den Grünen und dann wieder weg von ihnen und hin zur SPD, zuletzt aufgerufen am: 6.4.2024.

Wanken geraten. Dazu gehören u.a.: Die Volkssouveränität (Wahlen werden rückgängig gemacht oder Wahlergebnisse gefälscht), die Gewaltenteilung (Einflussnahme von Politikern auf die Judikative), die Verantwortlichkeit der Regierung (Wo gibt es noch Rücktritte wegen gravierender Fehlleistungen oder von persönlichen Verfehlungen?), die Chancengleichheit für alle politischen Parteien mit dem Recht auf verfassungsmäßige Ausübung einer Opposition (Ausgrenzung einer Oppositionspartei, die in der BRD teilweise von fast 20% und in Sachsen bzw. Thüringen von ca. 30% der Wahlberechtigten präferiert wird, mit leicht steigender Tendenz in den Umfragen bezüglich der nächsten Wahlen).

Nicht nur in Ungarn und Polen, sondern auch in Deutschland, entsteht häufig ein Widerspruch zwischen nationalem Recht (insbesondere dem Verfassungsrecht) und Europäischem Recht. Das liegt schon daran, dass bis heute das Verhältnis zwischen beiden Rechtsordnungen nicht eindeutig geklärt ist.[33] Die Tatsache, dass die EU-Bürokratie immer wieder versucht, in einer Art Selbstermächtigung mit Hilfe des EuGH in die höchsten Rechtsrang genießenden und parlamentarisch gestützten nationalen Verfassungen einzugreifen, hat nicht nur zu erheblichen Spannungen innerhalb der EU geführt (so 2021 zwischen der EU und Polen), sondern dürfte auch eine der Ursachen für den Brexit gewesen sein. Auf diese Weise wird die EU kaputt gemacht.[34] Da den Institutionen der EU (einschließlich des Parlaments) nicht die gleiche Legitimation über demokratische Wahlen zugesprochen werden kann, wie den nationalen Einrichtungen (insbesondere den nationalen Parlamenten), können viele ihrer Handlungen durchaus als ‚Ultra-Vires-Akt‘ gewertet werden.[35]

Das Bestreben der EZB bzw. des EuGH, eine Suprematie über die nationale Finanzautonomie bzw. nationales Verfassungsrecht der Länder herzustellen, ist nicht einmal durch demokratische Grundsätze gedeckt. Zum einen ist bei den Wahlen zum EU-Parlament das wichtige Prinzip der Wahlgleichheit „Eine Person - eine Stimme" nicht gewährleistet,[36] Auch andere Gremien wie die EU-Kommission besitzen keine demokratische Zusammensetzung, weil je-

---

[33] https://www.bpb.de/kurz-knapp/lexika/das-europalexikon/177026/grundgesetz-und-eu-recht/, zuletzt aufgerufen am: 30.4.2024.

[34] Nicht nur in Polen, sondern auch in Ungarn und anderen Ländern mehren sich deshalb die Stimmen, die für einen Austritt aus der EU oder zumindest für eine Rückkehr zu den Prinzipien der EWG plädieren.

[35] Darunter versteht man Entscheidungen von Gerichten oder Behörden, die eine Kompetenzüberschreitung darstellen, d.h. eine „Anmaßung von Kompetenzen durch eine Autorität, die dafür kein demokratisches Mandat hat" [40, S. 164].

[36] Die Wählerstimmen der kleinen Länder werden unvergleichlich viel höher gewertet als die der großen Länder (die Stimmen der Zyprioten haben z.B. ein über 60-faches Gewicht gegenüber Deutschland). – Von der Farce der willkürlichen Installation der Ratspräsidentin von der Leyen (die bei der vorhergehenden Europawahl nebenbei gesagt auf keiner Wahlli-

dem Teilnehmerland der EU (ob groß oder klein) genau ein Mitglied in diesem Gremium zusteht. Damit haben beispielsweise die Stimmen von Luxemburg oder Malta das gleiche Gewicht wie die von Frankreich oder Deutschland. Als absolut unverständlich wird das Urteil des Deutschen Verfassungsgerichts (BVerfGE) hinsichtlich der Kompetenzüberschreitung des EuGH in Zusammenhang mit dem gigantischen Staatsanleihe-Aufkaufprogramm der EZB angesehen, das die Kläger als klaren Ultra-Vires-Akt ansahen. Das BVerfGE stimmte dieser Einschätzung zwar vom Grundsatz her zu und stellte fest,[37] „dass das Prinzip der begrenzten Einzelermächtigung als eines der Fundamentalprinzipien der Europäischen Union faktisch außer Kraft gesetzt wird". Nach diesem Grundsatz „dürfen die am Gesetzgebungsprozess beteiligten Organe der EU nur dann Gesetze (‚Rechtsnormen') erlassen, wenn sie durch die europäischen Verträge hierzu ausdrücklich ermächtigt sind".[38] Es betonte zwar schon in den Leitsätzen zum entsprechenden Urteil: „Der Rechtsprechungsauftrag des Gerichtshofs der Europäischen Union endet dort, wo eine Auslegung der Verträge nicht mehr nachvollziehbar und daher *objektiv willkürlich* ist". Es konnte (oder wollte) aber diese Willkür dann nicht erkennen, und sah sich deshalb außerstande, das EuGH-Urteil zu korrigieren. Die Klage wurde also letztlich abgewiesen, weil das Urteil des EuGH zum Ankauf der Staatsanleihen zwar schlecht begründet, aber wegen der vorliegenden Begründung nicht ‚willkürlich' war (d.h. es reicht irgend eine Begründung, und wenn sie noch so schlecht ist). – Auf den schädlichen Einfluss dieser Entscheidungen auf Wirtschafts- und Fiskalpolitik der Länder werden wir in Kap. 15 noch einmal zurückkommen.

Eine große Gefahr für die Rechtsprechung und ein Einfallstor für die Rechtsbeugung entsteht durch Zulassen schwammiger und unklar definierter Begriffe in die juristische Sprache, wie etwa durch den neu eingeführten Phänomenbereich „Verfassungsschutzrelevante Delegitimierung des Staates", auf den wir schon in Kap. 6 hingewiesen hatten. Mit dieser verschwommenen Formulierung ist nicht nur einer Überdehnung des neuen Sachverhalts von Seiten des Staates in beliebiger Richtung der Weg geebnet. Der Bürger wird auch dahingehend verunsichert, dass er gar nicht weiß, wann er eine rechtlich relevante Linie überschreitet, die ihn zum Zielpunkt des Verfassungsschutzes macht.[39]

---

ste stand) anstelle des tatsächlich gewählten Vertreters der siegreichen EVP, Manfred Weber, ganz zu schweigen, s, Kap. 3.

[37] https://www.bundesverfassungsgericht.de/SharedDocs/Entscheidungen/DE/2020/05/rs20200505_2bvr085915.html, zuletzt aufgerufen am: 30.4.2024.

[38] https://www.bpb.de/kurz-knapp/lexika/das-europalexikon/177210/prinzip-der-begrenzten-einzelmaechtigung/, zuletzt aufgerufen am: 30.4.2024.

[39] Siehe die oben angeführte dubiose Einstufung von Maaßen als ‚rechtsextrem' und Drucksache 20/774, Deutscher Bundestag, 20. Wahlperiode.

Dieser Vorstoß zur Aushöhlung der Demokratie ist schon deshalb äußerst gefährlich, weil es ja geradezu Aufgabe der Opposition in einem demokratischen Staat ist, die Regierung ständig zu kritisieren und damit ihre Legitimität immer wieder in Frage zu stellen. Aber genau diese Unterdrückung von Kritik ist in einem totalitären Regime gewollt, weil dadurch die Unsicherheit und die Bereitschaft der Ängstlichen zur Selbstzensur gefördert und die Meinungsfreiheit zerstört wird. Letztlich entsteht die Frage (wie sie in dem in der Fußnote zitierten Dokument auch aufgeworfen wird), ob die in diesem Zusammenhang geplanten Maßnahmen nicht eher einer Delegitimierung der Kritiker als der des Staates dienen. Diese Art von Rechtsauffassung erinnert fatal an diejenige der DDR, wo politische Gegner mit Hilfe der Paragraphen 106 und 220 des damaligen StGB ausgeschaltet wurden (§106 betraf die ‚Staatsfeindliche Hetze‘, vormals ‚Boykotthetze‘, und § 220 die öffentliche Herabwürdigung, welche die ‚Verächtlichmachung‘ staatlicher Organe umfasste).[40]

Zum vorher Gesagten passt das von der Familienministerin 2023 eingerichtete Denunziationsportal mit dem offiziellen Namen „Meldestelle Antifeminismus", das ausgerechnet bei der dubiosen linksradikalen Amadeu-Antonio-Stiftung angesiedelt wurde.[41] Dort können ‚Gender- und Trans-feindliche‘ Haltungen oder Äußerungen angezeigt werden, auch solche, die unterhalb der Schwelle des Justitiablen liegen. Auf dem Portal wird ausdrücklich darauf hingewiesen auch ‚unklare Fälle‘ anzuzeigen, dort heißt es unter „Vorfälle melden": „Sie sind sich nicht sicher, ob es sich wirklich um Antifeminismus handelt? Kein Problem, alle Meldungen sind wichtig". Man ist bestrebt, dass alle Fälle erfasst werden, „unabhängig davon, […] ob sie einen Straftatbestand erfüllen oder unter der sogenannten Strafbarkeitsgrenze liegen",[42] wobei alle Angaben im Meldeformular (mit Ausnahme einer u.U. fiktiven E-Mail-Adresse) fakultativ sind. Die nichtlegitimierte und demokratiefeindliche Einrichtung AAS wird sich schon darum kümmern, und die richtigen Schlussfolgerungen ziehen!

So etwas darf es in einem demokratischen Rechtsstaat einfach nicht geben; dort existieren Gesetze und Gerichte bzw. die Polizei, die über die Einhaltung des Rechts wachen, alles andere führt in einen Überwachungsstaat mit deutlich totalitären Zügen. Derartige denunziatorischen Aktionen verengen nicht nur den Meinungskorridor immer weiter (s. Kap. 6), sie sind auch als Anschläge

---

[40] Diese ‚Straftaten‘ waren in der DDR mit Strafen von 2 bis 10 Jahren (§106) bzw. mit bis zu 3 Jahren (§ 220) bewehrt.

[41] https://www.cicero.de/innenpolitik/lisa-paus-meldestelle-antifeminismus-identitatspolitik, zuletzt aufgerufen am: 30.4.2024.

[42] https://antifeminismus-melden.de/vorfall-melden/ und https://www.amadeu-antonio-stiftung.de/projekte/meldestelle-antifeminismus/, zuletzt aufgerufen am: 6.4.2024.

auf die Demokratie und den Rechtsstaat zu werten. Hier werden verfassungsrechtliche Grundsätze gebrochen, die Meinungsfreiheit unterminiert und die Persönlichkeitsrechte von Bürgern erheblich verletzt (Stichwort: Datenschutz, Wehrlosigkeit gegenüber anonymen Verdächtigungen usw.) Und das alles, ohne dass dies im Parlament einen Sturm der Entrüstung auslösen würde.[43] – Auf die spalterische und moralzersetzende Wirkung eines derartigen vom Staat geförderten Denunziantentums werden wir im nachfolgenden Kapitel noch genauer eingehen.

Es gehört bei allem Verständnis für die Not der Ukraine schon eine gewaltige Portion politische Blindheit dazu zu glauben, dass ausgerechnet aus einem der korruptesten Staaten Europas nur Hilfsbedürftige in die EU fliehen (wie wir in Kap. 4 gesehen hatten, befinden sich darunter u.a. auch viele Männer im wehrfähigen Alter). Aber auch über das Mittelmeer und die Balkanroute kommen wieder Migrantenströme in Größenordnungen wie sie zuletzt 2015 zu verzeichnen waren. In Anbetracht des Versagens des Rechtsstaates im Zusammenhang mit migrantischen und insbesondere islamistischen Straftätern wirken die Sätze der ehemaligen Kanzlerin „Wir schaffen das!" bzw. später dann „Wir haben das geschafft!"[44] wie populistischer Hohn bzw. glatte Lügen. Es ist einfach unglaublich, mit welcher Arroganz sich auch die SPD-Granden (wie die derzeitige Innenministerin Nancy Faeser oder die Kovorsitzende Esken) über die Sorgen und Befürchtungen der Kommunalpolitiker, Landräte und Ministerpräsidenten in der Flüchtlingsfrage hinwegsetzen[45] (vom Bundeskanzler, der bei unseren drängendsten Problemen oft schweigt und wiederholt mit seiner CumEx-Verwicklung konfrontiert wird, gar nicht zu reden).

Der mit der Migration verknüpfte Sozialmissbrauch verletzt das elementarste Gerechtigkeitsgefühl vor allem der Geringverdiener unter den ehrlich arbeitenden Menschen (Spitzen des Eisberges sind reiche Clanmitglieder, die demonstrativ mit Porsche am Sozialamt vorfahren, oder betrügerische Roma-Banden, die mit Scheinbeschäftigungen Geld verdienen[46]). In vielen Fällen ist den Missständen nicht einmal mit deutschem Recht beizukommen! Aber auch unter den biodeutschen Hartz IV-Empfängern bzw. Empfängern von Grundsicherung bzw. Bürgergeld gab und gibt es eben nicht nur Mitbürger, die unver-

---

[43] https://www.tichyseinblick.de/meinungen/meldestelle-antifeminismus-staatsrechtler-lindner/, zuletzt aufgerufen am: 30.4.2024.

[44] https://www.zeit.de/politik/deutschland/2021-11/angela-merkel-wir-schaffen-das-fluechtlinge, zuletzt aufgerufen am: 30.4.2024.

[45] https://www.deutschlandfunk.de/spd-vorsitzende-esken-stimmung-fuer-migration-staerken-100.html, zuletzt aufgerufen am: 6.4.2024.

[46] https://www.focus.de/politik/deutschland/banden-nehmen-die-stadtkassen-aus-schein-firmen-fuer-roma-arbeiter-so-lief-der-sozialbetrug-von-finanzjongleur-ali-k_id_8835840.html, zuletzt aufgerufen am: 30.4.2024.

schuldet in ihre prekäre Situation geraten sind, sondern einen nicht unerheblichen Anteil, der gar nicht arbeiten will und wegen der verfehlten Eingliederungspolitik vielfach auch nicht mehr arbeiten kann.[47] Es ist also kein Wunder, dass das gesamte Sozialsystem aus den Fugen gerät und so nicht aufrecht zu erhalten sein wird, s. Kap. 16. – Während der Rechtsstaat einen Niedergang erlebt, setzt (wie Rainer Wendt schreibt) der immer schwächer werdende Staat in vielen Bereichen unsere Sicherheit aufs Spiel [87]. Aber, statt diese Alarmrufe (auch die früheren, bereits genannten von Buschkowsky[8] oder Heisig bzw. [26]) ernst zu nehmen, wurden diese als unbequeme ‚Kassandras' diskreditiert oder einfach ignoriert.[48]

Weder bei migrantischen noch bei politisch motivierten Straftaten sorgt der Staat für eine klare Transparenz. Obwohl es das Definitionsgerüst der PMK (Politisch motivierte Kriminalität) gibt,[49] lässt es viel Spielraum für Interpretationen. Dort heißt es u.a., dass Taten als politisch motiviert einzuordnen sind, wenn sie sich gegen Personen „wegen ihrer politischen Einstellung, Nationalität, Volkszugehörigkeit, Rasse, Hautfarbe, Religion, Weltanschauung, Herkunft oder aufgrund ihres äußeren Erscheinungsbildes, ihrer Behinderung, ihrer sexuellen Orientierung oder ihres gesellschaftlichen Status richten (sog. Hasskriminalität)". Trotzdem werden Ethnien der Täter oder ihr religiöser bzw. ideologischer Hintergrund (vor allem wenn sie aus dem links-grünen Spektrum kommen) entweder gar nicht erfasst, oder zumindest in der Öffentlichkeit einfach verschwiegen. Dadurch entsteht in der Bevölkerung der durchaus berechtigte Eindruck, dass der Linksextremismus schlicht verharmlost wird (s. hierzu auch Kap. 13).

Oftmals werden antisemitische Straftaten selbst dann einfach als ‚Rechts' eingestuft, wenn sich am Ende herausstellt, dass sie von radikalen Moslems begangen wurden.[50] Diese irreführende Zuordnung ergibt sich schon aus der Definition der PMK-rechts: „Das wesentliche Merkmal einer ‚rechten' Ideologie ist die Annahme einer Ungleichheit bzw. Ungleichwertigkeit der Menschen".[51]

---

[47] https://www.tag24.de/chemnitz/chemnitz-rtl2-armes-deutschland-jobcenter-simone-denis-1210203, zuletzt aufgerufen am: 6.4.2024.

[48] Für den mehr als mysteriösen Tod der Berliner Richterin Kirsten Heisig gibt es übrigens bis heute keine befriedigende Erklärung, ganz abgesehen vom undurchsichtigen Verhalten der Berliner Justiz in dieser Sache, s. hierzu die Dokumentation: http://www.kirstenheisig.info/mord.html und [88].

[49] https://www.bmi.bund.de/SharedDocs/faqs/DE/themen/sicherheit/pmk/pmk.html,   zuletzt aufgerufen am: 30.4.2024.

[50] https://www.tagesspiegel.de/politik/die-statistik-gibt-nicht-die-realitaet-wider-antisemitische-straftaten-unter-dem-radar-der-polizei/27193108.html,   zuletzt   aufgerufen am: 6.4.2024.

[51] https://www.bka.de/DE/UnsereAufgaben/Deliktsbereiche/PMK/PMKrechts/PMKrechts_node.html, zuletzt aufgerufen am: 30.4.2024.

Daraus resultiert dann auch eine Verfälschung der Statistik, z.B. wenn antisemitische Hetzveranstaltungen von Islamisten in die Kategorie ‚Rechts‘ eingeordnet werden. Deshalb werden auch die ‚Grauen Wölfe‘ als stärkste rechtsextreme Gruppierung angesehen (eine von der Türkei aus gesteuerte Organisation, die bei uns in Deutschland quasi unbehindert ihre Aktivitäten betreiben kann, s. Kap. 13). Dadurch lassen sich propagandistisch viel leichter Brücken zu den ‚Rechten‘ in Deutschland herstellen, so dass sich die Grenzen noch mehr verwischen. Hinzu kommt, dass man gerade im Bereich der PMK kaum Straftaten gegeneinander aufwiegen kann: Ist das Zeigen eines verbotenen Symbols genau so gefährlich wie das Zusammenschlagen einer Verkäuferin in einem Devotionalienladen der Rechten? Man kann durchaus davon ausgehen, dass die gewalttätigen Linken genau so gefährlich sind wie die gewalttätigen Rechten. Das wird aber in der PMK-links nicht widergespiegelt.[52] Dort versucht man einerseits durch Hervorhebung der Bezüge linker Straftaten zu Anarchismus und Kommunismus den Kontext einzuengen, erwähnt aber die typischen Angriffe linker Extremisten auf Polizei und Ordnungskräfte (etwa im Rahmen von Großereignissen und Demos) mit keinem Wort.

Pauschale Urteile unserer Regierung, vor allem vertreten durch die mit der Antifa sympathisierende Innenministerin, wie: „Der Rechtsextremismus ist die größte extremistische Bedrohung für unsere Demokratie und die größte extremistische Gefahr für Menschen in unserem Land“[53] sind doch zu hinterfragen. Die einseitige Interpretation der Statistik geht aus dem soeben zitierten Bericht selbst hervor. Dort liest man beispielsweise: „Besonders besorgniserregend ist der Anstieg der antisemitischen Straftaten um 29 Prozent auf den Höchststand von 3.027 Straftaten. 84 Prozent dieser Straftaten wurden im Phänomenbereich ‚PMK rechts‘ verzeichnet“. Damit wird genau die oben vertretene These bestätigt: Egal wer aus welchen Motiven eine solche Straftat begangen hat, sie wird dem rechten Spektrum zugeordnet. Dass gerade im Bereich PMK ein starker Statistik-Missbrauch zu verzeichnen ist, belegt auch die Einschätzung der sächsischen Polizei, wonach „Linke deutlich mehr Gewaltstraftaten als Rechte“ verüben.[54] Diese Aussage widerspricht den Feststellungen der Innenministerin diametral. Zu einer analogen Feststellung kommt die Konrad-Adenauer-Stiftung: „2020 [gab es] 10.971 Straftaten. Davon waren 1.526 Gewalttaten. Somit überstieg die Zahl der ‚links‘ motivierten Gewalttaten 2020

---

[52] https://www.bka.de/DE/UnsereAufgaben/Deliktsbereiche/PMK/PMKlinks/PMKlinks_node.html, zuletzt aufgerufen am: 6.4.2024.

[53] https://www.bundesregierung.de/breg-de/suche/kriminalitaetsstatistik-pmk-2016140, zuletzt aufgerufen am: 30.4.2024.

[54] https://m.focus.de/politik/sicherheitsreport/analyse-zu-politisch-motivierten-straftaten-sachsen-gilt-als-hochburg-rechter-gewalt-dabei-schlagen-linke-taeter-viel-haeufiger-zu_id_12744985.html, zuletzt aufgerufen am: 30.4.2024.

die der ‚rechts‘ motivierten (1.092) erheblich“.[55] Hier bestätigt sich erneut, dass man Statistiken nicht unbedingt vertrauen kann (insbesondere, wenn man sie nicht selbst gefälscht hat), s. Kap. 7.

Drastische Einschränkungen der Grundrechte waren im Zusammenhang mit der Corona-Pandemie und den entsprechend getroffenen Maßnahmen gang und gäbe. Diese betrafen die Lockdown-Maßnahmen genau so wie die Verwehrung des Rechts auf Versammlungsfreiheit oder mit brachialer Gewalt durchgesetzte Demonstrations- bzw. Ausgehverbote. Möglicherweise war auch die Angst vor einer Entwicklung wie 1989 in der DDR die wirkliche Ursache für den martialischen Polizeieinsatz, denn immer mehr Rufe der Art „Die Regierung muss weg“ wurden laut. – Impfgegner wurden ebenso als ‚Querdenker‘ oder ‚Aluhüte‘ diffamiert wie Menschen, die gegen das Maskentragen im Freien protestierten, obwohl sich doch inzwischen herausgestellt hat, dass deren Bedenken nur zu berechtigt waren (s. Kap. 16). Auch arbeitsrechtlich wurden Nichtgeimpfte gegenüber Geimpften diskriminiert (s. hierzu Kap. 16). Obwohl es zaghafte Versuche des MDR gab, diese Ungleichbehandlungen zu thematisieren, hat es materielle Wiedergutmachungen bestenfalls in Einzelfällen gegeben.[56]

Der Organisator der Querdenkerdemos, Frank Ballweg, wurde unter fadenscheinigen Gründen sogar 9 Monate wegen angeblicher ‚Fluchtgefahr‘ in U-Haft genommen und musste letztlich wegen offensichtlicher Falschanklage freigelassen werden.[57] Man vergleiche damit den milden Umgang der Richter mit der wegen Gewaltverbrechen verurteilten Lina E. (sie wurde unmittelbar nach Urteilsverkündung auf freien Fuß gesetzt, obwohl ihr mitangeklagter Freund und Mittäter bereits untergetaucht war). Analoge Rechtsbeugungen mussten der unbequeme Infektionsepidemiologe Sucharit Bhakdi (s. Kap. 16) und der ehemalige Chef des Bundesamtes für Sicherheit in der Informationstechnik Arne Schönbohm erleben (s. Kap. 13).

Dabei werden von unserer Justiz erkennbar doppelte Standards bei der Verfolgung tatsächlicher oder auch nur vermeintlicher Rechtsbrüche angewendet. Während arabische Demonstranten, die israelische Fahnen verbrennen oder Hassparolen gegen Juden rufen, von unseren staatlichen Organen wenig zu befürchten haben (schon gar keine Inhaftierungen), wurde der Kritiker der

---

[55] https://www.kas.de/de/web/extremismus/linksextremismus/ab-wann-gilt-eine-straftat-als-linksextremistisch, zuletzt aufgerufen am: 30.4.2024.

[56] https://www.mdr.de/nachrichten/deutschland/panorama/corona-impfung-wirkung-kritik-ungeimpfte-100.html und https://www.welt.de/politik/deutschland/article243586833/Arbeitsgericht-Dresden-Unbezahlte-Freistellung-Ungeimpfter-war-rechtswidrig.html, zuletzt aufgerufen am: 6.4.2024.

[57] https://www.tichyseinblick.de/daili-es-sentials/ballweg-opfer-juristisches-versagen-willkuer/, zuletzt aufgerufen am: 30.4.2024.

Corona-Maßnahmen Bakhdi wegen angeblicher Volksverhetzung und antise-mitischer Äußerungen vor Gericht gebracht. Es ist ein ermutigendes Zeichen für eine in Teilen doch noch intakte unabhängige Rechtsprechung, dass das gegen ihn angestrengte Verfahren zunächst wegen unzureichender Begrün-dung des Vorwurfs eingestellt wurde.[58] Daraufhin hat der Oberstaatsanwalt in Schleswig das Verfahren an sich gezogen und neu aufgerollt.[59] – Passend dazu wurde Ballweg, wegen unberechtigt unterstellter Veruntreuung von Spenden-mitteln mehrere Monate ohne Gerichtsurteil in Untersuchungshaft gehalten, während Clanmitglieder, die in Verbrechen verwickelt sind, oder der Vater der jesidischen Ehrenmord-Familie in Detmold, ohne den sicherlich die geplan-te Familienvendetta nicht stattgefunden hätte, zumindest bis zum Prozess auf freiem Fuß bleiben (zu diesem Fall s. Kap. 8). Die Inhaftierung von Ballweg noch vor dem eigentlichen Prozess wegen ‚Fluchtgefahr' mit offensichtlich fa-brizierten Unterschlagungsvorwürfen kann man demgegenüber durchaus als politisch motivierte juristische Willkür ansehen.

Die links-grüne Ideologie ist so weit zum Mainstream geworden, dass selbst Minister (darunter sogar Justizminister und Bildungsminister) wärmstes Verständnis für Schulstreiks der FFF-Bewegung gezeigt haben, oder die Ex-tremisten der ‚Letzten Generation' werden in den ÖRM geradezu hofiert und von Spitzenpolitikern der Grünen öffentlich mit Wohlwollen bedacht. Es gibt jedoch in Deutschland eine gesetzliche Schulpflicht, die auch für Anhänger der FFF-Bewegung gilt und deren bewusste Verletzung gerade von der Regie-rung nicht hingenommen werden darf. Wie will man anders die Schulpflicht allgemein durchsetzen oder gar begründen, dass bei ‚gewöhnlichem' Schul-schwänzen Ordnungsstrafen fällig sind? Eine Moderatorin der ARD bringt ihre Sympathie für die kriminelle Vereinigung ‚Extinction Rebellion' unter Verlet-zung der Neutralitätspflicht in geradezu peinlicher Weise zum Ausdruck. Sie umarmt eine militante Vertreterin dieser Gruppierung in einem öffentlichen Auftritt geradezu überschwänglich und verkündet frohgemut: „Der Klimaakti-vismus bringt mich zum Orgasmus".[60] – Es darf im Fernsehen und generell in den ÖRM kein Wohlwollen irgendwelcher Art und keine Ausnahmeregelung für bestimmte Ideologen geben, für die der Straftatbestand der Nötigung oder des schweren Eingriffs in den Straßenverkehr offenbar nicht gilt (wie das die

---

[58] https://rp-online.de/panorama/deutschland/sucharit-bhakdi-freispruch-vom-vorwurf-der-volksverhetzung_aid-90882873, zuletzt aufgerufen am: 30.4.2024.

[59] Eine solche Hartnäckigkeit wäre eher bei den wirklich gefährlichen Hamas-freundlichen Antisemiten in Deutschland angebracht. – https://www.tagesschau.de/investigativ/bhakdi-antisemitismus-111.html, zuletzt aufgerufen am: 30.4.2024.

[60] https://www.focus.de/politik/meinung/kommentar-ard-moderatorin-herzt-klima-extremistin-und-nutzt-rundfunk-schamlos-aus_id_200468241.html
, zuletzt aufgerufen am: 7.4.2024.

Klimaextremisten für sich in Anspruch nehmen), denn nach wie vor gilt der Grundsatz: „Gleiches Recht für Alle." Wenn jeder, der vorgeblich ein moralisch hehres Ziel verfolgt, glaubt, sich außerhalb von Recht und Gesetz stellen zu dürfen, dann ist der Rechtsstaat am Ende (ganz abgesehen von der damit verbundenen moralischen Überhöhung gegenüber anderen Bürgern).

Der Versuch von Links-Grün, die Verfassung auf parlamentarischem oder außerparlamentarischem Weg zu ändern, ist offensichtlich. Zuletzt wurde von der Ampelregierung im Schnellverfahren ein Gesetz zur Verkleinerung des Bundestags durch das Gremium gepeitscht, das SPD und Grüne bevorteilt und die Opposition benachteiligt.[61] Obwohl die Reduzierung der Sitzanzahl schon längst fällig war, darf dies auf keinen Fall zu Ungunsten der Direktmandate und zu Gunsten der Listenplätze geschehen (außerdem ist die Verkleinerung immer noch nicht ausreichend: Statt der von vom Bundestagswahlgesetz vorgeschriebenen 598 Sitze wird sich der Umfang immer noch auf 630 Sitze belaufen). Es müsste eher umgekehrt sein, dass die in den Wahlkreisen direkt erworbenen Mandate absolute Priorität gegenüber den Listenplätzen haben, da letztere bzw. die entsprechenden Mandatsträger viel stärker von der jeweiligen Parteispitze abhängen. Darüber hinaus sind die Listenplätze eine der Quellen für das umfangreiche unqualifizierte Personal in unserem Bundestag und für jede Art von Quotenmissbrauch. Auf jeden Fall ist die Wahlrechtsreform ein solch wichtiger Eingriff in die Grundfesten unseres Verfassungsrechts, dass sie nicht ohne breite gesellschaftliche Diskussion und intensive parlamentarische Auseinandersetzung realisiert werden darf. Es ist also nur folgerichtig, dass die ersten Verfassungsklagen gegen die umstrittene Wahlrechtsreform bereits angekündigt sind.

Ein weiteres rechtsfeindliches Beispiel lieferte die Forderung der Grünen im Wahlkampf 2021, nach Einführung eines „Klimaschutzministeriums mit Vetorecht",[62] was nicht nur verfassungsrechtlich abzulehnen ist, s. Art. 65 GG, sondern ein Ministerium mit beispielloser Machtfülle schaffen würde (von der Infragestellung der Richtlinienkompetenz des Bundeskanzlers ganz abgesehen). Das wäre dann sozusagen die Vollendung des links-grünen Marschs durch die Instanzen. Auch die sich wie eine Krankheit ausbreitende, völlig intransparente Arbeit der von Links-Grün dominierten NGOs, die oft genug direkt oder indirekt vom Staat gefördert werden und sich teilweise sogar mit der Denunziation von Bürgern befassen, untergraben den Rechtsstaat.

---

[61] https://www.rnd.de/politik/umstrittenes-vorhaben-der-ampel-koalition-bundestag-entscheidet-ueber-wahlrechtsreform-NMTBR2QTB2TGMI4PZ4MP2ESNBQ.html, zuletzt aufgerufen am: 30.4.2024.

[62] https://m.faz.net/aktuell/politik/inland/gruene-wollen-klimaschutzministerium-mit-veto-recht-17467458.html, zuletzt aufgerufen am: 7.4.2024.

Überhaupt wird die Rechtssicherheit im Zusammenhang mit der erratischen Klimapolitik permanent gefährdet, wie sich u.a. an den Auseinandersetzungen um den Hambacher Forst oder um den Tagebau Lützerath zeigte (s. Kap. 14). Die Klimaextremisten nahmen für sich einfach in Anspruch, die von mehreren Gerichtsinstanzen bestätige Einigung zu ignorieren, die zwischen der schwarz-grünen NRW-Regierung mit RWE zur Räumung des Dorfes Lützerath und zur Nutzung der darunter liegenden Braunkohle im Gegenzug für den vorzeitigen Kohleausstieg im Jahre 2030 getroffen wurde. Welcher Investor soll sein Geld noch in Deutschland anlegen, wenn die dafür erforderlichen und eigentlich auch vorhandenen Rechtsgrundlagen von einem Teil der Bevölkerung (der sich aber großer medialer Präsenz und gesellschaftlicher Aufmerksamkeit erfreut) missachtet werden. – Es ist geradezu ein Merkmal von Links-Grün, dass sie Recht und Gesetz glauben missachten zu können, wenn ihre selbstdefinierten Ziele dies erfordern. Bezeichnend war z.B. die Klage der Klimaextremisten über ‚Polizeischikanen' bei der Räumung des Hambacher Forstes, nachdem sie die Polizisten gebissen, mit Fäkalien beworfen und den Einsatz der Ordnungskräfte mit Nagelbrettern und ‚Krähenfüßen' behindert hatten.[63] In vielen dieser sich ständig wiederholenden Fälle lässt sich die Polizei in den Augen der Bürger einfach vorführen, statt wirkungsvoll durchzugreifen.

Der Missbrauch der Verfassungsschutzorgane durch die Regierungen (sei es auf Landes- oder Bundesebene) zur Bekämpfung des politischen Gegners ist nicht mehr zu übersehen, was langfristig zum Zerfall des Rechtsstaates beitragen wird. Aus schierer Angst vor den desolaten Umfragewerten der Regierungsparteien werden inzwischen alle Machtmittel und insbesondere der Verfassungsschutz eingesetzt, um den politischen Gegner (allen voran die erstarkende AfD und die neu entstandene Partei WerteUnion) zu bekämpfen, wobei man unterstützt von den MSM vor den übelsten Verleumdungen nicht zurückschreckt (wie das etwa im Zusammenhang mit der Correctiv-Kampagne zu beobachten war, s. Kap. 10).

Die wachsende Übergriffigkeit dieser Institutionen, die eigentlich dem Schutz der Verfassung dienen sollten, zeigt sich u.a. auch darin, dass diese sogar vom Bundesverfassungsgericht wegen Verstoßes gegen die Grundrechte gerügt werden müssen. So wurde etwa das Bayrische Verfassungsschutzgesetz vom obersten Verfassungsgericht als „teilweise verfassungswidrig" eingestuft.[64] Als besonders schlimm ist jedoch anzusehen, dass solche Fälle, wie

---

[63] https://www.welt.de/politik/deutschland/article210128771/Hambacher-Forst-Vermummte-bewerfen-Polizei-Ende-Gelaende-beklagt-Schikane.html, zuletzt aufgerufen am: 30.4.2024.

[64] https://www.bundesverfassungsgericht.de/SharedDocs/Pressemitteilungen/DE/2022/bvg22-033.html, zuletzt aufgerufen am: 30.4.2024.

die Verletzung des Grundgesetzes durch die ehemalige Kanzlerin bei der Revidierung der Thüringenwahl 2020 für die Verantwortlichen keinerlei Konsequenzen zu haben scheinen. Was ist das für eine Demokratie, in der nicht einmal gerichtsnotorisch festgestelltes verfassungswidriges Handeln ein Anlass zu juristischen Maßnahmen oder ein Rücktrittsgrund für Amtsträger ist? Im Gegenteil, Angela Merkel hat sogar trotz ihrer mehrfachen Rechtsbrüche und anderer Fehlleistungen vom Bundespräsidenten noch 2023 den höchsten Orden der Bundesrepublik verliehen bekommen (s. Kap. 1).

Dem Verfassungsschutz kann eine ausgesprochene Linkslastigkeit bescheinigt werden. Das zeigt sich u.a. darin, dass sein Präsident Haldenwang - wie bereits erwähnt - zwar alles unternimmt, um den politischen Gegner AfD als Verdachtsfall zu etablieren,[65] den Klimachaoten der ‚Letzten Generation‘ jedoch eher neutral bis wohlwollend gegenüber steht.[66] Selbst bei der Besetzung von Richterämtern scheint es Doppelstandards zu geben. Während man versucht, AfD-Mitglieder von den Gerichten fernzuhalten, wurde in Mecklenburg-Vorpommern die Linke Barbara Borchardt (Mitbegründerin der ebenfalls vom Verfassungsschutz beobachteten ‚Antikapitalistischen Linken‘ und zu DDR-Zeiten eifrige Befürworterin des Mauerbaus) sogar als Verfassungsrichterin berufen.[67] Selbst die renommierte Autorin und Verfassungsrichterin Juli Zeh (Land Brandenburg), die sich noch mit Recht gegen die verfassungswidrigen Lockdown-Maßnahmen der Regierung eingesetzt hatte, ist hinsichtlich ihrer zweifelhaften, eine Unterstellung enthaltenden Aussage zur wichtigen Rolle von Gerichten im Kampf gegen ‚Rechts‘ zu kritisieren, „wenn sie [die Gerichte] etwa über Klagen rechter Parteien entscheiden müssen, die darauf abzielen, die Arbeit in den Parlamenten aufzuhalten".[68] Nein, Gerichte in einer Demokratie haben „sine ira et studio" darüber zu entscheiden, ob Gesetze (im Falle des Verfassungsgerichts: das Grundgesetz) verletzt wurden oder nicht. Sie dürfen eben nicht wie in der DDR eine ‚Klassenjustiz‘ bilden, für die politische Haltungen oder Meinungen eine Rolle spielen.

Wenn Regierungshandlungen und Gesetzesvorhaben gerichtlich (u.a. vom Verfassungsgericht) revidiert werden, kann man das einerseits als Indiz für das Funktionieren des Rechtsstaates ansehen. Wenn sich solche gerichtlichen Re-

---

[65] https://www.tagesspiegel.de/politik/verfassungsschutz-gegen-afd-dieser-teil-der-losung-ist-ein-teil-des-problems-11343559.html, zuletzt aufgerufen am: 30.4.2024.

[66] https://www.tagesspiegel.de/politik/amt-schaut-taglich-genau-hin-verfassungsschutz-halt-letzte-generation-nicht-fur-extremistisch-9502538.html, zuletzt aufgerufen am: 30.4.2024.

[67] https://www.deutschlandfunk.de/mecklenburg-vorpommern-kritik-an-neuer-richterin-des-100.html, zuletzt aufgerufen am: 30.4.2024.

[68] https://www.sueddeutsche.de/politik/landtag-potsdam-schriftstellerin-juli-zeh-als-verfassungsrichterin-vereidigt-dpa.urn-newsml-dpa-com-20090101-190130-99-778961, zuletzt aufgerufen am: 30.4.2024.

visionen jedoch häufen und die in Frage stehenden Gesetzesvorhaben vor allem gegen die Opposition gerichtet sind, ist das andererseits kein gutes Zeichen für das Demokratie- und Rechtsverständnis bzw. die Kompetenz der Initiatoren und ihrer untergeordneten Organe. Insbesondere im Bereich der Wirtschafts- und Energiepolitik mussten in letzter Zeit zu viele Vorhaben (wie z.B. die Gasumlage) wieder zurückgenommen werden, s. Kap. 15, wobei es einige, wie die genannte Gasumlage, nicht einmal bis zu einem Gesetzesentwurf gebracht haben.[69] An den oben angeführten Revisions-Urteilen zeigt sich einerseits deutlich, wie wichtig die Unabhängigkeit der Gerichte für eine wahrhafte Demokratie ist. Andererseits wirft es ein bezeichnendes Licht auf die Fähigkeiten der herrschenden Politelite, wenn ständig von der Regierung verordnete Maßnahmen sogar durch höchste Gerichte als verfassungswidrig eingestuft werden müssen. So wird - wie bereits angedeutet - das Gesetz zur Wahlrechtsreform vom März 2023 höchstwahrscheinlich auch wieder vor dem Verfassungsgericht landen. Es ist ausgesprochen beunruhigend, wenn sich nach einer Allensbach-Umfrage zwei Drittel der Richter und Staatsanwälte in Deutschland um die Unabhängigkeit der Justiz sorgen,[70] wobei insbesondere die Weisungsbefugnis der Justizminister gegenüber Staatsanwälten ein Problem darstellt. Aber auch eine Befangenheit von Richtern wegen zu großer Politiknähe kann eine unvoreingenommene Rechtsprechung beeinflussen, ein Vorwurf, der selbst den Verfassungsrichtern nicht erspart geblieben ist, s.o.

Ein ständiges Ärgernis - auch juristisch gesehen - stellen die Zwangsgebühren der GEZ für die ÖRM dar, die weder rechtlich noch aus Konsumentensicht mehr zu rechtfertigen sind, da die durch den Rundfunkvertrag gebotene Objektivität und Neutralität nicht mehr gewährleistet ist. Diese Gebühren werden so lange ein Stein des Anstoßes bleiben, bis die Unabhängigkeit der Vierten Gewalt wieder hergestellt ist. Die Einseitigkeit der ÖRM erkennt man täglich an der Zusammensetzung der Talkshows, sie zeigt sich in den Meldungen der Tagesschau und den Stellungnahmen von immer denselben ausgewählten ‚Experten' (s. Kap. 16 und 15) oder an den exorbitanten Honoraren für regierungsaffine Moderatoren und Moderatorinnen.[71] Nichts Gutes für die zukünftige Ausgewogenheit der Berichterstattung verheißt eine Umfrage unter den Volontären der ARD, von denen nach eigenen Angaben 92% rot-rot-grün

---

[69] https://www.focus.de/finanzen/news/gas-umlage-gekippt-das-gilt-jetzt-wenn-sie-hohe-gas-rechnungen-erhalten-haben_id_154050476.html, zuletzt aufgerufen am: 1.5.2024.

[70] https://regionalheute.de/deutsche-richter-und-staatsanwaelte-in-sorge-um-unabhaengigkeit-1677313564/, zuletzt aufgerufen am: 30.4.2024.

[71] https://www.faz.net/aktuell/feuilleton/medien/linda-zervakis-und-das-kanzleramt-dafuer-bekam-sie-12-000-euro-18733236.html, zuletzt aufgerufen am: 30.4.2024.

wählen würden.[72] Das Schlimme ist, dass ein großer Teil der Bevölkerung diese Schieflage der ÖRM erkennt und auf das Schärfste verurteilt, sich aber nicht gegen die Zwangsgebühren wehren kann. Wenn z.B. ein Asylant jemanden körperlich verletzt, kann er u.U. mit Bewährungsstrafe oder mit dem Lesen eines Buches davonkommen. Wenn jemand die GEZ nicht bezahlt, kann er im schlimmsten Fall sogar im Gefängnis landen.[73]

Das links-grüne Lager nimmt für sich ständig rechtsfreie Räume in Anspruch, wie etwa der Schulstreik für die Klimarettung (Verletzung der Schulpflicht s. Kap. 14) oder wiederholte Hausbesetzungen (Verletzung des Eigentumsrechts, s.o.) zeigen. Ganz häufig beobachtet man den ausdrücklich begrüßten oder manchmal auch nur mehr oder weniger wohlwollend geduldeten ‚Rechtsbruch für die gute Sache', wie es z.B. der Beifall der Vorsitzenden der Grünen anlässlich der Autobahnblockaden durch die anarchische Protestbewegung ‚Letzte Generation' belegt, s.u.[74] – Auch die Inanspruchnahme des Rechts auf Kirchenasyl untergräbt letztlich den Rechtsstaat, die geltenden Gesetze und sogar das Wirken der Exekutive (z.B. bei der Verhinderung von rechtlich verordneten Abschiebungen von Asylbewerbern), s. Kap. 8.

Die gleiche anmaßende Haltung gegenüber geltendem Recht nehmen die Kapitäne der von kirchlichen und anderen Nichtregierungs-Institutionen gecharterten Schiffe ein. Diese transportieren mit aktivistischem Eifer Flüchtlinge unter unzulässiger Ausdehnung des Seenotrettungs-Rechts in Mittelmeer-Anrainerstaaten (meist gegen deren Widerstand), obwohl bekannt ist, dass der Notzustand von den Schleusern der Migranten bewusst herbeigeführt wurde, s. Kap. 11. Wenn aber jeder das Recht in die eigene Hand nimmt, der glaubt, eine gute Sache zu vertreten, dann brauchen wir weder Gesetze noch Richter, und der Willkür sind Tür und Tor geöffnet, womit dann auch der Rechtsstaat aufhört zu funktionieren. Der ehemalige Verfassungsrichter Papier schreibt hierzu: „Subjektive Moralvorstellungen können die integrierende Kraft des Rechts keinesfalls ersetzen und dürfen sie auch nicht untergraben", und an anderer Stelle „Mitgefühl ersetzt kein Recht", [62, S. 16 bzw. 46].

Dementsprechend gibt es viele Politiker mit ausgesprochener Sympathie für Linksextreme, so wenn eine Bundestagsvizepräsidentin (Grüne) auf linken Demos mitläuft, auf denen „Deutschland, Stück Scheiße" skandiert wird. Das

---

[72] https://www.welt.de/debatte/kommentare/plus219289186/Oeffentlich-Rechtliche-Ausgewogene-Berichterstattung-92-Prozent-der-ARD-Volontaere-waehlen-gruen-rot-rot.html, zuletzt aufgerufen am: 30.4.2024.

[73] https://www.nzz.ch/feuilleton/gez-verweigerer-notfalls-gehen-sie-auch-ins-gefaengnis-ld.1627062, zuletzt aufgerufen am: 7.4.2024.

[74] https://www.bild.de/politik/inland/politik-inland/klima-kids-behindern-rettungskraefte-gruenen-chefin-hat-verstaendnis-fuer-strass-79060100.bild.html, zuletzt aufgerufen am: 7.4.2024.

hindert solche Politiker aber nicht, lautstark zu fordern, dass sich bei anderen Gelegenheiten (wie z.B. Querdenkerdemos) die Teilnehmer von mitlaufenden Reichsbürgern oder Verschwörungstheoretikern zu distanzieren haben. Der Bundespräsident lädt bei „Konzerten gegen Rechts", s. die Chemnitz-Ereignisse Kap. 1, gern schon einmal gewaltverherrlichende und Deutschland-verachtende linke Bands wie ‚Feine Sahne, Fischfilet' ein. Was soll man von einem solchen Politiker halten, der im Kontrast dazu salbungsvolle Sonntagsreden gegen Hatespeech hält und sich als Wächter unserer ‚Werte' geriert? Bereits oben wurde hervorgehoben, dass es sogar Personen im Ministeramt gibt, die sich in ihrer Vergangenheit in musikalischen Hasstiraden auf die Bullen ergangen haben.

Ein weiteres Beispiel für die Einäugigkeit von Justiz, Politik und ÖRM ist der sogenannte ‚Reichsbürger-Putsch', (s. Kap. 13) der durch die Presse (SWR) zum ‚Staatsstreich' hochgeschrieben wurde.[75] Es ist juristisch gesehen schon bezeichnend, dass den Beteiligten wichtige Rechte vorenthalten werden, die jedem migrantischen Messerstecher von vornherein gewährt werden: Die Reichsbürger (die wohlgemerkt nicht meine Sympathie genießen) wurden von einer riesigen eigens einbestellten Pressemeute regelrecht vorgeführt. Da ist kein Gesicht verpixelt worden, und an Vorverurteilungen fehlte es ebenfalls nicht. Da wurde auch nicht wie bei jedem anderen Straftäter vor dem Gerichtsverfahren von einem „mutmaßlichen" Täter gesprochen, nein da wurden sofort Ross und Reiter namentlich genannt, und die Unschuldsvermutung galt schon gar nicht mehr. Während man bei Berichten über die schweren Ausschreitungen in Trier oder die Silvesterrandale 2022 in Berlin möglichst vermieden hat, die allen nur zu offensichtlichen Tätergruppen zu benennen, war man bei den Reichsbürgern nicht so zimperlich. Zwei namentlich genannte mit der Bundeswehr in Verbindung stehende Mittäter (ein Oberst a.D. und ein in der Verwaltung tätiger KSK-Mann) wurden doch glatt zum ‚militärischen Arm' der Reichsbürgerverschwörung hochstilisiert.[76] ‚Glücklicherweise' befand sich eine ehemalige AfD-Abgeordnete unter den Verhafteten, die natürlich in jedem Medienbericht namentlich und mit nicht mehr zutreffender Parteizugehörigkeit erwähnt wurde. Dadurch lässt sich dann leicht der propagandistische Bogen zur einzigen nennenswerten Oppositionspartei und zwar ausdrücklich zur Gesamtpartei herstellen.[77] Laut Focus „soll die AfD-Richterin

---

[75] https://www.tagesschau.de/investigativ/razzia-reichsbuerger-staatsstreich-101.html, zuletzt aufgerufen am: 7.4.2024.

[76] Man kann vielleicht bei der IRA vom militärischen Arm des Sinn Fein sprechen oder die YPG als militärischen Arm der kurdischen PKK ansehen, aber das sind ganz andere Kaliber, die nicht mit Armbrüsten und Schreckschusswaffen ausgerüstet sind.

[77] Die CDU fällt wegen der ständigen Kotaus von Merz gegenüber Rot-Grün in dieser Rolle fast völlig aus.

darauf gedrängt haben, den Umsturzversuch möglichst bald zu starten. Ihre Ortskenntnisse im Bundestag sollen bei der Planung geholfen haben".[78] Entweder ist diese Frau verrückt (wie kann man mit einer solchen Truppe einen ‚Umsturz‘ oder - wie die Süddeutsche schreibt - ‚Staatsstreich‘ durchführen?). Oder die Focus-Redakteure sind grenzenlos naiv: Was hilft so eine Petitesse wie ‚Ortskenntnis im Bundestag‘ bei einem solch gigantischen Unternehmen wie einem Staatsstreich?[79]

Eine Folge der Erosion unseres Rechtssystems ist die Entfernung ‚unbequemer‘ Personen (das sind insbesondere Rechte, Regierungsgegner und sogenannte ‚Verfassungsfeinde‘) rein auf dem Verordnungswege und ohne Gerichtsverfahren aus dem Dienst.[80] So fordert die Innenministerin bei Maischberger: „Für eine Kündigung reicht im Öffentlichen Dienst künftig der bloße Verdacht".[81] Das läuft juristisch, wie wir gesehen hatten, auf eine Verletzung von fundamentalen Rechtsgrundsätzen („In dubio pro reo" bzw. „Im Zweifel für den Angeklagten") und letztlich auch auf eine Beweislastumkehr hinaus. Wenn Verdächtigungen wegen ‚unerwünschter‘ politischer Gesinnung ausreichen, Beamte vom Dienst zu suspendieren, dann ist nicht nur der Willkür Tür und Tor geöffnet, sondern es werden auch wichtige Verfassungsgrundsätze ausgehebelt.[82]. Nur ein Gericht kann solche Entscheidungen treffen, nicht aber Politiker, die keinen Hehl aus ihren politischen Sympathien machen (bei Links-Grün liegen die eher bei der Antifa als bei den Konservativen, die von ersteren gern als ‚rechts‘ oder gar rechtsextrem eingestuft werden, s. Kap. 13). Mit diesem Vorgehen werden wichtige Rechtsgrundsätze, wie die Unschulds-

---

[78] https://www.focus.de/politik/deutschland/birgit-malsack-winkemann-festgenommen-diese-afd-richterin-sollte-justizministern-im-reichsbuerger-deutschland-werden_id_180435875.html, zuletzt aufgerufen am: 30.4.2024.

[79] Wer sich je mit den Ereignissen des 20. Juli 1944 befasst hat, weiß, welche geballte militärische und logistische Kompetenz dabei zur Verfügung stand: Geplant und durchgeführt von erfahrenen Generalstäblern (v. Stauffenberg, v. Witzleben), unterstützt oder zumindest wissend mitgetragen von Generalfeldmarschällen bzw. deren Stab (Rommel bzw. Speidel), lange vorbereitet von einem breiten zivilen Kreis und sogar vom militärischen Abwehrdienst (Kreisauer Kreis und Canaris), Zugriff auf Allgemeines Heeresamt und Ersatzheer (Olbricht, Mitwisser Fromm) usw. All das hat nichts genützt und der Putsch ist trotz dieser gewaltigen Anstrengung und Vorbereitung gescheitert. – Nun vergleiche man noch einmal mit dem ebenfalls als ‚Staatsstreich‘ bezeichneten ‚Reichsbürger-Putsch‘; das ist einfach lächerlich!

[80] https://www.bmi.bund.de/SharedDocs/pressemitteilungen/DE/2022/03/aktionsplan-rechtsextremismus.html
https://www.ksta.de/koeln/koeln-simone-baum-klagt-gegen-entlassung-wegen-rechten-treffens-731012, zuletzt aufgerufen am: 4.2.2024.

[81] https://www.merkur.de/politik/maischberger-reichsbuerger-razzia-nancy-faeser-spd-kuendigung-putschversuch-migration-illerkirchberg-mord-zr-91963688.html,   zuletzt aufgerufen am: 7.4.2024.

[82] Art. 3,3, GG: „Niemand darf wegen ... seiner religiösen oder politischen Anschauungen benachteiligt oder bevorzugt werden."

vermutung oder die Beweispflicht für den Ankläger, immer weiter ausgehöhlt. Genau das haben die Fälle ‚Linnemann‘, ‚Schönbohm‘, ‚Aiwanger‘ oder des ‚Westin-Hotels‘ in der Causa Ofarim gezeigt.[83] Neuerdings muss der Denunzierte nachweisen, dass er unschuldig ist, und nicht der Denunziant steht in der Pflicht, seine Behauptungen zu begründen. Was diesen alles bisherige Rechtsverständnis auf den Kopf stellenden Irrsinn noch viel schlimmer macht, ist, dass eine solche Rechtsbeugung - wie wir oben im Fall Schönbohm gesehen hatten - von der Innenministerin Faeser (einer Volljuristin) noch ausdrücklich gutgeheißen und selbst praktiziert wird. Nicht nur das, sie setzt sogar widerrechtlich staatliche Organe zur Untermauerung ihres zweifelhaften Vorgehens gegen unliebsame Untergebene ein.[84]

Die Doppelmoral und wandelbaren rechtlichen Standards der Links-Grünen sind nicht mehr zu übersehen. Sie predigen überall Verzicht (im persönlichen Konsum, beim Reisen, beim Autokauf usw.), den sie möglichst noch rechtlich kodifizieren möchten. Sie sehen aber weihnachtliche Sonderzahlungen und dubiose Corona-Zuschläge für ihre Spitzenpolitiker[85] sowie völlig unnütze Fernreisen als normal an (etwa um wie Baerbock auf den Palau-Inseln mal nach dem Rechten zu sehen). Von den Südostasienreisen der Klimakleber hatten wir bereits weiter oben berichtet, s. auch Kap. 13. Die Unterlassung der erforderlichen Meldungen von Nebeneinkünften in Höhe von mehreren zehntausend Euro an den Bundestag wird dann schon schnell mal als „blödes Vergessen“ apostrophiert.[86] Wenn doch das Finanzamt beim Normalbürger auch so viel Nachsicht zeigen würde.

Nicht nur die Politik, sondern auch Justitia rufen immer wieder Verwunderung durch unterschiedliche Rechtsmaßstäbe hervor, wie etwa der Fall eines Randalierers auf dem Frankfurter Opernplatz zeigt.[87] Diesem wurde als Strafe für schweren Landfriedensbruch und Angriffe auf die Polizei die Ableistung von Sozialstunden und das Lesen eines Buches zugemessen. Wie passt das

---

[83] https://www.tichyseinblick.de/daili-es-sentials/moralgerichtshoefe-unschuldsbeweise/, zuletzt aufgerufen am: 30.4.2024.

[84] https://www.lto.de/recht/nachrichten/n/schoenbohm-faeser-bsi-bmi-boehmermann-zdf-entlassung-abberufung-sicherheit-cyber-it/, zuletzt aufgerufen am: 7.4.2024.

[85] Dabei ist ziemlich unklar, auf welcher Rechtsgrundlage sie eigentlich diesen Erschwerniszuschlag beanspruchen.

[86] https://www.fr.de/politik/annalena-baerbock-gruene-nebeneinkuenfte-nachmeldung-corona-bonus-fehler-spitzenkandidatin-bundestagswahl-berlin-90656772.html, zuletzt aufgerufen am: 7.4.2024.

[87] https://www.spiegel.de/panorama/justiz/frankfurt-20-jaehriger-nach-ausschreitungen-auf-opernplatz-verurteilt-a-e453230e-d250-4fa1-9941-180b5a1fd790 – In dem Artikel gibt es übrigens keinerlei Hinweis auf die Herkunft der beteiligten Täter, siehe hierzu: https://de.wikipedia.org/wiki/Ausschreitungen_auf_dem_Opernplatz_in_Frankfurt_am_Main_am_19._Juli_2020#Tatverd%C3%A4chtige, zuletzt aufgerufen am: 29.4.2024.

dazu, dass die Politik ständig „entsetzt" über die Brutalität von Tätern (meist nicht weiter spezifizierten ‚jungen Männern') ist und „härteste Strafen" fordert. Nimmt man noch die wohlwollende Haltung von Staatsanwälten zu den Nötigungen, Autobahnblockierungen, Beschädigungen von Kunstwerken usw. der Klimaextremisten von der ‚Letzten Generation' hinzu (s. Kap. 14), kann man ohne weiteres von einer Haltungsjustiz sprechen.[88]

Die Gefährdung der inneren Sicherheit durch Migranten und das häufige Schweigen der Politiker zu diesem Thema ist offenbar eines unserer brisantesten Probleme (von den hilflosen Ritualen vorgespiegelter Empörung hatten wir bereits gesprochen). Hier stehen die Gewährung von Gastfreundschaft für Migranten und deren Missbrauch gerade durch Zugereiste, in deren Herkunftsländern die Gastfreundschaft ein hohes moralisches Gut ist, in scharfem Kontrast zueinander. Es ist bezeichnend, dass auf den sogenannten ‚Migrations- bzw. Integrationsgipfeln' zwar von Unterbringungs- und Finanzierungsproblemen die Rede ist, die Aufnahmefähigkeit der Gesellschaft für Migranten und die berechtigte Angst der Bürger um die innere Sicherheit jedoch keine Rolle zu spielen scheinen. Wenn in einer Mecklenburger Gemeinde wie Upahl, dessen Kernort ca. 500 Einwohner besitzt, ein Containerdorf für 400 Asylsuchende gebaut werden soll, dann ist eine solche Kommune einfach überfordert. Sollte sich von diesen Zugereisten nur jeder Hundertste als ‚Gefährder' erweisen, dann wird sich in dieser Gemeinde abends keiner mehr auf die Straße getrauen, wie das in dem bayrischen Dorf Peutenhausen schon der Fall ist.[89] Die Konsequenz: Die Bürger fühlen sich mit ihren Sorgen von der Politik allein gelassen, und - was besonders schädlich für die Haltung gegenüber Ausländern ist - die wenigen tatsächlich gefährlichen ‚Schutzsuchenden' fügen zusammen mit den empathielosen, die Gefährdung tolerierenden Politikern dem Gedanken des Asyls und des Asylrechts einen riesigen Schaden zu.

Selbst bei der Einschränkung von Grundrechten, wie der Demonstrationsfreiheit, wird mit zweierlei Maß gemessen. So wurden beispielsweise die Paraden und Massenfeiern zum Christopher-Street-Day (CSD) im August 2021 in Berlin genehmigt, obwohl es ca. 60.000 Teilnehmer gab, die fast alle Coronaregeln (Abstand, Maske o.ä.) ignorierten.[90] Demgegenüber sind zur gleichen Zeit mehrere Qerdenkerdemos, aber auch Demos zur Abschaffung der Impfpflicht bzw. des ‚Rundfunkbeitrags' (welch ein Euphemismus) mit der Begründung untersagt worden, dass dort voraussichtlich die Infektionsschutz-

---

[88] https://www.welt.de/politik/deutschland/article242383945/Staatsanwaltschaft-Letzte-Generation-keine-kriminelle-Vereinigung.html, zuletzt aufgerufen am: 30.4.2024.

[89] https://www.br.de/nachrichten/bayern/nach-vorfaellen-mit-fluechtlingen-dorf-weiss-nicht-mehr-weiter,TSoWKEw, zuletzt aufgerufen am: 30.4.2024.

[90] Was übrigens bei dieser Veranstaltung von vornherein nicht anders zu erwarten war.

regeln nicht eingehalten würden![91] Das ist ein Paradebeispiel, wie gezielt und selektiv Corona als Vorwand benutzt wurde, um missliebige politische Gegner auszuschalten und sie in ihren Grundrechten einzuschränken. Es erübrigt sich wohl zu sagen, dass die Regenbogen-Veranstaltung des CSD unter wohlwollender Beobachtung der Polizei durchgeführt wurde, während alle anderen (politisch nicht genehmen Demos, loc. cit. oben) durch brutalstes Vorgehen der Polizei gekennzeichnet waren (Einsatz von Hubschraubern, Wasserwerfern, Schlagstöcken und Pfefferspray; zwei Tote und mehrere Verletzte als Folge). Überflüssig eigentlich noch hervorzuheben, dass weder die Tagesschau noch der DLF diese bis vor wenigen Jahren noch unvorstellbaren Ereignisse einer Meldung für würdig befunden haben (von Kritik oder Empörung ganz zu schweigen).

Es verblüfft schon niemand mehr, wie bei der propagandistischen Beurteilung von Demonstrationen unterschiedliche Maßstäbe angelegt werden und im Handeln der Exekutive auch unterschiedliche Härte gezeigt wird. Das ist um so beängstigender, als unser Verfassungsrecht nicht zwischen ‚guten‘ und ‚schlechten‘ Demonstrationen unterscheidet (wer sollte das auch festlegen?). So war bei der wiederholten Blockade der A100 in Berlin im Februar 2022 durch Klimarettungs-Fanatiker der ‚Letzten Generation‘, die Hunderte von Werktätigen auf dem Weg zur Arbeit auf das Schwerste behindert haben, zunächst kaum Polizei zu sehen (obwohl ein klarer Fall von Nötigung verbunden mit massiver Verkehrsbehinderung vorlag).[92] Demgegenüber ist die Polizei bei berechtigten Demonstrationen von Gegnern der Corona-Maßnahmen (s. Kap. 16), die mit fadenscheinigsten Argumenten verboten wurden, mit brutalster Gewalt vorgegangen.[93] Da wird schon schnell mal ein Rentner oder ‚Spaziergänger‘ in brutalster Weise zu Boden gerungen und abgeführt. Ein solch hartes Durchgreifen hat es bei der A100-Blockade nicht gegeben, und erst relativ spät ist die Polizei dort überhaupt eingeschritten. Wie auch, trifft der ‚zivile Widerstand zum Wohle der Menschheit‘ beim links-grünen Establishment doch auf wärmstes Verständnis (s. Kap. 14).

Hier zeigt sich die problematische und in Teilen sogar hässliche Seite unserer Polizei, wobei man konzedieren muss, dass sie von unseren Politikern regelrecht in diese Situationen hineingetrieben werden, was automatisch auch die Frage nach der Qualifikation und rechtlichen bzw. ethischen Vorbereitung

---

[91] https://www.bz-berlin.de/berlin/diese-demos-hat-die-berliner-polizei-am-wochenende-verboten, zuletzt aufgerufen am: 7.4.2024.

[92] Die Straßenblockierer wurden später dann vorsichtig von der Polizei mit Leinöl und unter verständnisvollem Zuspruch vom Asphalt gelöst.

[93] https://twitter.com/manaf12hassan/status/1432299533028007936, zuletzt aufgerufen am: 7.4.2024.

unserer Polizisten auf ihre Einsätze aufwirft. In Anbetracht dieser Zustände ist es kein Wunder, dass das Bildungsniveau unserer Polizeibeamten von verschiedenen Seiten in Frage gestellt wird. Aber selbst die Einstellungsvoraussetzungen der Bundespolizei für den mittleren Dienst verlangen lediglich „für das Fach Deutsch ‚mindestens ausreichend‘“ als Abschlussnote.[94] – Auf der anderen Seite ist leider immer wieder eine geradezu ausufernde Gewalt gegen Polizisten zu beobachten, wie die regelmäßigen Ausschreitungen in Leipzig-Connewitz oder die bereits erwähnten Ereignisse in Trier und die Silvesterkrawalle 2022 in Berlin zeigen.[95]

Wenn man sich die psychologische Belastung unserer Polizisten mit ihren Dauereinsätzen anlässlich ‚unerlaubter‘ Demonstrationen gegen ganz normale Bürger vorstellt, deren Auffassungen viele womöglich selbst teilen, dann kann man sich deren wachsenden Frust gut vorstellen. Wen wundert es, wenn es auch in den Reihen der Polizei immer mehr Protestler gegen das Versagen unserer Politiker gibt, was sehr gefährlich für den Rechtsstaat werden kann.[96] Nicht nur von der Polizeigewerkschaft wird deshalb angemahnt, dass sich viele Polizisten in ihrem harten Job einfach allein gelassen fühlen.[97] Dies betrifft jedoch inzwischen nicht nur die Polizei, sondern auch die Feuerwehr, das THW oder medizinische Notdienste, die bei ihren Einsätzen behindert und bedroht werden. Von extremen Vertretern des links-grünen Spektrums schlägt der Polizei regelrechter Hass entgegen, s. Kap. 13.

Bei aller berechtigten Kritik an der Polizei sollte man dennoch nicht vergessen, dass es die Politiker sind, die sie zur Niederschlagung von Demonstrationen in den Einsatz geschickt haben. Darüber hinaus schafft der Missbrauch von Polizei und Justiz im Kampf gegen die politischen Gegner der herrschenden Parteien weiteres Konfliktpotential, da viele Polizisten, aber auch Richter und Staatsanwälte mit den zu bekämpfenden Demonstranten oder Oppositionellen bzw. deren Forderungen sympathisieren werden. Man kann also durchaus nachvollziehen, dass sich ein Teil der Polizisten als Sündenbock oder Blitzab-

---

[94] https://www.komm-zur-bundespolizei.de/dein-einstieg/voraussetzungen-fuer-den-dienst/, zuletzt aufgerufen am: 1.5.2024.

[95] https://www.nzz.ch/international/drei-krawallnaechte-in-leipzig-zeugen-von-linker-gewaltbereitschaft-ld.1575192, zuletzt aufgerufen am: 30.4.2024.

[96] Beim Untergang der DDR 1989 wurde übrigens von vielen als ein Kipp-Punkt und Menetekel angesehen, dass erstmals ein Polizist am Rand einer Montagsdemo stand, der ein Plakat mit der Aufschrift trug: „Ich bin einer von Euch!“

[97] https://www.stuttgarter-zeitung.de/inhalt.polizeigewerkschaft-polizisten-fuehlen-sich-allein-gelassen.514cccd2-88c6-4585-90d9-bec9350d592f.html, zuletzt aufgerufen am: 30.4.2024.

leiter der Nation vorkommen wird, wie es sich u.a. auch nach der umstrittenen Auflösung des SEK in Frankfurt a.M. gezeigt hat.[98]

Die unangemessene Gewalt gegen Bürger, die von Polizisten ausgeht, ist durch nichts zu rechtfertigen. Wahrscheinlich wird es auch bei der Polizei nicht wenige geben, die einfach ihre Machtgelüste ausleben, wie wir das beim gewaltsamen Niederringen eines einzelnen Demonstranten in Dresden gesehen haben, der nur aus dem Grundgesetz vorgelesen hatte (s. Kap. 6); oder wie es beim brutalen Vorgehen der Polizei bei der Auflösung von Protestkundgebungen gegen die völlig überzogenen Lockdown-Maßnahmen während der Corona-Pandemie zu beobachten war, s. Kap. 16. Nicht ohne Grund ist sowohl in Deutschland als auch in Österreich die Frage aufgekommen, ob wir in einen Polizeistaat abgleiten. In dieser ganzen psychologischen Gemengelage passiert es dann schnell, dass die Polizei vom ‚Prügelknaben der Nation‘ zum ‚prügelnden Rowdy‘ der Nation wird. Ganz kritisch wird es, wenn dann die Verachtung gegenüber der Polizei nicht mehr nur eine Domäne von Kriminellen, oder von Links- bzw. Rechtsextremen ist, sondern von der Mitte der Bevölkerung Besitz ergreift (s. hierzu auch Kap. 13).

Eine Besonderheit bei der sogenannten ‚Ausländerkriminalität‘ ist deren weitgehende Tabuisierung oder zumindest ihre rechtliche und auch verbale Verharmlosung (s. den Fall des ‚Zugschubsers‘ in Kap. 7). Da werden ganz schnell (noch bevor eine Untersuchung stattgefunden hat) psychische Traumata als Ursache angegeben, oder es wird bei Gericht auf mildernde Umstände erkannt, was wiederum zu einer Vielzahl von Mehrfachtätern führt (s. Kap. 8). Aus Angst, das Übel beim Namen zu nennen und genauere Ursachenforschung treiben zu müssen, was schnell zum Rassismus-Vorwurf führen kann oder als Eingeständnis der verfehlten Migrationspolitik gewertet werden könnte, wird über bestimmte Vorkommnisse in den ÖRM wenn überhaupt, dann nur ganz kurz berichtet. Für genauere Informationen über Verbrechen mit Migrationshintergrund muss man schon eher randständige Publikationsorgane heranziehen, selbst wenn das öffentliche Interesse groß ist und es sich z.B. um einen Mehrfachtäter handelt, der für erhebliche Verunsicherung in der Bevölkerung gesorgt hat. Kennzeichnend im Falle eines Mecklenburger Straftäters war, dass er trotz mehrerer vorher begangener Straftaten und bereits erfolgter Abschiebung sowie erneuter illegaler Einreise bis dato nur zu einer Geldstrafe verurteilt worden war.[99]

---

[98] https://www.rnd.de/politik/polizeigewerkschaft-kritisiert-aufloesung-des-sek-in-frankfurt-nach-rechtsextremen-vorwuerfen-KPZKAQDM2NTS75UBVAOOLLYL6Y.html, zuletzt aufgerufen am: 30.4.2024.

[99] https://jungefreiheit.de/politik/deutschland/2021/krimineller-asylbewerber-beschaeftigt-polizei-und-politik/, zuletzt aufgerufen am: 30.4.2024.

Die ungleiche Berichterstattung über Straftaten in den ÖRM ist bemerkenswert, vor allem dann, wenn sich im Sinne des politischen Mainstreams Kapital daraus schlagen lässt. So wird trotz einer eindeutig diagnostizierten Schizophrenie eines deutschen Täters, wie dem Attentäter von Hanau, wochenlang intensiv berichtet und versucht, möglichst eine geistige Verbindung zum politischen Gegner (in dem Fall zur AfD) herzustellen.[100] Drei Jahre nach dem Attentat ist bei den entsprechenden Gedenkveranstaltungen von der schweren psychischen Erkrankung des Täters schon gar keine Rede mehr, sondern nur noch von dem erforderlichen Kampf gegen Rechts, den sich die Innenministerin auf die Fahnen geschrieben hat.[101] – Bei migrantischen Straftätern, wie dem Messermörder, der in Würzburg ein wahres Blutbad angerichtet hatte,[102] wird demgegenüber die diagnostizierte Schizophrenie sofort als Gegenargument gegen einen sogar vom Bayrischen Innenminister vermuteten islamistischen Hintergrund eingesetzt.[103] Das Motiv, Gewalttaten von Ausländern möglichst mit Hilfe diagnostizierter psychischer Erkrankungen von den Themen ‚verfehlte Migrationspolitik‘ und ‚Gefährdung durch den Islamismus‘ abzutrennen, kehrt immer wieder, siehe auch das in Kap. 8 erwähnte ICE-Attentat. Das führt in der Bevölkerung fast automatisch zu dem Eindruck, dass in solchen Fällen die Gerichte nicht unbeeinflusst von der Politik urteilen.[104]

Die Bedrohung durch aggressive oder gar kriminelle Migranten hat sich so weit in den Alltag der Bürger eingefressen, dass nicht einmal mehr Besucher von Bädern und öffentlichen Einrichtungen vor Gewalt sicher sind. Das spiegelt sich dann im Bericht über die Ausschreitungen im Columbiabad Berlin im Juli 2022 folgendermaßen wider:[105] „Am Dienstagabend waren gegen 19.30 Uhr im Sommerbad Neukölln mehrere junge Männer mit Schlagstöcken und Reizgas auf Angestellte losgegangen. Elf Menschen wurden verletzt". Ja

---

[100] Obwohl doch selbst für forensische Laien klar sein müsste, dass bei einem Mann, der sich von ausländischen Mächten verfolgt fühlt und am Ende des Attentats sogar seine eigene Mutter erschießt, äußerste Vorsicht in der politischen Interpretation seiner Taten geboten ist, s. Kap. 7.

[101] https://heimatkunde.boell.de/de/drei-jahre-nach-hanau, zuletzt aufgerufen am: 30.4.2024.

[102] https://www.welt.de/politik/article232107463/Wuerzburg-Was-wir-ueber-die-Messerattacke-und-den-Taeter-wissen.html und https://www.br.de/nachrichten/bayern/wuerzburger-messerattacke-taeter-schuldunfaehig-in-psychiatrie,TCfx929, zuletzt aufgerufen am: 30.4.2024.

[103] Dem Würzburg-Täter wurde dann vom Gericht auch Schuldunfähigkeit bescheinigt, und er wurde in eine Psychiatrie eingewiesen. Der damalige Regierungssprecher Seibert bemühte sich eifrigst klarzustellen, dass sich eine solch entsetzliche Tat „gegen jede Religion" richte, obwohl doch der Attentäter „Allahu Akbar" rief.

[104] https://www.achgut.com/artikel/gewaltverbrechen_wie_gerecht_sind_die_gerichte, zuletzt aufgerufen am: 30.4.2024.

[105] https://www.morgenpost.de/berlin/article235940109/Elf-Verletzte-bei-Auseinandersetzung-im-Columbiabad.html, zuletzt aufgerufen am: 30.4.2024.

eben, immer wieder diese anonymen ‚jungen Männer‘, die niemand genauer benennen will, aber jeder der Beteiligten kennt. Man kann deren Herkunft nur erahnen; erst nach intensiverer Recherche liest man irgendwo von „arabisch-stämmigen Jugendlichen“ und davon, dass „in Berlins Freibädern verschiedene Kulturen aufeinander [treffen]“. [106] – Obwohl nach Aussagen des Berliner Bäder-Chefs „Auseinandersetzungen im Sommerbad Neukölln [...] ein Ausmaß erreicht [haben], wie wir es bisher nicht kannten“, wurden die zunächst verhafteten Täter bald wieder auf freien Fuß gesetzt (als härteste bekannt gewordene Strafe wird in diesem Zusammenhang eine ‚Gefährderansprache‘ angedroht). Dies ist nur eins von vielen Beispielen, das zeigt, wie die Landeshauptstadt immer wieder an der Spitze aller Missstände in Deutschland steht, worauf wir gleich noch genauer zu sprechen kommen werden. Da die Politiker aus diesen Vorgängen einfach keine Lehren ziehen, haben sich die Vorgänge im Sommer 2023 im gleichen Bad wiederholt (nur diesmal in verschärfter Form), und die Krawalle haben sich sogar noch auf weitere Bäder ausgedehnt. Die Hilflosigkeit des Staates zeigt sich u.a. auch dadurch, dass sich die Mitarbeiter des Columbia-Bades in Berlin nicht anders zu helfen wussten, als sich reihenweise krank schreiben zu lassen (weshalb das Bad dann auch in der Hochsaison geschlossen werden musste). [107]

Berlin kann eigentlich in vieler Hinsicht als ein ‚Failed State‘ bezeichnet werden, der ohne Länderfinanzausgleich längst pleite wäre. Dieses Negativurteil gilt sowohl wirtschaftlich-technisch (man denke allein an den missratenen Flughafenbau in Berlin) als auch in Bezug auf Verwaltung und Sicherheit (Drogenparadies Berlin) und auf die zunehmende Vermüllung der Stadt durch die Bürger selbst, um nur einige Aspekte zu nennen. [108] Die Berliner Morgenpost führt in einer Statistik allein für sechs Hotspots der Berliner Kriminalität im Schnitt der Jahre 2018 bis 2021 ca. 4600 Straftaten pro Lokation an (diese reichen von Diebstählen über Drogendelikte bis hin zu Körperverletzungen). [109] Den bisherigen Höhepunkt bildet die Machtlosigkeit des Rechtsstaates und der Sicherheitsorgane gegenüber den gewalttätigen Pro-Palästina-Demonstrationen in Berlin, die durch die israelische Antwort auf den bruta-

---

[106] https://www.berliner-kurier.de/berlin/nach-schlaegerei-im-columbiabad-polizei-richtet-mobile-wache-ein-hoechste-zeit-haerter-durchzugreifen-li.248970, zuletzt aufgerufen am: 30.4.2024.

[107] https://www.bild.de/news/inland/news-inland/jetzt-soll-sogar-die-polizei-an-den-beckenrand-geschlossen-freibaeder-kapituliert-84652196.bild.html,   zuletzt   aufgerufen am: 30.4.2024.

[108] https://www.tichyseinblick.de/meinungen/eine-grand-tour-durch-das-neue-berlin/,   zuletzt aufgerufen am: 30.4.2024.

[109] https://www.morgenpost.de/berlin/article234582885/So-kriminell-war-Berlin-in-der-Pandemie.html, zuletzt aufgerufen am: 30.4.2024.

len Hamas-Angriff im Oktober 2023 ausgelöst wurde.[110] Selbst dem CDU-Parteichef dämmert es langsam, dass die CDU im Umgang mit Sarrazins Aussagen zu den Gefahren der Migration falsch gelegen haben könnte, als er sagte: „Es wäre hilfreich gewesen, auf ihn und andere zu hören und sich mit diesem Problem mehr auseinanderzusetzen".[111]

Nicht einmal zur ordnungsgemäßen Durchführung von Wahlen ist die Berliner Verwaltung in der Lage. Die Einwände reichten beim Wahldebakel 2021 von fehlenden Stimmzetteln über verlängerte Öffnungszeiten der Wahllokale bis hin zur bewussten Manipulation der Wahlergebnisse. Die Wahl zum Abgeordnetenhaus musste dann auch nach höchstrichterlichem Beschluss im Februar 2023 wiederholt werden. - Warum eigentlich nur diese und nicht auch gleich die andere Wahl, die gleichen Mängel waren doch auch bei der zeitgleich stattfindenden Bundestagswahl aufgetreten?[112] Zudem ist es höchst beunruhigend, dass die erzwungene Wahlwiederholung erst aufgrund von Klagen zustande kam, die von Parteien und Politmagazinen eingereicht wurden, die durch die MSM eher als ‚rechts' oder gar ‚rechtsextrem' diskreditiert werden. Müsste bei solch offensichtlichen und massiven Wahlverfälschungen nicht der Staatsanwalt oder auch der Verfassungsschutz von Amts wegen tätig werden (denn hier lagen ganz klar Straftaten vor und auch die Geheimhaltung der Wahl - ein Verfassungsrecht - wurde verletzt)? Es erübrigt sich beinahe festzustellen, dass der damals für die Wahlen zuständige Innensenator Geisel einen Rücktritt trotz des Wahldebakels kategorisch ablehnte. Wie tief die Politikerkaste inzwischen gesunken ist, erkennt man daran, dass es noch Zeiten gab, als ein Minister wegen eines unzulässig verwendeten Briefkopfes zurücktreten musste.[113] Es ist einfach nicht zu glauben, dass kurz nach der letzten Wahlwiederholung in Berlin schon wieder von Unregelmäßigkeiten, konkret von nicht ausgezählten Wahlbriefen, die Rede ist.[114]

Als eines von vielen Zeichen für Staatsversagen und verfehlte Asylpolitik können die Silvesterkrawalle 2022 in Kreuzberg angesehen werden, die ein bis

---

[110] https://jungefreiheit.de/kultur/gesellschaft/2023/neukoelln-zu-gaza-migranten-krawalle-setzen-sich-fort/, zuletzt aufgerufen am: 30.4.2024.

[111] Trotz der massiven Ausschreitungen in Berlin empfand die Morgenpost diese verschämte und verklausulierte Abgrenzung zu Merkel immer noch als ‚irritierend'. – https://www.morgenpost.de/politik/article239864993/ZDF-Interview-Friedrich-Merz-irritiert-mit-Sarrazin-Zitaten.html, zuletzt aufgerufen am: 30.4.2024.

[112] Inzwischen musste auch letztere in einigen Wahlbezirken wiederholt werden. https://www.tichyseinblick.de/daili-es-sentials/berlinwahl-bundestagswahl-klage-bundesverfassungsgericht/, zuletzt aufgerufen am: 30.4.2024.

[113] https://de.wikipedia.org/wiki/Briefbogenaff%C3%A4re, zuletzt aufgerufen am: 30.4.2024.

[114] https://www.tagesspiegel.de/berlin/auszahlung-nach-briefwahl-panne-in-lichtenberg-wegen-patt-beim-direktmandat-von-cdu-und-linke-entscheidet-das-los-9352163.html, zuletzt aufgerufen am: 30.4.2024.

dato nicht gekanntes Ausmaß an Brutalität offenbarten. Obwohl diese Gewalt vorwiegend von Ausländern ausging (selbst nach offiziellen Angaben der Polizei waren zwei Drittel der Täter keine Deutschen oder hatten zumindest eine doppelte Staatsbürgerschaft[115]) wurde diese Tatsache von der Politik heruntergespielt. – Statt jedoch das Versagen der Landesregierung einzugestehen und die wahren Ursachen für die gescheiterte Asylpolitik ohne Tabus zu benennen und abzustellen, wurden Kritiker am Staatsversagen von führenden Politikern der Linken noch als „Rassisten" beschimpft.[116] Den Gipfel der Verhöhnung der Bürger leistete sich dann der ehemalige Bundestagspräsident Schäuble. Er hatte zu den schockierenden und wesentlich von Migranten getragenen Silvesterkrawallen in Berlin mit heftigen Angriffen auf die Polizei die beschönigende Feststellung parat, dass das doch nur junge Leute gewesen seien, die nach der Coronazeit ihren Spaß haben wollten. Und weiter: „Welchen kulturellen Hintergrund die Randalierer haben, ist da zweitrangig"[117] Deutlicher kann man an den Problemen nicht vorbeireden.

Es dürfte kein Zufall sein, dass ausgerechnet ein Berliner Oberstaatsanwalt den Rechtsstaat am Ende sieht und meint, dass dieser „in Teilen nicht mehr funktionsfähig sei".[118] Nicht nur dass die Gerichte schon allein durch die vielen Fälle (vor allem im Bereich Sozialrecht und Asyl- bzw. Ausländerrecht) überlastet sind [62, S. 198], sie sind auch noch personell und materiell schlecht ausgestattet. Mitunter müssen Straftäter sogar wieder frei gelassen werden, da die vorgeschriebenen Fristen für Untersuchungshaft oder Verfahrensdauern nicht eingehalten werden können. Wegen der sich daraus ergebenden rechtsfreie Räume und der Entstehung von Parallelgesellschaften in den Großstädten (insbesondere in Berlin, s.u.) macht sich die Justiz teilweise sogar noch zum Gespött der kriminellen Clans.

Das Versagen des Rechtsstaates und seine Wehrlosigkeit gegen Linksextremismus und Ausländerkriminalität haben bereits eine lange Tradition. Das wurde bei den gewalttätigen Ausschreitungen anlässlich des G20-Gipfels Hamburg 2017 besonders ersichtlich (s. Kap. 13). Obwohl 31000 Polizisten

---

[115] https://www.rnd.de/panorama/silvesterkrawalle-in-berlin-neue-details-zu-den-145-tatverdaechtigen-6W3PVPGEXALDF3IAAUX6IUNB3Y.html, zuletzt aufgerufen am: 30.4.2024.

[116] https://www.bild.de/politik/inland/politik-inland/wahl-in-berlin-spd-und-linke-beschimpfen-buerger-als-rassisten-82885110.bild.html, zuletzt aufgerufen am: 30.4.2024.

[117] https://www.welt.de/politik/deutschland/article243600205/Schaeuble-zu-Silvester-Krawallen-Welchen-kulturellen-Hintergrund-die-Randalierer-haben-ist-zweitrangig.html, zuletzt aufgerufen am: 29.4.2024.

[118] https://www.tagesspiegel.de/gesellschaft/der-rechtsstaat-ist-am-ende-wie-ein-berliner-oberstaatsanwalt-die-fassung-verlor-109487.html, zuletzt aufgerufen am: 30.4.2024.

(damals das „größte Polizeiaufgebot seit Bestehen der Bundesrepublik"),[119] eingesetzt wurden, von denen 600 verletzt wurden, konnten schwere Straftaten wie Brandstiftung, Plünderung von Geschäften oder Zerstörung von Bankfilialen nicht verhindert werden. Im Vergleich zum Ausmaß dieses Gewaltausbruchs führten von den ursprünglich 3500 durch die polizeiliche Ermittlungsgruppe ‚Schwarzer Block' eingeleiteten Verfahren bis 2022 nur 246 zu gerichtlichen Urteilen. Die meisten Straftaten werden jedoch nach 5 Jahren verjährt sein. Selbst das Urteil gegen eines der aggressivsten Mitglieder der linksextremen Randalierer (ein 21-jähriger Niederländer), das ursprünglich auf 2 Jahre 7 Monate Haft ohne Bewährung lautete, wurde in zweiter Instanz auf 21 Monate mit Bewährung abgemildert.[120] Wenn man bedenkt, dass als Straftaten schwerer Landfriedensbruch, gemeinschaftlich verübte Körperverletzung und Widerstand gegen die Staatsgewalt zugrunde lagen, braucht man sich nicht zu wundern, dass dies von großen Teilen der Bevölkerung (darunter auch Juristen) als ‚Kuscheljustiz' verstanden wird.

Im Falle der Krawalle in Stuttgart im Juni 2020 zeigte sich ebenfalls die ‚Ahnungslosigkeit' des Staates, fühlten sich die Behörden doch „wie vom Blitzschlag getroffen",[121] Obwohl über 500 Täter mit Plünderungen und massiven Angriffen auf die Polizei beteiligt waren, sprachen die Behörden von einer ‚Partyszene' und versuchten damit zunächst, die Herkunft der Täter zu vertuschen.[122] Wenn man mit den sogenannten ‚Ausschreitungen' in Chemnitz vergleicht (s. Kap. 1), die wochenlang Thema in den MSM waren, fällt auch auf, dass die echten Ausschreitungen in Stuttgart bald im Rahmen der öffentlichen Berichterstattung kaum noch wahrnehmbar waren. Im Gegensatz zu den erstgenannten Ereignissen waren die Stuttgarter Krawalle nach den üblichen Betroffenheits- und Empörungsritualen ganz schnell wieder aus dem Blickfeld unserer Politiker entschwunden (lag das etwa daran, dass im Falle Stuttgarts die Täter vor allem aus Migranten- und Antifa-Milieu stammten, und sich deshalb daraus kein politisches Kapital schlagen ließ?).

---

[119] https://www.welt.de/regionales/hamburg/article239694217/Fuenf-Jahre-nach-den-Krawallen-Einige-der-Hamburger-G-20-Taten-werden-bald-unbestraft-verjaehren.html, zuletzt aufgerufen am: 30.4.2024.

[120] https://www.abendblatt.de/hamburg/article216262791/Deutlich-milderes-Urteil-fuer-Flaschenwuerfe-bei-G20.html, zuletzt aufgerufen am: 29.4.2024.

[121] https://www.tichyseinblick.de/kolumnen/alexander-wallasch-heute/ausschreitungen-in-stuttgart-bestellt-und-geliefert-wenn-regierung-zum-staatsfeind-wird/, zuletzt aufgerufen am: 28.4.2024.

[122] Ungeachtet der Tatsache, dass gerade diese Verharmlosung breite Proteste zur Folge hatte, kommt dieses Ärgernis im Textteil des entsprechenden Wikipedia-Artikels (Stichwort: „Ausschreitungen und Plünderungen in Stuttgart 2020") nicht vor. - Lediglich in einem Einzelnachweis findet sich versteckt der Begriff ‚Party-Szene'.

In Berlin, Leipzig und anderen Städten gibt es regelmäßig Ausschreitungen zum ersten Mai mit zum Teil erheblichen Schäden. Wenn einmal nur ein paar Autos gebrannt haben, meldet die Polizei: „Tag verlief relativ ruhig". Die Täter gehören dabei vorwiegend der linksautonomen Szene an. – Bisheriger Höhepunkt der migrantischen Kriminalität waren die Silvester-Krawalle 2022 in Berlin mit körperlichen Angriffen auf Polizei und Feuerwehr, Beschuss mit Böllern und Schreckschusspistolen und einem unglaublich dreisten Auftreten der Akteure. Ein vom FOCUS als Achmed bezeichneter Täter meint: „Er habe es genossen, Angst und Schrecken zu verbreiten. ‚Das gibt uns ein Gefühl von Freiheit und Macht'".[123] Es ist unerhört, dass die Vertreter des Berliner Politestablishments sofort wieder versuchten, diesen einmalig brutalen Ausbruch von Gewalt herunterzuspielen und die Täter (meist migrantische Jugendliche) anonym zu halten.

Nicht nur hier, sondern auch bei der Bekämpfung der organisierten Kriminalität zeigt sich das Unvermögen unserer Behörden. Ein Staat, der sich gegen Angriffe von Kriminellen nicht zu wehren weiß, ja diese nicht einmal als solche zu benennen wagt, erntet bei Tätern, die meist aus einem patriarchalischen, von Machotum geprägten kulturellen Umfeld stammen, nur Spott und Häme. Diesen Zerstörern der Rechtsordnung kann man nicht mit markigen Worten, denen keine Taten folgen, mit Stuhlkreisen und Gefährderansprachen beikommen, sondern nur mit konsequenter Anwendung des Rechts oder gegebenenfalls mit Ausweisung. Als Ersatz für das fehlende Durchsetzungsvermögen werden im Anschluss an alle größeren Gewaltexzesse (seien es die Silvesterkrawalle in Köln und Berlin, s. o., die Gewaltausbrüche in Trier, s.u., oder die Randale in Stuttgart, s. Kap. 7) immer wieder die bereits mehrfach kritisierten Betroffenheitsrituale zelebriert, die nur noch peinlich wirken. Sogar die für die Misere verantwortlichen Politiker zeigen sich entsetzt und fordern „rückhaltlose Aufklärung" sowie eine Ahndung mit „aller Härte des Gesetzes". Welch eine Heuchelei das ist, sieht man daran, dass anschließend nichts passiert, und an dem Umstand, dass diese Forderungen eigentlich in letzter Konsequenz an sie selbst gerichtet sind (an wen denn sonst, sie haben diese Zustände ja erst herbeigeführt).

Die andauernde Hilflosigkeit der Behörden bei Massenkrawallen, die zum Teil schon weit in die Vergangenheit zurückreichen (Berlin - Rigaer Straße, Hamburg - Rote Flora, Leipzig-Connewitz), und die nicht mehr ernst zu nehmende, immer wieder zur Schau getragene Empörung von Politikern lassen Bürger an der Fähigkeit des Staates zweifeln, Recht und Ordnung aufrecht

---

[123] https://www.focus.de/panorama/spurensuche-in-neukoelln-das-gibt-uns-ein-gefuehl-von-freiheit-und-macht-sagt-ahmed-und-grinst_id_182116809.html, zuletzt aufgerufen am: 30.4.2024.

zu erhalten. Das gleiche Versagen des Rechtsstaates ließe sich an Dutzenden anderer Beispiele belegen: An den Übergriffen der Klimachaoten der ‚Letzten Generation' (s. Kap. 14) ebenso wie an den Gewaltexzessen in Suhl und Karlsfeld (s. Kap. 8) oder an der Erscheinung der Clankriminalität (s. u.).

Wenn sich die Bürger jedoch alleingelassen fühlen, wie in den genannten Fällen, dann besteht die große Gefahr, dass die Betroffenen zur Selbsthilfe greifen (wie ehemals in Rostock-Lichtenhagen[124]), was sowohl den Rechtsstaat untergräbt als auch das Gewaltmonopol des Staates in Frage stellt. In Karlsfeld kommt noch hinzu, dass die Berichterstattung - wie in vielen anderen Fällen auch - geradezu verschleiernd war.[125] Obwohl es um schwerste Straftaten ging, welche die gesamte Bevölkerung dieser Gemeinde in Angst und Schrecken versetzt haben, wurde zunächst im zitierten Artikel völlig neutral von einer ‚Jugendbande' gesprochen. Obwohl längst bekannt war, um welchen Täterkreis es sich handelte, kann man als aufmerksamer Leser nur gegen Ende des Artikels aus einem Passus über zwei Täter, denen ein schweres „Fluchttrauma" attestiert wird, auf die Herkunft des gesamten Täterkreises schließen. Eine solche Berichterstattung läuft im Jahre 2021 unter dem Titel ‚investigativer Journalismus' und ‚freie Berichterstattung', s. hierzu Kap. 7 und 10. Bei den Gewaltexzessen in Trier wurde die Polizei derart martialisch angegriffen (u.a. unter Einsatz von Eisenstangen und Glasflaschen), dass durch die Beamten sogar Warnschüsse abgegeben werden mussten.[126] Aber auch hier folgten wieder die üblichen Betroffenheitsrituale (der Innenminister war ‚fassungslos und wütend') und Beschwichtigungen, dass es sich bei den Tätern um ‚deutsche Staatsbürger' gehandelt habe, ohne dass weitere Details zu erfahren sind. Letzterer Umstand führte dann fast automatisch zu wildesten Spekulationen im Internet, wo wegen des hohen Solidarisierungsgrades der Angreifer (möglicherweise ganz unberechtigt) auf migrantische Familien geschlossen wurde. Das ist die typische Gemengelage: Hilflose Betroffenheit der Politiker, zahllose Forderung nach harter Bestrafung, Intransparenz hinsichtlich der Tätergruppen usw. Das alles zusammen führt dann wegen des sich ständig wiederholenden und fast vorhersehbaren Ablaufs zu einer regelrechten Staatsverdrossenheit in der Bevölkerung.

Bei den migrantischen Clans hat man generell den Eindruck, dass der Staat regelrecht vorgeführt wird. Ihre Verbrechen können entweder nicht rest-

---

[124] https://de.wikipedia.org/wiki/Ausschreitungen_in_Rostock-Lichtenhagen, zuletzt aufgerufen am: 7.4.2024.

[125] https://www.merkur.de/lokales/dachau/karlsfeld-ort28903/brutale-jugendbande-terrorisiert-karlsfeld-90843483.html, zuletzt aufgerufen am: 8.4.2024.

[126] https://www.tagesspiegel.de/gesellschaft/panorama/attacke-auf-beamte-polizei-relativiert-angaben-zum-angriff-vor-trierer-disco-9365150.html, zuletzt aufgerufen am: 30.4.2024.

los aufgeklärt und rechtlich umfassend geahndet werden (wie beim Diebstahl der Goldmünze aus dem Berliner Bode-Museum),[127] oder es werden dubiose Deals mit den Tätern ausgehandelt (wie beim Juwelenraub im Dresdner Grünen Gewölbe). Und das alles, obwohl die Polizei weiß, dass dafür ein und derselbe kriminelle Berliner Clan verantwortlich ist. Die Verhöhnung des Staates und seiner Bürger durch die Migrantenclans geht sogar so weit, dass deren Mitglieder ganz offen Sozialbetrug begehen, zur Abholung staatlicher Unterstützung (Hartz IV bzw. Grundsicherung) mit Luxuslimousinen vorfahren und demonstrativ ihren Reichtum zeigen. Inzwischen geht die Kapitulation des Staates so weit, dass stillschweigend No-go-Areas in unseren Großstädten akzeptiert werden, die vor Jahren noch undenkbar gewesen wären und in denen sich die Polizei nur noch traut, in größerer Mannschaftsstärke aufzutreten.[128]

Die Machtlosigkeit gegenüber migrantischer Clan- und Drogenkriminalität zeigt sich auch darin, dass sich die Länder seit Jahren erfolglos bemühen, die an sich bekannten Großfamilien für ihre Verbrechen zur Verantwortung zu ziehen. Diese umfassen solch schwerwiegende Straftaten wie Drogen- und Menschenhandel, Geldwäsche, Raubüberfälle, Großdiebstähle, bandenmäßigen Sozialbetrug und vieles andere mehr. Wenn denn schon einmal ein Schlag gegen die extrem gefährliche Clankriminalität [129] durchgeführt wird, dann höchstens mit einem Zehntel der Einsatzkräfte, die zur Niederschlagung des sogenannten Reichsbürger-Putsches eingesetzt wurden, s. Kap. 13. – Die Clans üben eine solche Macht aus, dass sie ganze Stadtviertel beherrschen und eine eigene Parallelgesellschaft mit gesonderter Rechtsprechung (sogenanntes ‚Friedensrichtersystem') aufgebaut haben, s.u. Selbst wenn Täter eines Verbrechens überführt wurden, werden Zeugen mit Drohungen zum Schweigen gebracht. Sogar Opfer können sich plötzlich im Prozess an nichts mehr erinnern oder Familienmitglieder stellen sich gegenseitig Alibis aus. Das führt in vielen Fällen dazu, dass auch schwerste Verbrechen nicht gerichtlich geahndet werden können. Der ehemalige Verfassungsrichter Papier schreibt in diesem Zusammenhang von einer „Kultur, die auf Gewalt und Terror beruht. [. . .] Es geht um bewusste Verweigerung von Integration und Assimilation" [62, S. 89]. Inzwischen wird der Staat auch von ‚findigen' migrantischen Einzeltätern regelrecht vorgeführt und ausgenommen, wobei der Fall des nigerianischen „Mr.

---

[127] https://www.spiegel.de/panorama/justiz/goldmuenzen-diebstahl-in-berlin-prozess-gegen-vier-angeklagte-beginnt-a-1247012.html, zuletzt aufgerufen am: 30.4.2024.

[128] https://www.focus.de/politik/deutschland/nicht-nur-duisburg-betroffen-no-go-areas-in-deutschland-in-diese-viertel-traut-sich-selbst-die-polizei-nicht_id_4895620.html, zuletzt aufgerufen am: 30.4.2024.

[129] https://www.tagesspiegel.de/politik/auftragskiller-schlagereien-raububerfalle-das-ist-der-al-zein-clan-gegen-den-die-polizei-jetzt-bundesweit-vorgeht-9028480.html, zuletzt aufgerufen am: 8.4.2024.

Cash Money" (wie er sich selbst nennt), nur die Spitze des Eisberges bilden dürfte. Er belastet als Inhaber eines deutschen Passes nicht nur die Steuerzahler durch die Anerkennung von Vaterschaften für Dutzende von Kindern ‚ganz legal' jährlich mit 1,5 Mio. Euro, sondern sorgt auch dafür wie die Bildzeitung schreibt, dass „94 Personen durch die vermeintliche Verwandtschaft nun Anrecht auf Aufenthalt und Stütze bei uns [haben]".[130]

Eine Duldung von Rechtsbrüchen zersetzt die gesellschaftliche Ordnung, und die Wehrhaftigkeit des Staates gegen Verbrechen und Rechtsverletzungen ist dann generell nicht mehr gegeben.[131] Wie wir in Kap. 5 festgestellt hatten, gibt es in manchen Städten regelrechte Angstzonen (wie etwa in Duisburg-Marxloh, Essen-Altenessen, Dortmund-Nordstadt) die von ‚Normalbürgern' fast schon aufgegeben sind und von ihnen möglichst gemieden werden. Als Folge macht sich regelrechte Anarchie breit,[132] da die Stadtverwaltungen ziemlich ratlos dastehen. Die entstandenen rechtsfreien Räume werden in vielen Fällen von der Polizei als regelrechte Gefahrenzonen angesehen, s. hierzu [33]. In einem Brennpunkt des Drogenhandels (Berlin, Görlitzer-Park) ist man sogar auf die findige Idee gekommen, rosarot markierte Handelsplätze für Drogen-Dealer einzurichten,[133] um den Handel mit Drogen wenigstens einzugrenzen. So kann man sich über die Staatsmacht auch noch lustig machen.

All das dauert schon viele Jahre, und Mahner wie der ehemalige Neuköllner Bürgermeister Buschkowsky oder die Richterin Heisig, wurden wie schon gesagt totgeschwiegen. Ja, führende Tageszeitungen glauben sogar, die Clankriminalität als ‚Mär' abtun zu können, s. Kap. 8. Das ist in Anbetracht der verzweifelten Lage, die selbst von den verantwortlichen Politikern der Länder so gesehen wird,[134] eine dreiste und bewusste Irreführung der Bürger. Da der Staat jedoch das Gewaltmonopol besitzt und die alleinige Berechtigung hat, als Exekutive wirksam zu werden, hat er auch die Pflicht, dieses Recht durchzusetzen. Alles andere untergräbt den Rechtsstaat.

---

[130] https://www.bild.de/regional/dortmund/ruhrgebiet-aktuell/amt-zahlt-fuer-24-angebliche-kinder-mr-cash-money-bescheisst-uns-jedes-jahr-um-1-87292704.bild.html, zuletzt aufgerufen am: 5.4.2024.

[131] Das ist aber in dieser Hinsicht nicht das einzige Problem: Man vergleiche hierzu auch die hilflose Haltung gegenüber Klimachaoten und Waldbesetzern, s. Kap. 14, oder gegenüber migrantischen Einzeltätern, s. Kap. 8. Da sind die Polizeieinsätze gegenüber Querdenkern und halbsenilen Reichsbürgern schon von anderem Kaliber, s. Kap. 16.

[132] https://praxistipps.focus.de/no-go-areas-was-ist-das-eigentlich_101634, zuletzt aufgerufen am: 8.4.2024.

[133] https://www.spiegel.de/panorama/justiz/berlin-goerlitzer-park-mit-dealer-zonen-entfacht-debatte-a-1266518.html, zuletzt aufgerufen am: 30.4.2024.

[134] Der NRW-Innenminister verglich den Kampf gegen die Clankriminalität einmal sogar mit einem Marathonlauf. https://www.faz.net/aktuell/politik/inland/clankriminalitaet-nrws-innenminister-reul-legt-lagebild-vor-17936917.html, zuletzt aufgerufen am: 30.4.2024.

Ganz anders sieht es bei der Bekämpfung der politischen Gegner der Regierung unseres Landes aus. Da werden Gesetze erlassen (andere sind in Vorbereitung), die unter dem Deckmantel der Demokratieförderung eher zur Zerstörung der Demokratie beitragen als zu deren Stärkung. Die dabei im Gesetz selbst liegende Gefahr hat ihre Ursache zum erheblichen Teil darin, dass sehr dehnbare Begriffe verwendet werden, die geradezu zum Missbrauch einladen. Hierzu gehören: Hassrede, Volksverhetzung, Rassismus oder die bereits erwähnte Delegitimierung des Staates u.a. Nun wird sich wohl kaum jemand für die ersten drei Tatbestände aussprechen wollen. Bei allen in antidemokratischen Gesetzen verwendeten unklar definierten Rechtsbegriffen, die angeblich zur ‚Demokratieförderung' dienen sollen und mit suggestiven Namen wie „Wehrhaftes-Demokratie-Gesetz" versehen sind, gibt es jedoch ein ernsthaftes Problem. Sie dienen in Wirklichkeit als Kampfinstrument gegen die politische Konkurrenz und werden tatsächlich auch gegen diese eingesetzt.[135]

Laut Wikipedia sind zwar ‚Freie Wahlen', ‚Demokratische Institutionen' und ‚Zivilgesellschaft' Kernthemen der Demokratieförderung, diese werden jedoch von den Regierenden selbst dazu missbraucht, die oben genannten Gesetze ins Leben zu rufen. Belege dafür sind: Wahlmanipulation in Berlin, Revision von Wahlergebnissen in Thüringen; Verweigerung gleicher Rechte für alle Parteien im Parlament und Okkupieren der ÖRM durch den links-grünen Mainstream (in klarer Verletzung des Rundfunkstaatsvertrags); Spaltung der Zivilgesellschaft durch Ausgrenzung Andersdenkender, wie es sich insbesondere auch am Höhepunkt der Corona-Pandemie gezeigt hat, s. Kap. 16. Da die Bundesrepublik ein tragfähiges Grundgesetz hat, dass es mit Leben zu erfüllen gilt, und zwar durch das demokratische Verhalten und Grundverständnis der Bürger, braucht sie keine zusätzlichen Schein-Demokratiefördergesetze. Wenn das alles nicht funktioniert und das GG selbst vom Verfassungsschutz und den Regierenden missachtet wird, kann auch kein noch so blumig und demagogisch verpacktes „wehrhaftes" Gesetz mehr helfen.

Bereits unter der Vorgängerregierung wurden einseitig gegen Rechts gerichtete Maßnahmen und Gesetze beschlossen und in einem Maßnahmenkatalog gegen Rechtsextremismus und Rassismus verankert.[136] Zu dessen Verwirklichung wurde immerhin die stattliche Summe von 1,1 Mrd. Euro bereitgestellt, die wahrscheinlich vorwiegend zur Arbeitsbeschaffung in bestehenden und neu zu schaffenden Kommissionen und NGOs eingesetzt worden sind. Dieses Maßnahmenpaket ist nicht nur einseitig ausgerichtet (d.h. schon

---

[135] https://www.welt.de/politik/deutschland/plus244476074/Plan-von-Faeser-Paus-Ahmad-Mansour-kritisiert-Demokratiefoerdergesetz.html, zuletzt aufgerufen am: 30.4.2024.

[136] https://www.zeit.de/politik/deutschland/2020-11/rassismus-rechtsextremismus-bekaempfung-kabinettsausschuss-massnahmen-katalog, zuletzt aufgerufen am: 30.4.2024.

vom Titel her ,gegen Rechts'), sondern hat auch in sich selbst eine Schieflage aufzuweisen. So wird zwar zum Kampf gegen „gruppenbezogene Menschenfeindlichkeit" aufgefordert, aber kein Wort zum inzwischen alltäglich anzutreffenden Hass gegen Weiße und alles Deutsche verloren.

Es wird zwar einerseits mit Recht Wachsamkeit gegen Antisemitismus eingefordert, aber andererseits nichts Wirksames gegen die beunruhigenden Ursachen eines meist von arabischen Migranten verursachten Wiederaufflammens desselben unternommen. Ebenso soll zwar eine nationale Kontaktstelle gegen Antiziganismus im Rahmen der EU-Roma-Strategie 2030 aufgebaut werden. Aber niemand scheint sich dafür zu interessieren, dass gerade von dieser Volksgruppe selbst wesentliche Ursachen für die bereits diskutierte Abwehrhaltung der Bevölkerung gesetzt werden (etwa durch das Verdrecken ganzer Stadtteile, durch dreiste, bandenmäßig durchgeführte Diebstähle und Sozialbetrug), s. Kap. 8. Während auf der einen Seite in dem genannten Katalog Maßnahmen gegen Hassrede - auch im Netz - vorgesehen sind (s. dort Punkt 79), werden auf der anderen Seite eindeutige Verleumdungen oder übelste Beschimpfungen durch Gerichte gewissermaßen noch juristisch legitimiert (Höcke darf als „Faschist" bezeichnet werden; Kynast als „Drecksfotze" usw.). Welch ein Kontrast zwischen der geforderten sprachlichen Sensibilität u.a. gegenüber Ausländern und der Verrohung des Schlagabtauschs zwischen den politischen Gegnern; das stimmt alles nicht zusammen! Wenn solche Verbalinjurien sogar nach richterlichem Beschluss erlaubt sind, geht auch dem Normalbürger der rechtliche und moralische Kompass verloren. Mittlerweile ist der politische Diskurs so verroht, und das Gefühl für Anstand ist in der Gesellschaft so weit abhanden gekommen, dass dies kaum noch jemanden aufregt. Eine solche Gesellschaft, in der Hatespeech zur Normalität wird, hat ihr einstiges Wertesystem aufgegeben. Was die Haltung der Regierenden zur Hassrede anbelangt, ist der Elon Musk zugeschriebene Satz sehr nachdenkenswert: „Sie verbieten nicht die Hassrede. Sie verbieten die Rede, die sie hassen".[137]

Durch das aufgeheizte Politklima in unserem Land sowie den von den links-grünen Medien befeuerten Hass gegen ,Rechts' und alles, was sich früher einmal als konservativ verstand, kommt es immer wieder auch zu vorgetäuschten Straftaten. Auf diesen Umstand hatten wir bereits in Kap. 8 hingewiesen; auf den traurigen Fall des ertrunkenen Apothekersohns aus Sebnitz werden wir in Kap. 13 noch genauer eingehen. In diesem Zusammenhang sind auch die sich häufenden Vorverurteilungen zu sehen, die sich gegen überhaupt nicht bewiesene ,rechte' Straftaten richten (s. den Fall der vorgetäuschten Brand-

---

[137] Es ist letztlich unwichtig, von wem die Aussage tatsächlich stammt, treffend ist sie allemal. – https://dpa-factchecking.com/germany/221108-99-434814/, zuletzt aufgerufen am: 8.4.2024.

stiftung in Chemnitz Kap. 7 und in Wächtersbach[138]). Seltsamerweise scheint der Grundsatz „In dubio pro reo" in seiner Anwendung in Bezug auf vermeintlich ‚Rechte' nicht zu gelten. Etwas Vergleichbares kann man in den MSM bei vermutlich linken Straftaten nicht feststellen. Diese werden sogar von einer Landtagsabgeordneten der Linken, wie im Fall der Leipziger Terroristin Lina, noch beschönigt. Führenden PolitikerInnen scheint das Rechts- und Fairness-Empfinden völlig abhanden gekommen zu sein, wie der Fall der Brandstiftung an einer Asylunterkunft für ukrainische Flüchtlinge in der Nähe von Wismar zeigt. Ohne die Zusammenhänge zu kennen, begannen führende SPD-Politikerinnen die Tat in ihrem hehren Kampf sofort gegen rechts zu instrumentalisieren. Die SPD-Vorsitzende Esken konstruierte sogar schon eine Art Mitschuld der CDU.[139] Wie sich jedoch herausstellte, war der Brandstifter ein Feuerwehrmann, dem schon weitere ähnliche Taten vorgeworfen wurden. Obwohl falsche Anschuldigungen von diesem Schweregrad sicher schon ein Straftatsbestand sind, halten es die Verleumder nicht einmal mehr für nötig, sich zu entschuldigen. Was für ein Verfall des Gerechtigkeitsempfindens, und wie wir bereits an anderer Stelle gesehen hatten (s. Kap. 7), bleiben solche falschen Anschuldigungen meist auch noch ohne rechtliche Folgen.

Ebenfalls in diesem Kontext sind zweifelhafte Gerichtsentscheidungen zu sehen, wie im Fall des durch Selbstverbrennung in der JVA Halle ums Leben gekommenen Gefangenen Oury Jalloh. Obwohl keine eindeutige Klärung herbeigeführt werden konnte, sollte der verantwortliche Beamte die gesamten Gerichtskosten von 430.000 Euro bezahlen (das Ermittlungsverfahren wurde übrigens von der Staatsanwaltschaft eingestellt).[140] – In Dresden wurden im antirassistischen Übereifer bereits vor Ende der Ermittlungen des Tathergangs Mahnwachen gegen ‚Rechts' wegen der ‚Ermordung' eines Asylbewerbers abgehalten. Dabei stellte sich letztlich heraus, dass das Opfer von einem Mitbewohner der Asylunterkunft im Rahmen eines Streits in der Gemeinschaftsküche getötet wurde.[141] – Natürlich wird es auch in einem gut funktionierenden Rechtsstaat gelegentlich zu Fehlurteilen von Gerichten oder zu Vorverurteilungen in der Öffentlichkeit kommen, die jedoch meist auf dem Rechtsweg geklärt werden können. Aufgrund der gescheiterten Asylpolitik und des erkennbar

---

[138] https://jungefreiheit.de/politik/deutschland/2024/brandanschlag-versicherungsbetrug-statt-rechtem-terror/, zuletzt aufgerufen am: 21.3.2024.

[139] https://www.ndr.de/nachrichten/mecklenburg-vorpommern/Gross-Stroemkendorf-CDU-will-Entschuldigung-von-SPD-Chefin-Esken,stroemkendorf102.html, zuletzt aufgerufen am: 8.4.2024.

[140] https://www.mdr.de/nachrichten/sachsen-anhalt/oury-jalloh-tod-polizeizelle-dessau-chronologie-100.html, zuletzt aufgerufen am: 8.4.2024.

[141] https://de.wikipedia.org/wiki/Todesfall_Khaled_Idris_Bahray, zuletzt aufgerufen am: 8.4.2024.

lückenhaften Informationsgebarens ist jedoch leider eine völlig überspannte Atmosphäre entstanden. Und diese löst wiederum eine auffallende Neigung zur Vorverurteilung aus, wobei man bei den ‚Rechten' oft eine verfrühte Anschuldigung gegen ‚Ausländer' und bei ‚Links-Grün' gegen ‚rechte' oder gar ‚weiße' Täter feststellen kann. – Inzwischen gibt es auch bewusst falsche Anschuldigungen migrantischer Familien gegen Deutsche, die das vergiftete Klima für ihre Zwecke nutzen wollen. Dies zeigen u.a. die Fälle des angeblich durch einen 44-jährigen Erzieher vergewaltigten muslimischen Mädchens in Koblenz[142] und die fingierten Brandanschläge auf ein türkisches Restaurant in Chemnitz bzw. auf einen syrischen Laden in Witten. s. Kap. 7.

Besonders beängstigend, aber von der Bevölkerung kaum bemerkt, breiten sich in Deutschland mafiöse Strukturen wie ein Krebsgeschwür aus. So ist unser Land zu einem wahren Geldwäscheparadies mit geschätzten 100 Mrd. Euro Umsatz für die italienische Mafia geworden.[143] Mittlerweile sind alle großen italienischen Mafia-Vereinigungen (Cosa nostra, Ndrangheta, Camorra und Sancta Croce) sowie die russische Bruderschaft der ‚Diebe unter dem Gesetz' und die nigerianische Mafia in Deutschland präsent. Letztere, ‚Schwarze Axt' genannt, ist vor allem für den Menschenhandel mit Prostituierten verantwortlich. – Als eine besondere Form des organisierten Verbrechertums ist die Clankriminalität anzusehen, wobei auch die wegen der Verbrechen des Naziregimes fast unantastbaren Zigeuner mit ihren Clans eine nicht geringe Rolle spielen. Der in Leverkusen ansässige Groman-Clan hat mit Betrügereien Millionen-Summen eingenommen und dabei die Behörden jahrelang in schamloser Weise durch Erschleichen von Sozialleistungen hinters Licht geführt.[144] Der größte Teil der kriminellen Clans hat allerdings seine Wurzeln im türkisch-arabischen Raum. Auf das Konto des Berliner Remmo-Clans gehen allein der spektakuläre Münzraub im Berliner Museum[145] und der Juwelenraub im Grünen Gewölbe in Dresden, s. Kap. 10. Allein im Zusammenhang mit dem zuletzt genannten Verbrechen waren 1600 Polizisten im Einsatz, drei Täter wurden gefasst, zwei sind entwischt.[146] Am Ende konnte ein Teil der

---

[142] https://www.t-online.de/nachrichten/panorama/kriminalitaet/id_89821896/koblenz-erfundene-vergewaltigung-sorgt-fuer-klagewelle.html, zuletzt aufgerufen am: 30.4.2024.

[143] https://www.zdf.de/dokumentation/zdfzoom/zdfzoom-geldwaesche-paradies-deutschland-100.html, zuletzt aufgerufen am: 30.4.2024.

[144] https://www.spiegel.de/panorama/justiz/goman-clan-in-leverkusen-eine-luxuswohnung-bezahlt-vom-sozialamt-a-1240538.html, zuletzt aufgerufen am: 30.4.2024.

[145] https://www.t-online.de/region/berlin/news/id_90436594/berlin-wegen-goldmuenzen-raub-remmo-clan-muss-3-3-millionen-euro-zahlen.html, zuletzt aufgerufen am: 8.4.2024.

[146] https://www.tagesspiegel.de/berlin/1600-polizisten-bei-razzia-in-berlin-neukoelln–mitglieder-des-remmo-clans-festgenommen-8139664.html, zuletzt aufgerufen am: 29.4.2024.

Beute nur durch einen der Öffentlichkeit nicht bekanntgegebenen Deal wieder zurückgebracht werden. Wo der Rest ist, wissen offensichtlich nur die Diebe.

Wenn es um die Rechte der Opposition geht, ist man bei Links-Grün durchaus nicht so sorgsam wie bei der eigenen Klientel. Diese werden einfach einseitig ausgehebelt, wie es etwa die Verweigerung der Bereitstellung von Parteitagssälen für die AfD zeigt (s. hierzu Kap. 5.) Sowohl die Vermietung von Versammlungsräumen an die AfD als Partei als auch an private AfD-Mieter wurde bereits mehrfach abgelehnt, so z.B. im Falle eines AfD-nahen Bürgers dem ein Mietvertrag letztlich wegen seiner politischen Zugehörigkeit verweigert wurde, wogegen er Klage eingereicht hatte.[147] Die Entscheidung des Gerichts ist in ihrem ‚Scharfsinn' symptomatisch: Es hat zwar das berechtigte Anliegen des Klägers, nämlich Gleichbehandlung nach Abs. 3 (3) Grundgesetz anerkannt: „Niemand darf wegen seines Geschlechtes, seiner Abstammung, seiner Rasse, seiner Sprache, seiner Heimat und Herkunft, seines Glaubens, seiner religiösen oder *politischen Anschauungen* benachteiligt oder bevorzugt werden." Trotzdem wurde die Kündigung des Mietvertrags für rechtens erklärt, aber nicht wegen eines angeblichen ‚Hausrechts' oder dergleichen (das kann in diesem Zusammenhang auch nicht zur Anwendung kommen). Das Makabre an der Urteilsbegründung war, dass der Kläger dem Vermieter ‚arglistig' verschwiegen habe, dass letzterer bei Aufrechterhalten des Mietvertrags „Anziehungspunkt für linksgerichtete Gewalt" sei, was diesem nicht zugemutet werden könne. Eine solche Begründung kommt einer klaren Kapitulation des Rechtsstaates gegenüber gewaltbereiten Extremisten gleich. Man stelle sich vor, was passiert wäre, wenn einem linken Verein der Mietvertrag gekündigt worden wäre, weil dem Vermieter bei Aufrechterhalten des Mietvertrags Gewalt von rechten Schlägern gedroht hätte, und diese Kündigung des Vertrags wäre von einem Landgericht auch noch für gut befunden worden.[148]

All dies ist verurteilungswürdig und hat keinen Platz in einem Rechtsstaat. Bei genauerem Hinsehen kommen allerdings Zweifel, ob man den Fehler allein bei den Richtern suchen sollte, sondern eher in dem bereits weit fortgeschrittenen Zerfall unserer Zivilgesellschaft. Was auch immer die Richter in einem solchen Fall entscheiden, wird kritikwürdig sein. Geben sie dem Kläger recht und erkennen sie auf Gültigkeit des Mietvertrags, setzen sie den Vermieter der angedrohten Gewalt aus (wahrscheinlich kann und wird keiner den

---

[147] https://www.123recht.de/ratgeber/mietrecht-pachtrecht/AfD-Aktivist-als-Mieter-Anfechtung-des-Mietvertrages-durch-Vermieter-zulaessig-__a158602.html, zuletzt aufgerufen am: 29.4.2024.

[148] Von der Reaktion der Presse ganz zu schweigen, wenn etwa einem jüdischen Verein die Anmietung eines Lokals verweigert worden wäre, weil dann Gewalt von arabischen Extremisten zu befürchten sei.

letzteren schützen). Wenn der Bescheid aber dahin ergeht, dass die Kündigung des Mietvertrags nicht zu beanstanden war, dann verletzen sie die verfassungsmäßigen Rechte des Klägers. Ein unauflösbares Dilemma, das seine Wurzeln in der Fehlentwicklung unserer Gesellschaft hat.

Leider scheinen Rechtsbrüche keine Seltenheit mehr zu sein, da das vorherrschende links-grüne Rechtsverständnis vorwiegend auf Ideologie (in der DDR hätte man dazu Klassenstandpunkt gesagt) und nicht auf jahrhundertealten Rechtsgrundsätzen aufgebaut zu sein scheint. Ein typisches Beispiel liefert die sich ständig ausweitende Übergriffigkeit des meist deutlich links orientierten ASTA an unseren Hochschulen. Einmal provoziert er durch rechtswidrige politische Stellungnahmen im Raum außerhalb der Universität oder ruft zu gewalttätigen Demonstrationen auf.[149] Und ein anderes Mal schließt er verfassungswidrig „weiße Bewerber" von vornherein für eine Beraterstelle aus (wobei es sich makabrerweise um die Stelle eines ‚Antidiskriminierungs-Beauftragten' handelte).[150] Dahingegen sieht es mit der Legitimation dieser Institution mehr als dürftig aus, da selbst nach Angaben aus ASTA-Kreisen weniger als ein Fünftel der Studenten überhaupt an der Wahl dieser umstrittenen ‚Studentenvertretung' teilnehmen.[151]

Besonders schwerwiegend sind Verfassungsrechte jedoch während der Corona-Pandemie im Zusammenhang mit den Lockdowns eingeschränkt und verletzt worden.[152] Während dieser Zeit ist die Rechtsunsicherheit unter den Bürgern in Bezug auf die verhängten Maßnahmen immens gewachsen, was nur zum Teil auf die verheerende Kommunikationspolitik, vorwiegend aber auf die hemdsärmlige Verordnungswut unter Umgehung der parlamentarischen und öffentlichen Kontrolle zurückzuführen ist. Auf diesen Aspekt werden wir in Kap. 16 noch gesondert eingehen.

Im Zusammenhang mit der Farce zur Thüringenwahl 2020 (s. Kap. 1) ist der Parlamentarismus in einem grotesken zweiten Teil der Komödie aus verfassungsrechtlicher Sicht noch weiter beschädigt worden. Bereits die hierzu in einem Koalitionsausschuss in Berlin zwischen CDU/CSU, SPD und unter (teilweiser) telefonischer Zuschaltung des Thüringer Ministerpräsidenten getroffene ‚Vereinbarung' zur baldigen Selbstauflösung des Thüringer Landtags und Wahl eines neuen Ministerpräsidenten ist eine rechtliche Anmaßung und ist eindeutig gegen die entsprechende Landesverfassung gerichtet. Zum einen

---

[149] https://jungefreiheit.de/politik/deutschland/2021/gerichtsurteil-frankfurter-asta-darf-sich-nur-zur-hochschulpolitik-aeussern/, zuletzt aufgerufen am: 30.4.2024.

[150] https://www.bz-berlin.de/berlin/stellenausschreibung-fuer-antidiskriminierungs-beratung-an-der-hu-berlin-aber-nicht-fuer-weisse-bewerber, zuletzt aufgerufen am: 30.4.2024.

[151] https://www.asta.ms/wahlen-2019, zuletzt aufgerufen am: 30.4.2024.

[152] https://www.aerzteblatt.de/nachrichten/121810/Verfassungsrechtler-Papier-Die-Deutschen-sind-keine-Untertanen, zuletzt aufgerufen am: 8.4.2024.

hat das genannte Gremium überhaupt kein Mandat zu solchen Beschlüssen und zum anderen wird damit den Thüringer Parlamentariern eine unzulässige Vorgabe gemacht, da für die Auflösung des Landtags eine Zweidrittelmehrheit der Abgeordneten erforderlich ist, die nur ihrem Gewissen und der Landesverfassung verpflichtet sind. – Was dann geschah, war nicht weniger empörend. Da es bei der Thüringenwahl 2020 nur zu einer Minderheitsregierung von Links-Grün gekommen war, die nur über einen sogenannten ‚Stabilitätspakt' mit der CDU am Leben gehalten werden konnte, sollte (wie soeben erwähnt) der Landtag im Sommer 2021 aufgelöst werden. Wegen einer Handvoll vorhersehbarer Verweigerer aus den Parteien Die Linke und CDU war von vornherein zu befürchten, dass es dazu nicht kommen würde. Interessant ist die Begründung der „Verweigerer". Sie besteht darin, dass sie es nicht mit ihrem Gewissen vereinbaren könnten, gemeinsam mit der AfD für die Auflösung zu stimmen (ehrlicherweise hätten sie sagen müssen, dass sie nicht gern auf ihre üppigen Diäten verzichten wollten). Nun standen die selbsternannten Demokraten des Parlaments und insbesondere die CDU vor einem Dilemma: Stimmen sie für die Auflösung, werden sie höchstwahrscheinlich im gleichen Boot mit der AfD sitzen. Stimmen sie jedoch gegen die Auflösung, dann brechen sie ihr eigenes Versprechen gegenüber dem Wahlvolk, das ja auf baldige Neuwahl hinauslief. Die CDU verfiel hierzu auf einen ganz üblen Drückeberger-Trick, indem sie sich einfach der Abstimmung verweigerte und während des Prozederes geschlossen auf ihren Bänken sitzenblieb und so die Auflösung des Landtags verhinderte. Eine echte Abstimmung (die ja geheim verläuft) hätte womöglich Abweichlern mit eigenem Gewissen und eigener Meinung eine Chance gegeben, mit einem unerwünschten Abstimmverhalten unerkannt davon zu kommen. Das ist nicht nur eine Untergrabung des Verfassungsgedankens und ein Betrug an der Bevölkerung, sondern erinnert fatal an die Wahlpraxis in der DDR. Dort wurde eine geheime Abstimmung dadurch verhindert, dass bereits die Benutzung der Wahlkabine (also die Wahrnehmung des Verfassungsrechts auf geheime Wahl) als demonstrativer Akt galt, weil er das Abstimmverhalten des Bürgers der Kontrolle der Staatsorgane entzog.

Über die gravierenden Verletzungen der demokratischen Werte hinaus hat die links-grüne Regierung damit auch ihr Versprechen gegenüber den anderen Parteien gebrochen, im Sommer 2021 den Landtag aufzulösen und so Neuwahlen zu ermöglichen (nachdem sie die CDU genau unter dieser Voraussetzung in einen ‚Stabilitätspakt' gelockt hatte, s. Kap. 1). Obwohl mittlerweile der ehemaligen Kanzlerin mit ihrem Aufruf zur Revision der Thüringenwahl 2020 ein verfassungswidriges Verhalten bescheinigt wurde, hat das für sie und ihre überdimensionierte Ruhestandsentourage keinerlei Konsequenzen (sie muss nicht einmal eine einzige der neun Bürostellen abgeben).[153]

Überhaupt hat die Durchführung von Wahlen in manchen Bundesländern fast das Niveau einer Bananenrepublik erreicht, wie das Wahldebakel 2021 in Berlin zeigt. Sogar Jugendliche unter 18 Jahren und Ausländer, die beide gar kein Wahlrecht besitzen, sollen mit abgestimmt haben.[154] Obwohl es derart massive Verstöße gegen die Wahlordnung gegeben hatte, brauchte es ein Jahr bis zu einem Beschluss des Landesverfassungsgerichts, um die Wahl zu annullieren (und das bezüglich der Wahl zum Bundestag auch nur partiell). Außerdem musste die Wahl erst zum 23.2.2023 wiederholt werden, was die Frage aufwirft, welche rechtliche Grundlage die bis dahin getroffenen Entscheidungen haben.[155] Besonders makaber ist, dass es erst der akribischen Recherchen des als ,demokratiefeindlich' diskriminierten Magazins ,Tichys Einblick' und der Aktivitäten weiterer 30 Kläger bedurfte, um den Stein des Wahlrevisionsverfahrens überhaupt ins Rollen zu bringen.[156] Den selbsternannten links-grünen ,Demokraten' im Berliner Senat, allen voran dem damals verantwortlichen Innensenator, wäre eine solch dringend erforderliche Wahlwiederholung nicht im Traum eingefallen (von seinem allfälligen Rücktritt ganz zu schweigen, zwischenzeitlich war er sogar zum Bausenator mutiert).[157]

Der Ausschließungsfuror der selbsternannten ,demokratischen' Parteien gegen andere Parteien, insbesondere gegenüber der AfD, widerspricht den gesetzlich vorgegebenen Regelungen für Abgeordnete. So gilt etwa für den Landtag Sachsen (und ähnlich für andere Parlamentarier): „Gemeinsam mit der Gesamtheit aller Parlamentsmitglieder vertreten sie [die Abgeordneten] das ganze sächsische Volk - nicht nur ihre eigenen Wählerinnen und Wähler oder ihre Partei. Sie sind nur ihrem Gewissen unterworfen und üben ihr Mandat unabhängig und frei von jeder Bindung an Aufträge und Weisungen aus".[158] Daraus folgt, dass Parlamentarier und Amtsträger generell die für das Wohl des Volkes beste Entscheidung suchen und nicht nach parteitaktischen Gesichtspunkten entscheiden sollten. Wie sieht aber die Praxis aus? - Die CDU hatte im Kreistag

---

[153] https://www.spiegel.de/politik/deutschland/angela-merkel-ex-kanzlerin-verteidigt-buero-ausstattung-a-07a7be50-19e5-4fe4-9eca-6d5733e8d9c0, zuletzt aufgerufen am: 30.4.2024.

[154] https://www.bz-berlin.de/berlin/wahlpannen-in-berlin-die-ganze-liste-des-versagens, zuletzt aufgerufen am: 8.4.2024.

[155] Dabei sind die inzwischen womöglich unberechtigt in Anspruch genommenen Diäten der Mandatsträger noch gar nicht in Betracht gezogen.

[156] https://www.tichyseinblick.de/daili-es-sentials/wahl-klagen-in-berlin-verfassungsgericht-verfahren/. zuletzt aufgerufen am: 8.4.2024.

[157] https://www.bz-berlin.de/berlin/senat-drueckt-sich-vor-der-verantwortung-nach-dem-wahl-chaos, zuletzt aufgerufen am: 8.4.2024.

[158] https://www.landtag.sachsen.de/de/abgeordnete/aufgaben-und-entschaedigung/status-aufgaben-und-entschaedigung-9186.cshtml, zuletzt aufgerufen am: 8.4.2024.

Bautzen einem Antrag der AfD zugestimmt, Integrationsleistungen für ausreisepflichtige Ausländer zu streichen.[159] Darauf wurden die CDU-Abgeordneten nicht nur von Links-Grün, sondern sogar aus ihren eigenen Reihen (u.a. vom sächsischen Ministerpräsidenten) scharf kritisiert; und zwar nicht etwa weil der Inhalt des Antrags schädlich sei, sondern weil der Abgrenzungsbeschluss der CDU gegenüber der AfD verletzt wurde (der Bundesvorsitzende der CDU spricht sogar ständig von der Aufrechterhaltung einer ‚Brandmauer‘). Zu welcher Selbstlähmung eines Parlaments oder einer Regierung dies führen kann, hatten wir bereits weiter oben im Zusammenhang mit der Weigerung der Thüringer Abgeordneten gesehen, das Landesparlament nach einem Jahr wieder aufzulösen und Neuwahlen auszuschreiben.[160] Es geht also nicht mehr um das Wohl des Volkes, sondern allein darum, machttaktische Spiele zu gewinnen oder noch schlimmer, das eigene Schäfchen ins Trockene zu bringen.

Eine Aushöhlung unseres Rechtssystems ist auch durch die Zulassung von Parallelgesellschaften mit ihren eigenen Rechtsauffassungen gegeben. So etwa, wenn die Scharia in islamischen Migrantenkreisen über das Grundgesetz gestellt wird, oder islamische Friedensrichter und Selbstjustiz im Clanmilieu die Stelle unserer Justiz einnehmen [84]. Dass der politische Islam kaum mit einer demokratischen Verfassung kompatibel ist, zeigt auch ein Blick auf das Ausland. Als nach dem Arabischen Frühling 2011 in Ägypten formal ‚demokratische‘ Parlamentswahlen durchgeführt wurden, kamen die islamistischen Muslimbrüder an die Macht. Das führte unmittelbar danach zu gewaltsamen Ausschreitungen und Repressalien gegen die koptischen Christen und endete in einem Militärputsch. D.h. die undemokratischen Folgen einer ‚demokratischen‘ Revolution mussten traurigerweise durch eine Militärdiktatur beseitigt werden. Selbst die ‚Grüne Revolution‘ in Tunesien endete in einem Desaster und mündete in einer starken Auswanderungswelle nach Europa.[161]

Die Durchsetzung des Rechts und die Verteidigung des Rechtsstaates sind ganz eng verbunden mit der Gewährleistung der **inneren Sicherheit**. Da beides eng mit der Absicherung oder u.U. auch mit der Einschränkung von Freiheiten des Einzelnen verbunden ist, muss gleichzeitig auf ein feines Austarieren von Freiheit und Sicherheit geachtet werden. Dabei ist unbedingt ein Ausspruch zu bedenken, der auf Benjamin Franklin zurückgeht: „Der Mensch, der bereit ist, seine Freiheit aufzugeben, um Sicherheit zu gewinnen, wird beides ver-

---

[159] https://www.mdr.de/nachrichten/sachsen/bautzen/bautzen-hoyerswerda-kamenz/afd-antrag-kreistag-cdu-integration-100.html, zuletzt aufgerufen am: 8.4.2024.

[160] Damit wäre natürlich auch die bei der Wahl mit Duldung und Unterstützung der CDU zustande gekommene links-grüne Minderheitsregierung obsolet gewesen.

[161] Auf die verheerenden Folgen der westlichen Allianz, den Afghanen eine westliche Demokratie überzustülpen, brauchen wir an dieser Stelle nicht noch einmal einzugehen, s. hierzu Kap. 1.

lieren".[162] – Leider ist es um unsere innere Sicherheit nicht so gut bestellt, wie wir uns das wünschen. Obwohl in den Medien fast täglich Meldungen über Messerangriffe, Vergewaltigungen, Mord und Totschlag, Clankriminalität, Raubüberfälle in den Parks unserer Großstädte zu hören bzw. zu sehen sind, versuchen uns die staatlichen Behörden Normalität vorzuspiegeln und trösten uns, dass „Deutschland eines der sichersten Länder der Welt" sei. Wir wollen uns aber nicht mit Burkina Faso, den Philippinen und den Hotspots in Mexiko oder El Salvador vergleichen. Unser Maßstab sollte eher die Bundesrepublik vor 2015 sein.

Die Verunsicherung und Angst der Bevölkerung vor Überfällen und Straftaten aller Art hat deutlich zugenommen, und das ist keine Einbildung, wie entsprechende Umfragen zeigen.[163] Da wirkt es wie ein Hohn, wenn die berechtigten Sorgen der Bürger (vor allem im Hinblick auf Ausländerkriminalität) von der Innenministerin mit moralischen Plattitüden beiseite gewischt werden (s. Kap. 17) oder regierungstreue ‚Experten' fadenscheinige Argumente und Statistikinterpretationen liefern, die nachweisen sollen, dass alles objektiv nicht so schlimm sei wie sich das ‚anfühlt'. Oft wird als Motiv für das Kleinreden der Problematik angegeben, dass man nicht den ‚Rechten' (in der DDR hieß das ‚dem Klassenfeind') in die Hände spielen wolle. In Wirklichkeit geht es darum, das totale Versagen des Staates und der jeweils verantwortlichen Regierungen seit der Merkel-Ära in Fragen der inneren Sicherheit zu vertuschen.

Nach unserer Verfassung ist es eine Verpflichtung der staatlichen Gewalt, die Würde des Menschen zu sichern (Art. 1 (1) GG) sowie seine körperliche Unverletzbarkeit und sein Eigentum zu schützen (Art 2 bzw. 14, GG). Warum haben aber viele Bürger den Eindruck, dass dieser Grundsatz eher für Zugewanderte und nicht so sehr für die einheimische Bevölkerung gilt? Nun, wenn einem die Nation nichts bedeutet und nach links-grüner Auffassung alle Weltbürger sind, besteht auch keine besondere Schutzverpflichtung der eigenen Bevölkerung gegenüber. – Obwohl die Sicherung seiner Grenzen eine originäre Aufgabe eines Staates ist (oder - im Falle der EU - eines Staatenbundes), ist diese ebenfalls nicht mehr gewährleistet, s. Kap. 8. Dafür sind neue innere sozialökonomische Grenzen entstanden, die nicht einmal mehr die Linken ernsthaft interessieren. Wagenknecht konstatiert zu recht: „Während die Außengrenzen für Nicht-Staatsbürger poröser wurden, sind die Grenzen zwischen den sozialen Schichten zu Mauern geworden, die sich immer schwerer überwinden lassen." [83, S. 135].

---

[162] Dabei geht es wohlgemerkt nicht nur um eine allgemeine Handlungsfreiheit, sondern auch um die Freiheit vor Gefahren.

[163] https://rp-online.de/nrw/panorama/sicherheit-und-gewalt-nrw-wie-sicher-fuehlen-sich-die-menschen-in-nrw-innere-sicherheit_aid-67165343, zuletzt aufgerufen am: 30.4.2024.

Um die richtigen Schlussfolgerungen über die innere Sicherheit eines Landes zu ziehen, ist ein objektiver und ungeschönter Überblick über Kriminalität und Straftaten für die Staatsbürger und Wähler unabdingbar. Außerdem ist eine ehrliche und für alle transparente Ursachenforschung zu leisten, was aber kaum möglich ist, wenn schon Daten fehlerhaft erfasst oder etwa die ethnische Herkunft der Täter verschwiegen wird. Letzteres kann auch nicht damit gerechtfertigt werden, dass damit einer Ausländerfeindlichkeit Vorschub geleistet würde, weil es eben für jeden Bürger wichtig ist zu wissen, ob und in welchem Ausmaßen die Kriminalität im Land durch die gastfreundliche Aufnahme von schutzsuchenden Flüchtlingen wächst oder nicht. Darüber hinaus ist es bei politisch motivierten Straftaten genauso wichtig zu erfahren, welchem Lager (etwa Linksextremen oder Rechtsextremen) diese Taten zuzuordnen sind und von welcher Art diese sind. – Auf keinen Fall darf eine lückenhafte Erfassung von Straftaten bzw. von Straftätern und schon gar nicht eine Fälschung von Kriminalstatistiken geduldet werden, was vor allem bei politisch und islamisch motivierten Straftaten der Fall zu sein scheint.[164]

Der Begriff der politisch motivierten Kriminalität (PMK) und die hierzu vom BMI geführten Statistiken sind aus mehreren Gründen mit großer Vorsicht zu bewerten. Erstens werden überhaupt nicht alle Straftaten erfasst, und zweitens ist die Zuordnung nach dem Links-Rechts-Schema äußerst fragwürdig, weil schon die Definitionen von PMK-Delikten und deren Zuordnungen schwammig sind,[165] und schließlich ist die Interpretation bzw. die Wichtung der Gefährlichkeit höchst willkürlich. Wie will man auch das Gefährdungspotential folgender beispielhaft angeführter Straftaten objektiv bestimmen und miteinander vergleichen: Zeigen von Nazisymbolen (typisch ‚rechts‘); Angriffe auf Polizisten mit Molotowcocktails (typisch ‚links‘); Autobahnblockierung durch Klimakleber (typisch ‚grün‘) oder Hassaktionen gegen Juden (typisch ‚migrantisch-arabisch‘). Man schaue sich nur die offizielle PMK-Statistik für das Jahr 2021 an.[166] Dort werden für das Jahr 2021 in der Rubrik Sachbeschädigungen in der PMK-rechts 1167 Delikte und in der PMK-links 5717 Delikte angegeben (in der Rubrik Propagandadelikte ist das Verhältnis umge-

---

[164] https://m.focus.de/politik/sicherheitsreport/analyse-zu-politisch-motivierten-straftaten-sachsen-gilt-als-hochburg-rechter-gewalt-dabei-schlagen-linke-taeter-viel-haeufiger-zu_id_12744985.html
https://www.humanistische-union.de/publikationen/mitteilungen/163/publikation/die-faelschung-der-kriminalstatistik/, zuletzt aufgerufen am: 8.4.2024.

[165] Lange Zeit wurden von der Polizei antisemitische Ausschreitungen, die von muslimischen und hier besonders von arabischstämmigen Migranten begangen wurden, den ‚Rechten‘ zugeordnet.

[166] https://www.bmi.bund.de/SharedDocs/downloads/DE/veroeffentlichungen/nachrichten/2022/pmk2021-factsheets.pdf;jsessionid=E4C3DEA6EE105C728281C8A35DCB06B4.2_cid364?__blob=publicationFile&v=2, zuletzt aufgerufen am: 30.4.2024.

kehrt 12225 (rechts) vs. 126 (links)). Damit ist das Faesersche Diktum „der Feind steht rechts" nicht zu rechtfertigen, zumal die Zahl 126 nicht aussagefähig ist, da die vielen Sprüche und Schmierereien auf Straßen und Dächern, wie ACAB (All Cops are Bastards) oder „Deutschland verrecke", zwar eindeutig linker Provenienz sind, aber sicher nicht zu Hunderten als Straftaten in die PMK-links (Rubrik Propagandastraftaten) eingehen.[167]

Insgesamt ist durch diese vollkommen unbefriedigende Situation der Fehldeutung und der Statistikfälschung Tür und Tor geöffnet. Aber selbst dann, wenn die Zahlen eine klare Sprache sprechen, wird von den Politikern die Gefahr von Links oft verharmlost. Überhaupt, was soll ‚politisch motiviert' genau bedeuten, ganz abgesehen von der bereits kritisierten unklaren Zuordnung ‚links/rechts'. Und um die Problematik noch weiter auf die Spitze zu treiben: Ist der Verfassungsbruch einer Kanzlerin (Aufforderung zur Revision ordnungsgemäß abgelaufener Wahlen, s. Kap. 1), der ja vom BVerfGE in Karlsruhe als solcher bestätigt wurde, eine politisch motivierte Straftat?[168] Ist dieser eklatante Fall in die PMK eingegangen? - Sicherlich nicht! Ist sie dafür bestraft worden? - Nein, sie erhielt vielmehr 2023 - wie wir schon an anderer Stelle angemerkt hatten - als Auszeichnung für ihre Zerstörung der Demokratie die höchste Stufe des Bundesverdienstkreuzes![169]

In der Ahndung von Ausländerkriminalität ist unser Staat zu nachlässig oder einfach ideologisch blind. Das zeigt sich u.a. in der zu laschen Haltung der Justiz gegenüber Mehrfachtätern und kriminellen Clans sowie in der Unfähigkeit zur Abschiebung selbst gefährlicher Verbrecher, s. Kap 8. Zudem erscheint der Justizvollzug in Deutschland zu wenig wirksam und dürfte für viele Straftäter (nicht nur aus dem migrantischen Milieu) wie ein Sanatoriumsaufenthalt wirken. So wurde beispielsweise die als ‚Nobelknast' bekannte JVA-Weiterstadt selbst vom hessischen Landesrechnungshof als ein „Luxusgefängnis" bezeichnet. Das bedeutet nicht, dass wir die Methoden des ehemaligen Sheriffs von Carson USA, Joe Arpaio, bei uns einführen sollten,[170] aber irgendwo sollte es doch eine gesunde Mitte geben.

Nicht nur, dass das Recht nicht für alle in gleicher Weise durchgesetzt wird, [62, S. 45], sondern es werden auch noch Parallelgesellschaften geduldet, die

---

[167] Natürlich gilt das auch für das politische Gegenstück, die Rechtsextremen; niemand weiß genau, wieviele Propagandadelikte tatsächlich auf deren Konto gehen.

[168] https://www.faz.net/aktuell/politik/angela-merkel-hat-nach-kemmerichs-wahlverfassungsbruch-begangen-18104810.html, zuletzt aufgerufen am: 30.4.2024.

[169] https://www.sueddeutsche.de/panorama/angela-merkel-bundesverdienstkreuz-steinmeier-schroeder-1.5777247 – Außerdem ist keines ihrer Privilegien angetastet worden., zuletzt aufgerufen am: 30.4.2024.

[170] https://www.newsweek.com/president-trump-pardon-joe-arpaio-illegal-immigration-651062, zuletzt aufgerufen am: 30.4.2024.

ihre eigene Rechtsauffassung pflegen und durchzusetzen versuchen (sei es die Scharia, die Omerta der Mafia oder der Ehrenkodex der ‚Diebe unter dem Gesetz' sowjetischer Provenienz,[171] die alle in Deutschland höchst wirksam agieren). Wenn aber das Vertrauen in den Staat, der ja das alleinige Gewaltmonopol besitzt und verpflichtet ist das Recht gegen jedermann durchzusetzen, verloren geht, dann wird der Ruf nach Selbstjustiz immer lauter.[172] Wie gefährlich diese Tendenz ist, kann man übrigens live im amerikanischen Fernsehen bzw. in der dortigen Presse verfolgen, wo Fälle von Selbstjustiz quasi an der Tagesordnung sind.

Demgegenüber besteht ein regelrechtes Spannungsfeld rechtlich-ethischer Natur in der umstrittenen Auffassung „auch Terroristen haben Menschenwürde", s. hierzu [62, S. 32]. Diese hat die ganz praktische Konsequenz, dass Attentäter oder Terroristen des Dschihad nicht in ein Land abgeschoben werden können, in denen ihnen Folter oder Todesstrafe drohen. Ein solcher unreflektiert von Politikern verbreiteter Grundsatz ist für die zahlreichen Opfer islamistischen Terrors kaum nachvollziehbar. Er stützt sich zwar auf Art. 1, Abs. 1 GG, aber die Menschenrechte der aktuellen und möglichen zukünftigen Opfer scheint er außer Acht zu lassen. Der falsch verstandene Edelmut geht sogar so weit, dass deutsche Jugendliche, die sich dem terroristischen IS angeschlossen haben und womöglich an grausamsten Verbrechen beteiligt waren, mit großem Aufwand wieder nach Deutschland zurückgeholt werden, statt sie einfach auszubürgern.

Die Verharmlosung und Vertuschung von Ausländerkriminalität hat bei uns schon System. Das zeigte sich auch bei den Plünderungen nach der Hochwasserkatastrophe im Ahrtal im Sommer 2021. Selbst hier versuchten viele Medien noch zu bagatellisieren und alles als Einzelfälle bzw. harmloser als in der verachteten ‚Boulevardpresse' berichtet darzustellen.[173] Bezüglich der Mitteilungen in den sozialen Netzwerken über Straftaten im Ahrtalgebiet wird in dem zitierten Bericht mit den Worten abgewiegelt, „dass es hier nicht um bestätigte Fakten geht, [es sind] auch in vielen anderen Fällen Geschichten vom Hörensagen". Das Innenministerium NRW musste dagegen auf Anfrage der AfD dem Landtag bestätigen, dass bei den polizeilich festgestellten 193 Taten 145 Tatverdächtige ermittelt wurden, die über 24 verschiedene Staatsangehörigkeiten verfügen.[174] Dabei sind in den beigelegten Tabellen Täter mit weiteren Staatsangehörigkeiten außer der Deutschen, wie das bei unseren Be-

---

[171] https://dewiki.de/Lexikon/Diebe_im_Gesetz, zuletzt aufgerufen am: 8.4.2024.
[172] Siehe die furchtbaren Angriffe auf Asylbewerber-Heime, Kap. 13.
[173] https://www.swr.de/swraktuell/rheinland-pfalz/gab-es-pluenderungen-in-flutgebiet-nach-hochwasser-ahr-trier-100.html, zuletzt aufgerufen am: 30.4.2024.
[174] https://bit.ly/3mLDltp, zuletzt aufgerufen am: 30.4.2024.

hörden üblich ist, automatisch als deutsche Staatsbürger ausgewiesen worden. Bemerkenswert ist auch, dass sich unsere Qualitätspresse trotz der Ungeheuerlichkeit dieser Vorgänge, bei denen Menschen in Not Opfer von Verbrechen wurden, nicht zur üblichen moralischen Empörung aufschwingen konnte.

Auf die schon mit der sprachlichen Ausdrucksweise beginnende Verharmlosung von Verbrechen hatten wir zwar bereits in Kap. 10 im Zusammenhang mit dem Begriff der ‚Ehrenmorde' hingewiesen, müssen hier aber aus rechtlicher Sicht noch einmal auf dieses Thema zurückkommen. Der Deutsche Juristenverband schreibt hierzu: „Der Mord an einer Frau ist kein ‚Ehrenmord', sondern ein Femizid".[175] Hier handelt es sich keinesfalls um sprachliche Feinheiten, wie die Tatsache zeigt, dass bis 1996 ‚Ehrenmorde' von Gerichten nicht als heimtückische Tat sondern als ‚Totschlag' gewertet wurden (sozusagen als eine kulturelle Besonderheit bestimmter Personengruppen). Dass auch später das böse Wort vom sogenannten ‚Islam-Rabatt' nicht aus der Luft gegriffen war, zeigt der Fall eines Deutsch-Afghanen, der seine schwangere Freundin mit mehreren Messerstichen heimtückisch erstochen hatte. Die Richter weigerten sich, die besondere Schwere der Tat anzuerkennen, und bescheinigten dem Täter, er habe sich „aufgrund seiner kulturellen und religiösen Herkunft in einer Zwangslage befunden".[176] - Welch ein Zynismus und welch gruppenbezogene unterschiedliche Rechtsstandards! Hätte man bei Angehörigen anderer Religionen oder bei einem Atheisten, der womöglich noch AfD-Mitglied ist, ähnlich entschieden? Es gibt nicht einmal eine offizielle Statistik zum Tatbestand ‚Ehrenmord', sodass die Grauzone sehr groß und die Grenze zu Beziehungsdelikten (Rache verlassener Ehemänner o.ä.) sehr unscharf ist. Immerhin gibt es Zusammenstellungen aus diesem Deliktbereich, die auf jeden Fall zeigen, dass es sich in der Kategorie ‚Ehrenmord' nicht etwa um seltene Einzelfälle handelt,[177] obwohl es besser wäre, man könnte hierzu amtlich bestätigte Erhebungen einsehen. Es muss überhaupt Schluss sein mit der Beschönigung von Straftaten: Klimakleber begehen die Straftat der Nötigung und des gefährlichen Eingriffs in den Straßenverkehr, sie sind keine ehrenwerten ‚Aktivisten'; Plünderer in Stuttgart bilden keine ‚Partyszene' (s. Kap. 8) und Randalierer in Hamburg stellen keine „spaßorientierte Jugend" dar, wie das die Polizei verharmlost hat, usw.[178]

---

[175] https://www.djv.de/startseite/service/news-kalender/detail/news-gewalt-nicht-beschoenigen, zuletzt aufgerufen am: 30.4.2024.

[176] https://www.faz.net/aktuell/politik/staat-und-recht/empoerung-ueber-urteil-kultureller-rabatt-fuer-ehrenmord-12863670.html, zuletzt aufgerufen am: 30.4.2024.

[177] https://www.ehrenmord.de/doku/2022/doku_2022.php, zuletzt aufgerufen am: 30.4.2024.

[178] https://www.tichyseinblick.de/daili-es-sentials/spassorientierte-jugendliche-randalieren-in-hamburg/, zuletzt aufgerufen am: 8.4.2024.

Bedrückend und gefährlich für die innere Sicherheit sind die Mehrfachtäter, eine Erscheinung, die ihre Ursache zu einem wesentlichen Teil in einer irregeleiteten Asylpolitik und einer zu laschen bzw. zu nachsichtigen Justiz hat. Der letztgenannte Umstand wurde bereits vor Jahren von der Berliner Richterin Kirsten Heisig angeprangert [26], ohne dass sich viel geändert hätte. Unlängst verließ ein afghanischer Vergewaltiger den Gerichtssaal wieder als freier Mann, obwohl er schon vorher wegen sexueller Delikte auffällig geworden war.[179] Für ihn sprach nach der unbegreiflichen Auffassung des Richters dass er „im Prinzip voll integriert" sei (und im Übrigen sei er unter Alkoholeinfluss einfach ein anderer Mensch). Bei migrantischen Straftätern ist es ob solcher Milde schon fast die Regel, dass diese als Vielfachtäter auffallen, so auch der erwähnte Terrorist Amri und der sogenannte ‚König von Bautzen', s. Kap. 8.

Erschreckend ist auch die Zunahme von Gewaltdelikten, die von weiblichen Tätern begangen werden,[180] darunter - wie gerade im Frühjahr 2023 mehrfach berichtet - auffällig viele Kinder im nicht-straffähigen Alter. Hierzu gehören auch die zwei Mädchen aus Freudenberg, die ihre Mitschülerin mit unglaublicher Brutalität und mit über 70 Messerstichen ermordet hatten.[181] Auch sie sind wieder auf freiem Fuß und erfreuen sich jetzt der Fürsorge unseres Staates. Überhaupt hat die Jugendkriminalität sowie die brutale Gewalt unter Jugendlichen - und was besonders erschütternd ist, die von Jugendlichen (darunter auch wieder Mädchen) gegenüber älteren Menschen - zugenommen. Wenn man schnell bei der Hand ist, bei vielen Straftaten, wo man meint, dass sich das irgendwie machen lässt, rechte Straftäter oder gar die AfD als geistigen Urheber ausmachen zu können, sollte doch auch die analoge Überlegung erlaubt sein. Wenn die Achtung vor dem Alter (insbesondere vor alten weißen Männern) von Links-Grün diskreditiert und das noch als eine Art Staatsdoktrin propagiert wird, dann sind doch wohl nach dieser Methode die geistigen Brandstifter bei Angriffen gegen alte Menschen (und, was das anbetrifft, auch auf Kulturgüter) ebenso leicht im links-grünen Lager zu finden. Ich möchte betonen, dass diese Analogiebildung nur die Gefahr einer Falschzuordnung und der Vergiftung der politischen Atmosphäre illustrieren soll, und dass ich diese Methode nicht für brauchbar halte. Im Gegenteil, ob es Ausländer, Jugendliche, Linke oder Rechte betrifft, sollte man (insbesondere bei voreiligen)

---

[179] https://www.focus.de/panorama/mildes-urteil-in-regensburg-mohammad-m-vergewaltigte-maedchen-und-kommt-jetzt-frei_id_200760488.html, zuletzt aufgerufen am: 30.4.2024.

[180] https://www.sueddeutsche.de/panorama/studie-zu-jugendkriminalitaet-maedchen-sind-haeufiger-gewalttaetig-als-angenommen-1.1972612 und https://focus.de/183357956, zuletzt aufgerufen am: 8.4.2024.

[181] https://www.bild.de/news/inland/news-inland/mord-an-luise-12-koennen-die-moerderinnen-gute-menschen-werden-83237572.bild.html, zuletzt aufgerufen am: 8.4.2024.

Schuldzuweisungen sehr vorsichtig sein. Wenn diese aber eindeutig und gerichtsfest zu untermauern sind, sollte man sie auch nicht verschweigen.

Viele Bürger haben den Eindruck, dass von den Regierungsverantwortlichen und in den ÖRM bei bestimmten Straftaten eine regelrechte Täter-Opfer-Umkehr betrieben wird. Die Kölner Oberbürgermeisterin gibt den Opfern sogar indirekt eine Mitschuld an den sexuellen Übergriffen Silvester 2015 auf der Domplatte. Sie erteilte den betroffenen Frauen sozusagen ‚post festum‘ den probaten Ratschlag, in einer solchen Situation, in der sowieso unglaubliches Gedränge herrschte, „eine Armlänge Abstand zu halten". Das kommt einer Verhöhnung der Opfer gleich.[182] Auch der Hinweis des linkslastigen Tagesspiegel auf „unkluges situatives Verhalten" an zwei jüdische Davidsstern-Trägerinnen, die in der Nähe einer antiisraelischen Demonstration von Palästinensern belästigt wurden, zeugt von diesem verqueren Denken.[183] Sogar die Polizei, die oft genug schwierigste Situationen bei der Kriminalitätsbekämpfung zu bewältigen hat und dementsprechend (sowohl durch die zu bewältigende Konfliktsituation als auch durch die Presse) unter mehrfachen Stress steht, wird in brenzligen Einsatzfällen schnell zum Täter gestempelt. So etwa, wenn sie Klimaterroristen in einem Tagebau unter Einsatz ihres Lebens und begleitet von Rufen wie „Scheiß-Faschistenschweine" von der Abbruchkante befreien müssen.[184]

Die Polizei ist überhaupt in eine prekäre Lage geraten, die einerseits durch Respektsverlust geprägt ist und und andererseits von dem Gefühl, von der Politik im Stich gelassen zu werden. Viele Polizeieinsätze zeichnen sich allerdings (möglicherweise aus einer Überforderung heraus) durch brutale Härte aus, was ihr massive Kritik von Seiten der Bevölkerung einbringt. Den Kulminationspunkt dieser Probleme haben wir insbesondere im Zusammenhang mit den Corona-Demonstrationen erlebt. Zum einen sollte die Polizei Demonstrationen gegen die desolate Corona-Politik der Regierung gewaltsam unterbinden (was sie teilweise mit ziemlicher Brutalität durchführte). Zum anderen wurde sie ihrerseits zum Prügelknaben der Nation gemacht (s.u.), weil sie ihrerseits die massiven, von der Politik hervorgerufenen Widersprüche auf ihrem Rücken austragen muss. Aus dieser Gemengelage resultiert eine Verachtung für staatliche Organe und Widerstand gegen polizeiliche Maßnahmen durch Klimaeiferer, Migranten, Rechtsextreme und linksextreme ‚Aktivisten‘, wovon auch der

---

[182] https://www.faz.net/aktuell/feuilleton/debatten/henriette-rekers-unverschaermter-vorschlag-mit-der-armlaenge-13999586.html, zuletzt aufgerufen am: 8.4.2024.

[183] https://www.tichyseinblick.de/daili-es-sentials/antisemtischer-uebergriff-tagesspiegel-taeter-opfer-umkehr/, zuletzt aufgerufen am: 30.4.2024.

[184] https://twitter.com/MatthiasHauer/status/1614689647791161345, zuletzt aufgerufen am: 29.4.2024.

linke Slogan „All Cops are Bastards" (ACAB) einen deutlichen Beweis liefert (s. hierzu auch Kap.2).

Die Verspottung von Richtern und Justiz beginnt bereits während mancher Gerichtsprozesse, wo sich Täter aus dem Clan-Milieu über die Richter lustig machen oder diese gar bedrohen. Die Autobahn-Kleber der ‚Letzten Generation' bekunden gleich nach Verkünden des (meist überaus milden) Urteils, dass sie sowieso gleich weitermachen werden, oder sie schwänzen einfach den Prozesstermin, weil sie nach Thailand oder Bali in den Urlaub fliegen müssen (und das als klimabewegte CO_2-Vermeider!). Es erübrigt sich wohl festzustellen, dass es aus dem links-grünen Spektrum sogar noch sehr durchsichtige Verteidigungsversuche für diese Doppelmoral der folgenden Art gab: Man müsse doch unterscheiden zwischen den hehren Zielen der Aktivistengruppe als solcher und dem individuellen Recht des einzelnen Kämpfers auf Urlaub. Ja, eine Autorin der BZ hat sogar (man möchte fast sagen, im anthroposophischen Sinne) zur Ehrenrettung dieser Klimaheuchler zwischen deren ‚politischen Körper', der an der Klimafront kämpft, und ihrem ‚natürlichen Körper' unterschieden, der durchaus das Recht auf klimaschädliche Flüge habe.[185]

Bei migrantischen Großfamilien kann man durchaus eine tendenziöse bis verlogene Berichterstattung beobachten, wenn es deren Kriminalität betrifft; so in einem Artikel über einen Polizeieinsatz in Berlin, bei dem es „um eine Geldstrafe von 750 Euro" bei Zahlungsverweigerung durch eine syrischen Familie ging.[186] Ja, wofür wollte die Familie eigentlich nicht zahlen? Und warum war das Eindringen der Einsatzkräfte in die Wohnung erforderlich? - Über all das erfährt man in dem Artikel nichts. Aber dafür liest man, dass der Satz eines Polizisten: „Ihr seid hier in unserem Land und habt Euch nach unseren Gesetzen zu verhalten" schnell zum Rassismusvorwurf durch die betroffene Familie (und wie man dem Titel des Artikels entnehmen muss) auch durch die Zeitung umgemünzt wurde. Das ganze führte dazu, dass dieser Polizist in den Innendienst versetzt wurde (welch ein Glück für ihn), und dass nun der Staatsschutz ermittelt. Erst ganz zum Schluss des im Ton der Klage über die Polizei gehaltenen Artikels erfährt der Leser in einem Satz die Sicht der Gegenseite: „Die Beamten selbst leiteten Ermittlungen gegen das Paar wegen Widerstands, tät-

---

[185] https://www.focus.de/panorama/welt/doppelmoral-der-aktivisten-klima-kleber-schwaenzen-gerichtstermin-und-fliegen-stattdessen-nach-bali_id_184584673.html und https://www.berliner-zeitung.de/kultur-vergnuegen/debatte/kommentar-meinung-letzte-generation-bali-regt-euch-ab-warum-klima-aktivisten-die-nach-thailand-fliegen-keine-heuchler-sind-li.313536, zuletzt aufgerufen am: 17.4.2024.

[186] https://www.tagesspiegel.de/berlin/das-ist-mein-land-du-bist-hier-gast-berliner-polizist-beleidigt-familie-in-eigener-wohnung-rassistisch-8643700.html?utm_source=pocket-newtab-global-de-DE, zuletzt aufgerufen am: 8.4.2024.

lichen Angriffs und versuchter Gefangenenbefreiung ein". Wie soll die Polizei unter diesen Umständen überhaupt noch ihren aufreibenden Dienst verrichten?

Wie wir bereits in Kap. 9 festgestellt hatten, führt auch der unreflektierte Gleichstellungswahn (inzwischen auch in Bezug auf Transgender-Personen) zu makabren Situationen in der Gesellschaft allgemein (Stichworte: Transfrauen im weiblichen Strafvollzug, Toiletten- oder Sauna-Benutzung) oder im Sport (Weltklasse-Sportlerinnen müssen in Wettkämpfen gegen Männer antreten, die sich selbst als ‚weiblich' identifizieren, und verlieren dann konsequenterweise).[187] Darüber hinaus ist die besondere und stark veränderte Rolle von Frauen in Polizei und Bundeswehr zu hinterfragen, da die eingeforderte Gleichberechtigung im täglichen Dienst durchaus nicht überall realisiert werden kann (von regelrechten Kampfeinsätzen ganz zu schweigen). So gibt es immer wieder Fälle, die den Einsatz von Polizistinnen in gefährlichen Situationen auch heute schon grundsätzlich in Frage stellen. Dies zeigt etwa die Flucht zweier Polizistinnen in Schwelm im Gefahrenfall und deren Weigerung, ihren männlichen Kollegen Hilfe zu leisten (Grund: Sie hätten Todesangst empfunden).[188] In den Gefahren-Hotspots, aber nicht nur dort, gibt es sogar beim ganz alltäglichen Einsatz von Polizistinnen Probleme; manche berichten z.B. von offener Missachtung oder Bespucken durch muslimische Migranten [33].

Immer wieder geraten unsere Sicherheitsorgane unter Beschuss der woken Mainstream-Medien und Politiker. Als ganz verwerflich wird ein Elitedenken und männlicher Kameradschaftsgeist innerhalb militärischer oder polizeilicher Spezialeinheiten angesehen, obwohl sich doch gerade dort einer auf den anderen verlassen muss. Man könnte glatt denken, die politisch Verantwortlichen seien der Auffassung, dass man Schwerverbrecher oder gefährliche Politaktivisten wie im Dannenröder Forst mit Sozialarbeitern und Häkelkreisen bekämpfen kann. Oft genug steht die Polizei, wie schon in Kap. 5 diskutiert, völlig überzogen im Brennpunkt der PolC, indem ihr rechtsextreme Tendenzen oder struktureller Rassismus unterstellt werden. Welch verheerende Folgen das langfristig haben wird, konnte man an der Auflösung der SEK-Einheit in Frankfurt erkennen, die ohne gründliche Voruntersuchungen erfolgte. Auch die Schaffung eines ‚Beauftragten für Rechtsextremismus in der Polizei' wird von deren Gewerkschaft sehr kritisch gesehen.[189] – In nicht wenigen Fällen reicht

---

[187] https://www.20min.ch/story/kanada-trans-frau-anne-andres-stellt-rekord-auf-im-gewichtheben-124243363310, zuletzt aufgerufen am: 8.4.2024.

[188] https://www.sueddeutsche.de/panorama/polizistinnen-gevelsberg-schiesserei-flucht-amtsgericht-schwelm-1.5465839, zuletzt aufgerufen am: 30.4.2024.

[189] https://www.tichyseinblick.de/daili-es-sentials/so-rechtswillkuerlich-schwaecht-hessens-innenminister-beuth-die-innere-sicherheit/ und https://www.welt.de/politik/deutschland/article250873866/Rechtsextreme-Verdachtsfaelle-Muss-klar-sein-dass-die-Faelle-lediglich-0-1-Prozent-aller-Polizisten-ausmachen.html, zuletzt aufgerufen am: 8.4.2024.

bei der Polizei schon die Jahre zurückliegende Verwendung von nicht PolC-gerechten Wörtern („Nafri", „Zigeuner" o.ä.), um eine rechtsextreme Haltung bzw. das verbotene ‚Racial Profiling' zu unterstellen, s. hierzu Kap. 13. Wenn man aber soziale Phänomene oder Tätergruppen im Polizeidienst nicht mehr mit zutreffenden Begriffen und Kürzeln benennen kann, dann wird auch deren Bekämpfung schwierig. Durch das Verbot der begrifflichen Eingrenzung von Tätergruppen wird natürlich die polizeiliche Präventions- und Ermittlungstätigkeit geradezu behindert und in letzter Konsequenz jede Art von Profiling unter Verdacht gestellt (denn dieses selektiert generell bestimmte Tätergruppen).[190]

Aufgrund dieser ziemlich verkrampften Situation klingen viele Polizeimeldungen einfach kryptisch, oder man gewinnt den Eindruck, dass eine Hälfte der Information zurückgehalten wird. So z.B. in einer Meldung der Polizei, dass zwei ihr bekannte „Damen aus Duisburg" in Köln beim Diebstahl ertappt wurden.[191] Erst ganz zum Schluss kommt noch halb verschämt die Information, dass es sich um „zwei aus Bulgarien stammende Frauen" handele. Da fragt man sich doch unwillkürlich, ob diese „Damen" nicht doch genauer zu den Z-People aus Duisburg-Marxloh gehören, was natürlich wichtig für die Beurteilung der EU-Politik in Sachen innere Migration wäre, und ob hier nicht wieder eine der unzulässigen Diskriminierungen von Bulgarinnen allgemein vorliegt, s. Kap. 9. Außerdem wundert sich der um seine Sicherheit besorgte Bürger, wieso solche Mehrfachstraftäterinnen nach Feststellung der Personalien einfach wieder laufen gelassen werden (zum wievielten Male?). Dies ist beileibe kein Einzelfall, sondern scheint typisch zu sein - allein in Berlin gibt es weit über 500 bekannte Intensivtäter.[192] Hier liegt eine schwere Schädigung der öffentlichen Sicherheit vor, gegen welche die Polizei einfach machtlos zu sein scheint. Was wird wohl in den Polizeibeamten vor sich gehen, die trotz ihrer an sich schon hohen Belastung ständig dieselben Täter festnehmen, nur um sie sofort wieder laufen lassen zu müssen?

Auf die Spitze getrieben hat der Berliner Senat die an sich schon erschreckende Situation der Polizei in der Landeshauptstadt, indem er im Juni

---

[190] Oder sollte man, um keine zarte Verbrecher-Seele zu belasten und zu diskriminieren, auch ältere Damen über 70 mit in die Fahndung einbeziehen, wenn man gefährliche und gewaltbereite Drogenhändler sucht, von denen man mit hoher Wahrscheinlichkeit weiß, dass sie einem bestimmten Personenkreis angehören. Es wird also immer die Notwendigkeit geben, diese mit einem bestimmten Terminus zu benennen und dieser wird (wenn er nicht griffig ist) immer auch abgekürzt werden. Nach der Logik der PolC muss dann letzterer auch wieder verboten und geächtet werden usw.

[191] https://www.presseportal.de/blaulicht/pm/70116/5405477, zuletzt aufgerufen am: 1.5.2024.

[192] https://www.berliner-zeitung.de/mensch-metropole/so-jung-und-schon-so-kriminell-in-berlin-leben-552-intensivtaeter-li.182198, zuletzt aufgerufen am: 8.4.2024.

2021 ein bis dahin ohne Vergleich dastehendes Landesdiskriminierungsgesetz verabschiedet hat.[193] Dieses bringt sozusagen eine Beweislastumkehr mit sich, indem nunmehr ein der Diskriminierung verdächtigter Polizist diese Anschuldigung von sich aus entkräften muss (nicht der Ankläger muss seine Behauptung belegen). Das führt dazu, dass schon über Weigerungen der Polizeieinheiten anderer Bundesländer nachgedacht wird, in Berlin Amtshilfe zu leisten.[194] Die Abschaffung des seit der Antike geltenden Prinzips „Im Zweifel für den Angeklagten" und die Einführung der Beweislastumkehr sind auch ein äußerst demokratiegefährdendes Anliegen der Innenministerin Nancy Faeser. In einer Talkshow bei Maischberger brüstete sie sich geradezu, eine „gute Idee gefunden zu haben", indem man „das Grundprinzip der Rechtsstaatlichkeit aufgebe und lieber dem Verdächtigen künftig die Beweislast übertrage zu sagen, ‚ich bin aber anständig und hab mir nichts zuschulden kommen lassen'".[195]

Diese Regelungen sind nicht nur ein Bruch mit fundamentalen Rechtsauffassungen, sondern sie verstoßen auch gegen die Europäische Menschenrechtskonvention (Art. 6,2). Eine solche Zerstörung des Rechts wiegt umso schlimmer, als die Ministerin Juristin ist und führende Verfassungsrechtler dieses Vorhaben als klar rechtswidrig einstufen. Lediglich die linksaußen angesiedelte TAZ findet dieses Vorgehen „angemessen und verhältnismäßig"[196] (es ist allerdings zu vermuten, nur so lange wie es ausschließlich gegen ‚Rechts' gerichtet bleibt und nicht die eigene Klientel betrifft; so etwas nannte man im real existierenden Sozialismus ‚Klassenjustiz'). Besonders beschämend ist die Tatsache, dass bei all diesen Angriffen auf den Rechtsstaat kein nennenswerter Protest von den Parteien der ‚Mitte' kommt, und dass der Justizminister (FDP!) bei diesen und ähnlichen Unternehmungen, wie etwa dem zur Denunziation aufrufenden ‚Whistleblowergesetz', noch aktiv Schützenhilfe leistet.[197] Unter diesen Umständen braucht sich doch niemand zu wundern, dass viele Bürger die AfD als einzig verbliebene Opposition ansehen, die gegen diese Zerstörung der Demokratie protestiert (was sich durch die Neugründung von BSW und WerteUnion hoffentlich bald ändern wird, s. Kap. 17). Welche Ironie, ausge-

---

[193] https://www.berlin.de/sen/lads/recht/ladg/, zuletzt aufgerufen am: 8.4.2024.

[194] Überhaupt scheint die Bundeshauptstadt bemüht zu sein, Negativrekorde zu sammeln, was auch durch Berlins im Vergleich zu den anderen Bundesländern schlechtestes Bildungssystem belegt wird, s. Kap. 15.

[195] https://www.merkur.de/politik/maischberger-reichsbuerger-razzia-nancy-faeser-spd-kuendigung-putschversuch-migration-illerkirchberg-mord-zr-91963688.html,   zuletzt aufgerufen am: 8.4.2024.

[196] https://taz.de/Disziplinarrecht-soll-verschaerft-werden/!5902540/, zuletzt aufgerufen am: 8.4.2024.

[197] https://www.rnd.de/politik/whistleblower-justizminister-buschmann-will-hinweisgeber-besser-schuetzen-SRXNSTBAQQLZKAHX25GR54CDMQ.html, zuletzt aufgerufen am: 8.4.2024.

rechnet die verketzerten ‚Nichtdemokraten' sorgen sich scheinbar als einzige noch um den Rechtsstaat![198] Und was tun die selbsternannten ‚Demokraten'? - Sie versuchen, mit Hilfe eines demagogisch als ‚Demokratiefördergesetz' bezeichneten Katalogs von Maßnahmen eben diese Demokratie zu zerstören, was selbst von führenden Politikern von einer der drei Regierungsparteien scharf kritisiert wird.[199]

---

[198] https://www.afd-landtag.bayern/2022/12/12/christoph-maier-faeser-fordert-beweislast-umkehr-schon-der-verdacht-auf-mangelnde-verfassungstreue-soll-zur-kuendigung-reichen/, zuletzt aufgerufen am: 8.4.2024.

[199] https://www.welt.de/politik/deutschland/article250078930/Demokratiefoerdergesetz-Kubicki-stemmt-sich-gegen-Regierungsplaene.html   und
https://www.cicero.de/innenpolitik/kritik-am-demokratiefordergesetz-faeser-paus-fdp, zuletzt aufgerufen am: 8.4.2024.

Kapitel 13

Die Spaltung der Gesellschaft

Eine der bedauerlichsten und zugleich gefährlichsten Erscheinungen der letzten Jahrzehnte in Deutschland ist die zunehmende Spaltung der Gesellschaft entlang mehrerer Dimensionen: Links - Rechts, Ost - West, Zugewanderte - Autochthone, Arme - Reiche, Gebildete - Ungebildete usw. Solche Trennungen sind an sich nicht neu, haben aber in ihrer Schärfe in den letzten Jahren (insbesondere seit der Merkel-Ära) drastisch zugenommen. Das gilt vor allem für die Aufspaltung in zwei verschiedene, sich politisch nicht als Gegner - das wäre normal - sondern als Feinde gegenüberstehende Lager. In Ermangelung einer besseren Terminologie und um wenigstens einen Anschluss an tradierte bzw. selbstgewählte Termini herzustellen, möchte ich die beiden Gruppierungen ‚Links-Grün' und ‚Wertkonservativ' nennen. Die ersteren bezeichnen letztere unpassend als ‚Rechte' oder wahlweise auch als ‚Rechtspopulisten' und ‚Rechtsextreme', was aber weder in deren Eigenbezeichnung noch tatsächlich zutreffend ist. Oder ist die Wahrung des Leistungsgedankens, die Liebe zur Heimat, die Wertschätzung von Familie und Bildung ‚rechtes' Gedankengut (s.u.)? Während Links-Grün seine eigenen aggressiven bis gewaltbereiten Ränder - die ‚Linksextremen' - hat, mit denen die Anhänger dieses Lagers mehr oder weniger offen sympathisieren (typische Gruppierungen aus diesem Spektrum sind die Antifa und die Linksautonomen bzw. radikale Umweltfanatiker wie ‚Extinction Rebellion' oder die ‚Letzte Generation'), lassen sich die ‚Rechtsextremen' (hierzu gehören beispielsweise der NSU sowie die international agierenden Gruppen ‚Blood & Honor' mit der zugehörigen Kampfgruppe ‚Combat 18') nicht einfach propagandistisch den Konservativen zuordnen.[1] Letztere lehnen in ihrer übergroßen Mehrheit beide Spielarten des Extremismus ab (sei es von links oder rechts).

Auch die Zuordnung der beiden Hauptlager zu den etablierten Parteien ist nicht mehr ganz einfach. Während man das links-grüne Lager noch grob mit den Parteien SPD, Bündnis 90/Die Grünen und Die Linke in Verbindung brin-

---

[1] Etwa durch die unzulässige, aber nichtsdestotrotz häufig genutzte Assoziationskette: Konservativ - Rechts - Rechtsextrem.

gen kann, ist heute nur noch ein Teil der CDU, der FDP und ein Teil der AfD dem konservativen Lager zurechnen (letztere hat zweifellos ihre rechtsextremen Ränder). Am besten scheint mir das Lager der modernen ‚Konservativen‘ durch das Gründungsprogramm der im Februar 2024 neu entstandenen Partei WerteUnion beschrieben zu sein.[2] Seit der Regierung von Angela Merkel ist allerdings eine Verschiebung der Partei von Adenauer und Kohl sowie der Parteienlandschaft insgesamt nach Links-Grün festzustellen. Aus diesem Grund kann man von einer ausgesprochenen Selbstaufgabe der CDU und insbesondere unter dem neuen Vorsitzenden Merz ein regelrechtes Anbiedern dieser ehemals konservativen Partei an den links-grünen Zeitgeist beobachten.[3]

Was bedeutet ‚Links-Grün‘ in einer Zeit, in der politische Zuordnungen wie ‚Links‘, ‚Rechts‘, ‚Konservativ‘, ‚Progressiv‘, ‚Grün‘ usw., immer mehr verschwimmen, und Begriffe teilweise sogar bewusst in ihrer Bedeutung verschoben oder gar umgekehrt werden (über die politische Okkupation bzw. Umdeutung dieser Begriffe hatten wir ausführlich in Kap. 10 gesprochen)? Sahra Wagenknecht gibt eine sehr gute sozialökonomische Analyse, welche gesellschaftlichen Schichten sich hinter dem Phänomen ‚Links-Grün‘ verbergen [83]. Danach sind es die ‚Lifestyle-Linken‘, die nichts mehr mit der Herkunft der ehemals Linken aus der Arbeiterbewegung zu tun haben, sondern ihre Mitglieder vor allem aus der Mittelschicht rekrutieren. Sie haben oft Hochschulbildung,[4] und sie kommen bei den älteren Jahrgängen typischerweise aus der 68-er-Bewegung, und bei den jüngeren stammen sie aus wohlbehüteten Akademiker-Elternhäusern mit Hubschraubermüttern. Wagenknecht nennt dieses Politgemisch zwar „Linksliberalismus“, obwohl deren Vertreter - wie sie selbst eingesteht - weder ‚links‘ noch ‚liberal‘ sind, weshalb sie berechtigterweise auch die wenig griffige Bezeichnung „Linsilliberalismus“ für die treffendere hält (ohne letztere weiter zu verwenden). Ich werde im Folgenden hierfür den Terminus ‚Links-Grün‘ verwenden, weil diese Schicht vor allem durch die politischen Parteien SPD (in ihrer heutigen Form!), die Linke und die Grünen repräsentiert wird.

---

[2] https://partei-werteunion.de/ – dort: Gründungsprogramm, zuletzt aufgerufen am: 20.2.2024.

[3] Wenn nicht die ostentative Unterstützung und unübersehbare Sympathie von Links-Grün gegenüber den linken Extremisten bestünde, würde ich durchaus sagen, dass es das links-grüne Lager und das konservative Lager sowie zwei davon getrennte Extreme (die Linksextremen und die Rechtsextremen) gibt. Das würde jedoch das Bild verzerren, da die links-grün dominierte Ampelregierung eindeutig den Linksextremismus verharmlost (wenn nicht gar wohlwollend toleriert) und ihre ganze Kampfkraft nach eigenem Bekunden auf den Rechtsextremismus richtet. Dabei hat jede Form von Extremismus eigentlich nicht zwingend etwas mit einer linken oder einer rechten politischen Einstellung zu tun.

[4] Ich würde präzisieren, eher Hochschul-Halbbildung, denn nicht selten sind sie Studienabbrecher, Langzeitstudenten und nur selten Absolventen der harten MINT-Fächer. Ihr Lebenslauf wird sehr häufig mit den Worten „Kreißsaal, Hörsaal, Plenarsaal“ karikiert.

Mit den 68-ern haben die Links-Grünen auch die moralische Selbstüberhebung und Intoleranz gegenüber Andersdenkenden sowie die Geringschätzung des Leistungsgedankens gemeinsam. Nicht umsonst ist das zitierte Buch von Wagenknecht mit „Die Selbstgerechten" überschrieben. Interessanterweise gibt es einen Wahlwerbespot der Grünen, in dem sie sich (zugegebenermaßen etwas selbstironisch) als die „Gutmenschen" bezeichnen[5] - ein sonst meist derogativ verwendeter Begriff. Es ist auch nicht so, dass dieser Terminus einfach einen ‚guten Menschen' bezeichnet, wie der Kabarettist Nuhr in einem Interview bei Phönix meinte (wer hätte etwas gegen einen guten Menschen?).[6] Nein, der ‚Gutmensch' ist gerade eine Karikatur des letzteren: Er maßt sich seine moralische Überlegenheit nur an und trägt sie wie eine Monstranz vor sich her (er zeigt eben das, was wir an anderer Stelle mit „Virtue Signalling" bezeichnet hatten). In der Bibel verkörpern diesen Typus die ‚Pharisäer'.

Ein regelrechtes Merkmal der Links-Grünen ist ihre Verachtung für Begriffe wie ‚Deutschland', ‚Heimat' oder auch unsere Staatsflagge. Deshalb verwundert es auch nicht, wenn im Links-Grün dominierten Berlin über mehrere Hausdächer hinweg metergroße Sprüche zu lesen sind wie „Deutschland verrecke". Wie wir in Kap. 1 festgestellt hatten, macht der Vizekanzler der Ampelregierung in seinen Büchern das Wort ‚Vaterlandsliebe' verächtlich.[7] Das ist insofern bemerkenswert, weil sich eben dieser Grünenpolitiker bei der Bundestagswahl 2021 empfahl, ein Amt in der kommenden Regierung Deutschlands einzunehmen, am besten als Außenminister (da wäre er dann prädestiniert gewesen, die Interessen eines Landes zu vertreten, mit dem er nichts anzufangen weiß und dessen Nationalhymne er nicht zu singen vermag).[8] Nun, wie wir wissen, ist er Wirtschaftsminister geworden, wofür er ebenfalls keinerlei fachliche Voraussetzung mitbringt.

Seine ehemalige Kovorsitzende und jetzige Außenministerin bringt sogar auf einer Podiumsdiskussion in Prag zum Ausdruck, dass sie fest an der Seite der Ukraine steht, „egal was meine deutschen Wähler denken".[9] Deutlicher kann man den Lemmingen doch gar nicht die Verachtung und eigene Abgehobenheit zum Ausdruck bringen, was letztere aber bezeichnenderweise nicht aus

---

[5] https://gruene-xhain.de/herzlich-willkommen-bei-den-gutmenschen/, zuletzt aufgerufen am: 27.5.2021.

[6] https://www.youtube.com/watch?v=HxqlHhYPAoo, zuletzt aufgerufen am: 30.4.2024.

[7] https://correctiv.org/faktencheck/politik/2019/06/14/ja-robert-habeck-hat-sich-kritisch-zu-vaterlandsliebe-geaeussert/, zuletzt aufgerufen am: 9.4.2024.

[8] https://weltwoche.ch/daily/ein-moment-der-der-stille-im-bundestag-singen-alle-die-nationalhymne-nur-habeck-bleibt-stumm/, zuletzt aufgerufen am: 30.4.2024.

[9] https://www.welt.de/politik/ausland/article240801361/Baerbock-Regierung-steht-an-der-Seite-der-Ukraine-egal-was-meine-deutschen-Waehler-denken.html, zuletzt aufgerufen am: 9.4.2024.

ihrem Tiefschlaf weckt. Die grünen Kampfgenossen aus dem Außenministerium besitzen sogar die Unverfrorenheit, dieses demokratiefeindliche Verhalten noch zu verteidigen, indem sie behaupten, der unmissverständliche Satz sei aus dem Zusammenhang gerissen und von „russischen Accounts geboostert" worden. Statt einen unverzeihlichen Fehler zuzugestehen und wenigstens eine Entschuldigung zu versuchen, werden auch noch die Putin-Trolle ins Spiel gebracht.[10] Sogar von der CDU (zugegebenermaßen von deren linkem Flügel) bekommt sie noch Schützenhilfe, indem die unsägliche Bildungsministerin von Schleswig Holstein, Karin Prien (CDU), zu diesem Vorgang völlig unangebracht twittert: „Die (Desinformations-)Kampagne von extremen Rechten und Linken gegen @ABaerbock ist unterirdisch. Volle Solidarität". Übrigens ist das die Dame, die vor der Bundestagswahl 2021 zur Nichtwahl ihres Parteigenossen Maaßen von der CDU und zur Wahl des Gegenkandidaten von der SPD aufgerufen hat, was berechtigte Forderungen nach ihrem Parteiausschluss nach sich zog.[11] Welch eine jämmerliche Oppositionspartei und welch ein Demokratieverständnis der selbsternannten ‚Demokraten'! Diese Unterstützung für die Grünen und speziell für deren feministische Außenministerin sowohl von einzelnen CDU-Mitgliedern als auch von der CDU allgemein ist umso unverständlicher, als die Fehlleistungen und sprachlichen bzw. kognitiven Aussetzer Baerbocks inzwischen ein solches Ausmaß annehmen, dass sie sich und damit unser Land nicht nur im Inland, sondern auch im Ausland zum Gespött macht.[12] Ihre unzähligen Fehlleistungen wären in einer funktionierenden Demokratie mit auch nur annähernd integren Politikern an der Spitze ein klarer Rücktrittsgrund.

Die links-grüne Politik ist realitätsfern, teilweise sogar kontraproduktiv sowie strategisch gefährlich und teuer (zum ökonomischen Desaster, das ihre Vertreter anrichten, s. Kap. 15). Sie predigen Enthaltsamkeit und soziale Gerechtigkeit, und ihre Minister leisten sich teure Stylisten und Starphotographen zu PR-Zwecken und fühlen sich dabei scheinbar wie die neuen Sonnenköni-

---

[10] https://www.focus.de/politik/deutschland/kommentar-von-hugo-mueller-vogg-baerbock-mitarbeiter-deutet-waehler-satz-um-und-die-ard-spielt-einfach-mit_id_139419493.html, zuletzt aufgerufen am: 9.4.2024.

[11] https://www.zdf.de/nachrichten/politik/cdu-kreisverband-forderung-ausschluss-prien-100.html, zuletzt aufgerufen am: 30.4.2024.

[12] Sie redet über Panzerschlachten im 19. Jahrhundert, von Städten auf der Erde, die hunderttausend Kilometer entfernt sind, hält 2/3 für einen größeren Teil als 75% et cetera pp. Darüber hinaus versucht diese Fehlbesetzung in ihrem Amt, das Gedenken an eine der größten Persönlichkeiten unserer Geschichte und einen der brillantesten Außenpolitiker auszulöschen, und die CDU-Opposition, aber auch alle Lemminge schauen desinteressiert zu, als würde sie das alles nichts angehen.

ge.[13] Sie wollen die Umwelt retten und zerstören die Landschaft mit Windrädern (oder, was möglicherweise noch gravierender werden wird, mit gigantischen Offshore-Windparks in Nord- bzw. Ostsee). Sie locken unter dem Vorwand des Menschen- und Fachkräftemangels Heerscharen von Migranten in unser Land und zerstören damit unsere Gesellschaft bzw. die Sozialsysteme, ohne dadurch das Arbeitsmarktproblem zu lösen. Die grüne Außenministerin propagiert eine ‚feministische Außenpolitik‘ (was das auch immer heißen mag) und macht sich und Deutschland mit ihren Sottisen zum internationalen Gespött.[14] Der linke Irrsinn kennt keine Grenzen; da gratuliert ein linker Politiker aus Hamburg den Taliban per Twitter zu ihrem Sieg, was als Einzelfall nicht unbedingt einer Zeitungsmeldung wert wäre. Das Problem ist nur, dass analoge Äußerungen von rechten Spinnern (und die gibt es auch zuhauf) wochenlang in den ÖRM mit Entrüstungsorgien breitgetreten worden wären. Dieser Vorgang war übrigens selbst der weit links zu verortenden TAZ zuviel.[15]

Die bis auf wenige Ausnahmen fehlende sozialökonomische Kompetenz der gesamten Linken zeigt sich u.a. darin, dass sie seit der Marxismus ausgedient hat keinerlei gesellschaftliche Vision mehr aufweisen kann (es sei denn man hält den ‚Great Reset‘ für eine solche). Dabei wäre doch ein diskussionswürdiger Gesellschaftsentwurf von großer Bedeutung, der die Brutalität des Kapitalismus vermeidet, aber dessen beispiellose Wirtschaftsdynamik nicht einfach zerstört und dennoch die gesellschaftlichen Ideale eines demokratischen Sozialismus einbezieht.[16] Eine der Wenigen, die zumindest versucht, in dieser Richtung zu denken, ist die von den Linken systematisch an den Rand gedrängte Sahra Wagenknecht, die inzwischen mit einer eigenen Partei zu den Wahlen antritt (das ‚Bündnis Sahra Wagenknecht‘ (BSW)), s. Kap. 17. Sie scheut sich auch nicht, heiße Eisen anzufassen, wie die Zerstörung von Lohnstruktur und traditioneller Arbeitersolidarität durch billige Arbeitskräfte aus dem Ausland (s. Kap. 8) oder den Zerfall traditioneller Werte, die mit dem positiven Teil deutscher Kultur und Geschichte verbunden sind (s. Kap. 2).

Der Wechsel der Grünen vom Pazifismus zum Militarismus (s. Ukraine-Krise Kap. 4) ist ein unübertroffenes Exempel von politischem Opportunismus und chamäleonartiger Wandlungsfähigkeit. Einst hieß es „Frieden schaf-

---

[13] https://weltwoche.ch/daily/glanz-und-gloria-baerbock-styling-kostet-136-500-euro-habeck-fotos-83-000/, zuletzt aufgerufen am: 30.4.2024.

[14] Nachdem sie schon leichtfertig verkündet hat, dass wir uns mit Russland im Krieg befinden würden, meint ein Kommentator im Internet zu ihrem China-Besuch: „Um Gottes willen, hoffentlich erklärt sie nicht auch noch China aus Versehen den Krieg!“

[15] https://taz.de/Hamburger-Linke-Mitglied-feiert-Taliban/!5792228/, zuletzt aufgerufen am: 10.4.2024.

[16] Wenn dies der Quadratur des Kreises gleichkommen sollte, wäre auch das zu diskutieren.

fen ohne Waffen!" oder „Keine Waffen in Kriegsgebiete!". Jetzt rufen die Grünen am lautesten nach schwerem Kriegsgerät (in diesem Fall für die Ukraine) nach dem invertierten Motto: „Pflugscharen zu Schwertern". Selbst der ehemalige Kanzlerinnenberater, Brigadegeneral Vad, warnt vor den Scharfmachern aus FDP und Grünen - allen voran Strack-Zimmermann (FDP), Hofreiter und Baerbock (Grüne).[17] Dem chaotischen Agieren von Links-Grün[18] auf allen Politikfeldern und insbesondere deren Einstellung zur Friedenssicherung entspricht der desolate Zustand der Bundeswehr. Dieser war seit Abschaffung der Wehrpflicht sowieso nicht gut, wurde aber unter den letzten drei Verteidigungsministerinnen noch wesentlich verschlimmert. Und das betrifft nicht nur Bewaffnung und Ausstattung der Soldaten, sondern auch die Haltung der links-grünen Politprominenz und eines nicht geringen Teils der Bevölkerung zum Wehrdienst und zum Vaterland. Das zeigt sich nicht nur am Kanzler, der noch während des Ukraine-Krieges mit seiner (auf Karl-May-Lektüre zurückgehenden!) Wehrdienstverweigerung kokettierte, sondern auch am Vizekanzler, der bekanntlich nichts von Vaterlandsliebe hält.[19] Wer soll denn auch ein ‚nicht vorhandenes Vaterland' verteidigen? Kein Wunder, dass die Zahl der Aussteiger bei der Bundeswehr drastisch zugenommen und die Verteidigungswilligkeit unter den Bürgern abgenommen hat, s. auch Kap. 17.

Die Intoleranz der selbsternannten ‚Toleranten' ist geradezu ein Markenzeichen des links-grünen Lagers, das zwar Toleranz für sich reklamiert aber jedes vermeintlich ‚rechte' Gedankengut (und das ist alles, was nicht Links ist) mit Vehemenz bekämpft. Das zeigte sich schon 2017, als linke Störer Tumulte auf der Frankfurter Buchmesse gegen die Zulassung von rechten Verlagen organisierten,[20] und äußert sich immer wieder in Canceling-Versuchen und Störaktionen bei Veranstaltungen des politischen Gegners, s. Kap. 6. Aber Demokratie bedeutet eben nicht allein Meinungsfreiheit für die eigene Anhängerschaft und Politblase, sondern gerade auch für die Andersdenkenden (s. das Rosa-Luxemburg-Zitat im Vorwort). Statt lebendige Toleranz zu üben, weisen die Links-Grünen, die doch angeblich so glühende Kämpfer gegen den Nationalsozialismus sind, einen deutlichen Hang zum Totalitarismus auf: Umschreiben der Geschichte, Vergewaltigung der Sprache, Denunziation und Diffamierung Andersdenkender, Umerziehung der Bevölkerung, Eingriffe in Wissenschaft

---

[17] https://www.noz.de/deutschland-welt/ukraine-krieg/artikel/ex-militaerberater-vad-politiker-sollten-an-die-ukraine-front-46652326, zuletzt aufgerufen am: 30.4.2024.

[18] Zu diesem Lager sind paradoxerweise aus heutiger Sicht die ehemalige Kanzlerin und ihr immer noch starkes Gefolge zu zählen.

[19] https://www.tichyseinblick.de/kolumnen/knauss-kontert/kriegsdienstverweigernde-bundeswehrsoldaten/, zuletzt aufgerufen am: 30.4.2024.

[20] https://www.zeit.de/zett/politik/2017-10/versteht-es-doch-endlich-rechtes-gedankengut-darf-nicht-toleriert-werden, zuletzt aufgerufen am: 30.4.2024.

und technologische Entwicklung mit angemaßtem Wissen (und das allein auf der Basis einer selbstverfertigten untauglichen Ideologie). Dabei sei noch einmal an Hannah Arendt erinnert, die schon kurz nach dem Zweiten Weltkrieg feststellte, dass totalitäre Regimes „den Menschen [. . .] mit einer Ideologie indoktrinieren und ihn als ganzes Wesen vereinnahmen bzw. umerziehen" wollen [3].

Wir hatten bereits im Zusammenhang mit dem Werteverfall über die dramatische Verschlechterung der Parlamentskultur gesprochen, die symptomatisch im ‚Blumenstrauß-Wurf‘ der linken Landesvorsitzenden zur Thüringenwahl 2020 zum Ausdruck kam, s. Kap. 2. Dieser Fauxpas war aber kein Einzelereignis, das sich in diesem Bundesland ereignet hat. Da kann es schon vorkommen, dass der Ministerpräsident Thüringens (übrigens ein bekennender linker Christ!) einen Parlamentarier als „widerlichen Drecksack" tituliert und ihm den Stinkefinger zeigt.[21]. Das ist aber nach heutigen Moralvorstellungen kein Grund für einen Rücktritt! Die meisten Bürger möchten aber von niemand regiert werden, der sich derartiger Entgleisungen schuldig gemacht hat (s. auch weiter unten zur ähnlich schlechten Verbalkultur auf Seiten der Rechten oder die Ausfälle des ehemaligen USA-Präsidenten Trump, Kap. 4). Auch die mehrfache Weigerung der ‚Blockparteien‘, einer der Oppositionsfraktionen, die neuerdings in Umfragen sogar die SPD und die Grünen (die FDP sowieso) überflügelt hat, einen Bundestags-Vizepräsidenten zu gewähren, gehört zur Zerstörung der Parlamentskultur, s. Kap. 1.

Wie wir schon in Kap. 9 ausführlich dargelegt hatten, sind die Links-Grünen der Motor der Bilderstürmerei, der PolC und des Canceling. Der faschistoide Charakter und die totalitäre Denkweise der woken Eiferer trat offen an der Universität in Flensburg zutage, als dort 2023 eine m.E. sehr gut gelungene bronzene Frauenstatue (an der übrigens 70 Jahre niemand Anstoß genommen hatte) aus dem Uni-Foyer entfernt werden musste, weil sie von einigen Frauen als anstößig sexistisch empfunden wurde (von wievielen eigentlich?). Eine solche Aktion löst automatisch Assoziationen zum Kampf der Nazis gegen die sogenannte ‚entartete Kunst‘ und gegen Künstler wie etwa Ernst Barlach aus, die der Kulturbarbarei der Faschisten zum Opfer fielen.[22] – Die links-grünen Fanatiker sind ebenfalls führend bei der Störung und Unterbindung von Veranstaltungen, selbst wenn die Vortragenden seriöse Wissen-

---

[21] https://www.faz.net/aktuell/politik/inland/mittelfinger-affaere-ermittlungen-gegen-ramelow-eingestellt-17160055.html, zuletzt aufgerufen am: 10.4.2024.
[22] https://www.bild.de/regional/hamburg/hamburg-aktuell/flensburg-uni-entfernt-frauen-skulptur-becken-zu-gebaerfreudig-84752200.bild.html
https://www.gdw-berlin.de/vertiefung/biografien/personenverzeichnis/biografie/view-bio/ernst-barlach/, zuletzt aufgerufen am: 10.4.2024.

schaftler oder gestandene Politiker sind (s. Kap. 6), oder wenn sie - wie bei der Verleihung des Friedenspreises des Buchhandels 2021 - sogar deren eigene Sache vertreten.[23] Im letzteren Falle hat sich der Laudator, der später wegen Korruption geschasste OB von Frankfurt (SPD), peinlicherweise und ganz devot auch noch für die durch keine Ordnungskraft verhinderte Unterbrechung seiner Rede durch eine grüne ‚Aktivistin‘ bedankt.

Ein besonderes Charakteristikum links-grüner Politikdarsteller war und ist die Diffamierung Andersdenkender als Rassisten oder Nazis im Zusammenhang mit ihrer Kritik an einer verfehlten Migrationspolitik (s. Kap. 8) bzw. als Verschwörungstheoretiker und Querdenker im Zusammenhang mit der Corona-Pandemie (s. Kap. 16). Dabei waren es gerade die nur zu berechtigten Einwände der Geschmähten gegen unkontrollierte Einwanderung bzw. gegen Impfzwang und Impffolgen sowie gegen die überzogenen Einschränkungen der bürgerlichen Freiheiten während der Coronazeit, die letztlich zutrafen.

Die Linkspartei und ihre Programmatik zeichnen sich zum Teil durch zwar wünschenswerte aber insgesamt unrealistische bzw. nicht finanzierbare Forderungen aus (Rentenerhöhungen, Verringerung des Rentenalters usw.) oder durch marktwirtschaftlich kontraproduktive Maßnahmen (Verstaatlichung von Wohnungsbaukonzernen oder wichtiger Einrichtungen im Gesundheitswesen, Einführung eines Mietendeckels usw.). Eine Besonderheit ist die Haltung der Linken zur DDR, die bis zur Verharmlosung von Staatssicherheitsdienst sowie von Mauerbau und Schießbefehl geht. Bei diesem Versuch einer Apologie der DDR machte leider auch Sahra Wagenknecht keine Ausnahme, die zumindest in früheren Jahren wärmstes Verständnis für den Mauerbau und die gegen die eigene Bevölkerung gerichteten Grenzschutzmaßnahmen gezeigt hat.[24] Fairerweise muss man aber auch konzedieren, dass gerade die Linken (darunter auch wieder Sahra Wagenknecht) auf die Verwerfungen und Benachteiligungen der Ostdeutschen im Zusammenhang mit der Wiedervereinigung aufmerksam gemacht haben (Stichwort: Verhängnisvolle Arbeit der Treuhand).

Es besteht eine ausgesprochene Neigung der Linken, aber auch von Teilen der Grünen, totalitäre Regimes und Ideologien (vor allem Stalinismus und Maoismus) zu verharmlosen oder gar zu glorifizieren. Ein typisches Beispiel ist der Ministerpräsident von Baden-Württemberg Kretschmann (Grüne), der einst wegen seiner maoistischen Haltung sogar als Verfassungsfeind eingestuft

---

[23] https://www.welt.de/kultur/literarischewelt/plus234523794/Vorfall-bei-Buchmesse-Was-die-Aktion-von-Mirrianne-Mahn-bedeutet.html, zuletzt aufgerufen am: 10.4.2024.

[24] https://tp-presseagentur.de/die-mauer-war-eine-uebergangsmassnahme-interview-mit-sahra-wagenknecht/, zuletzt aufgerufen am: 10.4.2024.

wurde.[25] Der WDR scheute sich nicht einmal in seiner Sendung ‚Markt' am 26.5.2021 die Weitsicht von Mao mit Zitaten aus den „Worten des Vorsitzenden Mao" zu preisen, ohne auch nur die furchtbaren Verbrechen des Staatsgründers der VR China (Großer Sprung, Kulturrevolution) mit Millionen von Opfern zu erwähnen. Hier wird Geschichte auf den Kopf gestellt. Die heutigen wirtschaftlichen Erfolge Chinas sind eben nicht diesem Diktator, sondern vielmehr der Überwindung des von ihm zu verantwortenden Steinzeit-Kommunismus zu verdanken.[26]

Selbst ehemals konservative Zeitungen, wie z.B. die FAZ, oder ehemals regierungskritische Zeitungen, wie der Spiegel, sind linke und KanzlerInnen-treue bzw. Ampel-konforme Blätter geworden. Auch Rundfunk und Fernsehen haben eine links-grüne Ausrichtung erhalten, was man schon an der Einseitigkeit der vorwiegend zu Interviews oder Talkshows eingeladenen Vertreter von politischen Parteien erkennen kann. Laut FOCUS hört sich der schon von seiner Selbstbezeichnung her Neutralität suggerierende Deutschlandfunk so an, „als führten Annalena Baerbock und Robert Habeck die Oberaufsicht". Obwohl diese Aussage vom DLF vehement bestritten wird, kann jeder selbst überprüfen, ob der in der Fußnote zitierte FOCUS-Autor recht hat[27](achten Sie darauf, wer kritisiert wird, ob die Opposition ebenso oft eine Stimme erhält, wie Links-Grün, wie gegendert wird, welche Art Framing verwendet wird usw., s. hierzu Kap. 7). Sogar die sich als neutrale Internet-Enzyklopädie gerierende Wikipedia hat eine linke Schlagseite, wie eine Umfrage der Europa-Universität Viadrina ergab. Danach ist der „typische Administrator in der Online-Enzyklopädie Wikipedia [...] täglich 140 Minuten auf der Plattform aktiv, männlich, 40 Jahre alt und linksliberal".[28]

Die Grünen übernehmen immer mehr die Rolle der Linken mit stark totalitärem Einschlag, der zwar nicht mehr zu übersehen ist (s.u.), aber um so heftiger geleugnet wird. Niemand hat diesen Typ der Lifestyle-Linken besser beschrieben und analysiert als Sahra Wagenknecht [83]: „Sie sind selbstgerecht, besserwisserisch und mit einem missionarischen Eifer ausgestattet, die Menschen umzuformen." Es war übrigens Hannah Arendt, die die Merkmale eines

---

[25] https://www.bw24.de/stuttgart/winfried-kretschmann-politik-karriere-verfassungsfeind-ministerpraesident-baden-wuerttemberg-radikalenerlass-91246325.html, zuletzt aufgerufen am: 29.4.2024.

[26] https://deutsche-wirtschafts-nachrichten.de/512217/kommunistische-propaganda-der-wdr-lobt-mao-fuer-seinen-weitblick, zuletzt aufgerufen am: 10.4.2024.

[27] https://www.focus.de/politik/deutschland/schwarzer-kanal/der-schwarze-kanal-warum-sind-die-meisten-journalisten-links_id_11639898.html und https://www.deutschlandfunk.de/studien-mehrfach-missinterpretiert-deutsche-medien-nicht-100.html, zuletzt aufgerufen am: 10.4.2024.

[28] https://www.heise.de/news/Wikipedia-Admins-maennlich-gebildet-und-genervt-1124885.html, zuletzt aufgerufen am: 10.4.2024.

totalitären Regimes gegenüber einer autoritären Diktatur herausgearbeitet hat. Eine Diktatur gibt sich zufrieden, wenn sich die Menschen widerstandslos unterordnen, ein totalitäres Regime will jedoch die Menschen zusäzlich umerziehen. In [3] schreibt sie: „Der Totalitarismus, wo er auch immer herrschte, hat das Wesen der Menschen zerstört", und man kann getrost hinzufügen: „ihre Kultur gleich mit", s. hierzu Kap. 10.

Niemand zitiert ‚*die* Wissenschaft' so oft wie Links-Grün, und niemand hat so wenig Ahnung von wirklicher Wissenschaft wie diese Halbgebildeten mit geschönten Lebensläufen und abgebrochenen Studiengängen.[29] Das hindert sie aber nicht, jeden Bürger, der berechtigte Sorgen äußert, zu verunglimpfen (sei es im Zusammenhang mit der Migration, der desolaten Energiepolitik oder mit den teilweise tatsächlich chaotisch verlaufenen Lockdown- und Impfmaßnahmen zur Bekämpfung der Corona-Epidemie). Ja selbst auf ihrem als ‚originär' angemaßten Gebiet des Kampfes gegen den Klimawandel glänzen sie durch Unwissen und unüberlegte Sprüche (Speicherung der grünen Energie erfolgt im Netz u.a.), s. hierzu die Kapitel 8, 14 und 15. Inzwischen hat sich die Programmatik der Grünen in ihr Gegenteil verkehrt: Von einer pazifistischen Bewegung hin zu Kriegstreibern, von Naturschützern zu Naturzerstörern (Stichwort: Megawindparks), von Kämpfern gegen Korruption und Ungerechtigkeit zu Meistern der Vetternwirtschaft und Geldverschwendung.

Nicht einmal die Nähe zur Antifa wird von den Linken verheimlicht; im Gegenteil, weder die Innenministerin noch die Vorsitzende der SPD machen ein Hehl aus ihrer Wertschätzung für die extreme Linke. In Kap. 5 hatten wir bereits die erschreckende Sympathie von führenden links-grünen Politikerinnen zur Antifa erwähnt, die auch von der SPD-Bundesvorsitzenden geteilt wird.[30] Dabei fällt gerade diese linksextremistische Gruppierung immer wieder durch brutale Gewaltakte gegen vermeintlich rechtsgerichtete Personen auf. Sogar der stark auf den Kampf gegen Rechts fokussierte Verfassungsschutz muss in diesem Zusammenhang einräumen: „Der ‚Antifaschismus' im linksextremistischen Sinn richtet sich also gerade nicht nur gegen als solche ausgemachte oder tatsächliche Rechtsextremisten, sondern auch immer gegen den Staat und seine freiheitliche demokratische Grundordnung, welche kontinuierlich ausgehöhlt werden soll".[31] Das ist im ‚besten Deutschland aller Zeiten' allerdings kein Grund der Antifa die Existenzgrundlage zu entziehen. Sie

---

[29] Selbst wenn Sie formal akademische Abschlüsse nachweisen können, wie etwa der Wirtschaftsminister, dann haben diese meist nichts mit ihrem Ressort zu tun.

[30] https://wetzlar-kurier.de/1467-spd-bundesvorsitzende-bekennt-sich-zu-antifagrune-fordern-ihre-finanzierung/, zuletzt aufgerufen am: 10.4.2024.

[31] https://www.verfassungsschutz.de/SharedDocs/hintergruende/DE/linksextremismus/die-antifa-antifaschistischer-kampf-im-linksextremismus.html,   zuletzt   aufgerufen   am: 30.4.2024.

soll vielmehr noch finanzielle Unterstützung aus dem Fördertopf ‚Demokratie leben' erhalten, und links-grüne Politiker forderten sogar, die bereits vorhandene staatliche Finanzierung der Antifa zu verstetigen.[32]

Hierzu passt auch die regierungsseitige Duldung linksextremer Plattformen wie Indymedia. Deren generelles Verbot wurde im Bundestag abgelehnt, obwohl ihre Subdomäne ‚linksunten.indymedia' (inzwischen abgeschaltet) immer wieder Bekennerschreiben bei linken Gewalttaten oder Aufforderungen zu solchen veröffentlicht hatte. Diese Lücke wird jetzt wieder nahtlos von Indymedia selbst ausgefüllt (typischerweise werden auch deren Mitglieder in der Wikipedia anerkennend als ‚Medienaktivisten' tituliert). [33] Die wohlwollende Haltung links-grüner Politiker zu diesen extremen Rändern ist keineswegs ein Einzelfall, wie die entlarvende Toleranz gegenüber Klimaextremisten der ‚Letzten Generation' oder ‚Extinction Rebellion' zeigt, s. Kap 14.

Eine besonders verderbliche Rolle spielen die staatlich geförderten linken NGOs, die ohne jegliche Legitimierung und ohne parlamentarische Kontrolle Aufgaben wahrnehmen, die sonst nur dem Staat zukommen. Schon ihre Bezeichnung als ‚Nichtregierungs-Organisationen' ist eine Irreführung, werden sie doch stark von Steuergeldern und damit von der Regierung subventioniert. Sie sind keineswegs neutral, sondern werden zum großen Teil zur Bekämpfung der Regierungsgegner eingesetzt, d.h. zum Kampf gegen alles, was die Regierung als ‚Rechts' einstuft. Regierungsnahe Organisationen, die insbesondere die Opposition niederhalten sollen, sind aber gegen das Wesen einer Demokratie gerichtet. Wie sich schon in den Kapiteln 5 und 7 abzeichnete, kommt auch hier die Amadeu-Antonio-Stiftung wieder ins undemokratische Spiel. Diese wurde wie gesagt von einer grünen Familienministerin sogar noch dadurch geadelt, dass sie nun die ‚Meldestelle Antifeminismus' beherbergen darf (im Volksmund als ‚Denunziationsbüro' bezeichnet). Flankiert wird diese neue Staatsräson durch offene Aufrufe linker Presseorgane zur Gesinnungsüberwachung.[34] In dem zitierten Artikel schreckt der Autor nicht einmal vor solchen Ungeheuerlichkeiten zurück, wie den NSU, das Hannibal-Netzwerk (s.u.) und Hans-Georg Maaßen in eine Reihe zu stellen. Dafür berichtet er wohlwollend, dass die „Mitglieder des linksradikalen Bündnisses Interventionistische Linke" jetzt auch mit Hilfe der Crowd-Recherche (d.h. mit vernetzter

---

[32] https://www.bundestag.de/dokumente/textarchiv/2020/kw40-de-familie-senioren-frauen-jugend-793464, zuletzt aufgerufen am: 10.4.2024.

[33] https://de.wikipedia.org/wiki/Indymedia und https://www.faz.net/aktuell/politik/inland/naechste-plattform-linksextreme-veroeffentlichen-wieder-15528159.html, zuletzt aufgerufen am: 10.4.2024.

[34] https://taz.de/Kampagne-Entnazifizierung-jetzt/!5683413/, zuletzt aufgerufen am: 11.4.2024.

Schnüffelei) „rechte Kontinuitäten in den Sicherheitsbehörden seit Beginn der Bundesrepublik in den Blick nehmen" will.

Ein solches Klima der Diffamierung des politischen Gegners, des Denunziantentums und der totalitären Denkweisen hat seine Wurzeln in der Vergangenheit der derzeit regierenden links-grünen Politikerkaste. Dort ist auch der Ursprung für den Hass auf alles Deutsche oder das Verächtlichmachen von Begriffen wie ‚Vaterland' zu suchen, die quasi zur DNA der Grünen gehören, angefangen von den Altvorderen (wie Fischer, Trittin oder Roth) bis zu Habeck. Die Verehrung für totalitäre Verbrecher wie Mao hat praktisch alle Alt-68-er geprägt (wie eben den Baden-Württembergischen Ministerpräsidenten). Davon wollen diese Leute, übrigens auch von dem von ihnen zelebrierten Polizistenhass, heute nichts mehr wissen (s. das Negativbeispiel der sächsischen Justizministerin Meier in Kap. 5). Auch die späteren mehr oder weniger lahmen Distanzierungen können diese noch gar nicht so lange zurückliegenden und prägenden Grundhaltungen nicht vertuschen.

So wie es rechten Hatespeech gibt, worauf wir gleich noch zu sprechen kommen werden, wird er ebenfalls von Links-Grün intensiv gepflegt, was aber deshalb besonders empört, weil gerade dieses Lager vorgibt, sich dem Kampf gegen die Verbreitung von Hass und Hetze verschrieben zu haben. Da fordert schon mal ein grüner Lokalpolitiker dazu auf, „Sachsen kontrolliert abbrennen zu lassen",[35] was aber keine weitere Beachtung in den Medien fand. Als derselbe Politiker (damals noch Stadtrat in Dresden) forderte, „jetzt mal die Wirtschaft gegen die Wand fahren zu lassen", fand Dresdens Oberbürgermeister diese Aussage nicht etwa empörend, sondern nur „grob fahrlässig".[36] Mit solchen Politikern werden wir nicht nur die Wirtschaft, sondern ganz Deutschland an die Wand fahren.

Besonders unangenehm tut sich in Sachen Hatespeech die Linksaußen-Zeitung TAZ hervor, deren Artikel oft schon an Volksverhetzung grenzen, wie wir bereits in Kap. 5 festgestellt hatten und weiter unten noch einmal belegen werden. So z.B. wenn sie titelt: „Reiseboykott für Ostdeutschland - Reisende, meidet Sachsen!" und das allein, weil ihr die politische Einstellung der Sachsen aus ihrer linken Perspektive heraus nicht gefällt.[37] Auf diese Weise wird

---

[35] https://www.dnn.de/lokales/dresden/gruener-aus-dresden-will-sachsen-kontrolliert-abbrennen-lassen-556RUPP7P6VJG7RZ6SE5WSXZHY.html, zuletzt aufgerufen am: 11.4.2024.

[36] Übrigens tun seine Parteifreunde in Berlin mit dem Wirtschaftsminister an der Spitze gerade ihr Bestes, um dieses Ziel zu erreichen, s. Kap. 15.

[37] https://taz.de/Reiseboykott-fuer-Ostdeutschland/!5743338/ – Nach §130 StGB handelt es sich hier um den Straftatbestand der Beschimpfung, Verächtlichmachung oder Verleumdung einer Gruppe oder eines Teils der Bevölkerung wegen der Zugehörigkeit zu eben dieser Gruppe, zuletzt aufgerufen am: 17.3.2024.

man die Ost-West-Spaltung nur vertiefen. Aber damit nicht genug, es wird auch gleich noch ein Vergleich mit dem „präfaschistischen Bayern" der zwanziger Jahre hergestellt. Bei dieser Art Hassrede oder auch bei dem in Kap. 9 beschriebenen, gegen Weiße gerichteten inversen Rassismus geht kein Protest durch den Blätterwald (von eigentlich zu erwartenden Reaktionen der lahmen CDU/CSU-Opposition oder des immer wachsamen Bundespräsidenten ganz zu schweigen). Selbst bei der Hassrede von Strack-Zimmermann (FDP) gegen die AfD mit den Worten: „Je größer der Haufen Scheiße, umso mehr Fliegen sitzen drauf" sprechen die Medien nicht von Hatespeech oder sprachlicher Entgleisung, sondern (ziemlich anerkennend), sie habe sich „gegen Rechts positioniert".[38]

Dass Polizisten ein besonderes Hass-Objekt linksextremer ‚Aktivisten' sind, hatten wir schon hinlänglich dokumentiert. Auch der in Kap. 5 bereits erwähnte Artikel mit dem bezeichnenden Titel und dem verqueren Sprachgemisch „All cops are berufsunfähig", der unverfroren dazu aufforderte, Polizisten auf dem Müll zu entsorgen, gehört in diese Kategorie.[39] Die Autorin schreibt dort wörtlich: „Spontan fällt mir nur eine geeignete Option [für die Polizisten] ein, die Mülldeponie. Nicht als Müllmenschen mit Schlüsseln zu Häusern, sondern auf der Halde, wo sie wirklich nur von Abfall umgeben sind. Unter ihresgleichen fühlen sie sich bestimmt auch selber am wohlsten". Ganz abgesehen von dem geschwurbelten Text (worauf bezieht sich grammatisch „ihresgleichen"?) ist das in den Augen vieler Bürger keine Satire, sondern blanker Hass. Es erübrigt sich fast anzumerken, dass sich die Schreiberin versucht (wie andere vor und nach ihr), hinter dem Schutzschild ‚Satire' zu verbergen, sobald der Protest der Öffentlichkeit nicht mehr zu ignorieren ist.

Unüberbietbar ist der Zynismus des ehemaligen Landessprechers der sächsischen Grünen, der im Zusammenhang mit dem feigen Überfall auf den Bundesvorsitzenden einer NPD-Jugendorganisation in dessen Privatwohnung[40] von „einem Besuch" sprach (immerhin wurde dabei brutal mit einem Hammer auf den Fuß des Opfers eingeschlagen). Dem Genannten, der offensichtlich mit dieser Tat sympathisiert (übrigens ein Jurist), müsste doch klar sein, dass er damit ziemlich unverhohlen sein Wohlwollen für eine Straftat und die Verletzung des Artikels 13 GG zum Ausdruck bringt[41] Da sich - wie hundert-

---

[38] https://www.t-online.de/nachrichten/deutschland/innenpolitik/id_100320892/strack-zimmermann-positioniert-sich-gegen-rechts-haufen-scheisse-.html,   zuletzt   aufgerufen am: 11.4.2024.

[39] https://taz.de/Abschaffung-der-Polizei/!5689584/, zuletzt aufgerufen am: 11.4.2024.

[40] https://www.tag24.de/leipzig/crime/als-polizisten-getarnt-schlaegerkommando-bricht-jn-bundeschef-die-beine-1875102, zuletzt aufgerufen am: 11.4.2024.

[41] Dieser Artikel garantiert gerade die Unverletzlichkeit der Wohnung. - Nicht einmal die Polizei darf ohne weiteres in eine Privatwohnung eindringen.

fach belegt - linke Gewalt sehr häufig gegen ganz normale, von den Linksextremisten als ‚rechts' angefeindete Bürger und vor allem gegen Vertreter und Sympathisanten der AfD wendet, ist auch Gysis verharmlosende Bemerkung, dass sich linke Gewalt gegen die ‚Starken', aber niemals gegen die ‚Schwachen' richte, eindeutig falsch. Das belegen auch die brutalen Taten der Lina E. (s.u.) und der linke Anschlag mit Buttersäure und Pyrotechnik auf ein Dresdner Buch- und Verlagshaus,[42] bei dem die Gefahr für Leib und Leben größer war als bei dem weiter unten noch zu besprechenden rechten Moscheeanschlag. Es ist auch noch nicht so lange her, dass eine junge Verkäuferin in einem Thor-Steinar-Shop am helllichten Tag von einer Gruppe von offensichtlich linken Schlägern brutal überfallen wurde,[43] ohne dass dies große Resonanz im linken Blätterwald ausgelöst hätte. Nicht auszudenken, wenn etwas Analoges in einem linken Fanshop von Rechten verübt worden wäre. Es erübrigt sich eigentlich hervorzuheben, dass die MSM, die über den Vorfall berichteten, sorgfältig vermieden, Vermutungen in Richtung Täterschaft zu äußern (‚Nazis' werden es wohl nicht gewesen sein!). Obwohl man davon ausgehen kann, dass die Täter ‚linke Aktivisten' waren, berichtet der MDR auffallend zurückhaltend: „Ob es einen politischen Hintergrund gibt, ist noch unklar".[44] Man vergleiche hierzu die Vorverurteilungen bei völlig unbewiesenen Straftaten von ‚Rechts', wofür sich in diesem Buch mehrere Belege finden.

Die extremen Linken gehen äußerst brutal gegen ihre politischen Gegner von ‚Rechts' vor, s. hierzu Kap. 12. Allein in einer einzigen Zeitungsmeldung (natürlich nicht in der Mainstream-Presse) kann man mehrere Nachrichten der Art lesen:[45] „Schwerer Brandanschlag auf AfD-Fahrzeugpark", „Leipziger Antifa bekennt sich zu Anschlag auf Restaurant von AfD-Mitglied",„Brand-Anschlag auf AfD-Kreisvorsitzenden in Arendsee" oder „Kugelbomben-Anschlag auf AfD-Büro in Döbeln". – Eine Politikerin der Linken wünschte sich sogar „alle AfD-ler in die Gaskammer" und an die Vorsitzenden der AfD-nahen Desiderius-Erasmus-Stiftung schrieb sie: „Ich freue mich schon, wenn ich auf Ihrem Grab tanzen kann". Es ist unglaublich, nach dieser eindeutigen und unmissverständlichen Hassrede fühlte sie sich auch noch „missverstan-

---

[42] https://www.spiegel.de/kultur/literatur/buchhaus-loschwitz-anschlag-auf-buchhandlung-in-dresden-a-b57c629b-b3e8-439f-a292-12625cbbdfa6, zuletzt aufgerufen am: 30.4.2024.

[43] Der Laden wurde auch noch mit brauner Farbe besprüht. – https://www.youtube.com/watch?v=c0lyMNsO6Qc, zuletzt aufgerufen am: 4.2.2024.

[44] https://www.mdr.de/nachrichten/thueringen/mitte-thueringen/erfurt/angriff-thor-steinar-taeter-video-100.html – Seite nicht mehr erreichbar! https://www.thueringen24.de/erfurt/article235151845/erfurt-thor-steinar-taeter-polizei.html, zuletzt aufgerufen am: 28.4.2024.

[45] https://www.epochtimes.de/blaulicht/sachsen-schwerer-brandanschlag-auf-afd-fahrzeugpark-a3004304.html, zuletzt aufgerufen am: 11.4.2024.

den" (hält sie die Leute wirklich für so blöd?).[46] Es ist sehr aufschlussreich, dass derart abstoßende Äußerungen weder die Innenministerin noch unseren sonst ständig moralisierenden Bundespräsidenten empören, obwohl doch allen bekannt sein dürfte, welch spaltende Wirkung vom Hatespeech ausgeht (ganz gleich, ob von links oder rechts betrieben). – Auf den im Januar und Februar 2024 durchgeführten Massendemonstrationen gegen ‚Rechts' wurden sogar Plakate gezeigt mit Mottos wie: „AfD-Ratten fressen Demokratie" oder „AfD-ler töten", worauf die SZ ganz ungerührt schreibt: „Der Kreisverband [der AfD] fühlt sich durch ein Plakat beleidigt".[47] Mitunter, wie in dem in Kap. 2 angeführten Fall eines zusammengeschlagenen AfD-Mannes, rät sogar die Polizei von einer Anzeige linker Straftaten ab, um (und hier wird es richtig makaber) das Opfer vor weiteren Angriffen zu schützen. Oft wird linke Gewalt eben deshalb nicht angezeigt, weil die Opfer Angst vor Repressalien der Täter haben. Ja selbst Polizisten und Richter sind vor Gewaltandrohungen nicht sicher, nach dem Motto: „Wir wissen wo Du bzw. Deine Kinder wohnen".[48]

Inneministerin Faeser glaubte sogar, mögliche Protestdemonstrationen gegen die verfahrene Energiepolitik der Regierung schon von vornherein dem rechten Spektrum und den Querdenkern zuordnen zu können, obwohl die zu der Zeit noch gar nicht stattgefunden hatten.[49] So etwas kann man als ‚Präventivpropaganda' gegen den von ihr damals erwarteten ‚Wutwinter' 2022 einordnen. Es werden nach ihrer damaligen Diktion nicht die um ihre Existenz bangenden Normalbürger sein, die ihre berechtigten Sorgen artikulieren, sondern ihr Antifa-gestählter Hass (s. Kap. 2) gibt ihr ein: „Natürlich besteht die Gefahr, dass diejenigen, die schon in der Coronazeit ihre Verachtung gegen die Demokratie herausgebrüllt [sic!] haben und dabei oftmals Seite an Seite mit Rechtsextremisten unterwegs waren, die stark steigenden Preise als neues

---

[46] https://www.giessener-allgemeine.de/kreis-giessen/linden-ort848774/shitstorm-politikerin-linke-linden-stadtparlament-twitter-gaskammer-afd-gewaltaufruf-falsch-verstanden-kreis-giessen-90213237.html – Man stelle sich einmal vor, einen solchen Tweet hätte ein AfD-Mitglied an jemand aus dem linken Lager gerichtet. Die öffentliche Empörung wäre (zu Recht) nicht auszudenken, zuletzt aufgerufen am: 11.4.2024.

[47] Soll das etwa heißen: „Na, die sollen sich doch nicht so zimperlich geben"?! Siehe hierzu: https://www.sueddeutsche.de/muenchen/ebersberg/demonstration-rechtsextremismus-ebersberg-afd-strafanzeige-plakat-1.6342392 und https://www.daserste.de/information/talk/maischberger/faktencheck/faktencheck-maischberger-468.html, zuletzt aufgerufen am: 4.2.2024.

[48] Hier trifft man auf eine ähnlich gefährliche Situation wie bei der Verfolgung der Clan-Kriminalität, s. Kap. 12. – Auch das Einknicken des VW-Konzerns vor den links-grünen Extremisten, s. Kap. 10, gehört in diese Kategorie der Kapitulation vor Verbrechern.

[49] https://www.welt.de/politik/deutschland/article239977935/Nancy-Faeser-warnt-vor-radikalen-Protesten-wegen-hoher-Energiepreise.html, zuletzt aufgerufen am: 11.4.2024.

Mobilisierungsthema zu missbrauchen".[50] Nein, Frau Faeser, wer gegen die katastrophale Energiepolitik von Links-Grün protestiert (auch lautstark), der nimmt seine demokratischen Rechte wahr. Es zeugt einfach von Ihrem fehlenden Demokratieverständnis und dazu von einer unglaublichen Ahnungslosigkeit, welcher Schaden damit für die deutsche Wirtschaft angerichtet wird, s. Kap. 15.

Es ist jedoch nicht allein die Regierung, die einseitig pro ‚Links' und contra ‚Rechts' orientiert ist, sondern dies betrifft auch die ÖRM, wie wir bereits in Kap 6 festgestellt hatten. Selbst der UN-Think-Tank ‚Diplomatic Council', der gewiss keiner Rechtslastigkeit verdächtigt werden kann, muss zugeben: „dass die fortschrittlichen, eher linken und grünen Kräfte Deutschlands journalistisches Wohlwollen bei ARD und ZDF" genießen.[51] Schließlich kommt nach einem Bedauern, dass man „eine aufstrebende rechtskonservative Partei wie die AfD nicht einfach ignorieren" kann, doch noch das Geständnis: Wenn man die AfD schon zu Talkshows einlädt, dann um „sie vorzuführen, sie lächerlich zu machen". Es ist nicht nur die Linkslastigkeit der MSM, die unsere Meinungsvielfalt zerstört,[52] sondern es ist das Abdriften in einen immer stärker als ‚Haltungs-Journalismus' empfundenen Stil, der die mündigen Bürger verärgert. Vertreter dieses Genres stehen eben nicht als unparteiische Beobachter am Rande eines Rennens und berichten sachlich über das Geschehen (um ein häufig verwendetes Bild aufzugreifen). Nein, sie versuchen dem Zuhörer gleich noch klar zu machen, auf wen er zu setzen hat und wem seine Sympathien bzw. Antipathien zu gelten haben.

Auch in den Berichten über Alltagsereignisse, zeigt sich die Linkslastigkeit im Blätterwald. Wenn man z.B. etwas über die Ausschreitungen linker Extremisten aus Anlass des AfD-Parteitags am 4.3.2022 in Offenburg erfahren will, reicht es eben nicht, morgens den Deutschlandfunk anzuhören, da muss man schon auf an den Rand gedrängte Blätter zurückgreifen.[53] Es grenzt schon an ein Wunder, dass selbst die TAZ nicht umhin kommt, über diese Vorgänge zu berichten. Sie scheut sich allerdings selbst angesichts dieser empörenden Sachlage nicht, als wichtigen Hinweis völlig unpassend zu erwähnen, dass „der AfD-Landesverband vom Verfassungsschutz als rechtsextremi-

---

[50] https://www.faz.net/aktuell/politik/inland/faeser-warnt-vor-protesten-wegen-hoher-energiepreise-18179489.html, zuletzt aufgerufen am: 11.4.2024.

[51] https://www.diplomatic-council.org/de/node/688 – Man beachte auch das im zitierten Artikel verwendete Framing: Links-Grün wird gleich von vornherein als „fortschrittlich" eingeordnet, zuletzt aufgerufen am: 11.4.2024.

[52] https://www.pro-medienmagazin.de/forscher-journalisten-mehrheitlich-links/, zuletzt aufgerufen am: 11.4.2024.

[53] https://www.tichyseinblick.de/kolumnen/olaf-opitz-klare-kante/antifa-linksextremismus-politik-medien/, zuletzt aufgerufen am: 30.4.2024.

stischer Verdachtsfall beobachtet" wird,[54] was mit den genannten Vorgängen nichts zu tun hat und den Linksterror richtiggehend rechtfertigt. Das gegen die AfD eingesetzte Framing kann auch einfach darin bestehen, dass man (wie der Nachrichtensender n-tv) im Zusammenhang mit der Wahl des Oberbürgermeisters in Nordhausen im Oktober 2023 zunächst vor dem Einsturz der sogenannten ‚Brandmauer' gegen diese Partei warnt, um dann völlig zusammenhangslos darauf hinzuweisen: „Am Rand der Stadt mit rund 42.000 Einwohnern erinnert eine Gedenkstätte an das Konzentrationslager Mittelbau-Dora der Nationalsozialisten".[55] Solche unverantwortlichen Kontext-Setzungen zeugen nicht nur von üblem journalistischen Stil, sondern stellen auch einen Missbrauch der Leiden von Menschen in Konzentrationslagern der Nazis zu eigenen politischen Zwecken dar (s. auch den unsäglichen Vergleich eines privaten Treffens in Berlin mit der Wannseekonferenz, Kap. 10).

Die Beschönigung und Bagatellisierung linker Gewalt durch die ÖRM und durch die Linken selbst hat schon fast Methode. Oft genug kann man sogar eine klammheimliche Sympathie und offene Umkehrung der Opfer-Täter-Rolle feststellen, oder es werden überhaupt polizeiliche Maßnahmen gegen Links in Frage gestellt, wie es die TAZ-Redaktion[56] auf die Verhaftung der Lina E. oder die politischen Äußerungen der sächsischen Landtagsabgeordneten Juliane Nagel zu den Ausschreitungen in Connewitz zeigen.[57] Man stelle sich einmal die wochenlange Empörung einschließlich der Angriffe auf die AfD vor (unabhängig davon, ob diese beteiligt wäre oder nicht), wenn die regelmäßigen Krawalle und Straßenschlachten in Leipzig-Connewitz oder die wiederholten Brandanschläge gegen einen Bautzener Bauunternehmer nicht von Linken, sondern von Rechtsextremen verübt worden wären.[58] Es ist einfach erschreckend, dass entsprechende Bekennerschreiben der Brandstifter auf der linken Plattform Indymedia veröffentlicht wurden, ohne dass dies Konsequenzen hätte oder sich wenigstens der Bundespräsident mahnend äußern würde.

Ein immer wiederkehrendes Schema in der links-grünen Argumentation besteht darin, eine Tat linker ‚Aktivisten' oder auch von Asylanten zwar verbal zu verurteilen, um dann schnell vor den Rechten zu warnen, die das Geschehen politisch instrumentalisieren könnten. Dabei sind es gerade die linken

---

[54] https://taz.de/Demo-gegen-AfD-Parteitag-in-Offenburg/!5919804/, zuletzt aufgerufen am: 11.4.2024.

[55] https://www.n-tv.de/politik/Waehlt-Nordhausen-den-ersten-AfD-Oberbuergermeister-article24418927.html, zuletzt aufgerufen am: 11.4.2024.

[56] https://taz.de/Anklage-gegen-Lina-E/!5771521/, zuletzt aufgerufen am: 11.4.2024.

[57] https://www.welt.de/politik/deutschland/plus215284874/Juliane-Nagel-spricht-ueber-Krawalle-in-Leipzig-Connewitz.html, zuletzt aufgerufen am: 11.4.2024.

[58] https://www.t-online.de/region/dresden/id_100167016/achte-brandstiftung-deswegen-trifft-es-immer-diese-firma-aus-bautzen.html, zuletzt aufgerufen am: 11.4.2024.

Gazetten, die zwar den berechtigten Bürgerprotest gegen migrantische Mordtaten kurz verurteilen, um dann denselben sofort politisch missbräuchlich als Geschrei des „Mobs" zu denunzieren.[59] Der Gipfel an Dreistigkeit und staatszerstörerischem Handeln zeigt sich in der Ausschreibung eines „Riot Award", dem eine Art Wettbewerb der linksextremen Szene um die übelsten Straftaten zugrunde liegt.[60] Da werden regelrechte Punktsysteme entwickelt, um linke Straftaten zu honorieren (40 Punkte für Barrikadenbau, 150 Punkte für Plünderungen). Die Innenministerin kann daraus jedoch keine Gefahr von links ableiten, das sind ja ihre Gesinnungsgenossen. Man muss sich deshalb einfach mit Werner Patzelt wundern, wo denn „der Aufstand der Anständigen" bleibt.[61] Es ist jedoch zu vermuten, dass die ‚anständigen Lemminge' noch so lange schlafen werden, bis es ihnen so ergeht wie ihm. Fairerweise muss man natürlich zugestehen, dass nicht jeder solche Repressalien auf sich nehmen kann, wie Prof. Patzelt es getan hat (zu den schwerwiegenden beruflichen und privaten Folgen für ihn s. Kap. 8). – Als Ergänzung zu Straftaten, die von Linken begangen werden, gibt es sogar fingierte Opfer im links-grünen Lager, wie die von einem grünen Stadtrat inszenierte und angeblich gegen ihn gerichtete „rechtsextreme Hetzjagd" zeigt.[62] Das brachte ihm aber schließlich nur eine Geldstrafe „wegen Vortäuschens von Straftaten und Verwenden von Kennzeichen verfassungsfeindlicher Organisationen" ein.

Im Falle linker Gewalt kann man eine regelrechte Verharmlosung bzw. ein Herunterspielen der Gefahr in den ÖRM und in Polizeistatistiken beobachten (s. die Ausführungen zur PMK in Kap. 12). Dabei liegen die Dinge was die PMK anbelangt nicht so einfach, dass die betreffenden Statistiken etwa in den unteren Rängen der Polizei (konkret: bei der Anzeige-Entgegennahme) eigenmächtig ‚getürkt' würden. Hier spielen eher die von oben erlassenen fragwürdigen Richtlinien bezüglich der Zuordnung von Straftaten eine entscheidende Rolle. Das Problem dürfte also bereits beim Erfassen von Straftaten beginnen, wobei dieser Vorgang viel weiter gefasst werden muss als nur das einfache Eintragen in ein Register. Hier geht es um die realistische Abbildung der Wirklichkeit, die schon im Vorfeld der späteren Aufnahme ins Strafregister beginnt. Das schließt die sachgerechte Definition von Straftaten mit ein und die Entscheidung, welche von denselben wie zu klassifizieren ist. Wenn also irgendwo antisemitische Äußerungen getätigt werden, kann das sowohl eine

---

[59] https://taz.de/Ein-Jahr-nach-dem-Mord-in-Kandel/!5561990/, zuletzt aufgerufen am: 11.4.2024.

[60] https://wetzlar-kurier.de/1684-linksextreme-szene-vergibt-riot-award/, zuletzt aufgerufen am: 11.4.2024.

[61] https://www.epochtimes.de/politik/deutschland/werner-patzelt-ueber-linke-gewalt-wo-bleibt-der-aufstand-der-anstaendigen-a2483155.html, zuletzt aufgerufen am: 11.4.2024.

[62] https://focus.de/139503066, zuletzt aufgerufen am: 11.4.2024.

Straftat sein, die von muslimischen Migranten, von ‚Linken‘ oder von ‚Rechten‘ kommt. Aber gerade diese Art von Kriminalität landet statistisch oft in der PMK-rechts. – Man kann als Beispiel auch solche Ereignisse wie die G20-Ausschreitungen in Hamburg, die Connewitzer Krawalle, die Hausbesetzungen in Berlin oder die Proteste im Hambacher Forst bzw. die Blockierung der Autobahn im Zusammenhang mit dem Dannenröder Forst (letzteres Ereignis war übrigens mit einem Todesopfer verbunden) heranziehen.[63] In all diesen Fällen sind jeweils Dutzende bis Hunderte links-grüner Straftäter unterwegs gewesen, wenn man allein die aktiven Täter berücksichtigt. Diese Ausschreitungen, die mit äußerst gewalttätigem Widerstand gegen Polizeibeamte einhergingen, sind jedoch sicher nicht mit Dutzenden bzw. Hunderten von Fällen linker Gewalt in die Statistiken eingegangen. Für viele unserer Politiker und für die ‚veröffentlichte Meinung‘ handelte es sich nicht einmal bei diesen Ereignissen um Gesetzesbrecher, sondern um ‚Aktivisten‘.[64]

Wenn - wie erwähnt - selbst ein Polizeipräsident die mit Plünderungen einhergehenden Stuttgarter Krawalle einer diffusen ‚Partyszene‘ zuschreibt (in diesem Fall ging es nicht so sehr um Links/Rechts, sondern vorwiegend um Ausländerkriminalität), dann haben wir ein echtes Problem mit der Zuordnung von Straftaten und den darauf aufbauenden Statistiken. Bei genauerer Betrachtung ist diese Schieflage also nicht den unteren Chargen der Polizei zuzuschreiben, sondern zum einen dem vergifteten politischen Klima und zum anderen unserer politischen Kaste, die einfach das gesamte Kriminalitätsgeschehen in einem ihr genehmen Licht erscheinen lassen will. Warum auch sollte man Ministern vertrauen, die offensichtlich faustdicke Lügen verbreiten und sich auch noch als Wahrer der Demokratie gerieren, s. Kap. 1 und 7.

Fazit: Ehe man den einfachen Polizisten die Teilhabe an der Fälschung von Statistiken unterstellt, sollte man das eher den oberen Chargen mit der Innenministerin an der Spitze zutrauen. Diese würden natürlich nicht selbst Hand anlegen, sondern eher dafür sorgen, dass die Richtlinien (welche Straftat wie zu bewerten ist; Links/Rechts/Ausländer oder nicht) so gestaltet sind, dass die passenden Ergebnisse herauskommen. Apropos ‚Richtlinien‘: Man denke nur an die von der ehemaligen Familienministerin Giffey gelobten ‚Handreichungen‘ der Antonio-Amadeu-Stiftung für Kindergärtner*Innen, wie man an Verhalten und Outfit der Kinder ein ‚rechtes‘ bzw. ‚völkisches‘ Elternhaus erkennen kann, s. Kap. 7.

---

[63] https://www.deutschlandfunk.de/protest-gegen-autobahnbau-blockadeaktion-in-hessen-fuehrt.1783.de.html?dram:article_id=485730, zuletzt aufgerufen am: 11.4.2024.

[64] Hat man je schon bei Straftaten von ‚rechten Aktivisten‘ gehört? - Ein solcher Euphemismus würde die meisten Menschen genau so empören, und zwar mit Recht, wie in Kap. 10 schon diskutiert wurde.

Zu dieser unbefriedigenden Situation passt die lasche Berichterstattung der MSM über Massenkrawalle der Linken, wie z.B. die regelmäßigen Ausschreitungen zum 1. Mai. Wenn da nur ein paar Autos gebrannt haben, und nur wenige Steine geflogen sind, war das in der Presse ein ‚ruhiger Tag'. Normalerweise sind bei einer Aktion wie der ‚Revolutionären Maidemo' 2021 Hunderte von Polizisten und Tausende von ‚Aktivisten' auf den Straßen, von denen ein erheblicher Teil straffällig wird. Selbst die ‚Welt' spricht bei den Trägern der erwähnten Demo von einer „erlebnisorientierten Jugend", obwohl nach eigenen Angaben Barrikaden brannten und Flaschen auf Polizisten geworfen wurden, von denen 93 verletzt wurden.[65] Man stelle sich die (berechtigte) Empörung und die drastische Wortwahl vor, wenn ‚Rechte Krawalle' diesen Ausmaßes stattgefunden hätten (man vergleiche hierzu mit der Berichterstattung über Chemnitz, wo weder Autos gebrannt haben noch Dutzende Polizisten verletzt wurden, s. Kap. 1).

Dringend erforderlich, aber von den links-grünen Politikern (insbesondere von der Innenministerin) nicht zu erwarten, wäre auch die Entlarvung der Antifa als einer radikalen politischen Gruppierung, die sich faschistischer Methoden bedient: Ausübung von Gewalt gegen Andersdenkende, Ausgrenzung, Anmaßung des Besitzes der allein seligmachenden Wahrheit usw. Stattdessen ist ein völlig unglaubwürdiges antifaschistisches Gebaren in der Regierung und in den MSM zu beobachten. Jeder, der auch nur etwas in Richtung Konservatismus tendiert, wird als ‚Rechter', als ‚Faschist' oder gar als ‚Nazi'beschimpft. Dabei ist den Denunzianten nicht einmal der Unterschied zwischen Faschismus und Nationalsozialismus klar. Kürzlich konnte man doch tatsächlich hören, dass nach Meinung einer grünen Politikerin Hitler den Faschismus erfunden habe (nicht etwa Mussolini, was der Sache schon näher kommen würde).

Die Verunglimpfung des politischen Gegners als ‚Nazi' hat einen geradezu inflationären Gebrauch dieses Schimpfwortes nach sich gezogen, da es einfach auf alle angewendet wird, die nicht die links-grüne Ideologie teilen. Das ist nicht nur übler politischer Stil, sondern nutzt ironischerweise noch den echten Nazis. Die verquere Folgerung ist doch: Wenn alle Nazis sind, kann das doch nichts so Schlimmes gewesen sein. Die derzeitige Außenministerin bezeichnete sogar in bösartiger Weise den Thüringer FDP-Chef Kemmerich als Nazi, indem sie feststellte: „In Thüringen wäre fast ein Nazi zum Ministerpräsidenten gewählt worden".[66] Oder: Die Vorsitzende der AfD wurde von einem Do-

---

[65] https://www.welt.de/politik/deutschland/article230808825/1-Mai-in-Berlin-Mindestens-93-verletzte-Polizisten-bei-Demos.html, zuletzt aufgerufen am: 30.4.2024.

[66] https://www.welt.de/debatte/kommentare/article213879054/Gruenen-Chefin-Der-merkwuerdige-Nazi-Vergleich-offenbart-Baerbocks-FDP-Trauma.html, zuletzt aufgerufen am: 13.4.2024.

zenten der Hochschule der Bundeswehr sogar als Virusmutante von Hitlers Geliebter Eva Braun bezeichnet (übrigens wurden solche Vergleiche mit Ungeziefer und Viren gern von Goebbels zur Denunziation seiner politischen und rassischen Gegner verwendet). Wie der ehemalige NRW-Ministerpräsident feststellte, scheinen hier insbesondere „die Grünen [...] jegliches Maß in ihren Kampagnen zu verlieren". Sie scheuen dabei nicht einmal vor einem makabrem Holocaust-Vergleich zurück, indem sie ‚Klimaleugner' in eine Reihe mit ‚Holocaustleugnern' stellen.[67] Hier liegen die tatsächlichen Parallelen zu einer totalitären Herrschaft, wie sie der Nationalsozialismus verkörperte. Wenn man sich das alles vor Augen führt, wird erneut deutlich, wie berechtigt das in Kap. 7 angeführte Zitat des italienischen Kommunisten Ignazio Silone war.

Man kann ohne Zweifel feststellen, dass der inflationäre Gebrauch des Nazi-Schimpfworts eine gefährliche Verharmlosung des Nationalsozialismus bzw. der in seinem Namen begangenen Verbrechen zur Folge hat. Trotzdem wird niemand diese dunkelste Zeit der jüngeren deutschen Geschichte verstehen können, der das ‚Dritte Reich' *allein* mit Kategorien wie ‚Staatsterror', ‚Skrupellosigkeit der Führung' usw. zu beschreiben versucht (s. hierzu Kap. 10). Deshalb ist es auch eine Geschichtsklitterung, in dieser Zeit nichts anderes als Verbrechen zu sehen (obwohl es deren eine Fülle gab), und jeden an den Pranger zu stellen, der - wie es Haffner wagte [24, S. 16-48] - auch nur ein Körnchen Positives am ‚Dritten Reich' entdeckt. Wer den Nationalsozialismus allein auf seine totalitäre Herrschaftsform reduziert, wie das die Linken tun, wird die Geschichte genau so wenig verstehen, wie die Rechtsextremen, die versuchen, ein im Kern verbrecherisches Nazi-Regime zu glorifizieren (s.u.).

Im Namen der Bekämpfung des Rechtsextremismus findet eine regelrechte Demokratiezerstörung statt, da jeder aus den nichtigsten Anlässen in den Mahlstrom der Überwachung geraten kann. Wer ständig darauf achten muss, mit wem er gesehen wird, zu Mittag speist oder dass er nicht im Web von den ‚Falschen' geliked wird, lebt nicht mehr in einer Demokratie. Wie wir in Kap. 12 gesehen hatten, reichte im Fall des Chefs der Werteunion Maaßen für eine Einstufung als ‚Rechtsextremer' schon aus, die Regierungsmaßnahmen gegen den ‚Reichsbürger-Putsch' als „unverhältnismäßig" zu bezeichnen und mit den falschen Leuten gesehen zu werden. Inzwischen sind Heerscharen von NGOs bzw. Beratern und Beauftragten unterwegs, die sich - staatlich üppig gefördert - in völlig undurchsichtiger Weise an der Hexenjagd beteiligen. Dazu kann man sich an der Fridtjof-Nansen-Akademie zur „Fachkraft für Rechts-

---

[67] https://www.bild.de/politik/inland/politik-inland/diesel-debatte-gruenen-politiker-schockiert-mit-holocaust-vergleich-59809766.bild.html, zuletzt aufgerufen am: 30.4.2024.

extremismusprävention" ausbilden lassen,[68] was sofort eine Reihe von Fragen aufwirft: Wie sieht deren Ausbildungsprogramm aus? Wer hat das autorisiert und welche Qualifikation haben die ‚Ausbilder‘ selbst? Welche Klientel zieht dieser ‚Beruf‘ an? Warum gibt es keine NGOs, die zertifizierte Fachkräfte für Linksextremismusprävention ausbilden? usw.

Die Selbstermächtigung der Links-Grünen als die ‚wahren‘ Antifaschisten hat noch einen anderen moralisch durch nichts zu rechtfertigenden Aspekt. Sie, die weder eine Diktatur am eigenen Leib erfahren haben, noch ausreichend über den Nationalsozialismus informiert sind (andernfalls würden sie nicht ihre politischen Gegner unbegründet als Nazis diffamieren), versuchen sich durch ihr antifaschistisches Gebaren auf eine Stufe mit Widerstandskämpfern wie die ‚Weiße Rose‘ oder die ‚Rote Kapelle‘ zu stellen. Das ist eine unverfrorene Anmaßung, denn die Mitglieder des faschistischen Widerstands hatten nicht die Rückendeckung der Mächtigen, sie waren nicht Denunzianten und Verleumder, sondern aufrechte Kämpfer, die ihre mutige Haltung fast alle mit dem Leben bezahlt haben.

Unter dem links-grünen Regime findet eine regelrechte Umwertung aller Werte statt: Da gilt Heimatliebe als reaktionär; Familie, Vater und Mutter werden zu altmodischen Kategorien erklärt und Drogendealer (wie George Floyd) werden zu Helden. In letzterem Fall, so traurig sein Schicksal ist, wird ein Krimineller zur Ikone des Antirassismus gemacht (als gäbe es dafür keine anderen, würdigeren Persönlichkeiten). Und das, wo doch sonst keiner der aus dem geschichtlichen Kontext gerissenen Lebensläufe von Trägern der nationalen Kultur (von Luther bis Wagner) auch nur ein moralisches Fleckchen auf seiner Weste haben darf. Das ist pure Heuchelei. Während man in Berlins Görlitzer Park ein Denkmal für Drogendealer errichten will,[69] wird von Links-Grün eine ausgesprochene Bilderstürmerei bzw. Denkmalschleiferei ins Werk gesetzt, die gegen herausragende Gestalten der deutschen Geschichte gerichtet sind. Das zeigt etwa der Versuch, den deutschen Reichskanzler Bismarck und erfolgreichsten Außenpolitiker Deutschlands aus dem kollektiven Gedächtnis zu tilgen (was bezeichnenderweise von einer Außenministerin vorangetrieben wird, deren deplatzierte Äußerungen einfach nur peinlich sind, und die Deutschland im Ausland immer wieder lächerlich macht oder nur schadet).[70] Obwohl Bis-

---

[68] https://demokratie.bildung-rp.de/koordinierungsstelle-demokratiebildung-und-modellschulen/extremismuspraevention/rechtsextremismuspraevention/zertifizierte-fachkraft-fuer-rechtsextremismuspraevention-und-studientag-wbz-ingelheim.html,   zuletzt aufgerufen am: 30.4.2024.

[69] https://www.bz-berlin.de/berlin/friedrichshain-kreuzberg/die-dealer-im-goerli-bekommen-jetzt-ein-denkmal, zuletzt aufgerufen am: 30.4.2024.

[70] Selbst wenn sie etwas Wahres sagt und Chinas Regierungschef einen Diktator nennt, ist das diplomatisch äußerst unklug, weil es uns einen Bärendienst erweist und nichts bewirkt.

marck sicherlich ein erzkonservativer preußischer Junker war, ist er - wie wir in Kap. 10 gesehen hatten - sehr differenziert zu betrachten und hat sich große Verdienste in der deutschen Geschichte erworben. Zu einer solch umfassenden geschichtlichen Einordnung und zumindest partiellen Würdigung ist aber die heutige selbsternannte ,Politelite' nicht in der Lage. Wenn man wie ein großer Teil von Links-Grün mit Halbbildung oder völlig fehlenden Kenntnissen an die Geschichte herangeht, dann müsste man auch Alexander den Großen oder Napoleon aus dem Pantheon der Geschichte entfernen, denn sie waren nach heutigen Maßstäben zweifellos Kriegsverbrecher (von den in Teilen des links-grünen Lagers verehrten Genossen Stalin und Mao gar nicht zu reden).

Eine besonders unrühmliche und zugleich typische Rolle im Kulturkampf unseres Landes spielt das sogenannte ,Zentrum für politische Schönheit', das sich u.a. durch monatelanges Ausspähen und Observieren des Thüringer Landesvorsitzenden der AfD sowie den makabren Nachbau des Berliner Holocaust-Denkmals in unmittelbarer Nachbarschaft seines Wohnhauses hervorgetan hatte. Diese linken Kulturterroristen sehen sich selbst in aller Bescheidenheit als „Sturmtruppe zur Errichtung moralischer Schönheit, politischer Poesie und menschlicher Großgesinntheit" (eine Selbstbezeichnung, die eher zu einer Kulturdiktatur im Stile Maos passt).[71]

Der Hauptfeind beim AfD-Bashing scheint der Thüringer Landesvorsitzende dieser Partei, Björn Höcke, zu sein, der allerdings durch sein provokantes Auftreten wiederholt Anlässe und Ansatzpunkte für seine politischen Gegner geliefert hat (s.u.). Dabei scheuen sich linke Politiker in ihrem Kampf gegen ihn und andere Konkurrenten nicht, auch die übelsten Vergleiche mit Nazideutschland zu ziehen, wie das oben angeführte Zitat belegt, in dem sich eine linke Politikerin AfD-Anhänger in die Gaskammer wünscht. Man schreckt bei der Verleumdung des politischen Gegners nicht einmal davor zurück, den Vorsitzenden der Werteunion (jetzt der Partei ,WerteUnion') Maaßen als ,rechtsextrem' zu verunglimpfen und ihn möglichst unter Beobachtung durch den Verfassungsschutz zu stellen. Das wird nicht nur aus dem links-grünen Lager heraus propagiert, sondern wird eifrig flankiert vom grünlastigen Merkel-Flügel der CDU (Maaßens klare Stellungnahme gegen die ehemalige Kanzlerin wird ihm nie verziehen werden, obwohl das der einzige Weg wäre, der CDU wieder ein eigenes Profil zu geben).

---

https://www.krone.at/3116385. – Nicht einmal der brasilianische Außenminister lässt sich herbei, sie zu empfangen. https://www.nzz.ch/feuilleton/es-ist-an-der-zeit-dass-deutschland-seinen-preussen-komplex-ablegt-ld.1720780, zuletzt aufgerufen am: 30.4.2024.

[71] https://www.zeit.de/2019/53/zentrum-fuer-politische-schoenheit-aktivismus-humanismus-ideologie – Obwohl schon der Staatsschutz gegen diese ,Kulturwächter' ermitteln musste, wurden sie dennoch aus Steuermitteln mit Fördergeldern und Preisen versorgt, s. Drucksache des Deutschen Bundestages 19/1426 vom 27.03.2018, zuletzt aufgerufen am: 13.4.2024.

Die von Links-Grün ständig angefeuerte Political Correctness hat mittlerweile einen merkwürdigen Bumerang-Effekt ausgelöst.[72] Dieser äußert sich darin, dass sogar vielen Politikern aus dem links-grünen Spektrum die PolC und das identitäre Gehabe zu viel wird (Beispiele sind: Wolfgang Thierse, Boris Palmer und Sahra Wagenknecht). Das von Letzterer stammende, sehr nachdenkenswerte Buch über die überbordende Selbstgerechtigkeit im linken Lager [83] hat ihr einen regelrechten Shitstorm eingebracht (übrigens bereits bevor das Buch erschienen war und der gesamte Kontext einzelner Zitate noch gar nicht bekannt sein konnte). Man erinnere sich auch an Sarrazins Buch „Deutschland schafft sich ab" [69], das von der Kanzlerin überheblich als „nicht hilfreich!" abgetan wurde, obwohl sie es angeblich gar nicht gelesen hatte. Und dabei ist kaum ein Buch der letzten Zeit so zutreffend gewesen (und so oft gelesen worden) wie dieses.

Die moralische Selbstüberhöhung scheint überhaupt eine hervorstechende Eigenschaft der Grünen zu sein. Dabei müssten doch gerade sie einmal tief in sich gehen, gibt es doch beispielsweise grüne Abgeordnete, die im EU-Parlament sitzen und in ihrer Vergangenheit durch pädophile Äußerungen aufgefallen sind.[73] Auch Wagenknecht (loc. cit. S. 28) sieht das von Obenherab-Sehen auf die weniger Begüterten und weniger Gebildeten als typisch für Links-Grüne an, wobei erstere gern als ,Prolls' tituliert werden. Was früher niemand für möglich gehalten hätte, ist das unerträgliche Ausmaß an Korruption und Vetternwirtschaft bei den Grünen, worauf wir noch zu sprechen kommen werden. Überhaupt scheinen links-grüne Politiker, wie z.B. Annalena Baerbock, Czem Özdemir oder Karl Lauterbach gern einmal zu ,vergessen', dem Bundestag zig-tausend Euro Nebeneinnahmen anzugeben (jo mei, das kann bei solch kleinen Beträgen schon mal passieren!), obwohl gerade erstere flammende Reden gehalten hat, in denen sie Transparenz bezüglich der Nebeneinnahmen von Parlamentariern einforderte.

Ein besonders trauriges Kapitel, das sich in vielen Lebensbereichen auswirkt, ist der vom links-grünen Lager gepflegte Selbsthass auf alles Deutsche. Dieser drückt sich z.B. symbolisch in der Bevorzugung der Regenbogenflagge gegenüber der schwarz-rot-goldenen Deutschlandfahne aus.[74] Die große Anzahl Verbalausfälle von Links-Grün gegen das eigene Land, wie „Deutschland, Du Stück Scheiße" oder „Vaterlandsliebe fand ich stets zum Kotzen" sind

---

[72] Selbst die ehemalige Kanzlerin hatte schon erkannt, dass sich überspannte gesellschaftliche Forderungen bezüglich ihrer Wirkungen in ihr Gegenteil verkehren können.

[73] https://de.wikipedia.org/wiki/Daniel_Cohn-Bendit#Folgen_von_%C3%84u%C3%9Ferungen_zur_kindlichen_Sexualit%C3%A4t, zuletzt aufgerufen am: 4.2.2024.

[74] Konsequenterweise führten das fatale Ausscheiden der deutschen Vertreter zur letzten Fußball-WM oder das Auftreten der deutschen Bewerber unter der Regenbogenflagge zum European Song Contest einfach nur zu Hohn und Spott im In- und Ausland.

kaum noch abzählbar. Bezeichnenderweise musste das durch die imaginierte ‚Wannseekonferenz' unrühmlich bekanntgewordene linke Faktenchecker-Portal ‚Correctiv' das zuletzt genannte Habeck-Zitat gezwungenermaßen bestätigen, bewertete es aber zartfühlend und beschönigend als „kritische Äußerung zum Vaterland".[75] Linke Perversion findet regelmäßig ihre letzte Steigerung am Tag des Gedenkens an die Opfer der Dresdner Bombennächte vom 12. und 13. Februar 1945. Dort sind echte Selbsthasser am Werk mit Danksagungen an den britischen Bombergeneral Harris, wie „Thank you Harris, do it again!". Das Ganze findet dann seine Fortsetzung im wiederkehrenden Vandalismus auf dem Dresdner Heidefriedhof durch Bemalen der Gedenksteine für die Bombenopfer mit Sprüchen wie „Deutsche sind Täter, keine Opfer".[76] – Interessanterweise hat der ehemalige ‚Literaturpapst' Reich-Ranitzki (er war selbst ein Jude) eine Gemeinsamkeit zwischen Juden und Deutschen festgestellt, den Selbsthass.[77] Das ist eine bemerkenswerte Aussage angesichts der Tatsache, dass beide - Deutsche und Juden - zwar aus unterschiedlichen Gründen, aber dennoch tief traumatisierte Völker sind.

Die von nicht wenigen Links-Grünen angestrebte Auflösung Deutschlands in einem multikulturellen Europa oder gar einer utopischen grenzenlosen Welt kommt deutlich in dem von ihnen gebrauchten Slogan „No borders no nations" und der Forderung zum Ausdruck, alle asylsuchenden Menschen in Deutschland aufzunehmen. Diese Haltung ist sozusagen die Kehrseite der Medaille, auf deren Vorderseite die Verachtung Deutschlands steht. Der bereits in Kap. 2 erwähnte deutsch-türkische Journalist Deniz Yücel, der mit massiver deutscher Unterstützung gerade aus türkischer Haft freigekommen war, beendete eine seiner TAZ-Kolumnen vor ‚schierer Dankbarkeit' sogar mit dem Satz: „Etwas besseres als Deutschland findet sich allemal". Danach versteckte er sich natürlich feige (wie das in anderen Fällen von links-grünem Hatespeech auch typisch ist) hinter dem Schutzschirm einer vorgeblichen ‚Satire'.[78]

---

[75] https://correctiv.org/faktencheck/politik/2019/06/14/ja-robert-habeck-hat-sich-kritisch-zu-vaterlandsliebe-geaeussert/, zuletzt aufgerufen am: 30.4.2024.

[76] https://www.tag24.de/dresden/lokales/schaeden-der-gedenkstaette-auf-heidefriedhof-immer-noch-nicht-beseitigt-2172563 – Diese Seite wurde permanent entfernt (zuletzt aufgerufen am: 22.10.2021). – Siehe deshalb:
https://www.focus.de/politik/deutschland/bomber-harris-do-it-again-dieser-nackt-protest-gegen-pegida-schockt-dresden_id_4420184.html und
https://jungefreiheit.de/politik/deutschland/2022/dresden-linksextremisten-schaenden-mahnmal-fuer-bombentote/, zuletzt aufgerufen am: 22.10.2021 bzw. 11.4.2024.

[77] Allerdings dürfte seine Verallgemeinerung nicht zutreffen, da diese Beurteilung sicher nur auf das links-grüne Spektrum zutrifft, und auch dort nicht auf alle.

[78] https://taz.de/Kolumne-Geburtenschwund/!5114887/ – Da drängt sich doch die Frage geradezu auf, was er mit dieser Einstellung überhaupt in Deutschland will. Er könnte doch mit seinem türkischen Pass jederzeit in seine Heimat zurückkehren. - Aber möglicherweise ver-

In seinem Buch über die „Zehn Todsünden der Grünen" [28] führt Helmes mehrere Verfehlungen der Grünen an, die kaum zu leugnen sind. Hierzu gehören (in meinen Worten leicht abgewandelt wiedergegeben): Einführung einer Gesinnungsdiktatur, eine verfehlte (zudem noch queere) Kindererziehung, Entwicklung des Hasses auf Deutschland, eine überzogene Willkommenskultur, Eingriff in alle Lebensbereiche (angefangen von der Ernährung bis hin zur Mobilität), Verzerrung der Geschlechterrollen und des Familienbildes, Zerstörung des Eigentumsgedankens, Aushöhlung der inneren Sicherheit und des Rechtsstaates sowie eine irrationale Klima- und Energiepolitik ohne jegliches Augenmaß, s. Kap. 14 und 15.

Wie erst in letzter Zeit wieder offenbar wurde, lassen sich die Grünen auch in Sachen Korruption und Vetternwirtschaft von niemand überbieten. Um Wirtschaftsminister Habeck und seinen ehemaligen Staatssekretär Graichen nebst anhängenden NGOs hatte sich ein solcher Filz von Beziehungen und gegenseitigen Begünstigungen herausgebildet, dass selbst die MSM nicht umhin konnten, dieses Übel kritisch zu beleuchten.[79] Der Minister hat sich nicht einmal gescheut, von seinem Bruder einen Preis, den ‚Energieküste-Award', für „seine tolle Arbeit" entgegen zu nehmen, und sein Staatssekretär Graichen hatte gleich noch seinen Kumpel und Trauzeugen in ein wohldotiertes Amt gehievt. Aber damit nicht genug, besagter Staatssekretär wollte sich (zusätzlich zu dem an sich schon üppigen Personalbestand des Ministeriums von über 2100 Leuten) ohne Zustimmung des Bundestags noch weitere 60 Mitarbeiter von der Energie-Agentur DENA ‚ausleihen', die - welch ein Zufall - von eben diesem Trauzeugen geleitet wird.[80]

Vielleicht erinnert sich der eine oder andere noch an die Amigo-Affäre (Streibl, CSU), an das unkorrekte Empfehlungsschreiben eines früheren Wirtschaftsministers für einen angeheirateten Cousin (Möllemann, FDP) oder an die für einen einstigen Ministerpräsidenten bezahlte Urlaubsreis nach Sylt (Wulff, CDU). Im Vergleich zur Korruption der Grünen kann man das als Petitessen bezeichnen, die jedoch damals von Links-Grün mit Riesenempörung behandelt wurden und letztlich zum Rücktritt der genannten Personen führten. Davon kann heute bei Links-Grün keine Rede mehr sein. Habeck versucht seine Verantwortlichkeiten mit Worten wegzuwischen wie: „Fehler können schon mal vorkommen, die werden in einer Demokratie benannt und korrigiert, und

steht der Autokrat Erdogan nicht so viel Spaß wie die Deutschen, zuletzt aufgerufen am: 5.4.2024.

[79] https://www.merkur.de/politik/gruene-robert-habeck-wirtschaftsministerium-vorwuerfe-vetternwirtschaft-krise-92248478.html, zuletzt aufgerufen am: 30.4.2024.

[80] https://www.focus.de/politik/deutschland/patrick-graichen-naechster-aufreger-um-habecks-staatssekretaer-misstrauen-waechst_id_192899620.html, zuletzt aufgerufen am: 30.4.2024.

dann ist es auch wieder gut". Es sei nur nebenbei bemerkt, dass er mit dieser Auffassung auch noch von seinem Kanzler unterstützt wurde.[81] Nein, bei einem solchen Ausmaß an Korruption ist es gerade in einer Demokratie nicht mit etwas Asche-auf-das-Haupt-Streuen getan. Hier geht es nicht um kleinere handwerkliche Fehler, sondern um demokratiezerstörende Vetternwirtschaft.

Die ganze grüne Ideologie ist gepaart mit einer unglaublichen Doppelmoral und Scheinheiligkeit, die ihresgleichen sucht. So besprühen auf der einen Seite die Speerspitzen der Grünen, die ‚Aktivisten' der Letzten Generation, in Berlin Luxusboutiquen aus Protest gegen den überhand nehmenden Konsum unter dem Motto „Wir können uns die Reichen nicht mehr leisten!",[82] während sich auf der anderen Seite ihre Außenministerin bzw. ihr Wirtschaftsminister eine Stylistin bzw. einen Starfotografen mit üppigen Gehältern zur Aufbesserung ihres öffentlichen Aussehens gönnen.[83]

Auch in der Behandlung von ‚Jugendsünden' von Politikern gelten Doppelstandards: Auf der einen Seite wird von Links-Grün - angeführt von der Süddeutschen Zeitung - gegen den Chef der Freien Wähler in Bayern kurz vor der dortigen Landtagswahl (man beachte das Timing!) eine Empörungskampagne wegen eines Jahrzehnte zurückliegenden, mit ihm in Verbindung gebrachten Flugblattes antisemitischen Inhalts entfacht.[84] Auf der anderen Seite zeigt man wärmstes Verständnis für die Sprecherin der Grünen Jugend, die noch vor weniger als 10 Jahren Tweets abgesetzt hat, die „zum Teil offen antisemitisch, homophob, sexistisch" zu interpretieren waren.[85] Während die gesamte links-grüne Presse den Rücktritt Aiwangers verlangte, stößt sie sich nicht daran, dass sowohl Bundeskanzler Scholz als auch Bundespräsident Steinmeier einst für linksextreme Blätter Artikel geschrieben haben. Um eines klarzustellen, ich halte all diese Sachverhalte für empörend, aber diese scheinheilige Doppelzüngigkeit und Doppelmoral sind einfach unerträglich.

---

[81] https://www.spiegel.de/politik/deutschland/olaf-scholz-verteidigt-robert-habeck-nach-filz-vorwurf-im-wirtschaftsministerium-a-2fbc227c-80e9-4619-8faf-06b202997c6f,   zuletzt aufgerufen am: 30.4.2024.

[82] https://www.rnd.de/panorama/berlin-letzte-generation-besprueht-luxus-laeden-auf-dem-ku-damm-mit-farbe-UIEZ4RYVVNPYLIJC2TL67IZWPU.html,   zuletzt   aufgerufen   am: 30.4.2024.

[83] https://exxpress.at/habeck-und-baerbock-die-gruene-koalition-der-eitelkeiten-wie-einst-auf-versailles/, zuletzt aufgerufen am: 30.4.2024.

[84] https://www.sueddeutsche.de/bayern/aiwanger-antisemitismus-rechtsextremismus-vorwurf-flugblatt-1.6163002?reduced=true, zuletzt aufgerufen am: 30.4.2024.

[85] https://www.spiegel.de/politik/deutschland/sarah-lee-heinrich-die-empoerung-kommt-zu-spaet-a-c06a27d0-09ab-484b-830d-b9b5e2f7a8aa, – Der einfühlsame Deutschlandfunk forderte sogar in diesem Zusammenhang (natürlich nicht im Fall Aiwanger) eine „Kultur des Verzeihens". – https://www.deutschlandfunkkultur.de/der-fall-sarah-lee-heinrich-was-das-netz-vergisst-nie-fuer-100.html, zuletzt aufgerufen am: 30.4.2024.

Bei der Bekämpfung der Missstände im gegnerischen Lager tun sich die Grünen besonders hervor,[86] was deren pharisäische Haltung nur noch unterstreicht. Man vergleiche etwa ihr eigenes 5-Punkteprogramm für „Saubere Politik und Transparenz"[87] mit dem Ämterschacher und Nepotismus der Grünen im tatsächlichen politischen Geschehen.[88] Man beobachte auch einmal die eigentlich berechtigte, aber im Angesicht der eigenen Verfehlungen heuchlerische Empörung ihrer Klientel über Affären des politischen Gegners (s.o.) In diesem Zusammenhang ist wieder die Linksorientierung der Wikipedia im politischen Bereich erkennbar, dort sind in der Liste der Korruptionsaffären der Bundesrepublik nicht ein einziges Mal die Grünen aufgeführt, [89] so als wäre Vetternwirtschaft keine Form der Korruption.

Einer der strategisch größten Erfolge von Links-Grün (in deren Sinne) ist der gelungene ‚Marsch durch die Institutionen', bei dem sie sich den Staat zur Beute gemacht haben. Das beginnt mit den Stellenbesetzungen in NGOs und der Berufung von Beauftragten aller Art, es führt über die ausufernde Schaffung neuer Stellen in den Ministerien und endet mit dem Eindringen ihrer Anhänger in Multiplikatorenberufe (Lehrer, Journalisten, Redakteure in den ÖRM, Sozialarbeiter usw.). Nach einer INSM-Studie hat die Ampelregierung in ihrer kurzen Amtszeit bis zum Haushalt 2024 über 11500 neue Beamtenstellen geschaffen.[90] Diese nicht zu unterschätzende, nach außen hin schwer zu durchschauende und auch bei einem Regierungswechsel kaum zu revidierende Machtstellung wird, wie wir schon in Kap. 6 festgestellt hatten, weidlich zur Untergrabung der Demokratie unter dem Deckmantel der ‚Demokratieförderung' ausgenutzt, wobei an allen Stellen Maß und Mitte verloren gegangen sind.

Nicht einmal das im Grundgesetz Artikel 3, Abs. 1 und 2 bereits verankerte Prinzip der Gleichberechtigung reicht mehr aus; es muss deshalb durch ein gruppenbezogenes Gleichbehandlungsprinzip zugunsten von Migranten, Homosexuellen, Schwarzen (aber nicht Weißen!) usw. ersetzt werden. Im Grunde genommen werden damit der Grundsatz der Chancengleichheit für alle und das den Prinzipien der Marktwirtschaft immanente Leistungsprinzip ausgehebelt.

---

[86] https://www.br.de/nachrichten/bayern/spd-und-gruene-attackieren-csu-kaum-korruptionskontrollen,SuVNjXE, zuletzt aufgerufen am: 13.4.2024.

[87] https://www.gruene.de/artikel/fuenf-punkte-plan-fuer-saubere-politik-und-transparenz, zuletzt aufgerufen am: 15.4.2024.

[88] https://www.youtube.com/watch?v=KMD0FsiOTrE, zuletzt aufgerufen am: 15.4.2024.

[89] https://de.wikipedia.org/wiki/Liste_von_Korruptionsaff%C3%A4ren_um_Politiker_in_der_Bundesrepublik_Deutschland, zuletzt aufgerufen am 14.12.2022 – Dieser Artikel existiert 2024 bezeichnenderweise nicht mehr!
Siehe stattdessen: https://de.wikipedia.org/wiki/Korruption#Situation_in_Deutschland, zuletzt aufgerufen am: 29.4.2024.

[90] https://www.presseportal.de/pm/39474/5697460, zuletzt aufgerufen am: 6.4.2024.

Nicht Befähigung, sondern Gruppenzugehörigkeiten werden für das Vorwärtskommen in der Gesellschaft immer stärker bestimmend. Damit ist garantiert, dass Unfähigkeit auch für die Besetzung höchster politischer Ämter kein Hindernis mehr sein muss.

Überhaupt ist der Anteil von inkompetenten Politikern im links-grünen Spektrum besonders hoch (obwohl es diese Kategorie im ehemals als ‚konservativ' bezeichneten Lager natürlich auch gibt bzw. gab). In der zur Zeit amtierenden links-grün dominierten Ampelregierung ist der Grad der Nichteignung ihrer wichtigsten Mitglieder nicht mehr zu übertreffen, was von der Mehrheit der Bevölkerung so gesehen wird und auch prominente Politiker bzw. Publizisten zu ganz harschen Urteilen veranlasst.[91] Der Kanzler leidet bezüglich seiner CumEx-Verstrickung an Gedächtnisschwäche (und überhaupt ist von ihm selbst in den drängendsten Fragen wenig zu hören); der Wirtschaftsminister ist offenbar überfordert und hat zusammen mit dem Finanzminister und dem Kanzler im November 2023 noch eine Rüge vom Bundesverfassungsgericht in Sachen Haushaltspolitik erhalten, s. Kap. 15 (im Zusammenhang mit dem verkorksten Gasumlage-Gesetz äußerte Habeck sogar, dass er nicht geglaubt hätte, dass diese Materie so komplex sei);[92] die Außenministerin will völlig abgehoben mit ihrer ‚feministischen Außenpolitik' Russland und China in die Knie zwingen; der Gesundheitsminister verbreitete in Pandemiezeiten eine apokalyptische Corona-Meldung nach der anderen (wobei sich die meisten widersprachen); die Innenministerin machte schon mal prophylaktisch die Rechten und die Querdenker für die wegen des Wirtschaftsdesasters angeblich 2022 zu erwartenden Herbstunruhen verantwortlich (Baerbock sprach dabei vorsorglich sekundierend von drohenden „Volksaufständen"); die ehemalige SPD-Verteidigungsministerin (warum wurde diese Frau überhaupt in dieses Amt berufen?) hatte nachweislich keine Ahnung von ihrer Materie (bestenfalls wie man einen Bundeswehrhubschrauber für einen Familien-Sylturlaub nutzen kann) usw.[93] In dem zuletzt zitierten Artikel wird deshalb mit Recht von der Herrschaftsform der Kakistokratie (Herrschaft der Schlechtesten) gesprochen.

[91] „Wir werden von Idioten regiert." – https://www.facebook.com/bild.video/videos/hilfe-wir-werden-von-idioten-regiert-peter-hahne-bei-viertel-nach-acht/176566291798702/ und https://www.derwesten.de/politik/oskar-lafontaine-ukraine-wagenknecht-usa-id300320031.html, zuletzt aufgerufen am: 30.4.2024.

[92] Ja, haben denn diese Spitzenpolitiker nicht wenigstens einen Stab von Fachleuten und Juristen, die denen die komplexen Zusammenhänge erklären könnten? – https://www.berliner-zeitung.de/mensch-metropole/wuergegriff-der-wirklichkeit-li.2167662, zuletzt aufgerufen am: 15.4.2024.

[93] https://www.tichyseinblick.de/feuilleton/angekommen-in-der-kakistokratie/, zuletzt aufgerufen am: 15.4.2024.

Belege dafür, dass sich Unbedarftheit und fachliche Inkompetenz insbesondere bei den Grünen (als Kernbestand unserer Mediokratie) häufen, gibt es genug: Da meint man, dass die Energiewende einen Durchschnittshaushalt nicht mehr als eine Kugel Eis im Monat kosten würde (Trittin), dass der Atomstrom die Netze verstopft (Göring-Eckhardt) und mit demselben im Winter nicht geheizt werden könne (Roth). Der grüne Wirtschaftsminister sagte mitten in der Energiekrise, dass wir kein Strom- sondern nur ein Gasproblem hätten (so als hätte das eine mit dem anderen nichts zu tun). Während die Außenministerin der Grünen das Bismarck-Zimmer umbenennen lässt, weiß ihre Parteikollegin nicht einmal, wer 1871 erster deutscher Reichskanzler wurde (das ist übrigens die Dame, die das Wahlrecht für Zweijährige fordert).[94] Wegen des fehlenden permanenten Protests der ÖRM zu solchem sich häufenden und auch von der Bevölkerung widerstandslos hingenommenen Unsinn, sei an einen Ausspruch von Tocqueville erinnert, wonach „die Demokratie ohne freie und unabhängige Presse in die Tyrannei mündet". Das kann man nach den Ausführungen in Kap. 6 über die im Schwinden befindliche Rolle der Vierten Gewalt nur unterstreichen.

Vor allem die Grünen gerieren sich als Verbotspartei, was sich auch im häufig gegen sie verwendeten Begriff der Ökodiktatur niederschlägt, s. Kap. 14. Sie versuchen ohne jegliche Sachkenntnis den technischen ‚Fortschritt‘ gewissermaßen vom Schreibtisch aus zu dekretieren und legen genaue Jahreszahlen fest, wann Verbrennungsmotoren abgeschafft und E-Autos dominieren werden. Aber weder Physik noch Technikentwicklung lassen sich par Ordre du Mufti bezwingen, was aber diese anmaßenden ‚Weltverbesserer‘ in ihrer Selbstüberhebung nicht erkennen (ein Musterbeispiel für die Wirkung des Dunning-Kruger-Effekts). Selbst Anliegen, wie die Reduzierung der Verbrennung von fossilen Rohstoffen, die isoliert betrachtet zweifellos vernünftig sind, werden durch die von den Grünen zu verantwortenden Brechstangen-Methoden und die gleichzeitige Abschaltung der Atomkraftwerke zu einer Gefahr für unsere Wirtschaft. Ja, sie kommen die Bevölkerung unerhört teuer zu stehen und drohen sich letztlich in ihr Gegenteil zu verkehren. Inzwischen werden Kohlekraftwerke wieder hochgefahren und der Verkauf von E-Autos bricht dramatisch ein, s. Kap. 15.

Enteignungsphantasien und Neiddiskussionen bestimmen die politische Haltung von Links-Grün schon aufgrund der marxistischen Wurzeln ihrer An-

---

[94] https://www.bild.de/regional/hamburg/hamburg-aktuell/ach-bismarck-war-kanzler-gruenen-politikerin-rasselt-durch-geschichts-quiz-83973360.bild.html,   zuletzt   aufgerufen   am: 30.4.2024.

hänger,[95] was übrigens mit einigen Einschränkungen auch auf den BSW und seine Vorsitzende zutrifft. Diese Einstellung kulminierte 2021 in dem Berliner Volksentscheid zur Enteignung großer Wohngesellschaften, der zunächst formal erfolgreich, aber letztlich rechtlich nicht bindend war. Trotzdem konnte jedermann erkennen, wohin die Reise mit Links-Grün geht. In Hamburg wurde wie bereits erwähnt bei einer Antikapitalismusdiskussion der Slogan „Wir können uns die Reichen nicht mehr leisten" skandiert, leider wurde dabei vergessen, dass dies auch bedeutet: „Wir können uns die Leistungsträger nicht mehr leisten". Hier liegt ein echtes Problem vor, auf das wir in Kap. 17 noch einmal zurückkommen werden. Die unter dem demagogischen Motto: „Die starken Schultern müssen mehr als die schwachen tragen" betriebene Umverteilung ‚von oben nach unten' führt auf jeden Fall zu einer Zerstörung des Leistungsgedankens, zu neuen Ungerechtigkeiten und vor allem zur Ausdünnung des Mittelstandes (s. hierzu die Ausführungen zum Sanduhreffekt in Kap. 5). Wer soll z.B. noch privat in den Wohnungsbau investieren oder Wohneigentum vermieten, wenn linke Ideologen immer wieder eine Enteignung oder auch nur ein stärkeres Schröpfen der Vermieter fordern.

Das völlige Fehlen der Achtung vor fremdem Eigentum zeigt sich übrigens auch deutlich in der Hausbesetzerszene, die letztlich sogar gegen das Verfassungsrecht gerichtet ist (s. Art 14 GG, der dem Schutz des Eigentums dient). Das Analoge gilt für die Waldbesetzer, die im Rahmen der Proteste gegen die Kohleförderung oder den Autobahnausbau (Stichworte: Hambacher Forst bzw. Dannenröder Forst) die Grenze zu Straftaten bewusst überschreiten. Hier besteht eine enge geistige Verbindung zum Anarchismus in Deutschland, s. Kap. 12. Wenn es dem politischen Mainstream auch nicht gefallen wird, sollte man doch noch einmal die Mahnung des konservativen ‚Erzteufels' aus Bayern, Franz Josef Strauß, überdenken. Er hatte bereits 1986 in einer Rede vor einer einseitig links-grünen Politik und dem daraus resultierenden „Narrenschiff Utopia" gewarnt. Und Helmut Schmidt stellte schon 1980 fest: „Wer die Grünen wählt, der wird sich später mal bitterste Vorwürfe machen".[96]

Die linken Positionen zu Antifeminismus, Antirassismus, Antisemitismus, Antikolonialismus usw., die eigentlich einem guten Anliegen dienen sollten, sind schlicht zu einem Kampfmittel gegen Rechts verkommen (s. Kap. 9). Eine der Hauptursachen neben dem totalen Überziehen primär positiver Anliegen ist die Einseitigkeit der Betrachtung. So wird z.B. die geschichtliche Bewertung des Kolonialismus ausschließlich unter Aspekt des Rassismus und des

---

[95] https://www.stuttgarter-nachrichten.de/inhalt.enteignung-von-privatbesitz-juso-chef-im-politischen-shitstorm.5f2865a2-31d7-4447-9c7d-f6b96ea39fc1.html, zuletzt aufgerufen am: 30.4.2024.

[96] https://www.youtube.com/watch?v=lP-PmzsverU, zuletzt aufgerufen am: 1.5.2024.

tatsächlich verübten Unrechts außerhalb des historischen Kontexts diskutiert, wobei die durchaus vorhandenen Leistungen der ehemaligen Kolonialmächte einfach unterdrückt werden. Die Erschließung der unterentwickelten Regionen in Afrika (wie z.B. im ehemaligen Deutsch-Südwest, dem heutigen Namibia), der Aufbau einer arbeitsfähigen Verwaltung und vieles mehr kosteten solche Anstrengungen und umfangreiche Mittel von Seiten des ‚Mutterlandes‘, dass viele der damalig verantwortlichen Politiker der Meinung waren, dass sich Kolonien einfach nicht lohnen, s. hierzu Kap. 10. Die Geschichtsverzerrung geht sogar so weit, dass manche versuchen, eine direkte Verbindungslinie zwischen der Niederschlagung des Hereroaufstands und Auschwitz bzw. dem Holocaust herzustellen.[97]

Bei der Rückgabe der Benin-Bronzen an Nigeria geht das schon zwanghaft geäußerte „Mea culpa" unserer halbgebildeten grünen Ministerinnen sogar so weit, dass man Schuldbekenntnisse auch dort ausspricht, wo gar keine Schuld vorhanden ist.[98] Darüber hinaus haben sie nicht einmal gewusst (oder eben die Fakten verdrängt), dass die Herstellung der Skulpturen in Benin erst durch den Reichtum ermöglicht wurde, der aus der Beteiligung afrikanischer Stämme am Sklavenhandel stammte, s. Kap. 10. Die Ironie bei der Sache ist, dass im Anschluss an das zweifelhafte Rückgabe-Unternehmen unserer eifrigen Außenministerin von einem Vertreter des Königshauses von Benin auch noch Unbedarftheit bescheinigt wurde (gut, er hat es diplomatisch geschickter ausgedrückt und gesagt, sie sei „noch zu jung und unerfahren").[99] Wir werden weiter unten noch sehen, dass die Interpretation der Kolonialgeschichte von der extremen Rechten ebenso einseitig und ideologisch gefärbt ist wie die von Links-Grün.

Die Heuchelei von Links-Grün bezüglich der Haltung zum Antisemitismus zeigt sich bei der Beteiligung linker ‚Aktivisten‘ an den vorwiegend von Moslems getragenen antiisraelischen Ausschreitungen im Mai 2021. Dabei wird der äußerst durchsichtige Versuch unternommen, den Unterschied zwischen islamischen und sonstigem Antisemitismus zu verwischen, um die eigene Schuld am Antisemitismus-Import aus vorwiegend muslimischen Ländern im Rahmen der Willkommenskultur zu verschleiern. Man gewinnt nicht

---

[97] https://www.recensio.net/rezensionen/zeitschriften/francia-recensio/2013-1/19-20-jahrhundert-histoire-contemporaine/von-windhuk-nach-auschwitz, zuletzt aufgerufen am: 14.4.2024.

[98] Wie wir in Kap. 10 schon festgestellt hatten, war das Gebiet von Nigeria nie deutsche Kolonie. Wenn man die Bronzen von nigerianischer Seite schon zurückfordern will, dann bestenfalls von Großbritannien. Letzteres hätte dieselben dann von Deutschland zurückerwerben müssen, da die Briten die Kunstgegenstände ursprünglich an Deutschland verkauft hatten.

[99] https://www.bild.de/politik/ausland/politik-ausland/baerbock-jetzt-geht-ein-nigerianischer-prinz-auf-sie-los-83908320.bild.html, zuletzt aufgerufen am: 14.4.2024.

zum ersten Mal den Eindruck, dass bei migrantischen Straftaten möglichst keine Beziehung zu Tätern mit muslimischen Wurzeln hergestellt werden darf. – Demgegenüber werden in anderen Fällen die Tatsachen so weit verdreht, dass man beispielsweise versucht, über das Attentat eines schizophrenen Psychopathen ziemlich willkürlich eine Brücke zur AfD zu schlagen.[100] Selbst für antijüdische Ausschreitungen mit linker (!) Beteiligung, die wesentlich von islamischen Demonstranten getragen werden, versucht man den politischen Gegner in absurder Weise verantwortlich zu machen (nach dem Motto: „Das kann nur von Rechts kommen"). Ein solches Vorgehen ist pervers. Man erinnere sich an den Ausspruch Alexander Solchenizyns: „Ein marxistisches System erkennt man daran, dass es die Kriminellen verschont und den politischen Gegner kriminalisiert", womit er sich vor allem gegen die stalinsche Verzerrung des Marxismus wandte.

Vor diesem Hintergrund ist es erstaunlich, dass die AfD trotz Ausgrenzung und Diffamierungen durch die übrigen Parteien und die MSM in den Umfragen zu den 2025 anstehenden Bundestagswahlen inzwischen gleichauf mit der SPD und weit vor den Grünen liegt (in Ostdeutschland erreichte sie bereits vor den Landtagswahlen 2024 über 30% der potentiellen Wähler). Ein Schelm der Böses dabei denkt, wenn just in dieser Situation das vom Bund finanzierte DIMR eine ,Studie' zur Rechtmäßigkeit des Verbots der AfD veröffentlicht (s.u.) und von den politisch Unterlegenen tatsächlich ein Verbot dieser Partei gefordert wird. Die Politiker der ,Ampel-Parteien' (einschließlich des Merkel-Lagers in der CDU) sollten sich doch einfach einmal fragen, was an ihrem Handeln und ihren Konzepten derart falsch ist, dass sich trotz der berechtigten Kritik an der AfD im Durchschnitt jeder vierte bis fünfte Bürger in Umfragen dieser von allen anderen gemiedenen Partei zuwendet.[101]

In die Reihe unqualifizierter Angriffe von Links-Grün auf alles Konservative passt auch die Beschuldigung der FFF-Aktivistin Neubauer im Rahmen einer Talkshow, als sie den ehemaligen Verfassungsschutzpräsidenten ohne jeglichen Beleg des Rassismus und des Antisemitismus zieh.[102] Bezeichnenderweise hat ihr das keine Zurechtweisung durch die Moderatorin (Anne Will) oder wenigstens eine Aufforderung zur Entschuldigung eingebracht. Das Gleiche ist dem ehemaligen Chef des Bundesamtes für Sicherheit in der Informationstechnik, Arne Schönbohm, passiert, der auf eine völlig unbegründete Verdächtigung des anrüchigen ZDF-Politmoderators Böhmermann von der In-

---

[100] https://www.spd.de/aktuelles/detail/news/afd-hat-sich-schuldig-gemacht/05/03/2020, zuletzt aufgerufen am: 30.4.2024.
[101] https://dawum.de/Bundestag/INSA/2023-12-09/, zuletzt aufgerufen am: 30.4.2024.
[102] https://www.cicero.de/innenpolitik/hans-georg-maassen-antisemitismus-neubauer-anne-will, zuletzt aufgerufen am: 14.4.2024.

nenministerin ohne jegliche Nachprüfung der Vorwürfe versetzt wurde. Als sich die Haltlosigkeit der Vorwürfe dann herausstellte, hat sich niemand (weder Böhmermann, noch das von uns allen finanzierte ZDF, geschweige denn die Ministerin) für den Karriereschaden des Geschassten entschuldigt. [103] Das ist links-grüner Gerechtigkeitssinn und Qualitätsjournalismus in Deutschland im Jahr 2022. Es ist kaum zu erwarten, dass die Beschwerde beim Fernsehrat[104] über derart abwegige Beiträge eines öffentlich rechtlichen Senders eine entsprechende Wirkung haben wird.

Eine etwas verfeinerte Taktik verwendete die sächsische Justizministerin (Die Grünen) bei der Verharmlosung linker Straftaten. Bezüglich der wiederholten Brandanschläge auf das Eigentum eines Bautzener Bauunternehmens (offensichtlich von linken 'Aktivisten' verübt), hatte sie die hintersinnige Bemerkung parat: „Natürlich muss man sich damit auseinandersetzen, wo Herr H. anderweitig unterwegs ist", was die Brandanschläge bis zu einem gewissen Grad schon fast rechtfertigt.[105] Was war der Hintergrund? - Folgt man der Sächsischen Zeitung, so erfährt man (zumindest bis zur Bezahlschranke) gar nichts über das Hassobjekt der Linken, den Chef des Bauunternehmens Hentschke, Jörgen Drews.[106] sondern nur, dass die Polizei noch im Dunkeln tappt und Zeugen sucht. Wenn man aber etwas tiefer recherchiert, erfährt man, dass Drews in Bautzen nicht nur als Bauunternehmer, sondern auch als Sponsor vieler kommunaler Einrichtungen, aber eben auch der AfD, bekannt ist, und letzteres macht ihn bereits über Jahre zur Zielscheibe von Brandanschlägen durch die linke Szene.[107] Es erübrigt sich vielleicht darauf hinzuweisen, dass diese Straftaten trotz des Protestes vieler Persönlichkeiten des öffentlichen Lebens (u.a. des Bautzener Oberbürgermeisters) bisher nicht aufgeklärt und damit auch nicht geahndet wurden.

Die Linkslastigkeit unserer selbsternannten ‚Politeliten' hat sich ganz deutlich wieder bei der Bewertung des Urteils des Dresdner Landesgerichts gegen die Linksextremistin Lina E. gezeigt. Nicht nur, dass es relativ milde ausgefallen ist (s. Kap. 12), sondern viele linke Politiker haben sich auch noch mehr

---

[103] https://www.berliner-zeitung.de/news/russland-affaere-nach-jan-boehmermann-sendung-an-den-vorwuerfen-gegen-arne-schoenbohm-war-nichts-dran-li.348151, zuletzt aufgerufen am: 1.5.2024.

[104] https://www.achgut.com/artikel/boehmermann_und_schoenbohm_programmbeschwerde_an_den_zdf_fernsehrat, zuletzt aufgerufen am: 1.5.2024.

[105] https://www.tichyseinblick.de/daili-es-sentials/sachsen-justizministerin-meier-gruene-linksextrem – Wie bereits erwähnt, hat dieselbe Ministerin früher in einer Band hetzerische Songs gegen die ‚Bullen' vorgetragen, s. Kap. 12, zuletzt aufgerufen am: 4.2.2024.

[106] https://www.saechsische.de/leipzig/lokales/bautzen-leipzig-hentschke-brandanschlag-bagger-5777818-plus.html, zuletzt aufgerufen am: 14.4.2024.

[107] https://www.lr-online.de/lausitz/hoyerswerda/bagger-brennen-brand-auf-baubetrieb-von-afd-sponsor-in-bautzen-40205467.html, zuletzt aufgerufen am: 11.4.2024.

oder weniger offen auf ihre Seite gestellt.[108] Die einseitige Orientierung nach links erkennt man auch an der scheinbaren Hilflosigkeit des Staates bei der Niederhaltung der militanten Krawalle in Leipzig und Dresden, die Linksautonome aus Protest gegen die Verurteilung der Lina E. veranstaltet haben. Obwohl Räumpanzer zur Beseitigung brennender Barrikaden eingesetzt werden mussten und Polizisten mit Molotowcocktails und Steinen angegriffen wurden, versucht man immer noch die bereits erwähnte Mär aufrecht zu erhalten, linke Gewalt richte sich stets nur gegen Sachen und nicht gegen Menschen. Bemerkenswert ist auch die Berichterstattung in den ÖRM. Obwohl die Polizei von massiven Ausschreitungen berichtete und etwa tausend Demonstranten von Einsatzkräften eingekesselt werden mussten, sprach der MDR am 4.6.23 zartfühlend und merkwürdig symmetrisch, dass es zu „Auseinandersetzungen zwischen Polizei und Demonstranten" gekommen sei. Bei derartigen Ausschreitungen von Rechts hätte sich Frau Faeser empört zu Wort gemeldet, Steinmeier hätte Protestkonzerte gegen Rechts veranstaltet und in den ÖRM gäbe es Specials und Talkshows ohne Ende zu dem Thema „rechte Gewalt" (und das wäre bei einem ähnlichen angenommen Anlass auch berechtigt).

Während die Links-Grünen ihre eigenen Gefolgsleute mit lukrativen Posten versorgen (s.o.), sind gerade sie die Hauptbetreiber des gegen den politischen Gegner gerichteten Canceling und der ständigen Einengung des Sagbaren (s. Kap. 9). Da wird selbst einer grünen Politikerin der Kindheitswunsch, Indianerhäuptling (noch dazu maskulinum!!) werden zu wollen, zum Verhängnis.[109] Oder der Sänger Heino gerät ins Zielfeuer der linken Deutschlandhasser, weil er einen „*Deutschen* Liederabend" ankündigt, s. Kap. 6. Überhaupt lassen sich links-grüne Politiker beim Zerstören des deutschen Nationalgefühls und unserer Sprache von niemand überbieten. Ihr Einfluss auf die Mainstream-Medien ist inzwischen so groß, dass letztere weiterhin starr an ihrer Doktrin des Genderns festhalten, obwohl das die Mehrheit der Deutschen und auch der Gebührenzahler ablehnt.

Wie wir bereits in Kap. 4 festgestellt hatten, besteht ein eigenartiges ideologisches Bündnis zwischen Linken und Islam, das sich vor allem in der Ablehnung Israels und einem Glorifizieren von Terrororganisationen wie der Hamas

---

[108] https://www.faz.net/aktuell/politik/inland/lina-e-auf-freiem-fuss-proteste-trotz-aufgeschobener-haftstrafe-18932780.html – Die linke Abgeordnete des sächsischen Landtags Juliane Nagel musste sogar in Handschellen abgeführt werden, weil sie im Rahmen einer Pro-Lina-Protestkundgebung auf Polizisten eingeschlagen hat. https://www.mdr.de/nachrichten/sachsen/leipzig/polizeigewahrsam-juliane-nagel-demo-100.html, zuletzt aufgerufen am: 14.4.2024.

[109] https://www.focus.de/politik/deutschland/kommentar-traeume-vom-indianer-haeuptling-verboten-und-zensiert-wo-endet-bei-den-gruenen-die-freiheit_id_13145964.html, zuletzt aufgerufen am: 14.4.2024.

manifestiert. Wie es dazu kommt, und warum die Linken dies für nützlich halten, hatten wir in Kap. 9 gesehen. Eigentlich ist dies nicht zu verstehen, denn angeblich treten doch alle Linken und Grünen für Frauenemanzipation und Gleichberechtigung ein. Aber gerade diese demokratischen Errungenschaften der westlichen Demokratien werden doch in den Grundgesetzen des Islam (der Scharia) und besonders von den Islamisten massiv verletzt. Dabei sind die mit den muslimischen Migranten nach Deutschland importierten Übel sehr weit gefächert und reichen von patriarchalischem Denken über Ehrenmorde und Massenvergewaltigungen (s. Kap. 8) bis hin zur Herabsetzung unserer Verfassung gegenüber der Scharia (s. Kap. 12).

Darüber hinaus ist heute besonders bei Links-Grün eine erschreckend geringer Bildungsstand und mangelnde Professionalität des Personals sowie ein absoluter Niedergang bei der Integrität der Partei- bzw. Fraktions-Vorsitzenden festzustellen. Man vergleiche hierzu nur die Verfallsreihen:
SPD - von einem Willi Brandt über Helmut Schmidt und Andrea Nahles zu Saskia Esken und Kevin Kühnert;
Linke - von Oskar Lafontaine und Sahra Wagenknecht über Bernd Riexinger und Katja Kipping zu Susanne Hennig-Wellsow und Janine Wissler.[110]
Grüne – Allein die Fehler der Außenministerin sind kaum noch aufzuzählen und nicht mehr als einzelne ‚Versprecher‘ abzutun: Verwechslung von Kobalt und Kobold; in ihrer Vorstellung gibt es offensichtlich Städte auf der Erde, die Hunderttausende von Kilometern auseinander liegen; sie spricht von Panzerschlachten des 19. Jh. usw.[111] Nicht nur, dass sie schneller spricht, als sie denken kann, sie hat auch in Bezug auf Russland und China richtig gefährliche Ideen, wie wir bereits in Kap. 10 festgestellt hatten, und verlangt vom Kanzler, das „Business as usual" mit China zu beenden. – Der Wirtschaftsminister fällt immer wieder durch dumme Entgleisungen auf (wie seine unqualifizierten Äußerungen zur Insolvenz zeigen) sowie durch fehlende Sachkompetenz und falsche Einschätzung der Auswirkung der von ihm vorgeschlagenen Gesetze, s. hierzu Kap. 15. – Was unerträgliche Sottisen anbelangt, kann nur die derzei-

---

[110] Insbesondere gegenüber letzteren ragen die ehemaligen Partei- bzw. Fraktionsvorsitzenden Gregor Gysi bzw. Dietmar Bartsch und Sahra Wagenknecht geradezu als Leuchttürme klaren Denkens heraus. Diese Aussage ist trotz der Herkunft Sahra Wagenknechts aus SED/PDS und Kommunistischer Plattform sowie früheren fragwürdigen Äußerungen zum Mauerbau aufrecht zu erhalten. Dazu braucht man sich nur ihre heutigen Äußerungen und politischen Statements auf ihrer Internetplattform anzuhören. Allerdings ist sie nicht so tolerant, ihren nach außen getragenen politischen ‚Läuterungsprozess‘ auch anderen zuzugestehen. – Die Partei die Linke als Ganzes hat dagegen ihre ideologische Herkunft aus der SED nie verleugnen können und aus Rechtsgründen bzw. aus finanziellen Gründen höchstwahrscheinlich auch nicht wollen.

[111] https://exxpress.at/wow-baerbock-kennt-laender-die-hunderttausende-von-kilometern-entfernt-sind/, zuletzt aufgerufen am: 29.4.2024.

tige Bundestagsvizepräsidentin Göring-Eckardt mit Baerbock mithalten; man denke etwa an Behauptungen wie: Atomstrom verstopft das Netz, die Frauenkirche in Dresden wurde von den Nazis zerstört[112] oder ihre abwegigen Äußerungen zur Migration, s. Kap. 8. Selbst wenn sie lichte Momente hat, geht das nach hinten los, etwa wenn sie behauptet, dass sich die Migranten gut in unsere Sozialsysteme integriert haben und sich dort wohl fühlen (ja, das ist für viele wirklich die einzige Integrationsleistung).[113] – Es ist schon bezeichnend, dass es gerade diese links-grünen Ignoranten sind, die der AfD das von ihnen selbst ausgeübte Amt eines Bundestagsvizepräsidenten verweigern (s. Kap. 1). Insgesamt zeichnen sich die links-grünen Zeitgenossen durch Unfähigkeit, besonderes Eifertum, Missachtung anderer Meinungen und Intoleranz gegenüber ihnen nicht genehmen politischen Auffassungen aus, was oft genug in Denunziationen und unsachlichen Beschimpfungen der Gegner mündet. Durch sie werden nicht nur die demokratischen Werte zerstört, die sie doch angeblich verteidigen wollen, sondern auch unsere Sprache, Kultur und Geschichte.

Zum Abschluss dieses Kapitels wollen wir uns der Gefahr des **Rechtsextremismus** zuwenden, die nicht geringer ist als diejenige von Links. In diesem Punkt können wir uns jedoch kürzer fassen, und zwar nicht deshalb, weil dieses Problem weniger Aufmerksamkeit verdiente, sondern weil es tagtäglich von Politikern, ÖRM und Beauftragten gegen alles, was diese als ‚Rechts‘ ansehen, bereits mehr als ausreichend und tagtäglich auf das Tablett gebracht wird. So findet man zwar im Web z.B. reichhaltiges Material und einen Wikipedia-Eintrag zu „Initiativen gegen Rechtsextremismus“[114], aber nicht zu „Initiativen gegen Linksextremismus“. Außerdem gibt es eine erhebliche Zahl von NGOs, die sich vorwiegend steuerfinanziert den Kampf gegen ‚Rechts‘ auf ihre Fahnen geschrieben haben. Nicht zu vergessen sind die vielen willigen Helfer des links-grünen Lagers in den Politik- und Sozialwissenschaften, die kontinuierlich eine unübersehbare Fülle von Publikationen gegen alles, was von der Regierungsmeinung abweicht, produzieren. Besonders erschwert wird eine sachliche Diskussion dadurch, dass der links-grüne Mainstream alles, was nicht in seine Linie passt, als ‚rechts‘, ‚rechtsextremistisch‘ oder gar ‚faschistisch‘ bezeichnet. Auch antisemitische Ausschreitungen, bei denen die Einzeltäter nicht genau festzustellen sind, werden automatisch der ‚Rechten Szene‘ zugeschrieben. Dieses Problem wurde erstaunlicherweise sogar bei Lanz im ZDF

---

[112] Auf die Gefahren solcher Falschaussagen hatten wir bereits in Kap. 5 hingewiesen.
[113] https://de.wikiquote.org/wiki/Katrin_G%C3%B6ring-Eckardt
, zuletzt aufgerufen am: 14.4.2024.
[114] https://de.wikipedia.org/wiki/Initiativen_gegen_Rechtsextremismus_in_Deutschland, zuletzt aufgerufen am: 14.4.2024.

thematisiert,[115] wo deutlich auf die Gefahr hingewiesen wurde, dass unter diesen Prämissen offiziellen Verlautbarungen (wie etwa der PMK-Statistik) bald kein Glauben mehr geschenkt wird.

Selbst bei den echten Nazis bereitet eine Einordnung entlang parteipolitischer Dimensionen historisch gesehen Schwierigkeiten (zumindest was deren Anfänge betrifft). Waren die Nazis Rechte oder Linke? – Sogar in Bezug auf die führenden Nationalsozialisten ist diese Frage nicht einfach zu beantworten, gehörte doch z.B. Goebbels in der Anfangszeit zum linken Flügel der NSDAP, der unter Führung der Strasser-Brüder stand.[116] Zudem zeichneten sich die Nazis durch stark dirigistisches und planwirtschaftliches Eingreifen in die Wirtschaft aus (zur Erinnerung: Göring war Hitlers Beauftragter für den Vierjahresplan, von Speers diktatorischen Vollmachten in der Kriegszeit ganz zu schweigen). Solche Überlegungen sind natürlich für den politischen Mainstream ketzerisch, da es die Gleichsetzung von Rechts, Rechtsextrem und Nazis erschwert, was aber für Links-Grün schon eine Art Mantra geworden ist und propagandistisch ungemein raffiniert eingesetzt wird. Sie haben es tatsächlich geschafft, dass die ursprünglich neutral zu verstehende Bezeichnung ‚Rechts‘ zu einem politischen Schimpfwort geworden ist.

Dass es in Deutschland eine Gefahr gibt, die von Rechtsextremisten ausgeht, wird durch eine große Anzahl von Straftaten belegt, die von dieser gesellschaftlichen Randgruppe zu verantworten ist. Der erschütterndste Fall von rechtsextremer Gewalt in jüngster Vergangenheit war wohl die Serie von Morden, die zwischen 2000 und 2009 durch den sogenannten NSU (den Nationalsozialistischen Untergrund) verübt worden sind, wobei neun Bürger mit ausländischen Wurzeln und eine Polizistin getötet wurden.[117] – Vorwiegend als Reaktion auf die verfehlte Asyl- und Migrationspolitik haben sich weitere rechte Gruppierungen gebildet, die vor allem Angst und Schrecken unter den Zugewanderten verbreiten wollen. Hierzu gehören die gewalttätige Gruppe ‚Freital 360‘[118] und andere, teilweise bereits unter dem früheren Innenminister Seehofer verbotene neonazistische Organisationen, wie z.B. ‚Combat 18‘. Auch manche Gruppierungen aus der Rockerszene, wie die Thüringer Turonen, dürften eindeutig zu den gewaltbereiten Neonazis sowie zur organisierten Kriminalität gehören.[119]

---

[115] https://www.youtube.com/shorts/GhACbP9-QNo?si=tYWScLdzr-m6lP2U, zuletzt aufgerufen am: 24.11.2023.

[116] https://focus.de/48534794, zuletzt aufgerufen am: 14.4.2024.

[117] https://de.wikipedia.org/wiki/Nationalsozialistischer_Untergrund, zuletzt aufgerufen am: 30.4.2024.

[118] https://de.wikipedia.org/wiki/Gruppe_Freital, zuletzt aufgerufen am: 14.4.2024.

[119] https://www.zdf.de/nachrichten/panorama/turonen-waffen-bruderschaft-thueringen-100.html, zuletzt aufgerufen am: 30.4.2024.

Darüber hinaus gibt es eine ganze Reihe von Einzeltätern, wie der klar anti-semitisch motivierte Attentäter, der am höchsten jüdischen Feiertag bei einem brutalen Überfall auf eine Synagoge in Halle mehrere Menschen umbrachte. Hierzu gehören auch der Neuköllner Neonazi, der einen Jamaikaner mit einem Cuttermesser verletzte, sowie der Mörder von Walter Lübcke, dessen feige Tat ebenfalls als die eines einzelnen Rechtsradikalen eingestuft werden muss. Fast allen diesen Ereignissen ist gemeinsam, dass sie zu hohen Gefängnisstrafen geführt haben (bis zu 10 Jahren Freiheitsstrafe oder gar lebenslänglich), und dass sie von Politik und Medien sofort politisch in der Weise instrumentali-siert wurden, dass man den politischen Gegner (die AfD) als geistigen Urhe-ber gebrandmarkt hat. Letzteres geschieht sogar dann, wenn die Zuschreibung zum Rechtsextremismus wie beim Attentat von Hanau (s.u.) mehr als fraglich ist.[120] Man vergleiche diese harten Strafen auch mit dem relativ milden Urteil gegen die Linksextremistin Lina E. (s.o.) von reichlich 5 Jahren Gefängnis-strafe, deren Vollzug sogar sofort nach Urteilsverkündung ausgesetzt wurde, so dass sich die brutale Fanatikerin unmittelbar im Anschluss an den Prozess auf freien Fuß befand. Es ist auch nicht bekannt, dass die SPD wegen der of-fen bekundeten Sympathien von Faeser und Esken zur Antifa in Analogie zum zuletzt angeführten Zitat von Politik oder ÖRM für die erwähnten linksextre-mistischen Straftaten verantwortlich gemacht worden wären.[121]

Warum müssen die ÖRM in großen Teilen nur die halbe Wahrheit berich-ten oder gar (wie im Falle der angeblichen ‚Ausschreitungen' von Chemnitz, s. Kap. 1) glatte Lügen verbreiten? Ohne etwa die Verwerflichkeit der Tat im Falle der Ermordung von Walter Lübcke zu relativieren, gehört eben zur se-riösen Berichterstattung auch, dass dieser durch seine Äußerungen bezüglich einer großzügigen Asylpolitik den Zorn vieler Einwohner von Arnsberg auf sich gezogen hatte, als er Kritikern nahelegte, dass sie auswandern könnten, wenn sie mit dieser Politik nicht einverstanden seien.[122] Genau durch solche Weglassungen von Informationen oder gar durch Falschdarstellungen (im Fall Chemnitz) wird doch die eigentliche Botschaft: „Keinen Raum für politische Gewalttäter" einfach verwässert. Ungeachtet dessen fehlt es oft an einer sach-lichen Differenzierung bei den von der Presse als ‚rechts' eingestuften Strafta-ten. So hatte das Attentat von Halle im Gegensatz zum Amoklauf von Hanau sicherlich einen rechtsradikalen Hintergrund, obwohl eine geistige Erkrankung

---

[120] https://www.spd.de/aktuelles/detail/news/afd-hat-sich-schuldig-gemacht/05/03/2020,   zu-letzt aufgerufen am: 14.4.2024.

[121] Die Nachricht müsste dementsprechend (in Abwandlung der entsprechenden Vorwürfe an die AfD) etwa so lauten: „Die SPD hat sich schuldig gemacht. Leipzig, Hamburg, Berlin. - Eine Blutspur linken Terrors zieht sich durch Deutschland".

[122] https://www.spiegel.de/politik/deutschland/walter-luebcke-was-geschah-bei-der-buergerversammlung-2015-in-kassel-a-1274434.html, zuletzt aufgerufen am: 4.2.2024.

des Täters als Ursache zu überwiegen scheint (immerhin hat er auch zwei völlig unbeteiligte Frauen auf der Straße erschossen).

Es gibt aber auch Anschläge, deren Zuschreibung zur rechtsradikalen Szene mehr als zweifelhaft ist, und bei denen eine politische Instrumentalisierung im Vordergrund zu stehen scheint. Hierzu gehören die Attentate von München im Jahre 2016 und der Amoklauf von Hanau 2020, bei denen selbst der Verfassungsschutz eine Zuschreibung zum Rechtsextremismus in Frage gestellt hatte. In beiden Fällen wurde zunächst vom jeweils zuständigen LKA bzw. vom BKA ausdrücklich kein politischer Hintergrund festgestellt. Aber etwas später, man muss schon vermuten auf politischen Druck hin, wurde doch noch ein rechtsradikaler Hintergrund ,gefunden'; ja einige Medien konnten sogar erkennen, dass im letztgenannten Fall die AfD die geistige Grundlage geliefert habe. Dabei wurde im Gutachten des Psychiaters bei dem Hanau-Attentäter eindeutig eine Schizophrenie festgestellt. Zudem wurde konstatiert, dass der Täter massiv in seiner Fähigkeit eingeschränkt war, „sich reflektierend mit der eigenen krankhaft verformten Weltsicht auseinanderzusetzen".[123]

Dass selbst in solchen traurigen Fällen politische Spiele gespielt werden und politischer Druck ausgeübt wird, ist keine verschwörungstheoretische Annahme, sondern wird ganz klar durch die mehrfach erwähnte Causa „Maaßen" im Zusammenhang mit den Protesten zum Straßenmord in Chemnitz oder die falsche Täterzuschreibung durch führende Politiker im Fall des vorgetäuschten Brandanschlages auf ein türkisches Lokal in derselben Stadt belegt, s. hierzu Kap. 1 bzw. 7. – In Chemnitz waren zwar bei den tagelangen Protesten, die auf die Ermordung eines Deutschen durch drei Migranten folgten, neben einer Überzahl von ,Normalbürgern' auch Rechtsextreme beteiligt, die ausländerfeindliche Parolen skandierten. Allerdings gab es auch eine sehr aggressive linke Gegendemonstration, wodurch die Situation so stark eskalierte, dass die Polizei die Lage nicht mehr vollständig beherrschte. Bemerkenswert ist auch die Berichterstattung, in der ein eindeutig belegter Mord als „Auseinandersetzung am Rande eines Stadtfestes" umschrieben wurde (und das obwohl das Verbrechen der Asylanten an einem Deutschen bereits feststand). Außerdem berichtete man bei diesem bereits feststehendem Sachverhalt recht undurchsichtig im Konjunktiv, dass der Tote erstochen worden „sein soll",[124] obwohl es daran nun wirklich keinen Zweifel gab! Die wahre Ursache für die Krawalle und berechtigten Proteste verschwanden danach immer mehr im Nebel der deutschen Berichterstattung.

---

[123] https://www.zeit.de/gesellschaft/2020-11/anschlag-hanau-attentaeter-psychische-erkrankung-gutachten-rechtsextremismus, zuletzt aufgerufen am: 14.4.2024.
[124] https://www.youtube.com/watch?v=5FrCOvIp5Mg, zuletzt aufgerufen am: 14.4.2024.

Besonders schwierig sind die Links/Rechts-Zuschreibungen im Falle antisemitischer Straftaten, was auch die Aussagekraft der PMK-Statistiken stark schmälert. Selbst der Begriff des ‚Antisemitismus' ist nicht klar definierbar, wie sogar die eigens hierfür eingesetzte Expertenkommission konstatiert hat.[125] – Trotzdem muss man feststellen, die in dieser Hinsicht von Linksextremen und Islamisten oder sogar von einfachen Moslems ausgehende Bedrohung eindeutig unterschätzt bzw. heruntergespielt wird, wie die Prügelattacke eines propalästinensischen Studenten auf einen jüdischen Kommilitonen an der FU Berlin zeigt.[126] Die meisten der neu auf den Weg gebrachten Gesetze (Demokratieförderungsgesetz usw.) und die Reden der Politiker bzw. des politischen Mainstreams befassen sich überwiegend mit Straftaten der Rechten. Und das gilt allgemein, nicht nur für den Antisemitismus bzw. Antijudaismus, die vor allem durch die arabischen Migranten genährt werden, s. Kap. 8.

Besonders deutlich zeigt sich diese Schieflage bei den sowohl ‚staatlich' als auch ‚stattlich' geförderten linken NGOs, die sich nicht einmal scheuen, ihre Nähe zur Antifa zu bekennen, s. hierzu Kap. 5, 8 und 15. Auch die Innenminister (sowohl der vorhergehende als auch die jetzige) warnen trotz ständiger Krawalle oder linker Anschläge unentwegt und fast ausschließlich vor der Gefahr von Rechts. Es ist deshalb für einen Bürger und Wähler kaum möglich, sich im Dickicht der politisch motivierten Straftaten ein sachlich fundiertes Urteil zu bilden. Nicht einmal die PMK bietet hier eine zuverlässige Orientierung, wie wir in Kap. 12 bereits ausgeführt hatten. Auch der Umfang des oft pauschal behaupteten Antisemitismus der Rechten ist schwer zu beurteilen, da Polizei und führende Politiker antisemitische Haltungen oder Straftaten zum Teil fast reflektorisch als ‚Rechts' einstufen.[127] Die genannte Einordnung ist auch deshalb problematisch, weil in Deutschland schon einfache Sätze wie „Alles für Deutschland" als rechtsextreme Straftat gelten, was sogar von Staatsrechtlern in Frage gestellt wird (aber dem Thüringer AfD-Vorsitzend nichtsdestotrotz eine weitere Klage vor Gericht eingebracht hat).[128]

---

[125] Das kann schon deshalb nicht sein, weil sich Antisemitismus und antiisraelische Haltung nicht so einfach voneinander unterscheiden lassen (s. hierzu Drucksache 18/11970 des Bundestags vom 7.4.2017).

[126] https://www.bild.de/regional/berlin/berlin-aktuell/berlin-pruegel-attacke-auf-juedischen-studenten-87030034.bild.html – In vielen Meldungen zu diesem Vorfall erfährt man nicht einmal, dass es sich bei dem Täter um einen arabischstämmigen, muslimischen Studenten handelte, zuletzt aufgerufen am: 4.4.2024.

[127] Dazu gehören auch diejenigen, die eindeutig ihren Ursprung auf islamischer Seite haben (s. hierzu auch Kap. 7 – https://www.deutschlandfunk.de/antisemitismus-was-die-polizeistatistik-sagt-und-was-nicht-100.html, zuletzt aufgerufen am: 28.4.2024.

[128] https://www.lto.de/recht/nachrichten/n/anklage-bjoern-hoecke-afd-sa-parole-alles-fuer-deutschland-landgericht-halle/ und
https://weltwoche.de/daily/hoecke-kein-faschist-cdu-staatsrechtler-und-ex-minister-rupert-

Es gibt auch einen politischen Aspekt des Antisemitismus, den sowohl Linke als auch Rechte teilen, nämlich die Ablehnung des angeblich vor allem von Juden geförderten ‚Globalismus' (bei Hitler und Stalin nannte sich das noch ‚Kosmopolitismus'). Die Bezeichnung „wurzelloser Kosmopolit" war sowohl für die nationalsozialistische als auch für die stalinsche Propaganda ein regelrechtes Schimpfwort, das eindeutig gegen die Juden gerichtet war.[129] Hier wird ein tatsächlich vorhandenes Merkmal des Judentums herausgehoben, das in seiner besonders ausgeprägten internationalen Verflechtung besteht. Dieser Sachverhalt ist aber ohne jegliche politische Konnotation schon allein dadurch erklärbar, dass Juden über Jahrhunderte in der Diaspora lebten und zumindest bis zur Gründung des Staates Israel als Nation keine eigentliche Heimat mehr besaßen. Dadurch wird es wohl kaum eine andere Ethnie geben, der kosmopolitisches Denken in gleicher Weise ‚in die DNA eingeschrieben' ist.

Kennzeichnend für den extremen rechten Rand der Gesellschaft (übrigens nicht nur in Deutschland) ist die Verharmlosung des Nationalsozialismus. Das zeigt sich u.a. in der Verehrung für führende Vertreter der Nazibewegung, wie Hitler oder Hess, deren Geburtstage regelmäßig von rechtsextremen Gruppierungen gefeiert werden.[130] Darüber hinaus offenbart sich diese Haltung im demonstrativen Zeigen von Nazisymbolen, was von der Benutzung bestimmter NS-Embleme, wie dem Hakenkreuz oder der SS-Runen, bis zur Nutzung bestimmter Zahl- und Buchstabenkombinationen reicht. Solche anrüchigen Symbole sind etwa die Zahlenkombination 88 (verkapptes Akronym für den Hitlergruß), das Datum 20.4. bzw. die Zahl 204 (Hitlers Geburtstag) oder in anderem Zusammenhang neuerdings der Buchstabe ‚Z' als Zeichen für die Unterstützung Putins und seiner Armee im Ukraine-Krieg (die Liste ist ziemlich lang).[131] Solche Codes werden von den extrem Rechten gern in Form von Autokennzeichen nicht nur als Bekenntnis eingesetzt, sondern auch vor allem zum Zweck der Provokation. – Aus welchen Gründen das auch immer geschieht, es ist einfach unverantwortlich, sich auf diese Weise mit dem verbrecherischsten Regime, das Deutschland hervorgebracht hat, zu identifizieren. Diese Art der Geschichtsvergessenheit auf der äußerst rechten Seite der Gesellschaft ist ebenfalls durch nichts zu rechtfertigen und darf nicht unwidersprochen blei-

---

scholz-ueber-die-deutsche-krise-die-afd-und-gruene-ideologen/, zuletzt aufgerufen am: 14.4.2024.

[129] Die TAZ, für die ‚Globalist' ebenfalls eine Art Reizwort darstellt, spricht in diesem Zusammenhang von einem versehentlichen „Zusammengehen Hand in Hand". – https://taz.de/Linke-Globalisierungskritik/!5729543/, zuletzt aufgerufen am: 14.4.2024.

[130] Selbst führende Nazis hielten Hess wegen seiner esoterischen Spinnereien schon vor seinem Englandflug für geistig nicht ganz normal.

[131] https://www.kas.de/de/web/extremismus/rechtsextremismus/rechtsextreme-codes, zuletzt aufgerufen am: 14.4.2024.

ben. Trotzdem ist kaum anzunehmen, dass man solchen Verirrungen mit Verboten und Strafen beikommen kann. Außerdem lassen sich überhaupt keine vernünftigen Grenzen zum normalen Kommunikationsverhalten mehr ziehen. So haben beispielsweise Leute oder Städte Pech, deren Initialen HH lauten, und die dieselben seit vielen Jahren als Bestandteil ihres Autokennzeichens führen. Diese geraten nach der weiter oben diskutierten Verbots-Logik automatisch in die Gefahr, als Nazi denunziert zu werden.

Während das Zeigen typischer Nazisymbole mit eindeutiger Interpretation zu Recht verboten ist, erscheint die Abgrenzung zu anderen, stärker verschlüsselten Kürzeln oder gar zu Aussagen, die der eine oder andere Nazigrande verwendet hat, eher problematisch, weil es eben zu viele Überschneidungen mit Alltags-Auffassungen und Bezeichnungen oder zu ganz normalen Akronymen (wie eben bei den oben erwähnten Initialen) gibt. – Besonders schlimm ist allerdings die Bagatellisierung oder gar Leugnung der schwersten Verbrechen Hitlerdeutschlands, vor allem des gezielten Völkermords. Hier zeigt sich am deutlichsten die Geschichtsvergessenheit oder gar bewusste Geschichtsfälschung der Rechtsextremen. In diesem Punkt, Geschichtsklitterung und Geschichtsverdrehung, haben linke und rechte Extremisten vieles gemeinsam, nur jeweils mit anderem Vorzeichen. Selbst vor einem Holocaust-Vergleich schrecken weder die Rechten noch die Links-Grünen in bestimmten Situationen zurück, wenn es darum geht, den politischen Gegner zu diffamieren.[132]

Insgesamt kann man das Verhältnis der extremen Rechten zu Nazideutschland nur als abschreckend empfinden, wobei die Geschichtsrevision von einfacher Überhöhung der ‚Verdienste‘ Hitlers über das Negieren seiner gigantischen Verbrechen bis zur erwähnten Leugnung des Holocaust reicht. Sprachlich zeichnet sich übrigens die von den Rechtsaußen gebrauchte Terminologie durch den Einsatz sogenannter ‚verbrannter Wörter‘ aus, obwohl es höchst zweifelhaft ist, ob das Unsagbarmachen von Sachverhalten durch Tabuisierung von ‚Naziterminologie‘ eine Lösung des Problems darstellt, s. Kap. 10. Hier können eigentlich nur eine tiefergehende geschichtliche Bildung und Vermittlung moralischer Werte helfen.

Typisch für die Rechten ist auch die Behandlung der Kriegsschuldfrage und die Verherrlichung von Leistungen der Wehrmacht im Zweiten Weltkrieg, was auf Seiten der Linken genau ins Gegenteil verkehrt wird. Während die Linken dazu neigen, den Deutschen die Schuld an beiden Weltkriegen zuzuschieben, versuchen sich die extremen Rechten in einer generellen Kriegsschuld-Leugnung. Von vielen wird nicht einmal eine Differenzierung zwischen Er-

---

[132] https://www.bild.de/politik/inland/politik-inland/diesel-debatte-gruenen-politiker-schockiert-mit-holocaust-vergleich-59809766.bild.html, zuletzt aufgerufen am: 1.5.2024.

stem Weltkrieg und Zweitem Weltkrieg vorgenommen. Flankiert wird das Ganze von einer unfassbaren Ignoranz breiter Schichten der Bevölkerung über das wirkliche Geschehen im ‚Dritten Reich‘. Das betrifft nicht nur bildungsferne Schichten, sondern auch Spitzenpolitiker (obwohl man sich bei genauerer Betrachtung oft genug fragt, ob viele von denen nicht auch zu den ‚Bildungsfernen‘ gehören). So hat die langjährige Fraktionsvorsitzende der Grünen - wie schon erwähnt - glatt behauptet, die Frauenkirche in Dresden sei durch die Nazis zerstört worden,[133]

Obwohl vom Mainstream als ‚rechtspopulistisch‘ oder gar ‚rechtsextrem‘ verpönt, ist die AfD im Grunde genommen die einzige noch verbliebene Oppositionspartei, die der Regierung äußerst kritisch gegenübersteht (dass die CDU dieser ihr eigentlich zukommenden Rolle nicht im zu erwartenden Umfang gerecht wird, hatten wir in Kap. 5 bereits erörtert). Allein, dass die AfD mit kleinen und großen Anfragen an die Regierung auf Probleme aufmerksam macht, die von den anderen Parteien mehr oder weniger unter den Tisch gekehrt werden, und diesbezügliche Stellungnahmen der Regierung erzwingt, ist schon ein Gewinn für die Demokratie. Sie liefert allerdings oft genug die falschen Antworten auf die richtigen Fragen. So ist z.B. ihre Kritik an der EU in der heutigen Form zweifelsohne berechtigt (s. Kap. 3), aber das inzwischen sogar im Parteiprogramm verankerte Verlassen der EU oder die unmittelbare Auflösung der EU dürften kein gangbarer Weg sein.[134]

Es ist schlimm und nicht zu leugnen, dass die AfD tatsächlich eine ganze Anzahl rechtsextremer Mitglieder in ihren Reihen hat, was durch viele Zitate aktueller oder bereits ausgeschiedener Mitglieder belegt werden kann. Selbst bei berechtigten Anliegen (wie Rückführung straffälliger Ausländer) wird eine Sprache verwendet, die nicht akzeptabel ist, etwa „man solle das Pack zurück nach Afrika prügeln“.[135] Oder, in einem anderen Zusammenhang werden die Linken als „Wucherung am deutschen Volkskörper bezeichnet“.[136] (diese Liste ließe sich wie oben bei Links-Grün ebenfalls beliebig fortsetzen). Sie zeigt,

---

[133] Dabei müsste doch jeder, der im Geschichtsunterricht nicht geistesabwesend war, wissen, dass hierfür anglo-amerikanische Bomber verantwortlich waren. – https://beruhmte-zitate.de/zitate/2003347-katrin-goring-eckardt-und-dresden-das-ist-vor-allem-die-frauenkirche-d/, zuletzt aufgerufen am: 29.4.2024.

[134] Nichtsdestotrotz sollte man sich im Angesicht des desolaten Zustands der EU (s. Kap. 3) sachlich mit dem AfD-Vorschlag auseinandersetzen, die EU kontrolliert abzuwickeln und auf einer gesunden rechtlichen bzw. sozialökonomischen Basis neu zu gründen. Immerhin gab es auch schon von ernst zu nehmenden CDU-Politikern die Forderung nach einem ‚Europa der zwei Geschwindigkeiten‘ oder nach einem ‚Kerneuropa‘.

[135] https://correctiv.org/faktencheck/politik/2020/02/05/die-meisten-dieser-zitate-stammen-von-afd-politikern-einige-sind-aber-unbelegt/, zuletzt aufgerufen am: 30.4.2024.

[136] https://www.deutschlandfunk.de/rede-ueber-linke-studenten-afd-vorstand-befasst-sich-mit-100.html, zuletzt aufgerufen am: 30.4.2024.

dass die Gesellschaft gegenüber Sprachverrohung im politischen Diskurs dringend sensibilisiert werden muss, und zwar muss das vor allem durch Selbstkritik im jeweils eigenen Lager und Wiederherstellung des politischen Anstands geschehen. Immer nur den Balken im Auge des politischen Gegners zu sehen, wird dabei nicht helfen.

Zwischenzeitlich schien sich die AfD selbst durch die Mediokrität mancher ihrer Politiker selbst zu zerlegen und hat viele Führungspersönlichkeiten von Format oder mit etwas Charisma weggebissen. Es ist schon bezeichnend, dass es die AfD nicht verstanden hat, Politiker vom intellektuellen Kaliber eines Bernd Lucke, eines Jörg Meuthen oder den ehemaligen BDI-Chef Hans-Olaf Henkel in ihren Reihen zu halten.[137] Allerdings sind mit den beiden Kovorsitzenden Alice Weidel und Tino Chrupalla zwei Politiker an die Spitze der Partei gekommen, die der Rolle echter Oppositionsführer durchaus gerecht werden.[138] Immerhin liegen die Abgeordneten der AfD hinsichtlich Bildungsgrad mit an der Spitze. Sie haben zusammen mit den Abgeordneten der Linken mit 1,4 bzw. 1,5 Abschlüssen pro MdB (sei es akademisch oder in einer Berufsausbildung) die höchste Qualifikationsrate aufzuweisen, während etwa die Grünen mit 1,1 Abschlüssen pro MdB am unteren Ende der Skala rangieren.[139]

Leider gewinnen immer wieder nationalistische Provokateure, wie Björn Höcke, mit seinem unangenehmen Sendungsbewusstsein an Einfluss. Trotzdem ist die Bezeichnung als ‚Faschist' für ihn sehr fragwürdig. Ein diesbezüglicher Gerichtsprozess ergab entgegen vieler Falschinterpretationen des Urteils keine Tatsachenfeststellung der Art, dass dieses Prädikat auf Höcke zutreffen würde. Es wurde lediglich entschieden, dass solche Termini als Kampfbegriffe verwendet werden dürfen,[140] was m.E. aber sehr fragwürdig ist. In der Urteilsbegründung wurde zwar festgestellt, dass die Bezeichnung ‚Faschist' „ehrverletzenden Charakter haben kann", dass aber „im politischen Meinungskampf [. . .] übertreibende und verallgemeinernde Kennzeichnungen des Gegners [. . .] hinzunehmen" seien. Ein solches Urteil hat einfach fatale und womöglich sogar gewollte Folgen, weil der Unterschied zwischen der Tatsachenbehauptung „NN ist ein Faschist" und „NN darf im politischen Kampf als Fa-

---

[137] Vielleicht haben diese aber auch, wie die ehemalige Vorsitzende Petri, ihr Ego zu stark über die Parteiinteressen insgesamt gestellt oder dem Druck des rechten Randes einfach nicht standgehalten.

[138] Bei den sich häufenden Fehlleistungen der Ampelregierung hätte man sich solch messerscharfe Angriffe auf die Regierung wie die von Weidel im Bundestag vom Partei- und Fraktionsvorsitzenden der CDU gewünscht, der es jedoch nicht erwarten kann, mit den Grünen oder der SPD (wie's gerade kommt) eine Koalition einzugehen.

[139] https://de.indeed.com/lead/bildungswege-in-den-bundestag-die-beruflichen-qualifikationen-der-politikerinnen, zuletzt aufgerufen am: 30.4.2024.

[140] https://cdn.prod.www.spiegel.de/media/64a8f9a1-0001-0014-0000-000000044935/media-44935.pdf, zuletzt aufgerufen am: 30.4.2024.

schist bezeichnet werden" von normalen Zeitungslesern gar nicht wahrgenommen bzw. ignoriert wird. Ganz abgesehen davon, dass ein erheblicher Unterschied zwischen ‚Nationalismus‘ auf der einen Seite und ‚Faschismus‘ bzw. ‚Nationalsozialismus‘ auf der anderen Seite besteht (obwohl auch die letzten beiden Termini nicht synonym sind).[141] Eine derartige Begriffsaufweichung trägt einfach dazu bei, dass jeder, der vom links-grünen Mainstream abweicht, als Faschist oder Nazi diffamiert werden darf, was gerade zu einer Verharmlosung dieser in der deutschen Geschichte stark belasteten Begriffe führt, s. hierzu auch Kap. 10.

Ich halte Höcke nicht für einen weltoffenen Patrioten (wie ich das in Kap. 8 versucht habe zu charakterisieren), sondern für einen provokanten völkischen Nationalisten, dem ich wenig Sympathien entgegenbringen kann. Auch weiß er als Lehrer sehr wohl, dass die Forderung nach einer 180°-Wende in der Erinnerungskultur bedeutet, genau das Gegenteil von dem zu tun, was bisher galt.[142]. Ungeachtet dessen, macht ihn ein Ausspruch wie „Alles für Deutschland", der noch dazu aus dem Zusammenhang gerissen wurde, nicht zu einem Nazi und rechtfertigt m.E. keine strafrechtliche Verfolgung.[143] Ein Vorwurf an Höcke lautet übrigens auch, dass er die ‚Grenze des Sagbaren‘ (wo liegt diese in einer Demokratie mit Meinungs- und Redefreiheit eigentlich?) immer weiter hinausschieben wolle. Das mag sein, aber genau das passiert fast zwingend in einem Staat, in dem eben diese Grenze verfassungswidrig immer weiter eingeengt wird, s. Kap. 10. Ganz abgesehen davon erlauben sich Grünenpolitiker wie Habeck ganz dreist, unsere Polizeikommandos, die bei Razzien gegen die ‚Letzte Generation‘ eingesetzt wurden, mit Rollkommandos der SA bzw. SS zu vergleichen (was erstaunlicherweise trotz sofortiger Proteste der Polizeigewerkschaft keine Entrüstung im links-grünen Blätterwald wegen Delegitimierung staatlicher Institutionen auslöste).[144]

Ungeachtet aller Verzerrungen, denen ihre Aussagen unterliegen, sind es gerade solche AfD-Politiker wie Höcke, die ihren politischen Gegnern immer wieder neue Munition liefern. Gleichwohl ist das vom Deutschen Institut

---

[141] Der Nationalismus muss nicht wie der Faschismus mit einem Führerprinzip verbunden sein, und der Faschismus ist seinerseits nicht zwingend mit einem solch extremen Rassismus verknüpft, der wie beim deutschen Nationalsozialismus letztlich im Holocaust mündete. https://de.wikipedia.org/wiki/Faschismus, zuletzt aufgerufen am: 14.4.2024.

[142] Im Gegensatz zu unserer Außenministerin, die nicht weiß, was sie sagt, wenn sie von Putin eine politische Wende um 360° verlangt.

[143] Eigentlich ist es schlimm, dass ein solcher Satz - obwohl er von der SA, aber eben auch von der SPD-Zeitung „Reichsbanner" verwendet wurde - verboten ist. Ungeachtet dessen ist es auch nicht verwunderlich, dass er in einem Land mit bekennenden Deutschlandhassern in hohen politischen Ämtern bewusst als provokante Gegenthese eingesetzt wird.

[144] https://www.tichyseinblick.de/meinungen/habecks-delegitimierung-des-staates/, zuletzt aufgerufen am: 30.4.2024.

für Menschenrechte (DIMR) und zuletzt von einigen Bundestagsabgeordneten ins Spiel gebrachte Verbot der AfD eine Farce,[145] zumal dieser Vorstoß genau in dem Augenblick kommt, in dem die AfD in Umfragen einen wahren Höhenflug erlebt und im Ranking höher als die SPD steht. In dem zitierten Artikel wird sogar die abstruse These aufgestellt: „Die AfD will die freiheitlich-demokratische Grundordnung beseitigen und die Menschenwürde abschaffen". Eine Anschuldigung, die nach dem eingangs Gesagten wohl eher auf das links-grüne Lager zutrifft. Bezeichnend ist auch, dass die gesamte Pressemeute bis auf wenige Ausnahmen völlig unkritisch die Aussagen des DIMR übernimmt und unisono wiedergibt. Den ‚Qualitätsjournalisten‘ vom Spiegel fällt nicht einmal der in zwei aufeinanderfolgenden Sätzen geäußerte Widerspruch auf, in denen behauptet wird: „Das DIMR ist die *unabhängige* nationale Menschenrechtsinstitution Deutschlands", um gleich darauf fortzusetzen: „Das Institut wird aus dem Haushalt des Bundestags finanziert.",[146] Ist denen noch nicht aufgefallen, dass fast der gesamte Bundestag von AfD-Gegnern - einschließlich CDU/CSU-Fraktion - beherrscht wird? Wie wir bereits in Kap. 5 gesehen hatten, gibt es auch immer wieder Bemühungen des Verfassungsschutzes, die gesamte AfD als Verdachtsfall einzustufen, was zunächst zwar abgewehrt werden konnte, aber letztlich doch zum Erfolg führte.[147] Diese Einschätzung, so parteipolitisch sie auch instrumentalisiert wird, ist im wesentlichen dem sogenannten (inzwischen aufgelösten) ‚Flügel‘ der AfD und dessen Leitfigur Höcke zuzuschreiben, s. oben.

Ein besonderes Spezifikum mancher AfD-Politiker scheint ihre Vorliebe für mehrdeutige Sprache zu sein, man denke etwa an Höckes ‚Denkmal der Schande‘ oder Gaulands ‚Vogelschiss-Vergleich‘. Man sollte allerdings fairerweise daran erinnern, dass Rudolf Augstein bereits 1998 von einem „Mahnmal der Schande" mitten in der Bundeshauptstadt gesprochen hat, ohne dass dies einen Proteststurm hervorgerufen hätte. Das ist übrigens ein deutlicher Beleg dafür, dass die Entrüstungsmaschinerie vorwiegend als Instrument zur Bekämpfung des politischen Gegners eingesetzt wird. Nichtsdestotrotz scheint der sogenannte ‚Flügel‘ der AfD eine Vorliebe zum Polarisieren zu haben, wobei Ambiguitäten bewusst eingesetzt werden, um einerseits die Rechtsaußen zufrieden zu stellen und andererseits zu provozieren. Es ist deshalb wenig ver-

---

[145] https://www.lto.de/recht/hintergruende/h/afd-parteiverbot-dimr-menschenrechterechtsextremismus/, zuletzt aufgerufen am: 30.4.2024.

[146] https://www.spiegel.de/politik/deutschland/afd-alternative-fuer-deutschlandmenschenrechtsinstitut-dimr-haelt-partei-fuer-verbotsfaehig-a-02ad599e-e03e-4a62-b4f4-6a5793739979, zuletzt aufgerufen am: 30.4.2024.

[147] Wobei bemerkenswert ist, dass die Begründung für diese Entscheidung geheim gehalten wird. – https://www.verfassungsschutz.de/SharedDocs/pressemitteilungen/DE/2022/pressemitteilung-2022-1-afd.html, zuletzt aufgerufen am: 14.4.2024.

wunderlich, dass das Feindbild des links-grünen Lagers der Fraktionschef der AfD im Thüringer Landtag, Björn Höcke, ist. Erst kürzlich wurde seine Immunität wegen Volksverhetzung und des umstrittenen Vorwurfs der Verwendung von Naziterminologie (s.o.) zum wiederholten Male aufgehoben.[148] Die Frage ist nur, warum man gegen linke Volksverhetzer und Deutschlandhasser nicht ähnlich konsequent vorgeht, s. Kap. 9.

Man mag zu diesem deutschnationalen Politiker stehen wie man will, aus Sicht der AfD war es eine taktische Meisterleistung, die Pseudodemokraten der anderen Parteien im Zusammenhang mit der Thüringenwahl 2020 gleich in zwei Etappen derartig vorzuführen und ihr Demokratieverständnis zu entlarven, s. Kap. 1. Ein ‚Faschist‘ ist er deswegen oder wegen seines Auftretens als strammer Nationalist noch lange nicht, s. Kap. 10. Ein ähnlicher Schachzug ist dieser Partei dann 2022 noch einmal gelungen, indem sie den damaligen Vorsitzenden der CDU-Werteunion Otte als Kandidaten für die anstehende Wahl des Bundespräsidenten vorgeschlagen hat. Das ist für die CDU in doppelter Hinsicht blamabel: Zum einen zeigt es, dass diese große Traditionspartei scheinbar keine einzige Person mehr hat, die für dieses Amt in Frage käme; und zum zweiten stellte sie sich ostentativ hinter einen die konservativen Werte missachtenden und die Nation spaltenden Kandidaten des vorgeblichen politischen Gegners von der SPD. Statt diese Situation in Ruhe strategisch zu überdenken (und vielleicht doch noch einen eigenen Kandidaten zu generieren, und sei es nur, um eine weitere Persönlichkeit der CDU ins Rampenlicht zu rücken), wurde hektisch ein Partei-Ausschlussverfahren gegen den ehemaligen Chef der Werteunion angekurbelt und weiter starr an dem in großen Teilen der Bevölkerung stark umstrittenen derzeitigen Bundespräsidenten mit seiner klar erkennbaren Linkslastigleit festgehalten.

Das Geschichtsverständnis der extremen Rechten ist - wie oben dargelegt - durch eine Bagatellisierung der dunklen Seiten unserer Geschichte und durch einseitige Hervorhebung von Erfolgen der Nazis gekennzeichnet. Man fragt sich, welcher Grad von Unverfrorenheit und Unbildung vorliegen muss, um die monströsesten Verbrechen in der deutschen Geschichte aus dem kollektiven Gedächtnis tilgen oder zumindest dessen Schwere relativieren zu wollen. Es ist im höchsten Maße unmoralisch, die hierfür Verantwortlichen, von denen nur ein Teil in Nürnberg verurteilt werden konnte, noch heute zu feiern. Es sollte allerdings nicht verschwiegen werden, dass unter den Bewunderern des Naziregimes und Verharmlosern des Holocaust auffallend viele Personen aus dem arabischen Raum kommen (auch zu uns), und die in ihrem antijüdi-

---

[148] https://www.tagesschau.de/inland/innenpolitik/hoecke-volksverhetzung-103.html, zuletzt aufgerufen am: 30.4.2024.

schen Wahn mit unübertroffenen Zynismus meinen, Hitler hätte „nur seinen Job nicht richtig gemacht"[149]. Erstaunlicherweise erregt diese Quelle des Antisemitismus die links-grünen Empörungsfanatiker nicht in gleicher Weise.

Bei der Beurteilung der deutsche Kolonialzeit verfolgen die extrem Rechten genau die entgegengesetzte Strategie der Linken: einseitiges Hervorheben der Verdienste der Kolonialmächte [20] und Unterdrückung der zweifellos begangenen Verbrechen durch die Kolonisten. Eng im Zusammenhang damit steht der nicht zu leugnende Rassismus der Rechtsextremen, der sich typisch in der zwar aus den USA stammenden ‚White Supremacy'-Bewegung zeigt, welche aber auch in Deutschland ihre Anhänger hat (wie z.B. bei den Gruppierungen ‚Blood & Honor', ‚Hammerskins' oder ‚Combat 18').[150] – Was allerdings in den Medien gern unterschlagen wird, ist die Tatsache, dass es auch einen ‚farbigen Rassismus' gibt (s. Kap. 9). In dem vielbeachteten Buch „Whiteshift" von Kaufmann [35] wird dieser umgekehrte Rassismus angeprangert und darauf hingewiesen, dass sich viele farbige Hassprediger finden lassen, die ihren weißen Gegenspielern an Radikalität in nichts nachstehen. Der gegen die Weißen gerichtete Rassismus wird in Deutschland ausgerechnet durch die Antirassismus-Beauftragte Ataman befeuert, die die einheimische Bevölkerung gern als „Kartoffeln" beleidigt.[151] Aber auch sonst ist der ‚Alte weiße Mann' hierzulande oft das Zielobjekt woker ‚antirassistischer' Diskriminierung.

Rechte bis rechtsextreme Vereinigungen, Gruppierungen oder Parteien wie die NPD, die heute unter dem Namen HEIMAT firmiert, konnten sich bedenklicherweise trotz vergangener Verbotsverfahren zwar als Randerscheinung, aber immerhin als Teil des politischen Spektrums halten, obwohl sie sich durch eine betont völkisch-nationalistische Grundhaltung und einen ausgesprochenen Geschichtsrevisionismus auszeichnen. Zu diesem Umfeld gehören auch nationalistische Kampfbündnisse und Sturmbrigaden verschiedener Art, die schon an der Grenze zum Terrorismus agieren.[152] – Schon etwas weiter davon abliegend sind die rechtsextreme ‚Identitäre Bewegung' sowie die ‚Reichsbürger' einzuordnen. Während erstere noch Thesen vertreten, die - so fragwürdig sie teilweise sind - zumindest die Basis für eine echte Auseinandersetzung bil-

---

[149] https://www.israelnetz.com/bundestagsabgeordnete-kritisieren-hetze-in-palaestinensischen-schulbuechern/, zuletzt aufgerufen am: 14.4.2024.

[150] https://www.kas.de/de/web/extremismus/rechtsextremismus/die-white-supremacy-nazis-in-deutschland-blood-honour-und-hammerskins, zuletzt aufgerufen am: 30.4.2024,

[151] https://www.bild.de/politik/inland/politik-inland/erster-auftritt-ataman-bereut-kartoffel-beleidigung-nicht-81020008.bild.html, zuletzt aufgerufen am: 30.4.2024.

[152] https://de.wikipedia.org/wiki/Liste_rechtsextremer_Parteien_und_Organisationen#Deutschland, zuletzt aufgerufen am: 1.5.2024.

den können,[153] gleichen letztere eher einer Sekte rückwärtsgewandter Spinner mit völlig durchgeknallten Umsturzplänen, welche die Existenzberechtigung der Bundesrepublik leugnen (so wollte man z.b. mit einer abgehalfterten Rentnertruppe die Monarchie gewaltsam wieder herstellen). - Bezüglich der Identitären muss selbst die ,rechts' ausgerichtete ,Junge Freiheit' deren führendem Kopf bescheinigen: „Wenn er verlangt, ,dass es auf unserem Staatsgebiet keine Vielfalt gleichberechtigter Kulturen und Sprachen gibt', entlarvt er sich selbst als unerbittlicher Nationalist ohne Empathie und Interesse für Fremdes".[154]

Obwohl die Reichsbürgerbewegung mit ihren reaktionären und demokratiefeindlichen Zielen trotz ihrer meist nur zusammenphantasierten Aktionen tatsächlich verboten werden sollte, wurden sie total übertrieben zu einem fast todbringenden Staatsfeind erhoben, und ihre Pläne sind zu einem ,Reichsbürger-Putsch' aufgebauscht worden, s. hierzu Kap.12 [155]) Die bewusste Dramatisierung durch die Politik drückte sich nicht zuletzt in der Unverhältnismäßigkeit im Einsatz der Polizeikräfte im Proporz von 10:1 aus, wenn man die Bekämpfung der Reichsbürgerszene mit Einsätzen zur Eindämmung der Clankriminalität vergleicht. Darüber hinaus wurde die Razzia gegen deren prominenteste Mitglieder als Niederschlagung eines gefährlichen Angriffs auf den Staat zelebriert und mit einem nie dagewesenen Presserummel inszeniert. Da sich unter den Festgenommenen auch ein ehemaliger Oberstleutnant und ein aktives KSK-Mitglied befanden, wurde in der Presse in völlig unangebrachter Weise sogar von einem ,militärischen Arm' der Reichsbürgerbewegung gesprochen.[156]

Eine etwas ambivalente Vereinigung stellt die ,Pegida' dar (Akronym für: ,Patriotische Europäer gegen die Islamisierung des Abendlandes'), die objektiv ziemlich schwierig einzuordnen sein dürfte. Einerseits fiel sie durch recht fragwürdige Führungsköpfe und radikale Redner, wie Lutz Bachmann bzw. Akif Pirinçci, auf. Andererseits gehörte diese Vereinigung zu den ersten, die vor einer ausufernden Ausländerkriminalität durch ungebremste Migration gewarnt haben. Von vornherein konnte man eine Verteufelung von Pegida durch

---

[153] Wie etwa die Forderung, dass bei Migrationsfragen „auch Parameter wie die kulturelle und soziale Nähe potentieller Migranten zu unserer Gesellschaft berücksichtigt werden" müssen. https://www.identitaere-bewegung.de/themen/, zuletzt aufgerufen am: 14.4.2024.

[154] https://jungefreiheit.de/kultur/literatur/2024/martin-sellners-remigration-an-grundfesten-ruetteln/, zuletzt aufgerufen am: 18.5.2024.

[155] Diesen furchterregenden und im Grunde genommen erhöhten Status haben die Teilnehmer sicherlich nicht verdient; im Web wird deshalb mitunter von einem ,Rollator-Putsch' geschrieben, und seine Teilnehmer werden als ,Rentner-Gang' verspottet. – https://magazin.nzz.ch/nzz-am-sonntag/international/deutschland-putschisten-im-bundestag-ld.1716495, zuletzt aufgerufen am: 2.2.2024.

[156] Das assoziiert irreführend und nicht ohne Absicht eine Bedeutung desselben, die ihm einfach nicht zukommt, s. Kap. 12.

das links-grüne Lager feststellen, die praktisch jede ernsthafte Diskussion unmöglich machte. Obwohl diese Bewegung zugegebenermaßen in teilweise sehr rüden Tönen gegen die Gefahren einer unkontrollierten Einwanderung protestiert hat, lag sie doch in der Sache oft richtig. Hervorzuheben sind die Studien des Politologen Werner Patzelt der TU Dresden, von dem sehr sachliche, aber durchaus kritische Berichte über Pegida stammen. Er war einer der Wenigen, die den rationalen und durchaus berechtigten Kern der von Pegida vorgebrachten Argumente herausgearbeitet hat, s. Kap. 8. Natürlich wurde er postwendend als ,Pegida-Versteher' denunziert und zusammen mit dieser Bewegung als rechtslastig verteufelt. Gerade dieser Fall hat gezeigt, wie schwierig es ist, die tatsächliche von einer unterstellten Ausländerfeindlichkeit der Rechten zu unterscheiden. Das Analoge gilt von der Unterscheidung zwischen einer (berechtigten) islamkritischen Haltung und einer (abzulehnenden) Islamophobie, aber genau diese Grenzen werden im links-grünen Diskurs bewusst verwischt, um so besser im Trüben fischen zu können.

Solchen undifferenzierten Unterstellungen, insbesondere dem Vorwurf des ,Rassismus' und ,Antisemitismus', ist im politischen Kampf auch immer wieder die AfD ausgesetzt. Insbesondere Friedrich Merz verwendet ständig in seinen Reden gegenüber der AfD solche Vorwürfe ohne jegliche Belege zu erbringen.[157] Bemerkenswerterweise scheut er sich als vorgeblicher Christ nicht einmal, seine politischen Gegner gelegentlich als „Gesindel" zu bezeichnen. Aber ist die AfD tatsächlich rassistisch und antisemitisch eingestellt, wie er das behauptet? Im Parteiprogramm von 2022 kommt der Begriff ,Ausländer' nur in zwei Kontexten vor, nämlich im Zusammenhang mit „Ausländerkriminalität" und mit „Zuwanderung von EU-Ausländern in unsere Sozialsysteme". Beide sind mit massiven gesellschaftlichen Verwerfungen verknüpft (s. Kap. 8 und 12), die von den anderen Parteien sträflich vernachlässigt werden und praktisch nur von der AfD deutlich benannt werden.

Natürlich gibt es auch in der AfD Leute (wie in den anderen Parteien auch), die durch ziemlich schräge Thesen und unsachliches Argumentieren auffallen.[158] So sprechen einige AfD-Anhänger etwa überspitzt und unzulässig verallgemeinernd von „Messer-Migranten", was auch vom Kölner Verwaltungsgericht zu Recht moniert wurde.[159] Aber genau solch überzogene Formulierungen machen es den Verantwortlichen in der Regierung mög-

---

[157] https://www.merkur.de/politik/friedrich-merz-afd-zusammenarbeit-cdu-position-umfrage-zustimmung-ursachen-gruende-gendern-asypolitik-92322883.html, zuletzt aufgerufen am: 30.4.2024.

[158] Bei den Linken findet man sogar Klassenkämpfer, die die Reichen einfach erschießen wollen, s. Kap. 1.

[159] https://www.migazin.de/2022/03/10/afd-bleibt-verdachtsfall-richter-bescheinigt-afd-auslaenderfeindlichkeit/, zuletzt aufgerufen am: 30.4.2024.

lich, ein tatsächlich bestehendes brennendes Problem, nämlich die fast täglich durch Migranten verübten Straftaten, wie z.B. Vergewaltigungen und Messerattacken auf Mitbürger (seien es Deutsche oder Mitbewohner in den Asylantenheimen), kaputt zu reden. Ein anderer AfD-Politiker behauptete im NDR-Sommerinterview 2022 auf eine entsprechende Frage zum Klimawandel, dass er keine Erwärmung erkennen könne, im Gegenteil, er habe abends immer gefröstelt.[160] Also der muss tatsächlich auf einem anderen Planeten gelebt haben. Auf das Thema Endlager im Zusammenhang mit der Diskussion um AKW-Laufzeitverlängerung angesprochen, kanzelte er den Moderator geradezu ab, dieser habe wohl noch nichts von den neuen Flüssigsalzreaktoren gehört. Er selbst scheint aber nicht mitbekommen zu haben, dass diese Technologie noch ein riesiges Stück von einer kommerziellen Reife entfernt ist.

Oftmals zeigen Rechte ein Kommunikationsverhalten, das man nur als provozierend bezeichnen kann. Mitunter wird auch ein echtes und diskussionswürdiges Anliegen vorgebracht, das man eigentlich nicht einfach ignorieren kann oder zumindest widerlegen sollte (besonders dann, wenn man die Meinung nicht teilt). Aber, das Anliegen oder die Kritik werden dabei in einer äußerst unangenehmen Sprache geäußert, wofür der Schriftsteller Akif Pirinçci ein lebendiges Beispiel ist. Er verwendet einen ausgesprochenen Gossenslang und schreckt damit viele Leser ab, die er eigentlich gewinnen will.[161] Dabei gehen, wie ein Rezensent richtig bemerkt, eine ganze Reihe von Wahrheiten, die dem politischen Establishment unangenehm sind, einfach unter. Wegen seiner Zotenausdrücke ist es natürlich leicht, einen solchen sprachlichen Wüterich abzulehnen, ohne sich mit dessen kritischen Fragen auseinandersetzen zu müssen. Wenn er über die neu ankommenden Migranten schreibt: „Über 80%, die es zu uns schaffen, sind junge Männer[...] im unbedingt ficken wollenden Alter" [65, S. 211], so kann man das wegen seiner sich durch das ganze Buch ziehenden und teilweise unerträglichen Ausdrucksweise grundsätzlich ablehnen ohne überhaupt auf die Kernaussage zu stoßen (und das ist nur ein Beispiel). Nichtsdestotrotz wird von ihm das in der öffentlichen Debatte eher tabuisierte Thema angesprochen, wie wir mit der großen Anzahl von teilweise stark sexuell frustrierten Zuwanderern umgehen, die einerseits von kulturellen Minderwertigkeitskomplexen geplagt und andererseits in einer dominanten

[160] https://www.ardmediathek.de/video/nordmagazin/das-ndr-sommerinterview-mit-nikolaus-kramer-afd/ndr-mecklenburg-vorpommern/Y3JpZDovL25kci5kZS8zZmM3NDBlNy1h MmU4LTQ3YmYtYjhjMC1mM2IwYTEzNzFkNjM, zuletzt aufgerufen am 14.8.2022 und https://www.ndr.de/nachrichten/mecklenburg-vorpommern/Galerie-Das-NDR-MV-Sommerinterview-mit-Nikolaus-Kramer,kramer290.html, zuletzt aufgerufen am: 28.4.2024.
[161] https://literaturkritik.de/id/19287, zuletzt aufgerufen am: 11.4.2024.

Männlichkeitskultur aufgewachsen sind, die noch dazu über die einzig wahre Weltanschauung (Religion) verfügt.

Es gibt zweifellos auch den blinden, durch nichts provozierten und durch nichts zu rechtfertigenden dumpfen Hass von Rechts, der von einem entsprechenden Hatespeech begleitet wird. So ist es unerträglich, wenn in rechten Foren eine Pizza dargestellt wird, versehen mit dem Bild von Anne Frank und einem Schriftzug „Die Ofenfrische, locker und knusprig zugleich.".[162] Das ist nicht nur eine Verhöhnung der Opfer der Judenverfolgung durch die Nazis, sondern auch noch ein eklatanter Geschichtsrevisionismus. Hier offenbart sich eine deutliche Sprachverrohung und ein Werteverfall an den rechten Rändern unserer Gesellschaft. – Es gibt auch Ausfälle von Rechts, die (obwohl sie als Reaktion auf unerträgliche Äußerungen links-grüner Autoren anzusehen sind[163]) trotzdem nicht bagatellisiert werden dürfen. Wenn Leute von rechtsaußen im Gegenzug öffentlich über diesen linken Hater, Deniz Yücel, der damals noch in der Türkei in Haft saß, äußern, „Meinetwegen soll der Drecksack im türkischen Knast verschimmeln!"[164] dann begeben sie sich auf das gleiche Niveau. Das ist der Ton der politischen Auseinandersetzung im Jahre 2021, der fatal an die Verbalattacken und Propagandakämpfe zwischen Kommunisten und Nazis in der Weimarer Republik erinnert und der das gesellschaftliche Klima schon damals so stark vergiftet hat.

Mitunter werden auch aus dem rechten Spektrum nicht zu verifizierende Zitate des linken Gegners über Spitzenpolitiker verbreitet, wie etwa diejenigen über die Kulturstaatsministerin Roth. Sie soll demnach zu den Ereignissen in der Kölner Silvesternacht gesagt haben: „Die Vorfälle am Kölner Hauptbahnhof kann man als Hilferuf aller Flüchtlinge werten, weil sie sich von deutschen Frauen sexuell ausgegrenzt fühlen". Obwohl solche Unterstellungen in keiner Weise gerechtfertigt sind und widerlegt wurden,[165] muss man sich doch fragen, wieso viele Bürger einer ehemaligen Vizepräsidentin unseres Parlaments und späteren Ministerin Derartiges überhaupt zutrauen. Sie hat durch ihr schrilles, selbstgerechtes und oft blamables Auftreten (etwa im Zusammenhang mit Ausländergewalt oder mit der Übergabe der Benin-Bronzen, s. Kap. 9) den be-

---

[162] https://www.tagesspiegel.de/politik/so-widerwaertig-so-ekelhaft-anne-frank-die-pizza-und-wagenknechts-angriff-auf-afd-mann-chrupalla/27262490.html, zuletzt aufgerufen am: 14.4.2024.

[163] Wie etwa die Diffamierungen von Sarrazin durch linke Skribenten als „lispelnde, stotternde Menschenkarikatur", dem man am besten einen weiteren Schlaganfall wünscht, s. Kap. 2.

[164] https://www.pi-news.net/2018/02/deniz-yuecel-ein-deutschlandhasser-als-maertyrer-der-meinungsfreiheit/, zuletzt aufgerufen am: 14.4.2024.

[165] https://correctiv.org/faktencheck/2020/08/18/silvesternacht-2015-keine-belege-dass-claudia-roth-die-uebergriffe-als-hilferuf-gefluechteter-bezeichnet-hat/, zuletzt aufgerufen am: 14.4.2024.

sonderen Hass der Rechten auf sich gezogen. Trotz ihrer grenzwertigen Sprüche, wie z.B. „Gewalt ist immer auch ein Hilferuf" (Maischberger, Talk-Show; ARD, 5. Oktober 2004), sind Gegenangriffe von Rechts, wie etwa die Anfeindung „Du gehörst vergast",[166] genauso zu verurteilen, wie das oben erwähnte Gaskammer-Zitat einer linken Politikerin.

Diese Verrohung der Sprache von links und rechts und die unsäglichen Auftritte der jeweiligen Anlassgeber von beiden Seiten im Internet vergiften das gesellschaftliche Klima und den sachlichen Umgang mit dem politischen Gegner. Wenn z.B. in dem oben zitierten Blog ‚Politcally incorrect' Yüzel heftigst als Deutschlandhasser angegriffen wird, dann gibt es durchaus berechtigten Anlass. Denn dieser hatte in einem TAZ-Artikel geschrieben, dass „der baldige Abgang der Deutschen Völkersterben von feinsten [sei]".[167] Es erübrigt sich fast festzustellen, dass die von der AfD vorgetragenen berechtigten Kritiken an Yücels Artikel von Links-Grün mit dem üblichen Argument abgeschmettert wurden, dass dessen Ausführungen ja satirisch verstanden werden müssten (s. hierzu die bereits erwähnte, völlig analoge Verteidigungstaktik im Fall der ‚Polizisten-Müllentsorgung' in der gleichen Zeitung).

Ganz gefährlich ist die rechtsextreme Selbstjustiz, die sich u.a. in Angriffen auf Asylbewerber-Heime manifestiert, wofür die Brandanschläge von Mölln, Hoyerswerda und Solingen nur drei von vielen Beispielen sind.[168] Ein solch brutales und den Rechtsstaat gefährdendes Vorgehen kann auch nicht mit der verfehlten Migrationspolitik der Regierung (s. Kap. 8) gerechtfertigt werden. Allerdings - und das ist die Kehrseite der Medaille - versagt der Staat völlig bei der Bekämpfung migrantischer Straftaten und bringt die Polizei in äußerst schwierige Situationen (s. Kap. 12). Auf der einen Seite wird sie in ihrem Kampf gegen diese Art Kriminalität ziemlich alleingelassen, ja sogar unter den Verdacht des strukturellen Rassismus gestellt, wenn sie Methoden des verfemten ‚Racial profiling' einsetzt.[169] Auf der anderen Seite wird die Polizei ständig von Links-Grün völlig unberechtigt angefeindet. Man kann eigentlich die Polizisten nur bewundern, die häufig in ihrem Dienst den Kopf hinhalten und ständig dieselben Straftäter festnehmen müssen (die von der Justiz dann bald wieder auf freien Fuß gesetzt werden), um sich dann noch - übrigens staatlich

---

[166] https://www.stern.de/politik/deutschland/claudia-roth-im-shitstorm—du-stueck-scheisse–du-gehoerst-vergast–7101302.html, zuletzt aufgerufen am: 1.5.2024.

[167] https://taz.de/Kolumne-Geburtenschwund/!5114887/, zuletzt aufgerufen am: 14.4.2024.

[168] https://www.dw.com/de/gewalt-gegen-fl%C3%BCchtlinge-10-anschl%C3%A4ge-aus-25-jahren/a-18982935, zuletzt aufgerufen am: 30.4.2024.

[169] Was an sich schon absurd ist. - Wenn man weiß, dass sich Drogendealer oder Händler mit migrantischen Prostituierten aus einem bestimmten ethnischen Milieu rekrutieren, dann muss man nicht auch nach ‚alten weißen Omas' suchen, um rassische Diskriminierung zu vermeiden.

geduldet - maßlos beschimpfen zu lassen. Diese Aussage gilt selbst in Anbetracht der Tatsache, dass manche Polizisten ihrerseits bei Einsätzen übergriffig werden, wie wir das im Rahmen der Corona-Demos erleben mussten, s. Kap. 16.

Aber nicht nur der Polizei, sondern auch der Bundeswehr und dem Bundesnachrichtendienst werden inzwischen in Teilen Rassismus und Rechtsextremismus vorgeworfen, wie das anlässlich der Auflösung von SEK- bzw. KSK-Einheiten zu beobachten war, s. hierzu auch Kap. 1. Besondere Aufmerksamkeit hat in diesem Zusammenhang die Vita des Oberleutnants Franco A. erfahren, der sich als Syrienflüchtling ausgegeben und damit einen unberechtigten Asylstatus erworben hatte.[170] Er wurde als Mitglied des Hannibal-Netzwerkes letztlich wegen Anschlagsplänen gegen Personen des öffentlichen Lebens und Verstoß gegen das Waffen- und Sprengstoffgesetz zu fünfeinhalb Jahren Freiheitsentzug verurteilt. – Nicht einmal der BND ist angeblich vor der Infiltration durch Rechtsextreme sicher. Welch ein Bild für eine Gesellschaft, in der sogar die eigenen Sicherheitsorgane unter Beobachtung gestellt werden müssen![171] Insgesamt ergibt sich aus dieser Gemengelage der beklagenswerte Zustand, dass die Polizei und andere Organe der inneren bzw. äußeren Sicherheit an Achtung verloren haben und keine ausreichende Autorität mehr besitzen [33].

Es sollte auch nicht unerwähnt bleiben, dass es sehr häufig Falschdarstellungen und von den Medien verbreitete Fakenews gibt, die gegen ‚Rechts‘ gerichtet sind und immer wieder mit unzulässigen Vorverurteilungen verbunden sind. Ein typischer und bedrückender Fall war der des ertrunkenen Kindes in Sebnitz, dessen Mutter unglaubliche Geschichten erfunden hatte, die willig von der empörungsfreudigen Presse aufgegriffen wurden, obwohl sich bald herausstellte, dass alle Anschuldigen frei erfunden waren.[172] Dieser Fall (wie viele späteren Fälle auch, s. Kap. 8) offenbarte schon damals das Versagen der politischen Eliten, die mit ihrer unkritischen Haltung voreilig Öl ins Feuer gossen. Es herrschte eine regelrechte Angst, mit der Entrüstung zu spät zu kommen, wie die überstürzte Einladung des damaligen Bundeskanzlers zum Kaffee an die in das Lügengebäude verstrickte und verzweifelte Mutter belegt (zur Psychologie des Sebnitz-Desasters s. [53]). So tragisch der Tod des Jungen war, offenbarte die Behandlung desselben in der Öffentlichkeit die übereifrige und fast schon reflexartig aufflammende Bereitschaft der links-grünen ‚Eli-

---

[170] https://de.wikipedia.org/wiki/Fall_Franco_A., zuletzt aufgerufen am: 30.4.2024.

[171] https://www.tagesschau.de/investigativ/kontraste/bnd-extremismus-101.html, zuletzt aufgerufen am: 30.4.2024.

[172] Neonazis sollten den Jungen angeblich nach Verabreichung von Beruhigungsmitteln und Elektroschocks sowie nach Herumtrampeln auf ihn ertränkt haben.
https://www.welt.de/print-welt/article550958/Was-hat-Josephs-Mutter-zu-verbergen.html, zuletzt aufgerufen am: 14.4.2024.

ten', sofort alles politisch gegen den politischen Gegner zu instrumentalisieren (selbst in den unklarsten Situationen, wie etwa bei den unbelegten Beschuldigungen eines Gil Ofarim gegen ein Leipziger Hotel, s. Kap. 7).

Solch unreflektierter und für viele Bürger nicht leicht zu durchschauender Aktionismus richtet einen riesigen Schaden an, da er genau den Leuten in die Hände spielt, die man doch bekämpfen möchte. Das alles sind keine Einzelfälle. Es gibt viele vorgetäuschte Straftaten linker Einzelpersonen und ganzer Gruppierungen, die vorschnell den Rechten angelastet wurden und in den meisten Fällen postwendend zu linken Protestaktionen gegen ‚Rechts‘ führten. So spiegelte ein Grünen-Stadtrat von Erkelenz rechtsradikale Bedrohungen vor, die nie stattgefunden hatten.[173] Es ist durchaus davon auszugehen dass diese vorgetäuschten Straftaten nicht wieder aus der PMK-Statistik entfernt wurden, wenn sie denn einmal dort Eingang gefunden haben. Wer glaubt denn nach solchen Ereignissen noch den Statistiken und den Meldungen über tatsächliche rechtsextreme Verbrechen, die ja wirklich stattfanden und stattfinden?

Den Rechtsextremen muss man (wie den Linksextremen) bescheinigen, dass sie sich durch besonders aggressiven Aktionismus, Missachtung anderer Meinungen und Intoleranz gegenüber anderen politischen Auffassungen auszeichnen. In ihrem Lager haben unsachliche Beschimpfungen der Gegner immer den Vorrang gegenüber sachlicher Argumentation, wobei sie dazu in vielen Fällen intellektuell auch gar nicht in der Lage wären. Damit sind sie eine genau so große Gefahr für Demokratie und Rechtsstaat, wie ihre Gegner am anderen politischen Rand. Wie wir gesehen hatten, ist die ‚Linke Sicht‘ auf ‚Rechts‘ mindestens so einseitig und unqualifiziert wie umgekehrt die ‚Rechte Sicht‘ auf ‚Links‘. Das hat zur Folge, dass sich die Spirale der gegenseitigen Anfeindungen, begleitet von entsprechenden Hassreden, immer weiter emporschraubt und die Spaltung der Gesellschaft in ein linkes und ein rechtes Lager immer größer wird.

Eine deutliche Unsymmetrie scheint allerdings in der unterschiedlichen Bewertung von Linker und Rechter Gewalt erkennbar zu sein.[174] Hier gewinnt man den Eindruck, dass sowohl die Judikative als auch die Exekutive (angeführt von der bekennenden Antifa-Sympathisantin Faeser) - und die Vierte Gewalt sowieso - auf dem linken Auge blind sind. Das zeigt sich schon an der Sprache, wenn linke und grüne Randalierer und Straftäter regelmäßig als „Aktivisten" bezeichnet werden oder gar wie die Klimachaoten der ‚Letzten Generation‘ durch Einladungen zum Evangelischen Kirchentag und zu Talks-

---

[173] https://www1.wdr.de/nachrichten/rheinland/erkelenz-rechtsextreme-attacken-politiker-100.html, zuletzt aufgerufen am: 30.4.2024.

[174] https://www.tagesspiegel.de/politik/warum-wir-linke-gewalt-milder-bewerten-als-rechte-gewalt-5532439.html, zuletzt aufgerufen am: 30.4.2024.

hows ohne Ende geadelt werden. So etwas wäre bei rechten Chaoten undenkbar, wobei nicht einmal der AfD (immerhin einer von 20-30% der Bevölkerung unterstützten Partei) eine solche Ehre zuteil wird.

Während man jedem migrantischen Messerstecher, selbst wenn er Mordtaten begeht, zunächst einmal mildernde Umstände wegen psychischer Probleme zugesteht (was sich besonders krass im Freispruch des somalischen Messermörders in Ludwigshafen zeigte),[175] wurde der Amoklauf in Hanau sofort als rechter Terrorakt eingestuft und noch heute als solcher gewertet. Und das, obwohl bei dem Täter schon lange vor der Tat eine schwere Schizophrenie diagnostiziert wurde (immerhin erschoss er auch seine eigene Mutter, fühlte sich vom Satan und von ausländischen Mächten bedroht usw.). Trotz dieser bekannten Sachverhalte hat man sich nicht davor gescheut, sogar die AfD für dieses furchtbare Verbrechen mitverantwortlich zu machen, was scheinbar nur weniger bekannten Presseorganen auffällt, die auf diese Schieflage aufmerksam machen.[176]

Obwohl die Querdenker-Bewegung und deren Demonstrationen von einem schwer zu bestimmenden Querschnitt durch alle Schichten der Bevölkerung und einer großen Zahl unzufriedener Bürger getragen werden, wurde auch hier immer wieder der untaugliche Versuch unternommen, dieselben als ‚Rechte‘ oder gar als ‚Nazis‘ zu diffamieren. Diese äußerst durchsichtige Verortung im rechten Spektrum der Gesellschaft ist eindeutig gegen die Verfassung gerichtet, denn dort wird nicht festgelegt, wogegen oder gegen welche politischen Entscheidungen friedlich protestiert werden darf. Besonders erschütternd ist, mit welch brutaler Gewalt die Polizei zum Teil gegen Protestierende vorgeht, wie in dem Fall des allein agierenden Querdenkers im April 2021 auf dem Postplatz in Dresden. Dieser wurde auf brutalste Weise von einer Gruppe von Ordnungshütern niedergerungen, weil er ‚unerlaubt‘ Auszüge aus der Verfassung vorgelesen hatte.[177] Man vergleiche dazu das geradezu einfühlsame Verhalten der Polizei gegenüber den Straßenblockierern von der Letzten Generation.

Eine völlige Überzeichnung und Instrumentalisierung gegen Rechts war in der Berichterstattung über den sogenannten ‚Sturm auf den Reichstag‘ im Rahmen der Proteste gegen die Corona-Maßnahmen zu konstatieren. Schon die Bezeichnung war unangebracht (man vergleiche etwa mit dem Sturm auf

---

[175] https://weltwoche.ch/daily/allahu-akbar-in-ludwigshafen-somalier-liban-m-stach-auf-zwei-maenner-ein-einem-hackte-er-die-hand-ab-gericht-spricht-ihn-frei/, zuletzt aufgerufen am: 30.4.2024.

[176] https://www.tichyseinblick.de/meinungen/zwei-jahre-hanau-zwei-jahre-verleugnung/, zuletzt aufgerufen am: 30.4.2024.

[177] https://eingeschenkt.tv/dresden-du-sollst-nicht-laut-das-grundgesetz-vorlesen/, zuletzt aufgerufen am: 14.4.2024.

die Bastille), da die Fahnenschwenker auf der Reichstagstreppe völlig friedlich nach Intervention dreier Polizisten die ‚Kampfstätte' verließen.[178] Von den
ÖRM wurde dieses Großereignis sogar noch als Verhinderung eines gefährlichen Angriffs auf den Reichstag hochgeschrieben. Im Kampf gegen ‚Rechts'
war Links-Grün und den von diesen beherrschten ÖRM auch in diesem Zusammenhang jedes propagandistische Mittel von der Lüge bis zur Verdrehung
von Tatsachen recht. Der ehemalige Außenminister und nach ihm viele andere
linke Politiker haben deshalb immer wieder versucht, eine Gleichsetzung mit
dem ‚Sturm auf das Kapitol' in den USA und eine Assoziation mit dem Feindbild Donald Trump herzustellen, was sowohl im Hinblick auf die gewalttätigen Akteure als auch auf die politischen Konsequenzen völlig unangemessen
war.[179] Warum in aller Welt muss man bei dem berechtigten Ziel, den wirklichen Rechtsextremismus zu bekämpfen, zu solch untauglichen Mitteln greifen
und das eigene Anliegen so beschädigen?[180]

Die Maßnahmen gegen Rechts erscheinen einem großen Teil der Bevölkerung einseitig und in ihrer Härte zweifelhaft (im Sinne: bei Links würde man
analoge Aktionen einfach durchgehen lassen). Man vergleiche etwa das Straf-
maß im Urteil gegen Lina E. (reichlich 5 Jahre für schwerste Körperverletzung
und vorläufige Freilassung nach dem Prozess) mit dem Urteil gegen den Täter beim Anschlag auf Moschee in Dresden (9 Jahre ohne Bewährung, obwohl
niemand verletzt wurde, s. Kap. 12). Auch die letztgenannte Tat kann in keiner Weise gerechtfertigt werden; es ist aber trotzdem zu fragen, warum sich die
Kanzlerin trotz des relativ geringen Sachschadens sofort mit dem Imam der betroffenen Moschee getroffen hat,[181] während sie ein ganzes Jahr hat verstreichen lassen, bevor sie mit den Angehörigen der vielen Opfer des Anschlags
auf den Weihnachtsmarkt 2019 in Berlin zusammengekommen ist (s. Kap. 8).
Bei dem feigen Mord an zwei Homosexuellen in Dresden durch einen Asylbewerber hat sie sich (wie andere Politprominenz übrigens auch) überhaupt nicht
sehen oder hören lassen.

Bei dem bisher schwersten linken Terroranschlag, der laut Bekennerschreiben von der extremistischen ‚Vulkangruppe' auf das Tesla-Werk in Grünheide
verübt wurde, waren durch den bewusst herbeigeführten Stromausfall Zehn-

---

[178] Für diese heroische Tat haben letztere dann auch konsequenterweise und ganz demonstrativ
das Bundesverdienstkreuz erhalten.

[179] https://www.rnd.de/politik/sturm-auf-kapitol-mit-protest-vor-reichstag-vergleichbar-
W2RGLPWHZJCNLAOTSXWCWTJADY.html, zuletzt aufgerufen am: 14.4.2024.

[180] Kommt denn niemand von diesen linken Propagandisten auf den Gedanken, dass damit der
echt gefährliche Sturm auf das Kapitol, der sogar Todesopfer gefordert hat, verharmlost wird,
wenn man ihn mit der gewaltfreien Besetzung der Reichstagstreppe vergleicht?

[181] https://www.spiegel.de/politik/deutschland/sprengstoff-anschlag-merkel-trifft-imam-der-
moschee-in-dresden-a-1115000.html, zuletzt aufgerufen am: 14.4.2024.

tausende von Bürgern und auch Einrichtungen wie Krankenhäuser in den umliegenden Gemeinden betroffen (der Schaden wird auf Hunderte von Millionen Euro geschätzt). Obwohl es reiner Zufall sein dürfte, dass keine Menschenleben zu beklagen waren, bezeichnete die TAZ den Sabotageakt völlig unpassend mit dem Prädikat „schräg";[182] und der Spiegel berichtet trotz der vorliegenden stolzen Selbstbezichtigung der Attentäter (einer Gruppe von polizeibekannten linksextremen Wiederholungstätern) von einem „mutmaßlichen" Anschlag.[183] Es wird sich wohl kaum jemand an eine solche vornehme ‚Zurückhaltung' der Spiegel-Redakteure erinnern können, wenn es (selbst bei viel geringeren Anlässen - etwa dem privaten Potsdam-Treffen) um ‚rechte' Verdächtige geht. – Während die Innenministerin nicht umhin konnte, wenigstens vor dem „vom Linksextremismus ausgehenden Gefährdungspotenzial" zu warnen, war vom Bundespräsidenten nichts von der üblichen Empörung bei wesentlich geringeren Anlässen zu hören. Ein Regierungsberater brachte es sogar fertig, einen Bogen zum Reichstagsbrand zu schlagen und die Rechten zu verdächtigen, den Linken nur die feige Tat in die Schuhe schieben zu wollen.[184]

Auch die Einstufung mancher Medien, wie „Tichys Einblick" oder „Junge Freiheit", als ‚Rechts' oder gar ‚Rechtsextrem' zeigt deutlich, wie fragwürdig die Kategorisierung ‚Links/Rechts' geworden ist und (wenn man diese Dichotomie aufrechterhalten möchte) wie stark das gesamte politische Spektrum nach links verschoben wurde. Meinungen und Werte, die früher einmal von der CDU vertreten und hochgehalten wurden, werden heute von der AfD vertreten oder sogar von ehemals linken Politikerinnen geteilt, s. [83, S. 218 ff.]. Demgegenüber droht die CDU ihrerseits zu einem links-grünen Versatzstück zu verkommen, was ja auch zur Abspaltung der Partei WerteUnion geführt hat. Es ist mehr als erstaunlich, mit welcher Fassungslosigkeit die im Web schon als ‚Blockparteien' etikettierten Politakteure der Wahl des ersten AfD-Landrats in Thüringen gegenüber stehen.[185] Sie wollen einfach nicht begreifen, dass allein ihr Versagen die Ursache dafür ist. Besonders erschütternd ist das fehlende Demokratieverständnis der Grünen-Vorsitzenden Ricarda Lang, die sich nicht entblödete zu twittern, dass aufgrund dieses Ereignisses nun „al-

---

[182] https://taz.de/Brandanschlag-auf-Tesla-Fabrik/!5990926/, zuletzt aufgerufen am: 8.4.2024.

[183] https://www.spiegel.de/panorama/justiz/vulkangruppe-was-ueber-den-mutmasslichen-anschlag-auf-das-tesla-werk-in-gruenheide-bekannt-ist-a-0640e17f-982e-43fe-9ff2-4c5392562325, zuletzt aufgerufen am: 8.3.2024.

[184] https://jungefreiheit.de/politik/deutschland/2024/regierungs-berater-verbreitet-wirre-these-zu-tesla-anschlag/, zuletzt aufgerufen am: 8.4.2024.

[185] https://www.nzz.ch/meinung/der-andere-blick/afd-wahlsieg-in-sonneberg-die-etablierte-politik-tritt-zu-selbstherrlich-auf-ld.1744365, zuletzt aufgerufen am: 30.4.2024.

le demokratischen Kräfte zusammen die Demokratie verteidigen müssen".[186] Nein, verehrte Frau Lang, wenn ein Landrat (ganz gleich, welcher Partei er angehören mag) gegen die ÖRM und einen Block feindlicher Parteien vom Souverän mit absoluter Mehrheit gewählt wird, dann ist nicht die Demokratie in Gefahr (höchstens in Ihren verschrobenen Vorstellungen), sondern dann ist das ein genuines Zeichen von gerade noch funktionierender Demokratie.[187]

Leider ist hier nicht der Raum, um die diskutierte Spaltung in ‚links' bzw. ‚links-grün' und ‚rechts' gründlicher (ja und auch weniger plakativ) zu behandeln, wenn das heutzutage überhaupt noch sachlich möglich ist. Aber bedauerlicherweise ist dies jedoch nicht die einzige Kluft in unserer Gesellschaft. Zu den eingangs genannten weiteren Spaltungen: Zugewanderte - Autochthone Bevölkerung, Arme - Reiche, Gebildete - Ungebildete muss deshalb auf die Kapitel 8, 12 und 15 verwiesen werden. An dieser Stelle soll nur noch kurz auf den immer wieder aufflackernden oder vielleicht schon seit der Wiedervereinigung bestehenden Gegensatz ‚Ost - West' eingegangen werden. Da diese Problematik ausführlich und engagiert in dem Buch von Oschmann „Der Osten: eine westdeutsche Erfindung" behandelt wurde [61], kann hier auf dasselbe verwiesen werden, und wir können uns hier auf einige wenige Bemerkungen zu diesem Thema beschränken.

Wie wenig man im Westen über die Verhältnisse in der ehemaligen DDR weiß, zeigt der Umgang mancher Internet-Foristen mit der ehemaligen Bundeskanzlerin bezüglich ihrer DDR-Vergangenheit. Obwohl es doch genügend berechtigte Kritik an Angela Merkel gibt, s. Kap. 1, dürfte ihre meist von Rechtsaußen behauptete Rolle als ‚FDJ-Spitzenfunktionärin' als gehässige Propaganda einzustufen sein. Dazu muss man jedoch fairerweise konstatieren, dass dieser Punkt im Lebenslauf der Kanzlerin nicht nur von den Rechten im Inland, sondern auch im Ausland meines Erachtens bewusst überstrapaziert wird. Konkret geht es um ihren Status in der FDJ-Gruppe als ‚Sekretärin für Agitation und Propaganda'. Dieser konnte durchaus, wie sie wohl selbst behauptet, einfach nur Verantwortung für die Kulturarbeit oder für eine mehr oder weniger harmlose Wandzeitung bedeuten. Diese Position kann aber auch eine stramme Agitation für Marxismus-Leninismus im Rahmen des sogenannten FDJ-Studienjahres umfasst haben. Was wirklich der Fall war, können nur die damals Beteiligten beurteilen. Auf keinen Fall macht sie diese Rolle in der

---

[186] https://twitter.com/Ricarda_Lang/status/1673035643662811136, zuletzt aufgerufen am: 30.4.2024.

[187] Es ist einfach entlarvend, dass kurz nach der genannten Wahl schon wieder Forderungen der selbsternannten ‚Demokraten' erhoben wurden, das Wahlergebnis zu revidieren, s. https://www.welt.de/politik/deutschland/article246093448/Sonneberg-Thueringer-AfD-nennt-Demokratiecheck-fuer-Sesselmann-Skandal.html, zuletzt aufgerufen am 14.4.2024.

FDJ zu einem „SED-Kader", wie in [58, S. 110] zu lesen ist, und sie war damit auch keine „höhergestellte Kulturfunktionärin" der FDJ, wie das von einem britischen Bestsellerautor und selbsternanntem ‚Kenner des Ostens' behauptet wurde.

In diesem Zusammenhang müssen auch die unsäglich arroganten Äußerungen mancher ‚Besserwessis' (ich muss das Unwort schon aussprechen) zurückgewiesen werden. Typisch hierfür sind die Sottisen des Philosophen Baring über die Unbrauchbarkeit des Wissens der Ostdeutschen, die wir in Kap. 5 und 10 schon kritisiert hatten. Scheinbar haben viele Westdeutsche (insbesondere der 68-er Generation) schon vergessen oder verdrängt, dass sie in einer Zeit mit der Mao-Bibel durch die Straßen gelaufen sind, als jeder im Westen mit leichtem Zugang zur China-kritischen Literatur über den brutalen und menschenverachtenden Charakter der chinesischen Kulturrevolution informiert sein konnte. Obwohl die Menschen in der DDR nur auf konspirativem Wege an diese Informationen herankommen konnten, wussten alle systemkritischen Intellektuellen bestens Bescheid und haben dieses Wissen auch weitergegeben (was übrigens nicht ungefährlich war). Es sollte derartigen ‚Freunden der Weisheit' (und nichts anderes bedeutet ‚Philosoph') auch zu denken geben, dass es viele ehemalige DDR-Bürger trotz schlechterer Voraussetzungen und trotz fehlender Einbindung in die bundesdeutschen Netzwerke gelungen ist, sich im vereinten Deutschland und auch im Westen zu etablieren und berufliche Karriere zu machen.[188] In umgekehrter Richtung, von West nach Ost, war das wesentlich leichter, da konnte sich nach der Wiedervereinigung auch ein Mitglied der zweiten und dritten Garnitur aus Wissenschaft, Politik oder Wirtschaft einen lukrativen Posten ergattern.

Meine Hoffnung geht dahin, dass wir diese noch vorhandenen Trennungen durch intensiven Gedankenaustausch und durch gemeinsames Arbeiten in Projekten und Teams überwinden können. Meine persönliche Erfahrung nach fast zwanzig Jahren Tätigkeit als Hochschullehrer an einer westdeutschen Universität sagt mir, dass die Menschen in Ost und West zwar unterschiedlich sozialisiert, aber in ihrem Wesenskern gar nicht so verschieden sind. Hier wie dort gab und gibt es auf der einen Seite Opportunisten (und das zuhauf) und auf der anderen Seite (etwas weniger) Leute mit echter Zivilcourage.

---

[188] Allein aus einer kleinen Arbeitsgruppe, die Anfang der 70-er Jahre die KI-Forschung der DDR mit aufgebaut und über viele Jahre mit repräsentiert hat, sind nach der Wende drei KI-Professoren in den alten Bundesländern und zwei leitende Manager in westdeutschen Großkonzernen hervorgegangen (keiner von denen war ‚in der Partei' und alle mussten sich auf diesem Weg nach oben gegen westliche Konkurrenz durchsetzen).

Kapitel 14

Klimawandel – Ursachen und Folgen

Man muss leider konstatieren, dass bezüglich der Diskussionen um den Klimawandel die gebotene Sachlichkeit verloren gegangen ist, ja sie ist einfach einer regelrechten Hysterie gewichen. – Kaum jemand wird leugnen, dass zur Zeit eine Erderwärmung stattfindet; hierfür gibt es ganz klare wissenschaftliche Beweise mit entsprechender statistischer Untermauerung. Der entscheidende Punkt ist jedoch, inwieweit die zur Zeit zu beobachtende Klimaerwärmung **menschengemacht** ist. Und genau im letzten Punkt scheiden sich die Geister. Es ist einfach unseriös und dreist zu behaupten, „die Wissenschaft hat *gezeigt/bewiesen* ..., dass der Klimawandel menschliche Ursachen habe". Das kann man nur als Anmaßung von Wissen bezeichnen, das wir nicht haben (s. hierzu auch zum ‚Pretence of knowledge' im sozialökonomischen Bereich Kap. 15). Um das zu verstehen, muss man kein Klimaforscher sein. Bekanntlich ist das Weltklima ein chaotisches System, das kaum verlässliche Vorhersagen zulässt.[1] Die in dem zitierten Artikel enthaltene Behauptung: ‚Wer moderne Klimamodellrechnungen für unzuverlässig hält, erklärt die nichtlineare Dynamik und damit ein komplettes Teilgebiet der Mathematik und Physik für ungültig.' ist jedoch nicht zutreffend. Wenn jemand die Ergebnisse von (durchaus korrekten) Rechnungen auf der Basis unzureichender Modelle oder unvollständig erfasster Parameter anzweifelt, ist er doch nicht zwingend ein Gegner der Chaostheorie oder der ‚nichtlinearen Dynamik'.[2] Wenn eine Hypothese wie die Negierung des menschengemachten Klimawandels falsch ist (was ja durchaus sein kann), dann muss sie sich mit Sachargumenten (u.a. durch Nachweis der Vollständigkeit der Modelle) widerlegen lassen. Auf keinen Fall lässt sich die Wahrheit durch polemische Anfeindungen herausfinden.

---

[1] https://www.deutsches-klima-konsortium.de/de/klima-debatten/3-modelle.html, dort heißt es: „Das Klima ist laut IPCC (s.u.) ein gekoppeltes, nichtlineares, chaotisches System", zuletzt aufgerufen am: 1.5.2024.

[2] Zum Vergleich: Es gibt kaum eine physikalische Theorie, die in der Praxis so gut bestätigt ist, wie die Quantentheorie. Trotzdem wird sie wegen ihrer inhärenten Probleme (u.a. wegen der unbefriedigenden Einbeziehung des Messprozesses in die Theorie) und der auch heute noch bestehenden fundamentalen Verständnisschwierigkeiten immer wieder kritisch hinterfragt. Das bedeutet jedoch nicht, dass sie damit vom Grundsatz her angezweifelt wird.

Mathematische Modelle komplexer Systeme mit selbstverstärkenden Effekten sind schon rein rechentechnisch schwer zu beherrschen. Unabhängig davon liefern die entsprechenden Simulationen selbst dann, wenn wir alle Einflussfaktoren kennen würden (was nicht der Fall ist), auch bei kleinsten Änderungen der Eingangsparameter große Schwankungen in den Ergebnissen. Auf dem Portal des Hamburger Bildungsservers heißt es zum Problem der unbekannten Einflussfaktoren, „dass alle Klimaprognosen die logische Form von Wenn-dann-Aussagen haben, d.h. sie gelten nur unter bestimmten Bedingungen, deren Eintreten oder Nichteintreten jenseits der Beurteilungsmöglichkeit der Klimaforschung und der Berechnungen der Klimamodelle liegen".[3] Aber wie wollen wir die Behauptung rechtfertigen, wir könnten wissenschaftlich exakte Aussagen über Klimaänderungen treffen (und hier geht es nicht um Tage sondern um Jahrzehnte und Jahrhunderte), wenn wir nicht einmal in der Lage sind, das Wetter der kommenden Woche oder den Einfluss der Klimaerwärmung auf die Hurrikan-Ereignisse genau vorherzusagen. [4] – Was wir exakt nachweisen können, sind Korrelationen zwischen bestimmten Parametern (wie z.B. zwischen CO_2-Ausstoß und Temperaturverlauf), aber eine Korrelation ist noch keine Kausalität. Bezeichnenderweise konzentriert sich ein ‚Bildungs-Artikel' des Umwelt-Bundesamtes mit dem Titel „Klimamodelle und Szenarien" von vornherein nur auf Treibhausgase als Klimafaktor,[5] andere Einflussfaktoren werden zwar kurz erwähnt, aber ansonsten beiseite gelassen. Aber selbst in diesem Punkt sind die Klimamodelle unvollständig, da die Rolle der Permafrostböden und die damit verbundenen Auftauprozesse bzw. Methan- und CO_2-Emissionen nicht ausreichend berücksichtigt werden.[6] Das ist fast so, als würde man sich bei der wissenschaftlichen Untersuchung der Verbreitung von Pandemien allein mit dem Ernährungszustand der Bevölkerung beschäftigen.

Wie stark Politik, industrieller Lobbyismus und Klimaforschung miteinander verwoben sind, zeigen die nur noch als Grabenkrieg zu bezeichnenden Diskussionen um das sogenannte Hockeyschläger-Diagramm, das voreilig vom IPCC im Sachstandsbericht 2001 als Beweis für den starken Temperaturan-

---

[3] https://bildungsserver.hamburg.de/themenschwerpunkte/klimawandel-und-klimafolgen/klimawandel/klimamodelle-probleme-253458, zuletzt aufgerufen am: 9.4.2024.

[4] https://www.science.org/doi/10.1126/science.307.5709.501b – Auf den Unterschied zwischen Wetter- und Klimavorhersage werden wir gleich noch zu sprechen kommen, zuletzt aufgerufen am: 16.4.2024.

[5] https://www.umweltbundesamt.de/themen/klima-energie/klimafolgen-anpassung/folgen-des-klimawandels/klimamodelle-szenarien#was-sind-klimamodelle, zuletzt aufgerufen am: 16.4.2024.

[6] https://www.agrarheute.com/management/finanzen/klimamodelle-einfach-ungenau-finanzierung-verfaelscht-klimavorhersagen-617272, zuletzt aufgerufen am: 8.3.2024.

stieg zu Beginn der industriellen Revolution angeführt wurde.[7] Die um dieses Diagramm und deren methodische Grundlagen geführte Kontroverse hat sogar zu einem Prozess in Kanada geführt, den der Autor dieser Grafik wegen Verschleppung des Verfahrens und der Verweigerung der Offenlegung von Hintergrunddaten verloren hat. In einem solchen Klima der Missachtung wissenschaftlicher Grundsätze und der Verweigerung einer fairen Diskussion bleiben die Wahrheit und der Glaube an die Wissenschaft einfach auf der Strecke.

Man sollte sich bei allen Kontroversen allerdings bewusst sein, dass die Wettervorhersage und die Klimamodellierung physikalisch und mathematisch zwei ganz verschiedene Dinge sind. Erstere befasst sich mit kurzfristigen Simulationen, in die ganz andere Parameter eingehen als in Letztere. Außerdem befasst sich die Klimamodellierung mit dem Durchschnitt der Wetterentwicklung über viele Jahre, stellt also gewissermaßen eine statistische Mittelung über viele Wetterereignisse dar. Hier sind zweifelsohne in den letzten Jahren insbesondere durch das Anwachsen der verfügbaren Rechenkapazität erhebliche Fortschritte erzielt worden. Keiner sollte deshalb die Erfolge in der langfristigen Simulation von Klimaerscheinungen und in der retrospektiven Erklärung von Klimaschwankungen kleinreden. Trotzdem muss in diesem Zusammenhang daran erinnert werden, dass für globale Klimaphänomene (das sogenannte ‚Makroklima‘) fundamentale Naturerscheinungen (wie die bereits erwähnte Plattentektonik, Vulkanismus oder die Sonnenfleckentätigkeit s.o.) eine wichtige Rolle spielen, deren Einflüsse wir weder genau kennen, noch wirklich in unsere Klimamodelle adäquat einbinden können. Bezeichnenderweise werden diese gewaltigen Einflussfaktoren in den Klimamodellen gar nicht berücksichtigt,[8] sie werden in dem oben zitierten Artikel des Umwelt-Bundesamts nicht einmal erwähnt! – Wenn die Aussage über unser unvollkommenes Wissen zur Entwicklung des Klimas nicht zuträfe, wären wir in der Lage, die nächste Eiszeit vorherzubestimmen.[9] Ernsthafte Kritiker der Klimahysterie und der Behauptung, dass der Klimawandel menschengemacht sei,[10] oder der anmaßenden Feststellung, dass letzteres von ‚der Wissenschaft‘ bewiesen sei, werden einfach totgeschwiegen, statt sich gründlich mit deren Gegenargumenten auseinanderzusetzen, s. [6].

---

[7] https://www.spiegel.de/wissenschaft/natur/klimaforschung-streit-um-die-hockeyschlaeger-grafik-a-886334.html, zuletzt aufgerufen am: 1.5.2024.

[8] https://www.dw.com/de/sind-klimamodelle-wirklich-verl%C3%A4sslich/a-18219831, zuletzt aufgerufen am: 16.4.2024.

[9] Dass es Versuche in dieser Richtung gibt, zeigen die sogenannten Milanković-Zyklen, die auf Berechnungen beruhen, die Aussagen über periodisch auftretende Intensitätsschwankungen der Sonneneinstrahlung auf der Erde treffen.

[10] https://clintel.org/world-climate-declaration/, zuletzt aufgerufen am: 16.4.2024.

Unabhängig davon, ob die These vom menschengemachten Klimawandel stimmt oder nicht, müssen selbst die Proponenten derselben zugeben, dass der deutsche Einfluss auf das Klimageschehen äußerst gering ist. Trotzdem wird mit unerschütterlicher Ignoranz und einer durch nichts zu rechtfertigenden Selbstgewissheit unter dem Vorwand der Klimarettung ein Verbot nach dem anderen erlassen und dabei die deutsche Wirtschaft in den Ruin getrieben, s. Kap. 15. Es ist also verständlich, dass bereits von einer modernen ‚Ökodiktatur' gesprochen wird, die übrigens nicht nur Deutschland droht. Das ist ein sehr nachdenkenswerter Begriff, der ursprünglich wohl von J. Lovelock im Zusammenhang mit der Bewältigung der Klimakrise geprägt wurde, wobei die Regierung „in Anlehnung an die Kriegswirtschaft [...] die Kontrolle über die Wirtschaft übernehmen [solle], um die Krise effektiv zu überwinden".[11] Er umfasst also auf der einen Seite das Schüren und die Ausnutzung der Klima-Angst durch die Regierenden zur Durchsetzung ihrer Ziele mit zum Teil sehr schmerzhaften Maßnahmen für die Bevölkerung. Das ist im Grunde genommen nichts Neues, denn seit jeher wurde die Angst als Herrschaftsinstrument eingesetzt [50], was natürlich auch unseren links-grünen Politikern nicht verborgen geblieben ist. Diese Aussage bewahrheitet sich heute beim Anheizen der Furcht vor dem Klimakollaps und zeigte sich auch schon während der Corona-Krise, wo laut Schäuble die allgemeine Verunsicherung manches ermöglichte, was sonst nicht durchsetzbar gewesen wäre, s. hierzu Kap. 16.[12] – Inzwischen ist aber noch ein anderer verschärfender Aspekt hinzugekommen, der sich in den quasi terroristischen Aktionen von Klimaextremisten, wie ‚Extinction Rebellion' und ‚Letzte Generation', äußert. Diese versuchen die Demokratie zu untergraben und ihre teils aberwitzigen (oft sogar von apokalyptischen Vorstellungen diktierten) Ziele mit diktatorischen Methoden der Bevölkerungsmehrheit aufzuzwingen.[13]

Wir wissen aus der Erdgeschichte, dass es in Zeiten, als es überhaupt keine Menschen gab oder deren Einfluss vernachlässigbar war, sowohl drastische Abkühlungen gegeben hat (die größte war die sogenannte ‚Schneeballerde') als auch erdgeschichtlich gesehen sehr schnelle Erwärmungen (z.B. am Ende einer jeden Eiszeit). Aber niemand kann diese Ereignisse wissenschaftlich genau erklären. Andernfalls wüssten wir, wann die nächste Eiszeit kommt (und

---

[11] https://www.zdf.de/nachrichten/panorama/klimawandel-oekodiktatur-demokratie-100.html, zuletzt aufgerufen am: 1.5.2024.

[12] Übrigens wurde auch die vernunftwidrige Abschaltung unserer Atomkraftwerke letztlich mit Hilfe der unbegründeten Verbreitung von Angst im Zusammenhang mit dem japanischen Reaktorunglück regelrecht ‚durchgezogen'.

[13] https://www.bpb.de/shop/zeitschriften/apuz/oekologie-und-demokratie/508497/auf-dem-weg-in-die-oekodiktatur/, zuletzt aufgerufen am: 1.5.2024.

die kommt nach Milanković bestimmt).[14] Wenn aber die Ursachen von Erwärmungen, die so intensiv sind, dass sie riesige, einen großen Teil der Erde bedeckende Eismassen schmelzen lassen, schon nicht richtig verstanden werden, wie will man viel geringere Einflüsse (und sei es der CO_2-Ausstoß von Millionen Autos) wissenschaftlich exakt erfassen? Da hilft es auch nicht, den Nobelpreis für Physik 2021 politisch zu instrumentalisieren. Niemand wird bestreiten, dass die hochkomplizierten mathematischen Modelle der Preisträger von ausgewiesenen Fachleuten entwickelt wurden. Das ändert aber nichts an der Tatsache, dass man die zugrundeliegenden mehr als ein halbes Dutzend gekoppelten partiellen Differentialgleichungen selbst mit Computern nur unter vereinfachten Annahmen lösen kann, und auch das nur numerisch (nicht in ‚geschlossener Form‘, wie die Mathematiker sagen). Was aber noch viel wichtiger ist, es geht ja nicht allein um die adäquate Gestalt der Gleichungen, sondern auch um die richtige Erfassung aller Eingangsparameter und Einflussfaktoren. Und daran hapert es in allen Modellen, denn niemand kann diese für Klimaerwärmungen bzw. Abkühlungen auch nur für die letzten fünfhundert Jahre (geschweige denn bis zur Erwärmung nach der letzten Eiszeit) genau spezifizieren. Sonst könnten wir alle diese längst zurückliegenden Klimaschwankungen wenigstens retrospektiv simulieren.[15]

Unsere Ausführungen sollen keinen Fachbeitrag zu den Fragen des Klimawandels liefern, das muss einer umfassenden Diskussion unter Fachwissenschaftlern vorbehalten bleiben. Hier geht es darum, für eine unvoreingenommene Haltung zu werben, die von einer Erkenntnis geleitet wird, die im Vorwort zu [77] sinngemäß so formuliert wird: Die Ursachen des steten Klimawandels sind so komplex, dass sie nicht auf einen Parameter, wie die CO_2-Konzentration in der Atmosphäre, reduziert werden können. Aber genau das passiert in vielen politischen Diskussionen in unserem Land. Auch der Schlussfolgerung von Uhlig bezüglich einer rationalen Einstellung zum Klimawandel kann man sich nur anschließen (loc. cit. S. 179): „[Das] soll nicht heißen, wir wären unserer Verantwortung hinsichtlich einer Schonung der natürlichen Ressourcen und der Umwelt entbunden [...] - aber in einem sinnvollen und verhältnismäßigen Maß, ohne dogmatische Moralisierung und Hysterie."

Eine wichtige Rolle im internationalen Diskurs zum Klimageschehen spielt der IPCC. Allerdings sind seine Stellungnahmen zum Klimawandel mit großer

---

[14] https://www.zamg.ac.at/cms/de/klima/informationsportal-klimawandel/klimasystem/antriebe/astronomische-zyklen, zuletzt aufgerufen am: 16.4.2024.

[15] Die historische Entwicklung und die immer wieder auftretenden Schwankungen des Klimas auch in Zeiten, in denen menschlicher Einfluss keine Rolle spielte, werden überblicksartig in einem lesenswerten Buch von Wolfgang Behringer behandelt [6].

Vorsicht zu genießen, da sie in in einen regelrechten Glaubenskrieg und in politisch-ökonomische Interessen eingebettet sind (worauf wir weiter unten noch einmal zurückkommen werden). Formal sind die beteiligten Wissenschaftler zwar frei in ihren Forschungen, sie werden aber von politischen Gremien berufen und bezahlt. Die involvierten Forscher erarbeiten sicherlich wichtige Grundlagen für die Arbeit des IPCC (oft genug allerdings relativ einseitig), die zweifelhaften Schlüsse werden aber vorwiegend von den Politikern gezogen.[16]

Es ist also nach dem oben Gesagten mehr als kühn zu behaupten, dass die These von der anthropogenen Klimaerwärmung ‚bewiesen‘ sei. Die Begründung liegt - wie dargelegt - darin, dass globale Faktoren, deren Einfluss auf das Klima wir nicht ausreichend verstehen, in den Klimamodellen dementsprechend noch gar nicht berücksichtigt sind.[17] Eine umfassende Zusammenstellung aller Einflussfaktoren, die wesentlich wirkmächtiger sind als die CO_2-Konzentration in der Luft, findet sich in dem bereits zitierten Buch von Uhlig [77]. Die Frage ist also, ob wir tatsächlich **alle** relevanten Parameter in unsere Klimasimulationen und mathematischen Modelle einbezogen haben (was zu bezweifeln ist). Aber selbst wenn das der Fall wäre, ist immer noch offen, ob wir diese jemals hinreichend genau bestimmen können. – Es sind tatsächlich vorwiegend hydrographische, biosphärische, atmosphärische und kryosphärische Daten, die in die Berechnungen eingehen und damit nicht unmittelbar mit den vorgenannten Faktoren gleichzusetzen sind. Angesichts dieser schwierigen wissenschaftlichen Ausgangslage ist es einfach infam, Leute, die Zweifel an der These vom *menschengemachten* Klimawandel haben, als „Klimaleugner“ oder „Klimagegner“ zu denunzieren.[18] Das hindert aber den SWR z.B. nicht, gleich im Aufmacher eines Artikels völlig unberechtigt von „Klimaleugnern“ zu sprechen,[19] um dann irgendwo im Text die Kurve zu „Leugnern der Klimakrise“ zu kriegen. Aber selbst letzteres ist nicht das wirklich brisante Problem, sondern die Frage, ob und in welchem Maße der Mensch für die Klimakrise oder den Klimawandel verantwortlich ist.

---

[16] https://www.handelsblatt.com/politik/international/oekonomen-ueben-kritik-meinungsmaechtige-klima-institutionen-seite-2/2706010-2.html, zuletzt aufgerufen am: 1.5.2024.

[17] Zu den bereits oben genannten kommt auch noch das den meisten weniger bekannte Torkeln der Erdachse hinzu. – https://www.wissenschaft.de/erde-klima/die-erde-schwankt-im-eiszeittakt/, zuletzt aufgerufen am: 16.4.2024.

[18] Das ist schon sprachlich Unsinn, denn wer könnte die Naturphänomene Klima oder Wetter als solche leugnen.

[19] https://www.swr.de/swr2/wissen/swr2-wissen-2020-03-10-100.html, zuletzt aufgerufen am: 16.4.2024.

Solche manipulatorischen Sprachjongliereien sind keine Ausnahme, sondern schon fast die Regel und zeugen nicht von seriösem Journalismus. Das bewies erst kürzlich wieder der anmaßende Redaktionsleiter der WDR-Sendung ‚Monitor',[20] der die bewusste Sprachverdrehung auch noch dreist als legitimes Kampfmittel anpries, s. hierzu auch Kap. 10. In dem zitierten Artikel rief er ausdrücklich dazu auf, nicht den für ihn zu harmlos klingenden Terminus ‚Klimaskeptiker' zu verwenden, sondern den nach seiner Meinung besseren (weil schärferen) Begriff ‚Klimaleugner'. Im Namen des guten Anliegens - in diesem Fall der Klimarettung - darf man im Lager der ‚Selbstgerechten' (Wagenknecht) auch die unlautersten Mittel einsetzen und durchaus andere Menschen gern mal völlig unbegründet verächtlich machen. Diese Selbstüberhebung ist generell eine Hybris von Links-Grün, wie der WDR-Kinderchor mit seinem Song „Meine Oma ist'ne alte Umweltsau" dokumentierte, was dementsprechend bundesweite Proteste auslöste.[21]

Um keine Missverständnisse aufkommen zu lassen, sei betont, dass ein menschlicher Einfluss auf die Klimaerwärmung (CO_2-Ausstoß usw.) durchaus nicht auszuschließen ist, was allein große Vorsicht im Umgang mit klimaschädlichen Stoffen rechtfertigt. Trotzdem darf Klimapolitik nicht mit dem heute zu beobachtenden, alle schädlichen Nebeneffekte derselben ignorierenden Aktionismus betrieben werden. Man muss einfach wie bei anderen komplexen Erscheinungen, die emergenten Charakter haben (s. [27, Kap. 10]), sehr vorsichtig mit menschlichen Eingriffen sein, da bei unseren Handlungen oft genug etwas anderes herauskommt als beabsichtigt war.[22] Wir sollten uns auch immer wieder einmal vor Augen führen: Wenn Deutschland ab sofort seine CO_2-Emission auf Null reduzieren würde (was illusorisch ist), hätte das praktisch keinerlei Einfluss auf das Weltklima, würde aber die gesamte deutsche Wirtschaft in den Ruin treiben. Auch eine einseitige Fokussierung auf den Schadstoff CO_2 ist durchaus gefährlich (ein anderes Mal sind es Stickoxide oder das Methan, ganz selten eigenartigerweise das schlimmste Treibhausgas Schwefelhexafluorid SF_6, das u.a. in Windkrafträdern als Isolator eingesetzt wird). Bei E-Autos wird z.B. oft einseitig die Schadstofffreiheit ins Feld geführt, dabei werden aber geflissentlich die Feinstaubbelastungen durch den erhöhten Abrieb (wegen des hohen Gewichts der Autos) unterschlagen. Der

---

[20] https://www.faz.net/aktuell/feuilleton/wdr-monitor-postet-ratgeber-zu-besserer-klimasprache-auf-instagram-19088882.html, zuletzt aufgerufen am: 1.5.2024.

[21] Was aber nichts daran ändert, dass alle, die sich dadurch und viele ähnlich gelagerte Fälle verhöhnt fühlen, solche Unverschämtheiten über die GEZ gezwungenermaßen auch noch finanzieren zu müssen. – https://youtu.be/MDwAPEc3COU, zuletzt aufgerufen am: 16.4.2024.

[22] Bereits Machiavelli hat festgestellt: „Wenn Reformen dauerhaft sein sollen, müssen sie langsam durchgeführt werden".

ADAC vertritt hierzu die Meinung: „Nicht die Antriebsart, sondern die Antriebsenergie ist entscheidend für klimaneutrale Mobilität".[23]

Das Problem ist nicht die Klimaforschung an sich; hier wird im allgemeinen sicher eine gute und wissenschaftlich sehr anspruchsvolle Arbeit geleistet. Die Crux ist vielmehr die politische Instrumentalisierung der Wissenschaft, deren Resultate - die sich bei einem so komplexen Problem wie dem Klima oft genug widersprechen - je nach Gusto in der einen oder anderen Weise ausgelegt und politisch missbraucht werden.[24] Allerdings gibt es auch immer wieder Datenmanipulationen durch Junk-Wissenschaftler, die sich damit Politikern andienen wollen, um deren Klimamaßnahmen fachlich zu ‚unterfüttern'. Das bewies z.B. der im Umfeld der Klimakonferenz 2009 in Kopenhagen als ‚Klimagate' bekannt gewordene Skandal.[25] Dabei wurde aufgedeckt, dass sich prominente Klimaforscher in E-Mails ausgetauscht haben, „wie sie mit Kritikern umgehen, wie Datensätze so verändert werden, dass sie zur offiziellen Theorie passen, und wie kritische Journalisten boykottiert werden sollen". Das Schlimme an der Sache war zusätzlich, dass die von den ‚Wissenschaftlern' manipulierten Daten vom Weltklimarat IPCC auch noch als Kampfinstrument gegen seine Kritiker eingesetzt wurden.

Der Klimahype ist inzwischen (ähnlich wie die vergangene Corona-Pandemie, s. Kap. 16) zum Manipulations- und Machtinstrument verkommen, was dem durchaus berechtigten Anliegen des sorgsamen Umgangs mit Umwelt- und Klimafragen (bzw. damals der Akzeptanz der Corona-Maßnahmen) großen Schaden zufügt hat. Ähnlich manipulativ wie mit Klimadaten wird mit CO_2-Fußabdruck und Ökobilanzen verfahren.[26] Während die Gegner der Kernkraftwerke mit Recht darauf hingewiesen haben, dass die Entsorgungskosten für den Atommüll mit in die ökonomischen bzw. ökologischen Bilanzen einzubeziehen seien, blendet Links-Grün bewusst die Frage der Entsorgung von Windrädern oder Autobatterien sowie die Umweltschäden bei der Produktion derselben aus (von den Problemen der fehlenden Infrastruktur, wie unzureichende Stromnetze, zu wenige Ladestationen usw. ganz abgesehen). Wie wenig Sachverstand auf diesem Gebiet waltet, zeigt die oft persiflierte Aussage der Grünen-Kanzlerkandidatin von 2021 über den angeblichen „CO_2-Verbrauch" des Menschen (nicht wie es korrekt wäre: ‚Ausstoß'!). Oder, bei einem ande-

---

[23] https://www.adac.de/verkehr/abgas-diesel-fahrverbote/abgasnorm/euro-7/, zuletzt aufgerufen am: 16.4.2024.

[24] https://www.dw.com/de/sind-klimamodelle-wirklich-verl%C3%A4sslich/a-18219831, zuletzt aufgerufen am: 16.4.2024.

[25] https://www.focus.de/wissen/klima/klimapolitik/skandal-um-manipulierte-daten-klimagate_id_1900259.html, zuletzt aufgerufen am: 1.5.2024.

[26] https://www.cicero.de/wirtschaft/co2-emissionen-die-diskussion-versachlichen, zuletzt aufgerufen am: 1.5.2024.

ren Anlass, spricht sie schon mal von 9 Gigatonnen CO$_2$, die jeder Mensch emittiert.[27]

Die Forderung der Klimabewegung, dass sich das Individuum dem Wohl des Ganzen bzw. der rigiden Zielsetzung der Weltklimarettung und damit höheren Zwecken unterzuordnen habe, weist totalitäre Wesensmerkmale auf. So ist es kein Wunder, dass den extremen ,Klimarettern' der Vorwurf der bereits zitierten Ökodiktatur oder gar eines Ökofaschismus gemacht wird.[28] Ihnen allen ist gemeinsam (seien es die ,Letzte Generation' oder ,Extinction Rebellion' u.a.) dass sie glauben, sich zur Erreichung ihrer hehren Ziele über Recht und Gesetz sowie über die Mehrheitsmeinung hinwegsetzen zu können. Leute, die glauben, Menschenleben um ihrer eigenen Anliegen willen in Gefahr bringen zu dürfen, sind keine ,Klimaaktivisten', sondern ,Klimaterroristen'. Nicht nur, dass sie über die milden Urteile der Richter lachen, sie versprechen gleich im Gerichtssaal ihren Kampf zur Weltrettung fortzuführen und verkünden in aller Öffentlichkeit, dass dabei Tote etwas sind, ,,was wir ein Stück weit auch riskieren müssen".[29] Was würden wohl die links-grünen Sympathisanten dieser Klimaextremisten sagen, wenn empörte Autofahrer beim Aufheben einer Blockade ebenso locker ein paar Tote von denen einkalkulieren würden. Ist der Innenministerin nicht klar, dass eine derartige Verrohung und Eskalation zu Straßenschlacht-ähnlichen Zuständen führen kann?

Von Politik und Medien wird eine gefährliche Toleranz gegenüber den Klimaextremisten geübt. Letzteren wird immer wieder eine Plattform in Talkshows und Interviews gegeben, wodurch ihnen Gelegenheit geboten wird, sich mit ihrem ,edlen' Anliegen in der Öffentlichkeit zu präsentieren. Der Verkehrsminister (FDP) hat sogar Vertreter der ,Letzten Generation', also Straftäter, zu einem Gespräch zu sich eingeladen und ist dafür von denen noch gelobt worden. Um den Hohn auf die Spitze zu treiben, haben sich die Extremisten auch noch wohlwollend zu weiteren Gesprächen bereit erklärt (ihre Blockaden wollen sie jedoch fortsetzen).[30] Selbst die Polizei bietet den Extremisten willig ein

---

[27] https://www.theeuropean.de/gesellschaft-kultur/annalena-baerbock-patzt-erneut-mit-unwissen bzw.
https://eike-klima-energie.eu/2018/12/18/annalena-baerbock-in-deutschland-emittiert-jeder-buerger-9-gigatonnen-co2/, zuletzt aufgerufen am: 16.4.2024.

[28] https://web.archive.org/web/20161001143020/http://www.geooekologie.de/download_forum/forum_2008_1_spfo081d.pdf, zuletzt aufgerufen am: 1.5.2024.

[29] https://www.bild.de/regional/dresden/dresden-aktuell/sachsens-bekanntester-klima-kleber-christian-blaeul-tote-muessen-wir-auch-ein-st-83104778.bild.html, zuletzt aufgerufen am: 1.5.2024.

[30] https://www.sueddeutsche.de/politik/volker-wissing-letzte-generation-klimaproteste-strassenblockaden-1.5835059, zuletzt aufgerufen am: 1.5.2024.

Podium und lädt sie zu Vorträgen an ihre Hochschulen ein.[31] Schlimmer kann sich der Staat nicht vorführen lassen, was die ‚Aktivisten' regelrecht zu dem erwähnten unverschämten Auftreten in Gerichtsprozessen ermuntert. Wenn sich ein Teil der Bürger - aus welchen selbstdachten ‚guten Gründen' auch immer - über bestehendes Recht hinwegsetzen darf und damit andere zu gleichem Tun ermuntert, dann ist der Rechtsstaat am Ende, s. Kap. 12.

Wie wir alle wissen, hat die Beantwortung der Frage nach den Ursachen des zu beobachtenden Klimawandels gravierende politische und ökonomische Konsequenzen, insbesondere für die Energieversorgung und die Mobilität der Menschen. Auch unabhängig vom Problem des CO_2-Ausstoßes muss man die Suche nach alternativen Energien und auch nach alternativen maschinellen Antrieben intensivieren, da wir fossile Energieträger generell nicht einfach verbrennen dürfen (denn dann sind letztere unwiederbringlich verloren). Diese wichtigen Rohstoffe, allen voran Kohle und Erdöl, werden dringend als Basis für die organische Chemie benötigt. Gleichwohl ist der Prozess der Umstellung auf regenerative Energien mit großer Vorsicht und vor allem nicht im nationalen Alleingang durchzuführen. Das zeigen insbesondere die verheerenden Folgen aus dem aberwitzigen gleichzeitigen Ausstieg aus Kernenergie und Kohleverstromung in Deutschland. Im Ergebnis dieser unverantwortlichen Energiepolitik haben wir die höchsten Strompreise in Europa und kaufen das teure, umweltschädlich geförderte Fracking-Gas der Amerikaner, das auch noch um die halbe Welt transportiert werden muss (was wiederum Unmengen an Dieseltreibstoff verbraucht). Die amerikanischen Gasproduzenten und Politiker wird das ungemein freuen, und sie werden sich genauso die Hände reiben, wie bei der Sprengung der Gaspipeline Nordstream 2.[32]

Der mit der Energiewende vollzogene Wechsel zu erneuerbaren Energien basiert zum Teil auf der falschen Annahme, dass diese Ressourcen unerschöpflich und kostenlos seien. Auch der populistische Slogan „Sonne und Wind schicken uns keine Rechnung" verstellt den Blick für die Komplexität des Ganzen. Natürlich kostet die Sonnen- und Windenergie unmittelbar kein Geld (übrigens, die Kohle auch nicht, so lange sie im Boden liegt). Aber die *Nutzbarmachung* der ‚Erneuerbaren' ist ebenfalls mit gewaltigem finanziellem Aufwand und großen Problemen (wie etwa Schaffung der Infrastruktur, Eingriffen in die Natur, hoher Volatilität der Ressourcen usw.) verbunden, s. Kap.

---

[31] https://www.welt.de/politik/deutschland/article247038388/Klimaaktivisten-in-Polizeihochschule-Ministerium-verteidigt-umstrittenen-Auftritt.html, zuletzt aufgerufen am: 1 5.2024.

[32] Nach neueren Meldungen ist nicht einmal Verlass auf unsere ‚Freunde' in den USA in Bezug auf Gaslieferungen, was unsere Energieversorgung noch weiter in die Malaise treiben dürfte. – https://www.zeit.de/politik/ausland/2024-01/fluessiggas-usa-joe-biden-deutschland, zuletzt aufgerufen am: 6.4.2024.

15. In welch erhebliche Schwierigkeiten eine Volkswirtschaft geraten kann, die allein oder vorwiegend auf Windkraft und Solarenergie setzt, hat der Winter im Februar 2021 in Texas gezeigt, wo schon Chemieanlagen aufgrund des eingetretenen Energiemangels abgeschaltet werden mussten.[33]

Darüber hinaus muss man konstatieren, dass die Wechselwirkung zwischen Mikroklima und massivem Ausbau der Windräder sowie deren Auswirkungen auf die Umwelt bei weitem noch nicht ausreichend untersucht sind. Dieses Thema spielt in der öffentlichen Debatte zwar eine gewisse Rolle, wird aber nicht wirklich umfassend diskutiert. Ein Beispiel für noch ungeklärte Probleme ist das sogenannte ‚Terrestrial Stilling‘, d.h. die Abschwächung des Windes in der Nähe großer Windkraftanlagen. Dabei treten sogar Rückkopplungseffekte auf, die zu berücksichtigen sind: Wenn dem Wind auf dem Weg vom Atlantik bis nach Mitteldeutschland unterwegs zunehmend Energie entnommen wird, so hat das nicht nur Auswirkung auf das lokale Klima sondern auch auf die Energieeffizienz der Windanlagen auf der Lee-Seite. Man weiß noch nicht einmal, ob für die inzwischen nachgewiesene Abschwächung des Windes an vielen Orten Mitteleuropas der Ausbau der Windenergie mitverantwortlich ist.[34] Aus diesem Grund gibt es berechtigte Zweifel ernst zu nehmender Physiker, ob der Ausbau von Windrädern im geplanten Umfang überhaupt physikalisch möglich ist und selbst bei geringeren Ambitionen folgenlos bleiben wird.[35] Dabei sind die Schwierigkeiten bei der Entsorgung für auszumusternde Windanlagen noch gar nicht berücksichtigt. – Die größten Schäden für die Wirtschaft entstehen aber dadurch, dass grüne Ideologen trotz ihrer Unkenntnis über diese Zusammenhänge und alle weiteren komplexen Nachfolgeprobleme den Ausbau der Windkraftanlagen ohne Rücksicht auf Verluste intensiv vorantreiben wollen. Analoges gilt für die Umweltschäden, die durch Anlagen zur Erzeugung alternativer Energien entstehen (Bodenversiegelungen, Beeinträchtigung der Land- und Forstwirtschaft sowie der Tierwelt usw.).

Die aufgeheizte Atmosphäre um den Klimawandel führt naturgemäß zu entsprechenden Kontroversen in der Politik. Während Links-Grün in eine regelrechte Klimahysterie verfallen ist, neigen rechte Parteien, wie die AfD, eher dazu, das Thema zu meiden. Auch auf diesem Gebiet scheint Maß und Mitte verloren gegangen zu sein. Ja selbst innerhalb der Grünen gerät die Führungsriege mit ihrer eigenen fundamentalistischen Basis aneinander, was zu einem

[33] https://www.kunststoffweb.de/branchen-news/usa_anlagen_in_texas_wegen_wintereinbruch_vorsorglich_geschlossen_t251777, zuletzt aufgerufen am: 1.5.2024.

[34] Hier könnte sogar das Klima Schaden nehmen, das man doch angeblich retten will, was ein weiterer Fall von „nicht-intendierten Folgen intentionalen Handelns" [Norbert Elias] wäre, s. hierzu Kap. 17 und https://paz.de/artikel/wenn-windraeder-einander-den-wind-wegnehmen-a5664.html, zuletzt aufgerufen am: 1.5.2024.

[35] https://www.youtube.com/watch?v=RzC41jBxflo, zuletzt aufgerufen am: 1.5.2024.

gewissen Teil sogar verständlich ist. So musste der als unausweichlich bezeichnete Kohleausstieg wieder rückgängig gemacht und außerdem verstärkt auf teures und ökologisch bedenkliches Flüssiggas gesetzt werden, weil die CO_2-neutralen Atomkraftwerke vom Netz genommen wurden. Der Weiterbetrieb von Kohlekraftwerken hat dann schon fast automatisch zu den Tagebaubesetzungen durch grüne Kämpfer geführt, für die rechtsverbindliche Vereinbarungen keine Rolle spielen (selbst dann nicht, wenn diese von einer grünen Umweltministerin mit beschlossen wurden), s. Kap. 12. Deutlich sichtbar wurden die Konflikte etwa bei der gewaltsamen Räumung von Lützerath, einem Dorf in NRW, das dem Braunkohle-Abbau zum Opfer fiel.[36] Obwohl die Erhaltung des Tagebaus bei Lützerath juristisch abgesichert war, mussten 3000 Polizisten aus der gesamten Bundesrepublik zusammengezogen werden, um Recht und Ordnung gegenüber den militanten ‚Klimaaktivisten' durchzusetzen.

Noch weitgehend unverstanden ist der Zusammenhang zwischen dem Auftreten extremer Wetterlagen und dem Klimawandel. Während Grünen-Politiker dazu neigen, die Klimaerwärmung ohne jeglichen Beleg für jedes Unwetter, jedes Hochwasser und jeden Waldbrand verantwortlich zu machen, werden Stimmen, die einen solchen Kausalzusammenhang anzweifeln, weitestgehend unterdrückt.[37] Die Wissensmagazin ‚National Geographic' schreibt im Zusammenhang mit den Überschwemmungen im Sommer 2021 im Westen Deutschlands: „Der Klimawandel macht starke Regenfälle wahrscheinlicher, aber ob es zu Fluten kommt, hängt auch davon ab, wie viele Flächen versiegelt sind" und mit kritischem Blick auf entsprechende UNO-Organisationen weiter „Die Einschätzung der Vereinten Nationen ist falsch. Selbst wenn der Klimawandel eine Rolle spielt, ist er bei den meisten wetterbedingten Katastrophen nicht der Hauptgrund". [38]

Wie wenig die Politik trotz ihres ständigen Klimaalarmismus bei tatsächlich eintretenden Naturkatastrophen vorbereitet und auch dementsprechend handlungsfähig ist, hat die Flutkatastrophe 2021 im Ahrtal und in NRW (dort insbesondere um Erftstadt) gezeigt. Trotz tagelanger Vorwarnungen und trotz des ständig behaupteten Zusammenhangs zwischen Klimaerwärmung und Hochwasserereignissen war die Politik bei diesem Naturereignis völlig überrascht und zugleich überfordert, so dass der Katastrophenschutz schließlich einfach versagt hat.[39] Das Sirenen-Warnsystem funktionierte nicht, der

---

[36] https://www.tag24.de/thema/luetzerath-raeumung, zuletzt aufgerufen am: 1.5.2024.

[37] https://www.tichyseinblick.de/kolumnen/klima-durchblick/wer-hat-schuld-am-sommer-hochwasser-2021-in-westdeutschland/, zuletzt aufgerufen am: 1.5.2024.

[38] https://www.nationalgeographic.de/umwelt/2022/07/klimawandel-ist-er-wirklich-die-ursache-aller-naturkatastrophen, zuletzt aufgerufen am: 1.5.2024.

[39] https://www.sueddeutsche.de/politik/hochwasser-deutschland-katastrophenschutz-kritik-1.5356930, zuletzt aufgerufen am: 1.5.2024.

Krisenstab war nicht ausreichend informiert, und eine maßgebliche Ministe-rin war gerade wegen Urlaubs unabkömmlich (von der Ignoranz gegenüber der gefährlichen Bebauungssituation und der riskanten Führung des Flusslaufs im Ahrtal ganz zu schweigen). Das alles hinderte die selbsternannte Polite-lite nicht, das von ihnen mit zu verantwortende Desaster schnell zu überge-hen, um letztlich das Klima (und damit die von ihnen als solche denunzierten ‚Klimaleugner') für alles verantwortlich zu machen.[40] Höchstwahrscheinlich ist davon auszugehen, dass wir es hier - wie bei anderen Geschehen auch - mit hochkomplexen multikausalen Zusammenhängen zu tun haben, wobei der Klimawandel nur eine der Ursachen ist, die allerdings zu einer Häufung von Naturkatastrophen und Vergrößerung der Schwere beiträgt (es wird geschätzt, dass die Risikoerhöhung etwa bei 10% liegt, obwohl auch das nicht gesichert ist).[41]

Eigentlich sollte man annehmen, dass den Medien eine besonders verant-wortungsvolle Rolle bei der sensiblen Berichterstattung über solche Tragö-dien zukommt, die mit viel menschlichem Leid und sogar mit Todesopfern verbunden sind. Stattdessen haben sich einige (nicht alle) aktiv an der poli-tischen Instrumentalisierung der Ereignisse beteiligt. Den ehemaligen Regie-rungschef von NRW und Kanzlerkandidaten Laschet hat womöglich 2021 so-gar ein zur unpassenden Zeit aufgesetztes Lachen bei einem Politikerauftritt im Ahrtal durch einen von den Medien entfachten Shitstorm den Wahlsieg ge-kostet. Über die Fake-Katastrophenhelfer, die Plünderungen durch Ausländer und die gleichzeitige Diffamierung der echten Helfer wurde von den ÖRM schon weniger berichtet, es sei denn, die Helfer kamen aus dem ‚rechten' La-ger, da wurden ihnen ganz schnell mal unlautere Motive unterstellt. Erst auf eine Anfrage der AfD (warum kommt so etwas nicht von anderen Parteien?) stellte sich heraus, dass von der Polizei allein in NRW im Zusammenhang mit der Hochwasserkatastrophe mehr als 1000 Straftaten (vor allem Plünderungen und Diebstähle) festgestellt wurden, wobei der Großteil der Täter ausländische Wurzeln hatte.[42] Das hinderte den SWR nicht, diese Berichte herunterzuspie-len, wobei das Wort „Ausländer" in dem nachstehend zitierten Artikel nicht ein einziges Mal vorkommt.[43] Stattdessen ergeht man sich in Sophistereien, ob

---

[40] Selbst wenn Deutschland schon 2020 eine Nullemission an CO_2 erreicht hätte, wäre das Hochwasser von 2021 sicherlich genauso aufgetreten.

[41] https://m.focus.de/politik/deutschland/bundestagswahl/kommentar-von-ulrich-reitz-hilfe-der-klimawandel-ist-da-mit-billiger-masche-wollen-politiker-beim-hochwasser-absahnen_id_13503656.html, zuletzt aufgerufen am: 1.5.2024.

[42] https://www.bild.de/politik/inland/politik-inland/so-nutzten-kriminelle-die-katastrophe-aus-die-flut-pluenderer-83029416.bild.html, zuletzt aufgerufen am: 1.5.2024.

[43] https://www.swr.de/swraktuell/rheinland-pfalz/gab-es-pluenderungen-in-flutgebiet-nach-hochwasser-ahr-trier-100.html, zuletzt aufgerufen am: 1.5.2024.

es sich beim Eindringen in unbewachte, hochwassergeschädigte Häuser und Wegtragen von Wertgegenständen im juristischen Sinne um ‚Plünderungen‘ gehandelt habe. Einen Polizeibeamten zitierend schreibt man bagatellisierend: „Es habe Einzelfälle von Eigentumsdelikten im Flutgebiet gegeben. ‚Wir [die Polizei] haben aber bewusst darauf verzichtet, von Plünderungen zu sprechen, weil man sich da eher Gangs aus Filmen vorstellt, die mit Stühlen eine Schaufensterscheibe einwerfen und einen Laden ausräumen‘“.

Der Klimafuror der Weltretter wird mit geradezu missionarischem Eifer am Leben erhalten. Er begann mit den Schulstreiks der Greta Thunberg die sich (unterstützt durch raffiniertes Management und die PR-Aktionen ihrer Eltern) zur Jeanne d'Arc des Klimaschutzes hochstilisiert hatte. So überquerte sie schon einmal pressewirksam, von einer Klimakonferenz kommend, den Ozean mit einem teuren Carbonboot (hat eigentlich schon einmal jemand den ökologischen Fußabdruck des gesamten PR-Gecks einschließlich der Flugreisen der Begleiter ermittelt?).[44] Dabei sind die ökonomischen Interessen im Hintergrund dieses Hype unübersehbar; nicht umsonst gibt es wilde Spekulationen über das von ihr angehäufte Vermögen.[45] Selbst wenn diese nicht annähernd zutreffen sollten, kann man sicher davon ausgehen, dass sie durch Ihre Aktivitäten bereits als Zwanzigjährige zur Millionärin geworden ist. Durch die von Greta begründete FFF-Bewegung zur Klimarettung die auch in Deutschland zumindest zeitweilig im öffentlichen Diskurs ständig präsent war, hat der Klimahype quasireligiösen Charakter erlangt, wobei ein Vergleich mit dem Kinderkreuzzug naheliegt. Die Klimahysterie dieser Bewegung nimmt schon groteske Züge an, wenn Greta Thunberg Deutschland als einen Hauptschuldigen an der Klimaerwärmung ausmacht, der eine „historische Schuld" zu begleichen habe. Auch diese Leute verstehen es also, auf der Klaviatur des deutschen Schuldkomplexes zu spielen.[46]

Die Toleranz der links-grünen Politiker gegenüber den selbsternannten, über dem Gesetz stehenden Klimarettern ist unverantwortlich. Das begann schon bei den ‚Friday for Future‘-Kids, die den Klimastreik trotz gesetzlich verankerter Schulpflicht durchzogen. Dieses Schulschwänzen im Namen des Klimaschutzes fand auch noch den Beifall von Ministern, obwohl sie damit natürlich die Autorität des Rechtsstaates untergraben haben. Wie will man denn ‚normales‘ Schulschwänzen und andere Verletzungen der Schulpflicht ahnden,

---

[44] https://www.welt.de/wirtschaft/article198622037/Greta-Thunberg-Jetzt-ist-ihr-Segeltrip-nicht-mehr-sauber.html, zuletzt aufgerufen am: 16.4.2024.

[45] https://www.berliner-kurier.de/politik-wirtschaft/macht-klima-protest-reich-so-gross-ist-das-vermoegen-von-greta-thunberg-wirklich-li.307542, zuletzt aufgerufen am: 1.5.2024.

[46] https://www.welt.de/politik/ausland/article234807250/Greta-Thunberg-Deutschland-hat-eine-historische-Schuld-zu-begleichen.html, zuletzt aufgerufen am: 16.4.2024.

wenn man anderwärts Schulstreiks toleriert oder gar prima findet? Selbst KultusministerInnen, die ja eigentlich für die Einhaltung der Gesetze auf diesem Gebiet Sorge tragen sollten, zeigten wärmstes Verständnis, und dann versteckten sie sich auch noch scheinheilig hinter den Schulleitungen, in deren Hände sie treuherzig-feige die Verantwortung für die Einhaltung der Schulpflicht legten.[47] Da muss man sich doch als Politiker nicht selbst bei den Kids mit klaren Ansagen unbeliebt machen.

Besonders kritisch ist die Nachsicht gegenüber militanten Klimarettern, wie denen von ‚Extinction Rebellion‘ zu sehen. Sogar der Bundeskanzler wie auch die ÖRM bieten diesen Extremisten noch gute Gelegenheiten für ihre Propaganda.[48] Die aggressiv auftretende Gruppe „Letzte Generation" glaubt sogar im Namen der guten Sache Autobahnen sperren zu können, und die Vorsitzende der Grünen sowie Politiker, Kirchenvertreter und der Präsident des Verfassungsschutzes haben dafür wärmstes Verständnis.[49] Bei der Autobahnblockade vom 31.1.2022 durch die „Letzte Generation" wurde sogar verhindert, dass Rettungsfahrzeuge zu einer schwer verletzten Radfahrerin durchkommen konnten.[50] Es ist unglaublich, mit welcher Milde diesen Extremisten in den ÖRM und von links-grünen Politikern begegnet wird. Auch der DLF gewährte einem der Anführer (die der Moderator höflich als ‚Aktivisten‘ titulierte) sogar ein Interview, in dem letzterer seine edlen Ziele und seine Rücksichtnahme bei allen Aktionen noch einmal ausbreiten konnte. Es war nichts, aber auch gar nichts von der sonst üblichen Empörung bei Straftaten von Rechts bei dem Interviewer zu spüren. Selbst die TAZ - und das will schon etwas heißen - gab umsichtig zu bedenken, ob die Aktivisten bei ihren Protestaktionen nicht doch „den Bogen etwas überspannt" hätten.[51] Der Bundeskanzler fand keine Worte einer scharfen Verurteilung der Täter, sondern zeigte sich „bedrückt" und fand die Gefährdung von Menschen durch die Extremisten „sehr bedauerlich".[52]. Die ‚Fridays for Future‘-Anführerin verstieg sich zum Dank sogar zu

[47] https://km-bw.de/,Lde/startseite/Service/2019+07+18+Stellungnahme+Kultusministerium +FFF, zuletzt aufgerufen am: 29.4.2024.

[48] https://taz.de/Scholz-trifft-Klima-Aktivistinnen/!5815087/, zuletzt aufgerufen am: 16.4.2024.

[49] https://www.merkur.de/politik/ricarda-lang-gruene-chefin-klimaaktivisten-strasse-blockade-lebensmittel-aufstand-letzte-generation-news-91285190.html, zuletzt aufgerufen am: 16.4.2024.

[50] Kurz danach wurde im Krankenhaus ihr Hirntod festgestellt.

[51] https://taz.de/Proteste-der-Letzten-Generation/!5888878/, zuletzt aufgerufen am: 16.4.2024.

[52] https://www.focus.de/politik/deutschland/nicht-auf-beifall-gestossen-meinen-auch-nicht-scholz-aeussert-sich-zur-gefaehrlichen-aktion-der-klima-kleber-sehr-bedauerlich_id_174256638.html, zuletzt aufgerufen am: 16.4.2024.

der grotesken Behauptung, dass nicht die ‚Klimaaktivisten' für die Gefährdung von Menschenleben verantwortlich seien, sondern der Kanzler selbst.[53]

Welche Sympathien unsere ‚Politelite' für links-grüne Klimaextremisten hegt, zeigt auch die Haltung des Verfassungsschutzpräsidenten, der meint, dass von diesen Straftätern keine Gefahr für die Demokratie ausgehe.[54] An die Umwelt- und Klimafanatiker gerichtet kann nur noch einmal wiederholt werden, was wir im Zusammenhang mit Genderwahn und PolC bereits festgestellt hatten (s. Kap. 9): Das blindwütige Verfolgen eines an sich anerkennenswerten Ziels unter Aufgabe von Maß und Vernunft schadet dem Anliegen der jeweiligen Proponenten am meisten. Dieser total überzogene Aktionismus zeigte sich übrigens auch 2018 bei den Waldbesetzungen durch Protestler im Hambacher Forst, wo für die Rettung eines relativ kleinen Waldstücks (trotz vorliegender Genehmigung für die Rodung) ein riesiger Schaden für den Rechtsstaat entstand.

Generell scheinen für ‚Aktivisten' der Grünen unsere Gesetze nicht zu gelten; sie handeln in angemaßter Selbstgerechtigkeit oft nach dem Motto „der Zweck heiligt jedes Mittel" auch wenn dadurch Menschenleben gefährdet werden. Das konnte man sowohl bei den Autobahnsperren im Zusammenhang mit den Protesten zur Abholzung des Dannenröder Forstes als auch bei der Landung eines Greenpeace-Gleitschirmfliegers zur Europameisterschaft in München erleben. Auf die Folgen des wohlwollend im Namen der guten Sache geduldeten Rechtsbruchs für unser Gemeinwesen hatten wir in Kap. 12 bereits hingewiesen. Entweder das Recht gilt für alle (ohne Ausnahme), oder es verkommt zur Willkür.[55] – Die Hilflosigkeit und unangebrachte Toleranz des Staates gegenüber den Autobahnblockierungen durch die Klima-Chaoten der ‚Letzten Generation' sind einfach bestürzend. Obwohl hier eindeutig Straftaten vorliegen (schwerer Eingriff in den Straßenverkehr, Nötigung usw.) wurde wenig gegen die Monate anhaltenden Aktionen unternommen und die Strafverfolgung wird über größere Zeiträume verschleppt.[56] Während die ehemalige Oberbürgermeisterin von Berlin oder der Justizsenator härtere Maßnahmen forderten (an wen sind die eigentlich gerichtet - an sie selbst?), hörte man aus

---

[53] https://www.berliner-zeitung.de/news/luisa-neubauer-olaf-scholz-gefaehrdet-menschen-nicht-die-letzte-generation-li.282594, zuletzt aufgerufen am: 16.4.2024.

[54] https://www.tichyseinblick.de/meinungen/erfassungsschutz-haldenwang-letzte-generation/, zuletzt aufgerufen am: 17.4.2024.

[55] In diesem Zusammenhang sei auch noch einmal daran erinnert, wie die Mainstream-Presse in euphemistischen Umschreibungen über den klaren Diebstahl der Autoschlüssel bei VW durch Greenpeace verbunden mit Hausfriedensbruch berichtet hat, s. Kap. 10.

[56] https://www.welt.de/politik/deutschland/article239807129/Letzte-Generation-in-Berlin-Vorwurf-der-Justiz-Verschleppung-AB-Berlin-Straftaten-nicht-durchgehen-lassen-nur-weil-sie-politisch-en-vogue-sind.html, zuletzt aufgerufen am: 28.4.2024.

dem links-grünen Lager sogar mehr oder weniger offene Sympathiekundgebungen (wie etwa von der Umweltministerin Lemke). Da ist es nur folgerichtig, wenn die Polizei geradezu sorgsam und mit einfühlsamen Worten mit den Straßenblockierern umging.[57]

Die Radikalisierung der selbsternannten ‚Klimaaktivist*Innen' geht sogar so weit, dass neuerdings Forderungen nach „wirklicher Konfrontation" und „Angriffen auf die Infrastruktur" erhoben werden. Dabei grenzen die Maßnahmen der ‚Letzten Generation' zur Blockierung von Autobahnen und zur Lahmlegung des Flugverkehrs schon stark an Terrorismus.[58] Das hindert unsere Talkmaster in den ÖRM und unsere Politiker nicht, diesen Straftätern in Interviews und Gesprächsrunden die Gelegenheit zu geben, ihre ‚edlen' Motive darzulegen. Die ganze menschenverachtende Arroganz dieser selbstgerechten Jugendbewegung kommt in einem Tweet vom Dezember 2019 zum Ausdruck: „Warum reden uns die Großeltern eigentlich immer noch jedes Jahr rein? - Die sind doch eh bald nicht mehr da.".[59] Es erübrigt sich wohl hinzuzufügen, dass ein Teil der Presse sofort mit dem Standardargument, das war doch nur ‚Satire', zur Exculpierung schreitet.

Als Pendant zu dieser Torheit passt die heuchlerische Haltung der Politiker, die sich doch vorgeblich die Klimarettung auf die Fahnen geschrieben haben, aber nach dem Motto handeln „Öffentlich Wasser predigen und heimlich Wein trinken". Das treffendste Beispiel ist der unbändige Reisedrang unserer Außenministerin, die zu einer Megareise nach Australien, Neuseeland und den Fidschi-Inseln ansetzte und dabei gleich zweimal kläglich mit ihrem Regierungsflieger beim Start in Abu-Dhabi scheiterte. Bei diesen zwei Fehlstarts mussten immerhin (welch Ironie für die Bekämpferin der Luftverschmutzung) insgesamt 160.000 Liter Kerosin am Himmel versprüht werden, um das Wieder-Landen zu ermöglichen.[60] Den größten CO_2-Abdruck dürften allerdings die 70000 Delegierten der letzten Weltklimakonferenz 2023 in Dubai hinterlassen haben (allein Deutschland war dort mit 250 Delegierten angereist). Gebracht hat dieses Hornberger Schießen allerdings nichts.

---

[57] https://www.welt.de/politik/deutschland/article236795863/Letzte-Generation-Umweltministerin-zeigt-Verstaendnis-fuer-Proteste-FDP-widerspricht.html, zuletzt aufgerufen am: 17.4.2024.

[58] https://letztegeneration.org/blog/2022/02/letzte-generation-blockiert-drei-flughaefen-forderung-nach-buergermitbestimmung/, zuletzt aufgerufen am: 17.4.2024.

[59] https://www.tagesspiegel.de/politik/satire-fridays-for-future-ueber-grosseltern-die-sind-doch-eh-bald-nicht-mehr-dabei/25363208.html, zuletzt aufgerufen am: 17.4.2024.

[60] https://exxpress.at/160-000-liter-sprit-ueber-den-emiraten-verteilt-baerbock-bricht-pannenreise-ab/ – Von ihrer Enttäuschung, die romantischen Fidschi-Inseln verpasst zu haben, wollen wir hier gar nicht reden. Aber sie hatte ja als kleinen Trost wenigstens schon vorher den ebenso exotischen und für Deutschland ‚strategisch wichtigen' winzigen Inselstaat Palau besucht, zuletzt aufgerufen am: 17.4.2024.

Auch bei den Klimarettern der ‚Letzten Generation' klafft eine große Lücke zwischen Anliegen und ihrem persönlichen Konsumverhalten. Sie dürfen schon mal Gerichtstermine schwänzen, weil sie sich eine mehrwöchige Fernreise nach Südost gönnen müssen.[61] Hier findet man wieder das ‚ad hominem'-Argument in seiner verkorkst-verdrehten Form zur Abwehr von Kritik (diesmal in einem anderen Zusammenhang), indem man behauptet, dass private Leben der betroffenen Klima-Aktivisten dürfe hier nicht ins Spiel gebracht werden und habe mit ihren Zielen nichts zu tun. Nein, wer Autos und Flugzeuge für eine Sache des Teufels hält, sollte diese auch nicht benutzen (und schon gar nicht auf riesige Distanzen). Die ÖRM fanden zwar die zweifelhaften Protest-Handlungen der betroffenen Klima-Aktivisten auch nicht ganz OK, aber deren Langstreckenflüge nach fernen Ländern sei schon in Ordnung (wer bezahlt das eigentlich?).

Das sind jedoch alles keine Einzelfälle: Der Bundespräsident war auf seiner dienstlichen Ecuador-Reise auf Galapagos (wahrscheinlich um die Echsen und Riesenschildkröten zu besichtigen), ein ehemaliger Außenminister war bei den Inuit auf Grönland, der ehemalige Fraktionsvorsitzende und später auch zwei Minister der Grünen besuchten den Amazonas,[62] die Bundestagsvizepräsidentin der Grünen war auf Kiribati (eine Südseeinsel im Pazifik). Alle genannten Reisen machten einen Flug halb um die Erde erforderlich. Dabei hat keiner dieser Politiker etwas erfahren, was er nicht schon aus Fernsehreports wissen könnte, und politisch wichtige Verbindungen, die solche Reisen rechtfertigen könnten, haben wir weder zu den Galapagos-Inseln (diese liegen immerhin 1000 km vor der Küste Ecuadors), noch zu den Inuit oder nach Kiribati. Wenn wir schon nicht vom CO_2-Abdruck solcher Reisen sprechen wollen, dann sollte man wenigstens auch deren Kosten erwähnen, die wahrlich nicht gering sind. Oder interpretieren die genannten Protagonisten ihren gern verwendeten Slogan (s. Kap. 10): „Die starken Schultern müssen eben mehr tragen als die schwachen." in der Weise , dass sie (die ja zu den ‚starken Schultern' gehören), die Strapazen solcher Reisen gern auf sich nehmen, und diese den ‚schwachen Schultern' zu ersparen? - Nein, sie bürden die Kosten der Reise auch noch den steuerzahlenden ‚schwachen Schultern' auf. Während die Life-Style-Linken gern weltweit auf Bildungsreisen unterwegs sind, um das Elend dieser Welt oder das Schmelzen der Gletscher aus nächster Nähe zu beobachten, wird von

---

[61] https://focus.de/184721298, zuletzt aufgerufen am: 17.4.2024.
[62] Letztere stellten sich den indigenen Gastgebern peinlicherweise auch noch als zwei „Häuptlinge aus Deutschland" vor. – https://www.bild.de/politik/ausland/politik-ausland/gruenen-minister-sorgt-auf-brasilien-reise-fuer-neuen-zoff-haeuptling-habeck-83219002.bild.html, zuletzt aufgerufen am: 7.4.2024.

ihren politischen Vertretern zu Hause eifrig an der Abschaffung der Inlandflüge gearbeitet.

Obwohl wir erst in Kap. 15 auf die wirtschaftlichen Folgen der Klimahysterie näher eingehen werden, soll hier kurz auf das bereits eingangs erwähnte Problem des ‚Pretence of Knowledge' im Zusammenhang mit Energieversorgung eingegangen werden. Hier zeigt sich besonders deutlich, welchen Schaden die Anmaßung von (nicht vorhandenem) Wissen kombiniert mit professioneller Unfähigkeit anrichten kann. Wie kompliziert und gleichzeitig entscheidend der Gesamtkomplex der Energiebereitstellung und der Netzstabilität in einer modernen globalisierten Gesellschaft sind, hat der Fast-Blackout vom Januar 2021 offenbart.[63] Bei der Aufrechterhaltung der Netzfrequenz (einem wichtigen Indikator für ein stabiles Netz) spielt eine solche Anzahl von Einflussfaktoren mit, dass man als Laie die Zusammenhänge auf keinen Fall mehr überschauen kann. Wichtig für unsere Betrachtungen ist die Tatsache, dass erneuerbare Energien die Volatilität der Stromeinspeisung stark erhöhen. Wenn also ohne Augenmaß verstärkt auf Wind- und Sonnenenergie gesetzt wird, erhöht sich bei gleichzeitigem Zurückfahren stabiler Energiequellen (z.B. der Atomenergie) einfach das Risiko für Netzinstabilitäten bzw. für einen Blackout. Und letztere müssen unbedingt vermieden werden, da sie verheerende Folgen für die Wirtschaft und für die Gesellschaft insgesamt haben, s. Kap. 15.

In vielen Bereichen, so auch bei der Entwicklung klimaschonender Technologien oder dem Finden geeigneter Maßnahmen zur Bekämpfung der Erderwärmung, ist immenses Wissen über komplexe Zusammenhänge erforderlich, das der Normalbürger und - wie sich herausstellt - auch die Regierenden gar nicht haben. Diese Situation führt dazu, dass die bisher sehr erfolgreiche Herrschaftsform der Demokratie von vielen in Frage gestellt wird oder sogar andere Gesellschaftsformen gefordert werden. In einer Demokratie (Volksherrschaft) sollte eigentlich alle Macht vom Volk ausgehen. Das setzt aber voraus, dass entweder alle Bürger ein entsprechendes Bildungsniveau besitzen, um in Volksentscheiden die richtigen Beschlüsse zu fassen (Volksdemokratie), oder dass zumindest die in regelmäßigen Abständen gewählten Parlamentarier bzw. Regierungsvertreter über ein solches Wissen verfügen (repräsentative Demokratie). Letztere werden meist nicht direkt gekürt; Ausnahme: Präsidiale Demokratien, wie in den USA, wo der Präsident direkt von den Bürgern gewählt

---

[63] Netzstabilität ist gewährleistet, wenn eine ziemlich genaue Balance zwischen Stromeinspeisung in das Netz und Stromentnahme aus dem Netz gewährleistet ist. Wird mehr Strom eingespeist als entnommen, steigen Netzfrequenz und Spannung, und im umgekehrten Fall sinken beide Parameter. – Unter Blackout versteht man einen großflächigen Stromausfall. https://www.vienna.at/europa-entging-blackout-nur-knapp-stromversorger-warnen/6860745, zuletzt aufgerufen am: 18.4.2024.

wird. Da die genannte Wissens-Voraussetzung heute offensichtlich nicht mehr gegeben ist, wäre zu überlegen, ob eine Technokratie (Herrschaft der Sachverständigen, Wissenschaftler und Ingenieure) oder eine Meritokratie (Herrschaft besonders verdienstvoller Bürger) den Anforderungen der Zeit besser gerecht würde. Hier besteht wiederum der Nachteil, dass die breite Bevölkerung von den wichtigsten Entscheidungen ausgeschlossen würde, ganz abgesehen vom Legitimationsproblem (wer bestimmt die Zusammensetzung der Expertenräte und Entscheidergruppen bzw. die Mitglieder des ‚Verdienstadels‘?). Es könnte auch sehr schnell geschehen, dass abgehobenen ‚Technokraten‘ einfach die soziale Kompetenz fehlen würde. Wir stehen also hier, wie auf dem gesamten sozial-ökonomischen Gebiet vor dem Problem, möglicherweise eine neue und bessere Gesellschaftsform finden zu müssen, s. hierzu auch Kap. 15 und 17.

Wie schädlich sich die Anmaßung von Wissen (Pretence of Knowledge,) auswirken kann, sehen wir praktisch im Wochentakt bei der Vorlage unausgegorener bzw. kontraproduktiver Gesetze (Gasumlagegesetz, Heizungsgesetz usw.). Es kann auch nicht Aufgabe der Regierenden sein, klare terminliche Vorgaben für die Beherrschung technischer bzw. physikalischer Vorgänge zu machen, wie etwa die Verordnung, keine Verbrennungsmotoren nach 2035 mehr zuzulassen (und das EU-weit). Selbst das Bundesverfassungsgericht legt sich schon auf klimapolitische Zeitrahmen fest, was nicht seine Aufgabe sein kann, s.u.[64]

In Ergänzung zum Verbot der Verbrenner setzt Links-Grün ganz einseitig und mit riesigen Fördermitteln auf die E-Mobilität, wobei auch hier wieder mit willkürlichen zeitlichen Vorgaben gearbeitet wird (zu den technisch-ökonomischen Problemen s. Kap. 15). Physik und Technik lassen sich aber nicht dekretieren; man kann bestenfalls versuchen, Entwicklungen, die ihre Zeit brauchen, vorsichtig - aber nicht mit brachialer Gewalt - in eine bestimmte Richtung zu lenken. Außerdem ist im Moment noch gar nicht klar, welche weiteren Alternativen sich in Zukunft noch durchsetzen könnten (Wasserstoffbrennzellen im Bereich der Mobilität, Kernfusion im Bereich der Energieerzeugung usw.). Es ist auch noch weitgehend offen, welche der Antriebsarten in summa die größten Probleme für die Umwelt bereiten. Darüber hinaus werden bei dem Vorhaben der großen Transformation viele Probleme einfach ausgeklammert (fehlende Infrastruktur, Konsumentengewohnheiten bzw. Psychologie der Nutzer, rechtliche Hindernisse, Kosten für Reparaturen der eingesetzten Technik usw.), und die umweltschädlichen Faktoren von der Gewinnung der erforderlichen Rohstoffe bis hin zur Entsorgung im Rahmen der Umstel-

---

[64] https://www.adac.de/news/aus-fuer-verbrenner-ab-2035/ und
https://www.dw.co/verfassungsgericht-zwingt-deutschland-zu-mehr-klimaschutz/a-57375634, zuletzt aufgerufen am: 18.4.2024.

lung auf Anlagen zur Erzeugung von Wind- und Solarenergie sind bisher noch recht unzureichend bedacht. Dabei sollten wir nicht vergessen, dass durch das Angewiesensein auf die Lithium-Gewinnung in China, den Kupferbergbau in Chile, den Transport der Rohstoffe um die halbe Erde usw. völlig neue Abhängigkeiten entstehen (welche vernünftige Regierung möchte schon langfristig wirtschaftlich und politisch von dem international äußerst aggressiv auftretenden China abhängig sein?).

Eine einseitige Orientierung auf Elektroautos zum jetzigen Zeitpunkt könnte durchaus eine sehr teure Sache werden, zumal sich viele Käufer schon wieder von dieser Antriebsart abwenden (zu geringe Reichweite, hohe Reparaturkosten, niedriger Wiederverkaufswert, Wegfall der Subventionen usw.). Man stelle sich nur vor, dass man mit gigantischem Aufwand die entsprechende Infrastruktur geschaffen hätte (neue Netzanschlüsse in den Häusern, öffentliche Ladestationen usw.), und zum Schluss stellt sich heraus, dass die Wasserstoffbrennzelle das Rennen um den besten Antrieb macht. Vielleicht müssen auch synthetische Kraftstoffe in die Gesamtbeurteilung des Komplexes von Umweltzielen, Effizienz, Kostenfaktoren usw. einbezogen werden.[65] Was gar nicht funktionieren wird, ist die von manchen Grünen angestrebte Autofreiheit um jeden Preis, wobei man in Berlin schon einmal mit der Verwirklichung dieser Utopie anfangen wollte.[66] – Die Politik sollte überhaupt keine einseitigen technischen Vorentscheidungen treffen, dazu fehlen den Entscheidungsträgern auch die Kenntnisse (insbesondere, wenn sie Kobalt und Kobold nicht auseinanderhalten können oder meinen, dass eine Insolvenz durch Einstellung der Produktion zu vermeiden sei). Sie hat vielmehr die Rahmenbedingungen zu schaffen, damit von Technikern und Ingenieuren alle vorhandenen Alternativen vorurteilsfrei erforscht, in der Praxis überprüft und die aussichtsreichsten Lösungen letztlich umgesetzt werden können. Dumme Sprüche von Grünen-Politikern zu Energie- und Wirtschaftsfragen wie oben zitiert helfen da wenig.

Es besteht auch eine eigenartige Dialektik zwischen den hehren Zielen der Klimarettung und den dadurch angerichteten Schäden. So geht der massive Ausbau der Windenergie mit einer nicht zu unterschätzenden Umweltzerstörung einher (Vernichtung von Wald oder Landwirtschaftsfläche, Beeinträchtigung der Lebensqualität von Bewohnern in der Nähe von Windanlagen, Gefährdung von Vögeln usw.). Die Ausweitung der Treibstoffe für Verbrennungsmotoren auf Biodiesel hat zur verstärkten Abholzung von Regenwäldern und zum Entstehen von Monokulturen in Europa (Mais, Soja u.a.) geführt. Durch

---

[65] https://www.adac.de/verkehr/tanken-kraftstoff-antrieb/alternative-antriebe/synthetische-kraftstoffe/, zuletzt aufgerufen am: 18.4.2024.
[66] https://www.cicero.de/innenpolitik/autofrei-innenstadt-berlin-volksentscheid-pkw/plus, zuletzt aufgerufen am: 1.5.2024.

die fast zwanghafte Konzentration auf den CO_2-Ausstoß zur Verringerung der Treibhausemission und den zusätzlichen, nicht zu rechtfertigen Atomausstieg werden Industrie und Handwerk wegen der hohen Energiepreise so weit geschädigt, dass schon heute eine Insolvenzwelle bzw. die Abwanderung größerer Betriebe in das Ausland in Gang gekommen ist (dabei haben wir noch gar nicht von der immensen Belastung der Privathaushalte gesprochen).

An den negativen Folgen von unreflektiert verfolgten Umweltzielen (wie dem erwähnten Abholzen von Regenwäldern zur Produktion von Mais und Soja, damit letztere dann in Bioanlagen zu umweltfreundlicher Energie umgewandelt werden können) sieht man sehr gut, was unter „nicht-intendierten Folgen intentionalen Handelns" [Norbert Elias] zu verstehen ist. Diese unerwarteten Ergebnisse wohlmeinenden Handelns sind typisch für Eingriffe von kurzsichtigen menschliche Akteuren in hochkomplexe Systeme, die emergente Eigenschaften besitzen. Schon Horkheimer und Adorno sahen in ihrer Dialektik der Aufklärung die Hybris des sich über die Welt und die Natur aufschwingenden Menschen: „Aber die vollends aufgeklärte Erde strahlt im Zeichen triumphalen Unheils" [29, S. 6]. Darüber sollte man heute verstärkt nachdenken, bevor man mit fehlendem oder unzureichendem Wissen in nicht wirklich verstandene Systeme oder Prozesse eingreift.

Im Übrigen ist das Erreichen von Klimazielen, so vernünftig sie sein mögen, nur noch global zu erreichen, d.h. Klimarettung (wenn sie dem Menschen überhaupt möglich sein sollte) und Globalisierung sind auf das Engste miteinander verbunden. Was nützt es z.B., wenn Deutschland den CO_2-Ausstoß auf 0% senkt und die USA und China nichts dergleichen tun, oder wenn wir alle Atomkraftwerke abschalten und dann in Zeiten von Mangel an Wind und Sonne den Strom aus viel unsicheren Atomkraftwerken kurz hinter der Grenze oder von wieder hochgefahrenen Kohlekraftwerken beziehen müssen. Umgekehrt haben wir die absurde Situation, dass Deutschland für die Abnahme unseres Stroms entsprechende Gelder ans Ausland zahlen(!) muss, wenn bei uns Sonne- und Windenergie überreichlich im Angebot sind.

Die Umsetzung des Pariser Klimaabkommens zeigt deutlich die Hoffnungslosigkeit des Unternehmens, wenn ein Staat wie Deutschland quasi im Alleingang versucht, das Weltklima zu retten. Hinzu kommt, dass dort keine bindenden Ziele formuliert, sondern im wesentlichen nur Absichtserklärungen abgegeben wurden, was sogar seriöse Kritiker von einem „Fraud" (Betrug) sprechen ließ.[67] Die ehemalige Vorsitzende der Grünen und jetzige Außenministerin als selbsternannte Völkerrechtlerin liegt völlig schief, wenn sie die

---

[67] https://de.wikipedia.org/wiki/%C3%9Cbereinkommen_von_Paris, zuletzt aufgerufen am: 18.4.2024.

Ziele der Pariser Rahmenvereinbarung gewissermaßen als verbindliche internationale Rechtsnorm deklariert.[68] Das geht schon aus der Tatsache hervor, dass in diesem Abkommen mehrfach die Rücksichtnahme auf die unterschiedlichen nationalen Gegebenheiten als Vorbehalt bei der Realisierung der Vorhaben angeführt wird. Das Abkommen ist also weder „unumkehrbar" noch „nicht mehr verhandelbar", wie die Grünen behaupten.

Der wesentlich von der Merkelregierung initiierte und dann von Links-Grün mit Hilfe von FDP und CDU/CSU vollendete Ausstieg aus der Atomenergiegewinnung wird uns noch schwer zu schaffen machen. Als Ergänzung zur verpfuschten Energiepolitik der Ampelregierung ist die Vernachlässigung der Forschung auf anderen Gebieten der alternativen Energien zu sehen: Entwicklung Synthetischer Kraftstoffe oder von Dual-Fluid-Reaktoren,[69] technische Nutzbarmachung der Kernfusion usw., s. Kap. 17. Ganz abgesehen von der technischen Machbarkeit vieler Projekte, etwa der Erzeugung von ‚grünem Wasserstoff‘, fehlt es den Befürwortern oft an entsprechenden Kenntnissen der Physik bzw. Chemie (etwa der Energieeffizienz von Stoffumwandlungen wie der Elektrolyse von Wasser), und es fehlt das Denken in komplexen Zusammenhängen (Einbeziehung von Transportschwierigkeiten und Kosten, Sicherheitsfragen usw.). Vielfach hat man einfach die Befürchtung, dass einer dieser Dilettanten noch auf die Idee kommt, die Vakuumenergie oder die Dunkle Energie für die Stromversorgung zu nutzen.

Der gesamte Klimahype wird von einer riesigen Propagandamaschine am Leben gehalten, die auch vor Fehlinformationen und Diffamierung von Kritikern nicht Halt macht. So forderte etwa Annalena Baerbock (wie übrigens auch die BBC), solchen Häretikern keine Stimme in der Presse mehr zu geben.[70] Den Propheten der Klimarettung (s. etwa [45]) werden hingegen Sendezeiten und Plätze in Talkshows im Übermaß zur Verfügung gestellt, wodurch natürlich das Meinungsbild in der Bevölkerung völlig verzerrt wird. Selbst Leute mit hoher gesellschaftlicher Reputation (Politiker sowieso) behaupten: „die Wissenschaft sagt uns"; das ist natürlich - wie wir eingangs bereits festgestellt hatten - eine bewusste Irreführung. Zum Einen gibt es auch auf dem Gebiet der Klimaforschung ‚die Wissenschaft‘ als homogenen Block gar nicht

---

[68] https://www.umweltbundesamt.de/themen/klima-energie/internationale-eu-klimapolitik/uebereinkommen-von-paris#ziele-des-ubereinkommens-von-paris-uvp
https://www.riffreporter.de/de/wissen/pariser-klimaschutzabkommen-ipcc-faq-klimaschutz
, zuletzt aufgerufen am: 18.4.2024.

[69] Auch diese Technologie - ursprünglich eine Erfindung aus dem Institut für Festkörper-Kernphysik (IFK) Berlin - wird inzwischen in Kanada von ehemaligen Mitarbeitern dieses Instituts zur technischen Reife gebracht.

[70] https://www.theeuropean.de/ramin-peymani/baerbock-empfiehlt-presseboykott-fur-klimaskeptiker/, zuletzt aufgerufen am: 18.4.2024.

(es gibt immer auch Gegenmeinungen). Und zum Anderen hat es immer wieder Phasen der Entwicklung gegeben, wo sich die ‚gesamte' Wissenschaft geirrt hat (Ptolemäisches Weltbild; Auffassung von den physikalischen Größen ‚Raum' und ‚Zeit' als ein vom materiellen Geschehen unabhängiger apriorischer Betrachtungsrahmen usw.). Oft werden auch ‚wissenschaftliche' Studien herangezogen, deren Aussagen einfach einseitig interpretiert werden, wie das bei der unrühmlichen „97-Prozent-Konsens-Studie" der Fall war. [71]

Der Versuch, die Wähler einfach ohne ausreichende Erörterung eines Sachverhalts ‚zu überfahren', wird übrigens auch in der überhasteten Klimagesetzgebung und der unzureichenden Diskussion von der entsprechenden Vorschriften im Parlament sichtbar (mit weitreichenden Folgen). So konnte das nach Plan der Ampel noch vor der Sommerpause 2023 zu verabschiedende Heizungsgesetz erst durch einen Eilentscheid des BVerfGE gestoppt werden.[72] Auch die Verfassungsbeschwerden gegen das Klimaschutzgesetz vor dem BVerfGE waren (zumindest teilweise) erfolgreich. Letzteres stellte in seinem Urteil fest: „Der Gesetzgeber hätte Vorkehrungen zur Gewährleistung eines freiheitsschonenden Übergangs in die Klimaneutralität treffen müssen, an denen es bislang fehlt". Dies ist wieder eine Bestätigung unter vielen, dass die von Links-Grün mit Unterstützung der FDP erarbeiteten Gesetzesvorlagen mit heißer Nadel gestrickt werden, ohne alle Konsequenzen zu Ende zu denken.

Die Wichtigkeit von Gegenargumenten, die im gesellschaftlichen Diskurs beim Klimastreit ebenso wie bei anderen konfliktträchtigen Themen nicht im ausreichenden Maße zur Geltung kommen, kann nicht genug hervorgehoben werden. Selbst kritische Stimmen, die aus dem linken Lager kommen (wie z.B. die von Michael Moore) werden hierzulande kaum gehört. Zum Schluss entsteht bei vielen Bürgern das ungute Gefühl, dass auch die Klimaangst als Herrschaftsinstrument benutzt wird: Du bist mit Deinem Leben (Reisen, Autofahren, Fleischessen usw.) schuld an unserm Untergang „How dare you!" [O-Ton Greta Thunberg]. Der Haupttrick, den der von Nietzsche metaphorisch gemeinte ‚asketische Priester' benutzte [56], bestand darin, „dass er sich das Schuldgefühl zu Nutze machte". Leider gibt es nur wenige Aktivisten, die sich für das Anfachen der Klimahysterie entschuldigen und ihre Irrtümer einsehen, so z.B. der Ökomodernist Michael Shellenberger, der schreibt: „Im Namen der

---

[71] https://www.spiegel.de/wissenschaft/natur/klimawandel-97-prozent-konsens-bei-klimaforschern-in-der-kritik-a-992213.html, zuletzt aufgerufen am: 18.4.2024.

[72] https://www.haufe.de/immobilien/wirtschaft-politik/bundesverfassungsgericht-stoppt-heizungsgesetz_84342_599912.html, zuletzt aufgerufen am: 18.4.2024.

Umweltschützer in aller Welt möchte ich mich formell für die Klima-Angst entschuldigen, die wir in den letzten 30 Jahren geschaffen haben.".[73]

---

[73] https://deutschlandkurier.de/2020/07/klimawandel-hysterie-aktivist-entschuldigt-sich-fuer-panikmache/, zuletzt aufgerufen am: 29.4.2024.

Kapitel 15

Niedergang der Wirtschaft und des Finanzsystems

Deutschland entwickelt sich immer stärker weg von einer sozialen Marktwirtschaft Ehrhardscher Prägung und hin zu einer plangesteuerten staatskapitalistischen Wirtschaftsform. Es ist damit auf dem besten Wege, dem chinesischen Vorbild zu folgen, wofür sich viele Belege anführen lassen.[1] Wir befinden uns in einer der größten Wirtschafts- und Finanzkrisen der Nachkriegszeit und werden von einer Regierung gesteuert, die den Herausforderungen in keiner Weise gewachsen ist. Viele Bürger (nicht nur die Oppositionsführerin Alice Weidel oder Prominente wie Sahra Wagenknecht und der Pulitzer-Preisträger Seymour Hersh) haben den Eindruck: „Wir werden von Idioten regiert".[2]

Statt nüchtern unser Potential und unsere Möglichkeiten einzuschätzen und unsere Interessen ganz rational zu verteidigen, werden wir auch in Wirtschaftsfragen von ideologisierten Politikern geführt, die von ökonomischen Fragen wenig Ahnung haben. Das zeigte sich ganz deutlich im Chaos um die sogenannte ‚Gasumlage'.[3] Diese sollte eigentlich verhindern, dass Gasversorgungsunternehmen wie z.B. Uniper, die wegen ausfallender russischer Gaslieferungen in wirtschaftliche Bedrängnis geraten sind, vor der Insolvenz bewahrt werden. Was das zuständige Ministerium für Wirtschaft und Klimaschutz mit seinen über 2000 Bediensteten leider im ursprünglichen Entwurf ‚übersehen' hatte, war die Tatsache, dass dadurch auch Konzerne riesige Subventionen einstreichen, die an sich schon hohe Gewinne mit der Energieversorgung machen. Obwohl das geplante Gasumlagegesetz letztlich nicht verabschiedet wurde, war doch jedem von vornherein klar, dass das Ganze von den Verbrauchern mit einer weiteren Steigerung der an sich schon exorbitant hohen Energiekosten hätte bezahlt werden müssen.

[1] https://www.focus.de/finanzen/gastbeitrag-von-gabor-steingart-wirtschaft-deutschland-kopiert-den-china-kapitalismus-und-kaum-einer-merkt-es_id_13255250.html , zuletzt aufgerufen am: 19.4.2024.

[2] https://www.youtube.com/shorts/6qQh-q0v-hk, zuletzt aufgerufen am: 19.4.2024.

[3] https://www.focus.de/finanzen/steuern/robert-habeck-macht-kehrt-gasumlage-wird-ueberprueft_id_137270755.html, zuletzt aufgerufen am: 19.4.2024.

Wie wenig der Wirtschaftsminister die wirtschaftlichen Verflechtungen versteht, erkennt man an seinem auch von anderen GrünenpolitikerInnen 2022 mehrfach wiederholten Ausspruch: „Wir haben kein Strom- sondern ein Gasproblem", so als wären beide unabhängig voneinander. Ganz abgesehen davon, dass es in Deutschland noch sehr viele Gaskraftwerke gibt, die für die Stromerzeugung kaum verzichtbar sind, werden eben viele Gasverbraucher, sofern das heizungstechnisch möglich ist (und das geht bis in die einzelnen Haushalte hinein), auf Elektroenergie ausweichen. Überhaupt würde kaum eine rational handelnde Regierung Sanktionen gegen ein Land verhängen (und die entsprechenden Gegenreaktionen provozieren), bei denen derjenige, der die Sanktionen ausspricht, zwar seine eigene Wirtschaft ruiniert, den Gegner aber nicht in die Knie zwingt. Während das russische Bruttoinlandsprodukt wächst, befindet sich Deutschland durch seine irrwitzige Politik in einer Stagflation, s.u.[4] Wenn man Politiker vom Kaliber eines Ludwig Erhard und Karl Schiller aus der Zeit des Wirtschaftswunders mit der heutigen Laienspieltruppe vergleicht, die unsere Geschicke lenkt, dann kann einem nur Angst und Bange werden (s. die Einschätzung der Ampelregierung in Kap. 13).[5]

Ein typisches Beispiel für die Wirkungslosigkeit der gegen Russland gerichteten Sanktionen und den dadurch ausgelösten Bumerangeffekt auf die eigene Wirtschaft ist der Stop der deutschen Öl- und Gasimporte aus diesem Land. Stattdessen findet ein Import von umweltschädlich erzeugtem, teurem Fracking-Gas über LNG-Terminals statt, deren Bau und Betrieb nur unter großen Protesten der Bevölkerung möglich ist. Das Flüssiggas (LNG ist das Akronym für ‚Liquid Natural Gas') steht nicht nur wegen seiner umweltschädlichen Herstellung in der Kritik, sondern muss generell auch noch aufwendig mit riesigen LNG-Tankern über das Meer transportiert werden, wodurch wiederum eine Menge fossiler Treibstoffe verbraucht und eine entsprechend große Menge CO_2 ausgestoßen wird. Es gibt sogar Berichte, dass russische Tanker Öl in internationalen Gewässern auf andere Schiffe umpumpen, die unter einer anderen Flagge fahren. Von letzteren wird dann das Öl verteuert in andere Länder verkauft (auch in die, die Sanktionen verhängt haben).[6] Der erzielte Effekt in Deutschland: Unsere Wirtschaft schrumpft als einzige unter den In-

---

[4] Darunter versteht man die Kombination aus wirtschaftlicher Stagnation und Inflation. – https://www.berliner-zeitung.de/wirtschaft-verantwortung/sanktionen-gegen-russland-erfolglos-habe-immer-an-dieser-wunderwaffe-gezweifelt-li.435220, zuletzt aufgerufen am: 2.5.2024.

[5] Symptomatisch ist die absurde Äußerung unseres Wirtschaftsministers im Kontext der Energieverteuerung: Firmen, die dieselbe nicht kompensieren können, müssen nicht Insolvenz anmelden, sie könnten ja vorübergehend die Produktion einstellen.

[6] https://www.tagesspiegel.de/internationales/handel-mit-russischem-ol-auf-hoher-see-wenn-eu-sanktionen-die-umwelt-bedrohen-10063534.html, zuletzt aufgerufen am: 2.5.2024.

dustrieländern, und die Russen fahren satte Gewinne ein, wobei die russische Wirtschaft im Gegensatz zur deutschen trotz aller internationaler Handelsbeschränkungen wächst.[7]

Die Unfähigkeit des Wirtschaftsministers der Ampelregierung pfeifen inzwischen die Spatzen von den Dächern.[8] Die Fehler der Habeckschen Wirtschaftspolitik zeigten sich auch in dem von ihm 2023 geplanten Gebäudeenergiegiegesetz (auch ‚Heizungsgesetz' genannt), dessen überhastete Verabschiedung nur vorübergehend verhindert werden konnte, s. Kap. 2. Es wurde aber dann nach der Sommerpause 2023 in praktisch unveränderter Form durchgewinkt (übrigens unter peinlichem Zähneknirschen, aber letzlich gewundener Zustimmung der FDP).[9] Es wird zwar katastrophale Folgen und immense Kosten für die deutschen Haushalte und für die Kommunen sowie für die gesamte Baubranche nach sich ziehen, aber keinerlei rettenden Einfluss auf das Weltklima haben. Auch hier offenbarte sich wieder die grüne Hybris, die alle Probleme mit der Brechstange lösen möchte. In einem Gutachten von Prof. Söllner von der TU Ilmenau für den Ausschuss „Klimaschutz und Energie" des Bundestages wird als Fazit festgestellt: „Die vorgeschlagenen Maßnahmen sind ökologisch ineffektiv, ökonomisch ineffizient und mit der Wirtschaftsordnung der sozialen Marktwirtschaft nicht konform.".[10]

Durch die Politik der Ampelregierung und in der Verantwortung des Wirtschaftsministers werden Energiekosten generiert, die als die höchsten in Europa gelten, und im Gegenzug versucht man die Kosten für die energieintesivsten Unternehmen durch Festlegung eines sogenannten Industriestrompreises zu dämpfen.[11] Ganz abgesehen davon, dass auch dies wieder der Steuerzahler schultern muss, ist diese Regelung auch noch ungerecht und wird wieder neue Bürokratieauswüchse generieren. Wer sollte denn in fairer Weise und mit vertretbarem Aufwand festlegen, welche Betriebe in den Genuss der gedeckelten Strompreise kommen? Und warum müssen das auch noch diejenigen Bürger und Mittelstandsbetriebe bezahlen (wie Bäckereien, metallverarbeitende

---

[7] https://www.spiegel.de/wirtschaft/soziales/russland-wirtschaft-waechst-staerker-als-erwartet-a-db692d61-b876-4637-b867-6c6636307602, zuletzt aufgerufen am: 2.5.2024.

[8] https://www.cicero.de/wirtschaft/robert-habeck-wirtschaftsminister-industrie-wasserstoff-tagesthemen und https://www.manager-magazin.de/unternehmen/es-ist-eine-katastrophe-was-topmanager-von-robert-habeck-halten-a-82f335cf-718a-481c-bd66-5275b0b29ccd, zuletzt aufgerufen am: 2.5.2024.

[9] https://www.stern.de/politik/deutschland/wolfgang-kubicki-muss-sich-nach–ja–zum-heizungsgesetz-kritik-im-netz-gefallen-lassen-33810438.html, zuletzt aufgerufen am: 2.5.2024.

[10] Die nähere Begründung findet sich in der Ausschussdrucksache 20(25) 433 vom 2. Juli 2023.

[11] https://www.tagesschau.de/inland/habeck-wasserstoffstrategie-100.html und https://www.wiwo.de/unternehmen/energie/strompreis-das-bringt-das-milliarden-paket-der-industrie/29493128.html, zuletzt aufgerufen am: 2.5.2024.

Betriebe usw.), die selbst schon unter den hohen Energiekosten leiden? Hier offenbart sich ein allgemeines Dilemma unserer Regierung: Es werden durch falsches Handeln erst Probleme erzeugt, die dann mit untauglichen Mitteln, insbesondere mit umfangreichen Subventionen, geheilt werden sollen.

Man muss gar keine Verschwörungstheorie etwa der Art bemühen: Links-Grün will Deutschland im Auftrag der Amerikaner oder im Sinne der eigenen globalistischen Ideologie bewusst zerstören.[12] Es kommt schon gar nicht mehr darauf an, ob das stimmt, sie handeln ja genau so. Wahrscheinlich trifft einfach nur ‚Hanlons Rasiermesser‘ zu, das besagt: „Schreibe nicht der Böswilligkeit zu, was durch Dummheit hinreichend erklärbar ist". Alles spricht dafür: Die gegen unsere Interessen gerichtete Russlandpolitik, die ungehemmte Unterstützung eines Stellvertreter-Krieges der Amerikaner in der Ukraine, die Zerstörung unserer Wirtschaft und vieles andere mehr, was wir in den vergangenen Kapiteln besprochen haben.

Es gibt kaum einen Gesetzesvorschlag, der gut durchdacht ist oder der nicht unmittelbar nach seinem Entstehen wieder kassiert werden muss. Insbesondere fällt hierbei die Inkompetenz des Wirtschaftsministers auf (Energiepreisbremse, Gasumlage, undurchführbare Ideen zur Übergewinnabschöpfung usw.). Durch das langfristige Verbot von Öl- und Gasheizungen, ein von ihm vorangetriebenes Anliegen, ist ein riesiges Durcheinander und eine totale Verunsicherung der Bevölkerung entstanden. Zu allem Überfluss musste die geplante Wärmepumpen-Pflicht wieder aufgehoben werden, da die entstehenden Konsequenzen (etwa Überlastung des Stromnetzes zu bestimmten Zeiten) und die fehlenden Voraussetzungen (Isolation der Häuser, fehlende Fußbodenheizungen usw.) überhaupt nicht bedacht wurden.[13] Das Durchpeitschen des Heizungsgesetzes durch den Bundestag vor der Sommerpause 2023 musste sogar vom Verfassungsgericht gestoppt werden, wegen unzulässiger Einengung der parlamentarischen Mitspracherechte.[14] Dabei verfügt das Wirtschaftsministerium, das besonders anfällig für Fehlentscheidungen zu sein scheint, über einen riesigen Stab von Mitarbeitern. Überdies werden als Kronzeugen für die ‚Klugheit‘ der Ampel-Politik immer wieder die gleichen regierungskonformen Pseudo-WirtschaftsexpertInnen herangezogen. Eine von ihnen hat sogar in ei-

---

[12] Obwohl es dafür genug Indizien gibt, s. z.B. die der ehemaligen Grünen-Ikone Joschka Fischer zugeschriebene Äußerung, wonach man einfach „Geld aus Deutschland herausleiten muss, egal wofür, man kann es auch radikal vernichten".

[13] https://www.kreiszeitung.de/politik/waermepumpen-von-bund-gekippt-verbot-von-gasheizungen-aufgehoben-pflicht-fuer-91678246.html, zuletzt aufgerufen am: 2.5.2024.

[14] https://www.agrarheute.com/energie/gas/heizungsgesetz-verfassungsgericht-gestoppt-folgen-608742, zuletzt aufgerufen am: 2.5.2024.

ner Talkshow geäußert, dass wir Energiespeicher „noch und nöcher" hätten,[15] was sie in ihrem eigenen Blog noch einmal ausdrücklich mit den Worten bekräftigt:[16] „Den vielbeschworenen Mythos, die Energiewende würde an fehlenden Stromspeichern scheitern, haben wir am DIW in zahlreichen Studien widerlegt." Da fragt man sich doch, warum man auf der Fahrt durchs Land so viele stillstehende Windenergieanlagen zu sehen bekommt, und warum wir in Spitzenzeiten des Aufkommens von erneuerbarer Energie sogar noch dafür bezahlen müssen, dass uns jemand den Strom abnimmt.

Demgegenüber werden kompetente Kritiker der derzeitigen Wirtschafts- und Finanzpolitik, wie der ehemalige Chef des IFO-Instituts, aus dem öffentlichen Diskurs weitgehend ausgeblendet. Sie sind oft genug auf die Internet-Medien oder auf randständige Publikationsorgane angewiesen, um Gehör zu finden.[17] Diese Politik wird kurzfristig Deutschland und Europa schwer schaden und mittelfristig werden die Amerikaner die Nutznießer sein, wie wir bereits in Kap. 4 festgestellt hatten. Aber strategisch wird das auch denen (die ja die eigentlichen Antreiber hinter den Kulissen sind) nichts nützen, da sie nicht nur ihre eigenen Partner schädigen, sondern ihren derzeitigen Hauptgegner, die Russen, geradezu in das chinesische Lager treiben. Und das kann am Ende keiner wünschen.

Die links-grüne Ideologie-geleitete Politik hat bereits vor dem Ukraine-Konflikt begonnen, Deutschlands Wirtschaft an die Wand zu fahren, wobei deren Vertretern die Deindustrialisierung unseres Landes geradezu ein Anliegen zu sein scheint, vgl. die Reden grüner Politiker in Kap. 13. Selbst Ökonomen im Ausland fällt diese Tatsache auf, wobei hervorgehoben wird, dass bei keiner Entscheidung (übrigens auch nicht im Rahmen der EU) eine wirkliche Kosten-Nutzen-Rechnung durchgeführt wird.[18] Das Verhängnis begann bereits unter Merkel (Einstieg in die Schuldenunion, überstürzter Ausstieg aus der Atomenergie, überzogener Lockdown usw.) und setzt sich unter der Ampelregierung mit ihrer verheerenden Wirtschafts- und Energiepolitik fort, s.u. Eine Grünen-Politikerin stellt sogar an ihre politischen Gegner gerichtet fest: „Sich unter Energieversorgung etwas anderes als Grundlast vorzustellen ist so was von gestern "; sie will deshalb zu einer „angebotsorientierten Stromver-

---

[15] https://www.spiegel.de/politik/deutschland/energieexpertin-claudia-kemfert-und-ihre-irrtuemer-noch-und-noecher-kolumne-a-378a6b2d-84bc-4d7b-8c00-d2de3821650f, zuletzt aufgerufen am: 2.5.2024.

[16] https://www.claudiakemfert.de/6943/, zuletzt aufgerufen am: 2.5.2024.

[17] https://www.tichyseinblick.de/daili-es-sentials/hans-werner-sinn-energiepolitik/, zuletzt aufgerufen am: 2.5.2024.

[18] https://austrian-institute.org/de/blog/deindustrialisierung-als-programm-gruener-irrsinn-mit-methode/, zuletzt aufgerufen am: 2.5.2024.

sorgung" übergehen.[19] Das werden sich energieintensive Unternehmen (wie Aluminium-Industrie, Glasindustrie, Chemieindustrie und andere) genau anhören, bevor sie in Deutschland noch investieren.

In diesem Kontext kann man die Sanktionspolitik gegenüber Russland im Schlepptau der Amerikaner nur als selbstzerstörerisch bezeichnen. Wie stark wir von den USA abhängig sind, zeigt allein die Ankündigung von Biden in Gegenwart von Olaf Scholz, des Regierungschefs eines angeblich ,souveränen' Staates, dass Nordstream 2 nicht in Betrieb gehen wird. Wenn der deutsche Bundeskanzler wie ein Schuljunge dabei steht, ohne ein Wort dazu zu sagen, dann spricht das doch Bände.[20] Das auffällige Schweigen der Bundesregierung zu einem Angriff dieser Schwere auf die deutsche Infrastruktur zur Gasversorgung ist allein schon bezeichnend. Auf mehrere Anfragen von Sahra Wagenknecht und der AfD, was der Regierung über die Sprengung der Gasleitungen bekannt sei, erfolgte unter Berufung auf die Third Party Rule die vielsagende Antwort: „Die Bundesregierung ist nach sorgfältiger Abwägung zu dem Schluss gekommen, dass weitere Auskünfte aus Gründen des Staatswohls - auch nicht in eingestufter Form - erteilt werden können". Ist eine solche Antwort denkbar, wenn es auch nur einigermaßen belastbare Argumente für die anfänglich ins Spiel gebrachte absurde These von einer russischen Urheberschaft für diesen ungeheuerlichen Sabotageakt gäbe?[21]

Wiederholt hat in dieser Affäre ein Journalismus, der das Attribut „investigativ" nicht mehr verdient, versucht, uns weiszumachen, dass alles dafür spricht, dass die Russen die Urheber der Sprengung gewesen seien.[22] Warum sollten diese aber ihre eigene Milliarden-teure Infrastruktur zerstören, wo sie doch nur den Gashahn zuzudrehen brauchen und ihn, wenn der Wirtschaftskrieg eines Tages vorüber ist, einfach wieder zu öffnen. Der Gedanke, dass alles für die Amerikaner oder einen ihrer Erfüllungsgehilfen spricht, kommt diesen ,Rechercheuren' nicht, obwohl doch der amerikanische Präsident in einer Pressekonferenz ganz offen und dezidiert verkündet hat, dass die USA die

---

[19] https://www.gruene-bundestag.de/parlament/bundestagsreden/kernreaktoren, zuletzt aufgerufen am: 28.4.2024.

[20] Über das würdelose Auftreten deutscher Politiker im Ausland und die Hinnahme von Beleidigungen etwa durch den Botschafter der Ukraine hatten wir in anderem Zusammenhang in Kap. 4 bereits gesprochen.

[21] Dass viel eher eine amerikanisch gesteuerte Täterschaft als eine russische in Frage kommt, zeigen auch der Tweet des Polnischen EU-Parlamentariers Sikorski mit dem Inhalt „Thank you, USA" und eine iPhone-Botschaft der britischen Premierministerin Minuten nach dem Sabotageakt: „It's done".

[22] https://www.n-tv.de/politik/Nord-Stream-Sprengung-Die-Spur-fuehrt-nach-Moskau-article24250566.html – Mitunter versucht man sich noch dadurch zu salvieren, dass man zugibt, doch nichts Genaues zu wissen, zuletzt aufgerufen am: 12.12.2023.

Inbetriebnahme dieser Gas-Pipeline verhindern werden und auch über die entsprechenden Mittel dazu verfügen.

Überhaupt sind die Nachrichten und Beiträge zum Ukraine-Konflikt in den MSM einseitig und im schlimmsten Fall sogar irreführend. Die FAZ schreibt am 23.3.2023 unter Berufung auf „Kiew" sogar von einem ukrainischen „Sieg bis Ende des Jahres". Fragt sich denn niemand, was „Sieg der Ukraine" heißen soll in diesem unseligen Konflikt? Bedeutet das ‚Einnahme von Moskau' oder ‚Vordringen bis Wladiwostok'? - Wenn man ständig derartige Mitteilungen über die Erfolge der Ukrainer und die Verluste der Russen liest, sollte man das fast annehmen. Glücklicherweise gibt es auch nüchterne und näher an der Wahrheit liegende Einschätzungen der Lage.[23] Ich verurteile diesen Krieg und hoffe sehnlichst auf ein Ende desselben, aber mit Lügen wird dieser Wunsch nicht in Erfüllung gehen.

Die sich schon vor dem Ukraine-Krieg in Deutschland anbahnende Energiekrise ist durch den Wirtschaftskrieg gegen Russland noch einmal drastisch verschärft worden. Die europäische und deutsche Intervention im Ukraine-Konflikt sowie die daraus resultierenden wirtschaftlichen und politischen Konsequenzen können nicht in unserem Interesse sein. Es ist einfach ein Hohn zu behaupten, dass ausgerechnet in einem der korruptesten Länder dieser Welt mit dominierender Oligarchenherrschaft und ausgeprägten mafiösen Strukturen „europäische Werte verteidigt werden".[24] Nein, es sind vor allem starke amerikanische Interessen involviert, und das bereits lange vor dem russischen Überfall auf die Ukraine. Die einzigen, die Vorteile aus diesem Krieg ziehen, sind die USA: Aus diesem Krieg werden nicht nur Russland (die Ukraine sowieso), sondern auch Europa und insbesondere Deutschland geschwächt hervorgehen; die amerikanische Industrie (vor allem der Rüstungssektor) erfährt mittelfristig einen Auftrieb; und die Amerikaner können nun ihr ökologisch umstrittenes Fracking-Gas nach Europa verkaufen; am Ende wird Europa (allen voran Deutschland) auch noch den Wiederaufbau in der Ukraine bezahlen.

Wie sollte unsere Regierung in diesem hochkomplexen Geschehen und als Zielobjekt amerikanischer Interessen die richtigen Entscheidungen treffen, wenn sie nicht einmal in der Lage ist, im eigenen Land einen rationalen Kurs zu fahren. Da wird im Rahmen von hypermoralisierten und unausgewogenen Klimarettungsmaßnahmen der Ruin der Autoindustrie vorangetrieben,

---

[23] https://www.t-online.de/nachrichten/ukraine/id_100300378/ukraine-krieg-es-geht-den-bach-runter-militaerexperte-schlaegt-alarm.html, zuletzt aufgerufen am: 12.12.2023.

[24] https://germany.representation.ec.europa.eu/news/eu-kommissionsprasidentin-von-der-leyen-ukraine-verteidigt-beeindruckend-unsere-werte-2022-05-20_de, zuletzt aufgerufen am: 5.9.2023 – Viele werden sich noch erinnern, dass wir schon einmal unsere Werte und unsere Freiheit am Hindukusch verteidigt haben..

s. Kap. 14, und führende Industriezweige stehen bereits jetzt aufgrund hoher Steuern und Energiekosten vor der Abwanderung ins Ausland. Die E-Mobilität wird mit Gewalt vorangetrieben, obwohl die technisch-ökonomischen Probleme und die Fragen der fehlenden Infrastruktur bei weitem nicht gelöst sind. Obwohl landauf-landab gepredigt wird, die Abhängigkeit von fremden Staaten zu reduzieren (was durchaus vernünftig ist), wächst die Rohstoff-Abhängigkeit vom Ausland enorm an. Dabei sei nur an die Wichtigkeit von Leichtmetallen (vor allem von Lithium) und seltenen Erden (z.B. Lanthan) für die Produktion von Batterien und Akkus erinnert.

Es ist wenig sinnvoll, gegen die Abhängigkeit von Russland zu polemisieren und uns gleichzeitig in immer größere Abhängigkeit von den USA und von China zu begeben. Auch die Amerikaner und die EU werden noch begreifen müssen, dass strategisch gesehen der Hauptgegner in den globalen Auseinandersetzungen nicht in Moskau, sondern in Peking sitzt. Aus diesem Grund ist es für unsere Interessen geradezu verheerend, durch eine verfehlte ‚wertegeleitete‘ Politik die Russen den Chinesen in die Arme zu treiben. Wenn China eines Tages versuchen wird, sich Taiwan einzuverleiben (und das ist sehr wahrscheinlich), dann wäre es besser, dass ressourcenreiche Russland auf unserer Seite zu haben und nicht auch noch als Gegner bekämpfen zu müssen.

China ist gerade dabei, zusammen mit den anderen BRICS-Staaten[25] ein Gegengewicht gegen die USA und gegen die G7-Staaten aufzubauen. Dabei versuchen die Chinesen, in diesem Rahmen eine dominante Rolle zu gewinnen. Außerdem ist geplant, im BRICS-Verbund eine eigene goldgedeckte Währung zu etablieren, um den amerikanischen Dollar als Leit- bzw. Reservewährung abzulösen. Es ist zwar nicht abzusehen, ob das überhaupt ein realistisches Ziel ist, ein Alarmsignal für die westliche Welt ist es allemal.[26] Obwohl das Konfliktpotential innerhalb der BRICS-Staaten (insbesondere zwischen Indien und China) nicht zu übersehen ist, mehren sich doch die Anzeichen dafür, dass der Traum der Amerikaner von einer unipolaren Welt mit den USA als Hegemon eine Illusion war. Auch aus dem von den Amerikanern immer weiter angeheizten Ukraine-Konflikt versuchen sich die BRICS-Staaten herauszuhalten und beteiligen sich nicht an den Russland-Sanktionen. Das bietet wiederum Russland die Möglichkeit, die Wirkung dieser Sanktionen abzuschwächen oder sie gar in ihr Gegenteil zu verkehren (wie etwa deren Folgen für Deutschland zeigen!). Ganz gleich, wie die sich aus den angedeuteten Machtkämpfen

---

[25] Dazu gehören: Brasilien, Russland, Indien, China und Südafrika (mit der Aussicht auf eine Vergrößerung um weitere Staaten, wie z.B. Saudi-Arabien, die Vereinigten Arabischen Emirate, Indonesien, Ägypten, Iran, Algerien und Argentinien).

[26] https://www.boersen-zeitung.de/kapitalmaerkte/gold-und-brics-waehrung-herausforderung-fuer-den-us-dollar, zuletzt aufgerufen am: 2.5.2024.

entwickelnde neue Weltordnung aussehen wird, für die Europäer und insbesondere für Deutschland mit seiner dilettierenden, durch und durch ideologisierten Außenministerin besteht die Gefahr, dass wir dabei keine wirklich gestaltende Rolle spielen werden, zumal sich die aufstrebenden BRICS-Staaten zunehmend von der moralinsauren und ‚wertegeleiteten' Politik des bigotten Westens genervt fühlen.

Da wir auf keinen Fall in allen Bereichen eine Wettbewerbsfähigkeit erhalten können, müssen wir die Zukunftstechnologien so weit wie möglich vorantreiben, da deren Produkte (wie KI-Software, Fusionsreaktoren, Quantencomputer, Nanotechnologie usw.) sowie gegebenenfalls auch immaterielle Resultate (wie Patente) wichtige Handelsgüter sein werden, mit denen man andere Defizite ausgleichen kann, s. Kap. 17. Allerdings stecken wir gerade gegenüber ressourcen- und bevölkerungsreichen Ländern in einem Dilemma, wie es sich bereits beim Export unserer Autotechnologie nach China gezeigt hat. Gerade die BRICS-Staaten bilden wichtige Absatzmärkte und kurzfristig interessante Investitionsmöglichkeiten. Langfristig werden sie aber nach Übernahme des Know-how immer unabhängiger, und durch ihren Rohstoff- bzw. Bevölkerungsreichtum wird sich nach Erreichen einer bestimmten Wirtschaftsstärke das Blatt wenden. Insbesondere die verkrustete und überbürokratisierte EU (s. Kap. 3) wird dem dann entstehenden Konkurrenzdruck nicht mehr standhalten können. Als einziger Trost könnte uns dann eventuell bleiben, Weltmeister in Politischer Korrektheit und im Virtue Signalling zu sein, s. Kap. 2 und 9.

Es ist geradezu grotesk, wie angesichts dieser globalen Wirtschaftslage die Grünen als opportunistische Reaktion auf ihre verkehrte Politik die eigenen unrealistischen Ziele insbesondere auf dem Gebiet des ‚Klimaschutzes' als neues Geschäftsmodell anpreisen. Jedenfalls hat sich ihre Annahme, dass Klima- und Umweltschutz völlig neue ökonomische Möglichkeiten und bisher nicht erschlossene Märkte eröffnen, nicht bewahrheitet. Im Gegenteil, Deutschland befindet sich im ökonomischen Sinkflug und selbst die Technologie für erneuerbare Energien (wie z.B. Solarpaneele) kommt aus China, wobei die Komponenten für die E-Mobilität (Akkus und hierfür benötigte Rohstoffe, wie Lithium) noch gar nicht berücksichtigt sind. Überhaupt sind grüne Ideologie und kapitalistische Produktionsweise ziemlich inkompatibel, da erstere mit ihrem Interventionismus eher zu einer sozialistischen Planwirtschaft passt.

Man lasse sich auch nicht von opportunistischen Managern wie Joe Kaeser (Siemens) täuschen, die um kurzfristiger Vorteile willen versuchen, mit den Grünen einen Pakt zum Nutzen einer ihrer Teilbranchen (hier Siemens Energy) zu schließen. Hierfür wurde ein recht treffender Ausdruck: „Woker Kapitalismus" geprägt.[27] Diese Erscheinung und ein solcher Opportunismus sind allerdings nicht neu, denn in jedem System versuchen wendige Unternehmer, Gelegenheiten zu ergreifen, Profit zu machen und sich mit den Regierenden zu arrangieren. Wenn also Grüne oder deren assoziierte NGOs Geld aus mitunter recht dubiosen Kapitalistenkreisen erhalten, dann gilt für erstere durchaus der alte römische Grundsatz: „Pecunia non olet", wenn das Geld nur vorgeblich guten Zwecken dient.

Ständig wird von der Ampelregierung versucht, die Folgen von drastischen Eingriffen in die Wirtschaft (wie Abwanderung ganzer Industriezweige und zunehmende Insolvenzen) und von überbordenden Regulierungen bzw. Verboten (Beispiel: Heizungsgesetz) durch massive Subventionen abzufangen. Man schafft also durch desolate energiepolitische und wirtschaftliche Maßnahmen erst eine Schieflage in der Wirtschaft, die man dann durch finanzielle Beihilfen zu korrigieren versucht. Das ist höchst riskant für die Wirtschaft, weil ausufernde staatliche Eingriffe dieser Art den Wettbewerb verzerren und die ökonomischen Selbstreinigungsprozesse, d.h. das automatische Aussortieren unwirtschaftlicher Produkte, unwirksam machen [34]. Sie wirken wie eine Droge, von der die abhängigen Wirtschaftszweige nicht mehr loskommen können. Man muss kein Ökonom sein, um zu sehen, dass eine Volkswirtschaft so nicht funktionieren kann. Obwohl keiner weiß, ob jemals genügend ‚grüner Wasserstoff' zur Verfügung stehen wird oder in Deutschland wirtschaftlich erzeugt werden kann, wird ein Konzern wie Thyssen-Krupp mit Milliarden Euro subventioniert, damit die Stahlproduktion auf eben diesen unsicheren Energieträger umgestellt werden kann. Das Vorzeigeunternehmen Siemens Energy, das sich dem Zeitgeist folgend der Herstellung von Windanlagen verschrieben hat, kann ebenfalls nur mit riesigen Finanzhilfen am Leben gehalten werden. Last not least bricht der Kauf von deutschen Elektroautos sofort drastisch ein, sobald keine Kaufprämien mehr gezahlt werden. Das sind nur drei von vielen Beispielen, die zeigen, welchen Schaden eine von Dilettanten betriebene interventionistische Wirtschaftspolitik anrichten kann.[28]

Im Gefolge der unsinnigen Energiepolitik und auch im Zusammenhang mit der Corona-Pandemie sind grundlegende marktwirtschaftliche Prinzipien außer Kraft gesetzt worden. Früher galt z.B. eine Insolvenzverschleppung als Straftat; unter der Ampelregierung wurde die Pflicht zur Anmeldung einer In-

---

[27] https://www.tichyseinblick.de/gastbeitrag/die-gruenen-partei-des-woken-kapitalismus-haben-immer-recht/, zuletzt aufgerufen am: 2.5.2024.

[28] Mit Recht wurde darauf aufmerksam gemacht, dass für keine der großen deutschen Ingenieursleistungen, wie z.B. die Erfindung des Diesel- bzw. Ottomotors, finanzielle Hilfen vom Staat gezahlt wurden. Nein, Erfindergeist kombiniert mit einem Innovations-freundlichen gesellschaftlichen Klima haben diese Errungenschaften von selbst hervorgebracht.

solvenz ausgesetzt. Als Konsequenz werden sogenannte Zombie-Unternehmen künstlich am Leben erhalten. Dadurch kommen die Gläubiger von Pleitefirmen ihrerseits in Schwierigkeiten, d.h. der Kreis derjenigen, die in finanzielle Schwierigkeiten geraten, wird immer größer; irgendwann wird die Blase dann aber auf jeden Fall platzen. Selbst nach Überwindung der Pandemie werden sich die entstandenen Wettbewerbsverzerrungen bemerkbar machen - der kleine Schreibwarenladen (um nur ein Beispiel zu nennen) musste schließen, während Drogerien oder Supermärkte indessen weiter Papier und Schreibwaren anboten. Die künstliche Erhaltung von eigentlich nicht wirtschaftlichen Unternehmen wurde zusätzlich durch die langjährige Niedrigzinspolitik der EZB gefördert (s. Kap. 3). Das bedeutet insgesamt, dass die eigentlich wirksamen Selektionsmechanismen der Marktwirtschaft außer Kraft gesetzt wurden, oder - wie Krall in Anlehnung an Schumpeter schreibt [40, 63]: Es werden Firmen am Leben erhalten, die eigentlich „der schöpferischen Zerstörung zum Opfer gefallen [wären]". Auf die Auswirkungen des über mehrere Jahre in der EU aufrecht erhaltenen Negativzinses werden wir noch gesondert eingehen. Das alles und die schädliche Subventionspolitik der Ampelregierung haben zu einer ausufernden Schuldenaufnahme des Staates geführt, unter der noch viele kommende Generationen zu leiden haben werden. Vor diesem Hintergrund kann das oft bespöttelte Wort von Olaf Scholz vom großen „Wumms" (s. Kap. 16) nur als Volksverdummung angesehen werden.

Dieses verderbliche politische Wirken ist beginnend unter Merkel und dann verstärkt unter der Ampelregierung (begleitet von einer verheerenden Finanzpolitik der EU) mittlerweile bis zum Exzess getrieben worden, wobei noch ein sozialpsychologischer Aspekt hinzukommt. Man verkauft die finanziellen Stützen als weise Steuerungsmethode und als Wohltat des Staates, während das alles natürlich nicht der Regierung, sondern dem Bürger teuer zu stehen kommt. Außerdem hat der so geschröpfte Normalverbraucher auch noch die Folgen der fehlgeleiteten Planwirtschaft zu tragen, da die umgeleiteten Mittel an anderer Stelle (im Straßenbau, im Bildungswesen usw.) fehlen. Letztlich führt diese Politik nur zu weiteren Belastungen des Steuerzahlers und zu einer Entmutigung der Leistungsträger, was wiederum zu einer Drosselung der Wirtschaft führt, da Deutschland mit seiner Abgabenlast an sich schon international führend ist.

Dieser ganze Irrsinn generiert nicht nur Wettbewerbsverzerrungen für die Nichtbegünstigten, sondern findige Kapitalisten können die Maßnahmen der Regierung (wie Einspeisevergütungen, Gasumlage oder Stilllegungsprämien für AKWs und Kohlekraftwerke) bewusst ausnutzen, um ihre Gewinne zu steigern oder sich von den lästigen Folgekosten ihrer Unternehmungen (wie

Endlagerung von Atommüll, Renaturierung von Tagebauen usw.) zu befreien. Eine solche Überregulierung der Wirtschaft und das sich ständig verschlechternde Geschäftsklima vermindern darüber hinaus auch noch die Investitionsbereitschaft ausländischer Geldgeber, zumal die für eine größere Geldanlage erforderliche langfristige Rechtssicherheit nicht mehr gewährleistet ist, s. Kap. 12. Wie gefährlich eine dirigistische Wirtschaftspolitik ist, die ja zur Vermeidung von Missbrauch allwissend sein müsste, zeigt die Erscheinung des sogenannten „Green washing" bzw. der „Fake green energy".[29] Diese führen dazu, dass konventioneller Strom durch geschickte Zertifizierung einfach zu grünem Ökostrom umgewandelt wird.

Links-Grün setzt trotz vieler Warnungen von Experten weiter einseitig auf erneuerbare (alternative) Energien. Statt mit rationaler Überlegung und strategischem Denken für einen ökologisch und ökonomisch ausgewogenen Energiemix zu sorgen, wird durch eiferndes Handeln, das durch die Klimahysterie befeuert wird, eine verlässliche Energieversorgung stark gefährdet, s. hierzu Kap. 14. Obwohl jedem rational denkenden Menschen (auch vor der Ukraine-Krise) schon klar war, dass eine einseitige Orientierung auf regenerative Energien bei gleichzeitigem Abschalten von Atom- und Kohlekraftwerken nicht funktionieren kann, wurde starr an diesem verderblichen Kurs festgehalten. Das Gas- und Ölembargo der EU gegenüber Russland hat diese Situation nur noch weiter verschärft. Das Herbeizwingen der Energiewende durch das äußerst umstrittene Erneuerbare-Energien-Gesetz (EEG) und die inzwischen wieder abgeschaffte EEG-Umlage haben uns nicht aus der Energiekrise und den europaweit höchsten Strompreisen herausgeführt. Selbst der Bundesrechnungshof muss der Regierung bescheinigen, „dass es nicht vorrangig Ziel sein kann, die Energiewende ‚um jeden Preis' umzusetzen" und empfiehlt eine „umfassende Preisreform [voranzutreiben], um den Letztverbrauchern künftig eine absehbare und tragbare finanzielle Belastung zuzumuten". Und weiter: „Der Bundesrechnungshof sieht die Gefahr, dass die Energiewende in dieser Form den Wirtschaftsstandort Deutschland gefährdet, die finanzielle Tragkraft der letztverbrauchenden Unternehmen und Privathaushalte überfordert".[30] Es ist kein Wunder, dass ausgewiesene Experten auf dem Gebiet die verfehlte links-grüne Energiepolitik als ein Desaster ansehen.[31] Inzwischen verkehren sich die Maßnahmen von Links-Grün sogar in ihr Gegenteil, was man schon daran erkennt, dass Kohlekraftwerke wieder in Betrieb genommen werden

---

[29] https://www.duh.de/greenwashing-oekostrom/, zuletzt aufgerufen am: 2.5.2024.
[30] Bericht des Bundesrechnungshofs vom 30.3.2021 nach § 99 BHO zur Umsetzung der Energiewende.
[31] https://eifelon.de/region/die-energiewende-ein-sich-anbahnendes-desaster-interview-mit-professor-vahrenholt.html, zuletzt aufgerufen am: 2.5.2024.

müssen und der Absatz von E-Autos nach Wegfall der Förderung auch international drastisch zurückgeht.[32]

Die Konsequenzen der irrwitzige Energiepolitik sind nicht zu übersehen und zeigen sich nicht nur in den Kosten der Transformation zur ausschließlichen Nutzung erneuerbarer Energien. Durch die radikalen Verordnungen zur Gebäudesanierung (die sowohl von unserer Regierung als auch von der EU ausgehen) werden Millionen von Hausbesitzern in den Ruin getrieben. Keiner hat bisher schlüssige Konzepte zur Lösung der mit der Energiewende verbundenen Probleme vorgelegt: Beherrschung der Kosten, Dämpfung der Volatilität bei der Energiebereitstellung, Sicherung der Grundlast, Gewährleistung der Netzstabilität, Schaffung ausreichender Speicherkapazität usw. Außerdem ist die Gefahr eines Blackouts, insbesondere während sogenannter ‚Dunkelflauten‘ oder bei Extremwetterereignissen wie im Winter 1978, stark gestiegen (s. hierzu auch Kap. 14).

Selbst wenn man die Wahrscheinlichkeit für einen flächendeckenden Stromausfall als gering annimmt, so ist doch für eine solide Risikoabschätzung das Produkt aus der Eintrittswahrscheinlichkeit eines Schadensereignisses und dessen Folgekosten entscheidend. Und letztere sind bei einem Blackout auf jeden Fall enorm, da ein globaler Stromausfall praktisch alle Lebensbereiche und die gesamte Wirtschaft betrifft. Die Auswirkungen wären in der Tat überall zu spüren: Bei der Lebensmittelversorgung, beim Zusammenbruch des Zahlungsverkehrs und der Kommunikation, im Gesundheitswesen, bei der Gewährleistung der Sicherheit und der Mobilität der Bürger, beim Betreiben von Industrieanlagen usw.[33] Wieviel Geld für die erforderliche Risikoabfederung und den Umbau der Wirtschaft insgesamt in die Hand genommen werden muss, deuten allein die Strompreise an, die bereits jetzt große Teile der Industrie wettbewerbsunfähig machen. Wir müssen also zur Risikominimierung zuerst die mit der Energiewende verbundenen ungelösten technischen Probleme beheben. Dazu gehört neben den oben bereits genannten auch die Digitalisierung der Energiewende, was unter anderem die mathematische Simulation von möglichen Netzinstabilitäten und den praktischen Einsatz intelligenter Messsysteme einschließt.[34]

Besonders demagogisch erscheint in diesem Kontext das Bestreben des links-grünen Politkomplexes auf jedem Gebiet (sei es Gendern, Antirassismus,

---

[32] https://www.handelsblatt.com/unternehmen/industrie/vw-privatkundengeschaeft-mit-elektroautos-bricht-in-europa-ein/29238772.html, zuletzt aufgerufen am: 2.5.2024.

[33] https://www.enbw.com/unternehmen/eco-journal/blackout.html, zuletzt aufgerufen am: 2.5.2024.

[34] https://www.bmwk.de/Redaktion/DE/Artikel/Energie/gutachten-digitalisierung-der-energiewende.html, zuletzt aufgerufen am: 2.5.2024.

Energiewende usw.) eine ‚Vorreiterrolle' spielen zu wollen, und sei diese noch so verderblich. Es ist durchaus kein Verdienst, beim Ritt in den Abgrund (wie z.B. beim gleichzeitigen Abschalten von Kernkraft- und Kohle- bzw. Gaskraftwerken) blind voranzugehen. Noch dazu, wo uns verständlicherweise keiner folgt (ganz abgesehen davon, welche moralische Hybris und Selbstüberhöhung in diesem Anspruch steckt)! Wenn es uns nicht gelingt, wieder zu einer rationalen und den Sachzwängen Rechnung tragenden Wirtschafts- und Energiepolitik zurückzufinden, wird dies zu einer möglicherweise irreparablen Schädigung unserer Wirtschaft führen. Zur Abwendung dieses zerstörerischen Szenarios besteht aber in einer Zeit wenig Hoffnung, in der wir einen Wirtschaftsminister haben, der bereits bei offensichtlich bevorstehender Energienot kein Stromproblem sah. Berühmt-berüchtigt sind seine Äußerungen anlässlich einer Talkshow im Fernsehen, wonach Betriebe nicht deshalb insolvent sein müssen, weil sie gezwungen sind, die Produktion bzw. den Verkauf einzustellen (wie bezahlen die ihre laufenden Kosten: Miete, Löhne, Energie usw.?). Die hierauf einsetzenden Proteste veranlassten sogar regierungstreue Blätter zu einem kritischen Artikel. Ein solcher Wirtschaftslenker, der eigentlich zurücktreten müsste, ist eine Katastrophe in einer Phase der Rezession und Inflation, zumal er sich neuerdings auch noch „von der Wirklichkeit umzingelt" fühlt.[35] Aber das erschüttert einen großen Teil des Staatsvolkes nicht, so lange es noch einigermaßen bezahlbare ‚Brot und Spiele' gibt. Es fragt sich nur, wie lange noch?

In Deutschland droht eine fortschreitende Deindustrialisierung, welche naturgemäß zuerst die energieintensiven Produktionszweige treffen wird, aber auch in der Autoindustrie bzw. bei deren Zulieferbetrieben deuten sich schon Auslagerungstendenzen und erste Insolvenzen an. Der Chef des Verbandes der Chemieindustrie sah sich wegen des dramatischen Produktionseinbruchs bereits gezwungen, einen Brandbrief an die Regierung zu schreiben in dem er auf das Ausmaß der drohenden Katastrophe aufmerksam macht. „Die Verbände [...] der energieintensiven Branchen [...] vertreten mehr als 1,1 Millionen Beschäftigte in über 8.000 Unternehmen. Insgesamt hängen hieran bis zu 2,4 Millionen Arbeitsplätze und gut 240 Milliarden Euro Wertschöpfung". Das alles ist durch die Ideologie-getriebene Energiepolitik mit ihrem Kampfziel ‚Dekarbonisierung' verursacht, wobei wir von anderen in Not geratenen Zweigen der Volkswirtschaft, wie der Landwirtschaft, noch gar nicht gesprochen haben. Derweil pfeift der Wirtschaftsminister laut im Wald und verkündet: „Die Wirt-

---

[35] https://www.sueddeutsche.de/wirtschaft/aeusserung-zur-insolvenz-kritik-an-habeck-1.5652559 und https://www.t-online.de/nachrichten/deutschland/innenpolitik/id_100295068/anne-will-robert-habeck-im-tv-wir-sind-umzingelt-von-wirklichkeit-.html, zuletzt aufgerufen am: 19.4.2024.

schaft hat erkannt und will die Dekarbonisierung zu einem Geschäft und Er-
folgsmodell für den deutschen Standort, für die deutsche Industrie machen".[36]

Obwohl Habeck zunächst unisono mit der FDP vom Wasserstoff als Energieträger für KFZ und für Heizungsanlagen träumte (letztere sollten bis 2035
bis zu 65% mit ‚Grünem Wasserstoff' betrieben werden),[37] warnt er inzwischen in dieser Hinsicht vor den zu hohen Erwartungen.[38] Auf der einen Seite
strebt er einen mit Milliarden Euro gestützten strategischen Pakt mit Namibia
zur Erzeugung dieses grünen Energieträgers an, ohne auf der anderen Seite
zu sagen, wie denn dieses sehr leichte und gefährliche Gas mit seinem (bezogen auf die Volumeneinheit) relativ niedrigen Heizwert ökonomisch effizient
und sicher nach Deutschland transportiert werden soll (es muss dementsprechend hoch verdichtet werden).[39] Eine starke Intervention der Politik zugunsten der Wasserstofftechnologie dürfte auf jeden Fall verfrüht sein, da diese
in keiner Weise ausgereift ist und ihrerseits eine Fülle neuer Probleme aufwirft (Elektrolyse von Wasser zur Erzeugung von Sauerstoff und Wasserstoff
ist sehr energieintensiv, die Wasserstoff-Brennstoffzellen-Technik ist bei weitem noch nicht ausreichend entwickelt und schließlich ist Wasserstoff ein sehr
flüchtiges, hochexplosives Gas, was wiederum Sicherheitsfragen aufwirft).

Durch Wirtschaftschaos und Fehlentscheidungen auf fast allen Gebieten
sowie durch die erheblichen Verletzungen demokratischer Prinzipien ist ein
starker Vertrauensverlust in die Regierung und das Parteiensystem insgesamt
eingetreten (s. Kap. 17). Laut Statista und anderen Umfragen haben ca. 60%
der Befragten kein Vertrauen mehr in die Regierungsarbeit.[40] Ungeachtet dessen bescheinigt die links-grüne Bertelsmann-Stiftung der Ampelregierung,
dass letztere besser sei als ihr Ruf, da sie „schon fast zwei Drittel der Koali-
tionsversprechen entweder komplett umgesetzt oder zumindest auf den Weg

---

[36] https://www.zdf.de/nachrichten/politik/habeck-energie-industriestandort-katar-100.html,
zuletzt aufgerufen am: 2.5.2024.

[37] https://www.welt.de/wirtschaft/video244679654/Waermewende-Die-Wasserstoff-
Heizungen-von-denen-Habeck-spricht-gibt-es-bisher-nur-als-Prototypen.html, zuletzt
aufgerufen am: 2.5.2024.

[38] https://www.focus.de/politik/deutschland/heikler-punkt-schon-wieder-dieser-habeck-jetzt-
warnt-er-die-fdp-vor-zu-viel-wasserstoff_id_196652604.html, zuletzt aufgerufen am:
2.5.2024.

[39] Überhaupt übt Afrika auf die Grünen eine große Anziehungskraft aus. Seine Kollegin und
Außenministerin hatte sich sogar dazu verstiegen, Kenia - ein Land, in dem ein Viertel der
Bevölkerung unterhalb der absoluten Armutsgrenze von 1,9 $ US pro Tag lebt - als Vorbild
für Deutschland zu deklarieren.

[40] https://de.statista.com/statistik/daten/studie/153823/umfrage/allgemeines-vertrauen-in-die-
deutsche-regierung/, zuletzt aufgerufen am: 2.5.2024.

gebracht" habe.[41] Na, wenigstens die Quantität stimmt, ob die Gesetze auch etwas taugen, darüber findet man in der Bertelsmann-Studie nichts.

Die Schildbürgerstreiche sowie Wirtschafts- und Führungsinkompetenz maßgeblicher Politiker Deutschlands sind erschreckend. Das betrifft nicht nur die jetzige Ampelkoalition, sondern auch vorhergehende Regierungen (man denke an das Mautdebakel, an die sinnlosen und völlig überteuerten Maskeneinkäufe, an das Desaster beim Bau des Berliner Flughafens, Ignoranz und Nepotismus bei den Grünen u.v.a.m.). Eine der größten Fehlleistungen der letzten fast zwanzig Jahre war allerdings die verfehlte Asylpolitik mit ihren immer weiter eskalierenden Kosten und sozialen Verwerfungen. Die gesamte Finanzierungsfrage um den Problemkreis Flüchtlingswelle und Integration war von Anfang an durch Selbstbetrug gekennzeichnet. Während ständig behauptet wurde, dass durch die Migration eine Verbesserung der demographischen Entwicklung und eine Zunahme des Anteils der Steuerzahler eintreten werde, wurden die Probleme der Zuwanderung von Migranten in die Sozialsysteme systematisch kleingeredet,[42] s. hierzu auch Kap. 16. Jeder der auf den letztgenannten Aspekt aufmerksam machte, geriet sofort in die Gefahr, als inhuman und als Ausländerfeind abgestempelt werden.

Auf das gravierende und kaum noch zu beherrschende Sicherheitsproblem, das durch kriminelle Ausländer und migrantische Clanstrukturen entstanden ist, sind wir schon in den Kapiteln 8 und 12 eingegangen. Es ist aber nicht zu übersehen, dass auch die bewusst in Kauf genommenen Folgen der Migration - immense Kosten, Überstrapazieren der Sozialleistungen, Verzerrungen im Arbeitsmarkt, wachsende Belastung in den Kommunen usw. - die Gesellschaft inzwischen unerträglich stark belasten. Zwar haben die meisten führenden Politiker spätestens seit 2015 immer wieder auf die Notwendigkeit konsequenter Abschiebungen von migrantischen Straftätern und illegalen Einwanderern hingewiesen, aber nichts ist geschehen (alles leere Worte). Im Gegenteil, die Einwanderungsquote ist so hoch wie seit 2016 nicht mehr, und das Schlepperunwesen gedeiht weiter (inzwischen wird es zunehmend auch von Ukrainern mit betrieben).[43] Es wird niemand nützen, auch den hier Zuflucht Suchenden nicht, wenn Deutschland so weit heruntergewirtschaftet sein wird, dass es selbst ein Sanierungsfall ist. Außerdem werden auch die wirklich Bedürftigen, für die

---

[41] https://www.dw.com/de/studie-die-bundesregierung-ist-besser-als-ihr-ruf/a-66781129, zuletzt aufgerufen am: 2.5.2024.

[42] https://www.cicero.de/wirtschaft/kosten-der-zuwanderung-wer-beschoenigt-schadet-der-sache, zuletzt aufgerufen am: 19.4.2024.

[43] https://www.salzburg24.at/news/oesterreich/712-schlepper-im-jahr-2022-in-oesterreich-festgenommen-137726347, zuletzt aufgerufen am: 22.2.2024.

das Asylgesetz eigentlich gedacht ist, unter verstärkter Ablehnung zu leiden haben.[44]

Das inzwischen entstandene Bildungsdesaster (s. Kap. 2) wirkt sich bereits heute in der Wirtschaft verheerend aus. Insbesondere der Mangel von Fachkräften in Handwerk und Gewerbe, aber auch in der immer stärker auf High-Tech getrimmten Industrie machen uns schwer zu schaffen. Das ist durchaus kein Zufall, denn wenn viele mit geschönten Notendurchschnitten nur noch Sozial- oder Politikwissenschaften, aber keine MINT-Fächer studieren wollen, dann fehlen Techniker und Ingenieure eben in den produzierenden Bereichen (und das wird uns im internationalen Wettbewerb schwer schaden). Darüber hinaus werden potentielle Facharbeiter durch ein Bildungssystem mit herabgesenkten Hürden (Motto: ‚Abitur für alle') womöglich zu einem akademischen Bildungsweg verleitet, der nicht ihren Fähigkeiten und Neigungen entspricht. Sie wären ohne diese Fehlsteuerung am Ende tüchtige Handwerker oder Facharbeiter geworden und hätten in diesen Berufen ihre Erfüllung finden können. Stattdessen landet ein großer Teil dieser Leute mit vorgeblicher Hochschulreife in unproduktiven Beschäftigungen, in NGOs oder als Wasserträger von Politikern. Mit anderen Worten, wir haben es im Grunde genommen nur mit einer ‚Scheinakademisierung' zu tun. – Folgerichtig mehren sich inzwischen auch im Handwerk die Beschwerden über fehlenden Nachwuchs und über das Niveau von Auszubildenden, die nicht einmal mehr die Dreisatzrechnung beherrschen, zumal Unternehmer bereits vor Jahren über die mangelnde Belastbarkeit der Auszubildenden klagten, was sich nicht wesentlich geändert hat.[45] – Auch das von Links-Grün angepriesene Reservoir der migrantischen Fachkräfte hat sich als Fata Morgana erwiesen, da viele von ihnen nicht einmal die deutsche Sprache beherrschen, und diejenigen, die sich gern qualifizieren und arbeiten möchten, dürfen aufgrund der Asylgesetze oft gar nicht eingestellt werden, solange ihr Aufenthaltsstatus nicht endgültig geklärt ist.[46]

Zu all dem kommt noch eine veränderte Lebenseinstellung in der sogenannten Generation Z (Geburtsjahre etwa zwischen 1997 und 2012) mit einer Arbeitsauffassung, die eher durch Begriffe wie ‚Work Life Balance', ‚Chil-

---

[44] Groteskerweise scheint nur die Abschiebung gut integrierter Ausländer zu funktionieren, die sogar schon Arbeit haben. Davon gibt es nicht wenige Fälle, obwohl wir gerade diese Einwanderer brauchten! – https://www.zdf.de/nachrichten/politik/abschiebung-bedrohung-vietnam-familie-chemnitz-100.html, zuletzt aufgerufen am: 19.4.2024.

[45] https://www.spiegel.de/wirtschaft/soziales/null-bock-azubis-unternehmer-laestern-ueber-jugendliche-a-756288.html, zuletzt aufgerufen am: 2.5.2024.

[46] https://www.bmas.de/DE/Arbeit/Fachkraeftesicherung-und-Integration/Migration-und-Arbeit/Flucht-und-Aysl/arbeitsmarktzugang-fuer-fluechtlinge.html, zuletzt aufgerufen am: 19.4.2024.

len' und ‚Fun‘,[47] aber weniger vom Leistungsgedanken geprägt ist. Typisch hierfür ist die Gruppe der NEETs (Not in Education, Employment or Training); das sind junge Erwachsene, die sich nicht in Ausbildung, Arbeit oder Schulung befinden. Sie gehen keiner geregelten Tätigkeit nach und möchten sich eher (meist auf Kosten der Eltern oder des Staates) selbst verwirklichen, die Welt als Backpacker bereisen oder dergleichen.[48] Einige der genannten Aspekte, wie das Finden einer guten ‚Work Life Balance‘, kann man zwar aus Sicht der Einzelperson durchaus verstehen, die meisten sind aber aus gesamtgesellschaftlicher Sicht sehr gefährlich. Wenn man bedenkt, dass den etwa 630.000 solcher nicht-beschäftigten Jugendlichen ziemlich genau so viele unbesetzte Stellen gegenüberstehen, für die es keine entsprechend qualifizierten Fachkräfte gibt, so erkennt man die entstandene Verwerfung deutlich.[49] Nun könnte man sagen, dann müssen wir eben etwas Wohlstandsverlust und weniger Produktivität in Kauf nehmen. Das wird aber leider nicht funktionieren in einer Zeit, in der wir mit aufstrebenden ostasiatischen Leistungsgesellschaften in wirtschaftlicher Konkurrenz stehen (und damit ist nicht nur China gemeint). Die Alternative wird also sein, entweder dem Leistungsprinzip in allen Bereichen des Lebens - seien es Schule, Sport oder Wirtschaft - wieder Geltung zu verschaffen oder unterzugehen, s. auch Kap 17.

Im Kontrast zum Rückgang der Qualifikation unserer selbsternannten Politelite und in Übereinstimmung mit dem Dunning-Kruger-Effekt wächst deren ‚Anmaßung von Wissen‘ (eine Erscheinung, die schon der österreichische Ökonom Hayek unter der Bezeichnung ‚Pretence of Knowledge‘ beschrieben hat).[50] Typisch für links-grünes selbstüberhobenes Denken ist etwa die Tatsache, dass ohne Sachverstand wirtschaftsschädigende Verbote verhängt oder gar Physik und Technik Zeitvorgaben gemacht werden, von denen keiner der Proponenten weiß, ob sie realistisch sind. Da wird dekretiert, wann Verbrenner zu verschwinden haben und der Verkehr vollständig auf E-Mobilität umzustellen ist, ohne zu wissen, ob auch die entsprechenden Voraussetzungen gegeben sind und insbesondere genügend Elektroenergie verfügbar sein wird. Atomkraftwerke und Kohlekraftwerke werden vorzeitig abgeschaltet, ohne dass im Entferntesten zu sehen ist, wann die entstehende Energie-Lücke durch Windräder und Solaranlagen geschlossen werden kann usw. Oder es werden Tech-

---

[47] Deutsch etwa: ‚Ausgewogenheit von Arbeit und Privatleben‘, ‚Abhängen‘ bzw. ‚Spaß‘

[48] https://www.welt.de/politik/deutschland/article246833154/Lebensunterhalt-Mehrheit-junger-Menschen-auf-Unterstuetzung-angewiesen.html, zuletzt aufgerufen am: 2.5.2024.

[49] https://www.focus.de/finanzen/news/jugendarbeitslosigkeit-steigt-generation-neets-warum-so-viele-junge-menschen-einfach-nichts-tun_id_200293095.html, zuletzt aufgerufen am: 2.5.2024.

[50] https://www.nobelprize.org/prizes/economic-sciences/1974/hayek/lecture/, zuletzt aufgerufen am: 8.2.2024.

nologien (wie etwa der ‚Grüne Wasserstoff') gewaltsam in den Vordergrund gerückt, von denen noch niemand sagen kann, ob sie sich als wirtschaftlich erweisen werden.

Auch Naturvorgänge wie der Einfluss der Energieentnahme aus dem Windsystem werden mit einer Ignoranz behandelt, als gäbe es keinen Energieerhaltungssatz. Wie wir bereits in Kap. 14 festgestellt hatten, ist überhaupt noch nicht erforscht, welchen Einfluss der geplante gigantische Ausbau von Windparks durch den Verbrauch von Windenergie und die damit verbundene Verlangsamung des Windes auf das Mikroklima (speziell auch auf die Regenmengen in der Umgebung) haben wird. Hier sind einfach die empirischen Daten noch gar nicht vorhanden, zumal ja diese Entwicklung noch gar nicht abgeschlossen ist. Hinzu kommt, dass die Politiker das Ausmaß und die Komplexität des ganzen globalen Wirtschaftsgeschehens gar nicht mehr verstehen, obwohl sie - wie wir im vorhergehenden Kapitel gesehen hatten - ständig so tun, als könnten sie mit ihren Maßnahmen das Weltklima retten. Durch ständige Fehlentscheidungen der Regierenden und die Überforderung, globale ökonomische Verflechtungen bzw. Finanztransaktionen zu beherrschen, oder durch das Unvermögen, kriminelle Machenschaften im internationalen Rahmen zu durchschauen bzw. zu verhindern (s. Kap. 12), haben viele kein Vertrauen mehr in die Entscheidungsträger.[51]

Das ausufernde Sozialsystem kombiniert mit der Absenkung der Anforderungen an Arbeitslose, eine Beschäftigung anzunehmen, überfordert zunehmend die Solidargemeinschaft und schädigt die Arbeitsmoral. Mit Einführung des Bürgergeldes ab Juli 2023 wurde der Ansporn, sich eine Arbeit zu suchen, noch einmal verringert, s. auch Kap. 16. Es lohnt sich im Niedriglohnsektor einfach nicht mehr, arbeiten zu gehen.[52] Als Konsequenz von alledem ist ein Absinken der internationalen Wettbewerbsfähigkeit Deutschlands zu erkennen, was sich auch im treffenden Titel eines Artikels in einer führenden deutschen Tageszeitung manifestiert: „Jetzt wird Deutschland nach unten durchgereicht."[53] Man kann nur konstatieren, dass dies nach den in den vergangenen Kapiteln dargelegten Ursachen auch kein Wunder ist.

Der Arbeitsmarkt in Deutschland ist im Jahre 2023 durch ein Paradoxon gekennzeichnet: Auf der einen Seite haben wir eine Arbeitslosenquote von

---

[51] Nach einer Umfrage halten 69% der Bürger den Staat für überfordert (in Ostdeutschland sind es sogar 77%). – https://www.zeit.de/gesellschaft/zeitgeschehen/2023-08/vertrauen-staat-buergerbefragung-deutscher-beamtenbund, zuletzt aufgerufen am: 22.2.2024.

[52] https://www.focus.de/finanzen/soll-am-1-januar-starten-jobcenter-mitarbeiterin-rechnet-mit-buergergeld-ab-vollzeit-lohnt-nicht-mehr_id_160786561.html, zuletzt aufgerufen am: 19.4.2024.

[53] https://www.welt.de/wirtschaft/article194376123/Wettbewerbsfaehigkeit-Deutschland-ist-nur-noch-Mittelmass.html, zuletzt aufgerufen am: 19.4.2024.

5,7% und eine große Anzahl von Asylbewerbern, die zum Teil gar nicht arbeiten dürfen, und auf der anderen Seite ist ein bedrohlicher Fachkräftemangel zu verzeichnen. Die Hauptursache hierfür dürfte die bereits im vorhergehenden Kapitel erwähnte mangelnde Qualifikation der potentiell für den Arbeitsmarkt infrage kommenden Personen sein, was auch vom Institut für Wirtschaft in Köln bestätigt wird.[54] Beunruhigend ist auch der Anstieg der Arbeitslosenquote durch die einbrechende Konjunktur bzw. die sich abzeichnende Stagflation. Dieser Anstieg ist zwar im Moment noch überschaubar, aber die wirtschaftliche Lage im Land bietet dennoch keinen Grund zu Optimismus.[55] Die durch zunehmende Insolvenzen und Betriebsverlagerungen ins Ausland wegfallenden Arbeitsplätze in den traditionellen Industrien und Gewerbezweigen (etwa in der Autoindustrie und bei deren Zulieferern) können durch neu hinzukommende Jobs auf dem Gebiet der erneuerbaren Energien nicht ausgeglichen werden. Allein bei den Autozulieferern sank das Beschäftigungsniveau 2022 im Vergleich zum Vorjahr um 6% auf das niedrigste Niveau seit 1997.[56] In Anbetracht dessen werfen selbst renommierte Ökonomen aus dem Kreis der sogenannten ,Wirtschaftsweisen' der Regierung vor, der Bevölkerung die drohenden wirtschaftlichen Gefahren zu verschweigen.[57]

Durch die hohe Steuerlast in Deutschland, die gleichzeitig zu beobachtende Steuerverschwendung und die mangelnde Identifikation mit dem Vaterland (die sogar den Vizekanzler kennzeichnet) nehmen Steuerflucht und Steuertrickserei erschreckende Ausmaße an. Dabei fungieren nicht nur die berühmt-berüchtigten Kaimaninseln sondern unbegreiflicherweise auch EU-Länder, wie z.B. Luxemburg, Irland u.a., als Schlupflöcher (auf die CumEx-Betrügereien werden wir weiter unten noch zu sprechen kommen). Dass sich vornehmlich Großkonzerne auf Steuervermeidung verstehen, was aber kein spezifisch europäisches Problem ist, haben die sogenannten ,Paradise Papers' gezeigt. Diese Dokumente legen offen, „wie von Milliardären weltweit und einigen der global größten Konzerne wie Apple, Facebook oder Nike mittels Geldwäsche und Verschleierung - unter anderem durch Gründung von Briefkastengesellschaften und Nutzung von Offshore-Steueroasen - Steuerhinter-

---

[54] https //www.iwkoeln.de/studien/alexander-burstedde-gero-kunath-dirk-werner-fachkraeftemangel-trotz-arbeitslosigkeit-kein-widerspruch.html, zuletzt aufgerufen am: 2.5.2024.

[55] https //www.bmwk.de/Redaktion/DE/Pressemitteilungen/Wirtschaftliche-Lage/2023/20230714-die-wirtschaftliche-lage-in-deutschland-im-juli-2023.html, zuletzt aufgerufen am: 2.5.2024.

[56] https //www.vda.de/de/themen/automobilindustrie/marktentwicklungen/beschaeftigungszahlen-und-beschaeftigungsentwicklung, zuletzt aufgerufen am: 2.5.2024.

[57] https //www.tagesspiegel.de/wirtschaft/es-kommt-zu-realen-einbussen-wirtschaftsweise-grimm-warnt-die-deutschen-vor-harten-zeiten-10302385.html, zuletzt aufgerufen am: 2.5.2024.

ziehung betrieben wird". Analoges wurde übrigens durch die decouvrierenden ‚Panama Papers' an den Tag gebracht. [58] – Ein kleiner Lichtblick ist 2021 durch die Einigung über die Besteuerung global agierender Konzerne entstanden, indem sich die G7-Staaten darauf geeinigt haben, als Kompromiss wenigstens 15% Steuer in dem Land zu erheben, in dem ein Unternehmen angesiedelt ist.[59] Wie Wagenknecht richtig bemerkte, kann Weltoffenheit im Zeitalter des Turbokapitalismus für eine Nation ganz schnell in Schutzlosigkeit umschlagen, vor allem dann, wenn wie in Deutschland keine interessengeleitete Außenpolitik betrieben wird [83, S. 53].

Ein typisches Beispiel für diesen ‚Turbokapitalismus' auf dem Finanzsektor ist der Hochfrequenzhandel mit Computern, der riesige Gefahren in sich birgt.[60] Der vom Handelsblatt zitierte Börsenfachmann Dirk Müller fragt dazu: „Was für einen Sinn ergibt es, eine Aktie für nur eine Nanosekunde zu halten?" und stellt fest: „Die Börse entferne sich immer mehr von ihrem eigentlichen Auftrag, nämlich Unternehmer, die eine Idee haben, zusammenzubringen mit Investoren, die Geld haben. ‚So entwickelt sich die Börse hin zum reinen Casino'". Diese Feststellung wird noch dadurch unterstrichen, dass Firmen, die diese Art des Finanzhandels betreiben, eher Psychologen oder Spieltheoretiker einstellen als Finanzexperten. Wie fragil die internationale Finanzwelt tatsächlich ist, hat u.a. die Finanzkrise 2007/2008 (die sogenannte ‚Subprime crisis') mit dem Zusammenbruch der Großbank Lehman-Brothers gezeigt, wobei in der Folge große Konzerne wie General Motors nur mit staatlichen Mitteln nach dem Motto „Too big to fail" gerettet werden konnten.

Die Finanzmisere hat nicht nur die Kommunen erfasst (deren chronische Unterfinanzierung durch das Asylproblem noch einmal bis fast zur Handlungsunfähigkeit verschärft wurde), sondern auch viele Länder über Deutschland hinaus, deren Staatsverschuldung oft weit über 100% des BIP liegt (nach den Maastricht-Kriterien sind höchstens 60% erlaubt; offiziell belief sich die Ver-

---

[58] Als Steueroasen werden neben den erwähnten Kaimaninseln u.a. asiatische Städte wie Hongkong, Macao und Singapur oder arabische Magistralen wie Dubai und der Inselstaat Bahrein angegeben. – https://www.globalcitizen.org/de/content/steueroasen-weltweit/ und https://www.zinsenvergleich.at/liste-von-steueroasen-in-europa-weltweit-2949/, zuletzt aufgerufen am: 8.2.2024.

[59] Der Onlinehandel-Gigant Amazon mit seinen Milliardenumsätzen bezahlt in Deutschland kaum Steuern. Dazu passt, dass die Europazentrale von Amazon in Luxemburg nicht wie das Domizil eines Großkonzerns, sondern von außen eher wie die Fassade eines Antiquariats wirkt. Eine zugegebenermaßen naive Frage: Warum wird diese ‚Zentrale' dort überhaupt gebraucht? Die riesigen Umsätze werden doch nicht in Luxemburg getätigt, und die Versandzentren befinden sich auch nicht dort.

[60] https://www.faz.net/aktuell/feuilleton/risiken-des-hochfrequenzhandels-das-systemische-risiko-der-dummheit-12619019.html, zuletzt aufgerufen am: 19.4.2024.

schuldung Deutschlands im März 2023 auf knapp 66% des BIP, was aber durch die sogenannten ‚Sondervermögen' einfach geschönt sein dürfte).[61]

Als Prüfstein der Verwundbarkeit moderner Wirtschaftssysteme (nicht nur im Bankwesen und in der Finanzwirtschaft) gilt die Resilienz[62] gegenüber seltenen Ereignissen, sogenannten ‚Schwarzen Schwänen', wie etwa die Insolvenz großer Konzerne und Banken oder Naturkatastrophen und Pandemien. Dass wir dort nicht wirklich auf sicherem Grund stehen, haben die erwähnte Pleite von Lehman-Brothers und die Folgen der Corona-Pandemie gezeigt, zu letzterer s. Kap. 16. Krall schreibt hierzu pessimistisch: „Die Seltenheit des schwarzen Schwans wird abgelöst von seiner Allgegenwart. Der schwarze Schwan bekommt Junge." [40, S. 24]. Die Entwicklung der Wirtschaft hin zur Stagflation, die Nachwirkungen von Corona, die Ukraine-Krise, die Zerstörung der Demokratie und das Migrationsdesaster sind zentrale Probleme Deutschlands, nicht die Klimakrise, bei letzterer können wir sowieso nicht viel beeinflussen,[63] s. hierzu Kap. 14 und 16. – Auch die ökonomischen Folgen des äußerst umstrittenen Lockdown während der Coronazeit werden uns noch lange beschäftigen, und manche Branchen, wie beispielsweise das Gaststättengewerbe, werden sich womöglich nie mehr richtig davon erholen. Die allgemeine Rezession belegen auch die Angaben des statistischen Bundesamts, wonach das Bruttoinlandsprodukt (BIP) im Jahr 2020 um 4,9 Prozent gegenüber 2019 zurückgegangen ist (der höchste Rückgang seit 1970).[64] In die gleiche Richtung zeigt die Entwicklung des Geschäftsklimaindex', der im August 2023 auf den niedrigsten Stand seit drei Jahren gefallen ist.[65]

Die Hilflosigkeit der Regierung im globalen Finanzgeschehen wurde ganz offen im CumEx-Skandal und in der Wirecard-Affäre sichtbar. In beiden Fällen haben nicht nur die verantwortlichen Politiker, sondern auch die Bankenaufsicht Bafin versagt.[66] Nicht umsonst wurde CumEx als das „Darknet der Banken" bezeichnet [62, S. 171]. Im Falle des Wirecard-Skandals kann man schon von einem Rundumversagen der finanzökonomischen Kontroll-Mechanismen sprechen. Der Aufsichtsrat (wozu ist er eigentlich da?) hat nichts von dem Fi-

---

[61] https://de.statista.com/statistik/daten/studie/157855/umfrage/laender-mit-der-hoechsten-staatsverschuldung/, zuletzt aufgerufen am: 2.5.2024.

[62] Ein Fachbegriff für die Widerstandsfähigkeit eines Systems gegenüber krisenhaften Situationen und Katastrophen.

[63] Selbst wenn wir eine Nullemission an umweltschädlichen Gasen erreichen würden, hätte das nur marginale Auswirkungen (was aber nicht heißt, wie wir im vorhergehenden Kapitel schon betont hatten, dass wir gar nichts tun sollten).

[64] https://www.lpb-bw.de/wirtschaft-und-corona, zuletzt aufgerufen am: 2.5.2024.

[65] https://www.ifo.de/fakten/2023-08-25/ifo-geschaeftsklimaindex-faellt-august-2023, zuletzt aufgerufen am: 2.5.2024.

[66] https://www.tagesschau.de/wirtschaft/finanzen/finanzskandale-cumex-wirecard-lehren-101.html, zuletzt aufgerufen am: 2.5.2024.

nanzbetrug gemerkt, obwohl es um Bilanzfälschungen in Milliardenhöhe ging. Die Finanzaufsichtsbehörde Bafin hat sogar investigative Journalisten von der Financial Times, die rechtzeitig auf Unregelmäßigkeiten aufmerksam gemacht haben, mit rechtlichen Schritten bedroht. Die Bundesminister für Finanzen und für Wirtschaft haben als Kontrollinstanzen der Bafin nichts unternommen (keiner ist zurückgetreten und der Chef der Bafin wurde trotz des entstandenen immensen Schadens nicht entlassen). Der damalige Hamburger Oberbürgermeister Olaf Scholz (SPD), der ganz nah an der in die CumEx-Affäre verwickelten Warburg-Bank war und sich angeblich an nichts mehr erinnern kann, hatte sogar die Chuzpe, als Kanzlerkandidat seiner Partei für die Bundestagswahl 2021 anzutreten und ist dann (in unserem Land fast folgerichtig) auch noch Kanzler geworden.[67] Mit einem Wort - das Ganze riecht nach kollektiver Verantwortungslosigkeit.

Es gleicht geradezu einem wirtschaftlichen Selbstmord, den Kohle- und Atomenergie-Ausstieg zu gleicher Zeit voranzutreiben, weshalb diese ökonomische ‚Geisterfahrt' von anderen Ländern (auch in der EU) nicht mitgetragen wird.[68] Es ist geradezu makaber zu lesen, dass die Amerikaner (die uns ja in den selbstmörderischen Gasboykott gegen Russland getrieben haben) auch jetzt, während der Ukraine-Krise weiterhin große Mengen Uran bei den Russen einkaufen.[69] In Deutschland postuliert eine unbedarfte grüne Abgeordnete indes, dass die zukünftige Energieversorgung nicht Nachfrage- sondern Angebots-orientiert sein wird. Damit ist für sie das Problem gelöst, dass grüne Energie eben nicht immer zur Verfügung stehen wird. Allerdings baut sich sogar bei den Grünen inzwischen ein wachsender Widerstand gegen den überhasteten Atomausstieg auf.[70] Selbst für Befürworter einer langfristig geplanten Abkehr von der Kernkraft sollte klar sein, dass wir eigentlich für die Sicherung der Grundlast zumindest vorübergehend noch nicht auf Atomenergie verzichten können (wobei es aber für Einsicht und Umkehr schon zu spät sein dürfte, s.u.). Ein einseitiges Verlassen auf Solar- und Windenergie wird verhängnisvolle Folgen haben. Man stelle sich nur vor, dass sich ein Winter wie

---

[67] Übrigens liegen diese für ihn nicht mehr erinnerlichen Ereignisse nur ca. 3 Jahre zurück, was seine Genossen aber nicht hindert, dem Chef der freien Wähler Aiwanger dessen ‚Erinnerungslücken' bezüglich einer vor 35 Jahren begangenen idiotischen Schüleraktion vorzuwerfen, s. Kap. 13.

[68] https://www.swp.de/politik/atomausstieg-deutschland-wird-in-europa-zum-geisterfahrer-70138603.html, zuletzt aufgerufen am: 2.5.2024.

[69] https://www.fr.de/wirtschaft/sanktionen-handel-uran-russland-usa-atomkraft-atomstrom-zr-92841149.html, zuletzt aufgerufen am: 2.5.2024.

[70] https://www.tichyseinblick.de/daili-es-sentials/energieversorgung-in-deutschland-jederzeit-strom-ist-von-gestern/ und https://www.wiwo.de/politik/deutschland/die-wichtigsten-antworten-widerstand-gegen-weiterbetrieb-der-kernkraftwerke-broeckelt/28550080.html, zuletzt aufgerufen am: 20.4.2024.

1978 (oder noch härter) wiederholt. Glaubt wirklich jemand, dass wir so etwas stemmen können, wenn wir allein auf regenerative Energien setzen würden. Wahrscheinlich könnten uns dann nicht einmal Gaskraftwerke retten (falls sie dann noch in ausreichendem Maße vorhanden sein sollten).

Da die von Links-Grün zu verantwortende Ideologie-getriebene Wirtschafts- und Energiepolitik Deutschland die höchsten Strompreise weltweit beschert hat,[71] erhebt sich die Frage, ob einige Fehlentscheidungen und insbesondere der Atomausstieg revidierbar sind. Leider muss man feststellen, dass ein solch einschneidender Schritt wie die Abkehr von der Kernenergie nicht so ohne weiteres rückgängig gemacht werden kann. Ganz abgesehen davon, dass sich abgebaute bzw. stillgelegte Atomkraftwerke überhaupt nicht bzw. nur mit riesigem Aufwand reaktivieren ließen; es wird in Deutschland auch das Know-how fehlen, und zwar nicht nur für die derzeitig aktuelle, sondern auch für zukünftige Technologien auf diesem Sektor. Welche Physikstudenten werden sich denn unter diesen Umständen noch für eine Spezialisierung in Kernphysik oder Reaktortechnik entscheiden? Dabei besitzen neuere Entwicklungen auf dem Gebiet der Atomenergie durchaus eine Perspektive, zumindest ist deren Potential noch lange nicht ausreichend untersucht und ausgeschöpft. Hierzu gehören Minireaktoren oder Flüssigsalzreaktoren (Dual-Fluid-Reaktoren) ebenso wie die Kernfusion, um nur zwei zu nennen. Nicht auszudenken, dass wir in einem Land leben, in dem Kinderbuchautoren, Studienabbrecher und Leute, die nicht einmal wissen, was eine 360°-Wende ist, über solch hochkomplexe Technologien befinden. Wenn die Grünen-Chefin Lang nicht direkt Unsinn redet, dann glänzt sie vor allem durch Plattitüden (auch auf dem Wirtschaftssektor).[72] Da ist es auch nicht mehr verwunderlich, dass wir bei der Abkehr vom emissionsarmen Atomstrom beim teuren und schmutzigen Fracking-Gas (s.o.) gelandet sind; aber auch letzteres ist nicht mehr sicher.[73]

Die Tatsache müsste doch höchst alarmierend sein, dass die deutschen Forscher und Techniker, die den Dual-Fluid-Reaktor entwickelt haben, mit ihrer Firmengründung nach Kanada gehen mussten, um ihr Konzept zu verwirklichen. Besonders beschämend ist der euphemistische Bericht der FAZ, die sich freut, dass die Firma nun zwar ihren Sitz in Vancouver hat, aber „die Macher hinter dem Unternehmen [immerhin] Deutsche seien".[74] Da wäre es doch

---

[71] https://www.berliner-zeitung.de/news/internationaler-vergleich-deutschland-hat-die-hoechsten-strompreise-der-welt-li.106876, zuletzt aufgerufen am: 2.5.2024.

[72] https://www.focus.de/politik/meinung/kommentar-der-wirtschaftsplan-von-gruenen-chefin-lang-ist-gleich-doppelt-peinlich_id_201072308.html, zuletzt aufgerufen am: 2.5.2024.

[73] https://blackout-news.de/aktuelles/deutschlands-10-milliarden-euro-fehler-die-dunkle-seite-von-lng/, zuletzt aufgerufen am: 20.4.2024.

[74] https://www.faz.net/aktuell/wirtschaft/atomkraft-made-in-germany-17395141.html, zuletzt aufgerufen am: 20.4.2024.

tatsächlich besser, wenn die Macher Kanadier wären, die mit ihrem Unternehmen nach Deutschland kommen, aber das wird nicht passieren. Im Gegenteil, da die Sicherheit der Energieversorgung für die Wirtschaft gefährdet ist, und die Stromkosten steigen, hat eine äußerst gefährliche Abwanderungstendenz vor allem unter energieintensiven Betrieben eingesetzt.[75] Wenn wir hier nicht gegensteuern, wird es in Deutschland bald keine Chemie- oder Aluminium-Industrie mehr geben (mit den entsprechenden Folgen für die Landwirtschaft, die Pharma-Branche oder die Automobilindustrie, um nur drei Beispiele zu nennen), m.a.W. wir würden einer Deindustrialisierung entgegen gehen.

Der Januar 2024 brachte durch Streichen von Agrarsubventionen das Fass zum Überlaufen und führte zu massiven Protesten der Bauern, die sich bald zu landesweiten Demonstrationen des Mittelstandes gegen die Ampel-Regierung ausweiteten. Dass Wirtschaftsminister Habeck den Demonstranten flugs „Umsturzphantasien" unterstellte, zeugt nur davon, wie weltfern unsere Politspitze geworden ist. Nein, Herr Vizekanzler, wenn Tausende von Bürgern fordern, dass die Ampel-Regierung weg muss (was inzwischen in Umfragen von einem großen Teil der Bevölkerung mitgetragen wird), dann ist das deren legitimes Recht und kein versuchter Umsturz.[76] Leider waren andere woke Politiker und links-grüne Kombattanten in keiner Weise besser. Während Sachsens Ministerpräsident wenigstens noch Verständnis für das Anliegen der Bauern zeigte, sprachen einige linientreue Journalisten von einem „Kartoffel-Mob" oder behaupteten gar, dass „Traktorfahren verdumme".[77] Ein Extremismusforscher der Uni Bonn gab in einem DLF-Interview den protestierenden Bauern sogar den woken Rat, die Regenbogenflagge an ihrem Traktor anzubringen, um sich von den ‚Rechten' abzugrenzen,[78] was aber den Moderator nicht etwa zu einer Rückfrage der Art veranlasste: „Meinen Sie das wirklich ernst?" (so kaputt ist unser Journalismus). Obwohl die geforderte Symbolik nichts mit dem Anliegen der Bauern zu tun hat, wird auch hier ein Bekenntnis verlangt. Solch

---

[75] https://www.berliner-zeitung.de/wirtschaft-verantwortung/deindustrialisierung-wirtschaft-abwanderung-der-deutschen-industrie-das-ist-ein-neuer-schlag-in-die-magengrube-li.368676, zuletzt aufgerufen am: 2.5.2024.

[76] So etwas kann nur einem selbstüberhobenen Verächter der Demokratie einfallen. – https://www.morgenpost.de/politik/article241378062/Habeck-Es-kursieren-Aufrufe-zu-Umsturzphantasien.html, zuletzt aufgerufen am: 20.4.2024.

[77] https://www.lvz.de/mitteldeutschland/bauernprotest-sachsens-ministerpraesident-kretschmer-hat-verstaendnis-VNYATZCTDBDPLL4HBB6CRWB6VQ.html bzw. https://www.bauerwilli.com/die-aff-faehre-und-der-kartoffel-mob/ – Bemerkenswert ist auch, dass die unzähligen Straßenblockaden der Letzten Generation keine derartigen Ausfälle der Presse hervorriefen wie die Blockade Habecks an der Fähre von Schlüttsiel durch die Bauern, zuletzt aufgerufen am: 20.4.2024.

[78] Interview im DLF mit dem ‚Extremismusforscher' Dr. Quent. – https://apollo-news.net/deutschlandfunk-bauern-sollen-sich-mit-regenbogenflagge-von-rechtsextremen-abgrenzen/, zuletzt aufgerufen am: 1.5.2024.

verqueres und totalitäres Denken kann nur eine käufliche Junk-Wissenschaft hervorbringen (s. Kap. 17).[79]

Die ökonomischen Verwerfungen durch eine extrem unausgewogene und einseitige Orientierung auf erneuerbare Energien sind nicht mehr zu übersehen. Wie wir in Kap. 14 bereits festgestellt hatten, geht es bei dem nicht zu Ende gedachten Übergang keineswegs allein um die Bereitstellung bzw. Produktion regenerativer Energien, sondern vor allem auch um die Schaffung der entsprechenden Infrastruktur (insbesondere um den Ausbau der Stromnetze). Schon heute entsteht bei entsprechenden Witterungsbedingungen ein Überangebot an Windenergie, sodass wir sogar Geld dafür bezahlen müssen, dass uns der überschüssige Strom vom Ausland abgenommen wird (oder wir müssen Windparkbetreiber dafür entschädigen, dass sie ihre Anlagen zeitweise stilllegen). Ein solcher ökonomischer Widersinn ist die Folge, wenn neue technisch-ökonomische Strukturen nicht evolutiv im freien Wettbewerb entstehen, sondern von Politideologen herbeigezwungen werden.

In Anpassung an die links-grüne Politik hat sich ein regelrechter ‚Klima-Industrie-Komplex‘ herausgebildet, der von entsprechenden Lobbygruppen umgeben ist. Typisch hierfür ist der ehemalige amerikanische Vizepräsident Al Gore, der laut Handelsblatt „Vorsitzender einer grünen Private-Equity-Firma [ist], die in Produkte investiert, die eine Welt, die den Klimawandel fürchtet, kaufen würde".[80] Aber auch große Windanlagenhersteller (wie VESTAS, Vattenfall u.a.) profitieren stark von den CO_2-Gesetzen und vom weiteren Ausbau des Anteils an erneuerbaren Energien am gesamten Stromaufkommen in Deutschland und in der EU. – Die Produktion von ‚grünem Stahl‘ bei Thyssen-Krupp wird mit 2 Milliarden Euro von Bund und Land gefördert, eine gewaltige Summe, die woanders fehlen wird. Das wäre an sich nicht so schlimm, wenn die Wasserstofftechnologie wenigstens hinreichend weit entwickelt wäre und ausreichend regenerative Energie zur Verfügung stünde. Aber bisher haben wir kaum grünen Wasserstoff, und wenn genügend vorhanden wäre, hat noch niemand eine belastbare Kostenrechnung dafür vorgelegt.[81] Es sei auch daran erinnert, dass allein für die Erzeugung des für die gesamte Stahlproduktion erforderlichen Wasserstoffs eine enorme Menge ‚grüner Strom‘ benötigt

---

[79] Übrigens ist Dr. Quent auch Mitautor einer Studie, die „hohe signifikante Effekte der AfD-Zweitstimmenanteile auf die Anstiege der Infektionszahlen" während der Coronazeit festgestellt hat. Da bleiben doch keine Zweifel über die politische Orientierung des ‚Forschers‘! – https://de.wikipedia.org/wiki/Matthias_Quent, zuletzt aufgerufen am: 22.2.2024.

[80] https://www.handelszeitung.ch/invest/wem-das-gruene-lobbying-am-meisten-nuetzt, zuletzt aufgerufen am: 2.5.2024.

[81] Man rechnet damit, dass grüner Stahl etwa doppelt so teuer sein wird, wie traditionell erzeugter. - https://www.tichyseinblick.de/daili-es-sentials/machnig-vor-der-wahl-muss-politik-erklaeren-wie-teuer-die-klimapolitik-wird/, zuletzt aufgerufen am: 2.5.2024.

würde (etwa so viel, wie alle Windanlagen heute zusammen erzeugen), die ebenfalls noch nicht zur Verfügung steht. Ohne die gewaltigen staatlichen Eingriffe in die Wirtschaft würde wahrscheinlich niemand in diese Technologie investieren.[82] Es ist sogar zu befürchten, dass die Maßnahmen der EU im Rahmen des geplanten ‚Green Deal' die wirtschaftliche Misere noch verschärfen und Hunderttausende von Arbeitsplätzen verloren gehen werden.[83]

Im Gegensatz zur Atomenergie, wo die insbesondere aus dem Endlagerproblem resultierenden Folgekosten sachlich diskutiert werden, stehen die ökologischen und wirtschaftlichen Konsequenzen der ‚Grünen Energie' kaum zur Debatte. Das Entsorgungsproblem für ausgemusterte Windräder oder Batterien wird praktisch ausgeblendet, ganz abgesehen von den strategischen Abhängigkeiten und neuen ökologischen Schäden in den Rohstoff-produzierenden Staaten, die bei der Realisierung der Energiewende entstehen. Besonders gravierend sind die Folgen in Ländern, die über große Lithium- und Kobalt-Vorräte verfügen, wobei dort zum Teil unerträgliche Arbeitsbedingungen herrschen (wie etwa beim Abbau von Kobalt im Kongo, der sogar mit Kinderarbeit verbunden ist). Mit anderen Worten, wir setzen „Dreckige Rohstoffe für saubere Autos" ein, wie die Zeit titelt.[84]

Allen großen Sozialökonomen war klar, dass man die Wirtschaft nicht isoliert betrachten darf, d.h. Ökonomie, Ökologie und Soziales müssen eine ausgewogene Balance aufweisen. Insbesondere Gelehrte wie Georg Simmel und der soeben zitierte Max Weber (aber letztlich auch Marx mit seiner Entfremdungstheorie) haben immer wieder auf psychologische Aspekte hingewiesen, die Einfluss auf das wirtschaftliche Geschehen, auf Gedeihen oder Untergang einer Gesellschaft haben. Wenn laut Umfragen etwa drei Viertel der Wähler unzufrieden mit der Arbeit der Regierung sind,[85] dann hat das auch Auswirkung auf die Industrie, die Arbeitswelt und viele andere Bereiche (zuletzt wurde der Frust der Bürger noch einmal durch das sogenannte ‚Heizungsgesetz' befeuert, das ihnen erhebliche Mehrbelastungen aufbürdet). Schließlich kommen die mehr als großzügig ausgeschütteten Sozialleistungen an arbeitsfähige, aber nicht arbeitswillige Bürger und asylbegehrende Migranten hinzu, die eine

---

[82] https://www.dw.com/de/gr%C3%BCner-stahl-stahlindustrie-klimawandel-co2-energiewende-gr%C3%BCner-wasserstoff-%C3%B6kostrom-css-kohle-gas/a-62053543, zuletzt aufgerufen am: 2.5.2024.

[83] https://www.cicero.de/wirtschaft/green-deal-der-eu-und-die-folgen-was-die-klimapolitik-der-europaischen-union-bedeutet, zuletzt aufgerufen am: 2.5.2024.

[84] https://www.zeit.de/mobilitaet/2019-11/elektroautos-kobalt-lithium-batterie-akkus-rohstoffe-umweltschutz, zuletzt aufgerufen am: 2.5.2024.

[85] https://www.tagesschau.de/inland/deutschlandtrend/deutschlandtrend-3368.html, zuletzt aufgerufen am: 20.4.2024.

lähmende Wirkung auf den werteschaffenden Teil der Bevölkerung ausüben, s. hierzu Kap. 16.

Auch in wirtschaftlicher Hinsicht ist die Spaltung zwischen Ost und West noch nicht überwunden. Dabei liegen die Ursachen hierfür bereits in den völlig verschiedenen Startbedingungen, die schon mit der Ungleichbehandlung der Siegermächte gegenüber den beiden Teilen Deutschlands begann: Marshall-Plan im Westen auf der einen Seite, hohe Reparationsleistungen an die Sowjets im Osten auf der anderen Seite. Von der Sowjetunion wurde ständig Einfluss auf die technologische Entwicklung der DDR genommen, und zwar in einer Weise, die sich oft genug hemmend auswirkte. Das zeigt u.a. das Beispiel der Flugzeugindustrie der DDR oder die im Rahmen des RGW erzwungene Auslagerung der damals in der DDR relativ fortgeschrittenen Magnetplatten-produktion nach Bulgarien. Diese Unsymmetrie setzt sich bis heute fort und manifestiert sich etwa in der niedrigeren Akkumulationsrate für Kapital im Osten, in den niedrigeren Löhnen, in geringeren Erbschaften usw.

Durch die Nutzung des Internet im öffentlichen und privaten Leben wird für alle Bürger eine erhöhte Digitalisierungskompetenz zur Lebensnotwendig-keit. Das beginnt mit der Verwendung von Smartphones zur Kommunikation oder als elektronisches Notizbuch und endet mit der Bedienung von Internet-portalen zur Abwicklung von Warenkäufen oder von Bankgeschäften. Leider sind die Fähigkeiten auf diesem Gebiet sehr ungleich verteilt, und es besteht die Gefahr, dass „die Kluft zwischen Alten und Jungen, zwischen niedrig und höher Gebildeten [immer] größer" wird.[86] Zudem wächst bei unachtsamem Umgang mit dem Internet zunehmend die Gefahr des Missbrauchs individuel-ler Daten. Das betrifft nicht nur offene Betrugsversuche (wie z.B. den Einsatz von Phishing-Mails), sondern auch die Vermarktung und unerlaubte Weiter-gabe von freiwillig preisgegebenen Kontaktdaten oder Bankverbindungen an Dritte.

Es dürfte allerdings gar nicht so einfach sein, die Speicherung individueller Daten durch die großen IT-Konzerne einfach zu verbieten. Denn damit ist na-türlich deren Geschäftsmodell eng verbunden, das im Gegenzug dem Nutzer einen kostenlosen Gebrauch der wichtigen Kerndienste des Providers ermög-licht. Wer möchte sich aber schon eine Bezahlung von Such- oder Messenger-Diensten durch Verbot der Datenspeicherung oder des Einsatzes von Cookies einhandeln? Durch diese Methoden, kombiniert mit einem gezielten, auf den Nutzer zugeschnittenen Angebot bestimmter Waren und Dienstleistungen wird die bisher schon vorhandene verderbliche Rolle der Werbung noch einmal po-

---

[86] https://www.sueddeutsche.de/wirtschaft/d21-studie-digitalisierung-kompetenz-1.5378540, zuletzt aufgerufen am: 2.5.2024.

tenziert. Dabei setzt man heutzutage gern raffiniert aus der Verhaltensökono-
mik entliehene Methoden des Nudging ein, mit denen potentielle Konsumenten sanft und ohne, dass sie es merken, ganz subtil zu einem bestimmten Verhalten (z.B. einem Kauf) angestoßen werden.[87]

Korruption und Geldwäsche haben in Deutschland ein Ausmaß erreicht,
dass sie eine echte Gefahr für die Gesellschaft geworden sind. Die Bundesrepublik gilt inzwischen sogar als ein regelrechtes ‚Geldwäscheparadies‘, und in
der gesamten EU wird der wirtschaftliche Schaden durch diese Art der Kriminalität auf jährlich 140 Milliarden Euro geschätzt.[88] Der Panama-Papers-
Ausschuss des EU-Parlaments hat sogar „schwere Anklage gegen europäische
Regierungen [erhoben], die sich über 20 Jahre zu Komplizen von Geldwä-
schern und Steuervermeidern gemacht haben“,[89] d.h. die betreffenden Staaten
haben auch noch ihren Nutzen aus diesen Verbrechen gezogen. Wenn wir von
Korruption sprechen, geht es nicht nur um Bestechungen von käuflichen Amts-
personen bzw. Politikern oder um die Schmiergeldzahlungen, die mafiösen
Strukturen zuzuschreiben sind. Es gibt auch eine ebenso ernst zu nehmende
verdeckte und regierungsseitig geförderte Art von Korruption, die durch die
Verquickung von Politikern und Lobbyisten, von NGOs und Regierungsbera-
tern sowie durch den nicht leicht zu erkennenden Nepotismus entsteht. Davon zeugen viele Fälle: Die Verbindungen der EU-Kommissionspräsidentin
zur Pharmaindustrie und der Korruptionsskandal ihrer Vizepräsidentin Kali
sind sogar Gegenstand staatsanwaltlicher Ermittlungen; der Lebenspartner der
für die Migration geradezu eifernden Bundestagsvizepräsidentin der Grünen
ist Vorsitzender der Seenotrettungs-NGO ‚United4Rescue‘, die von der links-
grünen Regierung mit Millionenbeträgen gefördert wird usw.[90] (zu weiteren
Fällen von Vetternwirtschaft s. Kap. 13).

Auf die dubiose Finanzierung von NGOs und linken Organisationen mit
den Steuergeldern der Bürger (auch derjenigen von Oppositionellen, die sie
bekämpfen) hatten wir zwar in Kap. 13 bereits hingewiesen, müssen in diesem
Kontext aber noch einmal darauf zurückkommen. Die Geldquellen der NGOs
- auch derjenigen Finanzmittel, die aus dem Ausland kommen - sind für den

---

[87] Dabei soll nicht verschwiegen werden, dass diese Methoden auch zur Anregung eines positiven Verhaltens (etwa in der Ernährungsfrage) eingesetzt werden können. https://www.die-
debatte.org/nudging-listicle/, zuletzt aufgerufen am: 2.5.2024.

[88] https://www.handelsblatt.com/politik/international/illegale-geldtransfers-geldwaesche-
republik-deutschland-wie-die-eu-durchgreifen-will/27432240.html, zuletzt aufgerufen am:
2.5.2024.

[89] https://sven-giegold.de/abschlussbericht-des-panama-papers-untersuchungsausschusses-
schwere-anklage-gegen-europaeische-regierungen/, zuletzt aufgerufen am: 2.5.2024.

[90] https://jungefreiheit.de/politik/deutschland/2022/vetternwirtschaft-im-bund/, zuletzt aufgerufen am: 2.5.2024.

Normalbürger völlig undurchschaubar. So wird beispielsweise von einer finanzieller Zuwendung eines grünen Klimaaktivisten aus den USA, dem Millionär Harvey, in Höhe von 7,5 Mio Euro an die grüne Organisation ,Agora Energiewende' berichtet (das war in der Zeit, als der inzwischen geschasste Staatssekretär von Habeck dort Geschäftsführer war).[91] Auch die äußerst umstrittene linke Amadeu-Antonio-Stiftung (s. Kap. 6 und 7) hat laut einer AfD-Anfrage an die Bundesregierung seit 2010 mehrere Millionen Euro aus Steuergeldern erhalten.[92] Das sind nur zwei von vielen Beispielen, die nicht nur den Gedanken einer rein zivilgesellschaftlichen Nichtregierungs-Organisation ad absurdum führen, sondern hier fließen staatliche Gelder allgemein in dunkle Kanäle, die in allen anderen ständig unterfinanzierten Bereichen (in Schulen, in der Infrastruktur unseres Landes, bei den Sicherheitsorganen usw.) fehlen.

Einen gefährlichen Schritt zur Schuldenunion der EU und ein riesiges Haftungsrisiko für Deutschland stellt der Corona-Aufbaufonds dar, der im Windschatten dieser Pandemie 2021 mit einem gigantischen Volumen von über 700 Milliarden Euro auf den Weg gebracht wurde. Damit wird „die Kommission ermächtigt, an den Kapitalmärkten im Namen der Union Mittel bis zu 750 Mrd. EUR zu Preisen von 2018 aufzunehmen. Die Mitgliedstaaten haften über ihre künftigen Beiträge zum Haushalt der Europäischen Union gemeinschaftlich für die Schulden des Fonds. Sollten Mitgliedstaaten ihren Zahlungsverpflichtungen nicht mehr nachkommen, müssen die übrigen Mitgliedstaaten über ihren Anteil am EU-Haushalt hierfür einstehen".[93] Das bedeutet im Klartext, dass Deutschland als bislang wirtschaftlich stärkster Staat der EU zumindest zu einem großen Teil und im Extremfall sogar allein für diese aufgenommenen Schulden einstehen muss (das kann keine verantwortungsvolle Regierung unterschreiben, die Merkel-Regierung hat es dennoch getan).

So schwierig die Situation während der Corona-Pandemie war (s. Kap. 16), sollte diese nicht dazu benutzt werden, marode Staaten - allen voran Italien - über Wasser zu halten. Wie wir gesehen hatten, sind Subventionen aller Art grundsätzlich gefährlich für eine Volkswirtschaft, da sie den Wettbewerb verzerren. Zwar können sie in Notsituationen erforderlich sein, um den Zusammenbruch ganzer Teile der Volkswirtschaft zu verhindern, die Kehrseite zeigt

---

[91] https://www.finanzen100.de/finanznachrichten/boerse/das-ist-der-us-millionaer-der-habecks-klima-netzwerk-finanziert_H1278346974_192868141/, zuletzt aufgerufen am: 2.5.2024.

[92] https://jungefreiheit.de/politik/deutschland/2018/geldsegen-in-millionenhoehe-fuer-amadeu-antonio-stiftung/, zuletzt aufgerufen am: 2.5.2024.

[93] https://de.wikipedia.org/wiki/Wiederaufbaufonds_(EU)#Deutschland, zuletzt aufgerufen am: 2.5.2024.

sich aber dann in verschleppten Insolvenzen oder Zombiefirmen[94] Insgesamt werden viele der in Normalzeiten zur gesunden selbstregulierenden Wirkung des Marktes beitragenden Mechanismen außer Kraft gesetzt: „Entscheidungen werden nicht mehr primär an Kundenbedürfnissen, an der Nachfrage, der Kostenfunktion und der Marktstrategie ausgerichtet. Sie werden stattdessen an Compliance, Steuerersparnis und Subventionierungsjagd orientiert." [40, S. 225].

Bis Ende 2022 hat die EZB für ca. 8 Jahre sogar mit Negativzinsen gearbeitet, d.h. Banken, die bei der EZB Geld parken wollten, mussten dafür bezahlen. Dieser Mechanismus zusammen mit negativen Preisen (etwa für die Weitergabe von Strom in Zeiten der Überproduktion) ist dem kapitalistischen System eigentlich wesensfremd und ein innerer Widerspruch. Denn der Sinn des Kreditsystems besteht ja gerade drin, dass man Zinsen bezahlt, wenn man Geld leiht, und Zinsen bekommt, wenn man Geld bei der Bank anlegt. Analog dazu bedeutete normalerweise der Verkauf eines Produktes (etwa von Energie) einen positiven Geldgewinn, und keiner dachte daran, dass man dafür eines Tages (wie z.B. für Stromabnahme) auch noch zahlen muss, was eben dem genannten negativen Preis gleichkommt. Die normalen Mechanismen waren also zum Teil über Jahre außer Kraft gesetzt, denn viele Banken gaben etwa die Negativzinsen als ‚Verwahrentgelte' weiter. Die Nullzinspolitik der EZB und erst recht die Negativzinsen führten nicht nur dazu, dass das Finanzsystem nach und nach außer Kontrolle geriet, sondern sie haben auch eine Enteignung der Sparer zur Folge [40, S. 48 ff.].

Damit geht eine wesentliche Funktion der Banken verloren, nämlich Geld von Anlegern einzusammeln (wofür diese mit einem moderaten Zinssatz entlohnt werden), um dieses Geld mit einer höheren Gewinnmarge wieder anzulegen und damit in den Wirtschaftskreislauf einzubringen. Über Jahre war die Situation so absurd, dass sich Banken das Geld bei der EZB für einen Null- oder Negativzins beschaffen konnten (warum also erst noch den Sparer einschalten?). Letzterem bleibt also nur noch die Flucht in Aktien und Immobilien, eventuell noch in Gold oder in eine Kryptowährung wie Bitcoins, was wiederum zu jeweiligen Blasen in diesen Anlageformen führt, die jederzeit platzen können.

Die Ausgabe und Nutzung von digitalen Währungen bzw. Kryptowährungen (wie Bitcoin, Etherum, Tether usw.) haben bereits einen solchen Umfang angenommen, dass das Bankenmonopol ins Wanken gerät.[95] Das hat durch-

---

[94] https://www.welt.de/wirtschaft/article234296420/Insolvenzen-2022-wird-das-Jahr-der-grossen-Pleitewelle.html, zuletzt aufgerufen am: 24.4.2024.

[95] Kryptowährungen werden so genannt, weil für die Verwaltung der entsprechenden digitalen Vermögenswerte manipulationssichere kryptographische Techniken (d.h. Verschlüsse-

aus Vorteile, weil damit verhindert wird, dass die Banken zu mächtig werden und als Einzige nach Belieben Geld in den Umlauf bringen können. Manche vermuten sogar, dass etwa Bitcoins das Gold als Ersatzwährung ablösen könnten. Dem stehen allerdings nicht zu unterschätzende Nachteile der digitalen Währungen entgegen, wie die hohe Volatilität (ihr Wert hängt allein von der Nachfrage ab), ihre Nutzbarkeit zur Geldwäsche, die Anfälligkeit für Spekulationen u.a. Die Vernichtung von Milliarden Euro bei der Insolvenz der Kryptobörse FTX sollte deshalb ein Warnsignal sein.[96] Darüber hinaus entstehen zusätzliche Probleme durch den riesigen Energiebedarf für die Unterhaltung der Blockchains, d.h. des digitalen Verwaltungssystems zur Schöpfung neuer Kryptocoins und zur Buchung von Käufen oder Verkäufen. – Insgesamt ist die EU derartig beunruhigt über diese Entwicklung, dass sie Pläne zur Einführung einer eigenen Kryptowährung, des ‚Digitalen Euro', hegt.[97] Bei dem allgemeinen Misstrauen gegenüber der EU im allgemeinen und der EZB im besonderen (s. Kap. 3) bleibt allerdings abzuwarten, ob dies erfolgreich sein wird, zumal viele Bürger eine damit verbundene sukzessive Abschaffung des Bargelds befürchten.

Wegen seiner Kritik an den unverantwortlichen Anleihekäufen der EZB hatte Jens Weidmann, ein Vertreter stringenter Geldpolitik, den EZB-Rat verlassen. Nach seiner Auffassung wirke diese Politik wie eine Droge, wobei die EZB in einen Interessenkonflikt mit ihrer eigentlichen Aufgabe gerate, nämlich die Preise stabil zu halten. Diese Malaise führte schließlich auch zu seinem Rücktritt vom Posten als Chef der Bundesbank.[98] Es war ein unverzeihlicher Fehler der ehemaligen Bundeskanzlerin, ihre Vertraute von der Leyen in undemokratischer Weise als Kommissionspräsidentin durchzusetzen (s. Kap. 3). Stattdessen hätten aus deutscher Sicht an Stelle der die französischen Interessen vertretenden Christine Lagarde mit ihrer äußerst gefährlichen Geldpolitik Leute wie Weidmann oder Weber treten müssen. Beginnend mit Draghi und fortgesetzt durch Lagarde hat sich die EZB durch ihre langjährige verfehlte Zinspolitik, die den hochverschuldeten Ländern durch eigentlich unerlaubte

---

lungstechniken) verwendet werden. – https://www.wiwo.de/finanzen/boerse/bitcoin-ether-und-co-die-zehn-groessten-kryptowaehrungen-nach-marktkapitalisierung-im-ranking-2023/27456842.html, zuletzt aufgerufen am: 2.5.2024.

[96] https://www.businessinsider.de/wirtschaft/international-business/ftx-pleite-so-viele-milliarden-euro-haben-anleger-bei-der-krypto-boerse-wirklich-verloren/, zuletzt aufgerufen am: 2.5.2024.

[97] https://www.wiwo.de/politik/europa/waehrung-eu-kommission-will-digitalen-euro-fuer-verbraucher/29208902.html, zuletzt aufgerufen am: 2.5.2024.

[98] https://www.deutschlandfunk.de/ruecktritt-des-bundesbank-chefs-wer-folgt-auf-jens-weidmann-100.html – Übrigens war schon Weidmanns Vorgänger Axel Weber aus dem gleichen Grund wie oben aus dem EZB-Rat ausgeschieden., zuletzt aufgerufen am: 20.4.2024.

Ankäufe von Staatsanleihen aus ihrer Schuldenfalle helfen sollte, in eine regelrechte Sackgasse manövriert. Aufgrund der drastisch angestiegenen Inflation müsste sie eigentlich die Zinsen deutlich über das derzeitige Maß hinaus erhöhen, um die Preise einigermaßen zu stabilisieren. Durch diese an sich notwendige Maßnahme, würde andererseits die Zinslast der hochverschuldeten Länder (allen voran Italien) noch weiter ansteigen. Hier rächt sich der Umstand, dass alle Warnungen vor einer Transferunion in den Wind geschlagen wurden und ein Dickicht von Rettungsschirmen (Europäischer Rettungsmechanismus ESM, Wiederaufbaufonds usw.) mit gigantischen Verschuldungen entstanden ist, das kein deutscher Normalbürger mehr durchschaut, obwohl wir doch bei diesen ‚Deals' die Hauptzahler sind.[99]

Die Verletzung der Verträge von Maastricht und Lissabon (s. Kap. 3) führt nach dem oben Gesagten fast zwingend zu ständig neuen Rettungsaktionen überschuldeter Nationen. Genau davor haben bereits vor Einführung des Euro die Kritiker gewarnt.[100] Immer wieder versucht die Politik, Projekte wie die vertraglich untersagte Schuldenunion oder eine gemeinsame Finanzpolitik sozusagen durch die Hintertür zu realisieren, oder wie es der ehemalige Finanzminister der Union und Bundestagspräsident ganz offen forderte, genau hierfür die Gelegenheit während der Corona-Pandemie zu nutzen.[101] Schon Machiavelli soll in anlog zynischer Weise seinem Fürsten geraten haben: „Lass keine Krise ungenutzt verstreichen", was dann u.a. auch von Churchill und unseren Politikern willig aufgegriffen wurde.[102] – Der Konflikt zwischen nationalem Recht (in Teilen sogar EU-Recht, konkret: dem Maastricht-Vertrag) auf der einen Seite und expansiver Geldpolitik der EZB bzw. der angestrebten Schuldenunion durch EU-Spitze und EuGH-Rechtsprechung auf der anderen Seite untergräbt das Vertrauen in die EU zusätzlich. Das Urteil des EuGH zum Staatsanleihe-Aufkaufprogramm, das von vielen Experten als ein Ultra-Vires-Akt angesehen wird, s. Kap. 12, hat verheerende Wirkungen. Denn für die Finanzdisziplin der EU stellt es alle anfänglich als sakrosankt geltenden Prinzipien, hier das Verbot einer Transfer- und Schuldenunion, in Frage. Wie sensibel die Finanzwelt auf jede Äußerung der EZB reagiert, zeigt ein Artikel

---

[99] https://www.welt.de/wirtschaft/article230815165/Schuldenunion-EU-sendet-mit-Abkehr-von-Maastricht-ein-fatales-Signal.html, zuletzt aufgerufen am: 2.5.2024.

[100] https://de.wikipedia.org/wiki/Die_w%C3%A4hrungspolitischen_Beschl%C3%BCsse_von_Maastricht:_Eine_Gefahr_f%C3%BCr_Europa, zuletzt aufgerufen am: 20.4.2024.

[101] http://www.wolfgang-schaeuble.de/europa-muss-die-krise-nutzen/, zuletzt aufgerufen am: 20.4.2024.

[102] https://weltwoche.ch/story/vergeude-keine-krise/, zuletzt aufgerufen am: 2.5.2024.

in der Welt über den durch die EZB verursachten Absturz des Euro.[103] Es ist in Anbetracht der EU-Geldpolitik durchaus nicht gesichert, dass der Euro als Währung stabil für alle Zeiten existieren wird. Im Gegenteil, er wurde durch den Aufkauf von Schulden durch die EZB geschwächt und befindet sich regelrecht in Gefahr.

Die hohe Staatsverschuldung der EU-Staaten mit kaum noch abzahlbaren riesigen Schuldenbergen in den am stärksten betroffenen Ländern hat zu einer scheinbar unaufhaltsamen Inflation geführt, was in Deutschland durch die offensichtlich irrlichternde Energiepolitik noch verschärft wird.[104] Die Tagesschau berichtete im September 2022 sogar von der höchsten Teuerungsrate seit dem Jahr 1951.[105] Die Ampelregierung und ihr Finanzminister erfinden zur Kaschierung der Misere sogar kreative Bezeichnungen für Schulden, die sie neuerdings ‚Sondervermögen‘ nennen, und versuchen dadurch, die in der Verfassung festgelegte Schuldenbremse zu umgehen. Dieser Etikettenschwindel wird mittlerweile nicht nur für das Budget der Bundeswehr angewendet, sondern schon früher auf den Corona-Wiederaufbaufonds und auch auf den Klima- und Transformationsfonds KTF (der Bund der Steuerzahler spricht von knapp dreißig solcher ‚Sondervermögen‘, die er korrekterweise als ‚Sonderschulden‘ bezeichnet).[106]

Das ist wie das Trinken von Salzwasser, wenn man vom Durst geplagt wird: Die Begierde nach immer neuen ‚Vermögen‘ dieser Art wird umso größer werden, je mehr wir davon bekommen und je tiefer wir in die wirtschaftliche Notlage geraten. Das alles hat natürlich wieder neue Begehrlichkeiten geweckt, indem nun viele notleidende Bereiche, wie das Schulwesen, auch nach solchen ‚Sondervermögen‘ rufen.[107] Glücklicherweise wurde dem Jonglieren mit Sondervermögen durch das Bundesverfassungsgericht ein Riegel vorgeschoben. Es hatte in einem Urteil die Übertragung von nicht verbrauchten 60 Milliarden Euro, die aus der vom Bundestag ausschließlich für die Bekämpfung der aus

---

[103] https://www.welt.de/finanzen/geldanlage/plus238193561/Euro-stuerzt-ab-Untaetige-Waehrungshueter-Jetzt-faellt-ein-boeser-Verdacht-auf-die-EZB.html, zuletzt aufgerufen am: 19.4.2024.

[104] https://www.cicero.de/wirtschaft/inflation-bundebank-jens-weidmann, zuletzt aufgerufen am: 20.4.2024.

[105] Und zwar in Höhe von 10% – https://www.tagesschau.de/wirtschaft/verbraucher/inflation-deutschland-september-101.html – zuletzt aufgerufen am 24.9.2023, Seite nicht mehr erreichbar, s. auch https://www.tagesschau.de/wirtschaft/verbraucher/inflation-deutschland-september-101.html, zuletzt aufgerufen am: 2.5.2024.

[106] https://steuerzahler.de/aktuelles/detail/sondervermoegen-als-verschleierung-von-sonderschulden/?L=0&cHash=b2b86ab1c9ca8e945e94c21ec09b9486, zuletzt aufgerufen am: 20.4.2024.

[107] https://taz.de/Zukuenftig-eine-Schule-fuer-alle/!5958082/, zuletzt aufgerufen am: 20.4.2024.

der Corona-Krise entstandenen Notsituation genehmigten Kreditermächtigung freigegeben waren, in den KTF (s.o.) als verfassungswidrig erklärt.[108]

Das ist ein einschneidender Vorgang, der den gesamten Staatshaushaltsplan ins Wanken bringt, und der Ampelregierung (insbesondere dem Kanzler, dem Wirtschaftsminister und dem Finanzminister) ein vernichtendes Urteil bezüglich ihres Mangels an Rechtsverständnis und Kompetenz ausstellt. In seiner Not versuchte der Finanzminister wenigstes den Haushaltsplan für das Jahr 2023 noch zu retten, indem er rückwirkend (!) für dieses Jahr noch eine Notsituation ausruft, um die Schuldenbremse zu umgehen. Seine links-grünen Koalitionspartner möchten die in der Verfassung festgeschriebene Schuldenbremse am liebsten gleich ganz aufheben, weil auch für 2024 und 2025 schon abzusehen ist, dass riesige Löcher im Haushalt klaffen werden. So wird aus einer Haushaltskrise eine veritable Staatskrise für die schlechteste Regierung seit Bestehen der Bundesrepublik.

Um die Misere in der dahinsiechenden Industrie zu mildern, greift die links-grün dominierte Regierung zu immer dirigistischeren Maßnahmen. Initiiert von den Linken sollten beispielsweise die großen Wohnungsbaugesellschaften in Berlin enteignet werden. Nachdem ein erstes Volksbegehren in dieser Hinsicht gescheitert war, soll nun ein zweites gestartet werden.[109] Damit wird aber die prekäre Lage auf dem Wohnungsmarkt nur noch verschärft werden, zumal die kleinen privaten Wohnungsbauer wegen der Teuerungsrate auf dem Baustoffsektor, den steigenden Zinsen und den immer schärfer werdenden Energiesparmaßnahmen zunehmend mehr Zurückhaltung bezüglich einer Entscheidung zum Bau eines Eigenheims üben. Eigentlich hätte die Geschichte der DDR lehren können, dass eine Verstaatlichung des Wohnungsbaus die Wohnungsnot nicht mildert, sondern vermehrt und letztlich zu einer Zwangsbewirtschaftung von Wohnraum führt. Außerdem sollte in einer Demokratie das private Eigentum geschützt sein (Art. 14 GG) und nur in Sonderfällen aufgrund gesetzlicher Regelungen angetastet werden dürfen. Darüber hinaus sind Enteignungen gefährliche Einfallstore für die staatliche Einflussnahme auf betriebliche Entscheidungen, was letztlich in einer ineffektiven Planwirtschaft enden muss. Da ein großer Teil unserer MinisterInnen-Riege kaum mehr Anspruch auf übergreifendes Wissen und herausragende Managementfähigkeiten beanspruchen kann als die Mitglieder des Politbüros der DDR, wird dies die Wirtschaft noch weiter ruinieren. Krall spricht in diesem Zusammenhang von einer „dysfunktionalen Governance" [40, S. 216] und hebt hervor, dass die Re-

---

[108] https://www.bundesverfassungsgericht.de/SharedDocs/Pressemitteilungen/DE/2023/bvg23-101.html, zuletzt aufgerufen am: 20.4.2024.

[109] https://www.rbb24.de/politik/beitrag/2023/09/berlin-enteignung-initiative-deutsche-wohnen-neues-volksbegehren.html, zuletzt aufgerufen am: 2.5.2024.

gulierungswut in Deutschland und in der EU den Arbeits- und den Wohnungsmarkt besonders hart trifft.[110] Wenn man dieses Dilemma betrachtet, fragt es
sich schon, ob es für die zukünftige Entwicklung in der gesamten westlichen
Welt an neuen Gesellschaftsmodellen fehlt, oder ob zumindest wesentliche
strukturelle Reformen der EU erforderlich sind, s. Kap. 17.

Durch ständig anwachsende Lasten wird derweil besonders der Mittelstand
in Mitleidenschaft gezogen, da er durch die eingetretene sozialökonomische
Situation immer mehr unter Druck gerät. Diese Gesellschaftsschicht wird eine
Hyperinflation besonders hart treffen - mit fundamentalen Auswirkungen für
die gesamte Gesellschaft. Durch das Absinken in das Prekariat werden immer
weniger Bürger die ständig wachsenden Ausgaben für den ausufernden Sozialstaat zu schultern haben, wobei diese Schicht nicht nur vermehrt als Leistungsträger, sondern auch als Stabilisator der Gesellschaft fehlen wird. Denn der
Mittelstand als politisch meist konservative und wirtschaftlich tragende Säule
der Gesellschaft ist von linken Regierungen und besonders von den Kommunisten zu jeder Zeit unterschätzt worden. Das hat übrigens auch die Geschichte
der Sowjetunion gezeigt. Selbst die links-grüne Bertelsmann-Stiftung musste schon vor Jahren feststellen, dass „der Mittelstand bröckelt",[111], und diese
Tendenz hat sich durch die gewachsenen Energie- und Personalkosten, durch
die hohe Steuerbelastung und hypertrophierte Bürokratie nicht verbessert.

Zu allem Übel stehen aber die Chancen für das Wachsen der mittleren
Schichten in Deutschland gar nicht gut, und auch die Bedingungen für Neu-
gründungen von Firmen und Startups sind ausgesprochen schlecht, zumindest wenn man mit anderen Ländern wie den USA vergleicht. Im Augenblick
wachsen sogar die Gefahren der Stagflation, bei der sich wirtschaftlicher Ab-
schwung und Inflation u.a. angeheizt durch die sich immer schneller drehende
Lohn-Preisspirale gegenseitig verstärken. [112] Auch in anderen Krisenzeiten,
so während der Corona-Pandemie, hat sich gezeigt, wer Gewinner und Verlierer im modernen Wirtschaftsleben mit dessen Turbulenzen sind. Während
mittlere und kleine Betriebe (aber auch mancher größere Konzern etwa aus
der Autoindustrie) schwer unter Lockdown, Teuerung und Unterbrechung der
Lieferketten gelitten haben, sind die Umsätze von Internet-Riesen wie z.B. Microsoft, Google, Amazon oder von Pharma-Konzernen drastisch angestiegen.
Insbesondere der Pharma-Gigant Pfizer hat dabei nicht nur durch den Verkauf

---

[110] Auf die Übergriffigkeit der EU-Organe (insbesondere des EuGH) generell gegenüber geltenden nationalem Recht hatten wir bereits in Kap. 12 hingewiesen.

[111] https://www.bertelsmann-stiftung.de/de/themen/aktuelle-meldungen/2021/dezember/die-
mittelschicht-in-deutschland-broeckelt, zuletzt aufgerufen am: 2.5.2024.

[112] https://www.br.de/nachrichten/wirtschaft/gefahr-einer-stagflation-steigt-was-das-fuer-die-
wirtschaft-in-deutschland-bedeutet,TqIocB9, zuletzt aufgerufen am: 2.5.2024.

von Impfstoffen satte Gewinne eingefahren, sondern auch noch stattliche Subventionen erhalten.[113] Auf den durch von der Leyen initiierten dubiosen Deal der EU mit Pfizer werden wir im Kap. 16 noch zu sprechen kommen.

Die sogenannten ‚Global Player' haben heute ihren Sitz vorwiegend in den USA oder China, während Deutschland und die EU insgesamt politisch und ökonomisch immer mehr abgehängt werden. Riesenkonzerne wie Apple, Google, Facebook, Amazon (USA) oder Alibaba, Huawei (China) u.a. haben heute eine Macht und einen finanziellen Wert erreicht, der sich nur noch mit denen von Volkswirtschaften vergleichen lässt. Aber auch im sich selbstverstärkenden Leistungszuwachs sind sie kaum noch zu bremsen. Nehmen wir nur als Beispiel Facebook, das u.a. in der Gesichtserkennung führend ist (ähnliches dürfte auf Huawei zutreffen). Durch die vorhandene Infrastruktur und ausgestattet mit immensen Finanzmitteln sind solche Firmen in der Lage, auf dem gesamten Globus sogenannte ‚Klickworker' zu beschäftigen. Deren Aufgabe besteht lediglich darin, unter Einsatz der vom Auftraggeber weltweit gesammelten Massendaten für wenige Cent in Alltagsbildern (etwa aus dem Straßenverkehr) Gesichter per Maus durch Umrahmung mit einem Rechteck als solche kenntlich zu machen. Den Rest der Gesichtserkennung besorgt die KI-Software. Das führt heute schon dazu, dass beispielsweise Verkehrssünder in China beim Überqueren einer Kreuzung bei Rot namentlich erkannt und verwarnt werden können. Analoges gilt übrigens auch für Tesla, das riesige Datenmengen über das Verhalten von Fahrern in seinen E-Autos sammelt, die es dann zum Lernen mit Neuronalen Netzen und damit zur Entwicklung autonom gesteuerter Fahrzeuge nutzt.

Wie lässt sich die Macht dieser Monopolisten brechen oder wenigstens einhegen? Dies ist unbedingt erforderlich, da die genannten IT-Giganten praktisch unbegrenzten Zugang zu unseren persönlichsten Daten haben: Sie kennen unsere Konsumgewohnheiten, unsere politischen Präferenzen usw. und verkaufen dieses Wissen meistbietend weiter. Der Normalbürger kann sich auch kaum dagegen wehren, denn wenn er sich weigert, Zugeständnisse zu machen (wie z.B. die erwähnten Cookies auf seinem Smartphone oder auf seinem Rechner auszuschließen), dann kann er nur sehr eingeschränkt an den Segnungen des Internets teilhaben. Ganz abgesehen davon, kann auch unabhängig von der IT-Branche und dem Internet keiner mehr die seitenlangen, von Heerscharen bezahlter Juristen verfassten AGBs und Nutzungsbedingungen durchlesen.[114]

---

[113] https://taz.de/Patente-auf-Corona-Impfstoffe/!5773035/, zuletzt aufgerufen am: 2.5.2024.

[114] Wer studiert schon die zig Seiten Vertragsbedingungen, wenn er ein größeres Gerät kauft, eine Bankverbindung mit Depot eröffnet usw. Nicht einmal die lästige, aber auch notwendige Packungsbeilage eines Medikaments kann jeder aus zeitlichen Gründen durchsehen.

Es ist anzunehmen, dass die meisten Politiker überhaupt noch nicht verstanden haben, welche Macht durch die Verfügungsgewalt über ‚Big Data' verbunden ist. Hierbei geht es nicht mehr allein um die wirtschaftliche Macht (die Marktkapitalisierung der Internet-Giganten Google, Facebook, Apple, Amazon, Microsoft ist zusammen genommen größer als das BIP der Bundesrepublik). Allein für die modernen Erfolge der subsymbolischen KI, die wesentlich mit der Entwicklung sehr großer Künstlicher Neuronaler Netze (KNN) verbunden sind, werden riesige annotierte Datenmengen zum Anlernen benötigt. Die erforderlichen Rohdaten liefern die Nutzer den genannten Konzernen praktisch frei Haus. Hinzu kommen die oben erwähnten, von den Internetgiganten genutzten neuen Formen des ‚Click and Crowd Working', die nicht nur eine gewaltige Flexibilisierung des Arbeitsmarktes, sondern auch eine neue Art der Ausbeutung im digitalen Zeitalter mit sich bringen. Während sich hier international eine vollständig neue Arbeitswelt und ganz neue KI-basierte Industrien auftun, beschäftigen wir uns in Deutschland mit Genderwahn, dem Betreiben von Denunziationsbüros und Ähnlichem.[115]

Auch im Finanzwesen haben inzwischen mächtige Spieler, wie etwa die US-amerikanische Vermögensverwaltungsgesellschaft Blackrock oder der private Investor George Soros, einen solchen Einfluss erlangt, dass sie ganze Volkswirtschaften beeinflussen oder sogar deren Finanzsysteme an den Rand des Ruins bringen können. Letzteres hat Soros im Jahre 1992 fast mit seiner Spekulation gegen das britische Pfund erreicht, was ihn damals zum bestgehassten Mann Großbritanniens gemacht hat.[116] Der Einfluss von Multimilliardären wie Bill Gates mit seiner Stiftung und dessen Verflechtung mit der WHO und anderen Institutionen wurde deutlich sichtbar in der Zeit der Corona-Pandemie, worauf wir in Kap. 16 noch zu sprechen kommen werden. Auch das WEF (World Economic Forum) und sein Gründer Klaus Schwab spielen zusammen mit den milliardenschweren Sponsoren dieser Organisation eine gewichtige Rolle in der globalisierten Welt.

Man muss tatsächlich kein Verschwörungstheoretiker sein, um zu erkennen, dass das WEF zusammen mit seinen Partnern von 100 multinationalen Unternehmen wie ABB, Nestlé, Barclays, Credit Suisse, Deutsche Bank oder Google und mehreren tausend Spitzenvertretern aus Politik und Wirtschaft bei den jährlich in Davos stattfindenden Treffen eine absolut intransparente Macht-

---

[115] Dass dieser Zusammenhang nicht an den Haaren herbeigezogen ist, sieht man schon an der gigantischen Verschwendung von Human Power für die genannten Aktivitäten.

[116] https://www.nzz.ch/finanzen/george-soros-wie-man-mit-waehrungen-geld-verdient-ld.1508928, zuletzt aufgerufen am: 20.4.2024.

stellung erlangt hat.[117] Es beschäftigt mittlerweile ca. 800 festangestellte Mit-arbeiter und besitzt weltweit Büros, wie z.B. in Genf, New York, Peking, San Francisco, Tokio und Mumbai. Darüber hinaus ist das WEF laut SZ „zu einer Geldmaschine geworden", deren Finanzierung undurchschaubar ist.[118] Und die Wikipedia stellt fest: „Das WEF fordert mit Initiativen wie dem ‚Global Redesign' und dem ‚Great Reset' einen Multistakeholder-Governance-Ansatz, um globale Entscheidungen nicht zwischenstaatlich, sondern in ‚Koalitionen' mit multinationalen Konzernen und zivilgesellschaftlichen Organisationen zu treffen".[119] Das heißt, nicht die Regierungen und demokratisch legitimierte In-stitutionen sollen das Heft des Handelns in die Hand nehmen, um die Welt zu retten, sondern Global Players im Verein mit NGOs, die von niemand (auch von keinem Parlament) kontrolliert werden, was im Grunde genommen auf eine globale Meritokratie hinausläuft.

Kernthema des WEF ist ‚Die große Transformation' (The Great Reset - auch: ‚Großer Neustart'), die offiziell eine sozial gerechtere Gesellschaft, Kli-maschutz, Nachhaltigkeit usw. anstrebt. Wer würde solche edlen Ziele ableh-nen wollen? - Aber glaubt wirklich jemand, dass dies alles ist? Die Frage ist doch, ob nicht unter diesem Deckmantel die global agierenden Megakonzer-ne nicht in Wirklichkeit ihre (dem Kapitalismus übrigens inhärenten) Ziele verfolgen, nämlich Gewinnmaximierung, weltweite Machtausdehnung, politi-sche Einflussnahme auf Regierungen usw. Da zeigen an Orwellsche Dystopien erinnernde Thesen des WEF, wie „You will own nothing, and you will be hap-py", schon klarer wohin die Reise geht. Dabei müsste doch jeder wissen, dass Eigentum und Freiheit eng miteinander verbunden sind, s.o.[120] Und gewisser-maßen als Trost: „Alles, was Du benötigst, wirst Du via Dienstleistungen mit Drohnen geliefert bekommen!" Man könnte doch glatt meinen, dass solche Thesen von Amazon verfasst wurden.[121]

Auch wenn die Forderung von Wagenknecht nach einer De-Globalisierung von Wirtschaft und Finanzmärkten [83, S. 264 ff.] als Wunsch nachvollziehbar ist, dürfte dies doch eine Illusion sein. Der Zug ist einfach abgefahren! Die Frage sollte vielmehr sein, ob und in welcher Weise die Nationalstaaten oder

---

[117] https://www.swissinfo.ch/ger/multimedia/weltwirtschaftsforum_10-fakten-ueber-das-wef/42850442, zuletzt aufgerufen am: 2.5.2024.

[118] https://www.sueddeutsche.de/wirtschaft/davos-das-weltwirtschaftsforum-ist-zu-einer-geldmaschine-geworden-1.3334817, zuletzt aufgerufen am: 2.5.2024.

[119] https://de.wikipedia.org/wiki/Stakeholder und https://de.wikipedia.org/wiki/Weltwirtschaftsforum#Aktivit%C3%A4ten, zuletzt aufgerufen am: 2.5.2024.

[120] Wobei man berücksichtigen muss, dass ‚Besitz' (‚Possession' - Physical ownership) und Eigentum (‚Property' Legal ownership) sowohl praktisch als auch juristisch durchaus nicht dasselbe sind.

[121] https://www.youtube.com/watch?v=NcAO4-o_4Ug, zuletzt aufgerufen am: 2.5.2024.

größere Verbände wie die EU bei vernünftiger Vertretung ihrer eigenen Interessen noch einen regulierenden Einfluss behalten können. Die Europäische Union scheint jedoch dieser Globalisierungstendenz trotz ihres gewaltigen Potentials an Menschen, an Know-how und immer noch vorhandener wirtschaftlicher Leistungsfähigkeit kaum etwas entgegenzusetzen zu haben und erstickt immer mehr an ihrer inneren administrativen Verkrustung, s. Kap. 3. Inzwischen führen Abhängigkeiten von Ressourcen und Lieferkettenprobleme in einer globalisierten Welt dazu, dass wir uns mit diktatorischen Regimes wie Aserbaidschan (warum nicht mit Russland?) arrangieren müssen und schlecht auf Auseinandersetzungen mit potentiellen strategischen Gegnern vorbereitet sind (etwa im China/Taiwan-Konflikt).

Das Verwaltungsmonster EU erweist sich auch als wenig erfolgreich in der Durchführung von mit hohem finanziellen und propagandistischen Aufwand ins Leben gerufenen Großprojekten. So muss man z.B. ,Theseus' als Europäische Suchmaschine (s.u.) oder ,Gaia-X' als europäische Cloud-Plattform gemessen an ihren Ansprüchen alles in allem höchstwahrscheinlich als Flops einstufen.[122] Wer je in einem EU-Projekt mitgearbeitet hat, wird verstehen, dass dies bei der damit verbundenen Bürokratie, dem ineffizienten Management und den hohen Kosten für die Zusammenarbeit von Teams aus ganz verschiedenen Ländern, die nicht an einem Ort arbeiten, in vielen Fällen gar nicht funktionieren kann. Allein die Reisen zu den Projekttreffen und das Reviewing mit teilweise inkompetenten Gutachtern (die wiederum bezahlt werden müssen) verschlingen große Mengen an Geld und Arbeitskraft.[123]

Der dem Kapitalismus inhärente Wachstumszwang in allen Bereichen droht inzwischen, das gesamte gesellschaftliche Geschehen aus dem Ruder laufen zu lassen. Das ist schon darin begründet, dass sich wirtschaftliches Wachstum und Schonung von Ressourcen oftmals ausschließen. Aus diesem Grund hat sich als gesellschaftlicher Gegenentwurf eine Degrowth-Bewegung herausgebildet, die auf eine Reduzierung der Produktion und geringeren Wohlstand des Einzelnen setzt.[124] So diskussionswürdig die mit der Wachstumskritik verbundenen Ziele sind, dürften sie im Rahmen der bestehenden kapitalistischen Wirtschaftsweise illusorisch sein, und werden selbst von linken Publikations-

---

[122] https://www.deutschlandfunk.de/leuchtturm-oder-kerze-100.html bzw.
https://www.businessinsider.de/gruenderszene/technologie/gaia-x-europaeische-cloud-wird-scheitern/, zuletzt aufgerufen am: 8.2.2024.

[123] Möglicherweise ist CERN deshalb ein positives Beispiel für internationale Wissenschaftskooperation, weil diese Kritikpunkte dort schon wegen der lokalen Konzentration der Forscher aus aller Welt nicht zutreffen. - Auch das Satelliten-Navigationssystem Galileo der EU scheint eine rühmliche Ausnahme zu sein.

[124] Das Konzept des ,Degrowth' wird im Deutschen meist als ,Postwachstum' bezeichnet.

organen sehr kritisch gesehen.[125] Abgesehen davon wird es den ärmeren Ländern kaum nützen, wenn wohlhabendere Staaten ebenfalls verarmen und nicht mehr als Entwicklungshelfer zur Verfügung stehen.

Im Moment scheint eher ein gegenteiliger Wachstums-Trend einzusetzen, denn wir stehen gerade am Beginn einer ungeahnten Beschleunigung der Entwicklung, die unter Mitwirkung von Hochleistungscomputern und von KI-Software stattfindet, was alle wirtschaftlichen und sozialen Prozesse noch undurchschaubarer und unkontrollierbarer gestaltet. Erste Anzeichen für die daraus entstehenden Gefahren hatten wir bereits im Zusammenhang mit dem Computerhandel an den Börsen erwähnt (mit entsprechenden Begleitsignalen, wie den sogenannten ‚Flash Crashs').[126] Diese kurzzeitigen Börseneinbrüche mit anschließender Erholung der Kurse erscheinen wie ein erstes Wetterleuchten am Himmel. Viele Experten sind sich deshalb einig, dass der nächste wirkliche Crash bestimmt kommt, es fragt sich nur wann (aber bestimmt nicht erst im nächsten Jahrhundert). – Der entscheidende Schritt wird aber sein, wenn KI-Systeme mit eigenständigen Entscheidungen in das wirtschaftliche und politische Gesamtgeschehen eingreifen.

Zur Zeit beobachten wir eine sehr ambivalente Verflechtung von Klimapolitik und Ökonomie. Diese entsteht einerseits dadurch, weil man sinnvolle Ziele für die Eindämmung der Klimaerwärmung festlegen will; andererseits bringt deren Realisierung fast automatisch dirigistische Eingriffe in die Wirtschaft mit sich (sei es durch Verordnungen, durch Preisdiktate oder durch ungleich verteilte Subventionen). Gleichzeitig erringen dem links-grünen Lager zuzuordnende Lobbyisten und Beratungsfirmen immer größeren Einfluss auf das Regierungshandeln und damit indirekt wieder auf die ökonomischen Prozesse. Obwohl die einzelnen Ministerien bereits riesige Behörden unterhalten und über eigene Beraterstäbe (seien es fachliche oder juristische) verfügen, werden immer mehr externe Consulting-Firmen herangezogen. Die Graichen-Affäre des Klima- und Wirtschaftsministers (s. Kap. 13) und die Berateraffäre im Verteidigungsministerium (damals unter Führung der jetzigen EU-Kommissionspräsidentin) markieren dabei nur die Spitzen eines Eisberges. Letztere hat nicht nur die enormen Kosten aufgezeigt, die bei der Nutzung externen Know-hows entstehen, sondern auch die Intransparenz der Vergabepraxis erhellt (das ganze Ausmaß des Skandals konnte wegen des ominösen Verschwindens der Handys der Ministerin nie ganz aufgedeckt werden).[127]

---

[125] https://taz.de/Degrowth-Gegenargument/!5913881/, zuletzt aufgerufen am: 20.4.2024.
[126] https://www.americanexpress.com/de-de/kampagnen/guide/geldanlagen/boerse/flash-crash-1664, zuletzt aufgerufen am: 2.5.2024.
[127] https://www.sueddeutsche.de/politik/bundeswehr-berater-von-der-leyen-1.4796305, zuletzt aufgerufen am: 20.4.2024.

Wenn man bedenkt, dass sich allein die Vergütungen der Beratungsfirma Pricewaterhouse aus Verträgen mit der öffentlichen Hand auf etwa eine halbe Milliarde Euro belaufen (und das ist nur eine der an Regierungsentscheidungen beteiligten Consulting-Firmen), dann kann man sich das ganze Ausmaß dieses ganzen Filzes vorstellen.[128]

Die sogenannte Energiewende ist sowohl aus ökonomischer als auch aus klimapolitischer Sicht ein Desaster, sie ist zu teuer, schafft eine unglaubliche Unsicherheit bei den Verbrauchern (insbesondere auch bei energieintensiven Betrieben) und bringt wenig für die Rettung des Klimas.[129] Sogar die Schuldenbremse, ein früher auch von Links-Grün mit getragenes Prinzip, wird aktuell von ihren ehemaligen Verteidigern ständig infrage gestellt, obwohl sie sich doch angeblich so für die Interessen künftiger Generationen einsetzen. Anders kann man ja auch die ständigen Subventionen, Preisstützungen, Geldgeschenke und einseitigen Begünstigungen (wie z.B. das Bürgergeld, das Kulturticket für 18-jährige, Einmalzahlungen an Studierende u.a.) kaum bezahlen. Wie wir gesehen hatten, wird das Aufweichen der Schuldenbremse sogar von der ständig Finanzdisziplin predigenden FDP mit kreativen Konzepten wie ,Sondervermögen' konziliant begleitet. Darüber hinaus werden die Kostenrechnungen für links-grüne Projekte oft nicht seriös und umfassend genug ausgeführt, wie das in den vorangehenden Kapiteln am Vergleich der Kosten für ,Grüne Energie' mit denen für die Atomenergie verdeutlicht wurde. Auch die Vergabepraxis im Familienministerium ist mit dem Prädikat „völlig intransparent" noch milde umschrieben.[130]

Der wirtschaftliche Niedergang Deutschlands ist kaum mehr zu übersehen und die Konkurrenzfähigkeit unserer Firmen wird immer schlechter. Wie wir schon in Kap. 1 festgestellt hatten, wandern Spitzentechnologien zunehmend ab. In manchen Bereichen, wie etwa der Kernfusion, wird der Durchbruch eher in den USA oder China als in Deutschland zu erwarten sein.[131] Es ist durchaus nicht zu weit hergeholt, wenn in der Presse ein Vergleich mit dem deutschen Fußball zur Illustration der Misere hergestellt wird. Statt auf Leistung zu setzen, wird eine abgehobene Moral präsentiert. Ein bekannter Sport-Manager

---

[128] https://www.businessinsider.de/wirtschaft/pwc-leaks-bundesregierung-zahlt-unternehmensberatern-millionen-2019-9/, zuletzt aufgerufen am: 20.4.2024.

[129] https://eifelon.de/region/die-energiewende-ein-sich-anbahnendes-desaster-interview-mit-professor-vahrenholt.html   +   https://finanzmarktwelt.de/indien-verdoppelt-kohle-produktion-wie-deutschlands-energiewende-verpufft-297230/, zuletzt aufgerufen am: 2.5.2024.

[130] https://www.finanzen100.de/finanznachrichten/video/182-millionen-fliessen-in-gruenes-anti-rechts-programm-jetzt-packt-insiderin-aus_H1479977587_259815790/, zuletzt aufgerufen am 20.4.2024.

[131] https://www.stern.de/digital/technik/chinas–kuenstliche–sonne–stellt–neuen-kernfusion-weltrekord-auf-30550880.html, zuletzt aufgerufen am: 20.4.2024.

hat es so ausgedrückt: „Wir haben bei der Weltmeisterschaft genau die Natio-nalmannschaft bekommen, die wir aktuell verdienen. Sie ist ein Spiegelbild unserer Gesellschaft. Das Resultat der Fußball-WM in Katar ist das Ergeb-nis einer jahrelangen Misswirtschaft, die im besten Fall auf Besitzstandswah-rung aus ist, im Prinzip aber zu nichts als sukzessivem Abstieg führt".[132] So ist es auch nicht verwunderlich, dass sich unter den im Handelsblatt zitier-ten und von der Bundesinitiative SPRIND geförderten Vorhaben kein einziges KI-Projekt befindet.[133] Als besondere Hemmnisse für Startups mit neuen Ide-en auf dem Gebiet der Zukunftstechnologien sind die erstickende Bürokratie und ein fehlendes Investitionsklima anzusehen. Außerdem liegt der aufgebläh-te Staat mit seinen von ihm geförderten und auf ihn zurückwirkenden NGOs wie Mehltau über dem Land und erstickt wichtige Initiativen. In Kap. 17 soll deshalb versucht werden, alternative Wege aufzuzeigen.

Um nur ein Beispiel stellvertretend für viele zu nennen: Man möchte zwar in NRW gern eine Art Silicon Valley zwischen Düsseldorf und Aachen schaf-fen, wofür durchaus auch Voraussetzungen gegeben wären. Aber, obwohl eine der führenden KI-Technologien auf dem Gebiet der semantischen Sprachverar-beitung aus diesem Bundesland stammt und die darauf beruhende Suchmaschi-ne bereits kommerzielle Reife erlangt hat,[134] wird das im dortigen Wirtschafts-ministerium überhaupt nicht zur Kenntnis genommen (das BMWK hält üb-rigens solche Zukunftstechnologien ebenfalls nicht für förderwürdig!). Auch die Möglichkeiten zum Einwerben von Risikokapital sind in Deutschland re-lativ eingeschränkt, was in den USA ein ganz wesentlicher Motor der Ent-wicklung ist. – Von dem bereits erwähnten, mit 100 Mio. von der EU geför-derten ‚Leuchtturm-Projekt' Theseus redet heute schon keiner mehr. Dieses Geld war gemessen an den Ansprüchen (nämlich eine europäische Suchma-schine analog zu Google auf der Basis fortgeschrittener Sprachtechnologien zu schaffen) einfach in den Sand gesetzt. Zum Vergleich: Die einzig wirklich exi-stierende, oben erwähnte semantisch orientierte Suchmaschine Deutschlands, SEMPRIA-Search,[135] ist dagegen in ihrer Startphase gerade mal mit einigen zehntausend Euro unterstützt worden. Der Effekt wird sein, dass solche Tech-nologien von China übernommen oder von selbst ins Ausland abwandern wer-

---

[132] https://www.welt.de/sport/fussball/wm/article242605879/Hanning-zur-Fussball-WM-Nationalelf-ist-satt-traege-selbstgerecht.html, zuletzt aufgerufen am: 18.4.2024.

[133] https://app.handelsblatt.com/politik/deutschland/sprind-projekte-fuenf-grosse-hoffnungen-der-agentur-fuer-sprunginnovationen/26940668.html, zuletzt aufgerufen am: 18.4.2024.

[134] https://ki50.de/die-zehn-bedeutenden-technologien-der-deutschen-ki-geschichte/, zuletzt aufgerufen am: 18.4.2024.

[135] https://www.sempria.de, zuletzt aufgerufen am: 23.4.2024.

den (wie es mit einer der oben schon erwähnten führenden Robotertechnologien aus dem süddeutschen Raum bereits geschehen ist).[136]

Trotz mancher durchaus anerkennenswerter Bemühungen, auch bei uns Spitzentechnologien zu entwickeln, besteht die Gefahr, dass die technische Innovation immer mehr im Ausland stattfinden wird. Seit dem Beitritt Chinas zur Welthandelsorganisation ist dieser noch vor 30 Jahren als Entwicklungsland geltende Staat zur zweitstärksten Wirtschaftsmacht aufgestiegen. Die Idee im Westen, insbesondere in den USA, bestand darin, das ‚Reich der Mitte' in einen liberalen Wirtschaftsraum mit festen Regeln einzubinden, um so neue Absatzmärkte zu gewinnen. Kurzfristig schien der Plan auch aufzugehen, da viele Waren nach China exportiert werden und sich viele Firmen mit Subunternehmen in China etablieren konnten (wovon auch Deutschland profitiert hat). Langfristig dürfte sich das als ein Danaergeschenk erweisen, da auch das entsprechende Know-how dorthin abfließt. Inzwischen werden in China viele Produkte (zum Teil sogar in besserer Qualität) von nationalen Unternehmen produziert und nach dem Westen exportiert (Beispiele: E-Autos der SAIC-Gruppe und Smartphones oder IT-Produkte von Huawei). Aufgrund der globalen wirtschaftlichen Verflechtungen, der wachsenden politischen und militärischen Spannungen mit Russland und China wächst die berechtigte Sorge vor einer neuen Weltwirtschaftskrise, wobei sich die Frage erhebt, ob wir darauf wirklich vorbereitet sind. Mit flotten, unüberdachten Sprüchen à la Baerbock werden wir China oder was das anbetrifft auch Russland nicht in die Knie zwingen, sondern uns in Anbetracht unseres Abstiegs nur zum Gespött der ganzen Welt machen.[137]

---

[136] https://www.sueddeutsche.de/wirtschaft/chinesische-investoren-bei-kuka-geht-die-angst-um-1.4255117, zuletzt aufgerufen am: 19.4.2024.

[137] https://www.focus.de/kultur/kino_tv/tv-kolumne-anne-will-baerbock-will-dass-russland-nicht-mehr-auf-die-beine-kommt_id_92735159.html, zuletzt aufgerufen am: 2.5.2024.

Kapitel 16

Die Erosion des Sozialsystems und des Gesundheitswesens

Deutschland besaß bis vor wenigen Jahren noch ein **Sozialsystem**, um das uns die halbe Welt beneidete. Dieses ist jedoch massiv gefährdet, da es mittlerweile nicht nur für die wirklich Bedürftigen da ist. Tatsächlich wird es heute von einer großen Anzahl arbeitsfähiger Bürger und von Millionen zugereister Migranten (auch aus der Ukraine) in Anspruch genommen, die eigentlich zum Wohlstand des Landes beitragen könnten, aber nicht selbst in das System einzahlen - oder sogar durch eine irrationale Gesetzgebung daran gehindert werden zu arbeiten. Dieses alle Grenzen sprengende Sozialsystem verschlingt immense Mengen Geld und wird so nicht zu halten sein.

Allein 5,5 Millionen Bürger bezogen im Jahr 2023 das neu eingeführte Bürgergeld.[1] Bei einem Haushaltsplan, der für 2023 Gesamtausgaben in Höhe von ca. 445 Milliarden Euro vorsieht, sind allein für Sozialausgaben über 200 Mrd. Euro eingeplant (davon entfallen etwa 112 Mrd. Euro auf die gesetzliche Rentenversicherung).[2] Im Staatshaushalt nimmt also der Posten der Sozialausgaben mit fast 50% bereits den größten Teil ein (im Vergleich dazu werden für Innere Sicherheit, Forschung und Bildung sowie Wohnungsbau insgesamt nur etwas über 8% des Staatshaushalts eingesetzt). Obwohl die Ampelregierung kurz vor Weihnachten wegen des BVerfGE-Urteils einen neuen Haushaltsplan mit harten Sparmaßnahmen für 2024 aufstellen musste, wurde gegen den Willen der Bevölkerungsmehrheit weder das Bürgergeld, noch dessen unangemessen hoher Empfängerkreis oder gar die Erhöhung dieser Sozialleistung ab Januar 2024 um 12% infrage gestellt.[3] Auch der Staat selbst mit seinen Prestigeprojekten, seinen Geldgeschenken an das Ausland oder seinen PR-Kosten (etwa für Stylisten und Photographen und willige Interviewer)

---

[1] https://www.arbeitsagentur.de/arbeitslos-arbeit-finden/buergergeld/finanziell-absichern/voraussetzungen-einkommen-vermoegen und https://www.tagesschau.de/inland/innenpolitik/buergergeld-erhoehung-100.html, zuletzt aufgerufen am: 21.4.2024.

[2] https://www.bundesfinanzministerium.de/Content/DE/Standardartikel/Themen/Oeffentliche_Finanzen/Bundeshaushalt/2023/regierungsentwurf-bundeshaushalt-2023.html, zuletzt aufgerufen am: 2.5.2024.

[3] https://www.mdr.de/nachrichten/deutschland/politik/mdrfragt-umfrage-buergergeld-hoehe-auszahlung-100.html, zuletzt aufgerufen am: 21.4.2024.

wird keiner Geldkürzung unterworfen. Stattdessen treffen die Einsparungen bzw. die Lastenerhöhungen wieder vor allem die Industrie, die Landwirtschaft und den Mittelstand (etwa über erhöhte Steuern oder Energie- und Brennstoffpreise). Eine solche gegen die arbeitende Bevölkerung gerichtete Politik wird kein Staatswesen überleben. Auf die Folgen der Einführung des Bürgergelds für die Wirtschaft und die damit verbundene Erosion des Leistungsprinzips hatten wir in Kap. 15 bereits hingewiesen. Aber nicht nur das Sozialsystem einschließlich der Renten, sondern auch das Gesundheitswesen befindet sich im rasanten Verfall, wie wir weiter unten noch sehen werden. [4] Wenn man die gesamtgesellschaftliche Situation betrachtet, kommen noch eine ständig wachsende Staatsquote sowie andere Bereiche des 'Deep State' hinzu, wie die bereits erwähnten NGOs. Das bedeutet, dass der Anteil derjenigen, die echte Werte produzieren oder die unentbehrliche Dienstleistungen für die Gesellschaft erbringen, immer geringer wird[5].

Die Ampelregierung zeichnet sich durch populistische Sozialprogramme aus, die nur einer bestimmten Klientel Vorteile bringen, aber wohl oder übel von allen Steuerzahlern finanziert werden müssen. Man denke etwa an das bereits mehrfach erwähnte Bürgergeld, den Kulturpass für 18-jährige, die vom Ostbeauftragten (SPD) vorgeschlagenen 20.000 Euro Starthilfe beim Eintritt der Volljährigkeit[6] oder letztlich auch das 49-Euro-Bahnticket, das Leuten auf dem Land ohne ordentliche Verkehrsanbindung des ÖPNV kaum etwas bringt. All diese nach Gutsherrenart vergebenen oder geplanten 'Wohltaten' erzeugen nur neue Ungerechtigkeiten und untergraben zusätzlich das Leistungsprinzip.

In diese Reihe gehört auch das zwischenzeitlich etwas in den Hintergrund getretene, aber immer wieder diskutierte Bedingungslose Grundeinkommen (BGE), das von einem idealisierten und weltfremden Menschenbild ausgeht, und zudem nicht finanzierbar ist.[7] Das kann schon deshalb nicht funktionieren, weil eben nicht jeder (auch nicht der größte Teil der Bevölkerung) die gewonnene Zeit und die entstehenden Freiräume nutzen wird, um sich weiterzubilden und zu vervollkommnen, um dann eine entsprechend qualifizierte Anstellung zu erlangen. Selbst Versuche mit einigen Tausend 'Probanden' können nichts

---

[4] https://deutsche-wirtschafts-nachrichten.de/700497/Regierungsberater-warnen-Das-Sozialsystem-ist-gefaehrdet, zuletzt aufgerufen am: 2.5.2024.

[5] Die Staatsquote ist das Verhältnis der Ausgaben des Staates, die er in Erfüllung seiner Aufgaben tätigt, zum BIP. Sie lag im Jahre 2021 bereits bei über 50%, während sie bis 2019 noch bei 44-45% lag. – https://de.statista.com/statistik/daten/studie/161337/umfrage/staatsquote-gesamtausgaben-des-staates-in-relation-zum-bip/, zuletzt aufgerufen am: 21.4.2024.

[6] https://www.bundesregierung.de/breg-de/aktuelles/kulturpass-verlaengert-2024-2255800 https://www.deutschlandfunknova.de/beitrag/staatliches-grunderbe-mit-20-000-euro-die-startchancen-junger-menschen-verbessern, zuletzt aufgerufen am: 21.4.2024.

[7] https://www.zeit.de/gesellschaft/2023-08/bedingungsloses-grundeinkommen-bundeshaushalt-diw-studie-oekonomie, zuletzt aufgerufen am: 2.5.2024.

darüber aussagen, welch lähmende Wirkungen ein solches Experiment in einer Gemeinschaft von Millionen Menschen hätte, oder ob tatsächlich gesellschaftliche Energien freigesetzt würden (wie das die Proponenten behaupten). Das inzwischen eingeführte Bürgergeld kommt dem Anliegen des BGE schon sehr nahe und ist nun seinerseits heftiger Kritik ausgesetzt (s.u.).

Auch darf man ein solches Experiment nicht losgelöst von der gesamtgesellschaftlichen Situation und von der Einbettung in eine globalisierte Welt betrachten. Allein das Ungleichgewicht in den Sozialleistungen der EU-Länder hat einen Pull-Effekt innerhalb Europas ausgelöst, der durch das Bürgergeld noch einmal verstärkt worden ist.[8] Eine in sich zerfallene und gespaltene Gesellschaft mit ihren Egoismen und fehlender Identifikation mit Staat und Regierung wird auf gesellschaftliche Verwerfungen wirtschaftlich und sozial ganz anders reagieren als eine von einem gemeinsamen Grundethos getragene Gemeinschaft, wie das etwa in Max Webers Protestantismusthese für die nachreformatorischen Jahrhunderte zum Ausdruck kam [86]. Eine analoge Verbindung zwischen einem ethischen Grundgerüst und einem funktionierenden Wirtschaftssystem (wie früher die zwischen protestantischer Moral und kapitalistischer Wirtschaftsweise) ist aber heute nirgends zu sehen. Deshalb sollte man mit ideologisch getragenem und von Selbstüberhebung befördertem Herumdoktern an großen gesellschaftlichen Systemen sehr vorsichtig sein. Denn, wie wir aus der Emergenzforschung wissen [27, Kap. 7 und 10], kann die willkürliche Änderung selbst von elementaren sozialökonomischen Beziehungen zwischen Einzelelementen eines gesellschaftlichen Systems unvorhersehbare Folgen für das Gesamtsystem haben.[9]

Während mit dem sogenannten Arbeitslosengeld II (dem unter der Regierung Schröder eingeführten ‚Hartz IV‘) noch die Forderung „Fördern und Fordern" verbunden war, wird das im Juli 2023 eingeführte Bürgergeld zumindest im ersten Jahr fast sanktionsfrei ausgezahlt.[10] Damit ist zumindest in der Anfangsphase für einen Teil der Gesellschaft ein bedingungsloses Grundeinkommen bereits gesichert. – Inzwischen ist eine heiße Debatte entbrannt, ob sich Arbeit im Niedriglohnsektor überhaupt noch lohnt. Die Diskrepanzen in den Auffassungen rühren meist daher, dass verschiedene Szenarien zugrunde gelegt werden (Alleinstehend oder nicht, Anzahl der Kinder usw.). Allerdings

---

[8] https://www.morgenpost.de/vermischtes/article236967449/grundsicherung-arbeitslosengeld-deutschland-eu-italien-spanien-ausland.html, zuletzt aufgerufen am: 21.4.2024.

[9] Genau das trifft übrigens auch auf den mit ideologischem Furor und wenig Sachverstand getragenem Aktionismus im Zusammenhang mit der versuchten Verhinderung der Klimaerwärmung zu, s. Kap. 14.

[10] https://www.morgenpost.de/politik/article236384371/buergergeld-unterschied-hartz-4-jobcenter-einfuehrung.html, zuletzt aufgerufen am: 5.10.2023.

kristallisiert sich heraus, dass in dem Szenarium ‚Familie mit zwei Kindern und einem Alleinverdiener mit Mindestlohn' die Bürgergeldempfänger schon finanziell besser gestellt sind als die Arbeitenden.[11] Bedenkt man allein die Kosten für das neu eingeführte Bürgergeld und die immensen Belastungen durch die Millionen nicht arbeitender Migranten, dann kann man nicht umhin, ein düsteres Bild für Deutschlands Zukunft zu malen.

Unabhängig vom materiellen Aspekt haben sowohl Bürgergeld als auch das BGE noch eine mentale Seite. Es hat einfach eine fatale psychologische Wirkung, wenn Arbeit gegenüber Nichtstun keine wesentlichen Vorteile bringt, zumal die Empfänger dieser Sozialleistungen letztlich mehr Freizeit haben. Sie müssen früh nicht aufstehen, um mit den Kindern in die Kita zu hetzen oder mit dem Bus zur Arbeit zu pendeln. Ja, man muss es leider aussprechen, sie haben sogar noch Zeit für Schwarzarbeit, wenn das Geld nicht reichen sollte. Besonders demotivierend wirkt für viele Einheimische, die in die Solidargemeinschaft einzahlen, dass unsere Sozialleistungen auch heute schon Migranten und Ukraine-Flüchtlingen zustehen, die sich hier registrieren haben lassen und wenigstens pro forma einen Wohnsitz nachweisen können. Ob sie dann wirklich ständig hier leben oder - wie viele Ukrainer - zwischen Deutschland und ihrer Heimat pendeln bzw. gänzlich dort leben, steht schon auf einem anderen Blatt.[12] Es ist also kein Wunder, wenn dem Missbrauch der Sozialsysteme durch Sozialbetrug von migrantischen Clans, aber auch durch einheimische Bezieher von Bürgergeld und neuerdings sogar von Ukrainern Tür und Tor geöffnet ist.

Anstatt dieses Problem gründlich zu untersuchen und sich ernsthaft damit auseinanderzusetzen, hat das vom CDU-Vorsitzenden Merz verwendete Wort vom ukrainischen „Sozialtourismus" nur einen Shitstorm ausgelöst. Dass Frau Nahles als Chefin des Bundesamtes für Arbeit und die Regierung davon noch nichts gehört haben, ist jedenfalls kein Gegenbeweis.[13] Fakt ist, dass die zahlenden Lemminge darüber ebenso wie über die große Anzahl geflüchteter Wehrdienstverweigerer aus der Ukraine gar keine genauen Informationen ha-

---

[11] https://www.finanzen100.de/finanznachrichten/boerse/die-buergergeld-analyse-zeigt-ob-sich-arbeiten-in-deutschland-noch-lohnt_H947340916_147801738/, zuletzt aufgerufen am: 5.10.2023.

[12] Obwohl es klare Belege dafür gibt, weiß die Regierung angeblich nichts davon. https://www.focus.de/finanzen/behoerden-wussten-von-nichts-ukrainische-familie-lebte-in-der-heimat-und-kassierte-40-000-euro-buergergeld_id_259650554.html und https://www.mdr.de/nachrichten/thueringen/mitte-thueringen/arnstadt-ilmkreis/ukraine-fluechtlinge-sozialleistungen-landratsamt-100.html, zuletzt aufgerufen am: 9.4.2024.

[13] Deutscher Bundestag, Drucksache 20/3859 vom 7.10.2022, S. 54-55.

ben, s. Kap. 8.[14] Angesichts dessen ist es schon bemerkenswert, dass sich quer durch alle Parteien - mit Ausnahme von Links-Grün - die Meinung durchsetzt, dass wir uns diese Asylpolitik nicht mehr leisten können.[15] Indessen meint die Kovorsitzende der SPD selbst nach der blamablen Wahlniederlage ihrer Partei im Oktober 2023 in Hessen und Bayern, „sie zweifle daran, dass die Migrationsthematik und die Migration als solche das Thema ist, das alle Menschen sehr bedrückt".[16] Weltfremder geht es nicht!

Parallel zum wirtschaftlichen Niedergang droht nicht nur eine drastische Überforderung des Sozialstaates, sondern auch ein Zusammenbruch des Rentensystems. Deshalb ist zu befürchten, dass durch die Asylkrise und die aus dem Ruder gelaufene Migrationswelle (s. Kap. 8) das gesamte Sozialsystem in nicht zu ferner Zukunft kollabieren wird. Deshalb ist der Bevölkerung auch nicht zu vermitteln, dass den Mitarbeitern der ‚Tafel' Schutzsuchende aus der Ukraine oder andere Migranten mit teuren Autos und ausgesprochener Anspruchshaltung auffallen.[17] – Auch die Finanzierung der Renten ist durch die sich ungünstig abzeichnende demographische Entwicklung (Überalterung der Gesellschaft, Eintritt der sogenannten ‚Babyboomer' ins Rentenalter) und andere Effekte (s.u.) keineswegs mehr sicher. Betrachtet man das Wohlstandsgefälle in der EU, so ergibt sich beim Vergleich mit den ‚notleidenden' Ländern im Süden, dass etwa Italien und Spanien hinsichtlich der Parameter ‚Rentenhöhe' und ‚Wohneigentumsquote' wesentlich besser abschneiden als Deutschland. [18] Trotzdem ist Deutschland Zahlmeister in der EU, was durch die klammheimliche Einführung einer Transferunion und speziell den monströsen Corona-Wiederaufbaufonds mit Hauptprofiteur Italien zu weiteren sozialen Ungerechtigkeiten innerhalb der EU führt, s. Kap. 3. Nicht nur Wagenknecht sieht den sozialen Frieden gefährdet, wenn sie schreibt [83, S.217]: „Je mehr Menschen das Gefühl haben, soziale Leistungen kämen überproportional [...] ‚anderen' zugute, [...] mit denen sie sich nicht verbunden fühlen und die in ihren Augen kein wirkliches Anrecht auf gesellschaftliche Solidarität

---

[14] Neuerdings wird sogar eine Zunahme an ukrainischen Schleppern festgestellt. – https://de.finance.yahoo.com/nachrichten/%C3%B6sterreich-beobachtet-mehr-ukrainische-schlepper-113055603.html, zuletzt aufgerufen am: 28.10.2023.

[15] https://www.faz.net/aktuell/politik/inland/wolfgang-schaeuble-koennen-uns-diese-asylpolitik-nicht-mehr-leisten-19213839.html, zuletzt aufgerufen am: 5.10.2023.

[16] https://www.focus.de/politik/meinung/esken-glaubt-die-menschen-sind-veraenderungsmuede-was-fuer-ein-quatsch_id_221489943.html, zuletzt aufgerufen am: 21.4.2024.

[17] https://www.mdr.de/nachrichten/thueringen/mitte-thueringen/weimar/tafel-fluechtlinge-ukraine-100.html, zuletzt aufgerufen am: 21.4.2024.

[18] https://www.vr-bank-wuerzburg.de/service/newsletter/rente-nachbarn.html bzw. https://de.statista.com/statistik/daten/studie/155734/umfrage/wohneigentumsquoten-in-europa/, zuletzt aufgerufen am: 9.4.2024.

haben, desto mehr verliert der soziale Ausgleich an Zustimmung". Sie spricht in diesem Zusammenhang sogar von einer „Demontage des Sozialstaates".

Obwohl das deutsche **Gesundheitssystem** im internationalen Vergleich noch gut dasteht, ist es in eine ernsthafte Krise geraten; der Virchowbund behauptet gar, dass es kurz vor dem Kollaps stehe.[19] Als Hauptprobleme werden u.a. angesehen: Hohe Kosten, überbordende Bürokratisierung und unprofessionell durchgeführte Digitalisierung. Außerdem klagen Ärzte, Pfleger und Krankenhauspersonal über eine chronische Unterfinanzierung. Insbesondere Gesundheitsminister Lauterbach steht immer wieder wegen seiner erratischen gesundheitspolitischen Vorschläge und Maßnahmen (insbesondere auch wegen seiner gravierenden Fehler in der Coronazeit, s.u.) in der Kritik.[20] Auch der bundesweite Ärztestreik im Oktober 2023 war ausdrücklich gegen die von ihm hauptverantwortlich getragene Gesundheitspolitik der Regierung gerichtet. Statt eine grundlegende Analyse des Finanzdefizits der gesetzlichen Krankenkassen vorzulegen, fordert der Gesundheitsminister eine weitere Erhöhung der Beiträge.[21] Dabei sollte jedem auch ohne Fachkenntnisse auf dem Gebiet klar sein, dass ein Versicherungssystem nicht funktionieren kann, wenn eine riesige Anzahl von Berechtigten Leistungen bezieht,[22] aber nicht oder nur indirekt bzw. marginal über staatliche Hilfen in die Versicherung einzahlt.

Ein besonderes Problem stellt nicht nur die Belastung der gesetzlichen Krankenkassen, sondern auch der Verwaltungen allgemein durch die nicht enden wollenden Flüchtlingsströme dar. Es kann einfach nicht gut gehen, wenn Millionen von noch nicht eingegliederten Migranten spätestens nach 18 Monaten Aufenthalt im Land eine volle medizinische Versorgung erhalten, ohne je in eine Krankenversicherung eingezahlt zu haben. Dabei handelt es sich schon lange nicht mehr um das Geld allein, sondern auch um die Bewältigung der damit verbundenen Hilfeleistungen in den Arztpraxen und Krankenhäusern. Darüber hinaus stehen unser Land und insbesondere die Kommunen vor immensen Organisations- und Unterbringungsaufgaben, die sie nicht mehr schultern können. Es fehlt nicht nur an geeigneten Unterkünften,[23] sondern es sind sogar immer mehr Ausländerämter gezwungen, zwischenzeitlich zu schließen,

---

[19] https://www.virchowbund.de/praxisaerzte-blog/das-gesundheitswesen-steht-vor-dem-kollaps, zuletzt aufgerufen am: 10.10.2023.

[20] https://www.aerzteblatt.de/nachrichten/145987/KBV-Chef-Gassen-kritisiert-Lauterbach-scharf, zuletzt aufgerufen am: 10.10.2023.

[21] https://www.tagesschau.de/inland/lauterbach-kassenbeitraege-100.html, zuletzt aufgerufen am: 14.10.2023.

[22] Wieviele das genau sind, weiß der Normalbürger nicht.

[23] Das treibt Behörden in extremen Fällen schon dazu, Mietern kommunaler Wohnungen zu kündigen, um dort Asylbewerber unterzubringen. – https://taz.de/Wohnungskuendigungen-fuer-Fluechtlinge/!5917929/, zuletzt aufgerufen am: 29.10.2023.

weil sie den aufgelaufenen Berg von Anträgen auf Asyl- oder Aufenthaltsgenehmigungen anders nicht mehr bewältigen können.[24] Das führt u.a. dazu, dass selbst leicht integrierbare Ausländer ihren Job oder ihr Studium nicht antreten können, weil ihnen die dafür erforderlichen Unterlagen fehlen.

Wie wir gesehen hatten, ist eine wesentliche Ursache für die Erosion der sozialen Sicherungssysteme durch die unkontrollierte Einwanderungsbewegung gegeben. Kein Land dieser Erde, und sei es noch so reich, kann auf Dauer einen großen Teil der Bevölkerung auf hohem Niveau mit versorgen, ohne dass dieser einen ökonomischen Beitrag zum Gemeinwohl leistet. Lauterbach beklagt zwar die hohe Belastung der Krankenkassen, ohne aber diese außergewöhnlichen Ursachen überhaupt nur zu erwähnen. Dabei war das ganze Dilemma schon vor der großen Einwanderungswelle abzusehen und bereits 2011 von ihm selbst benannt worden.[25] Allein die aus der Ukraine nach Deutschland Geflüchteten verursachen enorme Kosten, wobei diese nicht einmal genau beziffert werden können.[26] Als Folge davon droht vielen Krankenkassen die Pleite, was aber den Gesundheitsminister Lauterbach nicht hindert, die völlig entgrenzte Einwanderungspolitik seiner links-grünen Ministerkollegen in der seit 2021 regierenden Ampelkoalition mitzutragen.[27]

Besonders schwerwiegend haben sich die Mängel unseres Gesundheitsmanagements und unserer Gesundheitspolitik während der Corona-Krise gezeigt. Aber das ist nicht alles, fast noch schlimmer ist der erhebliche Vertrauensverlust in unsere Demokratie durch Aushebelung der Verfassungsrechte der Bürger, worauf wir gleich noch zu sprechen kommen werden. Diese Grundrechte dürfen zwar nach Artikel 19 GG in bestimmten Ausnahmesituationen eingeschränkt werden, aber nur durch ein allgemeines, nicht auf den Einzelfall zugeschnittenes Gesetz und „in keinem Falle darf ein Grundrecht in seinem Wesensgehalt angetastet werden". Ein solcher Eingriff unterliegt aber auf jeden Fall der Bedingung der Verhältnismäßigkeit, die aber weder beim umfassenden Lockdown, noch bei der Einschränkung der Bewegungs- und Demonstrations-Freiheit der Bürger gegeben war, s.u.

---

[24] https://www.tagesschau.de/investigativ/swr/auslaenderbehoerden-ueberlastung-101.html, zuletzt aufgerufen am: 24.10.2023.

[25] https://www.handelsblatt.com/politik/deutschland/krankenkassen-spd-gesundheitsexperte-lauterbach-warnt-vor-pleitewelle/4193422-all.html, zuletzt aufgerufen am: 21.4.2024.

[26] https://www.versicherungsbote.de/id/4907930/Gefluechtete-aus-der-Ukraine-bescheren-Krankenkassen-Mitglieder-Rekord-und-finanzielle-Mehrlasten/ –
Inzwischen sind auch bei Selenskyi die Begehrlichkeiten so weit gewachsen, dass er anregt, deutsche Sozialleistungen für seine Landsleute gleich direkt in die Ukraine zu überweisen. – https://www.derwesten.de/politik/selebskyj-caren-miosga-buergergeld-ukrainer-maenner-h-id300812876.html, zuletzt aufgerufen am: 21.4.2024.

[27] https://www.handelsblatt.com/politik/deutschland/krankenkassen-spd-gesundheitsexperte-lauterbach-warnt-vor-pleitewelle/4193422-all.html, zuletzt aufgerufen am: 21.4.2024.

Zweifellos bestand bei Ausbruch der Corona-Pandemie für alle in Regierungsverantwortung eine schwierige Situation, da entsprechende Erfahrungen fehlten und niemand ein Patentrezept zur Lösung des Problems hatte. Während einige Maßnahmen, wie Einhaltung der bekannten AHA-Regel, zumindest zum Teil hilfreich gewesen sein mögen,[28] wirkten andere Maßnahmen, wie das in großer Breite verordnete Herunterfahren des gesellschaftlichen und wirtschaftlichen Lebens, nicht zielführend. Dieses Vorgehen erinnerte eher an jemand, der mit einer Schrotflinte in den Wald schießt und hofft, einen Bären zu treffen, zumal in anderen Ländern durchaus andere Wege beschritten wurden (s. das Beispiel Schweden unten). Von Beginn an wirkte die Corona-Politik erratisch, so dass selbst führende Politiker schon im Dezember 2020 kritisierten: „Nach der Salami-Politik der letzten Monate mit unzähligen Kehrtwenden und Verboten der Bundesregierung ist die Geduld und das Verständnis der Menschen im Sinkflug begriffen und die Wirtschaft steht mit dem Rücken zur Wand. [...] Ein Lockdown bis zum Frühjahr, also in der dunkelsten Jahreszeit, wird nachhaltige Schäden bei Menschen und Wirtschaft anrichten".[29] Diese Warnungen wurden einfach in den Wind geschlagen, wobei einer der grundlegenden Mängel in der einseitigen Hervorhebung virologischer (weniger schon epidemiologischer) Gesichtspunkte lag, noch dazu vorgetragen von einem ganz engen Kreis von Experten, die als Regierungsberater fungierten.

Kennzeichnend für die Informationspolitik der Regierung war eben, dass sie sich immer wieder auf dieselben Personen wie den Virologen Drosten bzw. auf das Robert-Koch-Institut (und dessen Chef Wieler, einen Tierarzt) gestützt hat, während gegenteilige Meinungen von ausgewiesenen Wissenschaftlern, insbesondere auch von den viel maßgeblicheren Epidemiologen, unterdrückt wurden. Verhältnismäßig wenige Personen (z.B. Lauterbach und Drosten) waren in der Öffentlichkeit überrepräsentiert, während andere, die abweichende Meinungen vertraten, entweder totgeschwiegen oder gesellschaftlich diskreditiert wurden (wie etwa die Mediziner Streeck und Bhakdi).[30] – Die erwähnte Sprunghaftigkeit der Corona-Politik zeigte sich auch durch ständig geänderte Regeln sowie durch sich häufig widersprechende Äußerungen von Politikern und Experten. Allein die Einhaltung der in ihrer Gültigkeit von Land zu

---

[28] AHA – **A**bstand einhalten, **H**ygiene-Vorschriften beachten und im **A**lltag Maske tragen (letzteres wurde von vielen Experten schon mit Fragezeichen versehen).

[29] https://www.tichyseinblick.de/daili-es-sentials/genervt-von-schwadroneuren-verschaerfern-und-hofvirologen/, zuletzt aufgerufen am: 14.10.2023.

[30] Zum Vorwurf der Volksverhetzung gegen Bhakdi s. Kap. 12; Streeck wurde vom Politclown Böhmermann und gedeckt durch das ZDF in absurder und dreister Weise sogar der „Menschenfeindlichkeit" bezichtigt - https://www.nzz.ch/feuilleton/jan-boehmermann-waeregern-satiriker-doch-er-bleibt-fernsehclown-ld.1717038, zuletzt aufgerufen am: 17.10.2023.

Land und Monat zu Monat variierenden 2G-Regeln[31] überforderte nicht nur den Kulturbereich sowie das Gaststätten- und Hotelgewerbe, sondern auch die Bürger bei dem Bemühen, diese Vorschriften einzuhalten.

Die ÖRM haben u.a. deshalb eine schädliche Rolle gespielt, weil sie äußerst einseitig die Regierungslinie bezüglich der einschneidenden Corona-Maßnahmen und deren Begründung propagiert haben, während sie den Kritikern nicht nur die Plattform verweigerten, sondern auch noch heftig bei der Diffamierung derselben geholfen haben. Man mag unterschiedlicher Meinung zu den von Bhakdi ausgesprochenen Vorwürfen an die Regierung sein. Diese habe: „Eine Epidemie von nationaler Tragweite ausgerufen, die es nicht gab; den Bürgern dieses Landes ihre Mündigkeit abgesprochen; willkürliche anstatt evidenzbasierte Entscheidungen getroffen; Angst und Verunsicherung verbreitet, anstatt Aufklärung zu betreiben; völlig sinnlosen Lockdown verordnet, als alles vorbei war; sinnlose Maskenpflicht eingeführt, als alles vorbei war; Maßnahmen nicht aufgehoben, als klar wurde, dass diese nicht verfassungsgemäß waren; Geld in die sinnlose Entwicklung eines Impfstoffes verschwendet; immense gesundheitliche Schäden in der Bevölkerung verursacht; immenses Leid in der Bevölkerung verursacht" [68, S. 82]. Solche zum großen Teil berechtigte Kritik zu ignorieren ist jedoch unklug, wenig hilfreich im Hinblick auf die Bewältigung zukünftiger Epidemien und bedarf zumindest einer intensiven Diskussion. Aber wie bei den Gegnern der Klimapolitik wurde auch hier sachliches Argumentieren durch Verunglimpfung ersetzt. Auch das durchsichtige und letztlich erfolglose juristische Vorgehen gegen Gegner von Regierungsmaßnahmen, das diese mundtot machen sollte, schädigt nicht nur unsere Demokratie, sondern diskreditiert unsere in großen Teilen nicht mehr unabhängige Rechtsprechung, s. Kap. 12.

Da in der Öffentlichkeit keine wirklich sachliche Auseinandersetzung mit den Thesen kritisch eingestellter Wissenschaftler stattfand, konnten sich die Bürger aus den an sich schon widersprüchlichen Äußerungen von Politikern und von staatlich in den Vordergrund gerückten ‚Experten‘ weder ein richtiges Bild von den Gefahren des Corona-Virus noch von der Wirksamkeit der Maßnahmen gegen die Pandemie machen. Es herrschte demnach nicht nur ein einziges Kommunikationsdesaster, sondern es wurde auch noch die Meinungsfreiheit massiv eingeschränkt. Dabei waren nicht einmal die Irrtümer der Verantwortlichen das Schlimmste, sondern die Verteufelung derjenigen, die be-

---

[31] Diese bedeuteten, dass nur Geimpfte und Genesene zu bestimmten Ereignissen bzw. Veranstaltungen - wie z.B. zu einem Gaststättenbesuch - zugelassen waren, wobei letztere noch zusätzlich einen aktuellen negativen (Schnell-)Test nachweisen mussten.

rechtigte Kritik an den Fehlentscheidungen der Regierenden übten, wie an der versuchten Einführung einer generellen Impfpflicht (s.u.).[32]

Zugunsten der oft zu Recht kritisierten Presse muss man feststellen, dass über die Mängel in der Bewältigung der Corona-Pandemie vergleichsweise ausführlich berichtet wurde, allerdings oftmals mit einem starken Bias zugunsten des RKI und der jeweiligen Regierungsmeinung (letzteres trifft vor allem in Sachen Impfen, Impfpflicht und Impffolgen zu). Besonders folgenreich war die unzureichende Abwägung der sozialen und ökonomischen Schäden durch Lockdowns gegenüber der Notwendigkeit, die Pandemie möglichst effektiv einzudämmen. Es fand nicht nur eine einseitige Darstellung des Infektionsgeschehens statt (ja sogar Desinformationen kamen vor - einschließlich der bildwirksamen, aber falschen Präsentation der Särge von Corona-Toten in Bergamo, Italien),[33] es wurden auch die durch die Corona-Abwehrmaßnahmen für Wirtschaft und Gesellschaft entstandenen Gefahren verschwiegen oder heruntergespielt (drohende Insolvenzen, Existenzvernichtungen, soziale Isolation, Zunahme depressiver Erkrankungen, Einschnitte in den Bildungsgang von Schülern und Studenten usw.).

Allein die wirtschaftlichem Folgen sind bis heute nicht absehbar und schon gar nicht quantitativ als Kosten ausweisbar. Besonders hart betroffen waren das Hotel- und Gaststättengewerbe wie überhaupt die ganze Tourismusbranche.[34] Aber nicht nur das, viele Kleinunternehmer (etwa im Handel), auch große Firmen mussten sich massiv verschulden, da nicht nur die Kunden, sondern ganze Lieferketten wegbrachen. Der heutige Kanzler der Ampelregierung und Finanzminister der Vorgängerregierung versuchte zwar mit markigen Worten zu beruhigen, indem er mit einem finanziellen „Wumms" aus der Krise führen wollte. Ständig versuchte er den Eindruck zu erwecken, dass genug Geld da sei,[35] vergaß aber zu erwähnen, dass wir damals wie heute auf einem riesigen Berg Schulden sitzen. Dabei wurden durch die massiven Finanzspritzen viele Probleme nur zugedeckt (über die Konsequenzen von Insolvenzverschleppungen und die schädlichen Folgen der im Windschatten von Corona nach den Maastricht-Kriterien illegal und klammheimlich eingeführten Transferunion durch Etablierung des sogenannten ‚Corona-Wiederaufbaufonds' hatten wir in den vorhergehenden Kapiteln bereits gesprochen).

---

[32] https://www.mdr.de/nachrichten/deutschland/panorama/corona-impfung-wirkung-kritik-ungeimpfte-100.html, zuletzt aufgerufen am: 16.10.2023.

[33] https://www.br.de/nachrichten/kultur/der-militaerkonvoi-aus-bergamo-wie-eine-foto-legende-entsteht,TJZE6AQ, zuletzt aufgerufen am: 10.2.2024.

[34] https://www.zeit.de/wirtschaft/2020-10/coronakrise-wirtschaft-rezession-lockdown-aufschwung-pandemie, zuletzt aufgerufen am: 19.10.2023.

[35] https://rp-online.de/politik/deutschland/finanzminister-scholz-ueber-corona-hilfen-es-ist-noch-genug-geld-da_aid-54184063, zuletzt aufgerufen am: 19.10.2023.

Offensichtlich sind schon die bereits zu Anfang der Pandemie aufgrund einer zweifelhaften Datenlage getroffenen Maßnahmen - insbesondere der vollständige Lockdown und die Schulschließungen - völlig unangemessen gewesen (s. etwa [68, S. 56 ff.]). Man hätte sich viel mehr auf die wirklichen Hotspots (Großfeiern, grenzüberschreitender Verkehr von Arbeitskräften usw.) konzentrieren sollen, statt flächendeckend den Kleinhandel zu schließen, sportliche Betätigung und menschliche Begegnungen im Freien zu verbieten oder gar Ausgangssperren zu verhängen. Der Bayrische Ministerpräsident, der sogar schon einmal Kanzlerambitionen angemeldet hatte, ist hier mit seinem rigorosen Vorgehen besonders unrühmlich aufgefallen.[36] In fast allen Fällen von verhängten Restriktionen einschließlich des Verbots von Demonstrationen (s.u.) sind verfassungsmäßige Rechte verletzt und das rechtsstaatliche Prinzip der Verhältnismäßigkeit außer Kraft gesetzt worden.[37]

Die Corona-Pandemie mit ihren Wurzeln in China hat uns unübersehbar vor Augen geführt, wie eng die Bekämpfung solcher Epidemien mit der immer weiter fortschreitenden Globalisierung und internationalen Verflechtung der Länder zusammenhängt. Pandemien von solchem Ausmaß lassen sich kaum mehr im nationalen Alleingang eindämmen, wobei eine schwierige Balance zwischen internationaler Solidarität und Wahrung nationaler Interessen einzuhalten ist. Das hat auch der Kampf um eine gerechte Verteilung der anfangs recht knappen Impfstoffe gezeigt, was sich u.a. in der Verbreitung des Schlagworts „Impfnationalismus" ausdrückte.[38] Unabhängig davon fand und findet im Zusammenhang mit der Migration eine weitgehende Tabuisierung bakteriologischer Probleme und deren gesellschaftlicher Konsequenzen statt. Dazu gehört auch das Einschleppen von Krankheiten (darunter bereits ausgemerzte oder zumindest stark zurückgedrängte Infektionskrankheiten, wie etwa die Tuberkulose) oder die Sorge um die Verbreitung des Infektionsgeschehens im Zusammenhang mit Corona, s.u.[39]

Genau genommen war es - wie ja das Zitat belegt - gar nicht so, dass die von Migranten an sich ausgehende Infektionsgefahr überhaupt nicht diskutiert worden wäre, sondern es wurden vor allem die Implikationen der notwendigen

---

[36] https://www.tichyseinblick.de/daili-es-sentials/bayerischer-verwaltungsgerichtshof-soeders-lockdown-rechtswidrig/, zuletzt aufgerufen am: 2.5.2024.

[37] https://www.bmj.de/DE/rechtsstaat_kompakt/rechtsstaat_grundlagen/verhaeltnismaessigkeit/verhaeltnismaessigkeit_node.html, zuletzt aufgerufen am: 2.5.2024.

[38] https://www.deutschlandfunkkultur.de/debatte-ueber-impfnationalismus-den-globalen-norden-nicht-100.html, zuletzt aufgerufen am: 2.5.2024.

[39] https://www.welt.de/politik/deutschland/article175943319/Migration-Die-Angst-vor-der-eingeschleppten-Tuberkulose.html + https://www.faz.net/aktuell/politik/ausland/spanien-fuerchtet-dass-migranten-corona-einschleppen-16832174.html, zuletzt aufgerufen am: 2.5.2024.

medizinischen Betreuung von Einwanderern aus dem Diskurs ausgeblendet (Überlastung des Gesundheitssystems, Finanzierung der Behandlungen usw.). Das BPB konstatiert mit Recht: „Migrant*innen und Geflüchtete sind durch teilweise prekäre Arbeits- und Wohnbedingungen mit unzureichenden Hygienemaßnahmen einer erhöhten Ansteckungsgefahr ausgesetzt".[40] Das haben auch die Skandale in den Hotspots der Fleischindustrie gezeigt, die vorwiegend mit ausländischen Arbeitskräften und deren miserablen Lebensbedingungen zu tun hatten.

Auch in der Kommunikation wurde vieles in Bezug auf den Zusammenhang zwischen Asyl und Krankheitsgeschehen aus Angst vor Rassismus-Vorwürfen vernebelt. Nach einer Umfrage unter einer Gruppe von Chefärzten sollen „immer über 90 Prozent der intubierten, schwerst kranken Patienten einen Migrationshintergrund [gehabt haben]." Nach Aussage eines Arztes hatten sie sich „intern darauf geeinigt, dass [...] solche Kranke als ,Patienten mit Kommunikationsbarriere' bezeichnet [werden sollen]".[41] – Formaljuristisch hat es wohl keine Sonderregelungen für Moslems gegeben, als während der Zeit der nächtlichen Ausgangssperren Ausnahmen für „die Teilnahme an Gottesdiensten zu besonderen religiösen Anlässen" zugelassen wurden. Profitiert haben davon aber vor allem Anhänger des Islam, für die dadurch das gemeinsame abendliche Gebet nach dem Fastenbrechen ermöglicht wurde.[42]

Die Coronazeit hat deutlich gezeigt, wie fragil unsere Demokratie und unser Rechtssystem tatsächlich sind. Der ehemalige Präsident des Bundesverfassungsgerichts Papier sah sich in einem Interview veranlasst, mit klaren Worten festzustellen, dass die „Demokratie Schaden genommen" habe, und kritisierte insbesondere die Zunahme der „Exekutivlastigkeit der Politik".[43] Aus verfassungsrechtlicher Sicht wurden gleich mehrere Grundrechte verletzt bzw. stark eingeschränkt: Die Bewegungs- und Reisefreiheit (Art. 11 GG) durch Ausgangssperren und Reisebeschränkungen; die körperliche Unversehrtheit (Art. 11 GG) durch Einführung einer (zumindest partiellen) Impfpflicht und eines landesweiten moralischen Impfzwangs; das Versammlungs- und Demonstrationsrecht (Art. 11 GG) durch unverhältnismäßige Verbote und hartes Vorgehen der Polizei gegen Demonstranten; der Gleichbehandlungsgrundsatz (Art. 3 GG) und die Meinungsfreiheit (Art. 5 GG) durch Diskriminierung von Kri-

---

[40] https://www.bpb.de/themen/migration-integration/kurzdossiers/515907/die-covid-19-pandemie-und-die-folgen-fuer-migration-und-integration/, zuletzt aufgerufen am: 2.5.2024.

[41] https://www.merkur.de/welt/corona-rki-deutschland-chef-wieler-tabu-spahn-rassismus-intensiv-patienten-migration-90226003.html, zuletzt aufgerufen am: 2.5.2024.

[42] https://www.weser-kurier.de/bremen/bremer-moslems-begehen-den-ramadan-unter-ausnahmebedingungen-doc7fjunzr01mx1aa4z1dai, zuletzt aufgerufen am: 2.5.2024.

[43] https://www.cicero.de/innenpolitik/corona-die-demokratie-hat-schaden-genommen-hans-juergen-papier, zuletzt aufgerufen am: 2.5.2024.

tikern der Corona-Maßnahmen und deren weitgehenden Ausschluss aus dem öffentlichen Diskurs.

Das Regierungshandeln war überhaupt durch autokratisches bzw. paternalistisches Verhalten gegenüber der Bevölkerung und durch aktionistische Maßnahmen charakterisiert, s. die oben erwähnten Ausgangssperren. Man erinnere sich diesbezüglich auch an Lauterbachs unsäglichen Tweet: „Es wird ja niemand gegen seinen Willen geimpft. Selbst die #Impfpflicht führt ja dazu, dass man sich zum Schluss freiwillig impfen lässt." Bezüglich weiterer absurder Statements führender Politiker zum Corona-Thema sei auf einen hierfür relevanten Presse-Artikel verwiesen.[44] – Viele Gesetzesvorhaben (besonders im Zusammenhang mit Corona, aber auch in anderem Kontext) wurden von der Ampelregierung ohne die erforderliche, der Sache angemessene intensive Diskussion regelrecht durch den Bundestag gepeitscht.[45] Weitreichende Maßnahmen zur Eindämmung der Pandemie und zur Abfederung ihrer Folgen wurden einfach ohne Einbeziehung des Parlaments in der sogenannten Bund-Länder-Konferenz beschlossen, wobei deren erforderliche Legitimation für die vorgenommenen Eingriffe in grundgesetzlich verbriefte Rechte äußerst fraglich ist (zumal diese Einrichtung kein Verfassungsorgan ist).[46]

Eine einzige Katastrophe waren die Bestrebungen der ‚Ampel', eine allgemeine Impfpflicht einzuführen. Das entsprechende Gesetz ist zwar letztlich im Bundestag durchgefallen, aber immerhin wurde dann die höchst umstrittene ‚einrichtungsbezogene Impfpflicht' doch noch durchgesetzt.[47] Dabei wurde entgegen der anderslautenden Beteuerungen der Vorgängerregierung (Merkel: „Es wird keine Impfpflicht geben!") schon von einer Impfpflicht gesprochen, als noch gar nicht klar war, ob die eingesetzten Vakzine gegen die jeweils aktuelle Virusvariante helfen. Ja, es war noch nicht einmal absehbar, wie die Einhaltung dieser Pflicht rechtlich umsetzbar wäre (zumal dazu erst ein zentrales Impfregister aufgebaut werden musste). Noch gravierender erscheint das Problem, dass bis heute niemand weiß, ob und wenn ja, welche Spätfolgen eine ständig erneuerte Impfung (Boostern) für das Immunsystem jedes Ein-

---

[44] https://www.tichyseinblick.de/daili-es-sentials/zehn-zeugnisse-des-neuen-obrigkeitlichen-denkens/ – Bemerkenswerte dialektische Ergüsse zur Impfpflicht als Entscheidungshilfe zum *freiwilligen* Impfen waren übrigens auch von der Spitzen-Grünen Göring-Eckhardt in einer Talkshow zu hören: https://www.tichyseinblick.de/feuilleton/medien/bei-maischberger-bartsch-goering-eckardt-impfpflicht-entscheidungshilfe/, zuletzt aufgerufen am: 2.5.2024.

[45] Wie z.B. das Infektionsschutzgesetz.
https://www.merkur.de/politik/corona-bundestag-gipfel-gesetz-ampel-live-berlin-regeln-aktuell-beschluesse-merkel-spahn-zr-91123294.html, zuletzt aufgerufen am: 21.4.2024.

[46] https://de.wikipedia.org/wiki/Bund-L%C3%A4nder-Konferenz#Verfassungsrechtliche_Grundlage, zuletzt aufgerufen am: 2.5.2024.

[47] https://www.bundestag.de/dokumente/textarchiv/2021/kw49-de-infektionsschutzgesetz-impfpraevention-870424, zuletzt aufgerufen am: 2.5.2024.

zelner. und für das Immunverhalten einer ganzen Population haben wird. Die Behauptung, dass wissenschaftlich erwiesen sei, dass die mRNA-Impfstoffe keine Langzeitwirkungen haben, ist einfach nicht haltbar.[48]

Bei den Nebenwirkungen und Langzeitfolgen geht es also darum, was Impfungen und noch dazu deren mehrfache Wiederholung sowohl für den Einzelnen als auch für eine ganze Bevölkerung an Schäden auslösen können. Wie kompliziert die Funktion des immunologischen Gedächtnisses ist, das sich auch gegen die eigenen Körperzellen richten kann (sogenannte Autoimmunerkrankungen) zeigen die langjährigen Forschungen zu anderen Krankheiten wie Rheuma oder multiple Sklerose.[49] Gerade die *Langzeit*-Wirkungen von mRNA-Impfstoffen sind also immer noch unklar, was auch kaum überraschen kann, da noch nicht genügend Zeit seit der hastigen Einführung der Vakzine vergangen ist, um deren Spätwirkungen sicher beurteilen zu können. Das wird allein schon dadurch belegt, dass immer wieder von Corona-Infektionen bei Geimpften oder von dramatischen Gesundheitsschäden nach Impfungen berichtet wird, obwohl auch diese ihrerseits nicht ausreichend statistisch untermauert sind. Das Problem ist eigentlich nicht so sehr, dass wir immer noch nicht genug wissen (obwohl hier viel versäumt wurde), sondern dass einige selbstherrlich ein Wissen vorgaben und heute noch vorgeben, das nicht vorhanden ist, was sie aber nicht daran gehindert hat, legitime Zweifler im schlimmsten Fall als „Covidioten" zu bezeichnen.

Den Gipfel an Unverfrorenheit erreichte zum wiederholten Mal Göring-Eckardt von den Grünen, als sie behauptete, dass wir heute schon **wissen**, dass „drei Impfungen auch gegen Mutationen [des Virus] helfen werden".[50] Und das sagte sie als unbedarfte Laiin im Brustton der Überzeugung angesichts der Tatsache. dass wir zu diesem Zeitpunkt die zu erwartenden Mutationen noch gar nicht kennen konnten und die bisherigen Impfungen gegen die bekannten Mutationen von Delta bis Omikron nur begrenzte Wirkung gezeigt haben. Demgegenüber mehrten sich die Meldungen von Wissenschaftlern, die vor den

---

[48] Ganz abgesehen davon, dass es noch gar keine gesicherten und repräsentativen empirischen Befunde über mehrere Jahre hinweg gibt, muss die ausgelöste Immunreaktion, deren materielle Basis mitunter auch als „Immungedächtnis" bezeichnet wird und das körpereigene Abwehrsystem bildet, eine molekularbiologische Repräsentation von längerer Wirkungsdauer haben. Andernfalls wäre die Impfwirkung nach 50 Stunden ebenfalls erloschen, s. hierzu: https://www.ardalpha.de/wissen/gesundheit/krankheiten/immunsystem-corona-covid-19-sars-cov-2-abwehr-t-zellen-killerzellen-virus-krankheit-100.html, zuletzt aufgerufen am: 2.5.2024.

[49] https://www.drfz.de/themen/immunologisches-gedaechtnis-2/, zuletzt aufgerufen am: 21.4.2024.

[50] https://www.tichyseinblick.de/feuilleton/medien/bei-maischberger-bartsch-goering-eckardt-impfpflicht-entscheidungshilfe/, zuletzt aufgerufen am: 21.4.2024.

Nebenwirkungen von Impfungen oder sogar vor gegenteiligen Wirkungen der Vakzine, insbesondere vor einer Schädigung des Immunsystems, warnten [89].

Den Verantwortlichen für die Bekämpfung der Pandemie muss leider ein schlechtes Impfmanagement attestiert werden. Am Anfang gab es nicht genug Impfstoff, dann war wieder zuviel von einer bestimmten Sorte da (in diesem Fall Moderna), sodass der Gesundheitsminister die Leute aufrief, sich impfen zu lassen, damit dieser Impfstoff nicht verfällt.[51] In der Auseinandersetzung um die Impfpflicht wurde das Versagen unserer Politiker so recht sichtbar (das gilt sowohl für die alte als auch für die neue Regierung, die seit Dezember 2021 im Amt ist). Geradezu grotesk wird es, wenn das RKI (mit nachträglicher Billigung des Gesundheitsministers) den Genesenenstatus per Ukas für das gemeine Volk von 6 Monaten auf 3 Monate herabsetzt, die Festlegung von 6 Monaten aber für Parlamentarier beibehalten wird. Ganz abgesehen, dass dies reine Willkür ist, stellt ein solches Vorgehen auch eine Verletzung der verfassungsmäßig garantierten Gleichbehandlung der Bürger dar.

Die massive Kritik an dem zu irrlichternden und apokalyptischen Meldungen neigenden Gesundheitsminister Lauterbach[52] der Ampelregierung sowie an seinem Vorgänger im Amt, Jens Spahn, war also vollständig berechtigt. Letzterer war übrigens ebenso wie der Bayrische Ministerpräsident durch eine der Maskenaffären ins Zwielicht geraten, bei der sich Parteifreunde aus der CDU/CSU ordentlich bereichert hatten.[53] Zu allem Überfluss muss sogar ein großer Teil der auch über Deutschlands Grenzen hinaus ohne Augenmaß beschafften Masken wegen Ablauf des Haltbarkeitsdatums vernichtet werden.[54] Das Versagen des Krisenmanagements während der Pandemie zeigte sich jedoch nicht nur im Test- und Impfchaos, sondern auch in der völligen Ignoranz gegenüber den Sekundärfolgen von Lockdowns und anderer Freiheitsbeschränkungen. Manche Entscheidungen und viele Maßnahmen muss man

---

[51] Welch ein Grund für eine Impfung! – https://www.tagesschau.de/inland/corona-booster-spahn-moderna-biontech-103.html, Seite nicht mehr erreichbar, zuletzt aufgerufen am 2.2.2022. Siehe deshalb auch: https://www.stern.de/gesundheit/karl-lauterbach–vierte-corona-impfung-im-herbst-fuer-alle-anbieten-31873726.html und https://www.tagesspiegel.de/wirtschaft/lauterbach-droht-milliarden-schaden-millionen-impfdosen-drohen-zu-verfallen-440191.html, zuletzt aufgerufen am: 29.4.2024.

[52] https://www.youtube.com/watch?v=QyOrVonpDfA, zuletzt aufgerufen am: 24.4.2024.

[53] https://www.gruene-fraktion-bayern.de/themen/untersuchungsausschuesse/2023/aufklaerung-der-csu-maskendeals/ – Makabrerweise durften diese die eingestrichenen üppigen Provisionen auch noch behalten, s. hierzu: https://www.mdr.de/nachrichten/deutschland/panorama/corona-csu-maskenaffaere-urteil-bundesgerichtshof-nuesslein-sauter-100.html, zuletzt aufgerufen am: 21.4.2024.

[54] https://www.zeit.de/gesundheit/2023-06/corona-schutzmasken-bund-laender-vernichtung-verbrennen-haltbarkeitsdatum, zuletzt aufgerufen am: 2.5.2024.

schon als panikartige Reaktionen auf die Corona-Krise ansehen, was auch in einem Teil der Medien so kommuniziert wurde.[55]

Demonstrationen im Zusammenhang mit der Corona-Krise wurden mehrfach von den Regierenden verboten und dann von Gerichten doch wieder erlaubt, was die Verwirrung noch verstärkte. Insbesondere die Querdenker-Bewegung ist in den Medien pauschal diskreditiert und völlig zu Unrecht verurteilt worden. Tatsächlich war sie sehr heterogen, zum Teil etwas skurril, zum Teil esoterisch, aber größtenteils von Menschen geprägt, die einfach Angst um ihre Existenz hatten oder gegen die getroffenen Maßnahmen protestieren wollten (was ihr gutes Recht ist, selbst dann, wenn sie im Irrtum gewesen wären, was aber größtenteils nicht der Fall war). Besonders verwerflich war der Versuch, die Protestierer einfach in die rechte Ecke zu stellen, nur weil dort auch einige Reichsbürger mitliefen (es waren übrigens auch links-grün orientierte Esoteriker dabei, und bei Antifa-nahen Demos marschieren sogar grüne Spitzenpolitiker mit, was deren Genossen aber durchaus nicht stört).[56] Bald dämmerte es sogar dem regierungstreuen Präsidenten des Verfassungsschutzes, dass hier eine Volksbewegung im Entstehen war, die sich gegen das gesamte politische Establishment richtet. Das hält dieser Wächter der Grundrechte sogar für verfassungswidrig, wobei er als ‚Demokrat' doch wissen müsste, dass unser vom Grundgesetz garantiertes Demonstrationsrecht durchaus der Kritik und öffentlichen Infragestellung der Regierungspolitik dienen darf.

Die Denunziation von Kritikern der Corona-Maßnahmen beginnt schon mit der Wortwahl: „Coronaleugner" (so als würde eine bemerkenswerte Anzahl von Menschen Corona an sich leugnen[57]) und endet mit der Überbetonung der Zahl von Demonstrations-Teilnehmern, die man tatsächlich dem rechten Spektrum zuordnen könnte.[58] Die Hauptsorge der herrschenden Politiker dürfte jedoch gewesen sein, dass die Proteste gegen sinnlose Corona-Maßnahmen oder gegen die nicht tragfähig begründete Impfpflicht in der Weise aus dem Ruder laufen, dass eine Art Volksbewegung wie in der DDR 1989 oder wie die Gelbwestenbewegung in Frankreich entsteht. Denn viele der Demonstranten-Rufe („Lügenpresse", „Freiheit" usw.) drückten eher die Unzufriedenheit mit der politischen Situation insgesamt aus, als dass sie allein etwas mit der Pandemie zu tun gehabt hätten.

---

[55] https://m.focus.de/gesundheit/coronavirus/quasi-lockdown-fuer-ungeimpfte-sachsen-plant-die-notbremse-diese-regeln-sollen-den-corona-kollaps-verhindern_id_24424674.html, zuletzt aufgerufen am: 2.5.2024.

[56] https://www.bayernkurier.de/inland/8411-claudia-roth-auf-abwegen/, zuletzt aufgerufen am: 2.5.2024.

[57] Siehe die analoge Verunglimpfung von Gegnern grüner Politik als „Klimaleugner", Kap. 14.

[58] Wobei natürlich zu fragen wäre, ob diese kein Recht zur Demonstration besitzen.

Selbst im Zusammenhang mit der Corona-Pandemie und im Angesicht der dadurch bedingten Todesfälle schwieg die Hassmaschinerie nicht. Impfgegner wurden da schon mal als „Bekloppte" (Gauck) oder „Tyrannen" (Montgomery) bezeichnet.[59] Oder nehmen wir ein konkretes Beispiel: Die Vorsitzende der Desiderius-Erasmus-Stiftung (Initialen: E.S.) hatte im Februar 2021 in einem Tweet zu den vermutlichen Hotspots der Pandemie geäußert: „Von verschiedenen Seiten habe ich glaubhaft gehört, dass 50% der Covid-Patienten in den Krankenhäusern aus dem arabischen Raum stammen." Das ist eine Aussage, die sich belegen oder auch sachlich widerlegen lässt. Stattdessen giftet ein FDP-Vize und EU-Parlamentsabgeordneter dazu: „Es gibt widerliche Tweets, es gibt ekelerregende Tweets, und es gibt Tweets von E.S. Sie ist Teil einer fauligen Lügenmarinade, die unsere Gesellschaft vergiften will". Bei einer solchen Sprechweise, ist doch ernsthaft zu fragen, wer den gesellschaftlichen Diskurs vergiftet, zumal ein so relativ weit oben in der Polithierarchie angesiedelter Bürger sicher über genügend Informationsquellen verfügen müsste, um eine ihm nicht genehme Aussage zu widerlegen. – Eines der Flaggschiffe des ZDF-Humors, bekannt durch seine vielen Ausfälle gegen Anstand und Sitte (s. Kap. 2) schreibt sogar: „Von verschiedenen Seiten habe ich gehört, dass 50% des Schädelinhalts von E.S. aus einem pampelmusengroßen Knäuel von Würmern besteht".[60] Deshalb ist das betretene Schweigen und das Fehlen einer jeglichen Entschuldigung seitens der Verleumder besonders beschämend, nachdem der Chef des Robert-Koch-Instituts genau die eingangs angegriffene Feststellung der Vorsitzenden der Desiderius-Erasmus-Stiftung bekräftigt hat,[61] was aber auch in den ÖRM keine große Beachtung fand. Der Verlauf der Diskussion hierzu zeigt deutlich, dass der Zusammenhang zwischen Migrationshintergrund und Infektionsgeschehen einfach tabuisiert wird.[62] Dabei gibt es doch in unserem Land genügend Gesellschaftswissenschaftler, die in dieser Notsituation solche brennenden Fragen methodisch sauber untersuchen könnten.

---

[59] https://www.tichyseinblick.de/daili-es-sentials/eine-chronologie-der-beleidigungen/, zuletzt aufgerufen am: 2.5.2024.

[60] Es sollte an dieser Stelle vielleicht erwähnt werden, dass der genannte Comedian und ZDF-Moderator Mitglied jener Partei ist, der auch unser Bundespräsident angehört. Dessen Parteimitgliedschaft ruht zwar im Moment, aber seine von Amts wegen gebotene ‚Unparteilichkeit' führt er ja ständig ad absurdum. Von ihm ist aber zu dem erwähnten Hatespeech oder bei ähnlichen Ausfällen von Links-Grün nichts zu vernehmen, obwohl er doch in anderen Zusammenhängen um so theatralischer gegen Hass und Hetze auftritt. Man vergleiche damit sein ‚engagiertes' Verhalten im Falle des ‚Chemnitz-Bashing', s. Kap. 1.

[61] https://www.berliner-zeitung.de/news/intensivpatienten-hoher-anteil-hat-migrationshintergrund-li.143639, zuletzt aufgerufen am: 21.4.2024.

[62] https://www.merkur.de/welt/coronavirus-deutschland-rki-wieler-chef-tabu-jens-spahn-rassismus-migration-intensivpatienten-90226003.html, zuletzt aufgerufen am: 21.4.2024.

Eines dürfte jedoch auch jedem Laien klar sein, wenn im Februar/März 2021 die Infektionsraten trotz eines flächendeckenden Lockdowns und ansteigender Impfraten sogar wieder anstiegen, dann hat man entweder nicht die richtigen Maßnahmen ergriffen oder die wahren Infektionsketten wurden nicht wirklich verstanden (eventuell auch beides).[63] So könnten Großfamilien mit Migrationshintergrund und einer schon traditionell verankerten Neigung zu riesigen Feiern eine der weniger bekannten Infektionsursachen bzw. Hotspots der Pandemie gewesen sein.[64] Dabei sind manche Migranten mit muslimischer Einstellung schon aus Glaubensgründen geneigt, alles in Allahs Hände legen zu können und meinen, die Hygieneregeln der Mehrheitsgesellschaft nicht einhalten zu müssen. Allerdings lief jeder, der dieses Thema ansprach, sofort Gefahr, als ‚Ausländerfeind' stigmatisiert zu werden, so dass diese Möglichkeit gar nicht genauer verfolgt wurde.

Die Ungleichbehandlung von Geimpften und Nichtgeimpften dürfte sogar rechtswidrig gewesen sein. Das belegt auch ein Urteil (diesmal aus den USA) des Supreme Court, wonach die Stadt New York gekündigte Impfgegner entschädigen und sogar wieder einstellen muss, da die Impfungen nachweislich nicht vor Infektionen geschützt haben.[65] Darüber hinaus gab es in Deutschland eine ‚großzügige' Rückgabe von Grundrechten allein für Geimpfte und Genesene, während die Einschränkungen für Ungeimpfte aufrecht erhalten wurden (und das bei anfangs nicht ausreichend zur Verfügung stehenden Impfstoffen). Auch sonst wurden verschiedene Maßstäbe angesetzt: Während Altenheime für Besucher dicht gemacht und kirchliche Veranstaltungen weitgehend eingestellt wurden, hat der Staat Großhochzeiten orientalischer Prägung (einem wahren Quell für Ansteckungen) stillschweigend geduldet.[66]

Aufgrund dieses Chaos ist es nicht verwunderlich, dass es sehr viele Impfverweigerer gab.[67] Hieß es erst noch, dass eine doppelte Impfung eine anhaltende Immunität gegen Corona bewirke, wurde später nur noch von mehrfachem ‚Boostern' und ‚Booster-Update' gesprochen. Und keiner beantwortete

---

[63] Man könnte argumentieren, dass die wieder leicht ansteigenden Inzidenzwerte auf verstärktes Testen zurückgeführt werden können. Dieser Effekt sollte aber inzwischen durch die wachsende Anzahl Geimpfter ausgeglichen sein.

[64] https://www.bild.de/regional/bremen/bremen-aktuell/30-mitglieder-von-grossfamilie-krank-fluchtversuch-bei-zwangstest-behoerden-bewa-74231316.bild.html, zuletzt aufgerufen am: 2.5.2024.

[65] Dieses Urteil ist auch für uns relevant, da es im Prinzip um die gleichen Impfstoffe geht. https://www.achgut.com/artikel/stadt_new_york_muss_gefeuerte_impf_verweigerer_wieder _einstellen, zuletzt aufgerufen am: 2.5.2024.

[66] https://jungefreiheit.de/politik/deutschland/2020/grosshochzeit-corona/, zuletzt aufgerufen am: 2.5.2024.

[67] Obwohl ich mich selbst zweimal hatte impfen lassen, fühle ich mich einfach von den Verantwortlichen, insbesondere durch das Gesundheitsministerium und das RKI verschaukelt.

die Frage, wann das wohl enden wird, oder ob dieses Herumirren in einem vierteljährlich erneuerten Impfzwang mündet? – In einer Rede im Bundestag im Januar 2022 zog Karl Lauterbach zu allem Überfluss auch noch den großen Königsberger Philosophen für die Impfwerbung heran:[68] „Wer sich dem Impfangebot verweigert, verletzt sogar das moralische Gebot des kategorischen Imperativs im Sinne von Immanuel Kant". Unabhängig davon überboten sich Politiker sowie ÖRM zu dieser Zeit geradezu in Beschimpfungen der Impfgegner.[69] Das änderte sich unter dem Gewicht der Tatsachen aber dann schnell, und im Herbst 2022 verkündete Karl Lauterbach die Beendigung der Impfpflicht im Pflegebereich mit der lapidaren Begründung „Die Impfung schützt nicht mehr vor der Ansteckung. Wenn sie nicht mehr vor der Ansteckung schützt, dann gibt es auch keinen Grund mehr dafür in [den betroffenen] Einrichtungen".[70] Dabei waren die Argumente für eine Impfpflicht und die rechtliche Lage dazu von vornherein sehr dünn, weshalb sie dann letztlich (und zwar immer noch umstritten und zeitlich begrenzt) auf das Pflegepersonal und die Bundeswehr beschränkt wurde. [71]

Selbst die Warnungen renommierter Wissenschaftler im Hinblick auf die mehr als laxe Einführung der mRNA-Impfstoffe und des völlig undurchsichtigen Qualitätsmanagements wurden in den Wind geschlagen. Wie konnte man überhaupt daran denken, vor dem Hintergrund der bereits im Vorfeld geäußerten, inzwischen voll bestätigten und nur zu berechtigten Bedenken eine Impfpflicht einzuführen? Überdies sollte man berücksichtigen, dass es in Deutschland im Gegensatz etwa zum VAERS-Projekt in den USA[72] nicht einmal eine systematische Erfassung von Impffolgen und Impfnebenwirkungen gibt. Bezeichnenderweise begann sogar BioNTex selbst recht bald vorsichtig zurückzurudern und lehnt bis heute eine Garantie bezüglich des Ausschlusses schädlicher Nebenwirkungen seiner Impfstoffe ab.[73] Im Zusammenhang mit den uferlosen sich ständig widersprechenden Aussagen von tatsächlichen oder

---

[68] https://www.bundesgesundheitsministerium.de/presse/reden/bundestag-130122, zuletzt aufgerufen am: 2.5.2024.

[69] https://www.mdr.de/nachrichten/deutschland/panorama/corona-impfung-wirkung-kritik-ungeimpfte-100.html, zuletzt aufgerufen am: 2.5.2024.

[70] https://www.zdf.de/nachrichten/politik/corona-impfpflicht-lauterbach-pflege-100.html, zuletzt aufgerufen am: 2.5.2024.

[71] https://www.mdr.de/wissen/corona-covid-impfpflicht-pro-kontra-recht-100.html, zuletzt aufgerufen am: 21.4.2024.

[72] https://www.cdc.gov/vaccinesafety/ensuringsafety/monitoring/vaers/index.html, zuletzt aufgerufen am: 21.4.2024.

[73] https://www.epochtimes.de/wirtschaft/biontech-kann-wirksamkeit-oder-sicherheit-von-corona-vakzin-nicht-garantieren-a3797929.html, zuletzt aufgerufen am: 21.4.2024.

selbsternannten Experten hat sich auch hier die ‚Junk science' wieder keine Lorbeeren erworben.[74]

Wohlgemerkt, man kann selbst jetzt noch der Meinung sein, dass eine Impfung vorteilhafter sei als eine Nichtimpfung. Man kann aber in Anbetracht der immer stärker zunehmenden und fundierten Zweifel an der Wirksamkeit der Vakzine oder wegen der sich mehrenden Anzeichen von schädlichen Nebenwirkungen die Impfgegner nicht einfach weiter denunzieren.[75] Der Hass und die Intoleranz gegenüber Impfskeptikern und Impfgegnern kannte keine Grenzen, obwohl doch jeder wusste, dass die Vakzine nicht ausreichend erprobt waren und nur eine Notzulassung hatten. Am Übelsten gebärdeten sich ZDF-Comedians vom Schlage einer Sarah Bosetti, die Ungeimpfte mit einem „Blinddarm" verglich, der „nicht essentiell für das Überleben des Gesamtkomplexes" sei, oder eines Jan Böhmermann der die Rolle von Kindern in der Covid-Pandemie mit der von Ratten während der Pest verglich. Das diese maßlosen Entgleisungen keine Einzelfälle waren, wurde von der Initiative ‚Ich habe mitgemacht' dokumentiert.[76] Es wäre durchaus angebracht, dass sich all diese Denunzianten für ihre unverantwortliche Propaganda und Hetze entschuldigen (was wir allerdings in keinem Kontext erleben werden; im Gegenteil, sie machen weiter wie bisher).[77]

Wegen der desolaten Corona-Politik der letzten beiden Regierungen und des mehr als fragwürdigen Umgangs mit Zahlen sowie der völlig ungeklärten Frage von negativen Impffolgen waren die Einwände gegen die geplante Einführung einer Impfpflicht durchaus mehr als berechtigt. In Anbetracht dessen zeugt der Angriff von Bundeskanzler Scholz auf die Protestbewegungen gegen die Corona-Maßnahmen mit dem Satz: „Wir werden es uns nicht gefallen lassen, dass eine winzige Minderheit von enthemmten Extremisten versucht, unserer gesamten Gesellschaft ihren Willen aufzuzwingen" einfach von fehlendem Demokratieverständnis.[78] Entsprechend brutal ist die Polizei dann ja auch gegen protestierende Demonstranten und die sogenannte Querdenker-Bewegung vorgegangen, worauf wir noch zu sprechen kommen werden.

---

[74] https://www.achgut.com/artikel/bericht_zur_coronalage_nicht_wissen_wollen_heisst_vorsatz, zuletzt aufgerufen am: 21.4.2024.

[75] Selbst einer der übelsten Verleumder von Impfgegnern, Grönemeyer, ist inzwischen trotz „mehrfachster Impfung" (ein von ihm selbst gebildeter ‚Superstlativ') an Corona erkrankt.

[76] https://ich-habe-mitgemacht.de/, zuletzt aufgerufen am: 2.5.2024.

[77] https://www.tagesspiegel.de/politik/nach-forderung-von-covid-impfverbot-kuehnert-kritisiert-cdu-spitze-fuer-laxen-umgang-mit-hans-georg-maassen/27941376.html, zuletzt aufgerufen am: 21.4.2024.

[78] Wobei es sich noch fragt, welche Minderheit der Gesellschaft hier ihren Willen aufgezwungen hat. – https://www.bundesregierung.de/breg-de/service/bulletin/regierungserklaerung-von-bundeskanzler-olaf-scholz-1992008, zuletzt aufgerufen am: 21.4.2024.

Bei vielen Corona-Maßnahmen hatte man sowieso den Eindruck, dass nach der Gießkannenmethode vorgegangen wurde (irgend etwas wird schon helfen). Nach dem Pareto-Prinzip sind aber in solchen Situationen für 80% der Fälle nur 20% der möglichen Ursachen relevant und nicht beliebig viele. Deshalb gilt es mit aller wissenschaftlichen Ernsthaftigkeit nach diesen 20% zu suchen, statt Total-Lockdowns zu verhängen oder sogar die als Demonstrationsersatz gedachten ‚Spaziergänge' im Freien zu verbieten. Dieser pseudowissenschaftlich verbrämte Machtmissbrauch führte nur zu noch geringerer Akzeptanz der Corona-Maßnahmen und zu einem weiteren Anwachsen der Zahl der Impfgegner. – Die meisten Corona-Maßnahmen waren sowieso von vornherein umstritten, wobei dies beim Auftreten eines neuartigen und in seinen Ausmaßen nicht vorherzusehenden Infektionsgeschehens zunächst einmal als normal angesehen werden kann. Was als unnormal und einer Demokratie unwürdig einzustufen ist, war das Verhindern echt kontroverser Diskussionen und der denunziatorische Umgang mit berechtigten Kritiken. Jeder, der nicht mit der regierungsamtlichen Politik der Pandemiebekämpfung und insbesondere mit dem moralischen Impfzwang einverstanden war, wurde an den Pranger gestellt bzw. zum ‚Querdenker' gestempelt. Dabei war der Begriff ‚Querdenker' ursprünglich einmal positiv besetzt, bezeichnete er doch Menschen, insbesondere Wissenschaftler, die von ausgetretenen Pfaden des Denkens abweichen und neue Ideen in den gesellschaftlichen Diskurs einbringen. In den heftigen Auseinandersetzungen um die Corona-Krise, vor allem vorangetrieben durch die MSM, hat man es geschafft, den Titel eines ‚Querdenkers' zu etwas Negativem und Verfemten zu machen.[79] – Mittlerweile hat sich das Querdenkertum zu einer zwar äußerst heterogenen, aber meist regierungskritischen Bewegung entwickelt, die entsprechend vom politischen Establishment bekämpft und völlig sinnwidrig in die rechtsextreme Ecke gestellt wird.[80] Tatsächlich reichte das Spektrum der Querdenker-Bewegung aber von Anthroposophen und linksautonomen Protestlern über besorgte Bürger aus der politischen Mitte bis hin zu rechten Reichsbürgern. Den Hauptteil bildeten jedoch einfach ganz normale, mit den Corona-Maßnahmen unzufriedene Zeitgenossen, die alle der gemeinsame Protest gegen die offizielle Corona-Politik einte.

Zwischenzeitlich war dem Staat die Auseinandersetzung im Rahmen der Querdenker-Demos so weit entglitten, dass Leipzigs OB sogar von einer Kapi-

---

[79] https://www.deutschlandfunkkultur.de/querdenker-medien-100.html, zuletzt aufgerufen am: 2.5.2024.

[80] https://www.bpb.de/themen/rechtsextremismus/dossier-rechtsextremismus/508468/querdenken-und-verschwoerungserzaehlungen-in-zeiten-der-pandemie/, zuletzt aufgerufen am: 2.5.2024.

tulation des Staates sprach.[81] Bei den im Zitat erwähnten Ereignissen in Leipzig und den Auseinandersetzungen mit der Polizei im November 2021 zeigte sich einerseits das Gewaltpotential, das von den beteiligten Gruppierungen von extrem links bis extrem rechts ausging. Andererseits wurde deutlich, dass es dabei längst nicht mehr allein um die Corona-Maßnahmen ging, sondern um eine allgemeine Unzufriedenheit mit der politischen Situation in unserem Land. Insofern ist ein Vergleich der Querdenker-Bewegung mit den ‚Gelbwesten‘ in Frankreich durchaus angebracht, da beide diffuse, für das Establishment politisch nicht leicht einzuordnende Bewegungen darstellten, die zwar unterschiedliche Ursprünge haben, beide aber einen Protest gegen das allgemeine Regierungshandeln artikulierten.[82]

Die beschriebene Diffamierung von Impfgegnern und Kritikern der Corona-Maßnahmen als ‚Coronaleugner‘ oder ‚Verschwörungstheoretiker‘ kann als symptomatisch angesehen werden (und das waren nur zwei der abschätzigen Etiketten neben schlimmeren, die ihnen angehängt wurden). Dabei waren es die ideologisch völlig bornierten Impfbefürworter, die in Anbetracht ihres hetzerischen Umgangs mit Impfgegnern klar widerlegt wurden. Oder haben alle schon vergessen, dass Querdenker, Impfgegner und generell Zweifler an der Corona-Politik sogar schon in das Lager der Rechtsextremisten verbannt waren. Inzwischen gilt es sogar als erwiesen, dass Geimpfte auch weiterhin andere Menschen anstecken können. Angesichts all dieser unklaren Sachverhalte und Widersprüche sowie der daraus erwachsenden Widerstände gab es die fragwürdigsten Vorschläge seitens der Regierenden. So wurde z.B. von führenden SPD-Ministern über besondere Vergünstigungen für Impfwillige geredet (wie z.B. Außerkraftsetzen von Einschränkungen des Bewegungsradius) und über eine Bestrafung von Impfgegnern räsoniert.

Die Einwände gegen die Wirksamkeit der Impfstoffe und gegen die mangelnde Sorgfalt der Pharmaindustrie bei der Markteinführung derselben sind im Laufe der Zeit immer lauter geworden, s.u. Zudem war die zunächst empfohlene und auch durchgeführte Impfung mit dem Vakzin AstraZeneca in einigen Ländern, darunter Deutschland, wegen unkalkulierbarer Nebenwirkungen (oder Unwirksamkeit?) bald wieder ausgesetzt worden.[83] Eine Entschuldigung durch die eifernden Verfechter der regierungsamtlichen Verlautbarungen (von denen sich viele als falsch erwiesen) steht jedoch bis heute noch

---

[81] https://www.focus.de/politik/deutschland/lokalreporter-bespuckt-und-beschimpft-staat-hat-fast-kap_tuliert-querdenker-demo-in-leipzig-ausser-kontrolle_id_12639582.html,   zuletzt aufgerufen am: 21.4.2024.

[82] https://lisa.gerda-henkel-stiftung.de/proteste_corona_gelbwesten, zuletzt aufgerufen am: 21.4.2024.

[83] https://www1.wdr.de/nachrichten/themen/coronavirus/astrazeneca-impfungen-deutschland-100.html , zuletzt aufgerufen am: 21.4.2024.

aus. Um fair zu sein, sollte man erwähnen, dass es hin und wieder doch etwas verspätete Reue für Fehlentscheidungen und Verfassungsbrüche gegeben hat. Selbst der Spiegel musste Fehler der Medien eingestehen: „Inzwischen wissen wir, dass viele Pandemiemaßnahmen unsinnig, überzogen, rechtswidrig waren. Kein Ruhmesblatt, auch nicht für uns Medien".[84] Und der ehemalige Gesundheitsminister Spahn konzedierte verschämt: „Wir werden uns viel zu verzeihen haben" (‚Wer? - Wem? - Wofür?' hat er leider nicht gesagt!).

Sogar der letztlich erfolgreiche Versuch anderer Länder, wie etwa der Schwedens, einen alternativen Weg zu gehen, hat weder Deutschlands Politiker noch deren ‚Experten' von einer völlig überzogenen Kritik an Schweden und von der Fortführung unseres harten Kurses abgehalten. Der Focus titelte unter Berufung auf eine einzige Studie sogar: „Erschreckender Umgang mit Kindern: Studie zerlegt schwedischen Corona-Sonderweg".[85] Allerdings sprachen die Tatsachen eine ganz andere Sprache: Trotz Verzicht auf Maskenpflicht und strenge Lockdowns war die Übersterblichkeit in Schweden am Ende die niedrigste in Europa. Inzwischen fragt sich selbst das regierungstreue ZDF ganz verschämt: „War Schwedens Sonderweg doch richtig?"[86] Was beim Betrachten der Bilanz Schwedens in den ÖRM meist unterging, war die Tatsache, dass in diesem Land auch nicht solche gravierenden Sekundärfolgen wie in Deutschland (Schädigung von Handel und Gewerbe, Zusammenbruch des sozialen Lebens, Bildungslücken für Schüler und Studenten usw.) zu verzeichnen waren.

Auch hier geht es nicht darum, dass zu einer komplizierten pandemischen Situation national und international unterschiedliche Meinungen vertreten wurden, sondern dass in Deutschland jeder verteufelt wurde, der eine andere als die regierungsamtliche Meinung vertrat.[87] Das durfte z.B. eine Künstlergruppe am eigenen Leibe erfahren, die unter dem Hashtag *#allesdichtmachen* ihren Protest gegen die Politik des harten Lockdowns zum Ausdruck brachte.[88] Ein Mitglied des ARD-Rundfunkrates forderte sogar dazu auf, ihnen den Job wegzunehmen, und er warf ihnen vor „sich leichtfertig in die Nähe von Quer-

---

[84] https://www.spiegel.de/politik/deutschland/verbote-in-der-corona-pandemie-wir-corona-versager-kolumne-a-7bdd915e-d9db-4daf-8b09-21fbe49c533a, zuletzt aufgerufen am: 2.5.2024.

[85] https://www.focus.de/corona-virus/kritik-an-liberaler-politik-fragwuerdiger-laissez-faire-ansatz-studie-vernichtet-schwedische-corona-sonderweg_id_77553163.html, zuletzt aufgerufen am: 21.4.2024.

[86] https://www.zdf.de/nachrichten/panorama/corona-ueberstberblichkeit-schweden-100.html, zuletzt aufgerufen am: 21.4.2024.

[87] Ähnlich erging und ergeht es den Kritikern der verfehlten Asylpolitik, s. Kap. 8, und der hysterischen Klimapolitik , s. Kap. 14.

[88] https://www.youtube.com/watch?v=3dMmPtIvE4I, zuletzt aufgerufen am: 2.5.2024.

denkern und anderen Trollen begeben [zu] haben".[89] Welch ein entlarvendes Selbstzeugnis von fehlendem Demokratieverständnis. Wen wundert es, wenn infolge solcher Drohungen einige der Unterzeichner des Protests ihre Unterschrift zurückgezogen haben.[90]

Bis heute ist die Frage der Berechtigung oder Nichtberechtigung der Kritiken an den Maßnahmen gegen die Corona-Pandemie nicht abschließend geklärt (einschließlich der Frage, wie gefährlich das Corona-Virus im Vergleich zu den Influenza-Erregern wirklich ist). Durch die Marginalisierung von Infektiologie-Experten, die nicht dem Mainstream folgten, und das Fehlen einer sachlichen Auseinandersetzung mit deren Argumenten ist bislang eine valide und umfassende Aufarbeitung der Pandemie und der Wirksamkeit der getroffenen Maßnahmen unterblieben. Hier wäre zur Aufklärung der Bevölkerung und auch zum Aufdecken der Verantwortlichkeiten für Fehlentscheidungen eine gründliche parlamentarische Untersuchung erforderlich gewesen. Der von der regierungstreuen ‚Expertenkommission' vorgelegte Evaluierungsbericht kann diese Lücke nicht schließen, zumal dieser selbst in die Kritik geraten ist.[91]

Insgesamt kann man der Regierung kein gutes Zeugnis bei der Bewältigung der Corona-Krise ausstellen, ja man muss schon von einem Staatsversagen in der Coronazeit reden, das mit dem Desaster der Maskenbeschaffung begann und mit dem Impfchaos endete. Ja, selbst die verhängte Maskenpflicht war umstritten, denn die Maschenweite der standardmäßig verwendeten Maske ist um ein Vielfaches größer als der Durchmesser eines Virus. Auch aus diesem Grunde war zum Beispiel die verordnete Maskenpflicht für Schulkinder oder für Fahrgäste in öffentlichen Verkehrsmitteln einfach wirkungslos. Das ist schon darin begründet, dass Viren nach Aussagen der Aerosolexperten über feinste Schwebeteilchen sehr kurzer Reichweite und nicht über Tröpfchen übertragen werden, weshalb im Freien kaum eine Ansteckungsgefahr besteht (sodass die AHA-Regel viel wirksamer war, s.o.). Auch die Fragwürdigkeit der verwendeten PCR-Tests und der darauf aufbauenden Inzidenzwerte ist nie in der Öffentlichkeit hinreichend diskutiert worden. Dabei wurde bereits im Zusammenhang mit dem MERS-Virus darauf hingewiesen, dass PCR-Tests so

---

[89] https://www.bild.de/politik/inland/politik-inland/nach-kritik-an-der-corona-politik-hass-angriffe-gegen-die-kritischen-schauspiele-76165642.bild.html, zuletzt aufgerufen am: 2.5.2024.

[90] Nicht wenige werden sich an die Biermann-Ausbürgerung in den 70-er Jahren erinnern, die einen ähnlichen offenen Protest von vielen Kunstschaffenden der DDR ausgelöst hatte. Auch hier zogen einige ihre Unterschrift zurück, als man ihnen ‚die Instrumente' gezeigt hatte.

[91] https://www.fr.de/politik/corona-kommission-virologe-hendrik-streeck-massnahmen-91651096.html, zuletzt aufgerufen am: 2.5.2024.

empfindlich sind, dass selbst eine geringe Virenlast angezeigt wird (auch dann wenn diese keine Erkrankung nach sich zieht).[92]

Nicht einmal vor der Verwendung falscher Zahlen im Zusammenhang mit Corona und Impfzwang schreckte man zurück. Es begann schon damit, dass die Verwendung der verschiedensten Parameter zur Charakterisierung des Infektionsgeschehens (Inzidenzwert, 7-Tage-Inzidenz, R-Wert) für Verwirrung in der Bevölkerung sorgte.[93] Darüber hinaus wurde auch noch mit einer unsicheren Datenlage gearbeitet und argumentiert. Selbst, wenn man keine Täuschungsabsicht unterstellt, waren die Angaben, mit denen z.B. bezüglich des Impfgeschehens operiert wurde, vollkommen unzuverlässig. Man weiß nicht einmal, wieviele Menschen trotz Impfung und Boostern an Corona erkrankt sind. Schon die genannten Inzidenzwerte waren fraglich, da diese nicht in Relation zur Anzahl der Getesteten gesetzt wurden (letztere kennt man ja auch nicht genau). Man hat also z.B. von einer steigenden Zahl an Infektionen gesprochen, ohne zu erwähnen, dass auch ständig mehr getestet wurde, was natürlich auch zu mehr erkannten Infektionen führte (korrekterweise hätte man etwa von der Zahl der nachgewiesenen Infektionen pro 10000 Tests berichten müssen). Unabhängig davon wurde mit falschen Angaben zur Anzahl der mit Corona-Kranken belegten Betten auf Intensivstationen oder wie in Bayern und Hamburg mit verzerrten Daten bezüglich der Erkrankung Geimpfter bzw. Ungeimpfter gearbeitet, was sogar zu Rücktrittsforderungen und Versetzungen in den genannten Bundesländern führte.[94]

Auch auf EU-Ebene gab es viele bis heute unaufgeklärte Unstimmigkeiten, so etwa im Zusammenhang mit dem Pfizer-Deal zur Beschaffung von Millionen von Impfdosen für Europa. Inzwischen ermittelt deswegen sogar die Staatsanwaltschaft gegen die Kommissionspräsidentin von der Leyen.[95] Und wieder einmal - wie schon zu Zeiten ihrer Ministertätigkeit in Deutschland - sind die Nachweise über den entsprechenden Nachrichtenaustausch (diesmal mit dem Pfizer-Chef) seltsamerweise verschwunden. Als Folgen von Misswirtschaft, Korruption und Falschinformationen im gesamten Coronageschehen ist ein tiefes Misstrauen der Bevölkerung sowohl in Deutschland als auch in der EU gegen die Corona-Maßnahmen und die Fähigkeit zum Management einer Pandemie entstanden.

---

[92] https://www.dieostschweiz.ch/artikel/in-der-zeitmaschine-die-erstaunlichen-aussagen-des-christian-drosten-NYKlKYl, zuletzt aufgerufen am: 21.4.2024.

[93] https://www.br.de/radio/bayern1/r-wert-100.html, zuletzt aufgerufen am: 2.5.2024.

[94] https://www.welt.de/politik/deutschland/article235803198/Geimpfte-und-Ungeimpfte-Falsche-Covid-Zahlen-Amtspraesident-in-Bayern-wird-versetzt.html, zuletzt aufgerufen am: 2.5.2024.

[95] https://www.berliner-zeitung.de/wirtschaft-verantwortung/von-der-leyen-nervoes-eu-staatsanwalt-ermittelt-wegen-pfizer-deal-li.281403, zuletzt aufgerufen am: 1.5.2024.

Leider hat die Corona-Situation in vielen Bereichen auch zu halblegaler bis hin zu illegaler Bereicherung und zu Korruption geführt (wofür allein schon die bereits erwähnten Maskenaffären ein Beleg sind). Die Masken waren vielfach völlig überteuert und die Coronatests wurden zu einer sprudelnden Einnahmequelle.[96] Sogar mit der Zahl der freigehaltenen Intensivbetten wurde betrogen. Während führende Tageszeitungen im April 2021 noch Alarm wegen eines angeblichen Mangels an Intensivbetten schlugen, rügte der Bundesrechnungshof bereits im Juni 2021, dass zu viel Geld unrechtmäßig für nichtbelegte Betten auf Intensivstationen angefordert worden sei.[97] Außerdem wurden in großem Maßstab Coronatests abgerechnet, die nie ausgeführt wurden.[98]

Eine besonders dubiose Rolle haben die großen Pharma-Konzerne und Impfstoffproduzenten gespielt. Einerseits wurden letztere von den Regierungen geradezu zur Freigabe der überhaupt noch nicht ausreichend erprobten Vakzine gedrängt. Andererseits hat sich ,Big Pharma' mit seiner Heerschar von Anwälten aber sehr gut gegen etwaige Risiken abgesichert. Nicht nur dass dadurch letztlich die Bürger die Lasten von etwaigen Impfschäden bzw. Nebenwirkungen der Impfstoffe tragen werden, die Politiker haben sich auch noch bei der Beschaffung unnötiger Mengen von Impfdosen korrumpieren lassen (s. den oben erwähnten von der Leyen/Pfizer-Skandal). Darüber hinaus konnte man deutliche Verflechtungen und Interessenkonflikte bei Impfbefürwortern beobachten, die - wie z.B. Bill Gates - parallel zu ihrem vorgeblich humanitären Engagement mit der Pharmaindustrie verbandelt sind oder wie seine Stiftung Patente auf diesem Gebiet halten. Auch Gesundheitsminister Lauterbach hat durch viel zu hohe Bestellungen für Impfstoffe und ständige unberechtigte Aufforderungen zu wiederholten Booster- bzw. Auffrischungsimpfungen wie ein wahrer Lobbyist der Pharmaindustrie gehandelt.[99]

Man hat überhaupt den Eindruck, dass die Verantwortlichen für die Corona-Maßnahmen nach zwei Jahren Pandemiegeschehen bezüglich der Folgen ihrer Maßnahmen (insbesondere des Lockdown und des Impfzwangs), aber auch bezüglich der Entstehung von Hotspots der Infektion und der Weiterverbreitung des Virus weitgehend im Dunklen tappen. Ja, viel mehr noch, es entsteht die

---

[96] Der ,Stern' berichtete, dass sich Apotheker „dumm und dämlich verdient" hätten. – https://www.stern.de/gesundheit/ffp2-masken-verteilaktion-ueber-apotheken—dumm-und-daemlich-verdient–30439262.html, zuletzt aufgerufen am: 21.4.2024.

[97] https://www.welt.de/politik/deutschland/article229990971/Intensivbetten-Experten-warnen-vor-Ueberlastung-der-Krankenhaeuser.html
https://www.sueddeutsche.de/politik/jens-spahn-corona-masken-bundesrechnungshof-intensivbetten-1.5317544, zuletzt aufgerufen am: 21.4.2024.

[98] https://www1.wdr.de/nachrichten/rheinland/corona-test-betrug-urteil-100.html, zuletzt aufgerufen am: 8.1.2024.

[99] https://de.wikipedia.org/wiki/Karl_Lauterbach#Als_Bundesgesundheitsminister, zuletzt aufgerufen am: 26.10.2023.

Frage, ob die Regierung nicht bewusst einen jeden Krisenmodus mit jeweils neuer Begründung bewusst aufrecht erhält, um besser ‚durchregieren' oder sich, wie im Fall des Gesundheitsministers, besser profilieren zu können.[100] Wieder wurde analog zum Klima-Hype eine Krise zur politischen Instrumentalisierung ausgenutzt, was noch einmal die These vom Einsatz der Angst als Herrschaftsinstrument und als Mittel zur Manipulation der Massen belegt, vgl. Kap. 14. Was den Machtmissbrauch anbelangt, erinnere man sich nur an das besonders brutale Vorgehen der Polizei gegen Teilnehmer von Corona-Protestveranstaltungen und an die unterschiedlich konsequente Handhabung der Infektionsschutzregeln bei Zulassung bzw. Verbot von diversen Demonstrationen, Kap. 12. Wegen der verfassungswidrigen Verbote von Demonstrationen gegen die Corona-Maßnahmen und der unverhältnismäßigen Härte der Polizeieinsätze sahen sich die findigen Bürger - wie an anderer Stelle bereits vermerkt - sogar veranlasst, diese Demos als „Spaziergänge" umzudeklarieren.

Die Pandemiebekämpfung hat zweifellos eine starke Beschädigung der Demokratie und eine Zunahme des Misstrauens gegenüber unserer Regierung mit sich gebracht. Dieser Schaden ist nicht allein auf die Coronazeit beschränkt, wie in den vorangegangenen Kapiteln ausgeführt wurde. Er hat wesentliche Ursachen in der Verletzung der Verfassungsrechte, in der Vertiefung von Hass und Spaltung in der Gesellschaft, in einer Einschränkung der Rechte des Parlaments, in einem arroganten und selbstgerechten Auftreten der Politiker sowie einem weitgehenden Ausschluss der Kritiker aus dem öffentlichen Diskurs. – Hier stoßen wir auf ein echtes Dilemma der Demokratie: Einerseits könnte eine breite Diskussion aller Aspekte einer Krise weite Kreise der Öffentlichkeit überfordern und womöglich in eine Panik treiben. Andererseits ist die Einbeziehung der gesamten Bevölkerung und vor allem des Parlaments ein wesentliches Merkmal einer Demokratie (zumal viele Politiker einfach mit der Situation überfordert waren). Trotz all dieser Bedenken ist der Eindruck entstanden, dass hier das Mitbestimmungsrecht, wenn nicht gänzlich aufgehoben, so doch zumindest stark eingeschränkt wurde.

Die Bewältigung (oder besser: Nichtbewältigung) der großen innenpolitischen Herausforderungen: Beherrschung einer Pandemie-Situation, Migrationsproblem (s. Kap. 8), Klimakrise (s. Kap. 14) und Energieknappheit (s. Kap. 15) haben zwei Dinge gezeigt: Das weitgehende Versagen der Regierungen und generell unserer Spitzenpolitiker sowie deren katastrophales, völlig

---

[100] Gestützt wird diese Annahme dadurch, dass Lauterbach nach Abflauen der Pandemie im Sommer 2023 ein neues Horrorszenario entwarf, indem er vielen mit dem bevorstehenden Hitzetod drohte. – https://www.berliner-zeitung.de/news/deutschland-droht-im-sommer-der-hitzetod-gesundheitsminister-karl-lauterbach-kuendigt-hilfsplan-gegen-hitze-an-li.358571, zuletzt aufgerufen am: 2.5.2024.

abgehobenes Kommunikationsverhalten auf der einen Seite und die unheilvolle Spaltung unserer Gesellschaft in Bezug auf all diese Problemfelder auf der anderen Seite.

Kapitel 17

Auswege aus der Krise und Ausblick

Die in den vorangehenden Kapiteln beschriebenen Krisenerscheinungen werfen zum einen die Frage auf, ob wir es in Deutschland (und im Grunde genommen in der gesamten westlichen Welt) bereits mit einer Gesellschaft zu tun haben, die sich aus einer satten Selbstgefälligkeit und einem Wohlstandsüberdruss heraus bereits im Zustand der Selbstaufgabe und Selbstzerstörung befindet. Und zum anderen entsteht die Frage, ob es noch einen Ausweg aus der Misere und Möglichkeiten gibt, die Zerfallstendenzen aufzuhalten. In diesem abschließenden Kapitel soll deshalb versucht werden, noch einige Anregungen zur Beantwortung dieser Frage zu geben, ohne beim Aufzeigen einiger Lösungsvorschläge auch nur annähernd Vollständigkeit beanspruchen zu können. Aber immerhin wäre ja schon das Abstellen der in diesem Buch aufgezeigten Mängel ein Riesenfortschritt.

Eine wichtige Voraussetzung für die Gesundung unserer Gesellschaft und zur Überwindung der sie psychologisch und sozial durchziehenden Spaltung wäre die Wiederherstellung traditioneller, für manche vielleicht schon ‚altmodischer‘ Werte, wie Fairness und Gerechtigkeit, Wahrheitsliebe, Anstand usw., als unverzichtbares Bindemittel einer menschlichen Gemeinschaft. Dabei sind einige der teilweise schon zu Worthülsen verkommenen Begriffe, wie etwa ‚Gerechtigkeit‘, neu zu überdenken und zu schärfen. Wenn es noch so moralisierend klingt: Wir müssen das Grundvertrauen in die Gemeinschaft und die Fairness im Umgang miteinander - insbesondere auch mit dem politischen Gegner - zurückgewinnen; anders kann eine Gesellschaft nicht funktionieren.[1]

Man darf dabei nicht vergessen, dass sich nicht alle ethischen Prinzipien in Gesetzen kodifizieren lassen (umso schlimmer, wenn letztere nicht einmal von der Regierung eingehalten werden, s. Kap. 12). So etwas Grundsätzliches wie der von Kant vor fast 250 Jahren aufgestellte Kategorische Imperativ ist

---

[1] Übrigens ist das noch die beste Chance, auf große Systeme mit Emergenzeigenschaften (hier: die menschliche Gemeinschaft) mit dem Ziel der Verbesserung einzuwirken, nämlich die Grundrelationen zwischen deren Teilen (den Menschen) in Ordnung zu bringen ohne Schaden anzurichten.

nicht etwa überholt, sondern ein zeitlos gültiges Postulat.[2] Weder mein Nachbar noch ich möchten, dass wir uns täglich gegenseitig mit Halbwahrheiten, listigen Tricks und offenem Betrug gegenüberstehen. Ein gutes nachbarschaftliche Verhältnis (und das bezieht sich auf die ganze Gesellschaft) beruht einerseits auf Vertrauen, gegenseitiger Hilfe und Rücksichtnahme, aber andererseits auch (und das ist mindestens genau so wichtig) auf einer fairen Auseinandersetzung bei Konflikten. Wenn wir uns nur auf Gesetze stützen würden, stünden wir unablässig alle miteinander vor Gericht.

Man muss sich nicht auf Marx berufen, um die Wichtigkeit der ökonomischen Basis für eine prosperierende Gesellschaft hervorzuheben. Um dem gerecht zu werden, muss die internationale Wettbewerbsfähigkeit von Deutschlands Industrie und Gewerbe als Grundlage unseres Wohlstands wieder hergestellt werden. Dabei ist Schluss zu machen mit einer Ideologie-getriebenen und noch dazu dilettantischen, selbst die eigenen Ziele (Klimarettung, Wohlstand für alle) gefährdenden Wirtschafts- und Energiepolitik. Dazu sollten die entsprechenden und wirklich relevanten Zweige von Wissenschaft und Forschung wesentlich stärker ausgebaut werden. Der einseitige Ausstieg aus der Atomenergie (den keines der wichtigen Industrieländer mitgeht) mit seiner praktischen Unumkehrbarkeit ist nur ein Beispiel für die schädlichen Auswirkungen einer bornierten, durchideologisierten Wirtschaftspolitik. Wir können uns die Abkopplung vom technologischen Fortschritt auf diesem und auf anderen Gebieten einfach nicht leisten. Wegen unserer knappen Rohstoffressourcen ist es von fundamentaler Wichtigkeit, dass wir insbesondere in die sogenannten Zukunftstechnologien (Computertechnik, KI, Nanotechnologie, Gentechnik, Kernfusion usw.) investieren, und nicht unser Geld mit Pseudowissenschaften, NGOs und einem überdimensionierten Staatsapparat vergeuden. Nur wenn wir mehr Techniker und Ingenieure, mehr Ärzte und Naturwissenschaftler haben, können wir uns wieder mit den führenden Wirtschafts-Nationen dieser Welt messen.

Ein Kernpunkt unserer Wirtschaftspolitik muss weiterhin die Energieversorgung sein, wobei die Forderung nach und die Förderung von alternativen Energien an sich nicht zu beanstanden ist. Was aber als unverantwortlich erscheint, ist das geradezu zwanghafte Eingreifen in technologische Entwicklungen, das einseitige Setzen auf bestimmte Energieformen oder Antriebsarten im Bereich der Mobilität, die rational nicht zu rechtfertigenden Vorgaben für bestimmte Parameter (wie etwa die einseitige Orientierung auf

---

[2] „Handle nur nach derjenigen Maxime, durch die du zugleich wollen kannst, dass sie ein allgemeines Gesetz werde." – Kant, Kritik der praktischen Vernunft. D.h. Deine Handlungsgrundsätze sollten so geartet sein, dass Du sie auch akzeptierst, wenn sie von anderen auf Dich bezogen angewendet werden.

den CO_2-Ausstoß), die Vorgabe von Zeitlimits für das Erreichen bestimmter physikalisch-technischer Parameter und überhaupt die planwirtschaftliche Einflussnahme von Dilettanten auf hochkomplexe technische und wirtschaftliche Prozesse. Wie behutsam man mit Eingriffen in ein Geschehen umgehen muss, das wegen mangelnden Wissens nach selbstregulierenden marktwirtschaftlichen Prinzipien verlangt, hat die verheerende Wirkung des gleichzeitigen Ausstiegs aus Kohleverstromung und Atomenergie auf unsere Volkswirtschaft gezeigt (s. Kap. 15).

Um hier eine Neuorientierung zu erreichen, muss dass gesamte Bildungssystem reformiert und umstrukturiert sowie international gültigen Qualitätskriterien auf diesem Gebiet wieder zu ihrer Gültigkeit verholfen werden. Wenn man bedenkt, dass in Deutschland die Zahl der Studierenden in Mathematik und Naturwissenschaften etwa gleich hoch ist wie in den Geisteswissenschaften (ca. 320.000/Jahrgang), wobei noch einmal 1,1 Mio. Studierende in den Sozialwissenschaften hinzukommen, dann ist hier ein gefährliches Ungleichgewicht festzustellen (selbst wenn man berücksichtigt, dass die letztgenannte Zahl Rechts- und Wirtschaftswissenschaften einschließt).[3] In einigen der unverhältnismäßig aufgeblähten geisteswissenschaftlichen Gebiete ist es oft genug üblich, sich einfach gegenseitig zu zitieren bzw. die Arbeiten wechselseitig zu besprechen und dadurch ohne großartige eigene Ideen eine weitere Publikation zustande zu bringen. Unter dem Druck des ‚Publish or perish'-Prinzips[4] entsteht hier nur selten etwas wirklich überprüfbar Neues (bei der Masse an Publikationen sind die meisten gar nicht mehr in der Lage, den Überblick über die Literatur zu behalten). Nur so lässt sich die relativ große Zahl an plagiierten Arbeiten in diesem Sektor erklären, da nicht einmal die Betreuer von Dissertationen mehr zu merken scheinen, dass im großen Stil abgeschrieben wurde (s. die Fälle: zu Guttenberg, v.d. Leyen, Schavan, Giffey u.a. oder das unglaublich dreiste Buchplagiat unserer Außenministerin). Nicht auszudenken was passiert, wenn hierbei noch zusätzlich intelligente Programme wie ChatGPT eingesetzt werden. Erste Vorzeichen sind schon zu erkennen, da angeblich die Prager Universität aus Sorge vor KI-basierten Falsifikaten schon die Bachelor-Arbeit im Fach Betriebswirtschaft abschaffen will.[5]

Wenn man sich das Missverhältnis zwischen der Anzahl von Geisteswissenschaftlern und Vertretern der MINT-Fächer vor Augen führt und bedenkt,

---

[3] https://www.destatis.de/DE/Themen/Gesellschaft-Umwelt/Bildung-Forschung-Kultur/ Hochschulen/Tabellen/studierende-insgesamt-faechergruppe.html, zuletzt aufgerufen am: 22.4.2024.

[4] Zu Deutsch etwas flapsig: Veröffentlichen auf Teufel komm raus.

[5] https://www.derstandard.de/story/3000000197992/prager-uni-schafft-angesichts-von-chatgpt-bachelorarbeiten-ab, zuletzt aufgerufen am: 22.4.2024.

dass es fast so viele Gender-Professuren wie KI-Professuren gibt, dann ist klar, was geändert werden muss, wenn wir im Wettbewerb mit Hochtechnologie-Ländern wie China oder den USA bestehen wollen. [6] An dieser Stelle bedarf es dringend einer Korrektur, damit hier die richtigen Proportionen wieder hergestellt werden. Insbesondere braucht niemand das sich verbreitende Übel der ‚Junk Science‘ (Ramsch-Wissenschaft), die jegliche wissenschaftliche Standards vermissen lässt. Unter ‚Junk Science‘ bzw. ‚Trash Science‘ versteht man denjenigen Teil unseres Forschungs- und Bildungssystems, deren Mitglieder sich zwar als ‚Wissenschaftler‘ ausgeben, aber besonders im Bereich der Gesellschafts- und Klimawissenschaften oder auch im Zusammenhang mit der Corona-Pandemie, unseriöse, der Regierung genehme Resultate und Gefälligkeitsgutachten lieferten und immer noch liefern (oft genug gegen gute Bezahlung).[7] Ein typisches Beispiel hierfür sind ‚Forschungsergebnisse‘, die angeblich den Pull-Effekt des großzügigen deutschen Sozialsystems auf Migranten (s. Kap. 8) oder desjenigen Sogs ‚wissenschaftlich‘ widerlegen, der von den auf dem Mittelmeer kreuzenden Schiffen der ‚Seenotretter‘ auf Armutsflüchtlinge ausgeht.[8] Obwohl dieser Unsinn sowohl von den Ministerpräsidenten der Länder, der Polizeigewerkschaft und - last not least - vom gesunden Menschenverstand ad absurdum geführt wird, beten die MSM denselben einfach mit den Worten nach: „Die Wissenschaft hat bewiesen ..." ohne auch nur einen Versuch zu unternehmen, diese fabrizierten ‚Wissenschaftsergebnisse‘ und die dabei eingesetzten Methoden kritisch zu hinterfragen.

Zur Hebung des Bildungsniveaus der Bevölkerung müssen wir selbstverständlich in den Schulen beginnen. Es ist nicht hinnehmbar, dass Schüler bereits in den untersten Klassen Defizite in der Beherrschung der deutschen Sprache haben (wie wollen sie überhaupt dem Unterricht folgen?). Die erheblichen Mängel in der Integration von Migrantenkindern in das Schulgeschehen sind überhaupt ein großes Hindernis für einen wirklichen Bildungsfortschritt. Hier ist dringend eine deutliche Verbesserung erforderlich, wofür aber nicht allein die aufnehmende autochthone Bevölkerung, sondern vor allem die Migrantenfamilien selbst größere Anstrengungen erbringen müssen. Ohne Deutschkenntnisse der Kinder (und was das anbetrifft, auch der Eltern) sowie fehlende grundlegende Bildungsanstrengungen zu Hause ist eine Integration in die Gesellschaft im allgemeinen und in den Arbeitsmarkt im besonderen unmöglich.

---

[6] https://www.bitkom.org/sites/default/files/2020-07/200731_impulspapier_ki-forschung.pdf, zuletzt aufgerufen am: 24.4.2024.

[7] https://www.achgut.com/artikel/wenn_korrupte_wissenschaft_die_weltpolitik_bestimmt, zuletzt aufgerufen am: 5.3.2024.

[8] https://www.tichyseinblick.de/kolumnen/alexander-wallasch-heute/doppelte-havarier-studie-pull-faktor-seenotrettung/, zuletzt aufgerufen am: 29.4.2024.

Inzwischen werden für deutsche Schüler im Rahmen der PISA-Studie 2022 die niedrigsten Werte in allen Kompetenzbereichen festgestellt, die je gemessen wurden.[9]

Wenn hier keine einschneidenden Fortschritte erzielt werden, bleibt die von Links-Grün verbreitete These von den vielen migrantischen Fachkräften, die ein „Geschenk" für unser Land seien,[10] eine populistische Mär. Das belegt die Statistik eindeutig: Fast zwei Drittel aller Syrer (also der größten Gruppe von Migranten, die nach 2015 eingewandert sind) lebte 2021 von Hartz IV und bekommen heute wahrscheinlich Bürgergeld.[11] Sie haben in acht Jahren ihres Aufenthaltes im Land weder ausreichende Deutschkenntnisse noch entsprechende Berufsabschlüsse erworben. Vor diesem Hintergrund ist es einfach nicht hinnehmbar, dass das Handwerk ein sich ständig verschlechterndes Bildungsniveau der Auszubildenden beklagt (ganz abgesehen davon, dass sie an sich schon Schwierigkeiten haben, geeignete Bewerber zu finden).[12] Diese Misere betrifft aber nicht nur potentielle ausländische Fachkräfte, denn auch bei deutschstämmigen Azubis werden Bildungsstand, Belastbarkeit und fehlende Disziplin moniert.[13] Wenn wir diese Missstände nicht abschaffen und die sich durch einen großen Teil der Gesellschaft ziehende Ablehnung von Leistungsbereitschaft gleich mit, dann ist unser sozialökonomischer Abstieg quasi vorprogrammiert.

Wir haben generell einen erheblichen Bildungsmangel in unserer Gesellschaft zu überwinden, und zwar nicht nur bei den ‚einfachen' Bürgern. Wenn wir aktuell Abiturquoten von etwa 40% haben und geradezu inflationäre Verhältnisse bei den Einser-Abiturzeugnissen zu verzeichnen sind, brauchen wir uns nicht über den Verfall der Bildungsstandards zu wundern. Dazu kommt, dass Absolventen mit einem Abitur, das nicht mehr viel wert ist, an den Hochschulen in die Nicht-MINT-Fächer strömen, was in diesem Umfang von der Gesellschaft gar nicht gebraucht wird. Diese Scheinakademiker besiedeln dann NGOs, Vorzimmer von Parlamentariern, Demokratie-Förderungsinstitute usw. und gehen dem wirklichen Arbeitsmarkt als Fachkräfte verloren (wenn sie denn als solche überhaupt noch verwendbar sind). – Ganz wichtig ist in die-

---

[9] https://deutsches-schulportal.de/bildungswesen/die-zehn-wichtigsten-ergebnisse-der-pisa-studie/, zuletzt aufgerufen am: 15.12.2023.

[10] https://www.berlinjournal.biz/katrin-goering-eckardt-fluechtlinge-gut/, zuletzt aufgerufen am: 22.4.2024.

[11] https://www.faz.net/aktuell/wirtschaft/arbeitsmarkt-fuer-fluechtlinge-mehrheit-der-syrer-bekommt-hartz-iv-17436764.html, zuletzt aufgerufen am: 22.4.2024.

[12] https://www.welt.de/print-welt/article398570/Handwerk-beklagt-geringes-Niveau-der-Auszubildenden.html, zuletzt aufgerufen am: 31.10.2023.

[13] https://www.spiegel.de/wirtschaft/soziales/null-bock-azubis-unternehmer-laestern-ueber-jugendliche-a-756288.html, zuletzt aufgerufen am: 31.10.2023.

sem Zusammenhang die Verbesserung des Qualifikationsniveaus bei unseren Politikern. Da es im Parlament geradezu von Studienabbrechern und Halbgebildeten wimmelt, wäre es erforderlich, entsprechende Mindestanforderungen und Standards zu formulieren, die als Voraussetzung für eine Wahl als Abgeordneter in den Bundestag bzw. in die Landtage oder in staatliche Ämter gelten sollten.[14]

Wir müssen alles dafür tun, das die unheilvolle Zerrissenheit unserer Gesellschaft wieder aufgehoben oder zumindest reduziert wird, s Kap. 13. Es ist allerdings kein gutes Zeichen, wenn der 2021 ins Amt gelangte Bundeskanzler in seiner Regierungserklärung diese Spaltung zum einen glatt leugnet, zum anderen aber genau diese vertieft, wenn er von den Demonstranten gegen die Corona-Maßnahmen als einer „Minderheit von enthemmten Extremisten" spricht. Auch der Bundespräsident tritt mit seinen Worten als ‚Hater' auf, wenn er sich nicht scheut, den politischen Gegner (zwar nicht namentlich, aber für jeden erkennbar) als „Rattenfänger" und damit dessen Wähler indirekt als „Ratten" zu bezeichnen.[15] – Um hier eine Veränderung herbeizuführen, muss unbedingt das in den letzten Jahren stark beschädigte Vertrauen in die Demokratie und ihre Institutionen, insbesondere in die Regierung, den Verfassungsschutz und die Parlamente wieder hergestellt werden. Parteien, die in den Bundestag gewählt wurden, dürfen weder durch die Regierung noch durch die ÖRM unisono ausgegrenzt und diffamiert werden Die Weigerung, mit einer Partei (ganz gleich welche das sein mag) gemeinsam Beschlüsse zu tragen und wenn diese noch so vernünftig sind, nur weil diese als politischer Gegner einem Fundamentalboykott unterworfen wurde, führt zur Zerstörung der parlamentarischen Demokratie und stellt gleichzeitig eine Diskriminierung ganzer Wählergruppen dar.

Es muss unbedingt Schluss gemacht werden mit dem zerstörerischen Genderwahn und der hypertrophierten politischen Korrektheit, die das Klima im Land vergiften und jeden potentiell der gesellschaftlichen Ächtung aussetzen, der sich in der Öffentlichkeit ‚unbequem' äußert. Insbesondere Künstler und Wissenschaftler müssen wieder frei atmen können, ohne dass ihnen jedes Wort auf die Goldwaage gelegt wird. Hier hat der Tugendterror mit seinen Canceling-Methoden ein Klima geschaffen, dass ein waches Geistesleben und einen kritischen Dialog erstickt. Darüber hinaus muss dem überbordenden

---

[14] Eventuell gestaffelt nach Anforderungsebenen; z.B. Berufsabschluss, Hochschulreife, Diplom, Nachweis einer bestimmten Anzahl von Jahren einschlägiger Berufstätigkeit o.ä.

[15] https://www.bundesregierung.de/breg-de/suche/regierungserklaerung-scholz-coronaproteste-1991730 bzw. https://www.schwaebische.de/themen/videothek_szon/rattenfaenger-wirbel-um-aussage-von-bundespraesident-steinmeier-correctiv-deportationen-2233557, zuletzt aufgerufen am: 22.4.2024.

Unwesen der NGOs ein Ende gesetzt werden, die von der Regierung finanziert halbstaatliche Aufgaben wahrnehmen. Sie sind weder vom Volk als Souverän noch vom Parlament legitimiert worden, und brauchen diesen gegenüber infolgedessen auch keine Rechenschaft abzulegen. Auf keinen Fall darf geduldet werden, dass diese Organisationen mit ihrem völlig intransparenten Wirken als mit Steuermitteln ausgestattete Kampftruppen gegen die Opposition missbraucht werden.

Welche Ausmaße der schädliche Einfluss dieser Organisationen mit ihrem spalterischen Wirken (man denke an die bereits mehrfach erwähnte Amadeu-Antonio-Stiftung) oder durch die personelle Verfilzung zwischen NGOs und Regierungsämtern angenommen hat, wurde u.a. in der Habeck-Graichen-Affäre offensichtlich, s. Kap. 13. Vetternwirtschaft ist in einer Demokratie auf keinen Fall zu tolerieren und führt zu deren Zerstörung. Das Gleiche betrifft die gegenseitige Rückendeckung im Zusammenhang mit Straftaten von Parteifreunden, seien es Masken-Affären und Deals, die CumEx-Affäre oder der Missbrauch von Staatsämtern für persönliche Vergnügungsreisen. Ebenfalls nicht zu akzeptieren sind die NGOs, die sich als Seenotretter ausgeben, in Wirklichkeit aber die Eindämmung einer ausufernden Migrationsbewegung und damit jede vernünftige Asylpolitik unterminieren. Das hindert unsere Regierung bisher aber nicht daran, dieselben auch im Herbst 2023 und danach noch bis 2026 weiter zu finanzieren, obwohl die meisten Politiker quer über alle Parteien und die Bevölkerung schon längst ein Ende der ungebremsten Einwanderung fordern.[16]

In Anbetracht der großen Zahl muslimischer Einwanderer, die wahrscheinlich für immer in Deutschland bleiben werden, ist die Versöhnung der Religionen ein unverzichtbares Ziel. Das heißt aber nicht, dass wir eine naive Toleranz gegenüber intoleranten Islamisten pflegen sollten (was lange Zeit der Fall war). Im Gegenteil, wir müssen uns kritisch mit den Teilen des Koran, aber auch des Alten Testaments bzw. der Thora auseinandersetzen, die geradezu als Rechtfertigung von Gewalt aufgefasst werden können, und auch heute noch in Moscheen, Kirchen bzw. Synagogen die Grundlagen von Predigten bilden.[17] Um den unübersehbaren und sich scheinbar immer weiter vertiefen-

---

[16] Ganz abgesehen davon, dass dadurch auch noch die betroffenen Mittelmeer-Anrainerstaaten, allen voran Italien, brüskiert werden. – https://www.focus.de/politik/deutschland/scholz-hatte-sich-distanziert-bundesregierung-finanziert-doch-zivile-seenotretter-sogar-bis-2026_id_220218812.html, zuletzt aufgerufen am: 6.11.2023.

[17] Man lese nur einmal das den christlichen und jüdischen Religionsschriften gemeinsame Buch Josua unter dem Gesichtswinkel des Völkerhasses, des Genozids und der Glorifizierung der eigenen Nation.

den ‚Clash of civilizations' [31] zu überwinden,[18] ist eine neue gemeinsame Weltanschauung zu entwickeln, die einer globalisierten Welt angemessen ist. Angesichts der fundamentalen weltanschaulichen Zwiste und der ungelösten theologischen Fragen, die alle Religionen betreffen (Wer oder was ist Gott? Gibt es überhaupt einen Gott? Welche Rolle spielen Religion und Weltanschauung in modernen Gesellschaften?) sind etwa Fragen nach Liturgie des Gottesdienstes oder Gestalt des Abendmahls wenig bedeutsam. Auch sollten sich religiöse Amtsträger, sofern sie nicht als Privatpersonen sprechen, tunlichst aus dem politischen Kampf und dem Parteienstreit heraushalten. Die Ausgrenzung ganzer Bevölkerungsgruppen in den christlichen Kirchen, sei es von Ämtern oder Veranstaltungen, wird den Untergang dieser Religion nur noch beschleunigen, s. Kap. 11.

Um der sich immer weiter ausbreitenden Demokratieverdrossenheit entgegenzuwirken, ist die Form der repräsentativen Demokratie, die wir heute vorfinden, erneut zu überdenken. Vor allem wäre es ratsam, die Elemente einer direkten Demokratie zu stärken, da sich viele Bürger (etwa 80%) über weite Strecken von den in Vierjahres-Abständen gewählten Politikern nicht mehr oder nur unzureichend vertreten fühlen.[19] Die Menschen müssen auch zwischen den Wahlen spüren, dass sie deutlichen Einfluss auf die Geschicke ihres Landes nehmen können und nicht von einer Regierung, welche die Mehrheit der Bevölkerung ablehnt, in den Ruin geführt werden. Vorrangig und als erster Schritt müsste deshalb das Wahlrecht reformiert werden mit wenigstens den folgenden Zielen:

● Der Bundestag muss wieder auf eine vernünftige Größe reduziert werden, was übrigens bereits durch ein Urteil des Bundesverfassungsgericht vom Juli 2012 gefordert wird,[20] aber noch nicht realisiert ist. Dabei sind eine Hauptursache für die unangemessene Aufblähung des Parlaments die Überhangsmandate bzw. die Ausgleichsmandate, s. Kap. 1. Für die Behebung dieses Missstands gibt es durchaus Vorschläge, wie etwa: Bildung zweier Parlamentskammern gleicher Größe, wobei die erste für die Direktmandate und die zweite für die Listenmandate bestimmt ist, wobei die Gesamtgröße von vornherein durch die Verfassung festgesetzt werden sollte.[21] Eventuell ist darüber nachzudenken, auf Listenplätze in den Parlamenten ganz zu verzichten, da hier eine wesentli-

---

[18] Dieser ist 2023 in Israel bzw. im Gazastreifen und während der darauf folgenden Tumulte von Hamas-Sympathisanten auch in deutschen Städten wieder sichtbar geworden.

[19] https://www.tagesschau.de/inland/deutschlandtrend/deutschlandtrend-3368.html,   zuletzt aufgerufen am: 12.2.2024.

[20] https://www.bundesverfassungsgericht.de/SharedDocs/Entscheidungen/DE/2012/07/ fs20120725_2bvf000311.html, zuletzt aufgerufen am: 22.4.2024.

[21] https://www.tichyseinblick.de/kolumnen/spahns-spitzwege/mit-dem-wahlrecht-in-den-raetestaat-buergernaehe-ist-bedeutungslos/, zuletzt aufgerufen am: 29.4.2024.

che Ursache für den Eintritt unfähiger Apparatschiks in die Parlamente liegt.

• Die durch die nicht zu rechtfertigende Größe des Parlaments stark beeinträchtigte Arbeitsfähigkeit desselben ist wieder vollumfänglich herzustellen (was unmittelbar mit dem ersten Punkt zusammenhängt). Unabhängig davon würden aber auch die Kosten für das Parlament durch eine Reduzierung deutlich verringert, da ein Sitz im Bundestag mit ca. 750.000 Euro pro Jahr für den Steuerzahler zu Buche schlägt.

• Die sogenannte ‚Grundmandatsklausel‘ ist abzuschaffen, nach welcher eine Partei im Verhältnis der auf sie entfallenden Wählerstimmen in den Bundestag einzieht, wenn sie mindestens drei Direktmandate gewonnen hat (das gilt selbst dann, wenn sie unterhalb der 5%-Hürde geblieben ist).[22]

• Wenn die Zersplitterung der Parteienlandschaft weiter fortschreitet, wäre sogar die 5%-Klausel in Frage zu stellen, weil durch dieselbe in summa eventuell ein großer Teil von gewählten Volksvertretern überhaupt nicht ins Parlament gelangen würde.

• Die gleichzeitige Wahlbewerbung eines Bürgers um ein Bundestagsmandat auf zwei Wegen, nämlich sowohl über einen Landkreis (Direktmandat, Erststimme) als auch über einen Listenplatz (Zweitstimme) sollte abgeschafft werden, da es die Chancengleichheit der Bewerber verletzt.[23]

Sowohl im Parlament als auch in der Zivilgesellschaft allgemein muss unbedingt die Diskussionskultur wieder erneuert werden. Das Niederbrüllen des politischen Gegners (sei es im Plenarsaal, in den Hörsälen der Unis oder während einer Buchlesung) darf nicht das sachliche Argumentieren ersetzen. Selbst im Bundestag kann man den bereits von Orwell karikierten Reflex der Schafe erleben, die bei jeder Äußerung des Gegners unabhängig vom vorgebrachten Inhalt „Vierbeiner gut, Zweibeiner schlecht!" rufen, s. [60]. Die damit bezweckte Verächtlichmachung bzw. Ausgrenzung vor allem der Opposition ist ebenso wie die Verweigerung von Vizepräsidentschaften für dieselbe kein Zeichen für eine funktionierende Demokratie.[24] Es muss auch damit Schluss

---

[22] Dadurch entsteht die absurde Situation, dass nach der Bundestagswahl 2021 die Partei ‚Die Linke‘ vom Wähler mit 4,9% zwar praktisch abgewählt wurde, jedoch mit 39 Sitzen in Fraktionsstärke in den Bundestag einzog, obwohl sie nur 3 Direktmandate bekommen hatte. Das ist ungerecht gegenüber den ‚Sonstigen‘ Parteien, die zusammen über fast doppelt so viele Stimmen verfügten und ebenfalls unter der 5%-Grenze blieben (von der Unverhältnismäßigkeit im Vergleich zu den anderen im Parlament vertretenen Parteien ganz zu schweigen). Solche Missverhältnisse zerstören einfach das Vertrauen in die Demokratie.

[23] Außerdem führt es zu der inakzeptablen Situation, dass ein Bewerber zwar von den Wählern seines Wahlkreises mit überwältigender Mehrheit abgelehnt wird (wie z.B. der ehemalige, für viele Bürger unerträgliche Ostbeauftragte Wanderwitz bei der Bundestagswahl 2021), aber trotzdem - sozusagen durch die Hintertür - in das Parlament gelangt.

[24] Ganz abgesehen davon, dass im letzteren Fall die Opposition damit auch nicht an den stattlichen Pfründen in Form der Diäten eines Vizepräsidenten partizipieren kann.

sein, dass sich die ‚Volksvertreter‘ schamlos durch selbstgenehmigte Diäten-
erhöhungen bereichern, und das in einer Zeit, in der die einfachen Leute nicht
wissen, wie sie ihre Miete oder ihre Energierechnung bezahlen sollen.[25]

Wie u.a. die Auseinandersetzungen im Rahmen der Pandemiebekämpfung
gezeigt haben, gilt es, Argumenten statt Anfeindungen wieder zum Durchbruch zu verhelfen und Diskriminierungen zu vermeiden. Buschkowsky charakterisiert das Dilemma unseres aktuellen politischen Diskursklimas völlig
zu Recht mit folgendem Satz: „Wir haben für viele Dinge keine Antworten,
also verbieten wir das Fragen" [9]. Wir müssen dieses Statement umkehren,
indem wir fordern „Auch wenn wir für viele Dinge noch keine Antworten haben, müssen wir immer wieder zum Fragen und zum Hinterfragen auffordern".
Nur Demokratiefeinde unterdrücken Kritik und Zweifel. Juli Zeh deutete die
bekannte Abkürzung S.O.S. (‚Save Our Souls‘) etwas anders: „Lasst uns die
Gesundheit dieser Gesellschaft schützen, indem wir den AHA-Bestimmungen
drei SOS-Regeln zur Seite stellen: Sensibilität im Umgang mit fremden Ängsten, Offenheit für abweichende Positionen, Sorgfalt beim Formulieren der eigenen Ansichten. Unsere Chancen, gut durch die Krise zu kommen, werden
rapide steigen".[26] Mit anderen Worten, wir brauchen in allen Krisen wieder
mehr Begründungen statt Angstmache. Zudem benötigen wir als gesellschaftliche Grundhaltung wieder einen Liberalismus, der diesen Namen verdient und
ihn nicht bloß geborgt hat, während er in Wirklichkeit ein Illiberalismus ist
[83, Kap. 5]). Da dieser Begriff eng mit dem des ‚Individualismus‘ verknüpft
ist, sollte er auf jeden Fall von einer Auseinandersetzung um die Wiederherstellung echter sozialer Gerechtigkeit begleitet werden. Diese muss aber alle Schichten der Gesellschaft umfassen, wobei besonderes Augenmerk darauf
zu legen ist, dass die Fürsorge für die Schwächsten nicht verloren geht. Die
Denkrichtung des Liberalismus setzt stark auf die soziale Marktwirtschaft, auf
individuelle Freiheit und Selbstbestimmung; sie schließt jedoch ein Leben auf
Kosten und unter unberechtigter Ausnutzung der anderen aus.[27]

Die zur Zeit bestehende soziale Diskrepanz bezieht sich durchaus nicht nur
auf die riesige Gerechtigkeitslücke zwischen den absolut Reichen (etwa den
Milliardären oder Fußballstars mit unangemessenen Riesengagen) und den absolut Armen (etwa diejenigen, die trotz lebenslanger Arbeit von einer völlig

---

[25] https://www.berliner-kurier.de/politik-wirtschaft/rekord-plus-fuer-bundestags-diaeten-so-
viel-mehr-kassieren-unsere-parlamentarier-ab-juli-und-das-ganz-automatisch-li.315867,
zuletzt aufgerufen am: 29.4.2024.

[26] https://www.youtube.com/watch?v=72FyxcpxMzEh, zuletzt aufgerufen am: 23.4.2024.

[27] https://www.bpb.de/kurz-knapp/lexika/politiklexikon/17794/liberalismus/ – Achtung: Der
im Deutschen verwendete Terminus ‚Liberalismus‘ ist nicht mit dem in den USA verwendeten Begriff ‚Liberalism‘ identisch. Letzterer beinhaltet auch alle ‚woken‘ Themen, wie z.B.
Transgender, Same-sex marriage usw., zuletzt aufgerufen am: 14.2.2024.

unzureichenden Altersrente leben müssen). Es beginnt schon im staatlichen bzw. halbstaatlichen Bereich, etwa mit den nicht mehr zu verantwortenden hohen Gehältern der Intendanten der ÖRM, den Bezügen von Chefs der NGOs und diversen staatlich alimentierten Stiftungen, die in vielen Fällen nicht einmal ihrem offiziellen Auftrag gerecht werden, und die noch dazu einen unverantwortlich hohen Anteil am BIP verbrauchen. – Es gibt aber auch eine oft verschwiegene soziale Ungerechtigkeit am anderen Ende der Skala, die sich darin manifestiert, dass Leute, die bewusst keinerlei geregelter Tätigkeit nachgehen, letztendlich zusammen mit ‚Stütze‘, Wohngeldzuschüssen, Heizungszulagen usw. besser gestellt sind als Bürger, die am unteren Grenzbereich der Entlohnung täglich ihrer oft genug harten und ermüdenden Arbeit nachgehen. Die Perversion ist bereits so weit fortgeschritten, dass sich beispielsweise eine junge Frau, die mit 24 Jahren noch keinerlei geregelter Tätigkeit nachgegangen ist, im Fernsehen spreizen darf (Sendung „Armes Deutschland", RTL-2), indem sie auf einem Spaziergang mit ihrem Hund gegenüber dem Reporter locker feststellt, dass sie nicht daran denke, einen Job anzunehmen. Begründung: Sie müsse sich um ihre Welpen kümmern, die viel Arbeit kosteten.[28]

Das ist beileibe kein Einzelfall, sondern diese Erscheinung ist eine regelrechte Krankheit in unserer Gesellschaft geworden, s. hierzu auch die Ausführungen zum migrantischen Missbrauch der deutschen Sozialsysteme in Kap. 8. Um keine Missverständnisse aufkommen zu lassen: Eine moderne Industriegesellschaft muss die Mittel aufbringen, wirklich Bedürftige (wie etwa behinderte Menschen oder Schwerkranke) zu unterstützen und ihnen ein würdiges Leben zu ermöglichen. Aber Arbeitsverweigerern und Sozialschmarotzern die Möglichkeit einzuräumen, die staatlichen Hilfsmechanismen zu missbrauchen und sich im Grunde genommen noch über die malochende Bevölkerung lustig zu machen, ist nicht nur ein falsch verstandener Humanismus, sondern auch eine Verhöhnung derjenigen Bürger, die das dafür notwendige Geld erarbeiten müssen. Zur Propagierung parasitärer Lebensweisen oder für eine Zurschaustellung derselben sollte sich weder ein Fernsehsender noch ein Zuschauer hergeben.

Wenn wir eine leistungs- und wettbewerbsfähige Wirtschaft haben wollen, müssen sich Bildung und schulische Leistung wieder lohnen, und die dort gesetzten Maßstäbe dürfen nicht immer weiter verwässert werden. Das für das Modell der sozialen Marktwirtschaft essentielle Leistungsprinzip, das stark unterminiert ist, muss generell wieder voll zur Wirksamkeit gebracht werden. Die von den Linken immer wieder geforderte Abschaffung von Schulnoten,

---

[28] Die andere Seite der Medaille ist, dass sich die geistig verkümmerten Konsumbürger solche Sendungen in voyeuristischer Weise regelmäßig ansehen. Wie muss sich dabei ein Arbeiter oder eine Arbeiterin fühlen, die mit ihrem kargen Mindestlohn auskommen müssen.

Hausaufgaben und Sitzenbleiben[29] werden die an sich schon schwindenden schulischen Leistungen nur noch weiter verschlechtern. Es müsste doch zu denken geben, dass Berlin als Vorreiter in allen leistungsmindernden Bestrebungen und mit seiner Führungsrolle an links-grüner Wokeness das mieseste Bildungssystem Deutschlands hat.[30] – Durch die ständige Subventionierung schlecht regierter Bundesländer wird auch der Länderfinanzausgleich immer mehr zu einem ungerechten Umverteilungsmechanismus. Es ist höchst bedenklich, dass sich einer der Oberbürgermeister unserer höchst verschuldeten Hauptstadt wie zum Hohn kesse Sprüche der Art: „Arm aber sexy!" erlauben durfte, ohne nennenswerte Proteste auszulösen. Passend dazu zahlt das kleine Land Bremen mit der höchsten Pro-Kopf-Verschuldung aller Bundesländer seinem Bürgermeister und seinen Senatoren Gehälter, die nicht weit unter denen gesamtdeutscher Minister liegen.

Auch der populistische Slogan „die starken Schultern müssen mehr tragen als die schwachen" untergräbt mit seinem Gedanken der ständigen Umverteilung von oben nach unten das Leistungsprinzip. Dazu passen dann linke Ideen von der gänzlichen Abschaffung des Erbens,[31] die einfach kontraproduktiv sind: Warum sollte ein durch Fleiß zu Wohlstand gekommener Bürger sein Vermögen mit Beginn des Ruhestands nicht einfach verprassen oder ins Ausland transferieren, statt es den Nichtstuern zu übereignen? – Selbst die zur Stärkung der Rolle von Frauen in Politik und Gesellschaft gedachte Quotenregelung dient letztlich der Aushebelung des Leistungsgedankens mit den entsprechenden negativen Folgen, s. hierzu Kap. 9. Allein die Fehlleistungen der Ministerinnen der Ampelregierung - wie Baerbock, Faeser, Lamprecht (bereits zurückgetreten), Paus u.a. - legen ein beredtes Zeugnis von der verheerenden Wirkung der Quotenregelung ab.[32]

Es ist nicht mehr zu übersehen, dass der Mittelstand u.a. aufgrund hoher Steuerbelastungen und wachsender Inflation einer immer stärkeren Schrumpfung unterliegt.[33] Insbesondere die verfehlte Energiepolitik der Ampelregierung macht dem Handwerk stark zu schaffen (s. Kap. 15). Diese hausgemachte Fehlentwicklung muss unbedingt korrigiert werden, denn die Mittelschicht

---

[29] https://taz.de/Zukuenftig-eine-Schule-fuer-alle/!5958082/, zuletzt aufgerufen am: 29.4.2024.

[30] https://www.berliner-zeitung.de/mensch-metropole/studie-berlin-hat-das-schlechteste-bildungssystem-aller-bundeslaender-li.30818, zuletzt aufgerufen am: 29.4.2024.

[31] https://taz.de/Philosoph-ueber-Abschaffung-von-Erbe/!5936644/, zuletzt aufgerufen am: 29.4.2024.

[32] Unter der Vorgängerregierung war es nicht viel besser, man denke allein an Kramp-Karrenbauer und von der Leyen.

[33] https://www.faz.net/aktuell/wirtschaft/unternehmen/creditreform-analyse-wie-die-wirtschaftsflaute-dem-mittelstand-zusetzt-19222138.html, zuletzt aufgerufen am: 10.2023.

ist in jeder Gesellschaft ein wesentlicher Stabilisator der Gesellschaft sowie ein Schutz gegen deren politische Ränder. Im Gegensatz dazu lässt sich jedoch ein der bereits in Kap. 5 erwähnte Sanduhreffekt feststellen, der sich im Ausdünnen der Mittelschicht und einem Anwachsen der oberen und unteren Schichten äußert. Um einer solchen Entwicklung entgegenzuwirken und überhaupt zur Entschärfung der Situation ist vor allem die Lage der Mittelschicht zu verbessern.

Dazu gehört nicht nur, dass die Gefahr von Insolvenzen durch rasant steigende Kosten (u.a. auf dem Energiesektor) zu verringern ist, sondern auch ein echter Bürokratieabbau erfolgt und der vielfach beklagte Fachkräftemangel behoben wird. Nicht nur unter dem letztgenannten Blickwinkel ist es eine falsche Strategie, das ‚Abitur für Alle‘ anzustreben, das dann nichts mehr taugt. Dies bewirkt nur, dass die Absolventen mit wertlosen Abschlüssen in Studienfächer einziehen, die wenig Aussicht auf einen Arbeitsplatz in den produktiven Bereichen der Gesellschaft bieten. Stattdessen landen sie irgendwo im ‚Deep state‘ und es werden immer weniger Menschen mit Eignung für Handel und Gewerbe zur Verfügung stehen. Darüber hinaus muss zur Verbesserung des Angebots an Arbeitskräften eine Kehrtwende in der völlig verfehlten Asyl- und Einwanderungspolitik sowie in der misslungenen Integrationspolitik vollzogen werden. Dazu gehört die Aufhebung des Arbeitsverbots für Migranten (auch für die, deren Status noch nicht geklärt ist) ebenso wie die Abschaffung großzügiger finanzieller Leistungen für arbeitsfähige Flüchtlinge, die Einforderung einer Verpflichtungserklärung zur Einhaltung der deutschen Gesetze (einschließlich des Grundgesetzes) und eine Auflage zum Erlernen der deutschen Sprache für Menschen, die hier Schutz suchen. Andernfalls werden die Slogans von den Zugewanderten als dringend benötigte ‚Fachkräfte‘ oder gar ‚migrantisches Gold‘ und ‚Retter vor dem demographischen Verfall‘ billige populistische Sprüche bleiben, s. hierzu Kap. 8.

Besonders beunruhigend ist die Ignoranz vieler Bürger gegenüber den einfachsten sozialökonomischen und historischen Tatsachen oder gesellschaftlichen Zusammenhängen, die bis in die höchsten Regierungskreise anzutreffen ist. Ja, es fehlt sogar bei Spitzenpolitikern der sogenannte ‚Common sense‘ (d.h. das, was wir den gesunden Menschenverstand nennen), wie wir an der verheerenden Asyl- und Wirtschaftspolitik gesehen haben, s. Kap. 8 und 15. Wie ein Spiegelbild dazu findet man in der Bevölkerung eine immense Anzahl von Desinteressierten, Anhängern von dubiosen Sekten bzw. Propheten und UFO-Gläubigen, bis hin zu Konsumenten von astrologischen und voyeuristischen Verdummungs-Sendungen im Fernsehen. Wie soll auf dieser Basis eine moderne Demokratie, in der Entscheidungen über wichtige Zukunftsfragen (wie Einfluss der KI auf die Gesellschaft, Energieversorgung, Klimawandel, Migration, Finanzpolitik etc.) und wichtige Zukunftstechnologien zu fällen sind, überhaupt funktionieren? Das ist schier unmöglich, wenn ein großer Teil der Wähler die Zusammenhänge überhaupt nicht begreift oder zu bequem ist, sich mit den wirklichen gesellschaftlichen Problemen zu befassen.

Wenn die Bürger den Eindruck gewinnen, dass die Regierung nicht in der Lage ist, die anstehenden Probleme zu lösen (das sind im Herbst 2023 nach Umfragen immerhin mehr als zwei Drittel der Befragten),[34] und sich obendrein noch von unfähigen Politikern für dumm verkauft fühlen, dann ist unsere gesamte Gesellschaftsform in Frage gestellt. Es besteht nämlich die große Gefahr, dass ein großer Bevölkerungsanteil der Demokratie oder dessen, was uns Links-Grün als Demokratie verkaufen möchte, überdrüssig wird. Das ist eine Situation, die wir in der Weimarer Republik schon einmal hatten. Ja, und dann kamen die totalitären Demagogen. Diese konnten damals und können heute aber durchaus auch von Links kommen (oder glaubt irgend jemand, dass eine kommunistische Diktatur unter einem stalintreuen Führer wie Thälmann für Deutschland besser ausgegangen wäre als das Desaster des Naziregimes?).[35]

Wenn ein drohender Demokratieverdruss verhindert werden soll, muss die links-grün dominierte und zunehmend totalitär agierende Ampelregierung (s. Kap. 13) abgelöst werden. Darüber hinaus muss ein grundlegender Wandel in der Volksbildung eintreten, indem eine Initiative gestartet wird, die bereits im Vorschulalter der Kinder ansetzt. Diese muss mit dem gründlichen Erwerb der deutschen Sprache für alle Bürger (ganz gleich welcher Herkunft) beginnen, Mathematik und Naturwissenschaften schon in der Schule wieder die gebührende Stellung verschaffen und eine profunde Kenntnis der historischen Zusammenhänge vermitteln. In Bezug auf Deutschland müssen wir wieder ein unverkrampftes Verhältnis zur eigenen Geschichte entwickeln, das die ‚dunklen Zeiten' nicht ignoriert, sondern mit Augenmaß aufarbeitet. Gleichzeitig darf dies nicht dazu führen, dass letztere zur Aufrechterhaltung eines unendlich perpetuierten Schuldgefühls missbraucht und die ‚glanzvolleren Zeiten' einfach unter den Tisch gekehrt werden. Unabhängig davon muss sich die Einsicht durchsetzen, dass generell eine Wiederherstellung historischer Gerechtigkeit über Jahrhunderte hinweg (und das betrifft alle anderen Länder

---

[34] https://rp-online.de/panorama/deutschland/mehr-als-zwei-drittel-der-buerger-unzufrieden-mit-bundesregierung_aid-76092427, zuletzt aufgerufen am: 5.11.2023.

[35] Die Verbrechen Stalins, dem Thälmann eisern anhing, waren nicht geringer als diejenigen Hitlers. – https://www.tagesspiegel.de/meinung/warum-wir-thalmann-nicht-ehren-sollten-2106118.html, zuletzt aufgerufen am: 22.4.2024.

auch) nicht nur ein Ding der Unmöglichkeit ist, sondern nur einen immerwäh-renden Unfrieden zur Folge haben würde.[36]

Wissenschaftlich-technischer Fortschritt lässt sich nicht dekretieren, son-dern muss sich im freien Wettbewerb (eben als emergentes Resultat) heraus-bilden. So ist z.B. die einseitige Orientierung auf Elektroautos bzw. E-Antriebe sehr riskant, da wir noch gar nicht wissen, welche Antriebsart sich einmal durchsetzen wird, oder ob die hierfür erforderliche Infrastruktur und Elek-troenergie rechtzeitig bereitgestellt werden kann. Denn mit der fortschreiten-den Entwicklung kommen auch andere Antriebsarten in Frage, von denen wir aber auch noch nicht wissen, ob sie sich durchsetzen werden. So steht etwa die Wasserstofftechnologie und den Wasserstoffbrennzellen als von der FDP propagierter Konkurrent in den Startlöchern,[37] was aber ebenfalls noch nichts bedeutet. Diese Technologie verlangt nach einer ganz anderen Infrastruktur als beispielsweise E-Antriebe, wobei wiederum die Frage entsteht, ob beide koexistieren können. Wenn das nicht der Fall sein sollte, entsteht ein neues Problem: Wird dann die vorzeitig und einseitig zugunsten der einen Linie er-richtete Infrastruktur obsolet? - Diese Frage können auf lange Sicht nur die Fachleute mit ihrer täglichen Arbeit beantworten, also Ingenieure, Techniker, Stadtplaner u.a., aber keine halbgebildeten Ideologen per Ukas.

Es gilt wieder eine richtige Balance zu finden zwischen einer freien Markt-wirtschaft und den Erfordernissen der Regulierung bestimmter sozialökono-mischer Bereiche (z.B. Krankenversorgung, Arbeitsmarkt, Finanzwesen usw.). Einerseits haben gerade die großen Krisen gezeigt, dass die neoliberale The-se „der Markt wird alles richten" nicht stimmt. Andererseits waren planwirt-schaftliche Gesellschaftsmodelle mit ihrem allgegenwärtigen Eingriff inkom-petenter Politiker in wirtschaftliches Geschehen bisher ebenfalls nicht erfolg-reich, wofür das gründlich gescheiterte sozialistische Experiment ein schmerz-licher Beleg für Betroffene und Nichtbetroffene ist. Als Konsequenz kann man nur feststellten, dass über völlig neue sozialökonomische Modelle und neue Formen der Demokratie nachgedacht werden muss, ohne in die alten marxis-tischen Fehler und deren Überspitzungen im Leninismus/Stalinismus oder in überlebte kapitalistische Denkmuster zu verfallen. Ob das überhaupt gelingen kann, ist eine der großen Fragen unserer Zeit.

Deutschland muss unbedingt seine Rohstoff-Abhängigkeit vom Ausland soweit wie möglich reduzieren und massiv in Zukunftstechnologien, wie die bekannten Bereiche: KI, Bionik, IT (einschließlich der Quantencomputer),

---

[36] Das ist schon darin begründet, dass Geschichte - ob wir es verdrängen oder nicht - schon immer eine Folge von Kriegen und brutaler Gewalt war.

[37] https://efahrer.chip.de/news/forscher-finden-den-beweis-geniales-material-knackt-groesstes-wasserstoff-problem_107644 , zuletzt aufgerufen am: 29.4.2024.

Kernfusion u.a., investieren. Die Wichtigkeit dieses Aspekts hatten wir bereits in Kap. 15 erörtert. Dazu müssen wir aber unsere knappen, eigentlich für Wissenschaft und Technik einzusetzenden Mittel klug bündeln und nicht mit ominösen Staatsaktivitäten gegen künstlich aufgebaute Regierungsgegner verschwenden. Dabei ist genauestens zu überlegen, was eine Gesellschaft in einer hochtechnisierten Welt wirklich benötigt wird und die größten Chancen für eine tatsächliche Realisierung besitzt.

Unabhängig davon müssen die eigenen Bodenschätze maximal erschlossen werden, wie wir in Kap. 1 am Beispiel des Lithiums gesehen hatten. Es ist doch geradezu absurd, ökologisch bedenkliches und überdies teures Fracking-Gas aus den USA einzuführen, und diese Fördermethode im eigenen Land trotz der herrschenden Energiekrise mit Verboten zu ächten.[38] Hat eigentlich schon jemand den Gesamt-CO_2-Fußabdruck für diese Art von Importen berechnet? Dieses Gas muss mit klimaschädlichen Methoden aus dem Boden gepresst und dann verflüssigt werden, anschließend wird es unter erheblichem Dieselverbrauch per Schiff über den Atlantik transportiert und letztlich (begleitet von weiteren Umweltbelastungen) an den LNG-Terminals bei uns an Land gebracht, wobei weitere Gefahren, wie z.B. Leckagen, lauern.[39]

Es ist ohne Zweifel richtig, dass Großkonzerne (allen voran Google, Facebook, Amazon u.a. usw.) einen immensen Einfluss auf die Gesellschaft im Allgemeinen und auf die Ökonomie im Besonderen haben. Besonders bedenklich ist deren Macht, gesellschaftspolitische Meinungen und deren Entwicklung zu steuern, was durch die sich stürmisch entwickelnden KI-Systeme (wie z.B. die Chatbots) noch verstärkt wird. Um nur ein Problem herauszugreifen: Mit welcher Legitimation sollten etwa Facebook oder Twitter (jetzt X) entscheiden, welcher Beitrag zu löschen oder zu genehmigen ist? Dabei ist die wirtschaftliche Macht dieser Konzerne noch gar nicht berücksichtigt. Monopolisten wie Alpha (Google), Meta (Facebook), Microsoft, Amazon u.a. haben inzwischen Umsätze erreicht, die höher als mancher Staatshaushalt sind, womit sie praktisch schon fast unkontrollierbar geworden sind. – Um wirklich Abhilfe zu schaffen, werden auch hier dringend neue Denkansätze benötigt. Eine simple Antikapitalismusdiskussion allein reicht dazu nicht aus, und vor allem keine partiellen Enteignungsphantasien, denen auch Sahra Wagenknecht anzuhängen scheint, oder ein dilettantisches Herumdoktern an Einzelmängeln ohne die gesamtgesellschaftlichen Folgen zu erkennen und zu berücksichtigen.

---

[38] https://www.bveg.de/die-branche/erdgas-und-erdoel-in-deutschland/fracking-in-deutschland/, zuletzt aufgerufen am: 3.11.2023.

[39] https://www.greenpeace.de/klimaschutz/energiewende/gasausstieg/lng-sechs-mythen?, zuletzt aufgerufen am: 17.2.2024.

Die Entwicklung eines neuen Demokratie-Modells wird u.a. auch dadurch erschwert, dass durch das Internet und die sozialen Medien jeder (aber auch wirklich jeder), selbst der, der keinerlei Ahnung hat und oft genug nicht einmal versucht, die Komplexität eines anstehenden Problems zu erfassen, seine unmaßgebliche Meinung zu eben diesem Problem im Web verbreiten kann. Andererseits muss er aber genau das in einer Demokratie, die diesen Namen verdient, tun dürfen (ein echtes Dilemma!). In diesem Umfeld sind völlig neue Gefahren entstanden, wie sie sich z.B. um den Begriff ,Influencer' ranken. Letztere können ihre Internet-Popularität nutzen, um Konsumenten durch geschickt platzierte Werbung oder politische Botschaften in eine bestimmte Richtung zu lenken oder zu einem bestimmten Verhalten (etwa beim Kauf von Modeartikeln oder bei der Wahl einer Partei) zu veranlassen.[40] In dem zitierten Artikel wird sehr treffend davon gesprochen, dass für die Konsumenten der entsprechenden Internet-Posts eine Art „betreutes Leben" entsteht, das sie höchst irritierend als User auch noch schätzen.

Bei der Suche nach neuen Gesellschaftsformen im Zeitalter der Globalisierung und Hochtechnologien sind durchaus schon alternative Ansätze vorgeschlagen worden, wie z.B. eine *Technokratie* bzw. eine *Ökonokratie*. Darunter versteht man die Herrschaft von ,Experten' auf dem Gebiet der Technik bzw. Ökonomie. Analoges gilt für die *Meritokratie*, die den ,einfachen Bürgern' einen regierenden ,Verdienstadel' gegenüberstellt. Alle drei Gesellschaftsentwürfe leiden unter mindestens zwei Mängeln: Es ist zum einen unklar, wer die Zusammenstellung der jeweils herrschenden Gruppen vornimmt, diese entsprechend autorisiert und schließlich auch deren Machtausübung kontrolliert. Zum zweiten würde ein neues Ungerechtigkeitsproblem entstehen, da für den Normalbürger keine ausreichende Teilhabe an den gesellschaftlichen Entscheidungen mehr gesichert ist. Es wäre also das beste, die bestehende Herrschaftsform einer Demokratie (d.h. ,Volksherrschaft') so zu reformieren, dass sie diesem Anspruch wieder gerecht wird. – Ganz gleich, was die richtige Lösung ist, die jede Gesellschaft oder eventuell jeder Staatenbund für sich erarbeiten muss, die Komplexität des Problems zeigt deutlich, dass diese Lösung einem Gemeinwesen nicht einfach oktroyiert werden kann. Es ist deshalb auch eine Illusion, westliche Gesellschaftsmodelle oder Demokratie-Vorstellungen in Länder exportieren zu wollen, in denen nicht einmal jeder lesen und schreiben kann oder zumindest ein völlig unzureichender Bildungsstand zu beklagen ist.

Um in diesem Zusammenhang auf wirklich neue und tragfähige Ideen zu kommen, brauchten wir eigentlich Denker vom Format eines Karl Marx, eines

---

[40] https://www.spiegel.de/kultur/influencer-kultur-die-reinste-volksverbloedung-a-63891c95-e3e6-4b67-b7f2-fa96a6a0f6d4, zuletzt aufgerufen am: 23.4.2024.

Max Weber oder Georg Simmel, um nur drei Beispiele aus der Vergangenheit zu nennen. Dabei muss über neue Wirtschaftsformen und sozialökonomische Strukturen ebenso nachgedacht werden, wie über einen fairen Umgang der Bürger miteinander. Zur Zeit sind keine durchdachten gesellschaftlichen Entwürfe sichtbar, die für die Zukunft tragen und ideologiefrei diskutiert werden könnten, wie allein die Kontroverse um Detail-Begriffe wie ‚Leistungseigentum' (s. hierzu [83, S. 293]) bzw. ‚Private equity' zeigt (ein Konzept der Bürgerbeteiligung an Firmeneigentum, das auch im Rahmen des WEF diskutiert wird).[41] Welche neuen Gesellschaftsformen auch sinnvoll erscheinen mögen, sie können auf keinem Fall durch Dekret installiert werden, sondern müssen sich in einem evolutionären Prozess durchsetzen.

Unsere derzeitige ‚geistige Elite' und die Links-Grünen Politikaster, die glauben, der Bevölkerung ihre angemaßte Deutungshoheit über die gesellschaftliche Entwicklung sowie über Recht und Moral aufzwingen zu können, werden nicht in der Lage sein, neue tragfähige Gesellschaftskonzepte zu entwickeln. Diese selbsternannten ‚Demokraten' merken nicht einmal, dass *vorwiegend* sie es sind, die unsere einst funktionierende Demokratie zerstören. Das *vorwiegend* muss betont werden, weil hierzu als Gegenstück die apolitischen und kaum mehr demokratiefähigen Normalbürger gehören (eben die ‚Lemminge', wie sie sarkastisch bezeichnet werden, da sie alles mit sich geschehen lassen und blind in den Abgrund rennen). Es gibt nicht einmal mehr einen breiten Aufschrei in der Bevölkerung, wenn Wahlen gefälscht bzw. deren Ergebnisse rückgängig gemacht werden, oder wenn offensichtliche Lügen von Medien oder Politikern geäußert werden, s. Kap. 7. Die Verbreitung von Unwahrheiten oder Halbwahrheiten muss sowohl von jedem Einzelnen als auch gesellschaftlich als solche benannt und korrigiert werden, selbst dann, wenn diese aus dem *eigenen* politischen Lager stammen. Ja, besonders dann, weil die Kennzeichnung der Lüge und deren Korrektur dadurch noch glaubwürdiger und wirksamer ist.[42] Inzwischen ist die Lüge in unserer Gesellschaft schon fast eine Alltäglichkeit geworden, und das muss sich dringend wieder ändern.

Ich glaube nicht an Verschwörungstheorien, die behaupten, dass unsere das Land zerstörenden Politiker von Soros, den Bilderbergern oder anderen ‚bösen Mächten' wie Marionetten gesteuert werden. Ich denke vielmehr, dass beide Gruppen - obwohl sie unterschiedlich motiviert sind - letztlich von ihrer Ideologie her die gleichen Ziele verfolgen und damit eine unheilige dialektische Allianz eingehen. Insbesondere merken die Links-Grünen nicht, wenn sie vor

---

[41] https://www.bundesfinanzministerium.de/Content/DE/Glossareintraege/P/005_Private-Equity.html?view=renderHelp, zuletzt aufgerufen am: 23.4.2024.

[42] Man denke nur an die beispielgebende Selbstbenennung eines Fouls in den als besonders fair geltenden Sportarten (wie etwa Basketball oder Snooker).

den Karren der ökonomisch Mächtigen gespannt werden (etwa im Falle der Corona-Krise vor den der Pharmaindustrie). Es ist doch völlig egal, ob die Verschwörungstheoretiker recht haben, die behaupten, dass viele unserer Spitzenpolitiker nicht deutsche, sondern amerikanische Interessen verfolgen. Sie verhalten sich einfach so! Dabei sollte man sich an Hanlons Razor aus dem vorhergehenden Kapitel erinnern, wonach das meiste Unheil nicht aus Böswilligkeit, sondern aus bornierter Beschränktheit geschieht. Man darf auch bei der Einschätzung der fatalen Folgen der links-grünen Wirtschaftspolitik nicht vergessen, dass die Kapitalisten listige Opportunisten sind, die sofort zugreifen, wenn billige politisch-ideologisch motivierte Subventionen ausgeschüttet werden; sie würden für solcherart Geldsegen sogar einen Pakt mit dem Teufel eingehen.[43]

Es fehlen einfach zur Zeit in den gesellschaftlichen Führungspositionen und in der Politik generell herausragende Persönlichkeiten mit Charakter, Authentizität und fundierten Kenntnissen, was ein nicht hinnehmbarer Zustand ist. Mit dem jetzigen Personal werden wir keinen Weg aus den zahlreichen Krisen finden (allerdings zeichnet sich diesbezüglich mit der Neugründung der Parteien BSW und WerteUnion ein echter Hoffnungsschimmer ab - mehr aber auch nicht, s.u.). – Selbst angesichts der gewalttätigen Demonstrationen und antiisraelischen Kundgebungen oder im Zusammenhang mit der kaum mehr beherrschbaren Asylkrise hört man von den Regierungspolitikern nur noch markige Worte, denen keine nennenswerten Taten folgen. Vielleicht ist das Kind auch schon in den Brunnen gefallen. Statt zu versuchen, kritische Geister wie Sarrazin, Wagenknecht, Palmer oder Maaßen aus ihren Parteien auszuschließen, hätte man ihnen aufmerksam zuhören und sich mit deren Argumenten auseinandersetzen sollen.[44] Eine Diffamierung ist keine Lösung und widerspricht dem Wesen einer echten Demokratie. Da beim heutigen Zustand der Politikerkaste mit unübersehbarer Selbstversorger-Mentalität kaum eine Änderung der Situation zu erwarten sein dürfte, sind neue Parteien mit autonomen und integren Persönlichkeiten an der Spitze ein dringendes Erfordernis.

Die Parteien müssen wieder klare Konturen zeigen und sich auch für den Wähler in ihren politischen Zielen deutlich unterscheiden lassen. Dazu ist es erforderlich, dass sich das konservative Lager neu formiert und die grüne Selbstzerstörungswut wieder in die Schranken gewiesen wird. Denn die

---

[43] So helfen Energieriesen ganz beflissen, ihre eigenen Atomkraftwerke niederzureißen, wenn sie dafür satte Kompensationen und eine Entlastung im Hinblick auf die Entsorgung des Atommülls und die Beseitigung der Spätfolgen bekommen. Das Analoge gilt mutatis mutandis für die Braunkohleindustrie.

[44] Inzwischen ist auch noch Palmer mehr oder weniger freiwillig aus seiner Partei ,Die Grünen' ausgetreten. – https://www.swr.de/swraktuell/baden-wuerttemberg/tuebingen/palmer-kuendigt-auszeit-an-104.html, zuletzt aufgerufen am: 18.2.2024.

Grünen werden inzwischen nicht ohne Grund von einem großen Teil der Bevölkerung (und nicht nur von der linken ‚Renegatin' Wagenknecht) als die gefährlichste Partei im Bundestag angesehen.[45] Selbst der CDU-Vorsitzende Merz, dessen Partei unter Merkel bis zur Unkenntlichkeit entkernt und nach links-grün verschoben wurde, und der noch vor Kurzem in der Hoffnung auf eine Koalition mit den Grünen um deren Gunst gebuhlt hat, wendete sich zwischenzeitlich wieder von dieser Partei ab (was aber - Stand: 18.2.2024 - schon nicht mehr gilt; so schnell kann gar keiner die Ereignisse dokumentieren, wie der sich dreht). Unserer gesamten ‚Politelite' fehlt es durch die Bank an Würde und Achtung. Dabei sei nur an das blamable Auftreten unserer Spitzenpolitiker in Katar (Habeck, Faeser) oder in Benin (Baerbock, Roth) oder an das „Sofa-Gate" - von der Leyen in Ankara erinnert, s. Kap. 4. Selbst der Bundeskanzler lässt sich ungestraft vom ehemaligen ukrainischen Botschafter als „beleidigte Leberwurst" bezeichnen, und der Bundespräsident wird ohne erkennbare Gegenreaktion von der ukrainischen Regierung mal so einfach von einem Staatsbesuch ausgeladen (und das von einem ‚Partner', der auf Deutschlands immense militärische, materielle und moralische Unterstützung angewiesen ist). Über die Demütigung durch die öffentliche Ankündigung Bidens in Gegenwart von Scholz, die Inbetriebnahme von Nordstream 2 zu verhindern, hatten wir im vorhergehenden Kapitel bereits gesprochen. Es ist einfach beschämend, dass ein deutscher Bundeskanzler eine solche Drohung (man muss schon sagen, wie ein begossener Pudel dastehend) ohne jegliche Widerrede hinnimmt.

Wir brauchen generell neue Denkanstöße für unser Demokratieverständnis. Wie man an der Unfähigkeit unseres Staates, die gravierenden gesellschaftspolitischen und ökonomischen Probleme zu lösen, und am massiven Vertrauensverlust der Regierung erkennt, hat die repräsentative Demokratie in ihrer Form als Parteiendemokratie weitgehend versagt.[46] Der unmündige Bürger steht seinerseits konsterniert dabei und weiß nicht einmal wie ihm geschieht; er fühlt sich relativ hilflos, da er im Prinzip wegen der stark beschädigten Demokratie nur aller vier Jahre mit seiner Wählerstimme Einfluss auf das Geschehen nehmen kann. Um die politischen Entscheidungsprozesse transparenter und beeinflussbarer für den Bürger zu machen, brauchen wir dringend neue Elemente direkter Demokratie, eine Verschlankung des Staates, eine Stärkung von Sachkompetenz in den Regierungsämtern, eine größere Bürgernähe der Politiker und einen drastischen Abbau von Bürokratie. Mit Recht schreibt der

---

[45] https://www.welt.de/politik/deutschland/article241732079/Wagenknecht-nennt-Gruene-gefaehrlichste-Partei-Scharfe-Kritik-von-Parteikollegen.html, zuletzt aufgerufen am: 6.11.2023.

[46] Zumal sich - um Weizsäcker noch einmal zu bemühen - die Parteien den Staat längst zur Beute gemacht haben.

jetzige CDU-Generalsekretär Carsten Linnemann, dass sich „Deutschland nah am Verwaltungsbankrott" befinde und „an sich selbst erstickt" [47, S. 39 ff.].

Wie wir in Kap. 5 festgestellt hatten, ist das Dickicht von NGOs, Demokratieforschungsinstitutionen, dubiosen Stiftungen usw., die alle mit Staatsgeldern unterstützt werden und ohne jegliche Legitimation agieren, völlig unüberschaubar geworden. Dazu kommen noch Heerscharen von Gleichstellungs- und Antirassismus-Beauftragten, Mitarbeitern von Denunziationsbüros usw., die alle ihre Daseinsberechtigung dadurch nachweisen müssen, dass sie immer mehr ‚Verfehlungen' der Bürger aufdecken, um diese öffentlich an den Pranger zu stellen, oder neue Verordnungen und Beauftragte zur Kontrolle der Einhaltung der Richtlinien zu ersinnen. Diese Institutionen bzw. Personen haben damit einen politischen Einfluss erlangt, der so groß und undurchsichtig ist, dass schon allein dadurch die Demokratie untergraben wird. – In welchem Maße unsere Gesellschaft dadurch bereits von Denunziantentum und Blockwartmentalität durchsetzt wird, zeigt ein Ereignis in Heilbronn während des Karnevals 2023. Dieses ist an sich zwar unbedeutend, aber trotzdem symptomatisch dafür, wie weit der Wahnsinn der Wokeness bereits getrieben wird. Ein Heilbronner Bäcker hatte seine Faschings-Krapfen als Geck mit kleinen Figuren dekoriert (darunter Chinesen, Schwarze, Cowboys u.a.), was ihm eine Abmahnung durch die Antidiskriminierungsstelle der Stadt einbrachte. Begründung, es seien „rassistische Stereotype" verwendet worden, wobei es sich „um eine Reproduktion kolonialistischer Vorstellungen und einer Geschichte von Unterdrückung und kultureller Aneignungen" handele.[47] Welch gewaltige Vorwürfe für eine Bagatelle!

Wenn wir wieder zu einem normalen unverkrampften Demokratieverständnis kommen wollen, müssen alle diese Antidiskriminierungs- und Antirassismus-Stellen, Genderbeauftragte usw. abgeschafft werden, allen NGOs muss die staatliche Finanzierung (auch die indirekte über die Parteien) entzogen werden. In einem gesunden demokratischen Staat gibt es eine Verfassung und Gesetze, sowie Gerichte, die über deren Einhaltung bzw. Missachtung und Verletzung wachen. Darüber hinaus gibt es eine Polizei, die diese entsprechenden Gesetze bzw. Gerichtsurteile konsequent gegenüber jedermann durchsetzt (und nicht selektiv, wie derzeit zu beobachten ist). Alles, was dadurch nicht abgedeckt wird, ist im Bürgerdialog in einer fairen Auseinandersetzung mit ernsthaften Argumenten und nicht mit Denunziationen und Ausgrenzungen zu klären. Andernfalls entwickelt sich eine Gesellschaft von Leisetretern, Denunzianten und Opportunisten, die kein Gemeinwesen voranbringen werden. Die

---

[47] https://www.focus.de/panorama/welt/wegen-kolonialistischer-motiv-karneval-antidiskriminierungsstelle-mahnt-krapfen-baecker-ab_id_185788274.html, zuletzt aufgerufen am: 29.4.2024.

Konsequenz muss sein, die Eskalationsspirale zu beenden, die in Folgendem besteht: Am Anfang steht die ursprünglich oft sogar aus ehrenwerten Motiven heraus gespeiste Vorgabe gesellschaftlicher Regeln. Auf dieser Grundlage folgt dann eine meist überzogene Überwachung des Bürgerverhaltens, worauf eine Gegenreaktion derjenigen erfolgt, die sich gegängelt fühlen und die sich ihrerseits mit immer stärkerer Provokation der Sittenwächter erwehren wollen. Das zieht wiederum eine noch schärfere Gangart und verbal ausfällige Denunziation der ‚Uneinsichtigen und ewig Gestrigen' durch die Wahrheitsbesitzer nach sich usw. In allen geschichtlichen Parallelfällen endete dieser Teufelskreis in einem Desaster: Bei den Hexenprozessen in Salem kamen zuletzt die Denunzianten und Ankläger selbst in den Verdacht, mit dem Teufel im Bunde zu sein,[48] und im Extremfall der französischen Revolution endete der Tugendterror erst, als die schärfsten jakobinischen Einpeitscher (Danton und Robespierre) selbst auf dem Schafott landeten. Auch auf dem Höhepunkt stalinistisch-kommunistischen Terrors fraß die Revolution schließlich ihre eigenen Kinder.

Es muss unbedingt Schluss gemacht werden mit Heuchelei und Doppelmoral, weil diese das Klima in einer Gesellschaft grundlegend vergiften (eine Forderung, die übrigens auf alle Regierungen und Parteiungen zutrifft). Vor allem die links-grünen Eiferer merken nicht einmal, wenn sie gegen ihre eigenen Maximen verstoßen. So z.B. wenn sie einerseits das Ziel einer multikulturellen Gesellschaft propagieren, aber andererseits gegen ‚kulturelle Aneignung' wettern. Oder, wenn sie Frauenrechte einfordern und gleichzeitig die Entstehung patriarchalischer Subkulturen in der Gesellschaft zulassen bzw. sogar fördern usw. Jeder weltoffene Bürger (und übrigens auch jeder rational handelnde Staat) ist doch begierig und lebt geradezu davon, die wertvollen Errungenschaften und Erfahrungen anderer Kulturen in sich aufzunehmen und produktiv für sich umzusetzen, ohne seine eigene Kultur aufzugeben.[49] Wenn die links-grünen Eiferer das Verbot der kulturellen Aneignung ernst nehmen würden und dasselbe universell durchsetzen wollten, müssten sie logischerweise den farbigen Mitbürgern das Tragen von Jeans oder gar die Benutzung von Autos und Radios verbieten, da dies alles Erfindungen alter weißer Männer sind! Auf diese absurden Konsequenzen, die natürlich kein geistig gesunder Mensch befürworten kann, hatten wir bereits in Kap. 9 hingewiesen.

---

[48] Interessanterweise waren die Anheizer des Hexenwahns eine Bande hysterischer junger Frauen und Mädchen, s. Kap. 7.

[49] Das gesamte Römische Reich lebte von der Übernahme der Errungenschaften der griechischen Kultur und zeigte sich äußerst tolerant gegenüber den Traditionen der eroberten Völker, solange diese den römischen Staat nicht infrage stellten.

Auch im öffentlichen Diskurs sollten Sachargumente gegenüber moralisierenden Vorwürfen wieder in den Vordergrund treten. Dabei muss dem billigem Populismus der Regierenden ein Ende bereitet werden und die Rückkehr zu einer vernunftgeleiteten Politik erfolgen. Wenn die Innenministerin auf die berechtigten Proteste von Landräten und Kommunalpolitikern bezüglich der unkontrollierten und ständig steigenden Zuwanderung von Migranten antwortet: „Es kann keine Höchstgrenze für Menschlichkeit geben",[50] dann ist das schon kein Populismus mehr, sondern reine Demagogie. Erstens gibt es immer eine Obergrenze für die Aufnahmefähigkeit eines Landes für Flüchtlinge, und zweitens werden dadurch alle als ‚inhuman' abgestempelt, die Kritik an dieser unkontrollierten Einwanderung üben.

Wir benötigen dringend eine Überarbeitung unserer Erinnerungs- und Verantwortungskultur, die auf einem soliden Geschichtsverständnis beruht. Dabei muss sich die Erkenntnis durchsetzen, dass keine Epoche, keine geschichtliche Persönlichkeit und kein geschichtliches Ereignis verstanden werden kann, wenn man sie aus dem historischen Kontext reißt. Es muss Schluss sein mit dem Schuldkult und dem Missbrauch der Methode, die Political correctness mit ihrer Pflege des deutschen Schuldkomplexes als Ersatz für die verloren gegangene Erbsünde aus der Blütezeit des katholischen Christentums als Herrschaftsinstrument zu missbrauchen. Um es klar zu sagen: Die heute lebenden Generationen sind nicht Schuld an den Verbrechen der Nazis, haben aber sehr wohl eine Verantwortung dafür, dass sich diese nicht wiederholen. Dazu muss man aber zuallererst eine Sensibilität für totalitäre Tendenzen in unserer heutigen Gesellschaft entwickeln (Unterdrückung der Meinungsfreiheit, Umschreiben der Geschichte, Vergewaltigung der Sprache, Förderung von Denunziantentum usw.).

Ein besonders heikles Thema scheint die Entwicklung eines gesunden Nationalgefühls zu sein, da letzteres oft genug in der Geschichte - nicht nur in der deutschen - missbraucht oder gar zu einem Chauvinismus pervertiert wurde. Dieses Ziel wird aber auf jeden Fall nicht dadurch erreicht (wie sich das einige CDU-Politiker vorstellen), dass man so einfach mit der Wiederbelebung nationaler Symbole beginnt, wie etwa dem häufigeren Zeigen der Deutschlandflagge, die ja noch kürzlich von der eigenen Kanzlerin mit Verachtung ganz demonstrativ in die Ecke geworfen wurde.[51] Ohne eine ehrliche Auseinandersetzung der CDU mit den Fehlern ihrer langjährigen Parteivorsitzenden

---

[50] https://www.sueddeutsche.de/politik/faeser-gefluechtete-obergrenze-kommunen-bund-1.5782741, zuletzt aufgerufen am: 29.4.2024.

[51] Ein Verhalten, das bei einem US-Präsidenten undenkbar wäre. – https://www.fr.de/politik/cdu-union-patriotismus-deutschland-philipp-amthor-nationalhymne-gedenktag-ampel-92302037.html, zuletzt aufgerufen am: 2.5.2024.

bleiben das alles leere Worte, welche die Unglaubwürdigkeit dieser Partei nur noch sichtbarer machen. Ein gesunder, weltoffener Patriotismus, wie er von der WerteUnion gefordert wird (s. hierzu Kap. 2), muss von unten beginnen, mit einer Identifikation der Bürger mit ihrem Staatswesen, mit Stolz auf die eigenen Leistungen und mit dem Akzeptieren der eigenen Geschichte (trotz kritischer Betrachtung ihrer dunklen Flecke, s. hierzu auch Kap. 10). Mit Regierungsvertretern und Spitzenpolitikern, die ihr eigenes Land verachten, dessen Sprache gewaltsam verbiegen und die Geschichte in ihrem Sinne neu schreiben wollen, wird das nicht gehen. Aber gerade mit denen möchte die größte Oppositionspartei liebend gern koalieren (und praktiziert das ja auch in einigen Bundesländern), welch eine Heuchelei.

Von der heutigen Machtelite muss wieder Verantwortung für eigene Fehler übernommen werden, was leider schmerzlich vermisst wird. PolitikerInnen treten neuerdings nicht einmal mehr bei gröbsten Verfehlungen zurück (wie bei Veruntreuungen, nachgewiesenem Nepotismus oder verfassungswidrigem Handeln), s. hierzu Kap. 13. Im Gegenteil: Bundespräsident Steinmeier hat der ehemaligen Kanzlerin sogar noch die höchste staatliche Auszeichnung verliehen, als ihr schon durch das Bundesverfassungsgericht ein Verfassungsbruch bescheinigt worden war.[52] Das hindert aber unsere Lemminggesellschaft nicht, die Klägerin in dieser Sache (AfD), die Recht bekommen hat, weiter als demokratiefeindlich abzustempeln, und die Unterlegene als Bundesverdienstkreuz-Trägerin zu feiern. Selbst nachdem das Corona-Notlagegesetz vom Verfassungsgericht des Landes Brandenburg als verfassungswidrig eingestuft wurde, und sich viele der Maßnahmen als unrechtmäßig oder zumindest völlig überzogen erwiesen haben, ist keiner der Verantwortlichen (allen voran Gesundheitsminister Lauterbach) zurückgetreten. Insbesondere musste erneut erst von der als ‚undemokratisch‘ diffamierten AfD - nicht etwa von der anderen, größten Oppositionspartei - dagegen geklagt werden (übrigens erfolgreich), dass die Parlamente bei den Corona-Gesetzgebungen weitgehend übergangen worden sind.[53]

Der Spiegel als Musterbeispiel für eine ‚woke‘ Presse hatte zwar in einem selten selbstkritischen Artikel die Mitschuld der ‚Vierten Gewalt‘ an der kritiklosen Unterstützung der offiziellen Coronapolitik eingestanden, s. Kap. 16, aber in unüberbietbarer Dreistigkeit gleich noch versucht, die AfD (die ja die entsprechende Verfassungsklage eingereicht hatte, s.o.) zu diskreditieren. Statt

---

[52] https://www.zdf.de/nachrichten/politik/bundesverfassungsgericht-urteil-merkel-afd-aussage-100.html, zuletzt aufgerufen am: 2.11.2023.

[53] https://www.rbb24.de/politik/thema/2020/coronavirus/beitraege_neu/2020/11/brandenburg-afd-klage-landesverfassungsgericht-corona-eindaemmungsverordnung.html, zuletzt aufgerufen am: 29.4.2024.

sich zu fragen, warum nicht ihre Redaktion oder die Scheinopposition CDU das Verfassungsgericht angerufen hat, gaben sie mal noch locker folgendes Statement ab: „Geklagt hatte die AfD-Fraktion, die sich jetzt als Verfassungsheldin aufspielen kann". Es gehört schon eine gute Portion Kaltschnäuzigkeit dazu, auch noch diejenigen zu verunglimpfen, die gegen den vom Spiegel mitgetragenen Mainstream berechtigte Klage eingereicht haben, statt ihnen Anerkennung zu zollen. Die Verantwortlichen sind sogar so selbstgerecht, dass sie nicht einmal merken, wie sie damit ihren eigenen Gegner stärken.[54] Überdies fällt ihnen auch nicht auf, dass ausgerechnet eine in Teilen vom Verfassungsschutz beobachtete und als ‚rechtsextremer Verdachtsfall‘ eingestufte Partei, noch als letzter Hüter der Verfassung auftreten kann (s. auch die verfassungswidrige Annullierung der Thüringenwahl 2020, Kap. 1).

Diese Beispiele zeigen, wie verkommen die MSM geworden sind. Ganz analog verlief die Sache mit der katastrophalen Berlin-Wahl 2022. Nicht etwa die Klagen der Pseudoopposition, des Spiegel oder anderer selbsternannter ‚Demokraten‘ haben eine Wiederholung der Berliner-Landeswahl 2023 erzwungen, sondern die Recherchen des als ‚rechtskonservativ‘ verschrienen Magazins ‚Tichys Einblick‘.[55] Die Schlussfolgerung kann nur sein, dass die Opposition und vor allem die ÖRM wieder ihre ureigene Rolle ausfüllen müssen, die Meinungsvielfalt zu wahren und der Regierung ständig auf die Finger zu schauen sowie alle Maßnahmen bzw. Gesetzesvorhaben derselben auf ihre Rechtmäßigkeit oder auf mögliche negative Auswirkungen hin zu überprüfen.[56]

Das Totalversagen der Vierten Gewalt, insbesondere der ÖRM, die mit immensen Mitteln aus den Zwangsgebühren unterhalten werden, gehört unbedingt ins Zentrum der Demokratiediskussion (hier ist dringend eine grundlegende Reform erforderlich!). Wie kann man von Unabhängigkeit der Presse sprechen, wenn Journalisten und Moderatoren von Rundfunk und Fernsehen mit staatlichen Aufträgen gefüttert werden,[57] oder wenn auf parteipolitischen Druck hin die Gebühren und in deren Gefolge die fürstlichen Gehälter von Intendanten und deren Getreuen in nicht zu vertretende Höhen klettern. Die Zeitschrift ‚Wirtschaftsdienst‘ berichtet sogar von gut bezahlter (und verbotener) Schleichwerbung im ZDF, die dem Sender zusätzlich zu seinem Anteil an den

---

[54] https://jungefreiheit.de/kultur/medien/2023/spiegel-corona-selbstkritik/, zuletzt aufgerufen am: 29.4.2024.

[55] https://www.tichyseinblick.de/daili-es-sentials/bundestagswahl-berlin-teilwiedehrolung https://berliner-abendblatt.de/berlin-news/klage-eingereicht-wahlwiederholung-fuer-den-bundestag-in-ganz-berlin-id193682, zuletzt aufgerufen am: 29.4.2024.

[56] Die Pseudoopposition CDU mit ihren schon fast peinlichen Anbiederungen bei Links-Grün wird dieser Aufgabe derzeit nicht im zu erwartenden Umfang gerecht.

[57] https://focus.de/187943870, zuletzt aufgerufen am: 29.4.2024.

Zwangsgebühren viel Geld einbringt [5]. – Wenn man an die zum Teil schon weit zurückliegenden Skandale bei den ÖRM denkt (die maßlose Intendantin des RBB und ihre schamlose Bereicherungssucht bildeten ja nur die Spitze des Eisbergs), dann fällt einem nur noch der Vergleich mit dem Ausmisten des Augiasstalles ein.[58] Aber nicht nur das Aufräumen im eigenen Haus ist ein dringendes Erfordernis in den Rundfunk- und Fernsehanstalten. Es muss wieder offen und ehrlich, ohne irgendwelche Tabuisierungen und Beschönigungen über Missstände berichtet werden. Das betrifft die Ausländerkriminalität ebenso wie die wirtschaftlichen und finanziellen Folgen der verfehlten Klima- und Energiepolitik (s. hierzu insbesondere Kap. 1, 8 und 15. Insbesondere muss die Vogel-Strauß-Politik gegenüber linker Gewalt beendet werden, s. Kap. 13, und genauso akribisch darüber berichtet werden wie über rechte Gewalt. Mit anderen Worten, die Unabhängigkeit der ÖRM muss wieder hergestellt und die Einsetzung in ihre wichtige Funktion als Regierungskritiker gewährleistet werden.

Da es keineswegs die vornehmliche Aufgabe der Medien ist, den ‚unmündigen Bürgern‘ die Regierungspolitik zu erklären, muss auch das ständig wiederholte Auftreten derselben regierungskonformen Pseudoexperten und Dauertalker im Fernsehen beendet und eine einseitige Beeinflussung der Bürger durch umstrittene ‚Fachleute‘ verhindert werden. In unserer derzeitigen Krisensituation sind mehr denn je Skepsis und Zweifel erforderlich und keine beweihräuchernden Akklamationen. Andernfalls entsteht bei der Bevölkerung mit Recht der Eindruck vom „betreuten Denken". Teilhard de Chardin hat die Rolle von Zweifel und Skepsis für die Herausbildung einer Weltsicht einprägsam formuliert. Und das gilt nicht nur (wie im ursprünglichen Kontext des nachfolgenden Zitats) für die Wissenschaft, sondern für das gesamte gesellschaftliche Leben: „Wer nichts anzweifelt, der prüft nichts. Wer nichts prüft, entdeckt nichts. Wer nichts entdeckt, ist blind und bleibt blind".[59]

Auch die Kirchen sollten sich wieder auf ihre eigentliche Aufgabe besinnen, anstatt als weitere politische Instanz zu fungieren, die sich der Durchsetzung einer woken Ideologie verschrieben hat, s. Kap. 11. Sie sollten sich vielmehr um ein modernes Weltbild bemühen, das auch eine Brücke zu Ungläubigen bzw. Andersgläubigen baut und nicht im Widerspruch zur Naturwissenschaft steht. Schließlich müssen sie Schluss machen mit ihrer schon weit fortgeschrittenen Selbstverzwergung durch beständiges Katzbuckeln vor

---

[58] https://www.faz.net/aktuell/feuilleton/medien/rbb-zahlt-intendantin-die-mietkosten-neues-vom-skandalsender-18476831.html, zuletzt aufgerufen am: 23.4.2024.

[59] https://www.zitate.de/autor/chardin%2C+teilhard+de, zuletzt aufgerufen am: 31.5.2024.

dem politischen Zeitgeist.[60] Es ist kein Zeichen von Toleranz, wenn Kirchen ihre eigenen Gläubigen von Kirchentagen ausschließen, nur weil sie Mitlieder einer dem Mainstream missliebigen, aber nichtsdestotrotz im Bundestag vertretenen politischen Partei sind. Es ist auch kein Zeichen von Toleranz, sondern von Schwäche, wenn sich die christlichen Kirchen bei einem in großen Teilen intoleranten und antiisraelisch eingestellten Islam anbiedern. Das zeugt eher vom mangelnden Vertrauen in die eigene Weltanschauung oder sogar von einer Preisgabe der eigenen Ideen, s. hierzu auch Kap. 11. – Wenn die derzeitige Vorsitzende der EKD angesichts der Pro-Hamas-Demonstrationen und gewaltsamen antisemitischen Ausschreitungen und generell angesichts der Belastung deutscher Kommunen durch die Migration die Forderung nach einer Beschränkung der Zuwanderung als eine „populistische Nebelkerze" bezeichnet,[61] dann ist das nicht nur naiv, sondern geradezu verantwortungslos. Eine solch weltfremde Position wird nicht einmal mehr von allen grünen Politikern vertreten, s. Kap. 8.

Auch die EU bedarf dringend einer Erneuerung und einer Reform ihrer Institutionen sowie einer Einschränkung ihrer Befugnisse, wobei den grundlegenden europäischen Gesetzen, die mit den Städtenamen ‚Maastricht', ‚Lissabon', ‚Dublin' und dem Dorf ‚Schengen' verknüpft sind, wieder Geltung verschafft werden muss. Hierzu gehört auch die Wiederherstellung der nationalen Souveränität innerhalb der EU und insbesondere eine Beendigung der Transferunion. Eine völlige Auflösung der EU, wie das extreme Kreise der AfD fordern, kann nicht die Lösung sein. Es muss unbedingt eine solche Basis des Vertrauens und der Fairness in der EU geschaffen werden, dass nicht nur deren völliger Zerfall vermieden wird, sondern womöglich Länder wie Großbritannien zu einem Wiedereintritt in die Gemeinschaft ermutigt werden. Wenn man allerdings die Bestrebungen ansieht, stattdessen auch noch Länder, wie Montenegro oder Albanien und neuerdings sogar Staaten wie die Ukraine bzw. Moldawien mit ihrer ausufernden Korruption bzw. ihrem Oligarchensystem in die EU aufzunehmen,[62] dann kommen schon berechtigte Zweifel, ob die zuletzt geäußerte Hoffnung auf Gesundung der europäischen Gemeinschaft überhaupt realistisch ist, s. Kap. 3. Es war sowieso schon ein Webfehler der EU, dass Staaten mit ganz unterschiedlichen sozialökonomische Bedingungen in einen so engen Staatenverbund gezwängt wurden, was unter anderem zu

---

[60] https://www.cicero.de/kultur/vollversammlung-der-katholischen-bischofe-in-dresden-synodaler-weg, zuletzt aufgerufen am: 29.4.2024.

[61] https://www.spiegel.de/politik/deutschland/migration-ekd-ratsvorsitzende-annette-kurschus-haelt-aufnahmekapazitaet-noch-lange-nicht-erreicht-a-1325065b-53d8-419d-8450-06e9faefcb4e, zuletzt aufgerufen am: 23.4.2024.

[62] https://www.welt.de/politik/ausland/article239539763/EU-macht-Ukraine-und-Moldau-zu-Beitrittskandidaten.html, zuletzt aufgerufen am: 15.12.2023.

einer starken Binnenmigration, zu Braindrain und Überforderung der Sozialsysteme der wohlhabenderen, aber auch besser organisierten Länder geführt hat. Vielleicht muss sogar über einen grundsätzlichen Umbau bzw. eine Neustrukturierung der EU nachgedacht werden. Ob dies eine Art Vereinigte Staaten von Europa nach Vorbild der USA, eine Konföderation von unabhängigen Staaten oder etwas ganz anderes sein muss, das sollte der demokratische Diskurs ergeben. So wie die EU im Moment aussieht, dürfte sie nicht lebensfähig sein, was schon allein die Tatsache zeigt, dass sich immer mehr Bürger von ihr abwenden.[63] Eine Vereinigung europäischer Staaten, in welcher Form auch immer, ist aber trotz aller Bedenken erforderlich, um im Rahmen der Globalisierung im Wettbewerb mit den Wirtschaftsmächten USA und China bestehen und ein Gegengewicht gegen die amerikanische Dominanz in der westlichen Welt bilden zu können.

Selbst den wärmsten Befürwortern der ‚Willkommenskultur‘ und Verleumdern der Bedenkenträger gegen unkontrollierte Einwanderung (darunter der ehemalige Bundespräsident Gauck, der sich gern zum hellen Deutschland und letztere zu Dunkeldeutschland zählt) scheint zu dämmern, dass in Sachen Migrationspolitik dringend eine Änderung geboten ist. In einem Spiegel-Artikel fordert er etwa „dass es keine falsche Rücksichtnahme geben [dürfe]" gegenüber Migranten in Deutschland, die nicht bereit seien „die Werte des Landes zu akzeptieren".[64] Ganz nebenbei, das ist eine uralte Forderung genau derjenigen Leute, die er in den Orkus ‚Dunkeldeutschland‘ verbannt hatte. Wie war doch der Slogan der Kommunisten in der DDR? - „Sage nicht ohne uns das Richtige, denn ohne uns ist es das Falsche".

Es ist eine grundsätzlich neue Asylpolitik erforderlich, bei der von vornherein gesichert sein muss, dass Migranten, die nach dem Gesetz nicht asylberechtigt sind, das Land wieder verlassen. Eine unkontrollierte Einwanderung untergräbt jede staatliche Ordnung. Dazu muss in Anbetracht des Elends und der Konflikte auf dieser Welt sowie des damit stetig zunehmenden Migrationsdrucks das Asylrecht geändert werden (und zwar von einem individuellen Menschenrecht in ein Gnadenrecht). Denn kein Land dieser Welt ist in der Lage, auf Dauer alle ‚Mühseligen und Beladenen‘ dieser Erde aufzunehmen (Math. 11,28). Unabhängig davon ist die derzeit geübte langwierige und betrugsanfällige Praxis des Bewerbungsprozesses um Asyl mit der Möglichkeit zur rechtlichen Anfechtung von Asylbescheiden bzw. Ablehnungen von Bewerbern auf Dauer nicht durchzuhalten. Insgesamt werden dadurch nicht nur

---

[63] https://www.nzz.ch/international/umfrage-zur-europaeischen-union-die-unzufriedenheit-ist-enorm-ld.1638981, zuletzt aufgerufen am: 23.4.2024.

[64] http://www.spiegel.de/politik/deutschland/joachim-gauck-zu-migranten-es-darf-keine-falschen-rruecksichtnahme-geben-a-1211613.html, zuletzt aufgerufen am: 23.4.2024.

Verwaltungsbehörden und das Rechtswesen vollkommen überlastet, sondern auch Tür und Tor für die mehrfache Inanspruchnahme von Sozialleistungen geöffnet (s. Kap. 8 und 12). Vor allem muss Schluss sein mit einer falsch verstandenen Toleranz gegenüber Intoleranten, was die aus der Kontrolle geratenen antiisraelischen Ausschreitungen von Migranten im Herbst 2023 deutlich belegen.

Parallel zur Reform des Asylrechts benötigen wir ein Einwanderungsgesetz nach dem Vorbild anderer Staaten (wie etwa Kanadas oder Neuseelands), um unsere demographischen Probleme und den Fachkräftemangel in den Griff zu bekommen. Darüber hinaus ist die Haltung gegenüber Migranten vom Kopf auf die Füße zu stellen. Nicht die eingewanderten Gäste haben gegenüber Deutschland Forderungen zu stellen, obwohl wir allein schon moralisch verpflichtet sind, allen legal Eingereisten eine Starthilfe und weitere Unterstützung zu geben. Es ist jedoch in erster Linie Aufgabe der Eingewanderten, sich an die aufnehmende Gesellschaft anzupassen und nicht umgekehrt. Analog zu der nach innen gerichteten Asylpolitik muss auch die nach außen gerichtete, verfehlte Entwicklungshilfe-Politik neu ausgerichtet werden, s. Kap. 4. Auch das könnte das Migrationsproblem abmildern, weil dadurch der sogenannte Push-Faktor (der Auswanderungsdruck) in den Herkunftsländern der Flüchtlinge reduziert würde.

Zur Stärkung von Judikative und Exekutive muss unbedingt dem Verfall von Recht und Ordnung Einhalt geboten werden, s. hierzu Kap. 12. Dazu bedarf es auch ausgewogener und fairer Gerichtsurteile, die unabhängig von politischen Erwägungen sind und denen die gleichen Maßstäbe für linke wie rechte, für migrantische wie autochthone Straftäter zugrunde liegen. Dazu muss aber auch die Arbeitsfähigkeit der Gerichte gewährleistet sein, die - wie wir gesehen hatten - zur Zeit oft durch eine Menge von unnötigen Klagen u.a. im Zusammenhang mit der Flut von Asylbewerbern nicht mehr im vollen Umfang gesichert ist. In diesem Zusammenhang sollte uns der Appell einer Verfassungsrichterin des Landes Brandenburg aufrütteln, die gefordert hat, unseren Gesetzen - und hier insbesondere dem Grundgesetz - wieder volle Geltung zu verschaffen.[65] Es ist traurigerweise sogar die Forderung zu erheben, dass die Durchsetzung von Artikel 1 (1), GG - „Die Würde des Menschen ist unantastbar" - nicht nur für Migranten (wie man das oft hört), sondern im vollen Umfang auch für Deutsche eingefordert werden muss. Dass dies durchaus notwendig ist, zeigen Orte wie Peutenhausen oder Gachenbach (um nur zwei von vielen Beispielen zu nennen, für weitere s. Kap. 8), die mitunter das mehrfache

---

[65] https://www.focus.de/politik/deutschland/meinung-grundrechte-sind-kein-luxus-nur-fuer-gute-zeiten_id_11849613.html, zuletzt aufgerufen am: 23.4.2024.

der Einwohnerzahl an Flüchtlingen aufnehmen mussten und nun unter ständigen Übergriffen der dort untergebrachten Asylbewerber zu leiden haben.[66] Wenn der Staat mit Recht das Gewaltmonopol für sich einfordert (andernfalls kommt es zu Selbstjustiz und Anarchie), dann hat er auch die Pflicht, seine Bürger zu schützen, und das scheint angesichts der in den vorhergehenden Kapiteln geschilderten Fälle nicht mehr durchgängig gewährleistet zu sein. Dazu muss aber auch die Autorität der Polizei wieder hergestellt und gegen alle gesellschaftlichen Gruppen (auch gegenüber migrantischen Clans) durchgesetzt werden. Außerdem brauchen wir wieder ein gesellschaftliches Klima, in dem Silvesterfeiern, Weihnachtsgottesdienste oder andere größere Veranstaltungen ohne einen unverhältnismäßig hohen Polizeieinsatz in friedlicher Atmosphäre durchgeführt werden können. Wenn die Polizei jedoch betteln muss, bei bestimmten Ereignissen nicht angegriffen zu werden, dann ist das ein Armutszeugnis für den Rechtsstaat insgesamt.[67]

Dem entstandenen Eindruck von einem Quasi-Failed-State mit dem traurigen Gipfelpunkt Berlin muss unbedingt durch Wiederherstellung der staatlichen Autorität und der Rechtsstaatlichkeit entgegengewirkt werden. Erst wenn wir jede Rechtsverletzung und jeden Verfassungsbruch - ganz gleich von welcher politischen Seite begangen - als solche erkennen und benennen, haben wir die Chance den „schiefen Turm" (s. Einleitung) wieder ins Gleichgewicht zu bringen. Dabei muss wieder gleiches Recht für alle gelten. Das betrifft sowohl die unverständliche Milde der Gerichte gegenüber migrantischen Straftätern im Vergleich zu Einheimischen als auch die unglaubliche Nachsicht bei Vergehen von führenden Persönlichkeiten der Politik. So ist niemand zu vermitteln, dass zwar ein Verweigerer von Zahlungen der Rundfunk-Zwangsgebühren im Gefängnis landet, aber die ehemalige Kanzlerin Merkel, der höchstrichterlich ein Verfassungsbruch bescheinigt wurde, keinerlei Konsequenzen zu befürchten hat.[68] Auch Politiker, die durch schwerwiegende Fehler der Volkswirtschaft massiv geschadet haben, sollten nicht mehr ungeschoren davonkommen.

Bei aller Aufgeschlossenheit gegenüber anderen Kulturen dürfen wir die eigenen Werte nicht über Bord werfen. Trotz der berechtigten Kritik und Einsicht in die Verfehlungen, ja sogar Verbrechen, die von der westlichen Welt (nicht nur von Nazideutschland) begangen wurden, sollten nicht die immensen geistigen und technischen Leistungen vergessen werden, die von eben dieser sich

---

[66] https://apollo-news.net/nach-uebergriffen-auf-frauen-bayrischer-buergermeister-will-fluechtlingsunterkuenfte-abreissen-lassen/, zuletzt aufgerufen am: 29.4.2024.

[67] https://www.nzz.ch/meinung/silvester-2024-in-berlin-polizei-postet-fragwuerdiges-video-ld.1772396, zuletzt aufgerufen am: 14.1.2024.

[68] Nicht einmal ihr unverhältnismäßig großes und vom Steuerzahler finanziertes Büro wurde ihr gestrichen. – https://www.faz.net/aktuell/politik/merkels-verfassungsbruch-karlsruhe-ruegt-den-missbrauch-von-macht-18110294.html, zuletzt aufgerufen am: 29.4.2024.

gerade selbst zerlegenden Kultur hervorgebracht wurden. Damit sind nicht nur die großen Errungenschaften in Wissenschaft und Technik gemeint, sondern auch die soziokulturellen Strukturen, die in Städten und Gemeinden entstanden sind. Zur Bewahrung der letzteren gehört auch die Pflege der gewachsenen Traditionen und Werte, die sich u.a. in Begriffen wie ‚Brauchtum‘, ‚Familie‘, ‚Heimatliebe‘ (ohne billige Volkstümelei) oder im ‚Zelebrieren von Volksfesten‘ manifestieren. Lassen wir uns auch nicht die Pflege des Vereinswesens, seien es Sportvereine, Gesangsvereine, Ortsvereine, Garten- und Tierzüchtervereine usw. kleinreden. Ja, es ist richtig, dass solche Körperschaften mitunter Stätten einer biederen ‚Vereinsmeierei‘ waren. Aber, was viel wichtiger ist, sie bleiben immer noch unverzichtbare Faktoren des Zusammenlebens und des Zusammenhalts (sozusagen der gesellschaftliche ‚Kitt‘) in den Kommunen, und daran darf bei aller Bereitschaft zur Modernisierung vom Grundsatz her auch nicht gerüttelt werden.[69] Lassen wir uns nicht die Werte, die von diesen Einrichtungen verkörpert werden und die vor allem die Kommunen auch in Krisenzeiten zusammenschweißen, als ‚rechts‘ oder gar ‚reaktionär‘ verunglimpfen, s. [83, S. 124 ff.].

Kultur und Sport müssen wieder entpolitisiert werden (soweit das überhaupt möglich ist), und die dort zunehmend zu beobachtende zerstörerische Wirkung des woken Eiferertums (s. Kap. 9) muss zurückgedrängt werden. Welch verheerende Wirkung deutsches Bessermenschentum im Ausland hervorruft, hat die Fußball-WM in Katar gezeigt. Dass die Menschenrechte (insbesondere von Homosexuellen und Gastarbeitern) in diesem Land nicht eingehalten werden, war lange vor der WM 2022 und sogar vor deren Vergabe bekannt. Wenn man dagegen protestieren will, was berechtigt ist, sollte man da nicht hinfahren. Aber während der WM mit lächerlichen Demonstrativ-Gesten (wie Mund-Zuhalten beim Posing für das Mannschaftsbild oder One-Love-Binde-Tragen durch die Innenministerin beim Eröffnungsspiel) hat uns international und vor allem im arabischen Raum nur Hohn und Spott eingetragen.[70] Sogar in Deutschland haben sich viele traurigerweise - aber auch verständlicherweise - diebisch gefreut, als unsere moralinschwangere ‚Mannschaft‘ schon in der Vorrunde ausgeschiedenen ist. Ein Land, das nicht mehr auf sich selbst stolz sein kann (und das betrifft nicht nur den Sport), hat im internationalen Wettbewerb keine Chance (man vergleiche dazu den Stolz der

---

[69] https://www.bisp-surf.de/Record/PU200008000144, zuletzt aufgerufen am: 23.4.2024.

[70] https://www.faz.net/aktuell/sport/fussball-wm/sportpolitik/one-love-affaere-die-politisierung-bedroht-den-fussball-18479947.html – Übrigens, welch ein Kontrast zwischen dieser moralischen Abgehobenheit und dem unterwürfigen Verhalten unseres Wirtschaftsministers vor den katarischen Ölscheichs, s. Kap. 2., zuletzt aufgerufen am: 23.4.2024.

Japaner oder Marokkaner auf ihre Nationalmannschaft, obwohl diese auch nur ein bzw. zwei Runden weiter gekommen sind).

Die Begriffe wie ‚Nation‘ ‚Vaterlandsliebe‘ und ‚Weltbürgertum‘ sind keine Gegensätze, sie sollten vielmehr eine dialektische Einheit bilden. Denn, wie sollte jemand andere Nationen und Kulturen achten oder wertschätzen, der seine eigene Nation und Kultur verachtet? Der Begriff der Nation wird vor allem dann missbraucht und verdreht, wenn er auf rein ethnische Merkmale zurückgeführt wird (s. hierzu Kap. 1), wie das bei dem von den Identitären propagierten ‚Ethnopluralismus‘ der Fall ist. Wagenknecht warnt ausdrücklich vor der Aufgabe des nationalen Zugehörigkeits-Gefühls zugunsten einer ‚offenen Gesellschaft‘ [83, S. 129 ff.] und zitiert hierzu Rousseau: „Nehmt euch vor diesen Kosmopoliten in Acht, die in ihren Schriften aus weiter Ferne Pflichten herholen, deren Erfüllung sie in Bezug auf ihre eigene Umgebung verächtlich zurückweisen. Ein solcher Philosoph liebt die Tataren, um dessen überhoben zu sein, seine Nachbarn zu lieben.“

Anfang des Jahres 2024 wurden zwei neue Parteien gegründet, zum einen das linke „Bündnis Sahra Wagenknecht“ (BSW)[71] und zum anderen die konservative „WerteUnion“.[72] Beide haben das Potential, jeweils zum Kern einer neuen politischen Kraft zu werden, welche die Parteienlandschaft grundlegend ändern kann, da die SPD, die Partei ‚Die Linke‘ und die FDP voraussichtlich marginalisiert bzw. ganz verschwinden werden. Während das BSW möglicherweise die Stelle der SPD einnehmen[73] und vor allem Stimmen von den erstgenannten beiden Parteien akquirieren könnte, wird die Gründung der WerteUnion sowohl die CDU als auch die AfD schwächen (und möglicherweise frustrierte FDP-Anhänger an sich ziehen können). Es ist nur zu hoffen, dass die 2024 aus dem ursprünglichen Verband der WerteUnion hervorgegangene und von Hans-Georg Maaßen initiierte Partei erfolgreich sein wird, denn es klafft eine spürbare politische Lücke zwischen der in Teilen völkisch auftretenden AfD und der nach Links-Grün abgedrifteten CDU Merkelscher Prägung. Allerdings dürfte der WerteUnion ein entsprechend charismatischer politischer Führer fehlen, über den das BSW in Gestalt von Sahra Wagenknecht verfügt. Bei letzterem Bündnis besteht allerdings die Gefahr, dass es eine ‚One-Woman-Show‘ bleibt.

Ich persönlich habe mich ständig dagegen gewehrt, hinter dem vom WEF als Ziel vorgegebenen ‚Great Reset‘ [58] eine Verschwörung zu sehen, aber das

---

[71] https://buendnis-sahra-wagenknecht.de/, zuletzt aufgerufen am: 14.1.2024.
[72] https://partei-werteunion.de/, zuletzt aufgerufen am: 18.2.2024.
[73] https://www.t-online.de/nachrichten/deutschland/innenpolitik/id_100320586/umfrage-wagenknecht-partei-kaeme-aus-dem-stand-auf-14-prozent.html, zuletzt aufgerufen am: 14.1.2024.

ist völlig belanglos. Ob bewusst angestrebt und von globalistischen Strippenziehern im Hintergrund befördert oder nicht, das Ergebnis der insbesondere von den Grünen unterstützten großen Transformation wird das gleiche sein: Zerstörung der Nationen und deren Geschichte, Verhunzen der Sprache, ethnische und geschlechtliche Diversifizierung, Aufgehen Deutschlands und der anderen EU-Staaten in einem amorphen europäischen Völkergemisch, wenn nicht gar der ganzen Welt. Es spielt auch keine Rolle, ob unsere herrschende Politkaste direkt von den oben genannten oder anderen Strippenziehern gesteuert ist oder sich nur unbewusst zu deren willigem Erfüllungsgehilfen macht, am Ende wird die Zerstörung Deutschlands stehen (und das ist definitiv von Links-Grün so gewollt, wie viele Zitate ihrer Anhänger belegen). Diesem Trend müssen wir uns mit aller Kraft entgegenstellen, sonst werden wir entgegen dem Slogan des WEF nicht nur „arm" sein (und zwar sowohl materiell als auch geistig), sondern auch noch „unglücklich".[74] Auch Verteidigungsbereitschaft und gesunder, weltoffener Patriotismus sind nicht von einander zu trennen. Wer sollte auch diese vaterlandslosen Gesellen in der Regierung (s. Kap. 13) oder die Bürger-Lemminge, denen die Zerstörung von Kultur, Sprache, Demokratie und eigener wirtschaftlicher Grundlage egal ist (s. Kap. 1, 6, 9) verteidigen wollen.

Wie wir bereits weiter oben ausgeführt hatten, ist unbedingt eine richtige und klug durchdachte Schwerpunktsetzung in Forschung und Lehre sowie in der industriellen Entwicklung von Nöten. Diese kann aber nicht von einigen dilettierenden Ministern bestimmt werden, sondern muss von der gesamten Gesellschaft und insbesondere von deren tatsächlicher (und nicht vermeintlicher) geistigen und technischen Elite erarbeitet werden. So hat die von der Regierung einseitig verordnete radikale Abschaffung der Atomkraftwerke nicht nur unserer Energieversorgung einen riesigen Schaden zugefügt. Sie hat auch dem Wissenschaftsgebiet und Studienfach Kernphysik einen ziemlichen Prestigeverlust beschert. Wer sollte sich denn dafür noch begeistern oder gar immatrikulieren lassen, wenn die Berufsaussichten auf diesem Gebiet sehr ungewiss geworden sind. Wir brauchen aber gute Kernphysiker und Reaktortechniker zur Weiterentwicklung und zukünftigen Nutzung der Atomenergie, sei es in Dual-Fluid-Reaktoren, in Fusionsreaktoren oder anderen Formen der Anwen-

---

[74] Der ursprüngliche Ausspruch wird dem WEF-Gründer Klaus Schwab zugeschrieben und lautet: „Ihr werdet nichts besitzen und glücklich sein"; er wurde bezeichnenderweise inzwischen von der WEF-Seite gelöscht, s. hierzu:
https://www.youtube.com/watch?v=pyIAXp31IGQ, zuletzt aufgerufen am: 29.4.2024.

dung. Vor diesem Hintergrund ist es geradezu absurd, dass führende Politiker sogar von deutschen Atomraketen fabulieren.[75]

Die Technikgeschichte der letzten Jahre hat gezeigt, dass auch die von der EU geförderten Großprojekte nicht besonders erfolgreich waren (um es vorsichtig auszudrücken, s. Kap. 15). Man kann auch sagen, dass Unsummen von Geld für erfolglose Großprojekte in den Sand gesetzt wurden. Es funktioniert eben bis auf wenige Ausnahmen nicht, wie wir in dem zitierten Kapitel festgestellt hatten, dass etwas ganz großes Neues von einem Dutzend Partnern aus mehreren Ländern geschaffen wird, die in vielen Fällen nur den Löffel heraushalten, wenn es von der EU Bürokratie gespendeten ‚Brei regnet'. Die kommerziell wirklich durchschlagenden Erfolge (s. etwa Google, Facebook, Microsoft, Amazon, Tesla, SAP u.a.) wurden von wenigen ideenreichen Unternehmern erzielt, die früher oder später mit dem entsprechenden Kapital ausgestattet wurden - sei es durch die Einbeziehung potenter Partner oder durch die Unterstützung kongenialer Risikokapitalgeber. Hat sich eigentlich schon einmal jemand von den links-grünen Politikern gefragt, warum erfolgreiche Investoren von Venture-Kapital deutscher Abstammung (wie Peter Thiel, Andreas von Bechtolsheim u.a.) heute nicht in Deutschland, sondern in den USA wirken?

Bemerkenswert ist doch, dass die meisten dieser Erfolgsgeschichten in Übersee angesiedelt sind, und - was uns besonders zu denken geben sollte - dass die beteiligten Risikokapitalgeber ihre Chancen eben nicht bei uns, sondern im Ausland sahen. Das führt uns natürlich zu der Frage, warum wir nicht in Deutschland ein entsprechend innovationsfreudiges Klima schaffen können. Eine der Antworten ist, dass wir wieder der Tatsache ins Auge schauen müssen, dass sich weder Wissenschaft noch Technik ideologiegetrieben auf dem Gesetzes- oder Verordnungswege voranbringen und schon gar nicht von willkürlich gesetzten zeitlichen Vorgaben bestimmen lassen. Der Fortschritt auf diesen Gebieten ist ein langwieriger Entwicklungsprozess, der sich zwar mit Augenmaß fördern lässt, aber nicht von Stümpern mit einer Anmaßung von Wissen (das sie zweifellos nicht haben) erzwungen werden kann. Deshalb müssen sogenannte ‚Hidden Champions' und ‚Potential Champions' auf jeden Fall bewusst gesucht, im Lande gehalten und gezielt gefördert werden. Eine Möglichkeit zum Heranziehen dieser verborgenen Spitzenreiter in Wirtschaft und Technologie wäre die Nachahmung des Vorgehens von typischen Venture-Kapital-Gebern und sogenannten ‚Headhuntern' in den USA durch staatliche Institutionen bei uns. Erstere suchen proaktiv nach den Spitzentechnologien

---

[75] https://www.tagesspiegel.de/politik/wenn-sogar-grune-neue-atomraketen-fordern-4338631.html, zuletzt aufgerufen am: 18.2.2024.

und investieren sagen wir bei zehn möglicherweise aussichtsreichen Start-ups je eine Million US-Dollar oder mehr, wohl wissend, dass sie 90% des Geldes letztlich in den Sand setzen. Wenn aber nur eins von den zehn Unternehmen den großen Durchbruch am Markt schafft, dann hat sich die Investition insgesamt um ein Vielfaches als ,Return on Investment' gelohnt.

Was aber passiert tatsächlich in Deutschland? - Da werden zwar von einem unabhängigen Gremium der Gesellschaft für Informatik die zehn besten KI-Technologien Deutschlands ermittelt.[76] Wenn dann aber eine von den dazu gehörenden Firmen Finanzmittel aus dem vom Wirtschaftsministerium aus der Taufe gehobenen Förderprojekt „SPRIND" eine finanzielle Unterstützung beantragt,[77] sehen dort die Entscheider in dieser Spitzentechnologie „kein Entwicklungspotential". Das kann man doch nur so verstehen, dass in einem der beiden Gremien inkompetente Leute sitzen. Hier fehlt es an entsprechenden Ombudsstellen, die solche Konflikte sachkundig auflösen. – Eine weitere Crux in dieser gesamten Fehlkonstruktion liegt darin, dass keiner der betreffenden Entscheider sein eigenes Geld (sondern nur vom Staat geliehenes) in die Hand nimmt, und bei Fehlentscheidungen nichts verliert, aber auch im Erfolgsfall nichts gewinnt. Wenn jemand hingegen sein privates Kapital in ein Unternehmen investiert, wird er schon aus eigenem Interesse für kompetente Ratgeber sorgen. Außerdem bleiben im hart umkämpften Venture-Kapital-Markt sowieso nur die bestehen, die selbst ,den richtigen Riecher' haben. Herr Habeck und seine Berater haben ihn definitiv nicht! Hier ist also ein völliges Umdenken erforderlich.

Was können wir als Einzelne tun? Eine komplexe (und das heißt heute auch globalisierte) Gesellschaft lässt sich nicht von Einzelnen mit Großentwürfen ändern, da - wie wir oben festgestellt hatten - solche Systeme emergente Phänomene hervorbringen. Dabei ist mit der Emergenz in gesellschaftlichen Systemen aber inhärent ein Effekt verbunden, den bereits Norbert Elias, als „nicht-intendierte Folgen intentionalen Handelns" erkannt hat [2]. D.h. es besteht ein eigenartiges Paradoxon darin, dass in summa etwas herauskommt, was keiner gewollt hat. Dafür gibt es in unserer Geschichte und in unserem heutigen politischen Geschehen wahrlich genug Belege.[78] – Wenn man Ge-

[76] https://ki50.de/die-zehn-bedeutenden-technologien-der-deutschen-ki-geschichte/, zuletzt aufgerufen am: 23.4.2024.

[77] https://www.sprind.org/de/, zuletzt aufgerufen am: 23.4.2024.

[78] Hier ist immer von ,Emergenz' im starken Sinne die Rede, bei welcher am Gesamtsystem Erscheinungen auftreten, die nicht auf das Verhalten der Einzelteile (im Falle einer Gesellschaft, nicht auf den einzelnen Menschen und dessen Handlungen) reduzierbar sind. Zusätzlich dazu ist eine sogenannte Top-down-Wirkung zu beobachten, d.h. das Ganze (die menschliche Gesellschaft mit ihren Normen und Regeln, d.h. mit dem gesamten gesellschaftlichen Bewusstsein) wirkt auf die Teile, d.h. auf den einzelnen Menschen, zurück.

schicht als emergentes Phänomen begreift, dann wird man sehen, dass wir als kleine Rädchen im globalen Spiel keine Chancen haben, die großen Probleme mit der Brechstange zu lösen.

Diese Erkenntnis sollte uns aber nicht resignieren lassen. Wenn wir auch als Einzelindividuum die großen Entwicklungslinien der Gesellschaft bzw. der Geschichte nicht direkt beeinflussen können, so haben wir doch die Möglichkeit und auch die moralische Pflicht, die elementaren Grundbeziehungen zwischen den Menschen in Ordnung zu bringen. Das bedeutet, wir müssen der Wahrheit wieder zum Durchbruch verhelfen, Solidarität mit den wirklich Bedürftigen wahren, Recht und Gerechtigkeit wieder in Einklang bringen, der Fairness wieder Raum geben und sorgsam auf unsere Sprache als mächtiges Instrument achten, das sowohl Zwietracht säen als auch versöhnen kann. – Vielleicht wird mancher sagen: Aber genau das wird ja ständig von Politikern und den Medien angemahnt! Das trifft für Sonntagsreden sicher zu, aber die entsprechenden Statements fallen meist sehr einseitig aus, da die ‚Mahner‘ nur den Splitter im Auge des anderen sehen und nicht den Balken im eigenen Auge, weshalb die leeren Aufrufe meist rein populistisches Getöse ohne adäquate Konsequenzen bleiben. Wenn man das, was täglich öffentlich gepredigt wird, mit der Realität vergleicht, dann erkennt man den nicht sehr erfreulichen Zustand unserer Gesellschaft, ja ich wage zu sagen unseres Vaterlandes. Denn in einer Zeit, in der jemand, der diesen Begriff verächtlich macht und mit Deutschland „noch nie etwas anzufangen wusste", als Vizekanzler und Wirtschaftsminister fungiert, sagt das im Grunde genommen viel mehr über den Zustand der Gesellschaft aus als über diese Person.

Es ist keinesfalls anzunehmen, dass uns eine Forderung nach De-Globalisierung (s. Kap. 15) weiterhelfen wird, da die Verflechtung zwischen Nationen und ganzen Staatenbünden immer stärker zunimmt. Was wir brauchen, sind nationale und internationale Regeln, mit der Globalisierung und deren Folgen richtig umzugehen und uns in diesem zwangsläufigen Geschehen richtig zu positionieren, und zwar Interessen- und nicht Ideologie-gesteuert. Der Gegensatz einer von rationellen Erwägungen und Interessen geleiteten Politik und einer Haltungs- bzw. Ideologie-getriebenen Politik lässt sich gut anhand zweier (zugegebenermaßen sehr ungleichen) Repräsentanten deutscher Außenpolitik demonstrieren: Otto von Bismarck und Annalena Baerbock. Ersterer, ein Mann, von dem Henry Kissinger sagte, dass „nur wenige Staatsmänner die Geschichte ihrer Gesellschaft so grundlegend geändert haben" wie er, war stets auf einen Ausgleich mit Russland und Großbritannien, bedacht. Letztere, die als Erfinderin ‚feministischer Außenpolitik‘ in zwei Jahren Regierungszeit unglaublichen Schaden für Deutschlands Reputation im In- und

Ausland angerichtet hat, erklärt schon mal öffentlich, dass sich Deutschland mit Russland im Krieg befinde, was definitiv zu dem Zeitpunkt glücklicherweise (noch) nicht zutraf. Darüber hinaus versicherte sie der zwar unberechtigt überfallenen, aber durch und durch korrupten Ukraine ihre unverbrüchliche Treue und den zeitlich unbegrenzten Beistand bei der Verteidigung der gemeinsamen Werte (welche denn?), s. hierzu auch Kap. 13. Dabei müsste doch jeder mit ein wenig Geschichtskenntnissen wissen, wie kurzlebig solche Ewigkeits- und Unverbrüchlichkeits-Versicherungen sind. Was übrigens das moral- bzw. haltungsgesteuerte politische Handeln angeht, sollten wir folgenden Satz von Marcus Hawel bedenken:[79] „Verselbständigt sich die Moral in der Politik, zerstört sie das Politische. Nur als aufgehobene Einheit im Medium der Politik richtet Moral keinen Schaden an und begründet zugleich empathische Politik".

Die drei wichtigsten Ursachen für die entstandene Schieflage liefern auch einen Hinweis für die Überwindung der Krise:
- Wir müssen wieder wegkommen von einer haltungsorientierten Politik und uns einer interessengeleiteten, rationalen Innen- und Außenpolitik zuwenden (das betrifft natürlich genau so die Wirtschafts- und Energiepolitik).
- Der Verfall des demokratischen Staatsaufbaus und die inzwischen eingetretene Verzwergung der politischen ‚Elite' sowie die Spaltung der Gesellschaft müssen überwunden und beseitigt werden.
- Die Wachsamkeit der Bevölkerung gegenüber allen Versuchen (auch solchen der Regierung), die demokratischen Grundwerte zu unterminieren, muss wiederhergestellt werden; insbesondere ist die Demokratiefähigkeit der selbsternannten ‚Demokraten' ständig erneut zu hinterfragen, wobei die Medien als ‚Vierte Gewalt' wieder in ihre Funktion als Wächter gegenüber dem Machtmissbrauch von Politikern eingesetzt werden müssen.
In diesem Zusammenhang sollten wir unbedingt die Mahnung des englischen Geschichtsphilosophen Arnold J. Toynbee beherzigen, der gesagt hat: „Zivilisationen sterben durch Selbstmord, nicht durch Mord." Um aus der Geschichte die richtigen Lehren zu ziehen gehört auch, dass wir wieder ein unverkrampftes Verständnis zu unserer Vergangenheit mit all ihren Licht- und Schattenseiten gewinnen. Wir dürfen auf keinen Fall zulassen, dass dieselbe von Studienabbrechern und ungebildeten Eiferern umgeschrieben wird, was aber nicht bedeutet, die unangenehmen historischen Ereignisse zu verdrängen. Letztere müssen uns zur Verantwortung für die Zukunft ermahnen, sind aber nicht geeignet, Schuldgefühle in einem Volk über viele völlig unbeteiligte Generationen hinweg zu perpetuieren.

---

[79] https://www.humanistische-union.de/publikationen/vorgaenge/184-vorgaenge/publikation/ wie-viel-politik-vertraegt-die-moral/, zuletzt aufgerufen am: 23.4.2024.

Als Fazit können wir nur auf die Hoffnung setzen, dass die Emergenz als inhärentes Wirkprinzip komplexer Systeme (s. [27, Kap. 7]) dafür sorgt, dass sich das gerechteste und effektivste sozial-ökonomischen Modell und die beste demokratische Herrschaftsform im Widerstreit der Meinungen und Interessen quasi ‚von allein' durchsetzen wird (obwohl die Hoffnung in dieser Hinsicht immer mehr schwindet, trotzdem sollte gerade sie als Letztes sterben). Auf keinen Fall darf aber versucht werden, gesellschaftliche Modelle und Merkmale ‚von oben' zu implementieren (genau diesen Fehler haben die Marxisten-Leninisten begangen). Denn oft genug hat sich in der Geschichte ein Ergebnis herausgebildet, das von keinem der Protagonisten gewollt war. Zudem ist das Böse oft genug im Namen des Guten getan worden, wie uns schon der griechische Schriftsteller *Menander* vor Augen gehalten hat, der bereits um 300 v.d.Z. schrieb: „Des Bösen Anfang ist zumeist das Gute, allzu Gute". Wir sollten nach wie vor darauf vertrauen, dass sich die besten Ideen und Resultate als Ergebnis einer auf allen gesellschaftlichen Ebenen fair geführten demokratischen Auseinandersetzung von selbst einstellen (eben ‚emergieren'). Wir sollten auf keinen Fall vergessen, dass Gesellschaften (ja, ganze Weltreiche), die ihren eigenen Wertekompass verloren oder gar pervertiert haben und es deshalb auch nicht mehr geschafft haben, die richtigen Antworten auf die Fragen ihrer Zeit zu finden, einfach von der Weltbühne verschwunden sind.

Literaturverzeichnis

1. H. Alalyan. *Vertreibung aus dem Paradies*. Weltbild, Augsburg, 2004.
2. G. Albert. Figuration und Emergenz, Zur Ontologie und Methodologie des Ansatzes von Norbert Elias. *Kölner Zeitschrift für Soziologie und Sozialpsychologie*, 65:193–222, 2013.
3. H. Arendt. *The Origins of Totalitarianism*. The World Publishing Company, Cleveland, New York, 1962.
4. Autorenkollektiv. *Ene, mene, muh - und raus bist Du*. Amadeu Antonio Stiftung, Berlin, 2018.
5. H. Beck and A. Beyer. Öffentlich-rechtlicher Rundfunk in der Krise. *Wirtschaftsdienst*, 93, 3:175–181, 2013.
6. W. Behringer. *Kulturgeschichte des Klimas - Von der Eiszeit bis zur globalen Erwärmung*. Bundeszentrale für politische Bildung, Bonn, 2007.
7. K. Bittermann and G. Henschel. *Wörterbuch des Gutmenschen*. Edition Tiamat, Berlin, 1994.
8. H. Buschkowsky. *Neukölln ist überall*. Ullstein, Berlin, 2012.
9. H. Buschkowsky. *Die andere Gesellschaft*. Ullstein, Berlin, 2014.
10. F. Calderoni et al. The italian mafias in the world: A systematic assessment of the mobility of criminal groups. *European Journal of Criminology 13(4)*, DOI:10.1177/1477370815623570, 2015.
11. C. Clark. *Sleepwalkers – How Europe Went to War in 1914 (Dtsch.: Schlafwandler)*. Penguin Books, London, 2012.
12. A. de Tocqueville. *Über die Demokratie in Amerika*. Reclam, Stuttgart, 1985.
13. N. Elyas (Übersetzer). *Der edle Qur'an*. Al-Nour Moschee.
14. C. Ernst, L. Krämer, and A. Eichhorn (Redaktion). *Terrorismus bekämpfen - Grundrechte wahren*. Delegation DIE LINKE im EU Paralament, Brüssel, 2017.
15. G. Fels. *Der verwaltete Schüler*. Beck, Reihe 1086, München, 1994.
16. N. G. Finkelstein. *Die Holocaust-Industrie: Wie das Leiden der Juden ausgebeutet wird*. Piper, München, Zürich, 2000.
17. E. Flaig. *Weltgeschichte der Sklaverei*. C.H. Beck, München, 2011.
18. F. Fukuyama. *Das Ende der Geschichte*. Kindler, München, 1992.
19. A. Gethin, C. Martinez-Toledabo, and T. Piketty. *Brahmin Left vs. Merchant Right: Changing Political Cleavages in 21 Western Democracies, 1948-2020*. World Inequality Lab, Working Paper 2021/15, 2021.
20. B. Gilley. *Verteidigung des Kolonialismus*. Edition Sonderwege, Lüdinghausen, 2021.
21. D. J. Goldhagen. *Hitlers willige Vollstrecker*. W. Goldmann Verlag, Edition Sonderwege, München, 2000.
22. A. Grunenberg. *Die Lust an der Schuld*. Rowohlt, Berlin, 2001.
23. U. Guérot and H. Ritz. *Endspiel Europa*. Westend, Frankfurt, a.M., 2022.
24. S. Haffner. *Anmerkungen zu Hitler*. Kindler, München, 1978.
25. P. Hahne. *Das Maß ist voll. - In Krisenzeiten hilft keine Volksverdummung*. Quadriga, Köln, 2022.
26. K. Heisig. *Das Ende der Geduld*. Herder, Freiburg i.Br., 2010.
27. H. Helbig. *Welträtsel aus Sicht der modernen Wissenschaft*. Springer, Berlin, 2020.

28. P. Helmes. *Deutschland verrecke: zehn Todsünden der Grünen gegen das deutsche Volk.* Die Deutschen Konservativen e.V., 2019.
29. M. Horkheimer and T. W. Adorno. *Dialektik der Aufklärung.* Fischer Taschenbuch, Frankfurt a.M., 2006.
30. P. M. Huber. Rechtsstaat unter Druck. *ZSE - Zeitschrift für Staats- und Europawissenschaften,* 4:449–457, 2015.
31. S. P. Huntington. *Kampf der Kulturen (Engl.: The Clash of Civilizations).* Siedler, München, 1998.
32. D. Kahnemann. *Thinking, Fast and Slow.* Penguin books, London, 2011.
33. T. Kambouri. *Deutschland im Blaulicht - Notruf einer Polizistin.* Piper, Frankfurt a.M., 2015.
34. W. Kartte, K.-W. Schatz, J. Westphal, and H. Karl-Heinrich. Marktwirtschaft oder Subventionswirtschaft? *Wirtschaftsdienst, Hamburg,* 63:267–279, 1983.
35. E. Kaufmann. *Whiteshift - Populism, Immigration and the Future of White Majorities.* Penguin Books, Allen Lane, London, 2018.
36. A. Kissler. *Die infantile Gesellschaft.* HarperCollins, Hamburg, 2020.
37. V. Klemperer. *LTI - Notizbuch eines Philologen.* Reclam Taschenbuch, Stuttgart, 2007.
38. R. Knispel. *Rechtsstaat am Ende.* Ullstein, Berlin, 2021.
39. A. Koestler and I. Silone et al. *Ein Gott, der keiner war.* dtv, München, 1962.
40. M. Krall. *Wenn schwarze Schwäne Junge kriegen.* Finanzbuch Verlag, München, 2020.
41. W. Krämer. *So lügt man mit Statistik.* Campus Verlag, Frankfurt a.M., 2015.
42. W. Kubicki. *Sagen, was Sache ist.* Econ, Berlin, 2019.
43. M. Lakatos. *Bitterer Rauch.* Volk und Welt, Berlin, 1978.
44. G. Le Bon. *Psychologie der Massen.* Kröners Taschenbuchausgabe, Stuttgart, 1982.
45. H. Lesch and K. Kamphausen. *Die Menschheit schafft sich ab.* Komplett-Media, München, 2016.
46. J. F. Lindner. Zum Verhältnis von Recht und Moral: Grundfragen der Rechstphilosophie. *Juristische Ausbildung,* 1:8–16, 2016.
47. C. Linnemann. *Die ticken doch nicht richtig!* Herder, Freiburg, Basel, Wien, 2022.
48. N. Machiavelli. *Der Fürst.* Insel, Taschenbuch 1207, Frankfurt a.M., 1990.
49. R. Mausfeld. *Warum schweigen die Lämmer?* Westend Verlag, Frankfurt a.M., 2018.
50. R. Mausfeld. *Angst und Macht – Herrschaftstechniken der Angsterzeugung in kapitalistischen Demokratien.* Westend Verlag, Frankfurt a.M., 2019.
51. J. S. Mill. *On Liberty.* Walter Scott Publ. Company, London, 1859.
52. W. Mitsch. Der unmögliche Zustand des § 130 StGB. *KriPoZ,* (4):198–203, 2018.
53. H. Möller. Der Fall Sebnitz. *Journal für Psychologie,* 10(3):293–304, 2002.
54. G. Müller-Ballin. *Die Nürnberger Prozesse.* Bildungszentrum der Stadt Nürnberg, Nürnberg, 1995.
55. D. Murray. *Wahnsinn der Massen, Wie Meinungsmache und Hysterie unsere Gesellschaft vergiften.* Finanzbuch Verlag, München, 2019.
56. F. Nietzsche. *Genealogie der Moral.* Wilhelm Fink Verlag, Paderborn, 2007.
57. S. Nordt and T. Kugler. *Murat spielt Prinzessin, Alex hat zwei Mütter und Sophie heißt jetzt Ben.* Bildungsinitiative QUEERFORMAT, Berlin, 2018.
58. D. C. E. . Nyder. *Great Reset - Der Angriff auf Demokratie, Nationalstaat und bürgerliche Gesellschaft.* Kopp Verlag, Rottenburg, 2022.
59. G. Orwell. *1984.* Heyne, München, 2002.
60. G. Orwell. *Farm der Tiere.* Diogenes Taschenbuch, Zürich, 2005.
61. D. Oschmann. *Der Osten: eine westdeutsche Erfindung.* Ullstein, Berlin, 2023.
62. H.-J Papier. *Die Warnung – Wie der Rechtsstaat ausgehöhlt wird.* Heyne, München, 2019.
63. W. Patzelt. *Wer braucht eine Leitkultur.* Patzels Polit-Blog, https://wjpatzelt.de/2018/11/07/wer-braucht-eine-leitkultur/ Jahr, 2018.
64. E. Piper. *Rosa Luxemburg, Ein Leben.* Blessing-Verlag, München, 2018.

65. A. Pirinçci. *Deutschland von Sinnen*. Lichtschlag - Edition Sonderwege, Waltrop und Leipzig, 2014.

66. R. Polak. *Migration, Flucht und Religion*. Grünewald-Verlag, Mainz, 2017.

67. K. Popper. *The Open Society and Its Enemies*. Princton University Press, Princton, 1966.

68. K. Reiss and S. Bhakdi. *Corona Fehlalarm? - Zahlen, Daten und Hintergründe*. Goldegg, Berlin, 2020.

69. T. Sarrazin. *Deutschland schafft sich ab*. DVA, Stuttgart, 2010.

70. T. Sarrazin. *Der neue Tugendterror: Über die Grenzen der Meinungsfreiheit in Deutschland*. DVA, Stuttgart, 2014.

71. P. Scholl-Laour. *Das Schwert des Islam*. Heyne, München, 1990.

72. A. Scholz. *Warum Deutschland*. BAMF, Forschungsbericht 19, Berlin, 2013.

73. R. Scruton. *Von der Idee, konservativ zu sein*. FinanzBuch Verlag, München, 2019.

74. J. R. Searle, F. Kiefer, and M. Bierwisch. *Speech Act Theory and Pragmatics*. D. Reidel, Dordrecht, The Netherlands, 1980.

75. M. L. Starkey. *The Devil in Massachusetts*. Random House, New York, 1949.

76. C. R. Sunstein. *Das Lemming-Prinzip*. FinanzBuch Verlag, München, 2021.

77. S. Uhlig. *Der natürliche Klimawandel*. Weltbuch, Sarganz, Schweiz, 2021.

78. R. Vehrkamp and C. Wratil. *Die Stunde der Populisten. - Populistische Einstellungen bei Wählern und Nichtwählern vor der Bundestagswahl 2017*. Bertelsmann-Stiftung, Gütersloh, 2017.

79. H. H. von Arnim. *Der Verfassungsbruch*. Duncker & Humblot, Berlin, 2011.

80. O. von Bismarck. *Gedanken und Erinnerungen*. Cottasche Verlagsbuchhandluung, Stuttgart, Berlin, 1898.

81. C. von Clausewitz. *Vom Krieg, Hinterlassenes Werk des Generals Carl von Clausewitz, Hrsg. M.v. Clausewitz*. Ferdinand Dümmler, Berlin, 1832-1835.

82. U. Vosgerau. *Die Herrschaft des Unrechts*. Kopp, Rottenburg a.N., 2018.

83. S. Wagenknecht. *Die Selbstgerechten*. Campus, Frankfurt a.M., 2021.

84. J. Wagner. *Richter ohne Gesetz – Paralleljustiz gefährdet unseren Rechtsstaat*. Ullstein, Berlin, 2011.

85. M. Weber. *Politik als Beruf*. Duncker & Humblot, München, 1926.

86. M. Weber. *Die protestantische Ethik und der Geist des Kapitalismus*. Mohr, Tübingen, 1986.

87. R. Wendt. *Deutschland in Gefahr – Wie ein schwacher Staat unsere Sicherheit aufs Spiel setzt*. Riva, München, 2016.

88. G. Wisenski. *Kirsten Heisig: Geheimsache Selbstmord*. Kopp, Rottenburg a.N., 2010.

89. K. Yamamoto. Adverse effects of COVID-19 vaccines and measures to prevent them. *Virology Journal*, 19:100:1–3, 2022.

Index